安平县汉王公园

安平县志

（1991—2002）

安平县地方志编纂委员会　编

方志出版社
Publishing House of Local Records

图书在版编目（CIP）数据

安平县志. 1991—2002 / 安平县地方志编纂委员会编. -- 北京 ：方志出版社，2017.8
ISBN 978-7-5144-2496-6

Ⅰ. ①安… Ⅱ. ①安… Ⅲ. ①安平县—地方志—1991-2002 Ⅳ. ①K292.24

中国版本图书馆CIP数据核字(2017)第207502号

安平县志（1991—2002）

编　　者：安平县地方志编纂委员会
责任编辑：朱　姝
出 版 人：冀祥德
出 版 者：方志出版社
地址　北京市朝阳区潘家园东里9号（国家方志馆4层）
邮编　100021
网址　http://www.fzph.org
发　　行：方志出版社图书经销中心
电话（010）67110500
经　　销：各地新华书店
印　　刷：衡水现代电脑印刷有限公司
开　　本：889×1194　1/16
印　　张：58
字　　数：1462千字
版　　次：2017年8月第1版　2017年8月第1次印刷
印　　数：0001～4000册
ISBN　978-7-5144-2496-6　定价：685.00元

安平县区位图

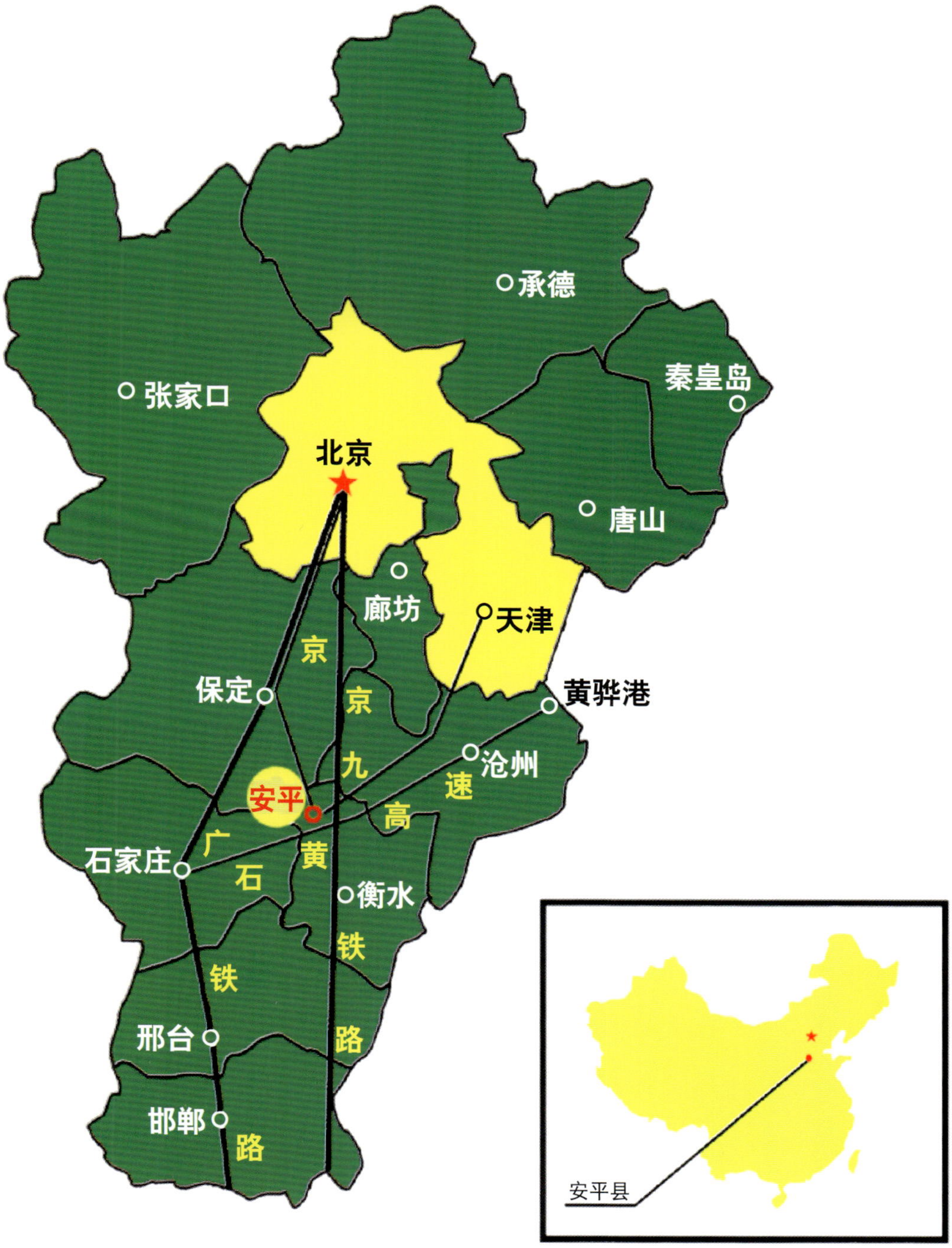

比例尺　1:331.5万

安平县交通区位图

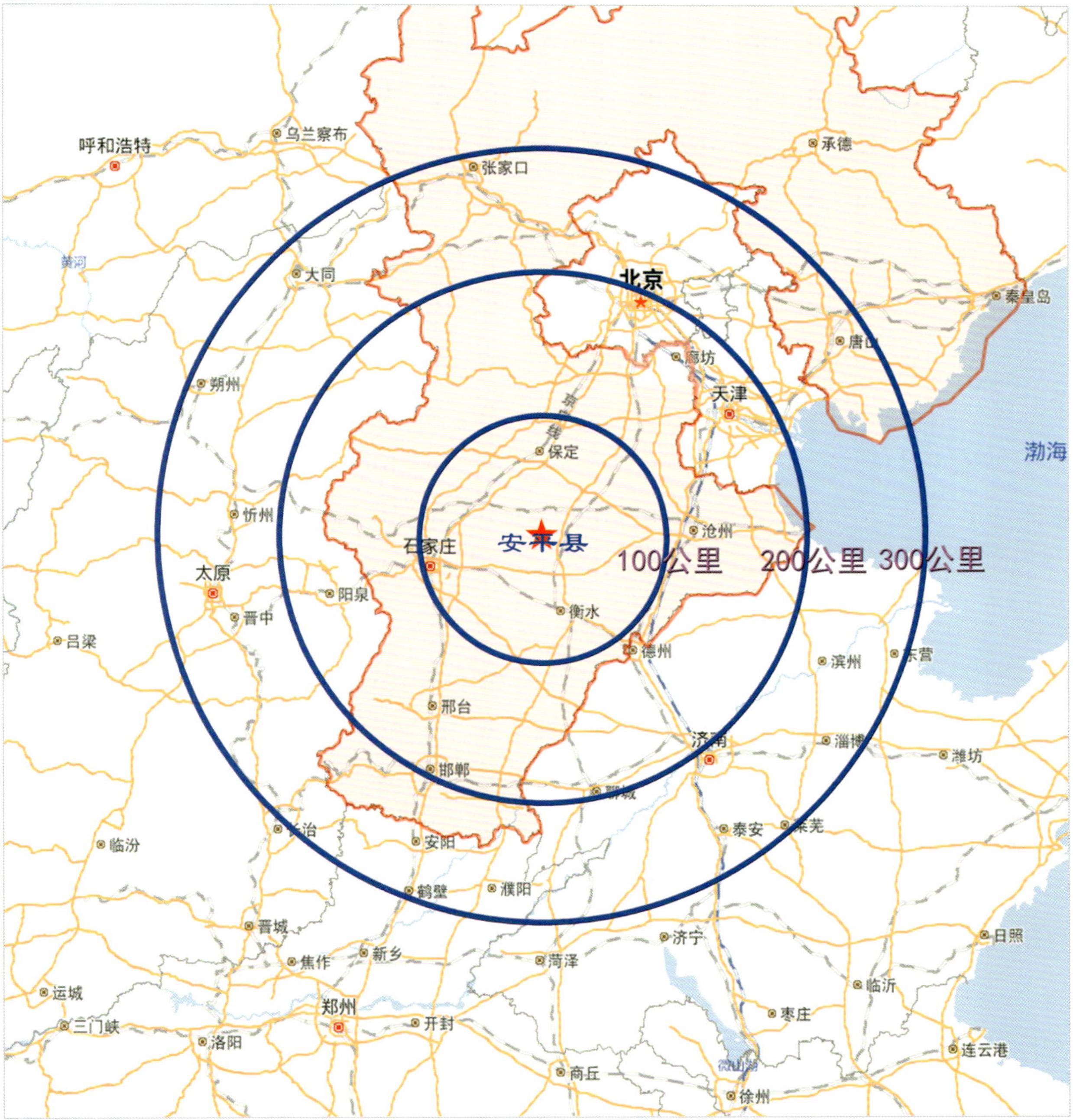
呼和浩特
乌兰察布
张家口
承德
北京
秦皇岛
唐山
廊坊
天津
渤海
大同
朔州
保定
忻州
太原
石家庄
安平县
沧州
100公里
200公里
300公里
阳泉
晋中
吕梁
衡水
德州
滨州
东营
邢台
济南
淄博
潍坊
邯郸
聊城
长治
泰安
莱芜
临汾
安阳
鹤壁
濮阳
晋城
济宁
日照
焦作
新乡
菏泽
运城
临沂
郑州
枣庄
三门峡
开封
洛阳
连云港
商丘
徐州
黄河

安平县汉王公园夜景 （王付月 摄）

安平县城一角

和平东街 （王付月 摄）

1998年9月28日，
省长叶连松（中）
考察安平丝网大世界

2000年4月29日，
省长钮茂生（左四）
和比利时驻华大使马利国
（左二）到京安分公司检
查指导工作

2000年4月
省长钮茂生（右三）
到安平丝网大世界视察

2000年11月省委书记王旭东（中）到安平丝网大世界视察

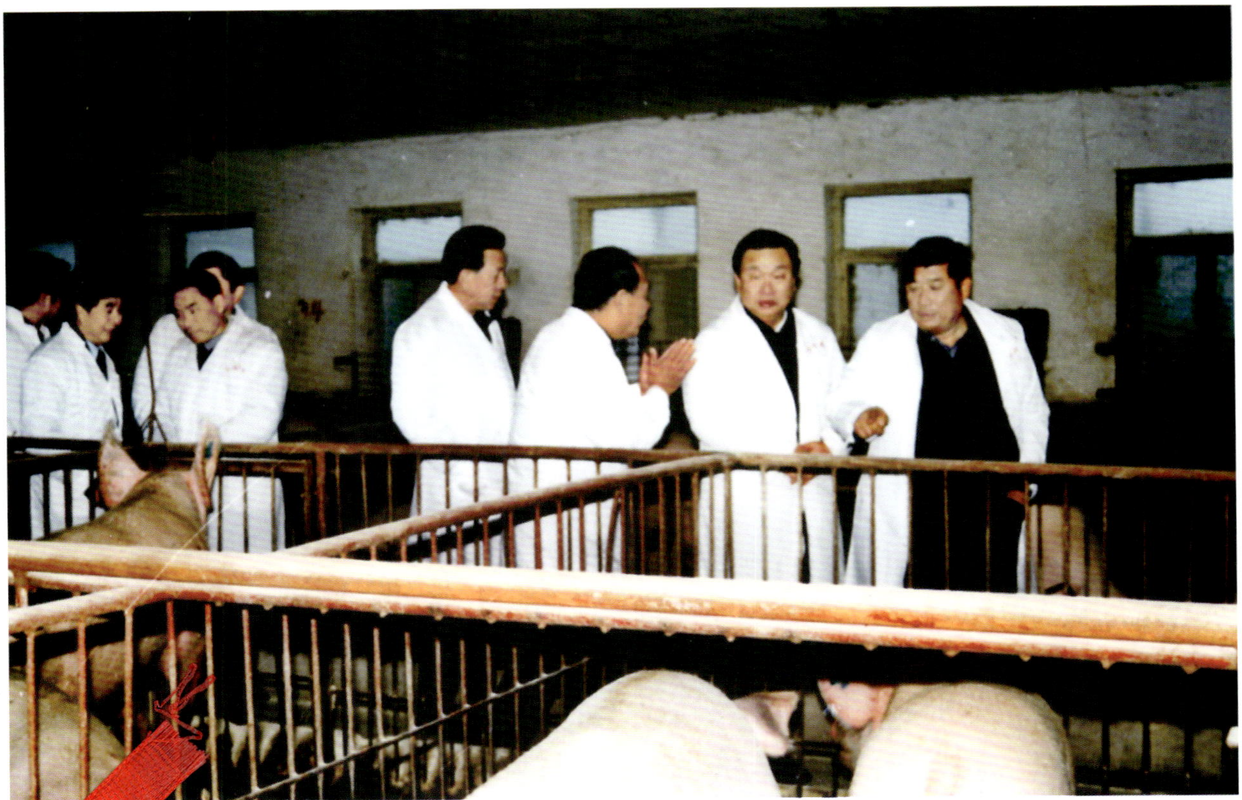

2000年11月9日，省委书记王旭东（右二）、省委副书记赵金铎到京安猪场考察指导工作

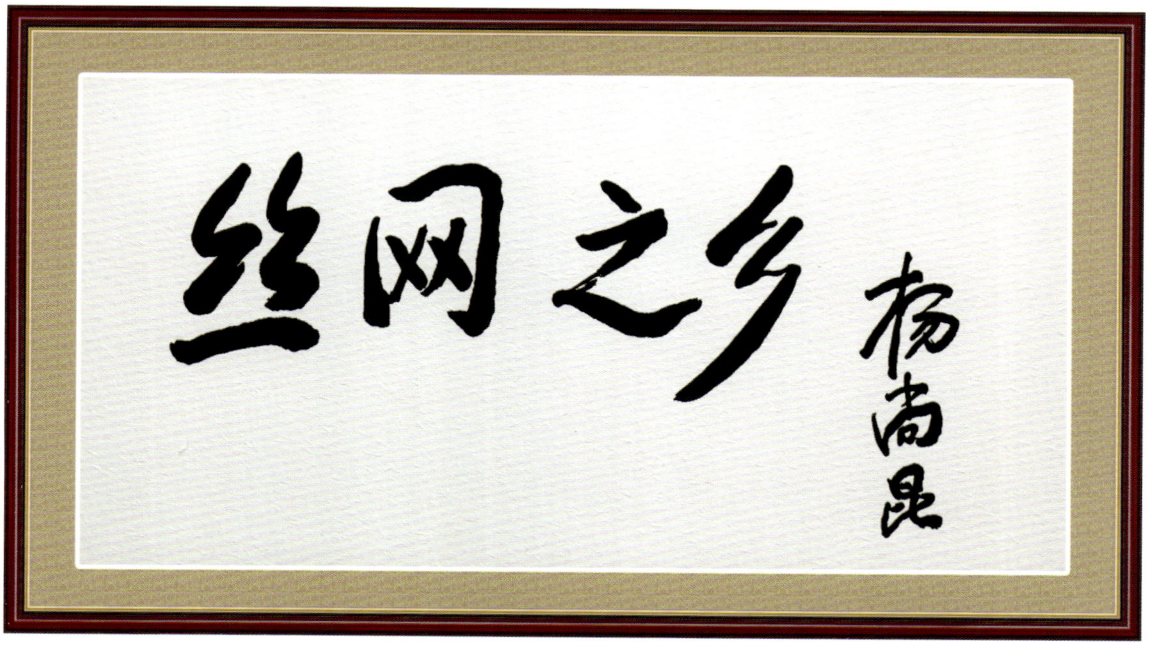

1996年5月原国家主席杨尚昆题词

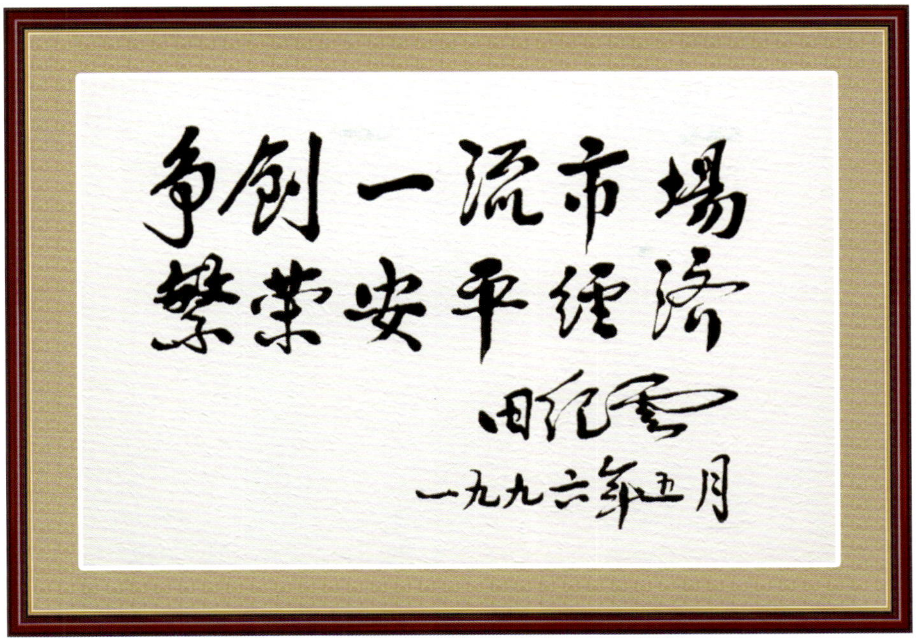

1996年5月，中央政治局委员、全国人大常委会副委员长田纪云题词

丝网专业大市场——中国安平丝网大世界

中国丝网之都

全国第一个农村党支部纪念馆

孙犁塑像（张佳 摄）

圣姑庙 （侯新勇 摄）

安平县中心路街景

安平县城夜景

东城标

和平街东段

正港路安平东段

安平人民医院（李山 摄）

居民小区一角

平安公园

为民园

安平中学

安平县职业技术中学

路庄村公园

西赵庄村街道

安平客运中心

安平县聚成物流园区

滹沱河安平大桥

安平县凯悦污水处理厂

河北京安生物能源科技股份有限公司

第十七届丝网博览会

先进的丝网生产车间

先进的丝网生产设备

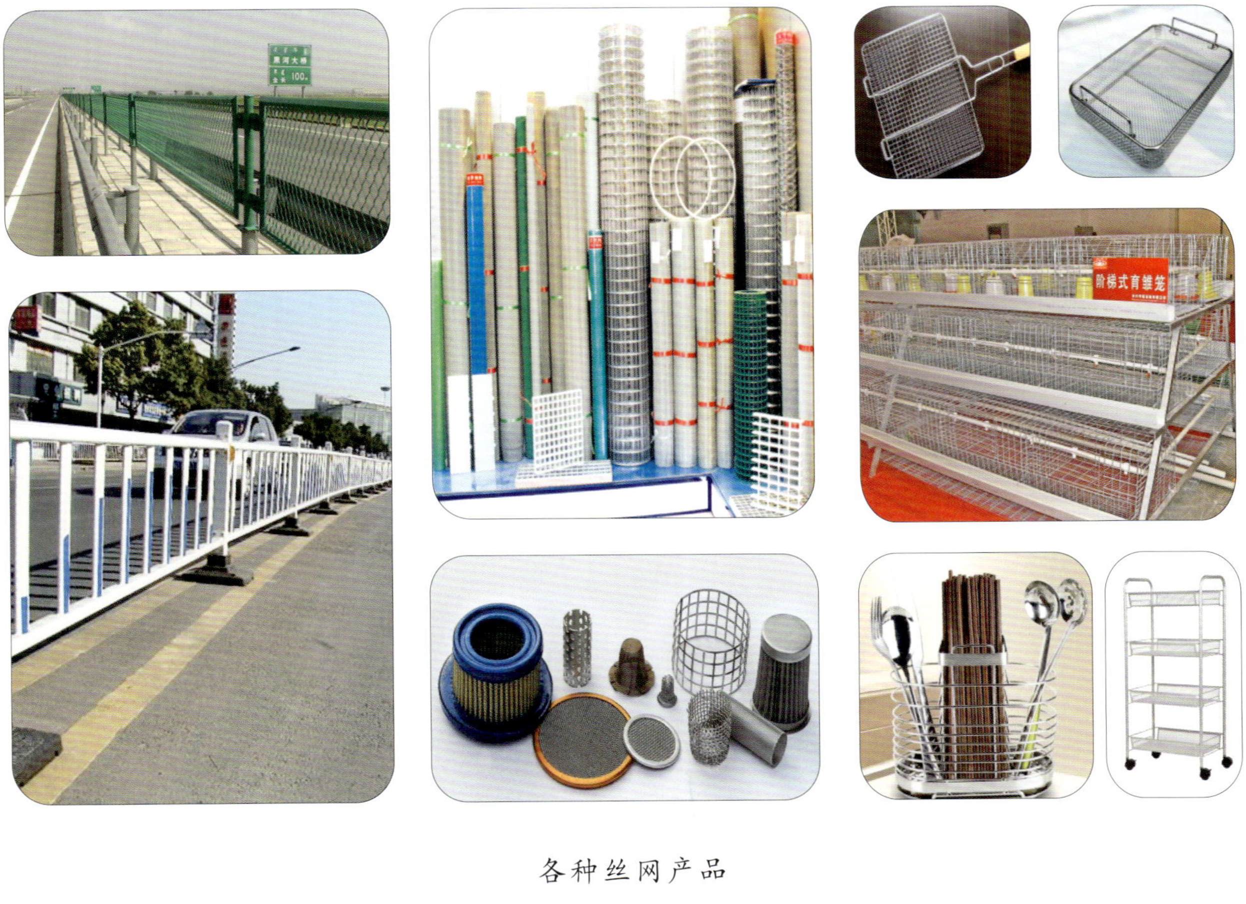

各种丝网产品

白山药种植基地

棉花丰产方

优质小麦高产田

丰收的苹果

大型机械化养鸡场

京安养猪场育肥猪舍

现代化丝网生产车间

圣姑烟花——大脚印

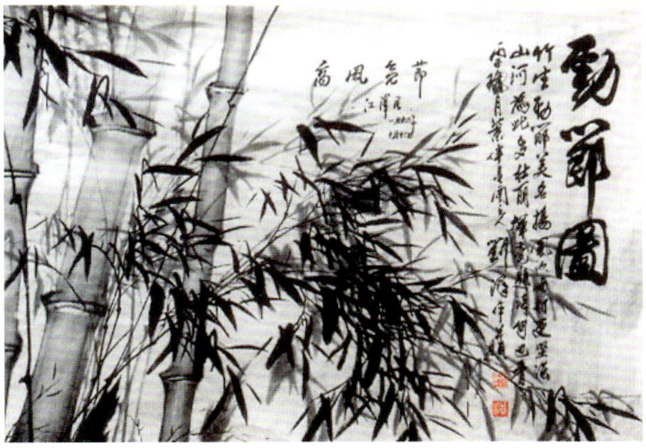

中国美术艺术家协会副主席刘泽作品《劲节图》
江泽民为其题词《高风亮节》

河北省美术家协会会员袁中权作品《万山红遍层林尽染》
该作品被毛主席纪念堂永久收藏

中华当代艺术研究会名誉主席乔修业作品《无限风光在神州》。2002年9月，入选“新加坡中国书画艺术展”

中国美协会员张辛国作品《路路亨通》

中国美术家协会会员、国家一级美术师廉宽宏作品《仲秋》。该作品于1999年入选“第八届美术展”，获河北省美术创作一等奖

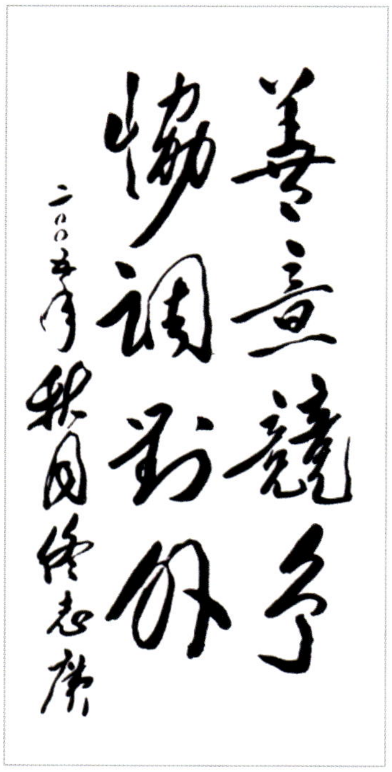

全国人大常委会原委员佟志广为第五届中国（安平）丝网博览会题词

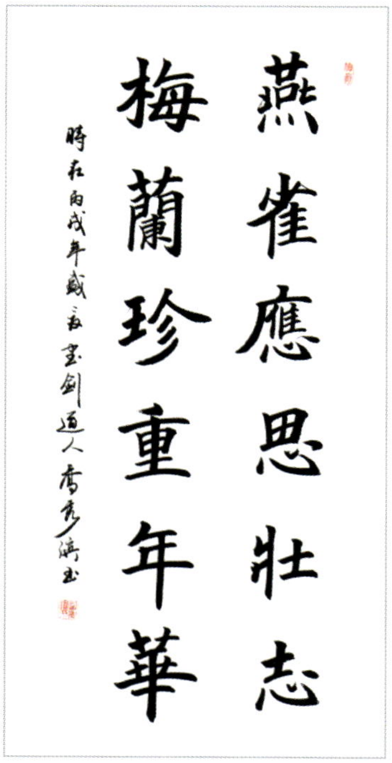

中国现代民族书画艺术家协会副主席、中国硬笔书法协会常务理事乔秀滨作品

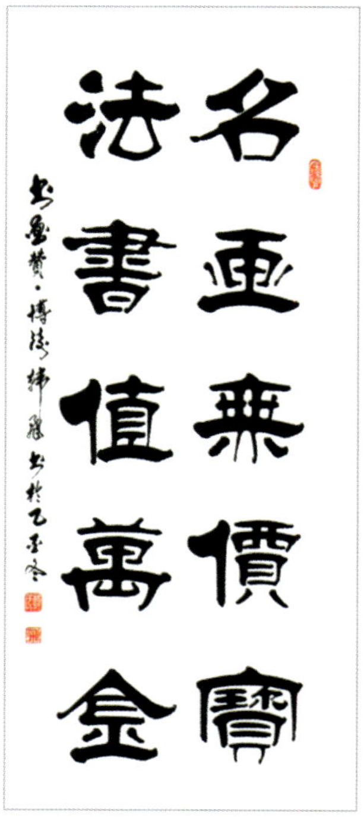

韩梦醒作品

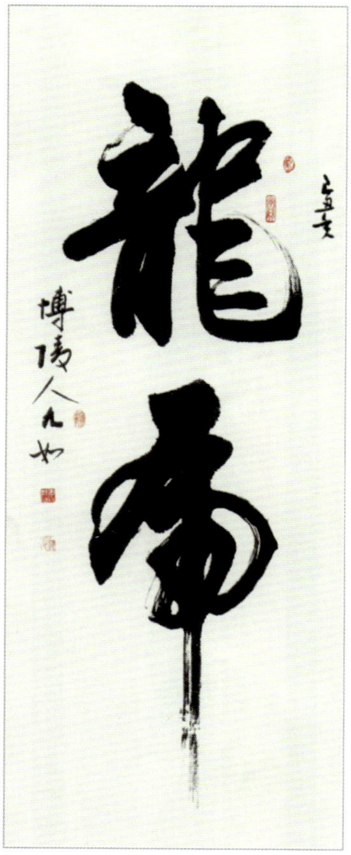

中国老年书画研究会会员、国际中国书法家协会会员李九如作品

中国老年书画研究会会员赵建国作品

中国艺术家协会会员乔文斗作品

晨练——打太极拳

少年武术表演

《安平县志（1991-2002）》
专家评审会于2015年6月
在汉王酒店召开

县主要领导与志稿评审会全体人员合影

前排左起：吴恒青、孟庆彬、常海成、武铁良、姚幸福、齐家璐、任丽英、张凤雨、马玉峰

后排左起：王丽红、张从起、张彦行、商　海、张小根、闫东庆、郭桂荣、李　剑、崔立学

编辑部全体人员合影

左起：商　海、崔立学、张小根、王丽红、张从起

《安平县志》三审组成人员

吴恒青　武铁良　常海成　任丽英　孟庆彬　齐家璐　张凤雨　李　剑　郭桂荣

《安平县志》四审（终审）组成人员

杨洪进　王广才　阴记东　徐振田　王　蕾　任丽英　杨胜旗　陈瑞青

各分志提供资料人员名单

（按姓氏笔画排序）

于永生　弓艳霞　王　丹　王　伟　王　红　王　旭　王　丽　王　珍　王　玺　王　娜
王　霞　王义卷　王子童　王玉翠　王可用　王永梅　王西跃　王运起　王志坤　王要争
王胡佳　王树法　王梅娜　马建新　田志强　安慧中　闫　宁　王壮伟　刘　义　刘　光
刘　亮　刘　锋　刘　博　刘玉温　刘会双　刘宝顺　刘建勇　刘建峰　刘海卫　刘海娜
刘德元　孙　东　乔贺光　杨　杰　吴　品　李　卫　李　亚　李　兵　李　青　李立功
李会典　李亚峰　李明恒　李梦坛　李玲娜　李香婵　李晓红　宋双根　宋彦敏　宋海龙
孟小红　张　恰　张从征　张永杰　张亚龙　张亚威　张志勋　张秀河　张宝红　张春常
张艳存　张新启　张峰彬　陈　闯　呼小红　周永信　苑林郁　范立群　武伟胜　武建兵
侯彦涛　赵　双　赵　波　赵子兵　赵明凯　赵艳钗　赵荣爽　赵继永　秦凤博　阎迎春
程　仑　韩　飞　韩永生　路华平　靳双燕　靳玲玲　颜贺英　魏会杰

序　一

“治天下者以史为鉴，治郡国者以志为鉴。”地方志文化之厚重，在于其专门记载一地历史，具有独特的历史文化价值。因其史料翔实，纵横古今，才有传承文明、资政育人、服务当代、垂鉴后世的重要作用，成为流传久远、具有生命力的文献。

安平因“官民安居乐业且地势平坦”而得名，置县两千余载，素有丝网之乡的美誉。新编《安平县志（1991—2002）》在吸取前志精华的基础上，运用历史唯物主义史观，以翔实的材料记载安平的发展变化。县志续编的1991－2002年，正值改革开放、安平经济社会事业起步腾飞的时期。县委、县政府举开放旗、走特色路，产生了被省委、省政府肯定的“两平现象”，丝网、生猪两大特色产业迅速崛起，成为全省乃至全国的知名产业，群众生活走向富裕殷实，各项事业都迈出新步伐。续编志书对经济发展着墨重，符合该时期的特点，修志抓住了关键。面对修编《安平县志》的大工程，全县各部门通力合作，编修人员勤奋笔耕，几易其稿，成书出版，实在可喜可贺。

《安平县志（1991—2002）》的出版其意义重大而深远。其一，前事不忘、后事之师，它为县委、县政府协同创新、绿色崛起，建设富美安平提供了史料依据。其二，以史鉴今、以史为镜，让后世安平人知今不忘前人的奠基，传承历史永续发展。其三，文中记载的模范人物的先进事迹，体现了“两个第一”精神、孝德之乡的道德传统，是进行社会主义核心价值观教育、弘扬新时期安平精神的生动教材。

往事已矣，来者可追。县志告成出版之际，聊赘数语，以为序。

中共安平县委书记　张福杰

2017年7月

序　二

盛世修志，功在千秋，续修《安平县志》(以下简称续志)几经寒暑，数易其稿，终于书成付梓，这是三十三万安平人民足以自豪的一件大事。

安平修志始于明嘉靖二十九年，前后七修，尽叙历史沿革之要略，追记先贤英杰之功绩，反映经济文化之变迁，留下了极为宝贵的历史遗产。最近一部志书，是1996年出版的《安平县志》，重点记述了从1949年至1990年的安平历史人文沿革和社会发展成就。时隔数年，全县面貌变化之大，社会经济发展之快，前所未有，再次修志势在必行，因此县委、县政府决定续修《安平县志》。

《续志》仍续前志体例，客观记述了安平县1991—2002年经济社会各项事业的发展轨迹，布局科学、记载翔实、脉络清晰、布局严谨，具有鲜明时代特征和地方特色，是一部了解安平、宣传安平、研究安平的“百科全书”。它的出版，有利于保存史料，继承传统，教育当代、启迪后人，把握县情、扬长避短，其“存史、教化、资治”的意义和价值不可估量，是我县文化建设的又一重大成果。

鉴古知今、继往开来。目前，正是县委、县政府全力建设富美安平之际，希望全县人民继承先辈壮志，发扬拼搏精神，为全县发展尽心尽力、献计献策，力求人尽其才、物尽其用，共同开创安平的美好明天。

《续志》修撰工作得到了县内外各界人士的鼎力支持和省、市修志部门的精心指导，在此一并致谢。是为序。

安平县人民政府县长　范庆法

2017年7月

凡 例

一、编纂宗旨

坚持以马克思列宁主义、毛泽东思想、邓小平理论、“三个代表”重要思想和科学发展观为指导，深入贯彻习近平总书记系列重要讲话精神和治国理政新理念新思想新战略，坚持辩证唯物主义和历史唯物主义立的场、观点和方法，实事求是、客观全面准确地记述安平县自然和社会的历史与现状，力争思想性、科学性和资料性的统一，以图达到“资治、存史、教化”之目的。

二、时间断限

本志为1996版《安平县志》之续志。记事上限起于1991年，下限断至2002年。为全面反映入志事项发展脉络，保持记事的连续性和完整性，对个别连续性很强的事项适当前溯或后延。立传人物和照片延至搁笔。

三、总体结构

采用中编体，编、章、节结构。卷首设概述，次列大事记，之后为各专业志。最后为附录、勘误存疑、志补、图表索引、编后记等。各专业志横排竖写，对具有地方特色的重要事物作升格处理。

四、体裁形式

采用述、记、志、传、图、表、录、索引8种体裁形式，以志体为主。

五、章法文体

采用规范的现代语体文记述体，记事坚持秉笔直书、述而不论，行文力求朴实、简洁、流畅。

六、数据采用

所用数据，以政府统计部门数据为准。无政府统计部门数据时采用主管部门或主办单位的数据。

七、纪年方法

民国前使用朝代年号纪年，括注公元年份，同一朝代年号在同一条目中只在首次括注。民国使用公元纪年。本志“XX年代”凡未加世纪者，均指20世纪的年代。

八、人地称谓

采用第三人称记述。人名一般直书其姓名，必要时冠以职务。地名以现行标准地名为准，遇有历史地名时括注现行标准地名。各种名称第一次出现时用全称，名称过繁再次出现时用简称。

九、用字用词

用字以《现代汉语通用字表》和1986年10月国家语言文字工作委员会公布的《简化字总表》为准，有简化字的尽量不用繁体字。对于人名、地名、书文名及古籍中的繁体字、冷僻字，一般用简化字或通用字替换，个别易产生歧义或引起误解者，则依旧保持原有繁体字或异体字。用词语以《现代汉语通用词表》《辞海》《现代汉语词典》为准。

十、数字书写

数字遵循国家标准出版规定GB/T15835-2011《出版物上数字用法》。用于计量的数字，具有统计意义的数字，用于编号的数字，已定型词语含有的阿拉伯数字，民国纪年，公历世纪、年代、年、月、日、时刻等用阿拉伯数字；干支纪年、农历月日、历史朝代纪年，数字连用表示的概数，含“几”的概数，已定型词语含有的汉字数字等用汉字数字。

十一、计量单位

中华人民共和国成立前按当时计量单位记载。中华人民共和国成立后所涉计量单位，除可使用人们习惯的地积“亩”外，其余均采用国务院1984年2月发布的中华人民共和国法定计量单位。

十二、记人方式

坚持生不立传的原则。仅为对社会历史发展有重大贡献、业绩突出、社会影响大的安平县籍已故者立传。立传人物以卒年先后为序。在安平县任职的副处级、副高职以上者，省、部级以上（含省部级）英模人物，受省部级以上（含省部级）表彰者，革命烈士及安平县籍的学者名人、地师级以上（含地师级，实职）人员列表入相关章节。

十三、前志勘补

前志之误缺如与所记事物有关联，一般进行随文“勘补”，如无关联，则于“1996年版《安平县志》勘误”中补正。

十四、所用资料

主要来自各承编部门或各级档案馆、图书馆资料以及有关史志书刊。

目　录

概 述

安平县，位于河北省中部偏南，地处北纬38°05′～38°22′、东经115°19′～119°41′。2002年，辖3个镇5个乡230个行政村，人口30.7592万人，县城驻地安平镇。

安平县历史悠久，风物宜人，物华天宝，人杰地灵，古称博陵，自汉高祖时置县，因“官民安居乐业且地势平坦”而得名。它地处冀中平原的中心地带，滹沱河横贯全境，潴龙河绕境内北疆而过，春夏秋冬，四季分明，是人们宜居的好地方。安平县是革命老区，1923年8月，中共北方局负责人李大钊派遣共产党员弓仲韬，就在原籍安平县台城村建成中共第一个农村党支部，即台城特别党支部。1924年8月，弓仲韬又创建河北省(直隶)第一个中共地方县委——安平县委员会。星星之火点燃了受压迫被奴役的人们的希望，漫漫长夜中光明顿现。抗日战争时期，安平县是冀中抗日根据地的发源地。中共冀中区党委、冀中行署、冀中军区等均在该处创建。冀中抗日根据地的开辟，点亮了安平人民翻身求解放的道路。解放战争中，3800余名青年应征入伍，其中安平县农民保家独立团集体参军的场面尤为热烈、壮观。20世纪50年代，南王庄三户贫农坚持办合作社被国家主席毛泽东誉为“五亿农民的方向”。安平籍的当代文学大师孙犁及其创立的荷花淀派在中外文坛享有盛誉。改革开放以后，安平人敢为人先，勇立潮头，创造出内陆小县对外开放的“两平”(安平、广平)现象诸多新的第一。安平县先后被命名为“中国丝网之乡”“中国丝网产业基地”“中国丝网产销基地”“国家生猪活体储备基地”“全国粮食生产先进县”。天下网都蜚声海外，全国生猪调出大县称雄全国。

一

1991—2002年的12年，安平历届县委、县政府坚持以邓小平理论和中国共产党的基本路线为指导，坚定不移地贯彻执行中国共产党的路线、方针和政策、深入实施“开放兴县、特色兴县、科教兴县”三大战略，加大改革开放力度，依托科技进步，加快发展速度，全面推进物质文明和精神文明建设，全县经济实现持续、快速、健康发展，社会各项事业获得全面进步。

1. 举开放旗，大力实施开放兴县战略

20世纪90年代，邓小平同志视察南方重要讲话后，县委、县政府制定“外向带动，开放兴县”战略，积极参与国际经济大循环，对内对外开放工作取得显著成绩，被省政府誉为“两平”现象，成为河北省内陆小县对外开放的先进典型。自1991年以来，安平县利用外资领域不断拓宽，三资企业从无到有，发展较快。1993年，全县共有合资项目12个，正式营业的5个，开工建设的7个，项目总投资13692万元，合同利用外资830万美元。1998年，全县拥有三资企业38家，总投资2.9亿元，实际利用外资2350万美元。中国加入WTO后，根据“国际经济一体化，国内经济国际化”的实际情况，县委、县政府审时度势，转变招商观念，调整招商策略，使开放工作进一步保持良好的发展势头。同时，大力实施“走出去”战略，先后组织企业参加德国科隆、美国芝加哥两大世界五金展和日本京都世界五金年会，签约一批贸易合同和合作意向，为参与世界经济竞争创造条件。在原有国外直销点的基础上，又在德国波恩设立首家政府驻欧洲办事处，进一步拓宽欧洲市场。2002年，全县实际利用外资452万美元，出口创汇2380万美元。同时，内联工作成效显著，引进一批资金、项目和人才。

2. 走特色路，把丝网产业置于优先发展的地位

丝网是安平县的特色主导产业，其发展历史可追溯到明弘治元年(1488年）。中共十一届三中全会后，个体丝网业迅速崛起，县、乡、村集体企业相继建立。到1991年，全县拥有各种织网机械6500多台，丝网产量在4500万平方米以上，拥有拔丝设备1850台，年拔丝能力3500吨。到1995年，安平县丝网行业已初步形成相对独立的、门类齐全的、成龙配套的生产经营体系，成为全国最大的丝网生产基地和丝网产品集散地。为促进丝网产业向更高层次、更宽领域发展，按照建大市场带大产业的思路，县政府于1996年8月至1997年12月在县城西建设集丝网交易、产品开发、货物转运、银行结算、信息服务、人才培训、质量检测、会展、物业管理为一体的现代化丝网批发市场——中国安平丝网大世界。大世界的建设极大地推动全县丝网业的发展。到2002年，安平县成为中外驰名的“网都”， 综合经济实力在衡水市名列前茅，作为主导产业的丝网极大地推动全县经济的发展，形成辐射周围十几个县市的区域经济隆起带，成为世界闻名的“中国丝网之乡”“中国丝网产业基地”“中国丝网产销基地”。2001年、2002年，连续举办两届中国(安平)国际丝网博览会，共到会外商454人，涉及33个国家和地区，签约项目35个，签订购销合同价值34.1亿元，形成并巩固安平丝网的世界“霸主”地位。2002年，全县织机发展到11988台套、其中机械化织机11748台套，丝网从业人员5.54万人；在全国各大城市开设丝网销售门店达4000多家；产品发展到6大系列、400多个品种、6000多种规格；拥有拔丝、织网设备 21806台(套)，行业机械化程度达到98%以上，年拔丝能力60万吨，织网能力1.83亿平方米，丝网总产值60多亿元，利税3.6亿元，上缴税金6800万元，占全县财政收入的43.32%，产品出口美国、日本、德国等100多个国家和地区，编织类丝网出口量占全国80%以上，出口创汇2000万美元，丝网产业提供全县人均纯收入1300元。

3. 搭科教台，抢占经济发展的技术制高点

1991—2002年，安平县在“科学技术是第一生产力”理论指导下，坚持实施“科教兴县”战略，始终把科技与经济紧密结合作为实现经济持续发展的重点来抓，与全国十几所大专院校、科研单位建立友好合作关系，引进开发一批新技术、新产品。12年间，推广应用科技成果1622项，传统产业技术不断更新换代，创建5家省级高新技术企业和30家科技型企业。2002年，全县农业先进技术覆盖率达90%以上，科技进步对经济增长的贡献率达到16.8%。1999年3月，安平县通过全国科技工作先进县的考核验收，跨入全国科技工作先进县行列。在农业上，大力推广先进适用的农业技术，成功地进行吨粮田高产栽培技术，玉米增产潜力攻关研究和实验，“小麦—玉米一体化栽培技术丰收计划项目”和“中低产夏玉米增百斤配套技术”等先进技术的推广应用，使传统的粮食生产增加科技含量，农业生产得到迅猛发展。1998年，安平县京安集团引进世界最优品种斯格配套系核心群种猪，同时还引进台系杜洛克、新英系大白、比利时长白、挪威长白、无应激皮特兰等优良种猪，生产性能和产品质量世界一流、国内领先，成为世界第七、亚洲第一的斯格配套核心群种猪场，成为中国北方品种最全、规模最大的良种猪繁育推广基地和河北省农业产业化龙头企业。为促进丝网行业向高水平深层次发展，1993年，引进日本NAC1300型箭杆织网机，并与石家庄3302工厂合作进行研发吸收，很快装备具有20世纪90年代初国际先进水平的高密度织网机，同时引进了瑞典的全部采用计算机控制管理、达到国际先进水平的聚酯网生产设备和技术，创建了丝网龙头企业——安平县造纸网厂。该厂是全国八大造纸网生产厂之一，生产能力居全国脱水器材行业第二名。通过引进技术，引进设备，创建先进的大型丝网企业，丝网密度由200多目发展到2600多目，产品由过去的普通民用、工业用发展到轿车制造、航空航天等高科技领域。

二

1991—2002年，安平县取得的骄人业绩，得益于中国共产党的改革开放政策，得益于历届县委正确决策，得益于全县干部群众的共同努力，事实证明，改革开放是全县人民走向繁荣富裕的必然之路。

综合经济实力明显增强 1991—2002年，安平县大力实施"开放兴县、特色兴县、科教兴县"三大主体战略，全县经济总量迅速扩大，财政收入大幅攀升。1991年，财政收入1201.7万元，1994年达到2539万元，以后财政收入都以年均1000万元左右的增幅递增。1995年，安平县被列为全省实施财政"自立工程"的56个贫困县之一，一定三年。1996年安平县提前一年实现财政"自立"。1997年，实施"一年巩固、两年提高、三年发展"的财政自立规划。1998年，衡水市政府对安平县的财政体制在原"双轨制"的基础上进行适当调整，取消68万元的定额补贴，同时增加上解预算外资金和农业税增收资金100万元。在该种情况下，县财政实现当年收支平衡，并消化历年累积赤字217万元，一举甩掉赤字县和上级财政补贴县的帽子。2000年，财政收入首次突破亿元，达到10900万元。随后，财政收入增长百分率每年以两位数的速度增长。2001年，财政收入12815万元；2002年，财政收入14769.8万元。税收是国家和地方人民政府财政收入的主要来源，随着全县经济的快速发展，税收也大幅增加，1991年，全县完成税收1072.7万元，到2002年完成额增到12358.8万元，是1991年的11.52倍。全社会固定资产投资保持合理增长，持续发展的后劲进一步增强。1991年全社会固定资产投资达到349万元。2002年，全社会固定资产投资达到115264万元，是1991年的330.3倍。综合经济实力在全市名列前茅。

县城建设步伐进一步加快 1991年至2002年，随着安平县经济的快速发展，县城建设的步伐进一步加快。1991年，安平县城只有6条街4条路，全长19540米。随着改革开放的不断深入，原县城总体规划已明显不适应政治文化生活与经济发展的需要，因此，安平县城乡建设局于1995年委托河北省邯郸市规划设计院对安平县城总体规划进行调研修改，完成《安平县城总体规划（1995—2015）》。按照该规划，到2002年，新建、改建、扩建路街18条，达到9条街9条路，总长达到35715米。随着县城规模的不断扩大，居住人口和车辆日益增多，城市管理相对滞后的问题日益凸现，为达到建设与管理的和谐统一，于2000年7月成立城市管理专门机构——城市管理办公室。1991年至2002年，环卫工人由57人增至106人，环卫事业费由县财政全额拨付。城市环境卫生和市容市貌发生可喜变化。在衡水市1994年开始的综合检查评比中，年年取得好成绩，特别是1996年至2002年，连续七年被评为全市第一名。

基础设施建设跨上新台阶 1991—2002年，全县累计投资5700万元，对境内路桥进行拓宽，改建及大中修养护等，公路质量不断提高，交通条件不断改善，境内两条省级干线保衡路（原磨保路），正港路（原正饶路）由三级公路提升为大二级。乡村水泥混凝土路、沥青路和砖砌路分别由1990年的16公里、67.6公里和35.5公里增加到2002年的72公里、237.6公里和84公里。全县80%以上的村街道先后铺上沥青、水泥或砖砌路面，形成省级公路与乡村级公路纵横成网、路路相接、村村相通的公路网络。安平的运输事业也有了长足进步。据统计：2002年年底，全县共有各类大中小型客运汽车3000多辆，各类货运汽车464辆，农用三轮、四轮、拖拉机24938辆，比1991年增加8.7倍、1.3倍和4.5倍。交通运输业的发展不但方便了全县人民的生产生活，而且有力地促进和带动全县经济的快速发展。1991—2002年，全县电信事业发展迅猛，取得前所未有的成果。1994年，电信设施全部更换为程控设备，人工传接交换机退出历史舞台。全县电话号码由4位升至6位，通信实现市话程控化，传输数字化，农话自动化。1995年，全县电话号码由6位升至7位。1999年、2002年，中国移动和中国联通相继在安平开通移动电话业务。到2002年，市话程控交换机容量达15712门，农话程控交换机容量达44328门，电话机安装1991年为924部，2002年增加到49888部，普及率达15.6部/百人。互联网拨号上网用户1998年85户，2002年增加到1504户，2002年底移动电话达到11.2万户。普及率达36.41部/百人。2002年，手机互联网用户达1.7万户，联通互联网用户达1000多户。1991年，全县有220kV变电站1座(隶属于河北电力公司)，35kV变电站5座，主变压器7台，容量为24650kVA。随着安平经济的不断发展和农村电网的建设改造，全县供电设施快速增加，到2002年年底，全县共有220kV变电站1座，110kV变电站1座，35kV变电站10座，主变压器23台，总容量为406900kVA。1991—2002年，安平县城乡自然环境得到优化，城乡基础设施功能不断提升，人居环境质量得到很大改善。

社会各项事业全面发展 改革开放以来，安平县社会各项事业得到快速、健康、蓬勃发展。教育工作成绩显著，于1996年顺利通过国家“普九”验收，并被国家评为“普九”工作先进单位。1999年，通过省“两基(基本实施九年义务教育和基本扫除青壮年文盲)”复检；2000年，通过“两基”国检；2002年，再次通过省“普九”复检，并被评为省“普九(普及九年义务教育)”工作先进单位。从1991年开始，全县财政向教育拨款逐年增加。1991—1995年，全县共拨款4604.2万元，占全县财政总支出的31.5%；1996—2000年，全县共拨款10901.9万元，占全县本级财政总支出的27.44%；2001—2002年，共拨款7751万元，占全县本级财政总支出的34.13%。科学技术不断发展，科技队伍不断壮大。县委、县政府狠抓科技工作，重视科技人才，为科技人才的成长创造优越的条件，科技队伍迅速扩大。到2002年，科技队伍发展到9306人，比1991年的4196人增加5110人；累计开发研究出科技新成果110项，其中，通过地市级以上鉴定的成果68项，获省市科技进步奖励的42项，获其他奖励的9项；1999年3月，安平县通过“全国科技工作先进县”的考核、验收，跨入了“全国科技工作先进县”的行列。城乡医疗卫生条件进一步改善，传染病控制、预防保健以及卫生监督工作不断加强；县、乡、村医疗体系得到进一步完善和加强；县投资612万元兴建县医院门诊楼、病房楼、医技楼，建筑面积10000平方米，为广大群众就医创造良好条件。计划生育工作常抓不懈。人口出生率、自然增长率、计划生育率等项指标12年来都较好地达到省、市考核要求。民政工作认真贯彻国家优抚政策，优抚标准进一步提高，实行社会优抚统筹的方法受到国家有关部门的肯定和表彰；“双拥”工作走在全市前列，1994年、1998年、2001年连续3次被省委、省政府、省军区评为“河北省拥军优属模范县”；积极推进社会保障制度，“五保”敬老、扶贫济困、城乡居民最低生活保障均有突破性进展。文化体育、交通运输、广播电视、社会保险等项工作也都取得新的成绩。

城乡人民生活水平逐渐提高 1991—2002年，全县经济实力不断增强，人民生活水平逐渐提高。至2002年年底，全县实现国内生产总值287051万元，人均国内生产总值9332.2元，比1991年的987元增长8.5倍；全县财政收入14769.8万元，比1991年的1202万元增长10.9倍；城镇居民人均可支配收入5258元，人均住房面积32.9平方米，分别是1998年的1.14倍和1.4倍；农民人均纯收入2871元，人均住房面积22平方米，分别是1991年的4.26倍和1.27倍；全县居民储蓄存款余额达194978万元，比1991年增长14.53倍。城乡居民的消费结构明显变化，吃、穿、用及各类消费品的档次、生活水平都有了很大提高。

中外名人志士层出不穷 悠悠两千年，孕育了一代代享誉中外的杰出才俊，东汉文学家崔骃，少与班固、傅毅齐名，著有《达旨》等作，其文藻被誉为“流葩嗣响，振烁千秋”。东汉政论家崔寔，官至尚书，曾对当时“政令垢玩，上下怠懈，风俗凋敝，人庶巧为”进行大胆抨击，著有《政论》。在唐朝，崔氏家族声势达到巅极，仅位至宰相者多达12人。西晋张协、张载、张亢三兄弟，均为享誉文坛的文学家，擅长五言诗，辞藻华美，世称三张。唐初李百药、受命修订五礼、律令，奉诏撰写《齐书》，是颇有名望的史学家。明朝尚书张凤，一代名臣，性情刚道，遇事敢为，为官40年，谨慎如一。李锡九，中国近代史上风云一时的安平籍人士。他从事政治活动的年代从清末民初直至新中国成立后。他1922年入党，是衡水市第一名中共党员。1949年出席中国人民政治协商会议第一次会议。历任中央人民政府委员、河北省人民政府副主席、民革中央委员等职。弓仲韬，“两个第一(全国第一个农村共产党支部、河北省第一个中共县委)”创始人，1923年8月，中共北方局负责人李大钊派遣共产党员弓仲韬在原籍台城村建成中共第一个农村党支部，即台城特别党支部。1924年8月，弓仲韬又创建河北省(直隶)第一个中共地方县委——安平县委员会。把南湖启程的革命航船上的火种，引到滹沱河两岸的冀中平原腹地。李杏阁，积极投身于抗日工作，她亲自掩护和护理的轻重伤员多达73名。1944年11月，被冀中军区授予“冀中子弟兵的母亲”光荣称号。大儒孙犁，四五十年代即以《荷花淀》《风云初纪》享誉文坛，成为《荷花淀》文学流派的创始人和杰出代表。王玉坤，在20世纪50年代带领三户贫农办社，被毛泽东主席誉为“五亿农民的方向”，成为全国农村学习的典型。王晓勋，1999年6月从县委常委、武装部长岗位上退休后，放弃县城安逸的生活，毅然回到老家南王庄村担任党支部书记。在他的带领下，南王庄村变成一个名副其实的社会主义新农村。群众亲切的称呼他为“上校村官”、南王庄村的定盘星。新中国成立近60年来，在安平大地，各方面人才更是层出不穷。据统计，全县受省(部)级以上机关表彰的先进模范人物达32人，涌现出学者名人45人，省(部)军级干部70人。

三

1991—2002年，全县经济和社会各项事业取得令人瞩目的成就，创下辉煌的骄人业绩。然而，在提升赶超、跨越发展的大潮中，还面临新的机遇和挑战，安平的发展，任重而道远。

1. 促进农业和农村经济全面发展问题

安平县农业生产历史悠久，是传统的农业县，农民以种植业为主，种植业以粮食为主。1992年，为进一步突破传统种植的模式和习惯，在抓好粮、棉、油等基本农产品生产的基础上，增加“两高一优(高产、高效、优质)”的农业内容，使粮食生产增加了科技含量，农业生产得到迅猛发展。同时以生猪为主导的农业产业化跨上新台阶，广大群众从事养殖业的积极性空前高涨，养殖规模迅速膨胀。安平县被正式批准为“九五”第一批粮食生产基地县和国家生猪活体储备基地。但城乡差距仍然突出，农民收入仍然偏低。事实证明，农民丰则基础强，农民富则国家盛，农民稳则社会安。要以农民增收为重点，加快农业结构调整和产业化经营步伐，按照中共十六大提出的“发展要有新思路，改革要有新突破，开放要有新局面，各项工作要有新举措”的总体要求，全面推进农业现代化建设，促进农业农村经济全面发展。

2. 增强县域特色经济国际竞争力问题

安平县是县域特色经济发展的成功典范，从20世纪90年代被誉为“两平现象”以来，县委、县政府始终把传统丝网产业置于优先发展的位置，以解放思想为先导，积极拼抢每一次重大机遇，主动破解每一个发展难题，不断推动特色经济的发展，使安平成为中国最大的“丝网产业基地”。安平丝网产业的装备水平仍处于机械化阶段，丝材的精度、网面的平整度，筛网、滤网的机械、物理性能同国外相比还有一定差距，丝网产品“低端拥挤、高端稀缺”，同质化明显，满池活鱼，缺少飞龙，领军企业不多，自主品牌少，代工多，仿制多，自主创新能力弱，高附加值的产业发展慢，科技含量普遍不高等。为促进特色产业的大发展，就要立足县域特色产业的基础，下大力量，花大力气，把转型升级作为县域经济科学发展的突破口，加强引进创新，加强产需对接，完善平台服务，注重节能减排，大力提升丝网产业关键技术创新、高端产品研发和光电一体化智能装备应用水平，着力转方式、调结构、提质量、增效益，努力推动县域特色经济又好又快发展。

3、加大环境保护和整治力度问题

环境是人类赖以生存的基础，直接或间接地影响着人类的健康和社会的可持续发展。进入20世纪90年代，安平县工业以丝网、化工、建材、机械等行业为主，由此引发的环境污染问题日益突出。据1991年调查，全县有可能造成环境污染的企业91个，到2002年，全县可造成环境污染的企业增加到183个，生产、生活排放的大量烟尘粉尘、废渣和噪声，对人民生活构成一定影响，而随着社会经济的发展，新的污染源还会产生。环境污染已成为民生之患、民心之痛、民怨所指，而环保、安全、稳定往往又互为诱因，牵一发而动全身。要清醒地看到，环境保护已成为安平县亟待破解的突出问题。治本之策在于加快经济发展方式转变，坚定不移地走绿色、低碳、可持续发展的道路。同时要教育群众增强环保意识，加大环境宣传和执法力度，充分发挥公众的监督职责，依法查处环境违法问题。朝着蓝天净水绿树的目标不断迈进，要真正做到这一点，任务还相当艰巨，决不可掉以轻心。

敢为人先的安平人，在改革开放中崛起，也必将在新的征程中创造新的辉煌。

大事记

1991年

1月9—10日　中共安平县委、县政府在县招待所会堂召开全县乡镇企业工作会议。

3月13日　国家教委教育发展研究中心主任、教委专职委员郝克明等4人到北郭村农中调查县、乡种植业人才需求情况。

3月13—15日　政协安平县第三届委员会(以下简称县政协)第二次会议在县委三楼会议室召开。本届委员会任期3年(1990年2月至1993年2月),共召开3次全委会议。

3月19日　中共安平县五届二次全委(扩大)会议在县委三楼会议室召开。本届委员会任期3年,1992年12月届满,任期内共召开4次全委扩大会议。

3月21—23日　安平县第十届人民代表大会第二次会议在县招待所礼堂召开。本届人民代表大会任期3年(1990年3月至1993年2月),共召开3次会议。

3月22日　中央电大副校长中国燎原广播电视大学校长方和忠、副校长杨静英在省电大副校长乔显洁、副书记尹子祥等陪同下,到北郭农中、马店考察调研。

3月　安平县丝网工业集团总公司被国务院机电产品进出口办公室、对外贸易局、机械电子工业部授予"'七五'期间全国机电产品出口先进单位"称号。

4月24日　台胞国民党中将赵立本回老家西两洼乡韩村铺祭祖。

是日　23时至23时40分,袁营、张寨、程油子、刘吉口、河漕村、安平镇、王胡林、察罗、大何庄共9个乡镇遭受雹灾。袁营乡受灾最严重。

4月25日　安平县"博陵牌"丝网在第二届北京国际博览会上被评为金奖,并获金杯和荣誉证书。

5月1日　调整粮油统销价格。粮食提价50%左右,食油提价160%左右,提价物品共40种。

5月27日　安平县市话进入全国长途直拨网工程正式开通并投入使用。

5月30日　县委、县政府决定调整全县教育布局。安平中学取消初中;后张庄中学取消高中,初中变为四规制,面向全县招生;城关中学由县教委直接管理,县镇联办;取消大何庄、程油子、角邱三所片区中学。

6月14日　水利部副部长严克强、海委主任张挺和国家计委、财政部有关领导在副省长张润身、水利厅长郑德明等陪同下,检查滹沱河北大堤质量并考察生物治河工程。

7月24日　全县干部职工响应县委号召,向南方洪涝灾区捐款18万多元。南苏村小学全体学生向南方灾区小朋友捐款的事迹,在8月10日的《河北日报》头版刊登。

8月15日　县政府根据《中华人民共和国文物保护法》和《河北省文物保护条例》,将圣姑庙遗址、东汉壁画墓、寨子九女墓、崔实墓、张凤墓、大观圣作碑、燕南侠义碑、一区烈士塔、二区烈士塔、四区烈士塔、安平县烈士陵园、王东沧烈士墓共12处文物,定为安平县重点文物保护单位。

9月24日　国家计生委副主任关景春，省计生委主任张瑞、副主任席文秀等到安平检查计划生育技术服务站建设工作。

9月　全县开展“知识分子活动月”活动。各行业知识分子140多人分成40多个义务服务队，集日上街进行义务诊断、修理、科技咨询等30多项服务。

10月23日　安平县新农贸市场落成剪彩。该市场位于新盈西街，于1990年5月始建，占地70多亩，可容纳行商2000多个，坐商60多户。

10月24日　县直302名社教队员与省直19名社教队员、地直32名社教队员，分别深入到南王庄、东黄城、石干、刘吉口、西两洼、安平镇等乡镇所属73个村，进行社会主义思想教育。该期社教于1992年5月结束。

10月5日　在河北省容貌环境治理评比中，安平县荣获全区总分第一名，夺得“新貌杯”。

11月2日　安平县五金厂张双亮研制的LDQ—200型潜水电磁流量计在第六届全国发明展览会上获“铜牌奖”。

11月19日　安平县八一鬃尾厂研制的水煮马鬃尾新工艺获国家专利，填补国内空白。

11月20—21日　省人大常委会主任郭志视察南王庄、石干两个乡的社教工作。

12月23日　安平县高级兽医师张双印主研的“防治仔猪白痢病 专用中成药”鉴定会在石家庄召开。经专家鉴定，该药为科研新成果，属国内首创。

1992年

1月14日　安平中学教学试验楼落成典礼。安平籍作家孙犁题写校名——河北安平中学。

2月28日　县委、县政府在县政府招待所会堂召开全县经济工作三级干部会。

5月27日　省委书记邢崇智在省教委副主任周治华、陈逖先，衡水地委书记刘庆国、保定地委书记肖建章等陪同下，到北郭村考察北郭村农中校园和北郭村药材种植情况。

5月　刘吉口、大何庄、马店3个乡的6个村的2400亩麦田发生黄吸浆虫，为全县首次发现小麦黄吸浆虫。

6月10—23日　为发展安平县城镇建设和教育事业，县政府开展人民自愿捐资活动。凡捐款5000元者，可照顾办理一个“农转非”。该次自愿捐款共办理农转非4489个。

6月20日　国务院批准河北省41个市县向外国人开放。安平县是开放市县之一。

7月3日　安平县与黑龙江省黑河市结为友好市县。

9月1日　第二期社教开始。399名社教队员进驻南王宋、察罗、大何庄、河漕村、王胡林、后张庄、张寨、袁营共8个乡的92个村。该期社教于1993年1月10日结束。

是日　县政府决定建立安平县经济开发区。该区位于城东饶安路两侧，占地1400余亩，其中工业区428亩，商业区419亩，高科技区80亩，游览区50亩，其他设施占地423亩。

10月29日　安平县金属网带厂研制出由七根单丝合股编织而成的“刨花板输送网带”。经专家鉴定，该网带部分技术指标达到或接近国外先进水平，填补国内空白。

11月1日　安平县被河北省政府评为“省级卫生城”。

11月26日　在衡水地区容貌治理竞赛中，安平县获全区总分第一名，蝉联冠军。

12月2日　全区利用外资项目落实工作现场会在安平县城召开。

12月25日　安平县电工合金厂开发研制的“无氧铜”经专家鉴定，达到国内先进水平，填补国内空白。

12月28—30日　中共安平县第六次代表大会在县招待所礼堂召开。151名代表参加会议。选举产生中共安平县第六届委员会和中共安平县纪律检查委员会。本届委员会任期5年（1992年12月至1998年3月），共召开六次全委（扩大）会议。

1993年

2月10日　第三期社教开始。150多名社教队员进驻台城、大子文、程油子、南苏村、马店、东里屯等乡的66个村。本期社教于5月月底结束。

2月18—20日　政协安平县第四届委员会第一次会议在县政府会议室召开。选举产生政协安平县第四届委员会常务委员会，常务委员22人。本届委员会任期5年（1993年2月至1998年2月），共召开5次全体会议。

2月24—27日　安平县第十一届人民代表大会第一次会议在招待所礼堂召开。参加会议的代表192名，列席代表101名。选举产生县十一届人大常委会委员18名和第十一届安平县人民政府领导成员；选举产生出席河北省第八届人民代表大会代表5名。本届人民代表大会任期5年（1993年2月至1998年2月），共召开6次会议。

3月15—30日　北郭村农中校长、县人大常委会副主任、全国人大代表苑书田参加第八届全国人民代表大会第一次会议。1994年至1997年，先后参加第二、第三、第四、第五次会议。

4月10日　经贸部副部长佟志广到安平考察指导工作。

4月27日　全县掀起植棉突击月活动。

6月6—8日　全县第一家合资企业——安平县国营织网厂与澳大利亚商人澳克王合资兴建的衡水安菲丝网有限公司举行开业典礼。

6月19日　台湾三龙行实业有限公司在县交通局苗圃场独资兴建“衡水旺美金属制品有限公司”，经营期限15年，项目总投资150万美元，注册资本120万美元。

7月1日　安平县纪念中共共产党建党72周年暨先进基层党组织、优秀共产党员、优秀党务工作者表彰大会在县招待所礼堂召开。

7月　安平县高考取得好成绩，全国重点院校上线率达到7.2%，位居全区第一；省中专以上院校上线率达到22%，位居全区第二。

8月　安平县第一所私立中学——安平县育才中学在安平县城建成并开始招生开学。

9月21—30日　县长尚俊廷、副县长石小琢、王长起率团赴廊坊参加1993年河北经贸洽谈会，签约项目10个，总投资1109.2万美元。

9月　县广播电视局投资100万元筹建有线电视台。

10月15日　中国银行安平县支行成立。

10月　在城镇容貌环境治理竞赛评比中，安平县获衡水地区第一名，实现三连冠。

11月7—18日　衡水地委、行署在安平县召开全区对外开放工作会议。

11月14日　安平县城镇第二粮站被共青团中央、国内贸易部授予“全国文明经营先进单位”称号。该粮站主任李兰珍被全国总工会授予“先进女职工”称号。

是年　全县三资企业发展到24家，项目总投资2.14亿元，合同利用外资1226万美元。

是年　地委书记刘庆国陪同中组部青年干部培训中心主任陈蔚兰率领的32省市组织部长调研组到安平进行调研。

1994年

1月11—15日　县委书记李力率23人到山东淄博市周村区、荣成市、威海市学习考察股份合作制带动战略、引进外资、城建等工作。

2月16日　为确保衡水地区分配的5.5万亩植棉任务，县委、县政府成立棉花生产领导小组。县长尚俊廷，与各乡（镇）长　签订植棉责任书。245名县直机关干部于3月27日入驻各村开展棉花播种工作。

2月　安平县丝网工业集团总公司在天津建立对外贸易办事处，开始自营出口业务。

3月22日　衡水地区小康建设工作队进驻北黄城、唐贝、南王庄。于1995年3月28日结束。

3月　北关、西关、南王庄、徐张屯4个村党支部被中共衡水地委命名为“红旗党支部”，并落实政治经济待遇。

3月　安平县被中共河北省委、省政府、省军区命名为“拥军优属模范县”。

4月中旬　安平县第十一届人大常委会召开主任办公会，对县政府各办、局的主任、局长，县人民法院副院长，县人民检察院副检察长等1993年的工作情况，按优、良、平、差四种标准进行逐人评审，6人被评为优，21人被评为良。

4月27日　安平县在北京昆仑饭店隆重召开招商引资洽谈会。全国人大常委会副委员长王丙乾、程思远致信祝贺，中顾委原常委陈锡联、中国农村信托投资公司董事长芮杏文、中国进出口银行董事长佟志广到会祝贺，国家对外贸易经济合作部、有关专业银行、实业公司的领导出席会议，地区行署专员杨新农、地委副书记刘宝宣亲临指导，30多个国家和地区的56名代表参加会议。会上县委书记李力致欢迎词，县长尚俊廷简单介绍招商引资事宜。

5月7日　安平县发生一起严重食物中毒事件。91名群众因食后张庄乡一屠户出售的病死驴肉而中毒。

5月23日　河北省委、省政府在衡水市召开的对外开放工作会议上，安平县委书记李力作题为“以开放引外资，靠实干求发展”的经验介绍。会后，省委、委政府在全省推广安平县和邯郸广平县兴办三资企业的做法，称为“两平现象”。

6月4日　县委、县政府在安平影院召开县办工业、乡镇企业表彰大会。

6月16日　安平、河漕村、后张庄、台城、刘吉口、大何庄、东黄城、东里屯等乡镇的75个村遭受风雨雹灾。

7月8—16日　县长尚俊廷率40多人，赴辽宁省朝阳市学习考察“富民升位”战略和加快经济发展的举措。

8月4日　安平县税务局被划分为安平县国家税务局和安平县地方税务局。

8月5日　县委、县政府在影院召开三级干部大会。会议总结安排计划生育工作，同时对加快9年义务教育普及，提高教学质量进行安排。

8月8日　香港景华制衣（安平）有限公司成立。该项目是由法国皮尔卡丹公司在中国大陆的总代理——香港景华制品有限公司黄振中投资兴建的独资企业，总投资345万美元。

8月27日　安平县人民政府开始第二次自愿捐资办理“农转非”。纯农村居民捐1500元，义务兵捐3500元（负责安排工作），合同工、临时工捐3000元可照顾办理一个“农转非”。共办理1679个。

9月1日　安平县第二所私立中学——光明中学建成开学。

9月1—5日　安平县组成127人的代表团到石家庄参加“1994年河北省对外经济贸易洽谈会”。签约项目7个、利用外资1833.54万美元，位居全区之首。河北省省长叶连松、副省长陈立友，衡水行署专员杨新农、副专员蒲增瑚等省地领导出席签字仪式。

10月14日　河北省副省长郭洪歧视察安平县丝网市场、造纸网厂、安菲丝网有限公司、河北联发过滤器材有限公司、隆治皮革制品有限公司等。

10月29日至11月4日　安平县组团参加在北京举行的首届环渤海地区五省二市中外经济技术合作招商洽谈会。安平丝网、鬃尾、精铸、化工、电工合金等19种产品参展。对内、对外发布项目8个，签约项目1个。

10月　安平县南王庄乡伍新村化工厂生产的肌醇获第六届国家技术交易会金奖和首届中国金榜技术与产品博览会金奖。

是月　张寨华龙马尾衬布有限公司生产的后整理衬布、马尾纱获第五届亚太国际博览会金奖。

11月30日　零时，安平县7000门程控电话一次割接开通。至此，全县邮电通信实现交换程控化，传输数字化，农话自动化。电话号码同时由4位升至6位。

12月2日　中共河北省委常委、常务副省长陈立友考察安平县三资企业。

12月15日　安平县司法局公证处办理二轻工业公司和丝网集团博陵丝网商店所属的北临为民

街、西临西马路的门店及其土地使用权的公开拍卖，是全区首例房产拍卖公证。

12月30日　安平县粮食系统700名企业干部职工实行全员劳动合同制。

是年　全县售电量首次突破1亿千瓦时大关，增长速度居全区之首；多项电力硬指标达到小康县电气化标准。

是年　辛营桥以南至深州交界处的11.5公里路面由7米拓宽到9米，道路级别由三级升为二级。

1995年

1月10日　经全省计划生育联查，安平县计划生育工作名列全省第11名。

1月10—12日　县长尚俊廷率52人赴天津参加河北衡水1995年经济技术协作洽谈会，签约独资项目7个，贸易合同5个；引进技术2项，人才15人，资金9500万元。

3月31日　安平县三级干部会议在安平影院召开。会议表彰1994年先进乡镇、先进企业和个人，部署1995年的经济工作，贯彻“开放兴县”战略。

4月24日　河北省职工劳动模范李文冒（造纸网厂电工）、河北省农业劳动模范王小其（南王庄乡南王庄村党支部书记）参加河北省劳动模范和先进集体表彰会。

5月8日　中共中央委员、内蒙古自治区人大常委会主任王群和副主任刘晓旺等一行12人，在河北省人大秘书长解玉奇陪同下，到安平县视察对外开放和特色经济，参观部分三资企业。

6月8日　河北省沧州市委书记吴振年、市长蒋绍钦率全市县、市、区委书记和市直部门的负责人共90多人到安平参观考察三资企业。

6月27—28日　安平县人民政府召开《安平县志》稿评审会，与会专家充分肯定该部志稿。

8月9日9时35分　安平县第二礼花厂（大子文乡北郝村炮厂）发生重大爆炸事故，死亡5人，伤8人，其中重伤4人，炸平厂房35间，炸坏55间，造成直接经济损失12.2万元。

8月16—18日　安平县电力局电子设备厂自行研制生产的“高压线路故障遥测仪”获国家专利并被中国第二届科技名优产品展销会评为金奖。

9月18日　“（天津95）安平对外开放经济技术洽谈会”在天津市举办。12个国家的43名外商、天津市副市长李胜民、秘书长唐延芹及天津各大企业代表出席洽谈会。会上共签约合资合作及外商独资项目8个，达成意向6个，签订出口贸易合同205万美元。

10月18日　路面长1100米、宽40米，总投资159万余元的安平县城南大门路面拓宽工程开工，于11月30日竣工，于12月8日通车剪彩。

10月27日　袁营乡袁营村农民、河北省美术家协会会员袁中权的作品《万山红遍》被毛主席纪念堂永久收藏。

12月13日　河北省副省长郭洪岐到安平听取县委、县政府关于丝网产业发展现状和建设丝网大世界筹备情况的汇报，并就建设丝网大世界发表六点意见。

1996年

1月1日　安平县《环保信息》正式创刊。县委书记刘苏芳为该刊题写刊名。

1月23日　根据省政府、地委并乡扩镇指示，全县由原来的1个镇19个乡并为1个镇7个乡。

3月20日　全县党风廉政建设工作会议召开，对8名违纪人员进行公开处理。

3月28日　人武部收归军队建制交接仪式在县委三楼会议室举行。从1996年4月1日始，县人武部收归军队建制，组成新的党委班子。县委书记刘苏芳任党委第一书记。

3月　全国绿化委员会授予安平县察罗乡“全国造林绿化百佳乡镇”荣誉称号，并颁发铜质牌匾。

4月9日　安平县荣获衡水地区1995年度直接利用外资工作先进市县第一名。

4月19日　河北省交通厅批准拆除前磨头至

安平的窄轨铁路。路基归县交通局，火车站归火车站人员开发利用。

4月27日 “河北省安平县招商引资洽谈会”在北京举行。30多个国家和地区的70多名客商到会。会上签订合作协议书1个，意向书8个，总投资1623万美元。

4月28日 根据地委通知精神，对各乡镇招聘的176名人员进行清退。

5月16日 “中国(安平)丝网大世界项目发布会”在北京人民大会堂浙江厅隆重举行。

5月18—23日 县委书记刘苏芳、县长石小琢率158人赴石家庄参加“河北省投资贸易洽谈会”，谈成签约项目10个，项目总投资3609万美元，合同利用外资1321.3万美元。省委书记、省长出席3个总投资超500万美元的项目签字仪式。

5月28日 “中国安平丝网大世界”奠基仪式在安平县隆重举行。省地县领导和群众代表共1万多人参加奠基仪式。省委、省政府、省人大主要领导，衡水地委、行署发贺信或贺电祝贺。

6月3日 县委、县政府出台《关于加强村党支部书记、村主任管理的暂行规定》。规定为任职5年以上，在工作中做出突出贡献的村支书、村主任办理养老保险。

6月18日 北京市副市长孟学农，河北省商贸厅厅长胡振国，衡水地委副书记郭华，衡水行署副专员刘国选、孙志人一起到安平考察生猪生产，参观京安规模养猪场，听取安平县经济发展和生猪生产情况汇报，签订《北京市肉类联合加工厂与安平县食品公司肉联厂生猪产销一体化》和《京安规模养猪场为北京市储备肉“冷储”改“活储”试点单位》两份合同。

7月4—8日 县长石小琢率42人参加“河北衡水（北京）依托恳谈会”。签约项目29个，协议项目1个，总投资36107万元；合同引资25566万元人民币；引进技术项目9个，引进人才154名。

7月10日 安平县防汛抗旱指挥部召开防汛工作会议。会上观看1963年抗洪抢险纪实录像，传达省市防汛工作会议精神，安排部署1996年的防汛工作。

7月19日 衡水地区被撤销，设立衡水市。安平县隶属于衡水市。

8月6—13日 安平县发生洪涝灾害。县委、县政府组织12万抗洪抢险大军日夜奋战在滹沱河南北大堤和潴龙河千里堤上，排除30多处险情，夺取抗洪抢险斗争的胜利。

8月6日晚21时 27军80师500名官兵到安平，在滹沱河南堤大子文乡、东黄城乡堤段开展抗洪抢险。

8月7日 27军81师2500名官兵急赴安平县，同人民群众一道抗洪抢险修筑堤埝，直到8月14日河水归槽后撤走。

是日 河北省军区政委汪潮海、副参谋长佟嘉刚等14人到安平视察抗洪抢险工作。

8月9日 省长叶连松、常务副省长陈立友到滹沱河北大堤指导抗洪抢险，察看刘吉口险段，看望支援抗洪抢险的51414部队官兵和刘吉口险段抢险队员。

8月10日 副省长郭洪岐带领石油、物资等部门的负责人到安平指导抗洪抢险，解决物资、药品、粮食等问题。

8月13日 省人大常委会副主任宁全福到安平县东黄城乡徐张屯村察看灾情，指示继续做好受灾群众的安置工作，搞好灾区的医疗，保证不发生大的流行性疾病。

8月23日 县委、县政府号召全县人民为灾区捐款、捐物。几天时间，全县共捐款264万元，衣物1509件，粮食190万公斤。

8月30日 县委、县政府在安平影院召开“抗洪抢险表彰大会”，表彰112个先进集体和512个先进个人，并对先进集体和先进个人分别颁发锦旗和荣誉证书。

8月31日 省委副书记许永跃到安平指导救灾工作。

9月2日 中共河北省委、省政府召开大会，表彰抗洪抢险先进集体和先进个人。中共安平县委、县政府，安平县程油子乡党委、政府，安平镇党委、政府获“抗洪抢险先进集体”称号。安平县委书记刘苏芳获“抗洪抢险先锋”称号，享受省级劳模待遇。县长石小琢、马店乡乡长曲士雄、县公安局长孙福忠、马店乡北郭村党支部书记苑计刚获“抗洪抢险先进个人”称号，并被记一等功。

9月10日　省委、省政府、省军区在石家庄市召开河北省人武系统抗洪抢险表彰大会。安平县武装部政委曹长根、唐贝村民兵连长靳小乐在大会发言。安平县武装部被授予“抗洪抢险先进集体”，并获锦旗；程油子乡后刘兴民兵连被授予“抗洪抢险先进集体”，并被记集体一等功，获锦旗；县武装部长王晓勋、安平镇武装部长崔永良被授予“抗洪抢险先进个人”称号，并被记一等功，奖励现金1000元；唐贝村民兵连长靳小乐被授予“抗洪抢险先锋”称号，享受省级劳模待遇，奖励现金1万元。

9月18日　省委副书记李炳良到安平指导灾后生产、重建家园工作。

10月4日　北京军区为在抗洪抢险中做出突出贡献的安平县武装部记集体一等功，为县武装部长王晓勋记个人二等功。

10月17—22日　安平县物资交流大会在县城举办。

10月18日　河北省地税局长王加林、教育处长赵金良考察东黄城乡唐贝村小学，研究决定给唐贝村拨款50万元建教学楼。

10月22—24日　县长石小琢率23人参加北京市政府召开的经济技术洽谈会，共签约项目6个，总投资1.97亿元。

11月4日　县委、县政府在县招待所礼堂召开全县计划生育工作三级干部大会。

11月8日　安平县公安局根据河北省委、省政府和衡水市公安局的统一部署，出动警力154名，警车21辆，兵分八路对市局11名在逃人员和本县在逃人员进行大规模搜捕。

11月27日　衡水市委、市政府、军分区在安平影院为安平县武装部荣立集体一等功，深州市武装部荣立集体二等功召开庆功大会。

11月29日　县委、县政府进行机构改革。全县党政工作部门共设32个，党政群机关人员行政编制450个。各工作部门领导指数144个。

12月25日　全国人大代表、省人大常委会副主任姜殿武等10人到安平县视察抗洪救灾生产自救情况。

12月28日　县委、县政府在安平影院为县造纸网厂1996年利税超千万元召开庆功大会。

是年　安平县18个自营出口企业创汇911万美元，名列全市第一名。

是年　提前一年实现县财政“自立”，受到省政府奖励。

是年　全县共建成4米宽的乡级公路56条，总里程110公里；通油面路的村达到184个，占全县的80%。

1997年

1月24—27日　安平县公安局出动警力158名，警车20辆，调动联防队员160人进行“扫黄”“打非”清查，抓获卖淫嫖娼者2人，取缔非法经营音像制品和书刊的摊点5个，收缴盗版、黄色书刊89册，盗版录像带8盘。对迷信活动和迷信用品进行清除和收缴，收容遣返巫婆、神汉9名。

3月8日　县委、县政府召开全县教育工作会议。会上宣布《县委、县政府关于加强教育工作若干问题的决定》，县长石小琢与各乡镇长签订《1997年教育工作目标责任状》。

4月11—22日　安平县小康建设办公室对3个乡镇的74个村进行“小康”验收。74个村全部达到“小康”标准。

4月15日　安平县公安局取缔邪教组织“门徒会”。邪教组织“门徒会”在马店乡马店村设立教会，以传福音为名宣扬怪论，在当地群众中造成极坏影响。

4月30日　安平县在河北省关于1996年度县（市、区）党政领导班子实绩考核通报中被列为63

个实绩突出县(市、区)之一。

4月　全县农村小学合校并点，联合办学、交叉办学工作全面铺开。全县120所小学进行联合，新建中心小学完全小学点42个。县投资300万元迁建县二小，投资100万元扩建县二中附属小学。

5月4日　安平县光华工业总公司与叙利亚格兰思德公司共同投资兴建中叙镀锌铁丝有限公司的签字仪式在县人大会议室举行。该公司设在叙利亚塔图斯市，是安平县也是衡水市乡镇企业在国外创办的第一家生产性合资企业。

5月6日　县委、县政府在县招待所会堂召开全县三级干部大会，表彰1996年在县办工业、乡镇企业和农业生产中做出突出贡献的先进集体和先进个人；安排部署全县农业、县乡工业、农村工作。

5月7—12日　林业部、河北省林业厅、衡水市林业局一行21人到安平县进行绿化达标复查，安平县重新达到平原绿化标准。

5月10日　财政部部长刘仲藜到安平县考察财政自立工作。

5月15日　在河北省城市防汛工作部署和表彰会上，安平县建设局被建设部授予“全国建设系统抗洪救灾先进集体”，并获锦旗。

5月18日　中华民族文化促进会和中共安平县委、县政府合拍六集电视连续剧《滹沱河风云》开机仪式在安平县烈士陵园举行。杨尚昆为该剧题写片名，杨成武为该剧题词。抗战时期的中共安平县委书记张根生、中共衡水市委副书记郭华出席开机仪式并讲话。全国政协常务副主席、中华民族文化促进会会长叶选平发信祝贺。6月23日，拍摄结束。

5月18—22日　县委书记刘苏芳、县长石小琢率团参加在石家庄举办的河北省对外经济贸易洽谈会，共签约项目11个，总投资3061.9万美元，合同利用外资1552.7万美元，其中超500万美元的项目1个，超100万美元的项目8个。

5月27日　安平县被确定为国家“九五”第一批商品粮基地县。

6月　是月月底全县20所被水灾损毁的学校迁建、修缮完毕，其中迁建8所，修缮12所。

6月30日　是日夜，在香港回归时刻，安平县城30个锣鼓队，960名锣鼓手和围观群众在7月1日0时钟声响后，热烈欢庆香港回归祖国。在政权交接仪式上，亲手升起五星红旗的是中国人民解放军三军仪仗队安平籍队员朱涛。县领导到朱涛家向其父母表示祝贺。

7月6日　是日晚，安平县发生风灾。直接经济损失44.5万元。

7月17日　安平县文化馆编排的小品《大虎》《鸡飞蛋打》《第一任老师》三个节目，在“1997年河北省群众戏剧、曲艺节目选拔赛”中分别获一、二、三等奖，并被选为1998年全国“蒲公英”大赛节目。

7月　全县农村实行合作医疗。20个乡卫生院投资40万元购置B超机15台，心电图机4台，X光机2台，显微镜5台。

9月25日　新迁建的安平县医院落成剪彩。

10月27—31日　安平县在县城举办秋季物资交流大会。

11月7日　河北省农村教育现场研讨会在安平县召开。

11月20日　总投资4000万元，占地150亩，建筑面积6万平方米的京安猪场二期工程投入使用，该猪场成为华北最大的养猪场和省内外种猪供应基地。

12月1日　安平县在全市县城容貌综合治理竞赛中荣获第一名。

12月15日　长1650米，宽40米，路面宽30米，总投资1097.196万元的县城中心路建成通车。

1998年

1月15日　安平县城被河北省政府授予“1997年度城市环境综合整治优胜县城”称号。

2月12—14日　政协安平县第五届委员会第一次会议在县政府会议室召开，出席会议委员120人。本届委员会任期5年(1998年2月至2003年3月)，共召开6次全体委员会议。

2月13—16日　安平县第十二届人民代表大会第一次会议在县招待所会堂召开。会议选举产生县十二届人大常委会和第十二届安平县人民政府领导成员，同时选举出县人民法院院长、县人民检察院检察长；选出省人大代表2名、衡水市第二届人大代表32名。本届人民代表大会任期5年（1998年2月至2003年3月），共召开5次代表会议。

3月6—7日　中共安平县第七次代表大会在县招待所会堂召开。会议选举产生中共安平县第七届委员会，委员26名，候补委员4人。本届委员会任期5年（1998年3月至2003年3月），共召开7次全委（扩大）会议。

3月　南王庄乡、马店乡经省政府批准改为南王庄镇、马店镇。原行政辖区不变，政府驻地不变。

4月5日　省委常委赵金铎率参加全省特色产业会议的一百多名县市区领导参观考察安平县丝网大世界。

4月6日　中国文联艺术团组织全国几家大型艺术团体的演员姜昆、关牧村、刘斌、万山红、朱琳等16人专程到革命老区——中国丝网之乡慰问演出。安平县委、县政府代表全县人民向艺术团赠送印有“心系老区、鱼水情深”的锦旗。

4月20日　县委、县政府在县招待所会堂召开全县三级干部会议。会议表彰1997年度工农业生产中的先进集体和个人，布置1998年的工农业生产任务，着重安排特色产业及农村工作。

4月26日至5月1日　县长赵庆云、副县长袁凌俊率县直12个部门的负责人，赴辽宁海城考察学习企业改制情况。

5月20日　比利时参议院副院长（前副首相、欧中商务合作中心主席）荷赛、德马赫在省有关部门人员的陪同下，考察安平县京安规模养猪场。

6月13日　河北省政协主席吕传赞到安平县就农业产业化进行调研。

6月27日　全国农村基层组织建设经验交流暨表彰会在北京人民大会堂举行。安平县委书记刘苏芳参加会议，并被中共中央组织部授予“全国农村基层组织建设工作优秀县委书记”称号。

7月4日　河北省军区司令员滑兵来、省水利厅副厅长韩乃义等有关领导对安平县的防汛工作进行检查。

7月16日　县委书记刘苏芳在北京中南海512会议室参加“向姜云胜同志学习做勤政廉政好公仆”座谈会并发言。

7月27日　副省长郭庚茂一行10人到安平县调研生猪生产，要求其他市县要学习借鉴“京安模式”，使全省农业产业化再上一个新台阶。

8月24日　副省长刘健生在衡水市市长李俊渠等陪同下，调研中国安平丝网大世界、京安规模养猪场、县造纸网厂。

8月26日　省政协副主席郭洪岐在衡水市副市长刘国选陪同下，视察京安规模养猪场和中国安平丝网大世界。

9月2日　中比合资组建“河北斯格种猪有限公司”合同签字仪式在安平县京安集团举行。

9月8日　省长叶连松、副省长郭世昌和省直有关部门主要负责人到安平视察丝网大世界、县造纸网厂、京安规模养猪场。

9月12日　中央党校副校长王伟光带领中央党校有关部门负责人到安平考察京安集团生猪生产情况，与京安集团草签合资兴建北京斯格种猪场的协议。

10月20—25日　安平县秋季物资交流大会在县城举办。

12月月初　乡级人大换届选举开始，到1999年1月月底结束，共选出新一届乡镇人大代表476名，选出乡镇人大主席8名，副主席5名，乡镇长8名，副乡镇长40名。

1999年

1月23日　县委根据衡水市委统一安排，在全县范围内开展“民主议政日”活动。全县230个村的村民代表及参政的村民对本村工作畅谈看法和意见。

2月4日　中央电视台《农村经济》节目摄制

组到安平县农村信用联社进行采访，拍摄专题片《广阔天地任翱翔》并于2月13日12时30分在中央电视台第7套节目《农村经济》栏目中播出。

2月12日　安平县地税局被中共河北省委、省政府评为省级文明单位，是衡水地税系统唯一获此殊荣的单位。

3月6日　安平县被衡水市委、市政府评为1998年度全市农业产业化经营先进县，安平县京安集团被评为1998年度全市农业产业化经营先进龙头企业。

3月23日　河北省科委受国家科技部委托，邀请有关部门专家组成验收委员会到安平进行科技工作考核验收。经评委无记名打分，安平县跨入“全国科技工作先进县行列”。

4月5日　国家进出口银行董事长佟志广到安平考察并就国际、国内形势作专题报告。400多名机关干部、厂长（经理）参加报告会。

4月6日　安平县被建设部命名为“全国城市环境综合整治优秀城市（县）”。

4月10日　县委、县政府在安平影院召开安平县三级干部大会。表彰1998年度先进单位和个人，安排部署1999年的工作，重点部署县乡工业和农村工作。

4月27日　安平县总工会在政府三楼会议室召开第九次职工代表大会，选出第九届工会委员会主席、副主席和9名常委。

5月18—23日　县委书记刘苏芳率69人的代表团参加“1999河北省对外经济贸易洽谈会”，签订外资项目6个，合同利用外资322万美元，签意向8个，拟利用外资466万美元。

5月29—31日　河北省委农工部和衡水市政府联合组成小康建设验收小组对安平县的小康建设进行综合验收，认定安平县于1998年实现小康。

5月　由安平县文化馆王敬学编写，杨文娜、葛荣荣演出的小品《怪大爷巧遇郝医生》荣获全国“曹禺杯”戏剧百优大赛三等奖。

7月8日　衡水市委书记刘德忠、市长李俊渠、常务副市长贾彦明带领各县县委书记、县长及市直有关部门的领导70余人到安平丝网大世界参观。

9月8日　中国五金制品协会在北京人民大会堂召开新闻发布会，授予安平县为“中国丝网之乡”称号。

9月10日　美国侨报大陆经贸版和中国新闻报分别刊登“河北安平成为中国最大的丝网集散地”的报道。

10月11日　省政协主席吕传赞到安平丝网集团、造纸网厂视察指导工作。

10月19—25日　安平县在县城举办物资交流大会。

12月　安平县通过省教委普及实验教学验收和“普九”复检。

是年　安平县火化工作全面展开。到是年年底，全县火化尸体2010具。

是年　安平县被国家林业局确定为“林业工作站建设合格县”。

2000年

3月7日　北京军区作战部副部长郧建华和衡水军分区司令员范振川、副司令员戴凤秀到安平检查指导县武装部的机关正规化建设、人员管理及弹药库管理等工作。

3月15日　全县平坟扩耕三级干部动员会在县招待所会堂召开。到3月20日，全县共平掉坟头30万个，扩耕8000亩，植树15万株。

3月20日　河北省丝网产品质量监督检验站在安平丝网大世界成立。该站直属省技术监督局领导，是河北省唯一一家丝网检验站。

3月21日　110巡警摧毁一盗窃团伙窝点，抓获犯罪分子25名。

4月　安平镇、南王庄镇被衡水市人民政府命名为“十强乡镇”。伍新村、宅后寺、李大转、北关、严疃、政宣、马江、马店、王各庄被衡水市人民政府命名为“百强村”。

4月18日　安平县三级干部会在县招待所会堂召开。会议表彰、奖励1999年在工农业生产中涌现出来的先进单位和先进个人；动员全县上下努力开创安平经济和社会各项事业的新局面。

4月29日　省长钮茂生、副省长才利民、衡水市委书记刘德忠等陪同比利时东佛兰德省长巴萨查到安平县参观京安集团、造纸网厂、丝网大世界。

5月月初　安平县城网都街北侧水泥管厂院内发现东汉早期古墓葬两座。县文物部门清理挖掘出耳环、双耳灰陶壶、五铢钱、二层陶楼、灰陶罐、陶案、陶猪等器物。

5月16—23日　县委书记赵庆云、县长李洪林率68人参加“河北省5·18(廊坊)对外经贸洽谈会”，发布项目58个；签约项目7个，总投资2528万元；成交贸易合同2个，成交额350万美元；签订意向1个，拟引进外资300万美元。

5月20—26日　县农行开展“三定两聘”(定岗位、定人员、定机构和干部聘任、职工聘用)工作。全体员工采用无记名投票方式推荐行内各部门、各单位正副经理(主任)和储蓄所负责人。

6月11日至8月21日　县委、县人大、县政府、县政协和纪检会、组织部、宣传部、人民法院、人民检察院、公安局领导班子中的中共党员开展“讲学习、讲政治、讲正气”的“三讲”教育活动。

8月下旬至10月上旬　县委、县纪委在全县开展以腐败分子胡长清、成克杰为反面教材的警示教育活动。通过召开动员会，组织参观《胡长清案件警示录》《生死抉择》等影片、录像片，全县广大干部、群众受到一次深刻的反腐败斗争教育。

10月18—23日　安平县秋季物资交流大会在县城举办。

10月27日　中国银行安平县支行开始为全县24个行政事业单位代发工资。这是首次由银行代发工资。

11月1日　根据国务院《第五次全国人口普查办法》的规定和省、市的具体安排部署，以零时为标准时点，开展第五次人口普查。11月10日，普查登记结束。

11月9日　省委书记王旭东在市委书记刘德忠、市长李俊渠陪同下，考察安平县造纸网厂、京安集团和丝网大世界。

11月20日　副省长才利民率省工商局、计委等部门负责人40余人，对安平县丝网大世界二期工程和丝网大世界网站进行视察指导。

是年　省、市两级政府授予安平县“义务献血先进县”称号。

2001年

1月19日　安平县公安局民警在河南濮阳将1997年8月21日持枪杀人的犯罪嫌疑人抓获。

2月22日　是日下午，全国人大常委会委员、北京军区原司令员李来柱视察京安集团、安平县造纸网厂、中国安平丝网大世界。

3月9日　县委、县政府在县招待所会堂召开全县“三个代表”学习教育动员大会。

3月10日　县委召开446名副乡、局级以上干部参加的“三个代表”重要思想集中学习教育动员大会，开始为期一周的集中学习培训。

3月14日　县公安局一举摧毁陵园街一盗窃窝点，抓获犯罪嫌疑人6名，查扣自行车10辆。

3月31日　县委、县政府在招待所会堂召开安平县2000年城建工程建设总结表彰暨2001年工程动员大会。

4月2日　美国博士安华及夫人在中国外交部司长潘伟芳陪同下参观安平中学。

4月9日　中国曲艺家协会副主席、党组书记刘兰芳率艺术团到安平慰问演出。曲艺家刘兰芳、刘江、侯耀文、齐啸云、李家存及谷文月等为观众演出相声、歌曲、戏曲、小品等精彩节目。

4月18日　县委、县政府在县招待所会堂召开经济工作三级干部会议。表彰2000年工农业战线涌现出的先进集体和个人，部署2001年的经济工作。

5月14日　安平县丝网研究所研制的中重型金属丝网编织机通过省级技术鉴定。该编织机填补国内空白，居国际先进水平，用于重型平纹网、斜纹网的编织，生产的产品网面平整，质量达到

CB5330—5标准。

5月18日　河北省人大常委会常务副主任李炳良和省有关部门负责人到安平视察京安集团、造纸网厂和丝网大世界；听取安平县企业和大子文乡土地管理情况的汇报。

5月19日　中央电视台著名节目主持人赵忠祥应邀到安平为安中师生作公益性报告。

5月28日　美国海鑫科金信息有限公司总设计师、原籍安平县大何庄乡杨各庄村人靳爱友将一套价值30多万元人民币的指纹自动识别系统捐赠给安平县公安局刑侦技术室。

6月18日　中共安平县委召开党代表会议，选举出25名出席中共衡水市第一次代表大会的代表。

6月21日　县公安局在全县开展"治爆缉枪"专项活动，收缴危爆物品448件、民用枪8支、子弹185发、雷管281枚。

6月30日　省长钮茂生在衡水市委副书记郭华等陪同下，到台城村看望1947年前加入中国共产党的老中共党员。

7月6日　安北110kV变电站竣工投运。

7月17日　安平县逯庄东汉壁画墓群被国务院列为第五批全国重点文物保护单位。

8月25日　是日17—18时，全县遭受暴风雨袭击，风力9～10级。灾害主要涉及大子文乡、南王庄镇、东黄城乡、安平镇、大何庄乡、马店镇共6个乡镇127个村。

9月6日　首届中国（安平）国际丝网博览会新闻发布会在北京中央电视台梅地亚中心举行。人民日报社、新华社、光明日报社、香港大公报、中央电视台等30多家新闻媒体的40多名记者参加新闻发布会。

9月8日　安平县丝网业被科技部誉为国家区域性支柱产业。

9月13日　省人大常委会原主任郭志在市人大常委会主任杨志勇陪同下，到安平县视察京安集团和丝网大世界。

9月15日　安平县通过全国"科技先进县"的复查。

9月29—30日　河北省环境卫生评比检查团检查安平县市容市貌。安平县荣获衡水市第一名。

10月10日　县委召开全县"三个代表"学教工作总结动员大会。

10月12日　省政协副主席杨国春和省政协常委、委员20余人到安平考察丝网大世界、京安集团、造纸网厂。

10月22—24日　首届中国（安平）国际丝网博览会在安平丝网大世界隆重举行。中央、省、市领导及国内外客商共一万多人参加22日上午的开幕式。22日下午，北京军区政治部战友歌舞团在安平二中体育场内，为首届博览会举办大型文艺演出。著名演员初瑞、于文华、潘长江、梦鸽、耿其昌、李维康等表演节目。本届博览会设展位139个；到会客商12万人次，其中，美国、日本、加拿大等18个国家和地区客商168名；发布新项目56个，签约项目29个，项目总投资11.8亿元，合同利用外资5620万美元，丝网贸易额16.9亿元。

10月22—24日　《探索与求是》杂志社和中共安平县委在安平县联合举办非公有制企业党建研讨会。中共中央组织部、衡水市委组织部、人民日报社、《探索与求是》杂志社、河北日报社等单位的记者和理论家共50多人参加会议。

10月25日　全省市容市貌检查团到安平县进行检查。在该次检查中，安平县获全市第一名。

10月26日　全长6456米，采用管道铺设，设有排水泵站及沉淀池，总投资1200万元的县城排水工程竣工并通水运行。

10月27日至11月1日　安平县秋季物资交流会在县城举办。日均上市摊位6000多个，人流量103万人，总成交额500多万元。

10月　安平县通过省"双拥"检查团"拥军优属模范县"的验收。

11月28日　西两洼乡史官屯村农民李铁墩经过20年的潜心研究，破解"难人木"之谜，并用一年时间，造出"难人木"结构的"万卡塔"。

12月27日　由中国戏曲家协会会员、县文化馆副馆长王敬学创作，县文化馆业余演员苑敬者、任亚杰、魏天宏、杨文娜、葛荣荣表演的小品《挑女婿》和《怪大爷碰上了郝医生》，在文化部举办的全国第十一届“群星奖”大赛上，分别获得金奖和银奖。该奖项是全国群众艺术政府最高奖。

是年　全县生猪出栏达60万头。

2002年

1月月初　全县村级“三个代表”重要思想集中学习总结大会在县政府招待所会堂召开。

1月8日　南张沃村民张大扣投资240万元，建立安平县第一个奶牛场。

2月23日　中央党建研究会会长、中共中央组织部原部长张全景在省、市领导陪同下，到县造纸网厂、丝网大世界、京安集团，与企业干部职工进行座谈，详细了解企业生产经营情况和企业党建工作。

3月2—5日　县长李洪林率安平县华兴金属网厂、丝网大世界产销公司、康利达金属丝网有限公司、衡阳不锈钢制品有限公司等企业赴德国科隆国际五金展览会参展。

3月22日　是日上午，国家农业开发办公室副主任宋志刚、省农业开发办主任乔满等人到安平考察京安集团养殖总场和两洼种猪分场。

4月10日　中国安平丝网大世界被省统计局评为全省十强专业市场。

4月22日　中央党建研究会会长、中组部原部长张全景在省委副书记刘德旺、市委书记刘德忠等省市领导陪同下，到台城村听取建立“全国第一个农村党支部纪念馆”的汇报，到南王庄村参观南王庄展览馆，并同两个村的村干部、中共党员代表和群众代表进行座谈。

4月23日　省委副书记刘德旺考察安平县捷通网业有限公司、县造纸网厂，参观安平丝网发展史展览。

4月27—29日　衡水市第三届中学生田径运动会在安平中学体育场召开。安平县中学生代表队取得团体第一名，甲组第一名，乙组第五名，丙组第二名的好成绩。

4月　农村税费改革在全县全面推开，完成全县28.5万名农业人口的农业税征收台账编制，并实现微机管理；“三提五统（三提：公积金、公益金和管理费。五统：教育事业费附加、计划生育、优抚、民兵训练、乡村道路修建费）”改为农业税正税和附加费。

5月11日　国务院原副秘书长张利智在副省长才利民等陪同下，考察中国安平丝网大世界和县造纸网厂，参观安平县丝网发展史展览，走访部分丝网商户。

6月3日　省长钮茂生、副省长宋恩华，市领导刘德忠、贾彦明、孙志人及省市有关部门负责人考察安平县滹沱河北大堤复堤、路面硬化、堤坡排水等工程进展情况。

6月17日　省人大常委会副主任、省工商联会长韩葆珍，省政协4位副主席（九三学社省委名誉主任王幼辉、民进省委名誉主委陈慧、民建省委主委赵燕、农工民主党省委名誉主委王士昌）及部分省民主党派主委到安平县视察两洼种猪场、造纸网厂、丝网大世界、京安集团。

6月23日　天津市孙犁研究会会长、天津日报社副主编腾云带领研究会30余人到当代文学大师孙犁的故乡——安平县大子文乡孙遥城采风。孙犁研究会向安平县委、县政府赠送写有“感谢安平大地哺育文学大师孙犁”的书法作品和百花文艺出版社出版的58本书籍。

7月1日　“全国第一个农村党支部纪念馆”落成开馆仪式在台城村举行。市委书记刘德忠和县委书记赵庆云为纪念馆揭牌并讲话。安平县25名新党员和新团员在纪念馆前举行入党、入团宣誓。中央电视台于3日在新闻节目中报道纪念馆落成开馆仪式。

7月4日　省委常委、常务副省长郭庚茂考察两洼养猪场、捷通公司、丝网大世界和东黄城乡税费改革情况。

7月17日　安平县机构改革动员大会召开，全面部署全县党政机关机构改革及控编减员工作。

7月31日　河北安平丝网工业园举行开工典礼。

8月9—11日　全国畜牧兽医学会、养猪学会分会主办的全国养猪企业家高级论坛——安平峰会在安平县举行。

8月14日　省委常委、宣传部长张士儒在衡水市委书记刘德忠等陪同下，考察京安规模养猪场、丝网大世界、安基公司、造纸网厂。

8月15日　副省长宋恩华带领省畜牧局、省农办等有关部门负责人到京安分公司就生猪生产进行调研。

8月16日　第二届中国（安平）国际丝网博览会新闻发布会在北京新兴宾馆举行。

8月16日　省委常委、组织部长付志方到安平进行调研，了解企业营销和党建情况。

8月21日　省委常委、统战部长陈秀芳到安平考察京安集团、县造纸网厂、丝网大世界。

8月22日　省人大常委会副主任张士儒到安平，对安平县村民委员会换届选举工作进行调研，并参观安平丝网大世界展厅。

8月28日　国家知识产权局向国内外公布安平县苏滨江大夫申请的医药专利技术成果。该科研成果是苏滨江经近30年的潜心研究和临床试验而研制成的治疗骨质增生、骨质退行性病变的中成药——骨异平丸。该科研成果填补国内空白，于2002年先后获香港国际专利博览会金奖、伦敦伯尔尼国际博览会金牌奖、中国精英文化发展一等奖。

9月3日　全国人大常委、外经贸部原副部长、进出口银行原董事长佟志广到安平县视察电工合金厂、捷通公司、造纸网厂和丝网大世界展厅及建设中的丝网工业园。

9月25日　省委副书记冯文海率参加全省畜牧工作会议的各市主要负责人参观安平县京安集团和两洼种猪养殖园区。

10月11日　党史专家、中共中央党史研究室室务委员会委员、第一研究部主任黄修荣在省党史研究室主任王远芳、市委副书记郭华等陪同下，到全国第一个农村党支部所在地安平县台城村进行实地考察，并认证台城村党支部为全国成立时间最早的农村党支部的史料是充分的，是对后人的鞭策和对先烈的告慰。

10月21日　中纪委委员张吾乐、夏国华在市领导刘德忠等陪同下，考察安平县国际丝网会展中心、造纸网厂、京安集团及两洼种猪养殖场。

10月22—24日　第二届中国（安平）国际丝网博览会在丝网大世界召开。本届博览会设展位280个，170多家中外企业参会参展；到会外商300人，接待客商10万人次；发布项目86个，签约项目6个；合同利用外资1845.5万美元，内资9000万元；达成产品销售意向价值12亿元。

11月4日　安平县诗文书画社成员、县电力局职工张骞创作的书画作品《草书扇面》入选《西泠印社第三届国际书法篆刻大展作品集》。

12月25日　在全国财政系统“双先”表彰会上，县政协副主席、财政局长李光辉被财政部、人事部授予“全国财政系统先进工作者”（享受省部级劳模待遇），受到国务院总理朱镕基的接见，并一起合影留念。

12月　安平县电工合金厂用金属离子注入技术生产的电工触头和丝网研究所研制的NOB—1500中重型丝网编织机被列入国家级重点新产品计划。

第一编　政区建置

- 地理位置
- 建置沿革
- 行政区划
- 县城区　乡镇

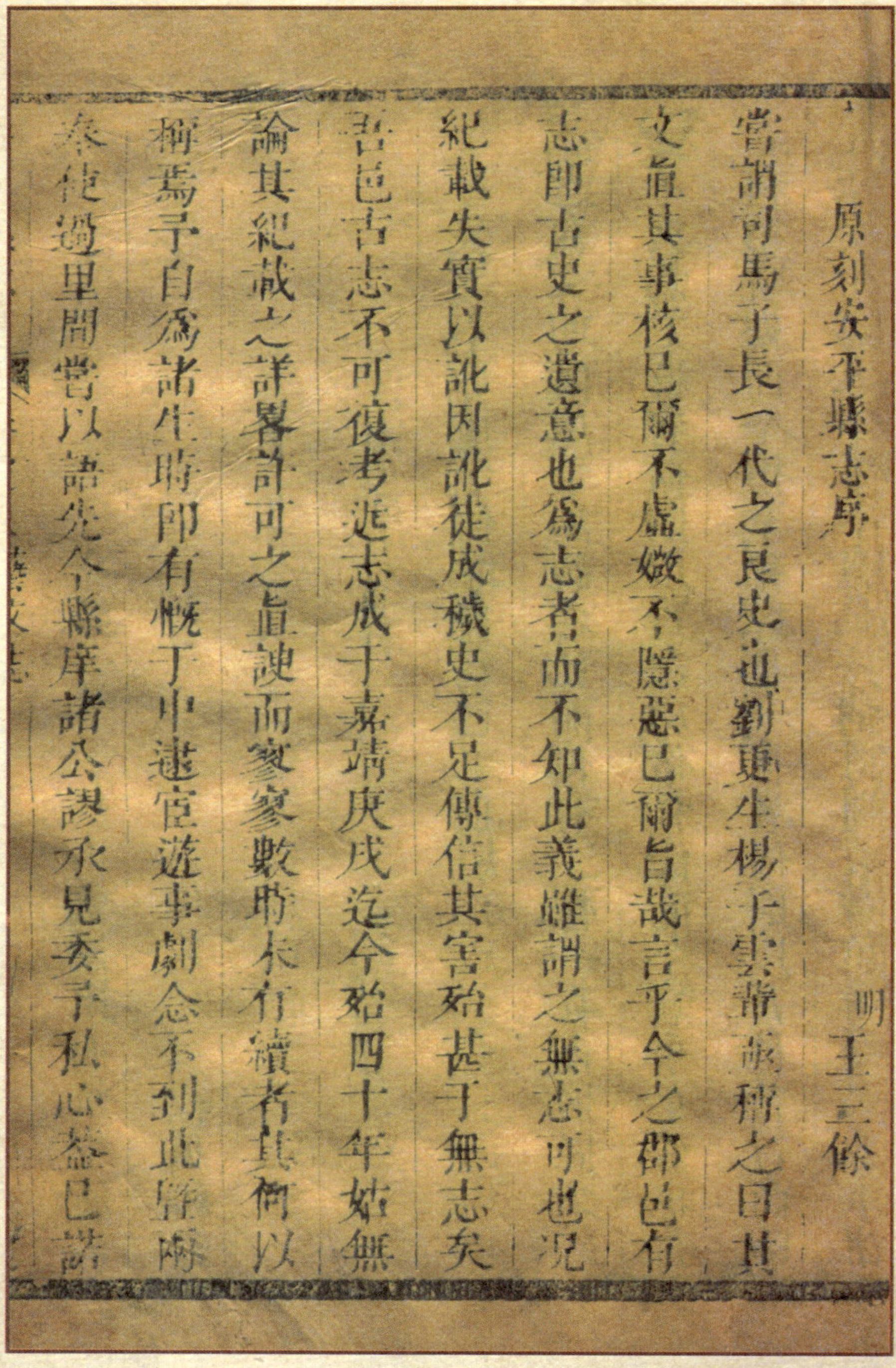

原刻安平縣志序　明　王三餘

嘗謂司馬子長一代之良史也劉更生楊子雲輩咸稱之曰其文直其事核已備不虛媺不隱惡已爾旨哉言乎今之郡邑有志即古史之遺意也爲志者而不知此義雖謂之無志可也況紀載失實以訛因訛徒成穢史不足傳信其害殆甚于無志矣吾邑古志不可復考近志成于嘉靖庚戌迄今殆四十年姑無論其紀載之詳畧許可之直諛而寥寥數册未有續者其何以稱焉予自爲諸生時即有慨于中逮宦遊事劇念不到此曁解奉使過里閭嘗以語先今縣庠諸公謬承見委予私心竊已諾

康熙二十六年《安平县志》载明朝王三馀撰《展刻安平县志序》片段

第一编 政区建置

安平县历史悠久，春秋时，境域属鲜虞国，西汉置县，因“官民安居乐业且地势平坦”而得名。1991年，安平县辖20个乡镇、230个行政村。后经历并乡扩镇、撤乡设镇等变迁。2002年，安平县辖3个镇5个乡，230个行政村，总土地面积495.4平方公里，边界线总长193.398公里。

第一章 地理位置

安平县位于河北省中部偏南，地处北纬38°05′～38°22′、东经115°19′～119°41′。东与饶阳县交界，西与石家庄市的深泽县相连，南、西南与深州市及石家庄市的辛集市毗邻，西北、北与保定市的安国市、博野县接壤，东北与保定市的蠡县为邻。北距首都北京市250公里，西距省会石家庄市91.2公里，东南距衡水市政府所在地桃城区70公里。北距朔黄铁路32公里，东距京九铁路10公里，南距石黄高速24公里。县境南北29公里，东西32公里。

第二章 建置沿革

春秋时，境域属鲜虞国。

战国时，县境初属中山国，后归赵国。赵始于此筑安平邑。

秦时属巨鹿郡。

西汉始置安平县，并于县治西南15公里处角邱置谷邱县，均属涿郡。

新莽时，安平称广望亭。

东汉初，废谷邱县，复安平县。建武元年(25年)安平县隶属于安平国。建初四年(79年)改隶乐成国。延光元年(122年)，乐成国更名安平国，安平县仍属之。延熹元年(158年)，改隶博陵郡，郡治安平城，统安平、安国、南深泽、饶阳四个县。

三国魏时，安平仍属博陵郡，并为郡治。

晋时，于安平置博陵国。统安平、饶阳、安国、南深泽四个县。

北魏、北齐、北周时，安平皆属博陵郡。郡治仍在安平县城。

隋开皇三年(583年)罢郡设州，安平改属定州；开皇十六年(596年)，改属深州。大业二年(606年)，还隶定州；大业三年(607年)，废州置郡，定州改为博陵郡；大业九年(613年)，改博陵郡为高阳郡，安平仍属之。

唐武德元年(618年)，还隶定州；武德四年(621年)，安平改属深州，州治初为安平，寻徙饶阳。贞观十七年(643年)，改隶定州。先天二年(713年)，复属深州。天宝元年(742年)，改隶饶阳郡。至德二年(757年)，罢郡还属深州。

五代及北宋、金时属深州。

元太祖十九年(1224年)，安平改隶南平州，并为州治，领饶阳。太宗七年(1235年)，南平州废，安平复隶深州。中统二年(1261年)，改隶真定路晋州。

明时，安平县属真定府晋州。

清初，县仍隶晋州。雍正二年(1724年)六月，改属深州。

民国2年(1913年)，废州制，县属直隶省范阳道。下年，范阳道改为保定道，安平仍属之。民国17年(1928年2月)，直隶省改河北省，直领安平县。民国26年(1937年)，县划归河北省第十督察区；是年10月29日，安平县抗日政府建立，隶属于晋察冀边区保属省。民国27年(1938年)1月，保属省改为冀中省，安平县仍属之；4月，冀中省改为冀中区，5月月初，冀中行署成立，安平县属于晋察冀边区冀中行署二专区。民国28年(1939年)12月，二专区改为七专区，县仍属之。民国32年(1943年)9月5日，取消冀中行署，县属晋察冀边区七专区。民国33年(1944年)10月15日，恢复冀中行署，县属晋察冀边区冀中行署七专区。民国35年(1946年)4月12日，又改属冀中行署九专区。民国37年(1948年)9月26日，华北人民政府成立，安平属于华北行政区冀中行署九专区。民国38年(1949年)8月1日，河北省人民政府成立，县划归河北省定县专区。1954年4月24日，定县专区撤销，安平县划归石家庄专区。1958年11月5日，安平并入深县。1961年4月月底，复设安平县(含原饶阳辖区)，仍属于石家庄专区。1962年1月，饶阳从安平析出，县恢复原建制；同年6月27日，安平改属衡水专区。1970年，衡水专区改称衡水地区。1996年7月，衡水地区又改称衡水市，县仍属之。

注：日军侵占安平县城时，安平县伪政权隶属河北省真渤区真定道。

安平县历史沿革一览表

表1-1

朝代		帝王纪元	公元纪年	隶属州郡（国别）	治所
春秋		—	前770至476	鲜虞国	—
战国	战国初期	周元王 姬仁元年	前475至221	中山国	—
	战国中后期	—	—	赵国	邯郸
秦			前221	巨鹿郡	—
西汉		高祖六年	前201	幽州涿郡	涿县
东汉	光武	建武元年	25	冀州安平国	信都（今冀州）
	章帝	建初四年	79	乐成国	—
	安帝	延光元年	122	安平国	—
	桓帝	延熹元年	158	冀州博陵郡	安平县
三国魏文帝		黄初元年	220	冀州博陵郡	安平县
晋		泰始元年	265	冀州博陵国	安平县
北魏		泰常五年	420	博陵郡	安平县
北齐		天保元年	550	博陵郡	安平县
北周		武成元年	559	博陵郡	安平县

续表1-1

朝代		帝王纪元	公元纪年	隶属州郡（国别）	治所
隋	文帝	开皇元年	581	定州博陵郡	定州
		开皇三年	583	定州	定州
		开皇九年	589	定州高阳郡	高阳
		开皇十六年	596	深州	—
	炀帝	大业二年	606	定州	—
		大业三年	607	博陵郡	定州
		大业九年	613	高阳郡	高阳
唐	高祖	武德元年	618	定州	—
		武德四年	621	河北道深州	初治安平，寻徙饶阳
	太宗	贞观十七年	643	定州	—
	玄宗	先天二年	713	深州	深州
		天宝元年	742	饶阳郡	鲁口
	肃宗	至德二年	757	深州	陆泽
五代	后梁	龙德二年	922	成德军	—
	后晋	天福七年	942	顺国军	—
	后汉	天福十二年	947	成德军	—
宋	宋	建隆元年	960	深州	—
金	金	天会七年	1129	河北东路深州	—
元	太祖	元年	1206	河间府	河间
		太祖十九年	1224	南平州	安平
	太宗	太宗七年	1235	真定路深州	—
	世祖	中统二年	1261	真定路晋州	鼓城
明	太祖	洪武元年	1368	真定府晋州	—
清	世宗	雍正二年	1724	深州直隶州	深州
中华民国		民国元年	1912	直隶省深州	深州
		2年	1913	直隶省范阳道	清苑
		3年	1914	直隶省保定道	保定
		17年	1928	河北省	天津
		27年	1938	晋察冀边区二专区	—
		28年	1939	晋察冀边区七专区	—
		35年	1946	晋察冀边区九专区	—
		37年	1948	华北行政区冀中行署九专区	—
		38年	1949	河北省定县专区	定县
中华人民共和国		—	1949	河北省定县专区	定县
		—	1954	河北省石家庄专区	石家庄
		—	1962	河北省衡水专区	衡水
		—	1970	河北省衡水地区	衡水
		—	1996	河北省衡水市	桃城

第三章　行政区划

本章是在1996年版《安平县志》“行政区划”一章的基础上重新编写的，对原文遗漏的内容进行了补充，对不确切的地方进行修改和更正。修改补充的依据是：民国16年（1927年）6月刊行的《河北省民政统计概要》、民国20年（1931年）《河北省统计年鉴》、民国22年（1933年）《河北省各县概况一览》、1985年12月版《安平县大事记》、1991年12月版《安平县城镇乡村考》、《中国共产党河北省安平县组织史资料》一卷至四卷、1996年版《安平县志》第一编第四章“城镇乡村”等资料，并对知情人进行走访调查和考证。

第一节　清朝及以前行政区划

元朝，县实行乡里制，以县辖乡，以乡辖里，以里辖村。时县有博陵乡、明德乡、皇风里，其他区划不详。明清时期，改乡里制为里社制，索查旧志，仅知明朝时县设唐贝社、黄城社、子文社等；清朝康熙年间，县共设坊市、庙头、牛具、会涡、崔岭、羽林、长汝、唐贝、子文、角邱、黄城、辛庄、侯疃、义门、台城15个社，辖154村。

第二节　民国时期行政区划

民国初期，实行区里制。民国17年（1928年），全县设5个区、12个里，辖村169个。民国20年（1931年），区制未变，废里设乡，全县设5个区185个乡。同年，里村分为南里村、北里村、东里村3个村，重华疃分为刘重华疃、李重华疃2个村，刘光营分为前刘营、后刘营、杨马庄3个村，崔安铺分为崔安铺、崔安屯2个村。大王宋改称南王宋，张家店改称下里村。民国22年（1933年）8月，全县共237村（旧村），编为5个区、170个乡、13个镇、1286个闾、6430个邻。民国26年（1937年），宗庄、彭庄合并为维新村，北郭村、许家庄合并为北许村，中柏林、东柏林、崔村、魏庄并入前柏林，郭店、王店、何店、刘店、北角合并为五新村，五侯疃分为北侯疃、南侯疃、西侯疃3个村。全县共239村，编为5个区、184个乡。第一区治所在县城，辖46个乡、53个村；第二区治所义门，辖38个乡、52个村；第三区治所子文，辖38个乡、53个村；第四区治所角邱，辖25个乡、32个村；第五区治所白沙庄，辖37个乡、49个村。

民国26年（1937年），抗战初期，饶阳之王屯划归安平县。同年10月29日，安平县成立抗日政府。为适应斗争需要，在抗日战争时期，全县行政区划进行5次调整。

民国27年（1938年），庄窠头、谢疃合并为谢庄村，长堤分为东长堤、西长堤2个村。同年5月，将原来的5个区调整为4个区，共210个村。第一区治所安平，辖村65个；第二区治所义门，辖村54个；第三区治所大何庄，辖村47个；第四区治所宅后寺，辖村44个。

民国28年（1939年），二区的琉璃瓦寺店改称李家店，白沙庄划归博野县。同年3月，由4个区改划为5个区，共209个村。一区辖安平城东41个村，二区辖河（滹沱河，下同）北东部42个村，三区辖河北西部40个村，四区辖城西南41个村，五区辖城西45个村。

民国29年（1940年），三区的西满正、南满正合并为大满正。是年1月，由原来的5个区改划为7个区，208个村。城东41村为一区，河北东部29个村为二区，河北中部26个村为三区，河北西部26个村为四区，河南西部21个村为五区，西南24个村为六区，河南中部41个村为七区。

（见前彩页示意图1）

民国30年（1941年），原2区的下里村改称张寺店。同年10月，由7个区改划为5个区。一区治所寨子，辖城东45个村；二区治所付各庄，辖河北东部42个村；三区治所大何庄，辖河北西部39个村；四区治所角邱，辖河南西部至西南44个村；五区治所黄城，辖河南中部38个村。

民国31年（1942年）春，为便于抗击日本侵略者，将原二区的中佐、大窦口、刘门口、中张庄、袁毛营、张营、武毛营、中营、信口、东石庄10个村划归饶阳县；原四区的南王宋、野营、杏贡、周大转、阎大转、李大转、南大转、王刘乡、张刘乡、郭王宋、张王宋11个村划归束晋县；深县的黄疃、刁马庄、北大疃、西大疃、东大疃、刘屯、赵八庄共7个村划归安平县第五区，南庄子村划归第一区管辖。至此，各区辖村数为：一区46个，二区32个，三区39个，四区33个，五区45个，全县共195个村。

民国32年（1943年），第五区的别驾村更名为新民村。同年秋，中佐、大窦口、刘门口、中张庄、袁毛营、张营、武毛营、中营、信口、东石庄共10个村又由饶阳县回归安平县第二区，二区辖42个村，其他区划未变。时全县共有205个村。

民国33年（1944年），四区的角邱分为角北、角南2个村，四区辖村增至34个，其他区划未变。

民国34年（1945年）5月，增设城厢区，从一区划出1个村，从五区划出8个村共9个村（即里仁铺、政宣铺、孝感铺、县前铺、兴贤铺5个铺，北关、西关、东关3个关，豆家庄村）归城厢区管辖。至此，一区辖45个村，二区辖42个村，三区辖39个村，四区辖34个村，五区辖37个村，城厢区辖9个村。全县共有206个村。

（见前彩页示意图2）

解放战争时期，全县区划经过4次变动。

民国34年（1945年）9月，南王宋、野营、杏贡、周大转、阎大转、李大转、南大转、王刘乡、张刘乡共9个村从束晋县回归安平县，仍归四区管辖；五区的黄疃、刁马庄、北大疃、东大疃、西大疃、刘屯、赵八庄，一区的南庄子共8个村由安平县回归深县。同年，五区的维新村分为宗庄、彭庄2个村。至此，一区辖44个村，二区辖42个村，三区辖39个村，四区辖43个村，五区辖31个村，城厢区辖9村，全县共208个村。

民国34年（1945年）12月，城厢区和第五区合并为第五区，辖40个村，治所在安平城内。

民国35年（1946年），四区的东辽城分为孙辽城和曹辽城2个村。四区辖村增至44个。全县共209个村。

民国35年（1946年）12月，由5个区改划为6个区。区下设24个小区。一区治所寨子，辖1～4个小区、36个村；二区治所义门，辖5～8个小区、35个村；三区治所刘吉口，辖9～12个小区、33个村；四区治所角邱，辖13～16个小区、34个村；五区治所在安平城内，辖17～20个小区、38个村；六区治所西赵庄，辖21～24个小区、33个村。全县共209个村。

民国36年（1947年），五区的槐林庄更名为大同新；里仁铺的一半与政平、宣化合并称政宣，另一半与孝感街合并称孝仁。三区的北许村分为北郭村、许家庄2个村；六区的邢王营分出王营村，邢营与郭庄（霍家庄）合并为邢郭庄。至此，三区辖34个村，五区辖37个村，其他区划未变。全县仍有209村。

民国37年（1948年）7月，由6个区改划为10个区。

第一区：治所寨子。辖寨子、西毛庄、东毛庄、梅家左、后程干、东程干、东庙头、西两洼、东两洼、南两洼、韩村铺、贾屯、杨屯、郑家庄、西里屯、东里屯、小辛庄、史官屯、耿官屯、向官屯、王屯共21个村。

第二区：治所义门。辖义门、油子、小油子、刘兴庄、东石庄、信家口、中张营、张营、袁毛营、武毛营、刘门口、窦家口、中张庄、中佐、周庄、刘庄、东刘店、张寺店、李家庄、段家佐、张寨、东里村、北里村共23个村。

第三区：治所南苏村。辖南苏村、北苏村、孝林、南牛具、北牛具、南两合程、南里村、南寨、钦什、杨庄、崔各庄、邢庄、苏各庄、高家佐、傅各庄、小会涡、辛营、曹家庄、辛店、邓庄、王六市、院西、秦王庄共23个村。

第四区：治所大何庄。辖大何庄、刘家庄、马家庄、武崔庄、彪冢、长汝、任庄、大满正、北满正、朱家庄、刘吉口、刘口屯、东长堤、西长堤、崔岭、赵院、柏林、什伍村、马店、许家庄、北郭村、香管、徘徊共23个村。

第五区：治所彭营。辖彭营、报子营、小何庄、马营、杨各庄、西里庄、察罗、满子、西羽林、东羽林、里河、郎仁、郎仁屯、王营、邢郭庄、林庄、白驼罗、崔安铺、崔安屯、南郝村、北郝村共21个村。

第六区：治所角北。辖角北、角南、中角、前辛庄、后辛庄、五新村、宅后寺、北王宋、石庄、郭马庄、石干、张敖、马江、南王庄、细雨村、阎大转、周大转、大大转、李大转、南王宋、杏贡、王刘乡、张刘乡、野营共24个村。

第七区：治所东黄城。辖东黄城、北黄城、新民村、徐张屯、建新村、唐贝、西赵庄、孙辽城、曹辽城、西辽城、店子头、北侯疃、西侯疃、堤涡、张舍、大子文、前子文、义里、北赵疃、前赵疃、谷家左、谢庄村共22个村。

第八区：治所河漕村。辖河漕村、孟营、西会涡、东满正、西大良、南大良、北大良、西里村、严疃、宗庄、彭庄、新政村、南胡林、王胡林、北张庄、可胡林、王各庄、薛各庄、前程干、刘疃、李疃、彭疃、东会涡共23个村。

第九区：治所大同新。辖大同新、敬思村、台城、南侯疃、前大寨、后大寨、南庙头、徐疃、前刘营、后刘营、杨马庄、郭屯、前张庄、后张庄、李各庄、南关、逯庄、南张涡、北张涡、西王庄、路庄、郭西共22个村。

市区：治所在安平城内。辖孝仁、兴贤、县前、政宣、西关、北关、东关共7个村。

（见前彩页示意图3）

第三节　新中国成立后行政区划

1949年10月，全县设10个区。二区的周庄、刘庄合并为周刘庄，五区的崔安屯并入崔安铺。同年12月，由10个区撤并为6个区。一区治所城关，辖40个村；二区治所寨子，辖39个村；三区治所义门，辖41个村；四区治所大何庄，辖29个村；五区治所彭营，辖26个村；六区治所角北，辖32个村。全县共207个村。

1950年6月，由6个区撤并为4个区。一区治所城关。辖59个村；二区治所义门，辖58个村；三区治所大何庄，辖40个村；四区治所角北，辖50个村。

1951年，一区的王屯村划归饶阳县，一区辖58个村，全县共206个村。

1953年6月25日，全县划为1个镇、50个乡，区制未变。

一区辖城关镇和王胡林、郭西、王各庄、新政村、西大良、河漕村、台城、建新村、后张庄、南张涡、敬思村、向官屯、史官屯、东黄城共14个乡。

二区辖乡12个：张寨、周刘庄、义门、付各庄、中佐、袁营、油子、东毛庄、西两洼、南两合程、刘重华疃、辛店。

三区辖乡11个：院西、刘吉口、西长堤、郎仁、大何庄、报子营、杨各庄、马店、任庄、西羽林、大满正。

四区辖乡13个：前大寨、大子文、林庄、南郝村、马江、北王宋、南王宋、南大转、西辽城、前辛庄、五新村、角北、北赵疃。

1955年6月7日，一区改称城关区，二区改称义门区，三区改称大何庄区，四区改称角北区。

（见前彩页示意图4）

1956年7月，撤销区建制，原51个乡镇合并为23个乡，辖206个村。23个乡分别为：城关乡、河漕村乡、敬思村乡、后张庄乡、东里屯乡、王胡林乡、东黄城乡、西两洼乡、张寨乡、袁营乡、付各庄乡、义门乡、院西乡、大何庄乡、马店乡、报子营乡、东羽林乡、谷家左乡、石干乡、南王宋乡、林庄乡、大子文乡、角北乡。

1957年9月18日，安国县的周村、马庄2个村划归安平县马店乡，全县村数增至208个。

1958年上半年，全县由23个乡合并为14个乡。各乡及所辖村数：城关乡23个，杨屯乡17个，两洼乡17个，河漕村乡11个，黄城乡15个，袁营乡10个，油子乡20个，苏村乡17个，大何庄乡12个，马店乡12个，报子营乡12个，大子文乡17个，角北乡16个，南王宋乡9个。全县共208个村。

1958年8月22日，由14个乡改并为红旗、东风、超英、超美4个人民公社。公社所辖各村改称生产大队。红旗人民公社社址角北，辖45个大队；东风人民公社社址大何庄，辖42个大队；超英人民公社社址城关，辖80个大队；超美人民公社社址油子，辖41个大队。全县共208个生产大队。

1958年11月5日，安平县并入深县，划分为安平、油子、大何庄、角北4个人民公社。

1960年3月，角北人民公社改名为角邱人民公社。1961年，又改称南王庄人民公社。

1961年4月月底，安平县从深县划出，原有7个人民公社（包括饶阳3个）划为31个人民公社（包括饶阳13个）。同时，分设安平、油子、大何庄、南王庄、饶阳、官厅、留楚7个工作委员会（简称工委）。安平工委辖安平、河漕村、黄城、台城、后张庄、东里屯、西毛庄7个人民公社；油子工委辖油子、袁营、张寨、苏村4个人民公社；大何庄工委辖大何庄、马店、报子营3个人民公社；南王庄工委辖南王庄、大子文、石干、南王宋4个人民公社。

是年，河漕村公社西大良分为西大良、东河桥、中大良3个大队；西毛庄公社的寨子分为东寨子、西寨子2个大队，韩村铺分为前铺、后铺2个大队；黄城公社的东黄城分为西南黄城、东南黄城、东北黄城、东黄城4个大队，建新村大队分为建赵庄、建张庄、建王庄3个大队；石干公社的崔安铺分为崔安村、崔安铺2个大队，白驼罗分为东白驼罗、西白驼罗2个大队；南王宋公社的南大转分为东大转、西大转2个大队，野营分为前野营、后野营、西野营3个大队；南王庄公社的细雨村大队分为北河疃、东河疃、南河疃3个大队，中李庄分为中角、李庄2个大队，谢庄分为谢疃、庄窠头2个大队，并划出堤涡大队隶属黄城公社；大何庄公社的辛营分为北辛营、南辛营2个大队，南辛营划归河漕村公社。

1961年12月月底，饶安分县。饶阳从安平划出后，安平县共有18个人民公社，227个生产大队。各公社所辖大队数为：安平19个，河漕村15个，黄城12个，台城11个，后张庄10个，东里屯7个，西毛庄17个，油子11个，袁营10个，张寨11个，苏村9个，大何庄15个，马店15个，报子营12个，南王庄17个，大子文14个，石干10个，南王宋12个。原4个工委及所辖的公社未变。

1962年3月，大何庄工委增建刘吉口人民公社。由马店公社划出东长堤、西长堤、徘徊、王六市、邓庄、院西6个大队，由大何庄公社划出刘吉口、刘口屯、北辛营、北满正、朱家庄5个大队，共计11个大队隶属刘吉口人民公社。时马店公社辖9个大队，大何庄公社辖10个大队，其他公社区划未变。同年6月，安平人民公社改名为城关人民公社。9月，撤销城关、油子、大何庄、南王庄4个工委。

是年，报子营公社的满子分为南满子、中满子、北满子3个大队；油子公社的油子分为杨油子、王油子、程油子3个大队，刘兴庄分为前刘兴庄、后刘兴庄2个大队。博野县的白沙庄大队划归安平县苏村人民公社。报子营公社所辖大队增至14个，油子公社所辖大队增至14个，苏村公社增至10个。全县由227个生产大队增至233个。

1963年，苏村公社的白沙庄分为南白沙庄、北白沙庄2个大队。全县所辖生产大队增至234个。

1966年3月16日，县增建王胡林人民公社，全县共有20个人民公社。由西毛庄公社划出梅左、后程干、前程干、刘疃、李疃、彭疃6个大队，由河漕村人民公社划出王胡林、北张庄、可胡林、东会涡4个大队，由城关人民公社划出南胡林、王各庄、薛各庄3个大队共计13个大队隶属于王胡林人民公社。同年，由城关人民公社划出西里村大队隶属黄城人民公社，划出大同新隶属于台城人民公社，划出北张涡、逯庄2个大队隶属于后张庄人民公社。

1971年6月18日，原西毛庄人民公社改名为西两洼人民公社，原报子营人民公社改名为察罗人民公社，原行政区划不变。

1978年，南王宋公社的前野营、后野营、西野营合并为野营1个大队，南王庄公社的东河疃、北河疃、南河疃合并为东河疃1个大队。至此，各公社所辖大队数为：城关12个，河漕村11个，王胡林13个，后张庄12个，东里屯7个，西两洼11个，油子

14个，袁营10个，张寨11个，苏村11个，刘吉口11个，马店9个，大何庄10个，察罗14个，黄城13个，台城12个，南王庄15个，大子文14个，石干10个，南王宋10个。全县共计230个大队。

1982年8月4日，黄城公社改称东黄城公社，油子公社改称程油子公社。大子文公社的西辽城、孙辽城、曹辽城复称西遥城、东遥城、曹遥城。

1983年12月，政、社分开，全县20个人民公社改为1个镇19个乡。同时，各生产大队改称村。各乡、镇区划未变，全县仍辖230个村。

1987年，城关镇改称安平镇。

（见前彩页示意图5）

1996年1月，并乡扩镇，把1个镇19个乡合并为1个镇7个乡。安平镇、后张庄乡、王胡林乡、河漕村乡合并为安平镇，辖48个村；西两洼乡、东里屯乡合并为西两洼乡，辖18个村；程油子乡、张寨乡、袁营乡合并为程油子乡，辖35个村；马店乡、刘吉口乡、南苏村乡合并为马店乡，辖31个村；大何庄乡、察罗乡合并为大何庄乡，辖24个村；东黄城乡、台城乡合并为东黄城乡，辖25个村；大子文乡、石干乡合并为大子文乡，辖24个村；南王庄乡、南王宋乡合并为南王庄乡，辖25个村。

1998年3月，马店乡改为马店镇，南王庄乡改为南王庄镇，其行政辖区未变。全县计有3个镇、5个乡230个行政村，256个自然村。至2002年年底，行政区划未变。

2002年安平县各乡（镇）辖村情况一览表

表1-2

乡（镇）名称	辖村个数	乡（镇）辖行政村
安平镇	48	北关、西关、东关、南关、孝仁、政宜、兴贤、县前、宗庄、彭庄、严疃、西王庄、河漕村、孟营、南辛营、东满正、北大良、西大良、中大良、东河桥、南大良、新政村、西会涡、王胡林、可胡林、南胡林、北张庄、东会涡、薛各庄、彭疃、李疃、刘疃、前呈干、后呈干、梅左、王各庄、后张庄、逯庄、北张涡、南张涡、前张庄、郭屯、杨屯、贾屯、杨马庄、前刘营、后刘营、李各庄
马店镇	31	马店、许家庄、北郭村、什伍村、周村、马庄、柏林、赵院、香官、刘吉口、刘口屯、徘徊、西长堤、东长堤、院西、王六市、邓庄、北辛营、北满正、朱家庄、南苏村、北苏村、南白沙庄、北白沙庄、秦王庄、孝林、辛店、傅各庄、曹家庄、南牛具、北会涡
南王庄镇	25	南王庄、角北、角南、中角、谢疃、庄窠头、五新村、前赵疃、后赵疃、谷家左、前辛庄、后辛庄、李庄、宅后寺、东河疃、南王宋、周大转、阎大转、李大转、西大转、东大转、野营、杏贡、张刘乡、王刘乡
大何庄乡	24	大何庄、马家庄、刘家庄、武崔庄、崔岭、任庄、长汝、彪冢、郎仁、郎仁屯、察罗、东羽林、西羽林、南满子、中满子、北满子、西何庄、报子营、马营、彭营、杨各庄、西李庄、大满正、里河
程油子乡	35	程油子、王油子、杨油子、北油子、北牛具、崔各庄、钦什、北杨庄、义门、前刘兴、后刘兴、袁营、中营、武营、张营、东石庄、信口、刘门口、大豆口、中张庄、中佐、张寨、南寨、南两合程、南里村、北里村、东里村、寺店、张店、东刘店、周刘庄、段家佐、高家佐、邢庄、苏各庄

续表1-2

乡（镇）名称	辖村个数	乡（镇）辖行政村
西两洼乡	18	西两洼、东两洼、南两洼、东毛庄、西毛庄、东庙头、东呈干、东寨子、西寨子、前铺、后铺、郑家庄、西里屯、东里屯、小辛庄、史官屯、耿官屯、向官屯
东黄城乡	25	东黄城、北黄城、东北黄城、东南黄城、西南黄城、唐贝、建张庄、建王庄、建赵庄、徐张屯、西里村、新民村、郭西、台城、北侯疃、南侯疃、西侯疃、堤涡、后大寨、前大寨、南庙头、徐疃、敬思村、大同新、路庄
大子文乡	24	大子文、前子文、义里、张舍、店子头、曹遥城、孙遥城、西遥城、西赵庄、王营、邢郭庄、北郝村、南郝村、林庄、石干、东白驼罗、西白驼罗、崔安铺、崔安村、张敖、马江、北王宋、南石庄、郭马庄

第四节　勘界

1997年，根据国务院和省政府关于全面勘定行政区域界线的精神，安平县成立由主管副县长任组长，政府办、民政局、土地局、农业局、水利局、财政局等有关部门负责人为成员的安平县勘界工作领导小组，下设勘界办公室。办公室设在民政局，负责具体的勘界工作。

1997—2002年，安平县按照省、市勘界办公室的统一安排，依照《河北省县级行政区域界线测绘技术规定》的要求，共完成了5条市界、2条县界的勘界任务，全长共193.398公里。

一、市界

市界共5条，全长106.867公里。

安平—辛集界，全长15.5公里。

安平—博野界，全长35.148公里。

安平—深泽界，全长21.8公里。

安平—蠡县界，全长1.491公里。

安平—安国界，全长32.928公里。

二、县界

县界共2条，全长88.531公里。

安平—饶阳界，全长51.57公里。

安平—深州界，全长34.961公里。

5条市界、2条县界共建9个三交点界桩，8个双面型界桩。7条市界、县界的勘界资料按照要求已全部整理存档。

第四章　县城区、乡镇

第一节　县城区

一、面积、人口

面积　1991年年初，安平县城区总面积5.18平方公里。同年，城东建立经济技术开发区。1992年年底，城区总面积扩大到7.3平方公里。后经过几年的不断建设和发展，尤其是1997年丝网大世界的建设，城区面积迅速向外延伸扩展，到1997年年末，城区总面积达到10.8平方公里，2002年年底，扩展到11.43平方公里。

人口　1991年年初，城区人口为3.9万人。1994年，城区人口为4.55万人。1995年以来，随着城区规模的不断扩大和经济的迅速发展，农村人口进城经商务工、复员转业军人就业安置、大中专毕业生分配、招商招工等人口大量迁入，县城人口大量增加。到2002年年底，城区人口达8.63万人(包括安平镇14个村的人口)，其中非农业人口2.5万人，占28.97%;农业人口6.13万人，占71.03%。

二、道路

公路 保(定)衡(水)公路、正(定)饶(阳)公路原在城区内纵横交叉。1994年，保衡公路从西马路改由西环路纵贯城区西部。1995年，正饶路改为从城区南部横穿而过。2000年8月，正饶路更名为正港(正定—大港)路。

街道 1991年年初，城区内有六条街、四条路：为民大街、新盈大街、网都街、陵园街、旧城街，和平街，西马路、圣姑路、东马路、育才路。1991—2002年12年间，对城区原有的街道多次进行大规模改造、建设和延长，并新建红旗大街、长安街、南环街、中心路、西环路、汉王路、裕华路和富民路。到2002年年末，共有九条街、九条路。城区道路以中心路为南北主轴，以为民街为东西主轴。街道建设详情见第六编第一章第一节“市政建设”之“街道”。

三、实体分布

党政军机关 中共安平县委、县政府、中共安平县纪委同在一个大院，坐落在为民东街北侧42号。县人大、县政协两家相邻在新盈东街南侧。武装部在东马南路西侧16号。计生局、物价局、青年团、妇联会、工会、科协、农开办同在一个办公楼。办公楼坐落在为民街与中心路交叉口东北侧。县供销社、贸易局、国土资源局、企业局、物资局、邮政局、文体局、电信局、教育局在为民大街的南北两侧。工商局、地税局、房管局、建设局、环保局、卫生局、农业局、技术监督局、国税局、财政局、广电局分布在新盈街的北侧。城管办、交通局在红旗街北侧。工业局、粮食局、烟草局在网都东街的南北两侧。农机局在西马南路以西机电胡同北侧。畜牧局在东马北路东侧。科技局、民政局、残联在东马南路的东西两侧。气象局在育才路与红旗街交叉口以南西侧。水务局在汉王路北头东侧。电力局在和平街与西环路交叉口东南侧。老干局在圣姑路北段西侧。中共安平县委党校在长安街北侧。外贸局在西马路北段西侧。其他党政机关分别在县委、县政府两座办公楼内。

政法机关 县政法委和县人民法院同在一个办公楼，在为民东街南侧县政府的对面。公安局在网都东街北侧工业局的西邻。县人民检察院在新盈东街国税局的东邻。司法局在县政府办公楼内。

工业企业 造纸网厂在红旗街育才路至汉王路路段中间南侧。机械厂在东马路与网都街交叉口以南东侧。纤维板厂、橡胶厂在为民街与西环路交叉口以东南、北两侧。镀锌工业集中在城北保衡公路东侧。中密度五万吨纤维板厂在城北保衡公路西侧。规模较大的拔丝织网企业多集中在城东经济技术开发区内。区内较大的企业有英凯模、方正、安加、经纬、天隆、东方、广宏、裕华、红星、安隆、德利、恒通、安成、安基、双安、环宇、一协荣、捷通、凯旋、远东、阳光、康利达、隆兴、衡水金峰等丝网生产企业，还有榨油厂、津华油漆厂、永畅油墨厂、安信精密铸造厂等其他生产企业。

贸易餐饮服务业 购物中心、惠祥超市、阳光商厦在为民街与中心路交叉路口四周。贸易中心、五金交化、安平大厦、金都宾馆、安平宾馆、安平县政府招待所、迎宾馆分别坐落在为民西街南、北两侧。京安大厦在西马北路西侧五金交化北邻。京润超市在为民东街与汉王路交叉口东南侧。天龙超市在新盈西街北侧工商局西邻。网都大厦坐落在丝网大世界。玉兰香美食城、阳光美食分别坐落在中心南路东侧。石油公司在红旗西街北侧。化肥、农药等生产资料摊点集中在汉王南路和网都东街安平镇政府以东至与汉王路交叉口路段两侧。百货、食品、副食、烟酒批发多集中在圣姑南路两侧。五金、电料商店多集中在西马南路和旧农贸市场一条街两侧。装饰材料、建材门店多集中在西马路南段两侧。各种丝网门市大都集中在丝网大世界。县医院在新盈东街与汉王路交叉口以东北侧。博爱医院在新盈街与中心路交叉路口东面南侧。爱民医院在为民东街南侧，与县政府相对。省二院安平分院位于网都街与西环路交叉路口东面南侧。县中医院坐落在旧城街与西环路交叉路口东面南侧。安平镇医院在东马南路与旧城街交叉路口南面西侧。

金融机构 人民银行位于西马南路以西机电胡同南侧。工商银行、城市信用社、英特纳黄金珠宝行分别位于为民街与中心路交叉路口东西两边的南北两侧。中国银行、县联社分别坐落在为民东街中段南侧。农业银行、农业开发银行位于新盈东街与东马路交叉路口东面北侧。人保公司在新盈西街路北。人寿保险、太平洋财产保险公司、证券服务部分别在中心南路北段两侧。各银行储蓄所遍布城区。

文化机构 文化馆、电影院、新华书店分别位于为民西街与圣姑路交叉路口以西南北两侧。安平中学、启蒙幼儿园分别在为民东街中段路北。安平县第二中学在旧城街西头路北县中医院对过(1995年9月前，在后张庄)，与二中附小同在一处。安平县第三中学在新盈东街南侧安中附小(一小)东边。安平镇中在汉王北路与长安街交叉路口西北侧。育才中学在长安街与东马路交叉口路东北侧。光明中学坐落在陵园东街与汉王路交叉路口东南侧。安中附小(一小)、启蒙小学、向阳小学分别在新盈东街南北两侧。童星幼儿园在育才北路东侧。启蒙幼儿园在为民东街与汉王路交叉口西北侧。

第二节 乡镇

一、并乡扩镇前概况

1990年至1995年年底，安平社会、经济及人民生活均有了重大变化。1996年1月，并乡扩镇。并乡扩镇前20个乡镇的基本情况如表1-3。

1996年1月并乡扩镇前（1995年）安平县各乡镇基本情况统计表

表1-3

乡镇	乡镇驻地	位于县政府驻地		辖村个数（个）	户数		人口		耕地面积		水浇地	
		方向	距离（公里）		数量（户）	比1990年增加（户）	数量（人）	比1990年增加（人）	亩数（亩）	比1990年增加（亩）	亩数（亩）	比1990年增加（亩）
安平镇	北关	西南偏北	0.3	12	2452	158	9629	10	12707	-1767	12705	-995
河漕村乡	河漕村	西北偏北	3.0	11	3858	378	14914	517	20205	-55	19305	405
王胡林乡	王胡林	东北	3.0	13	3100	158	11691	256	18886	-539	17805	5
后张庄乡	后张庄	东南	3.8	12	3410	80	13938	337	28323	-314	26895	-5
大何庄乡	大何庄	西北偏南	10.3	10	4739	486	17297	373	28927	-19	28305	5
察罗乡	察罗	西偏北	12.4	14	4836	151	18272	271	26165	0	24405	905
马店乡	马店	西北	12.4	9	4972	730	17876	461	23440	-41	23430	30
刘吉口乡	刘吉口	西北偏北	7.0	11	4300	297	17356	941	22451	-39	21570	1670
南苏村乡	南苏村	北偏东	7.5	11	4423	142	18221	1358	27643	0	25695	195
程油子乡	程油子	东北	9.3	14	3434	503	12737	1160	18918	0	15000	400
袁营乡	刘门口	东北偏南	14.7	10	2603	159	10896	649	18067	0	14400	800
张寨乡	张寨	东北	12.6	11	3354	367	12668	718	24001	-20	23490	-10
东黄城乡	东黄城	西偏南	6.6	13	4157	427	16100	354	26909	-4	26895	-5
台城乡	台城	西南	4.9	12	3220	71	12874	492	25494	-7	25395	-109
大子文乡	大子文	西偏南	11.0	14	5012	141	18260	405	29191	-14	28605	305
石干乡	石干	西南偏北	14.3	10	3536	136	13745	460	27006	-7	26700	0
南王庄乡	南王庄	西南	14.6	15	5905	7	23309	477	43836	-6	41400	0
南王宋乡	南王宋	西南偏南	17.7	10	3144	19	12829	637	26357	-42	26295	2695
西两洼乡	西两洼	东偏北	7.1	11	3362	463	11914	592	26135	-8	24495	4495
东里屯乡	东里屯	东南	7.5	7	2457	138	8954	439	19061	0	12105	705
合计	20			230	76274	5011	293480	10907	493722	-2882	464895	11491

1996年1月并乡扩镇前（1995年）安平县各乡镇基本情况统计表

续表1-3

乡镇	粮食				棉花				油料			
	亩产（公斤）		总产（吨）		亩产（公斤）		总产（吨）		亩产（公斤）		总产（吨）	
	数量	比1990年增加	数量	比1990年增加	数量	比1990年增加	数量	比1990年增加	数量	比1990年增加	数量	比1990年增加
安平镇	357	90	5984	1155	40	-6	38	-61	92	4	110	2
河漕村乡	358	103	10173	3698	26	-5	76	-95	185	-15	139	102
王胡林乡	356	78	9707	2241	20	-35	48	-132	171	78	465	375
后张庄乡	361	88	10265	2608	40	-6	152	-236	180	107	1473	1294
大何庄乡	323	52	10952	1868	20	-15	74	-101	101	4	89	-21
察罗乡	332	73	9985	2973	24	-12	87	-118	116	31	301	88
马店乡	363	94	10502	3014	20	-40	65	-236	149	9	94	6
刘吉口乡	347	102	9053	2994	20	-36	65	-231	146	38	334	215
南苏村乡	362	117	12134	3931	32	-14	122	-154	186	118	688	577
程油子乡	308	105	5546	1900	35	-11	104	-48	126	92	461	368
袁营乡	307	150	5787	3008	30	-40	89	-311	132	103	375	340
张寨乡	291	70	9193	3339	25	-31	94	-379	69	21	55	17
东黄城乡	340	61	11444	3050	15	-52	55	-281	69	9	137	35
台城乡	356	-10	10169	336	30	-38	110	-338	172	30	895	478
大子文乡	337	55	11082	2275	10	-36	39	-237	137	50	855	733
石干乡	370	72	9707	2443	32	-9	117	-181	221	147	365	246
南王庄乡	351	46	13329	2403	30	-54	179	-770	84	22	500	294
南王宋乡	329	96	10265	2695	81	37	373	66	150	85	225	160
西两洼乡	277	97	6320	2068	51	-2	209	-198	117	53	1003	787
东里屯乡	294	69	6078	1919	47	-13	136	-170	81	11	223	108
合计	336	80	187675	49918	32	-22	2232	-4211	131	59	8787	6204

1996年1月并乡扩镇前（1995年）安平县各乡镇基本情况统计表

续表1-3

乡镇	农业机械						农用机械总动力		农业总产值(万元)(1990年不变价)	农村经济总收入（万元）		农民人均纯收入（元）		上缴税金（万元）
	大中型拖拉机（台）		小型拖拉机（台）		联合收割机（台）		数量（千瓦）	比1990年增加（千瓦）		数量	比1990年增加	数量	比1990年增加	
	数量	比1990年增加	数量	比1990年增加	数量	比1990年增加								
安平镇	6	-3	340	202	5	2	7671	2955	955	39596	37197	1522	856	644.8
河漕村乡	6	-5	473	150	3	3	11950	1599	1156	13274	10585	1600	1121	117.5
王胡林乡	2	-2	365	100	3	3	10127	1106	1168	6399	3938	1537	1071	67.3
后张庄乡	3	0	219	50	1	1	7799	49	1683	9840	7642	1550	1016	47.5
大何庄乡	8	0	600	356	3	2	20278	7726	1399	4627	3078	1460	1021	56.4
察罗乡	4	-1	474	250	2	2	21905	8260	1679	6344	5044	1490	946	43
马店乡	9	3	971	500	4	4	28820	14676	1337	13012	11134	1580	1106	106.8
刘吉口乡	15	1	412	150	2	2	15884	4544	1617	9526	7706	1560	1094	52.6
南苏村乡	16	2	321	123	22	22	14400	2398	1421	6456	4164	1505	961	85.5
程油子乡	3	-1	246	130	3	3	8895	2146	933	9160	7851	1306	892	38.8
袁营乡	4	2	209	70	2	2	7829	950	1122	3627	3137	1220	974	23.2
张寨乡	5	1	507	200	2	2	12089	2328	1332	7045	5878	1200	796	48.9
东黄城乡	3	-1	385	200	2	2	10569	2277	1494	15485	12863	1612	1048	101.6
台城乡	2	-1	491	300	12	12	8943	3217	1517	9596	8108	1530	988	49.9
大子文乡	3	0	463	255	3	3	16821	834	1767	8401	6733	1530	1040	51.3
石干乡	1	-2	333	170	4	4	14266	4095	1475	5828	4776	1310	951	22
南王庄乡	5	-1	574	350	28	25	27365	14284	2537	20410	17747	1500	895	139.7
南王宋乡	5	-1	462	201	6	6	22205	10612	1439	5881	4344	1650	1177	173.1
西两洼乡	3	0	253	50	2	2	8114	608	1490	6609	5922	1518	1170	38.1
东里屯乡	0	-2	163	80	1	1	5369	309	929	3454	2680	1188	824	20
合计	103	-11	8261	3887	110	103	281299	85773	28450	204570	170527	1481	998	1928

二、并乡扩镇后概况

全县共有8个乡镇、230个行政村，256个自然村。

安平镇　县人民政府驻地。地处北纬38°09′02.95″～38°16′29.69″、东经115°32′21.13″～115°37′44.32″。1996年1月，河漕村乡、王胡林乡、后张庄乡并入安平镇。1997年4月，镇政府驻地由网都街与中心路交叉路口西北侧迁至网都街与东马路交叉路口以东900米处路北，位于县政府驻地正东偏南1.2公里处。该镇东与西两洼乡相连，西靠东黄城乡，南与深州市接壤，北隔滹沱河与大何庄乡、马店镇、程油子乡相望。全镇总面积81.95平方公里，辖48个行政村；总户数为24505户，总人口74316人，其中非农业人口24873人。

2002年，农村经济总收入169834万元，农民人均纯收入2890元。该镇连续四年被评为衡水市“乡镇企业十强乡镇”，还被评为全市“开放工作十佳乡镇”“产值超十亿元乡镇”，是衡水市农业产业化示范乡镇之一，综合经济实力名列全县第一。

全镇共有耕地78930亩，其中水浇地71775亩，占总耕地的90.9%。2002年，农业总产值10043万元，其中种植业产值5692万元，畜牧业产值2674万元，分别占总产值的56.7%和26.6%。

2002年年底，全镇拥有年出栏2万头以上的猪场2个，5000头以上的猪场1个，1000头以上的猪场15个，100头以上的养猪大户30多个，养猪专业村2个。全镇共有乡镇企业2814摊，其中集体7摊，私营86摊，个体2721摊。从业人员12486人。乡镇企业总产值164266万元，实现利润8757万元，上缴税金2335万元。乡镇企业主要以丝网、鬃尾、医疗器械、汽车配件、制造、建筑、运输、电镀、建材等为主。骨干企业有安平县消声器总厂、阳光丝网制品有限公司、骄阳电器设备修造厂、隆兴五金丝网有限公司、东方五金网类制品有限公司等。该镇在沿保衡路、正港路两侧及城郊初步建成严疃、政宜、逯庄、南张涡、新政、宗庄等数十个各具特色的工业小区。

图1-1　丝网产品展示（安平镇）

图1-2　安平镇乡镇企业

全镇共有初中1所，小学38所，2002年在校学生4820人；有镇卫生院4所，村医疗点48个；设公安局派出所、人民法庭、土地所、国税所、地税城镇分局、邮政所、通信营业部各1个，信用社4个。

滹沱河自西向东流经北部边界，滹沱河南大堤东西横贯全境。京堂北排干、京堂南排干分别在中部和南部境内横穿而过。保衡公路、正港公路交会于此。境内逯庄村西南150米处有东汉壁画墓群，为全国重点文物保护单位。

马店镇　位于安平县西北部，地处北纬38°17′47.29″～38°21′41.61″、东经115°22′

52.50″～115°34′07.51″。1996年1月，刘吉口乡、南苏村乡并入马店乡。1998年3月，改称马店镇。镇人民政府驻地马店，位于县政府驻地西北12.4公里处。该镇东连程油子乡，西界安国市伍仁桥镇，南邻大何庄乡，并与安平镇隔河相望，北与安国市、博野县接壤。全镇总面积81.21平方公里，辖31个行政村；总户数为13941户，总人口51416人，其中非农业人口1159人。

2002年，农村经济总收入83500万元，农民人均纯收入2882元。是年，被评为"衡水市乡镇企业先进乡镇"。

全镇共有耕地73950亩，其中水浇地64515亩，占总耕地的87.2%。2002年，农业总产值9034万元，其中种植业产值5853万元，畜牧业产值1870万元，分别占总产值的64.8%和20.7%。该镇农业基础设施建设和中低产田改造工程成绩显著，连续三年共投资507万元，改造中低产田18100亩，新打机井62眼，维修机井72眼，安装防渗管道61300米，喷灌1000米，新增变压器10台，新架低压输电线路21450米，整修农路75000米，植树589万株。该镇有大型农业机械159台套。生猪养殖发展很快，年出栏生猪24000多头，利润达380万元。该镇所辖的徘徊、赵院两个村是全县闻名的养猪专业村，其中徘徊村年出栏生猪100头以上的养猪大户有150多户，年出栏生猪共16000多头。

2002年年底，全镇共有乡镇企业1980摊，其中集体2摊，私营52摊，个体1926摊；从业人员12300人；乡镇企业总产值74005万元，利润10500万元，上缴税金1002万元。乡镇企业以丝网、橡胶、汽车配件、皮革加工、制造、运输、建筑等为主。骨干企业有程杰转向机制造有限公司、汽车齿轮厂、潴龙万向有限公司、鑫荣橡胶制品有限公司、宇龙传动轴有限公司、天龙皮革加工厂等。

该镇有初中2所，农中1所，小学26所，2002年在校学生7304人；有镇卫生院3所，村医疗点31个；设公安派出所、法庭、土地所、国税所各1个，工商所、粮站、邮政所、通信营业部各2个，信用社3个。

图1-3　汽车配件

潴龙河在北部境内通过，滹沱河自西向东流经南部边界，小白河横贯中北部境内。潴龙河北大堤在东北角境内穿过，潴龙河千里堤和滹沱河北大堤横跨全境。保（定）衡（水）公路西北、东南向从境内斜穿而过，并与滹沱河北大堤油面路在境内交叉。

南王庄镇　位于安平县西南部，地处北纬38°04′45.58″～38°11′13.37″、东经115°21′36.82″～115°27′06.15″。1996年1月，南王宋乡并入南王庄乡。1998年3月，改称南王庄镇。2001年12月1日，镇政府驻地由南王庄村迁回角北（1987年5月以前乡政府驻地），在县政府驻地西南13.9公里处。该镇东与深州市交界，西与深泽县铁杆镇相连，南与辛集市接壤，北与大子文乡、东黄城乡毗邻。全镇总面积61.59平方公里，辖25个行政村；总户数为9873户，总人口33556人，其中非农业人口998人。

2002年，农村经济总收入135800万元，农民人均纯收入2890元。该镇是安平县首批实现小康乡镇之一，连续四年被评为"衡水市乡镇企业十强乡镇"。

全镇共有耕地70185亩，其中水浇地62625

亩，占总耕地的89.2%。2002年，农业总产值实现8942万元，其中种植业产值4532万元，畜牧业产值2757万元，分别占总产值的50.7%和30.8%；蛋鸡养殖形成规模，万只以上的规模养鸡场19个，小型养鸡场遍及全镇各村，蛋鸡存栏近百万只。

图1-4 圣姑集团

2002年年底，全镇共有乡镇企业1019摊，其中集体3摊，私营76摊，个体940摊，从业人员8385人；乡镇企业总产值132900万元，利润7398万元，上缴税金1780万元；乡镇企业以丝网、化工、礼花、建材为主；骨干企业有安平县礼花总厂、石家庄油毡厂安平联营厂、化工四厂、顺发建材厂、伍新制桶厂等。安平县礼花总厂有自营出口权，产品除销往全国各地外，还出口30多个国家和地区；2002年，总产值达到2403万元，上缴税金369.5万元，是全乡也是全县的利税大户。

图1-5 圣姑烟花

该镇有初中1所，小学21所，2002年在校学生4629人；有县医院分院1所，镇卫生院1所，村医疗点25个；设公安局派出所、人民法庭、农行营业所、信用社、工商所、国税所、地税所、邮政支局、通信营业部各1个，粮站2个。

西（蒲疃）铁（铁杆）公路在境内通过，京堂南排干（渠）、天平沟分别在中北部和南部横贯全境。

大何庄乡 位于安平县西北部，地处北纬38°13′18.95″～38°18′14.67″东经115°18′58.36″～115°27′47.06″。1996年1月，察罗乡并入大何庄乡。乡政府驻地大何庄，在县政府驻地西北偏南10.3公里处。该乡北、东与马店镇接壤，西与深泽县白庄乡、安国市伍仁桥镇毗邻，南隔滹沱河与大子文乡、东黄城乡、安平镇相望。全乡总面积59.11平方公里，辖24个行政村；总户数为9808户，总人口34739人，其中非农业人口902人。

2002年，农村经济总收入30358万元，农民人均纯收入2887元。

全乡共有耕地55095亩，其中水浇地48075亩，占总耕地的87.3%。2002年，农业总产值8026万元，其中种植业产值4974万元，畜牧业产值1993万元，分别占总产值的62%和24.8%。该乡大力发展养殖业，蛋鸡养殖专业村4个，千只以上养鸡场50多家，鸡存栏10万多只。该乡与北京联合，建立安平县京武联合养猪场，占地52亩，建筑面积18000多平方米，年出栏生猪13000多头，年创利润160多万元。2002年年底，全乡拥有年出栏1000头以上的养猪场17个，500头以上的猪场56

图1-6 大何庄果园

图1-7　京武种猪培育基地

个，100头以上的养猪大户420多个，年出栏生猪共7万多头，实现利润900多万元。

2002年年底，全乡共有乡镇企业939摊，其中集体2摊，私营6摊，个体931摊；从业人员5418人；乡镇企业总产值26029万元，利润1523万元，上缴税金325万元。该乡乡镇企业以丝网、织布、建筑、运输为主；骨干企业有华龙织布厂、大何庄工业公司、中兴网业公司、瑞兴织网厂、耀华拔丝织网厂等。

全乡有初中2所，小学21所，2002年在校学生4396人；有县医院分院1所，乡卫生院1所，村医疗点24个；设公安局派出所、人民法庭、地税所、邮政支局、通信营业部各1个，信用社、粮站各2个。

滹沱河自西向东流经南部边界，滹沱河北大堤及北大堤油面路横跨全境，保(定)衡(水)公路在东北角境内通过。

程油子乡　位于安平县东北部，地处北纬38°16′11.75″～38°20′39.14″、东经115°33′18.42″～115°40′49.32″。1996年1月，张寨乡、袁营乡并入程油子乡。乡人民政府驻地程油子，在县政府驻地东北9.3公里处。该乡东与饶阳县相邻，西靠马店镇，南隔滹沱河与安平镇、西两洼乡相望，北与博野县、蠡县接壤。全乡总面积62.9平方公里，辖35个行政村；总户数为9469户，总人口35062人，其中非农业人口791人；耕地共60990亩，其中水浇地54150亩，占总耕地的88.8%。

2002年，农村经济总收入31500万元，农民人均纯收入2876元；农业总产值6698万元，其中种植业产值4337万元，畜牧业产值1373万元，分别占总产值的64.8%和20.5%。是年，全乡有规模养猪场10个，养鸡专业村3个；年出栏生猪3万头；蛋鸡存栏3万只；8000亩沙荒地退耕还林。

全乡共有乡镇企业730摊，其中集体3摊，私营26摊，个体691摊。从业人员4600人。乡镇企业总产值28068万元，利润1400万元，上缴税金373万元；华龙马尾衬布有限公司的产品除销往国内以外，还出口意大利等国家。

该乡有初中2所，小学30所。2002年，在校学生4145人；有县医院分院1所，乡卫生院2所，村医疗点35个；设公安局派出所、人民法庭、工商所、信用社、邮政支局、通信营业部各1个，粮站2个。

滹沱河自西向东流经南部边界，胜利渠、张岗排干在北部境内横贯东西，滹沱河北大堤及北大堤油面路横跨全境。

西两洼乡　位于安平县东部，地处北纬38°09′02.95″～38°16′29.69″、东经115°32′21.13″～115°37′44.32″。1996年1月，东里屯乡并入西两洼乡。乡人民政府驻地西两洼，在县政府驻地东偏北7.1公里处。该乡东邻饶阳县，西靠安平镇，南接深州市，北隔滹沱河与程油子乡相望。全乡总面积44.31平方公里，辖18个行政村；总户数6080户，总人口20079人，其中非农业人口570人；有耕地45270亩，其中水浇地31950亩，占总耕地的70.6%。

2002年，农村经济总收入18875万元，农村人均纯收入2875元；农业总产值6767万元，其中种植业产值3842万元，畜牧业产值2007万元，分别占总产值的56.8%和29.7%。该乡建成美国优种抗虫棉基地760亩；速生林育苗基地200亩；实施农业开发工程，投资100多万元，修田间路6万米，植树10万余株，新上变压器20台，安装防渗管道3万米，进一步完善生产条件；建立生猪龙头企业“两洼优种猪养殖园区”，生猪养殖遍及全乡各村，成为全乡的支柱产业之一；全乡年出栏生猪8万多头，实现利润900多万元。

全乡共有乡镇企业672摊，其中集体3摊，私营19摊，个体650摊。从业人员2500人。乡镇企业总产值20916万元，利润1124万元，上缴税金279万元。乡镇企业以丝网、鬃尾、衬布、运输为主。东兴丝网有限公司生产的公路、铁路护栏网，畅销国内，远销国外；浸塑产品填补省内空白，被交通部确定为重点生产厂。东城服装辅料有限公司生产的马尾衬布畅销日本和韩国。

全乡有初中1所，小学12所，2002年在校学生2408人；有县医院分院1所，乡卫生院1所，村医疗点18个；设公安局派出所、土地所、工商所、信用社、邮政所、通信营业部各1个，粮站2个。

滹沱河自西向东流经北部边界，京堂北排干、京堂南排干分别在中部和南部境内通过，滹沱河南大堤横跨全境，正(定)港(大港)公路在中部境内横穿而过。

东黄城乡　位于安平县西部。地处北纬38°10′26.09″～38°15′40.77″、东经115°24′32.73″～115°31′36.14″。1996年1月，台城乡并入东黄城乡。2001年8月，乡人民政府驻地由东黄城迁至县城以西正饶公路89公里390米处路北，位于县政府驻地西偏南4.15公里处。该乡东与安平镇交界，西与大子文乡、南王庄镇毗邻，南与深州市唐奉乡接壤，北隔滹沱河与大何庄乡相望。全乡总面积48.12平方公里，辖25个行政村，总户数为8097户，总人口27914人，其中非农业人口669人。

2002年，农村经济总收入46316万元，农民人均纯收入2885元。该乡是安平县首批实现小康乡镇之一。

全乡有耕地52095亩，其中水浇地36450亩，占总耕地的67%；有果树6600亩；有投资400万元的养猪场4个，投资150万元的养羊场1个，养鸡大户13家，其中投资200万元的肉鸡养殖场1个。2002年，农业总产值6588万元，其中种植业产值3807万元，畜牧业产值1789万元，分别占总产值的57.8%和27.2%。

全乡共有乡镇企业1043摊，其中集体3摊，私营40摊，个体1000摊；从业人员5395人；乡镇企业总产值37666万元，利润7629万元，上缴税金501万元。该乡乡镇企业以丝网、镀锌、滤纸、建材、面粉加工、运输为主。郭西镀锌工业小区和北侯疃工业小区，入驻商家70多家。泥浆震动网安泰有限公司、金城滤纸厂被评为县级“明星企业”。

全乡有初中1所，小学13所，2002年在校学生2834人；有乡卫生院2所，村医疗点25个；设公安局派出所、土地所、信用社、粮站、邮政所、通信营业部各1个。

滹沱河自西向东流经北部边界，京堂北排干、京堂南排干分别在中部和南部境内通过，滹沱河南大堤横跨全境，正（定）港（大港）公路在中部境内横穿而过。全国第一个农村党支部、河北省第一个中共县委在该乡所辖的台城村诞生。

大子文乡　位于安平县西部，地处北纬38°08′25.45″～38°14′22.51″、东经115°19′50.45″～115°25′56.60″。1996年1月，石干乡并入大子文乡。乡人民政府驻地大子文，在县政府驻地西偏南11公里处。该乡东与东黄城乡毗邻，西与深泽县铁杆镇交界，南与南王庄镇接壤，北隔滹沱河与大何庄乡相望。全乡总面积56.23平方公里，辖24个行政村；总户数为9060户，总人口30510人，其中非农业人口823人。全乡有耕地56190亩，其中水浇地37125亩，占总耕地的66.1%。

2002年，农村经济总收入39244万元，农民人均纯收入2888元；农业总产值6718万元，其中种植业产值4723万元，畜牧业产值936万元，分别占总产值的70.3%和13.9%。该乡建成500亩的小麦良种繁育基地，120亩的苗圃场。

2002年年底，全乡共有乡镇企业640摊，其中集体3摊，私营48摊，个体589摊；从业人员2440人；乡镇企业总产值26848万元，利润1290万元，上缴税金355万元。该乡乡镇企业以丝网、铸造、浴盆生产、油漆、建材、礼花、织布、食品加工为主。全乡共有拔丝厂170多家，其中规模较大的拔丝厂93家，仅马江一个村就有大拔丝厂75家；有搪瓷浴盆厂6个，浴盆系列铸造厂2个，制粉、搪瓷浴盆厂3个，形成铸造、制粉、搪瓷一条龙的生产加工体系。

全乡有初中1所，小学21所（其中，含私立小学1所），2002年在校学生3267人；有乡卫生院2所，村医疗点24个；设公安局派出所、人民法庭、工商所、信用社、邮政所、通信营业部各1个，粮站2个。

滹沱河自西向东流经北部边界，京堂北排干、京堂南排干分别从中部和西南角境内通过，滹沱河南大堤横跨全境，正（定）饶（阳）公路、西（蒲疃）铁（杆）公路分别从中部和西南角境内横穿而过。

图1-8　大子文乡卫浴产品

2002年安平县各乡镇基本情况统计表

表1-4

乡镇	辖村数(个)	总户数(户)	总人口(人)	非农业人口(人)	农村经济总收入(万元)		人均纯收入(万元)		耕地面积(亩)	水浇地		粮食				棉花			
										亩数	占耕地面积(%)	亩产(公斤)		总产(吨)		亩产(公斤)		总产(吨)	
					收入	比1995年增加	收入	比1995年增加				数量	比1995年增加	数量	比1995年增加	数量	比1995年增加	数量	比1995年增加
安平镇	48	24505	74316	24873	169834	100275	2890	1338	78930	71775	90.9	334	-24	36184	55	51	19	82	-232
马店镇	31	13941	51416	1159	83500	54506	2882	1334	73950	64515	87.2	351	-6	33514	1825	60	36	73	-179
大何庄乡	24	9808	34739	902	30358	19378	2887	1412	55095	48075	87.3	331	4	20537	-400	58	36	106	-55
程油子乡	35	9469	35062	791	31500	11668	2876	1634	60990	54150	88.8	333	31	22826	2300	52	22	136	-151
西两洼乡	18	6080	20079	570	18875	8812	2875	1522	45270	31950	70.6	348	62	17491	5093	64	15	460	115
东黄城乡	25	8097	27914	669	46316	21235	2885	1314	52095	36450	67	322	-26	19287	-2326	59	36	63	-102
大子文乡	24	9060	30510	823	39244	21015	2888	1468	56190	37125	66.1	309	-45	20085	-704	59	38	54	-102
南王庄镇	25	9873	33556	998	135800	109509	2890	1315	70185	62625	89.2	282	-58	19390	-4204	67	11	166	-386
合计	230	90833	307592	30785	554977	350407	2871	1390	492705	406665	82.5	326	-8	189314	1639	59	27	1140	-1092

2002年安平县各乡镇基本情况统计表

续表1-4

乡镇	油料 亩产(公斤) 数量	油料 亩产(公斤) 比1995年增加	油料 总产(吨) 数量	油料 总产(吨) 比1995年增加	蔬菜 面积(亩)	蔬菜 亩产(公斤)	蔬菜 总产(吨)	果品 果园面积(亩)	果品 总产(吨)	水产 养殖水面(亩)	水产 产量(吨)	畜牧业 大牲畜(头)	畜牧业 生猪(头)	畜牧业 羊(头)	畜牧业 家禽(头)	机井(眼)
安平镇	140	-17	2018	-169	6210	2627	16314	2475	615	165	83	1338	25334	7959	230504	902
马店镇	136	-24	1105	-11	8145	2661	21673	5895	1294	75	27	1372	11580	10800	65600	1040
大何庄乡	150	41	1594	1204	8625	2656	22911	4395	1426	45	20	1796	18560	7898	86376	700
程油子乡	140	31	1568	677	6900	2610	18008	3030	542	30	6	2020	15287	8990	372236	756
西两洼乡	121	22	916	-310	5055	2596	13124	5895	1090	15	7	930	25000	36000	202000	425
东黄城乡	129	8	1203	171	6720	2643	17761	6600	1372	30	7	444	17070	7385	197460	603
大子文乡	168	-11	2471	1251	7605	2627	19975	13470	3380	45	8	615	5617	3881	123800	684
南王庄镇	150	33	2151	1426	8055	2599	20936	5190	1995	75	13	2355	13950	7088	925000	773
合计	142	11	13026	4239	57315	2629	150705	46950	11750	480	171	10900	132417	90000	1868000	5883

2002年安平县各乡镇基本情况统计表

续表1-4

乡镇	农业机械(台)						农用机械总动力(千瓦)		农业总产值(万元)		种植业		畜牧业		非农业总产值(%)	乡镇企业					
	大中型拖拉机		小型拖拉机		联合收割机															上缴税金(万元)	
	数量	比1995年增加	数量	比1995年增加	数量	比1995年增加	数量	比1995年增加	数量	比1995年增加	产值(万元)	占农业总产值(%)	产值(万元)	占农业总产值(%)		摊点(个)	从业人员(人)	营业收入总额(万元)	增加值(万元)	数量	比1995年增加(万元)
安平镇	85	68	2936	1539	63	51	63863	26316	10043	2442	5692	56.7	2674	26.6	164355	2814	12486	158110	47390	2335	1457.9
马店镇	86	46	2464	760	73	45	80727	21623	9034	2114	5853	64.8	1870	20.7	84768	1980	12300	72442	21680	1002	757.1
大何庄乡	81	69	2154	1080	70	65	58897	16714	8026	3163	4974	62	1993	24.8	27612	939	5418	25540	7688	325	252.6
程油子乡	59	47	1581	619	34	27	55119	26306	6698	1451	4337	64.8	1373	20.5	32598	730	4600	26820	7985	373	262.1
西两洼乡	33	30	1208	792	114	111	31900	18417	6767	3049	3842	56.8	2007	29.7	14420	672	2500	19915	5884	279	220.9
东黄城乡	67	62	1559	683	114	100	44646	25134	6588	1882	3807	57.8	1789	27.2	41147	1043	5395	35784	10627	501	349.5
大子文乡	66	62	1714	918	64	57	50277	19190	6718	1619	4723	70.3	936	13.9	33736	640	2440	25506	7600	355	281.7
南王庄镇	76	66	1706	670	70	36	65497	15927	8942	2707	4532	50.7	2757	30.8	106200	1019	8385	126500	38569	1780	1467.2
合计	553	450	15322	7061	602	492	450922	169627	62816	18427	37760	60.1	15399	24.5	504836	9837	53506	490617	147423	6977	5049

1991—002年安平县部分主要经济指标完成情况统计表

表1-5

项目 数量 年度	国内生产总值（万元）(按可比价格计算)	农业总产值（万元）(1990年不变价)	全部工业总产值（万元）	工业增加值（万元）	财政收入（万元）	农村经济总收入（万元）	农民人均纯收入（元）	粮食		棉花		油料	
								总产量(吨)	亩产(公斤)	总产量(吨)	亩产(公斤)	总产量(吨)	亩产(公斤)
1991	32280	23297	25238	—	1201.7	43149	534	148710	286	6457	52	2796	85
1992	35018	22333	44432	—	1449.4	50745	535	152365	278	2121	24	3111	66
1993	47798	22665	79001	—	1893	77759	657	159878	288	2375	35	5901	108
1994	5949	24053	104288	—	2558	110067	985	162792	291	1246	22	8006	133
1995	73335	29196	202081	—	4103	204570	1511	187976	338	2238	32	8802	136
1996	100045	30883	359162	—	6301	218386	1910	188175	315	245	99	7126	108
1997	117411	33740	—	93526	7460	269941	2266	200780	327	111	46	7296	115
1998	134752	36404	—	114316	9058	375234	2465	215762	341	509	20	7567	117
1999	150652	38802	—	110660	9968	410561	2560	223615	352	624	43	8295	121
2000	169184	39930	—	125516	10900	436971	2641	218002	350	833	53	9273	131
2001	261268	40748	—	141868	12815	454449	2747	206757	338	1054	56	10965	151
2002	287051	42786	—	173299	14313	554977	2871	189526	327	1135	60	13062	144

2002年安平镇所辖村基本情况一览表

（辖48个行政村、51个自然村）

表1-6

村名	地理位置		位于县政府驻地		户数（户）	人数（人）	耕地面积（亩）	粮食产量		人均纯收入（元）			备注
	北纬38°	东经115°	方向	距离（公里）				亩产（公斤）	总产（吨）	1993年	1997年	2002年	
北关	14′06.20″	30′42.96″	西偏南	0.4	172	671	91.8	—	—	753	2500	3021	—
西关	13′43.38″	30′20.45″	西南	1.2	332	1369	1490.8	336	744.7	740	2520	3082	—
政宣	13′42.78″	30′45.00″	西南偏南	1.0	246	945	1005.2	344	676.1	754	2485	2926	—
孝仁	13′52.56″	30′38.87″	西南偏南	0.6	168	600	208.3	350	140.0	756	2471	2861	—
兴贤	13′47.67″	30′57.27″	南偏西	0.7	201	880	678.2	335	367.5	750	2489	2880	—
县前	13′40.11″	30′53.18″	南偏西	1.0	220	851	1155.8	327	569.1	704	2472	3050	—
东关	13′48.27″	31′09.55″	南偏东	0.8	98	408	414.2	326	150.9	739	2480	2900	—
宗庄	14′35.55″	30′11.25″	西北偏南	1.4	243	1028	1042.8	346	539.8	763	2460	2986	—
彭庄	14′30.66″	30′36.82″	西北	0.8	179	673	837.6	334	399.2	740	2489	2866	—
严疃	14′07.83″	29′28.29″	西	2.3	332	1175	1691.8	338	851.0	754	2516	3151	—
西王庄	13′33.59″	29′27.27″	西南偏北	2.6	300	1035	1936.7	341	885.2	726	2481	2897	—
南关	13′23.81″	31′03.41″	南	1.5	190	693	1214.9	339	572.5	701	2467	2846	—
王胡林	15′27.73″	32′31.37″	东北	3.2	413	1535	2693.0	340	1412.7	676	2489	2949	—
可胡林	15′32.62″	31′42.28″	东北偏北	2.7	279	1174	1845.0	350	1012.9	667	2486	2874	—
南胡林	14′42.07″	32′08.87″	东北偏南	2.0	243	926	1023.3	346	720.7	536	2475	2837	—
北张庄	15′35.07″	32′00.69″	东北	3.0	198	751	1119.0	352	621.6	662	2480	2953	—
东会涡	16′06.86″	32′21.14″	东北	4.0	291	1099	1216.0	335	588.6	667	2474	2834	1974年，从河套内搬迁至该村
彭疃	16′06.86″	33′00.01″	东北	4.5	73	257	404.0	339	199.3	400	2416	2804	1972年，从河套内搬迁至该村
刘疃	16′05.23″	33′18.42″	东北	4.9	148	545	604.0	350	308.7	453	2465	2866	1973年，从河套内搬迁至该村
李疃	16′06.86″	33′08.19″	东北	4.7	61	209	407.0	335	176.2	540	2488	2848	1972年，从河套内搬迁至该村
薛各庄	15′16.31″	33′20.46″	东北偏南	3.9	246	917	1827.0	340	858.2	653	2476	2826	—
前程干	16′05.23″	33′32.73″	东北	5.1	105	395	771.0	330	368.9	480	2475	2857	王家庄隶属于前程干村委会
王家庄	15′57.08″	33′15.35″	东北	4.7									
后程干	15′58.71″	34′21.82″	东北偏南	6.0	225	878	1212.0	345	625.8	540	2474	2804	—

续表1-6

村名	地理位置		位于县政府驻地		户数（户）	人数（人）	耕地面积（亩）	粮食产量		人均纯收入（元）			备注
	北纬38°	东经115°	方向	距离（公里）				亩产（公斤）	总产（吨）	1993年	1997年	2002年	
梅左	15′45.66″	33′47.05″	东北偏南	5.0	229	873	1957	341	1013.8	655	2473	2863	—
王各庄	14′42.07″	32′53.87″	东偏北	3.3	436	1599	3254.1	344	1815.3	660	2484	2869	—
河漕村	15′48.92″	29′47.73″	西北偏北	3.5	1014	3696	4996.6	330	2609.4	699	2470	2907	—
孟营	16′42.73″	29′31.36″	西北偏北	5.0	172	689	522	326	254.8	606	2428	2960	—
南辛营	16′42.73″	30′03.07″	北偏西	4.8	143	588	522	336	263.7	602	2426	2812	—
东满正	15′35.88″	27′59.33″	西北偏南	5.0	273	957	1069	327	577.6	795	2482	2785	高家庄隶属于东满正村委会
高家庄	15′30.17″	27′31.72″	西北偏南	5.1									
北大良	15′32.62″	29′17.05″	西北	3.5	137	523	639	352	331.7	607	2495	2790	—
西大良	14′58.38″	28′46.36″	西偏北	3.5	308	1064	1722	354	841.2	746	2482	2840	—
中大良	14′48.60″	28′58.63″	西偏北	3.2	252	916	1322	323	622.9	725	2412	2848	—
南大良	14′37.18″	29′31.36″	西偏北	2.3	319	1280	1559.5	359	844.4	644	2483	2863	—
东河桥	15′00.01″	29′03.74″	西北偏南	3.2	244	856	1309	318	601.8	575	2413	2807	—
西会涡	15′57.08″	31′11.60″	北	3.2	734	2758	3754	293	1593.2	579	2403	2876	1966年，从河套搬至该地
新政村	15′09.79″	30′53.18″	北	1.7	468	1695	2449.7	321	1139.8	747	2480	2960	李家庄隶属于新政村委会
李家庄	14′53.49″	31′05.45″	北	1.3									
后张庄	12′41.42″	32′37.51″	东南	3.7	404	1420	3325.1	340	1289.5	700	2467	2848	—
前张庄	12′26.94″	32′48.75″	东南	4.2	317	1013	1931	330	746.3	657	2473	2855	—
逯庄	13′38.48″	32′08.87″	东南	2.3	247	814	1258.6	341	510.4	725	2477	2904	—
北张涡	13′54.79″	32′51.82″	东偏南	2.8	272	858	1897	332	697.1	724	2477	2945	—
南张涡	13′23.81″	33′14.33″	东南偏北	3.7	453	1631	3792.8	332	1411.8	761	2485	2841	—
李各庄	12′25.11″	31′50.46″	南偏东	3.5	380	1242	2498.3	327	915.1	701	2411	2844	—
杨屯	12′20.22″	33′21.48″	东南	4.9	431	1332	3004	323	1118.2	654	2471	2837	—
贾屯	12′47.93″	34′09.55″	东南偏北	5.3	457	1547	4205	328	1493.8	633	2469	2852	—
前刘营	10′58.70″	31′40.23″	南偏东	6.0	226	723	1906	320	723.7	671	2493	2850	—
后刘营	11′24.78″	31′38.18″	南偏东	5.2	197	685	1023	341	466.1	652	2478	2842	—
杨马庄	11′15.00″	31′30.00″	南	5.5	176	538	994.3	336	432.6	679	2473	2839	—
郭屯	12′07.18″	32′33.42″	东南偏南	4.5	368	1373	2382	348	968.1	653	2472	2856	—

2002年马店镇所辖村基本情况一览表

（辖31个行政村、39个自然村）

表1-7

村名	地理位置		位于县政府驻地		户数（户）	人数（人）	耕地面积（亩）	粮食产量		人均纯收入（元）			备注
	北纬38°	东经115°	方向	距离（公里）				亩产（公斤）	总产（吨）	1993年	1997年	2002年	
马店	19′23.15″	25′03.41″	西北	12.9	600	1945	3086	363	1318	645	2554	2955	—
北郭村	19′21.52″	23′29.32″	西北	14.7	640	2230	2813	361	1371	617	2566	2850	—
什伍村	19′47.61″	24′45.00″	西北	13.8	740	2580	3006	356	1476	588	2416	2852	—
周村	19′44.35″	25′36.14″	西北	13.0	355	1301	884	358	490	656	2558	2865	1957年9月18日前周村、马庄村隶属于安国县
马庄	19′26.41″	26′10.19″	西北偏北	12.0	358	1320	1174	353	629	764	2666	2905	
赵院	19′15.81″	27′04.10″	西北偏北	11.0	470	1620	2504	354	1114	595	2656	2904	庞庄隶属于赵院村委会
庞庄	19′05.21″	27′20.46″	西北偏北	10.5									
香官	18′10.78″	24′38.87″	西北	11.9	920	3253	5739	358	2256	585	2399	2810	—
许家庄	19′03.58″	23′57.96″	西北	13.7	240	827	1311	353	544	603	2498	2895	—
前柏林	19′15.00″	26′18.06″	西北偏北	11.7	670	2082	2884	354	1267	659	2524	2923	中柏林、东柏林、崔村、魏庄隶属于前柏林村委会
中柏林	19′21.52″	26′23.19″	西北偏北	11.7									
东柏林	19′21.52″	26′35.46″	西北偏北	11.5									
崔村	19′23.15″	25′58.64″	西北偏北	12.0									
魏家庄	19′13.37″	25′56.60″	西北	11.8									
刘吉口	17′33.28″	28′39.20″	西北偏北	7.0	516	2004	2860	350	1382	602	2402	2883	—
刘口屯	17′38.17″	28′54.54″	西北偏北	7.0	365	1312	2025	349	896	631	2408	2840	—
徘徊	18′56.43″	27′38.87″	西北偏北	10.0	436	1830	2649	356	1234	697	2414	2934	—
西长堤	19′15.00″	28′01.37″	西北偏北	10.2	425	1706	1831	353	982	702	2401	2823	—
东长堤	19′11.74″	28′15.69″	西北偏北	10.0	560	1888	2473	350	1197	816	2448	2920	南长堤隶属于东长堤村委会
南长堤	19′00.32″	28′02.39″	西北偏北	9.9									

续表1-7

村名	地理位置		位于县政府驻地		户数（户）	人数（人）	耕地面积（亩）	粮食产量		人均纯收入（元）			备注
	北纬38°	东经115°	方向	距离（公里）				亩产（公斤）	总产（吨）	1993年	1997年	2002年	
院西	18′42.39″	29′06.82″	北偏西	8.7	460	1804	2330	352	898	1008	2702	3230	—
王六市	18′50.54″	29′25.23″	北偏西	8.9	316	1069	1197	352	619	637	2406	2792	—
邓庄	18′42.39″	29′55.91″	北偏西	8.6	326	881	1777	337	516	636	2399	2850	—
北辛营	17′23.49″	29′49.77″	北偏西	6.1	420	1667	2022	345	898	855	2402	2913	1968年，从北辛营迁出，隶属于北辛营村委会
北辛营	17′42.24″	29′51.82″	北偏西	6.6									
朱家庄	17′10.45″	27′36.82″	西北	7.4	165	599	867	350	354	622	2418	2778	1998年，从河套内搬迁至该地
北满正	16′18.27″	27′55.24″	西北	5.9	420	1671	2420	352	920	706	2400	2762	—
南苏村	18′17.93″	31′48.41″	北偏东	7.8	530	2337	4477	363	2157.2	627	2401	2885	—
北苏村	18′37.50″	32′25.23″	北偏东	8.5	360	1400	2694	345	1259.5	657	2409	2839	—
北白沙庄	20′32.61″	30′10.23″	北	12.0	465	1910	2301	348	1409.9	1216	2446	2874	1962年前，白沙庄村隶属于博野县。1963年，分为南、北白沙庄两个村
南白沙庄	20′22.83″	30′10.23″	北	11.5	680	2612	2843	348	1693.5	884	2466	2910	
南白沙庄	19′36.19″	30′16.36″	北	10.0									位于潴龙河南岸，隶属于南白沙庄村委会
秦王庄	19′41.09″	30′40.91″	北	10.1	270	987	1244	346	689.5	1277	2571	2923	—
孝林	19′47.61″	33′32.73″	北偏东	11.0	262	1051	1737	349	754.4	499	2397	2843	—
辛店	18′26.08″	30′47.05″	北	7.8	550	1932	3761	350	1587.4	454	2401	2849	—
傅各庄	17′28.38″	32′49.78″	北偏东	8.1	660	2342	4544	345	2071.8	510	2413	2876	1981年,从河套内搬迁至该地
曹家庄	18′02.62″	30′42.96″	北	7.1	186	644	1251	349	428.7	474	2404	2840	—
南牛具	18′00.99″	33′49.09″	东北偏北	8.2	270	1031	1981	351	899.3	470	2404	2843	—
北会涡	17′00.67″	31′34.10″	北偏东	5.3	116	419	800	348	271.8	468	2397	2845	—

2002年南王庄镇所辖村基本情况一览表

（辖25个行政村、32个自然村）

表1-8

村名	地理位置		位于县政府驻地		户数（户）	人数（人）	耕地面积（亩）	粮食产量		人均纯收入（元）			备注
	北纬38°	东经115°	方向	距离（公里）				亩产（公斤）	总产（吨）	1993年	1997年	2002年	
南王庄	08′51.54″	23′31.36″	西南	14.6	654	2240	3229.3	305	1136.4	880	2763	2897	—
前赵疃	10′06.52″	25′11.60″	西南	11.3	319	1277	2517.8	277	672.0	825	2482	2890	—
后赵疃	10′29.35″	25′30.00″	西南	10.5	440	1611	3016.0	284	894.7	857	2443	2893	—
宅后寺	10′09.78″	23′51.82″	西南偏北	12.8	508	1714	3236.0	293	936.2	861	2504	2894	—
谷家左	10′42.39″	26′29.33″	西南	9.2	347	1311	2510.5	289	743.4	823	2555	2891	—
庄窠头	09′29.04″	25′48.42″	西南	11.4	215	863	1857.0	269	464.6	841	2550	2885	—
谢疃	09′14.37″	25′58.64″	西南	11.6	136	478	1060.5	279	266.4	724	2558	2887	—
中角	08′46.65″	24′26.60″	西南	13.6	283	1022	2189.0	277	553.5	757	2656	2896	—
角北	08′23.82″	24′16.37″	西南	14.4	494	1727	3690.1	282	916.5	811	2496	2889	—
角南	08′11.59″	24′20.46″	西南	14.5	433	1582	3979.0	269	935.1	813	2346	2889	—
五新村	—	—	西南	12.5	623	2088	3223.9	302	1100.5	909	2119	2898	五新村于1937年由郭店、王店、何店、刘店、北角五个自然村合并而成
郭店	09′04.58″	25′11.60″	西南	12.5									
王店	08′51.54″	25′05.46″	西南	12.9									
何店	09′02.95″	25′23.87″	西南	12.3									
刘店	08′51.54″	25′27.96″	西南	12.6									
北角	09′29.04″	25′09.55″	西南	12.0									
后辛庄	08′14.04″	25′56.60″	西南偏南	13.0	445	1416	3789.0	267	879.5	794	2566	2888	—
前辛庄	07′59.36″	25′48.42″	西南偏南	13.5	359	1029	2457.0	269	567.5	767	2567	2886	—
东河疃	07′25.12″	21′04.09″	西南	16.5	585	2094	6576.0	279	1643.1	827	2404	2870	—
李庄	08′25.45″	24′55.23″	西南	13.7	73	246	503.0	288	123.7	725	2369	2886	—

续表1-8

村名	地理位置		位于县政府驻地		户数（户）	人数（人）	耕地面积（亩）	粮食产量		人均纯收入（元）			备注
	北纬38°	东经115°	方向	距离（公里）				亩产（公斤）	总产（吨）	1993年	1997年	2002年	
西大转	05′52.18″	23′17.05″	西南偏南	18.9	278	1004	1809.0	279	536.5	544	2351	2888	—
东大转	05′53.81″	23′29.32″	西南偏南	18.6	240	940	1757.0	282	534.9	520	2490	2883	—
周大转	06′11.75″	22′58.64″	西南	18.6	343	1335	3101.5	279	934.6	605	2420	2884	—
阎大转	06′24.79″	23′17.05″	西南	18.0	228	737	1900.0	281	570.1	526	2614	2890	—
李大转	06′07.49″	23′23.18″	西南	18.3	211	771	1623.2	292	517.2	773	2348	2905	—
野营	06′52.51″	25′30.00″	西南偏南	15.5	647	2127	5157.0	275	1386.5	654	2565	2891	西野营隶属于野营村委会
西野营	06′50.88″	25′13.64″	西南偏南	15.7									
杏贡	06′05.23″	24′49.09″	西南偏南	17.3	370	1456	3347.8	274	866.5	559	2498	2891	—
王刘乡	05′45.66″	26′04.82″	西南偏南	16.8	278	1220	2415.0	284	765.6	635	2705	2893	西刘村隶属于王刘乡村委会
西刘村	05′48.92″	25′56.60″	西南偏南	16.9									
张刘乡	05′58.70″	26′31.37″	西南偏南	16.1	203	764	1677.0	284	525.9	615	2165	2893	东刘村隶属于张刘乡村委会
东刘村	05′48.92″	26′29.33″	西南偏南	16.6									
南王宋	05′34.25″	25′21.82″	西南偏南	17.7	431	1506	3382.1	284	919.1	610	2644	2888	—

2002年大何庄乡所辖村基本情况一览表

（辖24个行政村、24个自然村）

表1-9

村名	地理位置		位于县政府驻地		户数（户）	人数（人）	耕地面积（亩）	粮食产量		人均纯收入（元）			备注
	北纬38°	东经115°	方向	距离（公里）				亩产（公斤）	总产（吨）	1993年	1997年	2002年	
大何庄	17′07.18″	25′25.91″	西北偏南	9.9	379	1429	3183	342	1275	665	2460	2905	—
马家庄	17′20.23″	24′49.09″	西北偏南	10.8	259	1012	1723	348	751	684	2583	3250	—

续表1-9

村名	地理位置		位于县政府驻地		户数（户）	人数（人）	耕地面积（亩）	粮食产量		人均纯收入（元）			备注
	北纬38°	东经115°	方向	距离（公里）				亩产（公斤）	总产（吨）	1993年	1997年	2002年	
刘家庄	17′03.93″	24′42.96″	西北偏南	10.8	182	685	1344	344	575	686	2613	2903	—
武崔庄	16′50.88″	24′20.46″	西北偏南	11.0	327	1249	2600	344	967	684	2538	3049	—
彪冢	15′47.29″	24′34.78″	西偏北	9.8	557	2196	3996	339	1755	675	2460	2917	—
里河	15′16.32″	24′36.82″	西偏北	9.6	164	535	697	638	337	669	2565	3157	—
长汝	16′28.06″	25′42.28″	西北偏南	8.8	858	3395	5102	317	1498	686	2328	2744	1998年-2002年，从河套内搬迁至该地
任庄（旧址）	15′53.82″	26′15.00″	西北偏南	7.6	283	1024	2143	311	607	663	2378	2675	2001年，开始从河套内搬迁至该地
新任庄	16′49.25″	26′27.28″	西北偏南	8.2									
西满正	15′55.45″	27′18.42″	西北偏南	6.3	380	1526	2208	334	923	663	2466	2895	—
崔岭	17′36.54″	26′41.60″	西北	9.0	849	3343	5931	352	2702	670	2331	2842	—
察罗	15′37.51″	22′46.37″	西偏北	12.4	293	980	1616	320	671	772	2462	2888	—
郎仁	15′17.94″	23′59.96″	西偏北	10.4	364	1504	1367	331	651	787	2462	2917	1972年,从河套内搬迁至该地
郎仁屯	15′16.32″	23′41.60″	西偏北	11.0	278	963	948	337	458	795	2510	2985	1983年,从河套内搬迁至该地
东羽林	14′58.71″	23′39.55″	西偏北	11.2	314	1168	2082	337	874	757	2460	2745	—
西羽林	15′01.97″	23′17.05″	西偏北	11.9	490	1830	3144	339	1204	766	2461	2899	—
北满子	16′47.62″	22′27.96″	西偏北	13.4	251	905	1971	330	730	899	2510	3030	—
中满子	16′32.73″	22′15.68″	西偏北	13.5	285	1130	1601	324	519	818	2463	2915	—
南满子	16′31.32″	22′17.73″	西偏北	13.5	269	1112	1589	326	515	870	2466	2916	—
西何庄	15′09.79″	22′17.73″	西偏北	12.9	62	238	369	339	179	965	2551	3020	—
报子营	14′53.85″	21′59.32″	西	13.4	532	1689	2525	328	942	877	2465	2667	—
马营	14′38.81″	21′28.63″	西	14.0	340	1241	1835	326	521	928	2470	2965	—
彭营	14′29.03″	22′03.41″	西	13.1	279	941	1435	316	435	764	2447	2915	—
杨各庄	14′19.25″	20′39.54″	西	15.1	701	2559	3851	311	1131	754	2364	2904	—
西李庄	14′14.35″	19′34.09″	西	16.7	355	1183	1486	328	467	856	2461	2935	—

2002年程油子乡所辖村基本情况一览表

（辖35个行政村、39个自然村）

表1-10

村名	地理位置		位于县政府驻地		户数（户）	人数（人）	耕地面积（亩）	粮食产量		人均纯收入（元）			备注
	北纬38°	东经115°	方向	距离（公里）				亩产（公斤）	总产（吨）	1993年	1997年	2002年	
程油子	17′43.06″	35′35.46″	东北	9.3	214	787	1377	330	497.0	702	1908	2780	—
王油子	17′43.06″	35′45.69″	东北	9.6	219	820	1606	331	566.0	608	1930	2859	王油子、杨油子于1962年从程油子分出；杨油子1964年从河套内搬迁至该地
杨油子	17′36.54″	35′45.69″	东北	9.4	228	736	1216	334	446.9	575	1800	2858	
北油子	18′27.71″	35′36.48″	东北	10.4	146	460	731	340	275.1	628	2010	2895	—
高家佐	17′28.38″	33′24.55″	东北偏北	7.0	147	437	746	335	186.9	621	1800	2879	—
崔各庄	18′00.99″	34′13.64″	东北偏北	8.5	151	477	792	331	236.3	583	1930	2867	—
邢庄	17′10.45″	34′17.73″	东北	7.3	199	788	1121	332	396.7	584	1750	2844	—
钦什	17′56.10″	34′27.96″	东北偏北	8.5	165	594	812	335	254.7	561	1815	2872	—
北杨庄	17′49.58″	35′06.83″	东北	9.1	164	635	818	330	341.6	627	1909	2896	营里隶属于北杨庄村委会
营里	17′51.21″	34′52.51″	东北	8.8									
义门	17′43.06″	36′57.29″	东北偏 南	10.9	745	2997	4076	334	1908.5	504	2460	2900	—
北牛具	18′21.19″	34′11.60″	东北偏北	9.0	348	1231	2576	334	863.4	568	2461	2889	—
前刘兴	17′43.06″	37′25.92″	东北偏南	11.5	169	675	750	335	358.1	661	1840	2906	1962年，分成前、后刘兴两村。1973年，两村从河套内搬迁至该地
后刘兴	17′43.06″	37′44.33″	东北偏南	11.9	227	885	1440	335	515.2	521	1890	2878	
苏各庄	16′54.15″	35′15.00″	东北	7.3	194	821	856	330	309.5	570	1710	2889	—
袁营	17′56.10″	39′45.01″	东北偏南	14.6	253	1088	1537	335	475.0	493	1825	2956	袁营、武营、中营、张营、中佐、张庄、大豆口、刘门口、信口、东石庄共10个村，1942年划归饶阳县，1943年又回归安平县
武营	18′05.89″	39′40.92″	东北偏南	14.6	299	1214	1748	330	566.0	473	1950	2877	
中营	17′51.21″	39′30.70″	东北偏南	14.2	89	351	491	333	126.5	519	1925	2883	
张营	18′17.93″	38′25.24″	东北偏南	13.3	268	916	840	340	282.2	403	1845	2710	
中佐	19′19.89″	40′09.56″	东北偏南	14.2	566	2086	4574	333	1982.7	520	2491	2878	

续表1-10

村名	地理位置		位于县政府驻地		户数（户）	人数（人）	耕地面积（亩）	粮食产量		人均纯收入（元）			备注
	北纬38°	东经115°	方向	距离（公里）				亩产（公斤）	总产（吨）	1993年	1997年	2002年	
大豆口	18′58.69″	39′09.19″	东北偏南	14.9	293	1179	2463	333	725.9	511	1860	2889	—
刘门口	18′52.17″	39′00.01″	东北偏南	14.6	288	1080	2301	334	789.9	501	2455	2878	—
东石庄	17′43.06″	38′08.88″	东北偏南	12.3	245	1035	1322	335	422.8	435	2400	2643	1972年,从河套内搬迁至该地
信口	17′49.58″	38′55.92″	东北偏南	13.4	158	687	674	335	226.5	490	2100	2878	1974年,从河套内搬迁至该地
张庄	18′58.69″	39′49.10″	东北偏南	15.6	252	1024	1968	334	733.1	517	1900	2879	—
张寨	19′28.04″	36′26.62″	东北	12.5	710	2204	3610	334	1816.3	590	1925	2879	马家庄、彭村隶属于张寨村委会
马家庄	19′24.78″	36′45.01″	东北	12.7									
彭村	19′16.63″	36′43.99″	东北	12.6									
南两合程	19′26.41″	34′01.37″	东北偏北	10.6	484	1606	3536	330	1155.0	780	2450	2894	—
南里村	19′47.61″	34′56.60″	东北偏北	11.7	234	807	1412	340	565.4	720	2451	2889	—
北里村	20′05.54″	34′56.60″	东北偏北	12.3	249	849	1860	335	635.2	600	1920	2822	—
东里村	19′45.98″	35′49.78″	东北偏北	12.4	211	660	1225	334	369.7	650	2070	2880	—
寺店	19′39.45″	37′09.55″	东北	13.5	219	723	1075	335	412.2	298	1700	2800	—
张店	19′36.19″	37′25.92″	东北	13.7	243	832	1400	330	613.5	590	1950	2788	—
东刘店	19′19.89″	37′31.03″	东北	13.4	283	1148	2501	340	976.8	620	2400	2889	—
南寨	18′58.69″	35′10.92″	东北偏北	10.7	279	1128	2272	332	918.0	538	1885	2822	赵家庄隶属于南寨村委会
赵家庄	19′03.58″	34′40.25″	东北偏北	10.4									
段家佐	19′00.32″	36′53.19″	东北	12.4	269	1134	2602	332	992.7	500	1730	2872	—
周刘庄	17′55.43″	37′07.51″	东北	12.5	262	968	2288	330	884.4	600	1950	2845	—

2002年东黄城乡所辖村基本情况一览表

（辖25个行政村、25个自然村）

表1-11

村名	地理位置		位于县政府驻地		户数（户）	人数（人）	耕地面积（亩）	粮食产量		人均纯收入（元）			备注
	北纬38°	东经115°	方向	距离（公里）				亩产（公斤）	总产（吨）	1993年	1997年	2002年	
东黄城	13′05.87″	26′43.64″	西偏南	6.6	421	1521	3739	319	1349.0	664	2606	2845	—
北黄城	13′59.68″	26′23.19″	西偏南	6.9	392	1521	2880	322	1128.3	757	2521	3046	—
西南黄城	12′49.57″	26′27.28″	西偏南	7.1	122	489	1020	318	430.0	646	2847	2914	—
东南黄城	12′57.72″	26′57.96″	西偏南	6.3	118	350	1030	324	449.9	703	2458	2870	—
东北黄城	13′14.03″	27′00.00″	西偏南	6.2	124	431	1031	321	427.3	675	2440	2856	—
唐贝	14′35.55″	25′34.09″	西（原址）	8.0	788	3243	4470	327	1791.0	724	2440	3067	2002年，从河套内原址搬迁至该地（80%）
	13′54.79″	25′34.09″	西（现址）	8.0									
建张庄	14′38.81″	26′33.42″	西	6.5	113	375	530	323	228.7	698	2445	2862	—
建赵庄	14′32.29″	26′57.96″	西	5.9	298	917	740	328	357.7	660	1968	2887	1964年、1971年，从河套内搬迁至该地
建王庄	14′56.75″	26′43.64″	西偏北	6.4	229	752	835	319	259.4	639	2042	2357	—
徐张屯	14′46.96″	27′32.73″	西偏北	5.4	493	1840	2685	324	1054.1	736	2430	2995	1999年10月从河套内搬迁至该地
新民村	13′54.79″	27′30.69″	西	5.2	364	1409	2807	321	1083.5	684	2561	2907	—
西里村	14′07.83″	28′21.82″	西	3.8	319	1116	1893	317	776.2	637	2200	2414	—
堤涡	11′44.35″	26′23.19″	西南偏北	8.1	404	1371	2835	321	1009.4	730	2510	2966	—
台城	12′26.74″	29′06.82″	西南	4.9	632	2001	4248	325	1617.5	574	2672	2883	全国第一个农村党支部纪念馆于2002年在台城村建成
北侯疃	12′28.37″	27′38.87″	西南偏北	5.8	295	1171	2511	319	859.2	533	2470	2762	—
西侯疃	11′50.87″	27′04.10″	西南偏北	7.2	174	593	1512	321	514.7	539	2470	2898	—

续表1-11

村名	地理位置		位于县政府驻地		户数（户）	人数（人）	耕地面积（亩）	粮食产量		人均纯收入（元）			备注
	北纬38°	东经115°	方向	距离（公里）				亩产（公斤）	总产（吨）	1993年	1997年	2002年	
南侯疃	11′47.61″	27′45.01″	西南	6.5	275	960	2499	320	764.1	627	2440	2862	—
郭西	13′36.85″	28′36.14″	西偏南	3.6	161	535	1014	322	374.5	635	2575	2943	—
路庄	13′09.13″	29′12.96″	西南偏北	3.2	145	533	878	324	361.3	636	2516	2978	—
后大寨	11′18.26″	27′53.75″	西南	7.3	111	411	1014	325	325.4	550	2448	2872	—
前大寨	11′01.96″	27′28.64″	西南	7.8	232	842	2026	321	655.5	592	2594	2883	—
徐疃	11′19.08″	29′06.82″	西南偏南	6.0	233	884	1929	324	612.0	693	2872	2954	—
敬思村	12′10.44″	29′39.54″	西南偏南	4.2	446	1714	3026	320	1228.0	687	2480	2830	—
南庙头	10′39.13″	27′53.19″	西南偏南	7.9	234	840	1738	316	633.5	633	2477	2912	—
大同新	12′08.81″	30′57.27″	南	3.8	423	1433	2805	320	997.0	667	2447	2889	—

2002年大子文乡所辖村基本情况一览表

（辖24个行政村、28个自然村）

表1-12

村名	地理位置		位于县政府驻地		户数（户）	人数（人）	耕地面积（亩）	粮食产量		人均纯收入（元）			备注
	北纬38°	东经115°	方向	距离（公里）				亩产（公斤）	总产（吨）	1993年	1997年	2002年	
大子文	12′20.22″	23′51.82″	西偏南	11.0	397	1307	2475	304	940	686	2500	2890	—
前子文	11′59.03″	23′51.82″	西偏南	11.2	394	1288	2401	302	917	693	2571	2889	—
北郝村	13′28.70″	21′29.65″	西	14.0	678	2151	3334	308	1291	548	1893	2890	—
南郝村	12′57.72″	21′32.72″	西偏南	14.0	426	1437	2838	304	1060	545	2470	2880	—
邢郭庄	13′17.29″	22′44.32″	西偏南	12.2	253	827	900	313	405	795	2590	2891	邢郭庄于1981年，从河套内搬迁至该处
郭　庄	—	—	西偏南	12.3									郭庄隶属于邢郭庄村委会

续表1-12

村名	地理位置		位于县政府驻地		户数(户)	人数(人)	耕地面积(亩)	粮食产量		人均纯收入(元)			备注
	北纬38°	东经115°	方向	距离(公里)				亩产(公斤)	总产(吨)	1993年	1997年	2002年	
西赵庄	38′22.18″	23′39.55″	西偏南	10.9	481	1800	1607	310	782	698	2515	2889	西赵庄于1996年，从河套内搬迁至该处
王营	13′17.29″	23′02.73″	西偏南	11.8	215	690	638	312	310	602	2525	2891	王营于1959年、1966年，从河套内搬迁至该处
西遥城	12′41.42″	24′00.01″	西偏南	10.5	317	1265	1927	306	825	645	2498	2895	—
孙遥城	12′59.35″	24′34.78″	西偏南	9.7	236	889	1258	306	602	605	2473	2885	—
曹遥城	12′51.20″	24′38.87″	西偏南	9.6	163	438	498	321	294	563	2470	2879	—
林庄	12′26.74″	22′38.18″	西偏南	12.6	297	1033	2095	306	832	795	2589	2895	—
店子头	12′34.89″	25′13.64″	西偏南	8.9	279	675	1308	303	599	649	2513	2878	—
义里	11′16.63″	23′51.82″	西南偏北	11.6	478	1741	3688	306	1158	675	2530	2891	—
张舍	11′47.61″	25′30.00″	西南偏北	9.2	544	1863	3756	304	1247	651	2516	2888	—
石干	10′40.76″	22′13.63″	西南偏北	14.3	523	1658	3539	312	1051	560	2490	2889	官庄隶属于石干村委会
官庄	10′39.13″	21′49.09″	西南偏北	15.0									
崔安铺	11′59.02″	20′55.91″	西偏南	15.3	318	977	2459	312	814	560	2505	2889	—
崔安村	11′55.76″	21′12.27″	西偏南	14.9	367	1071	2404	317	802	499	2500	2887	—
西白驼罗	11′57.39″	22′11.59″	西偏南	13.5	224	489	1013	313	352	540	2490	2875	—
东白驼罗	12′00.65″	22′27.96″	西偏南	13.2	473	1568	2796	318	996	580	2492	2883	—
郭马庄	11′11.74″	22′58.64″	西南偏北	13.0	278	986	1615	304	473	550	2480	2880	抗日战争时期，郭庄和马庄合并统称郭马庄
郭庄	11′15.82″	23′04.78″	西南偏北	12.9									
马庄	11′05.22″	22′48.41″	西南偏北	13.4									
南石庄	10′55.44″	22′48.41″	西南偏北	13.3	179	511	948	317	358	540	2470	2890	—
北王宋	10′16.30″	23′15.00″	西南偏北	13.4	434	1541	3322	310	1054	439	2486	2887	—
张敖	10′04.89″	21′02.05″	西南偏北	16.2	549	2158	4874	313	1531	567	2483	2879	—
马江	08′49.91″	21′18.41″	西南偏北	17.2	557	2147	4497	314	1392	550	2477	2889	后营隶属于马江村委会
后营	09′06.21″	21′18.41″	西南偏北	16.9									

2002年西两洼乡所辖村基本情况一览表

（辖18个行政村、18个自然村）

表1-13

村名	地理位置		位于县政府驻地		户数（户）	人数（人）	耕地面积（亩）	粮食产量		人均纯收入（元）			备注
	北纬38°	东经115°	方向	距离（公里）				亩产（公斤）	总产（吨）	1993年	1997年	2002年	
西两洼	14′37.18″	36′10.24″	东	7.7	481	1728	4453	355	1319	417	2065	2797	—
南两洼	14′30.66″	36′24.55″	东	8.0	125	404	1015	344	338	431	2079	2668	—
东两洼	14′35.55″	36′36.83″	东	8.2	286	1133	2595	361	1014	413	2035	2752	—
东程干	15′52.18″	35′15.01″	东北偏南	7.0	352	1231	700	342	306	445	2047	2734	1973年，从河套内搬迁至现址
西毛庄	15′14.68″	35′08.87″	东偏北	6.5	150	496	1414	351	638	480	2060	2915	—
东毛庄	15′17.94″	35′25.24″	东偏北	6.9	298	943	2543	348	978	646	2072	2994	—
东庙头	15′45.66″	36′26.62″	东偏北	8.5	123	399	2126	352	1007	442	2045	2845	1973年，从河套内搬迁至现址
东寨子	14′32.29″	34′38.19″	东	5.4	345	1184	2465	340	929	473	2399	2803	—
西寨子	14′19.25″	34′23.87″	东	5.0	311	1067	2434	360	974	454	2039	2726	—
后铺	13′43.38″	35′41.60″	东	7.0	352	1218	3200	360	1090	477	2070	2756	—
前铺	13′35.22″	35′43.64″	东偏南	7.0	339	1205	3045	349	1041	488	2068	2975	—
东里屯	11′36.20″	34′52.51″	东南	7.5	194	758	1557	330	629	508	2131	2752	—
西里屯	11′42.72″	34′39.21″	东南	7.1	253	787	1768	332	789	499	2040	2772	—
小辛庄	11′31.30″	35′12.96″	东南	7.9	235	874	2127	333	901	497	2053	2788	—
史官屯	11′32.94″	35′25.24″	东南偏北	8.2	357	1101	2225	330	1031	470	2059	2829	—
郑家庄	12′33.26″	35′39.55″	东南偏北	7.5	342	1205	2821	336	1309	473	2065	2850	—
耿官屯	10′44.02″	33′35.80″	东南偏南	7.5	488	1763	4228	354	1451	455	1979	2500	—
向官屯	10′06.52″	33′06.16″	南偏东	8.1	589	2013	4337	360	1629	445	1959	2477	—

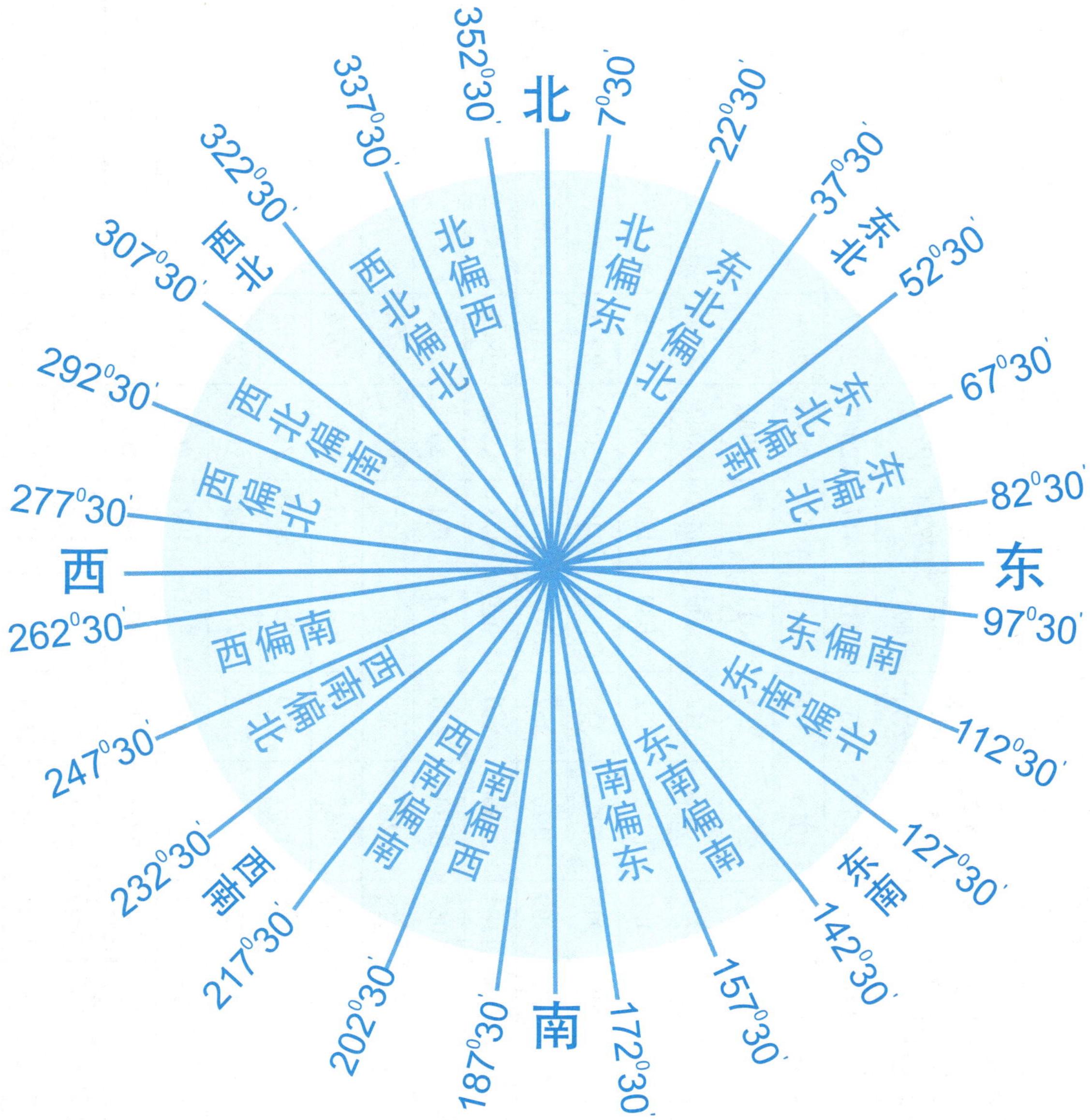

图1-9　安平县二十四方位图

注：地名方位以安平县政府驻地大门口（北纬38°14′11.58″、东经115°30′59.32″）为基点，确定和计算与各乡（镇）政府驻地以及各村中心的方向和距离。方向采用24方位制，以磁北方向为基准。各村位置参照中国人民解放军总参谋部测绘局1974年版航测图。

第二编　自然环境

地质地貌
气候
水文
土壤
生物
自然灾害
环境保护

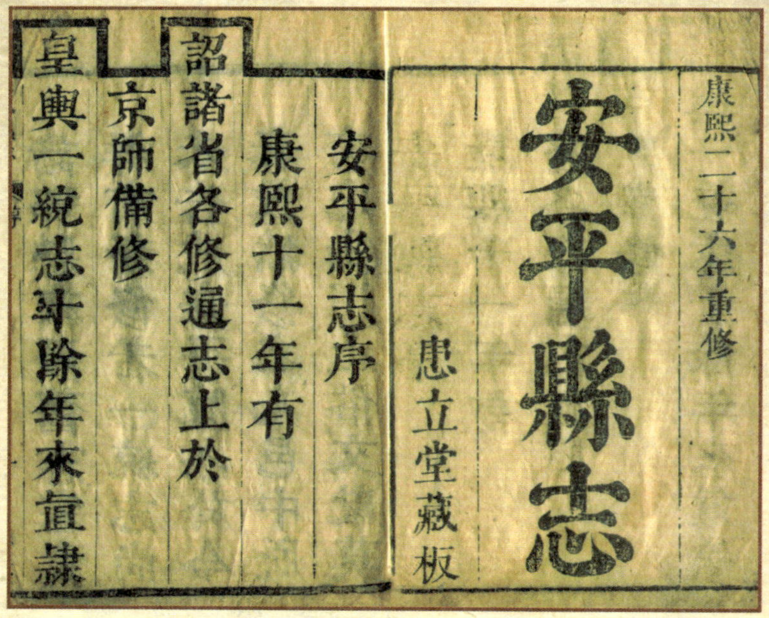

康熙二十六年重修

安平縣志

恵立堂藏板

安平縣志序

康熙十一年有

詔諸省各修通志上於

京師備修

皇輿一統志斗除年來直隸

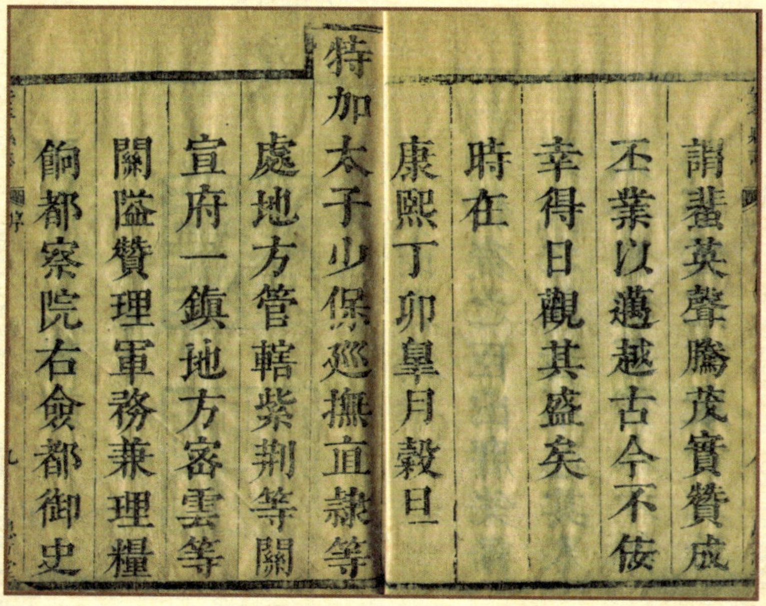

詡藝英聲騰茂實贊成

丕業以邁越古今不佞

幸得日覩其盛矣

時在

康熙丁卯臯月穀旦

特加太子少保巡撫直隸等

處地方管轄紫荊等關

宣府一鎮地方密雲等

關隘贊理軍務兼理糧

餉都察院右僉都御史

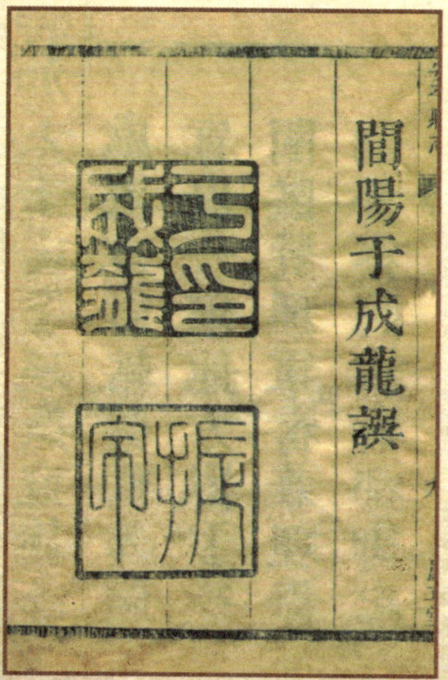

閭陽于成龍譔

于成龙撰康熙二十六年《安平县志·序》片段

第二编　自然环境

第一章　地质地貌

第一节　地质

一、基底构造

安平县属于华北断坳的冀中台陷。东西横跨冀中台陷中的两个四级构造单元。西部属于高阳台凸的一部分，东部属饶阳断凹的一部分。前第三系基底埋深2500～3000米。

二、地层

境内地层从老至新分三系。

1. 前第三系

顶板埋深2500～4300米，西部浅，东部深。普遍分布着古生界的寒武系中、上统及奥陶系下、中统地层，西南角局部有古生界的石炭、二迭系地层。

(1)寒武系

中统　厚度140～330米，自下而上主要岩性排列为：白云质灰岩、灰岩、泥质灰岩、钙质白云岩—灰紫色页岩、隐晶质灰岩和黄绿色钙质页岩互层—鲕状灰岩。

上统　厚度约130米左右。自下而上主要岩性排列为泥质条带灰岩、灰岩、泥质灰岩—竹叶状灰岩—灰色中厚层泥质条纹鲕状灰岩。

(2)奥陶系

下统　厚度约180米。自下而上主要岩性排列为以含珠角石为特征的泥质灰岩、白云质灰岩类角砾状灰岩—含燧石灰岩、白云质灰岩—以含直角石成鹦鹉螺类为特征的褐灰色巨厚纯灰岩、厚层纯质岩、花斑状灰岩和角砾状灰岩。

(3)石炭—二迭系

石炭系属于稳定的地台型沉积，沉积厚度为40～320米。以碎屑岩为主，夹海相灰岩和煤层。

二迭系属于内陆盆地沉积，以河湖、沼泽含煤碎屑岩和内陆红色、杂色碎屑岩为主。厚度不明。

2. 第三系

底板埋深2500～4300米。主要由河湖相沉积的泥岩灰砂岩或泥岩、砂岩互层组成。

3. 第四系

(1)下更新统

底板埋深大于600米。为冲积、冲洪积与冰川—冰水堆积及冲积，湖积的棕红、红棕、混锈黄色、灰绿色黏土、亚黏土类砂组成。普遍含铁锰结核。

(2)中更新统

为一套冲积、洪积与冰川—冰水堆积及冲积、湖积的亚黏土类夹砂组成。下段底板埋深530米左右，主要颜色为棕色、浅红色夹锈黄色。上段底板埋深380米左右，主要颜色为棕黄色、黄棕色。

(3)上更新统

底板埋深250米左右。为一套冲积、洪积和冲积、湖积的沉积物，主要由黄色、棕黄色具黄土状结构的粉土质亚砂土、亚黏土夹砂组成。

(4)全新统

底板埋深70米左右。以冲积沉积物为主，夹有湖沼相沉积，主要由灰黄、灰、灰黑色含淤泥质的亚黏土、亚砂土夹砂、淤泥等组成，土质疏松，常见未钙化的古土壤层。

第二节　地貌

安平县地处太行山前冲积扇前缘，境内多为滹沱河冲积平原。地势平缓，略显西高东低，平均坡降为1/3250。海拔最高31.5米，最低18.5米。滹沱河自西向东流经本县，曲度小，西部河谷宽约300～500米，东部河谷宽约200～300米，谷深2～4米。

由于历史上滹沱河变迁无常，南北滚动，纵横荡决，故形成境内一些微地貌类型。

一、岗地

清朝嘉庆年间，滹沱河南移，在县南部的马江、五新村、敬思村、刘光营一带形成断续的缓岗，海拔高程30米，相对高差1米。县中部的现代滹沱河岸，由于泥沙大量沉积，形成河槽高地，沿河边东西向分布，海拔高程27米。

二、洼地

东两洼、西两洼是现代滹沱河和滹沱河故道间的洼地。大何庄乡的崔岭洼地，程油子乡东里村、段家佐、周刘庄一带的洼地，系现代滹沱河、潴龙河的河间洼地。各洼地多呈零星封闭、浅平型。洼地中心海拔20米。

三、河漫滩

滹沱河在境内为半地上河，河床浅平开阔，没有明显的河身，整个河边形成河漫滩。

第二章　气候

安平县地处半干旱半湿润大陆性季风气候区，春季少雨多风，夏季高温多雨，秋季气候适中，冬季寒冷少雪，四季分明，干湿交替。1991—2002年，平均无霜期198天，比1991年前21年(1970—1990年)平均无霜期200天少2天。

第一节　四季

一、春季(3月、4月、5月)

随太阳直射点的北移，日照逐渐加强，故本地春季气温回升较快，降水较少，干燥多风，蒸发量大于降水量，春旱情况严重。虽冷空气势力逐渐减弱，但冷空气活动仍比较频繁。

二、夏季(6月、7月、8月)

受印度洋低气压控制，又因处于北太平洋西部副热带高气压带的西部边缘，故常吹东南季风。受其影响，天气炎热潮湿，降水丰沛，为全年主要降水季节。

三、秋季(9月、10月、11月)

随太阳直射点的南移，气温下降。北太平洋西部的副热带高压带南退，降水逐渐减少，暑热消除，天高气爽。蒙古—西伯利亚高压势力逐渐加强，遇冷空气南下，偶有连绵阴雨天气。

四、冬季(12月、1月、2月)

在蒙古—西伯利亚冷高压控制下，常吹西北风。来自高纬度的极地大陆气团经常南下并控制本地，故冬季气候干燥寒冷，降水稀少。偶有大风天气。

第二节　日照

安平县1991年4月至2002年12月日照总计27021.7小时，年平均日照2294.6小时，年日照百分率为51%。年日照最多时数为2503.7小时，出现在1992年；年日照最少时数为1650.6小时，出现在1996年。历年各月平均日照时数5月最多，月均252.2小时；12月最少，月均133.9小时。

1991—2002年安平县日照时数统计表

表2-1　　　　单位：小时

年份＼月份（日照）	1月	2月	3月	4月	5月	6月	7月	8月	9月	10月	11月	12月	年合计
1991	—	—	—	185.5	204.0	247.8	168.6	286.0	191.1	238.8	161.4	82.3	—
1992	153.0	226.3	158.9	260.1	280.3	279.5	246.5	176.5	215.6	202.1	171.0	133.9	2503.7
1993	161.3	162.4	189.5	221.3	249.4	212.9	171.1	201.8	238.1	194.1	123.5	190.2	2315.6
1994	190.7	125.7	220.9	216.9	267.1	241.3	126.2	142.7	245.9	179.0	75.4	109.9	2141.7
1995	207.0	170.6	206.2	249.7	282.2	228.4	193.0	164.4	133.1	175.3	222.9	175.0	2407.8
1996	163.7	217.1	118.2	130.9	241.6	180.1	110.1	31.7	110.9	84.1	142.1	120.1	1650.6
1997	142.5	126.3	159.1	243.6	274.8	268.6	258.9	238.1	211.4	261.8	88.8	117.2	2391.1
1998	125.4	150.5	185.6	176.1	203.7	242.6	194.2	198.8	186.0	140.3	149.4	155.4	2108.0
1999	180.1	186.0	92.1	212.6	219.9	287.7	234.8	256.0	191.7	185.3	171.9	199.4	2417.5
2000	136.0	188.9	266.1	254.2	291.7	246.9	228.3	206.5	250.7	152.7	133.1	129.3	2484.4
2001	96.5	124.9	268.2	199.9	271.6	259.3	238.3	239.2	208.9	173.1	194.9	143.2	2418.0
2002	146.4	188.7	222.2	229.6	240.1	204.1	239.2	269.6	227.9	207.1	192.5	50.4	2417.8
平均	154.8	169.8	189.7	215.0	252.2	241.6	200.8	209.9	209.9	182.8	152.2	133.9	2294.6

第三节　气温 地温

一、气温

1991—2002年，年平均气温为13.3℃，比1970—1990年年平均气温12.4℃高0.9℃。最热的7月，月平均气温为27.5℃，比1970年至1990年7月平均气温26.3℃高1.2℃。最冷的1月的月平均气温为-2.7℃，比1970年至1990年1月的月平均气温-4.0℃高1.3℃。极端最高气温为41.8℃，出现在2002年7月15日。比1991年前（1970—1990年）21年中出现极端最高气温的1972年6月10日（41.3℃）高0.5℃；极端最低气温为-17.2℃，出现在2001年1月15日。比1991年前21年中出现极端最低气温的1972年1月26日（零下22.4℃）高5.2℃。

1991—2002年安平县年平均气温统计表

表2-2　　　　单位：℃

年份＼项目	年平均	最热月（7月）	最冷月（1月）	年相差
1991	12.4℃	26.4℃	-2.2℃	28.6℃
1992	12.9℃	28.3℃	-1.9℃	30.2℃
1993	12.8℃	25.2℃	-4.6℃	29.8℃
1994	13.6℃	28.1℃	-1.9℃	30.0℃
1995	13.2℃	26.0℃	-1.6℃	27.6℃
1996	12.8℃	26.0℃	-2.8℃	28.8℃
1997	13.5℃	30.0℃	-3.7℃	33.7℃
1998	14.1℃	28.3℃	-3.2℃	31.5℃
1999	13.9℃	27.9℃	-1.2℃	29.1℃
2000	13.3℃	28.9℃	-5.9℃	34.8℃
2001	13.5℃	27.5℃	-4.7℃	32.2℃
2002	13.8℃	27.7℃	+1.1℃	26.6℃
平均	13.3℃	27.5℃	-2.7℃	30.2℃

1991—2002年安平县年极端最高、最低气温情况表

表2-3 单位：℃

项目/年份	极端最高气温		极端最低气温	
	度数	出现日期	度数	出现日期
1991	38.0	7月1日	-12.9	1月8日
1992	41.1	7月18日	-9.8	2月1日
1993	37.4	6月20日	-16.4	1月16日
1994	38.5	7月1日	-11.3	1月18日
1995	36.2	6月19日	-9.9	12月25日
1996	38.9	6月30日	-10.6	1月10日
1997	39.8	7月12日	-15.2	1月6日
1998	39.4	6月20日	-13.0	1月18日
1999	40.0	7月2日	-11.8	1月12日
2000	40.5	7月1日	-15.0	1月25日、26日
2001	37.8	5月19日	-17.2	1月15日
2002	41.8	7月15日	-14.4	12月26日

二、地温

1991—1998年，安平县只对每年的4月、10月两个月的地温进行观测。1991年至1998年，4月平均地温为18.0℃；10月平均地温为14.5℃。

1999—2002年，安平县年平均地面温度为15.4℃。

1999—2002年，平均地面温度，1999年最高，为15.9℃；2002年最低，为14.9℃。平均年较差1℃。月平均地面温度，7月最高，为31.0℃；1月最低，为-3.8℃，平均月较差34.8℃。

1999—2002年，月平均地面极端最高地温为32.4℃，出现在1999年6月；月平均地面极端最低地温为-6.6℃，出现在2000年1月，两者相差39℃。日地面极端最高地温为65.6℃，出现在2001年7月12日；日地面极端最低地温为-24.5℃，出现在2001年1月14日、15日，两者相差90.1℃。

1991—1998年安平县部分月份地面温度情况统计表

表2-4 单位：℃

年份/月	1991	1992	1993	1994	1995	1996	1997	1998	月平均
4	15.8	19.1	17.9	19.3	17.9	16.9	17.7	19.3	18.0
10	14.6	13.2	14.4	14.2	15.3	13.7	15.0	15.8	14.5

1999—2002年安平县月地面温度情况统计表

表2-5　　单位：℃

日照＼月份 年份	1	2	3	4	5	6	7	8	9	10	11	12	年均	日极端地温			
														最高		最低	
														地温	日/月	地温	日/月
1999	-2.4	2.8	8.8	19.7	25.0	32.4	31.4	28.4	24.7	14.6	5.9	-0.9	15.9	65.5	7月2日	-15.0	1月12日
2000	-6.6	-0.5	10.9	19.4	26.7	31.6	32.1	28.8	23.2	13.8	4.2	-0.1	15.3	63.6	6月14日	-20.3	1月26日
2001	-5.9	0.6	10.4	18.0	27.5	30.9	32.3	29.3	24.4	15.2	4.4	-3.0	15.3	65.6	7月12日	-24.5	1月14日、15日
2002	-0.3	4.5	12.1	18.4	25.9	26.2	28.0	28.6	22.1	12.8	2.9	-2.8	14.9	62.1	5月30日	-22.0	12月25日
平均	-3.8	1.9	10.6	18.9	26.3	30.3	31.0	28.8	23.6	14.1	4.4	-1.7	15.4	—	—	—	—

第四节　霜冻

1991—2002年，初霜冻平均出现在10月17日，终霜冻平均出现在3月30日，无霜期天数平均为198天。无霜期时间最长的1999年为228天，时间最短的1992年为172天，两者相差56天；初霜冻最早出现在1999年10月3日（比1991年前21年出现最早的10月6日还早3天），最晚出现在1996年10月26日（比1991年前21年出现最晚的10月31日早5天），两者相差23天；终霜冻最早出现在1999年2月16日（比1991年前21年出现最早的2月7日晚9天），最晚出现在2002年4月24日（比1991年前21年出现最晚的4月26日早2天），两者相差67天。

1991—2002年安平县初终霜冻情况统计表

表2-6

项目 年份	霜冻		
	初日	终日	初终间隔日数
1991	10月19日	4月1日	200
1992	10月5日	1月15日	172
1993	10月21日	3月28日	206
1994	10月21日	4月9日	194
1995	10月24日	4月11日	195
1996	10月26日	4月3日	205
1997	10月25日	3月30日	208
1998	10月19日	3月22日	210
1999	10月3日	2月16日	228
2000	10月12日	4月5日	189
2001	10月4日	3月29日	188
2002	10月21日	4月24日	179
平　均	10月17日	3月30日	198

第五节　降水 蒸发

一、降水

1991—2002年，年平均降水量为451.0毫米，比1991年前（1971—1990年）20年年平均降水量513.6毫米少62.6毫米；降水最多的年份是1996年，降水量达762.8毫米，比1991年前20年中降水量最多的1985年（832.1毫米）少69.3毫米；最少的年份是1997年，降水量仅236.3毫米。比1991年前20年中降水量最少的1975年（330.1毫米）还少93.8毫米；一日最大降水量为164.4毫米，出现在1996年8月5日。

1991—2002年安平县降水情况统计表

表2-7

项目 年份	年降水总量（毫米）	一日最大降水量	
		数量（毫米）	出现日期
1991	497.0	65.1	7月10日
1992	319.4	52.0	7月23日
1993	656.4	115.5	7月12日
1994	588.1	107.0	7月12日
1995	699.5	64.7	5月27日
1996	762.8	164.4	8月5日
1997	236.3	31.2	4月1日
1998	298.7	60.1	8月22日
1999	352.3	45.8	7月13日
2000	372.0	63.1	8月12日
2001	297.0	42.5	7月27日
2002	332.7	56.0	7月1日
平　均	451.0	—	—

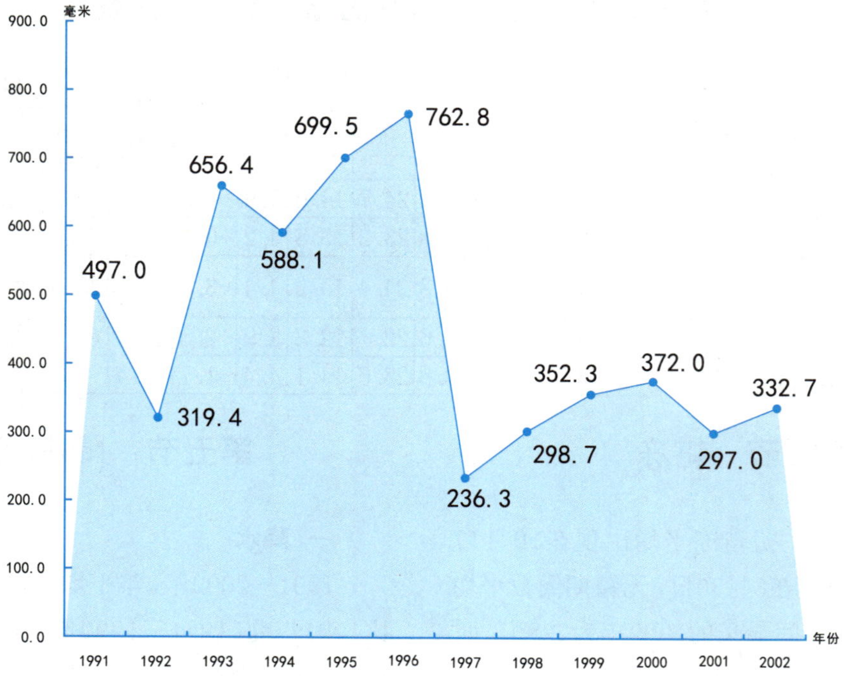

图2-1　1991—2002年安平县降水曲线图

二、蒸发

1991—2002年，安平县蒸发总量为19860.2毫米。1992—2002年，年平均蒸发量1687.7毫米。年内各月受气温、风速、温度等影响，蒸发量各异。6月蒸发量最大，平均265.4毫米，占年均蒸发量的15.7%；12月蒸发量最小，平均30.7毫米，占年均蒸发量的1.8%。

1991—2002年安平县蒸发量情况统计表

表2-8　　　　单位：毫米

月份 年份	1月	2月	3月	4月	5月	6月	7月	8月	9月	10月	11月	12月	年合计
1991	—	—	—	137.2	212.7	229.0	180.4	194.5	127.5	124.3	68.4	21.4	—
1992	33.6	90.0	115.7	287.6	260.3	292.6	293.8	151.0	169.0	110.8	59.8	27.4	1891.6
1993	29.2	69.9	164.7	239.2	291.7	272.6	175.8	162.1	158.2	112.8	39.6	47.4	1763.2
1994	45.9	53.2	142.2	202.1	276.1	277.4	196.6	178.9	181.2	114.8	50.8	20.5	1739.7
1995	48.1	67.9	155.8	234.4	258.2	216.7	178.6	126.7	113.7	109.0	97.5	37.1	1643.7
1996	40.0	78.7	135.4	192.2	253.9	245.9	168.7	111.3	124.4	88.8	62.0	48.2	1549.5
1997	38.6	70.6	121.5	173.0	244.2	310.1	314.4	236.2	166.5	147.3	33.6	20.3	1876.3
1998	35.0	68.2	124.1	151.0	196.3	282.8	223.0	184.1	157.1	99.3	64.7	34.0	1619.6
1999	45.1	78.8	111.0	208.2	228.8	312.3	206.6	160.6	125.6	92.6	42.1	38.7	1650.4
2000	20.0	45.5	153.2	210.8	238.7	251.5	220.9	140.9	127.0	63.3	36.7	28.5	1537.0
2001	20.4	32.1	182.0	168.2	262.0	269.6	216.4	177.1	139.9	92.9	46.4	29.8	1636.8
2002	53.2	73.8	154.6	187.5	219.7	223.9	198.9	180.7	167.3	122.8	59.2	15.4	1657.0
平均	37.2	66.2	141.8	199.3	245.2	265.4	214.5	167.0	146.5	106.6	55.1	30.7	1687.7

第六节　风向风速

安平县境内盛行西南风。1991—2002年，年平均风速为1.9米／秒，极端最大风速为16.0米/秒，分别出现在1991年7月10日和1995年6月26日，风向分别为北北东和北北西。比1991年前21年（1970—1990年）中出现最大风的1971年（风速为20米/秒）减少4米/秒。

1991—2002年安平县风向风速一览表

表2-9

项目 年份	年平均风速（米/秒）	风（年最大）				
		风速（米/秒）	风向	出现日期	风向频率	
1991	2.1	16.0	北北东	7月10日	静	15
					南南东	10
1992	1.9	13.0	西北西	7月23日	静	14
					南南东	10
1993	2.0	15.7	西北	6月14日	静	18
					南南西	11
1994	1.7	13.0	西北西	2月8日	静	22
					南南西	9
1995	2.1	16.0	北北西	6月26日	静	16
					南南西	11
1996	2.1	11.0	东北东	3月11日	静	15
					南南西	9
1997	1.9	11.0	西北	1月1日	静	15
					南南西	10
1998	1.8	12.0	东	6月21日	静	17
					南	10
1999	1.9	10.0	西北西	4月5日	静	16
					南南西	10
2000	1.6	11.0	西南 西北西	4月1日 3月27日	静	21
					南南西 北北东	8
2001	1.7	13.0	西北西	3月6日	静	18
					南	10
2002	1.8	13.0	西北	7月17日	静	12
					南	10
平均	1.9	—	—	—	—	—

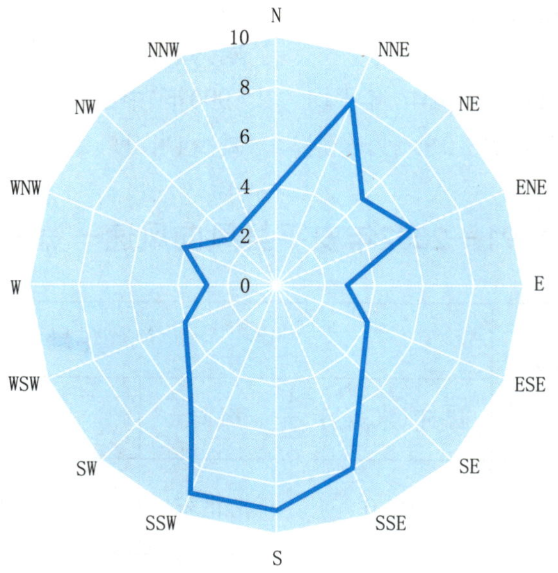

站名：安平气象局　　区站号：54609　　所用资料时间：1991-2002

方位	N	NNE	NE	ENE	E	ESE	SE	SSE	S	SSW	SW	WSW	W	WNW	NW	NNW	C
平均	4	8	5	6	3	4	5	8	9	9	5	4	3	4	3	3	17

图2-2　1991—2002年安平县风向频率玫瑰图（单位：1%）

第七节　空气湿度

1991—2002年，年平均相对湿度为62%，最大出现在1991年为65%，最小出现在1992年为59%。

1991—2002年安平县空气湿度统计表

表2-10

年份	1991	1992	1993	1994	1995	1996
年平均相对湿度（%）	65	59	63	64	61	61

年份	1997	1998	1999	2000	2001	2002	平均
年平均相对湿度（%）	61	63	62	63	63	60	62

第三章　水文

1991年，全县水资源总量为3814.6万立方米，人口297286人，耕地498627.2亩，人均水资源量为128立方米，亩均水资源量为76立方米。到2002年，全县水资源总量为1673.5万立方米，人口307592人，耕地492264.8亩，人均水资源量为54立方米，亩均水资源量为34立方米。

第一节 地表水

县地表水由自产水(降雨)和两河(滹沱河、潴龙河)客水形成。

一、自产水

据气象部门统计,自1991—2002年12年间,全县年平均降水量为451.0毫米,平均径流深度为22.6毫米。年自产径流总量为1114.2万立方米。

二、河流

流经安平县境内的河流有滹沱河和潴龙河。

滹沱河 又名滹沱,亦曰乎池,是一条很古老的河流。西周时称滹沱,战国时期称呼沦水、呼池水,秦称厚池河,西汉时称滹池河,东汉至南北朝时叫滹沱河,北魏曾一度改成清宁河,隋至五代十国时称滹沱水,宋朝以后叫滹沱河。

滹沱河发源于山西省繁峙县的泰戏山太华池,诸泉相会,曲折向西南流,至忻口镇东北折向东南,至定襄西北后,阳武河、云中河、牧马河、清水河、冶河等先后汇入。

滹沱河在上游山区的行经路线,由于水为山束,尚可安流,古今变化不大。至藁城后,陡落平原,其流大肆,有史以来,迭经滚动,河道数迁。东汉时,滹沱河走北道为主,出灵寿,经真定(今正定)、下曲阳(今晋县北)、深泽、安平、饶阳、武强,入河间、交河,在青县与清河(今南运河)汇流入海。自明初至清代同治七年的500年间在北道、中道、南道之间摆动过两个半轮回。正如《冀县志》所说:“滹沱河,性善徙,滏阳以北,滋水(今潴龙河)以南,百数十里,皆其纵横冲荡之区,断港沙滩蔓延殆遍。”

据《元和志》《太平环宇志》记载:滹沱河流经安平,水在县南23里。民国11年《安平县志》“明以来滹沱出入县境表”载:“明英宗正统四年(1439年),滹沱河由深州入县界,万历二十三年(1595年)徙深州南,万历三十五年(1607年)又徙回安平。”此后,于万历四十八年(1620年)、天启六年(1626年)、清顺治二年(1645年)、顺治九年(1652年)、康熙五年(1666年)、康熙三十五年(1696年)、乾隆三十三年(1768年)、乾隆五十九年(1794年),至同治七年(1868年),滹沱河南迁北移,多次改道,南至深州磨头村南,北未超过安平县境,正如人们所说:南不过衡(衡水县),北不过平(安平县)。自同治七年(1868年)滹沱河由束鹿向北徙回安平后,再未离开安平县境。清光绪九年(1883年),其河道则由深泽苦水入安平的马江,经河疃、中角、郭店、入深州的刁马庄、黄疃,再入本县敬思村、刘光营,至韩村铺出境入饶阳。宣统元年(1909年),河道南徙,由束鹿清官甸入大转,经刘村出境,东趋入深州。民国元年(1912年),河道徙县北境。民国六年(1917年),河道又渐移而南,由深泽大堡入杨各庄、彭营,又东北经彪塚、漫真(满正)、刘吉口,又东历高佐、钦营(钦什)、油子、武毛营(武营)出境入饶阳。民国八年(1919年),河道南徙,由深泽东入北郝村,经西赵庄、唐贝、大良、会涡、崔各庄、油子,至武毛营出境入饶阳。自同治七年(1868年)以后,滹沱河水道在安平县境内迁徙无常,清代在县城南,民国后在县城北。

1958年,开始在上游修建岗南和黄壁庄两座大型水库。水库修成后有效地控制洪水的下泄。1965年以后,又全面条直、加宽、加高北大堤,加固了南大堤。自此以后,滹沱河水再没有发生过改道。

滹沱河自山西省繁峙县流经代县、忻县、原平县、定襄县、五台县,在五台县峪口村进入河北省平山县,先后有营里河、卸甲河和柳林河汇入。进入岗南水库后,有文都河汇入。出岗南水库又有冶河、南甸河、北跃渠、南跃渠汇入,之后进入黄壁庄水库。出水库后又有窝阳河、卫河、只照河等小河汇入,东经灵寿、正定出山区入平原,经藁城、无极、晋县、深泽、安平、饶阳、献县,在献县臧家桥与滏阳河汇合为子牙河,经大城、静海,在天津附近汇入海河,于塘沽入渤海。

滹沱河从发源地到献县子牙河入口处,全长587公里,流域面积2.73万平方公里。滹沱河属于子牙河水系，由西向东横贯安平县全境，流经大何庄、大子文、东黄城、马店、安平镇、西两洼、程油子7个乡镇，全长32.56公里。滹沱河由大何庄乡西里庄村入县境，从西往东北岸经大何庄乡、马店镇、程油子乡3个乡镇的西里庄、杨各庄、马营、彭营、报子营、郎仁屯、郎仁、里河、彪塚、长汝、任庄、西满正、朱家庄、北满正、刘吉口、刘口屯、北辛营、曹家庄、南苏村、傅各庄、北会涡、南牛具、高家佐、邢庄、苏各庄、钦什、杨油子、义门、前刘兴、后刘兴、东石庄、信口、中营、袁营入饶阳县境。南岸自西向东经大子文乡、东黄城乡、安平镇、西两洼乡4个乡镇的北郝村、邢郭庄、王营、西赵庄、唐贝、建张庄、建王庄、建赵庄、徐张屯、东满正、河漕村、孟营、南辛营、西会涡、东会涡、彭疃、李疃、刘疃、前呈干、后呈干、东呈干、东庙头入饶阳县境。行洪河道总面积76.2平方公里，其中主河道面积13平方公里，南北大堤之间，包括村庄、道路、滩地共63.2平方公里。滹沱河1991—2002年为干河，已失去资源价值，只有在行洪时才能发挥作用，其最大行洪能力为4000立方米/秒。

潴龙河　历史悠久，古代河名多变。唐朝以前泛称恒水、呕夷、滱水、沙水、滋水。唐朝、宋朝时称礓河，明朝称院西口河，清朝称潴龙河。

潴龙河是大清河的南支，也是大清河两大支流之一。发源于太行山的恒山，东注白洋淀西淀。上游有沙河、滋河、孟良河等，汇流到安国市的军诜后称潴龙河，入淀后经枣林庄枢纽入东淀大清河。

潴龙河流经安国、安平、博野、蠡县、高阳，在博士庄折向北入白洋淀，全长75公里。

1958年，在潴龙河上游曲阳县境修建王快水库，1972年续建，总库容量达13.89亿立方米。王快水库控制面积3770平方公里，在防洪灌溉方面发挥了重要作用。

潴龙河属于大清河水系，其上游主要支流为沙河和滋河。潴龙河绕境内北疆而过，在安平县境内全长16.03公里，由北郭村入县境，从西往东经南岸的北郭村、什伍村、周村、马庄、柏林、赵院、西长堤、东长堤、王六市、南白沙庄、北白沙庄入博野县境。北岸经安国市的南程各庄进入安平县的南白沙庄、北白沙庄入博野县境。安平县境内流域面积7.9平方公里，其中主要河道面积3.5平方公里。

潴龙河1991—2002年与滹沱河相同亦成为干河，最大行洪能力为3000立方米/秒。

潴龙河河道南边至滹沱河河道北边距离：西部，北郭村段距郎仁屯段9850米；中部，西长堤段距东满正段6250米；东部，秦王庄段距辛营段5320米。

安平县河道情况一览表

表2-11

河流名称	起止地点		长度（公里）	河宽（米）		河底高程（米）		地面高程（米）		滩地高程（米）		河底纵坡	流量（立方米/秒）
	起点	终点		河口	河底	起点	终点	起点	终点	起点	终点		
滹沱河	西李庄	袁营	32.56	100～500	50～300	27.5	19.5	30.8	21.46	30.84	21.36	1/4000	3950
潴龙河	北郭村	秦王庄	16.03	250～500	223	26.5	23.5	26.4	23.54	27.48	22.59	1/833～1/6850	3000

第二节　地下水

境内地下水流向系西南东北向，含水层自西向东逐渐变薄，砂性也由粗变细。水质类型大部分是重碳酸盐，仅西两洼乡、南王庄镇的南部及安平镇的南部（并乡扩镇前的西两洼、东里屯、后张庄、南王宋等乡）含少量重硫酸盐。地下水质良好，矿化度小于2克/升的淡水面积为463平方公里，占全县总面积的93.5%；矿化度大于2克/升的微咸水区为32.4平方公里，占全县总面积的6.5%，与第四系地层相对应，境内地下水分为四个含水组。

一、第一含水组

处于全新统地层，底板埋深70米左右。单位涌水量10～30立方米/时•米，水位埋深8～14米，水温15摄氏度左右，矿化度多小于2克/升，仅西南角（并乡扩镇前的南王宋乡）及东南角（并乡扩镇前的东里屯乡）局部0～40米内有矿化度大于2克/升的微咸水。

二、第二含水组

处于上更新统地层，底板埋深250米左右。单位涌水量10～20立方米/时•米，水温7～20摄氏度，矿化度均小于2克/升。

三、第三含水组

分上下两段，上段处于中更新统地层上段，底板埋深380米。单位涌水量10～20立方米/时•米，水温20～24摄氏度，矿化度均小于1克/升。下段处于中更新统地层下段，底板埋深530米左右，水温稍高于上段，其他与上段基本相同。

四、第四含水组

处于下更新统地层，底板埋深大于600米。单位涌水量15～20立方米/时•米，水温大于24摄氏度，矿化度小于2克/升。

据水利部门观测，县地下水位年过程曲线呈单谷型，即从二三月春灌开始水位下降，至六七月雨季来临前出现最低水位；随着雨季来临，水位开始回升，至翌年二三月达最高水位。多年平均水位呈下降趋势。1991年，境内最高水位埋深9.35米（1月2日于徘徊观测），最低水位埋深19.39米（5月3日于中角观测）；低水位期平均埋深15.2米。2002年，境内最高水位埋深17.59米（1月3日于徘徊观测），最低水位埋深33.40米（5月20日于中角观测）；低水位期平均埋深24.10米。12年间，平均水位埋深下降8.90米，年平均下降0.74米。

据统计，从1970年开始至2002年，平均水位埋深呈下降趋势，且变化显著。2002年，低水位期平均水位埋深已达24.10米，比1990年的16.50米下降7.61米，比1980年的8.18米下降15.93米，比1970年的2.70米下降21.41米。

1991—2002年安平县水位埋深情况一览表

表2-12

年度	最高水位埋深（米）	观测点	最低水位埋深（米）	观测点	低水位期平均埋深（米）
1991	9.35	徘徊	19.39	中角	15.20
1992	9.71	徘徊	22.90	南王宋	17.92
1993	11.18	徘徊	23.97	南王宋	20.04
1994	11.79	小辛庄	24.39	南王宋	20.64
1995	10.70	呈干	24.03	中角	19.92
1996	8.35	义门	26.69	中角	20.41
1997	8.74	义门	29.90	中角	19.10
1998	11.91	曹家庄	29.15	中角	19.73
1999	13.14	曹家庄	29.22	中角	21.06
2000	13.72	徘徊	30.91	中角	20.64
2001	14.62	呈干	30.79	黄城	24.33
2002	17.59	徘徊	33.40	中角	24.10

第三节　供需量

1991—2002年，安平县多年平均水资源总量为5491万立方米，地下水资源总量为6836.18万立方米，地表水资源量为1114.18万立方米。根据用水保证率划分为枯水年、平水年和丰水年。

1.枯水年

以1997年为代表，年降水量为 241.8毫米，可利用水量4982.33万立方米，需水量20351.12万立方米；总缺水量15368.79万立方米。

2.平水年

以1993年为代表，年降水量为481.9毫米，可利用水量6103.04万立方米，需水量20124.12万立方米，缺水量14021.08万立方米。

3.丰水年

以1996年为代表，年降水量726.7毫米，地下水可利用水量6914.95万立方米，需水量16548.12万立方米，缺水量9633.17万立方米。

第四章　土壤

第一节　母质类型

境内土壤的母质类型以河流冲积物为主，西部有少量的冲积洪积物。土层深厚，冲积层次明显，表层质地以沙壤、轻壤质沉积物为主，土壤颜色发灰，富含云母。由于历史上滹沱河多次改道，致使境内(主要是中南部)新老古河道呈网状交错分布，大部分土壤垂直排列复杂，夹沙、夹粘、均体、漏型、底壤等变化多样。西北部以潴龙河沉积物为主，质地较粗，土层排列简单，以均体型为主。

第二节　土壤类型及分布

境内土壤分潮土、风沙土2个土类，潮土、褐土化潮土、风沙土3个亚类，沙质潮土、沙壤质潮土、壤质潮土(潮土亚类)、黏质潮土、壤质潮土(褐土化潮土亚类)、半固定风沙土6个土属及22个土种。

一、沙质潮土

包括沙质潮土、沙质体壤潮土、沙质小蒙金潮土、沙质底壤潮土4个土种。土壤面积54944.7亩，占土壤总面积的9.5%。主要分布在程油子、袁营、大子文一带。

二、沙壤质潮土

包括沙壤潮土、沙壤质底壤潮土、沙壤质蒙金潮土、沙壤小蒙金潮土、沙壤质底粘潮土5个土种。土壤面积148304.7亩，占土壤总面积的25.66%。主要分布在1996年并乡前的察罗、刘吉口、南苏村、东里屯、南王庄等乡。

三、壤质潮土(潮土亚类)

包括轻壤质潮土、轻壤质蒙金潮土、轻壤质底粘潮土、轻壤质漏沙潮土、轻壤质腰沙潮土、轻壤质底沙潮土、中壤质潮土、中壤质腰沙潮土、中壤质底沙潮土、中壤质漏沙潮土10个土种。土壤面积361789.7亩，占土壤总面积的62.58%。全县均有分布。

四、黏质潮土

仅有重壤质潮土一个土种。土壤面积1849.1亩，占土壤总面积的0.32%。零星分布于1996年并乡前的大何庄、马店、刘吉口、张寨、袁营、西两洼6个乡。

五、壤质潮土(褐土化潮土亚类)

仅有中壤质褐土化潮土一个土种，土壤面积601.3亩，占土壤总面积的0.10%。主要分布于大子文乡张舍滹沱河故道决口处。

六、半固定风沙土

仅有风沙土一个土种。土壤面积10614.8亩，占土壤总面积的1.84%。主要分布在大子文乡的孙遥城、西遥城、南郝村、北郝村、西赵庄及东黄城乡一带。

安平县土壤概况一览表

表2-13

土类	土属中文名称	土属学名	土种序号	土种中文名称	土种学名	面积（亩）	占土壤总面积(%)	主要特点		主要分布地区
亚类潮土	沙土	沙质潮土	1	沙土	沙质潮土	53369	9.23	表层质地粗，无结构，漏水漏肥，肥力低，昼夜温差大，易受风蚀	土体为均质型，无结构，肥力低	程油子 袁营 大子文
			2	沙土	沙质体壤潮土	310	0.05		表层质地为沙质，浅位出现厚层轻壤质土	
			3	沙土	沙质小蒙金潮土	802	0.14		表层质地为沙质，浅位出现厚层轻壤质土	
			4	沙土	沙质底壤潮土	464	0.07		表层质地为沙质，浅位出现厚层轻壤质土	
	沙性两合土	沙壤质潮土	5	白土	沙壤质潮土	145172	25.11	表层质地比沙质潮土细，以通体均质为主，在农业生产性状上，精优于沙质潮土	表层质地为沙壤，间层有轻壤质或沙土	察罗 刘吉口 南苏村 东里屯 南王庄
			6	白土	沙壤质底壤潮土	104	0.02		表层质地为沙壤，深位出现中层壤质土	
			7	白土	沙壤质蒙金潮土	378	0.07		表层质地为沙壤，浅位出现中层重壤或胶泥	
			8	白土	沙壤质小蒙金潮土	888	0.15		表层质地为沙壤，浅位出现中层中壤质土	
			9	白土	沙壤质底黏潮土	1763	0.31		表层质地为沙壤，深位出现厚层重壤或胶泥	
	两合土	壤质潮土	10	两合土	轻壤质潮土	203045	35.13	表层质地沙粘适中，疏松多孔，水肥气热协调，耕性较好，适中广泛	表层质地为轻壤，间层出现沙壤或中壤土	全县均有分布
			11	两合土	轻壤质蒙金潮土	9398	1.63		表层质地为轻壤，深位出现厚层重壤或胶泥	
			12	两合土	轻壤质底粘潮土	5688	0.98		表层质地为轻壤，深位出现厚层重壤或胶泥	
			13	两合土	轻壤质漏沙潮土	41470	7.17		表层质地为轻壤，浅位出现厚层沙质土	

续表2-13

土类	土属		土种			面积（亩）	占土壤总面积(%)	主要特点		主要分布地区
	中文名称	学名	序号	中文名称	学名					
亚类潮土	两合土	壤质潮土	14	两合土	轻壤质腰沙潮土	25636	3.30	表层质地沙粘适中，疏松多孔，水肥气热协调，耕性较好，适中广泛	表层质地为轻壤，深位出现厚层沙质土	全县均有分布
			15	两合土	轻壤质底沙潮土	25636	4.43		表层质地为轻壤，深位出现厚层沙质土	
	黏性两合土		16	黑土	中壤质潮土	36313	6.28	表层质地为中壤，或重壤，有机质含量较高，保水保肥能力强，耕性较差，适耕期短	表层质地为中壤，间层出现轻壤或重壤土	
			17	黑土	中壤质腰沙潮土	1257	0.22		表层质地为中壤，浅位出现中层沙土或沙壤土	
			18	黑土	中壤质底沙潮土	9547	1.65		表层质地为中壤，深位出现厚层沙土或沙壤土	
			19	黑土	中壤质漏沙潮土	10347	1.79		表层质地为中壤，浅位出现厚层沙土或沙壤土	
	黏土	粘质潮土	20	粘土	重壤质潮土	1849	0.32		表层质地为中壤，间层出现中壤质或胶泥	
褐土化潮土	黏性两合土	壤质潮土	21	黑土	中壤质褐土化潮土	601	0.10	生产性状较好	表层质地为中壤，间层出现轻壤质或重壤	张舍滹沱河故道决口处
风沙土	风沙土	半固定风沙土	22	沙土	风沙土	10614	1.84	沙层厚，无结构，含养分很少，春季易受风蚀	—	东黄城乡及大子文乡的孙遥城、西遥城、南郝村、北郝村、西赵庄一带

第五章　生物

第一节　植物

一、野生植物

野生植物中以草本植物为主，主要有田旋花、苍耳、麦瓶草、苣荬菜、刺菜、香蒿、臭蒿、河蓬、蒺藜、芦苇、野艾、营草、灰菜、荠菜、稗草、狗尾草（谷莠子）、牵牛、三棱草、鸡冠花、野菊、马唐、委陵菜、夏枯草、益母草、茜根、萱草、仙鹤草、节节草、扫帚菜、紫花苜蓿、白茅、蛇床子等饲草类和马齿苋、大蓟、小蓟、白茅根、苍耳子、刺蒺藜、地丁、槐角、槐米、车前子、蒲公英、菟丝子等药材类。

二、栽培植物

有粮食作物、经济作物、木材作物、果品作物、观赏树木和花卉、药用植物等。

粮食作物主要有小麦、玉米、谷子、高粱、黄豆、合豆、绿豆、红薯等。

经济作物主要有棉花、花生、白山药、芝麻、西瓜、蔬菜等。

木材作物主要有杨树、榆树、槐树、香椿树、臭椿树、桑树、松树、柏树、泡桐树等。

果品作物主要有苹果树、梨树、桃树、杏树、枣树、柿子树、石榴树、葡萄树、李子树、红果树、海棠树等。

观赏树木和花卉主要有月季、菊花、玫瑰、串红、合欢、紫荆、黄杨、雪松、油松、侧柏、木槿、垂柳、龙爪槐等。

药用植物主要有枸杞、白芍、菊花、板蓝根、车前子、瓜蒌、菟丝子、党参、生地、槐米、决明子等。

第二节　动物

一、野生动物

黄鼬、刺猬、野兔全县散有，数量锐减。蝙蝠全县均有，狐、獾偶见。

乌鸦为数不多，麻雀、留鸟与前无大异，喜鹊、猫头鹰、布谷、画眉、百灵、啄木鸟、靛颏、鹌鹑、杜鹃一度数量锐减，随着1995—2002年植树造林面积的增加而逐渐增多。

候鸟主要有燕子，全县均有。大雁数量锐减，已很少见。

两栖动物有青蛙、蟾蜍等。

节肢动物有蝎子、蜈蚣、蜘蛛、虾等。环节动物有蚯蚓、水蛭（蚂蟥）、蚰蜒等。软体动物有蜗牛、田螺。

昆虫类主要有蚂蚁、蜻蜓、野蜂、螳螂、蝗虫、蝈蝈儿、蟋蟀、蝉、蝴蝶、蚊、蝇、牛虻、金龟子、萤火虫、金花虫、蛾类等，品种与前无变化。

二、饲养动物

主要有马、牛、驴、骡、猪、羊、狗、猫、兔、狐狸、鸡、鸭、鹅、鸽子；鲤鱼、草鱼、鲅鱼、罗非鱼、鲫鱼、鳝鱼、鲇鱼、泥鳅、甲鱼、金鱼、热带鱼；鹦鹉、八哥、画眉、百灵、白玉鸟、旋风、蜜蜂、蚕等。

第六章　自然灾害

第一节 旱灾

1998年6—8月，全县降雨量仅30.6毫米，比往年同期降水量下降200毫米左右，全县45.88万亩大秋作物普遍受旱。成灾面积达24万亩，其中减产3～5成的11万亩，5～8成的8万亩，8成以上和绝收的5万亩。因灾造成经济损失达1200多万元。

第二节 洪涝灾害

1994年7月11—12日，全县持续降雨10个小时，降水量达186毫米，部分乡镇降雨达250毫米以上，东里屯、后张庄、台城、安平镇、王胡林、河漕村、刘吉口、大何庄、西两洼、袁营、张寨、程油子、苏村共13个乡镇受灾，受灾村数117个，受灾人口10.2万人，倒塌房屋216间，坍塌大棚207个，部分家禽家畜被淹死或砸死。农作物受灾面积7.9万亩，绝收面积2.16万亩。

1996年8月，全县8个乡镇、230个村普遍遭受洪涝灾害。8月4日20时至5日8时，全县普降暴雨，降水量159毫米，农田积水面积达31.85万亩。8月5日，潴龙河行洪量达698立方米/秒。8月6日，滹沱河又遭到特大洪水冲击，水流量最高达3300立方米/秒，水位最高程达到28.22米，高出1963年洪水水位1.6米。6日上午11点，滹沱河南堤北郝村1300米长的堤段出现漫溢，水位每2分钟上涨1厘米。7日凌晨1点，行洪区水位开始下降，到早晨6点，北郝村水位下降40厘米。行洪区内20个村庄被淹。因洪水淹没村庄、耕地造成重灾的涉及60个村、22050户、84468人；因洪水淹没部分耕地造成较重灾害的涉及69个村、9590户、30132人；因沥涝造成轻灾的80个村，涉及32230户，11万人。农作物受灾面积共达28.15万亩，其中，行洪区淹没耕地18.1万亩，行洪区外沥涝10.05万亩；林果受灾面积4.6万亩，其中行洪区方田路和村旁杨树4.4万株、桃树6万株、杨树苗155亩被淹死；毁坏房屋26000间，涉及6133户，其中倒塌房屋8650间，裂缝17350间；因浸泡、埋砸损坏粮食957万公斤；毁坏机井2092眼，防渗管道9万米；毁坏电力线路504公里，变压器256台，安平至油子35kV变电站停运，全县64个村断电；损坏邮电通讯电杆530根，电缆57公里，光缆3300米，造成部分通信中断。

附记：1996年抗洪抢险纪实

洪水将至

“滹沱河上游黄壁庄水库提闸泄洪每秒2500立方米，下游各县立即做好防大汛准备。”河北省防汛指挥部8月4日16时的紧急通知像一声霹雳震惊安平大地，掀开了安平县抗洪抢险的序幕。

汛情就是命令。县委、县政府立即召开防汛紧急会议。县五套班子全体成员、县直各部门正副科局长、各乡镇书记和乡镇长共500多人参加了会议。会议由县委书记刘苏芳传达汛情，明确提出北大堤关乎京津、京九铁路、华北油田和津南700万人民生命财产的安危，要“死保北大堤，确保南大堤，即使牺牲局部利益也要确保北大堤安全度汛。”县长石小琢部署了抗洪方案，将全县抗洪堤段分为六大战区：滹沱河北堤程油子段、马店段、大何庄段为一、二、三战区，猪泷河左右堤为四战区，滹沱河南大堤为五战区、安平镇为六战区。每战区有2～5名县级领导任正副指挥长。抽调100名科局级干部和一般干部包乡包村。会议结束时已是晚上10时，与会人员冒着暴雨火速奔向各自的战斗岗位。雨越下越大，到处沟满壕平。分包堤段的干部们深夜冒雨组织动员行洪区群众转移。20个村的高音喇叭先后响了：“乡亲们，比1963年更大的洪水很快就到，马上转移……”干部们焦急的呼喊声不时被哗哗的雨声和震耳的雷声淹没，高音喇叭也变得闷声闷气。包村干部分片包户，挨家挨户地敲门，喊醒正在熟睡中的村民，组织动员村民撤离到安全地带。烈军属、五保户、孤寡老人是重要对象，首先接出来送上拖拉机。

动员工作非常困难。一些中老年人不肯撤离，舍不得几辈人创下的家业。有的和救护队“打游击”，救护队员前脚离开，他们后脚又回家。徐张屯村有位70多岁的老人卧病在床，说什么也不肯离家。救护队闻讯，拆下门板，抬上老人上了南堤。在高佐村，有的群众把自己反锁在家，不管外面怎么呼叫，一声不吭；有的锁上大门躲到村边的玉米地里。县人民法院、公安局等单位的救护队发觉此事，对空鸣枪示警，才彻底打消了这些人的侥幸心理。到5日凌晨3时，行洪区20个村庄的群众基本撤出了行洪区。县里及时为他们发放粮食，搭建窝棚进行妥善安置。

和“转移群众”同步进行的是迎战洪峰的“人员、物资大调度”。

县总指挥部连夜冒雨开赴前线，在滹沱河北大堤中段扎下营盘。各战区指挥部都在最险地段扎寨。各战区组织了100人的抢险突击队。公安干警和民兵组成20个治安巡逻队。总指挥部派遣水利、公安部门前往滹沱河上游的无极、深泽两县监测水情，半小时通报一次。气象人员密切注视天气变化，半小时发布一次天气测报。县邮电局为确保汛期通讯绝对畅通，拿出4套通讯方案。运输队调集20辆卡车驶向指定地点，把几十辆越野吉普集中到指挥部待命。石油公司出动所有的油罐车，连夜为北大堤三个加油站储满油，并把两部加油车停在总指挥部院内，以备急用。粮食、供销、商业等部门也按时把抗洪物资运送到指定地点。编织袋、麻袋、木桩、门板、大绳、铁丝、斧头、铁锅……全放置在大堤上。县城里，县直各单位的灯光通宵亮着，开始24小时值班。所有的留守人员都编入机动抢险队，分一、二、三、四梯队，连同机关车辆，随时听候调遣。

8月5日凌晨1时，上游泄洪量增至3654立方米/秒，滹沱河行洪量远远超过设计能力。黎明时，阴雨绵绵。大堤上人声鼎沸，集结了12万抗洪大军。沿河114个行政村的18～55周岁的男劳力全部上堤。各村抢险队、救护队、后勤队各就各位。堤内转移出来的群众也挥锹上阵。宣传车在大堤上往返广播，鼓舞士气。“人在堤在，誓与大堤共存亡”“保京津，保油田，保铁路”等激动人心的横幅标语格外醒目。拖拉机、农用汽车、“三马”排着队隆隆开来。人们淋着雨装土袋扛上堤顶，堤坡泥泞，不时有人滑倒，爬起来继续扛。大堤上，还有成群结队的人光着脚板一片一片地踩踏长满杂草的堤内坡和堤底，发现鼠洞或稍有塌陷便挥动铁锹排除隐患。已经退休的原水利局长佟铁爪、张英等主动监工，各村有经验的老人也出谋划策。

经过一天的奋战，滹沱河、潴泷河70多公里长的四堤上，堆放了几十万条土袋，而且20米一堆，排列整齐；堤坡、堤底全部踩踏探查一遍。县城出动2000余人，筑起了13.5公里长，30厘米高的围城埝。

险象环生，抢险不断

8月6日零时35分，宽4公里，高1米的滹沱河特大洪峰以每小时5公里的速度，呼啸着由深泽冲入安平境内。水位每小时上涨30厘米以上，最高水位超过1963年0.8米。行洪区内一片汪洋，20个村庄成了一座座孤岛。早7点，滹沱河北大堤里河、长汝1800米堤段由于村庄阻水，水流改道北移形成顺堤主流，而且流速很大。大堤出现淘涮、坍塌，有一处打着漩涡往下漏水。总指挥长石小琢闻讯赶到，见险情严重，十分危急，喊了声“跟我上，挡人墙堵住！”随即跳入水中。在场的人们也纷纷跳下去。200多人围漩涡形成一个半圆，用身体阻住激流。岸上的人们赶紧填土袋。紧张的战斗进行了两个多小时，有3名抢险队员因劳累过度晕倒在大堤上，但漩涡终于被堵住了。

见于大堤被冲刷的情况，总指挥部命令，在堤边打桩挂柳，用土工布护堤。命令一下，县乡抢险队员“扑通、扑通”跳进齐腰深的水中，挥舞斧锯，把一棵棵粗大的柳树顺堤锯倒在水中，没树的地方就从堤外锯柳，抬进堤内用铁丝固定在木桩上。这天，仅北大堤就打桩1542根，挂柳890棵，土工布护堤11.6公里。

洪峰扑到油子后，1963年决口处出现裂缝，堤体下沉。这里的大堤是“包子馅”，外层土质好，内里是疏松的白沙，极易出现险情。曾在安平工作过的市人大筹备组组长杨志勇深知这里的严重性，立即赶来指挥。油子乡领导一马当先，率领群

图2-3　1996年安平县抗洪抢险现场（安平县水务局提供）

众挡门板，运土袋，奋力抢险，经过一小时的激战便排除险情。7—19时，北堤长汝到程油子段9处出现险情都被排除。

北堤险象环生，而比北堤窄2米，低1.4米的南堤则面临全线崩溃的灾难。设计流量只有2500立方米/秒的南堤经受着3650立方米/秒流量的冲击。6日上午，里村段堤外冒水，20多个小伙子跳入水中，寻找堤内的钻水洞口。洞口找到了，上百个草袋填下去，却全部顺堤坡滑走。原来洞口在凸露的树根下，难以堵塞。王顺潮、安士成接过铁锹猛铲水下的大树根，堤外的水却冒得更凶了。情急之下，王顺潮抱着沉重的草袋猛地坐住洞口。水没到嘴唇，他只能仰着脸呼吸。安士成赶紧塞住洞口，踹个结结实实。洪水继续上涨，南堤危险在加剧。涨水，不仅由于超常的泄洪量，还由于河道阻水物太多。“下水清障！”命令一出，26公里的南堤上，一支支抢险队跃入2米多深的急流，推墙头，伐树木。阻水物清除，水位明显下降，但时间不长，水位又开始上升。将近中午时，北郝村段洪水漫上堤顶，先是少数地段，然后，6公里大堤同时漫溢！大堤上迅速筑起子堤，挡住了洪水，可是转眼间洪水又要漫出子堤。“快！快！加高子堤！”县委书记刘苏芳拄着树枝在堤上来回指挥着。他眼中布满血丝，嘴上满是水泡，声音沙哑，一咳便吐血丝。他三天没吃过一顿饱饭了，还害着严重的痢疾，脚上因昼夜步行磨出了七八个血泡。在万分紧急关头，他当即下令：县直、南王庄抢险队2000人火速上堤。发完命令他把树枝一扔，抓起铁锹，加入了抢险队伍。这时，市直500名抢险队员和深州市1000名民兵奉命前来增援，附近村子的妇女、老人和孩子也都加入了取运土的队伍。在南大堤6000米的战线上，数万民工和抢险队员奋力构筑子堤，四五米宽的堤顶满是晃动的身影。手推车、拉车、簸箕、背筐、草袋、编织袋、麻袋等都派上了用场。洪水涨1厘米，子堤长2厘米，洪水涨2厘米，子堤长4厘米，人和洪水在比速度，争高低……“这儿要开口子！”人群呼啦冲过来，那儿顶不住了！上百人又围上去。情况紧急，加高子堤急需就近取土，近处的农田湿泥太多不好用，也不够用，怎么办？“去挖我家的宅基！”“这是我家的祖坟，在这儿取土！”许多识大体，顾大局的群众主动献出准备盖房的宅基和埋葬亲人的坟地。

南大堤的险情牵动着省市领导的心。省委常委、组织部部长赵世居亲临徐张屯指挥抢险；何少存副省长视察了北郝村堤段；省领导滑冰来、郭洪岐、宁全福，市领导刘德忠及时调度人员、物资，加强南大堤抢险力量。深州、景县、枣强、武邑等兄弟县市支援的抗洪物资陆续运抵安平。在滹沱河上游连续战斗了几个昼夜的27集团军1500名官兵，征程未洗，急赴安平县，投入抗洪抢险的紧张战斗，冲向最危险的堤段，在泥水中护堤垒坝，抢堵决口。

夜幕开始降临。三天三夜连续作战，极度疲劳的人们仍时刻警惕着夜间水情。巡逻队来回巡逻。全体民工坚守岗位。大堤上，每一米一人，险工险段每半米1人。人们蹲着，甚至跪着在泥土中，用手摸索着查找了一遍鼠洞、漏洞。夜间，大堤险情不断，险象环生。21时10分，刘吉口西段漏水；21时32分，信口大堤出现裂缝；22时7分，刘吉口正南漏水……在油子段齐水面横裂开1000米堤缝时，县政协主席韩宏昌果断命令：“手电集中，土工布、塑料布盖缝压土！”一声令下，千米堤上围上3000多人，集中的手电照出一条千米光带，土工布，塑料布迅速铺开，一袋袋土倾倒在上面，一把把木夯快速砸实……军民奋力抢险，把险情都消灭在了萌芽状态。

抢救被困群众

7日黎明，滹沱河整个行洪区内浊浪翻滚，水天茫茫，激流打着漩涡急速而去，被洪水包围的村庄变成了一座座孤岛。北满正、长汝、大何庄等村有些群众在洪水来临前回家取衣服、粮食，被洪水困在村里。党员、干部不顾危险带头抢救。水深流急，有机动船没船工，谁敢冒死开船？“让我来”当过汽车司机的县长石小琢试着开船。船身剧烈晃动着，歪歪斜斜地向满正村驶去，救出14名群众。马店乡副乡长杜占稳推着木筏七进七出，救出北满正村所有被困群众。民兵连长靳小乐把唐贝村被困群众集中到地势较高的村委会办公楼等待救援。十几个小时后，即7日早上，小乐带人从水里捞出4根檩条，两扇门板和3个空油桶，扎成一个筏子，试着用它向堤上运送群众。在大家的协助下，小乐撑着筏子先后往返10多次，把165名被困群众全部安全转移出来。

解救群众的工作紧张地进行着。宣传车通过高音喇叭告诉被困群众，要坚守待援。总指挥部从白洋淀调来7只机动船和7名船工，开始全力救助。船工们不顾长途奔波的疲劳，一到安平便冒着生命危险，一次次冲向激流，把一批批被困群众就近送往南北两岸。转移出来的群众有亲的投亲，暂时投不了亲友的由各战区指挥部统一安排食宿。8月7日，行洪区内20个村庄的2.5万名群众全部转移到了安全地带，无一伤亡，而且食宿有着落，情绪稳定。

奋战潴龙河

正当滹沱河南北大堤上的人们全力以赴抗洪抢险，救护安置灾民之际，潴龙河险情频发。安平境内500米宽的潴龙河承受着650个流量的冲击，水位猛涨。北郭村老堤头坍塌30米，北郭村闸门破损漏水严重，白沙庄段左堤出现长11米，深4.7米，宽10～17厘米的裂缝……

老堤头坍塌时，大雨滂沱。民工们冒雨奋战，齐心协力填草袋、挂柳护堤，经过两个半小时的紧张战斗，才排除了险情。

堵塞北郭村闸的抢险战斗进行得更为紧张激烈。7日7时，多年失修的涵闸大量漏水，直灌小白河，造成大面积泛滥。副县长王长起，马店乡党委书记何建英和北郭村党支部书记苑计刚立即组织抢险队堵塞涵闸。土袋投下去，转眼被冲走。铁门挡在洞口，被洪水冲成“锅底”顺流而去。铁栅门顺下去填土袋，铁栅门拧成铁“麻花”，土袋被冲走。大绳网住的几百条麻袋抛下去，几分钟便无影无踪。苑计刚心头火起，不顾众人阻拦，身系绳索，沿铁梯潜入5米深的水中探查情况。这无疑是闯鬼门关，稍有不慎就会被洪流抽入47米长的涵洞。堤上的人们紧张地慢慢地放绳。苑计刚被水紧紧挤在梯子上，吃力地下探。突然他伸出的左腿被漩流吸进涵洞，整个人有被吸进去的危险，但他没有立即往回抽腿，而是趁势探明涵洞上沿的位置。他上岸后，和同志们商量着拿出新的抢险方案。新方案一个又一个失败，苑计刚一次又一次下水。第七次，方案终于成功：无缝钢管固定住3个铁梯子，在铁丝牵引下顺到水底，挡住洞口，然后，几百人飞速将200多条每5个捆在一起的装土麻袋投入水中。从早7时激战到晚21时，洪水终于被遏制住。

夺取最后的胜利

8月8日，第一次洪峰已过，滹沱河、潴泷河水位慢慢回落。但上游山区凌晨又降暴雨，更大的洪峰可能就要到来。县总指挥部命令全线加紧备战。

这天上午，两河四堤70多公里长的战线上红旗招展，人头攒动，人声、车声、工具撞击声响彻云霄。12万军民，1万多辆小四轮、三马等机动车齐上阵，运送物资络绎不绝。包堤段的县乡村干部佩戴着红、黄袖标，手拿小黄旗，指挥着车队和人群加固加高大堤。整个大堤一派繁忙热闹的景象。2米宽，1.5米高的子堤在大堤上迅速形成。

前来视察抗洪工作的省委领导望着这壮观的

场面对市领导说：只要把群众发动起来，组织起来，和解放军指战员共同奋斗，就一定能确保大堤的安全。

8月14日，滹沱河、潴龙河上游险情解除，行洪区内只剩下不大的流量在河床内流淌。安平县气势磅礴的抗洪抢险斗争胜利结束。

经过10个昼夜的艰苦奋战，全县共动土25万方；用草袋、编织袋120万条，麻袋6500条，木桩912根，石料1700方，土工布1.1万米；出动各种运输车1.5万辆；在滹沱河北大堤筑起长32公里，宽2米，高1.5米的子堤；在南大堤筑起长20公里，宽2米，高1米的土埝；排除了30处堤身漏水、裂缝，挡住了滹沱河南堤7800米的漫溢；堵住了小白河闸门；取得了大堤无决口，人员无伤亡，彻底战胜洪水的辉煌战果。

在肆虐的洪水面前，安平县广大人民群众为保护国家利益，保卫自己的家园，团结奋战，义无反顾，竭尽全力抗击洪水，出现了许许多多可歌可泣的感人事迹，涌现出无数的抗洪抢险英雄。在8月31日召开的县抗洪抢险表彰大会上，有116人记大功，245人记功，151名为抗洪功臣，还有112个先进集体受到表彰。

第三节　风雹灾害

1991—2002年，境内大风发生频繁，时有冰雹发生。

1991年4月24日23时至23时40分，安平县境内遭受雹灾，受灾面积5万亩，涉及袁营、张寨、程油子、刘吉口、河漕村、安平镇、王胡林、察罗、大何庄共9个乡镇，严重的袁营乡9000亩麦田普遍受灾，其中重灾6000亩，基本绝收的3000亩，2000亩瓜菜遭受毁灭性袭击。冰雹密度大，在地面形成一层雹冰，冰雹大的如馒头，小的如玉米粒。

同年7月9日，由于风雹灾害，棉花受到较大危害，受灾乡镇13个，总面积7.08万亩，绝收3.5万亩。

1993年6月14日16时出现风雹灾害，灾害主要涉及安平镇、王胡林、西两洼、东里屯、南苏村、河漕村、大何庄、后张庄、程油子、刘吉口、台城、东黄城、察罗共13个乡镇，主要受害作物有棉花、小麦、瓜菜、果类、豆类等。受灾面积大，较严重。

1994年6月14日15时40分，冰雹持续6～10分钟。东里屯、后张庄、台城、安平镇、王胡林、刘吉口、大何庄、程油子共8个乡镇、75个村遭受风雨雹灾。风力6～8级，阵风10级，农作物受灾面积31520亩，成灾面积20500亩，其中棉花12420亩，果树3000亩，瓜菜900亩，麦田380亩，其他作物3800亩。造成直接经济损失250万元。

1995年5月27日16时30分至18时55分，降雨64.7毫米，部分乡镇降雨接近70毫米，一般风力3～4级，阵风7～8级，并伴有少量冰雹，致使部分麦田出现倒伏，成灾减产。雹情涉及20个乡镇、192个村，其中灾情较重的有台城、东黄城、大子文、石干、王胡林、西两洼、后张庄、刘吉口、河漕村、安平镇、南苏村、大何庄共12个乡镇。小麦受灾面积达14万亩(其中，减产3～5成的5万亩，5成以上的3万亩)，棉花积水面积5000亩，摧毁树木8万余株。

同年5月31日子夜零点至零点四十分，南王宋乡、南王庄乡、石干乡、大子文乡、察罗乡遭受风雹袭击，风力5～6级，降雨30～60毫米，冰雹持续15分钟，冰雹大的直径为25毫米，小的有5毫米。该次风雹灾害，棉花受灾面积11500亩；小麦受灾面积20400亩，成灾面积13400亩；瓜菜、豆类等作物受灾面积8000亩，其中成灾面积5000亩。

6月14日16时15分至35分，安平县突遭风雹袭击，风力达10级，降雨17.3毫米，冰雹持续6分钟，直径一般在6～10毫米。灾害主要涉及南苏村、王胡林、西两洼、东里屯、安平镇、后张庄、程油子、刘吉口、大何庄、东黄城、台城、察罗、马店共13个乡镇。主要受害作物是春播棉、小麦和西瓜。棉花受灾面积11000亩；小麦受灾面积6.8万亩，共计损失小麦780万公斤；其他瓜果蔬菜也受到不同程度的损失。

1997年5月25日，全县小麦遭受暴风袭击，倒伏10万亩。大子文、东黄城等乡受灾较重。

同年7月6日晚，安平县发生风灾。大风刮倒县邮电局至大何庄支局的中继光缆，断杆26根；刮倒电线杆59根，断线13处，烧毁变压器5台；直接经济损失44.5万元。

2001年7月23日3时20分，南王庄镇周大转、阎大转两个村遭受冰雹袭击。冰雹持续20分钟，最大直径2厘米。玉米叶无一完好，棉花落叶。受灾面积4000亩，其中玉米受灾面积1400亩，减产5～6成；棉花1300亩，减产5成；果树1300亩，减产5～6成。直接经济损失约300万元。

同年8月25日17—18时，大子文乡、南王庄镇、东黄城乡、安平镇、大何庄乡、马店镇共6个乡镇、127个村遭受暴风雨袭击，风力9～10级。大子文乡、南王庄镇、东黄城乡受灾最为严重。暴风雨造成玉米、谷子、高粱等农作物折断或扑倒，直径25厘米的大树连根拔起，部分房屋遭到破坏，果树大量掉果，部分电力设施严重毁坏。全县受灾面积25万亩，成灾面积16万亩，其中玉米12万亩受灾，减产5～8成的4万亩，绝收的8万亩；谷子1万亩，基本绝收；果树3万亩，绝收的1万亩，减产5～8成的2万亩。

2002年7月17日17时50分至18时05分，程油子乡遭受风雹袭击。冰雹直径0.5～2.0厘米，最大风速19米/秒，部分农作物受灾。

第四节　冻害

2002年12月下旬至2003年1月上旬，全县果林遭受严重冻害。

2002年12月23日降大雪后，气温迅速下降，25日夜间最低气温达到-13.6℃，低温一直持续到2003年1月9日，较常年同期温度低4.7℃。由于气温低且持续时间长，全县共冻死果树40万株，占总株数（200万株）的25%，其中苹果冻死15万株，占总株数（96万株）的16%，主要品种是富士、红星、北斗等；桃树冻死24万株，占总株数（42万株）的57%，主要品种是早久保、北京14号、21世纪桃等；梨树冻死1万株，占总株数（43万株）的2.3%。全县近两年发展的桃砧李树、杏树死亡率达到80%以上。水果因冻害影响，产量减产约40%以上。马店镇、大何庄乡、南王庄镇、东黄城乡冻害最重。马店镇的邓庄村10亩6年生早久保、北京14号桃树全部冻死。北辛营村40亩2年生21世纪、莱选一号桃树，20亩2年生桃李树全部冻死。刘吉口村1年生黄金、大果水晶梨90%被冻死；大何庄乡桃树冻死株数达50%以上；南王庄镇后辛庄村1000多亩富士苹果80%的环剥口、60%的花芽受冻；东黄城乡西里村100亩富士、红星苹果70%的环剥口、50%的花芽受冻。

第七章　环境保护

第一节　环境污染

进入20世纪90年代后，丝网、生猪两大特色产业迅猛发展，乡镇企业异军突起，排污企业随之不断增加。1991年，全县共有排污企业91家，其中县直企业22家，乡镇企业69家。至2002年，全县排污企业增加到183家，其中县直企业48家，乡镇企业135家。此外，随着居民生活水平的提高，城镇生活污染问题也日益显现。

一、废水污染

1991年，全县全年新鲜用水量为144.94万吨，其中工业（化肥、化工、纤维板制造、造纸、电镀等行业）用水98.44万吨，生活用水46.5万吨；废水排放总量115.95万吨，其中工业废水排放量80.95万吨，生活污水排放量35万吨。到2002年，全县新鲜用水量增至690.64万吨，其中工业用水量478.14万吨，生活用水量212.5万吨；废水排放总量476.5万吨，其中工业废水排放量296.5万吨，生活污水排放量180万吨。废水排放量比1991年增加360.55万吨，其中工业废水、生活污水分别增加215.55万吨和145万吨。城镇生活污水排放大量增加的主要原因：机动车大量增加，清洗车辆需大量用水；太阳能洗浴器普遍利用，洁身用水骤增；城镇人口及外来务工人员大量增加等。

1991年，废水中污染物为悬浮物417.55吨，化学需氧量618吨，污染物总量为1035.55吨。到2002年，悬浮物1411.2吨，化学需氧量1935.7吨，污染物总量3346.9吨，比1991年增加2311.5吨，其中化学需氧量增长3倍，悬浮物增长3.38倍。

1991年、2002年安平县用水及水污染情况表

表2-14

项目	1991年	2002年
1.全年用水新鲜水总量（万吨）	144.94	690.64
其中：县直企业用水量	40.50	124.60
乡镇企业用水量	57.94	353.54
生活用水量	46.50	212.50
2.全年废水排放总量（万吨）	115.95	476.50
其中：县直企业废水排放量	25.30	64.50
乡镇企业废水排放量	55.65	232.00
生活污水排放量	35.00	180.00
3.工业废水中污染物总量（吨）	1035.55	3346.90
其中：悬浮物	417.55	1411.20
化学耗氧量（COD）	618.00	1935.70

二、大气污染

1991年，全县共有取暖锅炉和工业炉窑146台（座），其中锅炉47台，工业炉窑99台（座）。年耗煤1.5万吨，向大气排放废气1.4亿标立方米，废气中污染物排放总量为1312.5吨，其中二氧化硫375吨，氮氧化物112.5吨，烟尘825吨。至2002年，全县共有工业炉窑和采暖锅炉260座，其中采暖锅炉108台，工业炉窑152座，比1991年增加114座，其中锅炉增加61台，炉窑增加53座。全年工业和生活用煤共5.5万吨，向大气排放废气总量5亿标立方米，废气中污染物排放总量为3162.5吨，其中二氧化硫1375吨，氮氧化物412.5吨，烟尘1375吨，各项指标分别比1991年增加3.6亿标立方米和1850吨、1000吨、300吨、550吨。1991年以来，乡镇企业发展迅猛，人们居住条件和取暖方式改变，燃煤量大增；各种机动车数量剧增，产生尾气和扬尘也随之大增，对大气环境造成危害。大气污染以春、冬两季为重。

1991—2002年安平县部分年度废气排放情况表

表2-15

项目	1991年	1996年	2002年
一、工业及生活燃料（万吨）	1.5	3.6	5.5
其中：工业用煤	1.0	2.6	4.3
城乡生活用煤	0.5	1.0	1.2
二、每年向大气排放废气总量（亿标立方米）	1.4	3.2	5.0
其中：工业用煤废气量	0.9	2.3	4.0
城乡生活用煤产生废气量	0.5	0.9	1.0
三、废气中污染物排放总量（吨）	1312.5	3100.0	3162.5
其中：二氧化硫	375	850.0	1375
氮氧化物	112.5	270.0	412.5
烟尘	825	1980.0	1375

三、固体废物污染

工业废渣　随着工业的发展，废渣排放量日益增多。废渣主要是锅炉及工业炉窑燃煤产生的炉渣。1991—2002年，全县年均排放炉渣1.37万吨，多用于建筑、修路等，经过综合利用，基本未造成环境污染。

生活垃圾和建筑废弃物　城镇乡村生活垃圾和建筑物散落堆放现象从1991年起已日见其害，街头、路边、田间、树枝上各色塑料袋、包装纸、果皮、杂物比比皆是，生活垃圾和建筑废弃物成堆倾倒在路边坑塘，有的坑塘被填满填平，尤其是城区，垃圾围城现象已经显露。

四、噪声污染

从20世纪90年代起，一些工厂车间机器轰鸣，城镇街道和各级公路上汽车、拖拉机响声和喇叭声，已形成对环境的噪声污染。随着工业、交通、城镇建设的快速发展，省道、公路两侧和商贸市场附近噪声污染呈有增无减之势。

第二节　污染防治

安平县工业以丝网、化工、建材、机械等行业为主，由此引发的环境污染问题日益突出。1996年，国务院颁发《关于环境保护若干问题的决定》（以下简称《决定》），提出：到2000年，全国所有工业污染源排放污染物要达到国家或地方规定的标准；各省、自治区、直辖市要使本辖区主要污染物排放总量控制在国家规定的排放总量指标内，环境污染和生态破坏加剧的趋势得到基本控制；直辖市及省会城市、经济特区城市、沿海开放

图2-4　清扫车

城市及重点旅游城市的环境空气、地面水环境质量，按功能分区分别达到国家规定的标准(以下简称“一控双达标”)。县委、县政府高度重视环境污染治理工作，认真落实国务院的《决定》，于2000年开展“一控双达标”攻坚行动。针对本县污染源点多面广，企业污染治理欠账较多，达标任务艰巨的情况，县政府提出以点带面，抓重点污染源，抓难点，抓热点，分期分批完成达标任务；先后下达4个限期治理计划，要求在2000年10月31日前完成治理任务；为加强对“一控双达标”工作的组织领导，做到统一指挥，协同作战，县政府成立“安平县一控双达标工作领导小组”。

图2-5　洒水车

2000年6月，县委、县政府召开安平县“一控双达标”攻坚动员大会，对全县的达标工作作出进一步部署；制定《一控双达标“10·31”零点行动方案》，要求各污染企业必须在10月31日前实现达标排放。在2000年的攻坚行动中，列入县达标考核的120家工业企业中，恒安化工有限公司、安平县安顺化工有限公司、沪安化工有限公司、腾达化工厂、化工四厂等23个企业按时间要求达到污染物达标排放；3个单位未完成治理任务，被责令停产治理，37个单位自然停产或被注销；全县环保投资达1023万元。达标前后，主要污染物年排放量都有不同程度的削减，其中化学耗氧量排放量削减197吨；烟尘排放量削减637吨；二氧化硫排放量削减279吨。

一、大气污染防治

为改善大气环境质量，防治大气污染，于1996年开展“还蓝天、斩黑龙”形象工程，重点对取暖锅炉、省道两侧的拔丝炉窑进行治理。同时，为解决拔丝炉窑的烟尘污染，在借鉴外地经验的基础上，结合本地实际，采取“分散生产，集中退火”的方式，投资900多万元建设安平县金属热处理有限公司，基本上解决城区拔丝企业的烟尘污染问题。至2000年，共改造取暖锅炉、工业锅炉、拔丝炉窑50多台(套)，有效地改善大气环境质量。

二、废水污染防治

丝网电镀作为丝网工业的配套产业，发展十分迅速，形成一套独具特色的生产工艺体系。该类电镀企业普遍规模小，并存在污染环境，浪费资源现象，根据国务院《决定》，属于关停对象。为贯彻保护环境的基本国策，切实改善环境质量，实施可持续发展战略，实现经济效益、社会效益和环境效益的统一，安平县人民政府依据国务院《决定》制定《安平县丝网电镀行业发展规划》；根据市场经济规律和国家产业政策建设安平县镀锌工业有限公司、郭西镀锌厂两个工业区，实行集中生产、统一治污。安平县镀锌工业有限公司占地100亩，总投资2839万元，年产热镀锌网2000万平方米，冷镀锌网500万平方米。郭西电镀厂年加工能力可达800万平方米电镀网，扩建工程总投资248万元，环保投资55万元。全县共设污水处理站两座，采用化学法处理镀锌污水，日处理镀锌污水600吨，实现电镀废水达标排放，改善水环境质量，提高经济效益，为安平的丝网产业做出一定贡献。同时，县政府组织环保、监察、公安、工商、电力、广电等部门组成环保联合执法大队，对两个镀锌工业区外的非法小镀锌进行严厉查处，采取断水断电、拆除设备、清除生产原料等强制性措施，有效地遏制非法小镀锌的反弹。

2000年，衡水恒安化工有限公司投资180万元对废水采取化学、生物法进行治理。安平县安顺化工有限公司、沪安化工有限公司地处县城地下水上游方向，为避免对地下水造成污染，县政府于2001年作出搬迁决定，将两个化工企业迁出县城。

三、固体废物污染防治

固体废物主要是锅炉、拔丝炉窑产生的煤渣，主要用于筑路、建筑等，全部综合利用。生活垃圾、建筑垃圾于2000年7月前由县建设局环境卫生管理站统一进行填埋，2000年7月后由城市管理办公室负责处理。

四、噪音污染防治

噪音主要有建筑施工噪声、工业企业生产车间噪声、交通噪声、娱乐场所噪声等，对噪声主要采取限制作业时间、门窗封闭、选用隔声材料、减震等措施。

第三节　环境保护管理

一、建设项目环境保护管理

安平县按照国务院《建设项目环境保护管理条例》和《河北省建设项目环境保护管理条例》，制定下发《关于建设项目环境保护审批和联合把关的通知》，进一步规范建设项目的审批行为和程序，明确环保、计划、经贸、建设、工商、土地等有关部门的责任，建立环保部门统一监督管理，各有关部门分工负责的环境管理体系。同时，对建设项目环境保护管理作出明确规定：(1)所有建设项目要全面考虑自然环境和社会环境，服从区域规划和城市总体规划，合理布局。在城镇文教区、居住区、水源保护区、名胜古迹附近，不准新建污染和破坏环境的建设项目。(2)一切基本建设项目应在可行性研究阶段，按照环保部门的要求，根据对环境影响的程度编制环境影响报告书、环境影响报告表或者专项评价和环境影响登记表。(3)建设项目防治污染设施必须与主体工程同时设计、同时施工、同时投产使用(以下简称“三同时”)。(4)建设单位在上报可行性研究报告、计划任务书时，必须附有环境保护部门审批的环境影响报告书及其审批文件。对环境影响报告未批准的建设项目，计划经贸部门不得批准立项，工商部门不得发放营业执照，建设部门不得发放施工许可证，土地管理部门不得办理征地手续，银行不得贷款，设计审批部门不得审批初步设计。

各部门协调联动、联合把关，有效地遏制新污染源的产生。

1991—2002年安平县建设项目环保审批情况表

表2-16　　单位：个

年份＼项目	环保审批数	“三同时”执行数	当年竣工验收数
1991	20	5	3
1992	18	6	4
1993	17	6	6
1994	26	8	8
1995	16	4	4
1997	24	11	8
1998	30	9	7
1999	32	13	9
2000	36	3	3
2001	48	14	12
2002	62	16	12

二、环境监测

县环保局成立前监测仪器只有林格曼仪一架（于1986年购置），成立后于1997年购置噪声仪一部，只能简单的对烟尘黑度、工业企业噪声进行监测，不能深入开展环境监测工作，远远不能满足环境管理和工作的需要。水质化验、大气监测等常规监测至2002年仍然需要衡水市环境监测站协助完成。

三、排污费收缴

收缴排污费的目的是通过经济手段引导或促使排污者加强经营管理，节约和综合利用资源，减少或消除污染物的排放，保护和改善环境。

安平县于20世纪80年代初开始收缴排污费，到1991年收费额已由80年代的5万元左右增至15万元，特别是1995年建环保局后，环保人员不断开拓创新摸索经验，走出一条靠宣传促收费的新路子，收费额逐年攀升。2002年，年收费达到62.7万元，其中丝网产业的烟尘排污收费所占比重达60%以上。1991—2002年，共征收排污费646.9万元，其中2000年年收费额达99.4万元，排污收费工作多次受到衡水市环保局的好评。

排污费的使用是按国务院369号令《国务院排污费征收使用管理条例》办理。依法征收的排污费全部上缴财政，列入环境保护专项资金进行管理，主要用于重点污染源防治，区域性污染防治，开发、示范和应用污染防治新技术、新工艺，国务院下达的污染防治项目等。安平县的排污费主要用于镀锌污染和化工污染的治理。据不完全统计，1991—2002年，全县治污费共投入5190余万元。

1991—2002年安平县排污费征收情况表

表2-17　　单位：万元

年份	1991	1992	1993	1994	1995	1996	1997	1998	1999	2000	2001	2002
数额	15.0	12.2	13.2	23.2	30.9	64.2	80.4	80.1	99	99.4	66.6	62.7

四、管理机构

1991年至1995年7月，环境保护工作由安平县城乡建设局的环境保护监测站负责。1995年7月26日，安平县环境保护局（系县政府环境保护行政主管部门）正式成立，下设办公室、管理科、监理站；同年11月，增设监测站。1995年年底，共有四个科室站，工作人员31人。1996年1月，增设宣教科；5月，增设稽查大队。1997年5月，增设安平镇、南王庄镇、马店镇、程油子乡、东黄城乡、大子文乡、大何庄乡、西两洼乡共8个乡镇环境保护监督管理所。至2002年年底，局内设机构有办公室、管理科、宣教科、监理站、监测站、稽查大队共6个科室、站、队；下属单位有8个乡镇环保所；共有工作人员96人。

第三编　人口与计划生育

- 人口分布
- 人口构成
- 人口变动
- 人口普查
- 计划生育

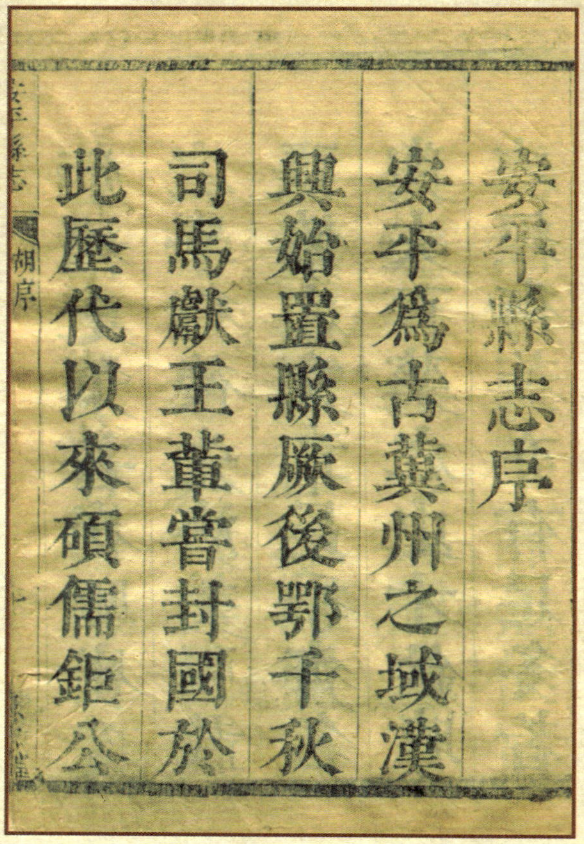

安平縣志序

安平爲古冀州之域漢

興始置縣厥後鄚千秋

司馬獻王輩嘗封國於

此歷代以來碩儒鉅公

安平縣志　胡序

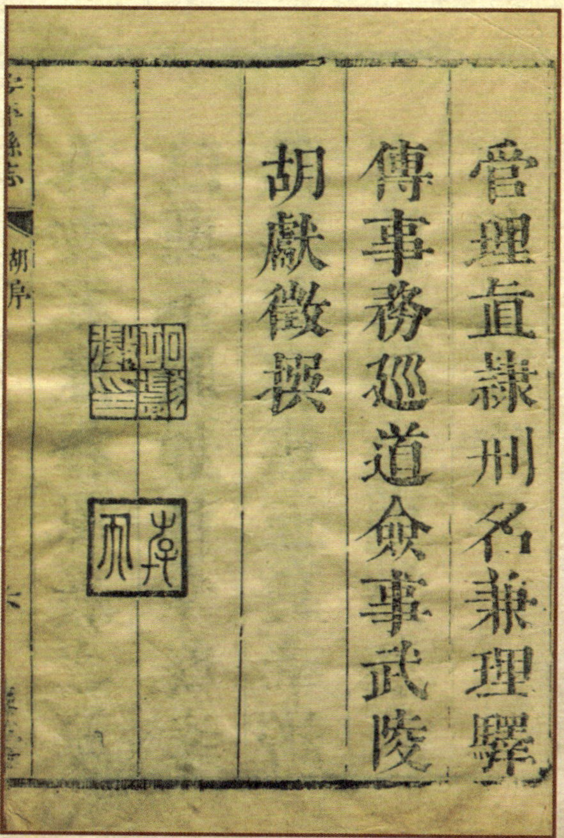

管理直隸州各兼理驛

傳事務巡道僉事武陵

胡獻徵撰

安平縣志　胡序

胡献徵撰康熙二十六年《安平县志·序》片段

第三编　人口与计划生育

第一章　人口分布

第一节　人口密度

安平县总面积495.4平方公里，1991年每平方公里600人，比1990年第四次人口普查时增加17人。2002年每平方公里621人，比1991年增加21人，人口密度增长3.5%。

2002年，安平镇（县政府所在地）人口密度为每平方公里907人，居全县之首。其次是马店镇，每平方公里633人。人口密度最小的是西两洼乡，每平方公里453人。

1991—2002年安平县部分年度各乡镇人口密度统计表

表3-1　　单位：人、人/平方公里

乡镇	面积	1991年		1997年		2002年	
		人口	密度	人口	密度	人口	密度
安平镇	81.95	61311	748	75630	923	74316	907
马店镇	81.21	52087	641	52923	652	51416	633
大何庄乡	59.11	35122	594	35252	596	34739	588
程油子乡	62.90	34000	541	35758	568	35062	557
西两洼乡	44.31	20021	452	20347	459	20079	453
东黄城乡	48.12	28392	590	28415	591	27914	580
大子文乡	56.23	31206	555	31707	564	30510	543
南王庄镇	61.59	35147	571	35887	583	33446	543
全县总计	495.42	297286	600	315919	638	307592	621

第二节　城乡人口分布

1991年，全县总人口297286人，其中，农业人口为278984人，占总人口的93.8%；非农业人口18302人，占总人口的6.2%。居住在县城的人口3.9万人，占总人口的13%，其中，非农业人口1.23万人，占全县非农业人口的67%；农业人口2.67万人，占全县农业人口的9.6%。居住在农村的人口258286人，占总人口的87%，其中，非农业人口0.6万人，占全县非农业人口的33%；农业人口252286人，占全县农业人口的90.4%。

2002年年底，全县总人口307592人，其中，非农业人口30785人，占总人口的10%；农业人口276807人，占总人口的90%。居住在县城的人口8.63万人，占总人口的28%，其中，非农业人口2.5万人，占全县非农业人口的81.2%；农业人口6.13万人，占全县农业人口的22%。居住在农村的人口221292人，占总人口的72%，其中，非农业人口5785人，占全县非农业人口的18.8%；农业人口215507人，占全县农业人口的78%。

第二章　人口构成

第一节　性别构成

1990年第四次普查人口时，全县总人口292280人，其中男性147642人，占总人口的50.5%；女性144638人，占总人口的49.5%。男女性别比为102.08。2000年，全县总人口307658人，其中男性156257人，占总人口的50.8%；女性151401人，占总人口的49.2%；男女性别比为103.2。2002年年底，全县总人口307592人，其中男性156397人，占总人口的50.8%；女性151195人，占总人口的49.2%。男女性别比为103.4。

1991—2002年安平县总人口及男女数目情况表

表3-2

单位：人

年度	全县人口	男女人数		性别比（女=100）
		男	女	
1991	297286	—	—	—
1992	300519	—	—	—
1993	301561	154033	147528	104.4
1994	312488	157992	154496	102.3
1995	311344	157818	153526	102.8
1996	315894	159571	156323	102.1
1997	315919	159623	156296	102.1
1998	318076	—	—	—
1999	320348	161188	159160	101.3
2000	322650	163118	159532	102.2
2001	307308	156101	151207	103.2
2002	307592	156397	151195	103.4

说明：上述人口数字均来自统计局编写的1991年至2002年《安平县国民经济统计资料》

第二节　年龄构成

一、年龄构成

1990年第四次人口普查时，全县各年龄段人口数量及占总人口数的比例为：0～14周岁儿童为83913人，占总人口的28.7%；15～64周岁为186399人，占总人口的63.8%；65周岁以上的老人为21968人，占总人口的7.5%。

2000年第五次人口普查时，全县人口322650人，同1990年第四次人口普查相比，增加30370人，增长10.4%。各年龄段人口数量及占总人口数的比例：0～14周岁儿童66766人，占总人口的20.7%，与1990年相比降低8个百分点；15～64周岁229185人，占总人口的71.0%，比1990年高7.2个百分点；65周岁以上26699人，占总人口的8.3%，比1990年高0.8个百分点，老年人口所占比重增加。

第四次、第五次人口普查安平县各年龄段男女人数统计表

表3-3　　　　单位：人

年龄组	2000年（第五次人口普查）				1990年（第四次人口普查 ）			
	人口数			性别比（女=100）	人口数			性别比（女=100）
	合计	男	女		合计	男	女	
合计	322650	163118	159532	102.25	292280	147642	144638	102.08
0周岁	3322	1738	1584	109.72	32963	16877	16086	104.92
1～4周岁	11368	6160	5208	118.28				
5～9周岁	18421	9558	8863	107.84	32278	16561	15717	105.37
10～14周岁	33655	17075	16580	102.99	18672	9618	9054	106.23
15～19周岁	34955	17456	17490	99.86	22024	10942	11082	98.7
20～24周岁	21512	10931	10581	103.31	24699	12009	126900	94.63
25～29周岁	21908	10887	11021	98.78	26112	12971	13414	98.71
30～34周岁	27640	13759	13881	99.12	23966	12284	11682	105.15
35～39周岁	28423	14198	14225	99.81	24071	12679	11392	111.30
40～44周岁	25062	12871	12191	105.58	19577	10364	9213	112.49
45～49周岁	24482	12778	11704	109.18	13363	3815	6548	104.08
50～54周岁	20430	10782	9648	111.75	11306	6079	5227	116.30
55～59周岁	13721	7055	6666	105.84	11329	5942	5387	110.30
60～64周岁	11052	5829	5223	111.6	9952	4837	5115	94.57

续表3-3

年龄组	2000年（第五次人口普查）				1990年（第四次人口普查 ）			
	人口数			性别比（女=100）	人口数			性别比（女=100）
	合计	男	女		合计	男	女	
65～69周岁	9653	4863	4790	101.52	7955	3562	4393	81.08
70～74周岁	7777	3600	4177	86.19	6161	2828	3333	84.85
75～79周岁	5093	2063	3030	68.09	4428	1984	2444	81.18
80～84周岁	2730	1054	1676	62.89	2373	947	1426	66.41
85～89周岁	1111	367	744	49.33	892	306	586	52.22
90～94周岁	279	72	207	34.78	141	35	106	33.02
95～99周岁	54	13	41	31.71	18	2	16	12.50
100周岁以上	2	—	2	—	—	—	—	—

二、年龄分析

老龄化　按国际通用标准，65周岁以上为老年人，15周岁以下为少年儿童。根据联合国人口学专家建议，将总人口按下列比重分为3种人口类型。

联合国人口类型分类标准一览表

表3-4

老年人口占总人口比重	少年儿童占总人口比重	人口类型
5%以下	40%以下	年轻人口型
5%～10%	30%～40%	壮年人口型
10%以上	30%以下	老年人口型

据1990年和2000年人口普查，安平县人口类型如表3-5。

安平县人口类型一览表

表3-5

年份	老年人口占总人口比重（%）	少年儿童占总人口比重（%）	人口类型
1990	7.5	28.7	接近壮年人口型
2000	8.3	20.7	壮年人口型

随着人们生活水平的提高，医疗保健的普及推广，计划生育政策的深入实施，2000年的人口类型处于壮年人口型，人口老龄系数(65周岁以上对14周岁以下人口的比例)已由第四次人口普查的26.2%上升到39.8%，增加13.6个百分点，人口分布类型应引起重视。

年龄高峰　1990年，人口年龄段最高峰男性、女性均在0～4周岁，人数分别为16877人、16086人。

2000年，人口年龄段最高峰，男性、女性均在15～19岁，人数分别为17465人、17490人。

第三节　民族构成

安平县系汉族聚集地区，少数民族人口很少。1990年第四次人口普查时，汉族有291955人，占总人口的99.89%；少数民族有325人，占总人口的0.11%。2000年第五次人口普查时，汉族有322222人，占总人口的99.86%；少数民族有428人，占总人口的0.13%。与1990年相比，少数民族增加0.02个百分点。

第四节　农业、非农业人口构成

1991年，全县总人口297286人，其中，农业人口278984人，占总人口的93.8%；非农业人口18302人，占总人口的6.2%。全县农村劳动力136811人，占总人口的46%。此后，随着农村青年参军、升学，大中专毕业生就业安置，行政、企事业单位所用合同工转非转干，特别是1992年6月和1994年8月两次经省政府批准，自愿捐资办理“农转非”户口，使非农业人口所占比例逐年增加。至2002年，全县总人口307592人，其中农业人口276807人，占总人口的90%；非农业人口30785人，占总人口的10%。与1991年相比，非农业人口所占比重增加3.8个百分点；全县农村劳动力144800人，占总人口的47.1%。

1991—2002年安平县农业及非农业人口、劳动力情况表

表3-6　　　　单位：人

年度	全县总人口	农业人口		非农业人口		男女人数		农村劳动力		
		人数	占总人口(%)	人数	占总人口(%)	男	女	总人数	男	女
1991	297286	278984	93.8	18302	6.2	—	—	136811	73329	63482
1992	300519	277214	92.2	23305	7.8	—	—	137018	73435	63583
1993	301561	299445	99.3	23116	7.7	154033	147528	137156	73197	63959
1994	312488	288859	92.4	23629	7.6	157992	154496	137887	72479	65408
1995	311344	287143	92.2	24201	7.8	157818	153526	140219	72672	67547
1996	315894	235784	74.6	80110	25.3	159571	156323	122626	63862	58764
1997	315919	235286	74.5	80633	25.5	159623	156296	116064	60178	55886
1998	318076	236588	74.4	81488	25.6	—	—	116150	60327	55823
1999	320348	238112	74.3	82236	25.7	161188	159160	118049	61373	56676
2000	322650	243683	75.5	78967	24.5	163118	159532	118185	61039	57146
2001	307308	228123	74.2	79185	25.8	156101	151207	119782	61209	58573
2002	307592	276807	90.0	30785	10.0	156397	151195	144800	74322	70478

说明：本表由县统计局提供

2002年安平县农业、非农业人口分布情况统计表

表3-7　　单位：人

乡镇	总人口数	农业人口		非农业人口	
		人数	占总人口(%)	人数	占总人口(%)
大何庄乡	34739	33837	97.4	902	2.6
马店镇	51416	50257	97.7	1159	2.3
程油子乡	35062	34271	97.7	791	2.3
安平镇	74316	49443	66.5	24873	33.5
东黄城乡	27914	27245	97.6	669	2.4
西两洼乡	20079	19509	97.2	570	2.8
大子文乡	30510	29687	97.3	823	2.7
南王庄镇	33556	32558	97.0	998	3.0
合计	307592	276807	90.0	30785	10.0

第五节　职业构成

1991年后，全县劳动就业规模不断扩大，就业渠道不断拓宽，就业结构日趋合理。2002年年底，全县从业人员达到154187人，占总人口的50.1%，比1991年增加4433人，增长3.0%。

一、第一、二、三产业就业情况

进入20世纪90年代后，农村不断完善家庭承包责任制，农业机械化程度和科学含量日趋提高，剩余劳动力不断增加，再加上安平实施“丝网强县、生猪富民”两大主体战略，农村剩余劳动力绝大部分转向或兼营二、三产业。2002年年底，全县第一产业从业人员50638人，占全部从业人员的32.8%，比1991年减少58561人，减少53.6%；第二产业从业人员67459人，占全部从业人员的43.8%，比1991年增加43541人，增加182.0%；第三产业从业人员36090人，占全部从业人员的23.4%，比1991年增加19453人，增加116.9%。到2002年，一、二、三产业从业人员的比重由1991年的72.9:16.0:11.1变为32.8:43.8:23.4，就业结构日趋合理。

二、国有、集体、其他单位就业情况

1991年来，安平县采取多种优惠措施积极鼓励私营、个体、外资企业发展，多种所有制形式的企业如雨后春笋般蓬勃发展，就业人数迅速增加。截至2002年年底，国有及集体单位从业人员仅10593人，占全部从业人员的7.3%；其他所有制形式的从业人员占全部从业人员的72.5%，比1991年提高12个百分点。

1991—2002年安平县从业人员情况统计表

表3-8

单位：人

项目/年度	从业人员总计	第一产业		第二产业			第三产业									
		小计	种植业	小计	工业	建筑业	小计	交通运输仓储邮电通讯业	批发零售贸易餐饮业	金融保险业	房地产业	社会服务业	卫生体育和社会福利业	教育文化和广播电影电视业	科学研究和综合技术服务业	国家党政机关社会团体
1991	149754	109199	96594	23918	21404	2514	16637	1234	6494	497	97	—	927	2797	80	2718
1992	145390	108535	98872	22010	20039	1971	14845	1147	5335	537	97	—	867	2724	90	2272
1993	145692	104754	96759	24920	22439	2481	16018	1384	5487	563	—	49	413	1965	43	2265
1994	146643	103673	95441	25573	22785	2788	17397	1576	6874	611	—	47	418	2064	47	2295
1995	147487	98448	93463	31182	28112	3070	17857	1709	7697	620	—	58	551	2426	61	2415
1996	132045	42391	42211	54681	36331	18350	34973	1818	23335	620	27	444	847	2847	117	2669
1997	130090	41944	41842	52622	34157	18465	35524	1728	20947	837	51	186	914	3726	100	2649
1998	126249	42015	41899	51977	33476	18501	32257	1660	20355	572	—	242	936	3993	108	2612
1999	127720	42832	41295	53124	35167	17957	31764	1759	20036	569	50	325	959	3865	123	2518
2000	127705	41452	40983	54782	36383	18399	31471	1800	19952	586	—	369	1023	3788	124	2604
2001	128507	41737	41022	54784	36412	18372	31986	1794	19791	581	65	384	1048	4392	137	2619
2002	154187	50638	—	67459	46751	20708	36090	1978	23520	654	45	203	635	3575	133	2183

第六节　文化构成

2000年第五次人口普查时，全县有小学及其以上文化程度的284261人，占总人口的93.1%，比1990年增加65267人，提高6.4个百分点。其中，具有大专及其以上文化程度的3249人，占总人口的1.1%，比1990年增加2406人，提高0.8个百分点；高中、中专文化程度的有28295人，占总人口的9.3%，比1990年增加8630人，提高1.5个百分点；初中文化程度的有148474人，占总人口的48.6%，比1990年增加69818人，提高17.5个百分点；小学文化程度的有104243人，占总人口34.1%，比1990年减少15587人，下降13.3个百分点；文盲人口为18483人，占总人口的5.73%，比1990年减少11873人，下降4.66个百分点。

2000年安平县第五次人口普查文化程度情况统计表

表3-9　　单位：人

6周岁及以上人口		大专及以上		高中和中专		初中	
人数	占总人口数%	人数	占总人口数(%)	人数	占总人口数(%)	人数	占总人口数(%)
305309	94.63	3249	1.01	28295	8.77	148474	46.02

续表3-9

小学		文盲					
人数	占总人口数(%)	人数	占总人口数(%)	城镇		农村	
				人数	文盲率(%)	人数	文盲率(%)
104243	32.31	18483	5.73	1317	3.52	17166	6.02

第四次、第五次人口普查安平县每十万人拥有各种受教育程度比较统计表

表3-10　　单位：人

大专及以上		高中和中专		初中		小学	
1990年	2000年	1990年	2000年	1990年	2000年	1990年	2000年
288	1007	6728	8770	26911	46017	40998	32308

2000年人口普查全县按城乡分的每十万人拥有各种受教育程度人口统计表

表3-11　　单位：人

大专及以上		高中和中专		初中		小学	
城镇	乡村	城镇	乡村	城镇	乡村	城镇	乡村
6566	278	29215	6088	36321	47288	17864	34203

第四次、第五次人口普查安平县文盲人口比较统计表

表3-12 单位：人

文盲人口		文盲率		
1990年	2000年	1990年	2000年	比1990年降低
30356	18483	10.39	5.73	4.66

第三章 人口变动

第一节 自然变动

1991—2002年，全县总共出生36127人，其中男19195人，女16932人；死亡17838人，人口自然净增长18289人。2002年年底，全县总人口达到329906人，比1991年年初增加35408人，增长12.02%，年平均增加2951人，年均增长1%。

一、出生

1991年，总人口297286人，出生人口2485人，人口出生率为8.40‰。2002年，出生人口3348人，人口出生率为10.18‰。2002年比1991年年初总人口增加35408人，年内出生增加863人，人口出生率增加1.78‰。人口出生率从1993年到1997年下降幅度较大，从2000年到2002年出生率有小幅度下降。按2000年出生率计算，2000年至2002年的3年间共少出生277人。

二、死亡

1991—2002年，全县总共死亡17761人，平均每年死亡1480人，死亡率从1991年的4.67‰下降到2002年的4.57‰，12年平均死亡率为4.77‰。随着人口数量的增加，死亡人口呈不均衡的增长。随着经济的发展，人民生活水平的提高和医疗卫生条件的改善使人口死亡率呈不均衡的下降。12年间，死亡人数最多的年份为1995年，死亡1865人，死亡率为5.99‰；死亡人数最少的年份为1999年，死亡1192人，死亡率为3.72‰。

三、自然增长率

1991年，人口自然增长率为3.73‰。1992年，人口自然增长率开始上升，1993年达到12年内的最高值9.43‰。1994—1997年，人口自然增长处于低谷期，最低的1995年人口自然增长率仅为0.82‰。1998年，人口自然增长率又开始回升，至2002年底，基本稳定在5‰～7‰之间。

1991—2002年安平县人口自然增长情况统计表

表3-13 单位：人

项目 年度	总人口	年内出生人口				人口 出生率 （‰）	年内死 亡人口	人口 死亡率 （‰）	自增 人数	人口自然 增长率（‰）
		合计	男	女	性别比 （女=100）					
1991	297286	2485	1302	1183	110	8.40	1388	4.67	1109	3.73
1992	300519	3834	1982	1852	107	12.91	1602	5.33	2278	7.58
1993	301561	4560	2427	2133	114	15.20	1740	5.77	2844	9.43
1994	312488	2908	1518	1390	109	9.46	1756	5.62	1200	3.84

续表3-13

项目/年度	总人口	年内出生人口				人口出生率（‰）	年内死亡人口	人口死亡率（‰）	自增人数	人口自然增长率（‰）
		合计	男	女	性别比（女=100）					
1995	311344	2125	1143	982	116	6.81	1865	5.99	255	0.82
1996	315894	2092	1123	969	116	6.70	1715	5.43	401	1.27
1997	315919	1950	1071	879	122	6.20	1289	4.08	670	2.12
1998	318076	3089	1604	1485	108	9.73	1225	3.85	1870	5.88
1999	320348	2986	1660	1326	125	9.29	1192	3.72	1788	5.58
2000	322650	3406	1847	1559	118	10.67	1345	4.17	2097	6.50
2001	307308	3344	1764	1580	112	10.23	1238	4.03	1905	6.20
2002	307592	3348	1754	1594	110	10.18	1406	4.57	1726	5.61
合计	—	36127	19195	16932	—	—	17761	4.77	18143	—

说明：该表由安平县计生局提供

第二节 人口机械变动

一、迁入

常住迁入 1991年至2002年年底，户口迁入安平县的共有46218人。

1991—2002年安平县常住人口迁入情况表

表3-14　　单位：人

年度	迁入人口
1991	3421
1992	7631
1993	1324
1994	12354
1995	2014
1996	7471
1997	1444
1998	2559
1999	3139
2000	1722
2001	1437
2002	1702

说明：本表由安平县公安局提供

暂住迁入 随着安平县改革开放的深入，丝网产业得到迅速发展，安平经济实力不断增强，外来务工人员不断增加，主要分布在乡镇和县城。从事丝网制造、建筑工程，装修者居多，部分经商。外来人员主要来自四川、湖南、湖北、安徽、东北、河南等省市。自2000年4月1日公安局成立流动人口办公室以来至2002年年底，在安平县办理暂住证的流动人员共计4210人，其中2000年846人，2001年1678人，2002年1686人。

二、迁出

1991—2002年，安平县户口长期迁出共44484人。

1991—2002年安平县迁出人口情况表

表3-15　　单位：人

年度	迁出人口	年度	迁出人口
1991	2272	1997	1736
1992	5702	1998	1372
1993	2332	1999	1714
1994	2823	2000	14828
1995	2478	2001	2191
1996	4687	2002	2349

说明：本表由安平县公安局提供

第四章　人口普查

国务院决定于2000年11月1日在全国范围内进行第五次人口普查，要求各级普查机构必须在国家统一规定的时间内，按照统一的方法、统一的项目、统一的普查表格和统一的标准时点进行普查登记。

根据国务院《第五次全国人口普查办法》的规定和省、市的具体安排部署，安平县以2000年11月1日零时为标准时点，开展第五次人口普查，至11月10日普查登记结束。

第一节　普查机构

1999年6月28日，县政府成立以县委常委、常务副县长为组长，政府办、统计局、公安局、计划局、计生局、财政局、民政局、县委宣传部、卫生局、劳人局、建设局、房管局、土地局、教育局、广播局、工商局、司法局、文体局、人武部等部门的主要领导为成员的安平县第五次人口普查领导小组。领导小组下设办公室，内设普查组、区划编码组、户口整顿组、数据处理组、秘书宣传组、行政资料组6个小组。办公室设在县政府办公楼一楼，具体负责人口普查的日常组织和实施工作，并制定《安平县第五次全国人口普查实施方案》。各乡镇、县直各单位、县城各居委会于1999年12月成立相应的组织机构。各村委会于2000年6月相继完成普查机构的组建工作。全县共有普查员1500人，普查指导员500人。

第二节　普查内容

第五次全国人口普查表共分为：《普查表短表》《普查表长表》《死亡人口调查表》和人口调查表附表《暂住人口调查表》四种。

《短表》和《长表》的普查对象是具有中华人民共和国国籍并在中华人民共和国境内常住的人。《短表》的项目为19项，其中每人都填报的9项：姓名、与户主的关系、性别、年龄、民族、户口登记状况、户口性质、是否识字、受教育程度；按户填报的10项：户编号、户别、本户调查登记人数、本户户籍人口中外出不满半年人数、本户户籍人口中外出半年以上人数、暂住本乡镇街道离开户口登记地不满半年的人数、本户1999年11月1日至2000年12月31日出生人数、本户1999年11月1日至2000年12月31日死亡人数、本户住房间数、本户住房建筑面积。

《长表》项目49项，其中每人填报的26项，除《短表》中的9项内容外，其他17项：出生地，何时来本乡镇、街道居住，从何地来本乡镇、街道居住，迁出地类型、迁移原因、五年前常住地、学业完成情况、是否有工作、工作时间、行业、职业 、未工作者状况、未工作者主要生活来源、婚姻状况、初婚年月、生育子女数、1991年11月1日至2000年10月31日的生育状况。按户报的23项，除《短表》中的10项内容外，其他13项住房用途、本住房中是否有合住户、住房建成时间、建筑层数、住房外墙墙体材料、住房内有无厨房、主要炊事燃料、是否饮用自来水、住房内有无洗澡设施、住房中有无厕所、住房来源、购建住房费用、月租房费用。

《死亡人口调查表》和《暂住人口调查表》均以小区为单位填写。

凡是在1999年11月1日至2000年10月31日有死亡人口的户同时填报《死亡人口调查表》，登记死亡人口的具体情况。登记项目有8项：户编号、姓名、性别、出生时间、死亡时间、民族、受教育程度、婚姻状况。

《暂住人口调查表》是人口普查的附表，凡是在普查表中填报有暂住人口的户，还要登记《暂住人口调查表》。登记项目有5项：户编号、姓名、性别、年龄、常住户口登记地。

第三节　普查方法

一、普查准备

摸底调查、划分普查区　根据《第五次全国人口普查办法》对普查区和调查小区划分的要求，安平县农村以村民委员会，城区以居民委员会所辖地域为基础，共划分为243个普查区（其中城区19个，包括11个居民委员会和安平镇所辖的8个行政村）；按照250～350人，最低不少于200人，最多不高于400人的原则和自然居住地域完整、界限明确、管理方便、便于操作的原则，全县共划分为869个调查小区，其中城区89个。2000年5月31日前，完成对各调查小区人口状况与住宅情况摸底调查，并绘制完成城区、各乡镇、各普查区、调查小区人口与住宅分布图。

户口整顿　依据《第五次全国人口普查办法》第17条之规定，安平县公安机关按照《中华人民共和国户口登记条例》及国家有关户口管理的其他规定，于2000年8月18日至9月30日进行户口整顿，并将户口整顿资料与县、乡普查办公室进行了交接。同时，编制完成调查小区各户户主姓名底册。

二、普查登记

人口普查的现场登记工作，从2000年11月1日零时开始到11月10日结束。普查登记工作采取：（1）普查员查点询问，当场填报，逐户、逐人、逐项进行填写，做到不重、不漏，准确无误；（2）普查登记以户为单位，由该户一名成员申报，普查指导员提问、普查员登记的方式进行；（3）普查员入户登记；（4）普查员登记时携带《调查小区地图》和《户主姓名底册》，做到普查区不漏户、户不漏人漏项。

三、复查、抽查

复查工作分四级进行。普查登记工作结束后，一是先由各普查区普查指导员组织普查员按照规定的方法进行复查，发现差错，经核实后，予以改正；二是由乡镇、城区普查指导员和普查员对全乡镇、城区普查表进行全面复查，合格后上交县人口普查办公室；三是县级复查验收；四是省、市级复查验收。全部复查工作在2000年11月15日前完成。复查工作完成以后，全国抽取0.15‰的人口进行事后质量抽查。质量抽查工作在2000年11月30日前完成。

四、编码、光电录入

编码工作统一集中在县进行。编码员在编码指导员的指导下，按照统一规定的标准进行统一编码。安平县组织110名编码员，从2001年2月28日开始至4月20日结束，历时50多天，圆满完成编码工作。光电录入在市人口普查办公室统一进行。

第五章　计划生育

第一节　生育管理

进入20世纪90年代后，县委、县政府高度重视计划生育工作，坚持把计划生育工作摆到与经济建设同等重要的位置，纳入经济社会发展总体规划，坚持党政“一把手”亲自抓，负总责，协调社会力量，共同做好计划生育工作。县委、县政府每年与各乡镇都签订《人口目标管理责任书》，并对责任书、责任制的年度完成情况进行严格考核，晋档升级，落后的乡镇进行重点管理。同时，实行计划生育考核“一票否决”制，凡考核不达标的单位和违反计划生育政策的人，取消年度评先选优资格。人口快速增长的势头得到明显控制。

1991年后，生育政策继续实行一孩政策，但符合再生育条件要求生育的夫妻，可有计划地再安排生育一个子女。严禁一对夫妻生育第三个子女。育龄夫妻要求生育第二个子女的，需经县计划生育委员会（计生局）审查批准。批准生育的，由女方户籍所在地的计划生育主管部门发给准生证。符合再生育条件规定照顾生二胎者，女方年龄必须在28周岁以上，生育间隔必须在4年以上；女方年龄在30周岁以上的，可以缩短生育间隔。

1996年，根据《河北省计划生育条例》规定，对自愿只生育一个子女的夫妻，经县级计划生育委员会批准，发给独生子女光荣证，从领证之日起，到子女18周岁止，独生子女父母由双方所在单位每月分别发给不低于5元的奖励。

1991—2002年安平县人口计划执行情况统计表

表3-16

年份	上级下达指标（‰）		实际出生（人）	一孩合计（人）	二孩合计（人）	多孩合计（人）	计生率（‰）	人口出生率（‰）
	计生率	出生率						
1991	—	—	2485	1953	531	1	93.88	8.40
1992	—	—	3834	3290	544	—	91.94	12.91
1993	—	—	4560	2723	1651	186	81.27	15.2
1994	—	—	2908	2012	801	95	89.48	9.46
1995	80.00	16.00	2125	1551	529	45	94.45	6.81
1996	84.00	15.40	2092	1395	631	66	90.20	6.70
1997	85.00	14.80	1950	1205	679	66	91.59	6.20
1998	86.00	14.60	3089	2133	867	89	91.10	9.73
1999	88.00	14.40	2956	1983	907	66	94.22	9.29
2000	90.00	14.20	3012	1755	1166	91	93.23	10.67
2001	—	—	3344	1991	1277	76	93.45	10.23
2002	—	—	3348	1992	1314	42	92.23	10.18

说明：本表由安平县计生局提供

第二节　宣传教育

1991—1998年，计生工作以突击为主，每次活动之前，首先制定宣传方案，成立专门的宣传机构，下达明确的宣传任务。宣传部、广电局、计生委联合行动制定专题节目。各乡镇广贴标语。同时，出动配有录放机的宣传车流动宣传。1998年以来，在全县广泛开展"婚育新风进万家活动"，组织婚育新风志愿者宣传队进村入户进行宣传。同时，定期组织彩色周末消夏晚会，观众达12万人次；还在各乡镇兴办人口文化大院，院内围墙有婚育科普知识、计生政策等展牌、广告牌、橱窗，既贴近群众又美化环境。院内既搞文艺演出又能教育群众，兼有多种功能。2001年，推出以“计划生育宣传一条街”为中心的宣传形式。各村在人群往来频繁的街道上书写10条以上规范化墙标，配以街头板报等。各乡镇在交通要道上树立三个以上永久性过路悬标，多为钢筋铁板所制。同时，加强阵地宣传。各乡镇计生委有人口学校、有教案、有展牌、有教学计划、有学习档案记录。每年定期对育龄妇女进行培训。截至2002年，共书写规范化墙标3500条，街头板报2300块，永久性过路悬标20个，展牌275块，举办育龄妇女培训班42期，共培训育龄妇女4万人次。

此外，在传统节日和人口纪念日，定期组织人口咨询、发放宣传材料，举办电视讲话等活动。同时，县计生局还会同县文体局组织计划生育巡回演出，在田间地头、集市、街头为群众送上文艺节目。

第三节　人员设备

一、县计划生育技术服务站

1991年，共有技术人员17名，设有药房、妇科门诊、检验室、B超室、透视室等，房屋共44间，主要设备有B超机、显微镜、脚踏吸引器、手术床、心电图、X光机等。1997年，在全县率先购置红外光妇科治疗仪，并配备乳腺治疗仪。2000年，为更好地实施出生缺陷干预工程，购进酶标仪等检验设备，开展优生监测工作。此后，又购进尿十一项分析仪，电动吸引器、麻醉机、电子阴道镜、输氧设备等。截至2002年年底，技术服务站共有人员20名，设内科、外科、妇科、检验科、乳腺科、B超室、男性科等科室，并设有开展技术服务所需的全套设施。

二、乡镇计划生育服务站

1991年，各乡镇各有四术（输卵管结扎术、中期引产术、人工流产术和放、取宫内节育器术）人员1～2人，并配有B超机、手术床、上（取）环、人流手术包等简单器械。1993年，县委、县政府开始向乡镇计生服务站分配大中专毕业生充实技术力量。1997年，全县各乡镇计生服务站用房均达5间

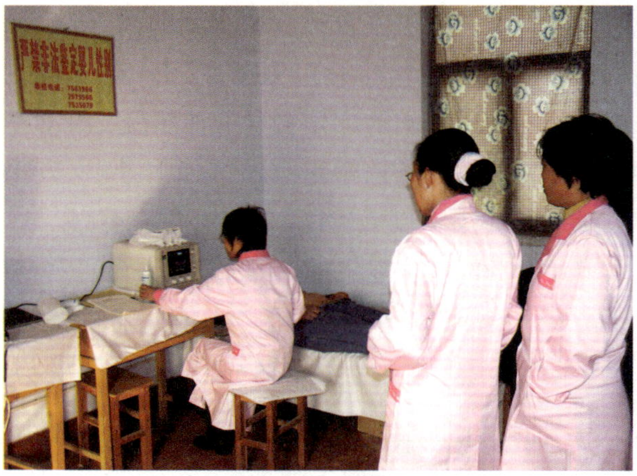

图3-1　乡技术服务人员为育龄妇女进行健康体检

以上，并配备了波姆光治疗仪、乳腺治疗仪等医疗设备，并全部更换B超机。2002年，各乡镇技术人员均达到2～4名，其中至少有1名具有医学专业的中专或中专以上学历。技术服务用房建筑面积均在200平方米以上，并设有门诊室、咨询室、妇检室、手术室、药具室、消毒室、乳腺室、波姆光室、检验室等。主要设备有妇科手术床、波姆光治疗仪、乳腺治疗仪、紫外线消毒灯、高压消毒锅、B超机、妇科病理疗仪、避孕药具专柜和必要的宣传品及挂图等。服务领域不断拓宽，服务人员素质不断提高，从单一的查环、查孕，扩展到对妇科疾病的检查治疗，并全面开展生殖健康服务。

第四节　节育措施

根据《河北省计划生育条例》的有关规定，农村生育一孩的妇女提倡在生育42天后使用宫内节育器（剖宫产为6个月内上环）；生育两个孩子的，夫妇一方在孩子2个月内实施输卵管（输精管）结扎；双胞胎者，须待孩子满4周后实施结扎术。对放置宫内节育器和结扎手术有禁忌证的可采用避孕药具，但要与计生部门签订保证不计划外怀孕、生育的合同。如上述避孕措施一旦失败，应及时采取补救措施。

2001年开始，部分乡村本着政府指导，群众自愿的原则，实行避孕方法的知情选择。

避孕方法知情选择是指育龄夫妻通过学习和

接受教育、培训、咨询服务，了解基本国情和人口与计划生育法律、法规和规章，了解自身的身体及生育状况，掌握常用避孕方法的种类和相关知识，在知情的基础上，在计划生育技术服务人员的指导下，自主选择安全、有效、适宜的避孕方法，获得规范的避孕技术服务，落实避孕措施的过程。

在避孕方法知情选择上，坚持提倡和鼓励育龄夫妻首先选用长效避孕方法。考虑到现有各种避孕方法的优缺点、成本和基层群众的实际情况，提倡和鼓励一孩夫妻首选上环，二孩及以上夫妻首选结扎，使用药具的从严。

人流、上环、取环术由各乡镇技术服务站承担，结扎术由计生局技术服务站承担，引产术由县技术服务站、县医院、西关医院承担。

1991—2002年安平县节育情况表

表3-17　　　　单位：人

项目/年度	已婚育龄妇女人数	落实避孕节育措施人数							综合节育率(%)	长效节育率(%)	年度手术进度			
		男扎	女扎	上环	打针服药	用具	外用药	其他			男扎	女扎	上环	取环
1991	57272	24248	16595	10977	1730	641	73	108	94.94	90.48	1569	44	5997	5
1992	55275	20424	19462	10547	1455	522	5	161	95.17	91.29	5108	1656	3689	10
1993	59856	23373	19980	11613	669	363	4	29	93.61	91.83	1597	304	3304	3
1994	61628	23519	19692	12641	1109	326	81	17	93.13	90.62	1088	536	3591	2
1995	60677	22087	19202	13162	2420	632	86	4	94.92	89.74	1294	890	2961	95
1996	60645	22386	19542	13313	1679	686	15	3	95.02	91.09	527	279	1491	457
1997	60394	22377	19019	13607	1464	614	13	1	94.54	91.07	413	299	1114	502
1998	60063	22475	18235	13853	924	547	14	6	93.33	90.84	376	218	1172	671
1999	60834	21399	17241	14382	2153	998	32	1	92.39	87.16	617	318	1902	765
2000	60669	21815	16521	14633	1814	1103	26	6	92.17	87.30	755	425	1704	657
2001	59790	22221	15533	15180	1550	1094	79	5	93.10	88.53	964	386	1720	408
2002	59871	22413	14553	16098	1566	1377	42	2	93.62	88.63	994	282	1868	192

说明：本表由安平县计生局提供

第五节 机构

一、县级机构

1991年，安平县计划生育委员会下设办公室、规划统计股、法规股、宣传指导站、技术服务站、避孕药具管理站、计划生育协会等。共有干部职工42人，其中主任1人，副主任2人。1996年5月增设流动人口管理办公室，干部职工增至55人。1996年11月，安平县计划生育委员会更名为安平县计划生育局。2002年年底，局下设办公室、规划统计股、法规股、流动人口管理办公室、宣传指导站、技术服务站、避孕药具管理站和计生协会共9个股室站，共有干部职工59人，其中局长1人，副局长4人。

二、基层机构

乡镇计生委 1991年，20个乡镇均设有计划生育委员会(以下简称计生委)，并配齐计划生育专职党委副书记20名和计生助理员20名。各乡镇计生委有工作人员5～8人，配齐统计、四术、宣传、证管专业人员。1996年1月并乡扩镇后，20个乡镇计生委合并为8个乡镇计生委。2002年，为提高计生队伍业务素质，59名大中专毕业生分配到乡镇计生委。至2002年年底，乡镇计生委机构设置未变；乡镇计生队伍无大变化。

村计生小组 1991年，全县230个行政村均建立计划生育领导小组，由1名计生专职干部主管。同时，各村以40名至50名育龄妇女为单位，设1名育龄妇女小组长。至2002年年底，全县共有村、组计生管理专职人员1442人，其中村专职干部231人，育龄妇女小组长1211人。

第四编　改革

- 经济体制改革
- 宏观调控体制改革
- 政治体制改革
- 社会保障制度改革
- 社会事业体制改革
- 市场体系培育

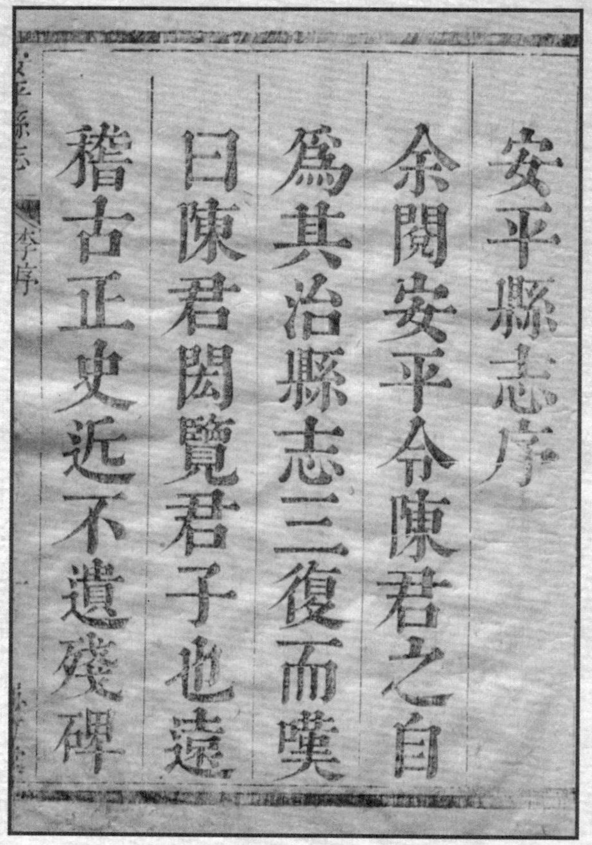
安平縣志序

余閱安平令陳君之自

爲其治縣志三復而嘆

曰陳君閎覽君子也遠

稽古正史近不遺殘碑

安平縣志 李序

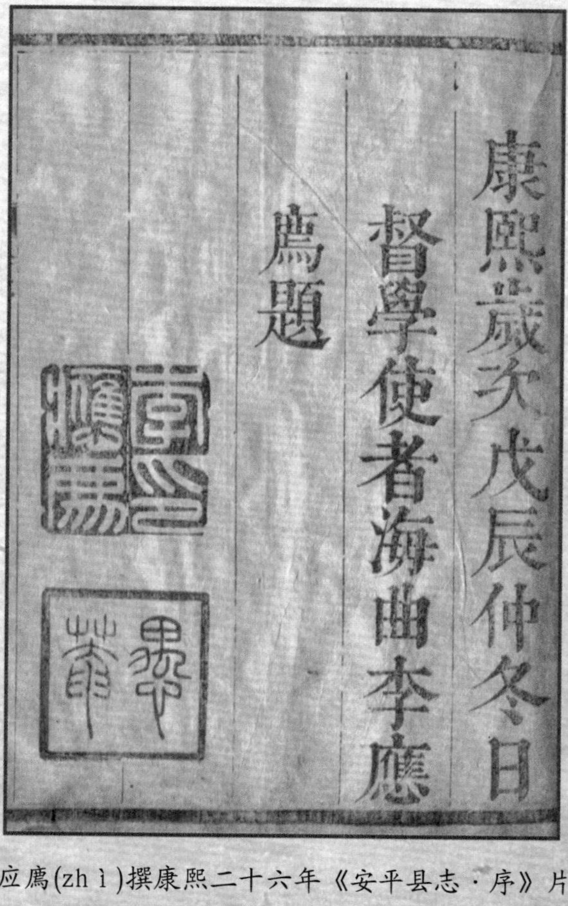
康熙歲次戊辰仲冬日

督學使者海曲李應

廌題

李应廌(zhì)撰康熙二十六年《安平县志·序》片段

第四编　改革

第一章　经济体制改革

第一节　农村经济体制改革

一、完善农村家庭联产承包责任制

1990年，县委责成农工部起草制定《关于进一步完善家庭联产承包责任制的实施方案》，并以县委〔1990〕9号文件下发，在全县推行“两田制”（即分为口粮田和责任田，口粮田一般为人均0.5亩，只负担农业税，其余为责任田，除缴纳农业税和订购粮外，还必须向集体交纳一定数量的土地承包费）、“三田制”（人均耕地较多，可划出一部分“公益田”，对公益田进行公开招标承包，实行“三田制”），实行土地有偿承包。到1991年年底，全县230个行政村中有53个村12.1万亩土地实行“两田制”，有159个村34.1万亩土地实行“三田制”，有18个村3万亩土地实行单田有偿承包（人均耕地不足1亩的村，实行单田有偿承包责任制形式，即全部为责任田）。1992年，结合社教工作，对79个村的土地承包进行完善。1993年，重点解决东里屯村比较突出的果园承包纠纷，并总结出三条解决纠纷的经验做法：1.完善合同，提高承包费。主要用于解决承包基数明显偏低的果园纠纷。2.终止合同，重新招标。对承包基数明显偏低，而承包方又不同意提高承包费的，动员其退出承包并给予一定补偿，然后重新招标。3.调解无效，依法判决。对承包费明显不合理，群众意见大，多次调解无效的，让发包方依法向法院起诉，由法院判决。

二、稳定农村家庭联产承包责任制

1998年，县委、县政府制定《安平县第二轮土地承包工作实施方案》，并印制《土地承包经营权证书》62000多份，《土地承包合同》20多万份，下发到各乡镇村。第二轮土地承包以延包为主，根据村民意愿适当调整为辅，故第二轮土地承包也称土地延包。1999年，县委、县政府决定，把3月份定为“土地延包工作月”。第二轮土地延包取消“两田制”“三田制”。到年底，全县223个村47.86万亩耕地完成第二轮土地延包工作，分别占总村数和总耕地面积的97%和96.5%。2000年，在深入调研的基础上，完善《安平县第二轮土地承包工作实施方案》；对全县所有土地承包到期的村，一律将承包期顺延30年；原来没有留机动地的村，新一轮承包中不允许留机动地，已留机动地的村，机动地面积要严格控制在本村耕地面积的5%以内。2002年，根据上级文件精神，按照“依法、自愿、有偿”的原则，积极引导农民通过转让、互换、租赁等形式进行土地使用权合理流转。

三、农村税费改革

1991—2001年，安平县农村税费是在征收农业税的同时，向全县农民征收的“三提”“六统”。“三提”是指村级组织提留征收的村干部报酬、“五保”户供养和办公费用；“六统”是指乡镇统筹乡村九年义务教育、计划生育、优抚、民兵训练、乡村道路建设、农村医疗等费用。1997年4月，

安平县被衡水市定为税费制改革试点县。同年，在全县推行公粮制试点工作，农业税征收实行夏季一季结清的办法。2001年，农业税计价主粮由小米改为小麦，收购价格下调，从而减少全县农业税征收任务。2002年，全县开始农村税费改革，农业税与"三提""六统"同时征收的模式改为征收农业税正税和农业税附加，"三提""六统"被固定下来，并以农业税附加的形式向农民征收，同时取消农林特产税。税费改革后，2002年，全县农业税正税和农业税附加任务为2261.4万元，农民人均负担80元，比未实行税费改革前的2001年减少1006.7万元，降幅为31%。农民负担水平在全市最低，受到农民普遍欢迎。

四、农村财务体制改革

1996年6月10日，根据市委、市政府的安排部署，县委办公室、县政府办公室以安办发〔1996〕15号文件形式转发县委农工部、县财政局、县农业局《关于在全县推行农村财务村财乡管的意见》，同时，成立由县委副书记任组长，县纪委书记、主管副县长、人大常委会副主任、政协副主席、财政局长任副组长，农工部长、农业局长、审计局长、人大财经科长为成员的安平县农村财务管理体制改革领导小组。随后，各乡镇也相继成立相应的组织。

1997年，县委、县政府印发《关于村财乡管的实施意见》。1999年10月8日，县委、县政府下发了《关于进一步加强农村财务管理工作的意见》，对村有资金乡代管制度、村级财务收支报账制度以及村有资金由乡政府财政所代管等作出具体的规定，使村财乡管进一步规范化、制度化。至2002年，全县230个行政村全部实现村财乡管。

第二节　企业改革

根据国家的体改政策，安平县经济体制改革自1991年以后，在前一时期企业内部承包的基础上，陆续推行租赁、兼并、分离重组、股份制、股份合作制、破产、拍卖等多种改制形式，使全县企业走出单一国营、集体体制的模式，逐步形成国有、集体、民营等多种所有制形式并存的格局。截至2002年年底，全县共有144家企业进行各种形式的体制改革。

一、拍卖

拍卖亏损、倒闭企业工作于1994年开始。是年，拍卖工业局下属的供销公司和商业局下属的丝网公司。截至2002年12月月底，全县共拍卖企业12家。

二、破产

对已严重资不抵债的企业进行破产工作自1999年开始。是年，对工业局下属的地板砖厂和粮食局下属的食品加工厂进入破产程序。截至2002年12月，共有8家企业进行破产。

三、兼并

由规模较大的企业对经营不善或规模小的企业进行兼并的工作于1996年开始。是年，全县共兼并企业12家。截至2002年12月，全县共兼并企业30家。

四、股份制

对全县的工业企业进行股份制改造的工作从1991年开始。是年，利用外资对县办企业进行股份制改造，由县织网厂与澳大利亚合资成立衡水市第一家中外合资企业——衡水安菲丝网有限公司。同时，民营资本也陆续进入县办企业的股份制改造。截至2002年12月底，全县共有中外合资股份企业和民营股份企业58家，股份制企业成为该县企业最主要的所有制形式。

五、租赁

在1990年内部承包的基础上，1995年，开始对一些企业实行租赁经营。1995年，粮食局中粮宾馆、工业局的二砖厂和商业局的家电门市，首先租赁经营。截至2002年12月月底，全县企业共有22家租赁经营。

六、承包

1993年，工业局的安平县建筑公司、灯具厂实行承包经营。至2002年年底，实行承包经营的企业发展到8家。

七、集团

为有效地扩大企业经营规模，有力地促进全县经济的发展，在企业改制的同时，还积极推行集团化经营。在1989年成立丝网工业集团的基础上，1990年12月组建鬃尾集团，1993年4月组建工业集团和化工集团，1995年2月组建安隆集团，1997年7月组建京安集团，1998年12月组建安基集团。

1991—2002年安平县企业改制情况统计表

表4-1　　　　单位：家

年度	改制企业合计	租赁	承包	集团	股份制	兼并	破产	拍卖
1991	—	—	—	—	—	—	—	—
1992	4	—	—	—	1	—	—	—
1993	7	—	2	2	5	—	—	—
1994	26	—	3	—	20	—	—	2
1995	34	3	1	1	25	—	—	5
1996	26	7	1	—	3	12	—	3
1997	15	5	1	1	1	6	—	2
1998	11	3	—	1	2	4	—	—
1999	9	4	—	—	1	2	2	—
2000	6	—	—	—	—	4	2	—
2001	4	—	—	—	—	2	2	—
2002	2	—	—	—	—	—	2	—
合计	144	22	8	5	58	30	8	12

第三节　流通体制改革

一、商业体制改革

机关体制改革　全县商业管理机关1991年为安平县商业局，1997年改为安平县内贸局，1998年改为安平县贸易局。

根据1997年3月27日全省酒类专卖管理工作会议精神，安平县酒类商品专卖管理机构于1998年1月并到贸易局办公，实行贸易局、糖酒公司双重领导。1998年11月27日，经县政府批准酒类商品专卖管理机构与糖酒公司脱钩，纳入贸易局编制，由贸易局一名副局长兼任酒类商品专卖局局长。1999年4月，根据上级指示精神，专卖局更名为河北省安平县酒类监督管理局，成为贸易局的科室，彻底与企业脱钩，并明确规定“生产管严，批发管住，零售搞活，重点打假”的基本职能。

畜禽屠宰管理办公室于1999年6月与企业脱钩，纳入贸易局行政执法编制。

企业体制改革　安平县商业重大改革是在1985年开始。1987年10月，国有商业实行第一轮承包，期限为1988年1月1日至1990年12月31日，以“包死基数，确保上缴，超额提成，亏损自负”

为经营承包的基本原则。1991年，推行第二轮承包。措施：以经营承包为中心，实行优化劳动组合、全员合同制管理、风险金抵押、经济效益与工资总额挂钩四配套和用工、工资、物价、进货四放开，个体户可直接到厂家或二级批发站进货，故三级批发站经营惨淡，一些职工下岗，致使二轮承包没有收到预期效果。商业改革前，利润全部上缴国家，企业没有自有流动资金，全部靠银行贷款核定指标。到1993年，大部分企业与县工商银行脱钩，工商银行不再分配核定企业贷款指标。金融政策的改革与调节，使国有商业企业只能在原有的基础上盘活存量资产，吸收职工入股，维持生存。1993年2月，糖酒公司停业、注销。随着改革的不断深入，1994年，国营国有向“国有民营”转变，一些单位相继被兼并、租赁、拍卖、破产。百货公司、第一百货公司、第二百货公司于1998年6月被注销。1998年10月，县人民法院对食品公司实行依法收贷，对县城食品公司院内资产及地皮整体出售，人员分流，单位注销。1999年3月19日，糖酒实业总公司分成两家，即糖酒实业总公司与糖酒有限责任公司。1999年6月11日，市中级人民法院裁定食品加工厂破产还贷，并于2000年8月16日进行拍卖，单位同时注销。2000年12月，县人民法院对堆焊材料厂实行破产拍卖，单位注销。饮食服务公司于2002年3月注销，由房地产开发商开发还贷。茶叶公司于2002年7月3日由购物中心兼并。商贸建筑公司于1997年3月26日成立，2002年年底转制为民营建筑业。

二、粮食流通体制改革

1991年，从事粮油经营的国有粮食企业有21家，分别为县直属库、食品公司、油脂公司、面粉厂、饲料公司、议价公司和东黄城、大子文、南王庄、石干、南王宋、东里屯、毛庄、程油子、南苏村、张寨、刘吉口、大何庄、察罗、城关一粮站、城关二粮站共15个粮站。前述15个粮站中城关一粮站、城关二粮站负担城镇居民口粮供应，其余13个粮站，负担国家定购粮的收购、储存、调拨和平价供应任务。食品公司、面粉厂、饲料公司是国家计划供应原粮，经过加工生产向社会供应成品。1993年，国家取消平价粮油供应，城关一粮站、城关二粮站、食品公司、面粉厂、饲料公司开始面向市场，自负盈亏，根据市场需求确定各自加工经营任务。1998年，国有粮食流通体制进行改革，确定17个单位（直属库、议价公司和黄城、大子文、南王庄、石干、南王宋、东里屯、毛庄、程油子、南苏村、张寨、刘吉口、大何庄、察罗、城关一粮站、二粮站共15个粮站）为国有粮食收储企业，负担国家定购和保护价收购任务，并确定各企业的保留人员和分流人员，全系统从事粮油收储的人员为240人，减员236人，分流172人。至2002年年底基本未变。

三、物资流通体制改革

1991年，物资局成立生产资料市场管理小组，对煤炭、钢材和废旧金属回收实行经营许可证制度，1993年完全放开。物资流通体制于1991年实行计划分配与议购议销并存的“双轨制”，但计划内物资仅占6.1%；1992年，计划内物资减至2.1%；因计划内煤炭太少，燃料公司于1992年取消凭票供煤；1993年，取消计划分配物资。1995年，物资系统所属企业推行股份制，实行全员劳动合同制，废除固定工制度。1991—2002年，物资系统内部实行以销计酬，分组承包，打破原来的档案工资。为实现政企分开，扩大企业自主权，经县政府批准于1992年成立安平县物资集团总公司，与物资局一个机构、两块牌子。

四、供销体制改革

1991年，全县棉花收购站共有20个，原来由油棉厂管理，改为由基层社、油棉厂、棉麻公司分别管理。安平油棉厂管理4个，棉麻公司管理1个，基层社管理15个。1992年，转换经营机制，实行四放开，即经营放开、价格放开、人事用工放开、分配放开，打破原来条块分割、商品分工的经营格局。在价格方面除国家控制的个别商品外，企业有自主定价权；在分配上实行岗位技能工资与档案工资相结合的分配形式；在用工方面，推行全员劳动合同制、管理人员聘任制，进而实行职工风险金与效益挂钩的激励机制。是年，全系统共收风险金112万元。同年9月，开始推行基层社部分流动资产全额抵押承包，到是年年底有17个基层社落实这一改革。1994年，本着“多制并举，因企施策”的原则，大胆探索多种形式的资产经营模式，对县边、农村小社、微亏的基层门店根据情况实行租赁或拍卖；对西会沃村分销站、安平轧花厂、棉麻公司旧址，城关社饭店进行拍卖。1995年，副食品公司所属的家电门市部租赁给职工经营。1996年，安平轧花厂兼并城关棉站；子文棉站长期租赁给个人经营。对部分企业实行股份制嫁接改造分离重组：把角邱轧花厂的石墨轴承厂从轧花厂分离出来，组建成石墨轴承有限公司；把贸易中心的鬃尾厂分离出来，组建成河北省龙润畜产品有限公司；把钢丝厂从土产公司分离出来，成为独立核算单位。1997年，对袁营、西两洼、王胡林基层社实行长期租赁；合金材料厂的轧钢、冶炼分别由江苏人承包。1998年，原农资公司分割成第一、第二、第三农资公司；安平、角邱、刘吉口3个榨油车间分离出来，分别组建成安平油脂厂、第二油脂厂、第三油脂厂；新组建棉花公司、东方拔丝厂、角邱树脂厂。1999年，钢丝厂的拔丝流水作业线由单位职工承包；县社拔丝厂由个人承包。2000年，按照“并社、集中抓服务，盘活资产求发展”的改革思路，撤销石干、台城、后张庄、马店、刘吉口、南苏村共6个基层社，改为农资站，分别由河漕村、大子文、南王庄、城关、大何庄等社兼管；撤销袁营、张寨、程油子3个基层社，组建义门中心供销社。

2001年至2002年年底，加强对现有公司、厂、基层社的监督检查，努力理顺经营机制，在困境中开拓进取。

第二章　宏观调控体制改革

第一节　计划体制改革

1991年，在国民经济和社会发展规划中，逐步减少指令性计划，注重指导性计划和市场调节在经济中的作用；以经济和法律手段，综合运用财政、税收、价格等经济杠杆，宏观调控经济运行，改善市场及投资环境，协调各有关行为主体的利益。是年，安平县执行的指令性计划：粮、棉、油等重要农产品计划定购；工业税、农业税、工商税的上缴；国家和省预算内的基本建设项目；上级下达的人民生活必需的重要商品收购、调拨和国家统一安排的主要进出口商品；高中、职业中学、初中和小学的招生；人口发展速度、人口增长率的控制等。1992年后，市场调节占主导地位，除定购粮外，煤炭、钢材、木材、水泥及其他建材等大都改为市场调节范围。1998年后，市场管理采取“微观搞活、宏观管好”的原则，除关系国民经济全局的重要项目外，其余项目彻底放开。1999年，安平县取消粮食计划定购，改为市场调节。从2000年起，安平县的国民经济计划和社会发展的各项计划，全部采用指导性的参考指标，其目的是促进经济增长方式的转变，提升和优化产业结构，提高全县国民经济的发展质量和综合效益。

第二节　财税体制改革

一、财政体制改革

县级财政体制改革　1991—1992年，县级财政实行“定收定支、收入全留、定额补贴、短收自负、自收自支”的财政管理体制。从1993年起，地区财政局对安平县的定额补助每年递减10%。1994年，国务院颁发《关于实行分税制财政管理体制的决定》，安平县与全国一起实行分税制财政体制，即以1993年为基期年，计算地方上划中央税收净数作为中央返还地方的基数，实行超收部分按75:25分成、中央得大头的财政体制。以后年度顺延。1995年，安平县被列入全省实施财政“自立工程”贫困县，一定三年。1996年，安平县提前一年实现财政“自立”。1997年，实施“一年巩固、两年提高、三年发展”的财政自立规划。1998年，市政府对安平县的财政体制在原“双轨制”的基础上进行适当调整，取消原定额补贴68万元，同时增加上解预算外资金和农业税增收资金100万元。2002年，全国进一步改革和完善分税制财政体制，根据《国务院关于印发所得税收入分享改革方案的通知》，省、市对县实行按税种比例分享的收入划分体制，企业所得税、增值税（25%部分）、个人所得税、营业税都成为与上级财政分享的税种，县级留用比例分别下调。

乡镇财政体制　1991—1993年，县对乡镇实行“统收统支、收支挂钩、超收分成、短收自负、超支不补”的财政体制。1994年，为调动乡镇政府当家理财的积极性，充分发挥乡镇财政的职能作用，县委、县政府重新确定对乡镇实行“定收定支、收支挂钩，超收比例分成、短收自负、超支不补、一定三年、比例增减”的财政管理体制，并对超收乡镇实行“二八分成”的奖励办法，乡镇得大头。1996年乡镇体制改革后，大体维持相同的财政体制。从1998年1月起，乡镇中小学校教师工资上划县级财政统筹统管，统一发放。2002年年底，实行“统收统支，收支控购，短收自负，超支不补”的财政体制。

二、税制改革

从1991年到1994年1月，安平县推行的工商税制实行以流转税和所得税为主体，其他税种相配合的复合税制体系。安平开征的共有16个税种，即产品税、增值税、营业税、建筑税、城镇土地使用税、国营企业所得税、集体企业所得税、私营企业所得税、城乡个体工商业户所得税、个人收入调节税、固定资产投资方向调节税、城市维护建设税、屠宰税、房产税、车船使用税、印花税。1994年1月起，进行新中国成立以后第五次大规模税制改革，全面改革流转税制，实行以比较规范的增值税为主体，消费税、营业税并行，内外统一的流转税制；改革企业所得税制，将过去对国营企业、集体企业和私营企业分别征收的多种所得税合并为统一的企业所得税；改革个人所得税制，将过去对外国人征收的个人所得税、对中国人征收的个人收入调节税和个体工商业户所得税合并为统一的个人所得税；对资源税、特别目的税、财产税、行为税作大幅度的调整，扩大资源税的征收范围，开征土地增值税，取消盐税、奖金税、集市交易税等7个税种，并将屠宰税、筵席税的管理权下放到省级地方政府，新设遗产税和证券交易税（但是一直没有立法开征）。

1994年8月，实行分税制，将税种统一划分为中央税、地方税、中央与地方共享税，并分别制定相互独立的税收制度和税收管理体系。按照财政部和国家税务总局的统一部署，安平县税务局划分为国家税务局和地方税务局。国家税务局将中央税作为征收对象，收入全部上缴中央；地方税务局征收地方税，税收全部纳入县级地方金库。2002年年底，安平县国家税务局征收的税种共6种；地方税应征税（费）共23种，安平县地方税务局开征的共19种；安平县财政局负责征收农业税、农林特产税、耕地占用税和契税共4种。

第三节　金融体制改革

一、监管体制改革

1991年，中国人民银行安平县支行履行中央银行的职能，主要任务是组织实施货币政策和对本县金融实施监督管理。1993年12月，国务院发布《金融体制改革的决定》，人民银行实施金融监管的地位进一步得到明确。1998年，人民银行安平县支行以金融监管为中心，把加强金融监管，整顿金融秩序，防范化解金融风险放在各项工作的首位，加强对金融监管工作的领导，全面落实省行“下管一级、履行职责、上联一级、追究责任”

的金融监管责任制。1999年，人行省级分行撤销，人行安平县支行接受人民银行石家庄中心支行领导。至2002年，人行安平县支行认真贯彻执行各项货币信贷政策，对辖内各金融机构实施有效监督管理，努力维护辖内金融秩序，有力地支持县域经济的发展。

二、转换经营机制改革

1996年，根据《国务院关于农村金融体制改革的决定》，作为国有四大专业银行的中国工商银行安平县支行、中国农业银行安平县支行、中国银行安平县支行、中国建设银行安平县支行改为国有商业银行。同年11月，中国农业发展银行安平县支行成立，行使政策性银行职能，主要经营粮、棉、油专项资金贷款。是年10月，农村信用合作社从农行安平县支行析出，成立安平县农村信用社联合社。1998年8月，县信用联社召开安平县第一届社员代表大会，通过《信用社联合社章程》，选举理事会、监事会。2002年，进一步完善县联社法人治理结构，健全民主管理组织，实行理事长、主任分设，成为职责分明，运转有序，服务高效的组织机构，有力地支持农村、农业、农民的经济发展。

三、金融调控体制改革

1991—1996年，为抑制通货膨胀，安平县金融机构认真执行中央“从紧控制银根”的调控政策，重点抓好系列金融宏观控制措施的落实，努力加强现金管理，从紧控制现金投入，强化现金回笼；各金融机构严格执行13%的存款准备金率；先后4次上调、2次下调金融机构存、贷款利率，适时地调节货币供应量及其结构，实现经济的“软着陆”。1997年下半年，由于受亚洲金融危机的影响，加之国内因素的双重作用，导致全国经济投资需求和消费需求严重不足，出现通货紧缩的趋势。安平县各金融机构认真落实央行推出的“稳健”的货币政策，逐年增加货币的净投放量。2002年，全县货币净投放额达87035万元，比1996年的29392.5万元增加57642.5万元，增加了196.1%。逐年加大信贷投入，至2002年，全县贷款余额为154540万元，比1996年的86044万元增加68496万元，增加79.6%。从1996年5月1日起至2002年，先后共9次下调金融机构存、贷款利率；存款准备金率于1998年3月21日、1999年11月21日分两次下调，调幅从13%下调到6%。通过采取一系列调控措施，进一步促进县域经济结构调整，扩大需求，达到反通货紧缩的目的。

第四节　价格管理体制改革

1991年，根据省物价局冀价综〔1990〕第8号文，调整部分价格政策，其中包括：放宽自行车等七种重要商品的作价办法；扩大服装经营差率，进行放开价格试点；取消对豆浆、豆腐脑价格的毛利率控制；先后调整自来水、液化气、赤砂糖、酱油、面酱及钢材、精矿粉、水泥等价格；对汽车、摩托车配件市场价格实行行业管理；放开服装、搪瓷制品、卷烟价格；重新明确饮食业计价办法，修改酒类作价办法，制定旅馆、招待所收费标准等；发布第一批取消的收费项目，取消9个系统、30个收费项目；根据冀价农字〔1991〕第73号文，对粮油统销价格进行调整。

1992年，在价格管理上采取以放为主，一步到位，放管结合的价格管理方法，对770种（类）商品价格一步放到企业；根据冀价轻字〔1992〕第160号文，放开棉布、丝绸、彩电、玻璃等省管商品价格，由企业根据市场情况灵活定价；根据国家物价局〔1992〕价农字429号文，对糖料和食糖价格进行政策性调整；对国家管理的重要生产、生活必需品价格以及行政事业性收费仍进行严格管理和控制。

1993年，放开粮食统销价格和煤炭、钢铁、生产材料价格，提高石油价格，控制粮食和棉花的收购价格。

1994年2月，发布第二批取消的收费项目。

1996年，完成食盐、钢铁产品、农村电价、粮食定购和定量供应粮食、农药、化肥及邮政电信、自来水共8项重大价格调整和改革任务，顺利完成新旧管理政策的前后衔接；按照物价分级管理的原则，对农业生产资料公司专营的化肥价格坚持批次批价和二级审批制，保持农资价格的稳定；对农村电价坚持调查与审批相结合，规范与检查相联系的工作方法，调控农村照明和水利用电价格，每千瓦时调控在0.45元以内；医疗方面出台三项医疗项目服务收费管理暂行办法。是年，全县社会消费品中，国家定价部分仅仅保留10%左右，其余均为市场调节。

1997年，完成邮电资费、医疗收费、柴油价、电价、重要药品价、中小学学杂费、幼儿园入托费，中专和职教学费、电大学费等多项价格的调整。

1999年，对国家、省、市统一部署的邮电、成品油等价格改革项目及时进行调整和落实；适度调整了居民生活用水和工业用水价格；放开化肥零售价格。

2000年，按照国家、省、市统一部署，改革中药材及饮片作价办法，降低263个品种、564种规格的药品价格；对石油价格进行9次调整；对涉及公安、交通等7个部门的13项收费予以取消；降低工商、土地、税务等14个部门的10项收费，免去水、电、通信部门的过户手续费。

第三章　政治体制改革

第一节　民主制度建设

一、完善人民代表大会制度

1. 完善人大常委会议事制度

1991年以来，县人大常委会议事制度逐步完善。1998年，进一步修订《安平县人大常委会议事规则》，对常委会会议内容、会议召开、会议程序、常委会组成人员职责、审议意见落实等进行细化。1999年，为便于发现深层次问题，增强监督的针对性，出台县人大常委会《关于建立专家智囊团的决定》，根据该决定按行业性质聘请对口专业人士组成智囊团，参与常委会的调查、审议、决策等事项；为拓宽群众参政议政渠道，增强人大常委会工作透明度，出台《公民旁听人大常委会会议试行办法》。

2. 完善人大监督制度

完善工作监督制度　1998年，安平县人大常委会作出《关于依法治县的决议》《关于防止大气污染、治理烟囱冒黑烟的决议》《县人大常委会与“一府两院”加强联系的暂行办法》。1999年，针对村提留乡统筹费征收难且管理不规范的问题，作出《关于进一步加强村提留乡统筹费征收管理的决议》，对农民依法行使权利、依法履行义务和乡村依法征收、依法使用、依法管理都做出了明确规定；出台《安平县人大常委会关于加强财政监督的意见》，除在每年召开的人民代表大会上审议上年度计划、预算报告外，县人大常委会按照监督法要求，每年第三季度还要听取县政府上半年计划、预算执行情况的报告，批准上年度财政决算，预算监督逐步由程序性向实质性转变。2000年，为使广大群众改变陈习陋俗，自觉实行火葬，平坟扩耕，丧事简办，出台《关于深化殡葬改革的决议》，为营造经济社会快速健康发展的环境，规范行为，出台《关于切实减轻企业负担、强化服务，优化企业发展环境的决定》《关于城市建设管理现行规定》。

完善法律监督制度　1995年，安平县人大常委会制定出台《“两错”(错案和执法过错)责任追究制暂行办法》，在搞试点和多方征求意见的基础上，于年底召开专题工作会议，迅速在全县推开。每年评选出执法先进集体和模范执法工作者，召开表彰大会，激励先进，鞭策落后，取得了明显成效。1998年，制定《关于对司法机关工作实施监督的暂行办法》，进一步明确司法监督的内容、方式、程序及责任。1999年，为使“两错”责任追究制同个案监督紧密结合起来，出台《安平县人大常委会实施个案监督办法》。该办法的有效施行，使部分错判、误判和处理不当案件得以纠正，维护法律的严肃性和权威性。

完善人事监督制度 1998年，修订细化《安平县人大常委会人事任免办法》，拟任命干部必须“过三关”（民意调查关、法律考试关、供职报告关）方可提交人大常委会表决任命；为加强任后监督，出台《关于述职评议的暂行办法》，组织人大代表对县“一府两院”被任命的干部进行述职评议，按“满意、基本满意、不满意”三个档次填写评议票，进一步增强被任命人员的使命感和责任感，有效解决“重任命、轻监督”的现象。

完善人大代表工作制度 1995年，出台《人大代表议政日活动暂行规定》，更好地发挥人大代表在闭会期间的作用。1998年，修订《县人大常委会同县人大代表加强联系的办法》。办法规定：人大常委会要专访代表，倾听呼声，邀请代表列席人大重要会议，参与重大活动；及时向代表通报全县重大事项、重点工作，努力为代表知情知政、参政议政创造条件。同年，修订《代表建议、批评和意见提出及办理办法》，进一步明确建议意见的提出、审理、交办、督办等内容。每年下半年，常委会议都要专题听取县政府关于代表建议办理情况的汇报，邀请提建议的代表与承办单位面对面交流意见，督促整改落实，力求代表满意。

完善村民自治制度 1998年，出台《村民代表会规则》，建立村民代表会，开展村民代表议事活动。并指导各村制定《村民自治章程》，从而使基层民主政治建设提高到一个新的水平。

二、完善政治协商制度

随着社会主义政治文明建设的不断深入，人民政协在推动社会主义各项事业发展中发挥的作用越来越明显。县政协不断探索履职方式，切实提高政治协商质量，加大民主监督力度，充分履行政协职能。1991—2002年，先后制定和完善做好政协工作的一系列规章制度，不断推进政协工作的制度化、规范化。

1992年5月，根据全国政协和省政协《提案工作条例》精神，经县政协常委会议研究，制定《安平县政协提案工作条例》。

1996年4月，为进一步加强政协机关工作规范化管理，保证机关的正常化、制度化，更好地发挥政协职能，制定《政协安平县委员会规章制度》。

1998年3月，县政协常委会议研究制定《提案工作委员会、经济工作委员会、祖国统一联谊委员会、文史资料委员会的工作简则》，就相关职权、任务、履职形式等作出具体规定，使工作进一步规范化。

1999年10月，研究制定《乡政协联络组工作简则》，对乡政协联络组的人员组成、主要职责、工作制度提出具体要求。

三、建立政务公开制度

1999年开始，按照县委、县政府的安排部署，在县直各部门、各社会服务单位和8个乡镇实行政务公开，公开内容涉及政务公开领导小组名单、财务收支、政务开展情况、计划生育和举报电话等内容；公开方法是利用意见箱、公开栏、新闻媒体自觉接受群众监督；全县政务公开工作由劳动人事局负责。2001年6月，县委、县政府两办印发《关于进一步深化和完善政务公开制度的实施意见》，按照“抓巩固、抓规范、抓深化、抓延伸”的原则，从政务公开的主要内容，政务公开的形式、时间、程序，政务公开的监督及组织领导等方面进行规范和完善；绝大多数的单位和部门还从人大、政协和离退休干部中聘请社会监督员，成立政务公开监督小组，有力地促进政务公开的落实，保证政务公开的真实性、实效性。至2002年，县直各部门、各社会服务单位和8个乡镇都普遍建立比较规范的公开栏，其中达到“五规范、一满意（公开时间、公开内容、公开程序、公开阵地、公开管理五规范；公开的结果要达到群众满意）”标准的占95%，政务公开取得了明显效果。

四、建立村务公开制度

按照县委、县政府的安排部署，从1996年起，全县230个行政村全面实行村务公开。公开内容涉及村农业税的收缴及减免、宅基地发放、各业承包、救灾救济款物的发放、公益事业建设承包、婚姻登记、批准生育、享受补贴的干部及标准、干部目标责任，以及群众关心的其他事项等。村务公开档案实行县、乡、村三级管理，每季度首月10日前上墙公开，并由县纪检会负责检查、督促和落实。2000年，县委印发《关于进一步做好乡村两级公开工作的实施意见》。2002年，以村务公开"五规范、一满意"为重点，进一步强化村务公开阵地建设，全县村务公开实现制度化、规范化。

五、建立民主议政日制度

根据《河北省村级民主管理条例》的规定，安平县从1999年1月20日起，在全县230个行政村统一开展"民主议政日"活动，并决定每年的1月20日和7月20日为全县统一开展"民主议政日"的时间。民主议政日涉及内容包括半年村务工作报告和半年村务收支情况报告。通过民主议政日活动可广泛听取村民意见，接受村民的监督，提高村民参政议政意识。从1999年至2002年，全县共开展民主议政日活动8次，从而进一步密切党群干群关系，确保农村社会稳定，促进农村经济的发展。

六、村民委员会选举

1991年前，安平县村民委员会换届选举进行过1次(1988年)，之后，又先后分别于1991年、1994年、1997年、2000年进行4次村委会换届选举。换届选举严格按照《中华人民共和国村民委员会组织法(试行)》《中华人民共和国村民委员会组织法》《中华人民共和国村民委员会选举办法》以及《河北省村民委员会选举办法》规定执行。

改革候选人推选方法 1991年、1994年、1997年举行的3届村民委员会候选人提名时操作比较简单，可由村民小组民主推荐，也可由上届村民委员会、党组织提名或村民自荐。2000年举行的村民委员会换届候选人的提名，根据1998年11月重新修订的《村民委员会组织法》要求，村民委员会候选人由本村选民直接提名。直接提名的方式有两种：一是召开村民会议进行投票；二是召开村民小组会议进行投票。不能用组织提名代替村民提名，保证村民的直接提名权。

改革选举方法 1991年、1994年、1997年举行的3届村委会换届选举中，在人口较多、居住分散的村，经多数村民同意也可以召开村民代表会议进行。2000年举行的村委会换届选举，一般召开选举大会集中投票，人口较多或分散的，可设中心投票站，选民可在规定的时间内到指定的投票站投票。

第二节 党政机构改革

一、1996年机构改革

1996年11月，根据转变职能、理顺关系和精简、统一、效能的原则，按照衡水市委、市政府的安排部署，安平县委、县政府进行党政机构改革。改革后，共设党政群工作机构39个，其中，县委工作部门6个，派出机构1个，(另挂靠机构1个)，直属事业机构1个；县政府工作部门25个，(另挂靠机构2个)，直属事业机构6个；县纪委1个；群团机构6个。挂靠机构不占党政工作机构数额。

1. 县委

工作部门：办公室、组织部、宣传部、统战部、农村工作部、政法委员会。

派出机构：县直机关工作委员会。

挂靠机构：信访局(为县委、县政府工作机构，挂靠县委办公室)。

直属事业机构：党校。

部门管理机构：县委对外宣传局和精神文明建设委员会办公室由宣传部负责；干部考核办公室、老干部局由组织部管理；保密局由县委办公室管理，研究室、督查室、机要局由县委办公室负责，党史办公室并入县委办公室；对台办公室由统战部负责；社会治安综合治理办公室由政法委负责。

民兵训练基地为县委事业单位。

2. 县政府

工作部门：办公室、计划局、统计局、经济贸易局、农业局、水利局、教育局、文化体育局、科学技术局、公安局、民政局、劳动人事局、财政局、卫生局、计划生育局、审计局、监察局、司法局、质量技术监督局、物价局、工商行政管理局、交通局、建设局、土地管理局、乡镇企业局。

挂靠机构：机构编制委员会办公室是机构编制委员会的常设机构，既是县委的机构，也是政府的机构，挂靠劳动人事局；对外开放办公室（招商局）挂靠县政府办公室。

直属事业机构：广播电视局、农业开发办公室、粮食局、环境保护局、林业局、档案局。

机构的调整变化：撤销文教委、体育运动委员会，成立教育局和文化体育局。

计划委员会、经济贸易委员会、科学技术委员会、计划生育委员会分别更名为计划局、经济贸易局、科学技术局、计划生育局。

经济体制改革办公室、经济协作办公室由政府办公室管理。

物价局实行局所合一，挂局、所两个牌子。

档案局实行局、馆合一，为县委、县政府工作机构，由县政府管理。

成立预算资金管理局（事业机构，由财政局管理）和国有资产管理局（由财政局管理）。

农机局、畜牧局为政府系统事业单位；房产管理局与开发区管理委员会同属局级事业单位，实行企业化管理。

督查室、外事办、研究室工作由政府办公室负责；安委会、老龄、军转工作由劳动人事局负责；农业区划工作由计划局负责；三查办工作由财政局负责；地震工作由科技局负责；红十字会、爱卫会工作由卫生局负责；计生协会工作由计生局负责；个体协会、消费者协会工作由工商局负责；地矿工作由土地局负责，挂地矿局的牌子；人口调查队由统计局管理，使用事业编制。

撤销工业局，设工业集团总公司（保留二轻工业联社）；撤销商业局，设内贸总公司，挂内贸局的牌子；设外贸总公司，保留外贸局的牌子；设物资总公司，保留物资局的牌子；设电力总公司，保留电力局的牌子；县联社（监事会、理事会）、丝网集团总公司、鬃尾集团总公司、化工集团总公司、安隆集团总公司体制不变。

3. 县纪委

县纪律检查委员会与监察局合署办公。

廉政办公室由纪检会负责。

4. 群众团体

工作机构：总工会、共青团、妇女联合会、科学技术协会、工商业联合会、残疾人联合会（由民政局代管改为县人民政府领导联系，业务上接受有关部门对口指导）。

5. 人员编制、领导指数

全县党政群机关人员编制按照衡水市下达的行政编制450个总额分配。党政机关各工作部门的领导职数按正职1人，副职2～3人配备，全县部门领导职数总额控制在144个以内。

二、2002年机构改革

2002年7月，根据转变政府职能，实现政企、政事、政社分开，理顺各方面的关系，降低行政成本，减轻财政负担，提高工作效率，建立廉洁高效、运转协调、行为规范的管理体制的原则，经市委、市政府批准，安平县委、县政府进行党政机构改革。改革后，党政工作部门共设29个，其中县委工作部门8个，部门管理机构2个，直属事业机构1个；县政府工作部门21个，议事协调机构的办事机构3个，直属事业机构8个。

1. 县委

工作机构：县委办公室、组织部、宣传部、统战部、政法委员会（与社会治安综合治理委员会办公室合署办公）、县直机关工作委员会。

部门管理机构：信访局由县委办公室、县政府办公室管理，以县委办公室管理为主。老干部局由组织部管理。

直属事业单位——党校。

机构的调整变化：农工部更名为农村工作委员会（政府农业委员会与其一个机构，两块牌子）。

撤销干部考核委员会办公室，职能交由组织

部等有关部门承担。

台湾工作办公室设在统战部门，对外保留名称；机要局、保密委员会办公室（保密局）设在县委办公室，对外保留名称；精神文明办、外宣局（政府新闻办公室）设在宣传部内，对外保留名称。国防教育办公室设在人武部，业务工作由宣传部门和人武部共同管理。

处理法轮功问题领导小组办公室（政府防范和处理邪教问题办公室），设在县委办公室内。

民兵训练基地为县委事业单位。

工会、共青团、妇女联合会、科学技术协会、工商联合会均为群众团体，其中工会、共青团、妇女联合会使用行政编制，科协、工商联使用事业编制。

2. 县纪律检察委员会

县纪律检察委员会与监察局合署办公。

3. 县政府

工作部门：政府办公室、计划局、经济发展局、教育局、科学技术局、公安局、监察局、民政局、司法局、财政局、人事劳动和社会保障局、卫生局、计划生育局、交通局、建设局、国土资源局、农业局、水务局、审计局、环境保护局、统计局。

议事协调机构的办事机构：经济体制改革办公室、机构编制委员会办公室、人民防空办公室。

直属事业机构：广播电视局、乡镇企业局、林业局、物价局、粮食局、档案局、农业开发办公室、开放办。

机构的调整变化：经济贸易局更名为经济发展局。撤销国有资产局、预算外资金管理局，其职能并入财政局。土地局更名为国土资源局；撤销开发区管委会，其行政职能并入国土资源局。外贸行政职能由经济发展局承担。法制办公室设在政府办公室内。环境保护局由原直属事业机构调整为政府工作部门；开放办公室改为政府直属事业机构；物价局、乡镇企业局由原政府工作部门改为政府直属事业机构。畜牧局、协作办、农机局、文体局、丝网大世界管委会、残联、房管局、城管办为政府系统事业单位。在劳动人事局基础上，组建人事劳动和社会保障局。经济体制改革委员会为县政府议事协调机构，县政府经济体制改革办公室为其常设办事机构；机构编制委员会办公室是机构编制委员会的常设办事机构，既是党委的工作机构，又是政府的工作机构；人民防空办公室为国防动员委员会的常设办事机构，也是政府人民防空工作主管部门。

县党政机关各工作部门称部、委、办、局，为科级；部门管理机构为副科级。

工业集团总公司、内贸总公司、外贸总公司、物资总公司、电力总公司、县社（监事会、理事会）、丝网集团总公司、鬃尾集团总公司、化工集团总公司、安隆集团总公司为局级企业单位。

4. 人员编制

核定县级机关行政编制350人，公、检、法、司专项编制287人（含地方编制15人），乡镇行政编制293人；继续保留的行使行政职能的直属事业机构人员编制88人，乡镇事业单位人员编制按20%精简。

改革后，提前离岗390人，其中在职局级干部91人，股级干部17人，一般干部40人，工人37人，自愿申请离岗17人，已退二线188人。

5. 领导职数

党政机关各工作部门的领导职数一般按2～3名配备。工作部门内设股室领导职数要根据股室人员编制确定，5人以下按1名配备，5人以上（含5人）的可按2名配备。

第三节 事业单位改革

一、实行聘任制

安平县部分事业单位在1994年开始实行聘任制，对各类专业技术人员实行评聘分离。1997年，开始对机关事业单位工人培训，重点是初级、中级、高级三级工人的技术达标培训和晋级培训。培训内容是与所在岗位相关的专业技术知识。培训结束后进行考试或考核，成绩及格者发给相应的专业证书，并晋升相应的技术等级。

二、职称改革

安平县职称评定工作于1985年开始，由县科学技术委员会管理。1991年至1992年12月，专业技术职务评定工作实行"评聘合一"的管理模式。1992年起，经济、会计、审计、统计专业实行全国统考，统一发证。1993年实行评聘分离。1994年10月，职称评定工作移交劳动人事局管理。事业单位专业技术职务评定，实行结构比例和总量控制相结合的"双控制"办法。根据不同系列、不同类型、不同层次，对结构比例核实核准，以合理、适度的原则，审核、控制各级职务专业技术人员占总人数的比例，达到比例限额的实行空岗补缺，超过比例限额的逐年递减。2000年起，专业技术职务评审开始加试计算机应用。2002年，全县开展了11个系列的专业技术职称评定，评聘各类技术人员484人。1991—2002年，全县共评聘各类技术人员5300人，其中，高级职称119人、中级职称1051人、初级职称4130人。

第四节　人事制度改革

一、干部选拔任用制度改革

1991年3月，县成立考核录用干部领导小组，明确录用干部的主要对象和条件。对单位领导的任用，县委、县政府改变过去调任的办法，对部分副科级领导的任用采取面向全县干部和大专以上毕业生公开选拔，经过个人报名、发表任职演说、群众代表评议、组织考核4个步骤，竞争上岗。对一般干部的选拔录用按照"公开、平等、竞争、择优"的原则，经过报名、笔试、面试、考核，从五大（电大、职大、业大、函大、夜大）毕业生和在经济建设中为安平做出突出贡献的人员中择优选拔录用。到2002年，全县共选拔录用干部239人到乡镇和县直机关工作；有20多个单位和乡镇先后通过竞争确定部分副科级以上领导干部。

二、实行公务员制度

1996年12月，全县开始推行国家公务员制度。各级政府组成人员，政府机关中从事党务社团组织的专职工作人员，使用事业编制行使国家行政职能从事行政管理活动的单位工作人员，除工勤人员外，经过学习培训，取得省公务员培训合格证。在单位编制数额内，对考核合格人员择优过渡为国家公务员。到2002年年底，全县推行公务员制度的单位有28个，公务员总数598人。在党群、人大、政协及部分社会团体中，参照实行人员38人。

三、用工制度改革

1991年，全县共有固定职工545人，合同制工人397人，其中女性196人；临时职工328人；计划外用工279人。1991年，在全民企业中打破干部、工人界限，实行全员劳动合同制。1994年，县劳动部门不再下达企业招工计划和办理招工手续，全民和集体企业均可根据生产经营情况自定招工计划和职工条件，自行或委托劳务市场办理招工事宜，劳动部门只负责进行合同鉴证；同时规定县内企业工人流动，劳动部门不再办理调转手续。企业可开办厂内劳务市场，使富余人员竞争上岗；可以每季度辞退不超过2%的职工，使其进入社会待业。劳动部门不再控制企业工资，由企业自主确定分配制度和分配形式；实行工资总额同经济效益挂钩的企业，可将全部工资纳入挂钩范围。企业必须依法参加社会保险，为职工缴纳社会保险费。各种所有制性质的企业和各种身份的职工，都必须签订劳动合同；不同身份的职工可以在不同所有制企业之间自由流动。1995年，私营企业、个体工商户开始招用劳动合同制工人。用工制度已趋向于多元化、合同化。到2002年年底，全县共有职工14237人，其中国有企业职工和机关事业单位工人12844人，集体职工1393人。

第四章 社会保障制度改革

第一节 职工养老保险制度改革

1981年，安平县开始实行企业职工养老保险制度，参保范围是国有集体企业合同制职工。1991年，国务院发布《关于企业职工养老保险制度改革的决定》，规定养老保险费用由国家、企业和个人共同负担。并且明确规定养老保险费实行社会统筹，先由市县级统筹再逐步过渡到省级统筹。按照国家、省、市的安排，1992年，安平县职工养老保险扩大到国有、集体企业全部职工，全县国有、集体企业全部实现县级社会化统筹。随着社会保险事业的发展，1995年，相继开展机关事业单位养老保险。1996年，再次扩大到股份制企业、三资企业、私营企业的全部职工。1999年5月，启动全县差额拨款、自收自支事业单位工作人员养老保险工作，机关、全额拨款单位的合同制工人纳入机关、事业单位养老保险统筹范围。2002年7月以前，基本养老保险费由安平县社会保险事业管理所负责征收，2002年7月起，基本养老保险费改由地税部门负责征收。到2002年年底，全县参保人数共10590人，其中事业单位职工6240人，企业职工4350人。享受职工养老保险的离退休人员达到2618人，其中事业单位职工675人，企业单位职工1943人。

第二节 失业保险制度改革

失业保险实行属地管理，凡在安平县境内的各级各类单位，均在安平县人事劳动局劳动服务公司失业保险所就近进行失业保险登记，并缴纳失业保险费。1991年起，失业保险费征收只在国营企业中实施，1995年起，扩展到集体企业。2000年8月，事业单位职工全部纳入参保范围。2002年7月前，失业保险费由劳动服务公司失业保险所负责征收，2002年7月起改由地税部门负责征缴。

第三节 公费医疗制度改革

1991年，在保证干部职工有病就医的前提下，全县的公费医疗一直执行门诊费用包干到单位统一使用，节余归单位，超支不补，并与个人利益相挂钩的方法；住院费用由财政和卫生两个部门统一管理。

为加强对离休干部和二等乙级以上伤残军人医疗及其费用的管理，1994年，成立安平县离休干部和二等乙级以上伤残军人门诊部。离休干部和二等乙级以上伤残军人可就近就医，在门诊部免费取药，医疗费实报实销。既解决老干部看病难药费报销难的问题，同时又节减开支、堵塞漏洞。财政部部长刘仲藜到门诊部调研并给予充分肯定。该举在部分省、市得到推广，收到良好社会经济效益。

1995年3月，对公教人员药费实行按工龄分档，药费包干，超支不补，节余自用的办法，即工龄在40年(含40年)以上者每人每月8元；30至39年工龄者每人每月7元；20至29年者每人每月6元；10至19年者每人每月5元；工龄在9年以下者每人每月4元；退休人员每人每月8元。该举控制药费总额，但造成有的大病号不能及时诊疗的后果。为了解决该问题，从1995年7月起，对公教人员包括退休人员的医疗费在年度包干的基础上，对特重大病患者药费超支的问题，由所在单位提出申请，经县长办公会研究同意后予以解决。

为彻底解决企业离休干部医药费长期拖欠的问题，从2002年1月1日开始，企业离休干部的医药费由原来企业管理改为企业、财政共同管理；凡有离休老干部的企业部门按实有老干部人数，以每人每年500元计算，于每年的1月5日以前将合计金额上交县财政局，作为企业离休老干部医药费管理基金。实行新办法后，企业离休干部由社会保险所就医取药改为到县财政局老干门诊部就医取药。

第四节　最低生活保障制度改革

1998年7月，安平县启动最低生活保障制度。1998—2000年，城镇居民最低生活保障标准为110元/人•月，自2001年起，最低生活保障标准提高到130元/人•月；农村居民最低生活保障标准为500元/人•年。1998年，居民最低生活保障对象232户、417人，共发放保障金3355元(其中，城镇居民2户、7人、1305元；农村居民230户、410人、2050元）。到2002年年底，增加到1388户、2788人，发放保障金79.846万元(其中，城镇548户、1096人、79万元；农村840户、1692人、0.846万元）。

第五节 城镇住房制度改革

1991年至1996年5月，安平县住房制度改革由安平县财政局负责；1996年6月，移交到房地产管理局，在房地产管理局设立安平县住房制度改革办公室，由改革办公室负责全县的住房制度改革工作。1996年，全县县城共有县直接管理的公有住房1716.07平方米，部门自管公有住房37546.1平方米。

按照中央及省市关于加快住房制度改革的指示精神，结合安平县实际，县房改办于1996年初步制定安平县的房改政策：一是停止住房实物分配，逐步实行住房分配货币化，建立住房公积金制度和住房补贴发放制度；二是加大集资建房管理力度，以成本价出售公房。

1998年3月，县人民政府发布《关于建立住房公积金制度的通知》，明确住房公积金是一种长期性的住房储金，全县所有行政和企事业单位及其职工均应按照“个人存储、单位资助、统一管理、专项使用”的原则交纳住房公积金。同年7月，县政府发布《关于加强集资建房管理的通知》，明确规定今后集资建房要符合国家的有关规定，不得超面积建房等有关规定。

1998年，安平县干休所865平方米住房按成本价出售给离退休军转干部。同年，邮政局、电信局、城市信用社、信用联社4个单位、184人开始交纳住房公积金，1999年农业发展银行22人，2000年电力局353人，2002年建设银行、人民银行及烟草公司3个单位、139人也相继开始交纳住房公积金。到2002年年底，全县共有9个单位的698名职工参加住房公积金的交纳。

第五章　社会事业体制改革

第一节　教育体制改革

一、学校布局改革

小学　1991年，全县共有小学228所，其中农村小学226所，县直小学2所。1997年4月，县委、县政府根据城乡规划、交通条件、居民分布等实际情况，本着“充分利用现有教育资源，充分发挥规模办学效益”的原则，按照“有利于学生就近入学、有利于调动乡村办学积极性、有利于提高教育质量”的要求，实行农村小学合校并点、联合办学、交叉办学，对全县120所小学进行联合，新建中心小学完全小学点44个，是年，全县有小学(包括完全小学)共227所。1999年12月和2001年3月，县委、县政府两办批转安平县教育局《关于切实加强农村小学建设和改革的意见》。2002年年底，全县共有小学163所，其中农村小学158所，县直小学5所(其中民办2所）。

中学　1991年，全县共有普通中学22所，其中高中1所(安中),初中21所(后庄中学、乡中20所);职业中学2所(北郭村农业中学、安平职教中心)。1993年、1994年,育才、光明2所民办中学(初中)先后成立。1996年并乡扩镇后,对部分中学进行了调整,撤并乡镇初中5所。是年,全县共有普通中学19所,其中完全中学2所(安平中学、安平二中),民办初中2所,乡镇初中15所(安平镇、马店镇、南王庄镇、大何庄乡、程油子乡、大子文乡、东黄城乡各2所,西两洼乡1所)。2000年8月,安平中学初中部与安平中学分离,成立安平县第三中学。2001年撤销东黄城乡二中(初中)1所。2002年暑假,撤销安平镇二中、南王庄镇二中、大子文乡二中3所初中。到2002年年末,全县共有普通中学16所,其中高中1所(安中),民办完全中学2所(育才、光明),初中13所(县直2所,乡镇中11所),职业中学2所。

二、学制改革

1991年,全县小学学制一律为五年制。1997年3月,安平县人民政府下发通知,批转教育局《关于小学改制的安排意见》。意见决定1997年暑假开学后新招的小学一年级恢复六年制,使用六年制教材;同时决定城镇一小、二小、三小、北郭村小学继续实行五年制。2001年暑假开学后,城镇一小、二小、三小、北郭村小学新招的小学一年级恢复六年制。到2002年,全县小学学制为五年制、六年制并存,以六年制为主。全县普通中学(初中、高中)自1991年至2002年学制均为三年。北郭村农业中学(初中)1991年至1995年学制为"三加一"四年制,1996年改为三年制。

三、办学体制改革

安平县实行"分级办学、分级管理"的办学体制,即村办、乡镇办、县办。1993年9月,由社会力量投资,兴办起安平县第一所民办普通中学——育才中学。1994年9月,第二所民办普通中学——光明中学开办。1998年,经衡水市教委批准,安平县第二中学由县办改为"公办民助"试点校;启蒙小学、向阳小学等民办学校以及进行学龄前儿童教育的启蒙、童星等民办幼儿园相继创办。

第二节　卫生体制改革

一、医院管理体制改革

安平县人民医院进行大规模改革始自于1988年6月。是年,县医院根据县政府《关于安平县医院实行院长承包责任制的招标方案》,经公开招标、演讲答辩和民主评议,招聘了新院长,实行院长承包制。同时,进行管理体制改革,在人事管理上实行聘任制,业务管理上实行科主任负责制,分配上进行综合考核,实行多劳多得。经过以上改革,县医院的经济效益有较大提高。

1991年,县中医院实行自负盈亏的经营方式。1995年,允许个人社会资金向公立医院投入,中医院实行入股分红的管理方法。社会资金的注入,有力地促进设备的更新和基础设施与就医环境的改善。

同年6月,县卫生局对县医院实行目标管理责任制,调整科室结构,对科室按需设岗、以岗定酬。同时,以工作数量、工作质量、工作效率及社会经济效益指标为重点,制定科室综合目标管理及考核体系,明确科室的责任和任务目标;经民主评议,由院长聘任科主任、护士长,并给予其一定的津贴;改革分配制度,制定综合目标管理双百分(任务目标为100分,质量目标为100分)考核办法,建立"多劳多得、优质多得"的分配机制;每月对科室进行严格的综合目标考核评价,核发奖金,完成目标任务的科室,发放全额工资;超额完成的部分,科室按比例提成,提成额乘以综合考核得分即为奖金;对完不成任务的科室,扣发工资。通过改革,极大地调动广大干部职工的积极性,业务技术能力和服务质量得到显著提高;医院的门诊病人、住院病人成倍增长;2002年业务收入与1995年相比翻两番。

二、乡镇卫生院体制改革

1991年,乡镇卫生院由县卫生局实施行业管理,为卫生局下属事业单位,定编、定岗、定人,参加全县社会保障管理。1994年,乡镇卫生院职工由县卫生局发全额工资。1995—1996年,职工由县发放40%的工资，其余根据各卫生院的效益情况，发放浮动工资。1996—2002年，县卫生局对各乡镇卫生院实行“独立核算、自收自支、自负盈亏”的管理办法。

第六章　市场体系培育

第一节　劳动力市场培育

1987年，随着大批农民工进城务工人数的大量增加，县劳动人事局于1987年根据省、市有关文件，正式成立安平县劳动力市场，位于丝网东街35号，建筑面积660平方米，对外名称为安平县职业介绍所。主要职责负责县内外劳动力交流，管理县内用人单位的用工情况，负责向省外输出劳动力等，主要输出地为北京、天津等地，1991年被省劳动厅评为“劳动力市场先进单位”。自1991年起，县劳动力市场每年举办面向高校毕业生、农村劳动力、下岗失业职工为主要对象的招聘会，开展职业介绍、劳动力交流安置工作，共计召开洽谈会46场，有3276名通过劳动力市场安置工作。

1991—2002年安平县劳动力市场劳动力安置情况统计表

表4-2　　单位：人

年度	通过劳动力市场安置人数	通过招聘会安置人数	合计
1991	87	121	208
1992	102	89	191
1993	94	117	211
1994	64	143	207
1995	67	123	190
1996	87	93	180
1997	113	167	280
1998	69	194	263
1999	77	214	291
2000	123	249	291
2001	141	317	458
2002	129	296	425

第二节 人才市场培育

20世纪90年代中期，随着社会经济发展，大中专毕业生不再实行完全包分配制度。大学生就业实行双向择业。安平县开始探索建立适应社会经济发展的人才流动机制，筹划培育人才市场，使人才市场成为全县市场经济体系的一个重要组成部分。

1995年10月，县劳动人事局成立人才流动服务机构——县人才市场交流中心。该中心为县劳动人事局人事股下设机构，业务范围为人才流动中介服务，办公地点在政府大楼318室。中心同时挂人才市场的牌子，开展毕业生就业指导、人才职业介绍等服务项目。1996年5月，人才市场交流中心在原有业务的基础上增加人事代理、人才培训、人才流动争议调解等服务。

20世纪90年代末期，随着经济建设的飞速发展，人才需求日益扩大，安平县开始建立人才社会化服务体系。服务对象从三资企业、乡镇企业、集体企业扩大到国有企事业单位。择业主体从在职技术人员扩大到大中专毕业生、离退休科技人员、军队转业干部、海外留学回国人员等。服务内容从单纯的人才流动中介扩展到档案寄存、人事代理、党团关系挂靠、出国(境)政审、毕业生推荐、专业技术人员职称评定和档案工资定级、人才培训、人才素质评测、人才流动争议调解、养老保险代办等等。服务范围从县内拓展到县外、省外。为促进毕业生分配制度改革，给毕业生就业创造良好的外部环境，对社会调节部分的应届大中专毕业生和企事业单位，提供毕业生供需信息咨询、就业政策咨询和指导、就业推荐、档案寄存，促进人才和单位“双向选择”机制的形成。

县人才市场交流中心在每年6月，组织县内企业到河北大学、河北建筑工程学院等各大高校招聘人才。1996—2002年，该中心先后8次组织县企业到高校进行招聘活动，为安平县引进103名技术人才。并根据需要在全县不定期举办人才招聘会。2000年3月，与安基公司等县属企业举办招聘人才洽谈会，参加招聘的企业有35家，报名应聘的各类专业技术人员达700多人，达成就业意向近300人。自2000年起，每年定期举行春、秋两季人才招聘会。

第三节 土地市场培育

1990年，安平县人民政府根据冀政〔1990〕76号文件精神，出台《安平县土地管理实施办法》（讨论稿）。实施办法规定：凡以出让方式取得国有土地使用权的，必须依法开发经营使用，并向国家支付土地使用出让金和使用金，同时还规定，凡不是以出让方式取得国有土地使用权的均应纳入土地有偿使用范围，土地使用者必须按规定向政府交纳出让金及土地使用金。安平县按每平方米0.5元的标准交纳土地使用金。

为强化土地管理，1996年3月23日，县政府提出城镇国有土地使用权由县政府垄断，扩大出让范围，土地一级市场应实行招标拍卖的出让方式，减少划拨、协议出让的方式，严格土地转让、出租、抵押程序，搞活土地二级、三级市场，堵住国有土地资产流失的漏洞。

土地使用权出让可以采取拍卖、招标或双方协议三种方式。协议方式出让土地的出让金不得低于国家规定所确定的最低价，一般不得低于基准地价的75%。

为加强市场管理，盘活存量土地，1997年3月，安平县土地管理局成立土地市场交易所，并正式挂牌服务。

1998年，县政府出台《关于将原划拨土地使用权纳入有偿使用轨道的实施办法》。《实施办法》进一步明确出让土地使用权，由县人民政府负责，土地局代表县政府，实行统一规划、统一征用、统一开发、统一管理、统一出让，并以国有土地产权代表的身份，与受让人签订出让合同。土地使用权出让最高年限按用途分为70年、50年和40年三种。

1. 居住用地七十年。

2. 工业用地五十年；教育、科技、文化、卫生、体育用地五十年；综合或者其他用地五十年。

3. 商业、旅游、娱乐用地四十年。

按照冀土管字〔1997〕15号及衡政〔1997〕10号文件精神，根据实际情况，安平县出让金一律按评估地价4万元/亩减去当时划拨费用1万元后的40%征收。

为满足土地市场的要求，严格禁止私自交易，严厉打击土地违法行为，2000年，安平县成立土地储备中心，凡是对划拨地需要转让的按现行地价减去应交纳的出让金，由土地储备中心统一收购，从而进一步加强对土地有形市场的监督和管理。

2001年8月，安平县政府在《关于收取土地出让金标准》的文件中规定：(1)新增非农业建设用地。凡是以长期补偿形式征用土地，每亩交纳土地出让金1万元以上；凡是以一次性补偿征用的土地，按协议、招标、拍卖的形式收取出让金。(2)县城规划圈外，在新土地法实施前的违法占地补办征用手续时，按每亩0.4万元的标准交纳出让金。(3)县城圈内的划拨地出让金收取标准：沿街土地按基准地价的40%收取出让金；不沿街的按商业用地1.6万元/亩、工业用地1.2万元/亩、住宅用地0.8万元/亩收取出让金。(4)城市规划圈内，凡农村住宅补办征地出让手续的每处住宅收取500元出让金。

2001年9月1日，根据《国土资源部关于整顿和规范土地市场秩序的通知》精神，安平县政府印发《重新制定安平县城区土地定级估价报告的实施方案》。按照实施方案的要求，县国土资源局从2002年3月开始，至2002年9月，完成安平县城区11.77平方公里(17719.8亩)的土地定级估价工作，并及时向县政府提交土地评估报告。同时开展基准地价的更新工作。

第四节　文化市场培育

1991年，全县文化市场以国营企业和集体企业为主，私营企业处于萌芽状态，且规模小、档次低。全县文化市场仅有书刊经营点5个(包括新华书店)、印刷企业1个、演出场所2个(县电影院和县礼堂)、歌舞娱乐场所2个、台球厅1个。县内没有单独设立专门管理机构，由县文教局文化股监管文化市场。1996年县文体局成立后，内设文化市场稽查股，文化市场管理逐步走向职能化、系统化和规范化，文化市场的培育也得到加强。经过十几年的培育发展和治理整顿，县文化市场得到不断发展壮大，初步形成一个门类齐全、布局合理、健康有序遍及全县城乡各地的文化市场网络体系。

出版物市场　1991年，以国有企业新华书店为主，另有几家个体流动书摊为补充。新华书店主要发行全国各地出版社的出版物和中小学课本，1991年后开始兼营音像制品。全县的书摊主要在小商店里，经营小人儿书、言情小说和武侠小说、日历牌和挂历。自1992年起全县个体经营书刊、音像制品的书店发展较快。仅县城就有3家音像店，主要经营磁带、录像带，光盘很少。个体书店以启迪书店为主。1994年8月，国务院发布实施《音像制品管理条例》，随后全县音像市场迅猛发展。至2002年，全县有音像制品经销店30家，经营品种有激光视盘、录像带、录音带、唱片等多种。2001年，县新闻出版职能由县文体局稽查股承担，主管县内书刊印刷、发行、销售及反盗版工作。是年，文体局稽查科检查、清理和监管辖区内的印刷企业、出版物市场，全面清理各级各类学习使用的盗版教材、教辅用书，杜绝各类盗版教材和教辅用书进入校园。2002年，文体局采取有效措施清理整顿出版物市场和印刷业，重点检查书店、印刷厂，取缔无证摊点，收缴非法出版物。

印刷复制市场　1991年，全县仅有集体印刷厂1个，私营印刷点2个。1996年年初，根据省委、省政府在全省范围内开展全面清理整顿印刷业的决定，安平县成立清理整顿印刷业办公室，具体负责组织实施。1999年，为加强印刷业管理，维护印刷业经营者的合法权益和社会公共利益，有效打击非法经营活动，县文体局、工商局等主管部门依法行政，加强日常监管，开展印刷行业专项治理整顿，全县印刷经营管理逐步步入法制化、规范化，经营秩序不断改善，非法经营活动逐年减少。

歌舞娱乐市场 1991年，全县有大小卡拉OK厅2个，大小台球厅2个，主要集中在文体局附近。进入2000年，随着电脑、高档电视、手机等新型娱乐设施的普及推广，卡拉OK行业开始萎缩，逐渐退出历史舞台。电子游戏厅盛行于20世纪90年代初期，县城建立持有文化、公安经营手续的电子游戏厅7个。但由于经营带有赌博性质的电子游戏厅项目一本万利，违规违法经营现象时有发生。为此，文化、公安、工商等有关部门开展专项治理行动，规范市场经营秩序，严厉打击非法经营行为。1999年7月，《娱乐场所管理条例》颁布实施，为娱乐市场管理提供法律依据和行为规则。

演出市场 1991年，县电影院和县礼堂以放映电影为主，偶尔承办春节联欢晚会、儿童节联欢会等公益性演出。演出表演团体主要有各机关单位表演组织及乡镇大鼓队。1997年8月，国务院颁布《营业性演出管理条例》，并于10月1日起实施，安平县文体局开始加强对营业性演出的管理。

网络文化市场 2000年开始，在县城兴起。2001年年底，全县有互联网上网服务营业场所10个，2002年增加到15个。为加强网吧等场所管理，规范经营者经营行为，安平县从2002年12月起，在全县范围开展一次网吧市场专项监管治理行动。

第五编　交通 电力 水利 邮电

- 交通运输
- 电力
- 水利
- 邮政
- 电信

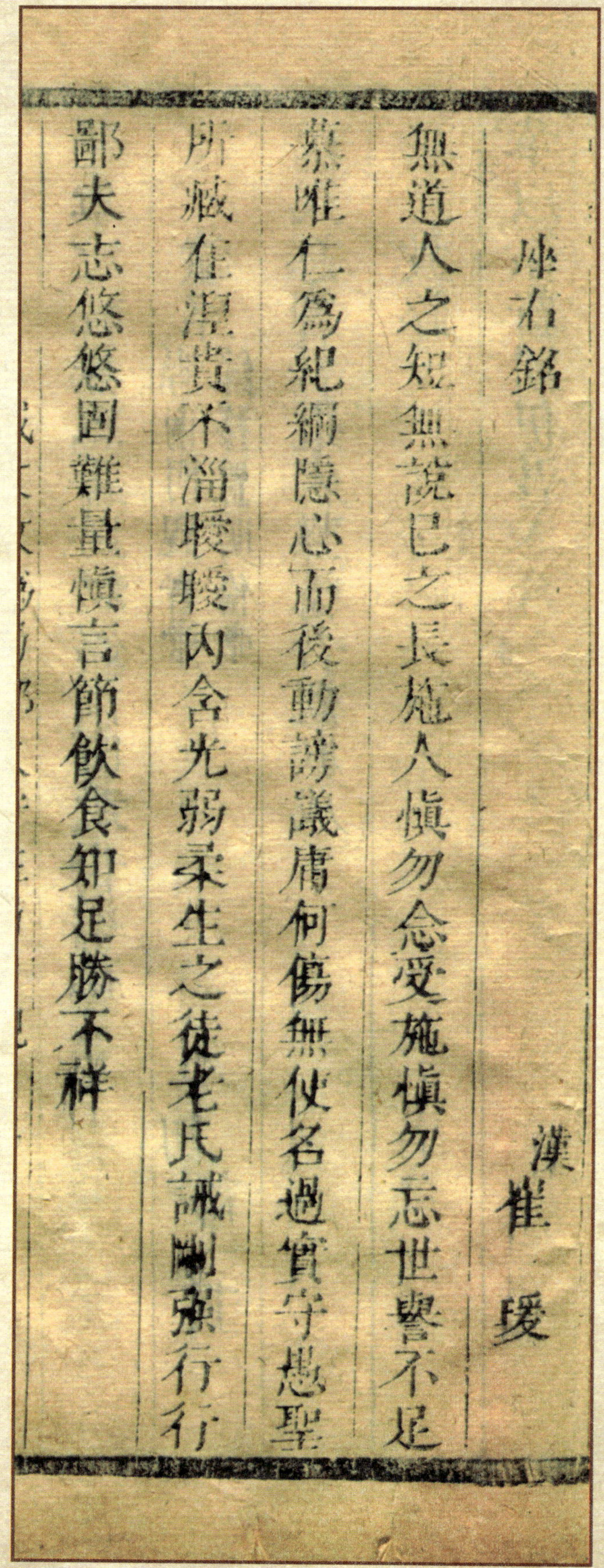
座右銘

漢 崔瑗

無道人之短無說己之長施人慎勿念受施慎勿忘世譽不足慕唯仁為紀綱隱心而後動謗議庸何傷無使名過實守愚聖所臧在涅貴不淄曖曖內含光弱柔生之徒老氏誡剛強行行鄙夫志悠悠固難量慎言節飲食知足勝不祥

康熙二十六年《安平县志》载 崔瑗的《座右铭》

第五编　交通 电力 水利 邮电

1991—2002年，交通、电力、水利、邮电等基础设施建设发展迅速，极大地促进全县经济社会的发展。

全县在12年间累计投资5700万元，对境内路桥进行了拓宽、改建和大中修养护，公路质量不断提高，交通条件不断改善。全县80%以上的村街道路先后实现硬化，省级公路与乡村公路纵横交错，形成了路路相连，村村相通的公路网。运输业随着公路的修建也快速发展。2002年，全县有各类大中型客运汽车3000多辆，货运汽车464辆；货物周转量达到62375万吨公里，比1990年增加24.9倍；客运周转量达到22315万人/公里，比1990年增加3.2倍。

1991年，全县有220kV变电站一座，35kV变电站5座，主变压器7台，容量24650kVA。到2002年，全县110kV变电站增加一座，35kV变电站增加5座，主变压器增加16台，总容量增406900kVA；新建110kV输电线路5.4公里；35kV、10kV、0.4kV输电线路分别达到102.5公里、889.9公里、1901.3公里，比1991年分别增长100.4%、65.2%、150.5%；购售电量增至42213.9万千瓦时和38653.3万千瓦时，均比1991年增长6.2倍。节约用电 、安全用电也成绩显著。

2002年，全县机井发展到5883眼，比1991年增加439眼。其中，100米以内的浅井1970眼，150米以上的深井960眼，分别比1991年减少1909眼和174眼；100～150米的中井2953眼，比1991年增加2522眼。防洪堤坝有滹沱河南北堤和潴龙河南北堤，堤长共77.34公里。水利工程主要是河堤加固。1991—2002年，滹沱河堤防修筑工程完成23项，潴泷河堤防工程完成5项。总投资共计19434.18万元。

2002年，邮政业务总量为6693490件，是1991年的8.3倍；邮政收入6639275元，是1991年的8.8倍。是年，安平邮政在河北省邮政系统开展的创收大户评选活动中在全省排名前60名，在衡水市各市县邮政局经营责任制考核中排名第二。

1994年11月30日，电信设施全部更换为程控装备，人工传接交换机退出历史舞台，全县电话实现市话程控化，传输数字化，农话自动化。1999年、2000年，中国移动和中国联通相继在安平开通移动电话业务。到2002年，市话程控交换机容量达15712门、农话程控交换机容量达44328门，移动电话用户11.2万户、宽带用户113户；有线通信业务收入3157.58万元，是1991年的36.5倍。

第一章　交通运输

1991—2002年，全县累计投资5700万元，对境内路桥进行拓宽、改建及大中修养护等。公路质量不断提高，交通条件不断改善，境内两条省级干线保衡路（原磨保路）、正港路，（原正饶路）由三级公路提升为大二级；乡村水泥混凝土路、沥青路和砖砌路分别由1990年的16公里、67.6公里和35.5公里增加到2002年的72公里、237.6公里和84公里。全县80%以上的村街道先后铺上了沥青、水泥或砖砌路面，形成省级公路与乡村级公路纵横成网、路路相接、村村相通的公路网络。由于交通不断发展，安平的运输事业有了长足进步，据统计，2002年年底，全县共有各类大中小型客运汽车3000多辆，各类货运汽车464辆，农用三轮、四轮、拖拉机24938辆，摩托车、自行车266112辆，分别比1991年增加8.7倍、1.3倍、4.5倍和2.3倍。货物周转量由1990年的2406万吨公里增加到2002年的62375万吨公里，增加24.9倍；旅客周转量由1990年的5323万人公里增加至22315万人公里，增长3.2倍。交通运输业的发展不但方便全县人民的生产生活，而且有力地促进和拉动全县经济的快速发展。

第一节　交通设施

一、公路

1.省干线公路

保衡路　北起保定市，东南至衡水市，途经清苑县、安国市入安平境内马店镇什伍村，南北穿越安平县境的马店镇、大何庄乡、安平镇，从安平镇的前刘营村西进深州至衡水。该路安平段全长24.56公里，宽16米，为大二级公路，沥青结构。保衡路原名磨保路（保定至前磨头），旧时为一条土官道，1980年全部改修为渣沥路面。1981年，更名为保衡路，为三级公路。1993年，投资300万元，对辛营桥以北至与安国市交界处的12.08公里进行拓宽改线，路面由7米拓宽至9米。1994年，对辛营桥以南至与深州交界处的11.5公里路面进行拓宽，路面由7米拓宽到9米，道路级别由三级升为二级。1997年4月，投资700万元，对马店至北郭村桥头的4.2公里进行改线拓宽，路面由9米拓宽到11米。1998年，投资350万元，对城南至与深州交界处的11.5公里路段再次进行拓宽，路面由9米拓宽至15米。1999年，投资600万元，对该路5.4公里易阳车段进行中修拓宽，路面拓宽到16米。2000年，投资600万元，对县城至马店镇的15公里进行中修，该公路由原来的二级路提升为大二级公路。

正港路　西起正定，东至黄骅港，自深泽县马里入安平境内，从本县西两洼乡出境入饶阳县。该公路东西穿越安平县城，境内全长26.4公里，路面宽8米，最宽处达16米，为混凝土渣油路面。

正港路原名正饶路（正定至饶阳），1991—1995年为三级公路。1995—1996年，投资1300万元对该路安平段实施拓宽改造，城东路面由7米拓宽为9米，城西路面由7米拓宽为12米，经有关部门验收提升为二级公路。2000年，该公路延伸至黄骅市港口，故更名为正港路。2002年，投资600万元对安平县城至饶阳县的15公里路段进行大中修改造，部分路面拓宽到16米。

图5-1　宽畅的省干线公路

1991—2002年省干线公路安平段大中修养护投资情况统计表

表5-1　　　　　　　　　　　　　　　　　　　　　　单位：万元

年度	总投资	保衡路			正港路		
		大中修	养护	合计	大中修	养护	合计
1991	90	30	30	60	—	30	30
1992	95	35	30	65	—	30	30
1993	360	300	30	330	—	30	30
1994	116	36	40	76	—	40	40
1995	116	36	40	76	—	40	40
1996	1417	37	40	77	1300	40	1340
1997	790	700	45	745	—	45	45
1998	440	350	45	395	—	45	45
1999	690	600	45	645	—	45	45
2000	690	600	45	645	—	45	45
2001	165	75	45	120	—	45	45
2002	725	35	45	80	600	45	645
合计	5694	2834	480	3314	1900	480	2380

说明：以上资金均来源于省交通厅

2. 县级公路

西铁路　东起深州西浦疃村与保衡路相接，西至深泽铁杆镇。该路自安平野营村东北入境，路经角邱、南王庄，从马江村出境，境内路段全长12.3公里，路面宽3.5米，渣油路面。该路始建于1977年，是安平境内一条最早的专线油面路。该路因途经深州、安平、深泽三个县境域，养护资金难以协调到位，所以年久失修，路面大坑小洼，行走十分不便。

3. 乡级公路

1990年前，境内乡级公路多为土路，只有南王庄、南王宋、东黄城、西两洼、大子文、大何庄、察罗7个乡修起标准较低的油面路。1994年，全县乡级公路基本实现油面化，但路基较差。1996年并乡扩镇后，一些乡级公路养护跟不上，维修不及时，路面严重受损。1999年后，根据省关于乡村级公路建设管养政策规定，各乡镇普遍加强对乡级公路的养护，路面质量有所提高。到2002年，全县有乡级公路22条，全长92.99公里。

图5-2　赏心悦目的农村公路

2002年安平县乡级公路情况一览表

表5-2

公路名称	修建时间	修建前	修建后	路长（公里）	路宽（米）	投资（万元）
滹沱河北大堤公路	2002年5月	油面路	油面路	32.59	5	2533
原胡林乡政府至县城公路	1994年	土路	油面路	2.5	4	15
正港路至原台城乡政府公路	1991年	土路	油面路	1.8	4	14.4
正港路至东黄城乡政府旧址公路	1988年	土路	油面路	1.5	4	11.9
正港路至子文乡政府公路	1990年	土路	油面路	1	4	8
正港路至南王庄镇政府公路	1990年6月	土路	油面路	6.6	4	52
	1996年9月	油路	水泥路			50
正港路至西两洼乡政府公路	1989年	土路	油面路	1.2	4	9.2
正港路至原东里屯乡政府公路	1991年4月	土路	油面路	5.2	4	41
正港路至安平职中公路	1994年	土路	油面路	1.5	4	12
保衡路至原后张庄乡政府公路	1991年	土路	油面路	3	4	24
保衡路至马店镇政府公路	1996年9月	方田土路	水泥路	1.2	20	75
保衡路至大何庄乡政府公路	2000年	土路	水泥路	4.7	4	61.5
北大堤至大何庄乡政府公路	1988年	土路	油面路	2.7	4	18.2
北大堤至原察罗乡政府公路	1985年	土路	油面路	1.3	4	10.4
北大堤至程油子乡政府公路	1991年	土路	油面路	1.5	4	12
北大堤至原张寨乡政府公路	1994年	土路	油面路	6.6	4	52.6
北大堤至西两洼乡政府公路	1997年9月	土路	油面路	4.6	4	46
北大堤至原袁营乡政府公路	1994年	土路	油面路	2.1	4	16
北大堤至原南苏村乡政府公路	1992年	土路	油面路	0.5	4	4
大何庄乡政府至原察罗乡政府公路	1990年	土路	油面路	6.2	4	48.2
南环路至二化公路	1989年	土路	油面路	1.2	4	11
南王庄至南王宋路	1986年	土路	油面路	3.5	4	12
合计	—	—	22条	92.99	—	3137.4

4. 村路村街

1991年年初，农村街、路多为土路面，交通极不方便。随着市场经济的快速发展，人们对“道路通百业兴”的道理认识更加深刻，修路的积极性越来越高。各村大都采取政府补一点，私营企业捐一点，群众集一点的办法筹措修筑道路资金。至2002年年底，全县农村共投资1292.8万元，硬化村级路面134.72公里，投资862.28万元，硬化街道132.28公里，分别占农村道路、街道的60%和90%。

二、桥涵

安平县地处平原，地势平坦，除滹沱河东西

穿越全境、潴龙河沿北部县境穿过外，境内仅有人工挖造的胜利、张岗、京堂南、京堂北四条排水渠，且多年干旱少雨，故修桥设涵很少。1991年年初，境内有省干线公路桥和乡级公路桥22座，涵管14处。到2002年年底，省干线公路桥和乡级公路桥共25座，涵管18处。

1. 省干线公路桥涵

保衡公路1991年年初有桥6座，由于公路改线，到2002年只有桥4座；正港公路1991—2002年有桥2座，涵管1处。

保衡公路滹沱河辛营大桥 位于城北偏西6公里处，1977年10月23日动工修建，1978年11月21日竣工通行，总投资115万元。

该桥长392.6米，桥面净宽7米，全宽9米，上部为钢筋混凝土工字梁微弯板，下部为钢筋混凝土钻孔灌柱桩，共39孔，温度墩3个。桥面中心高程28.525米（黄海），荷载标准汽车15吨，挂车80吨，人群荷载250公斤/平方米，设计洪水位27.1米（黄海），流量3300立方米/秒，防震标准按8度（烈度）设计。

保衡路小白河桥 位于马店村东南保定南69.614公里处。1993年，保衡路辛营桥至安平与安国交界处拓宽改线时修建，桥宽9米，长30.5米，载重20吨。

保衡路大同新板桥 位于大同新村东，保定南88.463公里处，始建于1965年，时桥长11.5米，宽7米，桥孔2个，跨经5米，载重13吨。1998年，保衡路城南段拓宽为15米后，该桥改造为宽15.4米，长12.2米，载重20吨。

保衡路杨马庄板桥 位于杨马庄村西，始建于1965年，长11米，宽7米，载重15吨。2000年保衡路拓宽时，投资20万元，将桥改建成混凝土结构，长12.2米、宽15.4米，载重20吨。

正港路子文板桥 位于大子文西南，正定东81.650公里。始建于1981年，桥宽7米，长15米，载重15吨。1996年正港路城西段拓宽为12米时，将桥改造为宽10.5米，长15米，载重20吨。

正港路黄城板桥 位于东黄城村西南，正定东86.650公里处，始建于1981年，桥长15米，宽7米，载重15吨。1996年正港路城西段拓宽时，将桥改造为长15米，宽12米，载重20吨。

正港路西王庄盖板涵 1981年始建，桩号K91+221，位于丝网大世界南1公里，正定东91.221公里处。管长8米，直径1米。

2002年安平县省干线公路桥涵情况一览表

表5-3

公路	桥名	桩号	地点	孔数	桥长（米）	桥宽（米）	载重（吨）	建筑时间（年）	
								始建	改建
保衡路	辛营大桥	K76+910	南辛营村北	39	392.6	7	15(80)	1978	—
	小白河桥	K69+641	马店村东南	3	30.5	9	20	1993	—
	大同新板桥	K88+095	大同新村东	3	12.2	15.4	20	1965	1998
	杨马庄板桥	K88+490	杨马庄村西	2	12.2	15.4	20	1965	2000
正港路	子文板桥	K81+650	大子文村西南	3	15.0	10.5	20	1981	1996
	黄城板桥	K86+650	东黄城村西南	3	15.0	12	20	1981	1996
	西王庄盖板涵	K91+221	丝网大世界南	管长8米，直径1米				1981	—

2. 乡级公路桥

2002年安平县乡级公路桥情况一览表

表5-4

道路编号	线路名称	桥名	桩号	地点	桥长（米）	桥宽（米）	载重（吨）	建筑时间（年）
Y711131125	保衡路一什伍村	徘徊桥	5.267km	徘徊村西南	20	7	13(15)	1965
Y777131125	西长堤一保衡路	徘徊桥	1.401km	徘徊村东南	12	4	20	1974
Y750131125	马店一南大堤	香管桥	1.172km	香管村北	12	4	20	1972
Y774131125	马庄一保衡路	—	1.958km	柏林村南	—	—	—	—
Y749131125	北大堤一北白沙庄	—	4.04km	秦王庄村南	—	—	—	—
Y749131125	北大堤一北白沙庄	—	4.49km	辛店村西北	—	—	—	—
Y716131125	何庄机站一察罗中学	—	1.54km	何庄砖厂南	—	—	—	—
Y720131125	刘门口一辛店	—	8.141km	南寨村西	—	—	—	—
Y720131125	刘门口一辛店	—	13.547km	辛店村东北	—	—	—	—
Y743131125	孝林-北大堤	—	3.325km	北苏村东北	—	—	—	—
Y725131125	中佐一北大堤	—	1.786km	大豆口村东北	—	—	—	—
Y705131125	南郝村一后赵疃	店子头桥	7.443km	店子头	10	4	20	1995
Y722131125	正港路一中角	伍新村桥	5.428km	伍新村	—	—	—	—
Y726131125	县界一李大转	西大转桥	5.857km	西大转村北	—	—	—	—
Y778131125	前张路一东大转	东大转桥	3.875km	东大转村北	—	—	—	—
Y724131125	西铁路一南王宋	杏贡桥	2.665km	杏贡村南	—	—	—	—
Y760131125	前辛庄一张刘乡	—	3.330km	王刘乡村西北	—	—	—	—
X956131125	西铁线	马江桥	18.875km	马江村	10	4	20	1974
X316131125	温安线	仁义桥	38.365km	南两合程村南	—	—	—	—

三、地方铁路

前磨头至安平地方铁路，修建于1963年12月。该铁路全长51.42公里，总投资365.9万元。1996年，省交通厅地方铁路处决定，将该铁路拆除。

第二节　交通管理

一、公路养护

养护队伍　20世纪90年代初期，乡村公路多是土路，公路养护大都采取出义务工办法，也有一些村找一些农村闲散人员（或称乡村公路养护工）养护，实行定人包路的办法，乡村给予一定报酬。1995年后，乡村公路逐渐由土路改成油面或砖砌路面，一般工程或路边修护、路旁植树、路面砌砖等仍采用义务工的办法。油面路维修和混凝土浇筑则采取乡村出资，由交通局工程技术人员施工的办法。1991—2002年，全县乡村公路养护用义务工82.5万人次，动土近亿方；2002年年底，全县乡村公路养护工有825人。

县交通部门养护队伍主要负责境内干线公路的维修及日常养护和道路改建工程，保证主要干线公路畅通，达到公路环境优化，路容路貌洁、美、绿、畅的目的。1991年，有王各庄、西王庄、子文、杨马庄、城关、刘吉口、马店7个道班，84名养护人员。1994年，取消刘吉口、马店道班，在崔岭村北占地6亩，建房9间，建立崔岭道班，负责保衡路城北路段的日常养护。2001年，撤销西王庄道班、王各庄道班、城关道班、子文道班、杨马庄道班，在郭西村南，占地50亩，投资90万元，建立集人员、沙石料、沥青、机械于一体的城关养护中心，负责正港路、保衡路的日常维修、养护和工程改建。2002年年底，干线公路养护单位有崔岭道班和城关养护中心，养护人员共147人。

1991—2002年安平县交通局公路养护人员情况表

表5-5　　单位：人

年度	养护人员
1991	84
1992	84
1993	90
1994	92
1995	92
1996	112
1997	128
1998	130
1999	132
2000	136
2001	137
2002	147

筑路养护机械　1991年，养护、筑路机械主要有解放牌汽车2辆，大小拖拉机5台，洒布机1台，压路机5台，刮雪机1台。为科学施工、科学养护，适应高质量、高标准、高效率的修路要求，自1992—2002年间，共投资1200万元先后购置新型压路机、发电机组、沥青洒布车、翻斗汽车、摊铺机、装载机、平地机，胶轮压路机，各种实验仪器等，并建起了拌合楼，同时一些较为落后的旧式机械逐渐被淘汰。到2002年年底，全县共有筑路修护机械33台件，其中压路机4台，汽车2辆，翻斗车4辆，沥青洒布车1台，摊铺机2台，推土机4台，挖土机3台，装载机1台，平地机2台，拌合机2台，拖拉机2台，发电机组2套，各种仪表2套，拌合楼2座。

图5-3　压路机

图5-4 筑路施工现场

图5-5 正在施工的铺路机

养护措施 土路养护主要是道路平整，填补坑洼，夏季进行排水，冬季清除积雪等，部分泥泞路段采取填煤渣、碎砖、石子等方法进行处理。

砖砌路和混凝土路养护主要是及时进行夏季排水、秋季修整边坡、冬季清除积雪，平时则哪坏修哪，哪坏补哪，及时用砖块或混凝土将路填平。

油面路养护一般在春、秋两季进行。春季道路出现翻浆苗头时便填土覆盖，以吸收水分。小范围路面损坏进行坑槽挖补碾压。基础遭到破坏时将破坏部位挖开，更换新土，并分层夯实，再用沥青石子做好表层处理。松散严重路段则清除浮碴进行中修罩面，重做表层处理。1991—2002年累计修补坑槽1.8万平方米，罩面13.5万平方米，修理路肩路坡16.5万沿米，清除路坡杂草20.1万沿米。

二、养路费稽征

公路养路费主要由交通局征费站负责征稽。征稽实行收支两条线，坚持取之于车，用之于路的原则。收缴的养路费全部上解省交通厅，由省交通厅统一使用，专项用于公路的养护、改造和建设。1991—1995年，征费标准为客车每月每吨位160元，货车、拖拉机、三马车(三轮车)每月每吨位150元。1996年，根据省交通厅规定，征费标准进行了上调，客车调到月吨位210元，货车、拖拉机、三马调到月吨位190元，三轮摩托车每月征费9元。两轮摩托每年征费50元，至2002年征费仍执行此标准。养路费征收一般由车主到县交通部门征费站缴纳，每月月底、月初办理。为方便车主，县征费站还实行了包缴优惠政策。为加强养路费征收，解决养路费漏征漏交的问题，征费站人员一是加强车辆源头管理，走乡串户上门找车主征收；二是依法上路稽查。1991—2002年，征费站人员共查出偷费漏费车辆1200辆，补交养路费52.5万元。

1991—2002年安平县交通局养路费征收情况表

表5-6

年度	汽车		拖拉机		累计完成(万元)	征费车辆总数(辆)
	任务(万元)	完成(万元)	任务(万元)	完成 (万元)		
1991	180.0	180.0	12.0	12.0	192.0	450
1992	180.0	198.0	12.5	14.0	212.0	—
1993	211.0	218.0	22.0	52.0	270.0	500
1994	222.0	270.0	25.0	31.5	301.5	—
1995	340.0	345.0	32.0	35.0	380.0	600
1996	470.0	480.0	37.0	38.0	518.0	—
1997	526.0	569.0	43.0	56.2	625.2	—
1998	573.0	598.0	43.0	81.0	679.0	—
1999	573.0	593.0	43.0	82.4	675.4	800
2000	601.0	602.0	47.0	85.6	687.6	—
2001	601.0	629.0	47.0	65.7	694.7	—
2002	601.0	659.8	47.0	82.3	742.1	1100

三、路政管理

1991年，负责路政管理的县交通局路政站，有干部职工3人。2002年2月，路政站更名为路政管理大队，干部职工增至7人。路政站和路政管理大队主要负责安平境内保衡路、正港路两条省级路的路政管理。

1991—2002年，路政站为维护公路设施，打造良好的交通环境，树立全民爱路、护路意识，路政站每年都要利用广播电视、展牌、书写标语、发放传单等形式进行广泛宣传，积极组织人员上路进行巡查，特别是每年麦收、秋收季节，更是日夜巡查，禁止在公路上打场、晒粮和在公路两侧堆放焚烧秸秆、柴草，对破坏公路设施、路面以及在公路两侧管理区内乱挖乱建行为进行严肃处理。1991—2002年，共更换公里桩1002个，百米桩1256个，建指示、警示标志248块，制止铁轮、履带车上路124起，制止在公路上打场、晒粮、在公路两侧管理区内堆放、燃烧秸秆柴草1989起，处理公路两侧管理区内乱挖乱建858起。

第三节　运输

一、运输工具

1990年后，交通运输条件不断改善，农用独轮推车、双轮小拉车及畜力车等陈旧落后的旧式交通运输工具逐年减少，各种新型机动交通运输工具大量增加。

1. 人力、畜力交通运输工具

人力推拉车　主要有铁、木制手推车和铁、木制小拉车两种。1991年，全县共有独轮手推车和双轮小拉车54000辆。1995年后，随着农业机械化水平的提高，人力推、拉车逐年减少。1996年，全县共有人力推、拉车10500多辆。2002年年底，全县人力小推车、小拉车仅有2000余辆。

畜力车　1991年，农村个别农户仍沿用骡、马、驴、牛牵引的畜力车进行农作运输。运输工具主要有畜力小拉车、“小五眼”胶皮车和“大五眼”胶轮车。全县有各种畜力车780多辆。1991年后畜力车逐年减少。1997年，畜力车有百余多辆，至2002年年底，全县畜力车仅有50多辆。

三轮车　1991年，县城内开始使用三轮车，但数量很少，多为商贩载货和出租拉货。1997年丝网大世界建成后，三轮车大都集中到丝网大世界进行丝网货物的短途运输。随着安平丝网的发展和各种物流量的增加，零散货物短途运输需求也越来越大，城内三轮车不断增加。1998年，商贩及出租拉货所用三轮车达250多辆。20世纪末，城内出现轻便三轮，主要为年老体弱者出行所用。2002年，城内载货和轻便型三轮车共380多辆。

自行车　自行车是县内大多数人短途行走或少量物品托运的交通工具。1991年，农村主要使用加重自行车、双梁自行车和“大水管”自行车，轻便自行车较少。据《农村住户主要耐用品拥有量》百户调查统计，1991年农村百户农民自行车拥有量为104辆。随着交通工具的改进和道路质量的提高，城乡居民特别是青年男女购买彩车和各类轻便自行车的人越来越多，加重自行车越来越少，至1996年，“大水管”自行车基本无人使用。1996年统计资料显示，百户农民拥有自行车250辆，平均每户2.5辆。2002年，百户农民自行车拥有量218辆，城镇百户居民自行车拥有量296辆。

1991—2002年安平县人力、畜力车情况表

表5-7　　单位：辆

项目 / 年度	自行车		脚蹬三轮车	独胶轮手推车	双胶轮小拉车	畜力双胶轮大车
	农村百户拥有	城镇百户拥有				
1991	104	213	86	43215	11218	786
1992	108	232	103	38214	8821	534

续表5-7

年度＼项目	自行车		脚蹬三轮车	独胶轮手推车	双胶轮小拉车	畜力双胶轮大车
	农村百户拥有	城镇百户拥有				
1993	126	225	112	21351	6533	341
1994	119	238	116	12322	5421	254
1995	231	254	128	8421	3437	182
1996	250	276	187	7638	2891	169
1997	248	269	211	5422	2410	104
1998	219	278	250	4315	1849	98
1999	260	300	264	3822	1434	76
2000	205	334	271	2943	1229	71
2001	218	321	344	2611	1134	62
2002	218	296	380	1945	843	54

2. 电动、机械交通运输工具

电动自行车 21世纪初出现电动自行车，多见城镇青年男女使用，农村使用者较少。该车主要以电为动力，用电动机带动车轮转动，也可脚蹬行驶。该车品牌繁多，但额定电压基本为36伏、48伏，功率为180瓦、250瓦、350瓦3种。2002年，全县居民共有电动车215辆。

电动三轮车 基本分轻便电动三轮车和加重电动三轮车2种，轻便电动三轮车主要是家庭老年人所用，加重电动三轮车主要是拉货或出租。两种电动三轮车根据不同的需要装有大小不同的蓄电池和电动机。21世纪初，境内电动三轮车很少，2002年县城内仅有83辆。

摩托车 摩托车的品牌较多，但就其型号可分为50、70、80、90、100、110、125、250等，分二轮、三轮摩托两种。二轮摩托又分为踏板、坤式、轻骑和男式摩托，三轮摩托分挎斗三轮和三轮摩托两种。1991年，比较富裕的农户开始购置摩托车，但数量不大，全县只有6954辆。此后，随着人们收入的不断增长，普通家庭也开始购置摩托车。1996年，全县有摩托车14698辆，2000年达到48147辆，2002年达到69325辆。

汽车 汽车是人们的主要交通、运输工具。1991年，全县有各类汽车512辆，大都是公家所有，且档次较低。是年，客运汽车主要分布在国营汽车站和个体客运户；货运汽车主要分布在县搬运站、运输公司和个体货运摊点；党政机关及厂矿企业大都使用吉普车或客货运输汽车，豪华汽车极少，私人拥有豪华轿车的更少。1995年后，随着经济的发展，特别是生猪、丝网两大支柱产业的发展，安平汽车的数量不断增多，汽车的档次不断提高，经济比较富裕的家庭购置汽车者逐渐增多，党政机关、企事业单位所用车辆也不断更新换代。至2002年，全县有各种汽车3464辆。

拖拉机 拖拉机既是农作机械，又可作运输机械。1991年，全县有大中型拖拉机121台，小型拖拉机4450台。1996年，大中型拖拉机发展到167台，小型拖拉机9872台。2002年，全县大中型拖拉机达572台，小型拖拉机达15416台。

三轮、四轮运输车 三轮、四轮运输车多为柴油车，分小三轮、大三轮，小四轮、大四轮，马力大小不等，既可农用运输也可进行其他运输。1991年，境内该车很少，无数量记载。1993年，全县有三轮运输车329台，四轮运输车12台。1996年，三轮运输车发展到4188台，四轮运输车发展到34台。2002年，全县三轮运输车达8465台，四轮运输车达485台。

1991—2002年安平县电动车、机动车数量情况表

表5-8

单位：辆、台

项目/内容/年度	汽车				摩托车	电动车		拖拉机		柴油三轮车	柴油四轮车	特种车
	客车	货车	轿车	小面包车		电动自行车	电动三轮车	大中型	小型			
1991	56	202	254	—	6954	—	—	121	4450	—	—	25
1992	56	321	432	—	8432	—	—	132	4461	—	—	28
1993	56	324	763	—	10124	—	—	135	7742	329	12	31
1994	56	381	896	—	12138	—	—	143	7856	1786	20	33
1995	64	450	1010	—	13692	—	—	149	8265	2800	27	45
1996	63	603	1121	23	14698	—	—	167	9872	4188	34	48
1997	69	659	1215	36	14846	—	—	214	10276	4199	34	52
1998	78	639	1422	59	22269	—	—	295	10387	4293	39	61
1999	106	627	1541	151	26530	—	—	478	11056	5161	64	65
2000	109	411	1832	182	48147	45	15	508	14263	7192	115	69
2001	114	451	2214	213	63482	108	38	518	15006	8050	350	72
2002	123	464	2632	245	69325	215	83	572	15416	8465	485	83

说明：1. 特种车指油罐车、水罐车、喷洒车、救护车、殡葬车、消防车、铲车及吊车等；

2. 客运车辆包括衡水运输集团第七运输公司常驻安平客车和城乡客车

二、运输单位、摊点

小火车站　安平县小火车站始建于1964年1月，是前安平地方铁路（前磨头至安平）的终点站，直属于河北省交通厅地方铁路处。1991年，火车站有内燃机车3部，客车厢5节，货车厢7节，站点700平方米，候车室、售票室70平方米，另有办公室、机房、仓库等，干部、职工22人。1991年后，个体私营运输不断发展壮大，且客运、货运都优于小火车。小火车站经营不景气，于1993年停止营运。1996年4月，经河北省交通厅批准，拆除小火车站设施，路基归县交通局，火车站归火车站人员使用。

汽车站　国营汽车站位于县城和平街与西马路交叉口东路南，总面积9605平方米，其中候车室占地367平方米，停车场占地6375平方米。隶属于衡水市运输公司七公司，内设办公室、生产科、机务科、财务室、安全保卫科、稽查科、站务室等。1991年，有干部3人，固定工54人，客车10辆，货车8辆。1992年后，个体私营客车迅猛发展，客运市场竞争激烈，使得国营客运亏损严重。1994年，汽车站停止运营，处理车辆，房屋、地皮实行对外租赁。1999年，汽车站进行改革，由国营单位改为股份制单位，并由“安平汽车站”更名为“衡运集团有限公司第七运输公司”和“衡运集团安平汽车站”两个名字；取消货运，实行集约化管理（把个体私人长途客车集中起来，进行“大兵团”作战）和融资经营（把个体客车折合成资金入股），按股及客车效益分红的办法，使车站活力大增，效益

逐年增长。2002年，车站有干部3人，职工33人，各种客车75辆，客运线路由1991年的5条增至11条，日发车班次由20多次增加到140多次，日客运量由400多人次增加到2000多人次，经济效益增长到30多万元。

客货运输综合服务中心 1994年始建，位于西马路与网都街交叉口以北50米路西（原搬运站院内），占地6775平方米，设有司机休息室21间，加油站1座，总投资70万元，有私人客车54部，货车150部，其事务由交通局搬运站管理，业务由运管站办理。1997年1月，建丝网大世界私人客车站。该站占地1998平方米，建筑面积220平方米，有司机休息室、办公室、站务室、服务室等，总投资62万元，有私人客车53辆。是年12月，该站开始运营，由交通局负责管理，原客货运输综合服务中心同时停运。1999年，该客车站停止运营，个体私营客车大部分加入衡运集团安平汽车站。

城乡客运站 1998年出现城乡客运，但只有七八辆私人客车，城内既无城乡客运站，也无主要停车点，客车一般都停放在人群聚集或繁华区域一旁。2002年，县交通部门对城乡私营客运加强管理，明确行车路线和始发时间，指定安平京润超市西侧为城乡客运车站。是年，有个体私营客车48辆。

安平县安宁公交车公司 2001年10月成立，隶属于县保安公司，位于和平街52号，有“松花江”牌面包车20辆，为私人所有。2002年，运营车辆增至30辆。该公交车以安平丝网大世界为始发点，有行驶线路，但无途中固定停车地点，乘客可随时招手上车，花1元钱即可乘至终点。

安平县平安出租车公司 位于和平街52号，成立于2002年5月，隶属于安平县保安公司，有千里马牌出租车15辆（个体车）。

货运站 货运站包括转运站、配货站、货运专线、零担货运站等，负责全县的货物运入运出。详细情况见第八编第三章第二节——丝网物流。

安平县搬运站 位于为民西街26号，占地7665.8平方米，隶属于安平县交通局，为交通局下属集体企业，主要负责城内货物的搬倒运输。该站1991年有干部职工91人（包括临时工），内设办公室、财务室，下设旅馆饭店一处；有骡马大车12辆，解放牌汽车3部；日平均搬倒货物量达500余吨，年创收20多万元。随着改革开放的深入发展，搬倒运输市场逐渐社会化，个体搬倒装卸从业人员大量增加，从而使搬运站的经济效益开始滑坡。为解决在职人员的生活问题，搬运站凭借优越的地理位置，于1994年办起第三产业，投资70万元，占地6775平方米，建客货综合服务中心（中心有私人挂靠客车54部、货车150部，由搬运站负责配货和其他有偿服务）。同时，利用临街有利地形建总店31间。1998年，搬运站客货综合服务中心停止营运，对客货综合服务中心停车场进行了开发，建商品楼6000多平方米。搬运站负责商住门店和商住楼的物业管理。2002年，该站有干部职工43人。

安平县运输公司 为县交通局下属集体企业；1991年称安平县运输队；地址在新盈街西段，占地4800平方米，建筑面积1000平方米；自有汽车1部，个体挂靠大货车30部；干部职工59人，设队长、副队长；办公室、财务室、调度室。1992年更名为安平县运输公司，设办公室、调度室。2002年，公司地址迁往正港路西王庄西300米处路北，占地6660平方米；投资100万元，建停车场一处；设经理室、办公室、财务室、调度室等；有干部职工28人，私人挂靠货车98部。

三、货运

1991年，全县货运量为16.5万吨，货物周转量为3201万吨公里。1991年后，安平经济不断发展壮大，特别是建筑行业的发展、生猪产业的兴起和丝网工业的壮大，给安平运输行业创造发展契机，运输量逐年增大。从1996年到1999年，年货运量均超过495万吨，其中1997年货运量达550.4万吨，货物周转量达87625万吨公里，分别是1991年的33倍和27倍。从2000年开始货运量出现回落，到2002年，全县年货运量397.3万吨，货物周转量62375万吨公里。

1991—2002年安平县货运情况统计表

表5-9

年度	货运量（万吨）	货物周转量（万吨公里）	年度	货运量（万吨）	货物周转量（万吨公里）
1991	16.50	3201.00	1997	550.40	87625.00
1992	36.80	5312.00	1998	511.60	86254.00
1993	41.41	5965.00	1999	510.10	85437.00
1994	124.17	23157.00	2000	364.30	58867.00
1995	387.70	63743.00	2001	388.10	60247.00
1996	495.40	81252.00	2002	397.30	62375.00

四、客运

长途客运线路　1991年，安平长途客运线路有北京、天津、保定、石家庄、衡水5条。2000年，增设廊坊、沧州、邯郸3条线路。2001年，增设太原线路1条。2002年，增设济南、秦皇岛2条线路。2002年年底，共有北京、天津、保定、石家庄、衡水、廊坊、沧州、邯郸、太原、济南、秦皇岛11条客运线路。

2002年安平县长途客运情况一览表

表5-10

始发—终点	日发班次	发车时间	途经主要站点
安平—北京	9	5:30—12:00	安国、清苑、保定
安平—天津	4	6:30—12:00	饶阳、肃宁、廊坊、霸州
安平—石家庄	47	5:00—16:30	深泽、晋县、藁城
安平—保定	4	5:30—1:00	安国、清苑
安平—衡水	60	5:30—18:30	深州、护驾池
安平—廊坊	1	7:00	饶阳、肃宁、河间、霸州
安平—沧州	1	7:00	饶阳、肃宁
安平—太原	1	7:00	深州
安平—邯郸	1	6:40	深州、辛集
安平—济南	1	6:30	深州、德州
安平—秦皇岛	1	7:00	安国

城乡客运线路　城乡客运起步于1997年，由于客车数量较少，客运线路只有安平至南王庄、油子、马店、察罗4条。到2002年，城乡客运线路发展到17条，有安平至南王庄、油子、马店、察罗、白沙庄、寺店、南两合程、北里村、中佐、香管、满子、西里庄、马江、北郝村、西赵庄、南王宋、前辛庄等线路，县域内主要乡村基本上都通了城乡客车。

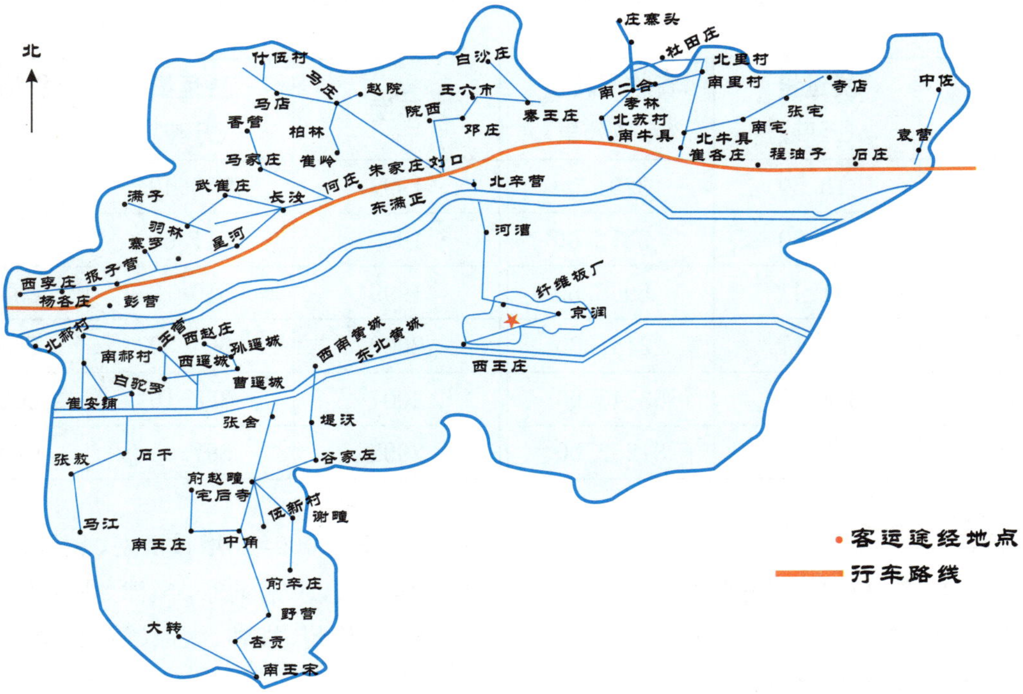

图5-6　2002年安平县城乡客运线路示意图

城区客运线路　2000年前，县城出租车辆没有严格的行驶路线，出租车司机根据乘客要求行驶。2001年10月，安平县安宁公交车公司成立。公司有“松花江”牌小面包车20辆，运行线路有3条，丝网大世界为始发站点。2002年5月，运营线路增到4条。

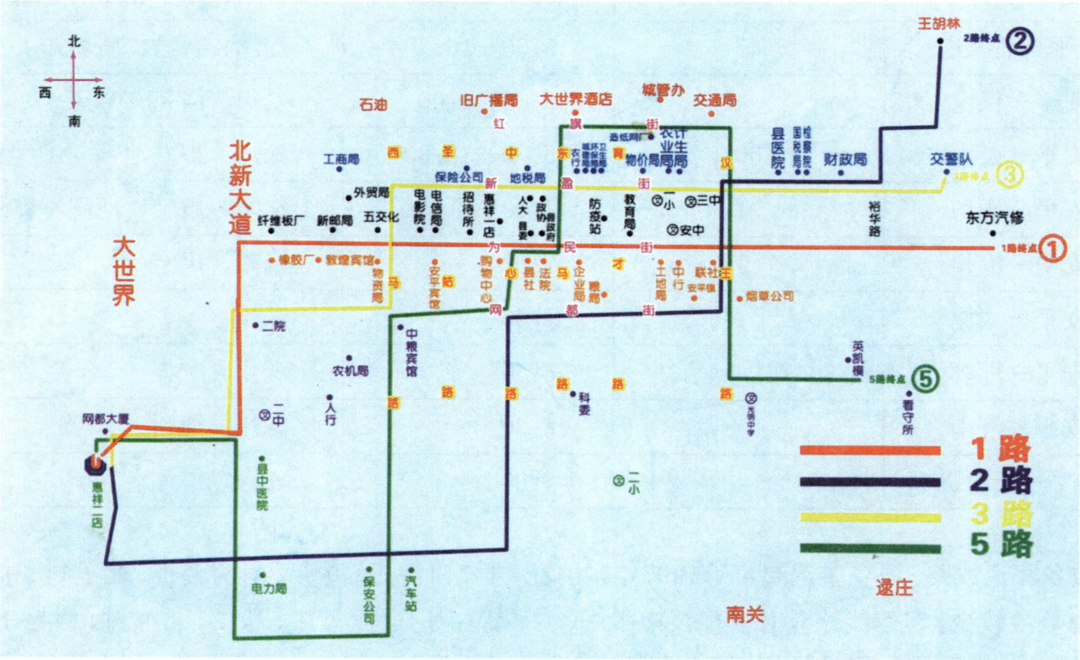

图5-7　2002年安平县城区客运线路示意图

客运量　1991年，客运量为49.5万人次，旅客周转量为8945万人公里。1995年后，从事商品流通人员迅速增加，城乡客车开通，年客运量也随之增加。到2002年，客运量为91.3万人次，旅客周转量为22315万人公里，分别比1991年增长1.8倍和2.5倍。

1991—2002年安平县客运情况表

表5-11

年度	客运量（万人次）	旅客周转量（万人公里）
1991	49.5	8945
1992	51.3	9124
1993	54.8	9872
1994	60.2	11254
1995	60.8	13878
1996	65.4	15967
1997	67.1	16213
1998	75.2	19312
1999	83.1	21014
2000	84.8	21235
2001	89.7	21976
2002	91.3	22315

五、管理

运管机构　客货运营主要由县交通局运输管理站（以下简称运管站）负责。1991年，运管站有干部职工20人；到2002年，增至24人。

管理范围及主要业务　运管站管理范围包括县境内营运车辆的货物运输管理、旅客运输管理、汽车维修管理、搬运装卸管理、驾校管理及运输服务等。主要业务有运管费征收，为营业性汽车、拖拉机统一路单，签发经营许可证、营运证，掌握、调控运量运力。运输管理的车辆包括大、中、小型货车，大、中、小型长途客车和城乡客车以及出租汽车等。

在抓好主要业务的同时，运管站还与税务、工商、公安部门一道，依照规章进行稽查，运用经济和行政手段，打击非法运输，净化运输市场，维护运输秩序，同时，还广泛开展满意在交通活动，主动为车主、货主牵线搭桥，解决盲目发展运力、运输结构不合理以及运输市场不正当竞争等问题，使安平运输市场管而不死、活而不乱。

运管费征收　运管站负责运管费的征收，按冀交财字〔1992〕61号文件和冀交财字〔1996〕18号文件规定收缴。收缴标准：货车每月每吨11元；客车按座收费，大客车每月每座1.5元，中客每月每座1.8元，小客每月每座2元；机动三轮车每月每吨5元；拖拉机每月每吨10元；客运附加费每月每吨2.5元；货运附加每月每吨10元。

汽车性能检测　1997年5月，成立汽车综合性能检测站。该站为B级站，隶属于县交通局；负责检测范围为营运性客车、货车、出租汽车。一般客车3个月检测1次，货车4个月检测一次。1998年，检测各种营运车2344辆；1999年，检测2682辆；2000年，检测2792辆；2001年，检测2729辆；2002年，检测2352辆。

驾驶员培训　安平县驾驶员培训主要由安平县驾校负责。1994年，县综合职业技术学校开设汽车维修、驾驶课程，设两个班级，两年制，毕业考试合格后，根据学员学习车辆种类发B或C驾驶证书。是年，有解放牌教练车5部和其他教学设备，学员190多人。1997年，经省交通厅验收批准，正式成立安平县汽车驾驶学校，隶属于县交通局。驾校位于寨子村南1000米处，占地40亩，有教学楼两座，教练车20部，资质教学人员10名；主要课程有机械原理及修理、交通法规、常见故障及排除、驾驶技巧等；教学方式主要采取课堂授课、电脑教学、模拟教学和实际操练等。1998年，增加多媒体教学，使教学内容更加形象化、立体化、多样化。至2002年，该校共有东风、皮卡教练车20部、资质教员25人。1994—2002年，共培训准驾司机3510人。

第四节 管理机构

1991年，安平县交通局位于为民西街原小火车站西，占地6660平方米。1996年，局址迁至红旗街与汉王路交叉口西北侧，占地13320平方米。1991年，交通局设办公室、财务股、战备办公室；下设征费站、路政站、公路站、运管站和搬运站、运输公司、苗圃场；全系统共有干部职工198人。

1992年，运输队更名为运输公司。1993年，路政站改称路政执法大队。1995年，撤销苗圃场。1996年，增设法制股、人事股、计统股。1997年5月，建汽车性能检测站；同年，成立汽车驾驶学校。2000年计统股并入办公室。2002年，交通局设办公室、人事股、财务股、法制股、战备办公室5个股室；下设征费站、运管站、公路站、路政执法大队、汽车综合性能检测站、驾校和运输公司、搬运站；全系统有干部职工415人。

第二章　电力

第一节　电力设施

一、变电站

1991年，全县有220kV变电站1座（隶属于河北省电力公司），35kV变电站5座，主变压器（以下简称主变）7台，容量为24650kVA。随着安平经济的不断发展和农村电网的建设与改造，全县供电设施快速增加，到2002年年底，全县共有220kV变电站1座，110kV变电站1座，35kV变电站10座，主变23台，总容量为406900kVA。

图5-8　现代化变电站主控室

安平220kV变电站　该站始建于1987年，于1989年7月10日投入运营。该站隶属于河北省电力公司；一期工程安装主变一台，容量为120000kVA；1998年增加主变一台，容量为120000kVA。2002年，该站共有主变2台，容量为240000kVA。

图5-9　220kV变电站一角

安北110kV变电站　该站始建于2000年10月，于2001年7月6日投入运营。该站为农网改造变电站，隶属于衡水供电局，由县电力局代管；有主变1台，容量为40000kVA；供电范围：城区北部及城关镇的21个行政村。

图5-10　安北110kV变电站一角

刘口35kV变电站 该站始建于1967年，于1970年1月投入运营。1991年，该站有主变2台，容量为2×1800kVA。同年5月31日，该站报废，全站负荷转由何庄站转带。

严疃35kV变电站 该站始建于1970年3月，1971年5月投入运营。1991年，该站有主变2台（有载调压变压器），容量为2×3150kVA。1993年2月，2#主变由原来的3150kVA增容为5000kVA。1994年2月，1#主变由原来的3150kVA增容为5000kVA。1996年12月，1#主变由原来的5000kVA增至8000kVA，增加容量3000kVA。1998年3月，2#主变由原来的5000kVA增至10000kVA。2000年3月，该站改造为“四遥”（遥控、遥信、遥调、遥测）无人值班站。2002年，该站共有主变2台，容量分别为8000kVA和10000kVA；供电范围：城区西半部、丝网产业基地部分、丝网大世界及郭西、严疃、西关共6个行政村。

南王庄35kV变电站 该站始建于1984年6月，1985年6月投入运营。1991年，该站有主变2台，容量为2×1800kVA。1992年4月，2台主变容量均增为3150kVA，增加容量2700kVA。1996年2月，2台主变均由3150kVA增为5000kVA，增加容量3700kVA。1998年3月，2#主变由原来的5000kVA增至10000kVA。2000年2月，1#主变由原来的5000kVA增至10000kVA。2000年3月该站改造为“四遥”无人值班站。2002年，该站共有主变2台，容量为2×10000kVA；供电范围：南王庄镇的25个行政村。

城东35kV变电站 该站始建于1988年7月，1989年7月投入运营；有有载调压变压器主变2台，容量为2×4000kVA。1996年12月19日，由原来的2台4000kVA主变，增容为一台5000kVA、一台8000kVA。2000年3月，该站改造为“四遥”无人值班站。2001年10月，在农网改造工程中，对1#主变进行增容，由原来的5000kVA增至10000kVA。2002年，该站共有主变2台，容量为18000kVA；供电范围：城区东部及逯庄、南胡林等10个行政村。

油子35kV变电站 该站始建于1988年7月，1989年7月投入运营。1991年，该站有有载调压变压器主变一台，容量为3150kVA。1993年2月，增加主变一台，容量为3150kVA。2000年2月，2#主变增容为6300kVA，增加容量3150kVA。2000年4月，该站改造为“四遥”无人值班站。2002年，该站共有主变2台，容量为9450kVA；供电范围：程油子乡的35个行政村及马店镇的南牛具、北牛具2个村。

何庄35kV变电站 该站始建于1990年10月，1991年5月投入运营；有主变2台，容量为2×3150kVA。1997年3月，将原有的2台3150kVA的主变更换为2台4000kVA变压器，纯增容量1700kVA。2000年4月，该站改造为“四遥”无人值班站。2001年10月，在农网改造工程中，2#主变由原来的4000kVA增至8000kVA，纯增容量4000kVA。2002年，该站共有主变2台，总容量为12000kVA；供电范围：大何庄乡的24个行政村和马店镇的11个行政村。

子文35kV变电站 该站始建于1993年9月，1994年4月投入运营；有主变2台（有载调压变压器），容量为2×3150kVA。1998年3月，1#主变增为5000kVA。2000年3月，该站改造为“四遥”无人值班站。2002年，该站共有主变2台，总容量为8150kVA；供电范围：大子文乡23个行政村。

黄城35kV变电站 该站始建于1995年10月，1996年4月投入运营；有主变2台（有载调压变压器），容量为2×3150kVA。1998年3月，2#主变由3150kVA增至5000kVA。2000年4月，该站改造为“四遥”无人值班站。2002年，该站共有主变2台，总容量为8150kVA；供电范围：东黄城乡23个行政村。

两洼35kV变电站 该站始建于1997年10月，1998年12月投入运营；有主变2台（有载调压变压器），容量为2×3150kVA。2000年2月，1#主变由原来的3150kVA增至5000kVA。2000年4月，该站改造成“四遥”无人值班站。2002年3月，2#主变由原来的3150kVA增至5000kVA。2002年，该站共有主变2台，总容量为10000kVA；供电范围：西两洼乡的18个行政村及安平镇的6个行政村。该站为农网改造变电站。

苏村35KV变电站 该站始建于2000年10月30

日，2001年6月投入运营，有主变2台（有载调压变压器），容量为2×5000kVA；供电范围：马店镇的部分行政村和程油子乡的部分行政村，共计21个行政村。该站为农网改造变电站。

马江35kV变电站 该站始建于2000年10月，2001年6月投入运营；有主变2台（有载调压变压器），容量为13150kVA；供电范围：马江村。

2002年安平县变电站情况一览表

表5-12 单位：年、月、台、千伏安

项目 名称	建站时间	投运时间	设备		隶属关系	备考
			主变台数	容量（千伏安）		
安平220kV变电站	1987	1989.7	2	240000	河北省电力公司	1998 一次增容
安北110kV变电站	2000.10	2001.7	1	40000	衡水供电局	—
严疃35kV变电站	1970.3	1971.5	2	18000	安平县电力局	1979.6 1982.1 1993.2 1994.2 1996.12 1998.3 六次增容
南王庄35kV变电站	1984.6	1985.6	2	20000	安平县电力局	1992.4 1996.2 1998.3 2000.2 四次增容
城东35kV变电站	1988.7	1989.7	2	18000	安平县电力局	1996.12 2001.10 两次增容
油子35kV变电站	1987.7	1989.7	2	9450	安平县电力局	1993.2 2000.2 两次增容
何庄35kV变电站	1990.9	1991.5	2	12000	安平县电力局	1997.3 2000.10 两次增容
子文35kV变电站	1993.9	1994.4	2	8150	安平县电力局	1998.3 一次增容
黄城35kV变电站	1995.10	1996.4	2	8150	安平县电力局	1998.3 一次增容
两洼35kV变电站	1997.10	1998.12	2	10000	安平县电力局	2000.2 2002.3 两次增容
苏村35kV变电站	2000.10	2001.6	2	10000	安平县电力局	—
马江35kV变电站	2000.10	2001.6	2	13150	安平县电力局	—

二、输电线路

1991年，全县35千伏线路长51.14公里，10千伏线路538.62公里，0.4千伏线路759.1公里。1999年8月，对安平至南王庄35KVLGJ-70线路进行改造，拆除线路13.3公里，新架线路LGJ-120型11.014公里。2001年1月，对安平至严疃LGJ-70线路进行改造，拆除线路2.13公里，新架线路LGJ-150型2.13公里。同年，新架110千伏线路5.4公里。随着安平经济的不断发展，变电站数量的不断增加，以及农网建设与改造工程的不断推进，输电线路增长较快，截至2002年，全县有110千伏线路5.4公里；35千伏线路102.5公里，比1991年增长100.4%；10千伏线路增加到889.88公里，比1991年增长65.2%；0.4千伏线路增加到1901.3公里，比1991年增长150.5%。

三、变压器

1991年，全县有10千伏配电变压器1104台，总容量为63015千伏安。此后，变压器数量随着工农业生产的发展而增加，至2002年年底，全县共有配电变压器3926台，总容量为285253千伏安，分别是1991年的2.56倍和3.53倍。

1991—2002年安平县输电线路及配电变压器情况表

表5-13

项目 年度	110千伏线路长度（公里）	35千伏线路长度（公里）	10千伏线路长度（公里）	0.4千伏线路长度（公里）	10千伏配变	
					台数（台）	总容量（千伏安）
1991	—	51.14	538.62	759.1	1104	63015
1992	—	51.14	541.06	798.8	1219	71445
1993	—	51.14	566.12	855.4	1510	93420
1994	—	59.24	586.08	908.7	1720	107855
1995	—	59.24	645.61	1023.6	2231	139750
1996	—	69.84	657.92	1145.5	2285	144068
1997	—	59.84	679.85	1284.5	2478	157963
1998	—	60.82	693.19	1441.7	2658	169328
1999	—	67.11	733.09	1689.9	2912	190203
2000	—	67.11	764.20	1847.8	3208	214818
2001	5.4	102.50	838.19	1877.2	3590	250673
2002	5.4	102.50	889.88	1901.3	3926	285253

第二节　电力供应

1991年，全县购售电量为5850.3万千瓦时和5362.3万千瓦时，其中工业用电量占23%，农村用电量占71%，照明等生活用电量占6%。随着全县经济的发展和人民群众生活水平的提高，特别是拔丝机、织网机的数量显著增加，使全县用电量迅猛增长。到2002年，全县购售电量分别增至42213.9万千瓦时和38653.3万千瓦时，其中工业用电量占21%，农村用电量占69%，照明等生活用电量占10%。

1991—2002年安平县购售电量情况统计表

表5-14　　单位：万千瓦时

年份	购电量	售电量				
		合计	农村用电	工业用电	城镇生活用电	其他
1991	5850.3	5362.3	3801.1	1240.7	320.5	—
1992	7414.4	6796.3	4770.1	1599.9	231.7	194.6
1993	8769.6	8050.5	5697.3	1685	363.5	304.7
1994	11011.1	10159.1	7534.3	1766.8	496.1	361.9
1995	13060.3	11965.8	9275.5	1726	527.7	436.6
1996	15522.5	14220.9	11604.4	1575.9	614.8	425.8
1997	20824.5	19057.1	15416	1785.2	1383.7	472.2
1998	23569.6	21607.1	8599.1	10923.3	1630.1	454.6
1999	31012.1	28419.4	10966.7	14742.7	1909.5	800.5
2000	35311.7	32335.3	22623.6	7011.9	2097.7	602.1
2001	39008	35729.9	23502.3	8728.7	2708	790.9
2002	42213.9	38653.3	26500	7940.6	3473.3	739.4

第三节　电业管理

一、计划调度

计划调度、科学用电是电业管理的中枢，特别是在电力资源紧张的情况下，做好计划用电、合理用电更为重要。为改善电力紧张造成的不利局面，处理好限电、设备检修与保供电之间的矛盾，尽量满足人民生产、生活用电，县电力局在计划调度上采取五项措施：一是加强对电网设备的检修，保证检修质量，避免重复停电。同时，尽量将设备的削缺安排在负荷低谷时段进行。二是做好计划限电准备工作，制定合理的限电序位表，有计划地轮流保电。三是在保证安全的前提下，从调度下令到倒闸操作上压缩时间，提前准备调度命令，竣工后及时恢复送电，减少停电时间和电量损失。四是改进送电方式，竣工后首先送出线负荷，然后再恢复电网主方式，争取多供少损。五是充分利用电视广播等途径广泛宣传电网供电形势，积极引导用户利用充足的低谷电力，移峰填谷。

为改善调度指挥系统，从1996年开始，先后共投资近百万元更换变电站远动RTU设备； 2001年，投资20万元，更换调度交换机系统，投资近10万元，更换调度操作软件和硬件；2002年，投资40多万元，架设光缆代替原来的扩频通讯，从而形成先进、稳定的调度操作系统。

二、电费收缴

1991年售电单价为照明0.169元/千瓦时、工副业0.206元/千瓦时、农业0.161元/千瓦时、地令(地方指令性电价，比平价高，比议价低)0.255元/千瓦时、高价(工副业、农业、非居民生活用电中的高价电)0.355元/千瓦时。后经过10次调整，到2002年为居民生活0.373元/千瓦时、非居民生活0.579元/千瓦时、商业0.729元/千瓦时、工副业0.543元/千瓦时、大工业0.396元/千瓦时、农业0.386元/千瓦时。

1991—2002年安平县电价调整情况表

表5-15 单位：元/千瓦时

调整时间	照明		工副业	大工业	农业	商业	地令	高价		
	居民生活	非居民生活						工副业	农业	非居民生活
1991年	0.169		0.206	—	0.161	—	0.255	0.355		
1992年7月	0.18		0.241	—	0.196	—	0.265	0.365		
1992年11月	0.17	0.295	0.263	—	0.218	—	—	0.363	0.318	—
1993年7月	0.233	0.347	0.358	—	0.27	—	—	0.42	0.36	—
1994年1月	0.234	0.358	0.372	—	0.272	—	—	0.434	0.372	—
1995年4月	0.214	0.358	0.382	—	0.252	—	—	0.474	0.352	—
1996年6月	0.277	0.428	0.435	—	0.321	—	—	0.495	0.421	0.508
1997年4月	0.277	0.484	0.482	—	0.36	—	—	0.542	0.46	0.564
1998年11月	0.327	0.464	0.442	—	0.34	—	—	—	—	—
2000年1月	0.362	0.517	0.49	—	0.37	0.664	—	—	—	—
2002年2月	0.373	0.579	0.543	0.396	0.386	0.729	—	—	—	—

电费收缴程序是由电力局各基层供电所每月25日统一抄表，报送电力局核算无误后，再由供电所组织农电工收齐上缴电力局财务股。电力局上缴衡水供电局的电费采取月初预交，月底结清的方式，即每月月初根据上月供电量预交电费，月底根据实际供电量结清当月电费。1991年，电力局电费收入984.7万元，实现利润33.33万元；2002年收入16948.4万元，实现利润1529.7万元。

三、节约用电

安平县电力局历来重视节约用电，在节约用电方面，主要做了以下工作。

每年对供电设备进行春秋季大规模检修，以消除设备缺陷，提高设备质量，降低供电损耗；采取突击检查与定期检查、互查与自查相结合的方法，查偷漏、查倍率、查电表及接线，堵塞错抄、漏抄、估抄、违章用电等现象，发现问题及时解决。农网改造以来，把全县368台高耗配变全部更换为节能变压器，有效保障电网的经济运行；全县7万低压用户全部更换为新型电能表，在此基础上，大力推广电子表，并严格按照规定，对电能表、互感器进行定期校验和轮换，经校验不合格的不允许入网使用；通过多种渠道，大力宣传节约用电知识，提高广大群众的节约能源、节约用电意识；广泛推广节能灯具，大力提倡家庭、办公照明使用节能灯具；呼吁全县各单位节约用电，合理安排公共照明灯的开、停时间，避免长明灯现象出现。

图5-11　农电整改

四、农电整改

1998年9月至2001年，按照上级统一安排部署，全县开始农村电网建设与改造一期工程，共完成14个单项工程，新建安北110千伏变电站一座，苏村35千伏变电站一座，架设110千伏输电线路5.4千米，35千伏输电线路33.2千米，10千伏配电线路204千米，0.4千伏线路637.6千米，改造高耗能配变190台，改造228个村，完成工程决算投资总额5412.4万元。此工程于2001年10月通过省验收团的验收。农村电网建设与改造一期工程的全面完成，使全县农村电网结构得到优化，供电能力明显增强，农村供电质量有较大提高。改造后的农村供电电压合格率达到90%以上，供电可靠性达到98%以上；农村低压电网线损明显下降，到户电价得到规范，实现“五统一”(统一电价、统一发票、统一抄表、统一核算、统一考核)、“四到户”(销售到户、抄表到户、收费到户、服务到户)、“三公开”(电量公开、电价公开、电费公开)管理，为全县农业产业结构的调整打下坚实的基础。

五、安全用电

县电力局始终把电力安全生产放在一切工作的首位，严格贯彻“安全第一，预防为主”的工作方针，严格落实各项安全制度，努力争创“无违章企业”，主要采取以下四项措施。

完善落实安全生产责任制　电力局有健全的三级安全网络，实行“谁主管，谁负责”的方法，强化安全生产第一责任人的工作岗位责任制，各级人员有明确的安全生产责任，层层有安全生产责任书，严格落实各项安全措施。

做好安全检查工作　根据供用电的季节性、规律性，加强安全生产检查工作力度，在春灌、夏收、雷雨季节到来之前进行检修，确保用电高峰期全县电网安全运行。

进行技术培训　电力局采取理论学习与现场指导相结合的方法对全体人员进行技能培训，广泛开展“反装置性违章和反习惯性违章”大检查，每年都对生产系统全体人员进行安全规程考试，对不及格的人员实行待岗培训。

宣传用电常识　电力局通过组织文艺活动，发放宣传品，到客户家中服务等方式，大力宣传安全用电常识，使安全用电深入人心。

六、队伍管理

1999年以前，全县230个用电村共有农村电工517人。农村电工由村委会和乡电管站直接管理，县电力局在技术业务方面给予监督和指导。1999年下半年，实施了电力体制改革，按照公平、公正、公开的原则，经过严格的理论考试和技能考核，在全县聘用农村电工380人。农村电工统一由电力局直接管理。电力局对农村电工在线损管理、电费回收、优质服务等方面进行统一考核，依据考核结果发放工资。至此，农村电工队伍步入正规化管理渠道。因队伍管理和其他各项管理出色，2000年10月，县电力局被河北省委、省政府命名为“省级文明单位”。

七、管理机构

1991年年初，安平县电力局内设办公室、生

图5-12　安平县电力局外景

产股、总务股、运行股；下设电力物资公司和液化气站两个多种经营实体。是年5月，总务股改为供销财务科，增设用电管理股。1991年年底，局机关内设办公室、生产股、运行股、用电管理股、供销财务科；下属单位有电力物资公司和液化气站；下辖刘吉口、城西、南王庄、程油子、城东、大何庄6个变电站，20个乡电管站；干部职工共163人。

1992年，增设电修车间。1994年1月，在电修车间基础上组建电力电子设备厂。1996年4月，供销财务股分设为供应股和财务股，用电股改称农电股，生产股改称用电股。1999年7月，按照国务院有关文件精神，进行乡、村两级电力体制改革，撤销20个乡电管站，组建城西、南王庄、程油子、城东、大何庄、西两洼、东黄城、大子文共8个供电所。2000年9月，成立安平县电力设备修造厂。2001年，增加苏村、安北两个供电所。2002年5月，成立安平县电力安装有限公司。2002年年底，局机关内设办公室、运行股、用电股、农电股、供应股、财务股共6个股室；下属单位有城西、南王庄、程油子、城东、大何庄、西两洼、东黄城、苏村、大子文、安北10个供电所和电力物资公司、液化气站、电力电子设备厂、电力设备修造厂、电力安装有限公司共5个三产实体单位；全局干部职工共360人。

第三章　水利

第一节　农田水利

一、坑塘

1991年，全县共有大小坑塘428个，其中面积在5亩以上的124个，坑塘总面积2130亩，可蓄水总量为532万立方米。由于填坑造田，填坑建房等原因，到2002年，全县坑塘减少到68个，坑塘总面积412亩，可蓄水3.2万立方米。

二、机井

1991年，全县有机井5444眼，其中浅井（100米以内）3879眼，中井（100米至150米）431眼，深井（150米以上）1134眼。此后，连年干旱，地下水位持续下降，机井发展多以中、深井为主，逐渐淘汰浅井。2000年，全县最深的机井深352米。2001年，金水湾水上游乐园又打出深2800米的全县第一口温水自喷井。到2002年，机井发展到5883眼，其中浅井1970眼，中井2953眼，深井960眼。

附记：安平县第一口温水自喷井

安平县第一口温水自喷井位于城南开发区金水湾水上游乐园内。2001年，金水湾水上游乐园投资314万元由华北石油成功打凿成安平县第一口地热井。井深为2800米，水温87℃，产水量为50立方米/小时。

第二节　防洪堤坝

安平县境内有两河四堤，即滹沱河南（右）、北（左）堤，潴龙河南（右）、北（左）堤。滹沱河南、北堤自西向东横贯全境，南堤全长26公里，北堤全长32.56公里；潴龙河南北堤绕境内北疆而过，南堤全长16.03公里，北堤全长2.75公里。

安平县堤防情况一览表

表5-16

河流名称	堤名岸别	起止终点		堤长(公里)	堤距(米)	堤高(米)	堤顶宽(米)	堤顶高程(米)		备注
		起点	终点					起点	终点	
滹沱河	左堤(北)	西李庄西	袁营东	32.56	1500～3250	5～6	8～18	34.698	25.522	85高程
	右堤(南)	北郝村西	东庙头	26.00		4～4.5	7	33.31	25.6	
潴龙河	左堤(北)	南白沙庄西	北白沙庄北	2.75	800～1800	3.5	8	28.2	27.71	
	右堤(南)	北郭村西	秦王庄东北	16.03		5	8	30.35	27.68	

第三节 水利工程

一、堤防修筑

1.滹沱河南(右)、北(左)堤、坝

1991年北大堤西段包胶工程 该工程位于西里庄至大何庄段之间，全长4公里，桩号29＋800至30＋800；32＋800至34＋800；42＋000至43＋000。工程于7月10日开工，8月25日完工。堤顶包胶宽度为7～10米，土质为黑黏土，厚度0.2～0.5米，共动土2.94万立方米；国家投资9万元。

1993年北大堤大何庄至报子营段柏油路工程 该工程于2月8日开工，6月10日竣工；共完成柏油路长度9.5公里(桩号43＋500至34＋000)，路基宽6.5米，路面宽4米，总投资85.6万元。

1994年北大堤报子营至西李庄段泥结碎石路面工程 该工程段长4.5公里，桩号34＋000至29＋500，3月23日动工，4月25日竣工；标准为路基宽7米，路面宽4米，泥结石厚度为8厘米，总投资17.96万元。

1995年北大堤油面路补修工程 北大堤油面路全长19公里。该工程于4月18日开工，7月28日竣工，共投资11.7万元。

1996年高佐锁坝及杨各庄土石丁坝工程 高佐锁坝位于滹沱河左岸。该段修建长658米的浆砌石锁坝，锁坝内部为压实黏土坝，土坝顶宽2.86米，边坡1:2，高程24.82米。该工程5月20日进场，11月29日竣工。杨各庄丁坝位于杨各庄村南滹沱河左岸，在此修建七条土石丁坝。1、2、3、4、7号坝为土石丁坝，5、6号坝为钢筋砼箱坝坝头，土石坝身。1号至7号坝长度分别为27.2米、33.2米、49.2米、47.6米、44米、48.7米、27.3米。该工程5月20日进场，6月10日竣工；总投资232.89万元。

1997年南北堤漏洞处理工程 4月15日至5月14日，对北大堤的西李庄、何庄、刘口、辛店、曹庄等段的10处漏洞进行开挖除险；对南堤的东满正和西会沃险段进行剖堤回填处理，总动土方59700立方米，总投资45万元。

1997年里河——长汝险工干砌石护堤工程 该工程于4月18日动工，5月23日竣工；护砌长度为220米，总投资24.5万元。

1998年北大堤灌浆工程 该工程位于刘吉口西段，段长2000米(桩号44+000至46+000)；9月5日进场，11月10日完工；孔深12米，孔距3米，打孔667个，总进尺8016米，总投资452.8万元。

北大堤曹庄至南牛具段前戗台修筑工程 该工程段长5千米(桩号48+400至53+400)；1998年9月26日动工，1999年4月28日竣工；顶宽10米，边坡1:4，总投资246万元。

北大堤袁营段前戗台修筑工程 该段位于

滹沱河北大堤安平、饶阳交界处（桩号60+600至61+800），段长1200米；1998年9月进场，1999年4月27日完工；顶宽10米，边坡1:4，总投资38万元。

北大堤油子段干砌石护坡工程　该段长1200米（桩号55+200至56+400）。该工程于1998年9月29日动工，1999年4月20日完工；护砌顶部高程为25.4米至25.9米，超设计水位0.8米，护砌底高程21.5米至22.3米，边坡1:4，砌石厚度为0.4米，总投资168.9万元。

南堤河槽漫溢段复堤工程　漫溢段长7.8千米（桩号16+000至23+800）。该工程于1998年9月29日进场，1999年4月25日完工；复堤高程按设计水位加高1米，顶宽7米，边坡1:3，总投资337.7万元。

西赵庄险工加固工程　西赵庄险工位于滹沱河南堤大子文乡西赵庄村北，险工段长500米（桩号5+500至6+000）；1998年11月5日至1999年4月19日，对该段进行加固。该工程共分三项：一是恢复原截沟埝，按顶宽4米，高3米，边坡1:2修复，长170米；二是种植8条活柳生物丁坝；三是在原坝址修建2条土石丁坝，坝顶宽2米，高3米。一号坝长80米，2号坝长60米。插柳1300株，总投资20.1万元。

东满正险工加固工程　东满正险工位于滹沱河南堤东满正村南。1998年9月29日至10月28日对该段进行剖堤重筑，开挖长度300米（桩号20+295至20+595），顺堤向开挖边坡1:3，新筑堤顶宽7米，设计边坡1:3，设计堤顶高程29.36米，总投资35.2万元。

西会沃险工加固工程　西会沃险工位于滹沱河南堤西会沃与河槽村交界处（桩号23+895至24+045）。1998年9月29日至11月5日，对该段进行剖堤重筑，开挖长度150米，顺堤开挖边坡1:3，新筑堤顶宽7米，边坡1:3，堤顶高程为28.05米，总投资18.5万元。

东庙头险工险段加固工程　东庙头险工险段位于滹沱河南堤东段，与饶阳县交界处，段长500米（桩号31+795至32+295）。1999年4月20日至6月1日，在该处修建500米的干砌石护堤，砌石厚度0.4米，下铺10厘米的碎石垫层，堤脚修建0.6米×1米的齿墙，总投资39万元。

2000年后程干险工护岸工程　该险工位于滹沱河右岸后程干村东，于5月20日开工，6月30日竣工。护砌长度为300米（桩号23+100至23+400），护砌边坡1:2，干砌石护坡厚0.4米，下设0.1米厚的碎石垫层；坡脚设浆砌齿墙，深1.5米，底宽0.6米，下设0.1米厚的碎石垫层；护顶结构为浆砌石，深0.4米，宽1.0米。护砌起止断面沿坡设浆砌石齿墙，底宽0.5米，深1.0米。总投资38万元。

2001年里河险工加固工程　该工程位于里河村西北，全长200米（桩号37+800至38+000）。工程于9月1日开工，10月6日竣工。工程边坡1:4，砌石厚度0.4米，总投资50万元。

2001年北大堤灌浆工程　该工程段长13.65千米（桩号38+000至42+000，49+350至50+000，51+000至56+000，58+000至62+000），灌浆总进尺31864米；总投资306万元。

2001年北大堤刘吉口沉模板墙工程　该段工程桩号为：48+900至49+350，44+100至45+000，沉模板墙工程总长1350米，墙深12米至18米，板墙总面积23525平方米；总投资422万元。

2001年南大堤复堤工程　工程全长17.88千米（桩号7+000至16+000、23+800至32+588）；堤顶宽度为7米，内外边坡均为1:3。工程总投资1320.7万元。

2002年3月里河险工工程　该工程位于北大堤里河村段。工程为干砌石护坡，护坡高程为百年一遇设计水位加1米安全超高；干砌石厚度40厘米，护坡顶部设浆砌石锁口。工程总投资217万元。

2002年7月北大堤复堤、路面硬化和堤坡排水工程　复堤部位设在迎水坡面，边坡比1:4，顶宽8米，长度为20223米，复堤土方354479立方米；沥青油面路全长32.592千米（桩号29+777至62+369），路面设计宽度5米，堤坡排水为现浇砼，两坡间隔40米交错布设排水槽1条，共计816条。工程总投资为2072万元。

2. 潴龙河南（右堤、千里堤）、北（左）堤

1994年6月千里堤什伍村段包胶工程　该工程

位于什伍村段(桩号4＋700至5＋600),共动用土方2270立方米;合计用款2万元。

1997年北郭村浆砌石护堤工程　该工程位于潴龙河右堤首端老堤头,4月14日开工,5月23日竣工;浆砌石护堤长550米,护砌顶部高程为29.45米,边坡1:2.5,砌石厚度为底端0.5米,顶部0.3米;总投资200万元。

1997年右岸王六市段干砌石护岸工程　该工程6月21日开工,7月25日完工;干砌石长度为350米,上端厚30厘米,下端厚50厘米,底部修建宽1.5米,顶宽0.5米,高1米的齿墙,并修建4个口宽75厘米、深50厘米的浆砌石水簸箕。工程总投资69.96万元。

1999年千里堤王六市险工干砌石护堤工程　该工程护砌长度400米(桩号14+100至14+500),护砌厚度0.4米。工程于6月28日开工,8月15日完工;总投资59.67万元。

2001年千里堤赵院险工加固工程　工程位于马店镇赵院村北,桩号8+800至10+400,长1.6千米。工程分两期实施:一期主要实施两座土石坝,二期实施钢筋混凝土导流排和其他土石丁坝。总投资807.7万元,其中一期工程119.5万元,二期工程688.2万元。

二、桥梁建设

1995年,城南桥加宽工程。城南桥位于京堂北分干与县城中心路交叉处, 桥长17米。4月2日至5月30日,在原桥宽7.8米的基础上加宽至26米(东侧加宽12.2米,西侧加宽6米);总投资24.2万元。

三、防汛指挥部建设

1995年,刘吉口防汛指挥部库房翻新。刘吉口防汛指挥部建于1964年,因年久失修破损严重,为保证防汛物资的存放安全,1995年4月将旧库房拆除,投资4.2万元在原址上新建库房2个,共6间。

1998年4月1日至5月24日,投资35万元对刘吉口防汛指挥部6间房屋进行翻新,并搭建船棚100平方米,修补围墙85米。

第四节　水利建设区划

按照同一区内水利条件和治理措施基本相同、水资源状况基本相同、旱涝碱灾害情况基本相同等原则,全县水利建设共分为机井灌溉区、井灌分洪区、井灌疏浅沟排沥区、疏浅沟排沥井灌分洪区4区。

一、机井灌溉区

地处县西北部和北部,滹沱河北堤以北,主要包括大何庄乡和马店镇的大部,土地面积121.93平方公里,耕地面积12.29万亩,其中井灌水浇地面积11.33万亩,占耕地面积的92.2%。该区土壤多为沙壤土,轻壤土,无盐碱、透水性良好;一般年份不产生地面径流,很少发生沥涝,没有分洪任务;地下水埋深一般5～9米,水质良好,适合农作物灌溉。

突出问题:地下水超采严重,水资源不足。

二、井灌分洪区

地处县城以西,滹沱河以南。主要包括东黄城乡、大子文乡、南王庄镇的大部及安平镇的部分区域(并乡扩镇前的安平镇和河漕村乡的一部),土地面积182.22平方公里,耕地面积19.75万亩,其中水浇地面积18.55万亩,占耕地面积的93.9%。该区土壤多为沙壤土、轻壤土,无盐碱;丰水年份,东半部易出现点片沥涝;位于滹沱河分洪区,如遇洪水,首当其冲;地下水资源较为丰富,地下水埋深一般6～9米,水质较好,适合农作物灌溉。

主要水利问题:地下水超采严重;受洪涝灾害威胁,自西向东逐渐增大,防洪工程尚待完善。

三、井灌疏浅沟排沥区

地处县东北部,滹沱河以北,主要包括程油子乡和并乡扩镇前的南苏村乡一部,土地面积90.93平方公里,耕地面积6.79万亩,其中井灌面积5.68万亩,占耕地面积的83.6%。该区土壤多为中壤土和亚黏土,局部有点片盐碱;地势低洼,丰水季节易出现沥涝;地下水资源一般,浅水淡水不发育,地下水埋深一般4～6米,水质较好,适合农作物灌溉。

主要水利问题：地下水超采严重，水资源不足；区内虽有四条排水骨干渠道，但田间配套较差，是县内涝灾主要分布区。

四、疏浅沟排沥井灌分洪区

地处县东南部，主要包括西两洼乡及安平镇的部分区域（并乡扩镇前的王胡林乡、后张庄乡及安平镇一部），土地面积97.92平方公里，耕地面积11.2万亩，其中井灌面积9.51万亩，占耕地面积的84.9%；盐碱地面积5000余亩，占全县盐碱地总面积的59%。该区地下水资源较贫乏，中浅层淡水不发育；水质较差，有些不适宜农作物灌溉。

主要水利问题：水资源较差，中浅层成井较为困难；旱、涝、盐碱危害程度较大，面积较广。

第五节　水利管理

一、管理机构

1991年，水利局内设办公室、机井股、后勤股、水利工程管理站、写志办、水政水资源综合管理办公室（局级单位由水利局代管）；全局共有工作人员57人；下属单位有食用菌厂、水泥制管厂、抗旱服务中心，共有干部职工108人，其中干部1人。

1992年，后勤股、写志办并入办公室，增设财务室；下属单位增设水利工程建筑队。1993年，增设水利钢板网厂。1995年，增设多种经营办公室；撤销食用菌厂（因经营不善，入不敷出）。1999年，撤销水利钢板网厂。2001年4月24日，水利局更名为安平县水务局。2002年，抗旱服务中心划归多种经营办公室。2002年年底，水务局内设办公室、机井股、水政水资源综合管理办公室、财务室、多种经营办公室、水利工程管理站；下属单位有水泥制管厂、水利工程建筑队；全局共有干部职工109人，其中局机关55人，下属单位54人。

二、机井管理

1991—2002年，水泵均改为潜水泵，机井管理一般由村电工代管；为实现节水灌溉先后在南王庄镇9个村，开展节水灌溉试点，铺设节水管道112035米，修机井屋119座，安装水表119套，既达到了农业节水又实现水资源的监控。

三、河道堤防管理

河道管理　1996年8月洪水后，朱庄、长汝、任庄、唐贝、徐张屯5个村庄先后完成迁建，并对迁建后的旧村基进行清理，完成土方100多万立方米，大大提高河道行洪能力。

堤防管理　2002年，开始对堤防林木进行产权改革，全县58公里堤防林木全部实行承包，确认林木，明晰树权，确保堤防林木的完好。

1991—2002年，硬化滹沱河南北堤防路面58公里，保障防汛交通的便畅，提高防洪能力。

四、施工管理

1990年，水资源管理办公室成立，新增或更新机井必须先向水资办提出申请，经审核下发取水许可证后，经农水股确定井位方可施工，施工完成后须经乡水利工作站、打井队和用户验收后，报农水股备案方可使用。

第四章　邮政

1991—2002年，安平县邮政事业快速、健康发展，邮政业务总量1991年808998件，2002年上升到6693490件，是1991年的8.3倍；邮政收入1991年755329元，2002年上升到6639275元，是1991年的8.8倍。2002年，安平邮政在河北省邮政系统开展的创收大户评选活动中在全省排前60名，在衡水市各市县邮政局经营责任制考核中排名第二。

第一节　邮路、投递线路

一、邮路

1991年，安平县邮路主要有四条：衡水—深县—安平干线汽车邮路，长约80公里；县局—程油子邮电支局自办汽车邮路，全程40公里；县局—刘吉口邮政所—马店邮政所－大何庄邮电支局—县局三轮摩托车邮路，全程52公里；县局—东黄城邮政所—大子文邮政所—南王庄邮电支局—县局三轮摩托车邮路，全程70公里。1996年，三轮摩托车邮路改为汽车邮路。2002年，安平县干线汽车邮路1条，即衡水—安平，长约80公里；县内汽车邮路三条，即安平县局—南王庄支局、安平县局—程油子支局、安平县局—大何庄支局，全程长162公里。

二、投递线路

1991年，安平县共有乡投递线路14条，投递点273个；县内投递线路3条，全程长514公里。2000年，县内投递线路增加到8条，乡邮线14条。2002年，安平县县内投递线路增至9条，乡邮线路减至13条。

2002年安平县域内投递线路情况一览表

表5-17

段别	起止地点	交通工具	班期	全程公里	投递点数
市投一	川越美发厅—法律律师事务所	自行车	逐日班	22	316
市投二	畜产家属楼—农机局家属楼	自行车	逐日班	17	192
市投三	武装部—建设局家属楼	自行车	逐日班	15	179
市投四	团结胡同东头第一家—秋实巷西2排3号	自行车	逐日班	12	200
市投五	农行—财政局家属楼	自行车	逐日班	28	330
市投六	圣姑路张克勤—西环路特种油商店	自行车	逐日班	17	265
市投七	腾达拔丝厂—汉王北路20号	自行车	逐日班	13	264
市投八	二院—大世界展厅	自行车	逐日班	22	343
市投九	建行—批发街肉食批发部	自行车	逐日班	30	378
乡邮一	二化—明耀五金制品厂	自行车	逐日班	59	116
乡邮二	恒通公司—田园小区	自行车	逐日班	52	142
乡邮三	旧邮局家属院—宗庄	自行车	逐日班	50	146
乡邮四	西环路信用社—茂源丝网厂	自行车	逐日班	51	158
乡邮五	二粮站—华安加油站	自行车	逐日班	49	190
乡邮六	程油子乡政府—程油子医院	自行车	逐日班	49	98
乡邮七	程油子信用社—程油子信报站	自行车	逐日班	46	78
乡邮八	北会沃信报站—西满正信报站	自行车	逐日班	51	113
乡邮九	大何庄邮局对过东盛批发部—长汝信报站	自行车	逐日班	48	157
乡邮十	大何庄乡政府—里河信报站	自行车	逐日班	50	151
乡邮十一	大子文信报站—大子文粉子厂	自行车	逐日班	45	82
乡邮十二	南王庄工艺礼品厂—南王庄农行所	自行车	逐日班	50	96
乡邮十三	东河町—中角新世纪超市	自行车	逐日班	45	68

第二节　邮政设备

1991年，安平邮电局邮政设备有生产用汽车1辆、三轮摩托车1辆、二轮摩托车6辆。1994年增加二轮摩托车1辆、邮政磅秤13台、包裹收寄机1台、保险柜10个、生产用计算机4台。1996年，增加生产用汽车1辆，用于特快专递揽收和投递。1997年增加生产用微机3台。1998年，增加邮运车1辆、保险柜6个、计算机9台。2002年，邮政设备有生产用汽车3辆，摩托车8辆，邮政磅秤13台，保险柜16个，生产用计算机16台，包裹收寄机1台。

第三节　邮政业务

一、函件

函件分为信函、明信片、印刷品、盲人读物四种，其中信函分为平常信函、挂号信函、邮政快件、保价信函等。

国内函件资费平常信函每重20克(不足20克按20克计算)1991年0.20元；1996年12月1日起，调整为0.50元；2002年，调整为0.80元。

二、包裹

包裹业务种类：1991年分为普通包裹、保价包裹、商品包裹、快件包裹、纸质品包裹共5种。1996年12月1日起，取消商品包裹和纸质品包裹。2002年，包裹业务种类主要有普通包裹、保价包裹、快件包裹。

1991年，包裹业务量为56400件，业务收入508400元。1992年，业务量53500件，业务收入608500元。1994年，业务量增至110900件，业务收入增至685200元。1995年以后，安平县转运站不断增多，邮局交寄包裹有重量、尺寸限度，因此包裹业务呈下降趋势。2002年，业务量下降到41039件，业务收入1240583元。

1991年，包裹资费以每500克为一计费单位(不足500克按500克计算)，普通包裹按照寄递里程分区核定；商品包裹在普通包裹资费基础上加收50%；保价包裹在普通包裹资费基础上加收1%；快件包裹每千克5元，加收挂号费3元，共8元；纸质品包裹省内互寄的按《国内包裹资例表》实有计费区的资费标准计收，省际互寄的按《国内包裹资例表》各省第一计费区的资费标准计收，每公斤超过2.50元的按2.50元计算，此外加收包裹处理费每件0.50元，大件商品包裹处理费每件加收1.00元。1996年12月1日起，执行新的包裹资费标准，即按现行“包裹资例表”费率上调50%，另按件计收挂号费，计费标准仍按寄递里程区分核定，每500克为一个计费单位；取消商品包裹业务，统一按包裹收寄；取消纸制品包裹业务，收费内容按印刷品收寄。

三、汇兑

1991年，邮政汇兑执行的是旧汇兑体制，分为国内和国际汇兑两部分，国内汇兑分为信件传递的普通汇兑和电报传递的电报汇兑两种。2002年，邮政汇兑进行新旧体制改革，传统邮政汇兑改为电子汇兑，种类分为普通汇款、电子汇款、加急汇款(2小时电子汇款)、特急汇款(实时汇款)。

1991年，邮政汇兑资费：汇费每笔最低收取0.30元，每笔超过30元的汇款仍按1%计算汇费。自1996年12月1日起，邮政汇兑资费标准调整为：每汇1元(不足1元按1元计算)0.01元，每笔汇款最低汇费1.00元。2002年，汇兑执行资费：普通汇款和电子汇款按每笔汇款的1%收取汇费，每笔汇款最低汇费2.00元；加急汇款在普通汇款汇费的基础上，加收5元手续费；特急汇款在普通汇款汇费的基础上，加收10元手续费。

四、机要通信

机要通信的任务是专门负责传递党和国家机要文件。按其性质分为绝密、机密、秘密三种，采用专包(机要专用包)、专袋(机要专用袋)、专押(由机要人员押送)方式传递。传递的机要文件限于：有关党和国家机密的文件、档案、密码、资料、图表、书刊，带有文字机密的印信、录音带、照片、底片、印版等和政法部门必须随机要文件寄递的案件物证。

五、特快专递

国内特快专递邮件是给据邮件的一种，按邮件性质分为信函、文件资料和物品三大类，按邮局所负赔偿责任分为保价国内特快专递和非保价国内特快专递。安平县1994年开办特快专递业务。

1995年，特快专递业务量为8034件，业务收入128300元；1997年，业务量13511件，业务收入392800元；2002年，业务量27201件，业务收入达847289元。1996年12月1日前，特快专递资费标准：每200克收12元（不足200克的按200克计算）。1996年12月1日以后，特快专递邮件资费标准调整为起重200克收取20.00元，200克以上每续重200克（不足200克按200克计算）另加收6元。

六、报刊发行

1991—2002年，安平县邮政局报刊发行方式主要有两种：一是订阅，读者向报刊发行部门预付报刊费，待报刊出版后，由邮局将报刊及时按期按地址投送给读者；二是零售，根据市场供求规律，以定额流动资金储备各种报刊出售，由读者自由选购，以订阅为主。报刊发行量：1992年，报纸0.5万份，刊物0.02万份；1993年，上升到报纸0.86万份，刊物0.03万份；1994年，下降到报纸0.38万份，刊物0.02万份；1994年以后，报刊发行量逐年上升，至2002年上升到报纸1.44万份，刊物0.25万份。

1991—2002年部分年度安平县邮政业务情况表

表5-18

年份	函件		包裹		汇款		集邮	报刊发行	
	业务量（件）	收入（元）	业务量（件）	收入（元）	业务量（笔）	收入（元）	收入（元）	份数（万）	收入（元）
1991	584000	109900	56400	508400	11700	44200	3304	0.55	89454
1994	919300	176200	110900	685200	—	—	24201	0.4	127398
1995	518000	106400	42600	724300	12800	81200	16286	0.73	162882
1999	454696	405699	44593	1057939	18910	150711	—	1.29	308179
2000	369139	434423	42010	1264268	19530	176159	120271	1.48	367535
2002	821371	25751	41039	1240583	10820	190311	41904	1.69	355645

第四节　管理机构

1991年，安平县邮电局位于城内北关圣姑台西侧（为民大街37号），隶属于衡水地区邮电局领导；全局共有干部职工122人，设7个班组（邮政营业班、电信营业班、分拣封发班、机务班、电报班、市线班、农线班），1个公司（发行投递公司），7个邮电分支机构（其中，有大何庄、南王庄、程油子

3个邮电支局和大子文、东黄城、刘吉口、马店4个邮政所）。1996年，衡水撤地建市，安平县邮电局改属衡水市邮电局领导。1997年，增设河漕村邮政所、西两洼邮政所。1998年，邮电分营，成立安平县邮政局；全局共有干部职工69人；设2个部1个室（办公室、经营服务部、财务部），4个班组（营业班、储蓄班、投递班、分拣封发班），9个分支机构（即大何庄、南王庄、程油子3个邮政支局和大子文、东黄城、刘吉口、马店、河漕村、西两洼6个邮政所）。2000年7月28日，增设丝网大世界邮政支局。2001年12月5日，安平县邮政局迁到为民西街新建邮政楼。2002年，安平县邮政局设1个室2个部，5个班组，4个邮政支局，6个邮政所，共有干部、职工69人。

第五章　电信

1991—2002年，安平电信事业发展迅猛，取得前所未有的成果。1994年11月，电信设施全部更换为程控装备，人工传接交换机退出历史舞台，全县电话号码由4位升至6位，通信实现市话程控化、传输数字化、农话自动化。1995年5月，全县电话号码由6位升至7位。1999年、2000年，中国移动和中国联通相继在安平开通移动电话业务。到2002年，市话程控交换机容量达15712门，农话程控交换机容量达44328门。电话机安装1991年924部（0.06部/百人），1994年2627部（0.37部/百人），1998年17922部（6.28部/百人），2002年增加到49888部，普及率达15.6部/百人。互联网拨号上网用户1998年85户，2000年454户，2002年增加到1504户。2002年年底，移动电话达到11.2万户，普及率达36.41部/百人。宽带用户2001年7户，2002年增加到113户。2002年手机互联网用户1.7万户，联通互联网用户1000多户。有线通信业务收入1991年86.5万元，1994年337.28万元，1998年2588.29万元，2002年增加到3157.58万元。

第一节　设施建设

一、有线通信设施建设

1991年，安平县邮电局纵横制市内电话自动交换机容量为1000门。5月，架设安平—大何庄明线2条，增加电路2条。

1992年1月，开通安平—衡水全自动电话电路2条，来话电路2条。

1993年年底，长途载话端机设备容量为39路，长途交换机容量30门（共电式），长途电话电路37条，其中安平至石家庄2条（人工），安平至衡水34条（自动25条，半自动5条，人工4条），安平至深县1条（人工）。另外，还有安平至衡水出租话路4条。

1994年8月，大何庄、程油子、南王庄支局安装微波铁塔，使农话传输实现微波化。同年11月30日零时，安平县邮电局7000门程控电话一次割接开通，同时开通的还有南王庄、大何庄、程油子三个支局及马店乡各500门程控电话交换机，型号为NEAX61。全县电话号码由4位升至6位。至此，安平县邮电通信实现市话交换程控化、传输数字化、农话自动化，人工传接交换机退出历史舞台。是年，长途自动交换机容量达840路端，长途人工交换机容量为20门（共电式），长途对端设备容量32路端，长途模拟终端服用设备容量30路，长途数字终端服用设备容量480路，长途业务电路37路（其中，长途自动业务话路30路，出租长话电路4路，公众电报业务电路2路，出租电报电路1路）。

1995年，本地电话中继电路为840路，全部为数字电路，用户电缆长度177皮长公里，其中光缆20.2皮长公里；杆路总长度193公里，其中局间中继杆路18公里；县局至马店、大何庄分别为240路光缆，至南王庄为240路微波，至程油子为120路微波。是年，进行大规模的农话杆线进村工程建设。

1996年，重点进行农市话线路延伸，共增挂农话电缆70公里，累计达到283公里。同年12月20日，安平县最后一个农话空白点村程油子乡张店村安装程控电话，从此实现全县村村通电话。

1997年，为缩短用户电缆距离，减少农话线路重复投资，进行农村电话优化组网工作，新建刘吉口、河漕村、东黄城、大子文、西两洼共5个农话交换点（C&C08型交换机），并根据优化组网的要求，将南王庄交换设备更换为深圳华为公司生产的C&C08型1024门程控电话交换机；在县内传输上，新架安平—东黄城—大子文—南王庄10芯光缆和河漕村—马店—大何庄2芯光缆共35皮长公里，解决县局至南王庄方向和县局至大何庄方向的交换传输和农村有线电视传输问题。是年，新架农话杆路56.5公里，增挂农话电缆143皮长公里；新增农话出局线3750对，农话出局线总数达到9800对；农村电话中继电路达840路，且全部为数字电路；农话电缆长度达6300皮长公里，其中中继光缆长度达56.1皮长公里；出局用户线为7620对，其中实占3964对。

图5-13　移动通信铁塔

1998年，新架安平—程油子（10芯）、安平—刘吉口（6芯）光缆共31.2皮长公里；进行线路扩建及电缆杆路配线调整，共架设电缆279皮长公里，农话电缆累计达到6563皮长公里。

1999年，电缆长度达到472皮长公里，接入网光缆长度为2皮长公里，本地中继光缆长度为76皮长公里，同步SDH终端复用设备容量为72个2Mbps，准同步PDH终端复用设备容量为16个2Mbps。

2001年，新建农话杆路176.5公里，新架农话电缆357.73皮长公里，新架模块局中继传输光缆63.5皮长公里。

2002年，安平县通信分公司按照“稳步发展交换网、快速发展光纤网、超前发展宽带网”的总体规划，不断加快网络建设进度，积极完善网络组织架构。至2002年年底，全县市话程控电话交换机容量达到15712门，农话程控电话交换机容量为44328门；电信线路总长为1633.8皮长公里，其中光缆线路321.5皮长公里，电缆线路1312.3皮长公里；同步SDH终端复用设备容量为72个2Mbps，准同步PDH终端复用设备容量为16个2Mbps；　交换点已达到45个，其中无人值守交换点35个。

二、无线通信基站建设

1999年7月，中国移动共有模拟基站4个，其中县城1个，大子文、南王庄、程油子各1个；数字基站5个，其中县城2个，大子文、南王庄、程油子各1个。2000年10月，中国联通有基站6个；中国联通在安平镇新增基站4个。2001年，中国移动将原4个模拟基站改为数字基站。2002年年底，中国移动共有基站31个，直放站15个；中国联通共有基站10个；基本实现全县无缝隙覆盖。

1991—2002年安平县有线通信设施情况一览表

表5-19

项目 年度	长途载话端机（路）	电报电路（路）	市话交换机		农话交换机		电话安装总数（部）	每百人电话数（部）	电信线路（皮长公里）		杆路长度（公里）	互联网用户数（户）	
			容量（门）	制式	容量（门）	制式			电缆	光缆		注册拨号用户	ADSL宽带用户
1991	30	3	1000	纵横制电话交换机	698	纵横制电话交换机	924	0.06	14.30	—	30	—	—
1992	30	3	2000	纵横制电话交换机	760	纵横制电话交换机	1374	0.09	18.60	—	32.7	—	—
1993	30	3	3000	纵横制电话交换机	760	纵横制电话交换机	1926	0.27	23.60	—	37.3	—	—
1994	840	3	7000	程控电话交换机	2064	程控电话交换机	2627	0.37	32.00	—	37.3	—	—
1995	1650	3	12128	程控电话交换机	3500	程控电话交换机	5946	1.90	876.30	20.20	193	—	—
1996	—	2	12128	程控电话交换机	3500	程控电话交换机	8793	2.42	954.10	56.10	—	—	—
1997	—	2	12384	程控电话交换机	7680	程控电话交换机	12897	4.52	1060.90	195.70	—	—	—
1998	—	—	12384	程控电话交换机	10116	程控电话交换机	17922	6.28	1135.20	227.50	—	85	—
1999	—	—	13888	程控电话交换机	12800	程控电话交换机	21042	6.65	1162.50	258.70	—	177	—
2000	—	—	14496	程控电话交换机	25003	程控电话交换机	29113	9.2	1231.20	275.90	—	454	—
2001	—	—	14794	程控电话交换机	35960	程控电话交换机	40983	12.8	1262.70	293.40	—	840	7
2002	—	—	15712	程控电话交换机	44328	程控电话交换机	49888	15.6	1312.30	321.50	—	1504	113

第二节 经营业务

一、有线通信业务

1. 固定电话

普通电话 1991年，全县共安装电话924部，平均每百人拥有电话0.06部。同年5月27日，开通长途直拨电话业务，凡进入全国自动电话网的用户可直拨全国700多个市县。1993年1月，开通长途电话国际直拨电话业务。1994年9月28日，安装全县第一部磁卡电话。1996年，实现全县村村通电话，共安装电话8793部，电话普及率为2.42部/百人，其中市话普及率16.8部/百人，农话1.03部/百人。至2002年年底，全县共安装电话49888部，电话普及率达到15.6部/百人。

800业务 800业务是由电话的被叫方集中付费的一种新的电信服务形式。对于办理800业务的客户(如航空公司、贸易公司等)，通信部门将为其提供一个800号码，用户通过拨打该800号码进行咨询、调查、反馈、订货、销售等所产生的通信费用均由800客户集中支付，主叫用户不需支付通信费用。

2. 电报

1991年，国内公众电报根据其业务性质分为普通业务和特别业务两大类。普通业务根据其不同的业务特点、用途分为政务电报、公益电报、新闻电报、普通电报、天气电报、水情电报、汇款电报、公务公电及业务公电等。特别业务视不同需要开办有特急电报、加急电报、邮送电报、礼仪电报、电报挂号等。1995年后，因受长途电话等方面的影响，电报业务量逐年下降。

1997年，安平县开始办理用户传真业务。传真业务是一种电报通信，亦称传真电报。随着通信的发展和用户传真业务的推出，电报业务在安平县逐渐萎缩并退出历史舞台。至2002年年底，传真业务用户发展到13000户。

3. 数据业务

随着数据网络建设的高速发展，安平县通信分公司自1998年起相继投产运营数字数据网(DDN)、分组交换网(CHINAPAC)、帧中继、因特网/多媒体网等项业务。

DDN业务 DDN即数字数据网，它是利用数字传输通道(光纤，数字微波，卫星)和数字交叉复用节点组成的数字数据传输网，可以为用户提供各种速率的高质量数字专用电路和其他新业务，以满足客户多媒体通信和组建中高速计算机通信网的需要。该项业务自1998年在安平开始办理，至2002年年底，用户发展到17000户。

分组交换业务 分组交换是为适应计算机通信而发展起来的一种先进通信手段，可以满足不同速率、不同型号的终端与终端、终端与计算机、计算机与计算机以及局域网间的通信，实现信息资源共享。该项业务自1998年在安平开始办理，至2002年年底，用户发展到1000户。

帧中继业务 帧中继技术是在分组交换技术充分发展，数字与光纤传输线路逐渐替代已有的模拟线路，用户终端日益智能化条件下发展起来的。帧中继技术简化节点机之间的协议，加快网络传输速度。同时，通过采用统计时分复用技术，充分利用网络资源，成为行业集团局域网络实现通信的最佳网络选择方案。该项业务自1998年开始在安平开办，至2002年年底，用户发展到8000户。

互联网业务 互联网业务分为窄带拨号接入业务和宽带接入业务。

窄带业务 用户凭借上网账号和密码，通过拨打特服号“16900”接入互联网。普通电话拨号上网的最高速率可达56kB/S，ISDN电话拨号上网的最高速率可达128kB/S。该项业务自1998年开始在安平开办，是年年底用户为85户，至2002年年底，用户发展到1504户。

宽带ADSL业务 利用电话铜线作为传输介质，通过电话线高速传输各种多媒体业务的宽带接入技术，它采用先进数据编码和调制技术，下行速率最高可达8Mbps，从而实现高速上网服务。同时，利用分频技术，实现打电话和上网同时进行，互不影响。ADSL业务以其高速方便等优点成为宽带上网的主流业务。该项业务于2001年开始在安平开办，同年用户为7户，到2002年年底用户发展到113户。

1991—2002年安平县有线通信业务量情况表

表5-20

年度	电报（份）	国际长途电话（张）	国内长途电话（张）	本地网内区间电话（张）	本地网内区内电话（张）
1991	47600	—	117949	151046	151046
1992	44882	—	240149	190675	190675
1993	35084	—	396666	202009	202009
1994	26279	—	569270	593639	593639
1995	14611	9208	1692886	889133	889133
1996	11021	7690	2034608	2497013	2497013
1997	7184	9804	2582791	2264599	2264599
1998	4851	10012	2924887	3828310	1940988
1999	4377	13782	3825684	9535841	20072772
2000	3832	12349	4263594	5627064	19517369
2001	4403	8979	3836349	12092632	78196944
2002	1537	16032	4097913	8921380	55348203

1991—2002年安平县有线通信业务收入情况统计表

表5-21　　单位：万元

类别 年度	总收入	长途业务收入	市内电话收入	农村电话收入	电报收入	其他收入
1991	86.52	31．39	30.86	14.63	9.64	—
1992	127.16	57.45	35.21	25.06	9.44	—
1993	193.26	82.12	70.76	39.14	1.24	—

续表5-21

年度＼类别	总收入	长途业务收入	市内电话收入	农村电话收入	电报收入	其他收入
1994	337.28	137.18	123.28	66.57	9.18	1.07
1995	847.07	421.00	245.53	175.38	4.59	0.57
1996	1555.13	391.50	810.62	350.44	2.57	—
1997	2489.04	564.98	1349.85	572.42	1.45	0.34
1998	2588.29	796.59	1514.92	180.51	0.98	95.29
1999	2217.76	1042.42	746.72	420.65	1.01	6.96
2000	2543.19	1143.27	791.54	576.02	0.88	31.48
2001	3101.92	1488.98	865.88	689.77	0.89	56.40
2002	3157.58	1512.60	881.68	694.82	0.31	68.17

二、无线通信业务

1. 中国移动

（1）模拟移动电话

1999年7月，安平共有模拟用户2685户。1999年11月5日，开通模拟本地通业务（908××××,909××××），共发展用户1975户。2001年12月31日，关闭模拟网，并成功完成模拟网转数字网。

（2）数字移动电话

1999年7月，安平有数字基站5个，用户5363户。2000年3月，推出燕赵行业务，可在河北省内漫游，同年发展燕赵行用户5326户。2001年，推出神州行业务，可全国漫游，同年发展用户3761户。至2002年年底，数字移动电话数达到6.9万户。

（3）数据业务

短信 2000年2月1日，安平开通短信业务。短信业务是一种很方便地通过手机发送和接收信息的服务业务。客户可以通过短信方式直接与他人沟通，也可以通过短信获取移动梦网为客户提供的丰富多彩的信息。至2002年年底，共有5.2万户使用短信业务，使用户占全网用户的75.2%。

移动秘书 2000年3月1日，安平开通移动秘书服务。移动秘书是中国移动为客户提供的人工秘书台服务，可为客户提供人工中文寻呼、主被叫留言、日程安排、电话号码簿等服务。申请移动秘书，客户就可以拥有一个价格低廉、全天候服务的贴心小秘书。至2002年年底，共有2.1万用户使用该业务。

WAP业务　2000年6月6日，安平开通WAP业务。WAP业务即手机上网业务，是中国移动向客户提供的通过手机以无线方式访问互联网的业务。WAP网站类似于WWW网站，可为客户提供娱乐、商务和生活等丰富多彩的业务，真正实现手机上的迷你互联网。到2002年年底，共有1.7万户使用该业务。

GPRS业务　2002年5月17日，安平正式开通GPRS业务。GPRS(General Packet Radio Service)通用分组无线业务，实际上是采用分组传输和交换方式的数据承载业务平台，为客户提供高速率(9KB/s到17KB/s)的无线介入通道接入因特网。至2002年年底，共有1.3万户使用该业务。

2. 中国联通

GSM业务　中国联通GSM130、131、132数字移动电话网采用GSM蜂窝式网络标准。本项业务从2000年10月开始在安平开通，至2002年年底，共开通用户4.3万户。

CDMA业务　联通新时空CDMA移动电话具有接通率高，对人体辐射小、通话质量好、音质清晰、保密性强等特点。2001年4月，开始在安平开办业务，到2002年年底，CDMA网络已覆盖安平镇、大子文乡、大何庄乡、马店镇、南王庄镇共5个乡镇，用户达1.1万户。

寻呼业务　无线寻呼业务于1996年开始在安平开办，到1998年达到高潮，用户达6.3万余户。随着手机用户的逐渐增多，1999年下半年寻呼业务在通信市场开始下滑，到2002年年底，寻呼业务退出市场。

数据业务　联通数据网是宽带的、高性能的数据通信运营网络，主要业务包括IP电话、传真、IP网传输业务、会议电视、远程教学、远程医疗等。联通的IP电话提供国内、国际长途及传真业务，接入号分为17910(二次拨号)、17911(直拨)两种。该项业务于2001年8月开始在安平开办，到2002年底，有5000多个用户使用。

长途业务　中国公众长途通信网联通193长途网是长途电信基本业务和增值业务的长途通信网，主要提供长途电话业务，面向的用户是有国内国际长途通信业务需求的所有企业、个人及家庭;有三种服务形式，即向用户提供193长途卡(193300)，向用户提供注册长途、国际长途直拨业务，提供国际国内长途专线接入。该项业务于2001年1月开始在安平开办，到2002年年底，有3000多个用户使用。

互联网业务　中国联通互联网是经国务院批准直接进行国际联网的经营性网络，其拨号上网接入号码为“16500”。联通互联网可提供的业务种类:165拨号上网业务;互联网专线接入业务，包括小区接入、单位接入和网吧接入;联通在信业务，包括联通短消息、中文秘书台等;国际拨号漫游业务和国际虚拟专网业务、国际宽带出租;虚拟互联网服务提供商业和虚拟专网业务;165互联网智能视频会议系统业务。

该项业务于2002年4月开始在安平开办，到2002年年底，有1000多个用户使用。

第三节　管理机构

河北省通信公司安平县分公司　1991年，电信管理由安平县邮电局负责。1998年8月，按照国家邮电体制改革的要求，安平县邮电局分为安平县邮政局和安平县电信局，电信业务改由电信局负责管理。电信局内设综合办公室、市场经营部和电信营业班、机务班、市话线路班、农话线路班、维护中心、工程班、司机班7个生产班组;下设大何庄、南王庄、程油子、刘吉口、马店、大子文、东黄城、西两洼、河漕村9个农村支局;全局共有干部职工71人，1999年7月，移动通信与电信通信分营，移动通信从安平县电信局析出。2000年7月，安平县电信局改为公司制，更名为河北省电信公司安平县电信局。是年，增设电源空调班。2002年9月，因体制改革，河北省电信公司安平县电信局更名为“河北省通信公司安平县分公司”(以下简称安平县通信分公司)。2002年年底，安平县通信分公司设综合办公室、市场经营部和营业班、机务班、电源班、市话机线班、农话机线班、司机班、维护中心共7个生产班组；下设南王庄、大子文、东黄城、河漕村、马店、刘吉口、大何庄、程油子、西两洼共9个农村营维部；共有干部职工64人。

自1991—1998年邮电分营前，安平县邮电局位于安平县城为民西大街37号(圣姑北路4号)。邮电分营后，安平县通信分公司仍在原址。

河北移动通信公司安平分公司　前身是衡水移动通信公司安平营业部。营业部于1999年7月1日从原安平县电信局分离出来，共有工作人员12名，其中主任1名。营业部营业面积仅12平方米，地点在电信局大楼。2000年4月，租用工商银行一楼大厅，7月10日正式开业，营业面积达280平方米；10月，营业部改为河北移动通信公司安平分公司，设经理1名。2002年年底，共有工作人员14名，其中合同制员工7名，劳务员工7名。

中国联通衡水分公司安平营业部　前身是安平联通国信寻呼营业厅。营业厅于2000年10月在原国信寻呼台的基础上成立，共有3名工作人员。随着业务的不断扩展，2002年5月，撤销国信寻呼营业厅，成立中国联通衡水分公司安平营业部。营业部隶属于中国联通衡水分公司领导，外资独资企业。2002年年底，营业部设经理室、综合办公室、市场部、营业部；共有工作人员10名，其中经理1名。

第六编　城乡建设

县城建设

城市管理

房产管理

村镇建设

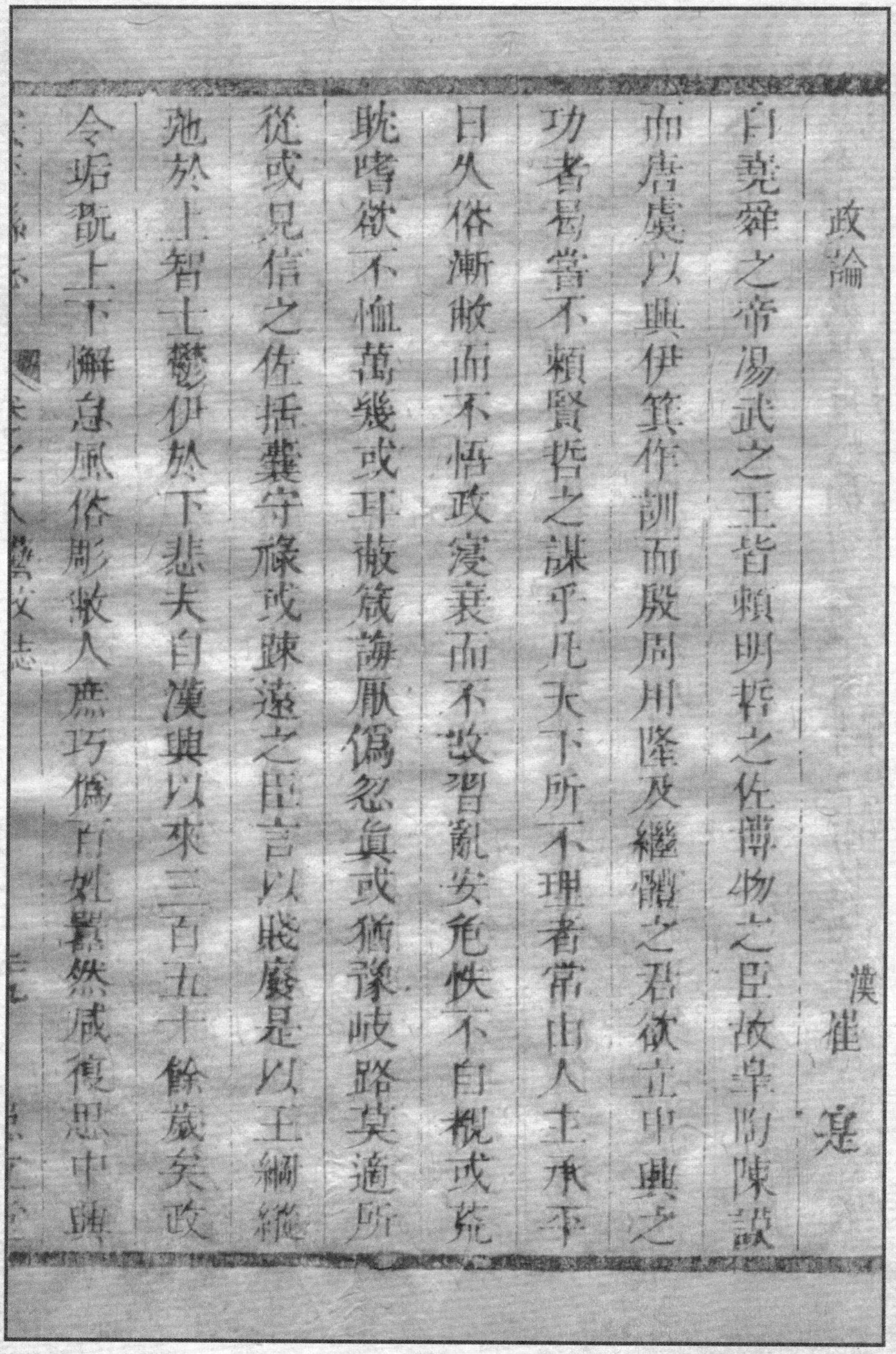

政論　　漢　崔寔

自堯舜之帝湯武之王皆賴明哲之佐博物之臣故皐陶陳謨而唐虞以興伊箕作訓而殷周用隆及繼體之君欲立中興之功者曷嘗不賴賢哲之謀乎凡天下所不理者常由人主承平日久俗漸敝而不悟政寖衰而不改習亂安危怢不自覩或荒耽嗜欲不恤萬幾或耳蔽箴誨厭僞忽真或猶豫岐路莫適所從或見信之佐括囊守祿或疎遠之臣言以賤廢是以王綱縱弛於上智士鬱伊於下悲夫自漢興以來三百五十餘歲矣政令垢翫上下懈怠風俗彫敝人庶巧僞百姓囂然咸復思中興

安平縣志　卷之八　藝文志

康熙二十六年《安平县志》载 崔寔的《政论》片段

第六编　城乡建设

1991—2002年期间，随着规划编制的逐步完善，安平的城市建设步伐明显加快，县城路街由原来的10条、总长19540米，扩建到18条、总长达35175米。城区面积不断扩大，一座座高楼拔地而起，公建设施配套日趋完善，绿化、美化、亮化档次迅速提升，县城容貌发生翻天覆地的变化。村镇建设成绩显著。

图6-1　安平县城一角

第一章　县城建设

第一节　市政建设

一、城区规划

县城总体规划曾于1984年编制完成，并经过省政府的批复。随着改革开放的不断深入，原县城总体规划已明显不能适应政治文化生活与经济发展的需要，因此安平县城乡建设局委托河北省邯郸市规划设计院，对安平县城总体规划进行修改。1995年5月19日，规划设计院规划组进驻现场，开始对现状进行全面调查。在深入调查的基础上编制《安平县城总体规划纲要(草案)》。该草案经多次修改后，于1995年6月21日完成了《安平县城总体规划1995—2015》，1998年8月19日衡水市人民政府批准。规划明确规定："主要向东发展，其他方向适当发展，保留城区东北角和东南角作为城市发展备用地；城区东西两侧布置工业，西部是以丝网工业为主的轻污染工业区，东部是综合性工业区，居住区布置在中部；城区的政治、商贸、文化中心在原位置进行扩建和改造；在城区中南部布置中心公园、游乐园、运动场作为公共活动中心；开通中心路作为县城南北中轴线，拓宽改造为民街为县城东西中轴线。"明确规划区为20.58平方公里。

二、公共设施

1. 街道

1991年年初，安平县城有六街四路，全长19540米。1991—2002年，新建街路8条，改建、扩建6条。2002年年末，有九街九路，总长达到35715米，城区形成四通八达的交通网。城内街道东西为街，南北为路；以中心路为界，将各条街分为东街和西街；以为民街为界，将各条路分为南路和北路。

为民街　是城区的中心大街，西起西环路，东至与正港路交叉处，东西全长5605米，宽28米，路面宽14米，沥青、水泥混凝土混合路面。2000年以来，路面拓宽成22米和30米，部分路段拓宽成40米。

图6-2　为民街

新盈街　在为民街以北220米处，西起西环路，东至富民路，全长3775米，宽32米。新兴农贸市场以东3495米，路面宽16米，沥青、水泥混凝土混合路面，以西280米为土路。

红旗街　在新盈街以北280米处，西起西环路，东至交警队东边南北路，全长3505米，宽40米。红旗街与中心路交叉口以西1274米，路面宽30米；以东2231米，路面宽26米。圣姑路至汉王路之间路段为沥青路面，其余为水泥混凝土路面。

长安街　在红旗街以北332米处，西起东马路，东至南胡林村，已建成600米，宽32米路段。其中，育才路至党校100米和汉王路至南胡林230米为水泥混凝土路面，路面宽16米，其余270米为土路。

网都街　在为民街以南238米处，西起西环路，东至裕华路，全长3205米，宽26米，路面宽14米，水泥混凝土路面。

陵园街　在网都街以南255米处，规划长1606米，宽26米，已局部建成。东段汉王路交叉口至裕华路交叉口长560米，宽26米，路面宽14米，水泥混凝土路面。西段铁道路交叉口至西环路交叉口330米，宽26米，路面宽16米，为水泥混凝土路面。中段中心路交叉口至育才路交叉口576米，为宽5米沥青路面。

旧城街　在陵园街以南250米处，西起西环路，东至东马路，全长1585米，宽20米，路面宽14米，水泥混凝土路面。

和平街　原名南环路，在旧城街以南407米处，西起西环路，东至东马路，全长1585米，宽32米，路面宽16米，沥青路面。

南环街　在和平街以南900米处，西起西环路，东至富民路，全长3775米，宽50米，路面宽20米，沥青路面。与正港公路重叠。

中心路　修建于1997年。南起南环街，北至红旗街，南北全长2550米，宽40米，路面宽30米，水泥混凝土路面。

图6-3　中心路南大门城标　和平鸽

图6-4　中心路夜景

圣姑路　在中心路以西174米处，南起和平街，北至红旗街，全长1650米，宽19米，路面宽10米，水泥混凝土路面。

西马路　在圣姑路以西300米处，南起南环街，北至红旗街，全长2550米，宽32米，路面宽16米，水泥混凝土路面。

西环路　在西马路以西800米处，南起南环街，北至红旗街，全长2550米，宽50米，路面宽34米，沥青、水泥混凝土混合路面。与保衡公路重叠。

东马路　在中心路以东311米处，南起和平街，北至长安街，全长1982米，宽26米，路面宽14米，沥青路面。

育才路　在东马路以东265米处，南起网都街，北至长安街，全长1070米，宽26米，路面宽14米，水泥混凝土路面。

汉王路　在育才路以东795米处，南起陵园街，北至北外环，全长1730米，宽40米；陵园街至红旗街993米为水泥混凝土路面，宽26米；红旗街以北257米为土路，土路以北480米为水泥路面，宽16米。

裕华路　在汉王路以东560米处，南起陵园街，北至红旗街以北182米处，全长1175米，宽40米，路面宽26米，沥青、水泥混凝土混合路面。

富民路　在裕华路东570米处，南起为民街，北至红旗街，局部建成长430米、宽32米、路面宽16米。水泥混凝土路面。

2. 供水

1991年年初，自来水管理站有供水井5眼，其中2眼水塔式供水井，3眼自动调压变频式水泵供水井，供水管道总长14公里，供水5000户，占城区居住总户数的87%。至2002年，拥有水井10眼，旧水塔式供水井仅剩一眼，其余全部改为自动调压变频式水泵供水井；对原有管网进行了改造，重新铺设了1400米DN200mm的PVC-U管道，使各井之间有效统一联网，保证城区的生产、生活、市政公用设施的用水；原来政宣、东关、兴贤、县前等城中村的自备井已取消，改由自来水管理站统一供水；供水管道总长度34公里，供水户达到10170户，年供水量320万立方米，自来水入户率达100%。

1991年，居民生活用水水费0.3元/吨，行政事业用水水费0.42元/吨，工业企业用水0.61元/吨，建筑用水0.8元/吨。1991年后，由于成本的增加，水费几经调整，到2002年，居民生活、行政事业、工业企业和建筑用水水费分别增长到1.1元/吨、1.2元/吨、1.3元/吨和3元/吨。

1991—2002年安平县水费标准调整情况表

表6-1　　单位：元/吨

年份	居民生活用水	行政事业用水	工商企业用水	建筑用水
1991	0.30	0.42	0.61	0.80
1996	0.70	0.83	1.02	1.64
1998	0.80	0.93	1.18	2.00
2002	1.10	1.20	1.30	3.00

3. 排水

城区所有主次干道两旁地下均有排水管道，路边每隔40～50米建一个水篦子，每隔100米建一个检查井，各居民小区巷院建有排水支管，排水管道基本构成一个完整的排水体系，但遇大雨排水不畅、管道淤积、污水四溢。2001年，县委、县政府决定实施县城排水工程，投资近1200万元，铺设南起北张沃村，北至滹沱河，途经王各庄、薛各庄、梅左、程干、刘疃等6个村庄的排水管道。管道全长6456米，直径1.5米，中间有一次扬水。该工程2001年5月1日开始施工，2001年10月21日完工并通水运行。

4. 供热

2002年以前，各单位办公楼和小区住宅楼（商住楼）冬季取暖一般多为单位或小区住宅户集资购买锅炉，由单位或小区集中供热。2002年，城区有供热锅炉26台，供热面积23万平方米；绝大多数平房住户，采用土暖气或用煤炉自行供暖。

5. 照明

1991年，县城只有为民街、新盈街两条道路安装路灯；城区有公用路灯杆120根、灯160盏、变压器5台。至2002年年底，县城内安装路灯的街道有：网都街、为民街、新盈街、红旗街、和平街、西环路、中心路、西马路、东马路、育才路、汉王路、裕华路共12条街道。城区路灯灯杆总数达769根，路灯总数为1352盏，变压器34台。

城区内路灯主要以钠灯为主，中心路部分路段为节能灯。县城各街道路灯的日常维修由建设局负责。平时对各街道路灯进行不定期检修，重大节日前全面检修，亮灯率基本保证95%以上。

2002年年底安平县城区内路灯分布情况一览表

表6-2

街道名称	路灯数（杆）	路灯数（盏）	功率（瓦/盏）	灯型	变压器（台）
为民街	168	168	250	高压钠灯	6
新盈街	72	110	250	钠灯	4
红旗街	101	162	250	钠灯	5
网都街	35	35	250	钠灯	2
西环路	128	256	250	钠灯	6
中心路	93	354	500	钠灯	6
东马路	17	17	250	钠灯	1
汉王路	57	102	250	钠灯	2
育才路	13	13	250	钠灯	—
裕华路	50	100	250	钠灯	—
西马路	15	15	250	钠灯	1
和平街	20	20	250	钠灯	1
合计	769	1352	—	—	34

三、公共建筑

1990年年底，城区有公共建筑楼房16栋、32211平方米。1991年后，随着经济的飞速发展，公共建筑楼房也随之增加，到2002年，新增公共建筑40栋、建筑面积达15万平方米，总投资达11730万元；最高建筑是广电局办公楼和电力局调度大楼（高6层），最大建筑是京润超市，建筑面积10220平方米。

1991—2002年安平县城区新增公共建筑一览表

表6-3　　　　单位：平方米、万元

行业分类	楼房名称	结构	层数	建筑面积	投资	开工时间	竣工时间
商饮服务	红楼宾馆	砖混	3	1344	65	1995.4	1996.9
	粮库平方仓	砖混	1	1532	109.6	1996.12	1997.6
	金都宾馆	砖混	3	1472	69	1997.11	1998.3
	购物中心	砖混	3	4451	285	1997.2	1998.8
	移动公司	砖混	5	2687	175	2001.3	2001.7
	惠祥超市	框架	3	5588	200	2001.6	2001.12
	京润超市	框架	4	10220	1600	2001.10	2002.8
	国家储备库	砖混	1	5089	777	2002.2	2002.9
金融	中行营业楼	框架	4	2816	89	1998.6	1999.5
	工商行营业楼	框架	5	1312	96	1999.9	1999.12
	安平联社综合楼	砖混	4	4560	450	1999.1	2000.7
文教卫生	安平二中	砖混	4	1400	70	1995.2	1996.2
	安平县医院	砖混	4	7200	388	1995.5	1996.11
	向阳小学	砖混	4	8020	400	1997.3	1997.10
	光明中学	砖混	4	10300	600	1993.3	1998.3

续表6-3

行业分类	楼房名称	结构	层数	建筑面积	投资	开工时间	竣工时间
文教卫生	启蒙小学	砖混	5	4100	300	1997.3	1998.4
	安平中学实验楼	砖混	4	2387.6	260	1998.8	1999.5
	启蒙幼儿园	砖混	4	3200	150	1998.4	1999.7
	进修学校	砖混	4	2780	234	1999.1	2000.1
	育才学生宿舍楼	砖混	4	3700	189	1999.11	2001.4
	育才中学科技楼	砖混	4	2800	126	2001.4	2001.12
	童星幼儿园	砖混	4	2600	130	2002.3	2002.10
工业	造纸网车间	轻钢	1	6200	500	1999	2000
建筑	建筑公司综合楼	砖混	5	2300	90	2000.6	2001.7
电力	电力局调度楼	框架	6	6200	600	2000.4	2001.6
	城北110kV变电站	砌体	1	54	28	2000.11	2001.7
	电力局供电所营业楼	砖混	2	750	38	2001.5	2001.12
机关	国税局办公楼	砖混	4	2690	240	1995.8	1996.6
	交通局办公楼	砖混	4	5000	240	1996.2	1997.2
	检察院办公楼	砖混	4	2314	115.9	1997.7	1997.12
	武装部办公楼	砖混	3	5200	320	1997.9	1998.11
	招待所	砖混	4	2387.6	280	1998.5	1999.7
	交警大队办公楼	砖混	4	1200	106.4	1999	2000
	民政局办公楼	砖混	4	3200	300	1999	2000
	粮局	砖混	4	1890	148.6	1999	2000
	财政局办公楼	砖混	4	3335	218	2000.1	2001.5
	邮政局生产楼	框架	3	2800	313	2000.3	2001.7
	水利局办公楼	砖混	3	2068	115	2001.5	2001.10
	电力局办公楼	砖混	4	6000	600	2000	2001
	广电局办公楼	框架	6	3800	223.2	2002.4	2002.12

四、居民住宅

公建　1991年前，县政府、县直机关和企事业单位，按原城区建设规划，在城内建造一些非农业居民住宅（平房），按不同标准分配给部分干部职工，每户一间至三间不等，一间半至两间者居多，并有配房做厨房、贮藏室。1991年后，公建居民住宅已不再发展。到1996年，全县城区公产平房住宅面积共39262.17平方米，其中县直接管理的公产住房1716.07平方米，单位自管的公产住房37546.1平方米。

私建　为解决日益加剧的城区居民住房难的问题，1991年后，县政府采取多种形式发展城区住宅建设。县财政和企事业单位采取统一征地，按一定标准分配给本系统符合条件的职工，由个人筹资按统一标准建房。该举加速城区住宅建设。

单位集资统建　20世纪80年代后期，一些单位开始在规划许可经过审批的条件下，由单位征地，

图6-5　居民小区

不收或减收基础设施费用统建住房（平房）。1995年，为节约用地，一些条件比较好的单位开始由职工集资统一建住宅楼。至2002年年底，单位集资统建住宅楼共44栋，总建筑面积11.3万平方米。

商品住宅楼建设　经单位申请，县政府批准，将单位公有土地使用权卖给房地产开发商开发，开发商建成商品房后以市场价销售。该县从1998年开始建设商品住宅楼，并逐步形成规模。到2002年年底，共建成商品房住宅小区11个，建设商品住宅楼27栋，别墅16栋、47户，总建筑面积13.705万平方米，其中，百家福小区4栋16800平方米；祥和小区2层别墅8栋、22户，楼1栋共14000平方米；惠祥庄园3层别墅8栋、25户，楼4栋共20000平方米；建筑公司小区楼5栋、20000平方米；火车站小区楼2栋、4500平方米；金水湾小区楼2栋、10000平方米；博达颐苑小区楼4栋、30000平方米；明华家园楼2栋、7050平方米；兴运小区楼1栋、6300平方米；锦绣家园楼2栋、8400平方米。

1991—2002年安平县城区单位集资统建住宅楼一览表

表6-4　　单位：平方米、万元

建设单位	工程种类	结构	面积（平方米）	投资（万元）	施工单位	开工时间	竣工时间
造纸网厂	宿舍楼	砖混	1714	93.63	安平县一建公司	1995.5	1999.10
信用联社	住宅楼	砖混	3374	120	安平县隆庆建筑公司	1997.3	1997.11
文教局	住宅楼	砖混	2829	130	安平县建筑公司	1997.4	1997.11
建设局	家属楼	砖混	4060	180	安平县隆庆建筑公司	1997.8	1998.8
公安局	家属楼	砖混	3591	450	安平县第一建筑公司	1998.7	1999.7
民政局	住宅楼	砖混	2200	210	市政建筑工程公司	1998.7	1999.7
农业银行	住宅楼	砖混	5000	382.9	安平县建筑公司	2000.4	2001.5
			2730	163.8	安平县第二建筑公司	2000.4	2001.5
纤维板厂	住宅楼	砖混	3200	169.2	安平县建筑公司	2000.5	2000.11
一建公司	商住楼	砖混	3592	158	安平县一建公司	2000.7	2001.7
财政局	住宅楼	砖混	4160	287	安平县第二建筑公司	2000.8	2001.8
县委	住宅楼	砖混	12960	583.2	房产建筑公司	2000.11	2002.1
水利局	家属楼	砖混	3850	200.9	安平县第二建筑公司	2001.5	2001.10
			2894	167.5	安平县建筑公司	2001.5	2001.10
			3850	199	安平县建华公司	2001.5	2001.10
交警大队	住宅楼	砖混	3831	172.4	房产建筑有限公司	2001.5	2001.12
建筑公司	综合住宅	砖混	5675	180	安平县第一建筑公司	2001.8	2002.4
石油公司	住宅楼	砖混	6367	110.1	隆庆建筑公司	2001.9	2002.4
第三拔丝厂	住宅楼	砖混	4000	160	安平建华建筑有限公司	2002.4	2003.5
广电局	住宅楼	砖混	4890	210.9	武强水利建筑公司	2002.5	2002.12
			4890	210.9	衡水房屋建筑公司	2002.5	2002.12
丝网集团	住宅楼	砖混	4300	192	建华建筑公司	2002.6	2003.6
交通局	住宅楼	砖混	12000	600	安平县第一建筑公司	2002.8	2003.12
安平中学	住宅楼	砖混	7000	480	河北第八建设工程公司	2002.10	2003.10

五、园林绿化

街道绿化　为民街于1996年种植分道绿化带6616平方米，新增植行道树国槐100棵；2000年、2001年，于西段种植草坪3150平方米。2002年，中心路两侧分道绿化带面积为10000平方米，内植雪松、木槿320棵，另植有行道树青桐190棵、白蜡40棵；红旗街两侧分道绿化带13500平方米，内植龙柏190棵，行道树法桐100棵；新盈街植有行道树法桐585棵；网都街植行道树垂柳535棵；和平街两侧分道绿化带面积500平方米；西环路两侧分道绿化带9800平方米，绿化带内种植大叶黄杨58000棵、紫叶李158棵、金叶女贞22000棵、桧柏210棵、红叶小檗11800棵，另植有行道树法桐360棵；圣姑路植有行道树国槐80棵；东马路两侧分道绿化带面积4700平方米，植有行道树合欢374棵；育才路植有行道树国槐120棵；汉王路两侧分道绿化带面积2995平方米，内植大叶黄杨32000棵、桧柏130棵、碧桃118棵；裕华路两侧分道绿化带面积1100平方米，植有行道树法桐115棵；另外在城区南出入口建绿化地一处，绿化总面积3100平方米。

广场绿化　1999年，在中心路与为民街交叉口建绿化广场一处，总面积3300平方米，广场内种有草坪、月季、小叶黄杨、撒金柏、红叶小檗、紫藤、银杏、紫叶李、黄杨球、女贞、百日红、垂柳、寿桃。

为民园　该园位于中心路中段路西，总占地面积8991平方米，总投资70万元，于2000年春建成，隶属于建设局。园内栽种草坪及各种花卉，其中有月季、垂柳、榆叶梅、龙爪槐、紫荆、连翘、龙柏、碧桃、撒金柏、小叶黄杨、红叶小檗、芙蓉等。园内还设有供游人休息的凉亭，健身运动广场，以及各种健身器材。

图6-6　为民园

第二节　建筑施工

1991年安平建筑工程质检站成立后，围绕“施工队伍上档次、建设工程上质量”这一主题，充分发挥行业管理的职能作用。在全面清查、摸清底数的基础上，依据上级主管部门的文件精神，对建设项目的报批程序、建筑工程的勘测设计、施工的管理、工程质量的监督、建筑材料的检测等进行具体规范，相继制定建设工程招标、城镇建设、施工现场等方面的管理规定。建筑企业在建设工作中有章可循，主管部门在实施管理上有据可依，保证安平建筑业的健康发展。

一、施工队伍

1991年年初，安平有县办建筑施工队4个，干部职工210人；个体建筑队53个，从业人数1340余人；有资质、在册的建筑施工队有第一建筑公司、第二建筑公司、第六建筑公司、城建公司、建华公司、商贸建筑公司、县社建筑公司、安建公司共8个建筑公司。1995年，增加安平建筑工程有限公司、中建建筑公司、隆庆建筑公司、市政建筑工程公司、房产建筑公司共5个建筑公司。到2002年年底，全县有资质在册的建筑施工队共13个，其中有资质的大型建筑企业共5家，有安平县建筑工程有限公司、建华建筑有限公司、商贸建筑有限公司、房产建筑有限公司、安平县市政建筑工程公司。全县有资质和无资质施工队共30个，技术工人500名，从业人员1500名。

二、建筑设计

设计机构　安平县建筑设计室成立于1995年9月19日，丁级资质，隶属于安平县建设局；共有职工14人，其中技术人员12人，中级职称3人，初级职称9人。到2002年年底，职工总数为18人，其中技术人员16人，中级职称6人，初级职称10人。

设计成果　安平县建筑设计室成立后，于2000年购置专业制图、晒图设备等，专业设计全部实行了微机自动化办公。到2002年年底，共设计项目15个，工程量55700平方米，涉及12个单位，共收费15.5万元。

1995—2002年安平县建筑设计成果情况表

表6-5　　单位：平方米、万元

工程项目名称	建设时间	工程量（平方米）
安平县人大办公楼	1995年	2700
安平县水泥制品厂商住楼	1996年	23300
安平县土产公司商住楼		
安平县第二实验小学教学楼		
安平县财政局办公楼		
安平县财政局商住楼		
安平县建设局住宅楼	1997年	9400
安平县粮食局住宅楼		
安平县民政局住宅楼	1998年	10050
安平县粮食局综合楼		
安平县电力局城东站服务楼	2000年	780
安平县电力局城北十一万站服务楼	2001年	9470
安平县后庄信用社服务楼		
安平县南王庄信用社服务楼		
安平县武装部基地服务楼		

三、行业管理

城建管理 安平县城乡建设管理纳入法治化轨道，实行“一书两证”制和申请审批制度。“一书两证”即选址意见书、建设用地规划许可证和建设工程规划许可证。1991—2002年，共办理选址11户，核发建筑许可证308户。拆除、制止违章建筑1754处，拆除主要街道两侧临建786处。通过办理选址、核发建筑许可证、拆除、制止违章建筑和主要街道两侧临时建筑，安平县违章建筑得到有效控制。

建筑业资质管理 1996年，经省建设管理局确认，全县有等级资质施工企业8家。此后，建设局建筑管理科对这些企业每年进行一次年检复查，对符合条件的批给证书，对基本合格的限期整改，逾期达不到规定要求的重新定级，直至吊销资质证书。

招投标管理 为促进建筑市场健康发展，保证公正、平等竞争和择优选定施工单位，保证工程质量，合理确定工程造价和工期，提高投资效益，从1994年3月起，安平县建设工程招标投标管理办公室在全县范围内执行招投标管理。

安全生产管理 为贯彻“安全第一、预防为主”的方针，建设局内设安监站，主管施工企业的安全工作。安监站经常派人深入工地进行安全检查，及时掌握企业的安全生产动态，督促企业完善安全生产规章、健全安全组织；对现场安全管理严重违章的，按规定程序予以严肃处理。安监站要求各施工企业，在组织施工生产的同时，落实各级安全生产责任制，并认真开展安全达标活动，使安平所属四级以上资质的施工企业，在2002年年底前达标率达到上级要求。

施工质量管理 1992年7月，成立履行工程质量监督的专职执法机构“建筑工程质量监督站”。监督站依据国家颁发的有关法律、法规、技术标准及设计文件，对各类新建、改建、扩建的工业、民用、市政工程及建筑构件实施质量监督。

第三节　管理机构

1991年，安平县城乡建设局内设办公室、城建股、质量监督站、城建监察大队、村镇股、房产股；下属单位有环境保护监测站、环境卫生管理站、自来水管理站、房地产开发公司、城建建筑公司、市政工程队；全局共有干部职工30人。

1996年1月，城乡建设局被撤销，设立建设委员会和房管局两个局级机构。1996年11月，建设委员会更名为建设局。建设局内设办公室、城建股、质检站、综合收费股、建筑设计室、村镇股、城管监察大队；下属单位有市政工程公司、供水管理站、环境卫生管理站；全局共有干部职工38人。1998年3月，建设局内设办公室、城市规划科、城市建管科、建筑稽查大队、绿化科、建筑设计室、城建监察大队、房产开发科、城建派出所。至2002年年底，内设机构和下属单位未变，全局共有干部职工52人，其中，设局长1名，副局长4名。

第二章　城市管理

1991年后，县城规模不断扩大，居住人口和车辆日益增多，城市管理相对滞后问题日益凸现。为达到建设与管理的和谐统一，于2000年7月成立城市管理专门机构——城市管理办公室；从1991年至2002年，环卫工人由57人增至106人；环卫事业费也从2000年起由建设局支付改由县财政拨款，每年拨专项资金30万元。为强化城镇居民的城市意识，县委宣传部、建设局、城管办等单位大力宣传城市管理工作。“人民城市人民建，人民城市人民管”的理念深入人心；县城街道秩序、环境卫生和市容市貌都发生可喜的变化。在衡水市城市环境卫生和市容市貌综合检查评比中，连续七年（1996—2002年）蝉联为全市第一名。

第一节　城市环境卫生管理

一、环境设施建设

垃圾箱　1991—1999年，县城设垃圾箱30个。垃圾箱多为石棉或玻璃钢制品，主要设置在为民街、新盈街、东马路、网都街等主要街道，另配有10个垃圾池。2000年8月，淘汰石棉和玻璃钢垃圾箱，投资11万元增添铁板垃圾箱200个，分别放置在县城所有街道，另在为民街部分路段放了果皮箱。截至2002年年底，县城共设垃圾箱200个、垃圾池30个、果皮箱20个。

垃圾运输车辆　垃圾运输车辆主要以农用柴油车为主。1997年，购置4辆垃圾运输车，到2000年，车况破损较严重。2001年年初，全城垃圾清运改由个人承包，承包人自购垃圾运输车2辆。至2002年，共有垃圾运输车6辆。

环卫清扫车　1997年，建设局购入环卫清扫车一台，2000年移交城管办。清扫车主要用于夜间环卫清扫。2002年9月，为加大街道的清扫力度，城管办购置1套以三马车为动力的环卫清扫车。

二、环卫管理

县城环境卫生作业1991—2002年一直坚持每日清扫2次，全天保洁。清扫保洁主要以人工为主，夜间用环卫清扫车对县城14条主要街道进行清扫。县城垃圾实行日产日清制度，每日早9点前将全城所有垃圾清理完毕。

县城垃圾处理以填埋为主。1991年至2001年4月，垃圾场设在西马路与网都街交叉口南200米路东大坑内。2001年4月，为解决垃圾二次污染，将垃圾场搬迁到城东一公里外，原第二化工厂南侧的大坑内。全县日垃圾处理量1991年50立方米，2002年增至120立方米。

环卫监督工作由环卫大队负责。环卫大队设大队长（由城管办1名副主任兼任）、副大队长、中队长各1名，管理人员4名。管理人员对各自管理路段的环境卫生、清扫保洁、清运等情况进行监督检查，对乱倒垃圾、乱摆摊位、乱停车辆、乱贴乱画、随意发放广告等行为进行综合治理。2000年7月，为提高为民街的环境卫生水平，确定为民街为县城严管街。从2000年7月起至2002年年底，在县城清除各类小广告2380条，规范店外经营摊位630多个，规范育才路市场和建材街市场，取缔不规范夜市2个。

第二节　市容管理

一、广告设置管理

广告牌匾管理　1991—2000年，县城广告牌匾随意悬挂摆放，影响城市容貌。为美化县城环境，自2001年起对广告牌匾进行集中整治，要求在为民街、中心路、西环路等重点路段设置的广告牌匾，一律采用灯箱式和规范的长度、宽度；其他路段一律不准在街道和店外摆放竖牌匾；由建设局出资在各街道架设高标准彩虹桥28座，并规定大型户外广告一律在彩虹桥安装；对不规则牌匾、店外摆放牌匾进行了清理和收缴，对沿街机关单位也提出安装霓虹灯、彩灯和射灯的要求，并对设置霓虹灯的位置、内容、用字、修饰、维护和审批等作出规定，由执法队员负责监督检查。

二、城内车辆管理

出租车辆管理　1991—1999年，县城没有正规的出租车公司，出租车辆管理由建设局监察大队负责，2000—2002年由城管办执法大队负责。为使出租车逐步纳入正规运营，管理单位根据有关部委的法规，规划出租车停放区域和运营规划，对车容车貌也作出规定。

公交车辆管理　2001年10月，在城管办等相关部门的协调下，安平县安宁公交汽车公司成立，从而结束县城没有市内公交的历史。首批运营的20辆公交车在城区三条线路上运营。至2002年春季，运营车辆增至30辆，运营线路增到4条。2002年5月，安平县平安汽车出租公司成立，全县市内出租车共15辆。2001年10月公交公司成立后，城管办对无证无照运营的“黑公交”进行治理，严禁无证无照车辆载客私自运营，并规范出租货车和客运三轮车的停放。到2002年年底，车辆运营秩序明显好转，县城基本无“黑公交”运营。

三、收费项目及标准

自1994年4月起，根据《河北省城市市容和环境卫生管理实施办法》的有关规定，市容环境卫生管理部门开始在城区内征收卫生服务费等费用，收费标准根据县物价局核定的标准进行征收。环境卫生服务费等费用的征收，1991年到1999年建设局负责实施，2000—2002年由城管办实施，收费项目共9项。按规定征收的卫生服务费专用于发展城市市容和环境卫生事业。

安平县城市环境卫生服务收费项目及标准一览表

表6-6

项目名称	收费开始时间	收费标准	收费依据
居住区卫生服务费	1994年	每人每月0.5元	河北省政府〔1994〕96号令第三十一条
粪便清掏服务费	1994年	每吨15.00元	河北省政府〔1994〕96号令第三十一条
垃圾清运服务费	1994年	每吨每公里5.00元	河北省政府〔1994〕96号令第三十一条
建筑垃圾堆放服务费	1994年	每吨1.00元	河北省政府〔1994〕96号令第三十一条
生化垃圾处理服务费	1994年	每公斤1.00元	河北省政府〔1994〕96号令第三十一条

续表6-6

项目名称	收费开始时间	收费标准	收费依据
门前清扫服务费	1994年	每平方米每月1.00元	河北省政府〔1994〕96号令第三十一条
企业事业单位环境卫生服务费	1994年	每人每月1.00元	河北省政府〔1994〕96号令第三十一条
市场外摊点环境卫生服务费	1994年	每平方米每日0.5元	河北省政府〔1994〕96号令第三十一条
城市生活垃圾处理费	1994年	每吨2.00元	河北省政府〔1994〕96号令第三十一条
	2001年9月	每户每月3.00元	冀价经费字〔2000〕21号第五条
		办理暂住户口的外地进城人员每人每月2.00元	

第三节　管理机构

1991年至2000年6月，城市管理工作由安平县城建局监察大队和环卫站负责。2000年6月23日，县政府成立安平县城市管理办公室（以下简称城管办），办公地点设在武装部化工厂院平房内，于2002年10月搬入在原址新建的二层办公楼。城管办属政府序列，正科级事业单位，设主任1名，副主任2名；下设秘书科、执法大队、环卫征费大队、财务科；共有干部职工40人。到2002年，先后增设派出所、交通中队、征管科、督察科等科室，干部职工共89人。

第三章　房产管理

第一节　产权管理

1996年以前，全县共办理房屋所有权证1404份，其中公产房249份，私房1155份；同时，为少量房产办理房产抵押登记手续。

1996年3月，安平县人民政府根据1995年1月正式施行的《中华人民共和国城市房地产管理法》，印发《安平县城镇房屋产权产籍管理暂行规定》和《安平县关于房屋所有权验证换证的通知》，明确安平县的房屋权属登记制度，规范登记程序，强调权属登记时的勘丈调查制度，并开始建立房产平面图、房产档案、房产卡片、房产权属账册四方面组成的产籍资料。1998年7月1日，安平县根据建设部1997年10月颁布的《城市房屋权属登记管理办法》《城市房地产抵押管理办法》、11月发布的《关于颁布全国统一房屋权属证书的公告》，停止使用旧的房屋权属证书，开始使用全国统一的具有防伪标志的房屋权属证书，并对原发旧证限期更换。2001年年底，房管局根据安平县人民政府2001年3月发布的《关于开展村镇房屋确权发证工作的通知》，组织人力在部分村镇开始发放房屋所有权证。到2002年年底，全县共核发房屋所有权证7422个，其中农村住房1238个，发放房屋他项权证7492份（包括纠正假证错证205份），产籍资料档案达到7422卷，县城房屋产权登记率达到93%。

1998—2002年安平县城房屋情况统计表

表6-7 单位：平方米

年份＼内容	房屋总量	人均住房	结构							
			楼房	平房	商品房	住宅	非住宅			
							合计	工业	商业	办公
1998	1181058	17.46	727582	453476	160340	448147	732911	303251	218581	211079
1999	1317957	20.78	857965	459992	178340	554107	763850	308891	233880	221079
2000	1558505	21.86	988893	569612	186430	608970	949535	391748	334461	223326
2001	1670524	24.62	1107401	563123	186430	685623	984901	394028	361567	229306
2002	1707242	24.73	1154481	552761	202600	708316	998926	399586	369480	229860

第二节 交易市场管理

改革开放以后，房地产投资和开发规模不断扩大，房产交易日趋活跃。1996年以前，安平县房产交易市场处于无人管理阶段，房产交易皆为私下交易。为规范全县房地产交易市场，加强交易市场管理，安平县人民政府于1996年出台《安平县房地产交易管理暂行规定》，明确由安平县房地产管理局负责全县的房地产交易管理。

1997年，安平县房地产交易所负责规范房地产交易活动，办理房产权属交易过户手续，发放房屋租赁许可证，代安平县财政局征收契税。1999年，安平县正信房地产价格评估所为交易双方提供评估服务。2001年，安平县房地产交易中心负责指导全县的房地产交易行为，为交易双方提供中介服务，代财政局征收契税，成为安平县第一个房地产交易有形市场。1996年至2002年年底，全县共办理房产交易手续1179份，发放房屋租赁许可证5846份，代财政局征收契税100.22万元。

第三节 房地产开发与物业管理

一、房地产开发

1992年1月，安平县房地产开发公司成立，为全民所有制事业单位，实行企业管理经理负责制，独立核算，自负盈亏。2001年，公司开始依照企业改制规定改为房管局控股的股份制公司，2002年，公司完成全部改制工作，注销安平县房地产开发公司，组建安平县润祥房地产开发有限责任公司，实行股份制经营。该公司在成立之初即致力于城市建设，参与许多大型工程的建设：1995年，该公司投资122万元修建中心路南大门工程；1996年，建成全县第一个住宅红旗小区；1999年，开发建设全县最高建筑物——武装部商住楼；2000—2001年，投资210万元，修建安平县第一个休闲娱乐场所——中心文化广场（又名为民园），该园占地22亩，建成后成为全县人民休闲娱乐的主要场所。

安平县房地产开发公司主要开发实绩一览表

表6-8 单位：平方米

项目名称	建成年份	建筑面积	地址
木货市	1993	5101.44	西马路电力局对过
县第一实验小学	1993	2480.30	新盈东街路南
市政公司	1994	3868.32	东马路南头路西

续表6-8

<table>
<tr><th colspan="2">项目名称</th><th>建成年份</th><th>建筑面积</th><th>地址</th></tr>
<tr><td colspan="2">中心路文化广场</td><td>1995</td><td>10800.00</td><td>中心路南段路西</td></tr>
<tr><td colspan="2">拖拉机市营业楼</td><td>1996</td><td>2677.52</td><td>东马路南段路西</td></tr>
<tr><td colspan="2">武装部商住楼</td><td>1998</td><td>6300.00</td><td>为民街与东马路交叉口西南拐角</td></tr>
<tr><td colspan="2">石油公司商住楼</td><td>1999</td><td>4450.00</td><td>红旗街西段路北</td></tr>
<tr><td colspan="2">陵园商业楼</td><td>1999</td><td>817.00</td><td>东马南路西侧陵园旁边</td></tr>
<tr><td colspan="2">房产开发公司商住楼</td><td>2002</td><td>14245.00</td><td>陵园对过，中心路西</td></tr>
<tr><td rowspan="4">红旗小区</td><td>1号楼</td><td>1992</td><td>2545.00</td><td rowspan="4">东马路与红旗街交叉口东北角</td></tr>
<tr><td>2号楼</td><td>1996</td><td>2592.00</td></tr>
<tr><td>3号楼</td><td>1997</td><td>2120.00</td></tr>
<tr><td>4号楼</td><td>1998</td><td>3800.00</td></tr>
</table>

二、物业管理

20世纪90年代末，随着房地产业的发展，物业管理行业应运而生。该行业是为业主负责房屋及其设施的维护、维修等各种有偿服务，负责管理社区的安全、环卫、绿化及代办公用事业费用收缴。物业公司实行社会化、企业化、专业化管理，但到2002年年底，全县的物业管理尚处在起步阶段，许多服务还不到位，物业管理多为房地产开发公司派生而来，专业化、社会化程度都还不够，全县还没有一家具有专业资质的物业公司，物业管理工作还有待提高。

第四节 管理机构

1991年至1996年1月，城建局公产股负责全县的房产管理。县政府为加强全县的房产管理，于1996年2月成立安平县房地产管理局（以下简称房管局）。房管局属于县政府序列，事业单位，下设办公室、财务股、产权股、物业管理股、工程股、预算设计股6个股室；下属单位有房地产开发公司；全局共有干部职工22人。1997年，成立安平县房地产交易所。1999年，成立安平县正信房地产价格评估所。2001年，撤销房地产交易所，成立房地产交易中心；撤销产权股，成立房政股；增设安平县房地产开发管理办公室。到2002年年底，房地产管理局设：办公室、财务股、房政股、物业管理股、工程股、预算设计股、房地产开发管理办公室共7个股室；下属单位有安平县房地产开发公司、安平县房地产交易中心、安平县正信房地产价格评估所；全局共有干部职工78人。

第四章 村镇建设

1990年后，安平县在村镇建设中以“小康建设”为契机，加快农村住宅、公共设施建设步伐。到2002年，农民的居住条件和居住环境明显改善，村镇面貌焕然一新。

1991—2002年，负责村镇建设的单位是安平县城乡建设局乡镇股及各乡镇政府。

第一节 村镇建设规划

1991—2002年，安平县的村镇建设基本上实施1984—1986年制定的《1984—2000年安平县农村远景规划》。该规划是按有利于生产、方便生活和不大拆大建、不占用或少占用耕地的原则设计。部分村庄因环境条件变化对规划进行改动。1996年，安平县发生50年不遇的特大洪水，河套内行洪区居民的房屋被淹、倒塌，人民财产受到巨大损失。面对该种情况，县政府制定行洪区村庄搬迁规划。在具体实施村镇建设规划中，县委、县政府提出改善全县村镇面貌，建设社会主义新型村镇的号召，并要求尽量提高土地利用率，多盖楼房，向空间发展。

第二节 乡镇驻地建设

1991年，安平县各乡镇政府驻地村庄主要街道为硬化路面，而且与公路相连，外出比较方便；全县20个乡镇政府多为平房，只有县城的安平镇建有办公楼。1992年，袁营乡政府从袁营搬迁到刘门口，建起乡政府办公楼；大子文乡政府在驻地大子文建起全县第一座乡中教学楼——子文乡中教学楼。1997年4月，安平镇政府驻地由网都街与中心路交叉口西北侧迁至网都街与东马路交叉路口以东900米处路北。安平镇政府建有三层办公楼，院内有安平镇公安派出所，西邻是县人民法院安平镇法庭办公楼。马店乡于1998年3月改建为马店镇，镇政府驻地马店。马店镇在马店村东，柏林村西，周村村南建起工商业开发区，修通开发区至保衡公路的南北公路，在开发区建起厂房、商住楼、绿地、修筑公路。到2002年，马店、柏林、周村连成一体，街道全部硬化、绿化，两旁建起商住楼和商业门店。南王庄乡于1998年3月改建为南王庄镇，镇政府驻地在南王庄。2001年12月1日，镇政府驻地迁到角北村原南王庄乡政府驻地后，建起三层办公楼，硬化角北、角南、中角三村南北贯通的街道。街道两旁安装路灯，建起商住楼、商业门店，集贸市场也建在该处，形成南王庄镇商业一条街。其他主要街道也全部硬化并在镇东北部建起工业小区。2001年8月，黄城乡政府驻地由东黄城迁至郭西村西，正饶路北侧，建起乡政府三层办公楼。

1996年1月并乡扩镇后，全县各乡镇不断加强驻地基础设施建设，沿街盖起商业门店和商住楼，街道两旁橱窗鳞比，买卖兴隆。各乡镇中小学维修旧校舍，建设新校舍，部分中小学还建起教学楼。仅1997年全县就建起新校舍544间，其中教学楼5座。工商所、税务所、派出所、信用社等驻乡镇单位也陆续建起办公楼。全县各乡镇建起的各种办公楼、教学楼达到160多座。乡镇驻地的供排水、供电、卫生、通信等公共设施不断完善，商业活动日益活跃。到2002年，乡镇驻地成为各乡镇的政治、经济、文化中心。

第三节 农村建设

1991年，农村居民住房普遍为平房，楼房极少，房屋多为土木砖坯结构。生活用水由各村自己打井，供本村村民。部分村水通到户，早上或傍晚供水。部分村建有水塔，村民用水到水塔去取。村内街道多为土路，厕所为连茅厕，街上柴草、垃圾成堆。

1991年后，随着小康村的建设，农村基础设施建设的投入逐年加大，生态文明村建设步伐加快。

1996年安平县遭受特大洪水后，行洪区内的唐贝、西赵庄、徐张屯、朱家庄、长汝、任庄共6个村从行洪区迁到安全地带。所建新村完全按新规划建设，村中街道房屋错落有致，既美观坚固又方便生活，成为安平县农村建设的样板村。到2002年，全县农村面貌大改观，房屋质量明显提高。农民居所独宅独院，木门、栅栏门变成铁制大门。土木砖坯结构的房少见了，代之而起的是砖混结构预制板盖顶的房舍。部分农户的房屋外墙贴上瓷砖，一些富裕村民建起二层楼房。村内临街楼房较多，街道拓宽硬化，村民出行方便。新建房绝大多数按规划建设，街道、胡同笔直宽畅，排列有序，形成以排为主的村落格局。乡村公路基本实现村村通，村民吃上自来水。通过改厕，建沼气池、垃圾池，村内卫生状况明显改观。

第七编　农业

- 种植业
- 农业综合开发
- 林业
- 畜牧水产
- 生猪
- 农机

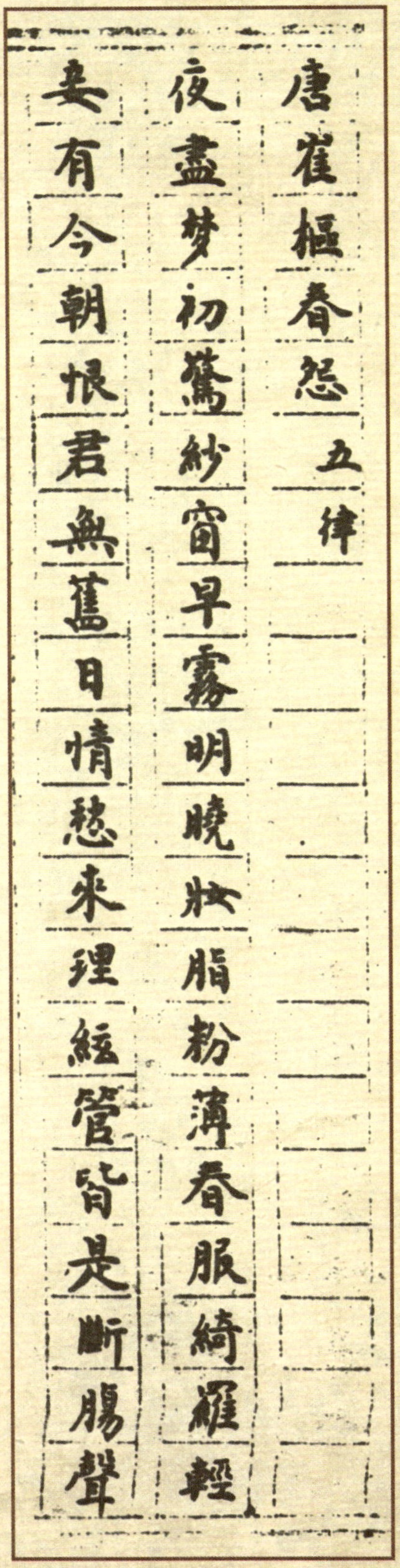

唐崔樞春怨　五律

夜盡梦初驚紗窗早霧明曉妝脂粉薄春服綺羅輕

妾有今朝恨君無舊日情愁來理絃管皆是斷腸聲

民国11年载　崔樞的五律诗《春怨》

第七编　农业

安平县是传统的农业县，是国家“九五”第一批商品粮基地县和衡水市农业产业化先进县。1991—2002年，全县对农业的投入逐年增加并不断改善农业经济结构，提高农业机械化程度和农业产业化水平，力促农业科学技术广泛推广应用，认真贯彻落实国家惠民政策。全县的农业生产始终快速发展。

农业机械化水平不断提高　1991年后，全县各类农机总量不断增加，农业机械化逐渐由耕播向整个生产过程覆盖，犁、锹、镰、锄等传统机具和役用大牲畜逐渐退至辅助地位。到2002年，全县农业机械总数发展到28514台辆，农机总动力45.1万千瓦，小麦、玉米的耕播、收获、秸秆还田和农业运输等基本实现机械化。

农业开发成绩显著　1991—2002年，农业开发项目投资共计10938.8万元，其中用于中低产田改造3242万元，科技和多种经营7696.8万元。通过中低产田改造，灌溉面积增加5.33万亩，改善5.31万亩，新增节水2.1万亩，增产粮食2863.9万公斤，新增产值1333.3万元。

农作物产量大幅提高　2002年，全县粮食作物播种面积38584公顷，总产189526吨，平均单产4.912吨/公顷，分别是1991年的1.07倍、1.27倍、1.19倍。其中，小麦平均亩产370公斤，玉米平均亩产310公斤，分别比1991年增加58公斤和25公斤。棉花播种面积1261公顷，总产1135吨，分别比1991年减少6944公顷和5321吨；棉花亩产60公斤，比1991年增加8公斤。油料作物播种面积6039公顷，总产13062吨，单产2163公斤/公顷，分别是1991年的2.76倍、4.68倍和1.70倍。

林果业快速发展　2002年，全县林地有26955亩，四傍树木1296万株，农田林网树木241万株；森林覆盖率达到14.2%，比1991年提高6%；林业产值实现826万元，是1991年的5.6倍。1991—2002年，全县新增果树31400亩。2002年，果品产量达11750吨，比1991年增长2.3倍；果品收入占农业总收入的3.5%。

养殖业突飞猛进　安平县奶牛养殖从2000年兴起。蛋鸡养殖以规模养殖为主。规模养鸡场和养鸡专业村逐年增加。到2002年，全县鸡存栏达185万余只，是1991年的15.55倍。

从1994年建立龙头企业京安规模养猪场后，生猪产业成为全县继丝网之后的第二大支柱产业。安平县成为国家和北京市生猪生产基地和生猪活体储备基地，京安猪场成为全市农业产业化龙头企业。1994年前，全县没有养猪场。2002年，全县有年出栏10万头的猪场一个，万头以上猪场10个，养猪专业村80多个，专业户6000多个，生猪养殖基本形成了“一龙、十强、百村、万户”的龙型生产格局；生猪存栏达到195200头，是1991年的2.07倍；年出栏瘦肉型商品猪70万头；农民人均纯收入增加600多元。

第一章　种植业

安平县农业生产历史悠久，是传统的农业县。农业以种植业为主，种植业以粮食为主。1992年后，为进一步突破传统种植的模式和习惯，在抓好粮、棉、油等基本农产品生产的基础上，增加“两高一优”农业内容，使传统的粮食生产增加科技含量，农业生产得到迅猛发展。1997年6月，安平县被正式批准为国家“九五”第一批粮食基地县。

第一节　作物种类

一、粮食作物

安平县粮食作物种植历史悠久，其种类主要有小麦、玉米、谷子、高粱、大豆等。1991年，播种面积35923公顷，总产量148721吨。2002年，播种面积达38584公顷，总产量189526吨。

小麦　小麦是主要粮食作物。1991—2002年，全县小麦年种植面积均在16600公顷以上，1999年最多，面积为19450公顷，总产量112343吨。

玉米　玉米是主要粮食作物，播种面积仅次于小麦。1991—2002年，种植面积均在12600公顷以上，1999年最多，面积为17205公顷，总产量93957吨。

谷子　1991年，全县播种面积1693公顷，总产量3907吨。1992年后，种植面积呈下降趋势。到2001年，播种面积滑落到1123公顷，总产量3137吨。2002年，无统计数据。

高粱　高粱种植面积逐年减少。1991年面积为790公顷，总产量2075吨，到2001年，种植面积仅为24公顷，总产量95吨。2002年无统计数据。

大豆　1991—2002年，全县大豆种植面积最少的年份是1991年1121公顷，总产量1665吨。最多的年份2000年达到2848公顷，总产量5716吨。2002年，种植面积为2448公顷，总产量为4829吨。

红薯　安平县主要栽培夏薯(晚山药)，春薯只有极少量栽培。1991年，播种面积2510公顷，单产3135公斤/公顷，总产量7869吨。从1994年开始，播种面积呈逐年下降趋势，但单产从1998年开始却大幅增加，每年单产都超过5200公斤/公顷。其中，2001年播种面积1667公顷，单产高达5993公斤/公顷，总产量达到9990吨，为1991年以来单产和总产之最。到2002年，播种面积减少到1467公顷，单产5250公斤/公顷，总产量为7702吨。

其他杂粮　包括绿豆、红小豆、豇豆、青豆、黍、稷、荞麦等。1991年全县种植面积为346公顷，总产量450吨。1993—1996年，种植面积在33～57公顷之间，1997年，种植面积开始回升。1998年种植面积133公顷，总产量118吨。1999—2002年无统计数据。

二、经济作物

安平县经济作物主要有棉花、花生、芝麻、油菜、烟叶等。

棉花　南王庄、大子文、西两洼等乡镇是主要产区。20世纪90年代，由于棉花价格滑落等诸多因素，种植面积呈现大幅度减少的趋势。1991年，全县棉花种植面积8205公顷，总产量6456吨。1999年，种植面积减少到969公顷，总产量减少到624吨。2000年，由于棉花价格有所回升，棉花种植面积又开始增多。到2002年，棉花面积1261公顷，总产量1135吨。

花生　1991年，播种面积1916公顷，总产量2702吨。此后，播种面积呈逐年上升趋势。到2002年，播种面积达6039公顷，总产量13062吨。

烟叶　仅在安平县的西北部乡镇有零星种植。1991年，种植面积65公顷，总产90吨。此后，种植面积逐年减少。到1996年，全县种植面积仅为4公顷，总产在6吨左右。1997年后无统计。

白山药　白山药最早见书于《神农本草经》，

在安平县已有300多年的种植历史。安平县农民把白山药当作一种时令蔬菜种植，一般种一两畦或四五畦，收获后在集市上出售或当作滋身健体的补品赠送给“坐月子”（生孩子）和生病的亲朋好友食用。1949年新中国成立后，白山药的种植面积缓慢增加，仍为农户分散少量种植。1999年后，部分村庄如马店镇的辛店、曹庄，安平镇的河漕村等开始大面积集中种植，并出现白山药种植大户。到2002年，安平县的白山药广泛分布于沿滹沱河两岸的马店镇、安平镇、大何庄乡和程油子乡4个乡镇，成为安平县特色农产品之一。白山药亩产2000～3000公斤，一般2500公斤左右。白山药有补脾健胃、降血压、降血糖、抵抗肿瘤、延缓衰老等功效，富含钾和多种微量元素，每百克含碳水化合物19.9～21.5克。2002年，安平白山药远销北京、天津、广州、上海等大中城市，其口感细腻甘甜、营养丰富、绿色无污染，深受人民群众的青睐。

蔬菜 1991年主要有白菜、白萝卜、胡萝卜、北瓜、冬瓜、黄瓜、豆角、茄子、大葱、辣椒、韭菜、茴香、西红柿、洋葱头、芹菜、蒜薹、土豆、青菜、大头蒜等季节性蔬菜。从1994年开始引进大棚菜，且种类更加多样，新鲜蔬菜一年四季不断。2000年，全县蔬菜种植面积为2578公顷，总产108985吨。2002年，种植面积为2502公顷。

1991—2002年安平县粮食播种面积及产量情况表

表7-1　　单位：公顷、公斤/公顷、吨

项目 / 数量 / 年度	粮食作物合计			冬小麦			谷子			玉米		
	播种面积	单产	总产量	播种面积	单产	总产量	播种面积	单产	总产量	播种面积	单产	总产量
1991	35923	4140	148721	16800	4680	78662	1693	2310	3907	12662	4275	54082
1992	36561	4167	152365	16855	4879	82229	1718	2130	3661	12907	4290	55385
1993	37019	4320	159878	16843	4920	82970	1681	2430	4089	12971	4590	59554
1994	37275	4372	162972	16695	4997	83425	1609	2715	4369	13228	4616	61066
1995	37131	5063	187976	16676	5640	94053	1541	2921	4502	13426	5625	75520
1996	39783	4730	188175	16839	6050	101884	1467	2534	3717	16033	4415	70789
1997	40993	4898	200780	18221	6360	115888	1332	2052	2733	16396	4431	72661
1998	42150	5119	215762	19407	5473	106215	1134	2381	2700	17110	5416	92668
1999	42310	5285	223596	19450	5776	112343	1136	2643	3003	17205	5461	93957
2000	41565	5245	218002	18797	5655	106297	1130	2636	2979	17099	5501	94058
2001	40784	5070	206757	18178	5669	103051	1123	2793	3137	16881	4996	84340
2002	38584	4912	189526	18289	5550	101506	—	—	—	16043	4650	74600

续表7-1

年度	高粱播种面积	高粱单产	高粱总产量	薯类播种面积	薯类单产	薯类总产量	大豆播种面积	大豆单产	大豆总产量	其他播种面积	其他单产	其他总产量
1991	790	2625	2075	2510	3135	7869	1121	1485	1665	346	1305	450
1992	682	2640	1801	2649	2760	7328	1376	1170	1610	374	944	353
1993	397	2010	788	2546	3150	8023	2523	1732	4352	57	1617	92
1994	388	2041	792	2359	3275	7725	2939	1993	5509	57	1509	86
1995	361	2277	822	2237	3267	7309	2857	2002	5720	33	1515	50
1996	236	1881	444	2083	2752	5733	3092	1798	5558	33	1515	50
1997	132	523	69	2046	2744	5614	2717	1371	3725	149	604	90
1998	20	3750	75	1658	5272	8741	2688	1951	5245	133	887	118
1999	24	3750	90	1656	5256	8704	2839	1944	5518	—	—	—
2000	24	3792	91	1667	5316	8861	2848	2007	5716	—	—	—
2001	24	3958	95	1667	5993	9990	2911	2108	6136	—	—	—
2002	—	—	—	1467	5250	7702	2448	1973	4829	—	—	—

1991—2002年安平县经济作物面积和产量情况统计表

表7-2　　单位：公顷、公斤/公顷、吨

年度	经济作物播种年面积合计	棉花播种面积	棉花单产	棉花总产量	油料小计播种面积	油料小计单产	油料小计总产量	花生播种面积	花生单产	花生总产量	芝麻播种面积	芝麻单产	芝麻总产量	烟叶播种面积	烟叶单产	烟叶总产量	药材播种面积	其他经济作物播种面积
1991	10765	8205	787	6456	2188	1275	2790	1916	1410	2702	272	390	106	65	1380	90	251	56
1992	9793	5878	360	2116	3128	990	3097	2819	1065	3002	266	270	72	59	1050	61	639	89
1993	8932	4586	525	2408	3631	1620	5882	3353	1710	5734	228	240	55	46	1125	52	477	192
1994	8121	3822	326	1246	4021	1991	8006	3540	2131	7544	13	154	2	27	1259	34	107	144
1995	9127	4673	479	2238	4328	2034	8803	3802	2154	8190	183	328	60	33	1030	34	70	23
1996	6949	2476	99	245	4393	1622	7125	3935	1708	6721	214	248	53	4	1500	6	76	—
1997	6770	2433	46	112	4227	1726	7296	4227	1726	7296	—	—	—	—	—	—	110	—
1998	6092	1679	303	509	4302	1759	7567	4302	1759	7567	—	—	—	—	—	—	111	—

续表7-2

年度	经济作物年面积合计	棉花			油料									烟叶			药材播种面积	其他经济作物播种面积
					小计			花生			芝麻							
		播种面积	单产	总产量	播种面积	单产	总产量	播种面积	单产	总产量	播种面积	单产	总产量	播种面积	单产	总产量		
1999	5815	969	644	624	4554	1821	8293	4554	1821	8293	—	—	—	—	—	—	112	180
2000	6280	1057	788	833	4719	1965	9273	4719	1965	9273	—	—	—	—	—	—	124	380
2001	6591	1244	847	1054	4841	2265	10965	4841	2265	10965	—	—	—	—	—	—	135	371
2002	7810	1261	900	1135	6039	2163	13062	6039	2163	13062	—	—	—	—	—	—	176	334

1991—2002年安平县蔬菜、瓜类作物播种面积和产量统计表

表7-3　　单位：公顷、公斤/公顷、吨

年度	播种面积合计	蔬菜			瓜类		
		播种面积	单产	总产量	播种面积	单产	总产量
1991	1743	1512	29895	45201	231	22950	5301
1992	1866	1584	35700	56549	282	23415	6603
1993	1780	1528	43485	66445	252	28725	7239
1994	1647	1466	41985	61550	181	23403	4236
1995	1655	1529	37568	57441	126	34762	4380
1996	1699	1493	27453	40987	206	24447	5036
1997	1961	1867	44242	82600	94	34021	3198
1998	1816	1659	42366	70285	157	33102	5197
1999	2487	2378	41975	99817	109	32046	3493
2000	2694	2578	42275	108985	116	32043	3717
2001	—	3062	—	—	—	—	—
2002	—	2502	—	—	—	—	—

第二节　新技术推广

一、小麦品种改良

20世纪90年代初期，小麦平均单产从中低产进入高产序列。1995—2002年，小麦平均亩产都在360公斤以上。1997年，小麦单产创历史最高，平均亩产424公斤。在提高单产的同时，提高小麦品质。1997年，引进4185、8901、济南17等优质小

麦品种。2002年，优质小麦品种面积达到18万亩，占全县播种面积的70%以上。

小麦品种更迭：大致每3年更换一次新品种。1991年当家品种：冀麦26、5144等；1992—1994年当家品种：7111、冀麦26、观27、5144；1995—1997年当家品种：冀麦24新系、71-3、6021等；1998—2000年当家品种：6021新系、4041、4185等；2001—2002年当家品种：6072、3475、71-3、济南17、8901等。

二、夏玉米品种改良

1991—2002年，玉米品种的引进大体经历三个阶段。

第一阶段　1991—1997年，大面积推广掖单系列品种，如掖单51、掖单4、掖单19、掖单20，种植面积达19万亩，占全县玉米播种面积的79%。这几个品种属于密植、高产、抗倒伏品种，尤其是抗旱耐涝能力较强。掖单系列品种由于抗病性较差，逐步被农大108、冀丰58、鲁原单14所取代。

第二阶段　1998—2001年，引进并推广抗病、抗倒伏、增产潜力较大的农大108、冀丰58、鲁原单14等品种，面积达20万亩，占全县玉米播种面积的80%，亩产350～400公斤，高产地块可达500公斤以上。2000—2001年，引进并推广种植优质蛋白玉米品种中单9409，面积达2万亩；引进并试种郑单958、澄海9号等适应能力强，增产潜力大的玉米优种。该几个品种一般亩产400～500公斤，高产地块可达550公斤以上。

第三阶段　2002年，大面积推广郑单958、澄海9号、澄海11号、优质蛋白玉米品种中单9409等，面积达20万亩，占全县面积的80%。这几个品种不仅抗病、抗倒伏，而且产量高，亩产一般达450公斤以上。

三、科学施肥

从1991年开始，农民已经由使用有机肥和单元素化肥，逐渐转向施用有机肥、单元素化肥和磷酸二铵等复合肥以及三料过磷酸钙等高浓度化肥相结合。同时，开始施用硼砂、硫酸锌，叶面喷洒磷酸二氢钾等微量元素肥料以及花生根瘤菌、小麦根际固氮菌等菌肥，取得可喜的增产效果。

第三节　作物栽培

安平县历史上的耕作制度主要有一年一熟制、二年三熟制和一年二熟制。

小麦　小麦从种到收，在干旱无雨的年份，每年可保证浇5次至6次水。从1995年开始，由于实行玉米秸秆还田，部分乡村在播种后浇1次蒙头水，冬前浇1次封冻水。第二年返青、拔节、灌浆、落黄几个阶段再浇3次至4次水。

1991年，重点推广小麦模式化栽培技术，即根据预定亩产量预先科学测定小麦苗期、返青拔节期、灌浆期不同需求进行合理施肥、浇水。是年，全县小麦平均亩产312公斤，被河北省政府授予小麦模式化技术配套县先进单位。1995年，大面积推广测土配方施肥，落实“稳氮、稳磷、增钾、补锌”的技术措施，促进小麦增产增收。1997—1998年，承担并推广河北省农业厅“小麦—玉米一体化栽培技术丰收项目”，1999年推广面积达15万亩，亩产小麦385.1公斤。至2002年，全县小麦平均亩产370公斤，比1991年亩均增加94公斤。

玉米　玉米生长旺期正处于七八月份的高温和雨量充沛期，一般年份只需浇一次水，少数干旱年份需浇两次水，结合浇水或借雨进行追肥。1991—1993年，由于人们存在重夏轻秋的思想，整个生育期基本不追肥，所以全县亩产仅285公斤。1994年，开始亩追尿素10公斤左右，并采用优良杂交品种，合理密植，化学除草等措施，全县玉米平均亩产达308公斤。

1995年，大面积推广配方施肥、贴茬播种、小麦—玉米一体化及吨粮田高产栽培技术，全县玉米平均亩产达到375公斤，其中500公斤以上地块达5万亩。

1997—1998年，承担并推广河北省农业厅

“小麦—玉米一体化栽培技术丰收计划项目”和“中低产田夏玉米亩增百公斤配套技术”，亩追尿素增至20～25公斤；推广面积两年均在10万亩以上。1999年，推广面积达15万亩，平均亩产玉米达452公斤。

2000—2002年，大面积推广了抗逆性强高产稳产玉米杂交种、免耕化学除草技术、高产栽培技术，2000年，全县亩产玉米达到367公斤，比1991年亩均增加82公斤。

第四节　农作物保护

一、农作物病虫害

1.病害

20世纪90年代，安平县农作物病害主要有小麦锈病、白粉病、赤霉病、根腐病，花生叶斑病，棉花黄萎病、枯萎病，棉花苗期立枯病等。

小麦锈病　小麦锈病俗称黄疸，在全县发生的有条锈病、叶锈病和秆锈病三种。以小麦条锈病流行危害最重，但条锈病菌在安平县不能越冬，主要是外地菌源侵入。1991—2002年，由于气候条件不适宜，外地菌源没有大量侵入，小麦锈病没有造成大的危害，但每年都有轻度发生，个别年份达到中度发生。

小麦白粉病　小麦白粉病是小麦上的一种主要病害，从1987年开始在安平县普遍发生，且病情较重。1997年为大发生年份。1998年，开始推广抗病、耐病品种，并进行小麦拌种和春季预防，小麦白粉病的发生程度逐年减轻。

小麦根腐病　小麦根腐病从20世纪90年代末开始在安平县发生。有逐年加重的趋势，全县8个乡镇都有发生，个别地块发生较重。

花生叶斑病　花生叶斑病是花生上一种常见病害，在全县普遍发生。但广大农民对该病认识程度高，防治及时，在生产上造成损失较轻。

棉花枯萎病、黄萎病　棉花枯萎病、黄萎病在全县历年都有发生，由于连续阴雨，低温天气，导致棉田大面积不同程度的侵染受害，重茬棉田，刚追过肥的棉田发病重。1991年，棉花枯萎病、黄萎病发生面积达6.52万亩，为中等偏重发生。两种病害往往在同一地块均有发生，甚至在同一棉株同时受两病侵害，损失明显加重，一般减产20%～30%，严重的减产60%以上。至2002年，虽然在品种、栽培技术等多方面进行改进和更新，但仍有不同程度发生；防治上还没有很好的特效药。

玉米黑粉病　1997年为玉米黑粉病突发年份，发病面积3万亩，主要发病品种为掖单19、掖单12、京黄417、冀丰58、唐抗、鲁元单14。

2.虫害

安平县农作物害虫主要有小麦吸浆虫、小麦蚜虫、玉米螟、棉铃虫、棉蚜、黏虫等。

小麦吸浆虫　1992年，安平县首次发生小麦吸浆虫，涉及3个乡（刘吉口、马店、大何庄）、16个村，发生面积1.35万亩，造成小麦减产135万公斤。发生重的刘吉口乡徘徊村1600亩小麦减产35.5万公斤。1996年前，在全市11个县市区只有安平发生小麦吸浆虫。小麦吸浆虫的发生轻重与气候条件、小麦品种、栽培管理、土壤质地等都有直接的关系。

小麦吸浆虫自1992年发生以来，面积不断扩大，分布范围越来越大，呈插花分布，无规律，虫口密度有升有降。重发生区通过连续2～3年的防治，虫量大幅度下降，基本控制危害。但新发生区不断出现，且虫口密度高，危害重。

1992—1996年，小麦吸浆虫发生范围虽不断扩大，但总发生面积变化不大，在1.5万亩至2.1万亩之间。1996年，发生范围增加到6个乡、22个村，但虫口密度呈逐年下降的趋势。1997年，虫口密度有所回升。1998年为大发生年，发生面积达到6.23万亩，虫口密度每个样方（10平方厘米）142头，为前几年的最高值。

1999—2002年，小麦吸浆虫发生面积逐年增大。2000年发生面积最大，达到15万亩，涉及全县8个乡镇、147个村。

1992—2002年安平县小麦吸浆虫发生及防治情况一览表

表7-4

年份	发生面积(万亩)	发生范围	发生程度	防治面积(万亩)	挽回损失(万公斤)
1992	0.24	3个乡6个村	大发生	—	—
1993	2.10	3个乡6个村	中度偏轻	1.8	120.0
1994	1.50	3个乡6个村	中度发生	1.3	650.0
1995	2.00	6个乡22个村	中度偏重	2	50.0
1996	1.00	6个乡22个村	中度偏轻	0.5	35.0
1997	2.50	6个乡22个村	中度偏重	1.3	97.5
1998	6.23	7个乡142个村	大发生	4.5	225.0
1999	10.00	7个乡142个村	中度发生	9.2	460.0
2000	15.00	8个乡198个村	中度发生	13.5	680.0
2001	3.40	7个乡76个村	中度偏轻	3.3	86.0
2002	10.30	8个乡147个村	中度偏轻	10.0	310.0

小麦蚜虫　小麦蚜虫是小麦上的主要害虫之一，每年都有发生，一般年份为中度到中度偏重发生，进行一次防治。1991年、1994年、1998年为大发生，需进行2～3次防治。

玉米螟　在安平县一年发生三代，以2代、3代对夏玉米危害较重。1994年，玉米螟大发生，造成玉米减产3000多吨。1995年以后，随着种植结构的调整和玉米秸秆还田的推广，虫源基数大幅度降低，玉米螟的发生程度也逐年减低。

黏虫　黏虫在安平县历史上以三代发生危害最重。黏虫属杂食性害虫，在大发生年份，所有大秋作物都受危害。自1990年大发生以后到2002年，三代黏虫还没有大的发生，但是二代黏虫在个别年份发生较重，主要在玉米苗期为害。

棉铃虫　在安平县一年发生4代，一代在麦田，一般发生较轻，对小麦产量影响不大；二代、三代、四代主要危害棉花，是棉花生产上的大敌。棉铃虫发生代数多、危害时间长，防治困难，对棉花产量影响非常大。1992、1993年，一代棉铃虫特大发生，给小麦造成严重危害。1995年，推广种植抗虫棉以后，棉铃虫得到有效控制，一直到2002年，棉铃虫没有较大的发生，棉花产量迅速提高。

棉蚜　棉蚜是棉花苗期的主要害虫，造成棉花卷叶、秃尖，甚至干枯、死苗，严重影响棉花的正常生长发育，每年需进行6～8次防治。1999—2002年，推广棉籽脱绒包衣防治新技术（包衣采用进口种衣剂，药效期可持续2个月），大大减轻棉蚜的防治难度，使棉蚜得到有效的控制。

二、病虫害防治策略

20世纪90年代初，农田大量施用高效、高毒、高残留农药。20世纪90年代末，推广施用高效、低毒、低残留农药和生物农药，并结合推广抗虫、抗病、耐病品种，农作物病、虫害得到较好的防治。21世纪初，为生产无公害、绿色、环保农产品，所有高毒、高残留农药禁止在农作物上使用，并提出农药减量控害的防治策略。

三、农田化学除草

从1990年开始大量推广农田化学除草，到1995年，全县麦田和夏玉米田普遍采用化学除草。随着农民化学除草技术的提高和药剂的更新，除草效果越来越好。化学除草大大减轻农民的劳动强度，而且使小麦、玉米产量大幅度提高。

四、植物检疫

植物检疫站自1983年建立以来，在农产品进出口、国内调运以及种子产地检疫、调运检疫中开展大量工作，控制危害性病、虫、草的传播蔓延，为全县农业生产安全做出较大贡献。

第五节　管理机构

1991年，农业局机关设办公室和生产办公室，下属单位有农业技术推广站、植保站、种子站、土肥站、农经站、农广校、两洼农场、原种场，共有干部职工190人。1992年12月，局机关增设农情信息办公室。1997年4月，原种场经县政府研究决定划归商贸局。1999年增设农业信息中心。2002年年底，农业局内设办公室、生产办公室、农情信息办公室、农业信息中心，下属单位有农业技术推广站、植保站、种子站、土肥站、农经站、农广校、两洼农场，全局共有干部职工116名。

第二章　农业综合开发

第一节　开发项目

一、中低产田改造项目

1991—2002年，省市批准安平县中低产田改造项目16.72万亩，总投资3242万元。主要实施项目：新打机井809眼、修井408眼、安装防渗管道29.58万米、新上变压器68台、架设高低压线路97.89公里、机泵配套183台、大型农机具85台套、植树56.18万株、平整土地2.02万亩、修路385公里、技术培训7万人次。项目主要效益：项目建成后，新增灌溉面积5.33万亩，改善灌溉面积5.31万亩，新增节水灌溉面积2.5万亩，改善机耕面积0.8万亩，增产折粮2863.9万公斤，每年新增产值1333万元以上。

图7-1　安装铺设防渗管道

二、科技与多种经营项目

1. 市级科技项目

2002年，安平县农业综合开发科技推广项目为大棚种植食用仙人掌。项目建在马店镇刘吉口村南，辐射周边村镇农户。该项目自2002年1月开始施工，同年12月月底竣工；占地50亩，投资55.5万元，建大棚100个，实行规模种植。

2. 多种经营项目

京安规模养猪种猪示范场项目　种猪示范场项目1996年11月报农业开发办，1997年6月月底被列为省农业综合开发办多种经营龙头项目，农业开发资金使用期限4～5年。项目于1997年3月开工建设，1997年10月竣工投产；引进杜洛克、长白、大约克、皮特兰种猪共550头，形成年产种猪1万头的生产能力。1998年年底，达到满负荷生产，年生产祖代种猪3100头，商品猪2300头。1999年生产种猪5240头，商品猪4800头。

京安规模养猪二期扩建项目　该项目于1997年6月27日被列入衡水市重点建设项目，农业开发资金使用期限4～5年。二期扩建工程于1998年3月正式开工建设，于同年10月竣工，12月投入使用。1999年下半年，达到满负荷生产，四条生产线正常运行，共存栏种母猪3543头，形成年产种猪2万头，商品猪3.3万头的生产能力。

河北斯格种猪有限公司项目　该项目于1999年被列入省农业综合开发多种经营及农业产业化项目，农业开发资金使用年限4～5年。该项目于1998年10月动工，1999年3月竣工投产。比利时方投入斯格核心群种猪324头，中方购入斯格祖代猪80头，共计404头。动检在斯格种猪中心场，1999年5月6日结束动检，转入正常生产。截至2000年2月，共繁殖生产曾祖代及祖代猪2000多头。

图7-2　斯格祖代种猪养殖场

衡水京安集团斯格原种猪场项目　项目于1999年10月动工，于2000年11月竣工投产；涉及建设猪舍、宿舍、办公室、食堂、浴室、饲料车间、库房、兽医室、化验室、配电室、锅炉房、水塔及供水设施、排水及污水处理工程等，共计9500平方米。项目购置产仔栏、育仔栏、饲料加工机组、锅炉、变压器、饲料运输车、办公设备、药械工具等共计405台套，购置种猪700头。

生产绿色饲料厂项目　该项目系利用优质蛋白玉米和绿色添加剂生产绿色饲料；2001年3月开工，同年12月30日竣工。项目完成建筑面积3163平方米，其中建饲料车间130平方米、原料库608平方米、膨化车间252平方米、锅炉房102平方米、成品库1431平方米、综合楼640平方米、建容积为1000吨的圆桶仓2座、购置饲料机组1套、提升系统1套、膨化机组1套、锅炉1座、东风运输车1辆。

京安有机专用复合肥厂项目　该项目征地70亩，始建于2002年1月，12月月底竣工；建设场区、晾晒场8700平方米，建食堂、宿舍、门卫室、锅炉房、配电室600平方米，建主车间1000平方米，建水塔、水池、给排水工程1套，新建围墙580米，完成土建工程面积12363平方米，购置肥料加工机组1套，购仪器设备4台套。

第二节　开发资金

农业开发资金主要由中央财政资金、地方财政（省、市、县）配套资金、银行贷款和群众自筹资金四部分组成。财政资金又分有偿资金和无偿资金两种。

在资金管理上，实行专人管理、专款专用、专账核算的管理制度。2002年，又进一步强化资金管理，实行县级报账制，即资金和账目均由县财政局统一负责管理，使资金跟着项目走，杜绝项目资金的挪用。

1991—2002年，全县中低产田改造项目总投资3252万元，其中，中央财政资金1074.1万元，省配套资金360.8万元，市配套资金280.5万元，县配套资金383.2万元，银行贷款368.5万元，自筹资金784.9万元；科技与多种经营项目总投资共7696.3万元，其中，中央财政资金808万元，省配套资金320万元，市配套资金240万元，县配套资金245万元，银行贷款754.5万元，自筹资金3989.97万元，比利时投资1338.83万元。

1991—2002年安平县农业开发项目资金统计表

表7-5　　　　单位：万元

年度	中低产田改造							科技与多种经营								
	合计	中央财政资金	地方财政配套资金			银行贷款	自筹资金	项目	资金合计	中央财政资金	地方财政配套资金			银行贷款	自筹资金	比利时投资
			省	市	县						省	市	县			
1991	192.00	66.50	9.30	12.00	37.20	31.40	35.60	—	—	—	—	—	—	—	—	—
1992	198.00	68.70	8.00	13.00	39.00	31.00	38.30	—	—	—	—	—	—	—	—	—
1993	176.00	55.90	6.40	6.60	32.00	35.10	40.00	—	—	—	—	—	—	—	—	—
1994	186.00	66.00	26.10	20.60	22.30	26.00	25.00	—	—	—	—	—	—	—	—	—
1995	300.00	106.00	42.00	34.00	34.00	33.00	51.00	—	—	—	—	—	—	—	—	—
1996	—	—	—	—	—	—	—	—	—	—	—	—	—	—	—	—
1997	327.00	96.00	38.00	26.00	28.00	40.00	99.00	种猪示范项目	350.00	75.00	30.00	22.00	23.00	—	200.00	—
1998	386.00	114.00	41.00	32.00	34.00	51.00	114.00	二期扩建项目	2250.27	150.00	60.00	45.00	45.00	—	1950.27	—
1999	470.00	130.00	44.00	39.00	43.00	74.00	140.00	河北斯格种猪有限公司项目	2308.33	250.00	100.00	75.00	75.00	269.50	200.00	1338.83
2000	348.00	100.00	38.00	27.00	30.00	47.00	106.00	斯格种猪场项目	1209.50	200.00	80.00	60.00	60.00	—	809.50	—
2001	345.00	144.00	56.00	32.00	43.00	—	70.00	绿色肥料项目	972.70	75.00	30.00	23.00	27.00	195.00	622.70	—
2002	324.00	127.00	52.00	38.30	40.70	—	66.00	京安有机专用复合肥项目	550.00	50.00	20.00	15.00	15.00	290.00	160.00	—
								大棚仙人掌项目	55.50	8.00	—	—	—	—	47.50	—
合计	3252.00	1074.10	360.80	280.50	383.20	368.50	784.90	—	7696.30	808.00	320.00	240.00	245.00	754.50	3989.97	1338.83

1991—2002年安平县中低产田改造项目批准与实施情况统计表

表7-6

年度	项目批准			主要项目实施											项目主要效益						
	区域范围	规模（万亩）	项目投资（万元）	打机井（眼）	修井（眼）	安装防渗管道（万米）	上变压器（台）	架设高低压线路（公里）	机泵配置（台）	购农机具（台套）	种树（万株）	整地（万亩）	修路（公里）	技术培训（万人）	灌溉面积 增加（万亩）	灌溉面积 改善（万亩）	灌溉面积 新增节水（万亩）	改善机耕面积（万亩）	增产折粮（万公斤）	新增产值（万元）	人均增收（元）
1991	程油子乡、袁营乡	1.60	192	110	40	2.00	—	—	40	—	6.40	—	—	—	1.02	0.33	—	—	167.0	98.5	442
1992	王胡林乡、西两洼乡	1.70	198	118	44	2.15	—	—	18	38	4.45	0.25	—	1.4	0.85	0.34	—	—	313.1	184.2	452
1993	东黄城乡、察罗乡	1.30	166	110	40	2.37	—	—	20	14	5.20	0.45	—	1.4	0.66	0.24	—	—	258.4	150.0	460
1994	东黄城乡、察罗乡	1.30	186	60	20	0.80	8	—	25	4	5.20	0.22	70	0.8	0.60	0.20	—	—	390.3	370.6	—
1995	大子文乡	2.00	300	80	—	0.90	22	24.49	80	6	8.00	0.5	—	0.4	0.40	—	0.4	0.4	270.0	—	432
1997	西两洼乡	1.80	327	52	—	3.20	10	—	—	1	7.00	—	80	1	0.30	1.10	—	—	360.8	—	278
1998	西两洼乡	1.60	386	80	30	4.00	—	26.25	—	—	—	—	60	0.8	0.30	1.30	1.2	0.4	—	—	—
1999	南王庄镇：南王庄、杏贡、野营、周大转、李大转、闫大转、张刘乡、王刘乡	1.80	470	60	80	2.00	10	3.50	—	—	7.00	—	50	0.7	0.50	1.30	—	—	520.0	530.0	240

续表7-6

年度	项目批准			主要项目实施											项目主要效益						
	区域范围	规模（万亩）	项目投资（万元）	打机井（眼）	修井（眼）	安装防渗管道（万米）	上变压器（台）	架设高低压线路（公里）	机泵配置（台）	购农机具（台套）	种树（万株）	整地（万亩）	修路（公里）	技术培训（万人）	灌溉面积 增加（万亩）	灌溉面积 改善（万亩）	灌溉面积 新增节水（万亩）	改善机耕面积（万亩）	增产折粮（万公斤）	新增产值（万元）	人均增收（元）
2000	南王庄镇：前、后赵疃、宅后寺、谷家左；马店镇：马店、马庄、赵院、柏林	1.40	348	60	60	2.50	—	12.00	—	3	5.60	—	35	0.5	—	—	—	—	243.0	—	210
2001	南王庄镇：五新村、中角、宅后寺、南王庄；马店镇：马店、许庄、北郭村、香管	1.20	345	50	50	3.60	10	15.00	—	4	4.80	0.20	50	—	0.4	—	—	—	219.3	—	210
2002	南王庄镇：角南、角北、河疃；马店镇：东长堤、院西、邓庄	1.02	324	29	44	6.06	8	16.65	—	15	2.53	0.40	40	—	0.3	0.50	0.9	—	122.0	—	—
合计	—	16.72	3242	809	408	29.58	68	97.89	183	85	56.18	2.02	385	7	5.33	5.31	2.5	0.8	2863.9	1333.3	—

第三节　管理机构

1989年4月，安平县人民政府成立农业开发办公室（简称农开办）。农开办设内资股、综合股，有工作人员7名；办公地址在县政府1楼。1991年3月增设外资股；年底共有工作人员10名，其中设主任、副主任各1名。1993年12月，撤销外资股，增设多种经营股。1998年5月，办公地点迁至东马北路52号。2002年年底，设内资股、综合股、多种经营股共3个股室；干部职工13人，其中设主任、副主任各1名。

农开办是县政府主管农业综合开发的职能部门。其基本职能：负责全县农业状况的调查研究，预测制定农业开发的长、中、短期实施规划；负责农业开发项目的报送、管理、监督，检查开发项目的落实情况；利用贷款搞好农业科技服务体系的建设和发展，搞好水利基础建设、发展养殖业；搞好多种经营，建立发展农产品的深加工项目，增加农业生产活力、促进农业发展。

第三章　林业

第一节　林木种类

1991年，全县用材林、经济林树木种类只有18个科、25个属、55个种。随着经济的发展和农民思想的解放，相继引进各种优良林果、花卉品种。到2002年年底，全县用材林、经济林、花灌木品种为30个科、43个属、70个种。花灌木品种主要分布在城、乡、村镇的街道以及花卉养殖场所，其他果树品种和用材林品种遍布全县各个村庄。

一、用材林木

全县境内用材林木主要有柳树、榆树、杨树、国槐、刺槐、泡桐、椿树等，另有少量松柏。1991年，杨树以大观杨和沙兰杨为主，数量占60%以上。从1993年开始引进毛白杨，其树种生长速度较快，10余年即可成材，因此在一段时间内为当家树种。1996年后，又新引进速生杨107、108、中林46、中林2025。该树成活率在95%以上，而且生长速度优于毛白杨。到2002年年底，全县林网中速生杨系占62%，毛白杨占20%，其他杨占18%。

二、风景观赏林木

1991年，境内观赏林木主要有桧柏、马尾松、雪松、伏叶槭、油松、云杉、水杉、冬青、竹子、木槿、牡丹、龙爪槐、无花果、月季、海棠、夹竹桃、马樱花共17个种，共计17万余株。由于城市绿化的需要，1991年后，陆续引进一批风景绿化苗木。1993年，从山东引进龙柏、千头柏5万株；1996年，从河南引进紫薇、黄杨等12万余株，全部用于机关庭院绿化和县城内主要交通道路绿化。2000年，东黄城乡建一绿化苗木基地，从保定引进樟树、五角枫、紫叶李、小叶梅、桧柏等20多个树种。到2002年年底，全县新引进用于绿化美化的风景林木树种共41个。

三、经济林木

经济林木主要以果树为主。1991年以前，安平县果树有苹果树、梨树、桃树、杏树、李树、葡萄树、石榴树、红果树、红枣树、柿子树等10种、50个品种。由于农业结构的调整和果树收益的提高，1991年到1995年，全县掀起栽种果树的高潮，引进果树优良新品种56个，其中，苹果有长富2号、烟富3号、烟富6号、珊夏、昌平1号、王林等，梨有七月酥、八月酥、早美酥、高脂梨、库尔乐香梨等，桃有大久保、北京14号、辛农14号、艺园、中华圣桃等。该类新品种大部分已大面积栽植，经济效益显著。1995—2002年，又引进一部分果树新品种，其中，苹果有嘎拉、藤木1号，梨有黄金、黄冠、国黄、绿宝石等，桃有红岗山、早美、艳光、21世纪、莱州蜜等。截至2002年年底，全县果树共有10种、117个品种。

第二节　林木营造

一、育苗

1991年，全县育苗670亩，其中，国营育苗100亩，集体育苗300亩，个体育苗270亩。主要苗种有刺槐、国槐、榆树、合欢、海棠、杨树及葡萄等。随着植树造林工作力度的不断加大和农业结构的调整，育苗面积逐年增加。2002年，全县共育苗2200亩，主要苗种有苹果、梨、桃、葡萄、杨树以及樟树、五角枫、紫叶李等观赏苗木；育苗方法有播种、扦插、埋根、嫁接、压条等。

二、植树造林

2002年，全县实有林地26955亩，四旁树木达1296万株，农田林网有树241万株，通道绿化植树43万株，环城绿化带植树10万株，小型公益林植树36万株，森林覆盖率增加到14.2%，比1991年提高6个百分点；林业产值实现826万元，是1991年的5.6倍。

图7-3　植树造林

片林　全县片林营造除果树外，大部分是群众自行栽植的，主要在闲散荒地营造。1991年绿化片林8800亩，2002年发展到26950亩。

图7-4　片林

四旁植树　安平县群众有在“四旁”(村旁、宅旁、道旁、水旁)植树的习惯，每年群众都自发地在所有权范围内的四旁闲散地栽树，也有的在庭院栽植。1991年以前以杨、柳、榆、槐为主，1991年以后主要是以杨树和槐树为主。每年四旁植树均在70万株以上。1991年全县四旁植树累计500万株，村庄林木覆盖率为16%。以后，随着宅基地的扩展和村、镇的建设，四旁植树量随之增加。到2002年年末，四旁植树累计1296万株，村庄林木覆盖率达到30%。

农田林网　农田林网是安平县林业资源的主要组成部分，也是各级政府常抓不懈的主要任务。每年春季和部分年度的秋季都进行大规模农田林网植树活动。经过多年努力，农田林网有了很大发展。1991年年底，全县有农田防护林35万亩。1995年，由于大型联合收割机、秸秆还田机作业时不方便，加之农民对林木保护意识差，造成部分林网缺行断带。1996年，国家实施平原绿化达标工作，安平县农田林网得到大规模补植和完善，农田防护林达到45万亩，成为河北省平原绿化达标县。1998年，被林业部评为全国绿化先进县。1998年后，加大林业执法工作力度，出台新的林木营护措施，提出建设精品林网工程的意见。到2002年年底，全县农田防护林发展到47万亩、241万株，有效防护农田46.5万亩，防护率达95%。

通道绿化　根据市政府林业发展要求，安平县于2002年实施通道绿化工程，在正港路、保衡路两条主干公路两侧各拓宽100米造林绿化。两路全长51公里，造林1.53万亩，植树43万株。

小型公益林　小型公益林属于国家级造林项目。2002年，省林业厅批复《安平县2002年度小型公益林建设项目施工设计方案》，该方案对安平县2002年度项目造林作出了具体规划。该项目涉及安平镇、东黄城乡、大子文乡3个乡镇、17个村的6500亩地；造林树种为杨树、刺槐，林种为薪炭林；

施工期限为一年，2002年冬完成5400亩，植树27.5万株，占项目的60%。

环城林带　2002年1月，河北省林业工作会议提出加快小城镇建设，营造环城林带。是年，批复安平县专项资金15万元。该工程从寨子村村西开始，往北至滹沱河南大堤，顺大堤往西至河漕村村西，再往南经新民村至正港路，全长19580米，宽50米，折合面积1470亩；涉及安平镇、西两洼乡、东黄城乡3个乡镇、11个村。2002年，全部完成环城林带植树10万株的任务。

1991—2002年安平县林业生产情况统计表

表7-7　　单位：公顷、万株

年度	年末实有林地面积	四旁植树（万株）		年末实有林网面积	育苗面积	
		合计	当年新植		合计	新育
1991	587	500	48	23740	40	33
1992	605	559	80	25780	60	40
1993	741	641	91	28312	53	28
1994	839	706	79	29320	53	22
1995	946	844	145	30000	100	53
1996	1005	938	118	31000	100	40
1997	1006	1020	98	31000	100	67
1998	1040	1110	102	31000	100	47
1999	1044	1160	91	31200	100	36
2000	993	1210	101	31200	100	54
2001	1010	1260	125	31200	133	80
2002	1797	1296	125	31333	147	87

第三节　果树果品

一、果树发展与分布

1.发展

1991年，全县果树面积为15600亩。1991—1995年，全县平均每年新植果树7000多亩，尤以1993年、1994年发展最多，每年新植10000余亩，绝大部分是利用耕地，主栽树种为苹果、梨、桃、葡萄。1996—1997年，因果农缺乏果树管理经验和市场果品价格下跌，果树减少为43800亩。

从2000年开始，随着农业结构的调整，果树的品种和布局得到优化，果树面积又有较大发展。至2002年年底，3年共新建果园2400亩；苹果以红富士、嘎拉、藤牧1号为主，梨以绿宝石、黄冠、黄金、丰水等为主，桃以早久保、北京14号、沙红、红岗山为主；梨园改造4120亩，由于是高接改造，产量来得快，取得非常好的经济效益。

1991—2002年，全县新增果树31400亩。在林果科技人员的指导下，大力加强果树管理。2002年，林果全部进入盛果期，果品产量达11750吨，比1991年的3568吨增加8182吨，增长2.3倍。果品收入占农业总收入的3.5%，果树业成为全县农村的一项支柱产业。

2. 分布

全县果树面积虽稳步发展，但分布不均。2002年，大子文乡果树面积13477亩，占全县果树总面积的28.68%；南王庄镇5242亩，占11.15%；安平镇2474亩，占5.26%；大何庄乡4394亩，占9.35%；马店镇5892亩，占12.54%；程油子乡3030亩，占6.44%；东黄城乡6600亩，占14.04%；西两洼乡5895亩，占12.54%。

3. 果树苗圃

1991年，全县果树苗圃8个，面积42亩。1991年后，因果树发展的需要，出现苗圃地少量繁育果苗。1998年，果树苗圃发展到203亩，存圃苗木10万株，其中，集体苗圃1个、个体苗圃3个、农民零星育苗20多处；主要品种：苹果有红富士、新红星、嘎拉、乔纳金等，桃有早久保、大久保、北京14等。除苹果、桃外还有梨、葡萄等。2002年年底，全县果树苗圃面积达到432亩。

二、果树栽培

1991—2002年，基本采用密植栽培，由科技人员组织推行，示范带动，基本能达到三年开花，四年见果，五年上产量的效果。幼树果园合理间作疏果等技术使果树达到早果、早丰、高效益，但采用密植栽培技术处在过渡时期，所以出现栽植方式四不象情况。

三、种类、品种和数量

1. 鲜果

苹果　1991年，全县苹果栽植面积仅7700亩，共18个品种，总产量1191吨。之后，果农们不断进行品种更新，到2002年年底，苹果发展到13个品种、24576亩，其中，早熟品种105亩，有黄魁、早捷、藤牧1号等；中熟品种7928亩，有元帅、金冠、新红星、红星、嘎拉等；晚熟品种16543亩，有红富士系列、乔纳金、王林、国红、新世界等。在盛果期亩单产1500至3000公斤。2002年，总产6037吨。

梨　1991年，栽植4600亩，总产量1405吨。2002年，发展为10722亩。主要品种有鸭梨、雪花梨、黄冠梨、黄金梨、大果水晶梨等。盛产期亩单产2000至3500公斤。2002年，总产3012吨。

桃　1991年，栽植2600亩，总产量779吨。2002年发展为10495亩。主要品种有五月鲜、雨花露、早久保、北京14、红岗山等。盛产期亩单产达2000至3000公斤左右。2002年，总产2338吨。

葡萄　1991年，栽植300亩，总产量76吨。2002年发展为529亩。主要品种有巨峰、藤稔、红地球等。2002年，总产达187吨。

2. 其他

其他果树还有红枣、红果、杏、柿子及石榴等。1991年，共有400亩，总产量116吨。2002年发展到678亩；红枣、杏、红果总产量176吨，其他因分布零散产量无统计。

1991—2002年安平县果品产量统计表

表7-8　　单位：公顷、吨

年度	果品面积	果品产量								
		合计	苹果	梨	桃	红枣	杏	葡萄	红果	其他
1991	1039	3567	1191	1405	779	94	14	76	6	2
1992	—	—	—	—	—	—	—	—	—	—
1993	1750	4044	1470	1569	818	81	14	86	6	—
1994	2453	5015	2345	1854	653	69	20	68	6	—
1995	3054	6500	3009	2500	819	61	22	83	6	—
1996	2892	6000	2649	2320	757	43	72	152	7	—

续表7-8

年度	果品面积	果品产量								
		合计	苹果	梨	桃	红枣	杏	葡萄	红果	其他
1997	2920	8000	3752	2941	987	72	76	164	8	—
1998	2952	10052	5184	3524	1022	103	52	156	11	—
1999	2974	10802	5584	3724	1172	103	52	156	11	—
2000	3080	11230	5884	3824	1194	104	53	157	12	2
2001	3116	11020	5804	3800	1100	95	51	160	10	—
2002	3133	11750	6037	3012	2338	113	53	187	10	—

第四节　病虫害防治

一、虫害

境内林果害虫根据其危害部位，主要划分为：

根部害虫　蝼蛄、蛴螬、金针虫、地老虎等。

芽部害虫　梨大食心虫、梨木虱、黑绒金龟子等。

叶部害虫　杨扇舟蛾、榆兰金花虫、天幕毛虫、春尺蠖、潜叶蛾、蚜虫、红蜘蛛、黄绿刺蛾、梨花网蝽、卷叶蛾、柳毒蛾等。

枝干害虫　白杨透翅蛾、光肩星天牛、芳香木蠹蛾、红颈天牛、梨茎蜂、吉丁虫、介壳虫等。

果实害虫　梨大食心虫、梨小食心虫、苹小食心虫、桃小食心虫、蝽象等。

1997年，首次在大何庄乡马营村发现检疫对象苹果棉蚜。

在县境内发生较严重的害虫有：

杨扇舟蛾　危害杨树叶部，一年发生四代，严重时把叶子吃光，严重影响杨树生长。

光肩星天牛　危害杨、柳、苹果、梨树的枝干部，幼虫危害木质部，影响养分输导，使树木易衰，遇大风易折断。

榆兰金花虫　危害榆树的叶子，一年两代，严重时能把叶子全部吃光，造成榆树二次出叶，严重影响榆树生长。

白杨透翅蛾　主要危害杨树苗木干部和大树上的1～2年生枝。受害部位组织膨大变空，易风折，降低苗木产量和质量。

二、病害

主要有杨树溃疡病、毛白杨霉污病、苗木立枯病、苹果轮纹病、苹果炭疽病、梨黑星病、桃穿孔病、葡萄白粉病、葡萄黑痘病等。

三、防治

林木病虫害的防治有人工防治、生物防治、化学防治。

1. 林果虫害防治技术

采用撬树的老皮，吊树绳及绑草诱杀等方法消灭越冬幼虫。

及时剪除被害的树梢，并集中烧毁，捡拾落地虫果并处理掉。

药剂防治。常用的药剂有高效氯氰菊酯、灭幼尿、哒螨灵、螨死净、桃小一次净、凯旋等。

2. 林果病害防治技术

加强入境苗木的检疫。

增强树势，提高树体的抗病能力。

春季发芽前，树体普遍喷施强有力的杀菌剂杀死越冬源菌。

及时清除病枝、病皮，注意摘除病果并深埋。

用波尔多液、多菌灵、甲基托布津、百菌净、大生、乙磷铝等药剂防治。

第五节　林木经营管理

一、经营

1991—1996年，全县林网植树一直是采用集体购苗，统一种植，统一管理保护，收益归集体；各乡成立护林专业队，乡政府任命护林员，负责修路植树。

1997年，林业政策进一步放宽，提倡“树随地走，谁种谁有”，引导和鼓励广大人民群众以承包、租赁、合作等形式，大搞植树造林、绿化安平大地；林业局进行技术指导，并做好林地确权发证工作，调动广大群众的造林积极性，掀起造林绿化的高潮。

2000年11月《中华人民共和国森林法》(以下简称《森林法》)颁布实施后，县政府提出“建设绿色安平，实现富民强县”的战略思想，并要求与时俱进，开拓创新，大力推进林业产业化，以县纤维板厂为依托，按照“龙头带基地，公司+农户，企业、集体、个人一齐上，区域化布局，产业化经营”的发展原则，突出抓好通道绿化、闲散荒地绿化、生态村绿化、三河两堤绿化以及小型公益林建设工程。全县的林业工作又有较大的发展，取得较大的成绩。

二、管护

1991—2002年，县政府一直重视林木管护工作，每次植树造林动员大会都强调“种是基础，管是关键，狠抓林木管护不能放松”。每年麦收、秋收两季都发布《安平县关于林木管护工作的紧急

图7-5　修剪养护树木

通知》，利用宣传车、标语、电视等形式，号召群众自觉护树。2000年12月，为提高人民群众的法律意识，使《森林法》家喻户晓，深入人心，开展《森林法》宣传月活动。

采伐成树和更新树木需由村委会提出申请报县林业局审批，林业局派专人实地勘查后进行公示，对确无意见和异议的，经林业局批准并出具采伐证后方可采伐。同时，县林业局林政执法大队经常深入各乡村巡回检查，对未经批准没有采伐证乱采滥伐的，或虽有采伐证但批少采多的，发现一起查处一起，决不姑息迁就。

人们保护林木、绿化安平的意识不断提高，破坏树木、乱砍滥伐行为明显减少。

第六节　花卉

1991年以前，县内没有成块、成片花卉栽种，只有少数生活比较富裕又爱好花草的居民在家中栽种少量盆花，只供观赏，品种很少，亦无名贵花卉。

1991年，成块、成片的花卉栽种开始出现。同时，人们开始从南方、石家庄、北京等地引进名贵花卉，品种逐渐增多；集贸市场上也相继出现买卖花卉专业市场。随着人们生活水平的不断提高，经济条件的好转，养花逐渐成为人们工作、劳动之余的一种精神享受。20世纪90年代中后期，一些机关、工厂、学校开始在院内种植花圃，办公室内摆放鲜花，“五一”“十一”“春节”摆放花坛，大型 会议主席台上摆放鲜花等。到2002年年底，全县有花卉种养大户7家，种植面积达230亩；花卉品种有观叶、观花、观果、掌类、橛类、草花、盆景、绿化苗木共8大类、300余种。

第七节　管理机构

1991年，安平县林业局设办公室、林业督查站、林果检疫站、林果技术推广总站和林业工作总站(一个机构、两块牌子)；下属单位有林产品公司、苗圃场和5个基层片林业站(安平镇片站、

后张庄片站、程油子片站、马店片站、石干片站），11个乡级林业站（安平镇、后张庄、西两洼、东黄城、大子文、石干、南王宋、台城、刘吉口、程油子、张寨），每个片站1～3人，每个乡级站1人。全局共有干部职工64人，其中固定工42人，设局长、副局长各1名。

1993年1月，林业督查站、林果检疫站分别更名为林政资源站和森林病虫防治检疫站。1995年4月，撤销林产品公司。1996年1月并乡扩镇后，5个基层片站和11个乡级站自然取消。

2002年，林业局设3站1室，即办公室，林政资源站、森林病虫防治检疫站和林果技术推广总站；下属单位有苗圃场；共有干部职工23人，其中局长1名、副局长3名。

第四章　畜牧水产

第一节　畜禽种类、品种

一、家畜

家畜分为大家畜、小家畜。大家畜包括牛、马、骡、驴，小家畜主要指猪、羊、兔等。

牛　20世纪90年代初，境内牛的品种主要有本地牛、秦川牛和本地牛与南阳牛杂交后的改良牛，均为役畜，只有新政村养有少量的奶牛。1991年，全县牛存栏2523头。20世纪90年代中期，农业机械化程度越来越高，役用牛越来越少，奶牛养殖业悄然兴起。2000年，新民村二村民从东北及北京一带引进荷斯坦奶牛200余头，建起奶牛场；河漕村一村民从吉林引进西门塔尔、夏洛莱、利木赞、鲁西黄品种肉牛500头，建成大型肉牛场。至2002年，全县有役牛、奶牛、肉牛共4900头。

图7-6　标准化奶牛养殖场区

马　马的品种主要是当地马、蒙古马、当地马与俄罗斯轻型马杂交后的改良马，均为役用。1991年，全县有马2187匹。随着农业机械化程度的不断提高，役用马越来越少。1995年，全县有马1549匹。到2002年年底，全县马匹降至1500匹。

驴　主要品种有德州驴、渤海驴、渤海驴与本地驴杂交后的三白驴、全黑驴，均为役肉两用。1991年，全县有驴6269头，1995年5171头。至2002年年底，全县驴存栏为4000头。

骡　分马骡、驴骡。20世纪90年代初，由于人们重视农役用畜，大都采用良种交配，其所产马骡、驴骡高大俊美，健壮有力。之后，农业机械逐渐代替了畜力，骡的数量越来越少，高大健壮的骡子更是少见。据统计，1991年全县有骡1234头，到2002年只有300头。

猪　20世纪90年代初，境内猪的品种主要是深县猪、内江猪、长白猪、约克夏、巴克夏等。1991年年末，全县生猪存栏94414头。1993年，全县生猪存栏90560头。1994年后，京安猪场先后引进大约克、长白、杜洛克、皮特兰和比利时斯格配套系核心群种猪，并在全县广泛推广，使本县猪只品种越来越好。1998年，全县生猪存栏达146700头。到2002年年底，全县生猪存栏已达195200头。

羊　分山羊、奶山羊、绵羊。20世纪90年代初，境内羊的品种主要有无角山羊、有角山羊、奶山羊、大尾绵羊、半尾绵羊。20世纪90年代中期，先后引进小尾寒羊、波尔山羊，进而出现大尾绵羊、半尾绵羊与小尾寒羊杂交后的改良绵羊、本地山羊与波尔山羊杂交后的改良山羊。1991年，全县山羊存栏5608只，绵羊17323只。1995年，山羊存栏11508只，绵羊46078只。到2002年，山羊存栏达26800只，绵羊存栏63200只。

兔　家兔多是零散养殖，全县各村均有养兔者，系家庭小型养殖副业，没有大型养殖场；主要品种有獭兔、长毛兔、斑点黑、虎皮黄、大耳白、青紫兰、青杂兔等。1995年，全县兔存栏2184只，2002年存栏6900只。

二、家禽

鸡　20世纪90年代之前，农户养鸡比较普遍，一般农户常年喂养三五只，有的多达20来只，大都是华北柴鸡、莱杭鸡。1990年后，不少农户建起有一定规模的养鸡场，一般养鸡农户越来越少。养鸡业的发展不但使全县鸡的数量不断增加，而且鸡的品种也越来越优化。其主要品种有AA鸡、九斤黄、奥州黑、郑州红、寿光鸡、北京白，罗曼系列、海兰系列、尼克系列等十几个品种。1991年，全县鸡存栏11.9万余只，至2002年，全县鸡存栏达185万余只。

鸭、鹅　安平县地处半干旱地区，由于地下水位连年下降，地表坑塘大都干涸无水，因此规模养鸭、鹅者极少，有养鸭、鹅者也只是个别农户在院内养几只旱鸭、鹅。品种主要是当地的麻鸭、白鸭，麻鹅、白鹅。1991年，全县养鸭10350只，养鹅4920只。2002年，全县养鸭12450只，养鹅5214只。

三、特种养殖

特种养殖主要种类有貂、狐狸、鸽、蜜蜂、火鸡、山鸡，犬及宠物等。

貂　从20世纪90年代到21世纪初，个别农户有喂养，但数量不大，全县不过百余只。

狐狸　20世纪90年代初，境内把喂养狐狸作为一项家庭副业，彻底转变“狐仙”不可喂宰的旧观念。20世纪90年代中、后期，喂养狐狸者较多，但规模都不大，之后逐年减少。品种主要有银狐、雪狐、兰狐等。

蜜蜂　20世纪90年代初，养蜂者多养土蜂。之后，引进意大利蜜蜂，为零散养。至2002年，全县养蜂324箱。

鸽　各村均有养殖，大多为鸽迷或信鸽爱好者，也有少数农户作为家庭副业饲养商品鸽。主要品种有信鸽、比利时鸽、龟头和美国落地王等。1998年，西大良一村民建种肉鸽场一个，养殖规模达10万余只，采取免费让农户饲养，回收雏肉鸽方式经营。一时间，安平出现“养鸽热”。

火鸡　多见于县内东北片饲养，但喂养户不多，数量不大。

犬　1996年前，犬的种类很少，大多为本地犬。1996年后，随着人们生活水平的提高和经济条件的好转，县境内逐渐出现“养犬热”，并先后发展起名犬养殖户、宠物犬养殖户、藏獒养殖基地等10多家；各种犬作为商品在市场上出售，一些名犬价格昂贵；主要品种有德国黑狈、弓狈、牧羊犬、黑熊、黑豹、狼青、大丹、藏獒、灵提、格利等。宠物犬有沙皮、京巴、松狮、鹿犬、蝶犬等。

1991—2002年安平县主要畜禽年末存栏情况统计表

表7-9　　单位：头、匹、只

年度	大牲畜					猪	羊			家禽鸡鸭	兔
	合计	牛	马	骡	驴		合计	山羊	绵羊		
1991	12214	2523	2187	1234	6269	94414	22931	5608	17323	134288	—
1992	11057	2502	1951	1052	5552	92731	21788	4487	17301	165377	—
1993	11159	2846	1859	930	5524	90560	27524	5158	22366	208259	—
1994	11098	3703	1749	771	4875	87642	30251	8396	21855	857500	1958

续表7-9

年度	大牲畜					猪	羊			家禽鸡鸭	兔
	合计	牛	马	骡	驴		合计	山羊	绵羊		
1995	13337	5885	1549	732	5171	120000	57586	11508	46078	1174392	2184
1996	13752	5944	1868	799	5141	132241	83736	27988	55748	1349892	5263
1997	12300	5500	1700	600	4500	140600	75200	23800	51400	1417400	4800
1998	12000	5500	1600	600	4300	146700	75700	23900	51800	1538700	5300
1999	11200	5400	1500	300	4000	152600	78600	24100	54500	1610800	6000
2000	10600	4800	1500	300	4000	162200	79300	24100	55200	1675200	6300
2001	10700	4900	1500	300	4000	176800	81100	24200	56900	1759000	6400
2002	10900	4900	1500	300	4000	195200	90000	26800	63200	1868000	6900

第二节　畜禽饲养

一、猪（详见本编第五章第三节“饲养”）

二、蛋鸡

庄户人家养鸡多采用传统的散养方法，除让鸡自由觅食外，多以玉米、高粱、糠麸等为饲料。这种原始的饲养方法使鸡只在春夏季节产蛋，产蛋时间短，数量少，鸡只死亡率高。进入20世纪90年代后，全县出现养鸡热，规模养鸡不断增加，畜牧局大力推广新的养鸡技术，使蛋鸡死亡率大大降低、产蛋量大大提高。一般饲养户也由散养改为圈养，同时改造鸡舍，冬季白天充分利用太阳采光，晚上盖苫保温，并安装电灯，保证每天14～16小时的光照时间。养鸡场及专业户采用室内笼养、冬季生火保温、夏季通风散热等办法并科学使用配合饲料喂养，保证鸡的各种营养，增加产蛋量。

防疫灭病是蛋鸡养殖的关键环节，除适时对雏鸡注射各种疫苗外，平时注意有针对性的投放药物，防止各种传染病发生。

三、牛

役用牛饲养比较简单，一般在圈舍喂养。饲草一般是谷草、玉米秸、小麦秸铡碎或青草、青干草等；使役时添加精料，拌草饲喂，主要精料有豆粕、豆饼、花生饼、棉仁饼、玉米面、麦麸、豆渣等。喂前喂后要饮水，使牛保持充足的体力。

奶牛饲养多采用圈舍、棚舍、圈场相结合的方法，圈舍要冬暖夏凉，四季适宜。圈舍圈场要坚持消毒灭菌，保持清洁卫生并根据奶牛的年龄、妊娠、产奶等情况实行阶段性饲养，或分养或群养，或拴养或栏养。

犊牛饲养主要是喂好初乳。初乳中含有大量的免疫球蛋白和溶菌酶，对犊牛提高抗病力和免疫力非常重要。其次是根据犊牛日龄开食补饲，给一定的干草和精料。成牛饲养（7～8月龄）一般以粗饲料为主，适当补充精料，即以精料、青贮饲料、干草相结合的方法喂养，并根据育成牛的生长情况进行分群喂养，使其同期发育生长。青年牛饲养（19月龄——初产牛）日喂精料3～3.5公斤、干草2.5～3公斤、青贮饲料15～20公斤；根据受孕情况分群管理，进行调教和乳房按摩，注意清除易造成流产的隐患，每日给以足够的运动量。泌乳牛按产奶量的多少分为泌乳盛期、中期和泌乳后期三个阶段。泌乳盛期（分娩后16～100天）产乳量占总产乳量的50%左右，该阶段必须加强管理和喂养，一是促使乳牛保持良好的采食性，既不能过肥，也不可过瘦。二是日粮中可消化总养分要高，并保证足够的粗纤维。一般日产奶20公斤给精料7～7.5公斤，日产奶30公斤给精料7.5～10公斤，日产奶40公斤给精料8.5～13公斤，精料组成为豆饼20%～30%，动物蛋白300克，玉米45%，麸皮20%，矿物质3%～5%。糟渣类饲料日给12公斤，多汁饲料日给3～5公斤，青贮饲料日给20公斤以下，干草4公斤以上，同时补给一定的维生素、钙、磷、盐等。三是严格挤奶技术，加强卫生管理，以防乳腺炎的发生。

肉用母牛的饲养管理与奶牛的饲养管理基本相同。肉用牛犊多采用自然哺乳并根据日龄补充必要的精饲料及青粗饲草，待4～6周断奶后公母分群管理，公犊4～6月龄去势育肥。肉牛育肥要给予充足的营养和舒适的环境，促其迅速上膘。肉牛饲料主要有青贮饲料、豆饼、花生饼、棉仁饼、豆粕、花生粕、棉籽皮、玉米糁、麦麸及微量元素等。

四、羊

山羊不易调训，且腿脚灵便。喂养山羊一般以圈养、拴养为主，很少放养。羔羊自然哺乳，公羊4～6个月龄去势。山羊食杂，饲喂青草、干青草、玉米秸、豆秸、树叶、花生秸、山药蔓等均可，育肥时适当喂些豆饼、花生饼、玉米糁之类的精料，促其上膘。

绵羊温顺听话，习惯走动进食，不宜拴养。喂养者根据当地条件，多以圈养和放养相结合，以放养为主。羊羔自然哺乳，公羊4～6个月龄去势，母羊奶羔，应加些精料，并注意给水。绵羊育肥除每天放饱外，还应"开小灶"，给喂一定的精料。

第三节　畜禽疫病防治

一、畜禽疫病

本地大家畜主要病症多为消化系统、呼吸系统、循环系统疫病和眼病、产后病、皮肤病等。猪、羊除以上疾病外，中毒性疾病为多见。犬、猫、兔等大多是消化道疾病和中毒性疾病。传染性疾病多见牛、鸡、猪发生。皮肤病则牛、羊、兔为多见。寄生虫病为畜禽特别是马、驴、骡、猪、犬、鸡的常见病。1991—2002年，畜禽发生的主要疫病有瘤胃单纯性消化不良、胃扩张、网瓣孔阻塞、肠梗阻、胃溃疡、乳腺炎、破伤风、肺炎、口蹄疫、猪瘟、犬瘟、猪丹毒、猪肺疫、狂犬病、鸡新城疫、鸡霍乱、鸡瘟、鸡法氏囊炎病、禽流感、细小病毒感染、气喘病、脑炎及各种寄生虫病、癣病等。

二、防疫灭病

1991年，对猪、鸡防疫实行集团承包，防疫费统筹；农村增加防疫监督员，保证村不漏户，户不漏畜、禽，防疫额度达95%以上。2000年，建立乡镇动物防疫站，负责本乡镇的防疫检疫工作，人员从社会招聘；重新起用旧乡镇防疫站，主管辖区内的动物防疫工作。对禽流感、口蹄疫疫情，县委、县政府及畜牧部门都非常重视，从20世纪90年代后期开始，每次疫病传播前，都积极组织防疫，提前准备疫苗、消毒药品、应急物资等；县政府每年拿出十余万元，免费为全县散养的畜禽进行防疫，同时还聘请农业部河北农大等单位的教授专家为县养殖及防疫工作进行指导；各养殖场、养殖专业户除对畜禽按规定注射疫苗外，还对场地、圈舍定期消毒灭菌，对饲料、饲草严格把关，对病畜病禽及时隔离治疗，严重者捕杀深埋，传染物火烧。1992年以来，由于县委、县政府对养殖业重视，防疫灭病措施得力，广大人民群众科学养殖的知识不断丰富，全县畜禽未发生大的疫病流行。

第四节　畜禽出售与加工

20世纪90年代初，畜禽销售主要由县食品公司及下设的16个食品站进行活体外调，当地屠宰加工量很小。畜禽产品主要以个体分散屠宰为主，产品多为胴体鲜肉、白条鸡等初级产品，只有少数零散的肉食摊点进行畜禽产品深加工。1996年，对生猪实行定点屠宰、集中检疫、分散经营，建立县城、马店、大何庄、刘吉口、程油子、南王庄、大子文7个生猪定点屠宰场，成立生猪定点屠宰执法队（由县商业局负责管理），加强定点屠宰管理和执法力度，有效防止注水肉和病死猪肉上市。1998—2002年，全县共定点屠宰生猪27800头。

安平县1991—2002年畜牧业产品出售加工情况统计表

表7-10

年份	畜禽出售和自宰（头、只）									肉类产量（吨）									其他产品产量（吨）		
	大牲畜					猪	羊	家禽	兔	总产量	牛肉	马肉	驴肉	骡肉	猪肉	羊肉	家禽肉	兔肉	牛奶	禽蛋	绵羊毛
	合计	牛	马	驴	骡																
1991	—	—	—	—	—	83096	11143	—	—	6324	54	—	—	—	6115	155	—	—	—	2883	36.4
1992	—	—	—	—	—	80476	8503	—	—	5969	26	—	—	—	5831	112	—	—	—	3416	27
1993	1339	446	162	669	62	81888	10772	208254	—	6584	47	13	37	5	6127	142	208	5	—	3430	—
1994	1631	640	189	724	78	87532	16347	187133	945	6650	70	12	40	6	6127	207	187	1	—	3430	—
1995	2602	1200	265	1053	84	120000	22392	353450	5000	9671	125	22	58	7	8701	280	469	9	—	—	—
1996	3436	1600	384	1323	129	160924	27790	477157	3306	13235	186	42	69	13	12069	376	477	3	—	6211	100
1997	3000	1400	400	1100	100	177000	28900	539200	2800	14482	174	38	61	1	13275	391	539	3	—	5706	100
1998	3000	1500	300	1100	100	189300	29600	632500	3200	15500	174	36	66	1	14198	391	632	2	—	6236	86
1999	3100	1500	300	1200	100	201000	30600	752500	3400	16485	175	25	65	7	15075	412	726	—	4	6517	86
2000	3100	1500	300	1200	100	214900	30900	803600	1700	17620	177	29	71	6	16118	415	803	1	5	6701	87
2001	3200	1600	300	1200	100	234100	31600	851800	1800	19227	193	26	73	5	17552	448	927	3	6	7225	89
2002	3300	—	—	—	—	255100	34600	877400	1300	21070	—	—	—	—	19132	480	—	—	348	7731	69

第五节　水产

全县贫水干旱，没有自然水域，水产养殖多是利用地下水资源，采取“半地上式塑料布防渗坑及高产技术”进行水产养殖。水产品主要是鱼类，养虾、蟹、鳖者甚少。鱼类主要有鲤鱼、草鱼、鲢鱼、尼罗罗非鱼、鲶鱼、鲫鱼等。养鱼者主要分布在大何庄乡、安平镇、西两洼乡、南王庄镇的部分村庄。1990年，全县坑塘养鱼33.8公顷，产鱼80吨，年产值达33万元。1994年，坑塘养鱼35公顷，产鱼100吨。1998年，全县坑塘养鱼37公顷，产鱼155吨。进入21世纪后，坑塘养鱼技术发生较大变化，由原来的放小养大变成了直接投放半斤左右的大鱼苗，经过短期催肥即可上市，缩短上市周期，增强了市场竞争力，单位面积产量及效益也有较大提高。2001年，投放普通鱼种13900公斤，投放面积24公顷；名特优养殖面积10公顷，其中尼罗罗非鱼7公顷，鲫鱼2公顷、草胡子鲶0.9公顷、金鱼0.1公顷；鱼类年产量175吨，产值76万元。2002年，养鱼面积34公顷，鱼类年产量180吨、产值86万元。

1990—2002年安平县坑塘养鱼情况表

表7-11

年度	养殖面积（公顷）	年产量（吨）	年产值（万元）按90年不变价算
1990	33.8	80	33
1991	—	83.2	34
1992	—	86	35
1993	—	80	34
1994	35	100	40
1995	35	105	43
1996	37	125	54
1997	37	135	56
1998	37	155	64
1999	37	160	67
2000	38	172	74
2001	34	175	76
2002	34	180	86

第六节　管理机构

1991年，安平县畜牧局内设办公室；下设兽医站、动物检疫站、畜牧技术站、水产工作站、家畜改良站、畜产品饲料服务站。全局共有干部职工36人，其中局长、副局长各1人。1992年，自办兽药批发部、鱼种场、鸡笼厂，共有干部职工38人。1994年，注销鸡笼厂。1997年，撤销家畜改良站、畜产品饲料服务站，全局有干部职工44人。至2002年年底，局内设办公室；下设畜牧兽医站、动物检疫站、水产工作站、畜牧技术推广站；下属企业有兽药批发部、鱼种场；全局共有干部职工45人，其中局长1人，副局长2人。

第五章　生猪

第一节　饲养概况

20世纪90年代初期，安平县养猪没有规模较大的集中饲养场，只是分户少量饲养。1994年9月，京安规模养猪场在安平县城东5公里处落成投产。这是全县第一家规模化养猪场。该场初建时占地101亩，总建筑面积4万平方米，以后不断扩建。到2002年，先后建起种猪示范场、河北斯格种猪有限公司、斯格原种猪场、种猪繁育场、种猪测定及后备培育场。养猪场占地面积扩大到1000亩，建筑面积扩大到14万平方米。猪舍为单元式设计，配备有比利时罗克赛尔公司的自动喂料系统和法国鲁克公司的塑料地板网；猪舍及设备易于清洗、消毒、防潮、防爆、保温、隔热。

图7-7　妊娠母猪舍单体限位栏和自动喂料系统

图7-8　育仔猪猪舍

京安猪场建成投产后的3～4年间，规模迅速扩大，规模养殖效益日益凸显。县委、县政府适时提出“生猪富民”策略，养猪业在全县迅速发展。到2002年，全县有年出栏10万头的猪场1个，万头以上猪场10个，养猪专业村80多个，专业户6000多个；生猪养殖形成“一龙十强、百村、万户”的龙型生产格局。

第二节　生产方式

由于规模养殖提高生猪养殖效益，调动人们生猪养殖的积极性，加之县委、县政府积极采取措施，鼓励发展生猪养殖业，所以全县养猪业有了较大发展，存栏从10万头增加到30多万头，生产方式由分户养殖变成猪场规模化科学养殖。自1994年，京安猪场带动全县养猪业的发展。到2002年，全县年出栏生猪46万头，京安猪场成为国家活体生猪储备基地。在生猪生产中，京安猪场充分发挥其龙头作用，在县政府的大力支持下，对全县养猪户实行统一供种、统一技术指导、统一防疫、统一饲料配方、统一销售、分别饲养的“五统一分”生产模式；全县出现许多养猪专业村，形成小规模大群体的生产模式。小规模养猪是指基础种猪10～20头，存栏不超过200头，年出栏300头左右的规模。这种规模每头出栏育肥猪纯利润350～400元，而且投资不大，一般6万元左右即可投入生产，对基础母猪，政府财政给予一定的补贴，因此是农村一家一户发展养猪的最佳规模。养猪专业村这种小规模大群体的生产模式具有很大的发展前途和发展潜力。

第三节　饲养

20世纪90年代初期，一般农户养猪多采用传统饲养方法——圈舍喂养，以泔水、谷糠、山药叶、青草、干草面加少量玉米面为主要饲料，有的采取促、吊、催的方法，即仔猪适当加黑豆、花生饼、玉米面等精料，架子猪以粗料为主，育肥期(65公斤以上)则多加些花生饼、玉米面、麦麸、豆饼等精料。1995年后，一般农户养猪的越来越少，随之兴起的是大型养猪场、养猪专业户。饲养方法科学先进，90～100公斤肥猪4～6个月即可出栏。猪舍大多为单元式，通风透光，保温隔热，冬暖夏凉。大型养猪场大都铺设养猪网，粪尿随时用水清理，环境洁静。在饲养方法上，一是饲喂干料，自动饮水。按照猪的不同发育阶段对营养的不同需求，饲喂不同营养的配合饲料。小猪喂营养丰富的饲料，蛋白质在饲料中的比例为18%～22%；15～30公斤猪脂肪生长速度较慢，骨骼和肌纤维生长快，对蛋白质、钙磷需要多，蛋白质比例占16%，增喂复合添加剂；30～100公斤猪进入脂肪生长旺期，此时主要是加强各种营养的补充；二是使用饲料添加剂，以补充日粮营养欠缺，提高饲料转化率，起到防病、抗病，促进猪只新陈代谢等作用；三是防病、驱虫。新生仔猪出生7日后，注射大肠杆菌苗，断奶后按预防程序注射猪瘟三联苗、伪狂犬、口蹄疫等各种疫苗。育肥前用伊维菌素进行驱虫，每10公斤体重用药0.2毫升，分别在90日龄、135日龄时给药。

猪饲料配方参考表（千公斤含量）

表7-12　　单位：公斤

精料名称	小猪宝	仔猪	公猪	哺乳	怀孕	中猪
玉米	630	650	590	628	520	637
豆粕	215	240	245	215	190	235
鱼粉	—	25	25	35	—	—
豆油	15	—	15	15	—	—
麦麸	40	45	85	75	280	100
石粉	—	—	—	8	9	2
氢钙	—	—	—	9	8	11
预混料	100	40	40	15	15	15

第四节　良种繁育

20世纪90年代初期，猪只品种经过引进、更新，也有一些生长快，瘦肉率高的较好品种，如大白、长白、杜洛克等。1994年京安养猪场建成后，先后引进纯台系、英系大白、皮特兰等优质种猪。1999年，从比利时引进324头世界上最优质的斯格种猪配套系斯格猪核心群。从此，猪只品种繁育有了长足发展，不仅能繁育生产各个系列的优质斯格种猪，而且能繁育杂交优势更明显的其他品系，使安平成为斯格系列及二元、三元杂交种猪的生产基地，并列入衡水十年、十五年生猪发展规划。

京安养猪场为进一步完善种猪选育过程，使种猪选育进一步科学化，于2000年建立种猪测定中心，并于2000—2002年连续不断地从欧洲等发达国家，引进先进种群的精液来进行育种，完善提高现有的种猪品质。到2002年，安平的种猪生产繁育达到世界先进水平。

图7-9　京安养猪场所获牌匾

第五节 疫病防治

猪病的防治主要包括传染病、寄生虫病、内科病、外科病等。随着规模化养猪的发展，传染病的危害也越来越严重，做好猪的疫病防治工作，成为养猪生产中不可忽视的问题。杜绝役病传播和流行的方法：科学饲养，增强抗病能力；严格检疫，严格消毒，消灭疫病传染源，制定合理的防疫制度，鼓励饲养户实行自繁自养。

猪瘟 猪瘟是由猪瘟病毒引起的一种急性、高度接触性传染病。该病传染性大，发病率和死亡率均高，给养猪生产带来的损失巨大。该病急性型呈败血变化；慢性型大肠发生坏死性炎症，特别在回盲口附近常见纽扣状溃疡，故俗称“烂肠瘟”。规模化养猪后防疫措施得力，猪三联（预防猪瘟、丹毒、猪肺疫疫苗）应用广泛，该病极少发生。

猪丹毒 猪丹毒是由丹毒杆菌引起的一种急性高热性传染病，急性病例呈败血症变化；亚急性病例皮肤出现红色疹块，俗称“打火印”；慢性病例发生心膜炎和关节炎。

猪肺疫 又名猪巴氏杆菌病、猪出血败血病，俗称锁喉风。它是由多杀巴氏杆菌引起的急性流行性和继发性传染病。

猪肺炎支原体 由猪肺炎支原体引起的一种接触性慢性传染病。该病死亡率不高，但对猪的生长发育影响很大，急性型死亡率较高，慢性型多见于老疫区，一般由急性转来，病程可持续2～3个月，主要是造成猪只生长发育不良。

仔猪大肠杆菌病 仔猪大肠杆菌病是由致病性大肠杆菌引起的仔猪腹泻病，包括仔猪黄痢、仔猪白痢、猪水肿病。它主要危害新生仔猪。

口蹄疫 口蹄疫是危害最严重的传染病之一，主要危害猪、牛、羊和其他偶蹄动物。病猪是主要传染源，在出现症状前就带毒。病毒主要通过接触感染、空气传播，病毒在病变部位大量存在。病猪主要表现为体温升高至40℃～41℃，精神不振，食欲减少，口腔黏膜、蹄部皮肤、母猪乳房上出现水疱，水疱明显，里面充满液体，很快破溃，形成烂斑，有时因发生急性心肌变化而死。对该病主要是应用口蹄疫苗预防，但该病仍点、面发生。

以上这些病种由于应用疫苗得当，已经少有大面积发生，即使发生，死亡率也不是很高。

猪伪狂犬病 是由疱疹病毒科中的猪疱疹病毒引起的一种急性传染病。该病流行广泛，严重威胁着养猪业的发展。伪狂犬病发生具有一定的季节性，多发于冬春寒冷的季节，病猪、带毒猪是重要的传染源。病毒通过消化道、呼吸道、伤口、配种等途径发生感染。妊娠母猪感染后，主要发生流产、产死胎、木乃伊胎，即使生产，所产仔猪也是大量死亡，一般3～5天是死亡高峰期。

猪繁殖与呼吸综合症 该病是20世纪末发现的对全球畜牧业有重大影响的一种新的动物传染病。该病毒归属于冠状病毒科动脉炎病毒属，各种猪均可感染。母猪和仔猪感染后症状比较严重，新生仔猪及断奶前仔猪发病率和死亡率都很高，生长猪和育肥猪发病率高，死亡率低，症状比较温和。该病一年四季均可流行，没有明显的季节性，发病猪主要表现为厌食、发热、嗜睡，有时可见皮肤发绀，呼吸困难和咳嗽，严重者可发生死亡。母猪主要表现为生殖障碍，包括早产、流产、产弱胎、死胎及木乃伊胎；生长猪及育肥猪发病后症状比较缓和，只表现食欲下降及呼吸障碍，死亡率低。

猪的疫病免疫程序一览表

表7-13

猪别 / 病名	仔猪	母猪（公猪参照）
猪瘟	21～25日龄首免，组织苗4头份； 60～65日龄二免脾淋役苗2头份	后备配种前20天注射一次，以后于产后10天注射一次，脾淋役苗2头份

续表7-13

病名＼猪别	仔猪	母猪（公猪参照）
伪狂犬	活疫苗2日龄滴鼻，每鼻孔0.5毫升(0.5头份)；35日龄加强肌肉注射1头份	活疫苗。后备配种前1个月免疫一次，以后每4个月免疫一次，肌注2头份
蓝耳病	31-35日龄 肌注2ml，28天后强免一次2ml 注意：与猪瘟的间隔在8天以上	配种前10天免疫4ml，以后于产后20天免疫4ml
细小病毒	—	后备配种前35天首免1头份，1胎2胎产后15天各肌注1头份。3胎后可不防
口蹄疫	40日龄肌注2ml；70日龄肌注3ml	后备与猪瘟同时肌注3ml。以后每3个月免疫一次，每次3ml
乙型脑炎	—	4月份，首免1头份，20日后2免1头份或一次2头份
链球菌	双价灭活苗 18日龄首免2ml 40日龄二免3ml	—
大肠三价	—	产前40天，15天各注射1次，每次2ml
丹肺二联	50日龄肌注2头份	—

第六节　饲料

县内基本上没有饲料工业，各大养猪场及各养殖户用的基本上是正大、绿赛等名牌饲料的预混料、浓缩料，用预混料、浓缩料自己配制适合猪场各个阶段的配合饲料。农业部、国家食品安全部门、省、市饲料工业办公室等对安平县饲料、猪血样、尿样曾多次抽查、化验，其结果完全合格，符合食品安全生产的标准。

第七节　销售

一、销售渠道

安平是北京、天津等多个大城市的生猪生产基地及生猪储备基地。京安、京隆、乾丰等多个大型猪场是北京生猪生产基地。津安养猪场是天津生猪生产基地。京安是国家生猪活体储备基地，其生产出的生猪，主要供首都北京市场及首都各项大的活动使用，如大运会、亚运会、中共十六大及每年的全国人民代表大会、政协会等。

二、销售量

20世纪80年代，安平食品公司与北京、天津、上海等多个肉联厂有供销合同。20世纪90年代末至2002年，安平已成为北京食品公司和北京菜篮子工程的生猪活体储备基地、国家生猪活体储备基地，平均每年向北京等地供应生猪45万头。2002年，供应量达到70万头。

附记：京安猪场和徘徊养猪专业村

一、京安猪场

京安猪场创建于1994年9月，位于安平县城东5公里处，占地面积1000亩，建筑面积14万平方米，资产总值近2.5亿元，拥有干部职工150人。经逐年扩建，到2002年已拥有种猪场5个，种猪测定站一座，商品猪场9个和一个中比合资的河北斯格种猪有限公司;年产种猪5万头,瘦肉型商品猪10万头,是国家和北京市两级生猪活体储备基地,是国内规模最大品种最全的现代化种猪生产企业之一,被列为河北省农业综合开发高新技术示范园区、河北省良种猪繁育体系的原种基地、河北省无公害食品生产基地。该场的种猪国内领先、世界一流。主要品种有比利时斯格配套系核心群种猪和“大约克”“长白”“杜洛克”“皮特兰”等。“京安”牌种猪被评为河北省名牌产品,连续四年产销量居全国第一。该场于2000年和衡水老白干集团联合组建上市公司——河北裕丰实业股份有限公司,京安猪场更名为河北裕丰实业股份有限公司京安分公司,也称京安猪场。

图7-10　京安养猪场

京安猪场按国际养猪业的先进模式设计。猪舍为有窗封闭猪舍,采用床上产仔、网上育仔,自由采食、自动饮水、人工粪尿分离、排污自动化、分点隔离饲养和全进全出等先进生产工艺,全面推行标准化生产。该场被评为国家农业标准化示范园区,并获准“出口肉类屠宰动物饲养场检验检疫注册”;被农业部等八部委评为“农业产业化国家重点龙头企业”;被国家外专局列为国家引进国外智力成果示范推广基地。

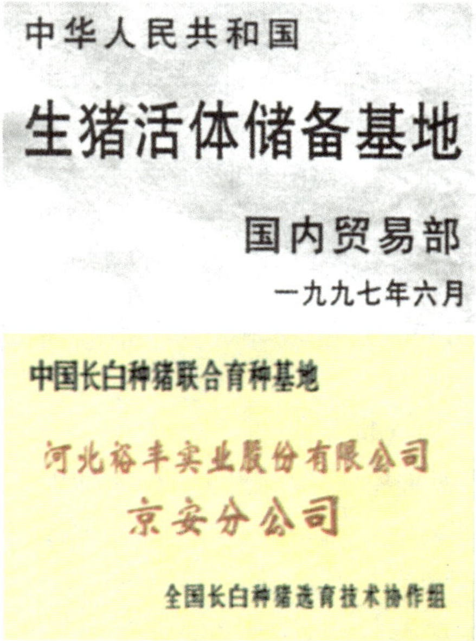

图7-11　京安分公司所获牌匾

京安猪场以河北农业大学、北京农科院等单位为技术依托,现有高级技术人员15名、中级技术人员36名。该场与河北农业大学合作先后承担了省科委招标项目“斯格配套系种猪选育和繁育体系研究与开发”“商品瘦肉猪规模养殖高新技术研究与开发”等多项科研课题,取得了重大成果。该场主要技术经济指标达国内领先水平;生产水平和经济效益逐年提高,年利税由企业创建初期的十几万元达到数百万元,8年增加30倍。

京安猪场在加快核心企业发展的同时,积极扶持带动本县及周边地区发展瘦肉猪生产,通过统一种猪、统一饲料、统一防疫、统一技术指导和统一销售商品猪等“五统一”措施,促进该县及毗邻地区规模化养猪业的发展。养猪业已成为安平县继丝网之后的第二大支柱产业,成为农民致富和农村产业结构优化调整的主导产业,并带动相关产业的发展。2002年,全县出栏瘦肉型商品猪70万头,农民人均纯收入增加600多元。为全县生猪产业链条延伸,搞好生猪深加工的增值工程,京安分公司(猪场)于2000年建立“城市人”肉联厂,为生猪产业进一步做大做强带来更大的机遇。

二、徘徊养猪专业村

徘徊村隶属于马店镇,有436户、1830人,耕地面积2649亩。1996年春季,该村在县、乡政府和县畜牧局的大力扶持和指导下开始了养猪生产。经过几年的艰苦努力,该村生猪生产已从小到大、从弱到强,发展成了全村经济支柱产业。到2002年,全村养猪户已达210户,生猪存栏共5000多头,优质基础母猪600多头,年均出栏商品猪近万头,纯利润230多万元,仅养猪一项人均增收1250多元。

第六章　农机

20世纪90年代，新式农机具不断问世，全县各类农机总量不断增加，至2002年，全县有大中型拖拉机558台，小型拖拉机15326辆，小麦联合收割机510台，农用运输车8800台，秸秆还田机387台，旋耕机556台，小麦、玉米播种机2377台，农机总动力45.1万千瓦；农田机械化作业逐渐由耕播向整个生产过程覆盖，犁、锨、镰、锄等传统机具和大牲畜役用退至辅助地位，基本实现农业机械化。

第一节　种类

一、耕整机械

耕整机指用于土地耕翻、平整的机械，主要有机引犁、旋耕机、机引耙、秸秆还田机等。农村实行生产责任制后，人们改变机械大耕大种的作业方式，土地耕整以拖拉机旋耕为主，机引犁、钉齿耙、盖等过时农机具数量相应减少。1991年，全县有机引犁4211台，旋耕机365台，机引耙41台，秸秆还田机11台。1991年以后，旋耕机、秸秆还田机增速较快。2002年，全县有机引犁879台，旋耕机556台，机引耙131台，秸秆还田机387台。

旋耕机主要机型有1GN-20、1G-175、1G-125、1G-60。

大中型机引犁主要机型有1CY-5-35、1LB-4-35、1LG-5-25。

二、播种机械

播种机械以机引播种为主，主要用于小麦、玉米播种。随着深施化肥、半精量播种等农机新技术的开发应用，农机作业由单一播种向复式作业发展。1991年，全县拥有大中型小麦播种机8台，小型播种机800台。1992年，开始有玉米硬茬播种机，机数32台；1996年，猛增到368台。至2002年，大中型小麦播种机减少到1台，小型小麦播种机增加到1775台，玉米播种机增加到602台。小麦播种机主要型号有2B-24、2B(SF)-14、2B(SF)-8；玉米硬茬播种机主要型号有2BQM-6、2BSFY70-2。

图7-12　正在作业的小麦播种机

三、排灌机械

排灌机械主要指排灌动力(柴油机、电动机)和农用水泵(深井泵、潜水泵)。由于地表水源减少，农业供电量增加，柴油机已多数改为他用，农用水泵增长迅猛。1991年，全县有柴油机12125台、动力107837千瓦；电动机4090台、动力26007千瓦；深井泵812台，潜水泵998台。1996年，全县柴油机13496台，电动机5677台，深井泵2561台，潜水泵1354台。2002年，全县有柴油机10760台、动力94908千瓦；电动机6692台、动力48677千瓦；深井泵3891台，潜水泵2462台。

四、收获机械

收获机械主要有小麦割晒机、脱粒机和小麦联合收割机。

图7-13　小麦联合收割机

由于农村经济不断发展壮大，农业机械化程度也迅速提高，其中，小麦联合收割机增长速度极快，割晒机、脱粒机很快便让位给联合收割机。1991年，全县有小麦割晒机444台，脱粒机2809台，联合收割机仅有10台。1996年，全县有小麦割晒机727台，脱粒机3330台，联合收割机203台，割晒机、脱粒机多数是1995年前购置的，后大都已闲置。至2002年，小麦割晒机196台，脱粒机996台，小麦联合收割机510台。

小麦联合收割机主要型号有新疆-2、福田谷神、佳木斯-3和北京-3等。

割晒机以藁城农机维修厂生产的4G100和舞阳收割机厂生产的4G150、4G185为主。

脱粒机生产厂家较多，主要型号有TB-50、TB-70、TB-80、TQS-800和丰收100型。

五、农副产品加工机械

农副产品加工机械以碾米机、磨面机、轧花机、榨油机为主。1991年，全县有碾米机229台，磨面机317台，轧花机119台，榨油机95台。随着粮食市场的开放和人们生活水平的提高，成品米面销售量大增，粮食加工设备向大型化发展。同时，由于棉花种植面积逐年减少，致使轧花机等棉花加工设备相对减少。1999年，全县有碾米机104台，磨面机186台，轧花机88台，榨油机131台。到2002年，全县有碾米机145台，磨面机194台，轧花机89台，榨油机134台。

六、农运机械

1993年以前，全县的农运工具主要以各型拖拉机为主。1993年以后，农用运输车(包括农用三轮运输车、农用四轮运输车)以其舒适、灵活、速度快等优势迅速成为农业运输机械的后起之秀。1991年，全县拥有大中型拖拉机100台、动力4163千瓦；小型拖拉机4400台、动力40732千瓦。1996年，大中型拖拉机增到158台，小型拖拉机增到9546台。至2002年，大中型拖拉机增到558台、动力21511千瓦，小型拖拉机15326台、动力152150千瓦；农用运输车从1993年的341台猛增到8800台（其中农用三轮运输车8350台，农用四轮运输车450台），年均增加846台；拥有大中型拖车558台，小型拖车15213台。(拖车指拖斗，主要和各型拖拉机配套）。

七、植保机具

植保机具有机动喷雾(粉)器和手动喷雾(粉)器，主要用于农作物病虫害防治和喷洒除草剂。机动喷雾(粉)器1991年全县有29台，1994年无增长，1995年县农机局为配合“粮棉适度规模经营”试验，对机动喷雾器作了大力推广，是年增长38台。此后逐年增加，至2002年增加到220台。手动喷雾(粉)器由于便于家庭的小地块作物除草除虫，数量大增，2002年约计在4万部左右。

机动喷雾(粉)器主要型号有3CM—3型、红旗—15型。

手动喷雾(粉)器主要有丰收—5型、新丰—7型等。

1991—2002年安平县农业耕整播种收获机械情况表

表7-14

名称 数量 年度	耕整机械（台、部）				机引播种机（台）			收获机械（台）			
	犁	旋耕机	耙	秸秆还田机	小麦播种机		玉米播种机	脱粒机	小麦割晒机	小麦联合收割机	
					大中型	小型	小型			背负式	自走式
1991	4211	365	41	11	8	800	—	2809	444	5	5
1992	4211	364	41	11	8	800	32	2848	539	15	10
1993	4208	367	38	11	8	800	—	2883	549	12	28

续表7-14

名称/数量/年度	耕整机械（台、部）				机引播种机（台）			收获机械（台）			
	犁	旋耕机	耙	秸秆还田机	小麦播种机		玉米播种机	脱粒机	小麦割晒机	小麦联合收割机	
					大中型	小型	小型			背负式	自走式
1994	4208	369	38	15	8	820	—	2883	576	10	34
1995	4280	369	36	45	8	825	70	3538	624	9	101
1996	3960	312	35	95	8	1539	368	3330	727	26	177
1997	3540	332	49	95	8	1611	395	3240	727	84	283
1998	2352	373	62	201	8	1657	419	2436	524	84	334
1999	1983	450	121	296	9	1662	458	2436	301	96	384
2000	879	500	131	418	7	1687	556	1721	294	96	424
2001	879	521	131	368	5	1650	602	996	213	30	480
2002	879	556	131	387	1	1775	602	996	196	30	480

1991—2002年安平县农用动力灌溉植保机械情况表

表7-15

名称/数量/年度	电动机		柴油机		农田水泵（台）		拖拉机（台）		农用运输车（辆）		植保机械（台）	
	台	千瓦	台	千瓦	深井泵	潜水泵	大中型	小型	三轮农用运输车	四轮农用运输车	机动喷雾（粉）器	
											台	千瓦
1991	4090	26007	12125	107837	812	998	100	4400	—	—	29	77
1992	4057	25894	12090	107502	1234	1254	103	4422	—	—	29	77
1993	4057	25894	11479	102127	2259	1261	100	7742	329	12	29	77
1994	4057	25894	11479	102127	2347	1261	101	7856	1786	20	29	77
1995	5637	37744	13479	119792	2481	1334	108	8265	2800	27	67	120
1996	5677	37965	13496	119868	2561	1354	158	9564	4188	34	72	120
1997	6050	45378	12320	108415	3112	1727	214	10276	4199	34	83	164
1998	6127	45949	11360	99968	3012	2590	295	10387	4293	39	100	221
1999	6204	46527	11360	99968	3026	2690	478	11056	5161	64	108	245

续表7-15

名称/数量/年度	电动机		柴油机		农田水泵(台)		拖拉机(台)		农用运输车(辆)		植保机械(台)	
	台	千瓦	台	千瓦	深井泵	潜水泵	大中型	小型	三轮农用运输车	四轮农用运输车	机动喷雾(粉)器	
											台	千瓦
2000	6624	48177	11360	99968	3859	2694	508	14263	7192	115	108	245
2001	6642	48335	10760	94908	3891	2462	518	15006	8050	350	206	835
2002	6692	48677	10760	94908	3891	2462	558	15326	8350	450	220	911

1991—2002年安平县农副产品加工机械情况表

表7-16　　单位：台

名称/数量/年度	碾米机	磨面机	轧花机	榨油机	饲料粉碎机	面条加工机	粉条加工机
1991	229	317	119	95	501	2	4
1992	226	302	118	94	501	2	4
1993	226	302	118	94	501	2	4
1994	226	302	118	94	501	2	4
1995	226	302	118	94	501	2	4
1996	235	317	121	115	452	10	12
1997	215	298	104	105	338	28	21
1998	183	245	94	127	341	33	29
1999	104	186	88	131	341	33	29
2000	—	—	—	—	—	—	—
2001	—	—	—	—	—	—	—
2002	145	194	89	134	—	—	—

第二节　农机作业

农机田间作业项目以机耕、机播、机收为主。

一、机耕

机耕作业以旋耕为主，亦有少量采用翻耕作业。作业期集中在夏、秋两季，亦有部分春耕，以秋季耕作量最大。农村实行家庭联产承包责任制后，受种植形式和户营土地规模小等因素影响，机耕作业面积曾一度减少。1991年，机耕面积减少到26万亩。此后，随着农村经济体制改革的不断完善和种植结构的调整，机耕作业量逐年回升，2002年达到41万亩，占可耕面积的99%。

二、机播

机播农作物以小麦、玉米为主。1991年，小麦机播13.5万亩，以后逐年增加。2002年，小麦机播面积达到26.2万亩，占小麦总播种面积的99.5%。

玉米机播始于1992年。是年，用玉米硬茬播种机完成玉米播种1.7万亩，占玉米总面积的7%。以后，玉米机播面积逐年增加，1996年猛增到14.7万亩，占玉米总播面积的61%。到2002年，玉米机播面积达到24万亩，占玉米总播种面积的99.7%。

三、机收

机收农作物主要是小麦。1991年，机收面积为8万亩，其中联合收割机收获面积2.2万亩。以后，联合收割机收获面积迅速扩大。1996年，除油子乡外各乡镇的小麦已全部改用联合收割机。2002年，全县27.4万亩小麦全部用联合收割机收获。1996年后，小麦联合收割机开始有组织地跨区作业，每年5月下旬，安平的联合收割机机主在农机部门的组织下先去河南境内作业，后由南向北推进。至2002年，跨地区作业累计出动1782台次。安平麦收期间亦有外地机主来安平作业，使收获期由半月缩为5～7天，为玉米夏播争取时间，也极大地解放劳动生产力。

四、秸秆还田

秸秆还田农作物主要是玉米。1991年，秸秆还田技术开始推广，最初还不为农民所接受，秸秆还田面积为7600多亩，占玉米种植面积的4%。1991年后，秸秆还田机由把玉米秸秆切成小段还田，改造为效果更好的粉碎还田，秸秆还田技术逐渐被农民所接受，还田面积迅速增加。1996年，秸秆还田面积增到5万亩，占玉米种植面积的21%；到2002年增到19万多亩，占玉米种植面积的80%。

第三节　供应与维修

一、农机供应

农机供应单位主要有安平县农机公司、安平县农排公司和个体农机配件门市部。

安平县农机公司　为农机局下属单位，前身为安平县农机供应站，1974年改建为农机公司；地址在为民街西段路南。1991年，公司干部职工91人，占地21350平方米，固定资产总值500万元；农机商品销售总额完成1110万元，实现利税96万元；供应品种有大中小型拖拉机、小麦联合收割机、柴油机、水泵、农用运输车、机引农具及零配件。2000年，农机公司改建为农机汽车大市场，地址迁往县城外环保衡路和正港路交汇处，占地50亩，仓储面积30000平方米。改建后，因经营不善，销售额大幅减少，2002年已近破产。

安平县农排公司　前身为安平县农机排灌公司，1989年改建为农排公司，为县工业局下属单位，地址在西马路14号，占地面积5333平方米，固定资产总值366万元。公司每年农机商品销售总额4300万元左右，经营品种有大中小型拖拉机、小麦联合收割机、潜水泵、农用运输车、机引农具、电动车及零配件。

1991—2002年，农机个体经营门店主要分布于城区和主要集镇及主干道两旁，规模不大，且多为兼营，供应品种以农机零配件、润滑油为主。

二、农机维修

县农机局所属的各拖拉机站为适应市场经济，于20世纪80年代末相继转制。农机维修变为以个体农机维修门店为主，且多以零配件供应与维修相结合。个体经营随意性较大，从事农机维修的摊点变化无规律，起伏较大。1991年，全县有农机维修摊点138个，从业人员526人，维修各种农机具16900台，完成修理产值236万元。2002年，有各类农机维修点174个，从业人员681人，维修各类农机具21320台，完成修理产值306万元。

第四节　农机监理

农机监理工作由县农机局所属的农机监理站负责。农机监理站始建于1983年12月，站址在机电胡同8号。监理站职能：负责农机的登记、发放号牌和年度检验；进行农机驾驶员的考核、发证与年度审验；负责农机安全监督等。1991年，检验机车3606台，审验驾驶员3757人次，检测机具660台。1994年12月，河北省人大、省政府相继出台《河北省农业机械管理条例》和《河北省农业机械安全监理管理办法》，明确规定农业机械主管部门负责本行政区内农业机械的生产、销售、维修、技术监督和安全监理以及社会化服务体系建设等，使县农机监理工作有了长足的发展。是年，检验机车4152台，审验驾驶员4456人，检测农机具7108台。2002年，检验机车6174台次，比1991年增长71.2%；审验驾驶员5501人次，比1991年增长46.4%；检测农机具4913台次，比1991年增长644.44%。1991年至2002年，共检验机车61959台次，审验驾驶员59745人次，检测农机具59174台次。

第五节　管理机构

安平县农业机械管理局属于政府序列，局级事业单位，地址在机电胡同8号。1991年，农机局共有干部职工16人，设办公室、业务技术股和农机监理站；下属单位有安平县农业机械公司和20个乡镇农机管理服务站。1992年，增设农机技术推广站。1996年，增设盛隆金属制品厂；并乡扩镇后，乡镇农机管理服务站随之改为8个。1997年，增设农技培训学校。2000年5月，农机公司改建为农机汽车大市场有限公司。2002年，农机局共有干部职工39人，下设办公室，业务技术股、农机监理站、农机技术推广站；下属单位有盛隆金属制品厂、农机培训学校、农机汽车大市场有限公司和8个乡镇农机管理服务站。

第八编　丝网

- 丝网生产
- 产品加工
- 丝网销售
- 中国安平丝网大世界
- 中国（安平）国际丝网博览会
- 行业管理
- 编后附录

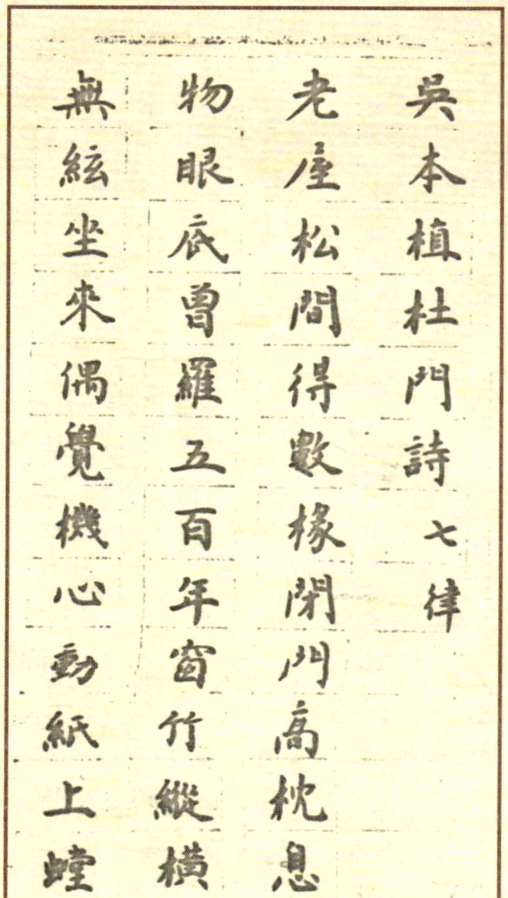

吴本植杜門詩 七律

老屋松間得數椽閑門高枕息塵緣身中不蓄尋常物眼底曾羅五百年窗竹縱橫標有節匣琴寂寞味無絃坐來偶覺機心動紙上螳螂欲捕蟬

民国11年《安平县志》载吴本植的《杜门诗》

第八编　丝网

丝网是安平县的特色主导产业，发展历史悠久，早在明弘治元年（1488年）唐贝村就有织绢者。明孝宗年间（1495年），安平罗绢（俗名安平罗底）就盛名于世。光绪二十六年《深州风土记》载：“……安平之绢皆一境独胜，如此比者不能多也。”可见安平绢罗加工此时已具有相当规模。民国7年（1918年），随着西方工业革命的成功，以金属为原料的铜丝罗底传入中国。在天津行医的安平县香管村人徐老山将金属丝网生产技术引入安平，并在香管村办起安平县第一个金属丝网厂。之后，又有数村相继办起铜铁罗工厂，生产规模和生产技术在全国丝网行业中占有举足轻重的地位。民国17年（1928年），安平城内先后开设民生号、永安号、天生号、益生号等铜罗厂；在天津、东北三省、内蒙古设有数十家商庄，并经由天津口岸与“五洲商旅”交游。据统计，全县丝网出境量达298万张，有一部分人从农业生产中分离出来，专门从事丝网生产和买卖活动，出现手工织网作坊和罗绢市场。民国26年（1937年），“丝网之乡”的美称已驰名全国，全县织罗机达到450张，产品不但畅销国内市场，而且远销国外，“外国颇喜之”。

图8-1　安平县一九二二年建成的全国第一个金属丝网厂仅存的牌子

图8-2　木制织罗机

抗日战争爆发后，百业凋零，丝网业也难逃噩运。新中国成立后，翻身的农民在耕耘之余，又重操旧业从事丝网生产，一批国营、集体、合营丝网企业和丝网配套设施陆续诞生，各乡镇、村出现丝网副业摊点。1958年，安平县拔丝厂建立。到1962年，全县传统木机和机械化半机械化织机发展到4520张，从业人数达到一万多人，日产罗绢2820匹，产品销往全国各地。1972年，建立安平县国营织网厂。在“文化大革命”中，个体丝网加工被禁止，丝网生产规模、产量锐减。1978年中共十一届三中全会后，个体丝网业迅速崛起，县、乡、村、集体企业也相继建立。到1985年，全县建起国营、集体和个体丝网厂3577个，从业人数达两万多人，丝网产品由面向日常生活需求的罗底、窗纱等低档产品延伸到石油、纺织、造纸、航天、航空、煤炭、环保、海洋、化工等各个领域，同时建立庞大的销售市场——丝网交易市场中心和遍及全国各地的丝网销售网点。

1991年，全县拥有各种织网机6500多台，其中电动织机1320台，NAC高精度、高密度无梭织机9台，织网产量在4500万平方米以上；拥有拔丝机1850台，其中超细丝拔丝机7台，拉拔各种金属丝3500吨。

1995年，安平县丝网行业初步形成相对独立的门类齐全的成龙配套的生产经营体系，成为全国最大的丝网生产基地和丝网产品集散地。全县拥有丝网企业6687个，其中县办57家，乡村办341家，个体、联合体、三资企业（国外独资、中外合资、国内外来投资）6289家，遍及全县20个乡镇230个村庄。从业人员达45300余人。拥有拔丝设备8600台（套），年拔丝能力30万吨；织网机械9500台（套），年织网能力7000万平方米。产品发展到六大系列，300多个品种，3000多种规格。主要产品有系列造纸网、系列铜网、系列不锈钢网、系列中低碳钢丝网、系列钢板网还有异型网、轧花网、拧花网、泡沫网、螺旋网、化纤网、窗纱、烧结网、熔体过滤器等。产品畅销全国各地，并出口美国、日本、韩国、澳大利亚、意大利、中东等国家和我国台湾、香港地区共30多个国家和地区，创产值21.3亿元、利税2.2亿元，出口交货值8亿元人民币。为形成统一开放、竞争有序的丝网市场体系，县政府于1996年8月至1997年12月在安平县城西建设集丝网交易、产品开发、货物转运、银行结算、信息服务、人才培训、质量检测、会展、物业管理为一体的现代化大型丝网批发市场——中国安平丝网大世界。大世界的建设极大地推动全县丝网业的发展。

到2002年，安平县成为中外驰名的“网都”“中国丝网之乡”“中国丝网产业基地”“中国

图8-3　中国丝网之乡牌匾

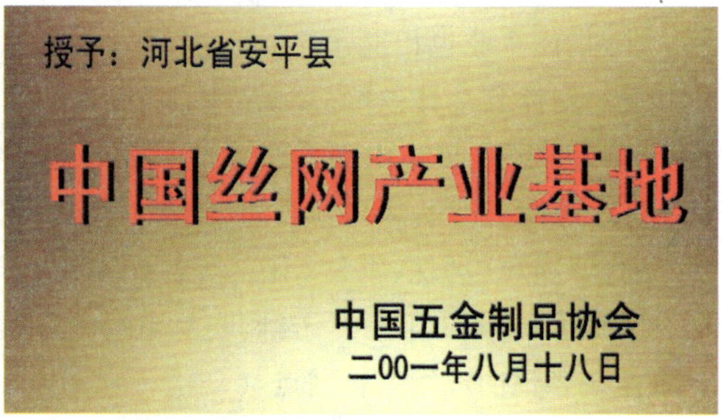

图8-4　中国丝网产业基地牌匾

图8-5　各种丝网滤器

图8-6　各种丝网产品

丝网产销基地”。作为主导产业的丝网极大地推动了全县经济发展，是年，安平县综合经济实力在衡水市名列前茅，形成辐射周围十几个县市的区域经济隆起带。全县织机发展到11988台，电机发展到11748台，丝网从业人数5.54万人，在全国各大城市开设的门市达到4000多家，产品发展到6大系列、400多个品种、6000多种规格；拥有拔丝、织网设备21809台套，行业机械化程度达到98%以上；年拔丝能力60万吨，织网能力1.83亿平方米，丝网总产值60多亿元，利税3.6亿元，上缴税金6800万元，占全县财政收入的43.32%；产品出口美国、日本、德国等100多个国家和地区，出口量占全国出口量的80%以上，出口创汇2000万美元；丝网产业提供全县人均纯收入1300元。

第一章　丝网生产

第一节　丝网生产企业摊点

一、摊点数量

1991年，全县织网厂、拔丝厂等丝网企业摊点共计4900家，其中织网企业3100家，拔丝企业摊点1800多家；县办、乡镇办企业200多家，户办、户联办企业4300多家；从业人员4万多人。1995年，全县丝网企业摊点6680多家，其中县办、乡镇办400家，户办、户联办6290家；拔丝企业摊点2500家，织网企业摊点4100多家，漆镀企业38家；丝网从业人员45300多人；丝网工业企业从业人员41000多人，其中拔丝人员13000人，织网人员26000人，表面处理及其他2000人；到2002年，全县丝网生产企业发展到9137家，其中拔丝企业2123家，织网企业6787家，漆镀及其他企业227家；丝网从业人员55420人。

二、2002年丝网生产企业构成

体制构成　全县共有9137家丝网生产企业摊点，以个体经营为主，其中个体户7974家，占87.27%；私营企业1163家，占12.73%；三资企业26家，占0.28%。

规模构成　年销售收入500万元以上的规模企业28家，其中2000万元以上的19家，1亿元以上的3家。年销售收入500万元以下100万元以上的企业1287家，100万元以下的企业9012家。全县丝网工业企业固定资产投资共5.45亿元。其中100万元至500万元的企业468家，500万元至1000万元的企业152家，1000万元以上的企业66家，100万元以下的企业8451家。

行业构成　在全县10327家丝网工贸企业摊点中，工业生产摊点9137家，占88.48%。工业生产摊点中拔丝企业摊点2123家，占23.23%；织网企业摊点6787家，占74.28%；表面处理包括浸塑、染漆、镀锌等企业摊点115家，占1.26%；丝网货运站112家，占1.23%。

三、区域分布

安平县丝网生产企业1991年已遍布全县各乡镇。重要的，上规模的高、精、尖丝网生产企业主要分布在县城。重点企业有安平县国营织网厂、安平县拔丝厂、安平县博陵金属厂、安平县新星金属织网厂、安平县造纸网厂、安平县钢板网厂、安平县金属丝网厂、安平县电焊网厂、安平县红星金属丝网厂、安平县天网筛布厂、安平县跃华拔丝织网厂、安平县红光钢板厂等。分布在乡镇的丝网生产企业数量很多，但多数规模较小，少数规模较大效益较好，较好的企业有南王庄乡窗纱总厂、安平县大何庄丝网厂、南王庄金属丝网厂、安平县北黄城天网筛布厂、北黄城织网厂、安平县王各庄跃华拔丝厂、安平县政宣织网厂等。全县丝网生产重点乡镇（全县20个乡镇，于1996年合并为8个乡镇）有安平镇、王胡林乡、河漕村乡、马店乡、刘吉口乡、大何庄乡、大子文乡、石干乡、南王庄乡、南王宋乡、东黄城乡、西两洼乡、程油子乡共13个乡镇。安平镇主要生产钢板网、钢丝、铁丝大拔、铅丝。王胡林乡主要生产不锈钢网。河漕村乡主要生产铜丝、铜网。马店乡主要生产不锈钢密纹网。大子文乡主要生产不锈钢网、黑丝布。南王庄乡主要生产不锈钢密纹网、铁丝大拔、铁丝网。南王宋乡主要生产尼龙防护网。东黄城乡主要生产不锈钢网、铅丝、铅网、电焊网片、窗纱。西两洼乡主要生产不锈钢丝。程油子乡主要生产塑料网。

1991年后，丝网企业迅猛发展，企业数量剧增，企业规模不断扩大。到2002年，规模企业多在县城内，中小企业多分布于各乡镇。全县各乡镇都有丝网生产工业区和重点丝网生产村，各村或多或少都有几家或几十家丝网生产企业。据统计，2002年全县丝网生产企业共9137户，其中县城区1334户，安平镇1191户，马店镇1715户，南王庄镇948户，大何庄乡627户，程油子乡725户，西两洼乡315户，大子文乡1050户，东黄城乡1232户。全县各乡镇丝网生产企业共计7813户，占全县丝网生产企业总数的85.5%。

2002年安平县丝网生产企业分布情况统计表

表8-1　　单位：户

项目 内容 区域	小计	拔丝企业	织网企业	表面处理及其他企业
县城区	1334	610	630	94
安平镇	1191	572	587	32
马店镇	1715	85	1626	4
南王庄镇	948	242	679	27
大何庄乡	627	26	582	19
程油子乡	725	86	634	5
西两洼乡	315	139	170	6
大子文乡	1050	111	916	23
东黄城乡	1232	252	963	17
合计	9137	2123	6787	227

四、丝网专业村、聚集区

1991—2002年，县委、县政府为给丝网企业营造更大的发展空间，使丝网生产不断向规模化、集约化发展，大力开展丝网生产经销聚集区建设。1992年9月，开始着手建设“安平县经济开发区”，也称“安平县城东开发区”。该区位于安平县城东饶安路两侧，占地1400亩，其中工业区428亩，商业区419亩，高新科技区80亩，游览区50亩，其他设施占地423亩。该区开始建设后，先后有河北联达过滤器材有限公司、安平县宏旺丝网有限公司、安平县银象不锈钢拔丝厂、安平县盛宇不锈钢电焊网厂、安平县方正金属网有限公司等40多家丝网生产企业入驻。入驻企业多外向型丝网龙头企业。1996年8月至1997年12月，投资2亿元，在安平县城西部占地600亩，建设集丝网交易、产品开发、货物转运、银行结算、信息服务、人才培训、质量检测、丝网会展、物业管理为一体的大型丝网批发市场——中国安平丝网大世界。（详见“中国安平丝网大世界”一章）。1999年5月，建成宗庄和郭西2个丝网镀锌工业区。入驻企业分别为43户和13户。2001年，开始谋划建设中国安平国际丝网产业基地，基地占地6.5平方公里，总投资100亿。建设原则是“坚持高标准、大规模，突出个性，注重实效，滚动发展”。其目标是集丝网生产、加工、技术研究、产品开发、人才培训、物流服务为一体，并兼容与之相关的产业，使之成为安平丝网产业发展的载体，成为世界各地丝网企业投资的理想场所，成为吸引丝网先进技术和人才的大磁盘，成为规模宏大、布局科学、设施完备、环境幽雅、中外最大、多功能、现代化、国际化、专业化的丝网产业基地。

到2002年年底，共有安平县安祥金属丝网厂、安平县金泰安五金机械丝网厂、安平县新兴镍丝镍网厂、安平县安阳丝网有限公司、河北骄阳丝网设备有限公司、安平县昌泰矿筛网厂、安平县兴盛丝网工艺制品厂、安平县华夏金属网栏有限公司、安平县红星电焊网厂、安平县百盛五金制品有限公司等40多家丝网企业入驻。

1991—2002年间，各乡镇也都建立以丝网生产为主的工业开发区，一些村庄也建立工业小区；丝网生产企业在全县迅速发展，并形成许多丝网专业村和丝网生产经销聚集区。1991年全县有12个丝网专业村，到2002年丝网专业村发展到38个，其中马店镇7个、大何庄乡3个、大子文乡4个、南王庄镇6个、东黄城乡6个、安平镇9个、西两洼乡1个、程油子乡2个。丝网生产经销聚集区全县共9处，县城有安平丝网大世界—丝网贸易大市场、中国安平国际丝网产业基地—丝网生产聚集区、安平县宗庄镀锌工业区—电镀锌和热镀锌、安平城东开发区—外向型丝网龙头聚集区；乡村有马江铁丝大拔工业区、严疃铁丝大拔工业区、南王庄铁丝大拔工业区、角邱铁丝大拔工业区、郭西镀锌工业区。

2002年安平县丝网专业村情况一览表

表8-2

乡镇	村名	主要产品
马店镇	辛店	轧花网
	西长堤	轧花网
	北苏村	不锈钢网、黑丝布
	院西	轧花网
	邓庄	轧花网、黑丝布
	刘吉口	勾花网、输送带网、轧花网
	王六市	轧花网
	香官村	不锈钢密目网
大何庄乡	马家庄	不锈钢密目网
	刘家庄	不锈钢密目网
	郎仁村	铁窗纱
大子文乡	邢郭庄	不锈钢网
	店子头	不锈钢网
	林庄	不锈钢网、黑丝布
大子文乡	马江	大拔铁丝
南王庄镇	谷家左	不锈钢密目网
	南王庄	大拔铁丝
	后辛庄	铁拔丝
	角北	大拔铁丝
	角南	黑丝布
	野营村	尼龙防护网
东黄城乡	唐贝村	不锈钢网
	西南黄城	铅丝
	徐张屯	窗纱
	新民村	铅网
	堤沃	电焊网片
	西里村	铅丝、铅网
安平镇	宗庄	铅网
	南大良	铜丝、铜网
	西王庄	拧花网
	王胡林	宽幅不锈钢网
	南胡林	不锈钢网
	严疃	大拔铁丝
	郭西村	铅网
	南张涡	不锈钢丝
	王各庄	不锈钢网
西两洼乡	东毛庄	不锈钢丝
程油子乡	周刘庄	塑料网
	刘门口	塑料网

说明：丝网专业村标准——从业人员占乡村劳动力、丝网收入占人均纯收入的比重均达50%左右，户均固定资产投资千元以上

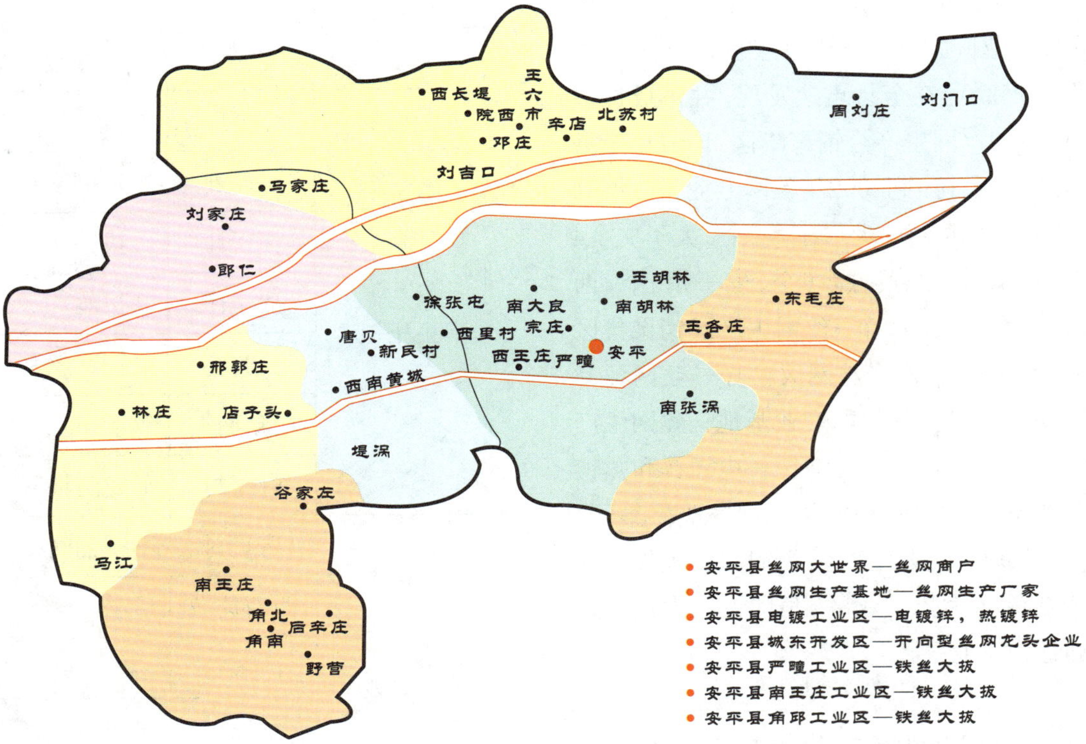

图8-7　2002年安平县丝网专业村分布图

五、从业人员

1991—2002年间，全县丝网行业快速发展，从业人员随之增长。1991年，全县丝网行业从业人员3.9万人，其中丝网生产企业从业人员3.39万人。1995年，丝网行业从业人员增加到4.53万人，其中丝网生产企业从业人员3.94万人。1996年中国安平丝网大世界建成后，丝网行业以更快的速度向前发展。到2002年，丝网行业从业人员增长到5.54万人，其中丝网生产企业从业人员增长到4.81万人，比1991年增长1.42万人，增长率为36.41%。

2002年安平县丝网生产企业从业人员情况统计表

表8-3　　　　单位：人

项目/区域	小计	拔丝	织网	表面处理及其他
县城区	16492	7564	7231	1697
安平镇	6257	3668	2283	306
马店镇	6347	546	5765	36

续表8-3

项目/区域	小计	拔丝	织网	表面处理及其它
南王庄镇	4937	1829	2851	257
大何庄乡	2405	162	2031	212
程油子乡	2011	424	1518	69
西两洼乡	1526	933	532	61
大子文乡	3742	1148	2386	208
东黄城乡	4414	1530	2637	247
合计	48131	17804	27234	3093

第二节　外向型丝网企业

1991年，全县有出口创汇的外向型丝网企业25家；县国营织网厂与澳大利亚合资建成全县第一家三资企业——安菲丝网有限公司，为丝网出口创造便利条件。之后，县委、县政府按照“开放兴县、特色兴县、科教兴县”三大战略，在丝网生产中积极采取措施进行优势突破，整体推进，实施全面开放，努力靠丝网优势引进外资，利用外资推进丝网企业大发展；全县外向型丝网企业发展势头强劲，先后建成安隆金属制品有限公司、安基金属制品有限公司、安华五金丝网有限公司等26家丝网三资企业，实际利用外资达9600万美元。1995年，因全县三资企业发展迅猛，与广平县一起被河北省委誉为"两平现象"。1997年5月，安平县光华工业总公司与叙利亚格兰思德公司共同投资，在叙利亚塔图斯市兴建了安平县也是衡水市乡镇企业在国外创办的第一家生产性合资企业——中徐镀锌铁丝有限公司。该公司一期工程投资100万美元，年产值1300万元人民币。到2002年，全县共有71家外向型丝网企业，为丝网产业的发展拓展了更大的市场空间。

安平县三资丝网企业基本情况一览表

表8-4　　单位：万美元

企业名称	外商国家或地区名称	合同投资总额	注册资本	中方投资	备注
衡水安菲丝网有限公司	澳大利亚	188.00	132.00	49.00	1991年建
河北博陵金属制品有限公司	中国香港	40.00	34.00	25.00	1993年建
河北华龙马尾衬布有限公司	日本	28.00	20.00	13.00	1993年建
河北隆兴五金丝网有限公司	中国台湾	127.00	110.00	107.00	1993年建
河北安隆金属制品有限公司	中国台湾	120.00	90.00	84.00	1994年建
旺美金属制品有限公司	中国台湾	150.00	120.00	150.00	1994年建
东旺金属制品有限公司	中国台湾	324.00	300.00	—	1994—1995年
河北双安丝网有限公司	中国香港	127.00	100.00	100.00	1994年建
安泰丝网有限公司	中国香港	32.00	32.00	14.70	1994—1999年
龙安金属制品有限公司	中国香港	90.00	90.00	—	1995—1999年
安基金属制品有限公司	美国	18.70	18.70	14.10	1995年建
比林实业（安平）有限公司	中国香港	42.00	30.00	—	1995年建
安城实业有限公司	日本	205.00	145.00	—	1995年建
河北一协荣拉丝制品有限公司	中国台湾	249.00	249.00	—	1995年建
信大金属制品有限公司	中国香港	193.00	145.00	10.00	1995—1999年
方正金属丝网有限公司	中国台湾	25.00	18.00	13.00	1996—1999年
联成金属丝网有限公司	菲律宾	25.00	18.00		1996—1999年
安华五金丝网有限公司	中国香港	12.00	8.40	12.00	1996年建
建安织网有限公司	印度	241.00	181.00		1996—1999年

续表8-4

企业名称	外商国家或地区名称	合同投资总额	注册资本	中方投资	备注
河北安萌线材有限公司	中国香港	240.00	180.00	121.00	1997年建
捷通网业有限公司	美国	35.00	25.00		1997年建
河北东方五金网类制品有限公司	比利时	27.70	27.70	11.10	1998年建
衡水天达不锈钢线材有限公司	中国台湾	28.60	20.00	8.60	1999年建
河北英凯模金属网有限公司	美国	35.00	35.00	25.00	1999年建
河北康利达金属网有限公司	埃及	10.00	10.00	7.00	1999年建
河北天星金属网有限公司	中国台湾	18.27	16.27	13.27	1999年建
河北安加丝网有限公司	加拿大	44.00	33.00	7.00	2000年建
河北安澳网类制品有限公司	澳大利亚	6.05	6.05	3.63	2001年建
衡水明耀五金网类制品有限公司	英国	60.00	60.00	—	2001年建
衡水满誉五金网类制品有限公司	英国	40.00	40.00	—	2001年建
河北衡阳不锈钢制品有限公司	中国台湾	10.00	10.00	7.00	2002年建
衡水金峰制网有限公司	美国	36.40	36.4	26.00	2002年建
衡水泰安丝网有限公司	中国台湾	32.90	32.00	24.00	2002年建
中徐镀锌铁丝有限公司	叙利亚	100.00	—	—	1997年建(厂址叙利亚)
安平县淞阳(安德利)金属制品有限公司	中国台湾	200.00	200.00	25.00	1996年建

部分外向型丝网企业简介

河北捷通网业有限公司　始建于1997年，位于安平县城新盈街348号，是美国ATS国际公司在中国投资建立的一家以生产和经营金属丝网及相关产品的外商独资企业，有自营出口权。公司资产1.2亿元，年销售收入2.4亿元，实现利税1200万元；占地35亩，总建筑面积17500多平米，拥有各类织机及配套设备300余台，其中85%是从美国、德国、意大利、日本、英国、韩国引进的自动化程度高、技术工艺先进的织机；员工580多人；所生产的产品有14个系列，上千种规格；生产的低目数、粗线径的不锈钢网为国内独有。

图8-8　河北捷通网业有限公司

公司经过不懈努力，已成为亚洲最大的生产和经营金属丝网及相关产品的外商独资企业和外贸出口商，产品主要销往欧洲、美洲、东南亚等十几个国家和地区。公司始终坚持技术创新、精细管理、质量兴企，不断提高技术水平，改善操作规程，产品质量从生产到检测都有专人负责，产品不合格不出厂，达不到客户要求不发货，以良好的信誉，赢得了客户的信赖。公司曾多次被衡水市委、市政府，安平县委、县政府评为星级企业、十佳三资企业、出口创汇十佳企业、技术改造突出单位。

河北安加丝网制造有限公司 始建于1999年，由1996年兴建的永安丝网制造有限公司与加拿大天罗筛网有限公司合资兴建。公司坐落在城东经济开发区，占地12800平方米，拥有先进设备100多台，是一家集科研、生产、经营为一体的综合性生产企业；主要生产电焊网、六角网、冲孔网、钢板网、不锈钢网、黄铜网、方眼网、镀锌丝、护栏网等，产品有100多个品种，800多种规格。公司设有不锈钢网车间、电焊网车间、办公室、生产部、财会部、物流部、出口部、内销部、质检部及结算室；年均产值4000多万元，利税240多万元。

2002年，公司职工由1999年的82人增加到103人，其中大中专学历30人，技术管理人员10人。公司产品畅销30多个省、市、自治区，远销欧美、南非、澳洲、东南亚、中东等80多个国家和地区。公司始终坚持“以质量求生存，以信誉谋发展”的经营理念，坚持“用户至上，信誉第一”，靠科学的管理手段、先进的设备和严格的工艺流程以及强烈的事业心赢得广大用户的信任，并先后被市、县有关部门评为“星级企业”“科技进步先进单位”“出口创汇先进单位”“AAA级信用企业”“重合同守信用企业”，多次在市、县经济工作会议上受到表彰。

河北隆兴五金丝网有限公司 始建于1993年，由安平县大昌隆拔丝织网厂同中国台湾商人李俊良合资兴建。地址在安平县红旗大街路北，注册资金275万元，是加工、销售铁丝、不锈钢丝、铁丝网、不锈钢网、电焊网等五金产品的单位。公司建立初期，设备有电焊网机6台，06型方眼网机6台，82型窗纱机10台，8台大水箱和14台小水箱；干部职工55人；产品在国内外销售，主要出口印度尼西亚、以色列、德国等国家和中国台湾地区；总资产354万元，年均销售收入125万元，利润12.5万元，纳税25万元。

该公司根据国家的环保政策，于1996年后对产业结构和产品进行调整，采用电脑操作的无污染又节约的小水箱生产流水线，新上无梭织机40台，产品改为以不锈钢为主，出口日本、韩国、美国、意大利、加拿大等20多个国家和地区；干部、职工增到80名，企业效益逐年提高。到2002年底，公司拥有总资产1845万元，分为拔丝、退火、织网验网三大车间；年生产微丝120吨，高密度不锈钢网50多万平方米；年产值4000多万元，产品销售收入3103万元，利润280万元，纳税150万元。该公司曾多次被地市和县委、县政府授予优秀三资企业、先进企业、明星企业。其产品1998年通过ISO国际质量认证。

河北方正金属网有限公司 始建于1995年，由安平县方正织网厂与台湾名杰金属网制品有限公司合资兴建，地址在丝网街安平镇政府对过东100米处。公司专业生产各种金属丝网，设有拔丝设备18套，电焊网机31台，方眼网机19套；主要产品有不锈钢丝网、黄铜丝网、电焊网、镀锌方眼网、六角网、低碳网、黑丝布、镀锌铁丝、不锈钢丝等产品。黄铜丝网在2000年获北京国际博览会金奖。产品全部销往欧洲、美洲、东南亚等国家及地区。公司总资产2000多万元，职工97人；年均拉拔镀锌铁丝、不锈钢丝1000吨，制造黄铜丝网，不锈钢丝网、电焊网等各种金属丝网40万平方米；年销售收入6000多万元，利税200多万元；曾被评为县四星级企业 。

河北一协荣拉丝制网有限公司 由台湾一协荣股份有限公司独资在安平建立，创建于1995年，位于新盈街东头路北，占地10000平方米；员工50人，其中技术人员5名；设有财务部、生产技术部、销售部、铁工部4个部门。公司拥有大型抽丝机(10头)2套，中型抽丝机(8头)4套，细抽丝机20台，退火炉含收线设备4套，重型及轻型纺织机60台；织网目数可从2目～500目(平、斜织)～2350目(密纹）。公司重视品质，不断改良设备，增加新机械，开发新产品；产品主要销往中国台湾地区、日本；年营业额七千万元，外销约占百分之八十。

河北安平经纬金属制品有限公司 是安平县丝网行业中的龙头企业之一和纳税大户。该公司已通过ISO9001质量体系认证，拥有进出口经营权，是中国工商业联合会会员企业。

该公司建于1996年，后改为安平金德隆网业有限公司。公司坐落在安平县城东开发区汉王路6号，占地12000平方米，拥有固定资产400万元，员工110人，各类技术员25人，各种生产、检测设备200多台（套）；主要生产不锈钢丝网、铁网、黄铜网、窗纱、黄铜丝和不锈钢丝共5大类产品；产品有100多个品种，2000多个规格，其中密纹网、合股网填补了国内空白；产品广泛用于石油、化工、建筑、纺织、医药、航空、航天等各个领域。公司年生产丝网能力181万平方米，拉丝能力4000吨；95%以上的产品销往美国、德国、日本、韩国等几十个国家和地区；年均产值3600万元，出口交货值350万美元，上缴税金152万元。2002年，公司完成产值4000万元，出口交货值370万美元，上缴税金191万元。

公司先后被评为河北省优秀私营企业、河北省机电产品百强企业、衡水市个体私营企业20强。

河北英凯模金属网有限公司 始建于1998年年底，由1984年建立的安平县振动筛布厂同美国合资兴建。公司位于安平县陵园东街68号；下设2个车间、3个检验车间，占地15000平方米，建筑面积12000平方米；职工100多人，其中大中专毕业生占职工总数的40%；拥有日本产NEC—1300无梭织机36台，点焊、检测等设备7台。公司产品以不锈钢金属丝网为主，还有低碳钢网、环氧网、过滤器等，共有60多个品种，1000多种规格，主要用于石油、化工、建筑、造纸、制药、汽车、船舶、养殖等工农业生产；产品90%以上销往美国、日本、印度、德国、意大利等十几个国家和地区。公司年销售收入5800多万元，利润300多万元，纳税230多万元，产值1650万元，丝网产量202万平方米。

图8-9　河北英凯模金属网有限公司

该公司是省、市、县出口创汇先进企业，省科技先进企业，国家“出口型企业”，市、县明星企业，民营经济骨干企业；2000年，开始运行ISO9001国际质量体系认证和ISO14001国际环境管理体系认证。

安平安华五金网类制品有限公司 成立于1996年，位于安平县城西丝网大世界。公司系中外合资企业，拥有自营出口权；设办公室、财物人事部、销售贸易部、生产技术部、质检部、织网车间、组装织网机车间和丝网成品包装车间；主要生产设备有拔丝设备4套，镀锌设备1套、ZWJ—1300B型金属丝网织机12台，电焊网机6台，窗纱织机50台，刺绳机4台，钢板网机3台，玻纤织机40台；主要生产经营的产品有镀锌窗纱、烤漆窗纱、不锈钢窗纱、黄铜网、电焊网、轧花网、钢板网、六角网、各种丝网制品、各种丝网编织机及配套设备；产品主要用于石油、化工、高速公路、医药、建筑、矿山等行业，远销欧美、亚洲、非洲、中东、港台等30多个国家和地区。

公司经过几年的不懈努力，到2002年，发展成为集生产经营为一体的综合性公司。公司员工由1996年的30人增到150人，中级、高级技术人员由10人增加到30多人；固定资产由350万元发展到1300万元；占地面积由4462平方米增加到44791平方米；丝网产量由170万平方米上升到500万平方米；产品销售额由700万元上升到2643万元，利税由140万元上升到273万元。

该公司曾被评为县科技进步先进企业、市出口创汇先进企业、市民营经济骨干企业、省乡镇企业局先进三资企业和进出口先进企业；2001年，通过ISO9001：2000质量管理体系认证；2001年至2002年，参加《工业用金属丝编织方孔筛网国家标准》的修订工作。

第三节　丝网相关企业

1991年，全县与丝网相关的企业共29家，其中丝网机械制造企业12家，经销企业9家，丝网包装用品生产经销企业8家。到2002年，全县与丝网相关企业共75家，其中在统丝网机械（或配件）制造企业37家，经销企业17家，丝网包装用品生产企业6家，经销企业15家。

重点丝网相关企业简介

河北骄阳丝网设备有限责任公司　成立于2000年，地址在新盈西街108号，占地15000平方米，拥有资产4000万元，员工200多人，各类技术人员70多人，实验室检测设备20台套，加工制造机械设备100多台套，是集研发、设计、制造、贸易为一体的综合性实体公司。自行研制的钢筋网排焊机主要构造先后获得五项国家专利，技术水平处于阻焊行业的前沿。产品销售网络遍及全国各地，并出口30多个国家和地区。

河北省安平县丝网机械厂　始建于1980年，是一家工贸一体化企业；下设丝网机械制造、拉丝、金属焊接网三个分厂和安平县丝网大世界销售处。厂址在安平县为民街313号和红旗街东头路北。企业生产的产品主要有各种拉丝设备、氢气保护退火设备、丝网编织设备、电焊网机、各种金属丝、不锈钢电焊网。自行研发的FC-DHW1500型非磁性定位电焊网机获国家专利。产品除供安平本地市场和全国各地及港、台地区外，还出口美国、韩国及欧洲地区。

安平县老贾木箱厂　安平县首家木箱包装企业。该厂成立于1992年，地址在安平县城和平东街路北，占地5亩；职工30余人；机械设备有车床3台、裁板锯3台、压力机3台、冲床3台、剪板机1台、推台锯多台，还有压刨、气泵、气枪等。该厂主要生产木托盘、木包装箱、胶合板托盘、胶合板箱、可拆式胶合板箱、木柚、复合板箱等产品。产品主要应用于安平县大中小企业特别是丝网企业的产品包装，包括大型出口机械设备的包装。该厂年生产木箱47000多件，产品合格率100%；生产的复合板、胶合板托盘、包装箱可免检疫、熏蒸处理即可发往世界各地。

第四节　丝网龙头企业简介

安平县飞鹤丝网集团有限公司　该公司系中国五金制品协会常务理事单位，是一家生产经营各种金属丝网、化纤网（造纸网、印刷网）溶体过滤器等产品的大型企业集团公司。集团公司拥有2.3亿元的固定资产，注册资金1亿元。集团公司的博陵牌商标荣获1991年北京国际博览会金奖，1998年和2002年先后被河北省工商行政管理局评为“河北省著名商标”。集团公司的产品有40多个品种3000多种规格。1993年，被外经贸部批准为自营进出口企业。产品除满足国内市场需求外还远销世界100多个国家和地区。

河北鹤煌网业股份有限公司　前身为河北省安平县造纸网厂，始建于1987年，1995年改建为股份有限公司，是原轻工部部属八个造纸网专业生产厂之一。

图8-10　河北鹤煌网业股份有限公司

自建厂以来，企业创利税在安平县一直处于领先地位，1996年创利税超过千万元，之后曾连续两年超过双千万元，是安平县丝网产业的龙头企业。公司地址在红旗东街中段路南，占地3.8

万平方米，建筑面积1.6万平方米。2002年有员工230人；其中专业工程技术人员46人，管理人员20人；拥有总资产14776万元，固定资产净值5046万元；拥有国际先进水平的进口生产设备及国内同行业最先进的监测仪器设备51台（套）；年生产聚酯造纸网系列产品25万平方米，生产能力居全国同行业第二位；设备水平、技术工艺、人均劳动生产率居全国同行业首位。1997年，鹤煌牌聚酯网系列产品被河北省轻工业厅评为名牌产品，获国家级新产品奖，“鹤煌”商标被评为河北省著名商标。公司通过ISO9001质量体系认证。

东兴丝网有限公司　1992年建厂，厂址在城东开发区，占地1.8万平方米。2002年，有职工238人，其中高级工程师2名，工程师6名，技术员24名。公司属交通部金属隔离栅定点生产企业和中国建筑科学研究院定点生产基地；技术和设备国内一流，由中国建筑科学研究院建筑机械研究分院研制的GWC2050型钢筋焊接网自动成型生产线和2300型自动浸塑防腐生产流水线具有国际先进水平；月生产铁路公路防护栅栏能力达50多公里。

华光网业制品有限公司　创建于1990年，位于西马路旧电力局对过；生产公路、铁路、桥梁、市政用的防护网、隔离栅，楼房、桥梁、路面、堤坝、电力用的大型网片、舒乐板网及超市货架、周转箱、烘烤网、宠物笼等系列产品。产品畅销全国各地，远销欧美、东南亚及港台地区。2002年，拥有员工218人，高级工程师2名，工程师5名，技术人员23名；新增具有国际先进水平的GWC2050型钢筋焊接网自动成型生产线、2300型自动浸塑防腐生产线、龙门自动网焊机组、折弯机等设备。

安平县印刷网业有限公司　始建于1997年1月，地址在红旗街东段路南，2002年迁往国际丝网产业基地，总投资1005万美元，员工170人。该公司是专业从事印刷制版新型材料研制和生产的高新技术企业，是国内最大的聚酯印刷丝网专业生产企业，也是中国印刷网业重点出口基地企业。该公司于1997年引进瑞士产330cmP7100和P7150型片梭织机、德国产智能型电子分条整径

图8-11　安平县印刷网业有限公司

机、自动热定型机、水洗机和世界上最先进的印刷筛网生产流水线和技术软件；拥有国内最先进的实验检测设备和一批由瑞士苏尔寿•鲁蒂公司专家专门培训的技术人员和工人；生产60～420目/英寸的涤纶、锦纶印刷筛网，年产网200万平方米；产品广泛用于电子、纺织、陶瓷等行业印刷制版和航空、航天、石化等高科技领域的溶体过滤，是20世纪90年代印刷用网最先进的高科技产品。公司通过ISO9001质量体系认证，与一百多家大中型企业建立了良好业务关系。

安平县安隆集团总公司　该公司是一家集丝网生产、销售、科研、外贸为一体的生产型企业，是安平自营出口的丝网龙头企业之一。该公司组建于1995年2月，地址在红旗街和汉王路交叉路口西南侧，占地135000平方米，建筑面积15000平方米，员工300余人，工程技术人员15名，公司机关干部20人；下属企业有河北安隆（县交通局苗圃场与台湾商合资企业）、衡水旺美、衡水东旺三家金属制品有限公司；拥有LHT100-15型、120-21型及小型拔丝机140台套，进口1300型无梭织机50台，检测设备10套，其他织机设备100余套，共计300余套。公司为适应新市场，满足客户的需求，不断开发生产新产品。从1998年开始，产品形成系列化，其中具有市场竞争力的产品主要有不锈钢网、六角网、电焊网、菱形防护网、尼龙网、烧烤网、圆孔网、钼网、刺绳、各类过滤器、镀锌丝、不锈钢和低碳钢钢板网。公司产品畅销国内、远销东南亚、西欧、南菲、阿拉伯、澳大利亚、日本、巴西、美国等国家和地区；1996—2002年，平均产

值4159.7万元，利税520.4万元。

河北东方五金网类制品有限公司 始建于1985年，地址在城东开发区裕华路58号，占地2600平方米，职工300余人，拥有固定资产300万美元。该公司是一家集拔丝、织网和生产各种特殊丝网制品于一体的生产贸易相结合的联合企业。公司年生产各种丝4万吨，不锈钢网35万多平方米，其他各种金属网3000吨；主要产品有不锈钢网、镀锌丝网、不锈钢丝、涂塑丝、黑铁丝、电焊网、六角网、方眼网、窗纱、过滤网及各种涂塑丝网；产品广泛用于石油、化工、建筑、纺织、医药、航空、航天等行业。

河北安基五金网业有限公司 该公司是安平县十大企业之一，组建于1998年12月（前身是安基网业有限公司），地址在为民东街东段路北，占地20000平方米，建筑面积13000平方米，拥有固定资产760万元，自有流动资金350万元，干部、职工217人，专业技术人员16人。设备有重型织网机10台，1300型织网机5台，整经机2台。主要生产：金属方眼网、金属黑丝布、高级高低目数不锈钢网、六角网、电焊网等系列金属网制品。

产品通过ISO9000质量体系认证，主要销往美国、英国、德国、比利时、非洲和东南亚等十几个国家和地区，并自营出口。1997年，销售3500万元，利税180.5万元，出口创汇210万美元。1998年销售4000万元，利税280万元，出口创汇350万美元。2002年，销售6300万元，利税384.3万元，出口创汇466.2万美元。

第五节 丝网生产设备

一、拔丝设备

拔丝设备主要有拔丝机、拔丝配套设备、动力设备和检验设施。拔丝机根据所产丝的粗细分为粗拔丝机、中拔丝机和细拔丝机。粗拔丝机也称大拔丝机，有818、PL—1等型号，还有无锡大拔四连罐、五连罐等，主要生产8—22号丝；中拔丝机有D50、LHT100—15、120—Z1、PT—1等型号，主要生产22—36号丝；细拔丝机也称小拔丝机，有小水箱拔丝机、连拔罐、微拔机（超细拔丝机）等，主要生产36号以上的丝。拔丝配套设备有修模机、激光穿孔机、拉光机、钻石模、合金模、定位仪、磨床、铣床、车床、刨床、钢轴、退火炉罐、塑料轴、ZS自动直丝断丝机、电镀整流器。动力设备有电力专线、315—400kVA变压器及配电、30—40kVA干线变压器。1991年，全县拔丝机械2850多台套，其中超细拔丝机7台。1995年，全县各种拔丝设备发展到8600台套；2002年，发展到9374台套，部分拔丝机械具有电脑程控设备。

二、织网设备

1991年，全县织网机6500多台套，其中电力织机1320多台套、木机5180多台套。电力织机有203型织网机、日本产NAC1300—1型、NAC1500—Ⅱ型织机、NAL1500—Ⅱ型织机、K251织机、101型织机、100型织机、泡沫网织机、螺旋网织机、1511改装型织机、03型宽幅（2.2米）织机、苏式织机、塑料网织机、无锡产X03（1-1.5米）织机等。全县织网机1995年发展到9500多台套，90%以上为电机，0.5%为木机；2002年发展到11988台套，全部

图8-12　先进丝网设备

为电力织机，木机已经全部淘汰，丝网生产机械化程度达98%以上。织网机有六角网机、拧花网机、有梭织网机、石家庄产箭杆织机、无梭不锈钢网织机、瑞士产330cmP7100和P7150型片梭织机、西德101织机、德国产智能型电子分条整径机、自动定热型机、水洗机、平斜织密纹网编织机（重型、轻型）、2M-3M中重型织网机、钢板冲剪机、自动数控冲床、Pf—2000型数控冲压送料机、钢板网拉剪机、NOB—1600重型织网机、美国玻璃纤维织机、fc—DHW1500型非磁性定位电焊网机、电脑程控大型自动网片焊机、手动焊网机、网片排焊机、GWC2050型钢筋焊接网自动成型机、GWC120—200型钢筋网自动焊机、DN系列点焊网机、UN6型多功能对焊机、UN6型电子对焊机、拉焊机、滚焊机、钢网编织机、轧花网织机、K05型箭杆锁边织网机、刚性箭杆织机、ZH振动筛分机、ZH振动筛分过滤机、HG—B菱形网机、全自动菱形网机、多功能勾花网（菱形网）机、仿日无梭织机、窗纱编织机、泡沫网织机、螺旋网织机、塑料网织机、窗纱密纹网专业织机、刀片刺网机、CS—A型刺绳机、NEC—1300无梭织机、TM—100、FORMSTAR聚酯网织机、TM—200聚酯网织机、ZWJ—1300C、ZWJ—1300A织机、ZWJ—1300B织机、ZWJ—1600Q织机、K251织机、1511型织机、无锡产X03型织机、JZ—1300箭杆织机、JW—98型金属织网机、金属网深加工配套机械等。织网配套设备有平网机、补网机、浸塑设备、包塑机、直丝机、自动直丝断丝机、折弯机、EPS数控切割机、断丝机、整径机、定型机、打轴机、经停机、排线机、镀锌设备、AQ—5型液氨氢炉及密度镜等检测仪器。

图8-13　现代织网车间

三、配套设备

丝网生产配套设备包括平网机械、拉网机械、模具、配件及维修设备和表面处理设备等。2002年，全县有丝网生产配套设备444台套。

2002年安平县丝网机械设备统计表

表8-5　　　　　　　　单位：台、套

区域	机械设备合计	拔丝设备	织网设备	配套设备
县城区	7497	4055	3183	259
安平镇	3009	1966	1005	38
马店镇	2806	266	2538	2
南王庄镇	2178	891	1255	32
大何庄乡	1007	87	894	26
程油子乡	907	230	668	9

续表8-5

区域	机械设备合计	拔丝设备	织网设备	配套设备
西两洼乡	742	500	234	8
大子文乡	1635	559	1050	26
东黄城乡	2025	820	1161	44
合计	21806	9374	11988	444

第六节　生产工艺

1991—2002年，拔丝、织网工艺始终如一，从未改变。

一、拔丝工艺

主要工艺流程：上线、肥皂水淬火、回火、冷却、酸洗、冷水浸泡、电镀锌、冷水洗、热水洗、烘干、涂油、收线、下线。其中，酸洗工艺流程：①机械去锈，将盘条上的氧化层去掉；②冲水，将去锈后尚挂在盘条上的铁皮用水冲掉；③酸洗，将去锈后的盘条浸入酸内，酸浓度为每公升50克至80克，温度保持在65度至70度之间，时间20分钟至30分钟；④水洗，将出酸后的线材用水冲洗；⑤浸灰，用石灰水中和酸性，防止线材氧化并起润滑作用；⑥烘干。

二、编织工艺

电机编织　①测丝：测量织网用丝（不锈钢丝、铜丝、铁丝、尼龙丝等）的直径；②整径：将测好的丝轮到大轴上；③上机：将大轴叼到机子上，而后掏综、穿杼、捋机；④开机：在电机的带动下，织机将经线上下交叉，箭带（箭杆、梭、磁力等）自动送纬，每穿送一次，杼磕打一次刚穿过的纬线，如此循环不已而形成网。织好的网子由卷轴自动卷起。

造纸网生产工艺流程　原料丝检验入厂—整径—递综箱—编织—清洗检验——次定型—裁网—拆网—插接—二次定型—厂检—内包装—入库—包装出厂。

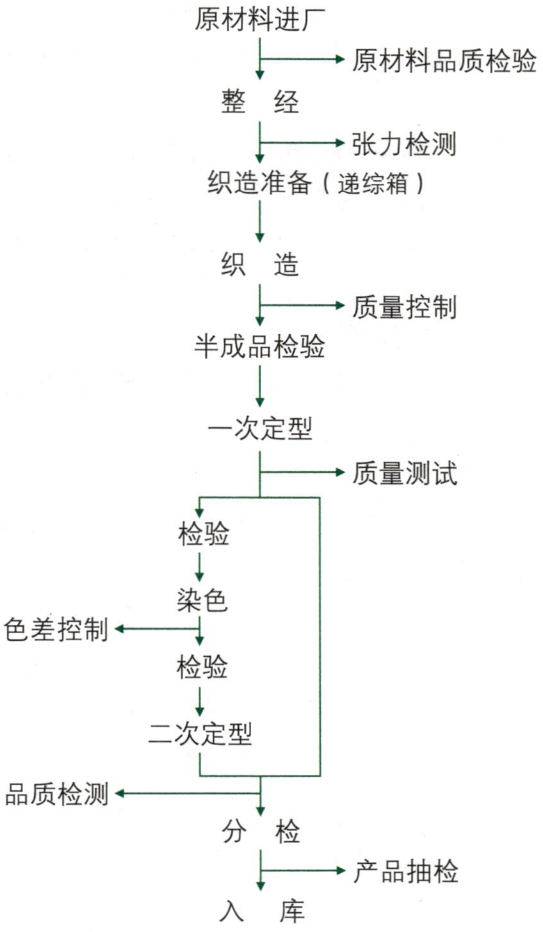

图8-14　印刷网生产工艺流程图

第七节　丝网种类、规格、原材

一、丝的种类、规格

县产丝的种类繁多，用途也很广泛。丝以金属、非金属为材质加工而成。丝作为原料，可根据需求编织成不同形状、密度和规格的网，还可制成弹簧用线、挂具或渔具用线、电解抛光用线、微丝再伸用线、钢钉及排钉用线等。用不锈钢丝作金属软管的内材外包，可直接用于航空工业中的空中加油管、核工业中的添加料管。不锈钢微丝是防弹背心、电缆屏蔽网、辐射屏蔽网及电子对撞机的必选材料。

丝的种类按尺寸可分为特细丝、细丝、较细丝、中等丝、较粗丝、粗丝和特粗丝。

特细丝（微丝、超细丝）指46～50号丝，直径0.061～0.025毫米。从1995年开始，县内可批量生产不锈钢超细丝，该丝主要用于高目数不锈钢网的编织。

细丝分细铁丝和细不锈钢丝。细铁丝指23～40号丝，直径0.61～0.12毫米，用于织铁丝布、窗纱等。细不锈钢丝指25～45号丝，直径0.51～0.071毫米　，用于织中高目数不锈钢网、不锈钢窗纱、筛网等。

中等丝分中铁丝和中不锈钢丝。中铁丝指20～22号丝，直径0.91～0.71毫米，用于编织筛网。中不锈钢丝指20～25号丝，直径0.91～0.51毫米，用于编织不锈钢筛网，制作焊丝、工艺品、家电、办公器材、钟表等机械设备的五金零部件等。

粗丝指8～19号丝，直径4.06～1.02毫米，其中8～14号丝也称特粗丝，直径4.06～2.03毫米。粗丝多用于生产电焊网、轧花网。

按生产工艺可分为冷拔丝、热拔丝、改拔丝、电解抛光丝、镀锌丝（镀锌丝分冷镀锌丝和热镀锌丝）。

按用途可分为一般用途丝、织网用丝、制钉用丝、建筑用丝。

按材质可分为金属丝和非金属丝。

1991年，县自产金属丝有不锈钢丝、铁铬铝丝、钢丝、铝丝、铜丝、铁丝、银丝、镍丝、热镀锌丝、冷镀锌丝、改拔丝、包塑丝等；非金属丝有锦纶丝、涤纶丝、纳纶丝、塑料丝、马尾、头发、蚕丝、玻璃纤维丝等。金属丝、非金属丝共20多个品种，800多种规格。到2002年，县产金属丝增加金丝、锌丝、钛丝、铬丝、钨丝、箔丝、铜镍合金丝、镍铬丝、铝镁合金丝、钼丝、铂金丝等；非金属丝增加PVC丝、聚酯丝、碳丝、浮胶丝、丙纶丝、维纶丝、氨纶丝等。金属丝、非金属丝发展到30多种，1200多种规格，其中金属丝有900多种规格，非金属丝有300多种规格。

1991年和2002年安平县自产丝种类、规格统计表

表8-6

年度	材质类别	品种	规格	
			丝号（SWG）	直径（MM）
1991	金属丝	不锈钢丝	14～40	2.03～0.12
		铁铬铝丝	19～36	1.02～0.19
		钢丝	22～30	0.71～0.32
		铝丝	32～40	0.27～0.12
		铜丝	22～40	0.71～0.12
		铁丝	14～30	2.03～0.32
		银丝	—	—
		镍丝	40	0.12
	非金属丝	锦纶丝	22～32	0.71～0.27
		涤纶丝	22～32	0.71～0.27
		纳纶丝	22～32	0.71～0.27
		塑料丝	22～32	0.71～0.27
2002	金属丝	不锈钢丝	14～50	2.2～0.025
		铁铬铝丝	19～45	1～0.07
		钢丝	23～39	0.610～0.132
		铝丝	32～40	0.27～0.12
		铜丝	22～50	0.71～0.0385
		铁丝	22～38	0.71～0.15
		银丝	—	—
		镍丝	40～70	0.12～0.05
		金丝	—	—
		锌丝	18～38	1.22～0.152
		钛丝	—	—
		铅丝	25～38	0.51～0.15
	非金属丝	锦纶丝	22～45	0.70～0.07
		涤纶丝	22～45	0.70～0.07
		纳纶丝	22～45	0.7～0.07
		PVC丝	22～45	0.7～0.07
		塑料丝	22～45	0.70～0.07
		玻璃纤维丝	22～45	0.70～0.08

常用线规号码与线径(英寸、毫米)对照表

表8-7

线规号码	英标线径SWG丝号		英伯明翰BWG		英伯明翰板规线径BG		美标线径AWG	
	英寸	毫米	英寸	毫米	英寸	毫米	英寸	毫米
7/0	0. 500	12. 700	—	—	0. 6666	16. 932	—	—
6/0	0. 464	11. 786	—	—	0. 6250	15. 875	0. 5800	14. 732
5/0	0. 432	10. 973	0. 500	12. 700	0. 5883	14. 943	0. 5165	13. 119
4/0	0. 400	10. 160	0. 454	11. 532	0. 5416	13. 757	0. 4600	11. 684
3/0	0. 372	9. 449	0. 425	10. 795	0. 5000	12. 700	0. 496	10. 404
2/0	0. 348	8. 839	0. 380	9. 652	0. 4452	11. 308	0. 3648	9. 266
0	0. 324	8. 230	0. 340	8. 639	0. 3954	10. 069	0. 3249	8. 252
1	0. 300	7. 620	0. 300	7. 620	0. 3532	8. 971	0. 2893	7. 348
2	0. 276	7. 010	0. 284	7. 214	0. 3147	7. 993	0. 2576	6. 544
3	0. 252	6. 401	0. 259	6. 579	0. 2804	7. 122	0. 2294	5. 827
4	0. 232	5. 893	0. 238	6. 045	0. 250	6. 350	0. 2043	5. 189
5	0. 212	5. 385	0. 220	5. 588	0. 2225	5. 652	0. 1819	4. 621
6	0. 192	4. 877	0. 203	5. 156	0. 1981	5. 032	0. 1620	4. 115
7	0. 176	4. 470	0. 180	4. 572	0. 1764	4. 481	1. 1443	3. 665
8	0. 160	4. 046	0. 165	4. 191	0. 1570	3. 988	0. 1285	3. 264
9	0. 144	3. 658	0. 148	3. 759	0. 1398	3. 551	0. 1144	2. 906
10	0. 128	3. 251	0. 134	3. 404	0. 1250	3. 175	0. 1019	2. 588
11	0. 116	2. 946	0. 120	3. 048	0. 1113	2. 827	0. 0907	2. 305
12	0. 104	2. 642	0. 109	2. 769	0. 0991	2. 517	0. 0808	2. 053
13	0. 092	2. 337	0. 095	2. 413	0. 0882	2. 240	0. 0720	1. 828
14	0. 080	2. 032	0. 083	2. 108	0. 0785	1. 994	0. 0648	1. 628
15	0. 072	1. 829	0. 072	1. 829	0. 0699	1. 775	0. 0571	1. 450
16	0. 064	1. 626	0. 065	1. 651	0. 0625	1. 588	0. 0508	1. 291
17	0. 056	1. 422	0. 058	1. 473	0. 0556	1. 412	0. 0453	1. 150
18	0. 048	1. 219	0. 049	1. 245	0. 0495	1. 257	0. 0403	1. 024
19	0. 040	1. 016	0. 042	1. 067	0. 0440	1. 118	0. 0359	0. 912
20	0. 036	0. 914	0. 035	0. 839	0. 0392	0. 996	0. 0320	0. 812
21	0. 032	0. 813	0. 032	0. 813	0. 0349	0. 887	0. 0285	0. 723
22	0. 0280	0. 711	0. 028	0. 711	0. 03125	0. 794	0. 02535	0. 644
23	0. 0240	0. 610	0. 025	0. 635	0. 02782	0. 707	0. 02256	0. 573
24	0. 0220	0. 559	0. 022	0. 559	0. 02476	0. 629	0. 02011	0. 511

续表8-7

线规号码	英标线径SWG丝号		英伯明翰BWG		英伯明翰板规线径BG		美标线径AWG	
	英寸	毫米	英寸	毫米	英寸	毫米	英寸	毫米
25	0.0200	0.508	0.020	0.508	0.02204	0.560	0.01791	0.455
26	0.0180	0.457	0.018	0.457	0.01961	0.498	0.01594	0.405
27	0.0164	0.417	0.016	0.406	0.01745	0.443	0.01420	0.361
28	0.0149	0.376	0.014	0.356	0.01562	0.397	0.01264	0.321
29	0.0136	0.345	0.013	0.330	0.01390	0.353	0.01126	0.286
30	0.0124	0.315	0.012	0.305	0.01230	0.312	0.01003	0.255
31	0.0116	0.295	0.010	0.254	0.01100	0.270	0.00893	0.227
32	0.0108	0.274	0.009	0.229	0.00980	0.249	0.00795	0.202
33	0.0100	0.254	0.008	0.203	0.00870	0.221	0.00708	0.180
34	0.0092	0.234	0.007	0.178	0.00770	0.196	0.00630	0.160
35	0.0084	0.213	0.005	0.127	0.00690	0.175	0.00561	0.143
36	0.0076	0.193	0.004	0.102	0.00610	0.155	0.00500	0.127
37	0.0068	0.173	—	—	0.00540	0.137	0.00445	0.113
38	0.0060	0.152	—	—	0.00480	0.122	0.00396	0.101
39	0.0052	0.132	—	—	0.00430	0.109	0.00353	0.090
40	0.0048	0.122	—	—	0.00386	0.098	0.00314	0.080
41	0.0044	0.112	—	—	0.00343	0.087	0.00280	0.071
42	0.0040	0.102	—	—	0.00306	0.078	0.00249	0.063
43	0.0036	0.091	—	—	0.00272	0.069	0.00222	0.056
44	0.0032	0.081	—	—	0.00242	0.061	0.00198	0.050
45	0.0028	0.071	—	—	0.00215	0.055	0.00176	0.048
46	0.0024	0.061	—	—	0.00192	0.049	0.00157	0.046
47	0.0020	0.051	—	—	0.00170	0.043	0.00140	0.035
48	0.0016	0.041	—	—	0.00152	0.039	0.00124	0.032
49	0.0012	0.030	—	—	0.00135	0.034	0.00111	0.028
50	0.0010	0.025	—	—	0.00120	0.030	0.00099	0.025

说明：丝号也称线规号码，通常使用的有4种：1.英国标准线规，用SWG表示线规号码与线径对应的关系，是中国国内通用标准，安平丝网也用此标准。2.英国伯明翰线规，用BWG表示线规号码与线径的对应关系，是世界通用标准，安平丝网在销往外国时多用此标准。3.英国伯明翰板规，用BG表示线规号码与线径对应的关系，在我国使用较少。4.美国线规（布朗和夏甫线规）用AWG表示线规号码与线径对应的关系，丝网销往美国时多使用此标准。除以上4种线规外还有中国线规，用CWG表示，此线规标准在丝网行业上很少使用

二、网的种类、规格

县产网类产品按用途可分为功能网、滤网和防护网；按材质可分为金属网和非金属网。1991年，县产滤网类有铁铬铝合金网、密纹网、汽液过滤网、黑丝布、铜丝布、尼龙筛网、造纸网、黄铜网、磷铜网、紫铜网、石油振动筛网等系列产品；防护网类有勾花网、轧花网、拧花网、钢板网等系列产品；功能网类有输送带网、不锈钢窗纱、铁窗纱、铝合金窗纱、塑料窗纱、玻璃纤维窗纱、脚踏网等系列产品；县产网共计100多个品种、3000多种规格。2002年，县产滤网类新增铅网（镀锌网、改拔网）、冲孔板网、镍网、纳纶筛网、绵纶筛网、涤纶筛网、聚乙烯网、蚕丝绢、工业滤布、矿筛网等系列产品；防护网类新增电焊网、刺绳、防爆网、美格网、电焊网片、防护装饰网、不锈钢套网、塑料平网、禽兽笼网等系列产品；功能网类新增镀锌窗纱、喷塑窗纱、烤漆窗纱、印刷筛网、软带网、除沫器网、烘烤网、养猪网、阴极网、床面网、鸡蛋篓网、音响网等系列产品；县产网发展到6大系列（造纸网、铜网、不锈钢网、中低碳钢网、板网、非金属丝网）400多个品种、6000多种规格。产品广泛应用于石油、化工、建筑、汽车制造、造纸、医药、养殖、民用等工农业生产、生活以及航空、航天、国防等高精尖领域。

1991年和2002年县产网种类、规格一览表

表8-8

年度	网类	网名	别名	生产用料	规格	用途
1991年	滤网类	铁铬铝合金网	电热网 红外线网	铁铬铝合金丝	8—60目 宽：0.5～1.0米	冶金厂、煤矿、印染厂、食品厂、医院等单位做取暖设备
		密纹网	席型网 荷兰布	不锈钢丝 低碳钢丝 镍丝 铜丝 聚酯丝等	MPW20-MPW280 MXW320-MXW1250	航天、石油、化工、科研及输送行业过滤
		汽液过滤网	填料网 泡沫网	不锈钢丝 镀锌铁丝 紫铜丝 镍丝 锦纶丝 聚乙烯丝等	40—100型 60—150型 140—400型等	化工、石油、轻工、医药、冶金、机械等行业过滤
		黑丝布	铁布	低碳钢烧丝	10—80目 宽：0.5～1.18米	塑料、橡胶、粮食、石油、化工等行业过滤
		铜丝布	—	铜丝	—	—
		尼龙筛网	—	纳纶丝 锦纶丝 涤纶丝	JQ19-28、JF39-62 JP56-120、50-72目 140-300目	用于面粉加工、制药、印染、造纸和陶瓷、电讯、橡胶、渔业等行业
		造纸网	聚酯成型网	涤纶丝 黄铜丝 磷铜丝	—	主要用于造纸业

续表8-8

年度	网类	网名	别名	生产用料	规格	用途
1991年	滤网类	黄铜网	—	黄铜丝	6—160目 宽：0.6～1.5米	筛选瓷土、玻璃等颗粒、粉末。过滤液体、气体，也用于瓷器印花
		磷铜网	—	磷铜丝 （锡青铜丝）	6—350目 宽：0.6～1.5米	—
		紫铜网	—	紫铜丝	4—60目 宽：0.76～1.2米	筛选瓷土、玻璃等颗粒、粉末。也用于墙体隔音和电子显示屏的制作
		石油振动筛网	石油钻井液振动筛网 泥浆网	不锈钢丝 塑料平网	板厚：0.3～8毫米， 短节矩：3～80毫米， 长节矩：3～200毫米， 最大幅宽：2.0米	制作石油工业用振动筛
	防护类	斜方网	勾花网	镀锌丝 不锈钢丝PVC 涂塑丝	幅宽≤4.0米	园林、住宅、球场做安全防护
		扁丝网	扁丝 轧花网	低碳钢丝 （镀锌）	—	纤维板厂和造纸厂
		六角网	拧花网 软边网	镀锌丝 铁丝 不锈钢丝	3/8—4目幅宽≤1.5米	包裹取暖管道或做围栏、住宅和园林的防护网
		钢板网	拉板网	低碳钢板 （平板 卷板）	—	用于墙体建筑，做公路护栏，宅院防护网，制作音箱、篮筐等
	功能类	输送带网	穿条网	不锈钢丝 不锈铁丝 镍铬丝 中碳钢丝	—	用于化纤、石油、冶金、饮食、制药、玻璃等行业或制造输送工具等
		不锈钢窗纱	防蚊蝇网	不锈钢丝	16—24目 宽：0.7～1.5米	做防虫、蚊、蝇用纱窗
		铁窗纱	镀锌窗纱 喷塑窗纱 烤漆窗纱	低碳钢丝	14—20目 宽：0.7～1.2米	—
		铝合金窗纱	铝镁窗纱	铝、镁和稀钍的合金丝	12—18目	—
		塑料窗纱	乙烯窗纱	低压高密度聚乙烯(5000s)丝	12-18目 宽：0.76～1.8米	—

续表8-8

年度	网类	网名	别名	生产用料	规格	用途
1991年	功能类	玻璃纤维窗纱	防火窗纱	玻璃纤维	1米、1.2米、1.5米	—
		脚踏网	踏尘网 螺旋网	各种型号镀锌丝	长65～150厘米 宽35～80厘米	用于门前除脚上尘土
2002年	滤网类	不锈钢方孔筛网	—	Sus302 304 304L 316 316L等	2—500目 宽：0.5～2.2米	做石油泥浆筛网、化工筛滤网、电镀酸洗网或用于科研
		铅网	镀锌网 改拔网	低碳钢硬亮丝，镀锌丝	3—60目 宽：≤1.5米	筛选各种颗粒、粉末，用于工业、矿业、建筑、医药等行业，也用于日常生活
		黄铜网	—	黄铜丝	6—160目 宽：0.6～1.5米	筛选各种颗粒、粉末，过滤液体、气体，也用于瓷器印花
		磷铜网	—	磷铜丝（锡青铜丝）	6—350目 宽：0.6～1.5米	—
		紫铜网	—	紫铜丝	4—60目 宽：0.76～1.2米	筛选各种颗粒、粉末，做墙体隔音、电子显示屏等
		钢丝网	—	23号以上钢丝	3—38目 宽：0.914～1.0米	做矿山、冶金、建筑、药材等行业用的网筛
		板孔网	冲孔板网	低碳钢板 不锈钢板 铜板 镍板 铝合金板	卷板1×20米 平板1×20米	用于矿石、药材、粮食的筛选，室内隔音、消音，粮库通风，机械防护
		镍网	—	镍丝	—	用于电池、烧碱、化工、医药等行业
		铁铬铝网	红外线网 电热网	铁铝丝	8—60目 宽：0.5～1.0米	用于冶金厂、煤矿、印染厂、食品厂、医院等单位
		纳纶筛网	—	纳纶丝	JQ19—28、JF39—62 JP56—120、50—72目 140—300目	用于面粉加工、制药、印染、造纸、陶瓷、电讯、橡胶、渔业等行业

续表8-8

年度	网类	网名	别名	生产用料	规格	用途
2002年	滤网类	锦纶筛网	—	锦纶丝	JQ19-28、JF39-62 JP56-120、50-72目 140-300目	用于面粉加工、制药、印染、造纸、陶瓷、电讯、橡胶、渔业等行业
		涤纶筛网	—	涤纶丝		
		聚乙烯网	塑料网	高密度 低压聚乙烯	宽：0.974～1.5米	用于石油、化工、农业、水产、养殖等行业
		蚕丝绢	—	蚕丝	CQ4-29、CB30-62 CP30-62、18-72 74-117、102-156目	用于面粉加工、印染、制药、军工、电讯、搪瓷、橡胶、渔业等行业
		工业滤布	化学纤维布	涤纶、丙纶 维纶、锦纶	按纺织编号分	用于食品、化工、冶金、制药等行业
		预弯成型网	轧花网	黑钢丝 白钢丝 铅丝 不锈钢丝等	0.58—24目 宽:≤2米(特殊定做)	—
		密纹网	席型网 荷兰网	不锈钢丝 低碳钢丝 镍丝、铜丝 聚脂丝等	MPW20-MPW280 MXW320-MXW1250	用于航天、石油、化工、科研及输送行业
		黑丝布	铁布	低碳钢烧丝	10—80目 宽：0.5～1.18米	用于塑料、橡胶、粮食、石油、化工等行业过滤
		矿筛网	条缝筛片板、筒、弧蓝	梯形 不锈钢条	—	做矿筛,也用于科研部门
		造纸网	聚脂 成型网	涤纶丝 黄铜丝 磷铜丝	—	主要用于造纸业
		石油震动筛网	石油钻井液震动筛网、筛网泥浆网	不锈钢丝 塑料平网	板厚：0.3～8毫米 短节矩：3～80毫米 长节矩：3～200毫米 最大幅宽：2.0米	石油工业作震动筛
		气液过滤网	填料网 泡沫网	不锈钢丝 镀锌铁丝 紫铜丝 镍丝 锦纶丝 聚乙烯丝等	40—100型 60—150型 140—400型等	用于化工、石油、轻工、医药、冶金生产和机械制造等

续表8-8

年度	网类	网名	别名	生产用料	规格	用途
2002年	防护类	电焊网	—	中、低碳钢丝 不锈钢丝	4″、3″、2″、1″、1/2″、1/4″、3/4″、3/8″、5/8″	用于装饰、防护和制作篮筐、围栏
		刺绳	刺钢丝 刺网 铁丝网	冷热镀锌铁丝不锈钢丝PVC包塑丝、薄板	刺距离 76毫米102毫米	用于高速公路、铁路、国防、矿山及一些部门的防护
		尖刀刺绳	刀片刺绳	芯为高碳钢丝、刀片为碳钢板(表面镀锌处理)	—	用于草场、铁路、高速公路、机场的隔离防护
		防爆网	无结 节式网	聚乙稀阻燃乙烯、锦纶钢丝 不锈钢丝。	—	用于爆破、水利、建筑工程和海洋养殖
		防盗美格网	活洛网 美格网	低碳钢 镀锌丝	6×7厘米—12.5×15.5厘米	用于住宅、铁路、公路、公园、桥梁防护
		斜方网	勾花网	镀锌丝 不锈钢丝PVC涂塑丝	宽：≤4.0米	用于园林、住宅、球场等场所的安全防护
		网片	装饰网	低碳钢丝 黑丝 不锈钢丝	—	用于商店装饰、公路防护、墙体建筑等
		防护装饰网		镀锌、喷塑 低碳钢丝	—	用于公路、公园、机场等场所的防护
		扁丝网	扁丝 轧花网	低碳钢丝 （镀锌）	—	生产纤维板和造纸
		六角网	拧花网 软边网	镀锌铁丝 不锈钢丝	3/8—4目 宽：≤1.5米	包裹取暖管道、制作防护围栏、用于住宅和园林防护、也用于石油、建筑、饲养业、化工

续表8-8

年度	网类	网名	别名	生产用料	规格	用途
2002年	防护类	钢板网	拉板网	低碳钢板（平板　卷板）	—	制作篮筐、音箱，做公路护栏，或用于墙体建筑和住宅防护
		不锈钢套网	金属软管	不锈钢丝	直径：25毫米～565毫米	用于制造各种金属软管包括金属膨胀节、补偿器管道及波纹状管道
		塑料平网	万能网	高密度低压聚乙烯聚丙烯	最大宽幅4米	用于水产养殖、筑路基、石油振动筛托网等
		禽兽笼	—	低碳钢丝	—	圈养兔、鸡、鸟、狗等
		不锈钢窗纱	防蚊蝇网	不锈钢丝	16—24目 宽：0.7～1.5米	做防虫、蚊、蝇用纱窗
		镀锌窗纱	—	低碳钢丝	14—20目 宽：0.7～1.2米	
		喷塑窗纱	—			
		烤漆窗纱	—			
		铝合金窗纱	铝镁窗纱	铝、镁和稀钍的合金丝	12—18目	
		塑料窗纱	乙烯窗纱	低压高密度聚乙烯(5000s)丝	宽：0.76～1.8米	
		玻璃纤维窗纱	防火窗纱	玻璃纤维	1米、1.2米、1.5米	

续表8-8

年度	网类	网名	别名	生产用料	规格	用途
2002年	功能类	印刷筛网	—	涤纶丝 锦纶丝 黄铜丝	—	用于印刷、石化、电子、纺织、陶瓷、航天、溶体过滤等行业
		输送带网	穿条网	不锈钢丝 不锈铁丝 镍铬丝 中碳钢丝	—	用于化纤、石油、冶金、饮食、制药、玻璃、输送等行业
		软网带	—	不锈钢丝 镍铬丝	—	用于医药、化工、煤炭、中密度纤维板等行业
		除沫器网	—	不锈钢板条 气液滤网 碳钢板条	按图纸做	用于石油、化工、香料、医药、农药等行业的分离、蒸馏、除尘等
		烘烤网	—	镀锌丝 不锈钢丝 镀锌薄板	方形、圆形、弧形等，特殊形状加工定做	用于烘烤、蒸鱼、肉食加工
		养猪网	—	低碳钢丝	—	主要用于养猪业
		电槽网	阴极网	镀锌铁丝	—	用于化工电解
		脚踏网	踏尘网 螺旋网	各种型号 镀锌丝	长：65～150厘米 宽：35～80厘米	用于门前除尘土
		床面网	弹簧网	中碳钢丝	—	做折叠床、席梦思床、沙发、汽车坐垫等
		鸡蛋篓网	手提 方便篮	低碳钢丝	—	盛蛋类及食品
		音响网类	音箱网 话筒网	铁板 铝板	0.5～1.0毫米	用于音响行业

三、丝网原材

安平县丝网生产所用的原材分为织网丝和板材两大类。织网丝分金属丝和非金属丝。金属丝中有铜丝、钢丝、铝丝、合金丝、铁丝及金、银、镍、钛、铬等材质的丝。非金属丝有化纤丝和生物丝。板材分为金属板和非金属板两类。织网丝用于各种编织网的编织。金属板材用于生产冲孔网、钢板网，非金属板材用于生产塑料板网。

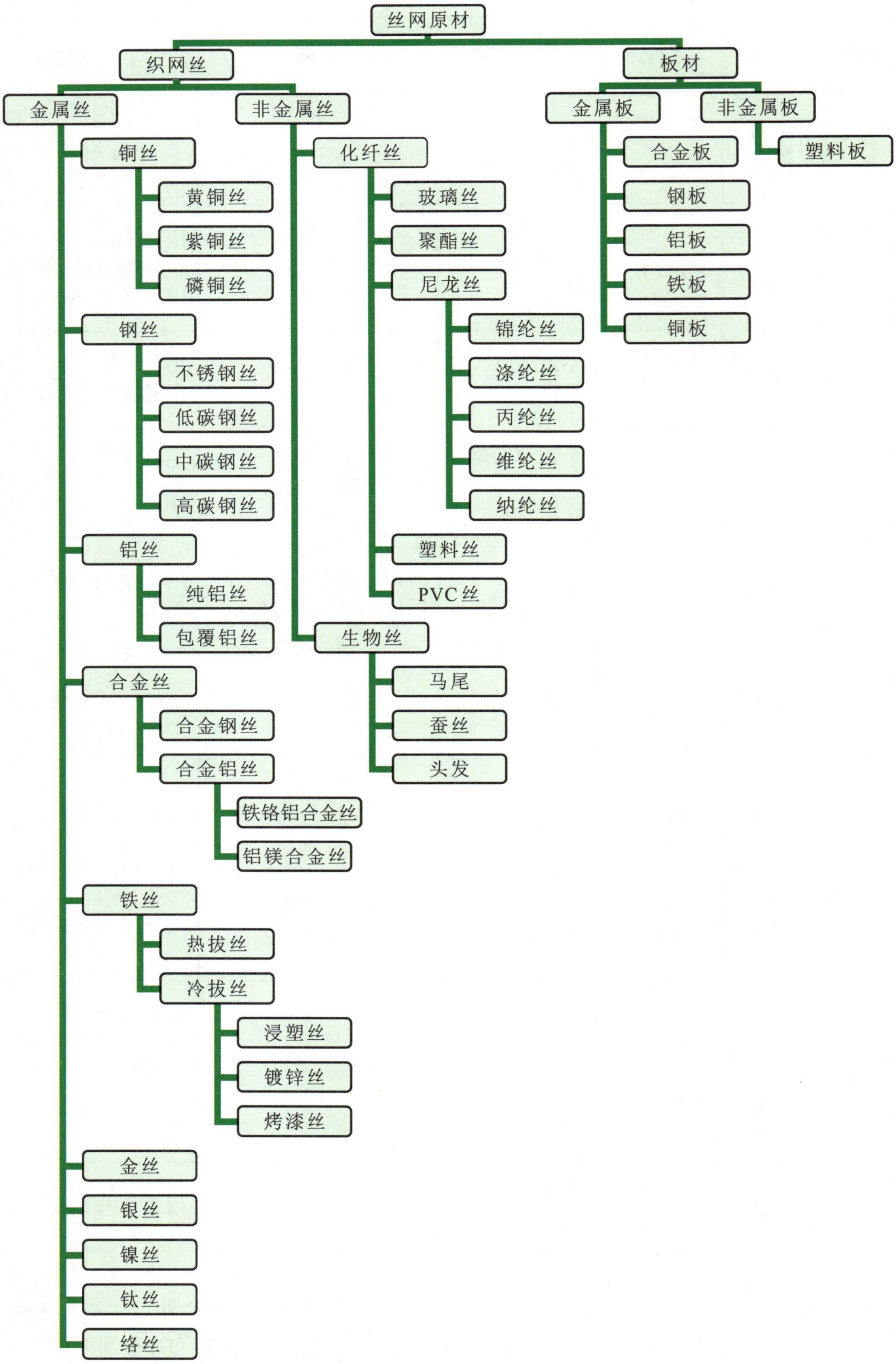

图8-15　丝网原材料分类示意图

第八节　产量、产值

1991年，全县在丝网生产中年消耗金属材料5000吨，其中线材3500吨，板材1500吨；年拔丝3500多吨，织网4500万平方米，年产值1.4亿元，占工农业总产值的37.8%；销售收入1.325亿元，利税0.19亿元。1995年，全县年消耗钢、铝、铜等金属材料35万吨，其中线材30万吨，板材5万吨；年拔丝30万吨，织网7000万平方米；丝网年产值21.8亿元，产品销售收入21.3亿元，利税2.2亿元，占全县工业总利税的80%以上。2000年，全县丝网工业年消耗金属材料55万吨，其中线材48万吨，板材7万吨；总产值32.45亿元，销售收入32.3亿元，实现利税2.85亿元，提供人均收入1250元，上缴税金3658.76万元。2002年，全县年消耗钢、铝、铜等金属材料60万吨，其中线材51万吨，板材9万吨；年拔丝能力60万吨，织网1.83亿平方米；丝网总产值60多亿元，年销售收入44.2亿元，实现利税3.6亿元，上缴税金6800万元，占全县财政收入的43.32%。

第九节　丝网科技

1991—2002年，县委、县政府把利用高新技术改造传统丝网业作为促进丝网行业发展的工作重点，大力开展了丝网科学技术的研究引进和应用。

一、设备更新

先后从日本、瑞典、瑞士、德国等国家引进了NCE-1300无梭织机、TM-100、TM-200聚酯网织机、P7100片梭织机、101织机、P7150型片梭织机、PMSM10定型机、智能型电子分条整径机、自动热定型机、水洗机等一大批具有国际领先水平的设备和技术。

二、技术进步

1998年5月，由科技局选聘8名高级技术人才和多名专业人才组建丝网研究所，并与京津等30多所大专院校结成联合体进行高新技术开发，先后研制开发1511、X03、NOB—1500等中重型织网机和程控拔丝退火设备、窗纱密纹专业机，仿制改造日本高密度无梭箭带金属网织机、西德织机，创建生产不锈钢丝无酸洗、无白化、无污染、全部光亮退火新工艺等。

创建省级高新技术企业4家，为国家起草制定聚酯三层成型网、聚酯四层成型网、扁丝干网等企业标准。

研制开发刨花板输送网带、不锈钢超细丝等新产品50多项，其中29项填补国内空白，24项填补省内空白，11项获省部优新产品，3项获国家级重点新产品。

拔丝最细由0.2毫米达到0.02毫米，织网最高密度由200目达到2700目。

在企业中广泛推行ISO9000质量体系认证和ISO14001环境管理体系认证，并于2000年3月20日，在丝网大世界成立河北省唯一的一家丝网产品质量监督检验站。

2000年，建立安平县政府网站。2001年与美国合资建立“丝网世界”网站，并于同年10月19日正式开通。丝网科技的发展，全面提高丝网产品的质量，增强丝网产品在市场的竞争力，同时也使安平县于1999年跨入“全国科技工作先进县”行列。

三、名牌获奖产品

博陵牌金属网获北京第二届国际博览会金奖，被评为省著名商标。鹤煌牌聚酯网、鹏华牌丝网、华宝牌不锈钢丝网、天然牌针布丝网、金牛牌电焊网、聚酯印花网、聚酯双层成型网、聚酯四层成型网、密纹网、斜纹网、输送网带等多项产品被评为省部名牌产品。开发的抗污染成型网被科技部、对外经贸部、国家质量技术监督局、国家税务总局、国家环保总局五部局联合授予“国家级重点新产品”称号，获省科技进步奖，填补国内空白，达到国际先进水平。热定型超宽聚酯网、聚酯两层半成型网、异型丝干网、不锈钢超细丝等系列产品获“国家级新产品奖”。蜘蛛牌丝网、明星牌不锈钢窗纱、鑫丰牌烤漆窗纱、双鹤牌黑丝布、五兄弟牌不锈钢电焊网等都成为名牌产品。

第二章　产品加工

第一节　镀锌

一、厂点

1991年，全县有镀锌厂56家，其中宗庄有镀锌厂26家，郭西有7家，丝网大世界9家，其余14家分布在县城及县城周边。1999年5月至2002年，全县镀锌企业集中于宗庄镀锌工业区和郭西镀锌工业区。宗庄镀锌工业区有43家镀锌厂，其中23家热镀，20家电镀（冷镀）；郭西镀锌工业区有13家镀锌厂，全部为冷镀。

2002年安平县镀锌厂家情况一览表

表8-9

单位名称	产品	地址
安平县第四热镀锌厂	热镀、方眼、六角电焊网	宗庄镀锌工业区
安平县第十九热镀厂	热镀、方眼、六角电焊网	宗庄镀锌工业区
安平县西关镀锌厂	各种丝网镀锌加工	宗庄镀锌工业区
安平县华安热镀厂	热镀、方眼、六角电焊网	宗庄镀锌工业区
安平县第二热镀厂	热镀、方眼、六角电焊网	宗庄镀锌工业区
安平县第三热镀厂	热镀、方眼、六角电焊网	宗庄镀锌工业区
安平县第五热镀厂	热镀、方眼、六角电焊网	宗庄镀锌工业区
安平县第六热镀厂	热镀、方眼、六角电焊网	宗庄镀锌工业区
安平县第七热镀厂	热镀、方眼、六角电焊网	宗庄镀锌工业区
安平县第八热镀厂	热镀、方眼、六角电焊网	宗庄镀锌工业区
安平县第九热镀厂	热镀、方眼、六角电焊网	宗庄镀锌工业区
安平县第十热镀厂	热镀、方眼、六角电焊网	宗庄镀锌工业区
安平县第十一热镀厂	热镀、方眼、六角电焊网	宗庄镀锌工业区
安平县第十二热镀厂	热镀、方眼、六角电焊网	宗庄镀锌工业区
安平县第十三热镀厂	热镀、方眼、六角电焊网	宗庄镀锌工业区
安平县第十四热镀厂	热镀、方眼、六角电焊网	宗庄镀锌工业区
安平县第十五热镀厂	热镀、方眼、六角电焊网	宗庄镀锌工业区
安平县第十六热镀厂	热镀、方眼、六角电焊网	宗庄镀锌工业区
安平县第十七热镀厂	热镀、方眼、六角电焊网	宗庄镀锌工业区
安平县第十八热镀厂	热镀、方眼、六角电焊网	宗庄镀锌工业区
安平县益华拔丝镀锌厂	8—23#镀锌丝	宗庄镀锌工业区
安平县永生拔丝镀锌厂	镀各种丝	宗庄镀锌工业区
安平县中天镀锌拉丝织网有限公司	5—22#镀锌丝	宗庄镀锌工业区

续表8-9

单位名称	产品	地址
安平县政宣拔丝织网厂	各种镀锌丝	宗庄镀锌工业区
安平县瑞平拔丝镀锌厂	各种镀锌丝	宗庄镀锌工业区
安平县志营拔丝制钉厂	各种镀锌丝	宗庄镀锌工业区
安平县利华拔丝织网镀锌厂	热镀各种网	宗庄镀锌工业区
安平县华欣拔丝织网厂	各种镀锌铁丝	宗庄镀锌工业区
安平县向阳金属丝网厂	喷塑、镀锌、烤漆网	宗庄镀锌工业区
安平县永兴丝网厂	喷塑、镀锌、烤漆网	宗庄镀锌工业区
安平县西王庄华伟窗纱厂	喷塑、镀锌、烤漆网	郭西镀锌工业区
安平县郭西织网厂	喷塑、镀锌、烤漆网	郭西镀锌工业区
安平县昌盛金属织网厂	喷塑、镀锌、烤漆网	郭西镀锌工业区
安平县中心窗纱织网厂	喷塑、镀锌、烤漆网	郭西镀锌工业区
安平县誉保丝网厂	镀锌窗纱	郭西镀锌工业区
安平县兴业丝网窗纱厂	喷塑、镀锌、烤漆窗纱	郭西镀锌工业区
安平县兴隆丝网厂	喷塑、镀锌、烤漆窗纱	宗庄镀锌工业区
安平县成祥金属线材厂	热镀锌铁丝网14—8#	宗庄镀锌工业区
安平县郭西永平丝网加工厂	热镀电焊网方眼网	安平县郭西村
安平县郭西铁占镀锌厂	各种网片	安平县郭西村
安平县恒利拔丝镀网厂	冷镀电焊网、方眼网	安平县郭西村
安平县电镀集团第一电镀厂	电焊网、铅网	宗庄镀锌工业区
安平县电镀工业集团第四电镀厂	电焊网、铁窗纱	宗庄镀锌工业区
安平县电镀集团第八电镀厂	各种电焊网、窗纱	宗庄镀锌工业区
安平县电镀工业集团第九电镀厂	22—30#镀锌丝	宗庄镀锌工业区
安平县电镀中心	镀锌一条龙生产线	宗庄镀锌工业区
安平县贸源金属制品厂	镀各种铁丝	宗庄镀锌工业区
安平县电镀集团第六电镀厂	方眼、六角网、电焊网	宗庄镀锌工业区
安平县永仄拔丝电镀厂	16—23#电镀丝	宗庄镀锌工业区
安平县西王庄拔丝厂	各种电镀丝	宗庄镀锌工业区
安平县金鑫拔丝厂	各种电镀丝	宗庄镀锌工业区
安平县杜四镀锌拔丝厂	各种电镀丝、各种改拔丝	宗庄镀锌工业区
安平县郭西镀锌拔丝厂	8—14#镀锌丝	安平县郭西村
安平县郭西永生镀锌拔丝厂	8—14#镀锌丝	安平县郭西村
安平县郭西电镀厂	镀小网件	安平县郭西村
安平县郭西中心电镀厂	电镀各种网	安平县郭西村

二、设备

1991—2002年，镀锌设备如下。

热镀设备：酸池、水池、氨池、铸锅煤气发生炉（锌锭）、卷网机、叼网架、镀锌轴、减速机、调速电机。

冷镀设备：酸池、水池、整流器、镀锌槽、（电解液和锌锭）、铜杠、卷网机。

三、生产工艺

1991—2002年镀锌工艺如下。

热镀工艺：网入厂—酸洗—水洗—上氨—烘干—入铸锅—叼网—卷网—检验—包装—入库。

冷镀工艺：网入厂—酸洗—水洗—镀锌槽—水洗—钝化—水洗—卷网—检验—包装—入库。

四、镀锌工业小区

电镀是丝网工业的配套产业，1991年后发展十分迅速，有一套独具特色的生产工艺体系。电镀企业普遍规模小，污染严重、浪费资源，属于国家规定的关停对象。为实施可持续发展战略，实现经济效益、社会效益和环境效益的统一，1999年，县委、县政府制定《安平县丝网电镀行业发展规划》。同年5月，建成宗庄和郭西两个镀锌工业区；在宗庄镀锌工业区组建安平县镀锌工业集团有限公司，在郭西镀锌工业区建设郭西镀锌厂。宗庄镀锌工业区入住企业43家，占地100亩，总投资2839万元，年加工热镀锌网2000万平方米，冷镀锌网500万平方米。郭西镀锌工业区占地8380平方米、入住冷镀企业13家，年加工丝网能力可达800万平方米。2000年，郭西镀锌工业区投资248万元建设2座污水处理站，实行集中生产、统一治污，化学处理镀锌污水，日处理镀锌污水600吨。镀锌工业区建成后，县政府组织环保、监察、公安、工商、电力、广电等部门组成环保联合执法大队，对两个镀锌区外的非法小镀锌企业进行严厉查处。到2002年，全县镀锌生产企业全部集中到两个镀锌工业区。

第二节　浸塑、喷塑

一、厂点

2002年，全县浸塑、喷塑企业共计29家，其中加工生产包塑丝企业5家，喷塑、镀锌、烤漆窗纱企业9家，喷塑、浸塑企业9家，包塑丝和喷塑、浸塑都加工生产的企业6家。喷塑、浸塑企业厂址28家在县城，一家在黄城乡政府西100米处。县城喷塑、浸塑企业中，丝网大世界16家，建材街、城东开发区、城南开发区、新盈东街、为民西街等处共12家。

2002年安平县浸塑、喷塑厂家情况一览表

表8-10

单位名称	生产项目或产品	地址
安平县安义浸塑厂	浸塑护栏网等	建材市场南邻
安平县同义静电喷塑厂	各种金属网喷塑	城关供销社院内
安平县航通涂塑丝网厂	浸塑护栏网等	南环路中段
安平东兴丝网有限公司	丝网自动浸塑	城东开发区
安平县永明浸塑丝网厂	浸塑护栏网等	建材市场南邻
安平县华光网业制品有限公司	丝网自动浸塑	西马路旧电力局对过
安平县长城金属网栏有限公司	浸塑护栏网等	建材街中段路东
安平县兴启护栏网厂	各种金属网喷塑、浸塑	城西开发区（黄城乡政府西200米）
安平县政宣拔丝织网厂	各种铁丝、PVC丝	城南开发区

续表8-10

单位名称	生产项目或产品	地址
安平县南洋PVC厂	PVC包塑丝	城东开发区
安平县恒兴PVC金属网厂	PVC包塑丝	新盈街启蒙学校西邻
安平县静电喷塑厂	喷塑丝	为民西街
安平县茂源丝网厂	喷塑丝网	丝网大世界
安平县北黄城窗纱厂	喷塑、镀锌、烤漆窗纱	丝网大世界A区2号楼24门市
安平县向阳丝网厂	喷塑、镀锌、烤漆丝网	丝网大世界A区5号楼13门市
安平县西王庄华伟窗纱厂	喷塑、镀锌、烤漆窗纱	丝网大世界B区2号楼25门市
安平县郭西织网厂	喷塑、镀锌、烤漆丝网	丝网大世界B区3号楼25门市
安平县弘庆丝网厂	喷塑窗纱	丝网大世界B区3号楼16门市
安平县昌盛金属织网厂	喷塑、镀锌、烤漆丝网	丝网大世界B区3号楼10门市
安平县永兴丝网厂	喷塑、镀锌、烤漆丝网	丝网大世界B区1号楼16门市
安平县兴隆丝网厂	喷塑、镀锌、烤漆丝网	丝网大世界B区6号楼8门市
安平县祥和金属筛网厂	铁丝、PVC丝	丝网生产基地
史官屯金属网厂	喷塑、镀锌、烤漆窗纱	丝网大世界B区3号楼4门市
安平县南大良窗纱厂	喷塑窗纱	丝网大世界A区办公楼2门市
安平县汇源喷塑窗纱厂	喷塑窗纱	丝网大世界A区办公楼9门市
安平县永利丝网厂	喷塑、镀锌、烤漆窗纱	丝网大世界A区商业楼2门市
安平县兴业丝网窗纱厂	喷塑、镀锌、烤漆窗纱	丝网大世界F区5号楼3门市
安平县辉煌喷塑窗纱厂	喷塑网	丝网大世界A区4号楼3门市
安平县顺达电焊网总厂	喷塑、烤漆窗纱	丝网大世界A区6号楼6门市

二、设备

1991—2002年，浸塑、喷塑设备如下。

浸塑设备：水池、酸池、烘干炉、塑粉机、烤箱。

喷塑设备：水池、酸池、烘干炉、静电喷塑设备、烤箱。

三、生产工艺

1991—2002年，浸塑、喷塑生产工艺如下。

浸塑工艺：去油—酸洗—水洗—烘干—加热—浸塑—热定型—检验—成品—入库。

喷塑工艺：去油—酸洗—水洗—烘干—喷塑—烤箱—检验—成品—入库。

第三节　其他加工

在1991—2002年的丝网生产中，除镀锌、浸塑、喷塑之外，还有许多其他加工，主要包括剪裁、折弯、冲件、钢锭、钢板开平、金属丝轧扁、切割、焊接、平网等。通过这些深加工，可以将丝网制成多种多样的产品，主要产品有如下几种。

一、滤器类

采用不锈钢纤维烧结毡、不锈钢编织网、烧结网为原材，经过波页成型—波页挤型—特殊焊接—烧结—两端界缩—修正等工艺，可制成变通滤芯、波页状滤芯（滤纸、磷铜网，黄铜网等）、圆柱形滤芯、滤片、滤盘等。产品广泛用于石油、化工、化纤、电力、冶金、制药、陶瓷、污水处理、食品饮料、化妆品等行业。

二、丝网除沫器

产品主要采用钼、钛、316U不锈钢、铜、铝等材质的网加工制造，用于香料、石油、化工、农药等行业的分离蒸馏和除尘。

三、分样筛

分样筛（标准筛、分析筛、套筛、试样筛）由铁框、铜框、镀锌框、不锈钢丝布、不锈钢板、铜板、锦纶丝网等材料加工而成，广泛用于化工、科技、水泥、陶瓷、石油、建筑、计量、饮食等行业。

四、生活用品

可以将丝网加工制成厨房用具、筛选工具、生活用品、超市货架、果汁过滤器、烤肉叉、室内装修框架网以及购物篮、周转筐、试管架、水果篮、食品筐、风扇罩、宠物笼、冰箱内筐、汽车灯罩、机器护罩等。

第三章　丝网销售

安平县的丝网销售主要有两大渠道，即国内销售渠道和出口销售渠道。国内销售渠道包括厂家直销、县内门市销售、县境外丝网门店销售和集市销售。2002年，国内销售门店共1950家，其中县境内销售门店1190家，县境外销售门店760多家；门店销售人员共计7262人，其中县境内销售人员3262人，县境外销售人员4000余人。出口销售渠道，1991年是通过县外贸局开展丝网出口贸易。丝网产品出口日本、美国、意大利、香港等十几个国家和地区。1994年2月，安平县丝网工业集团总公司开始自营出口业务。2002年，全县丝网出口企业（外向型企业）发展到71家，在国外开设丝网门店和办事机构13家，丝网产品出口美、日、德、意、澳、韩、中东等国家及中国台湾地区等100多个国家和地区。

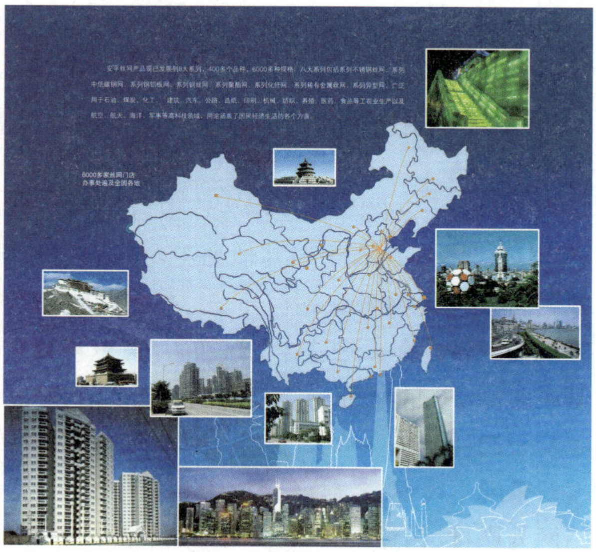

图8-16　销售网点

随着全县丝网贸易的快速发展，丝网物流量也逐年扩大。1991年，丝网物流量日均300吨，各种货运站40多家，到2002年，丝网物流量增加到1800多吨，货运站增到112家；丝网销售收入达到44.2亿元，占全国丝网产品市场份额的85%。

第一节　销售渠道

一、国内销售渠道

厂家直销　1991年，厂家生产的丝网产品直接销往用户的方式有2种，一是丝网生产厂家通过订货会、博览会、招商会等与客户、用货单位直接签订购货合同；二是由生产厂家的推销员外出上门推销产品。1999年，增加网络销售。一些企业拥有自己的网页，客户可通过互联网登录企业的网站，查看产品图片及目录，再通过电子邮件或传真等方式与企业联系、订货。2000年和2001年，先后建立辐射国内外的招商引资网络——安平县政府网站和丝网大世界网站，网络销售迅速发展。

县内门市销售　县内门市销售指通过专营丝

网的县域内门市进行常年销售。门市所销丝网主要从厂家进货，也有的通过将原材料分散到各加工点加工，自己组织货源，有的生产厂家自己生产，自己设店销售。门市销售是丝网销售的主要渠道。全县丝网门市的多少，标志着安平丝网业的发展速度和程度。1991年，县内丝网门店150多家，主要集中于县城丝网街、为民街、新盈街。丝网大世界建成后，县境内丝网门市相继迁入丝网大世界。到1998年，县境内丝网门市共计460多家，其中丝网大世界410多家，北新大道路东50多家，台湾、香港、河南、浙江等地的30多家丝网企业也在大世界设立办事处和销售点。到2002年，全县丝网门市发展到1190家，其中大世界980家，西环路210家。

县域外丝网门店销售 1991年，安平在县域外各大中城市开设的丝网销售门店760多家，采购销售丝网的流程一般为：县域外丝网门店与客户签订合同；销售门店与在安平的上货人联系，并将产品规格、型号、需求数量等告知上货人（上货人一般分为两类，一类是与县域外丝网销售门店合伙，另一类是县域外丝网门市雇佣的）；上货人在安平跑丝网生产厂家、门市、加工户等，获得所需采购产品的价格；上货人向丝网门市汇报货源情况，确定供应商家并组织上货；通过物流运达丝网门店，再销往客户或直接运达客户。到2002年，县域外丝网门店发展到4000多家，形成覆盖国内、辐射国外的丝网经销网络，其中15%左右的门店资产已超过千万元。经抽样调查发现，在4000家县域外丝网销售门店中，有70%以上在安平设有上货人。

集市销售 指个体丝网生产者将所产丝网拿到集市出售，该种销售是原始的一种销售方式。1991年后，随着丝网业的快速发展，该种地摊式销售方式逐年萎缩，到1996年后基本绝迹。

二、出口销售渠道

1991年，通过县外贸局开展丝网出口贸易是全县丝网出口销售的唯一渠道。此时，安平丝网已远销日本、美国、加拿大、意大利、巴基斯坦等十几个国家，年创汇302万美元；安平丝网工业集团总公司因出口丝网产品创汇多次被国务院机电办、对外贸易部授予"'七五'期间全国机电产品出口先进单位"称号。1992年9月，南王庄农民王进表投资70万元人民币，在缅甸开设全县第一家在国外开设的丝网门市部，开创在国外开设丝网商店和办事机构的先例。1994年2月，安平县丝网工业集团总公司在天津建立对外贸易办事处，开始自营出口业务，自此，安平丝网出口渠道通畅便捷，丝网企业可直接办理出口业务。到2002年，全县在国外开设的丝网门店和办事机构达到13家，涉及缅甸、越南、老挝、泰国、美国、加拿大、德国、南非、巴西、巴勒斯坦、俄罗斯、智利、秘鲁等国家，并在叙利亚、俄罗斯开办了丝网加工厂；全县丝网出口企业发展到71家，丝网产品年交货值达1200多万美元，出口美国、日本、德国、意大利、澳大利亚、韩国及中东地区等100多个国家和地区。

第二节 丝网物流

1991年，丝网原材料的运入和产品的输出日均300多吨，各种货运站40多家。随着全县丝网贸易的快速发展，丝网物流量逐年扩大，大批的丝网原材料从外地运入安平，在安平加工织成丝网及其他产品后，又源源不断地运往全国各地销售市场和国外市场，形成庞大的丝网物流。从事丝网物流的各种货运站迅速增加，到2002年，全县丝网

图8-17 安平物流向规模化、规范化发展

物流量日均达到1800多吨，货运站增到112家。货运站点分为联运和汽运。联运指公路运输和铁路运输相结合的运输形式。汽运指公路运输。

一、联运

1991年，全县有联运单位4家，分别与石家庄、保定、衡水、定州火车站联运。联运单位多称转运站，也有的称货运站、联运站、配载中心、快递。联运是先将县内需外运的货物集中起来，用汽车运往火车站，再由火车进行分线转运，属个体经营；各联运单位分散设在城内；日走货100多吨。1997年年底，丝网大世界建成后，各联运单位相继迁入丝网大世界。随着丝网和其他货运量的增大，联运单位不断增加，至2002年，全县联运单位发展到15家，日走货500多吨。

2002年安平县货物联运单位情况一览表

表8-11

联运单位名称	货运地点	单位地址
彭营转运站	（铁运）全国各地	丝网大世界F区6号楼6号
兴安转运站	（铁运）全国各地	丝网大世界网都大厦南100米
四方转运站	（铁运）全国各地	省二院安平分院对过
运发转运站	（衡水站）全国各地	丝网大世界C区1号楼19号
金龙转运站	（石家庄站）全国各地	丝网大世界A区2号楼23号
石家庄专线快运	（石家庄站）全国各地	丝网大世界、惠祥二店东邻
天声转运站	（铁运）全国各地	丝网大世界A区3号楼24号
工业产品公司转运站	（衡水站）全国各地	丝网大世界A区6号楼6号
公铁联运站	（衡水铁运）全国各地	丝网大世界
兴发转运站	（石家庄南站）全国各地	丝网大世界B区6号楼13号
汽车站货运配载中心	（铁运）全国各地	丝网大世界
南良转运站	（衡水铁运）全国各地	丝网大世界B区3号楼35号
宏发转运站	（衡水站）全国各地	丝网大世界A区办公楼7号
天际快递	国际、国内	丝网大世界
徘徊转运站	全国各地、石家庄快运	丝网大世界F区

二、汽运

1991年，安平有货物汽运单位40余家。汽运单位多称专线、零担，也有的称货运站、快运、转运站、中心、物流、运输公司等，名称很不规范。汽运大都为一个专线或一个方向货运，负责全县及周边市县的丝网及各种货物的运输，属于个体私人企业。各汽运单位运输能力大小不等，运输车辆多少不一，货物流动方向不同。各单位自行组织货源，并负责货物的装卸和发运，或零运或整车，或快运或慢件，根据货物吨量，路途长短，到货快慢收取运费。随着丝网业的发展壮大，汽运单位逐年增加，到1996年，汽运单位增加到60多家，到2002年年底增加到97家。

2002年安平县货物汽运单位情况一览表

表8-12

汽运单位名称	货运地点	单位地址
青岛烟台专线	青岛、烟台	丝网大世界综合楼北侧
东北货运站	沈阳	丝网大世界综合楼北侧
张小文转运站	秦皇岛、唐山	二院对过
北京零担	北京	丝网大世界B区6号楼12号
长春、哈尔滨快运	四平、长春、佳木斯、大庆、哈尔滨	网都大厦北侧
天津零担	天津南马路五金城	丝网大世界惠祥二店路西
东北专线	盘锦、营口、鞍山、锦州、大连	丝网大世界惠祥二店南邻
北京零担	北京	丝网大世界B区2号楼23号
青岛烟台零担	青岛、烟台	丝网大世界B区2号楼23号
东北沈阳零担专线	沈阳、长春、哈尔滨、丹东、锦州、四平	丝网大世界B区2号楼3号
临沂货运专线	临沂	丝网大世界惠祥二店东邻
济南泰安专线	济南、泰安	丝网大世界D区4号楼
长春专线	开源、四平、大安、德惠、长春、松源	丝网大世界A区3号楼8号
北京转运站	北京及周边地区	丝网大世界惠祥店南
天津塘沽港快运	塘沽港	北新大道路东
青岛、烟台专线	青岛、烟台	丝网大世界A区3号楼2号
大连专线	营口、瓦房店、锦州、盘锦、大连	丝网大世界惠祥二店南邻
济南、徐州专线	济南、徐州	丝网大世界惠祥二店南邻
北京零担	保定、涿州、霸州、固安、北京	网都大厦100米路西
北京零担	北京及周边地区	丝网大世界F区2号楼东头
北京零担	任丘、保定、涿州、北京	网都大厦东北角
北京专线	济南、徐州、滕州、北京	网都大厦北邻
北京专线	北京及周边地区	网都大厦后门
北京专线	保定、任丘、河间、北京	丝网大世界G区1号楼
林鑫货运	通化、锦州、沈阳、本溪	丝网大世界红星酒店东邻
宏源配货信息中心	沈阳以北地区	西关浴池院内
青岛烟台快运	青岛、烟台	丝网大世界B区6号楼21号
唐山秦皇岛专线	唐山、秦皇岛	丝网大世界D区5号楼3号
西安宝鸡专线	宝鸡、西安	网都大厦西邻

续表8-12

汽运单位名称	货运地点	单位地址
包头、呼市专线	包头、呼市、临河、银川、石嘴山	网都大厦裙楼南邻
鑫涛货运信息中心	（汽运）全国各地	建材街南口
保安转运站	（汽运）全国各地	丝网大世界C区2号楼18号
申隆空车配货站	（汽运）全国各地	丝网大世界网都大厦南邻
太原专线	太原市	丝网大世界D区4号楼4号
东长堤转运站	乌鲁木齐	丝网大世界G区1号楼2号
西安专线	西安	网都大厦后门南50米
新疆专线	哈密、乌鲁木齐、库尔乐、阿克苏	丝网大世界中心路北头
全顺快运	桂林、柳州、玉林、海南、湛江、茂名	丝网大世界南侧
昆明专线	昆明	丝网大世界D区1号楼10号
郑州、襄樊、宜昌零担	郑州、襄樊、宜昌	丝网大世界E区1号楼4号
兰州、乌鲁木齐专线	兰州、乌鲁木齐	丝网大世界D区5号楼6号
利达货运	1.呼市、包头、银川、兰州、西宁、格尔木 2.宝鸡、汉中、绵阳、重庆、成都	网都大厦北邻
山西物流中心	山西、运城、侯马	丝网大世界D区1号楼
旺达配货中心	1.郑州、洛阳、三门峡 2.渭南、西安、宝鸡	丝网大世界惠祥二店南100米
中邮物流	成都、绵阳、汉中、南昌	邮局分理处西门
金龙货运成都专线	成都、德阳、绵阳	丝网大世界北头
石家庄快运	石家庄	西关浴池北
广西专线	南宁、柳州、桂林	网都大厦南邻
隆兴南方配货总站	南京、杭州、绍兴、宁波	网都大厦东邻
武汉专线	武汉及周边城市	丝网大世界B区6号楼1号
河南、湖北专线	新乡、许昌、平顶山、南阳、襄樊、	网都大厦南邻
福建专线	福州、厦门、泉州、漳州	网都大厦南邻
江西汕头专线	汕头	丝网大世界E区1号楼0号
安徽专线	安庆、合肥、芜湖、铜灵、淮北、太和	丝网大世界D区4号楼1号
无锡常州专线	直达无锡、常州	丝网大世界金帝火锅城南邻
江西南昌专线	九江、南昌、揭阳、潮州、梅州、汕头	丝网大世界老北京西
华东货运	南京、嘉兴、苏杭、义乌、永康、温州、	丝网大世界红星酒店西邻

续表8-12

汽运单位名称	货运地点	单位地址
湖南、江西专线	湖南、江西各市	丝网大世界E区1号楼0号
重庆专线	重庆	丝网大世界D区5号楼5号
上海专线	常州、无锡、宜兴、张家港、上海	丝网大世界D区1号楼
河南十堰专线	郑州、南阳、湖北、十堰	丝网大世界惠祥二店南邻
郑州、宜昌专线	郑州、平顶山、襄樊、长沙、宜昌	丝网大世界惠祥二店南邻
济南徐州专线	滕州、枣庄、徐州、商丘	网都大厦南侧
顺利广州快运	广州、佛山	丝网大世界F区6号楼1号
兴贤武汉转运站	郑州、驻马店、信阳、武汉	丝网会展中心西侧
江苏上海专线	淮阴、南通、江阴、无锡、常熟、上海	丝网大世界惠祥二店西邻
四方托运中心	杭州、宁波、江西、汕头	网都大厦后门
美路江苏货运中心	江苏专线	丝网大世界F区5号楼5号
江苏快运	南通、泰州、张家港、无锡、常州、江阴	丝网大世界B区2号楼16号
广深货运中心	东莞、大沥、广州、深圳	丝网大世界B区2号楼西面
运输公司	北京、天津、石家庄、邢台	郭西工业区
速达空车配货	新乡、郑州、洛阳、武汉、黄石、仙桃	丝网大世界B区3号楼11号
上海快运	昆山、苏州、上海	丝网大世界综合楼西侧
上海江苏快运	江苏、上海	北新大道路东
上海无锡快运	上海、无锡、苏州	北新大道路东
远和成快运专线	广州、深圳	丝网大世界D区1号楼6号
福建专线	福州、厦门、漳州、晋江	丝网大世界工商行南
安华货运	东南线	丝网大世界南头路西
宏达物流广州零担	广州、佛山	丝网会展中心西侧
石家庄快运	石家庄	西关浴池北
九州货运中心昆明专线	昆明、玉溪、思茅	丝网大世界D区4号楼南头
陕西河南快运	洛阳、西安	丝网大世界D区1号楼9号
万州重庆专线	万州、重庆	丝网大世界D区3号楼10号
顺通湖南零坦	湖南	丝网大世界D区1号楼7号
武汉、成都快运专线	武汉、成都	丝网大世界E区4号楼10号
重庆、成都快运专线	重庆、成都	丝网大世界B区1号楼18号
利达转运站	成都、银川	丝网大世界F1区5号楼

续表8-12

汽运单位名称	货运地点	单位地址
河南快运	新乡、郑州、许昌、周口、开封	丝网大世界管委会北邻
江苏、上海快运	苏州、无锡、昆山、南通、上海	丝网大世界G区2号楼
江苏专线	扬州、镇江、常州、上海、张家港、兴化	中粮宾馆路北
湖南专线	长沙、株洲、岳阳、衡阳、常德	网都大厦西门南20米
河南专线	新乡、禹州、汝州、登封、许昌	网都大厦西邻
南京专线	南京、仪征、扬州、泰州、江堰、戴南	丝网大世界红星酒店东邻
江苏专线	淮阴、江都、扬州、丹阳、宜兴、苏州	网都大厦南侧
江苏常州快运	临沂、泰兴、江阴、张家港、宜兴	丝网大世界惠祥二店南50米
青岛烟台快运	滨州、东营、寿光、莱州及山东各地	丝网大世界地税分局院内
江苏快运	无锡、常州、镇江、揭州、泰州	丝网大世界C区1号楼18号

第三节　销售收入

1991—2002年，丝网销售收入呈逐年上升趋势，其中1995—1997年、2000—2002年上升幅度较大，形成两次销售收入高峰。利税收入呈逐年上升趋势，但和销售收入相比，上升趋势略缓，利润率在逐年降低。2002年，全县丝网商品销售收入44.2亿元，占全国丝网产品市场份额的85%。

1991—2002年部分年份安平县丝网销售收入情况表

表8-13　单位：亿元

年份	年销售收入	利税	利润率%
1991	1.325	0.19	14.34
1995	21.300	2.20	10.33
1997	30.000	2.70	9.00
2000	32.300	2.80	8.70
2002	44.200	3.60	8.15

第四章　中国安平丝网大世界

中国安平丝网大世界坐落在安平县城西部（西环路以西，网都街以南，和平街以北），占地600亩，建筑面积16万平方米，总投资2亿元。项目建设由安平县丝网大世界筹建处具体实施。建设资金全部由企业及商户集资完成。1996年8月开工，1997年12月陆续投入使用。到2002年，入住门店980家，有货运站、转运站等112家，银行储蓄所3家，邮政所1家，宾馆、饭店7家，门诊2家，还有国际丝网会展中心和安平丝网博物馆，是集丝网交易、产品开发、货物转运、银行结算、信息服务、人才培训、质量检测、会展、物业管理为一体的现代化的大型批发市场，全国百强亿元市场。

第一节　项目筹划

一、决策

为适应市场经济发展的需要，县委、县政府根据中国共产党的方针政策和安平县丝网工业的发展状况，在充分征求社会各界人士意见，多次组织有关人员到区域特色经济搞得好的县市进行参观调研，并经过认真讨论研究，反复论证后，于1995年10月，召开县四套班子联席会，决定在县城建一座高标准、多功能的现代化丝网大市场——中国安平丝网大世界，地址在县城西侧，建设规模约1700亩，总投资10亿元，分两期完成。

决策依据主要有两个方面。

1. 全县丝网工业发展状况需要建立一个大型的高标准的现代化丝网交易市场。中共十一届三中全会以后，安平县丝网企业如雨后春笋，蓬勃发展。到1995年，安平县丝网行业初步形成，产品门类齐全的相对独立的丝网工业生产经营体系，成为全国最大的丝网产品生产集散地。全县拥有丝网企业6687家，遍及全县20个乡镇、230个村庄，从业人员达53000余人。拥有拔丝设备8600多台（套），年拔丝能力30万吨；织网机械9500多台（套），年织网能力7000万平方米。产品发展到6大系列、300多个品种、3000多种规格，产品销往全国各地，包括香港、台湾，并出口美国、日本、韩国、澳大利亚、意大利等30多个国家，年创产值21.3亿元，利税2.2亿元，均占全县工业产值、利税的80%以上，出口交货值8亿元。大发展需要大市场，而安平丝网市场主要是靠县城的三条自然街道，缺乏必要的规划设计，带有浓厚的集贸市场色彩，门店分散、简陋，交通堵塞，仓储、娱乐服务功能缺乏，严重影响着丝网业的发展和安平的形象。

2. 国家规划和产业政策是建设中国安平丝网大世界的理论依据。《中共中央关于制定国民经济和社会发展“九五”规划和2010年远景目标的建议》中指出：“引导地区经济健康发展，促进国民经济合理布局，按照统筹规划，因地制宜，发挥优势，分工合作，协调发展的原则，各地区要在国家规划和产业政策的指导下，选择适合本地条件的发展重点和优势产业，避免地区产业结构趋同化，促进各地经济在更高起点上向前发展。”李鹏总理在《建议说明》中指出：“发展和完善市场，培育和规范要素市场，逐步形成统一开放、竞争有序的市场体系。”河北省计划会议也强调：“要紧紧围绕当地主导产业，发展特色经济，推动县域经济的全面发展。”

二、勘察论证

1995年11月，县委、县政府就投资规模、规划设计等问题先后走访清华大学建筑设计院，河北省城乡建筑规划设计院，北方设计研究院，河北省科技咨询中心，煤炭部邯郸设计院。并由安平县工商局出面邀请清华大学和河北省有关专家，会同县建设局、电力、邮电、交通、环保、计委、土地等部门的工程师，对县城城西的地形、地貌、水资源以及电力、交通、排水、环保等方面进行现场勘察。

1995年12月，中国国际工程咨询公司在保定市燕赵大酒店主持召开“中国安平丝网大世界项目评估会”，国家计委市场司处长陈天明，中咨公司社会项目部副主任李萍、处长文爱群和中国五金制品协会理事长孙鲁城等十位专家出席会议；省市场办副主任田玉水、衡水市委副书记耿顼、安平县副县长梁盼和等领导参加会议，会期三天，原则上通过论证。

论证认为：安平县原有市场容量偏小，专业化程度低，布局不尽合理，流通不畅，阻碍着丝网业的发展；建设中国安平丝网大世界，适应市场经济发展的需要，是大势所趋，势在必行；安平县气候温和，地下水资源充足，水质好，通信、供电有保证，交通便利，适合工业、商业、房地产等项目的开发。

三、上报审批

决策出台后，1996年3月完成《中国安平丝网大世界项目建议书》，4月完成《中国安平丝网大世界可行性研究报告》，并逐级上报至国家计委审批。1996年5月15日，国家计委以特急件形式下发《国家计委关于河北省安平丝网大市场项目建议书的批复》，同意在河北安平县城西侧建设全国首家规模大、设施先进、功能齐全、高标准的现代化丝网市场。该项目是河北省第一家在国家计委立项的市场项目。

第二节　项目实施

为顺利实施中国安平丝网大世界建设项目，于1996年3月成立由政府办、工商局牵头，计委、土地、城建、财政、电力等有关部门参加的专门机构——中国安平丝网大世界筹建处，负责大世界的建设。经费由县财政拨款20万元，用于购买交通工具及起动办公经费，不足部分申请银行贷款。为多方调动项目投资者的积极性，由县财政局起草建设项目的各项优惠政策，同时广播电视局紧密配合，大力宣传项目意义，优惠政策、实施办法等。在一切准备工作落实就绪的基础上，开始项目的实施。

一、设计

1996年2月，安平丝网大世界平面布局由清华大学建筑学院完成规划设计。规划设计的指导思想：从安平丝网行业实际情况出发，考虑到传统的经营方式和现代化的需求，在努力改善市场交易环境的同时，重点完善市场功能，特别是信息服务功能。据此，总体布局确定为组团庭院式，即丝网大世界由若干个相对独立的组团组成，商住楼一层为门店，二层、三层可做居室或接待室，并全部配有后院，小院后面有3米的街道通往主要道路。商贸区中心设有综合服务楼和转运站、饭店、宾馆、商场、邮电等辅助设施。

二、征地

征地原则：既保证工程顺利进行，又要注意节约土地，用多少、征多少、随用随征。

1996年8月16日，安平县丝网大世界筹建处(甲方)正式与西关村(乙方)签订《关于市场占地补偿办法的协议》。协议规定：(1)丝网大世界的开发建设由甲方统一实施，乙方不再参与市场的开发建设。(2)建设占地补偿费(每亩2万元，400亩，共计800万元)暂不付给乙方，而是作为乙方投入，由筹建处统一使用。签约满三年，甲方将乙方投入的800万元，及形成的利润700万元(每亩合款1.75万元)共1500万元拨给乙方。满三年后，如果甲方不能兑现补偿费及利润，所欠部分由甲方按同期银行存款利率支付乙方利息。如利率大幅下调，补贴每人不少于每亩400公斤小麦价格。(3)满三年后，甲方按实际开发占地支付乙方补偿费及利润。(4)为解决被占地户的临时生活，三年内市场建设占地坚持以补贴口粮为主，建到哪补贴到哪的原则，市场建设占地每人每年补贴小麦400公斤，不要粮食的，可按照是年6月月底粮食部门出售议价粮的价格补给现金。补贴的口粮或款是年6月月底兑现。(5)甲方付清乙方款后或支付利息期间，甲方停止对乙方(被占地户)的口粮补贴。(6)丝网大世界开工建设后，1996年秋季被占地户每人补贴款330元。

在征地过程中，土地局、安平镇政府开展大量的工作，保证征地工作的顺利进行。

三、新闻发布

1996年5月16日，安平县在北京人民大会堂浙江厅，召开中国安平丝网大世界项目发布会。中共中央政治局委员、全国人大常务委员会副委员长田纪云、全国人大常务委员会副委员长王丙乾、中国进出口银行董事长佟志广等近百名中直机关、单位、学院处级以上的干部及中外企业人士近300人到会祝贺。河北省人大常委会副主任张建新、副省长郭世昌、省委组织部常务副部长杨新农、全国人大财经委员会原副主任张根生、衡水地委书记白润章、行署专员刘德忠等省地领导出席。会上，县委书记刘苏芳致欢迎词；县长石小琢简要介绍安平县情、安平丝网及安平丝网大世界的有关情况；副省长郭世昌、行署专员刘德忠、中国进出口银行董事长佟志广、县委副书记赵忠顺发表讲话。中共中央政治局委员、全国人大常委会副委员长田纪云，全国人大常委会副委员长王丙乾，原国家主席杨尚昆分别为安平丝网大世界题词祝贺。发布会由中央电视台《新闻联播》播音员李瑞英主持。人民日报、经济日报、光明日报、香港大公报、河北日报、河北电视台、衡水日报等15家媒体进行专题采访，并以较大篇幅刊登了安平丝网行业广告。是日晚六点，中央电视台第一套节目整点新闻报道了安平县在人民大会堂召开中国安平丝网大世界项目发布会的新闻。

四、奠基

1996年5月28日，中国安平丝网大世界奠基仪式在安平县隆重举行。省地领导张建新、黄澜、

图8-18　省市县领导为丝网大世界奠基

白润章、马长和、杨志勇、姜德果、刘国选、杨祥本、王建章和省地40多个部门的负责人、部分外商代表、安平县各有关单位领导和群众代表共1万多人参加奠基仪式。在奠基仪式上，县委副书记赵忠顺宣读了省委副书记、省长叶连松的贺信和河北省人大常委会主任吕传赞、副省长郭洪歧、郭世昌给安平县委、县政府的贺电；行署副专员刘国选宣读衡水地委、行署的贺信；地委副书记马长和代表地委、行署讲话。在热烈的掌声和鞭炮声中，省地领导挥锨为中国安平丝网大世界奠基。

五、施工

为确保市场建设能够严格按照规划设计的总体要求进行，丝网大世界的开发建设全部由大世界筹建处统一负责，不允许任何单位和个人自建。为确保建筑工程质量全部达标，一是对进驻的建筑企业进行筛选，确定不允许通过建市场赚钱的大政方针，进而又明令取消部门征收的十三种规费；二是对钢筋、水泥、预制构件、铝合金门窗、瓷砖、电料六大建材实行定点统购；三是明确规定钢筋混凝土工程必须严格按设计要求施工，做到配比科学、结构合理、预留试块、强度达标；四是加强监管检查，派驻工程监理，制定验收办法。同时，大力开展自查、联查、互查活动，确保工程质量。建设工程分两期实施，第一期工程：商住楼、通信设施和主要道路，于1996年8月20日破土动工，1997年12月竣工。第二期工程：网都大厦、会展中心、各区间的道路及供水、供电、排水等配套设施，于1998年年初破土动工，1999年年底全部竣工。

丝网大世界因建设工程量大，时间紧，故由多家建筑公司同时施工。

丝网大世界建设施工单位和建设项目一览表

表8-14

建设项目	建设单位	施工起止时间
A区一号楼	安平县第二建筑公司	1996年8月—1997年12月
A区二号楼	安平县第二建筑公司	1996年8月—1997年12月
A区三号楼西	孙敬文建筑队	1996年8月—1997年12月
A区三号楼东	安平县东升建筑工程处	1996年8月—1997年12月
A区四号楼	安平县第二建筑公司	1996年8月—1997年12月
B区一号楼	衡水华阳建筑工程公司	1996年8月—1997年12月
B区三号楼	安平县建筑公司	1996年8月—1997年12月
C区一号楼	崔岭建筑队	1996年8月—1997年12月
D区一号楼	安平市政工程公司建筑队	1996年8月—1997年12月
D区二号楼	安平县建工建筑工程队	1996年8月—1997年12月
D区三号楼	永久建筑队	1996年8月—1997年12月

续表8-14

建设项目	建设单位	施工起止时间
F区二号楼	安平县袁营建筑队	1996年8月—1997年12月
F区二号楼	镇东建筑工程队	1996年8月—1997年12月
F区五号楼	安平县商贸建筑有限公司	1996年8月—1997年12月
G区一号楼	安平县京城建筑工程队	1996年8月—1997年12月
供水工程（西关街以南至正饶路段）	安平县市政公司	1997年7月—1997年12月
综合服务大楼	安平县房产公司	1998年年初—2000年6月
会展中心	安平县房产公司	2001年—2002年
道路	西关建筑队	1996年5月—1997年12月
排水工程	市政、西关建筑队	1996年5月—1996年12月
通信设施	电信公司、邮政局	1996年5月—1997年12月
移动通信信号发射塔	河北移动安平分公司	2000年—2000年
供水工程	自来水公司、市政公司	1997年7月—1997年12月
供电照明	县电力局	1997年7月—1997年12月

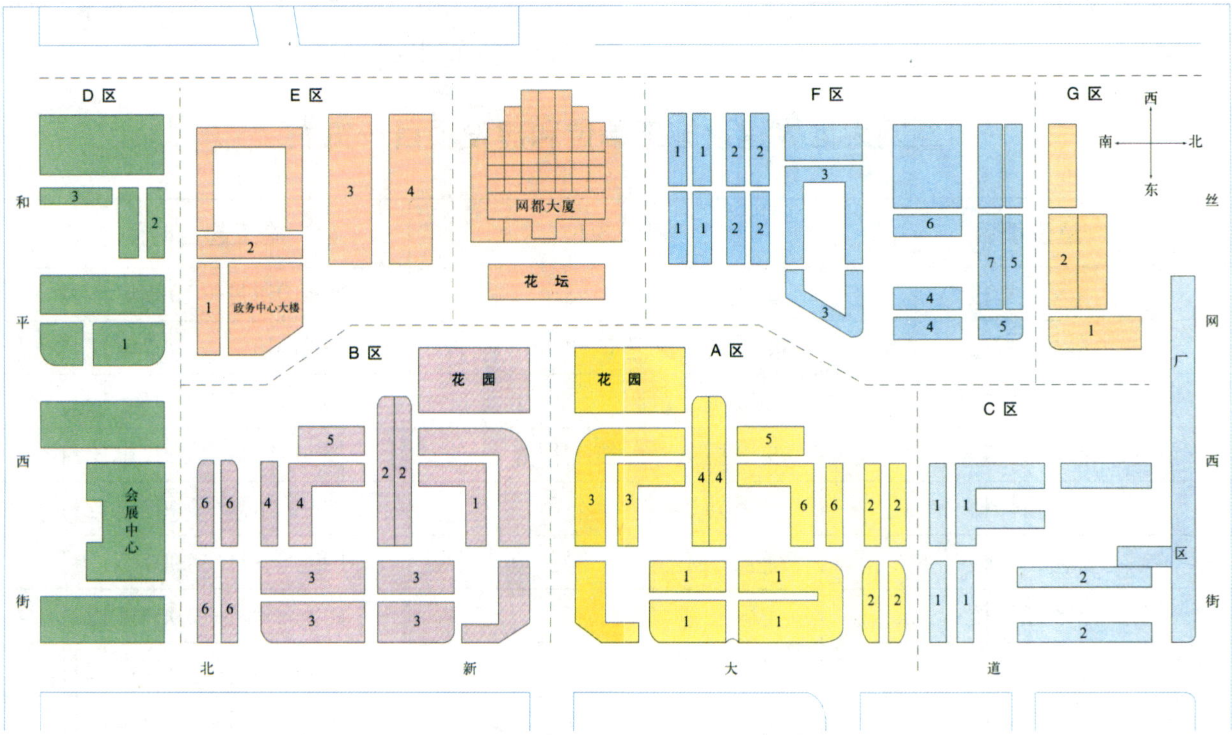

图8-19　安平丝网大世界平面图

第三节　运营

1997年11月，县委、县政府为及时启用大世界，尽快使大世界转入正常运营，减少丝网商户的搬迁损失，促使丝网商户及早入驻丝网大世界，于1997年11月制定丝网商户入驻丝网大世界的优惠政策和办法：(1)1997年和1998年进驻的门店免收2年(1998和1999年)的工商管理费；(2)丝网门店所得税在2年内减征一半；(3)所有职能部门不准进入丝网大世界收费。1997年12月，一期工程竣工后，商业楼陆续开业，转运站、私人客运汽车站、银行储蓄所、邮政所、饭店、卫生院等也先后进驻营业。1998年挂牌营业的丝网门店达590多家，1999年基本驻满。开始营业后，市场运行良好，交易活跃。2002年，挂牌营业的门店达985家；河南、浙江、上海等30余家公司也来安平大世界落户；每天有30辆货车及集装箱将丝网发往外地；年市场交易额达36亿元。

第四节　配套设施

一、综合服务大楼(网都大厦)

综合服务大楼位于丝网大世界中心，建筑面积5668平方米，是丝网大世界的标志性建筑。主楼两侧有对称裙楼相呼应。主楼五层，框架结构，投资1561.65万元，由衡水设计院按三星级宾馆设计，安平县房产公司承建。1998年年初动工，2000年竣工。

综合服务楼有客房71套，其中标准间65套，套间6套，共有床位154张；餐厅3个，其中可容纳200人的大餐厅2个，容纳150人的小餐厅1个；雅间18个；会议室5个，其中容纳150人的大会议室1个，容纳35人的小会议室4个；娱乐健身设备有台球厅、棋牌室、健身房、按摩室、美容美发室、歌舞厅；服务设施有卫星转播闭路电视、商品展销厅、停车场、商务中心；商务中心有翻译和复印、打字等设备。

大楼正面是露天会台和立有电子显示屏的广场，是举行丝网博览会开幕式的地方。广场东面是休闲花园，花园内绿树成荫，繁花似锦，冬青翠绿，把综合服务楼点缀得优雅别致。

二、会展中心

位于丝网大世界东南角，东面是西环路，南面是和平西大街。会展中心南北长55米，东西宽50米，占地4.1亩，建筑面积9570平方米，总投资1591.64万元。由县政府投资，清华大学建筑学院

图8-20　会展中心

设计，安平县房产公司施工，于2001年动工，2002年竣工。楼高三层，框架结构，中央天井采光，一层、二层为展厅，上下有电梯，可容纳标准展位250个，国际丝网博览会就在该处参展。三楼办公、质检、培训，设丝网博物馆。大楼正门朝南，门前是停车广场，东西各有两个便门，北面有后门与街道相通，重型、大型展品和车辆可直接从北门进入一层大厅。

三、道路

西环路　西环路是丝网大世界通往各主要公路的交通要道，是保衡公路中的一段，长2.5公里，经县城建局、交通局共同规划设计、改建后，成为与大世界相辉映的一道风景。主路为沥青石子铺筑，宽24米，双向六车道。两条辅路各宽4米，混凝土浇筑而成，厚度16厘米。主路与辅路之间，设宽1米的绿化带，内植冬青、黄杨、桧柏，安装双向路灯，每到夜晚，灯火辉煌，辉映着两旁楼房、门店、广告牌和川流不息的车辆，非常壮观。

中心路　丝网大世界共分8个区，分别以“A区、B区、C区、D区、E区、F区、G区、H区”命名。中心路经过综合服务楼前的中心广场呈雁翅形贯穿南北，南端与和平西街相通。路长1.5公里，宽37.4米，其中主路宽16米，两条辅路各宽4米。主路与辅路之间有1.2米绿化带，两条辅路外侧各有5.5米的人行便道。中心广场向东有20米宽的大街与西环路相通，各区之间均有街道与中心路相连。路面均为水泥混凝土浇灌而成，厚13～16厘米，基础为50厘米厚的3:7灰土。由西关建筑队施工，1996年5月动工，1997年年底完工。

四、供排水

供水　供水水源采用地下水。区内打有钢管机井1眼，深360米，上口直径400mm，单井涌水量每小时80立方米；安装200JQA80X30潜水电泵，出水扬程30米，配备电机功率10kW。区内供水网呈环状，井泵房位于综合服务大楼西侧，配电室内有国内先进的变频调速设备。实行二级无塔供水，即由电泵提水注入蓄水池，然后二次加压入压力罐向管网供水。日供水能力1920吨。

供水管道，综合服务楼以北至丝网街段由县自来水公司施工；综合服务楼以南至正饶路段由县市政公司施工；主管道直径均为6吋。1997年7月动工，是年完工，投入使用。

排水　主管道由北向南沿西环路铺设，直排入京堂北分干。管道直径100厘米，全长1.5公里，属于污、沥同排式。由市政和西关建筑队承建，于1996年年底建成。

五、供电照明

供电　高压线路直接由严疃变电站引入。配电室位于综合服务楼西侧，与供水泵房相邻，配有1000kVA变压器2台，400kVA变压器1台，100kVA变压器1台。变压器总容量共计2500kVA。区内电缆采用地下直埋式铺设，直通各个用电点。每个用电点设有动力配电箱和照明配电箱。为保证区内应急用电，还安装75kW柴油发电机组1台备用。

照明　西环路两侧安装双向路灯160组，每组4盏，其中主路3盏，辅路1盏；中心路两侧安装路灯100组，每组7盏；中心广场至西环路两侧安装6组，每组7盏。总容量108kW。整个工程由县电力局负责施工，于1997年完成。

六、通信设施

为保证丝网大世界与外界联系畅通，县电信局于1997年年底向大世界引出“753”号专线4000对电缆，全部为地埋线，长2公里。河北移动通信集团衡水有限公司安平分公司在丝网大世界建立了移动通信信号发射塔1座，S8000设备3台，配置5-6-5。2000年，建成并投入使用。

第五节　管理

一、管理机构

1996年3月，由县委、县政府研究决定，成立中国安平丝网大世界招商筹建处。筹建处设主任1名（由主管副县长兼任），常务副主任、副主任各1名，管理人员7名；内设办公室、工程部、销售部、财务部、物业管理公司。1998年5月，筹建处更名为安平县丝网大世界管委会；人员增至15人；内部增设丝网产销集团，由1名副主任任总经理。

2002年底，丝网大世界管委会增至25人，设主任1名（主管副县长兼任），常务副主任1名，副主任2名；内设办公室、财务部、房屋销售部、物业管理科、丝网产销公司共5个科、室、部。

二、业务管理

安平县丝网大世界管委会从成立到2002年底，进行丝网市场的开发建设并推动大世界的运行，经常利用微机、网络等现代化手段发布丝网行业供求信息，筹办2001年和2002年两届中国（安平）国际丝网博览会，促成“中国丝网之乡”“中国丝网产业基地”命名事宜，推销安平县丝网品牌，为维护丝网市场秩序，保护丝网行业的合法权益，规范丝网市场交易行为。同时，对丝网大世界进行物业管理。物业管理内容包括：门市销售，水、电、路、房屋及机电设备的管理和维修。电费按用电量收取。水费按吨计收。已出售的房屋由户主修缮使用，暖气自供。各门市自主经营。环境卫生、治安、税收、邮政、银行、工商管理、质检均由县相关部门派驻丝网大世界的机构管理。

第五章　中国（安平）国际丝网博览会

中国（安平）国际丝网博览会到2002年共召开两届。第一届博览会于2001年10月22—24日在中国安平丝网大世界召开。该次博览会是安平丝网史上一个重大事件，标志着安平丝网业跨入一个新的时代。第二届博览会于2002年10月22—24日召开，召开地点仍在中国安平丝网大世界。博览会为国内外丝网行业的制造商、经销商和用户搭建一个集展销、订货、经贸洽谈、信息发布、技术交流于一体的战略平台，为安平丝网业面向全国、冲出国门、走向世界提供了无限商机。不仅提高了安平县及安平丝网的知名度，而且为安平丝网进一步发展插上腾飞的翅膀。

第一节　第一届中国（安平）国际丝网博览会

丝网大世界的建成和良好的运营，给博览会的举办奠定很好的基础，浙江永康、河北辛集、高阳庞口等市场的运作为博览会的召开提供经验，中国五金制品协会、国家贸促会信息部愿主办博览会，省、市领导大力支持，这些坚定了县委、县政府举办博览会的信心。1999年，县委、县政府召开联席会议，决定在安平丝网大世界举办中国（安平）国际丝网博览会。

为确保首届中国（安平）国际丝网博览会圆满成功，县委、县政府在会前开展充分的准备工作：首先于2001年年初建立首届中国（安平）丝网博览会筹备领导小组和领导小组办公室。领导小组指挥长、政委分别由县主要领导担任，副指挥长由相关县级领导担任，成员由县直有关部门领导担任；办公室下设会务组、宣传报道组、资料组、保安组和督查组。二是对县城进行亮化、美化。县城主要街道安装高标准彩虹桥12个，中心花园及大世界花园分别安装圆形风动塑料饰品。各门店挂红灯，沿街单位和大世界主要街道两侧安装轮廓灯。三是动员所有警力，保卫博览会的安全和交通疏导。四是在网站以中文、英文两种文字对博览会进行宣传，电视台开办博览会专题。五是对县迎宾馆、东方宾馆、安平大厦、安平宾馆、金都酒店、敦煌宾馆、大世界酒店、网都大厦等重点接待单位的管理人员、一线工作人员分层次进行培训，提高服务水平和服务质量。六是于2001年7月13日在迎宾馆召开百日会战誓师动员大会。县五套班子领导、各科局长、各乡镇书记、乡镇长、企业代表、丝网大世界商户代表及有关部门近300人参加会议。会议由县委副书记纪要树主持。

县长李洪林、县委书记赵庆云作重要讲话，副县长梁盼和发表国际丝网博览会组委会筹备工作的具体安排意见。丝网大世界管委会、城建局、城管办、土地局、教育局、招商局的领导及丝网商户代表在会上作责任工作发言。七是于2001年9月6日在北京中央电视台梅地亚中心举行首届中国（安平）国际丝网博览会新闻发布会。中国五金协会理事长张东立及衡水市委、市政府有关领导出席新闻发布会，人民日报社、新华社、光明日报社、新华日报，人民日报海外版，经济日报，香港大公报，中央电视台、中央人民广播电台、北京电视台、河北电视台，河北日报等各大媒体共31家的40多名记者参加新闻发布会。

图8-21　2001年9月6日在北京中央电视台梅地亚中心举行首届中国（安平）国际丝网博览会新闻发布会

博览会开幕式主席台设在丝网大世界综合服务楼前。主办单位：中国五金制品协会，国家贸促会信息部、河北省贸促会。承办单位：安平县人民政府。协办单位：河北省五金家电协会、中国贸促会衡水支会。会场设有大型电子屏幕、音响、高音喇叭、标语、条幅、标牌。会场上空飘扬着彩色气球，主席台前摆放着鲜花和单位赠送的花篮，广场南北路口设有鼓风气囊。

10月22日上午9点，首届中国（安平）国际丝网博览会隆重开幕。主持人、领导、来宾及外商讲话采取中文、英文互译形式。会议议程共8项：1. 主持人宣布升国旗，奏国歌。2. 工作人员宣读来宾名单，鸣礼炮。3. 中共安平县委书记赵庆云致辞。4. 衡水市政府领导讲话。5. 主办单位中国五金制品协会理事长张东立讲话。6. 外商代表讲话。7. 主持人宣布检阅仪式开始。6辆交警摩托车按次序排列组成车队开道，北京军警乐队，百人彩旗方队，百人腰鼓队，工商、交通、城管300人方队，14辆彩车队，乡镇6个锣鼓队，百人秧歌队、武术方队，8个乡镇民间花会队，百人彩球方队，依次通过主席台接受检阅。彩球方队上场时，锣鼓喧天，礼炮齐鸣，和平鸽、彩球飞上天空。8. 主持人宣布开幕式结束。

图8-22　首届中国（安平）国际丝网博览会会场

开幕式结束后，与会领导和来宾到会展中心参观产品展销和书画展。

下午2点，大型文艺演出在县二中体育场举行。演出团体是北京军区战友歌舞团。主要演员有耿莲凤、于文华，同时邀请李维康、耿其昌、潘长江等著名艺术家和知名演员同台演出。有2万人观看演出。晚7点，在丝网大世界举行焰火晚会，开天雷、礼花、彩炮腾空而起，五彩缤纷，争芳斗艳。

10月23日上午，在网都大厦举办招商引资项目发布会和业务洽谈会。下午在网都大厦举办国际丝网高层次论坛会，由中美贸易协会有限公司总经理拉贾•马格斯伟伦、中国贸促会经济部部长于晓东、中国五金制品协会副理事长石僧兰主讲。重点研讨国际国内丝网行业现状、发展趋势，如何占领国际市场，以及加入WTO后给丝网业带来的影响，确立安平县丝网业在新形势下的市场定位、发展方向及发展重点。

10月24日上午，组织客商到企业参观考察。下午，首届中国(安平)国际丝网博览会闭幕。

全国政协副主席陈俊生，全国政协原副主席吕正操为博览会发来贺电。全国人大常委佟志广，省长钮茂生，省委常委、省委秘书长张群生，省人大常委会副主任龚焕文，省政协副主席韩立成，市委书记刘德忠、市长李俊渠等省、市领导，以及中国五金制品协会理事长张东立、副理事长石僧兰，中国贸促会经济信息部部长于晓东，美中贸易协会有限公司总经理拉贾•马格斯伟伦，国家筛网筛分标准化技术委员会秘书长余方等参加博览会。本届博览会到会的中外客商达1.2万余人，美国、日本、韩国、加拿大、印度、乌克兰等18个国家及中国香港、台湾等地区的外商168人。国内外一些著名的大企业、大公司、大集团，如日本阪口线材工业有限公司、韩国大营株式会社、乌克兰哈科夫市伏龙芝公司、凯德(西安)造纸机械织物有限公司、上海物矿、天津外贸、太原钢铁公司、石家庄三三〇二厂等派员前来参会参展。参展单位共计153家，其中国外企业和三资企业46家，展厅共设摊位139个。会议期间各企业签订的购销合同价值达16.9亿元;发布项目56个，29个项目正式签约，其中，中外合资项目14个，国内合作项目15个;项目总投资共计11.8亿元，合同利用外资5620万美元，利用省外资金7.1亿元。

博览会取得圆满成功，为此，县委、县政府对做出突出贡献的单位及个人给予了表彰。

第二节 第二届中国（安平）国际丝网博览会

第二届中国(安平)国际丝网博览会于2002年10月22—24日在丝网大世界举行。

为加大第二届丝网博览会的宣传力度，扩大安平丝网的影响，2002年8月16日，县委、县政府在北京新兴宾馆举办第二届中国(安平)国际丝网博览会新闻发布会。会议由博览会组委会常务副主任、安平县政府县长李洪林主持。中国五金制品协会理事长张东立，中国国际贸易促进委员会河北省分会会长曹满贵及衡水市委、市政府、市贸促会，安平县委、县政府、人大、政协的有关领导出席发布会。人民日报、新华日报、光明日报、中央电视台、中央人民广播电台、人民日报海外版、中国国际广播电台、中国新闻社、中国商报、香港大公报，北京电视台，北京晚报，河北电视台，河北科技报，燕赵都市报，衡水电视台等32家媒体记者参加发布会。

图8-23 2002年8月16日，第二届中国（安平）国际丝网博览会新闻发布会在北京新兴宾馆举行

第二届博览会由中国五金制品协会、河北省人民政府主办，河北省贸促会、衡水市人民政府，安平县人民政府承办。河北省五金家电协会、衡水市贸促会协办。

2002年10月22日上午，第二届中国（安平）国际丝网博览会正式开幕。开幕式由组委会常务副主任、安平县政府县长李洪林主持。组委会主任、中共安平县委书记赵庆云致辞。中国五金制品协会理事长张东立，河北省委常委、省政府常务副省长郭庚茂，衡水市人民政府市长李俊渠到会并讲话。会上宣读省委副书记冯文海发来的贺信。全国人大常委佟志广，河北省人民政府副省长付双建，省人大常委会副主任郝廷华，省政协副主席赵金铎、郭洪岐、秘书长解玉琦及中国贸促会，中国五金制品协会，国家轻工业联合会，中国筛网筛分协会，河北省贸促会，衡水市委、市政府、市人大、市政协等省、市各有关部门负责人，安平县五套班子领导，博览会组委会全体成员和来自美国、加拿大、墨西哥、荷兰、希腊、芬兰、乌克兰、土耳其、瑞典、挪威、新西兰、埃及、坦桑尼亚、约旦、南非、日本、巴基斯坦、印度、新加坡等30多个国家的客商，以及国内与会客商、各界来宾共3000余人参加会议。

图8-24　参展外商与商户洽谈业务

开幕式在热烈的气氛中进行，宣布开会时，礼宾花花飞四射，气球、和平鸽腾空飞翔。开幕式结束时，礼炮齐鸣。

开幕式结束后，各级领导、客商、来宾到网都大厦六楼参加项目发布会和签约仪式，并到国际会展中心及丝网博物馆参观。

10月24日下午，第二届博览会圆满结束。本届博览会共有3380多名中外客商和170多家中外企业参会参展，其中到会外商近300人。据统计，本届博览会售出展位280多个，发布项目86个，投资额达40.4亿元；签约项目6个，总投资4.2358亿元；合同利用外资1845.5万美元，内资9000万元；达成产品销售意向价值人民币12亿元。

图8-25　第二届中国（安平）国际丝网博览会与会客商在会展中心参观丝网展品

第六章　行业管理

第一节　管理机构

丝网是安平县的特色主导产业。丝网企业分布在全县各乡镇和县直科局级企业单位。乡镇企业局管理乡镇丝网企业，经济发展局管理县办丝网企业，县直科局级企业单位各自管理下属的丝网企业。县直科局级丝网企业管理单位主要有安平县丝网集团总公司、安平县安隆集团、河北衡水安基五金网业集团、丝网大世界管理委员会等。全县缺少一个总的统一的丝网管理机构。安平县丝网集团总公司1998年成立时，县政府规定的职能其中一条是“对全县丝网行业进行管理和服务”，但在实际工作中未能做到。全县丝网管理工作任务实际落在乡镇企业局、经济发展局和县直科局级企业单位。

科局级丝网管理机构

安平县丝网工业集团总公司　成立于1989年10月，是县政府对全县丝网行业进行管理和服务的经济实体，基本职能：贯彻落实上级有关丝网方面的方针、政策；参与制定全县丝网业的发展规划；对所属企业进行监督管理和服务，完成县委、县政府交派的各项工作任务。1991年，集团机关设办公室、生产计划部、财务部、企管部、经营部、出口部、材料供应部、信息技术部、安保科和政工科；下属单位有造纸网厂、博陵网厂、拔丝厂、地方国营织网厂（衡水安菲丝网有限公司）、新星网厂、博陵丝网商店、丝网商场和五个丝网分公司。1992年，建立河北隆冶皮革制品有限公司和河北联发过滤器材有限公司（两家合资企业），取消信息技术部，增设武装部。1993年5月，撤销材料供应部。1994年6月，撤销企管部。1997年，增设审计科。1998年3月，集团机关进行调整，改设办公室、安全生产部、财务部、审计部、贸易部、劳资部；下属企业有安平县造纸网厂、安菲丝网有限公司、博陵金属网厂、河北联发过滤器材有限公司、安平县拔丝厂、安平县国有线材厂、河北隆冶皮革制品有限公司；挂靠企业有捷通网业有限公司、一协荣拉丝织网有限公司、比林实业有限公司、景华制衣有限公司、安平县亚华丝网厂。2002年2月，企业改制，安平县丝网集团总公司更名为安平县飞鹤集团丝网有限公司。其职能改为进行战略设计、资源配置、资本经营、业绩管理、外部公关，统一经营下属企业的国有资产。下属企业有河北鹤煌网业股份有限公司、安平县印刷网业有限公司、安平县安菲织网厂、安平县国有线材厂、安平县电工合金厂。公司地址：2002年3月前在安平县城为民东街22号；2002年3月迁至东马路8号。

安平县安隆集团　成立于1995年2月，是在县委、县政府领导下，主管下属各公司的职能部门。基本职能：贯彻落实县委、县政府有关经济方面的方针、政策；制定全公司经济工作发展规划；负责下属各公司经理、厂长的任免，干部职工职称的评聘，日常工作指导检查，下属各公司之间的协调。

1995年2月，公司内设办公室、财务科、工会，干部职工18人；下属企业有“河北安隆”“衡水东旺”“衡水美旺”三家金属制品有限公司。1996年12月，增设业务部。1998年3月，增设生产科。2002年，仍保持1998年的机构，机关干部职工20人，公司员工共300余人，地址在红旗街与汉王路交叉口西南侧。

河北衡水安基五金网业集团　该集团前身——盛隆公司成立于1991年。1995年，与美国R&G元件公司共同投资兴建安基金属制品有限公司。1998年，与埃及ECCTA国际有限公司共同投资兴建基安埃柯塔网业制造有限公司。1998年12月，在安基金属网制品有限公司和基安埃柯塔网业制造有限公司的基础上，组建河北衡水安基五金网业集团（以下简称安基集团）。安基集团受县委、县政府领导，是县政府管理织网生产的部门之一。其基本职能是贯彻落实县委、县政府有关经济方面的方针、政策，制定全公司经济工作发展规划；负责下属各公司经理、厂长的任免，干部职工职称的评聘，日常工作指导检查，下属企业间的协调。1998年12月至2002年12月，安基集团机关设1个室、4个科：办公室、财务科、业务科、质检科、生产科，共有科室干部职工20人；下属企业有安基金属网制品有限公司和基安埃柯塔网业制造有限公司；集团员工共计150余人；地址在为民街东头路北。

丝网大世界管委会（见本编第四章第五节）

乡镇企业局（见第九编第五章第四节）

经济发展局（见第九编第四章第二节）

第二节　丝网商会

一、组织机构

河北省安平县丝网商会成立于1995年10月28日，是由安平县及其他地区丝网界知名人士、专家、学者及丝网生产经营企业、科研部门、社会团体等组成的民间行业组织，是自我管理、自我协调、自我监督、自我教育、自我服务的社会中介组织，在县委、县政府的领导下开展工作。凡是安平县国营、集体、个体、股份制、民营企业、三资企业的负责人、社会团体、科研部门、外地大专院校以及丝网界知名人士、专家学者等，承认并遵守商会章程，均可申请入会，经常务理事会批准，即成为商会会员。1995年，会员300人；1999年，380人；2002年，发展到400人。丝网商会的最高权力机关是商会会员大会。商会会员大会的执行机关是商会理事会。理事会设会长、常务副会长、常务理事、秘书长、副秘书长。理事会成员由会员大会选举产生。常务理事会主持日常工作，设信息服务、产品开发、市场经营、技术推广、产品检测5个办事机构。

丝网商会第一届第一次会员大会于1995年10月28日在县政府招待所会议室召开。450人参加会议，会期一天。会议审议并原则通过《河北省安平县丝网商会章程》和《关于河北省安平县丝网商会章程的决议》；以举手表决形式选举出安平县丝网商会理事会理事45名，常务理事21名，会长1名，副会长8名，秘书长1名，副秘书长2名。

丝网商会的职责：为加强政府与企业之间的沟通与联系，发挥桥梁和纽带作用；指导企业认真贯彻中国共产党的路线、方针、政策，实行产销联合，扩大生产经营；协调企业之间及安平丝网界与国际丝网界之间的关系；维护国家和会员的利益，制止和反对任何形式的不正当竞争和侵权行为，保护会员的正当权益；为会员单位培训人才，提供技术、供销信息和法律服务等；组织企业参加国内外有关丝网展销会、交易会及考察学习活动；承办政府和有关部门委托的事项。

二、主要活动

信息服务　为推动安平丝网业的发展，1997年7月31日创办了旬刊《丝网信息》刊物。《丝网信息》每月三期，每月1日、11日、21日定期出版；内容是宣传党的方针政策，报道国家筛标委有关会议精神、国家丝网标准、行业标准及企业明星、知名人士，介绍企业先进经验、新产品、新工艺，刊登供求信息，发布市场行情。栏目设有丝网新闻、供求信息、企业介绍、新产品新工艺、市场动态、丝网论坛。1997年，刊物由安平县丝网商会主办，8开单面油印，发行全县丝网企业和全国各地部分丝网门店，发行量523份。1998年1月1日，改为16开4版铅印，由全国筛网筛分标准技术委员会和安平县丝网商会联合主办，发行量3500份。1999年5月，改为8开4版。2002年12月11日，改由全国筛网筛分标准化技术委员会、河北省安平县丝网商会、河北省丝网行业生产力促中心联合主办。到2002年年底，刊物共出版89期。

培训人才　聘请科研单位专家、教授举办技术培训班，对丝网企业厂长、经理、技术人员进行培训。培训内容包括领导艺术、营销理念、管理技能、丝网知识、拔丝织网技术、国际质量认证等。2002年4月，商会与筛标委在网都大厦首次举办筛网企业管理高层研讨会。安平丝网企业的厂长、经理和一些技术人员聆听中国机械科学研究院副院长王德成等国内知名丝网专家就筛网企业所面临的机遇和挑战，以及应对策略、丝网技术标准、筛网企业认证作精辟论述。到2002年年底，累计举办培训班5期，讲座9次，共培训1200余人次。

制定行规行约，查处违规案件 为规范丝网行业人员行为，维护丝网市场秩序，保护行业共同合法权益和企业声誉，根据《中华人民共和国反不正当竞争法》《中华人民共和国价格法》等有关法律、法规及商会章程，于1998年11月20日制定《安平县丝网行规行约》，并会同安平县工商局、技术监督局、物价局制定相关措施。1999年6月15日，由上述3个行政执法局分别出台《丝网市场管理新措施》《依法打击假冒伪劣决定》《加大力度制止低价倾销》等文件。

组织人员汇编出版有关丝网技术书籍 1999年，出版《中国丝网之乡安平丝网企业名录》《中国丝网之乡安平丝网图样集锦》《中国丝网之乡安平丝网业务指南》。2002年，出版《丝网常识手册》《丝网实用手册》。该5本丝网技术书籍深受丝网界人士的欢迎。

参与全国筛网筛分标准化技术委员会组织的《金属丝编织密纹网国家行业标准》的起草以及其他丝网标准的复审修订与制订工作 1997年，推荐王俊旺等3人参加全国筛网筛分和颗粒分检方法标准化技术委员会第二届二次会议。会议对1990年前批准发布的国家标准和行业标准进行复审，审查通过《工业用金属丝纺织网技术要求和检验》国家标准送审稿。

2001年5月，推荐王俊旺等11人参加全国筛网筛分和颗粒分检方法标准化技术委员会第三届一次会议，审查《全国筛网筛分和颗粒分检方法标准化技术委员会章程（草案）》《秘书处工作细则（草案）》《工业用金属丝筛网技术要求和试验》国家标准送审稿，并提出修改意见。

编后附录

附录1

2001年安平县统计局关于对全县丝网产业发展状况的调查统计报告（摘抄）

为摸清全县丝网产业分布状况、生产规模、产品结构以及经济效益，迎接2001年10月22日首届安平国际丝网博览会的胜利召开，由县统计局牵头，组织有关部门，于2001年5—8月对全县丝网企业进行了全面调查、重点抽查、选样分析、逐项核查及汇总分类处理，现将调查结果公布如下。

一、安平丝网产业的突出成就

丝网业是安平县的传统优势产业，始于明朝弘治年间的绢罗加工，至今已有500多年的历史。几经兴衰，几经变革，原只能生产生活所用的绢罗加工业发展成了品种齐全、用途广泛的丝网产业。特别是改革开放后，丝网业迅猛发展，个体、私营、集体、三资和国有企业竞相发展，形成了庞大的企业群体，成为县域经济的强大支柱产业。安平成为全国乃至世界最大的丝网生产集散地。安平丝网产业有五大显著优势。

（一）产业优势——作为一种产业，安平丝网不仅已成为县域经济的强大支柱产业，而且遍及全国，走向世界，大产业的突出优势可雄霸全球。

1. 县内丝网已成大产业、大群体发展格局。全县境内共有丝网生产工业摊点8981家，其中拔丝企业2098家，织网摊点6684家，染镀等其他生产企业摊点共199家，累计固定资产投资（原值）2.2亿元，丝网从业人员48574人，占全县总劳动力的33%，全县有4个丝网生产重点乡镇，38个专业村，9个专业工贸园区。县城内以丝网大世界为核心共开设丝网门店1183家，其中丝网大世界门店985家。这些生产摊点与销售门店共同构成了县域特色经济的突出优势。

2.安平丝网门店遍及全国各大中城市。据统计，安平在外地的丝网门店共计4000多家，遍及全国各个省、市、自治区几乎所有的大中城市，可以说全国各地都成了安平的丝网销售市场和安平丝网产业的势力范围。

3.安平丝网不仅国内独尊，而且国际上也无人抗衡。安平丝网业的国际商贸活动非常活跃，通过各种销售渠道已出口100多个国家和地区。从而形成了天下丝网数安平，安平丝网遍天下的国际性产业格局。据国家五金制品协会统计："世界丝网制品中国占80%，中国丝网制品安平占80%"。基于这一原因，1999年国家五金制品协会授予安平"中国丝网之乡"称号。

（二）产品优势——有人说："不到安平不知什么叫丝网"，而行家则说："无物不成网，无处不用网，而安平人的手里则是无网不有"

据统计，目前安平丝网已发展到6大系列300多个品种、4000多种规格，主要有：①系列聚酯网、②系列不锈钢丝网、③系列铜丝网、④系列中低碳钢丝网、⑤系列钢铝板网、⑥系列化纤网，其中，按材质分：有各类金属丝网，包括不锈钢、中低碳钢以及铜、铝、金、银等有色、稀有、贵重金属编织或冲轧而成的丝网产品；有化纤、鬃尾、绢丝等各类非金属丝网产品。按形状以及制作工艺又可划分为钢板网、电焊网、拧花网、冲孔网等。安平丝网产品体系千差万别、名目繁多，广泛应用于石油、化工、建筑、纺织、造纸、机械、医药、煤碳、食品等工农业生产以及航空、航天、航海等高新技术领域。目前，全县研究改造出先进实用的拔丝、织网设备600多台（套）；研制开发新产品50多项，其中29项填补国内空白，24项填补省内空白，全县拔丝最细可达0.02毫米，丝网密度可达2700目，跨入了国际先进的高精技术领域。

（三）产量优势——安平丝网年产量或原材料消耗量可谓吞金如山，吐网可罩天

1.全县拥有各种拔丝、织网机械9053台（套），年拔丝能力60万吨，年织网能力1.83亿平方米。染镀及其他设备347台（套）。

2.丝网业生产规模不断壮大，原材料消耗逐年增加。全县年消耗钢、铜、铝等金属材料55万吨，其中线材48万吨，板材7万吨。

（四）效益优势——安平最具实力的产业是丝网，人民发家致富的门路是丝网，丝网使安平繁荣富足被人们称为"小香港"

1.日益繁荣的丝网业为安平创造了滚滚财富。据调查，2000年全县丝网工业总产值31.45亿元，占全县工业总产值的80%，实现利润3.85亿元（其中，工业利润2.25亿元，商业利润1.6亿元），上缴税金3658.76万元，分别占全县工业总产值、工商企业实现利润和工商税收的80%、78%、42.8%。丝网产业提供全县人均收入1250元。

2.丝网产业带动了相关产业蓬勃发展。一是为包装、装潢产业带来了无限商机。丝网包装材料主要是木箱、纸箱、塑料，包装材料约占丝网产品销售额的百分之一。大何庄、南王宋、南张涡等村建起了颇具规模的包装厂，其产品供不应求。二是极大地促进了运输业的快速发展。全县通过运输专业队和各转运站及其他车辆运出、运入丝网及丝网原材料日均800吨，可运达北京、天津、新疆、广东、上海、广州、保定、石家庄等全国各地及铁路、水运港口等港站。同时，四通八达、快捷方便的各种客运交通工具整日川流不息，构成了安平县城一片繁忙景象。三是餐饮服务业及其它相关行业也得到了超常发展并刺激了消费水平的提高，加快了商品流通。四是带动了电力事业的发展，全县用电量猛增，到2000年全县用电量达35311万千瓦时，居全市首位。

3.丝网造就了一批企业家，极大地促进了人们的经济意识、开放意识，从而活跃了全县经济。

全县固定资产在100万元以上的丝网工业企业118家，培养和造就了一批丝网界企业家。一些企业老板不仅与外国人搞起了合资企业，而且还把自己的生意做到了国外，目前全县有三资企业36家，其中丝网企业达26家。在国外开设门店共13家，涉及缅甸、巴勒斯坦、俄罗斯等多个国家和地区。

(五)市场优势——在丝网大世界这个全国性专业大市场的辐射带动下，安平县城商贾云集，车水马龙，物流不息。

1. 全国最大的丝网大市场——安平丝网大世界是一个融丝网商贸、科研、信息开发、服务娱乐于一体的现代化丝网批发大市场。由清华大学建筑科学院规划设计，于1996年开工建设，该市场现已累计投入1.2亿元，已完成二期建设工程，现有建筑面积12.4万平方米，营业面积11.4万平方米，挂牌营业门店985家。邮电、金融、电信、电力、运输等服务设施配套齐全，是集产品交易、货物转运、银行结算、信息发布、物业管理、质量控测、科技服务为一体的现代化丝网产品批发市场。

2. 安平丝网通过不同渠道打入了国际市场。据统计，2000年全县有丝网出口企业33家，全县通过外贸口岸及自营出口丝网产品年交货值达1003万美元，出口美、日、德、意、澳、韩等国家和中东地区。

3. 安平丝网在国内市场的份额比重越来越大。通过安平丝网大世界的集散辐射和分设在全国各地的丝网门市的批零销售，全县丝网业实现丝网商品销售收入约32.3亿元，占全国丝网产品市场份额的85%。

二、安平丝网产业的发展形势

(一)发展动力——竞争激烈，危机四伏，强手如云

目前安平丝网在丝网行业领域“打遍天下无敌手”，其综合实力稳占绝对优势。但是，随着经济的市场化、国际化发展，安平丝网也存在一定危机，一是在一些专业、一些高新技术项目上时有“异军突起”，如天津、上海丝网专业高新技术开发区的建立，以及天津的电焊网、磷铜网，上海、河南的高密度不锈钢网，太原的铅丝生产等，都以自己的突出优势引人注目。二是周边的一些市、县对丝网产业的火热形势眼见心谗，纷纷跟、学、上，并形成了既加盟安平丝网业又与安平分庭抗衡的局面。三是在县域内竞争更加激烈，强手既多且强，形成了一种比、学、赶、帮、超的局面。

(二)效益趋向——生意兴隆，收益低平，优胜劣汰

几年来，全县丝网业始终保持着产销两旺逐年增长的发展趋势，生意越来越红火，产业领域越来越宽广，产品质量越来越高，产销量大幅度增加，产品种类大量增多，出口创汇值不断增长，但企业利润率越来越低落。2000年全县丝网产品销售收入达32.3亿元，比1995年的21亿元增长53%，利润、税金总量也得到大幅度增加。与此相反，丝网业资金利税率却呈现平稳下落趋势。同样的丝网品种、同样的质量标准2000年与1995年相比其利润平均降低了25%左右，到2000年每平方米铁窗纱大约仅有几角的毛利，不锈钢丝网行情好时利润高达30%～50%，目前利润一般仅在10%左右。

(三)产业走势——设备求新、技术求高、产品求优

安平丝网业的辉煌主要得益于设备不断更新换代，产品不断推陈出新，技术不断向精尖发展，并由此构成了安平丝网史上的几次飞跃，一是由绢罗到金属丝网的飞跃；二是由手工业向机械化操作的飞跃；三是机械化水平的全面提高和科技手段的普及应用。由此，成就了安平丝网产业方方面面的优势，成就了安平丝网无人匹敌的霸主地位。目前，全县已拥有不同品种、不同用途的各种拔丝、织网机械设备。造纸网厂的瑞典产TM—200聚酯网织机和瑞士产P7100片梭织机等都具备了国际先进水平，能生产出国际领先水平的丝网产品。一些生产工艺已应用了片梭编织、程控操作等先进技术手段。

(四)区域特色——专业集中，城乡分工，外扩内聚。

目前，全县丝网业已初步形成按专业分区域集中发展的专业区域化新格局。如马江、严町的拔丝工业区，郭西镀锌工业区，刘口片的轧花网生产等都各具特色，各具优势。城乡之间形成了工商分离、分工合作共同完成生产、销售全过程的发展新格局。丝网生产企业摊点逐步向乡村集结，商贸企业、门店则逐步集中于县城并逐步发展成为公司化、专业化的龙头企业，有些强者成为国内、国际上具有一定影响力的名企、名家。专业化区域范围不断向周边扩延，像目前相邻的深州、深泽、定州等地都已初步形成了自己的专业区域，有的在业务上与安平相联结，有的则自成一家。

(五)体系建设——宏观调控、行业管理、综合服务

在丝网产业的管理上，安平县现已初步形成比较完整的管理与服务体系。行业管理机构，有丝网商会及民间丝网协会等组织； 企业管理机构有丝网集团、安隆集团、安基集团等几大行业管理集团； 市场管理机构有丝网大世界管委会、工商管理所、河北省丝网产品质量监督检验站；综合服务机构，有丝网信息服务中心、丝网技术研究所等。这些组织机构共同构成了安平丝网产业的管理与服务体系，有力地保障了全县丝网业的全面发展。

附录2

安平县人民政府关于培育发展丝网市场的若干规定

(2001年2月2日)

市场是沟通生产与消费的桥梁，市场在现代经济活动中发挥着极其重要的不可替代的作用。建一个市场，兴一地产业，富一方百姓，成为经济发展的普遍规律。近年来，在丝网大世界市场的带动下，全行业经济总量迅速扩张，运行质量显著改善，社会效益及经济效益明显提高。为适应全球经济一体化的客观需求，把安平丝网大世界真正建设成为与国际市场接轨的超级市场，推动丝网行业向更高层次、更宽领域发展，增强行业科技创新能力，确保首届中国国际丝网产品博览会的圆满成功，全县上下必须提高对市场地位和作用的认识，把培育和发展丝网市场放在十分重要的位置，紧抓不放，为此，特做出扶持市场发展的若干规定：

一、创造宽松的市场发展环境。市场的培育和发展需要全县各级各部门的关心和支持，为此，除工商、税务、公安、质检等部门外，任何单位和个人不得以任何名义到市场检查、收费、罚款。各职能部门派驻市场的机构，工作上要自觉接受大世界管委会的领导。在安排税费征收或进行必要的检查时要主动提前与管委会联系沟通，认真听取管委会的意见和建议，做到互相支持配合、步调一致。市场治安管理由丝网大世界公安派出所负责。

二、合理安排税费征收标准，促进市场均衡发展。工商、税务部门要根据市场区域位置的差异，划分若干个税费征收档次，做到不同区域不同税赋，并尽快公布于众，引导市场全面发展，扭转门店外迁、合并的不利局面。

三、发挥税费的杠杆调节作用，鼓励更多的人参与流通。非繁华地段新开业的丝网门店仍执行1996(20)文关于税费征收的优惠政策，即：免征两年工商管理费，企业所得税两年内返还一半。有关部门要摸清底数，用足、用好政策。

四、企业及工商业户可先开业后办证，有关部门要增强服务意识，提高办事效率，无特殊情况，企业办理营业执照，领取税务登记证，不得超过五个工作日。

五、丝网大世界管委会要加强物业管理，提高服务水平，水、电维修做到“小修随叫随到，中修不过夜，大修不过24小时”。要加强治安管理，为商户创造一个文明、舒适、安全的生活环境。

六、企业及商户要增强行业自律意识，落实行规行约，遵守职业道德，做到不竞相压价、抬价，丝网产品不缺斤短尺，不以次充好。

七、完善市场设施及功能，向顶级市场迈进。市场管委会要积极做好二期工程开工前的各项准备工作，努力争取省政府市场建设资金。金融部门要协助项目承办单位抓紧落实工程建设资金。通过二期工程的建设克服市场信息服务、人才培训、质量检测相对滞后，主题经营规模偏小、交易方式单一、流通效率低等问题，进一步推动传统丝网产业信息化进程，促进生产与流通的紧密结合。

八、加强对外交往，把握国际丝网行业动态，提高科技创新能力。行业主管部门及有实力的企业要走出去积极参与国际市场竞争，改变单纯依靠外贸公司代理产品出口的传统做法，在国外设立若干个一级批发市场，减少流通环节，提高利润水平。要组织有关企业积极参加德国科龙、美国芝加哥两个国际性的五金产品博览会，并推出安平丝网产品，同时，带回相关的技术、产品信息。鼓励企业有针对性地出国考察，引进先进设备及关键技术，提高行业科技创新能力。

附录3

日本无梭织机的引进始末

1985年安平县的丝网生产尚处于半机械半手工化的状态，就连全县规模最大，技术最先进，设备最优的国营织网厂也是如此。国营织网厂有两个车间，即电机车间和木机车间。电机车间有20台用1511织布机改造的电动织网机，用以生产铁窗纱和黑丝布，窗纱染漆工艺完全是手工操作。木机车间有10台木机，用以生产不锈钢网和铜网，从整径到织造全部是人工操作，工作劳动强度很大，但效率不高，质量也低下，全厂年创利税只有7万元，出口产品仅有一点铜网。其他织网厂和广大农村个体织网户的机械化水平、产品质量和生产效率就更差一些。因设备落后，丝网产量上不去，全县年产丝网仅有2765万平方米，丝网质量也不高，缺乏竞争力，严重限制着安平丝网业的大发展。面对这种状况，县委、县政府为促进安平丝网产量和质量的提升，完成丝网设备的更新换代，于1985年10月决定引进先进的织网设备，改造旧设备。这项工作由分管工业的副县长主管。由县经委一名副主任和县国营织网厂一名技术副厂长具体负责。二人到北京参观了北京二毛纺织厂的片梭织机车间，获得片梭织机经济技术参数复印件，并从瑞士索尔寿公司的代理商处，获得更多的片梭织机资料。当进行技术交流时，瑞士公司不能保证该机型能织400目不锈钢网。织不成400目网就不能完全满足国内市场的要求，因此没有引进该设备 。

北京考察后又到汉中540厂进行考察。540厂有德国DFL织网机和SD410箭杆织机。DFL片梭织网机已被纺织部和天津机床厂消化改造为天津101织机，再引进属重复引进。SD410箭杆织机速度快、效率高，但生产条件苛刻，达不到引进改造的目的，结果两种机型都未引进。

后来获悉“日本有织网机，性能好，价格便宜、中日友协愿帮助引进”，便又去北京中日友协贸易公司。公司经理介绍了日方情况，并立即给日本发了电传，要求日方直接给安平县织网厂汇技术资料及报价单。之后，经过几次与日方接触和技术交流，对该机型特点有了很好的认识。向县领导汇报后，县领导要求到日本实地考察后再做决定。

1987年8月，县组成三人考察组赴日本大阪东邦金网株式会社，对织机的性能、运行情况和使用方法，以及出现经停后的处理等进行了详细考察。通过考察，认为该机型结构简单、操作方便、故障少、效率很高、产品质量好，适合安平丝网生产的技术要求。于是确定购买，并于8月11日与日方签订购买合同。根据合同，安平县国营织网厂投资104万元人民币，从日本购进NAC1300—Ⅱ型无梭织网机3台，NAL1500—Ⅱ型无梭织网机1台，另有配件和日产不锈钢丝等。1987年11月货到天津新港。

设备引进后，日方派技术人员到厂安装调试，很快投产形成生产能力。产品质量大幅提高，在市场上供不应求，当年便创下了可观的经济效益。1988年9月，国营织网厂又投资170万元，在河北省经济技术洽谈会上，定购日本无梭织机5台，其中NAC1300—Π型4台，NAL1500—Π型1台。省机械厅非常重视安平的成功引进，要求安平县国营织网厂对日本无梭织机马上进行消化吸收，形成社会效益。国营织网厂与石家庄3302厂合作，仿日本NAC1300—Π型和NAL1500—Π型无梭织机，改造生产出性能更佳的ZWJ—1300A、ZWJ—1300B、ZWJ—1300C、ZWJ—1600Q等几个型号的无梭织网机。改造后的织网机很快在安平县普及，使安平县的丝网生产迅猛发展，在国内国际的声望很快大幅提高。

政协安平县二、三、四届委员会副主席 王义卷

第九编　工业　乡镇企业

- 工业局所属企业
- 鬃尾
- 化工
- 县办工业企业管理
- 乡镇企业

安平县汉王公园石刻

第九编　工业　乡镇企业

第一章　工业局所属企业

第一节　经营体制

1991年，安平县经济委员会(安平县工业局前身)所属企业共16家，其中国有企业8家，有安平县化肥厂、安平县化工二厂(以下简称二化)、安平县机械厂、灯具厂、第二砖厂(何庄砖厂)、农机厂、安平县医药药材公司、农排公司；集体企业共8家，有纤维板厂、橡胶厂、塑料厂、五金厂、印刷厂、服装厂、安平县建筑公司、二轻公司。1993年4月，成立安平县工业局，经济委员会所属16家企业，除安平县化肥厂和二化划归化工集团外，其余14家企业归属安平县工业局。1994年，农排公司兼并二轻公司，经营体制为国有企业；塑料厂新上彩色石英地板砖生产线，企业更名为彩色石英地板砖厂，仍为集体企业。1995年，成立安建公司，为股份制企业。1998年，橡胶厂新上铝塑管生产线，企业更名为橡塑厂，仍为集体企业；安平县农机厂更名为恒立公司，为国有企业。1999年体制改革时，恒立公司分为恒立公司、北方公司和津华油漆厂三个国有独资企业。同年11月，彩色石英地板砖厂更名为中大网厂，仍为集体企业。2001年，安平县建筑公司由集体企业改制为股份制企业，更名为安平县建筑工程有限公司。2002年4月，安平县纤维板厂由集体企业改制为股份企业，更名为森和板业有限公司。

第二节　生产经营

一、厂家

2002年，安平县工业局所属企业共16家，其中国有企业8家，有安平县机械厂、农排公司、灯具厂、何庄砖厂、恒立公司、北方公司、津华油漆厂、安平县医药药材公司；集体企业5家，有中大网厂、橡塑厂、印刷厂、五金厂、服装厂；股份制企业3家，有安建公司、安平县建筑工程有限公司、森和板业有限公司。

重点企业简介

安平县机械厂　该厂系工业局所属国营企业，始建于民国34年(1945年)；厂址位于县城东马路与网都东街交叉口东南侧；主要生产高、低压电工触头材料和制造水泵。1990年，该厂内设7个科室和7个车间；主要设备94台(套)，固定资产净值89万元；有干部职工315人，其中工程技术人员27人；完成产值484万元，利税77万元。1991年，经过科研人员技术攻关，换向器用银铜合金低压触头材料研制成功；新上银铜合金低压触头材料生产线1条，产品填补国内空白；该厂被河北省机械电子工业厅命名为“飞龙企业”，并颁发奖牌。1992年，银铜车间进行拆迁。为加强生产经营管理，成立一、二、三、四分厂，并实施分厂承包。1995年，投资313万元开发无氧铜双面氧化铆钉项目，产品填补国内空白。同年，被衡水地区机械冶金工业局授予“行业标兵”称号。1996年，新上换向器用银铜带生产线，产品填补国内空白。1997年，该厂生产的Agcdo（银化镉）触头材料通过国家检验。同年，被衡水市政府命名为“企业改制先进单位”。1998年，增上第二条换向器用银铜带生产线，并新上铜铬高压触头材料项目，产品填补国内空白；换向器银铜带获得河北省科技成果奖；铜铬触头材料荣获国家新产品证书。1999年，换向器用银铜带产品获得河北省电子工业厅的特等奖；4月，被河北省政府命名为“明星企业”；12月，该厂通过ISO9000质量体系认证。2000年，新上无氧含银铜带项目，产品填补国内空白。2002年，金属离子注入技术生产电工触头材料研制成功；产品填补国内空白，获得国家重点新产品证书。是年，该厂有干部职工230人，管理人员58人，技术人员56人，其中高级工程师3人，高级经济师1人，高级会计师1人；主要生产设备222台（套）；工业总产值11727.6万元，销售收入10720.4万元，实现利润782万元，上缴税金161.3万元。

1991—2002年，该厂连续12年被评为河北省“重合同守信用”企业；产品质量稳定可靠，全部被列为省免检产品。

安平县森和板业有限公司　该公司前身为工业局所属集体企业——安平县纤维板厂，始建于1984年5月，厂址位于为民西街西段路北。2002年4月，改制为股份制企业，更名为森和板业有限公司，厂址迁至县城以北保衡公路西侧；主要生产中密度纤维板。

图9-1　安平县森和板业有限公司

1991年，有干部职工460人，拥有固定资产500万元，流动资金48万元。1996年，新上年产3万立方米中密度纤维板生产线。1999年，新上贴面

图9-2　生产车间

装饰板生产线；被评为“省级明星企业”。

2002年，该厂有职工410名，其中工程技术人员28名；设9个科室和5个车间及1个原料场；拥有固定资产3000万元，流动资金800万元；总产值达到6119万元，实现利润179万元，上缴税金45.4万元；被评为省“重点龙头企业”和“先进企业”。

1997—2002年，连续被评为地级“文明单位”和省级“重合同守信用”企业。

二、产品

安平县工业局所属生产企业的主要产品有电工合金、水泵、灯具、切纸机、折纸机、钢筘、铸件、小型小麦收割机、钢模板、不锈钢型材、

硬质纤维板、中密度纤维板、轴承橡胶密封圈、输送带、铝塑复合管、聚乙单丝、石英地板砖、电磁流量计、印刷品、油漆、服装、黏土砖等。经营企业主要经营医药药材和农用机械及配件。

名优产品

潜水电磁流量计　系安平县五金厂研制生产，主要用于污水排放计量；1991年，在河北省第四届发明展览会上荣获金奖。

冷光新闻灯、舞台光束灯　系安平县灯具厂研制生产，1992年9月获河北省优秀新产品二等奖。

换向器用银铜带　系安平县机械厂采用国际先进的连铸连拉上引工艺研制而成。银铜带—高无氧银铜合金带主要用于电动工具、家用电器及其他工业电器上的电机换向器，其主要性能指标都已达到并部分超过国际同类产品标准。该产品于1998年获河北省科技成果奖，1999年获河北省机械电子工业厅颁发的特等奖。

图9-3　银铜带

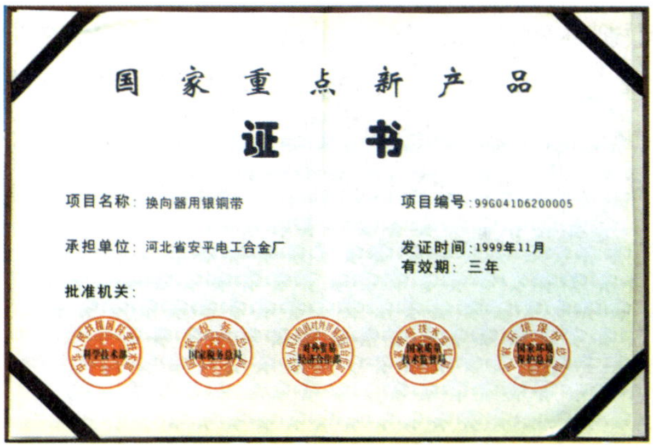

图9-4　换向器用银铜带证书

铜铬触头材料　系安平县机械厂于1994年9月至1996年12月采用浸润熔渗工艺研制而成。铜铬合金是铜铋合金的替代产品，能大大缩小触头尺寸，使真空灭弧室及整机小型化，从而降低真空灭弧室及整机的成本。该产品主要用于真空灭弧室触头，1998年荣获国家新产品证书。

金属离子注入技术触头材料　系安平县机械厂于1999年至2001年10月，采用离子注入技术研制而成。该项目是把以铜为基体的触头材料采用离子注入技术对材料表面进行合金化处理，是一种高科技的表面改性技术。该产品注入层与机体之间无明显界面，不存在表面改性层剥落问题，主要用于接触器和继电器的触头；2002年，获国家重点新产品证书。

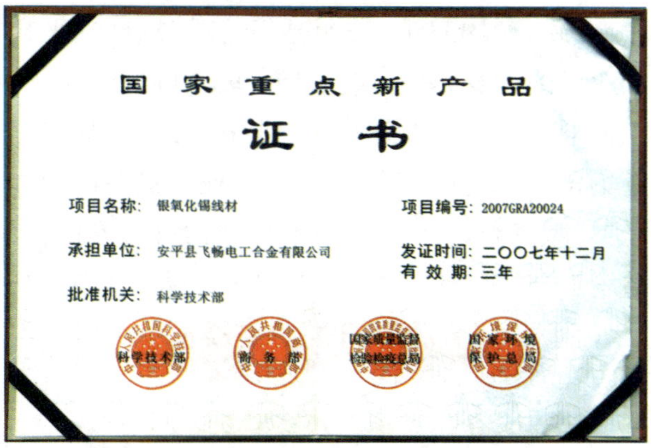

图9-5　银氧化锡线材证书

三、销售

产品主要销往国内市场。企业设有专职销售队伍，在国内设有多个办事处，并制订了完整的销售策略。1993年，工业局所属企业年产值4458万元，销售收入4519万元，实现利税263.7万元。2002年，所属企业年产值达29063万元，销售收入30702.9万元，实现利税1658.3万元。

1991—2002年安平县工业局系统企业经营情况表

表9-1　　　　单位：万元

年度	产值	销售收入	利税
1991	3808.0	3266.0	8.9
1992	3767.0	3483.0	201.7
1993	4458.0	4519.0	263.7
1994	5199.0	3753.0	324.5
1995	6341.0	4191.0	284.0
1996	7807.7	5206.8	296.7
1997	10225.1	8324.3	516.1
1998	13780.0	10297.6	703.8

续表9-1

年度	产值	销售收入	利税
1999	15829.0	13356.3	787.9
2000	19590.0	17535.3	1236.1
2001	23126.6	20140.3	1389.2
2002	29063.0	30702.9	1658.3

第三节　管理机构

1991—1993年，安平县经济委员会（安平县工业局的前身）有下属企业16家。1993年4月，成立安平县工业局和安平县工业集团。工业局和工业集团一个机构，两个牌子。工业局机关内设办公室、政工科、生产科、技术科、财务科、安保科、系统工会共7个科室，有干部职工30人，其中局长1名，副局长5名；原安平县经济委员会所属16家企业除化肥厂和化工二厂划归安平县化学工业集团总公司外，其余14家企业归属安平县工业局管理；下属企业共有干部职工3700人。1998年3月，撤销生产科，增设纪检科。2001年7月，成立企业改制办公室。2002年年底，机关内设办公室、政工科、生产科、财务科、安保科、纪检科、企业改制办公室、系统工会共8个科室，干部职工共34人，其中局长1名，副局长6名；下属企业共16家，干部职工共2700人。

第二章　鬃尾

安平鬃尾加工历史悠久，明弘治十七年（1504年）安平便有鬃尾生产记载。1991年，由于受到国际市场的影响，鬃尾生产规模较以前大幅度下降，全县鬃尾加工户仅有1034家，从业人员3900多人。1997年后，国际市场对鬃尾产品的需求量呈上升趋势，鬃尾生产又有发展。到2002年，全县共有规模性鬃尾生产厂家12个，加工户2300余户，从业人员2万余人；重点生产村庄有王胡林、王各庄、梅佐、东寨子、西寨子、西会沃、东会沃、南张沃、北张沃、前张庄、后张庄、苏各庄等十几个村庄。

第一节　鬃尾加工

一、加工工具及工序

鬃尾加工的主要工具有钉板、木梳、夹子、篦子、拍打板、剪子、铡刀、甩干机及烘干设备等。

鬃尾的生产加工一直沿用传统的手工制作，工序也没有多大变化，其工艺流程主要有11道工序：进料、批色、水洗、水煮、烘干或晾干、挂钉板、做单齐、采把、上线、上铡刀、装箱。

二、品种、规格

1. 品种

马鬃尾花色通常分为黑色、白色、灰色、花色、棕色5种。形式上分为单齐和双齐2种。

猪鬃花色分为黑色、白色、花色、棕色4种。

细尾毛主要品种有山羊毛、獾尾、松鼠尾、马身毛、麂子毛及牛耳毛等。

2. 规格

马尾　分为2～2.75英寸、3～3.75英寸、4～5英寸、6～8英寸、9～12英寸、13～15英寸、16～17英寸、18～21英寸、22～26英寸、27～30英寸及31英寸以上等规格。

马鬃　分为2～2.75英寸、3～3.75英寸、4～5英寸、6～8英寸、9～12英寸及13～15英寸等规格。

猪鬃　有44毫米、51毫米、57毫米、64毫米、70

毫米、76毫米、83毫米、89毫米、95毫米、102毫米、108毫米、121毫米及127毫米等规格

细尾毛　有25毫米、29毫米、32毫米、35毫米、38毫米、41毫米、44毫米、48毫米、51毫米、54毫米、54毫米以上。制羊豪25毫米、山羊胡38毫米、马尾毛38毫米、马身毛38毫米、马蹄毛38毫米、马盖毛38毫米、小羊毛25～102毫米、山羊毛(25号)25毫米、山羊毛(10号)38～152毫米、山羊毛大笔头76毫米、牛身毛32毫米、艾虎毛25毫米、牛耳毛29毫米、牛尾毛152毫米及麂子毛25毫米等规格。

三、用途

马鬃尾具有坚韧挺直、拉力强、弹性好、色泽度高、耐热、耐寒、耐酸等特点，是制造毛刷、过滤巾、工业装饰衬布、高级服装衬布及乐器弓弦、古戏装道具的重要原料。用马尾生产的马尾衬布是高档服装的上等内衬，其柔性、弹性、挺括度均优于其他衬布。用马尾生产的工业装饰马尾布美观大方、透气性能良好、耐磨、耐水洗，使用愈久愈光亮，是做高档沙发、高级轿车靠背座套、高档手袋、银色文件包及各种软提包、背包的上佳面料。

四、重点加工企业简介

安平县鑫鑫鬃尾有限公司　创建于1986年，位于王各庄开发区，民营企业，有厂房24间，固定资金80万元，流动资金490万元，职工80人。该公司主要加工生产各种规格的马鬃尾、猪鬃、动物细尾毛、山羊毛、琴弦马尾等畜产品；产品出口美国、意大利、日本、韩国等国家及中国香港等地区，质量优良，价格合理，深受国内外客户的好评。公司年产值达1000万元，年上缴税金28万元，年出口交货值达到100万美元；2001年，被县政府授予“先进企业”称号，2002年，被授予“县明星企业”称号。

河北华龙马尾衬布(安平)有限公司　始建于1986年，是生产马尾衬布的专业公司；位于张寨工业区；中日合资企业。该公司拥有固定资产860万元，注册资金45万美元；占地27000平方米，建筑面积6800平方米；各类专业机械386台套。2001年，引进意大利和日本技术，从事黑炭衬(毛衬布)的生产开发，开发研制出4大系列、20余种黑炭衬。2002年，共有职工150人，其中工程技术人员25人，业务人员10人，挡车工115人；专业生产马尾衬布、马尾包芯纱衬布、马尾包芯纱；产品主要销往意大利、日本、美国、新西兰和中国香港等地区。是年，产各种衬布160万米，出口100万米，产值达2000万元，出口交货值达到200万美元。

安平金博信服装辅料有限公司　成立于1996年，位于安平县南环路东头，为民营企业，是生产马尾衬布的专业公司。公司占地20000平方米，建筑面积5000平方米，固定资产600万元；有马尾织机200台，马尾包芯纱纺纱机50台；共有职工120人，其中工程技术人员20人，业务人员5人，挡车工95人。该公司主要生产和开发各种不同规格类型的马尾服装衬布，产品主要面对服装服饰企业、家居装饰企业及各地辅料销售商。“金博信”产品不仅畅销国内，而且行销日本、韩国、意大利、香港等许多国家和地区，年出口交货值达到100多万美元。

河北安平县亿腾服装辅料有限公司　位于安平县为民东街350号，始建于1996年，为集体所有制企业；固定资产300万元，资产总值500万元。公司占地面积6000平方米，建筑面积4500平方米；拥有各种机械设备60台套；职工80人，其中工程技术人员18人，业务人员10人，挡车工52人。公司主要产品为服装衬布和工艺衬布两大类。服装衬布包括马尾衬布和黑炭衬布。工艺马尾衬布包括平织、小提花、大提花等120个规格。公司年生产能力为150万米，年实现产值达2000万元，年出口交货值达到140万美元；产品远销意大利、美国、韩国、日本等国家和中国香港等地区。

第二节　产量产值

1991年，鬃尾产量为196000标箱(每箱净重25公斤)，产值4850万元。1996年，产量为140000标箱，产值4050万元。2002年，产量为138000标箱，产值3870万元。1991—2002年，累计产量1801560标箱，产值48660万元。

1991—2002年安平县鬃尾生产情况统计表

表9-2

年度	马鬃尾加工						猪鬃加工						细尾毛						合计					
	村数（个）	厂数（家）	户数（户）	从业人员（人）	产量（万公斤）	产值（万元）	村数（个）	厂数（家）	户数（户）	从业人员（人）	产量（万公斤）	产值（万元）	村数（个）	厂数（家）	户数（户）	从业人员（人）	产量（万公斤）	产值（万元）	村数（个）	厂数（家）	户数（户）	从业人员（人）	产量（万公斤）	产值（万元）
1991	20	12	900	4200	400	3800	8	7	90	500	90	800	7	5	50	400	1.2	250	30	18	950	4800	491.2	4850
1992	20	12	850	4000	380	3700	8	7	90	500	85	700	7	5	50	400	1.2	220	30	18	950	4800	466.2	4620
1993	19	12	850	3800	350	3600	6	7	80	450	85	680	7	5	50	350	1.0	220	30	18	900	4500	436	4500
1994	19	12	840	3500	300	3600	6	7	80	450	80	650	7	4	50	350	0.9	200	30	15	900	4100	380.9	4450
1995	18	12	800	3000	250	3200	6	5	80	400	75	600	6	4	45	300	0.8	180	28	15	900	3500	325.8	3980
1996	18	11	720	2800	280	3300	6	5	75	350	70	600	6	4	45	300	0.7	150	28	15	820	3200	350.7	4050
1997	16	11	700	2500	280	3000	6	5	70	350	70	580	5	4	40	300	0.6	120	25	13	750	3000	350.6	3700
1998	16	12	650	2200	260	2900	6	3	50	380	70	580	5	4	40	280	0.6	110	25	13	700	2800	330.6	3590
1999	14	10	680	2500	265	2900	5	3	50	380	75	600	5	3	35	280	0.6	110	25	13	700	2800	340.6	3610
2000	13	11	680	2500	270	3000	5	3	50	350	70	600	3	3	35	260	0.4	100	20	13	700	2800	340.4	3700
2001	12	12	670	2500	275	3000	4	3	45	350	70	620	3	2	30	250	0.5	120	17	13	700	2700	345.5	3740
2002	12	12	670	2500	275	3100	4	3	45	350	70	650	3	2	30	250	0.4	120	17	13	700	2700	345.4	3870
合计	—	—	—	—	3585	39100	—	—	—	—	910	7660	—	—	—	—	8.9	1900	—	—	—	—	4503.9	48660

第三节　鬃尾销售

1991—1996年，因鬃尾集团总公司没有直接进出口权，所以鬃尾产品主要依赖河北省畜产品进出口公司、天津市畜产品进出口公司、辽宁省畜产品进出口公司、上海纺织品进出口公司等外贸进出口公司进行出口。1996年6月，鬃尾集团总公司获得自营进出口权，从此，鬃尾产品不再全部依赖外贸公司出口。产品主要出口美国、日本、韩国、印度、德国、英国、瑞士、荷兰等20多个国家和中国台湾地区，年出口量约2000吨，出口交货值1000万美元。内销主要销往江苏、福建、广东等省，销售额约800万元。1991—2002年，合计出口交货值约11165万元，内销金额约8440万元。

1991—2002年全县鬃尾销售情况统计表

表9-3

项目 / 年度	出口（万美元）				内销（万元）			
	马鬃尾	猪　鬃	细尾毛	合计	马鬃尾	猪　鬃	细尾毛	合计
1991	850	150	100	1100	700	100	50	850
1992	800	120	80	1000	680	110	30	820
1993	750	100	130	980	650	80	20	750
1994	740	120	120	980	640	110	30	780
1995	750	130	70	950	650	80	20	750
1996	750	110	60	920	500	120	30	650
1997	720	80	50	850	700	90	10	800
1998	700	75	50	825	650	130	40	820
1999	750	70	30	850	650	80	10	740
2000	750	65	25	840	500	70	30	600
2001	800	70	20	890	420	60	20	500
2002	900	60	20	980	320	40	20	380
合计	9260	1150	755	11165	7060	1070	310	8440

第四节　管理机构

安平县鬃尾集团总公司成立于1990年12月。1991年，集团总公司下设办公室、经理室、财务审计部；干部职工共计26名，其中副总经理2名。1992年，增设企业管理部。1993年，增设营销业务部。1994年8月，增设工会。1996年，增设进出口业务部。1997年，撤销企业管理部。1998年，营销业务部并入进出口业务部。2002年年底，鬃尾集团总公司下设办公室、经理室、工会、财务审计部、进出口业务部；干部职工共计20名，其中总经理、副总经理各1名。

第三章　化工

第一节　经营体制

1991—1993年，安平县有国有化工企业2家：安平县化肥厂、安平县化工二厂；集体企业1家：安平县第三化工厂（西关化工厂）；私营企业1家：安平县第四化工厂（五新化工厂）。

1993年4月，安平县化工二厂与安平县化肥厂联合成立安平县化学工业集团总公司（以下简称化工集团）。化工集团成立后，为盘活集团所属的濒临倒闭的国有老企业，进行一系列的经营体制改革：一是引进国外资金建立中外合资企业。1993年由化肥厂与泰国汉顺化学有限公司合资成立衡水安顺化工有限公司，由化工二厂与香港恒畅发展有限公司合资成立衡水恒安化工有限公司。二是建立新的国有企业。1993年，建立安平县化纤机械专件厂、安平县化工设备厂、安平县银星化工厂；1997年，建立安平县沪安化工有限公司。三是开发新项目，建立化工产品生产以外的新企业。1993年，建起安平县化纤机械专件厂、安平县包装用品厂；1995年，建起衡水海泰食品有限公司（1997年更名为安平县洪源食品有限公司）。四是把闲置的厂房、设备整体租赁或部分租赁，建起租赁企业：安平县腾达化工厂（1993—2002年租赁）、安平县包装用品厂（1993年租赁）、安平县捷虹化工有限公司（2001年3月，河北省黄骅市中捷化工公司租赁衡水恒安化工公司整体生产线；2002年3月，由整体租赁改为部分租赁，只租赁有机颜料车间，名称改为安平县东信颜料有限公司）、安平县宏远颜料化工有限公司（2002年12月，私人租赁衡水恒安颜料工业公司闲置的苯磺氯车间）、安平县冠达颜料工业有限公司（2002年5月，私人租赁恒安公司闲置的酞菁绿车间）。五是实行企业兼并，由效益好的企业兼并效益差的亏损企业。1997年，化工设备厂兼并化纤机械专件厂；2001年2月，衡水恒安化工公司收购已停产的银星化工厂。

第二节　生产经营

一、厂家

2002年，安平县化工企业共计10家，其中中外合资企业2家（衡水安顺化工有限公司、衡水恒安化工有限公司）；国有企业2家（安平县化工设备厂、安平县沪安化工公司），集体企业1家（安平县第三化工厂），私营企业1家（安平县第四化工厂），私营租赁化工企业4家（安平县东信化工有限公司、安平县宏远颜料化工有限公司、安平县冠达颜料工业有限公司、安平县腾达化工厂）。

重点企业简介

安平县化工二厂　该厂是在县汽修厂和县第一砖瓦厂的基础上于1988年发展起来的国有化工企业。厂址位于安平县城东南2公里处。1991年，企业占地4.3万平方米，建筑面积5700平方米；设有办公室、财务科、供销科、技术科、生产科、设备动力科、安全保卫科共7个职能科室；有生产车间5个；共有干部职工240人，其中工程技术人员30人；有生产专用设备205台（套），年生产染料中间体和有机颜料共1040吨。

该厂先后研制开发市场较为紧缺的染料中间体产品邻硝基对甲苯胺，邻硝基对甲苯胺的深加工产品有机颜料甲苯胺红、耐晒黄G，邻硝基对甲苯胺的原料产品对甲苯胺、苯磺酰氯，形成原料——产品系列化一条龙生产线；生产的甲苯胺红、耐晒黄G、邻硝基对甲苯胺3个产品通过省级新产品鉴定，质量居国内领先水平。产品畅销国内，远销东南亚、欧洲、北美洲一些国家和地区。1991年，出口量60.27吨，占产品销售量的53.5%，出口创汇40多万美元。1993年，该厂与香港恒畅发展有限公司合资兴建衡水恒安化工有限公司，获取产品出口权。2001年3月，河北省黄骅市中捷化工有限公司租赁衡水恒安化工公司整体生产线，成立安平县捷虹化工有限公司。2002年3月，捷虹公司撤回部分资金，由整体租赁改为部分租赁，只租赁有机颜料车间，并改称安平县东信颜料有限公司。2002年12月，由个人租赁衡水恒安化工有限公司闲置的苯磺酰氯车间，成立安平县宏远颜料化工有限公司，生产经营染料中间体一苯磺酰氯。

安平县化工四厂 始建于1989年，厂址位于五新村村西，属于私营股份制企业。1991年，设有供销、生产、财务3个科，1个氯乙酸生产车间，干部职工30人；生产设备有小规模生产线3套；全厂占地面积10000平方米，建筑面积3000平方米；总资产104万元，其中固定资产67万元；年产工业氯乙酸500吨，产值200万元。1993年以后，年年扩大生产，进行技术改造，产量逐年提高。到1998年，年产氯乙酸达到15000吨，成为亚洲最大的氯乙酸生产企业。2002年，厂内设生产科、供销科、环保科、财务科、办公室5个科室和5个生产车间；干部职工318人，其中大学以上学历的工程技术人员16名；全厂占地62900平方米，建筑面积15280平方米；总资产6582万元，年产值超过1亿元；年产氯乙酸18500吨，占国内市场的五分之一。

从1996年到2002年，该厂连续7年被中国农业银行评为AAA级信用企业；1996年，获衡水市“明星企业”称号；1997年，获中华人民共和国农业部“中型二档乡镇企业”称号；1998年，获“河北省百强私营企业”；2000年，被评为“河北省优秀私营企业”；2001年，被评为“河北省小巨人企业”。另外还先后被评为“五星级明星企业”“河北省乡镇企业局出口先进企业”“衡水市村办工业五十强”“河北省产品质量信得过企业”。

二、产品

1. 产品种类

1991年主要有化肥碳铵、有机颜料、甲苯胺红、耐晒黄G、金光红C、大红粉、联苯胺黄G、永固红F2R、永固黄G、耐晒大红、永固桔黄、氯乙酸，另外还有白乳胶、107胶、洗衣粉、洗衣净、金属清洗剂、高中低档涂料、醇酸油漆稀释剂、防潮剂等。1993年化工集团成立后，原来的产品大部分停产，只保留永固黄G、耐晒大红、永固桔黄、大红粉4个有机颜料和1个染料中间体氯乙酸；新开发生产出染料中间体：邻硝基对甲苯胺、对甲苯胺、苯磺酸氯、甘氨酸、硫化钠5个产品，另外还有化工设备、环保设备。1997年，开发生产染料中间体联苯胺黄G。2000年，硫化钠停止生产。2002年，开发生产出有机颜料酞菁绿、染料中间体苯磺酰氯；全县生产的化工产品共有14个，其中有机颜料6个、柒料中间体8个，另外还有化工设备和环保设备。

1991—2002年安平县化工产品情况一览表

表9-4

企业名称	产品名称	产品类型	生产时间
安平县化肥厂	碳铵	化肥	1991—1993年
	白乳胶	黏合剂	
	107胶		
	洗衣粉	洗涤剂	
	洗衣净		
	金属清洗剂		
	高中低档涂料	涂料	

续表9-4

企业名称	产品名称	产品类型	生产时间
安平县化工二厂	甲苯胺红	有机颜料	1991—1993年
	耐晒黄G		
	金光红C		
	大红粉		
	联苯胺红G		
	永固红F2R		
	永固黄G		
	耐晒大红		
	永固桔黄		
	醇酸油漆稀释剂	稀释剂	
衡水恒安化工公司	永固黄G	有机颜料	1993—2002年
	耐晒大红		
	永固桔黄		
	邻硝基对甲苯胺	染料中间体	
	对甲苯胺		
	苯磺酸氯		
衡水安顺化工公司	氯乙酸	染料中间体	1993—2002年
	甘氨酸		
安平县沪安化工公司	金光红C	染料中间体	1993—2002年
	大红粉		
	联苯胺黄G		
安平县第三化工厂	大红粉	有机颜料	1991—2002年
安平县第四化工厂	氯乙酸	染料中间体	1991—2002年
安平县腾达化工厂	硫化钠	染料中间体	1993—2000年
安平县颜料设备厂	化工设备	设备	1993—2002年
	机械设备		
安平县东信颜料公司	颜料红系列	有机颜料	2002年
	颜料黄系列		
安平县冠达化工公司	酞菁绿	有机颜料	2002年
安平县宏远颜料化工有限公司	苯磺酰氯	染料中间体	2002年

2. 名优产品

邻硝基对甲苯胺——衡水恒安化工有限公司生产，属染料中间体产品。1998年12月，通过省级新产品鉴定。专家鉴定意见是“产品质量居国内领先水平”。

甲苯胺红——安平县化工二厂生产，属有机颜料。1991年12月通过省级鉴定，鉴定意见是“产品质量居国内先进水平”。1992年，获地区科技进步二等奖，9月获省优秀新产品奖。

耐晒黄G——安平县化工二厂生产，属于有机颜料。1991年12月，通过省级鉴定，鉴定意见是“产品质量居国内领先水平”。1992年6月，获地区科技进步二等奖，9月获省优秀新产品奖。

对甲苯胺、苯磺酰氯——两个产品均系衡水恒安化工有限公司生产，属于染料中间体。1991年12月，通过省级鉴定，鉴定意见是“产品质量居国内领先水平”。

三、销售

销售渠道 安平县化工产品的销售有国内国外两个销售市场。国内销售渠道有两条，一是企业自行销售，主要销往石家庄、兰州、上海、广州。二是化工集团在天津设立办事处，由天津办事处销往天津、北京、广东、浙江等地。国外销售渠道有三条，由河北省外贸、天津市外贸、衡水市外贸三家外贸单位代理出口，销往美国、英国、德国、巴基斯坦、芬兰、埃及、加拿大、泰国、新加坡等国家和中国香港、澳门等地区。

销售收入及利税 销售收入1991—1993年没有统计，1994—2002年总体呈上升趋势。1994年销售收入4100万元，1996年上升到7355.5万元，1999年达到11521.4万元，1999年后徘徊在9000万元左右。年利税最高600.5万元，出现在1999年；最低100万元，出现在2001年。

1994—2002年安平县化工集团产品销售情况表

表9-5　　单位：万元

年度	产值	销售收入	利税
1994	4200.00	4100.00	310.00
1995	4280.70	4333.89	281.78
1996	7375.20	7355.50	304.50
1997	6020.23	5457.70	266.50
1998	5904.53	5242.80	206.90
1999	11602.00	11521.40	600.50
2000	10204.80	8532.60	386.60
2001	10516.20	9296.00	100.00
2002	9300.00	8000.00	160.00

第三节　管理机构

安平县化学工业集团

1991—1993年，安平县化肥厂和安平县化工二厂隶属于安平县经济委员会。1993年4月，化工二厂和化肥厂合并，成立安平县化学工业集团总公司（以下简称化工集团）。化工集团下设办公室、财务室，机关人员18人。是年，集团先后成立衡水安顺化工有限公司、衡水恒安化工有限公司、安平县化工设备厂、安平县化纤机械专件厂、安平县银星化工厂、安平县腾达化工厂、安平县包装用品厂。1994年，集团内增设政工科、生产技术科；成立安平县沪安化工有限公司。1995年，成立衡水海泰食品有限公司。1996年，经省政府批准在安平县化工集团的基础上，成立“河北恒安颜料化工集团”，与安平县化工集团一个机构、两个牌子。1997年，化工设备厂兼并化纤机械专件厂；衡水海泰食品有限公司更名为安平县洪源食品有限公司。2001年，衡水恒安化工有限公司兼并银星化工厂。2002年年底，化工集团内设1个室、3个科：办公室、财务科、政工科、生产技术科，下属企业（不包括租赁企业）共6家：衡水安顺化工有限公司、衡水恒安化工有限公司、安平县沪安化工有限公司、安平县化工设备厂、安平县洪源食品有限公司、安平县包装用品厂，干部职工共计460人。

安平县乡镇企业管理局

机构设置详见本编第五章第四节。

安平县第三化工厂（集体企业）和第四化工厂（私营股份制企业）隶属于乡镇企业局管理。

第四章 县办工业企业管理

第一节 管理内容

从1996年开始，经贸局始终坚持日调度、季通报制度；每月抽出1/3的时间深入企业，调查掌握各企业生产运营情况、主要指标完成情况、技改新上项目情况、企业存在的困难和问题、增支减利因素、资金缺口等情况，并及时形成文字材料，报市经贸委，参加市工业系统生产调度会；及时宣传总结推广好的管理思想、管理方法，管理重点在不同时期和不同企业各有侧重。

一、财务统计

财务统计工作主要是下达企业年度主要经济指标计划（包括产值、增加值、销售收入、利税）；及时掌握经济指标进度及完成情况，对县办工业企业各项经济指标进行审核汇总，编写月、季、年度财务分析报告，报送市经贸委财计科、县委、县政府、县人大、县政协、县纪检会、各企业主管部门，为领导决策提供依据，为企业主管部门提供参考意见；督促各企业完成指标进度和计划；贯彻落实国家有关财务审计、统计的有关政策；指导企业财务工作，对企业进行审计；对国有企业、国有资产进行经营监管，确保国有资产保值、增值。1996年年底，在统县办工业企业64家，其中全民企业22家，集体企业25家，三资企业17家；总资产64878.4万元，固定资产20297.6万元，完成产值46689.8万元，增加值14062.3万元，销售收入43880.6万元，实现利税4242.1万元。2002年，在统县办工业企业49家，其中全民企业15家，集体企业21家，三资企业13家；总资产114742.5万元，固定资产45504.9万元，完成产值107530.8万元，增加值33638.5万元，销售收入109144.6万元，实现利税9476万元；县办工业各项经济指标比1996年翻一番多。

1996—2002年安平县县办工业企业主要经济指标完成情况统计表

表9-6　　单位：家、万元

年度 \ 项目内容	在统县办工业企业家数				总资产	固定资产	产值		
	合计	全民	集体	三资			计划	完成	完成（%）
1996	64	22	25	17	64878.4	20297.6	45000	16689.8	37.1
1997	58	22	20	16	74117.5	25982.1	64000	57025.5	89.1
1998	50	18	19	13	83105.9	33386.6	69600	68578.8	98.5
1999	52	18	20	14	98653.0	39873.1	80600	79600.3	98.8
2000	51	16	22	13	105473.0	40122.4	90000	88238.8	98.1
2001	52	16	23	13	106748.0	41901.9	91000	96615.3	106.2
2002	49	15	21	13	114742.5	45504.9	107500	107530.8	100.0

年度 \ 项目内容	增加值			销售收入			利税		
	计划	完成	完成(%)	计划	完成	完成(%)	计划	完成	完成(%)
1996	13800	14062.3	101.9	43100	43880.6	101.8	3600	4242.1	117.8

续表9-6

年度（内容\项目）	增加值			销售收入			利税		
	计划	完成	完成（%）	计划	完成	完成（%）	计划	完成	完成（%）
1997	19000	16839.3	88.6	63000	5699.2	90.5	6000	4945.2	82.4
1998	20800	20599.4	99.1	69000	68524.8	99.3	5800	5687.6	98.1
1999	24200	23904.2	98.8	80500	79992.1	99.4	6600	6545.3	99.2
2000	26800	26849.1	100.2	90000	91220.5	101.4	7200	7426.6	103.1
2001	30000	30088.0	100.3	102000	100437.2	98.5	8170	8433.1	103.2
2002	33300	33638.5	101.0	111800	109144.6	97.6	9476	9476	100

二、企业学邯钢

根据县委、县政府制定的“外学邯钢，内学造纸网厂、机械厂，抓管理增效益”的总体工作思路和县政府制定的《安平县工业企业学邯钢实施方案和考核办法》，经贸局于1996—1998年在所有县办工业企业中深入开展“企业学邯钢”活动，主要做了以下几项工作：(1)以报纸、广播、黑板报、通报等形式大力宣传邯钢经验；(2)组织企业人员赴邯钢实地学习考察，参加省、市、县举办的“学邯钢培训班”“企业厂长经理培训班”；(3)培养树立机械厂、造纸网厂、恒安公司为学邯钢典型企业；(4)及时总结推广学邯钢的典型经验，召开县办工业现场会或学邯钢经验交流会，先后推广了机械厂的减员增效，造纸网厂的持续投入，安信公司的抢占市场、强化管理，安恒公司的生产技术练兵，纤维板厂的以成本管理和质量管理为中心，全员竞争上岗，末位淘汰的管理模式等典型经验。通过学习邯钢，各企业纷纷建立健全劳动纪律，完善工艺流程，实行定额管理、班组管理、成本目标管理，积极引进市场机制，改革内部分配制度，优化要素投入，建立节约能源、降低消耗、增加效益的经营机制。

三、企业党风廉政建设

为促进厂领导班子的廉洁自律，增强企业管理的透明度，调动职工参政、议政的积极性和工作热情，围绕党风廉政建设开展以下几项工作：(1)1998—2002年，全县86家企业推行厂务公开、民主监督制度。根据《中华人民共和国企业法》《中华人民共和国公司法》《中华人民共和国劳动法》和《职代会条例》等法律、法规的规定，凡能公开的内容都公开。公开的重点内容是：企业改革发展问题，职工最关心、反映最强烈的热点难点问题，涉及职工切身利益，需让职工清楚明白的问题，容易引发矛盾和滋生腐败的问题。为推动厂务公开，县成立以主管副县长为组长的“厂务公开民主监督工作领导小组”，并在经贸局设办公室；制定“安平县推行厂务公开、民主监督制度的安排意见”；根据该意见于1998年在机械厂和造纸网厂开展厂务公开试点工作。1999年，厂务公开在全县国有及国有控股企业和交通运输、商贸饮食、邮政、电信、供销、物资、供水、外贸、烟草、医药、建筑等企业全面推开。到1999年年底，全县86家企业中推行厂务公开制度的有74家，其中国有及国有控股企业58家，集体企业16家，达到规范要求的15家；完成市下达的任务进度，通过市检查团的验收。2000年年底，全县86家企业全部推行厂务公开，达到规范要求的46家，2001年全部达到规范化。(2)在国有企业中开展了党风廉政建设。县政府于2000年成立安平县国有企业党风廉政工作领导小组，制定《安平县国有企业廉政工作实施方案》。根据实施方案，经贸局会同有关部门对工业、粮食、内贸、邮政、电信、物资、外贸、烟草等46家国有及国有控股企业、企业主管部门进行整顿，开展党风廉政建设，监督检查企业领导的行为；结合厂务公开开展“给职工一个明白，还厂长一个清白”活动。2001年和2002年，重点抓企业效能监察工作，总结推广造纸网厂和电工合金厂在项目招投标、企业管理两个侧面的成功经验；通过抓廉政、抓效能监察，产生经济效益890万元，挽回经济损失686万元，大吃大喝得到有效遏制，企业业务招待费平均每年下降5%。

四、扶持重点企业

培植立县的利税大户，对重点企业进行重点扶持。1997年，经贸局会同政府办、体改办等部门，对全县县办工业企业进行摸底调查后，推出造纸网厂、电工合金厂、安信精密铸造有限公司、纤维板厂、恒安化工公司、安顺化工公司、安隆集团、安基集团、京安猪场、电力局等10家企业为立县重点企业。1999年，去掉京安猪场和电力局，增加北方公司和津华油漆厂。2002年，去掉安顺化工公司和津华油漆厂，增加捷通公司和印刷网业公司。

为增强骨干企业的支撑保驾作用，使之真正成为立县企业，狠抓重点企业的目标责任管理。每年逐一签订责任状，明确年终达到的目标，确定直接责任人，集团责任人和县级分包领导，定期对责任书落实情况督促检查。千方百计为企业创造宽松的环境，对重点企业进行挂牌保护，任何单位和个人不准向这些企业乱收费、乱罚款、乱摊派，没县政府的介绍信，重点企业有权拒缴各种费用、摊派和罚款，在资金、政策、电力供应等方面也实行倾斜。通过重点扶持，使重点企业成为带动小、微、亏企业发展的“火车头”。10家重点企业完成的产值、增加值、销售收入、利税和利润等主要经济指标每年都占县办工业的三分之二以上。1999年，完成工业总产值39000万元，增加值11500万元，销售收入35000万元，实现利税3200万元，均占县办企业的70%以上。2002年，完成产值、增加值、销售收入、利税、利润等主要经济指标分别占县办工业的67.6%、75.6%、72.5%、84.5%和86.9%。

五、深化企业体制改革

深化县办工业企业的体制改革，1997年下大力推进县办工业产权的流动重组，企业原来推行的单一租赁、承包，改为股份制、股份合作制和兼并代管、联合经营等多种形式。2002年，37家企业进行体制改革，实行股份制企业13家，兼并代管企业6家，联合经营企业8家，租赁企业8家，承包企业2家。

六、保护企业合法权益

为保护企业的合法权益，为企业发展创造良好的环境，经贸局于1996年3月为县政府起草《安平县关于继续清理向企业乱收费、乱罚款、乱摊派问题的实施意见》，并根据该意见于1996年8月对全县40多个党政机关、行业主管部门、执法单位及50多个企业进行清理，各单位填写《自查、自纠报告表》《向企业乱收费、乱罚款、乱摊派登记表》；对10家重点企业挂牌保护。通过该次活动，企业的合法权益受到保护，企业也增强抵制不正之风的意识。

七、帮助企业强化市场营销

1991—2002年，为使企业占领国内和国际市场，了解市场信息，提高企业和产品的知名度，经贸局做了以下几项工作：一是帮助丝网集团、安基公司、化工集团在国内大中城市增设8个销售窗口。二是加强了市场信息建设，促使11家企业入网，建起基础性管理信息系统。三是加大对企业、产品的宣传力度，促使造纸网厂、安基公司等企业在《亚洲资源》《欧洲工业》《土耳其经济》《广交会会刊》等国际国内知名经济刊物上做了企业和产品宣传。四是引导企业实施名牌战略，建立分析研究预测市场的专门机构，建立市场部、出口部，开展网上销售和上市工作。五是引导企业参加河北省组织的百强企业评选，双高一优项目竞选、申报全省信用优良企业等活动。

八、人才管理

培养、引进人才，充分发挥人才的作用。经贸局会同有关部门为县政府起草制定《安平县关于鼓励引进项目、资金、人才、技术的激励办法》；引导企业为人才提供工作上、生活上的优惠；吸纳行业专家进入决策层；对企业经营者尤其是年轻企业经营者进行了培训，从1996—2002年，举办“县办工业企业厂长、经理培训班”21期，共培训1900余人次。

九、安全管理

安全管理是企业管理的重要组成部分。经贸

局始终把安全管理作为重中之重来抓，坚持“安全第一，预防为主”的原则，建立健全重大安全事故责任追究制度。实行谁主管，谁负责，经贸局长负总责，厂长经理为第一责任人。截至2002年年底，有80%的企业安全生产责任制、安全制度健全，其他企业也在完善中。各企业经常开展安全自检活动，查找安全隐患和事故苗头。经贸局、劳人局、县消防、工商局每年都组成联合检查组进行专项检查及抽查，查出问题当即作出整改意见，限期整改。全县县办工业企业从1991年到2002年没有发生大的事故，实现安全生产。

十、考核奖惩

经贸局根据县办工业的客观实际，1996年为县委、县政府起草《关于县办工业开展升级竞赛活动的奖惩办法》《关于县办工业厂长(经理)管理考核的若干规定》，2001年起草《关于引进资金、技术、人才的奖励办法》。按照该类文件的规定，经贸局每年与县财政局、地税局、国税局一起，对各企业上报的缴税情况进行核实。县委、县政府对发展快、效益好、贡献大的企业及企业领导、销售能手、技术标兵给予物质奖励和精神奖励。1996—2002年，奖励星级优秀企业66家次，优秀企业家46人次。通过鼓励先进鞭策后进，激发县办工业战线广大干部职工的积极性，推动企业发展。

十一、企业技术进步

企业技术进步是企业兴衰存亡的根本，项目建设是企业新的经济增长点。经贸局负责技术改造项目的立项，可行性研究报告的审批申报，在建项目的跟踪监督与统计，新技术、新产品的推广与申报。为保持县办企业的增长势头，从项目的筛选跑办，到项目的投产见效，经贸局都投入大量的精力为企业进行全程服务。1996—2002年，进行技术改造的县办工业企业共68家次；完成技术改造项目共计69个，1996年完成12个，1999年完成9个，2002年完成9个。年完成技改项目最多12个，出现在1996年和2000年，最少6个，出现在2001年。完成技术改造投资额呈逐年上升趋势，历年都超计划完成技术改造任务。1996年计划完成技术改造投资5000万元，实际完成5616万元；1999年计划完成7500万元，实际完成7566万元；2002年计划完成10000万元，实际完成10612万元。1996至2002年，完成技术改造投资额共计54694万元。

1996—2002年安平县县办工业企业技术改造项目投资情况统计表

表9-7　　　　单位：家、万元

年度＼内容＼项目	技术改造		完成投资
	企业数	项目数	
1996	12	12	5616
1997	12	11	6500
1998	10	10	6500
1999	9	9	7566
2000	11	12	8270
2001	6	6	9630
2002	8	9	10612
合计	68	69	54694

十二、市场管理

经贸局主要负责煤炭经营、成品油经营、废旧钢材回收、电力入网许可证等市场的管理，同时也联合有关部门对农贸市场、建筑材料装饰、食品等市场进行清理整顿。1999年，县政府为规范市场经济秩序，重新调整整顿和规范市场经济秩序领导小组，组长由主管副县长担任，成员由县委办，政府办、经贸局、工商局、技术监督局、物价局、公安局主管局长或主任组成；办公室设在经贸局。机构调整后，加强对市场经济秩序的整顿和规范，全县各类市场渐入公平、有序竞争的发展环境。到2002年年底，全县有经营许可证的煤炭企业10家；成品油企业40家，摊点6个；废旧钢材企业10家。

第二节　管理机构

1991年，县政府负责全县工业企业管理的职能部门是安平县经济委员会(以下简称经委)，经委设办公室、政工科、生产科、技术科、财务科、纪检科、安全保卫科，机关行政编制18人。1993年4月，经委与计划委员会合并为计划经济委员会，内设办公室、生产科、技术科、计划科、区划办，编制25人。1996年2月，撤销计划经济委员会，成立经济贸易委员会。1996年11月，经济贸易委员会改为经济贸易局（以下简称经贸局）。2002年7月，经贸局更名为经济发展局，内设办公室、财务审计股、生产股、技术股、市场股、行政编制14人，事业编制2人。设局长1名，副局长3名。

第五章　乡镇企业

县委、县政府坚持以科学发展观为指导，大力实施开放兴县、特色兴县、科教兴县三大主体战略，并把兴县的突破口放在发展乡镇企业上，使乡镇企业迅猛发展，形成以丝网生产、生猪养殖两大产业为主导，汽车配件、鬃尾、烟花、化工等行业竞相发展的产业格局。1996年5月在国家计委立项投资2亿元的丝网大世界开工建设，并于1998年开始投入运营。丝网大世界的建立和丝网产业在全国主导地位的确立，为乡镇企业创造了良好的发展机遇和空间。1999年9月8日，安平县被授予“全国丝网产业基地”称号。2002年，全县乡镇企业实现产值510698万元，营业收入490617万元，实现利润28009万元，上缴税金6977万元，从业人员54002人，比1991年的29501万元、27681万元、3401万元、586万元和37293人分别增加了481197万元、462936万元、24608万元、6391万元和16709人；生产经营行业有工业、建筑业、运输业、商饮服务业等。

第一节　体制

一、乡镇集体企业

1991年，全县乡镇办集体企业共有101家，产值4143万元。1994年后，县委、县政府为最大限度地调动企业经营者的积极性，改变乡镇办集体企业受行政干扰过多、缺乏活力的现象，对全县乡镇办集体企业进行了经营体制改革，一些负债较重、经营不善的企业被租赁、兼并、拍卖，或实行股份制，其所有权随之改变；全县乡镇办集体企业逐渐减少，到2002年年底，减少到29家，产值5542万元。

二、村办集体企业

村办集体企业大都实行承包经营责任制。1991年，全县共有村办集体企业103家。随市场发展和政策调整等诸多因素的影响，村办企业整体呈缓慢增长趋势。到1996年，村办企业增加到163家，产值88219万元。之后，国家政策调整，村办集体企业享受的优惠丧失殆尽，而私营、个体企业日益受到国家政策的支持，所以村办集体企业逐渐衰退，数量迅速减少（具体数字1996年以后未做统计）。

三、个体、私营企业

个体私营企业属于私有性质，其经营权、所有权均属个人。1991年，全县有私营企业1802家，个体企业8470家。个体、私营企业运行灵活，经营者积极性高，在市场中有很强的竞争力，特别是国家提出允许和鼓励私营经济发展后，个体、私营企业发展迅速。个体企业1994年发展到10911家。个体私营企业在快速发展中相继暴露出装备水平低、管理粗放、布局不合理、市场恶性竞争等诸多问题。经过政府引导，企业整合，整顿规范市场秩序，到1997年，私营企业减少到208家，个体企业减少到5638家。1997年后，个体私营企业又逐步恢复和发展。到2002年年底，私营企业334家，产值114569万元，实现利润5390万元，上缴税金1740万元；个体企业9185家，产值390587万元，实现利润22307万元，上缴税金5053万元；私营企业和个体企业的产值、利润、上缴税金比1991年分别增长11.18倍、3.95倍、8.94倍和35.25倍、15.34倍、25.32倍。

1991—2002年安平县乡镇企业基本情况统计表

表9-8　　　　单位：个、万元

项目	企业个（摊）数					总产值					营业收入（万元）					利润（万元）					税金（万元）				
	合计	集体		私营企业	个体企业	合计	集体企业		私营企业	个体企业	合计	集体		私营企业	个体企业	合计	集体		私营企业	个体企业	合计	集体		私营企业	个体企业
年度		乡镇办	村办				乡镇办	村办				乡镇办	村办				乡镇办	村办				乡镇办	村办		
1991	10746	101	103	1802	8740	29501	4491	4831	9405	10774	27681	3946	4590	8892	10253	3401	408	539	1089	1365	586	—	—	175	192
1992	10484	103	108	1924	8349	43455	6831	9528	12383	14713	39627	6449	8864	11380	12934	5182	596	1025	1592	1969	690	152	156	181	201
1993	13319	110	126	2218	10865	76453	11946	15136	22626	26745	70368	10584	13763	21269	24752	9586	1070	1719	3059	3738	905	182	196	251	276
1994	14097	97	147	2942	10911	120000	10637	17586	41172	50605	110063	8737	15038	39123	47165	14309	770	1557	5508	6474	1307	210	202	420	475
1995	12930	91	129	12710	—	190635	14424	56361	119850	—	179740	14109	56676	108955	—	20598	2761	5852	11985	—	1931.5	285	448	1198.5	—
1996	14277	62	163	14052	—	292590	28671	88219	175700	—	272918	27663	85528	159727	—	29659	4006	9083	16570	—	2941	411	773	1757	—
1997	5939	93	—	208	5638	324186	20294	—	41256	262636	308750	25498	—	24632	258620	19152	1458	—	1713	15981	3455	687	—	388	2380
1998	6474	74	—	207	6193	267376	32833	—	35868	198675	252946	31381	—	32688	188877	15124	1806	—	2067	11251	3529	646	—	437	2446
1999	8649	—	—	—	—	333389	38956	—	42509	251924	317671	37318	—	40742	239611	18944	1961	—	2213	14770	4482	734	—	603	3145
2000	8932	42	—	335	8555	390406	26247	—	66655	297504	372010	25852	—	63825	282333	21926	1286	—	3397	17243	5292	653	—	907	3732
2001	9827	29	—	366	9432	445753	5810	—	98195	341748	426590	5348	—	92554	328688	24683	397	—	4704	19582	6059	146	—	1505	4408
2002	9548	29	—	334	9185	510698	5542	—	114569	390587	490617	5268	—	114699	370650	28009	312	—	5390	22307	6977	184	—	1740	5053

第二节　行业门类

一、工业企业

1991年，全县乡镇企业中工业企业摊点共7927家，从业人员29256人，总收入22421万元，利润2693万元。20世纪90年代中期，个体丝网、机械、金属制品、汽车配件、化工等厂家、摊点快速增长。1996年，工业企业总收入达260764万元，利润23002万元。2002年，全县工业生产厂家摊点共4938家，从业人员30647人，总收入282875万元，利润27659万元。

二、建筑业

1991年，全县有建筑施工企业43个，从业人员1194人，总收入800万元。1994年，联办和个体建筑企业发展到130个，从业人员3800人，总收入4859万元。2002年，有150个建筑施工企业，从业人员5200人，总收入7900万元。

三、交通运输业

1991年，全县有运输专业户326家，从业人员678人，总收入1310万元。1996年后，丝网五金制品、机械和生猪等企业形成规模，运输专业户也随之快速成长发展，初步形成以县城为中心，向全国各省市辐射的运输网络；运输工具为客、货汽车，三轮四轮农用车及拖拉机。1998年，在长途客运的基础上出现城乡客运。2002年，城乡客运个体私营客车发展到48辆；全县运输专业户达520家，从业人员1120人，总收入5380万元。

交通运输业的发展不但方便全县人民的生产生活，而且有力地促进和拉动全县经济快速发展。

四、商业饮食业

餐饮业是一个传统服务性行业，改革开放以后发展迅速。1991年，商业饮食业摊点1894个，从业人员5203人，总收入3371万元。1998年，丝网大世界投入运营后，带动全县社会经济的发展，社会投资餐饮业的资本大幅增加，餐饮经营摊点和从业人员快速增长。到2002年，商业饮食业摊点达3032家，从业人员6321人，总收入5103万元。

五、服务业

服务业包括旅店、理发、浴池、摄影、洗染、日用生活品修理和其他服务业。1991年，有门店、摊点170家，从业人员435人，总收入61万元。1995年，有门店摊点1100家，从业人员2169人，总收入1450万元。2002年，门店摊点发展到1300家，从业人员3169人，总收入1900万元。

六、其他行业

其他行业包括个体或联体医疗诊所、医药门市、兽医诊所、书报摊点、文化娱乐摊点等。1991年，有门店、摊点95家，从业人员319人，总收入131万元。2002年，有门店、摊点201家，从业人员1135人，总收入1526万元。

1991—2002年部分年份安平县乡镇企业行业基本情况统计表

表9-9　　单位：个、人、万元

年度	农业企业			工业企业			建筑企业			交通运输企业		
	个数	从业人数	总收入	个数	从业人数	总收入	个数	从业人数	总收入	个数	从业人数	总收入
1991	1050	1800	210	7927	29256	22421	43	1194	800	326	678	1310
1993	32	433	414	10658	36587	61885	77	1933	1815	498	1100	1676
1996	373	1355	460	12963	49640	260764	—	—	—	—	—	—
2002	1880	6410	15920	4938	30647	282875	150	5200	7900	520	1120	5380

续表9-9

年度	商业饮食企业			服务企业			其他企业		
	个数	从业人数	总收入	个数	从业人数	总收入	个数	从业人数	总收入
1991	1894	5203	3371	170	435	61	95	319	131
1993	1181	2959	2388	401	1373	750	472	1892	1440
1996	—	—	—	—	—	—	184	418	6369
2002	3032	6321	5103	1300	3169	1900	201	1135	1526

第三节　重点企业、专业村及工业小区简介

一、重点企业简介

安平县京益铸造有限公司　始建于1983年，属私营企业。公司位于程油子乡，占地13000平方米，注册资金50万元，员工50人，中高级技术员16人；主要生产三轮车、刀片刺绳网。

2002年，公司生产三轮车1万多辆，刀片刺绳4千吨，销售收入1800万元，利税190万元。

河北钻石网业有限公司　成立于1992年，是一家拥有自营进出口权的私营企业。公司位于安平县大子文乡林庄村东，占地20亩，建筑面积4200平方米，注册资金10万元，员工30人，其中，中级、高级技术人员5名；主要生产销售烧烤网和刀片刺绳。

1993年，公司注册“钻石”商标。1998年，公司年产900万片烧烤网，销售收入680万元，利税68万元。2001年7月，注册“WART——WEFT”商标。同年，通过ISO 9001:2000质量管理体系认证。2002年1月，注册“雄鸡”商标；公司建筑面积达12000平方米，固定资产2000多万元，注册资金500万元；员工158人，其中大学学历者32名，中级、高级技术人员30多名；完成销售收入3600万元，实现利税480万元。

河北程杰汽车转向机制造有限公司　始建于1998年5月，位于马店镇马庄开发区，占地面积4.8万平方米，注册资金218万元；员工430人，其中技术人员65人。该公司主要生产经营汽车转向机、转向操纵机构总成，年产65万套。产品主要销售给国内轻型汽车制造厂和三包配件市场（随整车出口）。2002年，产值达3200万元，实现利税350万元。

图9-6　程杰装配检测线车间

公司产品于2000年通过ISO 9001、ISO/TS 16949质量体系认证；于2001年获衡水市名牌产品，2002年被评为省名牌产品、省优质产品。

安平县东兴丝网有限公司　创建于1992年，位于县城城东开发区，是交通部丝网隔离网定点生产厂家、中国建科院焊接网生产基地；注册资金1033万元；员工238人，其中高级技术人员5名。该公司主要生产开发经营高速公路、铁路护栏网，市政围栏，机场、码头护栏网；其下属6个分厂生产工艺围栏、草原围栏、钢板网、勾花网、拧花网、美格网等各种金属丝网。公司拥有世界先进

设备，具备大批量生产能力；其产品于2001年通过ISO 9001:2000国际质量管理体系认证；2002年产值5000万元，利税160万元。

该公司2000—2002年连续三年被安平县人民政府评为科技进步先进单位，2001年被河北省乡镇企业局评为质量信得过产品单位，2002年被河北省质量技术监督局评为河北省中小企业质量信用管理示范企业。同年，公司生产的粉末浸塑安全防护网获国家科学技术委员会颁发的科学技术成果鉴定书。

欧美佳食品机械有限公司　始创于1984年，位于安平县西两洼工业区，占地面积8667平方米，注册资金128万元。公司主营和面机、食品烤炉等，产品销往80多个国家和地区。该公司是ISO 9000中国质量认证注册企业，多次被省消协评为“消费者信得过单位”“重合同、守信用企业”；员工共计60名，其中技术人员6名；“欧美佳”牌商品被认定为省著名商标。2002年，该公司产值3000万元，利税200万元。

图9-7　欧美佳食品机械有限公司

安平县远东金属制品厂　该厂始建于1988年，是生产型自营出口企业；位于县城网都东街87号，占地面积4500平方米；注册资金200万元；共有员工321人，其中，中高级技术人员7人；主要生产经营铁丝、金属丝网、非金属网、丝网机械、不锈钢阀门及管件等；产品主要出口日本、韩国、泰国、巴勒斯坦、以色列、阿联酋、罗马尼亚、奥地利、澳大利亚等国家和中国台湾等地区；年产量10000吨。2002年，销售收入865万元，实现利税42万元。该厂产品通过ISO 9001国际质量体系认证，于2002年被评为衡水市“重合同、守信用”单位。

安平县红星丝网厂　始建于1996年，位于安平县城东前铺开发区，占地53280平方米，是生产型自营出口独资企业。该厂注册资金1180万元；员工200人，其中高级技术人员28人；主要生产经营石笼网、烧烤网、矿筛网、电焊网、六角网、轧花网等丝网五金制品。该厂产品主要出口东南亚、中东、美国、日本、非洲等国家和地区；年产量1500万吨；2002年，产值达1亿元，实现利税1000万元。

图9-8　红星丝网厂

该公司于2001年被河北省私营企业协会评为“光彩之星”；2002年被河北省推动中心企业发展工作领导小组办公室评为“信用优秀企业”，被中国进出口商品检验总公司质量认证中心评为“中国质量认证注册企业”，被河北省工商行政管理局评为“重合同守信用单位”，被衡水市技术监督检验所评为“产品质量合格单位”，被衡水市委、市政府评为“明星企业”。

河北宇龙汽车传动轴有限公司　该公司成立于1999年，是生产型自营出口企业；位于安平县马店开发区，占地1.8万平方米；注册资金300万元；共有员工170人，其中中高级技术人员38人；主要生产经营汽车传动轴；产品主要出口欧洲、北美、非洲及中东等地区。2002年，年产30万支传动轴，产值达2100万元，实现利税290万元。

产品已通过ISO/TS 16949:2002质量体系认证；被评为沈阳金杯车辆有限公司“最佳供应商”，广东福迪汽车有限公司“消费者信得过单位”，衡水市委、市政府“明星企业”，被河北省消费者协会评为"消费者信得过产品"。

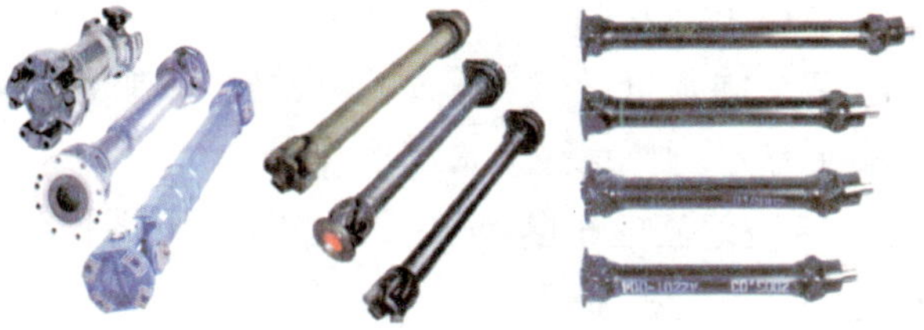

图9-9　河北宇龙汽车转动轴有限公司产品

二、专业村简介

严疃　拔丝织网专业村，位于安平县城为民街西头，全村332户、1175人，隶属于安平镇。该村从事拔丝织网行业已有多年历史。中共十一届三中全会以后，该村拔丝、织网户逐年增多。随着产业化进程的不断加快，该村拔丝织网业开始向规模化集约化发展，产品范围也迅速扩大，电焊网、钢板网、冲孔网、轧花网、矿筛网、汽液过滤网等产品在该村相继开工生产。到2002年，有30余家大型综合网业公司在严疃扎根发展；大型拔丝机达到180台套，拔丝水箱超过2500个；拔丝产品从0.12毫米到6.5毫米各种不同规格都有，年产量超过25000吨；不锈钢拔丝退火8家，设备56台套，年产量2500吨；织网机300台，其中高目数超宽幅大型织网机100台；年产量超过1亿平方米，产值达到3亿元，实现利税1500万元。

马江　拔丝专业村，位于县城西南17.2公里处，隶属于大子文乡。该村从事大拔行业源于1993年。到2002年，全村557户、2147人中从事拔丝行业的就有72家（其中大拔拔丝厂7家），从业人员达到1560人；年产值2.3亿元，实现利税4800万元。

马家庄　不锈钢丝网生产专业村，位于安平县城西北10.8公里处，隶属于大何庄乡。该村从事丝网生产源于1982年。2002年，全村259户、1012人，不锈钢丝网及黑丝布生产加工户发展到118户，有织网机（主要是03型、1151型织机）230台套；产品以不锈钢丝网和黑丝布为主，涵盖120多个品种；年产值1300万元，实现利润260多万元。河北瑞丰五金丝网有限公司、恒瑞达五金网业有限公司、中兴网业制造有限公司等知名企业均在马家庄村起步。

院西　轧花网专业村，位于县城北偏西8.7公里处，隶属于马店镇。2002年，全村拥有轧花网机290台套；企业摊点230多家，占全村总户数的50%；从业人员800余人，占全村总人口的44.3%。该村主要生产轧花网、六角网、石笼网，年产值2950万元，实现利润360余万元，年人均增收2000元。

义门　护栏网生产专业村，位于县城东北10.9公里处，745户、2997人，隶属于程油子乡。该村从事护栏网生产起源于1996年。2002年，从事护栏网生产加工户发展到110余户，年产值9980万元，利润760万元。航通有限公司，志成信护栏网厂等知名企业均在义门村起步。

刘门口　塑料网生产专业村，位于县城东北14.6公里处，288户、1080人，隶属于程油子乡。该村从事塑料网生产起源于1991年。2002年，从事塑料网生产加工的户发展到120余户；年产值2760万元，利润190万元，人均增收1760元。

马庄　汽车配件专业村，位于县城西北12公里处，隶属于马店镇。该村从事汽车零部件行业起源于1972年。2002年，全村358户、1320人；汽车配件加工户发展到60余户，在全国各地经销汽车配件的40余户，本村从业人员达600余人；产品以汽车底盘件和滤清器为主，有180多个品种，主要包括汽车转向机、传动轴、手泵、十字轴、减速器、球头拉杆、减震器铸件等；年产值1860万元，利润310万元，人均增收2350元；汽配产业收入占到全村收入的80%以上。

河北程杰转向机制造有限公司、河北宇龙传动轴制造有限公司、安平县昊宇汽配公司、衡水乾源汽配有限公司等知名企业均在此起步。

王各庄　鬃尾加工专业村，位于安平县城东偏北3公里处，436户、1599人，是中国北方较大的鬃尾尾毛加工集散地，出口量占全国的17.8%；主要产品为马尾、马鬃等；产品用于为制刷、乐器、衬布及做工艺制品原料、服装辅料等；其产品出口20多个国家和地区。2002年，全村鬃尾加工摊点150个，从业人员980人，年产值13000万元，实现利润1950万元。

三、工业小区

马江村开发区　成立于1994年，规划面积3平方公里，主导产业为拔丝。到2002年，入园企业72家，固定资产投资总额3600万元，年销售收入38000万元，上缴税金196万元。

东白开发区　成立于1994年，规划面积6.6平方公里，主导产业为浴盆。到2002年，入园企业18家，固定资产投资总额2548万元，年销售收入32000万元，上缴税金82万元。

张舍开发区　成立于1990年，规划面积4.6平方公里，主导产业为护栏、浴盆。到2002年，入园企业16家，固定资产投资总额2100万元，年销售收入21000万元，上缴税金54万元。

郭西工业小区　成立于1990年，规划面积2平方公里，主导产业是镀锌、丝网表面处理。2002年，入园企业95家，其中镀锌54家，拔丝、浸塑、织网等41家；固定资产投资2600万元，产量29.44万吨，上缴税金36万元。

伍新村工业小区　始建于1990年，规划面积220亩。2002年，入驻企业163家，其中拔丝企业13家，织网企业150家；固定资产总额3900万元，年销售收入41000万元，上缴税金210万元。

南王庄工业小区　成立于2000年，规划面积4平方公里，主导产业是拔丝、织网和丝网深加工。2002年，入园企业25家(其中，在建规模企业1家)；固定资产投资总额6100万元，销售收入46000万元，上缴税金260万元。

后赵疃工业小区　建于2001年，规划面积2平方公里，主导产业是织网、护栏网及丝网深加工。2002年，入园企业18家，固定资产投资总额2700万元。销售收入31000万元，上缴税金188万元。

安平县丝网工业园产业基地　2002年开始筹建，规划面积6.5平方公里，总投资100.3亿元。第一期占地1380亩。

第四节 管理机构

安平县乡镇企业管理局位于县城为民东街48号。1991年，局内设办公室、企业管理股、生产技术股、审计股，干部职工30人；下属单位有鬃尾公司、丝网公司、供销公司、机械配件厂，干部职工118人。1993年，撤销生产技术股、审计股，增设直属企业股、综合股、项目开发股。1998年，撤销直属企业股，增设财务股。2002年，设办公室、法制股、综合开发股3个股室，干部职工39人；下属单位有：工业产品公司、第二建筑工程公司、河北滤清器厂、金属网带厂；干部职工53人。

第十编　商贸服务业

- 国营商业
- 供销合作商业
- 私营个体商业
- 集市贸易
- 烟草专卖
- 石油经营
- 粮油经营
- 物资经营

安平县汉王公园石刻

第十编　商贸服务业

新中国建立后，经过对私营商业的改造，确立了国营与集体商业（供销合作社）的商品经营主导地位。

1978年中共十一届三中全会召开后，私营个体商业开始起步。进入20世纪90年代后，商业体制不断改革，加快“国退民进”的商业改革步伐，国营商业、集体商业开始转制，全县20个基层乡镇供销社开始实行对内对外承包。1997—2002年，国营商业、集体商业采取兼并、转制、拍卖、破产、租赁等形式实行全方位的机制体制转换。各种体制的商业网点遍及全县城镇和农村，国营、集体和私营个体商业竞争激烈。全县商业贸易活跃，市场购销两旺，销售额稳步增长。到2002年，社会商品销售总额达到53868万元，城乡集市贸易成交额达到27140万元，分别是1991年的3.7倍和3.2倍。从不同经济类型看，国营经济和集体经济销售额逐年下降，私营个体经济始终保持较快发展。2002年，国营经济和集体经济商品销售额分别为3851万元和1308万元，比1991年下降50.0%和58.4%；私营个体经济商品销售额比1991年增长12.4倍，达到48709万元，占全县商品销售总额的90.4%，成为全县商业的主力军。

1991—2002年安平县社会商品零售情况统计表

表10-1　　　　单位：万元

项目 / 内容 / 年度	社会商品零售总额					城乡集市贸易成交额
	合计	比上年增减±(%)	国营经济	集体经济	私营个体经济	
1991	14490	22.7	7717	3145	3628	8520
1992	14251	-1.6	6691	2941	4919	10100
1993	14127	-0.9	4857	522	8748	7228
1994	15834	12.1	3244	1734	10856	8970
1995	20566	29.9	4430	889	15247	13980
1996	24262	18.0	3108	375	20779	15600
1997	31251	28.8	4416	3379	23456	17374
1998	33556	7.4	2374	1086	30096	18442
1999	37752	12.5	3136	2049	32567	22755
2000	42232	11.9	6051	1904	34277	25345
2001	47449	12.4	3840	1855	41754	27135
2002	53868	13.5	3851	1308	48709	27140

说明：1991年和1992年，城乡集市贸易成交额是商贸局提供数据，其他的为统计局数据

第一章　国营商业

新中国成立以来，安平县国营商业为安平县的经济发展和改善人民的生活条件，发挥极为重要的作用。1992年中共十四大确定建立社会主义市场经济体制后，安平县进一步加大改革开放力度，加快计划经济向市场经济转轨步伐，国营商业优势不再存在，私营个体商业与国营商业的竞争日趋激烈，国营商业的经济模式、经营方法，经营理念已不适应新时期的挑战，经济效益明显滑坡。1992年亏损176.9万元。到2002年年底，大部分国有企业停业，各单位停止会计报表，部分单位被兼并、拍卖和破产；国有商业由原来的10个企业减少到7个。

第一节　经营机构

一、贸易局下属单位

1991年，商业局下属单位有百货公司、第一百货公司、第二百货公司、五金交电公司、饮食服务公司、糖酒公司、南王庄批发站、食品公司、食品加工厂、堆焊材料共10个单位，共有干部职工760人。1993年2月，糖酒公司停业、注销；3月，成立糖酒采购供应站；10月，更名为糖酒实业总公司。同年，成立茶叶公司。1997年3月，成立商贸建筑公司；4月，农业局的原种场归属内贸局；6月，更名为农牧开发中心。1998年6月，百货公司、第一百货公司、第二百货公司注销；9月，金都宾馆开业；10月，食品公司注销。1999年2月，购物中心开业；3月，糖酒实业总公司分为糖酒实业总公司和糖酒有限公司。2000年8月，食品加工厂破产注销；12月，堆焊材料厂破产注销。2002年3月，饮食服务公司注销；7月，购物中心兼并茶叶公司；12月，商贸建筑公司转制为民营企业。

2002年年底，贸易局下属单位有购物中心、五金交电公司、金都宾馆、糖酒有限公司、糖酒实业总公司、南王庄批发站、农牧开发中心共7个下属单位，共有干部职工620人。

二、贸易局所属企业简介

安平县购物中心　成立于1998年9月，1999年2月1日正式开业。其前身为百货公司、第一百货公司、第二百货公司。

购物中心大楼于1997年筹建，1998年8月竣工；占地面积7800平方米，建筑面积4451平方米，营业面积3500平方米；位于中心路与为民街交叉口西边南侧。购物中心大楼是全县唯一的国有大型商场，共有干部职工170人；经营项目有五金交电、服装、文化、通讯、布匹、针织、百货、食品等，品种齐全，规模较大；2002年，营业额1800万元。

五金交电公司　位于为民西街与西马路交叉路口西北侧。1991年前，该公司有两个经营门市部，一门市部位于中心路东，营业面积545平方米；二门市部位于公司楼下，营业面积1100平方米。公司主营五金、电料、彩电、洗衣机、自行车及部分化工产品。1995年，公司经济效益开始下滑。1997年，中心路开通，五金公司一门市被占用，门市取消。2002年年底，五金公司五交化大楼由五金公司内部职工承包经营，在册干部职工78人。

糖酒实业总公司　前身为糖酒公司，位于为民街路北，主营酒类及小食品类，共有干部职工81人。

安平县糖酒公司于1987年12月16日成立；1993年2月26日申请停业注销，成立安平县糖酒采购供应站。同年10月16日，糖酒采购供应站更名为"安平县糖酒实业总公司"。公司占地面积4553平方米，有两幢库房，建筑面积为665平方米；1995—1996年，投资80万元，在北京八达岭建一饭店，取名聚仙阁，同时对公司临街门市翻修建一宾馆，取名红楼宾馆，建筑面积1344平方米。1999年3月19日，糖酒实业总公司分成糖酒实业总公司和糖酒有限公司两家。糖酒实业总公司干部职工4人，固定资产只有北京八达岭“聚仙阁”酒店；2000年7月以后停业。

饮食服务公司 公司位于为民西街路南，是多年的老国营单位，主要以餐饮、住宿为经营项目。1991年，有临街门市28间，总面积1120平方米，共有干部职工86人。是年，投资310万元，把临街门市全部拆除，建起安平宾馆、第二旅馆及金梦歌舞厅，总建筑面积5600平方米。同年8月，宾馆、旅馆、门市相继开业。1994年10月，公司因亏损将安平宾馆公开拍卖，依法还贷。2002年10月，公司整体开发还贷，公司注销。

金都宾馆 位于为民西街路南饮食服务公司院内。1997年11月动工筹建，1998年3月竣工，总投资69万元，营业面积1472平方米。1998年9月，正式开业，服务项目为餐饮、住宿、歌舞厅、洗浴等。2002年，对外承包。

农牧开发中心 原名原种场，位于城东东寨子村南。1997年4月21日经县政府第九次县长办公会批准，原隶属于农业局的原种场改属贸易局。同年6月，原种场更名为农牧开发中心。中心有土地833亩，1997年出租给京安集团310亩，2001年又出租给京安集团233亩。2002年，中心有干部职工29人；有土地290亩，全部由内部职工承包搞种植。

食品公司 位于为民西街路北，下设城关、城西、河漕村、台城、大子文、南王庄、南王宋、前刘营、杨屯、西两洼、程油子、刘吉口、大何庄、察罗、北侯疃、钦什、北郭村共17个食品站。1991年共有在册干部职工120人，主营收购及外调生猪、鲜蛋业务。同年，为加强企业管理，收回17个食品站的流动资金，由公司统一管理；免去食品站自行贷款资格，各食品站对公司实行月报账制度。1992年3月，各食品站瘫痪停报。

在经济效益不佳的情况下，为增加收入，公司采取切块搞活的办法。1992年1月20日把食品公司冷库注册为公司级企业，单独核算，独立法人，继续由食品公司管理，同时将44名职工划归该企业。1997年，食品公司停业，改由内部职工承包经营。1998年10月，县人民法院对食品公司院内（包括冷库）资产依法收贷，冷库44名人员分流，公司解体。

堆焊材料厂 位于东马南路与陵园东街交叉口以东路北，1992年5月筹建，总投资560万元，1993年3月试投产，共有干部职工50人。该厂主要生产金刚石和压机缸体，后改生产模具钢、锻锤锤头铬轴承钢。1994年6月，因效益不佳被迫停产。1996年3月，向县人民法院申请破产。2002年12月20日，履行破产手续，49名干部职工按破产规定到劳动服务公司办理了失业保险。

食品加工厂 位于东马南路与陵园东街交叉口以东路北（堆焊材料厂西邻），共有干部职工27人。该厂以生产果脯与酱油、醋为主，由于利润较低和经营不善，从1991年到1999年，累欠工商银行贷款本息111.61万元，被工商银行起诉。1999年6月11日被市人民中院裁定破产还贷。根据1999衡破字第4-7号破产裁定书，于2000年8月16日进行拍卖。同年9月18日，市中院实行强行破产，土地证收回，人员分流，公司注销。

第二节 酒类专卖

一、专卖机构

安平县酒类商品专卖管理局于1990年10月经县政府批准成立；由安平县糖酒公司行使职权，共有执法人员5名，局长由商业局1名副局长兼任；办事机构设在糖酒公司院内，为糖酒公司的一个科（酒类专卖科）。1998年11月，列入贸易局科室。1999年4月，纳入行政执法序列，更名为“安平县酒类监督管理局”。

二、专卖执法

酒类专卖管理局根据河北省政府1990年颁布的《河北省酒类商品专卖管理条例》和《河北省酒类专卖管理实施细则》，对零售企业“以批代零”的违规经销进行经常性的严格管理和整治。酒类专卖管理局每年都配合工商局、技术监督局对酒类市场进行专项检查，以酒类打假为重点，清理整顿酒类生产和流通秩序，规范酒类市场。

1991—2002年，累计出动检查3500人次，查处大案11起，普通案件380起，共出动宣传车40辆次，在电视台宣传10余次，印发宣传资料1200份，检查经营网点1800个(次)。在2001年酒类打假活动中，公开销毁假冒伪劣酒30箱。2002年年底，对全县酒类批发与零售单位重新审核验证，取缔不合格的以零售证搞批发的单位32个，保留2个批发企业。2000—2002年，该局连续三年被评为"全市贸易系统先进行政执法单位"。

三、酒类销售

1991—2002年，安平县酒类商品批发企业有两家：安平县糖酒公司和安平县大豆口酒厂。酒类商品零售企业有许可证的330个，经营门店1800多个。糖酒公司酒类商品进货渠道以本省国营批发企业和本省酒厂为主，从衡水酒厂调入酒类商品占较大份额。县内销售渠道是由安平县糖酒公司和安平县大豆口酒厂批发给零售商，由零售商再销售给全县消费者。

全县酒类商品销售量和销售金额呈逐年增长趋势。2002年，全县酒类商品销售量为3630吨，销售金额为6750万元，分别是1991年的1.7倍和3.0倍。

1991—2002年，全县销售酒类商品共计34365吨，销售金额45995万元。其中白酒销量15690吨，啤酒销量17750吨，露酒(色酒)销量925吨，共计销售金额45995万元。

1991—2002年安平县酒类商品销售情况统计表

表10-2　　单位：吨

年份	白酒	啤酒	露酒	销售总量	销售金额（万元）
1991	1100	965	50	2115	2250
1992	1190	1005	55	2250	2485
1993	1210	1145	60	2415	2690
1994	1230	1285	65	2580	2830
1995	1260	1465	70	2795	3010
1996	1265	1500	70	2835	3370
1997	1245	1445	60	2750	3050
1998	1265	1455	65	2785	2990
1999	1455	1750	90	3295	4860
2000	1495	1810	100	3405	5560
2001	1475	1925	110	3510	6150
2002	1500	2000	130	3630	6750
合计	15690	17750	925	34365	45995

第三节　畜禽屠宰

1991年至1996年4月，畜禽屠宰工作由安平县畜牧局管理审批，牲畜屠宰归食品公司，生猪自由屠宰。1996年4月17日，成立生猪定点屠宰执法队。执法队有执法队员7名，办公地点设在县食品公司，具体工作由商业局主管。1997年，在全县共建立县城、马店、大何庄、刘吉口、程油子、南王庄、大子文共7个定点屠宰场。

1997年10月，畜牧局成立畜禽屠宰管理办公室。1999年6月，畜禽屠宰管理办公室被列入贸易局的科室编制，工作人员8人，全部具有行政执法资格。自1998年起，加大行政执法力度，畜禽屠宰管理办公室与公安、工商、畜牧、防疫等有关部门通力合作，严厉打击私屠滥宰行为，认真坚持“定点屠宰、集中检疫、统一纳税、分散经营”的十六字方针，使生猪定点屠宰工作逐步走向规范，有效遏制了“注水肉”“病害肉”流入市场，让全县人民吃上放心肉。

1998—2002年，全县共屠宰生猪27800头，代扣代缴税金27.8万元。

1998—2002年安平县定点屠宰生猪及代扣代缴税统计表

表10-3　　单位：头、万元

年份	屠宰生猪	代扣代缴税金	年份	屠宰生猪	代扣代缴税金
1998	4600	4.6	2001	6200	6.2
1999	5200	5.2	2002	6800	6.8
2000	5000	5.0	合计	27800	27.8

第四节　管理机构

1991年，安平县商业局内设办公室、人事股、财计股、业务商管股，局机关编制16人。

1996年11月29日，经县政府批准撤销商业局，设内贸总公司，挂内贸局的牌子。1998年，内贸局更名为安平县贸易局。1999年4月，酒类专卖纳入贸易局行政执法编制，同时，更名为安平县酒类监督管理局；6月，畜禽屠宰管理办公室被纳入贸易局行政执法编制。

2002年年底，贸易局机关内设办公室、人事股、财计股、业务股、商管股、畜禽屠宰管理办公室、酒类专卖科共7个科室，干部职工22人。

第二章　供销合作商业

1991年，县供销合作社（以下简称县社）有11个直属公司、厂，20个基层社，干部职工1284人；固定资产726万元，自有资金1486万元；完成商品销售2724万元，实现利润141万元。1992年，新上中碳钢拔丝厂和合金材料厂，县社直属企业增至13个；20个基层社和农资公司建庄稼医院21个，另 有4个基层社沿公路建加油站点34个；全系统完成商品销售2564万元，实现利润158.47万元。1993年，全系统开发丝网、鬃尾、化工、不锈钢冶炼、石油、房地产6个行业，20多个品类，项目总投资805万元，实现社社有项目；工业厂点发展到17家，创产值2073万元，完成商品销售4293万元，实现利润135万元，其中工业利润占总利润的70%。1994年，投资700万元在贸易货栈的旧址建成集餐饮、住宿、娱乐、会议于一体的二星级宾馆——安平大厦。1995年，按照“因陋就简先上马，创造效益再发展”的思路，充分利用闲置的生产要素，大力开发工业项目，工业厂点发展到24家，工业效益比重由1993年的40%增加到60%，一项产品（胶果树脂）填补省内空白。1996年，先后兴办农村建房、棉花、农资、鬃尾、养鸡、养猪、养牛等专业合作社，各类专业合作社发展到14个。是年，完成销售8502万元，实现利润70.28万元。1999年，为巩固支柱产业，重点抓棉花、农资、鬃尾、鞭炮四大强项商品的经营，年销售5500万元，利润15万元。2000年，投资250万元，建成农资专业大市场，有30个农资单位和个人入驻经营。

2002年，职工大部分下岗，职工人数降至238人；固定资产3498万元，自有资金1398万元；商品总销售5361万元，实现利润29万元。

1991—2002年安平县供销合作社发展状况表

表10-4　　单位：万元

年度	固定资产	自有资金	商品销售	利润
1991	726	1486	2724	141.00
1992	869	1547	2564	158.47
1993	2217	1359	4293	135.00
1994	3050	1441	5078	60.00
1995	3683	1474	6000	100.00
1996	3682	1474	8502	70.28
1997	4373	1531	7473	70.00
1998	4678	1480	6500	41.00
1999	4610	1553	5500	15.00
2000	3851	1462	6100	30.00
2001	3522	1339	5962	30.00
2002	3498	1398	5361	29.00

第一节　主要经营商品

一、化肥

1991年，化肥购销系双轨制，即平价调拨和自采相结合；供销社农资部门是化肥流通的主渠道，全年销售尿素，碳铵、二铵、磷肥等化肥1万吨。1993年，国家取消粮、棉、油奖售化肥政策，农资市场变为多渠道经营，市场竞争日趋激烈，假冒、伪劣产品增多。1994年，由县社牵头，工商、物价、技术监督等部门参加，组成清理农资市场领导小组，对全县56家个体经营化肥摊点进行清理登记和全面整顿，从而扭转农资市场混乱局面。县供销部门为占领农资市场，各级供销社以庄稼医院为切入点，为农民测土施肥开展“预约订货，送货到村，服务到户”活动，从而使市场占有率提高到80%，同年销售化肥1.9万吨。1996年，县农资公司和河漕村、城关、东黄城、大何庄、张寨共5个基层社联营，实行农资公司、基层社化肥销售价格统一，巩固供销系统农资经营阵地。是年，全县销售各类化肥27873吨。1999年，农资部门改变服务方式，提高服务质量，实行走街串巷，批零兼营，拆整卖零，承包果园等措施促进销售，年销售化肥20826吨。2000年，为确保化肥供应，县供销系统积极组织人员外采名牌小麦专用肥“红三角”2000吨。2002年，全县供销系统共购进化肥15654 吨，销售20212吨。

二、农药

1991年，供销社为帮助农民除治棉花害虫，大量采购除虫所用的有机磷农药1605、钾铵磷、辛硫磷、久效磷、氧化乐果、溴氰菊酯、速灭杀丁、敌杀死、呋喃丹等20多种，共采购农药365吨，销售343吨。1994年，农业局成为农药主营部门，并负责农药经营的审批，因此，供销社农药销量大幅下滑，年仅销售65吨。1995年，农药销量开始大幅回升。1996年，农药增加了麦田除草剂、玉米田除草剂、花生田除草剂等。1995—1997年，农药年销量一般为105～160吨。从1998年开始，农药销量呈下降态势，至2002年，年销售农药53吨。

三、农用塑料膜

1991年，由于宣传不够，农民对使用塑料膜的好处、效果认识不足，农膜使用尚未推开，年销量仅为5吨，1992-1994年，一直徘徊在5吨左右。1995年，农民对塑料膜的认知程度提高，棉花种植面积扩大，农膜销量大增，年销量达75吨。1996—1997年，棉田面积锐减，农膜销量也随之下滑，销量分别是5吨、7吨，之后，销量逐年上升。2002年，农膜销量上升到70吨。

1991—2002年安平县化肥、农药、农膜购销情况表

表10-5　　单位：吨

年度	化肥		农药		农用塑料模	
	购进	销售	购进	销售	购进	销售
1991	—	10000	365	343	6	5
1992	—	—	—	—	5	4
1993	—	—	—	—	6	6
1994	22000	19000	30	65	6	5
1995	36621	33563	181	163	78	75
1996	28000	27873	190	161	4	5
1997	25000	23480	120	105	8	7
1998	21288	19717	90	85	13	12
1999	22538	20826	90	85	20	18
2000	19430	23288	80	51	30	29
2001	18631	15600	70	52	35	36
2002	15654	20212	69	53	72	70

第二节　经营机构

一、县供销社下属企业

1991年，供销系统共有下属企业31个，其中直属公司、厂11个：农资公司、棉麻公司、副食品公司、土产日杂公司、贸易货栈、贸易中心、丝网公司、畜产公司、刘吉口轧花厂、安平轧花厂、角邱轧花厂；基层供销社7个：南王庄、南王宋、大子文、大何庄、马店、程油子、城关；供销分社13个：石干、东黄城、台城、河漕村、王胡林、西两洼、后张庄、东里屯、察罗、刘吉口、南苏村、张寨、袁营；共有干部职工1284名。

1997年，组建建筑公司。1998年11月，县社对下属单位进行重新组合。重组后，县社直属企业单位增至25个，即农资公司、第二农资公司、第三农资公司、盐业管理公司、棉花公司、棉麻公司、丝网公司、副食品公司、畜产公司、土产公司、龙润畜产品有限公司、贸易中心、安平大厦、安平油棉厂、角邱油棉厂、北满正油棉厂、安平油脂厂、第二油脂厂、第三油脂厂、石墨轴承厂、东方拔丝厂、北华丝网厂、角邱树脂厂、合金材料厂、钢丝厂。2000年，对基层供销社进行调整，基层供销社减至5个。

2002年年底，供销系统直属企业有一、二、三生产资料公司和棉麻公司、贸易中心、畜产公司、龙润畜产品公司、盐业专营公司、安平油棉厂、角邱油棉厂共10个单位；基层社有城关供销社、河漕村供销社、南王庄供销社、大何庄供销社、义门供销社；共有干部职工238名。

二、供销系统企业简介

农业生产资料公司　该公司始建于1950年，集体企业，地处丝网街与中心路交叉口东北侧；主要经营农机具、化肥、农药。1991年，公司设办公室、财务科、化肥科、农药科、农机具科，有干部职工70人；经济上独立核算，固定资产16万元，流动资金251万元。1999年，农资公司分为第一、第二、第三3个农资公司。2001年，原农资公司地皮、房产全部出售给开发商；第一、第二农资公司迁至农资大世界门市部，绝大多数职工下岗；第三农资公司迁至城东开发区，职工也大都下岗。到2002年年底，农资公司只有12名干部职工开展业务。

棉麻公司　始建于1950年，地处丝网街与东马路交叉口东北侧。1991年，公司设业务科、财务科、棉检科；固定资产130万元，流动资金3531万元。1998年，原棉麻公司改建为商住楼，棉麻公司迁至城东棉库。2002年，公司有干部职工28名，年收购籽棉5958吨。

盐业专营公司　1999年3月，盐业从副食品公司析出组建盐业专营公司；盐业专营公司有干部职工21人，设办公室、业务组、稽查组。2002年，公司有干部职工32人；年销售碘盐883吨，工业盐115吨，实现利润1.5万元。

畜产公司　始建于1988年，地处为民西街路南，内设办公室、财务室。1991年，有干部职工25人；拥有固定资产8万元，流动资金61万元；年销售40万元，实现利润0.2万元。1994年，因畜产品经营不景气，改为生产塑料平网，年创产值60万元，利润1万元；有干部职工31名。1995年后，随着经济体制改革的不断深入，市场竞争日益激烈，公司经济效益大幅下滑，单靠塑料平网一个项目，已不能满足单位日常经营费用，职工绝大部分下岗。到2002年，公司上班职工7人，勉强维持生计。

第三节　棉花收购、加工

一、收购

棉花是国家重要的计划物资。供销社是国家委托的棉花经营单位。1991年，按照国家规定的棉花收购政策，收购标准一般分为三个等级（主要是依据棉花的衣分、绒长、色泽确定棉花等级并核定价格）进行收购；全县共有24个收购站点，其中有安平油棉厂、角邱油棉厂、刘吉口油棉厂、棉麻公司和20个基层社棉站；年共收籽棉11930吨，占定购任务的65.4%。1993年，棉花资源锐减，由坐等收购转为入村入户收购，收购籽棉量锐减到264吨。1994年，棉花种植、收购成为政府行为，各级政府对棉花收购工作非常重视，年收购籽棉上升到2354.3吨，折合皮棉828.09吨。1996年和1997年，由于棉花资源匮乏，年收购籽棉900吨左右。1999年，全县6个收棉单位为方便棉农在全县新设立了12个收棉摊点。2000年，建立全县植棉大户档案，实行订单农业，县社与棉农签订收购协议，收购籽棉量猛增到7300吨。2001年，国家放开棉花市场，允许私人参与棉花收购。2002年，收购籽棉6500吨。

1991—2002年安平县棉花收购情况表

表10-6　　　　单位：吨

年度	籽棉	年度	籽棉
1991	11930.0	1997	960.0
1992	—	1998	2500.0
1993	264.0	1999	3900.0
1994	2354.3	2000	7300.0
1995	—	2001	6300.0
1996	860.0	2002	6500.0

二、加工

1991—1995年，供销社共有棉花加工企业4家，即安平轧花厂、角邱轧花厂、刘吉口轧花厂及中佐轧花厂。1996年后，刘吉口轧花厂、中佐轧花厂相继关闭，全县只剩安平、角邱2个轧花厂。两厂日加工籽棉能力均为1万公斤，其原料主要是全县各棉站所收购的籽棉。加工后的皮棉由县棉麻公司负责定级销售。

第四节　专卖商品

一、烟花爆竹

烟花爆竹属于易燃易爆危险商品，系国家禁限物资。1991—1996年，该项商品一直由土产日杂公司经营。1997年，国家规定烟花爆竹由供销社独家专营。为加强领导，实现整体运作、严格管理、安全经营，县社机关专门设立烟花爆竹管理办公室，对烟花爆竹市场清理整顿，对经营单位进行严格审批和规范化管理，市场秩序明显好转。2000年，县社系统鞭炮销售额为98万元；2001年，销售额155万元；2002年，销售额达175万元，省供销社授予安平县供销社“鞭炮经营安全管理先进单位”荣誉称号。

二、盐业

1991—1995年，盐业由县社副食品公司经营。1995年，盐业经营列入政府行为，碘盐供应执行“党委领导、政府行为、部门负责、群众参与”的“十六字”方针，加大销售力度，年销售碘盐378吨。1996年，为落实国务院总理李鹏向全世界作出的“至2000年消灭碘缺乏病”的承诺，提高全县人民身体素质，主管县长和乡镇长签订碘盐销售责任状；先后捣毁大子文、南王庄、马店三个私盐窝点，查获私盐28吨；碘盐销售大大加快，年销售量达511吨。1999年，盐业从副食品公司析出，组建盐业公司；建立县、乡、村三级销售网络；县社系统发挥联合社的群体优势，开展“碘盐销售突击月”活动，同时加大执法力度，打击摩托贩卖私盐，查处私盐23吨。是年，销售碘盐779吨。2001年和2002年，进一步规范盐业市场秩序，开展送盐下乡活动，碘盐销售量分别达到822吨和883吨。

第五节　管理机构

安平县供销合作商业的管理机构是安平县供销合作社联合社（以下简称县社）。1991年，分为理事会和监事会，内设理事会办公室、监事会办公室、人事科、业务科、财计科、生产科、保卫科、监察科、行政科共9个科室；共有干部职工50人，其中理事会设主任1人，副主任4人；监事会设副主任5人。1992年，增设党委办公室。1993年，县社机关按照“并科减员、创办实体，双向选择、双层择优”的构想抓机关改革，把原来的2个室、7个科减为1个室、4个科，即办公室、业务科、财计科、人事监察科、生产保卫科；组建购销总公司和经济开发总公司。1996年2月，撤销购销总公司和经济开发总公司。1997年，增设烟花爆竹管理办公室。2002年年底，县社机关共有干部职工28名，其中理事会主任、副主任各1名；监事会未设主任、副主任。

第三章　私营个体商业

第一节　发展概况

安平县个体商业的发展从1982年开始。20世纪90年代，个体商户持续快速增加。1991年，全县私营个体商业门店2100家，从业人员4300人；无固定门店的个体摊点1500个，从业人员1800人；无证照经营小摊点320个，从业人员600余人；注册资金共计8500万元；销售额为3628万元，占全县商品销售总额的25%。

2002年，全县私营个体商业门店达到3000家，从业人员6000人；不固定摊位达到2000个，从业人员3000人；注册资金共计28000万元；城内私营个体商户2400家，注册资金22000万元；私营个体商业销售额为48709万元，是1991年的13.4倍，占全县商品销售总额的90.4%。

第二节　经营门类

一、百货

日用百货是人们生活必需品。由于人们生活水平的提高，消费观念的改变，日用百货小商品不断更新换代，销售额上升。1991年，经营百货类商户有350家，从业人员500人，注册资金2200万元，销售额620万元。2002年，商户有500家，从业人员700人，注册资金6500万元，销售额达到1200万元。

二、食品

1991年年初，食品类商品主要是国营与集体单位经营，个体经营占全县总经营额的三分之一；经营商户800家，从业人员1600人，注册资金1820万元。1995年以后，食品公司、副食品公司等一些国营门店及乡镇供销社相继停业，食品类商品经营主体由个体商业取代。该时期，食品类商品的档次逐渐提高，原在大中城市才能买到的食品在县城超市中也能买到，包装食品开始占主导地位。2002年，全县有食品类商户1130家，从业人员2000人，注册资金5400万元。经营商户主要分布在为民街。

三、五交化

五交化类商品主要包括电视、电脑、电冰箱、空调、电风扇、自行车、摩托等小五金类商品。

1991年年初，经营五交化商户150家，从业人员320人，注册资金1980万元。五交化类商品的销售量最快的是黑白电视机，1991年销量为960台，1996年达到4500台。1997年，黑白电视机销售量开始下滑，彩色电视销量增加。2002年，黑白电视机基本被淘汰，销售彩色电视机4000台。

摩托车销售稳步上升，1991年销售650辆，2002年上升到7500辆。

空调于1992年开始销售，只有安平县五金公司经营，年销量仅60台。1995年后，个体五金门店开始经营。随着全县人均收入的提高和空调大幅降价，2001年销量大幅上升，2002年年销量达到1800台。

2002年，五交化类商户280家，从业人员850人，注册资金8200万元。经营商户主要分布在县城为民街中部和网都街南边的农贸市场。

四、饮食

1991—2002年，饮食业发展迅速。规模较大、条件较好、能同时容纳100人以上就餐的饭店由3家发展到18家，一般饭店由190家猛增到360多家，小型餐饮摊点到处可见，外地具有独特风味的四川火锅、山西拉面、天津包子、北京烤鸭等特色餐饮纷纷来到安平。餐饮门店分布在县城各主要街道和各乡镇驻地。

五、建材

建材主要包括钢筋、水泥、装饰材料等。由于城镇居住人口大量增加和农民居住条件改善，拉动建材市场和装修业的发展壮大。建材、装修门店1991年仅有12家，注册资金800万元，到2002年增加到60家，注册资金3300万元。建材经营地点在县城西马路中南部。

六、其他行业

理发、洗浴，摩托、汽车、自行车修理，家电维修，家政服务等服务摊点都呈逐年增加的趋势，特别是摩托、汽车修理行业摊点增加更为迅速。

第三节　重点私营商场简介

惠祥超市　该超市是一家私营企业，位于为民街与中心路交叉口北面西侧的繁华地段；建筑面积5500平方米，总投资1000万元；主体四层，建筑美观，装修雅致，内设电梯，是安平县个体私营商业第一个大型超市。惠祥超市于2001年10月建

图10-1　惠祥超市

成开业，聘请外地高级经济管理人才管理；商品有食品、百货、文体、鞋帽、服装、副食、烟酒、图书、金银饰品、电器、五交化等；从业人员180人。2002年，日均客流量达6000人次，日均销售额8万元左右。

京润超市　位于为民东街与汉王路交叉口东南侧，建筑面积15000平方米，总投资3000万元；主体三层，局部四层，是安平县规模最大，集日用、百货、服装、食品、副食、布匹、餐饮、娱乐于一体的大型商场；从业人员320人。

京润超市是继惠祥超市之后建起的安平县第二个私营大型超市，一楼主营食品、百货；二楼鞋帽、服装、针织用品等；三楼是娱乐场所，设保龄球、台球、乒乓球和儿童游乐场等。2002年，日均客流量5000人，日均销售额6万元左右。

第四章　集市贸易

第一节　集市网点

1991年后，安平县农村经济活跃，集贸市场蓬勃发展，集市星罗棋布。1991年，全县共有集贸市场29个；取消辛营集贸市场，增设石干集贸市场。1993年，增设报子营、南苏村集贸市场。1994年，增设西会沃、北满子集贸市场。1995年，增设杏贡集贸市场。1997年，增设李大转、西满正、河漕村、后张庄集贸市场。1998年，增设徐张屯、东毛庄集贸市场。1999年，增设东寨子集贸市场。2001年，增设宅后寺、堤沃集贸市场。2002年，全县共有集贸市场43个。在集贸市场数量增多，交易日益活跃的同时，市场的档次逐步提高，规模越来越大，功能也日趋齐全。1992年，县城新兴集贸市场改建为棚式市场一新农贸市场。该市场坐落于新盈街西头，占地80亩，可容纳行商2000多个，坐商600多户。之后，马店、南王庄等集市也进行改建，“马路市场、地摊市场”的局面得到明显改善。

1995年后，在集贸市场日趋繁荣的同时，县城街头夜市也活跃起来，夏季尤为活跃。夜市以卖小吃和小商品为主。

2002年安平县集市网点分布情况一览表

表10-7

集日（每月农历）	地　点	合计
一、六	安平、西大转、石干、刘门口、报子营、北郝村、	6
二、七	南王宋、义门、付各庄、宅后寺、马店、杨各庄、西满正、东黄城、西两洼	9
三、八	台城、河漕村、李大转、程油子、南白沙庄、郎仁、徐张屯、韩村铺、向屯	9
四、九	王胡林、杏贡、中佐、南苏村、西长堤、大何庄、大子文、东毛庄	8
五、十	西会沃、角邱、张寨、刘吉口、北满子、长汝、唐贝、堤沃、东里屯、后张庄、东寨子	11

第二节　贸易状况

1991年后，商品流通体制改革力度不断加大，除国家统一经营的粮食、棉花、农资等物资外，其他物资全部放开，全县集贸市场进入繁荣活跃的新阶段。县城大集设服装、鞋帽、木货、蔬菜、猪羊、拖拉机、花鸟、牲口、铁器、布匹等行业市场，是全县最大的集贸市场。20世纪90年代后期，随着生产力的发展，猪羊市、牲口市、拖拉机市逐渐萎缩；广大人民群众购买商品时更加注重环境、品质、信誉。2000年，惠祥、京润两个大型超市相继开张营业，上市商品日渐繁多。2001年，棉花市场放开。2002年，市场交易活跃，上市商品由1991年的2500种增加到5000多种；成交额由1991年的8520万元上升到27140万元。

1991—2002年安平县集市贸易情况表

表10-8

年度	上市人数(万人)	商品成交额(万元)
1991	12	8520
1992	15	10100
1993	14	7288
1994	17	8970
1995	16	13980
1996	13	15600
1997	14	17374
1998	11	18442
1999	10	22755
2000	11	25345
2001	9	27135
2002	10	27140

第三节　庙会、物资交流会

每年一度的安平庙会设在县城，时间一般为6天，多安排在秋季农民收秋以后，所以也称秋季物资交流会。安平庙会届时邀请戏曲、马戏、歌舞、驯兽、儿童游艺等文艺团体到大会助兴。庙会期间四方商旅云集，物资丰富，品种繁多；赶庙会者成千上万，络绎不绝；交易活跃，成交额很高。庙会为促进地方经济发展，活跃城乡人民群众的物质文化生活发挥了重大作用，成为广大群众特别是农民群众不可或缺的一道"文化大餐"。2002年，庙会摊位达到3760个，商品成交额达到3860万元，比1991年的1890个摊位、920万元的成交额分别增加了1870个和2940万元，分别增长了99%和320%。

1991—2002年安平县物资交流会成交额情况表

表10-9　　单位：个、万元

年度	摊位数	成交额
1991	1890	920
1992	2010	1001
1993	2300	1201
1994	2650	1356
1995	2800	1680
1996	3010	2000
1997	3090	2200
1998	3210	2510
1999	3312	2860
2000	3491	3002
2001	3500	3500
2002	3760	3860

第五章 烟草专卖

1991—2002年，安平县烟草专卖局坚持"内管外打、守土有责"的专卖管理方针，以《中华人民共和国烟草专卖法》及《中华人民共和国烟草专卖法实施条例》为依据，与公安、工商等部门合作，严厉打击制售假冒商标卷烟、走私烟、非法生产卷烟、地方烟厂卷烟和无本县监销标识卷烟，保护消费者合法权益，维护安平县卷烟市场经营秩序，促进烟草市场的健康发展。烟草专卖局于1993年被衡水地区烟草专卖局评为"专卖管理先进单位"；1996—2002年，被衡水市消费者协会评为"消费者信得过单位"；1998年，被安平县委、县政府评为"纳税先进单位"；2002年，被衡水市烟草公司评为"衡水市烟草系统企业经营管理先进单位"。

第一节 经营销售

1991—1997年，进货渠道主要从衡水分公司组货、自主进货，公司下设四个批发部。1998年1月，成立网建科；下设5个卷烟销售网点，向全县城乡各阶层卷烟零售户开展送货服务。2002年7月，公司实行卷烟销售大配送制。

1991—2002年，共购进卷烟612286万支，销售卷烟645965万支，销售收入53971万元，实现利润890.18万元，上缴税金677.5万元。

1991—2002年安平县卷烟购销情况统计表

表10-10　　单位：万支、万元

年度	购进卷烟	销售卷烟	销售收入	实现利润	上缴税金
1991	10289	51330	2175	11.99	7.3
1992	60440	59020	3020	36.49	15.0
1993	61360	61575	4222	35.90	23.0
1994	44980	43900	3427	51.00	24.0
1995	60000	57815	4937	30.80	33.2
1996	67080	65785	6091	2.00	46.0
1997	72455	70740	6776	17.00	12.0
1998	66975	67600	8439	53.00	33.0
1999	24965	24890	1171	77.00	85.0
2000	41655	43035	4357	107.00	90.0
2001	52520	53540	4820	196.00	134.0
2002	49567	46735	4536	272.00	175.0
合计	612286	645965	53971	890.18	677.5

第二节　烟草专卖管理

1991年《中华人民共和国烟草专卖法》(以下简称《烟草专卖法》)正式颁布实施后，安平县烟草专卖局根据《烟草专卖法》，确立专卖管理机构的工作性质和工作任务，并大胆改革，相继成立四个批发部，实行承包经营责任制，使卷烟销售明显增加，利润连年递增，年利润由1991年的11.99万元增加到2002年的272万元。

一、专卖宣传

《烟草专卖法》颁布实施后，为让广大经营者和消费者了解专卖法律、法规，树立守法经营意识和自我保护意识，同时也为烟草执法赢得舆论支持，安平县烟草局充分利用电视、广播、图展、标语等现代传播媒介开展《烟草专卖法》宣传攻势，并抓住典型案例在新闻媒体公开曝光，以案讲法，力促形成良好的烟草专卖执法环境。

二、网络专销

1994年，安平县烟草专卖局建立专卖管理网络体系，对卷烟零售户实行户籍化管理。全县零售户"一户一证、一户一书、一户一档"，按守法户、较守法户、违法户进行分类。对重点户严密监控，随时检查，对屡教不改的给予严厉查处。实行营销网络与专卖管理职责分开，建立起专卖和销售相互独立、相互监督、相互配合、相互促进的管理模式。通过该类措施，促进烟草专卖执法的规范化和烟草行业专卖专营体制的形成。

三、执法查处

1991—2002年，安平县烟草专卖局为贯彻落实《烟草专卖法》，打击违法经营卷烟行为，提高烟草专卖管理执法力度，完善专卖制度，建立"以我为主，归我管理，由我调控"的卷烟市场管理体系。确立"全面访销、全面配送、访销结合"为核心的卷烟销售网络模式。成立卷烟市场稽查大队，设2个卷烟市场专卖管理所，并划分区域，责任到人，逐村逐户调查、访销、送货、稽查实行一条龙式专卖户籍化管理。同时，与县政府各职能部门齐抓共管，加大对假、私、非卷烟和非法加工烟丝窝点的查处力度。1991—2002年，共查获假、私、非卷烟43045.5条，木制卷烟机5台，铁制卷烟机1台，印刷机1台，烟支印版13块，切丝机36台，烘干机2台，烟丝17555公斤及大量附属工具。

附记：典型案例

1993年4月22日，安平县烟草专卖局与检察院配合，在本县石干村马某某家查获木制卷烟机2套，成品卷烟迎宾牌50条，玉兰牌50条及部分卷烟纸、塑料膜、锡纸、过滤嘴、条包装、烟丝等卷烟材料。经审讯得知，马的卷烟工具及材料均从本村另一马姓家购得。根据这一情况，同日，在另一马姓家查获木制卷烟机3套，接咀工具6套，切割工具3套；查获成品烟迎宾牌161条，精玉兰牌27条，新石家庄牌57条；迎宾、玉兰、驰鹿、新石家庄烟支印版6枚；迎宾条包装48张，盒封口50张，盒包装500张；玉兰盒封口0.75公斤，玉兰条包装500张，盒包装1000张；新石家庄盒塑料封口250米，烟用香精1公斤，条塑料包装200张。二人严重违反《烟草专卖法》，经研究决定，没收其全部卷烟工具及烟草制品，行政拘留15天并分别处以1000元、2000元罚款。

1993年12月22日，安平县烟草专卖局与县公安交警大队在县城保衡路查获福建省宁德市东港商贸公司车队偷运假红塔山牌卷烟199万支(价值61.69万元)，在安平县工商局、公安局、法律公证处的监督下全部予以销毁。衡水市烟草专卖局1名副局长和1名专卖科长以及县委、县政府有关领导到现场监销。

2001年8月27日，安平县烟草专卖局、工商局、公安局、交通局、人民检察院等执法部门，在南满子村查获一非法切丝窝点。查获切丝机12台、烟丝15吨、锅炉1台、烘干机2台及大量附属工具。经研究决定，全部予以没收。

2002年8月22日，安平县烟草专卖局在对农村市场进行检查时，发现南胡林村北拔丝厂内一非法加工烟丝窝点。经过五小时的突击工作，查获切丝机12台(其中,10台正在生产中)、烤炉1台、锅炉1台及其他附属工具,查获烟丝3000公斤、烟梗10000公斤。经研究决定,全部予以没收。

第三节　管理机构

安平县烟草专卖局1991年1—8月隶属于县政府领导。1991年8月27日，专卖局划归衡水地区烟草专卖局、衡水地区烟草公司，同时更名为河北省安平县烟草专卖局、河北省烟草公司安平县分公司，是政企合一的经济实体；隶属于衡水地区烟草专卖局和安平县政府双重领导，以系统内垂直领导为主；下设政办室、专卖科、财务科和4个卷烟批发部，共有干部职工53人。

1992年2月，增设业务科、安保科。1994年1月，成立第五批发部。1995年8月8日，成立安平县卷烟销售中心。1996年10月31日，成立南王庄卷烟销售网点。同年12月27日，成立马店卷烟销售网点。12月28日，成立金叶综合商场。是年，撤销第一、第二、第三、第四、第五批发部。1997年11月15日成立监察科。1998年1月，成立安平镇、程油子卷烟销售网点和网建科。

2002年7月，实行卷烟销售大配送制，同时撤销四个销售网点和卷烟销售中心、网建科，划分城区、城镇、程油子、马店、南王庄等送货线路。2002年年底，安平县烟草专卖局内设政办室、专卖科、业务科、财务科、安保科、监察科5个科1个室；下设金叶综合商场；共有干部职工58人，其中局长1名，副局长2名。

第六章　石油经营

第一节　石油购销

20世纪90年代初期，石油购销由石油公司独家经营，品种有煤油、柴油、汽油、润滑油等20个品号。1991年，共销售成品油5819吨，销售额达711.63万元，实现利润15.45万元。1991年后，社会成品油的需求逐年增长，国家计划内统配调拨的成品油不能满足社会需求，因此，从1992年开始，成品油购销由统配调拨改为以自采为主，价格实行“双轨制”(平价、议价)，计划内部分按平价供应，自采部分在国家制定的价格政策范围内加价自行销售。1993年，第一座私营加油站建成并投入使用，打破成品油由石油公司独家经营的局面。随着国家调拨平价油数量的逐年减少和社会需求的不断增加，议价油逐步取代平价油成为供应主体。1996年，国家取消平价油，成品油完全市场化；石油公司根据市场需求，实行自采自销，自负盈亏的经营模式。2002年年底，石油公司成品油销售量达到15115吨，约占全县成品油销售量的80%；销售收入5259.33万元，实现利润36.07万元。

1991—2002年安平县石油分公司成品油销售情况表

表10-11　　　　单位：吨、万元

年度	销售量	销售收入	利润	年度	销售量	销售收入	利润
1991	5819	711.63	15.45	1997	7872	1679.50	5.38
1992	5654	828.60	18.78	1998	9505	1772.18	11.92
1993	3596	920.69	15.50	1999	14492	2958.03	41.67
1994	4136	733.74	6.12	2000	14606	4091.29	73.52
1995	5658	1102.53	6.84	2001	14249	3872.45	67.41
1996	7278	1440.31	4.36	2002	15115	5259.33	36.07

第二节　经营企业

1991年，全县共有加油站4座(其中，县石油公司2座，县供销社2座)，县石油公司油库1座。油库设有地下储油池2个，防渗漏钢制50立方卧式储油罐28个，库容量近2000吨。1993年，全县第一座私营加油站——良友加油站建成并投入使用。1994年，新增私营加油站2座。1995年，北辛营迅发加油站(私营)建成营业。1996年，增建加油站7座(石油公司所属1座，私营的6座)。1997年，建成加油站3座(石油公司所属2座，私营1座)。1998年，建加油站5座(石油公司1座，私营4座)。1999年，县石油公司所属加油站统一中国石化形象标识。同年，中国石化安平加油站建成营业。2000年，新增加油站3座(中国石化1座，私营2座)。2001年，中国石化第九加油站、第十加油站建成营业。2002年，建加油站2座(中石油1座，私营1座)。同年，县石油公司油库关停。2002年年底，全县共有加油站31座，其中：中国石化加油站10座(中心站、大子文站、城东站、华安站、伍新站、红旗站、安平站、郭西站、第九站、第十站)，中国石油加油站1座(中石油衡水市第十二加油站)，集体加油站2座(东黄城供销社加油站、石干供销社加油站)，私营加油站18座。

第三节　管理机构

1991年，河北省石油总公司安平县分公司内设办公室、财务股、业务股；下辖油库、车队和城南(中心站)、大子文2个加油站；共有干部职工96人，其中经理1人，副经理2人。1996年，增建 城东加油站。1997年，建成华安站、伍新站。同年5月，公司更名为河北石油集团安平县石油有限责任公司。1998年，增建红旗站。1999年，增建安平站。2000年增建郭西站。2000年2月25日，中国石油化工股份有限公司正式挂牌成立。同年7月25日，安平县石油公司正式组建中国石油化工股份有限公司河北安平石油分公司。分公司隶属于中国石油化工股份有限公司。2001年，增建第九、第十2个加油站。2002年，油库关停；公司内设办公室；下辖10个加油站；共有干部职工82人，其中经理、副经理各1人。

第七章　粮油经营

第一节　经营体制

一、国营

1991年至1992年底，粮油经营实行统购统销。县粮食局是粮油统购统销的管理经营单位，所属库站共17个，县城设有直属库、议价公司(1998年，改为直属二库)、城关一站、城关二站；下设察罗、大何庄、刘吉口、南苏村、程油子、张寨、毛庄、东里屯、东黄城、大子文、石干、南王庄、南王宋13个粮站。1993年，粮油市场放开，但国家对农民生产的粮食实行定购政策不变，定购数量完成后，国家收购农民余粮在定购价基础上加价20%左右。1994年，改定购为合同定购。1997年6月，对农民完成合同定购后的粮食实行高于市场价的保护价收购。1998年8月，国家颁布《粮食收购条例》《粮食购销违法行政处罚办法》，对农民合同定购粮交售实行户交户结，改变了以前由村集体统一征收交售的办法。2001年10月1日，玉米退出保护价收购范围，价格由市场调节。非农业人口商品粮销售，1991年平价定量供应为11271吨，议价不定量供应为8773吨。1993年，平价粮开始敞开供应。是时，平价供应部分，因与市场价格相差无几，所以仅销售1030吨；议价不定量部分，因品种新、质量高销售8591吨。2002年，平价销售为0，议价销售为59682吨。

二、私营个体

1991—1992年，市场上开始出现私营个体商贩经营大米、面粉、小杂粮、食用粮的情况，但数量不大，大都是追集赶市或走街串村无照销售。城镇固定粮油经营店铺出现在1993年，到1993年年底达18家，从业人员50人，注册资金90万元，年购销量为540万公斤。2002年，专兼营粮油的私营个体店铺增加到38个，从业人员115人；私营个体粮油经营量年达2000万公斤（包括集市贸易）。

第二节　粮油购销

一、收购

定购　从1990年夏粮收购开始，国家改革农产品收购制度，改粮食合同定购为国家定购。1991年，定购价：中等混合麦每500克0.269元，中等玉米每500克0.182元。1992年4月1日，国家提高粮食定购价格，中等混合麦每500克0.325元，中等玉米每500克0.215元。1995年，中等玉米定购价每500克0.41元，中等混合麦每500克0.53元。1999年，中等混合麦每500克0.62元，中等玉米每500克0.46元，定购价与保护价接轨，合二为一。

1991—1998年安平县完成国家定购粮情况表

表10-12　　单位：吨

年度	完成数
1991	13900
1992	13485
1993	13485
1994	13485
1995	13485
1996	13485
1997	13485
1998	13485

议购　1991年，粮食局为解决农民卖粮难问题，组织所属各库站以高于定购20%的价格（国家明确规定的浮动价格）议价收购农民完成定购任务之后的余粮。是年，议价收购20332吨，2002年为62312吨。

保护价收购　保护价收购即市场价高于保护价，按市场价收购；如市场价低于保护价，按保护价收购。为解决农民卖粮难，抑制粮价下跌，1997年6月，国家开始对粮食实行高于市场价的保护价进行收购，中等混合麦每500克0.69元，中等玉米每500克0.53元，是年共收购保护价小麦31861吨，玉米7114吨。1998年，中等混合麦保护价：每500克0.52元。1999年，中等混合麦保护价：每500克0.62元，中等玉米保护价：每500克0.46元。2001年，中等混合麦保护价：每500克0.55元；玉米退出保护价收购范围，价格随行就市。2002年，中等混合麦保护价：每500克0.56元。

二、销售

凭证供应　1991—1993年，国家对非农业人口口粮、油和行业用粮、油继续实行凭证定量供应。供应品种有标粉、大米、花生油、卫生油、香油。粮食供应标准：脑力劳动者每人每月供应面粉14公斤，轻体力劳动者每人每月15.5公斤，重体力劳动者每人每月18.5公斤，特重体力劳动者每人每月27公斤，非农业人口居民每人每月13公斤；食用油供应标准是每人每月0.25公斤。供应价格1991年：标粉每500克0.28元，大米每500克0.34元，香油每500克2.39元，卫生油每500克1.90元，花生油每500克2.31元。1992年，调整粮油供应价格，标准粉每500克0.40元，大米每500克0.52元，香油每500克2.55元。1993年，再次调整粮油供应价格，与市场价接轨。1993年前，购粮凭证是粮票。粮票的使用起于1955年8月，国家是时对粮食实行统购统销，计划供应，粮食和所有粮食制品必须凭粮票购买。粮票分为全国粮票和地方粮票；全国粮票在全国通用，地方粮票仅在相应的省市自治区内使用；面额有壹市两、贰市两、半市斤、壹市斤、叁市斤、伍市斤和拾市斤。1993年5月1日，粮食供应敞开，粮票停止使用。

1991—1993年安平县平价粮销售情况统计表

表10-13　　单位：吨

年度	总计	非农业							农业		
		合计	口粮	食品	副食	事业	饲料	其他	合计	口粮	饲料
1991	11271	8278	6920	910	150	20	256	22	2993	1070	1923
1992	10290	9240	7520	1290	170	25	200	35	1050	1050	—
1993	1512	1030	880	98	—	22	30	—	482	482	—
合计	23073	18548	15320	2298	320	67	486	57	4525	2602	1923

议价销售　随着粮食存量的不断增加，粮食按人民群众需求调剂供应。国营粮站议价购进大米、小杂粮，微利供应给城乡人民群众。1991年，议价供应量为8773吨，供应价格为标粉每500克0.68元，大米每500克0.80元；议价供应价格分别是平价价格的143%和135.3%。1993年5月1日，取消平价供应，全部改为议价供应。1991—2002年，累计销售议价粮409338吨，其中生活用粮45380吨。

1991—1993年安平县议价粮销售情况统计表

表10-14　　单位：吨

年度	总量	议购	议销
1991	29105	20332	8773
1992	21862	11272	10590
1993	32260	20669	11591
1994	26863	17883	8980
1995	58058	40418	17640
1996	66754	43205	23549
1997	62175	38998	23177
1998	93674	52795	40879
1999	100983	47563	53420
2000	164414	75870	88544
2001	118151	55638	62513

续表10-14

年度	总量	议购	议销
2002	121994	62312	59682
合计	896293	486955	409338

敞开销售　随着粮食产量的稳步增长和粮食流通体制改革的深入，从1993年起，不再对非农业人口居民口粮、行业用粮实行凭证定量供应，改为敞开供应。粮食市场逐步放开，粮食销售多渠道化，不仅限于城乡人民口粮消费，而且外销、粮食深加工、饲料食品用粮也是如此。2002年，粮食销售59682吨。

由于粮油票证失去存在价值。1993年5月1日，国家停止使用粮票。2001年5月1日，取消粮食关系办理手续和粮油供应证。

图10-2　全国粮票

图10-3　地方粮票

第三节　粮油仓储

一、收购储备

1991年，县粮食局下属的17个粮站，共有仓房430间，建筑面积18760平方米，总设计容量44979吨。

随着科学技术的发展，仓储设施逐步完备，仓储技术不断完善。1991年，各库站共有容重器17台，测水仪器12台，输送机10台；全系统开始使用机械通风和电子测温技术，提高安全储粮技术。1996年，17个库站全部达到"一符四无"（账目与实物相符，无虫、无霉、无鼠雀、无事故）标准，科学保粮率达到95%以上；储藏方法有压沙密闭，磷化铝、防虫磷熏蒸；粮油出入库逐步机械化，检测化验手段也相继提高。2002年，全系统共有容重器46台，测水仪器21台，输送机52台，地中衡9台。

二、代农户储备

随着粮食产量的增加，农民手中的余粮越来越多，因存粮条件差，损失浪费严重。从1991年开始，17个粮库站先后开展代农户储粮业务。农户将余粮存进，需用时凭存粮本取商品粮或兑换其他品种商品粮，粮站每年收取2%的保管费（每100公斤粮食储存一年扣2公斤保管费）。这样既方便了农户，又减少粮食损失，存粮单位也通过粮食加工及少占用周转资金取得较好的经济效益。1991—2002年，存粮单位累计代农民储备粮食20000吨。

2002年安平县粮食局所属库站基本情况统计表

表10-15

站名	占地总面积（万平方米）	固定资产（万元）	总仓容（吨）	地坪（平方米）	露天存粮设施（吨）	罩棚（平方米）
储备库	5.00	1446	50000	1898	2500	630
二站	2.00	146	21700	200	500	—
二库	1.00	291	1500	2144	8000	—
黄城	1.00	36	3070	2920	2556	—
子文	1.00	80	2000	1032	1858	—
南王庄	1.00	36	4000	1500	2000	—
石干	1.00	38	1800	600	1100	—
南王宋	1.00	30	1665	585	700	—
刘口	1.00	60	3000	210	350	—
毛庄	1.00	50	1750	1254	2764	—
东里屯	2.00	38	1500	2800	500	—
油子	1.00	62	2250	3000	1500	—
张寨	0.70	88	2000	950	1300	—
何庄	1.34	96	4325	2025	3500	—
苏村	1.30	27	2875	1900	2300	—
察罗	0.93	48	2500	2000	1500	—
合计	22.27	2572	105935	25018	32928	630

三、国家粮食储备库

国家粮食储备局安平直属库是新中国成立后国家直接投资在安平建设的第一个粮库。2001年5月8日，国家计委正式批准立项，成立储备库筹建处。2002年2月6日破土动工，12月竣工，经国家验收合格。

储备库位于安平县为民东街139号，占地74亩，总投资504万元，仓储能力设计为储粮50000吨。主要设施和购进的机械设备有办公楼2栋，建筑面积4000平方米；散装仓12栋，砖混结构，仓容量50000吨；粮仓机械有移动皮带输送机8台，移动提升机2台，扒谷机2台，灌包机1台，地中衡2台，环流熏蒸设备1套，粮情检测系统1套，振动筛2套，电脑6台。机械化房式仓的出入库及库存粮的管理全部由电脑控制，实现机械化、自动化管理。

该库隶属于安平县粮食局。2002年，全库人员86人，设有贸易部、会计部、业务部、仓储部4个科室；下设保管一组、保管二组、保管三组、粮食销售门市部。

第四节　粮油加工

一、粮食加工

1991年，安平县有面粉加工企业11家，其中国营企业1家（县面粉厂），其余10家为私营企业。是年，县面粉厂生产面粉5730吨，占全县面粉加工量的60%；完成产值334万元，实现利润4.3万元；主要供应非农业人口口粮，同时开展兑换、议购议销业务。随着粮食市场的放开，县面粉厂加工量日渐扩大，以面粉质量和信誉赢得了市场。2000年，因国家粮食储备库建设占用其厂地，原面粉厂停业。同年，粮食局又投资筹建天禾面粉厂，为股份制企业，国有控股51%。截至2002年年底，全县共有面粉加工企业54家，天禾面粉厂为国有控股企业，其余53家为私营个体企业。

二、油料加工

油料加工以花生油加工为主，采用传统工艺炒、榨。1991年，全县共有油料加工厂12家，年加工能力为320吨。2002年，全县小油料加工厂发展到26家，年加工能力为683吨。

三、饲料加工

县饲料公司1991年有配合饲料机组1台，固定资产55万元，人员40人，主要开展粮料兑换、来料加工服务。随着养殖业的迅速发展，饲料加工的科技含量要求越来越高，受“希望”“金豆”等品牌的冲击，县饲料公司的产品逐渐失去销路，于2000年停产。

2000年以后，安平县的生猪养殖作为一项特色产业迅速发展壮大起来，全县的小型个体饲料加工厂也相继出现。2002年，全县有规模饲料加工厂5家。由于商品饲料价格较高，运输费用较大，多数养殖场户是购买精料和原料，自己加工配料，通常以玉米、小麦麸、花生饼、草粉、骨粉、食盐、豆饼等按适当比例配合。全县养殖户自建的小饲料配制厂多达260家。

第五节　管理机构

1991年，县粮食局有干部职工44人，设有政办室、财务股、保管股、购销股、业务股、审计股、纪检监察室共7个股室；下属单位有15个粮站和直属库、议价公司、面粉厂、饲料公司、食品公司、车队共21个单位，干部职工621人。1993年，县局增设多种经营股。1998年2月，政办室分为办公室和人事股2个科室，议价公司更名为直属二库。2000年，成立粮油购销公司和粮食稽查大队。2002年，县局机关共有干部职工54人，设有办公室、人事股、财务股、保管股、购销股、业务股、审计股、纪检监察室、多种经营股共9个股室；下属单位有直属库、直属二库和天禾面粉厂、饲料公司、食品公司、车队、粮油购销公司、粮食稽查大队和15个粮站，共有干部职工920人。

第八章　物资经营

进入20世纪90年代后，物资流通体制改革不断深入，计划分配与议购议销并存的“双轨制”于1993年取消，各种所有制企业都参与物资流通领域的市场竞争，物资部门原有的经营优势基本消失。根据形势的变化，物资部门及时改变经营方式，进行经营体制改革，力图在市场经济的大潮中站稳脚跟。1998—2002年，狠抓钢材销售，使钢材销售份额占总销售额的90%左右。1991—2002年，销售额由2131万元上升到8043.2万元，利润由0.11万元下降到-2.4万元。

第一节　经营形式

1991年，物资购销主要以计划外物资为主，计划内分配物资额占总购进额的6.1%；钢材总购进5030吨，其中计划内327吨，占6.5%；水泥总购进2760吨，其中计划内1493吨，占54.1%；煤炭总购进42610吨，其中计划内9067吨，占21.3%。1992年，计划内物资额占总购进额的2.1%；钢材总购进6269吨，其中计划内15吨，占0.24%；水泥取消计划分配，市场购进4993吨；煤炭购进38245吨，其中计划内944吨，占2.47%。1993年，物资经营由计划分配与议购议销并存的“双轨制”完全转入市场经济。为适应形势需要，物资局对外与大公司、大厂家合作，搞代理代销，争取规模经营。安平县金属材料公司先后与河北省金属材料公司、保定新华物资公司、邢台钢铁公司合作经营线材。

第二节　经营状况

1991年，物资局所经营的物资品种主要有钢材、木材、水泥、煤炭、机电产品、液化气、钢板网七大类。1991年，购进额1936万元，销售额2131万元，利润0.11万元。1992年，购进额2409万元，销售额2631万元，利润10.72万元。1992年后，由于个体私营企业参与市场竞争，计划内物资取销，水泥购销业务逐年下降，1992年购进4993吨，1993年购进2795吨，1994年购进532吨，到1998年业务完全终止。木材业务因建房用木减少，市场不断缩小，1991年购进木材4966立方米，1993年购进1611立方米，2002年购进123立方米。煤炭业务因煤矿清理旧欠，严禁赊销，因此，安平煤建与煤矿多年的赊销关系于1995年中断，购销量大大减少，1991—1994年平均购进煤炭5万吨左右，1995年下降到2.1万吨，2001年下降到120吨，2002年停止购进。机电产品、液化气市场竞争日益激烈，市场占有率逐年下降。机电产品1991年购进额285万元，2000年购进额下降到7万元。液化气1991年购进15吨，2000年购进2.5吨。钢板网业务稳定，1991年销售额326万元，2002年销售额315万元。钢材销量在全县始终占有一定的市场份额，1991年购进5030吨，1999年购进32218吨，2002年购进21293吨。

1991—2002年安平县主要物资购销量情况表

表10-16

项目／数量／年度	钢材（吨）		木材（立方）		煤炭（吨）		水泥（吨）	
	购进	销出	购进	销出	购进	销出	购进	销出
1991	5030	4731	4966	5498	42610	40995	2760	2770

续表10-16

年度 \ 项目/数量	钢材（吨）		木材（立方）		煤炭（吨）		水泥（吨）	
	购进	销出	购进	销出	购进	销出	购进	销出
1992	6269	6347	2495	2932	38245	35553	4993	4993
1993	8210	8249	1611	1590	54231	61373	2795	2793
1994	24040	2360	1660	1563	58000	69000	532	534
1995	16399	16363	1617	1846	21000	21000	440	320
1996	6319	6136	1185	1299	16000	13000	312	432
1997	6900	7384	304	449	6793	8002	298	272
1998	11428	11485	—	—	700	1056	200	1
1999	32218	32152	259	220	1969	263	—	—
2000	24699	25071	150	150	559	200	—	225
2001	28979	28958	150	150	120	120	—	—
2002	21293	21293	123	123	—	—	—	—

1991—2002年安平县主要物资购销金额情况表

表10-17　　单位：万元

年度	购进额	销售额	利润	年度	购进额	销售额	利润
1991	1936	2131	0.11	1997	3367	3493	-2.50
1992	2409	2631	10.72	1998	3265	3334	-1.70
1993	4237	4622	-25.70	1999	7256	7312	-8.70
1994	1746	2029	-144.00	2000	5920	6405	-5.80
1995	4841	5465	-33.00	2001	6626	6627	-3.10
1996	3650	4387	-85.00	2002	7950	8043.2	-2.40

第三节　物资经营企业简介

金属材料公司　该公司建于1988年12月，位于为民西街中段路南，主要经营金属线材。1989年10月，与衡水金属材料公司联合成立衡安金属材料公司联合钢板网厂。1991年，公司有干部职工26人；公司依托丝网之乡的优势，与大公司、大厂家联营，搞线材的代理代销，是年完成销售收入345万元，实现利税12.5万元。1993年7月，衡安联合钢板网厂独立，归物资局直属。1997年，为民街禁止大型车辆通行，线材购销受到影响，年销售额仅为265万元，比1996年下降15%。1998年后，公司在南环路租地作为停车场，使线材业务持续下来。2002年，公司有干部职工11人，完成销售收入5700万元，实现利税9万元，固定资产总值达173万元。该公司1991—2002年，累计完成销售收入1.2亿元，实现利税45万元。

机电设备公司　该公司于1988年12月成立，主要经营机电设备。1991年，有干部职工23人；5月，公司与粮局第二粮站联合成立机电设备公司第二门市部，10月撤销；完成销售收入236万元，利税1.5万元。2001年，终止机电产品的购销业务，业务变为以出租房屋、场地为主，兼营少量金属、汽车。2002年，公司有干部职工8人，固定资产总值212万元；完成销售收入35万元，利税3.4万元。该公司自1991—2002年，累计完成销售收入3700万元，实现利税15万元。

物资综合服务公司　该公司前身系1989年1月成立的木材公司，位于为民西街。1991年，木材公司有干部职工21人，完成销售收入156万元，利税9.5万元。1992年，开发物资大酒店，筹建安平县轧钢厂，不久由于国家政策限制，轧钢厂停产下马。1993年9月，筹建餐巾纸厂；于1994年7月停产。1997年5月，木材公司更名为安平县物资综合服务公司。是年，为民街开始禁止大型　车辆通行，木材的购销业务受到很大影响，年销售收入仅85万元，比1996年下降25%。1998—2002年，公司在建材市场、和平街开辟两个木材货场，公司院内的房屋、场地全部对外租赁。2002年，有干部职工11人，固定资产总值276万元；完成销售收入45万元，完成利税2.1万元。该公司1991—2002年，累计完成销售收入1596万元，利税21万元。

物资综合购销公司　该公司前身系1989年1月成立的化建公司，1991年有干部职工40人，完成销售收入113万元，实现利税5.4万元。1993年9月，更名为物资综合购销公司。1994年10月，公司成立安平县兴盛金属剪板股份有限公司，开展板材的剪切加工业务。物资综合购销公司经营的建材业务，由于1997年为民街开始禁止大型车辆通行而终止，院内的房屋、场地全部对外租赁。2002年，有干部职工20人，固定资产总值98万元；完成销售收入25万元，实现利税1.2万元。

燃料公司　该公司始建于1956年，主要经营散煤、蜂窝煤。1991年，有干部职工62人，完成销售收入385万元，实现利税9.6万元。1995年3月，成立燃料公司重型钢板网厂。同年4月，燃料公司液化气站从公司划出，成立安平县液化石油气有限公司，归物资局直属。2002年，有干部职工47人，固定资产总值285万元；完成销售收入65万元，实现利税1.9万元。1991—2002年，公司累计完成销售收入2596万元，实现利税39.5万元。

物资供销公司　该公司前身系1988年7月成立的物资贸易中心。1991年8月，贸易中心由机电公司代管，仍独立核算，自负盈亏；有干部职工13人；完成销售收入138万元，实现利税5.2万元。1995年，贸易中心更名为物资供销公司。1999年9月，公司与本钢、衡水金属材料公司联合组建衡溪安剪板厂。2002年，有干部职工13人，固定资产总值75万元；完成销售收入985万元，实现利税6.5万元。

衡安钢板网厂　始建于1986年10月，原名衡安金属材料公司联合钢板网厂，由衡水金属材料公司与安平金属机电公司联合筹办，主要生产、销售各种钢板网。1988年，更名为金属材料公司。1991年，有干部职工13人。1993年7月，划归物资局直属后出现亏损，衡水金属材料公司中止履行协议。2001年，更名为衡安钢板网厂。2002年有干部职工15人，固定资产总值128万元；完成销售收入315万元，实现利税5.6万元。1991—2002年，累计完成销售收入315万元，实现利税54万元。

第四节　管理机构

物资局是县政府负责物资营销的经济实体及主管部门，地址在为民西街路南。

1991年，局机关设办公室、业务储运科、财务审计科，下属企业有金属材料公司、机电设备公司、木材公司、化建公司、燃料公司、物资贸易中心，全局共有干部职工223人。1992年，成立物资集团总公司，与物资局一个机构、两块牌子。1993

年，化建公司更名为物资综合购销公司，衡安金属线材公司联合钢板网厂从金属材料公司划出，归局直属。1994年，与工商局联合创建安平县建材市场。1995年，物资贸易中心更名为物资供销公司；液化气站从燃料公司划出，成立安平县液化石油气有限公司。1997年，业务储运科撤销，其职责由办公室代管；财务审计科改为财务统计科；成立行政科，由办公室代管；木材公司更名为物资综合服务公司。2000年4月，石油液化气有限公司转让给安建公司。2001年，衡安金属材料公司联合钢板网厂更名为衡安钢板网厂。2002年，物资局设办公室、财务统计科，下属单位有金属材料公司、机电设备公司、物资综合服务公司、物资综合购销公司、燃料公司、物资供销公司、衡安钢板网厂、建材市场(与工商局合办)，全局共有干部职工154人。

第十一编　财政 税务

财政
税务

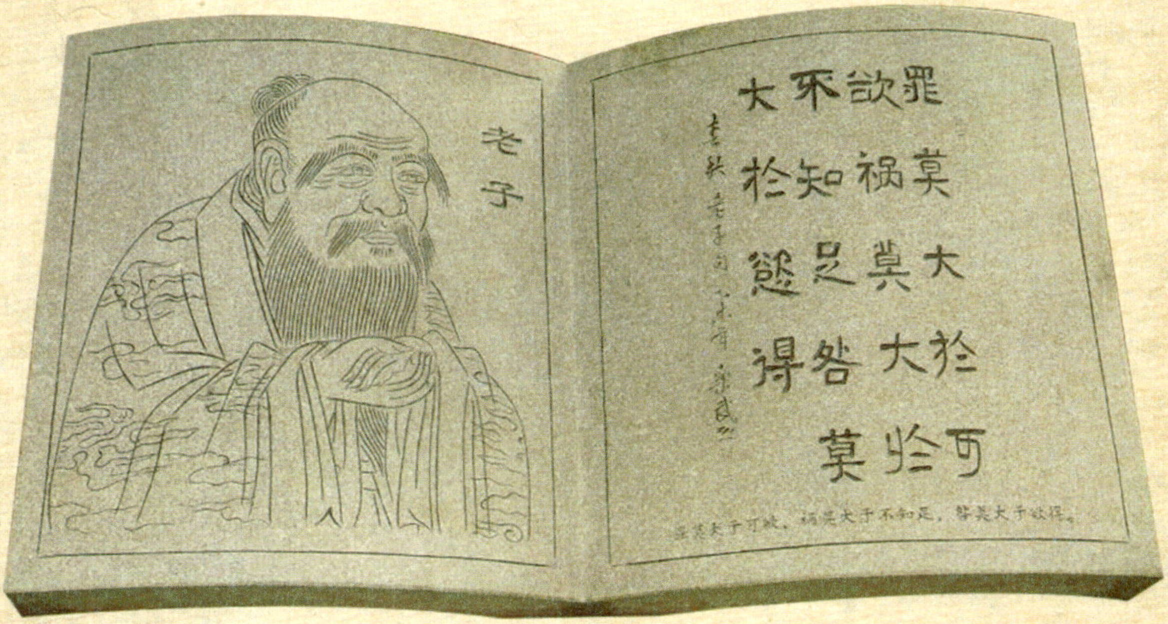

安平县汉王公园石刻

第十一编　财政税务

1991—2002年，安平县认真贯彻落实国家财政税务政策，不断改革创新财税管理体制，努力节俭理财，县财政收入和工商税收持续大幅攀升。1996年，实现财政自立，一举摘掉赤字县和上级财政补贴县的帽子。2002年，财政收入完成14769.8万元，税收完成12385.8万元，分别是1991年的12.3倍、11.55倍。1991—2002年，累计完成财政收入82458.4万元，财政支出87745万元。

县财政收入和工商税收虽大幅度增长，但由于财政供养人数增长较快，加之政策性增资等因素，财政支出紧张的状况始终未能有效缓解。

第一章　财政

1991—2002年，安平县经济快速发展，财政收入持续大幅攀升。1991年，财政收入1201.7万元；1994年，达到2539万元，以后财政收入都以年均1000万元左右的增幅递增。1995年，安平县被列为全省实施财政“自立工程”的56个贫困县之一，一定三年。1996年安平县提前一年实现财政自立。1997年，实施“一年巩固、两年提高、三年发展”的财政自立规划。1998年，市政府对安平县的财政体制在原“双轨制”的基础上进行适当调整，取消68万元的定额补贴，同时增加上解预算外资金和农业税增收资金100万元。在该种情况下，县财政实现当年收支平衡，并消化历年财政累积赤字217万元，一举甩掉赤字县和上级财政补贴县的帽子。2000年，财政收入首次突破亿元大关，达到10900万元。随后，财政收入增长百分率每年都以两位数的速度增长，2001年财政收入12815万元，2002年财政收入14769.8万元。

12年中，县财政收入累计完成82458.4万元，财政支出累计完成87745万元。财政收入来源随着改革开放的不断深入发生变化，来源于国有、集体经济成分的财政收入在总收入中所占比例明显下降，来源于民营经济成分的比例明显上升。

安平县财政收入增长虽然较快，但由于上解数额较多，增长的绝大部分被中央、省、市拿走，县级可用财力增长仍显缓慢。

在财政支出方面，由于财政供养人数增长较快，加之政策性增资等因素，确保公教人员工资发放仍是安平县财政的主要任务之一。财政支出的紧张状况始终未能得到有效缓解。

1991—2002年安平县财政供养人员增减情况统计表

表11-1　　单位：人

年度	国家干部职工		离退休		合计
	行政	事业	行政	事业	
1991	1266	3567	148	626	5607
1992	1284	3560	199	683	5726
1993	1336	3767	199	833	6135
1994	1372	3862	210	849	6293
1995	1431	4093	224	918	6666
1996	1159	3722	225	1107	6213
1997	1299	3883	236	1080	6498
1998	1278	4230	234	1231	6973
1999	1294	4614	238	1212	7358
2000	1406	5150	233	1175	7964
2001	1402	5713	344	1497	8956
2002	1373	4703	286	1604	7966

说明：1996年和2002年安平县两次进行机构人事改革，财政供养人员减少

第一节　财政收入

一、工商税收入

工商税收一直是安平县财政收入的主体。1991—1993年，由安平县税务局征收，1994年以后由安平县国家税务局和安平县地方税务局征收。12年累计收入55399万元，占财政总收入的67.2%。丝网是安平县的特色优势产业，1991—2002年，提供的税收比重逐年增加，2000年以后一直占全部税收的80%以上。

二、农业税收入

1991—2002年，全县农业税累计收入6720.4万元，占财政总收入的8.2%。为维持乡村两级组织的正常运转，1991—2001年，在征收农业税的同时，向全县农民征收“三提”“六统”。“三提”是指村级组织提留征收的村干部报酬、“五保”户供养和村办公费用。“六统”是指乡镇统筹乡村九年制义务教育、计划生育、优抚、民兵训练、乡村道路建设、农村卫生医疗等费用。农业税属于国库收入，“三提”与“六统”归村级和乡级管理和使用。由于“三提”“六统”存在一定的随意性，农民负担有逐年加重趋势。2001年，上级减少安平县农业税征收任务。2002年，上级下达的农业税和农业税附加任务为2261.4万元，比2001年又减少1006.7万元，降幅为31%。此举受到农民普遍欢迎。（农村税费改革见改革编）

三、农林特产税收入

1991—2002年，农林特产税一直是安平县农业四税之一，12年累计收入820.1万元。安平县南部林果种植相对较多，北部以药材种植相对较多，农林特产分布较散，并且没有形成区域特色，所以征收难度较大。2002年，在农村税费改革试点中全县取消农林特产税，农林特产税并入农业税，林、果、药材面积按相同农作物面积计算，既简化了税种、降低了税率，又调动了农民从事农副业生产的积极性。

四、耕地占用税收入

为实行严格的土地保护制度特别是耕地保护制度，1991—2002年，不断加大耕地占用税征管力度，耕地占用税累计征收1242.6万元。1991—1997年，在耕地占用税征收中实行“传递卡”制度，即用地单位或个人到政府土地管理部门申请批地，然后携带审批卡到财政局交税，税后领取完税证，持完税证到土地管理部门领取土地使用证。1998—2002年，国家实行严格的土地保护制度，土地审批权上收到省级政府，耕地占用税征收数额逐年减少。

五、契税收入

1991—2002年，对县城居民土地使用权和房屋所有权的买卖交易、赠予等活动均征收契税。1991—1995年，由县财政局负责开征契税。1996年改由房管局代征。1997年，又由财政局直接征收。1998—2002年，财政局与房管局逐年签订代征协议，由房管局代征。为加强契税管理，1992年和1993年，以县政府名义连续发布契税征收公告。2002年，全县契税收入达到31.8万元。12年累计征收契税141.7万元。

六、零散税收入

随着商品经济的发展，城乡个体经济迅速壮大，为了弥补乡镇财政收入的不足，从1991年至2000年，全县零散税由各乡镇财政所、税务所、司法所抽调人员对辖区内农村个体工商户征收，对征收的零散税县乡财政按比例分成。1998年，县政府为调动乡镇征收零散税的积极性，制定“乡镇征收、全征全返”的奖励政策。2001—2002年，零散税征收由地税管理和征收。

七、企业收入

1991—1993年，“利改税”普遍推行，粮食、医药、物资、商业等企业部门相继出现短收，企业收入逐年减少。1991年，企业收入完成49.4万元，1992年完成46.7万元，1993年完成43万元。从1994年开始，企业收入划归税务部门管理。

八、专项收入

专项收入的范围包括排污费、水资源费、教育附加收入。全县12年的专项收入总计为1040万元。

九、其他收入

其他收入指行政性收费和罚没收入。行政性收费收入是指按照国务院的有关规定，国家行政、司法机关依照法律、法规收取的各种费用纳入预算内管理的收入。罚没收入是指公安、司法等执法部门、政府有关行政管理部门对各种违反国家法律、法规的行为进行经济处罚，应上缴国家的收入。1991—2002年，全县的其他收入共计15725万元。从1998年，起国家对各种行政性收费和罚没收入均按照一定比例予以调控。1998—2002年，政府调控数额为988万元。

1991—2002年安平县财政收入情况统计表

表11-2　　　　单位：万元

项目 年度	收入合计	工商各税	农业四税	专项收入				其他收入	企业收入	国有资产经营收入
				合计	排污费收入	水资源费收入	教育附加收入			
1991	1201.7	904	168.7	31	11	7	13	49	49	—
1992	1449.7	1031	282.7	29	9	3	17	60	47	—
1993	1893.2	1464	237.2	58	10	3	45	91	43	—
1994	2539.0	1862	282.0	52	19	4	29	187	156	—
1995	4103.0	2660	549.0	77	32	4	41	353	464	—
1996	6301.0	3959	307.0	84	57	2	25	985	966	—

续表11-2

项目 年度	收入合计	工商各税	农业四税	专项收入				其他收入	企业收入	国有资产经营收入
				合计	排污费收入	水资源费收入	教育附加收入			
1997	7460.0	4641	560.0	104	69	4	31	1800	355	—
1998	9058.0	5535	619.0	102	67	2	33	2617	—	185
1999	9968.0	6060	420.0	107	78	3	26	3131	—	250
2000	10900.0	7270	553.0	172	95	43	34	2554	—	351
2001	12815.0	9886	483.0	112	60	6	46	1846	—	488
2002	14769.8	10127	2258.8	112	48	6	58	2052	—	220
合计	82458.4	55399	6720.4	1040	555	87	398	15725	2080	1494

说明：1.2002年农村税费改革后“农业四税”成为除去农林特产税的“农业三税”；

2.1996年农业四税减收是是年8月洪灾所致；

3.2001年工商税收9886万元，比上年度大幅度超收，主要原因是国税部门加大清缴欠税力度，地税部门推行“以电控税”新举措，使得工商税收得到较快增长；

4.2002年工商税收能完成10127万元是因为该年国家实行分税制，企业所得税、增值税(25%部分)、个人所得税、营业税均成为分享税种的缘故。该年安平县中央级收入完成5912万元，省级财政收入完成1376万元，市级财政收入685万元，县级财政收入6339万元

1991—2002年安平县农业四税收入情况统计表

表11-3　　单位：万元

年度	合计	农业四税			
		农业税	农林特产税	耕地占用税	契税
1991	168.7	112	13	43.0	0.7
1992	282.7	132	15.1	134.6	1.0
1993	237.2	129	20	88.0	0.2
1994	282.0	241	24	15.0	2.0
1995	549.0	232	27	288.0	2.0
1996	307.0	210	54	38.0	5.0
1997	560.0	395	82	74.0	9.0
1998	619.0	398	90	115.0	16.0
1999	420.0	308	90	2.0	20.0
2000	553.0	308	126	92.0	27.0

续表11-3

年度	合计	农业四税			
		农业税	农林特产税	耕地占用税	契税
2001	483.0	283	126	47.0	27.0
2002	2258.8	1768	153	306.0	31.8
总计	6720.4	4516	820.1	1242.6	141.7

说明：1.2002年农村税费改革，取消农林特产税。农业税收入分农业税正税和农业税附加两部分；农业税附加由过去的“三提”“六统”规范转化而来，为乡村两级使用。

2.1991—2001年，“三提”“六统”由乡镇征收，没有统计在内

1991—2002年安平县预算外资金征管情况统计表

表11-4　　单位：万元

年度	行政性事业收入	罚没收入	两项收入合计	政府调控
1991	30	19	49	—
1992	40	20	60	—
1993	56	35	91	—
1994	99	88	187	—
1995	233	120	353	—
1996	508	477	985	—
1997	1005	795	1800	—
1998	1502	1115	2617	141
1999	2557	574	3131	160
2000	2106	448	2554	280
2001	1463	383	1846	214
2002	1623	429	2052	193
合计	11222	4503	15725	988

说明：1.1991—1997年对行政性事业收费和罚没收入没有进行调控。

2.2000年后，国家不断减少收费罚没项目、降低收费罚没额度，行政性事业收费和罚没收入呈现减势

第二节　财政支出

一、农业支出

农业支出系指用于支持农业发展和农林水利等部门事业费的支出。农业支出在财政总支出中一直占有较大的比重，其中包括农业综合开发支出、支持农村支出、农林水气象等部门事业费支出。1991—2002年，县财政支援农村、农业生产、

农业产业化的支出逐年增加，支出合计3322.5万元，有力地促进农村经济的持续健康快速发展。

二、教科文卫事业费支出

该项支出一直占全部预算支出的60%以上，教科文卫事业费的支出呈稳定增长状态，12年累计支出30860万元。

三、社会保障支出

1991—1997年，该类支出主要用于革命伤残军人和烈士家属、复员退伍军人生活补助费用，以及农村、城镇居民中无生活来源的“五保”户、贫困户的生活救济支出。抚恤金额因救济对象的增减和抚恤救济金标准的提高而变化浮动。1998年，社会保障增加确保企业离退休人员工资按时发放，确保城镇下岗失业人员生活需要和保障城镇贫困人口最低生活等内容。社会保障资金逐年增加，2002年达到1158万元。全县12年累计支出5815万元。

四、行政管理费用支出

此支出主要用于行政机关的事业费支出（不含公检法部门支出）。1991年，全县按照编制人员、经费“双包干”的办法，对超编单位压缩全部公用经费，对有收入的行政事业单位压缩部分经费。2000年，对县五套班子公用电话费管理实行定额包干和财政局与电信局直接结算的办法。2002年，对县五套班子车辆保险采取“统一入保、财政结算”的措施，减少行政开支。全县1991—2002年共支出行政管理费14253万元。

五、工资支出

工资支出是全县财政支出的大头。1991—2002年，为提高公教人员的生活水平，财政始终把保工资及时足额发放作为主要工作指标。12年中，国家年年都有新的增资政策出台，财力的增长大多被“人头费”占用，所以全县属于“吃饭财政”，平均工资支出占全部支出的50%以上。12年发放工资48122万元。1991—1997年，乡镇公教人员工资由各乡镇财政开支，工资拖欠尤其是拖欠教师工资现象时有发生。从1998年开始，公教人员工资全部改由县财政筹集和发放，从此有效杜绝了工资拖欠现象。从2000年开始大力探索实行公教人员工资专户管理机制、目标责任机制、银行代发放机制，公教人员工资及时足额发放得到有效保障。

1991—2002年安平县财政支出情况统计表

表11-5　　　　单位：万元

年度	支出合计	基本建设资金	企业挖潜改造资金	科技三项资金	农业综合开发资金	支持农村资金	农林水气象等部门事业费	工业交通等部门事业费	城市维护费	流通部门事业费	科教文卫事业费	其他部门事业费	抚恤和社会福利救济费	行政管理费	公检法经费	专项资金	其他
1991	1779	—	—	26	—	110	64	5	18	—	661	105	184	343	92	28	143
1992	2539	—	—	45	—	179	106	6	20	—	1032	80	203	450	116	31	271
1993	3133	—	15	17	—	142	143	7	35	—	1328	161	253	595	166	35	236
1994	3762	—	5	9	—	93	138	21	123	—	1594	191	281	836	260	48	163
1995	5231	9	100	163	76	37	257	101	37	—	1944	337	378	1157	353	85	197
1996	7615	9	524	487	104	176	253	256	383	—	2462	649	334	1222	492	84	180

续表11-5

年度	支出合计	基本建设资金	企业挖潜改造资金	科技三项资金	农业综合开发资金	支持农村资金	农林水气象等部门事业费	工业交通等部门事业费	城市维护费	流通部门事业费	科教文卫事业费	其他部门事业费	抚恤和社会福利救济费	行政管理费	公检法经费	专项资金	其他
1997	8162	27	478	163	141	185	330	105	289	—	2713	830	522	1332	413	250	384
1998	8460	80	723	213	137	193	311	411	355	—	2765	566	445	1379	479	110	293
1999	9975	569	790	342	183	206	429	281	415	—	3192	652	595	1516	589	107	109
2000	10155	37	756	217	240	231	439	540	328	42	3459	457	651	1548	635	132	443
2001	12702	1548	617	197	328	97	528	293	98	33	3936	437	811	1802	729	152	1096
2002	14232	512	60	74	221	244	711	632	148	198	5774	725	1158	2073	833	112	757
合计	87745	2791	4068	1953	1430	1893	3709	2658	2249	273	30860	5190	5815	14253	5157	1174	4272

1991—2002年安平县公教人员（含离退人员）工资发放情况统计表

表11-6　　　　单位：万元、%

年度	发放数额	全部县财政支出	占全部县财政支出的百分率
1991	967	1779	54
1992	1329	2539	52
1993	1946	3133	62
1994	2393	3762	64
1995	3507	5231	67
1996	3709	7615	49
1997	3979	8162	49
1998	4452	8460	53
1999	5539	9975	56
2000	5939	10155	58
2001	6423	12702	51
2002	7939	14232	56
合计	48122	87745	55

第三节　财政管理

一、预决算

财政预算每年年初进行，由财政部门会同计划、税务等部门编制本年度的收支预算草案。收入预算一般是上级人民政府下达指导性计划，由县政府根据经济状况确定总体的年度收入任务，并分别下达给财政、税务部门。支出预算采取以收定支的模式，根据年度财政收入情况和上年财政支出预算进行数字编列。1991—2002年，财政支出预算基本上本着“一要吃饭、二要建设”和“量力而行、量入为出、量财办事”的原则进行编制，并向农业和文教卫生社会事业做适度倾斜，以确保基础产业和社会公益事业的健康发展。年度预算草案编制完成后，经县人民政府同意，报县人民代表大会审议通过后，即产生法律效力，由预算执行部门执行。追加预算或预算变动由县政府提出，报县人大常委会备案。

1995年1月1日《中华人民共和国预算法》开始实施，使预算管理工作走上规范化、法制化的轨道。

财政决算每年年末进行，由各单位、各乡镇根据本部门的年度预算执行情况，编制单位年度决算并报财政部门审查后进行汇总，形成全县财政决算，报上级财政部门审查。然后将财政决算与下一年度的财政预算草案一起形成预决算报告，报请县人民代表大会审批。

二、控制社会集团购买力管理

社会集团购买力的管理主要是控制社会集团购买力。1991年，为认真做好控购工作，制止社会集团购买力持续快速增长的势头，根据国务院《关于严格控制社会集团购买力紧急通知》精神，本着“保证重点、兼顾一般、实事求是、区别对待”的原则，将控购指标落实到各行政事业单位。同时，县财政局印发社会集团购买力执行情况统计表，要求各单位按月上报本单位控购指标执行情况，并规定各行政事业单位一律不准购买计划外小汽车，凡购买计划外的，财政不予拨款。

1993年，国家大幅度调整专控商品种类，由原来的29种调整为8种，主要包括小汽车、大轿车、摩托车、录像设备、空气调节器、各种音响、照相机和功放机、无线寻呼和无线移动电话。以后控购政策逐年放宽。2001年7月，成立股级事业单位政府采购中心。政府采购中心的主要职责：按照《政府采购法》的要求，完善政府采购管理体制，依法实施政府采购，同时负责全县各行政事业单位社会集团购买力的控制管理及监督检查。同年，开始对冬季燃煤、行政事业单位小汽车燃油等进行政府采购。2002年，控购商品限制在移动电话和小汽车购置等方面。

三、会计管理

1991年，财政局设会计事务管理股，负责会计事务管理和会计法执法检查等事宜。工作范围包括对全县会计人员的培训、管理全县会计核算制度、指导会计电算化、会计人员进行管理。从1991年开始，凡从事会计工作的人员，要在培训考试合格取得会计证后才能上岗从业。

1993年，国家改革会计职称评定制度，把原会计职称由评定改为先考试后评定。1993年，县财政局开始组织会计资格考试事宜。1993年7月1日，新的《企业财务通则》和《企业会计准则》开始实施，全县企业单位普遍实行新的会计制度。1994年，财政局开始组织注册会计师考试。同年，成立中华会计函授学校安平分校，负责全县会计人员的教育教学和发证工作。1997年年底，全县共有会计208人，其中，行政机关51人，事业单位125人，集体企业32人；大专以上文化的18人，高中、中专文化的142人，初中及以下文化的48人；从事会计工作年限在30年以上的10人，5年至29年的159人，4年及以下的39人；会计师8人，助理会计师31人，会计员52人，无职称人员117人。

2001年7月，为适应安平县经济迅速发展和各种所有制企业大量涌现的局面，解决加入WTO后新型会计人才缺乏的问题，成立安平县会计培训中心，地址设在县教师进修学校，负责对全县各类企业、行政事业单位会计人员进行系统培训。截至2002年年底，全县各类会计人员发展到1054人。

1991—2002年安平县会计从业人员基本情况统计表

表11-7　　　　单位：人

合计	行业性质			年龄			性别		文化程度		职称				
	行政事业	企业	其他	50周岁以上	30周岁至50周岁	30周岁以下	男	女	中专及以上学历	高中及以下学历	高级会计师	会计师	助理会计师	会计员	无职称人员
1054	275	690	89	57	669	328	249	805	716	338	—	8	31	852	163

四、预算外资金管理

1991—1993年，预算外资金管理体制有两种，一是对行政单位和全额管理的事业单位采取“全额管理、收支两条线”的管理方式；二是对差额管理和自收自支的事业单位，采取“以收抵支、余额代管”的管理方式。从1992年起，企业留利不再属于预算外资金管理的范畴。

1994年、1995年，预算外资金管理体制进一步改进，采取“统一领导、分级管理、量入为出、专款专用、勤俭节约”的管理方式。1996年4月，按照国务院的统一部署，在全县开展预算外资金清理和执法检查工作，该次活动由纪检监察部门牵头，财政、审计、物价、银行等部门参与。同年7月，《国务院关于加强预算外资金管理的决定》出台，明确了预算外资金“所有权归国家，调控权归政府，管理权在财政”，并实行“国家所有、财政管理、划分收支、比例分成”的管理体制，从根本上明确预算外资金是国家财政性资金的性质。1999年，为加强行政事业收费管理，根据衡水市物价局规定，对行政性收费进行严格管理和控制，实行收费许可证制度，收费年审制度，收费员证制度，还有包括收费项目、标准、范围在内的明码标价制度，进驻企业收费批准通知书制度和对乱收费的监督检查制度等。

五、周转金管理

财政周转金是指财政部门以信用方式有偿周转使用的资金。1991年，安平县农业项目开始利用世界银行贷款，贷款数额折合人民币635万元，使用期限15年。1994年8月，为加强财政周转金的使用和管理，县政府规定：使用财政周转金的单位和个人必须按规定缴纳占用费，逾期缴纳滞纳金；推行财政周转金借款风险抵押；实行借款担保责任制；对有主管部门的企业的借款由主管部门负责担保并签署协议。1991—1998年，共发放周转金4550万元，为安平县社会和经济的发展起到一定作用，但同时在一些使用单位和部门出现周转资金回收难的问题。1998年，根据《河北省财政周转金呆账处理办法》的有关规定，回收的本级财政周转金一律由财政部门统一安排使用，重点用于弥补历年财政赤字，解决财政挂账等。1999年，周转金从扩张型向紧缩效益型转变，周转金管理原则是“控制规模、限定投向、健全制度、加强监督”。2000年，取消财政周转金发放。世行贷款还本付息成为安平县财政较为沉重的负担之一。

六、综合农业开发资金管理

综合农业开发包括中低产田改造、多种经营、农业高新科技示范和扶贫开发等项目。项目资金管理由县财政局农发股、农财股负责。项目资金的发放根据项目进度及时拨付。为解决农民、农业、农村问题，加快农民脱贫致富奔小康步伐，从1998年开始，国家根据农业开发规划，逐年下达农业开发资金，鼓励支持农业生产，鼓励提高农业产业化水平。为提高农业开发资金使用效益，预防和治理腐败，从2002年开始，在农业开发资金管理中推行报账制管理机制。1998年、1999年、2000年，全县项目总投资6724万元。其中，中央资金944万元，省财政资金363万元，市财政配套资金278万元，县配套资金287万元，项目单位自筹及贷款资金4852万元。土地治理项目总投资1204万元；资金使用单位为西两洼乡、南王庄镇、马店镇，总规模4.8万亩；资金构成：中央资金344万元，省资金123万元，市配套资金98万元，县配套资金107万元，群众自筹资金360万元，专项贷款172万元。多种经营项目总投资5520万元；资金使用单位为京安规模养猪场，三年共开展3个子项目；资金构成：中央资金600万元，省财政资金240万元，市配套资金180万元，县配套资金180万元，项目单位自筹资金4320万元。

七、企业财务管理

1991年，企业财务管理基本上是计划经济下的财务管理体制。企业财务管理主要体现在四个方面：一是固定资产管理。管理内容包括固定资金需用量计划、固定资产折旧计划和固定资金的日常管理。1993年7月1日，实施新会计制度，企业固定资产管理不再实行固定基金制，企业可根据生产经营的需要随时利用营运资金购置固定资产。二是流动资金管理。管理范围主要是流动资金的核定，定额流动资金计划的编制和流动资金的日常管理。三是成本费用管理。管理范围主要是对各企业成本计划的审核，提出降低成本、压缩非生产费用的意见和建议。四是利润分配管理。1991—1994年，国有企业实现利润要缴纳55%的所得税和一定比例的调节税，税后利润要提取各种基金。利润分配管理主要是监督企业按照国家的有关利润分配政策进行各种基金的提取、使用。

八、行政事业费管理

1991年，财政部门对各行政事业单位的预算管理办法由原来的费用核销制改为经费指标包干制。其管理体制为“全年包干、超支不补，节余留用、一年一定”。1992年，对部分单位实行经费递增包干管理，全县统一实行“零基预算”。零基预算是指不考虑过去的预算科目和收支水平，以零为基点编制的预算。它不受已往预算安排和预算执行情况的影响，一切收支预算建立在成本效益分析的基础上，根据可能和需要来编制预算。1994年，为准确预算支出，财政部门对行政事业单位运行“定编定员”管理，即将劳动人事部门核定的各单位编制数和现有纳入财政开支的人员数，逐单位建立档案。2002年，建立人事编制工资管理系统，行政事业单位人员增减都及时修改微机信息记录，为编制年度支出预算提供准确的信息和资料。

九、罚没款管理

1991年，财政部门依据有关规定向公检法及其他职能部门核发罚没许可证，在全县大力整顿三乱（乱收费、乱罚款、乱摊派）行为，严格整顿罚款项目、执罚机构，严肃执法纪律，建立健全罚款财务制度、票证管理制度。1993年，开始将四分之三的行政性收费、罚没收入纳入财政预算管理，禁止设置账外账和“小金库”。1996年，各单位预算外资金全额上缴财政专户；公、检、法、工商部门实行收支两条线管理，1999年，扩大到全县所有执收执罚部门。2000年，在全县执收执罚部门中统一使用省财政厅印制的收费发票，推行“票款分离”的管理办法。2000—2002年，实行票款分离的收费单位共30个，收费项目132个；罚没单位29个，罚没项目32个。

十、国有资产管理

国有资产管理的任务是维护国家所有权益，防止国有资产流失，促进国有企业转换机制，建立现代企业制度，使国有企业适应市场经济要求，提高经济效益。国有资产管理的基础工作主要包括清产核资、产权界定、资产评估、产权登记、指标考核、纠纷处理等。

1991年，对县办企业开展清产核资工作。以后逐年进行产权登记，以确保国有资产保值增值，最大限度地防范国有资产流失。1999—2002年，产权登记和产权登记年检、国有资产保值增值的考核、国有资产重组和股份制改造、国有资本经营的监督和管理、规范国有资产处置、推进县办企业开放搞活等工作不断加强，未经主管部门批准私自处理、变卖国有土地、房产等现象也得到了控制，减少国有资产流失。

十一、财务大检查

1991—1998年，每年第三季度根据国务院统一部署，进行税收、财务、物价大检查。检查的范围包括国营、集体、私营企业和行政事业单位及个体工商户。检查重点内容是经济活动中发生的违反财经法纪的问题：偷税漏税，超越权限擅自减税、免税，乱挤乱摊成本，虚报亏损，侵占截流应交财政的利润、能源交通重点建设基金、预算调节基金和其他收入，随意涨价、加价、乱收费、牟取非法收入，私设小金库，侵占、私分国家和单位资财，滥发奖金、实物、补贴，擅自购买专控商品，用公款请客送礼、游山玩水、营建私房和超标装修住房等。1991年，全县查出违纪入库资金11.5万元；1992年入库70万元；1993年，入库32万元。1999年，国家取消统一的税收、财务、物价大检查，全县大检查变集中式为分散式，变年终突击式为经常式检查。全年共检查56个单位，查出违纪资金91.6万元，上缴财政50多万元。2000年，重点抽查百余户行政事业单位，共查出各类违纪资金100多万元，上缴财政罚款70多万元。2001年，把打击偷骗税、虚开伪造增值税发票作为财税大检查的重点，对9家省属企业、32家外资企业、41家商贸金融企业进行检查，共查出违纪资金70多万元，上缴财政50多万元。2002年，对执收执罚部门乱收、乱罚、截留收入、私开账户、私设小金库等违法行为进行了认真查处，查出违纪资金、漏欠税款共366万元，催缴入库106.1万元，以查促收取得显著成绩。

第四节　债券

一、种类

债券包括国库券（含定向券）、建设债券、国债（含凭证式和非凭证式两种）等类型。国库券的种类根据认购对象划分为公购和个人认购两种。公购是指财政部门根据上级年度发售任务，向各乡镇、各单位下达认购计划，属指令性计划，无特殊原因必须完成。1992年国家取消派购制。个人认购是居民个人自愿行为。国库券利息较其他存款利息高，信誉好，居民购买积极性高。

二、发行

1991年，全县国库券的发行工作由财政局综合股和各专业银行承担。1992年，各专业银行代发国库券业务取消，国库券发行改由财政局包销。1991年，国库券发行实际完成94.6万元，其中公购11万元，个人购买83.6万元。1992年，上级没有下达任务。1993年，全县完成发行250.6万元；1994年，完成发行32.18万元；1995年，完成发行88万元，其中定向券18万元。从1996年起上级不再下达指令性任务，是年完成定向券10万元。1997年，完成发行159.72万元，其中国库券35万元，定向券11万元，建设债券18.75万元，凭证式国债94.97万元。1998年，完成凭证式国债发行196.87万元。1999年，财政局不再承担发行任务，而是由专业银行负责，由单位和个人自行认购。

三、兑付

国库券到期后，持有人到指定银行专柜和财政局综合股兑付。1991—1993年，安平县国库券兑付由专业银行负责。1994年，财政局综合股也开始承担兑付任务。1994—2002年，共兑付1189.56万元。2002年，全县兑付工作基本结束。

1994—2002年安平县国库券兑付情况统计表

表11-8　　　　单位：元

年度	1994	1995	1996	1997	1998	1999	2000	2001	2002	合计
兑付	187425	295225	4782070	313220	1722797	251859	2255692	1733291	353972	11895551

第五节　管理机构

安平县财政局是全县财政的管理机构。办公地点1991年在县政府办公楼内，1992年8月迁至县城新盈街214号，1997年10月搬至县城新盈东街332号。1991年，财政局下设办公室、预算股、综

图11-1　财政局办公大楼

合股、企业股、农财股5个股室；安平县税收、财务、物价大检查办公室挂靠财政局；局机关有干部职工33人，其中副科以上干部3人，一般干部18人，工勤人员12人。1994年12月，增设国有资产管理股、农发股。1995年4月，成立财政局下属事业单位离休干部和二等乙级以上伤残军人门诊部（以下简称老干门诊部或公费医疗管理办公室）。1996年11月县机构改革时，成立预算外资金管理局和国有资产管理局两个二级局，增设会计事务股、人教股、控办室、农税股。1999年，取消安平县税收、财务、物价大检查办公室，成立安平县财政监督检查大队，增设财政监督检查股。2001年10月，为强化农税征收职能，成立农税局（二级局编制10人）；撤销农税股，设立农税征管股和农税稽查股，人员编制从财政局内部调剂解决。2002年8月，根据县乡机构改革精神，撤销预算外资金管理局和国有资产管理局，设立预算外资金管理股和国有资产管理股。2002年年底，财政局下设办公室、预算股、企业股、农财股、农发股、国有资产管理股、综合股、预算外资金管理股、会计股、控办室、农税征管股、农税稽查股、财政监督检查股、人教股共14个股室；下属单位有农税局（二级局）、财政监督检查大队和老干门诊部（事业单位）；局机关人员共计66人，其中副科以上人员5人，其他干部28人，工人33人。

第六节　乡镇财政

一、机构设置

1991年至1996年1月，全县有20个乡镇财政所，每所2至5人，共有干部职工59人，其中所长12人（部分财政所所长空缺），副所长9人，其他人员38人。1996年1月并乡扩镇后直至2002年年底，全县有8个乡镇财政所，共有干部职工48人，其中所长8人，副所长5人，其余人员35人。

二、乡镇财政收支

1991—2002年，全县乡镇财政总收入为17825万元，总支出为17105万元。

2002年安平县乡镇财政基本情况表

表11-9　　单位：万元

乡镇财政收入（万元）	乡镇本级财政收入	财政供养人数		乡镇总产值	
		行政	事业	工业	农业
2008	1856	583	226	241000	74421

1991—2002年安平县乡镇财政收入情况统计表

表11-10　　单位：万元

年度 / 并乡扩镇前乡镇	1991	1992	1993	1994	1995	年度 / 并乡扩镇后乡镇	1996	1997	1998	1999	2000	2001	2002
安平镇	20.4	19.2	29.0	87.5	96.6	安平镇	664.9	652.0	120.2	119.0	108.8	141.7	333.0

续表11-10

年度 并乡扩镇前乡镇	1991	1992	1993	1994	1995	年度 并乡扩镇后乡镇	1996	1997	1998	1999	2000	2001	2002
河漕村	29.2	44.5	58.2	83.0	199.3	安平镇	664.9	652.0	120.2	119.0	108.8	141.7	333.0
王胡林	29.8	42.7	55.4	77.6	76.0								
后张庄	20.8	25.6	66.5	84.1	90.5								
东黄城	35.6	40.3	43.5	90.7	108.3	东黄城乡	412.2	502.0	66.5	56.2	56.4	88.8	225.0
台城	34.1	33.0	45.7	79.7	118.9								
大子文	37.6	25.2	30.8	85.7	158.4	大子文乡	423.7	411.6	44.6	65.3	63.9	106.3	270.0
石干	35.7	42.0	46.2	79.7	119.4								
南王庄	64.2	44.1	45.2	133.4	198.1	南王庄镇	346.8	530.9	57.8	90.7	75.0	98.9	226.0
南王宋	31.4	54.6	78.2	88.1	192.0								
西两洼	31.0	29.2	29.9	61.4	70.7	西两洼乡	237.3	364.0	45.5	56.6	43.6	65.1	161.0
东里屯	14.5	24.1	38.6	49.5	54.2								
马店	31.3	64.3	93.2	94.5	138.0	马店镇	395.6	556.0	69.3	75.5	73.8	96.0	297.0
南苏村	28.1	21.4	57.2	83.8	181.7								
刘吉口	28.7	38.0	55.1	84.9	150.0								
大何庄	31.3	33.7	36.8	77.9	150.4	大何庄乡	365.0	463.0	44.1	48.8	53.2	75.5	272.0
察罗	33.8	29.8	51.0	81.2	139.0								
程油子	18.8	15.5	47.0	74.5	85.4	程油子乡	397.4	435.1	50.5	54.3	46.7	65.1	224.0
张寨	19.7	11.7	22.5	66.9	149.4								
袁营	12.3	10.3	15.2	39.4	73.6								
总计	588	649	945	1604	2550	总计	3243	3915	499	566	521	737	2008

说明：1.1998年1月，乡镇中小学教师工资由乡镇统筹改为县财政统一发放，县财政下拨乡镇的经费显著减少，因此乡镇财政收入也随之减少。

2.总计精确到个位

1991—2002年安平县乡镇财政支出情况统计表

表11-11　　　　单位：万元

年度 并乡扩镇前乡镇	1991	1992	1993	1994	1995	年度 并乡扩镇后乡镇	1996	1997	1998	1999	2000	2001	2002
安平镇	25.0	15.8	26.7	87.5	96.5	安平镇	640.6	648.0	108.2	110.8	105.1	135.7	332.8
河漕村	29.5	29.6	48.6	83.0	209.5								
王胡林	31.6	38.7	55.4	77.6	81.6								
后张庄	24.6	22.4	69.9	84.1	116.4								
东黄城	39.8	34.3	36.5	89.4	104.5	东黄城乡	394.0	511.2	65.6	54.0	54.0	75.6	199.1
台城	31.7	30.2	42.0	79.7	136.4								
大子文	32.5	17.9	31.2	85.7	158.4	大子文乡	437.4	411.6	45.4	62.5	53.7	102.8	210.0
石干	33.9	37.4	40.5	79.7	119.4								
南王庄	43.0	40.6	45.7	133.4	198.1	南王庄镇	332.2	528.0	54.9	79.1	71.5	92.5	240.1
南王宋	27.7	41.0	74.4	88.1	187.7								
西两洼	29.8	28.0	29.9	61.4	87.8	西两洼乡	191.6	373.0	42.8	49.6	42.2	62.1	165.0
东里屯	11.3	20.9	35.5	49.5	54.2								
马店	20.6	53.4	93.2	93.7	137.2	马店镇	336.9	556.0	59.3	65.3	59.8	86.0	284.0
南苏村	22.4	29.3	52.8	98.5	181.7								
刘吉口	25.7	40.0	54.1	75.1	140.8								
大何庄	22.0	24.3	34.6	79.4	158.5	大何庄乡	394.4	408.0	42.7	46.3	49.3	72.5	228.9
察罗	29.2	29.3	51.0	58.1	168.0								
程油子	18.8	15.5	47.0	74.5	85.4	程油子乡	310.7	388.2	47.9	50.6	41.2	61.1	196.5
张寨	20.0	11.7	21.8	66.9	149.4								
袁营	12.9	10.3	15.2	39.4	71.7								
总计	532	571	906	1585	2643	总计	3038	3824	467	518	477	688	1856

说明：1. 1998年1月，乡镇中小学教师工资由乡镇统筹改为县财政统一发放，乡镇支出数额大幅减少。

2. 2002年，农村税费改革开始实施，乡镇自有财力支出增多。

3. 因年度统计口径不一，支出数据存在差距。

4. 总计精确到个位

第二章　税务

税收是国家和地方人民政府财政收入的主要来源，取之于民，用之于民。税收主要包括工商税收和农业税收两大类。工商税收1991年至1994年8月由安平县税务局征收。1994年8月至2002年，实行分税制，国税与地税分离，国税由安平县国家税务局征收，地税由安平县地方税务局征收。农业税始终由县财政局负责征收。1991年至1994年8月，安平县的工商税制实行以流转税和所得税为主体，其他税种相配合的复合税制。1994年8月至2002年，实行以增值税为主体，消费税、营业税并行，内外税统一的流转税制。全县税务系统负责征管的税种主要是增值税、消费税、营业税、企业所得税、城市维护建设税、外商投资企业和外国企业所得税、个人所得税、资源税、印花税、土地使用税、房产税、契税等。从1991年到2002年，全县经济快速发展，税收也大幅增加。1991年，全县完成税收1072.7万元；1994年，完成2144万元；2002年，完成额增到12385.8万元是1991年的11.55倍。

第一节　税种税率

一、1991—1994年税种税率

1991—1994年，尚未实行分税制，国税、地税由安平县税务局负责征收，税种和税率：

产品税　采用比例税率，税率最高为60%，最低为3%。

增值税　采用比例税率，共分12个税目，13档税率，最高为16%，最低为6%。

营业税　分12个税目，25个税率，最高为15%，最低为3%。

建筑税　税率为10%。

城市维护建设税　县城内税率5%，县城外税率为1%。

国营企业所得税　大中型企业采用55%比例税率，小型企业采用八级超额累进税率。

集体企业所得税　以企业所得额为课税对象，采用八级超额累进税率，最低税率为10%，最高税率为55%。

私营企业所得税　税率为35%。

城乡个体工商业户所得税　采用十级超额累进制，税率7%～60%。

房产税　房产原值减去30%，余值按1.2%计征，租金收入按12%计征。

车船使用税　采用定额税率，载货汽车按吨计征，每吨年42元；乘人汽车、摩托车按辆计征，最高180元，最低36元。

屠宰税　采用定额税率，猪每头4元，羊每只8角，牛及其他大牲畜每头6元。

固定资产投资方向调节税　采用差别税率，按不同项目设0%、5%、10%、15%、30%五个档次。

印花税　采用比例税率，最高为1‰，最低为0.03‰。

个人收入调节税　税率分两种，一是采用超倍累进税率，根据收入分20%～60%五级征收；二是采用比例税率，对利息、股息及投稿、专利权的转让等收入计征，税率20%。

城镇土地使用税　采用定额税率，工业占用每平方米年税额0.2元，商业占用每平方米年税额0.3元。

1991—1993年安平县税收情况统计表

表11-12　　　　单位：万元

项目 年度	征收合计	工商各税	农业四税
1991	1073	904	169
1992	1313	1031	282
1993	1701	1464	237
合计	4087	3399	688

说明：农业四税即农业税、农林特产税、耕地占用税、契税

二、1994年后国税征收税种税率

1994—2002年，实行分税制，国税由安平县国家税务局征收，税种税率如下。

增值税　是对纳税人生产经营活动的增值额征收的一种间接税。征收范围包括所有的工业生产环节、商业批发和零售环节及提供加工、修理修配的劳务以及进口货物。

在征收管理上分为一般纳税人和小规模纳税人。1994年至1998年7月，一般纳税人基本税率为17%或13%，有权领购使用增值税专用发票和按规定取得进项税额的抵扣权。小规模纳税人按6%的征收率征收，不能领购增值税专用发票，不得抵扣进项税额。从1998年7月1日起，商业企业小规模纳税人的增值税征收率由6%调减为4%。1994—2002年，县累计征收增值税29730万元。

消费税　是对一些需要调节的消费品征收的税种。征收范围仅限于烟、酒及酒精、化妆品、护肤护发品、贵重首饰、鞭炮、焰火、汽油、柴油、汽车轮胎、摩托车、小汽车共12种产品。1994年至1998年7月，计税依据是应税消费品销售额或销售量，采用从价定率或从量定额征收的方法，其中啤酒、黄酒、汽油、柴油按销售量（吨或升）来计税，其余应税消费品按销售收入额计征，税率为3%～45%不等。1998年7月至2002年，对粮食白酒、薯类白酒、卷烟实行复合税率，采用从价定率和从量定额复合计算征收。至2002年，县累计征收消费税1518万元。

各银行支行、各保险公司集中缴纳的营业税　1994—2002年，金融、保险企业缴纳的营业税提高3%税率征收。2001年起，金融保险业营业税税率每年下调一个百分点，两年金融保险业的营业税税率从8%降低到6%。至2002年，县累计征收营业税550万元。

企业所得税　国家税务局负责征收和管理的企业所得税包括：各银行、各保险公司缴纳的所得税；中央企业缴纳的所得税；中央与地方所属企业、事业单位组成的联营企业、股份制企业缴纳的所得税；石油企业缴纳的所得税；外商投资企业和外国企业所得税。1991—2000年，企业所得税法定税率为33%，另外实行18%、27%两档优惠税率。外商投资企业和外国企业所得税基本税率为30%，地方所得税税率为3%。不在中国境内设立生产、经营机构、场所的外国企业，其取得的来源于中国境内的股息、利息、租金、特许权使用费和其他所得按20%的税率征收预提所得税。从2001年1月1日起，预提所得税税率调整为10%，对以后新办企业的企业所得税由国税局机关负责征收管理。1994—2002年，县累计征收企业所得税232万元。

储蓄存款利息个人所得税　1999年10月，开征储蓄存款利息个人所得税（以下简称个人所得税）。个人所得税是对个人在中华人民共和国境内存储人民币、外币取得的利息所征收的个人所得税，税率是20%。个人所得税由储蓄机构向储户结付利息时代扣代缴。个人储蓄存款在1999年10月31日前滋生的利息不征税；在1999年11月1日后滋生的利息，依法计征个人所得税。至2002年，县累计征收个人所得税1674.2万元。

车辆购置税　2001年1月1日，开征车辆购置税。征税对象为在中华人民共和国境内购置应税车辆的单位和个人。所谓购置，包括购买、进口、自产、受赠、获奖或者以其他方式取得并自用应税车辆的行为。车辆购置税实行从价定率的办法计算应纳税额。车辆购置税的税率为10%。车辆购置税由交通机关代征。至2002年，县累计征收车辆购置税1.04万元。

1994—2002年安平县国税征收情况统计表

表11-13　　　　单位：万元

年度	合计	增值税	消费税	营业税	企业所得税	存款利息个人所得税	车辆购置税
1994	1384.00	1271	100	3	10	—	—
1995	1956.00	1566	148	204	38	—	—
1996	2291.00	1966	318	—	7	—	—
1997	2675.00	2367	249	39	20	—	—
1998	3260.00	2927	254	56	23	—	—
1999	3650.20	3402	178	50	20	0.2	—
2000	4786.00	4248	102	45	20	371.0	—
2001	7027.76	6462	92	40	18	415.0	0.76
2002	6675.28	5521	77	113	76	888.0	0.28
合计	33705.24	29730	1518	550	232	1674.2	1.04

三、1994—2002年地税征收税种税率

地税应征税（费）共计23种，安平县地税局实征收19种税（费），税种税率如下。

营业税 税目税率：交通运输业3%，建筑业3%，金融保险业5%，邮电通信业3%，文化体育业3%，娱乐业5%～20%，服务业5%，转让无形资产5%，销售不动产5%。

个人所得税 实行超额累进税率和比例税率。

土地增值税 适用四级超率累进税率。

城市维护建设税 县城、建制镇税率5%，农村税率为1%。

车船使用税 乘人汽车按载人量缴纳使用税，乘坐10人以下、11人至30人、31人至50人、50人以上的，每辆每年分别纳税110元、120元、150元、180元；载货汽车按载重吨位缴纳使用税，每吨每年42元；三轮摩托车每辆每年48元；二轮摩托车每辆每年36元；摩托轻骑每辆每年24元；

房产税 有房产余值税和房产出租税两种，房产余值税指房产原值一次减除30%后的余值所缴税款，税率1.2%；房产出租纳税率为租金收入的12%，用于居住的，税金为租金收入的4%。

屠宰税

城镇土地使用税 纳税人所在地为县城的每平方米年税额标准为2元，在建制镇的每平方米1元。

企业所得税 包括地方国有、集体、私营企业，基本税率33%；优惠税率18%和27%。

印花税 应税凭证及适用税率：购销合同0.3‰，加工承揽合同0.5‰，建设工程勘察设计合同0.5‰，财产租赁1‰，货物运输合同0.5‰，仓储保管合同1‰，借款合同0.05‰，财产保险合同1‰，技术合同0.3‰，产权转移书据0.5‰，营业账簿0.5‰，权利许可证照5元/件。

城市房地产税 涉外企业征收。

车船使用牌照税 涉外企业征收。

地方税的滞、补、罚收入；

教育费附加　按增值税、营业税、消费税附征，税率3.5%；

义务教育费

乡镇企业管理费

文化事业建设费　征收率3%。

基本养老保险费

失业保险费

未征收税（费）4种：

资源税（无应税收入）；筵席税；副食品价格调节基金；人防建设工程费。

1994—2002年安平县地税征收情况统计表

表11-14　　单位：万元

年　度	1994	1995	1996	1997	1998	1999	2000	2001	2002	合计
征收税款	658	1049	2654	3214	4065	4430	4374	3515	3577	27536

四、农业四税税种税率

农业四税包括农业税、农林特产税、耕地占用税和契税，由县财政部门负责征收。

农业税，纳税人为县域内从事农业生产，有农业收入的单位和个人。农业税收执行1958年国家颁布实施的《中华人民共和国农业税条例》，平均税率为常年产量的15%。1991年全年征收农业税112万元，1994年征收241万元，2002年征收1768万元，是1991年的15.8倍。1991—2002年，累计征收4516万元。

农林特产税，纳税人为县域内从事应税农业特品的单位和个人。税率8%至31%，共分6档。1991年全县征收农林特产税13万元，1994年征收24万元，2002年征收153万元，是1991年的11.8倍。12年累计征收820.1万元。

耕地占用税，1987年开征。纳税人为占用耕地建房或者从事其他非农业建设的单位和个人，税率按土地面积计算，每平方米25元。1991年全县征收耕地占用税43万元，1994年征收15万元，2002年征收306万元。1991—2002年，耕地占用税累计征收1242.6万元。

契税，纳税人为县域内转移土地、房屋权属承受的单位和个人。税率为4%。1991—1995年由县财政局负责征收。1996—2002年由房产局代征。1991年征收契税0.7万元，1994年征收2万元，2002年增到31.8万元，1991—2002年累计征收141.7万元。

第二节　税收减免

税收减免简称减免税，实行减免税是对某些纳税人和征税对象的鼓励或照顾措施，是对税率的调整和补充。自1991年以来，安平县减免税涉及的行业有粮食、废旧物资、资源综合利用、其他制造业等；涉及的税种有增值税、涉外企业所得税；减免方式分为征前减免和退库减免两大类。征前减免是指未征收入库而直接减免的税款，包括抵减，主要涉及粮食企业、废旧物资收购企业；征前减免税有三种基本形式：(1)缩小计税依据，即确定起征点，规定征税对象免于征税的数额，在计算应纳税款时准许部分项目可以税前扣除，一些费用当期不能全部摊销时可以结转下期等；(2)降低税率；(3)减少应纳税额。退库减免指征收入库后再通过审批办法减免的税款，包括由税务部门审批办理的即征即退减免，税务部门其他退库减免和财政部门审批办理的流转税先征后返减免，主要涉及商业、制造业。1994—2002年，地税局共减免18户次，其中房产税、土地使用税减免24.6万元，企业所得税266万元。国税局减免额3099.6万元，减免项目主要是增值税、涉外企业所得税。

1994—2002年安平县国税税收减免情况统计表

表11-15　　　　单位：万元

年度	增值税		外商投资企业所得税		合计	
	户数	税额	户数	税额	户数	税额
1994	25	146	—	—	25	146
1995	25	171	—	—	25	171
1996	25	186	4	633.5	29	819.5
1997	25	215	5	50.2	30	265.2
1998	28	286	6	24.1	34	310.1
1999	27	252	5	11.3	32	263.3
2000	28	264	6	25.8	34	289.8
2001	28	332	9	41.8	37	373.8
2002	28	446	7	14.9	35	460.9
合计	—	2298	—	801.6	—	3099.6

第三节　税务管理

一、纳税登记

税务机关对纳税人的生产经营活动包括开业、停业、歇业（复业）以及变更经营范围等进行登记管理、核发税务登记证件、定期验证和换证。税收登记证每年验审一次。纳税人必须向税务机关办理履行纳税义务的法律手续，纳入税务机关管理。税务机关通过税务登记掌握税源。

1994—2002年，地税局办理税务登记的纳税总户数为2920户，其中国有企业45户，集体企业55户，股份制企业2户，外资企业25户，个体户2793户。国税办理税务登记的纳税户1994年8月为924户，2002年增到2028户，其中，一般纳税人393户，小规模纳税人及双定户1613户，其他（包括金融企业）22户。

二、纳税申报

负有纳税义务的单位和个人，必须在法律、行政法规确定的纳税期限内，向主管税务机关办理纳税申报手续，报送纳税申报表、财务会计报表以及税务机关规定的其他纳税资料。对纳税人应纳税款负有代扣代缴义务的单位，必须在法律、行政法规规定的申报期限或按税务机关依照法律、行政法规确定的申报期限，向税务机关报送代扣代缴、代收代缴税款报告表以及税务机关规定的其他资料。税务机关审核纳税申报表，确定应纳税额和应扣缴税款。

2002年，纳税申报率地税达到95%以上，国税达到98%。

三、税款征收

1991—2002年，一般纳税人(国营、集体企业)送交纳税申报表后，经税务机关审核，将税款自行上缴国库；小规模纳税人先行纳税申报，税收管理员根据申报表开具完税证，然后将税款代缴国库；没有建账能力的个体工商户由税务机关根据其经营情况核定应缴税额，税收管理员开具完税证后将税款上缴国库。

2002年4月，县国税局成立办税服务厅，对所有纳税户实行集中征收，纳税人在法律法规规定的时间内到办税服务厅办理纳税人申报和税款缴纳，由税务机关将税款上缴国库。

四、发票管理

发票是在购销商品、提供或者接受劳务和其他经济活动中，开具的收付款凭证。依法办理税务登记的单位和个人，在领取税务登记证件以后，向主管税务机关提出领购发票申请，提供经办人证明、税务登记证件或其他有关证明，以及财务印章或发票专用章的印模，经主管税务机关审核后，发给发票领购簿。领购发票单位和个人凭发票领购簿核准的购票种类、数量和方式向主管税务机关领购发票。依法不需要办理税务登记的单位和个人需要领购发票的，按照规定向主管税务机关申请领购发票。

税务机关对企业领购、开具、取得和保管发票的情况可调出发票查验、查阅，并可复制与发票有关的凭证、资料。印制使用发票的单位和个人应当接受税务机关依法检查，如实反映情况，提供有关资料。

1994年，根据增值税征收管理需要，发票分为增值税专用发票和普通发票，全部为手写版。增值税专用发票分为四联票和七联票。增值税专用发票是反映应税货物或应税劳务所负担增值税税额的一种特殊发票。只有经国税机关认定的增值税一般纳税人才能领购增值税专用发票，其他单位和个人不得领购。对未按规定保管专用发票而发生丢失的一般纳税人，半年内不得领购专用发票并收缴结存的专用发票。1996年1月1日，取消百万元版、千元版增值税专用发票。1997年，增值税专用发票采用电脑版和手写版两种。凡一次开票其销售额达到百万元以上的，均纳入增值税防伪税控系统，纳税人利用该系统开具电脑专用发票。2001年8月，取消手写版专用发票，全部改为电脑专用发票。

五、征管稽查

实行分税制后，为形成相互制约的稽查机制，有力打击各种涉税违法犯罪行为，税务机关设立了专司偷税、骗税、抗税和逃避追缴欠税案件的稽查机构。国税局于1994年9月设立稽查大队，1996年9月改建为稽查局。地税局1994年9月设立稽查局。稽查大队和稽查局实行选案、稽查、审理、执行“四分离”。在稽查中，对故意偷、逃税，且数额巨大和暴力抗税触犯刑律者，一经查明，除追缴税款外，还要移送司法机关严肃处理。

国税局从1994—2002年，累计查补税款416万元，检查纳税人242户次。地税局1995—2002年，累计查补税款1103万元，稽查583户。

典型案例：陈××暴力抗税案

1997年8月21日，地税局税务干部赵××和张×到西两洼乡向屯村清理零散税收。上午，张×到陈××小卖部征收税款时，陈不在，其妻缴纳了税款60元(每月定额40元，两月应交80元)，但陈却以多征税款为由，当日4次纠缠在向屯村征税的税务干部，并威胁、恫吓，骂不绝口。下午3时许，陈手持自家销售的商品刀，再次找到正在另一小卖部碰头研究工作的张、赵二人，将张的摩托车推倒，并狂喊摔了活该，持刀向屋里闯去，与听到喊声急忙出来察看的赵××接近时，一刀刺中赵的颈部。赵即刻倒地，昏迷不醒，经多方治疗仍落了个高位截瘫。此案移交司法机关，判处陈××有期徒刑13年。

六、信息化管理

1996年，国家税务总局确定“以纳税申报和优化服务为基础，以计算机网络为依托，集中征收，重点稽查”的税收征管模式。信息化管理成为现代税收管理模式的主要内容。1997年，为进一步加大信息化管理力度，国税局、地税局分别购置计算机组建微机中心。1999年9月，计财股实行微机管理。2000年1月，取消手工记账。2000年4月，国税局、地税局正式运行税收征管软件和征管质量考核软件，将税务登记、纳税申报和税款征收等一系列征管流程全部纳入信息化管理。2001年4月，完成局域网搭建，开通办公自动化系统，实行网上公文处理；5月，运行工资软件，将人员工资纳入信息化管理；7月，金税工程和稽核、协查系统开通运行，原报税、认证系统继续使用。

第四节　管理机构

一、县税务局

1991年至1994年7月，税务局内设办公室、人事股、派出所、会计股、检察室、监察股、税政股、教育股8个股室，1个稽查大队，下设7个乡镇税务所，干部职工165人。

二、国税局

1994年8月，县税务局分为国家税务局和地方税务局。国税局在编干部职工102人，内设办公室、征管股、计会股、政工股、税政股、派出所、咨询调研室7个股室；下设县直、镇东、镇西、南王庄、大何庄、程油子6个税务所和1个稽查大队；负责全县20个乡镇、1200户纳税人的税收征管工作。1995年2月，成立监察室和涉外所。1996年9月，稽查大队改成稽查局。1997年3月，撤销派出所。1997年5月，进行征管制度改革，重新设置机构，局内设办公室、政工股、计会股、监察室、综合管理股、微机信息服务中心、发票管理所、税务代理所、税务检察室9个股室，下设1个稽查局和城区征收分局、东黄城分局、马店分局、南王庄分局、涉外分局5个税务分局。1997年9月撤销税务检察室。1998年1月，建市场分局，将马店分局分为马店分局和程油子分局。1999年3月，根据省局要求，将综合管理股改为税政征管股，税务代理所更名为信息决策中心，取消微机中心，撤销城区征收分局，成立安平镇税务分局。2000年9月，撤销发票管理所，成立信息中心。2001年4月，成立征收厅；10月，政工股更名为人教股，计会股更名为计财股。2002年12月，撤销原市场分局，成立新安平镇分局；撤销原安平镇分局、程油子分局，成立市场一分局、市场二分局。2002年年底，国税局在编干部职工93人；内设办公室、税政

图11-2　国税局服务大厅

征管股、计财股、人教股、监察室5个股室和信息中心、发票管理所2个事业单位；下设安平镇、市场一、市场二、涉外、马店、南王庄6个税务分局，1个稽查局和1个办税服务厅；负责全县8个乡镇、2028户纳税人的税收征管工作。

三、地税局

1994年8月，县税务局分为国家税务局和地方税务局。地方税务局设办公室、政工股、计划会计股、征管税政股，下设稽查局、派出所、企业税务所、城镇税务所、南王庄税务所、大何庄税务所、程油子税务所，共有干部职工94人。1995年1月，城镇税务所分为城镇税务所、镇西税务所、镇东税务所。1996年8月，企业税务所改建为县直税务征收分局，城镇税务所改建为城镇税务征收分局，南王庄税务所改建为南王庄税务征收分局。1997年1月，镇东税务所和镇西税务所合并为中心税务所。1998年7月，中心税务所更名为东黄城税务所。1999年1月，城镇分局更名为城镇税务一分局，东黄城税务所更名为城镇税务二分局。2001年12月，设立城区税务征收中心。2002年6月，程油子税务所撤销。2002年12月撤销县直分局、城镇税务一分局和城镇税务二分局，设立城区税务分局、城镇税务分局。2002年年底，地税局内设一个室三个股：办公室、政工股、计划会计股、征管税政股，下设七个单位：城区税务征收中心、南王庄税务分局、城区税务分局、城镇税务分局、大何庄税务所、稽查局、派出所，全局共有干部职工94人。

四、财政局

机构情况见本编第一章第五节《管理机构》。

第十二编　金融 保险

金融
保险

安平县汉王公园石刻

第十二编　金融 保险

1991年，全县金融保险机构有6家：中国人民银行安平县支行、中国农业银行安平县支行、中国工商银行安平县支行、中国建设银行安平县支行、邮政储蓄、中国人民保险公司安平县支公司。1993年，成立中国银行安平县支行。1996年，成立中国人寿保险公司、安平县农村信用社联合社、中国农业发展银行安平县支行。2002年，全县金融保险机构共10家，正式职工532人，代办人员375人，分别比1991年增加21人和63人。

1991年后，全县金融保险业务不断增加，业务范围逐年扩大。1994年，各金融系统开始发放银行信用卡，信用卡数量迅猛增加，使用也越来越普遍。1998年，开通县内电子银行，银行结算完全实现微机化。2002年，全县对公存款余额为38654万元，居民储蓄余额为194978万元，贷款余额149453万元，分别是1991年的6.9倍、15.5倍、6.2倍；保费收入为1399.43万元（其中，储金4446万元），是1991年的4.2倍。1991—2002年，保险赔付金额共3440.2万元，赔付率68.2%。

存贷款余额和保费收入的大幅增长，满足经济生活需求，方便人民群众，促进全县经济的发展。

第一章　金融

第一节　金融机构

中国人民银行安平县支行（以下简称人行）履行中央银行的有关职责，主要任务是组织实施货币政策和对该县金融实施监督管理；受上级人行和县委、县政府的双重领导，以上级人行领导为主。1991年行址位于为民街县政府招待所东边；内设办公室、综合计划股、会计国库股、货币发行股、金融管理股、稽核股、保卫股、发行库、业务库共6个股1个室2个库；干部职工39人，其中行长、副行长各1名；下属经济实体有第一城市信用社。1992年10月，行址迁到县城西马路机电胡同9号。1993年，成立经济实体——安平县博陵典当商行。1994年6月，撤销会计国库股，设立会计股和国库股。1996年12月，所办经济实体第一城市信用社与人行脱钩。1997年10月，撤销业务库； 12月，撤销发行库、货币发行股和保卫股。2000年，撤销博陵典当商行。2002年，机构设置为办公室、综合计划股、会计股、国库股、金融管理股、稽核股6个股室；干部职工39人，其中行长1名，副行长3名。

中国农业银行安平县支行（以下简称农行）为科局级经济实体，受县委、县政府和衡水分行双重领导，以衡水分行领导为主。行址在安平县新盈东街74号。农行于1991年设办公室、人秘股、计划会计股、会计辅导股、工会、审计稽核股、保卫股、监察室、农业信贷股、商业信贷股、存款股、信用合作股共12个股室；下设大何庄、南王庄、程油子、城关4个营业所，北关、白沙庄、角邱、为民西街、中心路、汽车站、大子文、马店、刘吉口、察罗、张寨、东黄城、南王宋、第四、第五共15个储蓄所；有正式员工140人，储蓄代办员68人。1992年4月，成立工业信贷股，同年撤销。1995年，撤销刘吉口储蓄所，设立第一储蓄所、大厦储蓄所；储蓄代办员增至84人。1996年11月，中国农业发展银行安平县支行和信用合作联社从农行析出。之后，农行内部机构设置调整为5个部、1个室、1个中心，即综合办公室、计划会计部、资金组织部、信贷业务部、稽查保卫部、信用卡部、机关服务中心；下设大何庄、南王庄、程油子、城关4个营业所，北关、白沙庄、角邱、为民西街、大厦、中心路、汽车站、大子文、马店、察罗、张寨、东黄城、南王宋、第一、第四、第五共16个储蓄所；共有正式员工136人，储蓄代办员84人。1998年5月，大子文储蓄所迁丝网大世界，更名为丝网大世界储蓄所；7月，撤销察罗储蓄所、南王宋储蓄所。2000年5月，实行“三定两聘”（定岗、定编、定员，干部聘用、员工聘用），内部机构设置改为2个室、6个部，即办公室、监察室、计划财务部、信贷业务部、零售业务部、稽核部、市场拓展部、保卫部；下辖大何庄、程油子、南王庄、城关4个营业所和新盈街、北关、为民西街、第一、第五、第六、丝网大世界、保衡路、大厦、马店、角邱共11个储蓄所；有正式员工90人，储蓄代办员61人。同年9月，撤销城关、程油子营业所和角邱、丝网大世界储蓄所，增设丝网大世界营业所；11月，成立资产经营部。2001年11月，撤销马店、大厦、第五储蓄所；12月，北关储蓄所升格为第一分理处，第六储蓄所升格为第二分理处。2002年年底，撤销大何庄营业所；内部机构设2个室、7个部，即办公室、监察室、计划财务部、信贷业务部、零售业务部、稽核部，市场拓展部、保卫部、资产经营部；下辖第一、第二2个分理处，南王庄、丝网大世界2个营业所，新盈街、为民街、第一、保衡路4个储蓄所；共有正式员工75人，储蓄代办员57人。

中国工商银行安平县支行（以下简称工行）行址在为民街14号。工行为中央直属全民企业化

图12-1　中国工商银行安平县支行服务大厅

管理金融单位；1991年，设人秘股、保卫股、会计股、出纳股、储蓄股、计划股、工业信贷股、商业信贷股、稽核股；下辖城市信用社、营业室、第一储蓄所、第二储蓄所、保衡路储蓄所、北大街储蓄所；干部职工共72人，其中行长1名，副行长2名。1992年，成立第三储蓄所。1993年，成立第四、第五储蓄所。1994年1月，成立第六储蓄所，增设房地产信贷部；3月，增设牡丹卡业务部；9月，城市信用社与工行脱钩；11月，由股建制改为科建制。1996年7月，成立第八储蓄所，会计科、出纳科合并为会计出纳科，计划科更名为调统科。1997年6月，撤销房地产信贷部，8月，撤销稽核科。1998年，成立丝网大世界分理处。1999年9月，撤销第八储蓄所。2000年9月，进行干部公开竞选，聘任8名部门经理、副经理，撤销北大街储蓄所和第一、第二、第三、第四、第六储蓄所，第七储蓄所更名为西马路分理处。2001年，设管理保障部、市场信贷部、会计结算部、零售业务部。2002年年底，内设机构有办公室、市场信贷部、核算管理部、个人金融业务部4个部室；下辖丝网大世界分理处、西马路分理处、第五储蓄所和营业室；干部职工共54人，其中行长1名，副行长2名。

中国建设银行河北省安平县支行（以下简称建行）行址在安平县东马南路52号。1991年年初，设办公室、业务股、会计股、保卫股；下辖营业室、房地产开发公司、百货大楼代办所和第一、第二、第三、第四储蓄所；共有员工41人，其中行长，副行长各1名。

图12-2　中国建设银行安平县支行

1991年4月30日，撤销房地产开发公司。1993年7月，成立城东储蓄所和房地产信贷部。1995年5月，成立信用卡部。1997年4月，撤销信用卡部，其营业室改为储蓄专柜；7月，撤销业务股，成立中介业务股和信贷股，撤销房地产信贷部，成立第一分理处；10月，撤销储蓄专柜。1999年3月，撤销百货大楼代办所。2000年1月，撤销第二储蓄所；7月，撤销第三储蓄所。2002年1月，撤销中介业务股。

2002年年底，建行内设机构有办公室、业务股、会计股、保卫股、储蓄股、信贷股；下辖营业室、城东储蓄所、第四储蓄所和分理处；共有员工69人，其中行长1名，副行长2名。

中国银行安平县支行（以下简称中行）行址位于安平县为民东街243号。1993年5月，中行开始筹建，设存汇科，并在营业厅设储蓄专柜；10月，在为民街政府招待所西侧建第一储蓄所。1994年4月，经安平县人行批准正式营业，设办公室、计划信贷科、会计科、存汇科，员工21人；5月，在为民街建第二储蓄所。1995年10月，增设信用卡科。1999年8月，新办公楼竣工并投入使用。2000年5月，设保卫科；6月，成立大世界储蓄所。2001年4月，内部机构改设为4个部1个室，即办公室、业务部、零售业务部、营业部、保卫部。零售业务部下设：第一储蓄所、第二储蓄所、大世界储蓄所、支行储蓄专柜。2001年11月，第一储蓄所升格为第一分理处。2002年年底，中行共有干部职工43人，其中行长、副行长各1名。

中国农业发展银行安平县支行（以下简称农发行）组建于1996年11月。行址位于县城东马路路东，与农行相邻，于2001年迁往红旗西街1号。1996年，农发行内设办公室、计划信贷部、营业室，编制20人，设行长1名。1998年，撤销营业室，增设会计出纳部。2002年年底，农发行内设办公室、计划信贷部、会计出纳部；编制22人，设行长1名，副行长2名。

安平县农村信用合作社联合社　1991年至1996年10月，农村信用合作社隶属于安平县农行，由农行信用合作股具体管理。1996年10月，信用合作股从农行析出成立安平县农村信用合作社联合社（以下简称信用联社）。信用联社受衡水市农村金融体制改革领导小组领导，同时受县政府领导；社址在新盈街中段；机关设办公室、业务科、财务科、稽核科、保卫科、营业部；下辖大何庄、马店、刘吉口、察罗、程油子、张寨、袁营、南苏村、城关、河漕村、东黄城、台城、后张庄、王胡林、东里屯、西两洼、大子文、石干、南王庄、南王宋等20个信用社，1个分社（城关分社）和225个信用代办站（每村1个）；共有正式员工198人，其中主任、副主任各1名，有信用代办员244名。1997年5月增设1名副主任，社址迁至汉王路2号。1998年8月，安平县第一届社员大会选举信用联社主任兼任信用联社理事长。1999年3月，撤销张寨、袁营、南王宋、石干、台城、东里屯6个信用社。2000年12月，城市信用社、第一城市信用社并入信用联社，更名为中心路农村信用社、为民街农村信用社；增设东马路、丝网街、河漕村3个分社。2001年，撤销19个信用代办

图12-3　安平县农村信用合作社联合社

站。2002年4月，理事长、主任分设。2002年年底，信用联社机关设办公室、员工管理科、计划信贷科、财务电脑科、审计稽核科、监察保卫科、营业部5个科1个室1个部；下辖大何庄、马店、刘吉口、察罗、程油子、南苏村、城关、河漕村、东黄城、后张庄、王胡林、西两洼、大子文、南王庄、中心路、为民街共16个信用社，城关、河漕村、丝网街、东马路4个分社，206个信用代办站；共有正式员工196人，信用代办员220名。

邮政储蓄　始于1986年。1991年，安平邮电局在业务厅设储蓄专柜，由2名营业员专司此事。1998年后，邮电分营，安平县邮政局设储蓄班，营业人员2名。

第二节　货币

一、货币种类

1987年4月27日，中国人民银行发行第四套人民币。第四套人民币采取“一次公布，分次发行”的办法。1987年4月27日发行的人民币（80年版）是50元券、5角券2种。1988年5月10日发行的人民币（1980年版）是100元券、2元券、1元券、2角券4种。1988年9月22日发行的人民币（80年版）是10元券、5元券、1角券3种。1992年8月20日发行的人民币（1990年版）是100元券、50元券2种。从1991年到2002年，国内世面上流通的人民币是第四套人民币。第四套人民币一元币和角币为金属币，其他为纸币。

二、货币流通

受1990年国内通货膨胀的影响，安平县金融机构1991年现金支出11031万元，现金回收2860万元，货币净投放8153.1万元，货币投放量创历史最高水平。为抑制通货膨胀，安平县金融系统从1992年到1996年认真执行中央“从紧控制银根”的调控政策，努力加强现金管理，从紧控制现金投放，强化现金回笼。1992年，安平县货币净投放回落到5064.1万元。1993—1996年，货币净投放有增有减，总体呈增长趋势。1997年后，货币净投放量直线上升。2002年，现金支出756472万元；现金回收669437万元；货币净投放87035万元，比1997年增加44857万元。

1991—2002年安平县货币净投放情况表

表12-1　　单位：万元

年度	净投放量
1991	8153.1
1992	5064.1
1993	8558.0
1994	12984.6
1995	32896.2
1996	29392.5
1997	42178.1
1998	52745.0
1999	63312.0
2000	73879.0
2001	92334.0
2002	87035.0

第三节　存款

存款是金融机构信贷资金的主要来源。存款大项划分为对公存款和居民储蓄存款。

一、对公存款

对公存款是指企业单位、事业单位、政府部门和机关团体、部队、学校等单位在生产、经营活动中把暂时闲置的货币存入储蓄机构的一种信用活动。

1991年，全县对公存款5636万元。1991年后，全县经济快速发展，各金融机构鼓励员工积极开辟储源，壮大资金实力，为当地经济发展服务，对公存款大幅增长。2002年，对公存款达到38654万元，比1991年增长5.86倍。

1991—2002年安平县对公存款余额统计表

表12-2 单位：万元

年度＼余额＼单位	安平县对公存款余额	各金融机构对公存款余额					
		农行	工商行	建行	中行	农发行	信用联社
1991	5636	4868	768	—	—	—	—
1992	7606	6278	1328	—	—	—	—
1993	8563	7090	1473	—	—	—	—
1994	10351	8651	1700	—	—	—	—
1995	5738	2410	2476	576	276	—	—
1996	8668	1902	4197	888	563	559	559
1997	11187	2045	5867	996	875	824	580
1998	13573	3589	6983	1352	1125	153	371
1999	15279	2811	8220	2010	1810	96	332
2000	18345	4072	8351	2387	2278	521	736
2001	31680	4486	7414	3856	3353	817	11754
2002	38654	5221	8568	5865	4258	662	14080

二、居民储蓄存款

居民储蓄存款是指居民个人将手中持有和积余货币有条件地存入储蓄机构的一种信用活动。

储蓄种类 1991—2002年，储蓄存款有活期储蓄、定期储蓄、有奖储蓄、保值储蓄和个人大额可转让定期存单共5种。

储蓄利息的计付 活期储蓄存款凭存折随时可以支取，利率如有变动，利息根据利率变动情况按时间段计付。定期储蓄存款到期可凭存折支取，利息按存款时利率计付；提前支取时，需凭存折和有关身份证明，经审查同意后才能支取，利息按支取日挂牌公告的活期利率计付；超期支取时，超期部分按支取日挂牌公告的活期储蓄利率计付利息。

储蓄利率执行中央银行公布的基准利率。在中央银行允许的上下浮动区间内浮动。1991—2002年，利率共调整11次。

1991—2002年安平县银行储蓄存款基准利率调整情况一览表

表12-3 单位：年利率（%）

调整时间＼效率＼项目	单位	活期存款	定期整存整取						
			3月	6月	1年	2年	3年	5年	8年
1991年4月21日前	全县各行	1.8	3.6	5.4	7.2	7.8	8.4	9.6	11.4
1991年4月21日	工商行	1.8	3.24	5.4	7.56	7.92	8.28	9.0	10.08
	农行	1.5	2.7	4.5	6.3	6.6	6.9	7.5	8.4

续表12-3

调整时间 \ 利率 \ 项目	单位	活期存款	定期整存整取						
			3月	6月	1年	2年	3年	5年	8年
1993年5月15日	工商行	2.16	4.86	7.2	9.18	9.9	10.08	12.06	14.58
	农行	1.8	4.05	6.00	7.65	8.25	9.00	10.05	12.15
1993年7月11日	工商行	3.15	6.66	9.0	10.98	11.70	12.24	13.86	17.10
	农行	2.625	5.55	7.5	9.15	9.75	10.20	11.55	14.25
1996年5月1日	全县各行	2.475	4.05	6	7.65	8.25	9	10.05	—
1996年8月23日	全县各行	1.65	2.775	4.5	6.225	6.6	6.9	7.5	—
1997年10月23日	全县各行	1.425	2.4	3.45	4.725	4.95	5.175	5.55	—
1998年3月25日	全县各行	1.425	2.4	3.45	4.35	4.65	5.175	5.55	—
1998年7月1日	全县各行	1.2	2.325	3.3	3.975	4.05	4.125	4.35	—
1998年12月7日	全县各行	1.2	2.325	2.775	3.15	3.3	3.45	3.75	—
1999年6月10日	全县各行	0.825	1.65	1.8	1.875	2.025	2.25	2.4	—
2002年2月21日	全县各行	0.6	1.425	1.575	1.65	1.857	2.1	3.325	—

居民储蓄存款余额　1991年，全县居民储蓄存款余额为12555万元。1991年后，随着全县经济的快速发展，居民收入也不断增加，到2002年，全县居民储蓄存款余额达194978万元，比1991年增长14.53倍。

1991—2002年安平县居民储蓄存款余额统计表

表12-4　　单位：万元

年度	合计	各金融机构居民储蓄存款余额					
		农行	工商行	建行	中行	信用联社	邮政储蓄
1991	12555	7648	4505	—	—	—	402
1992	13196	7137	5311	—	—	—	712
1993	15731	8699	6041	—	—	—	991
1994	26527	11415	9930	2859	276	—	2047
1995	33929	14098	12513	3546	1042	—	2730
1996	86022	15874	15218	4793	1793	44744	3600
1997	108322	19188	19520	5801	4001	53506	6306
1998	131610	23412	23040	6392	5201	66146	7419
1999	148089	25432	23699	7885	6601	75144	9328
2000	159087	26097	25116	8796	7601	79440	12037
2001	176385	22912	24310	8928	8749	95954	15532
2002	194978	22064	26549	16859	11579	99087	18840

存款准备金 存款准备金是商业银行和其他金融机构按其吸收存款的一定比例向中央银行缴存的存款。建立存款准备金制度有利于保证金融机构对客户的正常支付，有利于保证金融机构之间的正常清算。存款准备金分为法定准备金和超额准备金，法定准备金为商业银行按法律规定缴存的最低限度的准备金，超出部分为超额准备金。1991年至1998年，为紧缩银根，抑制通货膨胀，全县各金融机构均按吸收存款数额的13%向人民银行缴存款准备金。1998年3月21日，存款准备金制度进行改革，准备金率从13%下调到8%。1999年11月21日由8%下调到6%，直到2002年，均按6%缴纳存款准备金。

第四节 贷款

贷款又称“放款”，是银行和其他金融单位按约定利率和期限向借款者提供的货币资金，以及由此引起的一种信用活动，是银行和其他金融单位最主要的资产业务。

1991年，全县金融机构实行信贷倾斜政策，在行业上重点支持农业和基础工业，在产品上重点支持农副产品、适销对路产品、创汇产品、高科技产品的生产与收购，全县贷款余额24288万元。1993年，执行适度从紧的信贷政策，信贷资金主要投向特色产品、工业、养殖业。1994年，各专业行初步实行资产负债比例管理，逐步向商业行转换；城市信用社与原组建单位脱钩，开始向城市合作银行过渡。是年，贷款余额27062万元。1995—1997年，继续执行适度从紧的货币信贷政策，不断完善金融调控方式，支持国有企业改革，促进经济结构调整。1997年，贷款余额100329万元。1998年，对商业银行实行指导性计划管理，逐步扩大其信贷自主权并适当扩大贷款规模和货币供应。是年出台《个人住房贷款管理办法》，促进了个人消费贷款，贷款余额109844万元。1999年，实行较为宽松的信贷政策，积极支持扩大投资和消费需求，支持国有企业稳步健康发展，加快重点项目的建设，贷款余额增至126434万元。2000年，开始实施稳健的货币信贷政策，国家先后开办住房、汽车消费和耐用品消费等贷款项目，贷款余额为134882万元。2002年，继续实施稳健的货币信贷政策，全县信贷资金主要投向基础设施建设、丝网产业、农业产业化项目，是年贷款余额为149453万元。

一、贷款种类

按期限划分的贷款种类有短期贷款、中期贷款和长期贷款。

按贷款保证方式划分的贷款种类有信用贷款、担保贷款和票据贴现。

按贷款对象可分为个人贷款和单位贷款。

按币种不同可分为人民币贷款和外汇贷款。

按贷款用途可分为工业贷款、商业贷款、农业贷款、技术改造贷款、基本建设贷款等。

按贷款质量分为正常贷款、逾期贷款、呆滞贷款、呆账贷款。

二、贷款金额

1991—2002年安平县贷款余额统计表

表12-5 单位：万元

项目/余额/年度	全县贷款余额	各金融单位贷款余额					
		农行	工商行	建行	中行	农发行	信用联社
1991	24288	18895	5393	—	—	—	—
1992	23143	16456	6687	—	—	—	—
1993	22429	14011	8418	—	—	—	—

续表12-5

项目/余额/年度	全县贷款余额	各金融单位贷款余额					
		农行	工商行	建行	中行	农发行	信用联社
1994	27062	16937	10125	—	—	—	—
1995	28554	15830	11234	245	1245	—	—
1996	86047	17990	13313	576	1796	25668	26704
1997	100329	20089	16423	467	2467	27004	33879
1998	109844	20062	17175	583	3583	26476	41965
1999	126434	26333	16522	662	4662	25844	52411
2000	134882	14136	15682	561	5261	28280	70962
2001	139208	16134	13706	925	6925	26403	75115
2002	149453	18807	13522	1592	6492	27827	81213

三、贷款利率

1991—2002年，全县各金融机构贷款利率按国家规定共调整14次。贷款利率在国家规定利率的基础上可上下浮动，最高上浮幅度各银行为30%，信用联社为50%，最低下浮幅度全县各金融机构相同均为10%。

1991—2002年安平县贷款利率调整情况表

表12-6　　单位：年利率%

项目/利率/调整时间	流动资金贷款		固定资金贷款					罚息	
	6个月	1年	技术改造贷款	基本建设贷款				逾期贷款	挤占挪用贷款
				1年以内	1～3年	3～5年	5年以上		
1991年4月21日	8.10	8.64	8.46	8.46	9.0	9.54	9.72	20	50
1993年5月15日	8.82	9.36	9.18	9.18	10.8	12.06	12.24	20	50
1993年7月11日	9.00	10.98	10.98	10.98	12.24	13.86	14.04	20	50
1995年1月1日	9.00	10.98	11.70	11.7	12.96	14.58	14.76	20	50
1995年7月1日	10.08	12.06	12.24	12.24	13.50	15.12	15.30	15	21
1996年5月1日	9.72	10.98	—	11.52	13.14	14.94	15.12	15	21
1996年8月23日	10.71	11.76	—	10.08	10.98	11.70	12.42	15	21
1997年10月23日	8.925	10.08	—	—	9.36	9.90	10.53	15	21
1998年3月25日	8.19	9.24	—	—	9.00	9.72	10.35	15	21
1998年7月1日	7.665	8.085	—	—	7.11	7.65	8.01	15	21
1998年10月31日	8.2125	8.6625	—	—	—	—	—	15	21
1998年12月7日	7.65	7.9875	—	—	6.66	7.20	7.56	12	18
1999年6月10日	6.975	7.3125	—	—	5.94	6.03	6.21	9	15
2002年2月21日	6.3	6.6375	—	—	5.49	5.58	5.76	9	15

四、企业集资

安平县企业集资盛行于1992—1994年。1992年以后，由于银行信贷资金紧张，供求矛盾日趋加剧，有的单位为解决资金急需，在单位内部职工中集资，致使社会资金分流，形成金融系统外的循环；集资偿还期最短6个月，最长3年；利率15%至20%，对金融储蓄形成冲击。金融部门为制止此风，于1994年7月中旬，组织金融系统职工上街大规模宣传和咨询国家金融政策。1994年年底，企业集资风才彻底平息。

五、民间借贷

民间借贷在安平一直存在，20世纪90年代初大都无息。一些居民遇到生病、盖房、婚丧等大事，一时钱紧多找关系较好的亲友拆借。该种拆借不论多少都不计利息，不定还钱期限，不用打借条。

20世纪90年代中期，人们的价值观念随着市场经济的发展发生了变化，出现了有偿（息）借款。关系不错人之间金钱往来，有些不用事先提息，而是以买礼品或给孩子“零花钱”等形式进行变相补偿；有些借钱户先向对方讲明借款付息，约定还款付息时间、利率并打下借据；个体户做买卖、办企业借钱，利息高于银行贷款，该种借贷一般借款时间短，还款快，利息高出银行同期贷款利率一两倍。

《中华人民共和国民法通则》第90条规定，“合法的民间借贷关系受法律保护”。民间的公民与公民、公民与法人之间的借贷，利于群众生产生活，能解决临时困难，有其积极作用。

第五节　结算

结算又称支付结算，是指单位、个人在社会经济活动中用票据、信用卡和汇兑、托收、承付、委托收款等结算方式进行货币收付及其资金清算的行为，也是银行会计业务核算过程，按操作方式分为手工结算和电算化结算；按性质分为现金结算和转账结算；按结算地点分为同城结算和异地结算。1991年及以前各银行会计结算以手工作业为主，核算工具是算盘；联行往来业务，是通过签发手工电报或发送挂号信来进行。1992年，会计核算工作实现电算化。1995年账户管理微机化。1998年，开通县内电子联行，联行业务实现数据传送，结束联行手工作业，至此，银行业务结算完全实现微机化。

信用联社1996年财会科开始用微机报表，2001年各信用社实现电子储蓄报表，2002年结算实现微机化。

全县银行信用卡的使用始于1994年，信用卡作为支付工具，具有存取现金、转账结算、汇兑储蓄、信用消费等功能，而且方便快捷，安全可靠。各金融系统每年发放信用卡的数量迅速增加。如农行1994年发出金穗卡380张，1996年增加到9000张，2002年增加到26000张，是1994年的68.4倍。持卡人多为企事业单位法人代表、业务员。银行信用卡只限系统内使用，使用频率很低，仅起到活期存折的作用，违背开办信用卡业务的初衷。单位使用信用卡支取现金不受任何限制，因而为现金管理带来新的不便。

1991—2002年，各金融机构支付结算的票据种类、格式、要素、功能等都发生很大变化。支票盖章处“签发人盖章”，改为“出票人签章”；结算由一次性结算，改为可连续转让结算。票据更具灵活性、通用性、兑现性、安全性和流通性。结算方式：1991—1995年有支票、委托收款、汇兑、本票托收承付、银行汇票等。1996年1月，《中华人民共和国票据法》颁布，规范票据行为。自此至2002年，结算方式有支票、本票、汇票（银行汇票、商业汇票）、汇兑、委托收款、托收承付、信用卡。支票、本票用于同城结算，银行汇票、汇兑、托收承付用于异地结算，商业汇票和委托收款用于同城结算或异地结算。

同城结算包括各金融单位费用核算、在人行安平县支行开立账户的专业银行和信用社交存款准备金、财政性存款、现金存款、同业划转、暂借款、再贴现等业务核算。同城结算时间最长不超过两天。

异地结算即通过银行办理的异地单位间的经济往来结算，有的异地结算也可向人行安平县支行进行交换，变为同城结算。安平的异地结算主要业务是县辖金融单位跨行系统往来业务的汇入汇出。异地（全国或省内通汇之间）结算的时间，电汇最长不超过4天，信汇不超过3天。无论同城结算还是异地结算各行向外寄出结算凭证，必须于当天或次日寄出；收到的结算凭证，必须于当天支付收款人。安平县在外地开设丝网门市者较多，因此跨行系统汇款的业务量大，而且逐年递增。1991年日均异地结算业务20笔，到2002年增到80多笔。票据交换是金融单位之间相互代收代付的票据，组织监督辖区金融单位票据交换是人行安平县支行的重要职责。在票据交换过程中，通过及时清算各行资金，防止辖区内金融单位相互压票压汇，保证结算渠道畅通，维护辖区金融稳定。1991年县人行同城票据交换所负责票据交换工作。参加票据交换的金融单位有本县的工行、农行、建行、信用联社、第一城市信用社、邮政储蓄等7个金融机构。中行和博陵典当商行于1993年参加票据交换。农发行于1996年参加票据交换。2000年，博陵典当商行停止票据交换。2002年，参加票据交换的金融单位有本县的工行、农行、建行、信用联社、邮政储蓄、中行、农发行共7个金融单位。

第六节　经理国库

国库是国家金库的简称。经理国库是人民银行的职责，1995年3月，《中华人民共和国中国人民银行法》颁布前称代理金库制，颁布后改称为经理国库。《人民银行法》明确规定经理国库是人行的职责之一。

1991年由县人行会计国库股经理国库业务。国库业务主要包括：办理安平县财政预算收入的收纳、划分、留解和国家财政预算资金支出的拨付；向上级国库和县财政局反映预算收支执行情况；协助财政、税务机关督促企业和其他存有经济收入的单位及时向国家缴纳税款，对于屡催不缴的依照税法协助扣收入库；代理发行、兑付国库券。1992年，取消代发国库券业务，国库券发行改由财政局包销。但兑付国库券本息业务一直延续到1996年。县人行从兑付国库券开始到1996年共兑付国库券本息959万元。

1991—2002年安平县人行办理国家财政预算资金收入、支出情况表

表12-7　　单位：万元

项目 内容 / 年度	预算资金收入	预算资金支出	报解中央收入	业务量（笔）
1991	1786	1779	39	9000
1992	2787	2538	21	10000
1993	3204	3048	54	10000
1994	4167	3706	1053	12000
1995	4196	5010	1255	14000
1996	6399	7509	1656	15000
1997	7643	8692	2001	19000

续表12-7

内容 项目 年度	预算资金收入	预算资金支出	报解中央收入	业务量（笔）
1998	9393	9404	2488	21000
1999	9989	11284	2494	26000
2000	11352	12066	3526	27000
2001	13644	13064	5434	32000
2002	15290	14004	6223	34200

第七节 金融管理

一、管理办法

金融管理由县人行依法履行。管理对象包括国家政策性银行、商业银行、保险公司、城乡信用社及金银、金融市场业务。人行负责审批各专业银行和非银行金融机构的设立、撤销、业务范围，颁发经营金融业务许可证；协调金融单位之间的业务活动，依法对金融单位的业务活动进行监督、检查和处理。

其他各金融机构的金融管理：一是依照法律和上级行的有关规定，结合安平实际自行确定项目，对下属各金融机构进行现场和非现场稽核并处理；二是设立举报箱接受群众举报并据实查处；三是按照有关规定对金融机构的法人代表或负责人进行资格审查和对其上级的任免呈报表签署可否意见。1991年至1995年3月，金融管理所依据的法律是《中华人民共和国银行管理条例》。1995年3月后，开始执行《中华人民共和国中国人民银行法》《中华人民共和国商业银行法》。1995年5月后，开始执行《中华人民共和国票据法》。安平县金融业走上规范化和法制化轨道。

二、金融机构管理

县人行负责对辖内金融机构的设置、变更、撤并的管理。为加强对辖内金融机构和金融市场的管理，人行开展了以下工作：1. 每月按时听取各专业银行报告业务工作情况；2. 进行金融机构年检和日常检查，主要内容是看被检查机构是否执行国家金融政策及业务开展情况，机构法人代表或主要负责人的政治、业务素质及经营业绩与机构的资本金是否完整无缺等；3. 进行现场稽核和非现场稽核，以严肃结算纪律，有效地保证全县金融结算渠道畅通。1991年，县人行、工商局、财政局联合清理财政性存款。1992年，县人行对全县19个金融单位利率执行情况进行抽查，结果19个金融单位中有7个单位存在问题，2595笔存款和306笔贷款有问题，对发现问题及时进行处理。1993年，针对专业银行压票、压汇问题开展结算纪律检查，纠正不法行为。1994年，开展7次稽核，查处违法存款152万元，违法贷款20万元，企业挪用贷款718万元，多头开立账户5家。1995年，对安平县邮政储蓄进行全面稽核。1997年，对金融系统的存贷款进行稽核。1998年，对安平县金融机构的内部控制是否完善进行检查。1999年，对信用联社的信贷户进行现场稽核，同时稽核信用联社信贷资金的安全性。

三、人民币管理

保护人民币 人民币是国家的法定货币，人人有责爱护。但有些人缺乏这方面知识和意识，有意无意在人民币票面上乱写乱画、抽金线、折玩艺、打首饰，甚至故意撕毁人民币。为提高广大群众保护人民币的意识，安平各行职工1995年4月26日上街宣传，向过往行人咨询，发有关资料2000份。1996年6月25日起，金融系统由人行牵头，在全县开展以“爱护人民币、反假人民币、保护人民币”为主题的宣传周，收到一定效果。

兑换残缺污损人民币 1995年前，兑换残缺污损人民币（以下简称残币）是安平的一个“老大难”问题。县人大代表曾有提案要求解决该问题。1995年年初，安平各行着手对此问题加以解决，通过采取在大门外明显处悬挂“残损人民币兑换处”铜牌标志，对兑换单位明查暗访，欢迎群众对不给兑残币的储蓄单位举报，对不给兑换残币的储蓄单位罚款等措施，终将“老大难”问题彻底解决。通过大量的收缴残币，有效地净化市场上流通的人民币，而且深得人心。

反假人民币 安平县人行与公安局于1992年联合下发《关于发现假币当即没收并报案追查的通知》。是年，全县共没收假币251张，金额达1105元。其后，人行还帮助各商业银行培训专业人员识别假币。各行购置检验人民币的仪器，制订没收、误收假人民币的奖惩制度，激发一线金融储蓄、业务人员反假币的积极性和责任感，使各部门成了反假币的关卡。

四、现金管理

为加强现金管理，促进商品生产流通和对社会经济活动的监督，各金融机构根据国务院于1988年8月16日发布的《现金管理暂行条例》，对本行的现金加强管理。按照条例规定，凡在银行开立账户的机关、团体、部队、企业、事业单位和其他单位，都必须依照条例的规定收支和使用现金，接受开户银行的监督，并鼓励开户单位和个人在经济活动中，采取转账方式进行结算，养活使用现金。

五、外汇管理

外汇管理由国家外汇管理局衡水支局执行，安平由人行金管股代办，对象是一切有外汇收支活动的居民和非居民。内容为：了解金融单位经营外汇的业务情况，外债规模的统计、监测，外商投资企业的外汇收支经常项目下的外汇情况、外汇政策、法规执行等。

六、结算监管

结算监管分为县人行本单位结算监督和辖内金融单位的结算监督。1991年，人行负责组织同城票据交换，解决专业行间发生的结算纠纷。

1992年起，人行会计部门从单纯的核算型、纠纷调解型向管理型转变。1994年11月，人行开始行使监管职能，对辖区内各金融单位进行结算监管。各金融机构向人行缴存款、大额银行汇票资金。为确保国家银行资金的安全，防止操作有误，防范犯罪分子窃取国家银行资金，银行的会计结算工作严格执行以下制度：（1）实行“三不准”，不准以任何理由压票，任意退票和无理拒付；不准在结算制度之外规定附加条件，影响汇路畅通；不准违反规定开立账户。（2）结算必须双人临岗，记账员和复核员分开；事后监督员和复核员分开；结算印章和联行密押分人保管；联行密押和联行经办员分开，严禁“一手清”。（3）坚持当时记账，核对总分余额，分户账、现金账、联行账及分支报表相符。人行会计部门通过临柜审查、定期或不定期地深入检查，设立举报电话等，对压票、压汇、退票、截留、挪用结算资金及账户管理的违规行为进行监管。通过严格监管，各金融机构结算渠道畅通，结算秩序井然。

第二章　保险

第一节　保险机构

中国人民保险公司安平县支公司（以下简称人保公司） 1991年，安平县人保公司内设综合股和业务股，编制17人，其中经理、副经理各1名。1992年12月，人保公司内设办公室、计财股、车险股、人险股、农险股。1994年1月，车险股与人险股合并为业务一科、农险股更名为业务二科。1995年3月，业务一科分为人险科和车险科，业务二科更名为农险科，同时增设企财科。1996年9月，因产寿险分业经营，人险科从人保公司分离出去。1997年，企财科与农险科合并为企农科。1999年1月，公司内设办公室、计财科、车险科、企农科。2001年1月，设综合科、业务一科、业务二科、业务三科。2002年1月，增设营销科。

2002年年底，人保公司内设办公室、综合科、业务一科、业务二科、业务三科、营销科5个科1个室；共有工作人员20名，其中经理、副经理各1名。

中国人寿保险公司衡水分公司安平县营业部（以下简称人寿保险） 1996年9月21日，中保人寿保险有限公司安平县营业部成立。公司直属中保人寿衡水分公司领导，设业务室和财务室，共有干部职工7人。1999年1月，改称中国人寿保险公司衡水分公司安平县营业部，增设办公室、理赔科、营销处，同时业务室改称业务科。2000年，增设客户服务部、营业厅。2001年增设组训处和6个乡镇服务网点。至2002年年底，营业部内设办公室、财务室、客户服务部、营业厅、理赔科、业务科、营销处；下设6个乡镇服务网点；共有干部职工110人，其中招聘个人代理人98人。

第二节　险种

一、财产保险

安平县保险公司开办的财产保险的险种有机动车辆保险、企业财产保险、家庭财产保险、农业保险、现金综合保险、个体工商户保险、货物运输保险和责任保险共8种。

二、人寿保险

人寿保险是以人的生命为保险标的的一种保险。从1991年起至2002年，在安平陆续开办的主要险种有人身意外伤害保险、养老保险、普通寿险、健康保险、子女教育保险和投资理财分红保险共6种。

第三节　保费收入

参加保险的单位或个人需缴纳一定数量的保险费。这些保险费作为保险基金，用于必要的保险补偿。1991年，人保公司保费收入332.4万元。1996年人寿保险安平营业部成立，与人保公司分业经营，是年全县保费收为325.1万元(其中，人寿保险保费收入23.5万元)。随着人们参保意识的不断增强，保费收入逐年递增，发展迅猛。到2002

图12-4　人寿保险客户服务中心

年，全年保费收入突破千万元大关，达到1399.43万元，其中人寿保险保费收入达858.53万元。1991—2002年，全县保费收入总额为6769万元，其中人保公司5047.6万元，人寿保险1721.4万元。

第四节 理赔

当被保险单位或个人的财产或人身在遭受保险责任范围内的事故时，保险公司按照合同规定进行赔偿。保险理赔的三大原则是恪守信用、实事求是、公平合理。

补偿的限额：一是以实际损失为限；二是以保险金额为限；三是以被保险人对标的可保利益为限。

赔偿方式以险种而异。财产保险有三种赔偿方式：一是按比例责任进行赔偿，即按保险金额与出险时的实际价值的比例进行补偿，如果保险金额低于实际价值则得不到实足的赔偿。二是按第一危险责任进行赔偿。三是按限额责任进行赔偿。这种方式是在损失超过一定限额时保险公司才负赔偿责任。不管何种保险方式，一旦发生灾害事故，受灾单位在保护好灾害现场的前提下，要及时通知保险公司工作人员进行现场勘查。

图12-5 安平县人保公司查勘员对受灾小麦进行查勘定损

图12-6 安平县人保公司人员雪天及时赶赴现场查勘理赔

1991年，保险公司理赔各种保险198起，理赔金额61.8万元，赔付率44%。1996年，理赔494起，金额345.13万元，赔付率106.2%，其中，人保公司理赔391起、336.1万元，赔付率106.4%。2002年理赔970起、336.8万元，赔付率24.07%，其中，人保公司理赔558起、276.8万元，赔付率51.2%。1991—2002年，共理赔各类保险6584起，理赔总金额达3440.2万元，赔付率为64.63%，其中人保公司理赔4856起，金额2971.7万元，赔付率82.5%；人寿保险理赔1728起，金额468.5万元，赔付率27.22%。在理赔中，大宗赔付7起，理赔金额共739.8265万元。

1991—2002年安平县人保公司保费收入及赔付情况统计表

表12-8

年度	保费收入（万元）	储金（万元）	赔付情况		
			件数（件）	金额（万元）	赔付率（%）
1991	332.4	192	198	61.8	44
1992	433	227	396	106	51.4
1993	652.8	499	484	87.8	57

续表12-8

年度	保费收入（万元）	储金（万元）	赔付情况		
			件数（件）	金额（万元）	赔付率（%）
1994	748.1	528	545	162.8	73.9
1995	275.1	—	514	175.7	63.8
1996	301.6	—	391	336.1	106.4
1997	350.0	—	572	270.0	77.0
1998	410.5	—	358	312.7	76.2
1999	—	—	—	395.0	—
2000	493.1	—	405	234.2	47.4
2001	510.1	—	435	552.8	108.4
2002	540.9	—	558	276.8	51.2
合计	5047.6	4446	4856	2971.7	82.5

1996—2002年安平县人寿保险保费收入及理赔情况统计表

表12-9　　单位：人、万元

年度	保费收入								理赔情况		
	合计		人身意外险		长期寿险		分红保险				
	参保人数	金额	人数	金额	人数	金额	人数	金额	起数	金额	赔付率(%)
1996	1168	23.5	832	6.65	336	16.85	—	—	103	9.03	38.43
1997	1284	34.74	788	6.31	496	28.43	—	—	142	19.57	56.33
1998	4021	137.97	2050	16.4	1971	121.57	—	—	170	21.89	15.84
1999	2484	87.67	1738	3.09	746	84.58	—	—	189	24.56	28.01
2000	4256	174.25	2078	12.47	2199	161.78	—	—	213	36.72	21.07
2001	3238	404.74	-1821	-10.93	2199	20.4	2860	395.27	348	49.58	12.25
2002	17285	858.53	10547	63.29	1785	175.32	4953	619.92	412	60	6.99
合计	33736	1721.4	16212	97.28	9711	608.93	7813	1015.19	1728	468.5	27.22

1991—2002年安平县大宗理赔情况一览表

表12-10

时间	被保险单位	理赔原因	理赔金额（万元）
1991年7月1日	外贸卫生材料厂	火灾	14.3754
1992年4月16日	安平县第二礼花厂	爆炸	4.94542
1993年2月25日	化工四厂	火灾	59.729971
1996年8月6日	行洪区120个单位	洪灾	168
1998年10月5日	安平县天龙皮毛加工厂	火灾	179.971138
2001年3月6日	昌盛尾毛厂	火灾	69.902447
2001年8月20日	安平县礼花总厂	爆炸	242.902232
合计	—	—	739.826527

第十三编　经济综合管理

- 计划
- 统计
- 工商行政
- 质量技术监督
- 物价管理
- 审计
- 国土资源管理

曾子
吾日三省吾身 爲人谋而
不忠乎 与朋友交而不信
乎 传不習乎
吾日三省吾身：为人谋而不忠乎？
与朋友交而不信乎？传不习乎？

安平县汉王公园石刻

第十三编　经济综合管理

1991—2002年，市场经济快速发展，县政府管理经济的方式逐渐由计划经济时偏重于行政命令转变为运用经济、法律、行政等手段进行综合管理，由直接管理经济逐步转变到规范经济秩序上来。各经济管理职能部门，根据市场经济的特点创造性地开展工作，加大宏观调控力度，不断地调整和规范经济行为，为安平县的经济建设和社会事业发展创造了宽松环境，为维护社会稳定和保证市场经济正常运行做出贡献。

第一章　计划

中共十四大确定建立社会主义市场经济体制后，计划工作以市场为导向确定国民经济和社会发展计划，协调重大比例结构，调整生产力布局，强化基础产业；对经济活动进行预测规划调控，不断改进编制计划，减少物量指标，增加经济效益指标；综合运用税收、信贷、物价、基建投资等经济杠杆，促使全县经济协调平衡发展。

第一节　计划编制

全县国民经济及社会发展计划按县内经济特点及规律编制，分为年度计划、5年计划和长远规划。

一、年度计划

年度计划属于短期计划。在编制时，根据全县中长期计划规定的任务、要求和经济、社会发展的实际情况，具体制定本年度全县的任务指标和实行计划的具体措施。年度计划在每年的2月至3月公布实施。

1991～2002年安平县年度计划主要指标统计表

表13-1　　　　单位：万元

内容/项目/年度	国民生产总值	财政收入	工业总产值	农业总产值	社会消费品零售总额
1991	30003	1202	35238	23297	14490
1992	30413	1449	44432	22466	14251
1993	45535	1893	79001	22665	14127
1994	57091	2558	104288	24053	15834
1995	95393	4103	202081	45401	20566

续表13-1

项目 内容 年度	国民生产总值	财政收入	工业总产值	农业总产值	社会消费品零售总额
1996	148126	6301	51339	55022	24262
1997	175168	7460	45512	33740	31251
1998	197396	9058	53804	36404	33556
1999	213096	9969	66616	66127	37752
2000	236520	10900	83989	66071	42231
2001	262755	12815	102256	67185	47449
2002	287051	14313	112627	69871	53868

二、五年计划

五年计划属中期规划，为年度计划提出任务和要求，是编制年度计划的依据。1991年，编制《安平县国民经济和社会发展“八五”计划及十年规划纲要》，主要指标包括：到“八五”末，国民生产总值达到39000万元，财政收入1891万元，工农业总产值63750万元，社会商品零售总额45000万元等。1996年，编制《安平县国民经济和社会发展“九五”计划(草案)》，主要指标包括：到“九五”期末，国民生产总值达到36亿元，财政收入达到1.6亿元等。2001年，编制《安平县国民经济和社会发展第十个五年计划纲要(草案)》，主要指标包括：到“十五”期末，全县国内生产总值达到40亿元，年均增长11%左右；全部财政收入达到1.8亿元，年均增长10%左右；三次产业比例调整到10:60:30；农民人均纯收入达到3100元等。

三、长远计划

长远计划也叫长远规划或远景规划，是为期多年的纲领性计划，是编制五年计划和年度计划的依据。规划的主要内容：提出全县国民经济和社会发展的轮廓和方向，确定重大项目、生产力布局、生产结构、重大技术改革、国民经济主要比例关系和指标。2001年，编制2001—2015年远景规划。

第二节 计划实施

为顺利完成年度计划、五年计划和长远计划所提出的各项任务指标，县委、县政府不断深化改革，坚定不移地实行“开放兴县”“特色兴县”“科教兴县”三大战略；进一步推进农村经济结构调整，增加农民收入；走新型工业化道路，加大对全县工业经济特别是丝网特色产业的投入力度，增强投资对经济增长的拉动力；加快发展服务业，拓展经济发展空间，强化外资外贸，开创对外开放新局面；充分利用科学技术，打造经济发展新引擎；做好财政金融工作，增加对经济增长的资金支撑能力；努力加快各项社会事业发展。通过这些措施和全县人民的共同努力，基本实现各项计划所提出的任务指标。

一、“八五”(1991—1995年)计划

“八五”期间，中共十四大召开，明确改革目标是建立社会主义市场经济体制。安平县全面调整工业、农业的产业结构，着力引导发展丝网这项传统产业，使工业进入全新快速发展阶段，农业加快了产业化进程。1995年，国内生产总值完成95393万元，完成计划的244.6%，比1990年增长2.39倍，平均年递增27.6%；一、二、三产业平均递增14.2%、39.8%、27.3%；财政收入完成4103万元，

完成计划的217%，比1990年增长1.56倍，平均递增11%。

二、“九五”(1996—2000年)计划

“九五”期间，全面实施开放兴县、特色兴县、科教兴县三大主体战略，狠抓各项重点工作落实，国民经济和社会发展各方面取得显著成就。全县国内生产总值平均年递增18.2%。2000年，完成23.65亿元，是“八五”末的2.31倍。一、二、三产业增加值分别完成3.48亿元、13.97亿元和6.2亿元，分别年均递增5.4%、22.5%和16.4%。三次产业的构成由1995年的25:52:23调整演进为15:59:26。财政收入完成10900万元，是1995年的2.7倍，年均增长21.6%。农民人均纯收入和城镇居民人均可支配收入分别达到2641元和4777元，比“八五”末分别增长77.8%和47.6%。

三、“十五”(2001—2005年)计划

2001年、2002年，县委、县政府以“三个代表”重要思想为指导，坚持发展是硬道理，调整结构与改革创新并举，全县国民经济保持稳步发展。2002年，完成国内生产总值28.7亿元，比2000年增长21.35%；财政收入完成14313万元，比2000年增长31.31%；城镇居民人均可支配收入达到5295元，比2000年增长10.84%；农民人均纯收入达2871元，比2000年增长8.71%。

第三节　管理机构

1991年，安平县计划委员会设有计划股和办公室。1992年11月，增设农业区划办公室。1992年12月，编制7人。1993年4月，由安平县计划委员会与安平县经济委员会合并为安平县计划经济委员会，内设办公室、生产科、技术科、计划科、区划办5个科室，人员共有25人。1996年2月，由县政府研究决定撤销计划经济委员会，成立安平县计划委员会和安平县经济贸易委员会。1996年11月改制时，计划委员会改称计划局。从1996年11月至2002年，计划局内设办公室、基建股、农村经济股，人员共有12人。

第二章　统计

1991—2002年，安平县统计局按照《中华人民共和国统计法》《河北省统计条例》等法律、法规和有关规定圆满完成各项统计定期报表及大型普查、专项调查任务，为县委、县政府领导科学决策和服务社会各界提供可靠的数字及理论依据。安平县统计局多次获“河北省统计执法先进单位”“河北省农调队先进集体”“河北省农业普查先进集体”“衡水市统计工作一等奖”“衡水市人口普查先进集体”等称号。

第一节　专业定期统计

1991年，全县定期统计有11个专业，包括综合统计、农业统计、农业产量统计、农村经济统计、农村住户统计、工业统计、建筑业统计、物资供销统计、固定资产投资统计、能源统计、劳动工资统计。此后，随着经济体制的改革和社会经济的发展，统计范围不断拓宽，统计调查先后增加城镇住户统计、外经统计、科技统计、商业统计共4个专业。至2002年年底，定期统计增加到15个专业，主要统计项目有国民经济核算、农业、农村经济、农业产业化、工业、建筑业、房地产、固定资产投资、内贸、外贸、劳动工资、城镇住户调查、农村住户调查、物资能源、科技调查等，各个统计指标项目更加细化、量化。

统计调查方式：按统计调查对象的范围可分为全面调查和非全面调查。全面调查又称普查，是指对每一个调查单位都要进行调查。非全面调查是指仅对总体中的一部分进行调查，包括重点调查(只对总体中的重点单位进行调查)、典型调查(从总体

中预先选择具有代表性的单位进行调查)、抽样调查(随机从总体中抽取一部分单位进行调查，然后，根据样本的数量特征推断总体的数量特征）。

按调查的连续性可分为一次调查和经常性调查。

按调查的组织方式可分为统计报表和专门调查。专门调查包括普查、典型调查、重点调查、抽样调查。统计报表是下级根据国家定期布置的调查任务，逐级上报调查报告的制度，也是国家定期的一种调查组织方式。

按调查的方法可分为直接观察法、报告法和询问法。询问法又分为书面询问法和口头询问法。直接观察法是指统计人员直接到现场观察调查，报告法就是提供报表。

第二节　专项普查

一、工业普查

国务院决定，1996年进行第三次全国工业普查。普查标准时点是1995年12月31日，时期指标是1995年。普查范围：全县境内的全部工业企业。普查内容为工业企业的基本情况，财务状况，劳动情况，行业、产品、技术结构，生产、销售、库存情况，原材料、能源消耗，设备技术，产品质量等172项指标。该次普查采取发普查表和清查卡片的方式进行。普查结果：全县企业单位237个，总产值(是年新价格新规定)77256.7万元，产品销售收入66295.4万元，固定资产原值34215.7万元，从业人员53156人。

二、人口普查

2000年，进行第五次全国人口普查。普查的标准时点是2000年11月1日零时。普查结果，2000年11月1日零时，安平县总人口为322650人，其中男性人口163118人，女性人口159532人；汉族人口322222人，少数民族人口428人；人口出生率10.4‰，死亡率6.55‰，自然增长率3.85‰。

三、第三产业普查

1993年，实施首次全国第三产业普查。普查的范围：全县1991年和1992年从事第三产业的所有单位。普查方法：采取由基层普查员填报的方法进行。普查结果：1991年，全县第三产业总产出9324.9万元，中间消耗6952.6万元，增加值2372.3万元，劳动者报酬1724.7万元，生产税净额97万元，营业盈余153.2万元。1992年，总产出11475.1万元，中间消耗7928.8万元，增加值3546.3万元，劳动者报酬2014.8万元，生产税净额242.5万元，营业盈余783.5万元。

四、基本单位普查

1996年进行全国第一次基本单位普查。普查的标准时点为1996年12月31日，普查对象：所有法人单位及法人单位所属的产业活动单位。普查内容：单位的基本标识、经济类型、主要属性、所属行业、从业人员、企业规模、资源配置、营业状态、规模结构等。普查结果：全县产业活动单位1265个；个体户7165户；法人单位1017个，其中企业法人638个，机关事业法人140个，社团法人3个，村委会230个，其他法人6个。

2001年进行第二次全国基本单位普查。标准时点为2001年12月31日。普查对象：全县境内所有法人单位及其所属的产业活动单位和个体工商户。普查目的是摸清全县各行业的分布、结构等。普查结果：全县产业活动单位1382个；个体户8936户；法人单位1088个，其中企业法人707个，机关事业法人140个，社团法人3个，村委会230个，其他法人8个。

五、农业普查

1997年进行全国第一次农业普查。普查的标准时点是1996年12月31日，时期指标为1996年1月1日到1996年12月31日。普查的范围：全县境内各种类型的农业生产经营单位、农村住户、乡镇企业、行政村和乡镇。普查的内容：全县农业生产经营单位数量、规模、结构、生产性固定资产数量、劳动素质等基本情况。农业普查表分为农村住户调查表、非农村住户类农业生产经营单位调查表、行政村调查表、乡镇调查表、非农乡镇企业基本情况卡片、农业用地卡片。调查表的调查项目为38个。普查方法：普查员直接入户访问座谈、填普查表。普查结果：农业住户为62140户，从事农业人员42211人，从事非农业人员80415人，耕地495857亩，牛、羊、猪存栏分别为5944头、83736只、132241头。

第三节　丝网产业调查

2001年5—8月，在全县开展丝网产业状况调查。调查时期指标是2000年。调查目的是查清全县丝网产业分布数量、行业结构、产品结构、生产经营状况等，真实全面反映全县丝网产业基本面貌。调查结果：全县丝网种类发展到6大系列、300多个品种、4000多种规格。全县境内共有丝网生产工业摊点8981家，其中拔丝企业2098家，织网摊点6684家，染镀等其他生产企业摊点199家；固定资产在100万元以上的118家，三资企业36家，出口企业33家，年交货值达1003万美元；拥有各种拔丝、织网机械9053台（套），年拔丝能力60万吨，拔丝最细可达0.02毫米，年织网能力1.83亿平方米，织网密度最高可达2700目；染镀及其他设备347台（套）；丝网从业人员48574人；全县有4个丝网生产重点乡镇，38个专业村、9个专业工贸园区；县城内共有丝网门店1183家。2000年，全县丝网工业总产值31.45亿元，产品销售收入32.3亿元，实现利润3.85亿元，上缴税金3658.76万元。丝网产业提供全县人均收入1250元。

第四节　统计服务

统计的宗旨是为经济社会发展和党政决策、民众需求提供优质服务。为充分发挥统计的信息、咨询和监督作用，全面提升统计能力，安平县统计部门紧紧围绕群众和领导关心的社会经济生活中的重点、热点、难点问题及经济发展面临的新情况、新问题，不断加强对月、季、年度经济形势的监督预警。努力做好统计数据的分析，对经济社会在运行过程中出现的苗头性、倾向性和隐患性的新情况和新问题进行调查研究，写出有见地、有分量的统计分析调研报告，不定期向党政领导和各部门报送经济形势分析报告。准确反映当地经济运行特点和趋势；开发启用电子统计资料库，建立统计信息网站。每年都及时发布统计公告，定期搜集整理全县农业、工业、建筑、商贸、服务、人口、文教、卫生、金融、财税、电力、邮政等方面的统计资料，撰写汇编《统计年鉴》《统计月服》《安平县国民经济统计资料》。1999年为庆祝新中国成立五十周年，以1949—1999年安平县国民经济和社会发展取得的成就为内容编撰出版《辉煌的五十年》一书。该类统计资料、书刊，客观、全面、真实地再现安平经济发展实际，为县委、县政府了解情况，科学决策提供真实可信的依据。

第五节　统计执法

安平县统计局在1991—2002年间，非常重视统计执法工作，提出“有法必依，执法必严，违法必究”的统计执法要求。

在市场经济领域呈现出经济利益多元化，经济格局多样化的情况下，统计工作面临的困难和挑战越来越大。为保障统计生态环境的健康发展，增强社会各界统计法制观念，确保统计数据真实、可信，安平县统计局加大普法力度，广泛宣传《统计法》；加强统计法制建设，始终坚持依法统计、严格执法；努力杜绝虚报、瞒报、伪造、篡改统计资料，阻挠统计执法检查等违法行为发生。1991—2002年，安平县统计局每年都会同县法制办、审计局、检察院、司法局、工商局、税务局等部门组成统计联合小组，开展统计执法大检查，对统计违法案件进行处罚、曝光。

到2002年，安平县社会各界人士，包括各级领导和广大统计员都增强统计法制观念和统计法律意识，统计工作有了健康顺达的环境。

第六节　管理机构

一、县统计局

1991年，县统计局内设办公室、工业股、社会股、农业股、农调队共5个股室；下属单位有人口调查队（以下简称人调队，副科级单位）；共有干部职工15人，其中局长1名，副局长2名。1994年年底，成立城市社会经济调查队（以下简称城调队）。1997年5月，增设监测考核股、综合股、法规检查股，共有干部职工32人。2002年6月，综合股、法规检查股并入办公室；工业股改称工业交通统计股；社会股改称社会贸易统计股；农业股、农调队、监测考核股合并为农业统计股；撤销人调队，成立普查中心（副科级管理机构）。2002年年底，县统计局内设办公室、工业交通统计股、农业统计股、社会贸易统计股、普查中心、城市社会经济调查队共6个股室队，干部职工34人，设局长1名，副局长2名。

二、基层机构

1991年，全县20个乡镇设立20个统计站，配备统计人员62人，其中专职人员41人；村级统计组织230个，由村会计、村主任等组成。1996年1月并乡扩镇后，20个乡镇统计站并为8个乡镇统计站，共有统计人员45人。为进一步健全全县统计网络，按照安政〔2002〕22号《安平县人民政府关于加强统计工作的通知》要求，各乡镇、县直各部门、单位、企业按通知要求建立健全统计组织。

第三章　工商行政

1991—2002年，经济体制改革不断深入，市场经济体制逐步建立，工商行政管理部门在市场监管职能、管理方式上也由传统意义上的集贸市场管理拓展为监管社会主义统一大市场，由经验型、粗放型管理向科学化、规范化监管转变。拓宽监管范围、改革监管方式、强化规范化管理、落实市场管办分离、强化监管力度是该时期工商部门市场管理的特点。截至2002年，安平县全民、集体所有制企业登记注册435户，个体户、私营企业注册登记5891户，合同签证3803件，商标注册189个，动产抵押达117209.8万元；共查处各类经济违法案件916起，商标违法案件85件；查处违法广告112件，罚款81000元。

第一节　市场管理

一、集市网点管理

1991—2002年，集贸市场管理进一步规范化，全县大中集市推行“分行化市、编号定位、对号入市”的市场管理方法，以落实国家工商局制定的《集贸市场管理规范》为契机，开展集贸市场规范化管理活动、创建“三无”（无假冒伪劣、无缺斤短两、无强买强卖）市场活动和创“文明市场”“三星级”文明市场活动，在市场商户中开展评选“七星”门店和“诚信摊位”活动，收到很好的社会效果，维护了集贸市场的繁荣和稳定。1995年，实行市场管办分离，工商部门不再负责市场建设，只负责对市场进行监督管理。1998年县粮食交易市场由旧农贸市场搬至育才街，旧车辆交易市场由旧农贸市场搬至新盈街西头。1994年、1996年、1997年、1998年，安平新兴农贸市场连续被评为省级文明集贸市场。

二、专业市场管理

1998年丝网大世界投入运营。与此同时，县工商局加大对该专业市场的监督管理力度。同年成立丝网大世界工商管理所，对丝网大世界内1000多家商户进行管理，保护企业、商户的合法权益，打击以假充真、缺斤短两、欺行霸市、商标侵权、不正当竞争等不法行为，维护良好的市场秩序。同时充分发挥职能优势，积极为企业提供法律法规政策咨询，大力扶持企业发展。

三、控制上市商品种类

1991年，除对金银、棉花等国家实行统购统销政策，农资实行供销社主渠道经营(农业局下设的“三站”、林业局可以经营与农业技术推广相配套的化肥、农药、种子，化肥厂在完成国家计划以后可以直接向农民销售化肥)以外，其他所有商品均可上市销售。1998年6月国务院颁布《粮食购销条例》后，从事粮食购销的企业，必须是经县级人民政府粮食行政管理部门批准的国有粮食收储企业方可按照国家有关规定从事粮食收购活动，不允许个人到农村私自收购粮食。用于农业生产的重要生产资料—化肥，继续实行供销社主渠道经营。2001年9月，国务院办公厅印发《棉花收购加工与市场管理暂行办法》，棉花市场实行棉花收购资格认证审批制度，经工商部门登记注册，方可从事棉花收购加工。到2002年，一个统一、开放、竞争、有序的商品市场体系初步形成。

第二节 惩治违法活动

为规范市场经济行为，国家相继出台一系列法律法规。1993年12月1日，颁布施行《中华人民共和国反不正当竞争法》；1998年，国务院颁布《粮食购销条例》等。工商部门经济执法、市场监管的力度和广度越来越大，工作职能也由单一监管集贸市场逐渐转变为监管社会主义统一大市场，打击制假售假、不正当竞争、商标侵权、虚假违法广告等各种经济违法行为，维护公平、竞争、健康的市场经济秩序。

进一步加大惩治违法活动的力度。2000年年初，工商局成立综合执法科，查处市场交易和竞争中的垄断和不正当竞争，查处走私、贩私及各类经济违法、违章行为，依法保护消费者权益，查处经销掺假及假冒产品行为，管理商标广告，查处市场经济违法案件。

工商部门围绕群众反映强烈的重点、热点、焦点问题开展一系列专项治理整顿。一是集中清理辐射面广、假冒伪劣比较严重的集贸市场。二是重点清理无照经营行为。三是集中整治涉嫌生产、加工、存储假冒伪劣产品的企业和窝点。四是整顿和规范与人民生活、生产密切相关的生产资料市场，特别是与广大农民的切身利益休戚相关的农资市场；规范粮食、棉花收购加工的经营资格。五是打击欺行霸市、强买强卖、欺诈消费者、商标侵权、虚假违法广告宣传、传销、变相传销等违法违章行为。六是与公安、文化、医药、卫生等部门合作，对文化市场、娱乐场所、药品市场开展专项治理整顿，维护市场经济秩序。2000年12月，在安平县影院召开由衡水市工商局领导和各县(市)主管县(市)长、各县(区)工商局及有关单位的领导参加的全市公开销毁假冒伪劣商品现场大会。1991—2002年，工商部门共查处各类经济违法案件916起。其中，仅2001年就查处各类经济违法案件361起，查处各种非法物资总价值300万元以上，查获假冒伪劣鞋油280件，冒牌奶粉460箱，假冒包装袋12.5万个，假冒汽车配件750件，过期劣质食品200公斤，饮品100箱，劣质水泥150吨。工商局参加全市工商系统打假成果展示，受到上级领导和广大人民群众的赞扬。

1991—2002年安平县查处经济违法违章案件统计表

表13-2 单位：起

年度	案件
1991	25
1992	12
1993	9
1994	16
1995	3
1996	10
1997	8
1998	61
1999	126
2000	96
2001	361
2002	189
合计	916

第三节 维护消费者合法权益

1991—2002年，安平县为维护消费者的合法权益，调整消费者学会，加大工作力度。1991年，消费者协会设会长1名，副会长2名，秘书长1名。1997年6月，消费者协会换届，修改并通过《安平县消费者学会章程》。换届后，消费者协会设名誉会长、会长、副会长、秘书长、副秘书长各1名，理事18名。

1991年后，消费者协会的工作日益活跃，每年都在“3·15国际消费者权益日”进行《消费者权益保护法》宣传。并经常印发宣传材料、走上街头搞消费咨询，举办假冒伪劣商品展；经常在安平电视台举办“消费者之窗”栏目，宣传消费者权益保护法规；经常组织企业开展“消费者信得过单位”和“消费者信得过产品”评选活动。1997—2002年，以“讲诚信、反欺诈”“为了农村消费者”“安全健康消费”“绿色消费”“科学消费”为主题，开展《消费者权益保护法》宣传。

1998年，安平县工商局根据国务院颁布的《消费者权益保护法》和河北省《消费者权益保护条例》等法规，成立“12315”申诉、投诉、举报服务中心（以下简称举报服务中心），开设“12315”消费者举报投诉电话，配备“12315”投诉专用车。1998年后，消费者协会与举报服务中心和工商局所属的经济检查科、经济检查大队联合办公，形成行政执法和群团组织互补的消费者权益保护工作机制。举报服务中心受理的投诉范围从一般的日用生活用品扩大到农资、摩托车、汽车、拖拉机等大件商品及电话、医院服务等内容的投诉。对于消费者的投诉、举报，举报服务中心都能及时、快速处理。1998—2002年，全县累计受理调解消费者投诉举报案件422件，为消费者挽回经济损失95.88万元。1991—2002年，全县累计受理消费者投诉案年788件，调解处理728件，为消费者挽回经济损失103.87万元。

1991—2002年安平县消费者投诉情况统计表

表13-3

项目／内容／年度	投诉件数	处理件数	为消费者挽回经济损失（万元）	处理案件类别（件）						
				家用机电类	百货类	房屋、装修建材类	农用生产资料	服务类	机动车辆类	其他
1991	40	35	0.45	0	5	8	10	10	0	2
1992	32	30	0.70	0	3	7	10	8	0	2
1993	49	44	0.67	0	4	9	12	15	0	4
1994	50	45	0.76	0	6	11	15	12	0	1
1995	67	61	0.91	0	7	15	14	20	0	5
1996	56	49	1.53	0	11	19	15	4	0	0
1997	72	70	2.98	2	12	13	20	20	0	3
1998	65	60	5.02	0	10	12	16	18	1	3
1999	69	64	10.24	3	11	14	14	18	2	2
2000	70	65	21.57	0	12	15	9	22	4	3
2001	98	97	28.79	5	15	19	23	27	5	3
2002	120	108	30.26	10	25	15	20	30	8	0
合计	788	728	103.87	20	121	157	178	204	20	28

第四节　工商企业管理

一、国有、集体企业登记

1991年，全县登记注册的国有、集体企业共658户，其中，国有企业86户，从业人员5216人，注册资金3932万元；集体企业572户，从业人员16892人，注册资金1788万元。

20世纪90年代初期，市场经济尚处于起步阶段，全民、集体所有制企业享受国家的优惠待遇，在向银行贷款、开户、纳税、纳费、征地等诸多方面优于个体私营企业，所以发展较为迅速，占有很大的市场份额。到1996年，全县登记在册的国有、集体企业共有1229户。其中，国有企业113户，从业人员4927人，注册资金达7709万元；集体企业1116户，从业人员20723人，注册资金2441万元。1996年，国家工商局公布《企业年度检验办法》后，加强对企业监督管理。工商部门对企业的经营行为从多个层面进行监督检查，对达不到规范要求的，不予通过年检，情节严重的责令停业整顿，给予经济处罚甚至吊销营业执照。从1997年开始，国有、集体企业开始逐年递减，截至2002年，登记注册的全民、集体所有制企业只有435户。其中，国有企业78户，从业人员3656人，注册资金7119万元；集体企业357户，从业人员16881人，注册资金1782万元。

1991—2002年安平县全民、集体企业情况表

表13-4　　　　单位：户、个、人、万元

年度 \ 数目 \ 项目	全民所有制				集体所有制			
	户数	分支机构	从业人员	资金	户数	分支机构	从业人员	资金
1991	86	129	5216	3932	572	196	16892	1788
1992	97	136	5096	3978	667	206	17283	1829.7
1993	99	132	5078	4066	829	237	18974	1978
1994	101	127	5199	4317	998	277	19393	2109
1995	109	122	5076	6210	1072	298	20096	2307
1996	113	107	4927	7709	1116	316	20723	2441
1997	108	89	4989	7823	922	272	18736	2289
1998	97	76	4329	7973	807	231	18311	2017
1999	83	74	4116	7719	776	149	18009	1976.8
2000	80	76	3992	7321	539	122	17781	1842
2001	78	75	3711	7207	462	101	17291	1799
2002	78	77	3656	7119	357	69	16881	1782

二、个体私营企业登记

1991年，全县登记在册的个体、私营工商户共4510户，从业人员13000人，注册资金3806.2万元。在全县个体工商户中60%是赶集摆摊设点的零售商户和部分固定商业门店，其他则多为家庭作坊式的工业、手工业户。全县规模生产的私营企业只有13家，从业人员377人。1991年后，国家十分注重个体私营企业的发展，相继出台《中华人民共和国公司法》《中华人民共和国合伙企业法》《中华人民共和国个人独资企业法》等一系列关于鼓励支持个体私

营经济发展的政策法规。根据这些政策法规，县政府制定促进全县个体私营经济发展的地方政策和具体举措，明确规定，个体私营企业在供电、征地、原材料供应、税费征收等诸多方面与全民集体企业一视同仁。随着改革开放的不断深入，市场经济不断拓展延伸，相当一部分个体工商业户开始从事规模化生产经营。到2002年年底，全县登记在册的个体私营企业共有5891户，从业人员18600人，注册资金达9989.1万元。其中，私营企业就有260家，从业人员近万人。这是改革开放后的历史性突破。

1991—2002年安平县个体、私营企业情况表

表13-5　　单位：户、人、万元

年度	户数	从业人员	注册资金	年度	户数	从业人员	注册资金
1991	4510	13000	3806.2	1997	4410	14000	4253.8
1992	4600	13800	4020.1	1998	4520	14900	4344.2
1993	4150	11800	3810.4	1999	5080	16080	6001.7
1994	4230	12870	3980.5	2000	5490	17810	7800.4
1995	4320	13105	4150.6	2001	5870	18200	9980.9
1996	4080	11580	3845.7	2002	5891	18600	9989.1

第五节　经济合同管理

随着社会主义市场经济体制的建立和发展，合同成为连接不同商品生产者之间的桥梁和纽带，对经济合同的监督管理也随着经济合同法律法规的不断完善进一步调整加强。1991年后，一直采取合同签证自愿的原则，依法对合同进行签证。为加强经济合同的监督管理，工商局每年举办1～2次经济合同管理培训班，并积极开展“重合同、守信用”企业评选活动。至2002年年底，经当事人申请，安平县工商部门依法签证各类经济合同3803份，总金额96579.02万元，履约率达95%以上；确认无效合同2份，合同总金额为8.6万元；12年共评选出“重合同、守信用”企业543家。

为保护当事人的合法权益，对申请调解仲裁的合同纠纷案件，工商机关严格依照有关法律法规，按照程序及时公正地进行调解仲裁。从1991年至1995年，共受理经济合同纠纷案件635件，争议金额424.8万元，调解仲裁率达100%。从1996年开始，经济合同纠纷仲裁职能分离到专门的仲裁机构。

1995年，八届全国人大十四次会议通过《中华人民共和国担保法》（以下简称《担保法》），并于1995年10月1日开始实施。根据《担保法》的有关规定，安平县工商局对企业的设备和其他动产依法进行登记。2000年，扩大抵押登记范围，开始对个体户抵押登记业务。1995～2002年，县工商局共受理动产抵押物登记4485份，主债金额达117209.8万元。通过企业动产抵押登记，促进全县商品的流通和资金的融通，防止重复抵押，保障债权的实现。

1991—2002年安平县合同鉴证情况统计表

表13-6

年度	份数	金额（万元）	年度	份数	金额（万元）
1991	46	324.52	1997	573	14471.5

续表13-6

年度	份数	金额（万元）	年度	份数	金额（万元）
1992	96	530.5	1998	389	10749.7
1993	207	663.5	1999	195	14322
1994	58	1169.3	2000	559	18133.7
1995	145	2120.9	2001	525	12995.3
1996	651	12310.7	2002	359	8787.4
—	—	—	合计	3803	96579.02

1991—2002年安平县重合同守信用企业情况表

表13-7

年度	户数	年度	户数	年度	户数
1991	42	1995	53	1999	39
1992	46	1996	57	2000	37
1993	63	1997	50	2001	30
1994	56	1998	45	2002	25

1991—1995年安平县合同调解仲裁情况统计表

表13-8

年度	份数	金额（万元）	年度	份数	金额（万元）
1991	362	271.3	1994	1	5.2
1992	179	49.87	1995	6	7.0
1993	87	91.43	合计	635	424.8

1995—2002年安平县动产抵押物登记表

表13-9

年度	份数	主债金额（万元）	年度	份数	主债金额（万元）
1995	101	2992.6	1999	772	14114.3
1996	728	20719.3	2000	559	10825.2
1997	619	21935.4	2001	523	12824.6
1998	831	25047.2	2002	352	8751.2
—	—	—	合计	4485	117209.8

第六节　商标广告管理

1990年前，全县共有注册商标102个。1991年后，企业的商标意识明显提高，开始把商标作为发展企业、开拓市场的有力武器，纷纷注册自己的商标。1993年《商标法》修改后，商标注册由核转制改为代理制。根据《商标法》赋予的职责，工商部门加强了对商标的管理，每年都要开展专项清理整治活动，查处商标侵权行为，保护注册商标专用权；对商标印制单位，采取日常监督检查与重点检查相结合的办法，严格规范商标定点印制单位主体资格。从1996年开始，在全省范围内开展评选著名商标（省级）、知名商标（地市级）活动。安平县丝网集团的“博陵”商标被评为省级著名商标。1991—2002年，共新注册商标189个；查处商标违法案件85起，其中假冒商标案32起，改变商标案32起，自行转让案12起，非法印刷案9起。至2002年年底，全县共有注册商标291个。

安平县企业广告活动异常活跃。1991年，对户外广告进行集中清理检查。1995年，《广告法》实施后，县工商部门加强对以电视台为主的广告经营单位和广告经营行为的管理，以户外广告、印刷品广告为治理重点，加大对虚假违法广告的打击力度。2001年，开展“反误导、打虚假”广告市场专项整顿活动。1991—2002年，共立案查处违法广告112件，罚款81000元；清理违章违法户外广告450条，没收违法印刷品广告60多万份。通过清理整顿全县的广告市场初步得到净化。

1991—2002年安平县商标新注册情况统计表

表13-10　　单位：个

年度	数量	年度	数量
1991	7	1997	32
1992	4	1998	11
1993	15	1999	16
1994	11	2000	15
1995	23	2001	15
1996	25	2002	15
—	—	合计	189

1991—2002年安平县商标违法案件统计表

表13-11　　单位：件

年度	合计	改变商标	自行转让	非法印刷	假冒商标
1991	2	—	—	—	2
1992	1	—	—	—	1
1993	13	—	1	5	7
1994	13	6	—	4	3
1995	24	17	—	—	7
1996	8	2	1	—	5

续表13-11

年度	合计	改变商标	自行转让	非法印刷	假冒商标
1997	6	2	2	—	2
1998	1	—	—	—	1
1999	1	—	—	—	1
2000	4	2	1	—	1
2001	7	2	4	—	1
2002	5	1	3	—	1
合计	85	32	12	9	32

1991—2002年安平县注册商标登记表

表13-12

注册单位	商标名称	使用商品	注册时间	注册单位	商标名称	使用商品	注册时间
河北滤清器厂	方圆	滤清器	1991年6月20日	安平县绒毛厂	圣姑	山羊绒	1991年7月30日
安平县农机修造厂	网都	钢扣	1991年11月22日	安平县供销社角邱纺织厂	三振	毛巾浴巾	1991年11月30日
安平县第三化工厂	亚彩	有机颜料	1991年12月10日	安平县远东橡胶厂	百际	橡胶板	1991年12月10日
河北省安平县电子仪表厂	平欧	电缆潜水泵	1991年12月20日	安平县水利食用菌厂	凯舒	罐头	1992年2月28日
安平县工业筛网厂	安得	金属丝网	1992年3月10日	安平县丽华鞋厂	跃梦	布鞋	1992年3月10日
安平县石化工业丝网厂	滹沱河	金属丝网	1992年4月10日	安平县制酒厂	圣姑	白酒	1993年3月20日
安平县华泰漆业有限公司	津华	油漆	1993年4月21日	安平县河漕西仁金属丝网编织厂	西仁	金属丝网	1993年5月21日
安平县绿色植物制品厂	平旺	黄腐酸	1993年5月21日	石市油毡厂安平县联营厂	飞跃	油毡	1993年6月1日

续表13-12

注册单位	商标名称	使用商品	注册时间	注册单位	商标名称	使用商品	注册时间
安平县第二五金筛网厂	安发	金属丝网	1993年7月10日	安平县冀中农药厂	红冀	杀虫剂	1993年8月28日
安平县金属网带厂	建恒	金属网带	1993年10月1日	安平县津华油漆厂	圣姑	油漆	1993年10月6日
隆治皮革制品有限公司	金利达	皮衣皮鞋	1993年10月21日	安平县糖酒实业总公司	老罐	白酒	1993年11月
安平县国营福利茶厂	振安	茶	1993年11月4日	安平县京安酒厂	兴润	白酒	1993年11月12日
安平县新政金属丝网厂	中耀	金属丝网	1993年11月14日	安平县永昌丝网厂	腾宵	金属丝网	1993年12月28日
河北省安平县礼花总厂	圣姑	烟花爆竹	1994年4月7日	安平县恒安橡胶厂	恒安	平行三角带	1994年4月14日
安平县光明丝网厂	恒英	丝网	1994年5月	安平县过滤器材厂	成发	过滤器	1994年6月7日
安平县光明银粉厂	帝兴	银粉	1994年6月7日	安平县长城化工厂	泽田	粘胶剂	1994年6月21日
安平县春开橡胶厂	高帆	传动带	1994年7月14日	安平县防水保温材料厂	洁云	隔热防水	1994年7月28日
安平县第六化工厂	冠达	颜料	1994年9月14日	安平县兴安酒厂	庆台	白酒	1994年11月7日
河北安新精密铸造有限公司	AC	不锈钢配件	1994年11月14日	安平县汽车部件厂	亚峰	汽拖配件	1995年2月13日
安平县振动筛网厂	百富	金属丝网	1995年2月14日	河北隆兴五金丝网有限公司	狗头	金属丝网	1995年3月14日
安平县三星丝网厂	衡安	金属丝网	1995年3月20日	安平县汽拖配件总厂	博陵	汽拖配件	1995年3月28日

续表13-12

注册单位	商标名称	使用商品	注册时间	注册单位	商标名称	使用商品	注册时间
安平县水泥厂	建超	水泥	1995年4月28日	安平县第一汽拖附件厂	跃来	汽拖配件	1995年5月7日
安平县安华汽拖配件厂	梦成	汽拖配件	1995年6月28日	安平县彩色石英地板砖厂	步来特	地板砖	1995年7月14日
河北华龙马尾衬布有限公司	武安马	衬布	1995年8月21日	安平县化工二厂	泽宇	颜料	1995年8月28日
	赛安						
	庄锈						
安平县兴达汽车配件制造厂	竟吉	汽拖配件	1995年9月21日	安平县东升化工厂	圣安	黏合胶剂	1995年11月7日
安平县五金筛网厂	腾安	金属丝网	1995年11月21日	安平县华兴电焊网厂	安泰	电焊网	1995年11月21日
安平县北华丝网厂	德梦	金属丝网	1995年11月21日	安平县冀中塑料平网厂	飞马	塑料网	1995年11月21日
安平县冀安节能设备总厂	安宏	锅炉、茶炉	1995年11月27日	安平县建筑材料厂	安光	油毡	1995年11月27日
河北联发过滤器材有限公司	联发图形	过滤器材	1995年11月28日	安平县金牛电焊网厂	双角	金属丝网	1995年12月21日
安平县搪瓷浴盆厂	富安	浴盆	1996年1月7日	安平县鑫金织网厂	鑫圣	金属丝网	1996年1月14日
安平县飞达丝网厂	利祥	金属丝网	1996年1月14日	安平县矿筛厂	图案	矿筛	1996年2月14日
安平县化纤机械配件厂	景泰	金属过滤网	1996年2月21日	衡水恒安化工有限公司	恒安	颜料	1996年3月7日
安平县外贸卫生材料厂	旭环	脱脂棉	1996年3月28日	安平县安商汽拖配件厂	隆圣	汽拖配件	1996年5月7日

续表13-12

注册单位	商标名称	使用商品	注册时间	注册单位	商标名称	使用商品	注册时间
安平县红星酒厂	广源	白酒	1996年5月14日	安平县严町建超拔丝网厂	冀兴	金属线	1996年5月21日
河北龙润畜产品公司	龙润	鬃尾	1996年5月21日	安平县彪家窗纱厂	春燕	金属丝网	1996年5月21日
安平县汇丰织网厂	天大	金属丝网	1996年5月28日	安平县汽车消声器总厂	环飞	消声器	1996年7月7日
安平县橡胶厂	达昌	传动输送带	1996年7月7日	安平县职中不锈钢拔丝织网厂	向阳	金属丝网 网织物	1996年7月14日
北京铁富达商贸公司驻安平办事处	FC图形	金属丝网	1996年8月7日	安平县八一鬃尾厂	LEAD STAR	鬃尾	1996年9月7日
安平县永宏搪瓷浴盆厂	永宏	浴盆	1996年10月21日	安平县利士达畜产有限公司	利士达	猔尾	1996年10月21日
安平县机动车配件厂	宇龙	汽拖配件	1996年10月28日	安平县特开发滤网厂	火旺	金属丝网	1996年11月21日
安平县义星油毡厂	海顿	油毡	1996年11月28日	河北省安平县鑫荣橡胶制品有限公司	鑫荣	输送传动带	1996年12月21日
安平县油毡厂	宝华	油毡	1997年1月21日	北林（实业）安平有限公司	三盛	金属丝网	1997年1月21日
比林（实业）安平有限公司	SHNSHING	金属丝网	1997年1月21日	比林（实业）安平有限公司	字母	金属丝网	1997年1月22日
安平县石干乡福利磷肥厂	华强	肥料	1997年2月14日	安平县丝网集团工艺网带厂	东成	金属丝网	1997年2月21日
安平县豪冠制网厂	豪冠	金属线	1997年3月7日	河北省安平县丝网机械厂	五兄	拔丝机	1997年3月14日
安平县宏盛防盗美格网总厂	猎狗	防盗丝网	1997年3月21日	安平县雪山冷饮厂	馅猫	饮水冰	1997年4月7日

续表13-12

注册单位	商标名称	使用商品	注册时间	注册单位	商标名称	使用商品	注册时间
安平县轻型汽车水泵厂	鲸龙	汽电车部件	1997年4月14日	安平和星电器有限公司	和星	电熨斗	1997年4月28日
衡水精制高级饮茶厂	皇宫客乐	茶袋用品	1997年5月7日	安平县第二丝网厂	奥源	金属丝网	1997年5月14日
安平县松亚植物油加工厂	松亚	食用油脂	1997年5月21日	安平县新政妇科医疗用品厂	德宝(图形)	中药袋	1997年6月7日
安平县方正丝网厂	FZ方正	金属丝网	1997年6月7日	河北协荣拉丝制网有限公司	图形	金属丝网	1997年6月14日
安平县河漕镀锌厂	安禄	金属线	1997年6月21日	安平县科能换热设备厂	科能	太阳能	1997年6月28日
安平县礼花三厂	丽佳	烟花爆竹	1997年6月30日	安平安华五金网类制品有限公司	鹏华	金属丝网	1997年7月7日
安平县宗庄不锈钢织网厂	玉织	金属丝网	1997年7月21日	安平县沪安化工有限公司	沪安	染料	1997年7月28日
安平县安隆集团总公司	安隆	金属丝网	1997年8月14日	安平县刘口第一金属丝网厂	庐云	网织物	1997年8月14日
安平县不锈钢窗纱厂	明珠	金属丝网	1997年9月28日	河北省安平县丝网工业集团总公司	三梭	丝网	1997年9月28日
安平县第二筛网厂	三梭	金属丝网	1997年9月28日	安平县金隆丝网制品厂	双星	金属丝网	1997年9月28日
安平县灶具配件厂	焱森	灶具	1997年10月7日	安平县长城搪瓷浴盆厂	白驼罗	浴盆	1997年12月18日
安平县金属丝网有限公司	巨强	金属带	1998年1月21日	安平县远东金属制品厂	远洋	金属带	1998年1月28日
衡水星华化工有限公司	五新	氯乙酸	1998年1月28日	安平县绿色生物制品厂	绿平	农业用肥	1998年2月7日

续表13-12

注册单位	商标名称	使用商品	注册时间	注册单位	商标名称	使用商品	注册时间
安平县海芳五金丝网厂	海芳	丝网	1998年3月14日	河北东方五金类制品有限公司	东方双瑞	衣板	1998年5月28日
安平县腾飞油毡厂	冀飞	油毡	1998年8月7日	安平县大地科技实业有限公司	希望	教学教材	1998年9月14日
安平县电力物资有限公司	富惠	电线电缆	1998年11月21日	安平县京安织网厂	铜牛	金属线	1998年11月28日
石家庄俪普敦公司安平红羽内衣针织公司	俪普敦	针织品	1998年11月28日	河北省安平县永安丝网制造有限公司	永安	丝网	1999年2月28日
安平县协和丝网厂	滹沱河	服装	1999年3月14日	安平县橡胶机节厂	安兴	平行三角带	1999年4月14日
安平县铅丝制网厂	重阳	金属丝网	1999年4月28日	河北省安萌线材有限公司	天然	金属线	1999年5月7日
安平县艺园织网厂	艺园	金属线	1999年5月7日	安平县长城滤纸有限公司	珠峰	过滤纸	1999年5月21日
安平县佳信金属丝网厂	佳信	金属带	1999年6月7日	河北安平县第一化工厂	安祥	氯乙酸	1999年9月7日
安平县骨科器材厂	圣康	正骨器材	1999年9月10日	安平县安基网业有限公司	安基	电焊网钢网	1999年9月21日
安平县正大滤材有限公司	滹沱河	汽车滤芯纸	1999年9月21日	衡水市康生圆食品厂	恒橙	食用豆奶粉	1999年10月14日
安平县绿兴生化有限公司	绿诺	植物调节剂	1999年10月21日	安平县环保设备厂	圣姑	蒸气设备	1999年11月14日
安平县绿兴生化有限公司	圣姑	非医药营养液	1999年12月7日	安平县红星织网厂	裕隆	金属丝网	2000年1月14日
安平县远东金属制品厂	名钻	金属丝网	2000年1月14日	安平县永宏不锈钢窗纱厂	永宏	金属带	2000年4月7日

续表13-12

注册单位	商标名称	使用商品	注册时间	注册单位	商标名称	使用商品	注册时间
安平县正大丝网厂	双鹤	铁丝网	2000年4月7日	安平县明星不锈钢窗纱厂	明星	钢铅丝	2000年4月7日
安平县康达五金制品有限公司	图祥	钢铅丝	2000年4月7日	钻石五金网类制造有限公司	名钻	五金筛网	2000年4月14日
安平县远东马尾衬布厂	名钻	衬布	2000年5月7日	安平县响达丝网厂	绿叶	钢铅丝	2000年6月14日
安平县华泰漆业有限公司	金彪	油漆	2000年6月28日	安平县振华汽拖配件厂	东卫	过滤器	2000年6月28日
安平县矿机筛网厂	鑫宇	金属丝网	2000年7月21日	河北安平县印刷网业有限公司	鹤煌	印刷网	2000年8月14日
安平县东兴丝网有限公司	东兴	钢铅丝	2000年9月28日	安平县线材筛网厂	瑞利达	钢铅丝	2000年12月28日
安平县津佳精细化工厂	华雄	油漆	2001年1月14日	安平县恒昇电动卷闸厂	恒昇	金属门装置	2001年2月21日
安平县华夏金属网栏有限公司	华栏	金属丝网	2001年2月28日	安平县金星拔丝织网厂	金星	钢铅丝	2001年3月14日
安平县强盛喷塑窗纱厂	青蛙	钢铅丝	2001年4月21日	安平县盛发金属制品有限公司	盛发	钢铅丝	2001年6月14日
安平县医用材料厂	燕赵	包扎绷带	2001年6月28日	安平县经纬丝网厂	图形	金属丝网	2001年7月7日
安平县超兴不锈钢窗纱厂	超兴	钢铅丝	2001年7月7日	安平县双桥汽车配件厂	日捷	汽车配件	2001年7月7日
安平县鬃尾集团总公司	野马	鬃毛制品	2001年7月14日	安平县创新教学仪器厂	心慧	教学仪器	2001年7月21日
河北程杰汽车转向机制造有限公司	程杰	汽车配件	2001年9月21日	安平县鸿盛丝网厂	鸿盛	钢铅丝	2001年10月28日

续表13-12

注册单位	商标名称	使用商品	注册时间	注册单位	商标名称	使用商品	注册时间
安平县神雨保健饮品有限公司	狂怪	酒	2001年11月7日	安平县经纬丝网厂	雄鸡	金属丝网	2002年1月7日
安平县易达丝网厂	易达	钢铅丝	2002年1月14日	安平县油棉厂	银安	未加工棉花	2002年1月28日
安平县工商联五金丝网有限公司	晶钻	金属丝网	2002年2月7日	安平县张敖三通搪瓷浴盆厂	鲨王	浴盆澡盆	2002年3月21日
安平县鑫旺食品机械厂	XIN WANG	烤箱	2002年6月21日	安平县振兴搪瓷盆厂	京都	浴盆	2002年6月21日
安平县强盛不锈钢拔丝织网厂	强盛	金属丝网	2002年6月28日	衡水市潴龙万向有限公司	潴龙	泵万向节	2002年8月21日
安平县正明滤材有限公司	正明	过滤纸	2002年8月28日	安平县丝网机械厂	五兄	金属丝网	2002年11月21日
安平县互利钢板网厂	互利	金属丝网	2002年11月28日	安平县政宣拔丝织网厂	双杯	金属丝网	2002年11月28日
衡水满誉五金塑胶制品有限公司	满誉	金属丝网	2002年12月14日	安平县院西拔丝织网厂	银祥	金属丝网	2002年12月21日

第七节　管理机构

1991年年初，安平县工商局机关内设办公室、企业登记股、经济合同管理股、个体私营经济管理股、市场股、经济检查股、调研室、集贸市场治安派出所、个体劳动者协会、消费者协会；下设丝网分局和城关、程油子、马店、南王庄、刘吉口、大子文、西两洼共7个工商所。同年9月，增设商标广告股。到1991年年底，局机关共有9个股室所和2个协会；下属1个分局、7个工商所；共有干部职工134人，其中局长1人，副局长2人。1995年1月撤销丝网分局。1996年，城关工商所分为城关工商所和市场管理所。1997年1月，增设人事教育股、财务审计股、法制股，10月，增设维修行业管理办公室（协会）。1998年1月，增设丝网大世界工商所。1999年，县工商局管理体制由“以块为主”转变为“以条为主”，属省以下垂直管理。自此工商所纳入行政编制管理。2000年3月至2002年年底，县工商局机关内设有11个科室所[办公室、财务装备科、人事教育科、注册登记管理科、综合执法科、市场合同科、法制监察科、市场派出所、维修行业管理办公室（协会）、消费者协会、个体劳动者协会]；下属9个基层工商所（市场管理所和丝网大世界、城关、程油子、马店、刘吉口、西两洼、大子文、南王庄等8个工商所）；全系统共有干部职工196人，其中行政编制104人，事业编制24人，工勤3人，提前离岗1人，离退休人员64人；设局长1名，副局长6名。

第四章 质量技术监督

1991—2002年，安平县技术监督局遵照《中华人民共和国计量法》《中华人民共和国标准化法》《中华人民共和国产品质量法》，积极 规范市场经济，扶优治劣，打击假冒伪劣产(商)品制售者，服务于企业；认真开展监督检查、产品质量检验、标准登记备案工作，使标准计量工作逐步走上正规化法制化轨道；全局经省局培训执法人员共28名，均取得执法资格。1991年11月，安平县技术监督局被省生产许可证办公室评为先进单位。

图13-1 质量检测

第一节 计量管理

一、计量单位、器具

1984年2月，国务院发布《关于在我国统一实行法定计量单位的命令》。《中华人民共和国计量法》于1986年7月1日起施行。安平县标准计量局对以上命令和计量法进行大力宣传，利用广播、电视台、发放宣传材料、张贴宣传图片等形式普及法定计量单位知识，废除市斤、市尺、里等市制单位。同时，制定强检计量器具的实施规划。到1992年，全县在集贸市场上取消市制木杆秤，市制木尺。1995年，县人大及工商、物价、计量、商贸等单位组成计量法检查组，对全县企事业单位、各农贸市场，国营、集体、个体工商户的计量器具进行了检查，不合格的限期整改。到2002年，全县有95%以上的企业完成计量合格确认。

二、计量器具量值检测、维修

在废除市制单位，推行国家法定计量单位的同时，为保护消费者合法权益，加强对计量器具的监督管理，严厉打击缺斤短两的不法行为，在执法检查中，没收杆秤130多件，秤砣40个；加强对企业、集贸市场强制检定计量器具的周期检定，每年检定4000多台件，修理700多台件。

第二节 质量管理

安平县产品质量监督检验所负责对辖区内生产的主要产品进行质量检验。检验所1997年3月通过省级认证认可，具有14种产(商)品法定检验资格；每年根据上级下达的监督检验计划开展检验工作，重点检验与人民生活密切相关的面粉、红砖、食用植物油，白酒、糕点、碳酸饮料、水泥预制构件、酱油、醋、雪糕、碳氨、过磷酸钙等。至2002年年底，累计检验产品312批次，其中合格的306批次，不合格的6批次；不合格的限期整改，达标以后方可销售。

1993年9月1日，《中华人民共和国产品质量法》(以下简称《产品质量法》)颁布实施。安平县质量技术监督局成立执法队。执法队积极宣传产品质量法，监督检查产品质量。检查的重点是农资市场、农机市场、建材市场、集贸市场及经营门店。至2002年年底，共检查生产企业和经销单位3000余家，产(商)品种类8000余种；查处假冒伪劣总标值120多万元，并全部没收销毁。每年中秋节和春节前，对市场进行较大的监督检查活动，以确保消费者的合法权益。

1991—2002年，共受理消费者质量投诉案件40余起，结案率达98%，为消费者挽回损失20余万元。

第三节　标准化管理

1993年9月，计量标准化管理由县质量技术监督局标准化股负责。1993年4月至2002年，标准化股先后为企业制定产品标准40个，食品标签认可10个，办理机构代码证书1246个，为企业提供标准咨询服务3291次。1993年9月至1994年10月，对企业无标生产实施监督检查，共查出无标生产企业17家，并根据《中华人民共和国标准化法》的有关规定进行处罚，使其限期改正，按产品有关标准组织生产。

第四节　打击假冒伪劣

安平县质量技术监督局成立后，认真履行其职能，严厉打击假冒伪劣制售行为，保护消费者的合法权益。

1998年6月，台城乡某村6位村民向安平县技术监督局投诉，花9.3万元购买的赵县农机修造厂在安平某公司销售的小麦联合收割机存有严重质量问题。技术监督局随即立案调查，并抽取小麦联合收割机1台，经省产品质量监督检验院和河北省农机监督检验站先后两次检验均不合格。经省质量技术监督局批准，准予用户退货并赔偿用户损失5000元；没收5台小麦联合收割机，经物价局评估后降价处理。

2001年9月，技术监督局在监督检查中，发现在本县境内销售的晋州市某磷肥厂生产的过磷酸钙达不到标准要求，质量不合格。经立案调查和国家质量检测中心检验，两项重要指标不合格，一是含磷量低，二是游离酸超标。为保障农民利益不受损失，根据法律要求，对晋州某磷肥厂生产销售的200吨不合格过磷酸钙全部予以没收，并由县物价局评估后降价处理。

1991—2002年，共查处较大的假冒伪劣案件7起，涉案金额74.5万元。

第五节　管理机构

1991年，安平县技术监督局内设办公室；下属单位有标准计量所、产品质量监督检验所；全局共有干部职工47人，其中设局长、副局长各1名。

1994年2月，安平县标准计量局更名为安平县技术监督局。1999年1月，安平县技术监督局内设办公室、标准化股、计量股、质量监督股、锅炉压力安全股、稽查股共5个股1个室，下属单位有标准计量所、产品质量监督检验所。2000年3月20日，增设丝网产品监督检验站；6月，安平县技术监督局更名为安平县质量技术监督局。2001年6月，全局人员上划，实行垂直领导，隶属于衡水市质量技术监督局。2002年，计量所与质量监督检验所合并为 技术监督检验所。

2002年年底，局机关内设办公室、计量股、标准化股、质量监督股、锅炉压力安全股、稽查股共5股1室；下属单位有技术监督检验所、丝网产品监督检验站；全局干部职工共54人，其中局长1名，副局长2名。

第五章　物价管理

1991—2002年，通过认真贯彻中国共产党在各个时期的物价方针、政策，加强对市场价格的监督管理，全县零售物价水平基本稳定。

第一节　价格管理

一、统一商品价格标签

1994年，国家物价局在全国推行使用统一商

图13-2　明码标价

品价格标签，建立健全明码标价制度。安平县为推行该项制度，印制标签10万多张；翻印2000多张《关于商品和服务实行明码标价的规定》，并下发有关单位；召开有关收费单位、门店、个体摊点人员参加的会议，明确明码标价的标准规格，要求实行挂牌收费，讲解如何使用标签。通过该类措施，使乱收费行为在很大程度上得到遏制。

二、价格监审

为保障人民生活必需品价格相对稳定，根据国务院〔1994〕16号文件精神，对居民基本生活必需品和服务价格实施监审。监审种类有面粉、籼米、粳米、食用植物油、猪肉和牛羊肉、鸡蛋、牛奶、食盐、食糖、酱油、洗衣粉、民用煤、液化石油气、民用煤气、房租、自来水、学杂费、托儿费、医疗费、市内公共交通等共20项。1996年，根据河北省《关于进一步加强和改进价格监审工作的通知》，对居民生活必需品和服务价格监审品种进行了调整，凡是能在市场中形成竞争，供需基本平衡，价格基本平稳的，放开价格由经营者自主定价，原则上不再增列新的品种和扩大执行申报的范围。1997年，根据国家计委颁发的《制止牟取暴利的暂行规定》，对指导性电价和农村综合电价坚持审批制度；对尿素、二铵等主要化肥品种和30种居民生活必需品价格，坚持批次批价和变价审批制度；对粮食定购价格严格审查，杜绝抬级抬价和压级压价现象。1998年，对县医院、中医院经营的284种药品进行审查，落实上级公布的33项被取消的收费项目。1999年，根据河北省减轻企业负担暂行规定，实行“一证一书一卡”制度。对明令取消的涉及6个部门的7项收费，及时办理了收费许可证注销手续，年内为企业减轻负担30万元。

第二节　价格调整

一、居民基本生活必需品

1991年1月20日，提高白砂糖价格。

1996年2月10日，对食盐价格进行调整，执行全国统一零售价。原盐每公斤0.41元，洗粉盐每500克0.46元，粉精盐每500克0.485元，精制盐每500克0.51元。

1997年6月6日，下达碘盐小包装及包袋价格。小包装(含碘盐防伪标志)零售价格每包0.14元，500克袋装洗粉盐0.60元，526克袋装粉精盐0.65元，500克袋装精制盐0.65元。

1998年8月30日，增加居民基本生活必需品和服务价格监审品种。

1999年1月25日，降低餐饮业烟、酒、饮料进销价格差率。

二、成品油

1991年3月10日，提高成品油销售价格。

1996年1月4日，制定液化石油气销售价格最高限价，每公斤3.46元。10月18日调整柴油价格，省市各市场0号柴油零售价每吨均上浮95元，批发价上浮90元；调整后批发价每吨2345元，零售价每公斤2.4元。

1997年1月28日，调整柴油价格，0号柴油品质比率100%，批发价每吨2560元，零售价每公斤2.7元。

1998年6月5日，公布原油、成品油价格改革方案，90号汽油每吨2746元，0号柴油每吨2396元。

1999年3月9日，调整汽油价格，调后价：90号含铅车用汽油每升2.16元，每吨2883元；93号含铅车用汽油每升2.36元，每吨3103元。11月5日，再次调整成品油价格，调后价：90号无铅汽油每升2.19元，0号柴油每升2.17元。12月17日，第三次调整成品油零售价格，调后价：90号无铅汽油每升2.24元，0号柴油每升2.21元。

2000年3月1日，调整成品油价格，调后价：90号无铅汽油每吨3082元，每升2.28元；0号柴油每吨2704元，每升2.31元。5月5日，再次调整成品油价格，调后价：90号无铅汽油每吨3335元，每升2.46元；0号柴油每吨2925元，每升2.51元。6月5日，第三次调整成品油价格，调后价：90号无铅汽油每吨3650元，每升2.70元；0号柴油每吨3030元，每升2.60元。7月14日，第四次调整成品油价格，调后价：90号无铅汽油每吨3860，每升2.85元；0号柴油每吨3220元，每升2.76元。8月17日，第五次调整成品油价格，调后价：90号无铅汽油每吨4025元，每升2.97元；0号柴油每吨3385元，每升2.90元。9月18日，第六次调整成品油价格，调后价：90号无铅汽油每吨4125元，每升3.05元；0号柴油每吨3700元，每升3.17元。10月19日，第七次调整成品油价格，调后价：90号无铅汽油每吨3945元，每升2.92元；0号柴油每吨4090元，每升3.50元。11月16日，第八次调整成品油价格，调后价：90号无铅汽油每吨3880元，每升2.87元；0号柴油每吨3995元，每升3.38元。12月20日，第九次调整成品油价格，调后价：90号无铅汽油每吨3860元，每升2.85元；0号柴油每吨3640元，每升3.12元。

三、生产资料

1992年10月1日，调整计划内化肥销售价格，尿素每吨由563元调到700元，磷酸二铵每吨由700元调到800元，硝酸铵每吨由463元调到640元。

1994年6月10日，调整化肥价格，尿素执行全省统一零售价，国产尿素每吨1400元，进口尿素每吨1540元；碳铵实行淡旺季两种出厂中准价格，淡季每吨400元，旺季每吨450元。

1996年4月，全省尿素实行统一最高零售限价，每吨2290元。

四、医药

1993年1月10日，降低青霉素、林可霉素等9种抗生素和葡萄糖注射液等药品价格。

1995年6月1日，提高临床用血收费标准。

1996年12月23日根据国家计委等单位关于调整和平衡部分化学药品价格的通知，对部分化学药品价格进行调整。

1997年1月29日，降低萘普生、曲克芦丁、盐酸吗啉呱片等8种化学药品价格。6月11日，调整国管药品利福平等7种代表品之外的各规格品种价格。6月26日，安排下达国管价碘化油胶丸4种规格的药品价格。11月28日，转发第一批中央管理药品价格，包括青霉素、头孢、大环内酯等3类15种化学药品和6类、32种生物制品的出厂价、批发价和零售价。

1998年4月8日，公布人血白蛋白等49种进口药品销售价格。6月23日，转发第二批中央管理药品价格，包括阿司匹林、安乃近、对乙酰氨基酚等38种化学药品价格。6月24日，下达省物价局制定的凝血酶等药品价格。9月18日，下达省管6种药品价格和中央管价的12家通过GMP认证企业生产的部分药品价格。9月21日，下达中央管价的20种药品价格，其中包括佛诺沙星、阿司匹林、对乙酰氨基酚等。11月2日，公布舒贝洛等16种进口药品销售价格。

1999年3月9日，调整清开灵胶囊等6种药品价格。3月15日，调整青霉素价格，80万单位含税中准零售价每支0.62元。4月27日，调整肠炎灵胶囊等部分药品销售价格。9月1日，下达第一批环丙沙星片等20种药品降低价格。

2000年，降低263个品种、564种规格的药品合格。1月6日，第二批药品降低价格。7月10日，降低双黄连口服液等80种药品零售价格。7月14日，降低头孢拉定等9种中管国产药品零售价。8月8日，降低抗肺癌药核糖核酸等7种药品零售价格，降低悉复欢注射液等63种储存药品零售价格。9月18日，降低维生素E软胶囊等36种药品零售价格。11月2日，降低阿替洛尔片等48种药品价格。12月4日，降低阿奇霉素等175种药品价格。

五、粮油

1991年5月1日，调整粮油统销价格，粮食提价50%左右，食油提价160%左右，提价品共40种。

1994年6月10日，调整粮食收购价格，按每50公斤计，冬小麦54元，玉米41元。

1995年7月17日，调整订购小麦收购价格，每500克0.54元，实行价外补贴，不分品种每500克补贴0.06元。11月16日，下达秋季粮油市场收购价格，每500克中等玉米0.85元，大米标价1.75元，上下浮动每500克不超过0.05元；每500克花生果1.30元，花生米2.10元，上下浮动不超过0.10元。

1996年4月28日，提高粮食收购价格，调后价按每50公斤计：玉米二等63元，二等小麦78.3元，白小麦二等79.8元。

1997年7月16日，下达夏粮定购价格，每50公斤中等花小麦73.1元，红小麦71.7元，白小麦74.6元。11月4日，实施粮食保护价政策，标准品每500克花小麦0.69元，玉米0.56元。同日，下达秋粮定购价格，每50公斤玉米63元，大米（标一）111.40元。

1998年5月21日，下达夏粮购销价格，小麦（花麦）每50公斤定购价73元，保护价64元。6月9日，落实粮食顺价销售有关政策，最低销售价格每500克小麦0.75元，玉米0.61元。粮食零售市场继续放开搞活。7月14日，下达春小麦定购价格，每50公斤一等72元，二等70元，三等68元，四等66元，五等64元。11月2日，下达1998年秋粮收购价格，按50公斤计：中等玉米定购价61元，保护价54元；中等大豆定购价110元。12月15日，取消原粮最低销售价格限制规定。

1999年7月6日，下达小麦收购价格，每50公斤三等白小麦63.20元，三等花小麦62.00元，三等红小麦59.50元。11月9日，下达秋粮收购价格，每50公斤一等玉米45.80元，二等玉米44.00元，三等玉米42.20元。

2000年，6月22日调整小麦定购价格，调后价：三等红小麦每500克0.52元。12月23日，执行秋粮收购保护价政策，玉米收购保护价为中等玉米每50公斤49元（含水14%）。

六、电价调整

1996年6月1日，调整农村统一分类综合电价。农村照明和农业用电价格每千瓦时调控在0.43元以内。

1997年10月30日，调整农村的分类综合电价。农业用电每千瓦时提高0.039元，工副业用电每千瓦时提高0.047元。

2000年1月10日，调整居民生活用电，每千瓦时0.362元，非居民照明用电每千瓦时0.517元，商业用电每千瓦时0.664元，工副业用电每千瓦时0.498元，农业用电每千瓦时0.37元。

七、其他

1995年10月20日，调整凸版纸价格，计划内每吨6200元，计划外以每吨6200元为准价，允许上浮15%。

1997年8月，提高中小学学杂费收费标准，从秋季开学执行新标准。

2000年8月2日，提高高中收费标准。

第三节　物价检查

1991年，对27种人民生活必需品价格进行检查，重点抽查石油、电力、粮食、供销等大行业，检查工商、公安、邮电、交通、农机、土地、学校等单位的213项收费情况。

1992年，重点对生产资料公司、石油公司、邮电局、20个基层供销社、7个乡级卫生院、3个农业服务公司、1个学校、12个个体行医户的物价或收费情况进行监督检查。

1994年，对全县23个石油销售点的销售价格进行了整顿，对掺杂使假和缺斤短两问题进行处罚。与地区物价局共同对电价、邮电集资费、保险进行了检查，共查处违纪资金10万多元。对全县麦季、秋季的收购价格进行检查，及时刹住压级压价，多扣杂质的现象，从而保护人民群众的利益。

1995年，对粮食收购的级别、价格进行检查，对查出的压级压价问题进行处罚，共处罚金8000元。结合农资市场整顿，检查化肥、农药、石油等价格，对违反价格规定的单位进行处罚，共罚款1950元。检查中小学乱收费问题，共查出违纪金额74.18万元。检查20个乡级卫生室和县医院、计生站、防疫站等单位的收费情况，查出多收计划生育手术费5600元。按照行署反暴利实施办法，物价局和工商局一起检查饮食行业门店70多家，服装等固定摊点41个，其他固定门店360家，对违反规定擅自提价者进行处罚。

1996年，重点抓以化肥农药为主的农业生产资料价格检查。先后三次会同工商、计量、县社等部门，深入到村镇逐户进行清理，查封无证经营者18户，吊销个体经营执照5户，没收化肥2吨，罚款5000元。配合地区对工商、公安、城建、劳动人事、税务等部门进行收费专项检查。对中小学收费进行三次专项检查，共查处违纪资金18万元，罚款0.59万元，没收非法所得2.8万元。全年共查处违法违纪案件851起。

1998年，对化肥、农药市场的价格执行情况，土地、民政、公安、教育等系统的收费，县城53家门诊部、药品店及61家乡村医疗点的药品价格进行了检查，对不法户进行处罚。全年共查处各类价格违法案件336件，查出非法所得264.38万元，共处罚金270.37万元。

1999年，对全县大小17个粮站和21个液化气站的价格进行检查。对集贸市场检查4次，查出以次充好，缺斤短两、不明码标价的摊点15个，均进行罚款。对全县5个文化娱乐场所、31家服务修理业、5个电话厅进行检查整顿，10个没有办理收费许可证的补办手续，没有审验的进行审验。对104个单位的明码标价进行检查，处理单位55个，罚款4370元。全年共受理案件75件，处罚违法所得18万元，没收违法收入4.9万元，罚款4.95万元。

第四节　管理机构

安平县物价局是县政府主管物价工作的职能部门。1991年，下属单位有县直物价检查所和马店、南王庄、城关3个乡镇物价检查所，干部职工22人。1992年，撤销乡镇物价检查所，成立价格事务所。1997年3月，局内增设办公室、物价管理股、收费管理股、综合信息股。2000年9月，价格事务所更名为价格认证中心。2002年年底，局内设办公室、物价管理股、收费管理股、综合信息股、价格监督检查所、价格认证中心，干部职工共36人。

图13-3　物价执法

第六章　审计

1991年后，安平县审计局依照国家法律、法规和上级审计机关的要求，建立健全各项内部控制制度，进行大量审计监督工作。至2002年，共完成审计项目217项，审计单位868个；查出违规违纪资金24730.4万元，应上缴财政资金2903.1万元；落实上缴财政资金（含税金、罚款）2691.3万元；提交审计报告及信息827篇。1993年、1996年，被省审计厅评为"审计系统先进单位"；2000年，被省审计厅评为"审计系统升级达标评比活动成绩突出单位"。

第一节　财政审计

1991年，审计局开始对安平县财政支出情况进行审计。1995年后，对全县财政预算执行情况、乡级财政预算决算、预算外资金管理和使用情况的真实性、合法性进行审计监督，及时发现和纠正预算执行及财政收支中的问题并提出改进意见及建议。通过审计，财政管理和各项规章制度得到进一步加强，为人大监督政府财政工作提供了必要依据。1991—2002年，共完成财政金融审计87项，审计单位382个，查出违纪违规资金8243.4万元，落实上缴财政资金（税金及罚款）1204万元，提出合理化建议及意见180条。

第二节　企业审计

1991—2002年，审计部门每年都对全县各行政事业单位、金融机构、国有工商企业进行审计，检查其资产负债损益及财务收支的真实性、合法性、效益性。至2002年，共完成审计项目69项，审计单位306个，查出违纪资金7694.3万元，落实上缴财政资金（税金及罚款）1045万元，提出合理化建议及意见162条。

第三节　基建审计

1997年，安平县审计局对楼房建设开展决算审计。3月，审计工会综合楼决算。该楼建筑面积1559平方米，造价431.45元/平方米，定额直接费用审减4.01万元，审减率4%。6月，审计信用社办公楼决算。该楼建筑面积3393平方米，决算金额237.122万元，审减10.21万元，审减率4.3%。8—9月，审计安中女生宿舍楼决算。该楼建筑面积2800平方米，合同价124.53万元，审减3.29万元，审减率2.64%。

第四节　经济责任审计

2001年，审计局建立经济责任审计股，开始对全县科局级领导干部的经济责任进行审计。审计内容包括任期经济责任审计和离任经济责任审计。经济责任审计是审查被审计领导干部近三年的财务收支情况，客观、公正评价其在任期间的成绩和不足，并向县委组织部提交审计结果报告。截至2002年，共完成经济责任审计项目9项，审计32人次，查出违纪资金2146万元，落实上缴财政资金（含应结缴财政资金及罚款）283.3万元，提出合理化建议及意见36条，提交审计报告32篇，查处违法犯罪人员1人。

第五节　县委县政府临时交办的审计

1991—2002年，县委、县政府临时交办的审计工作有摸清某企业的真实家底，配合信访局、纪检委及相关部门，完成上访事件涉及的经济范围的各项审计任务。至2002年，共完成临时交办审计事项23项，审计单位（含个人）83个，提交审计报告18篇。

第六节　专项审计

审计部门围绕县委、县政府工作重心，大力开展专项审计。

1998年9—10月，对城乡教育费的征收管理和政府1994—1997年对教育拨款情况进行审计。应征收教育费附加289万元，实际征收126万元，少收163万元。审计结束后，针对在教育费附加征收方面存在的问题，提出改进意见。

1999年4—5月，对水利基础设施投入及使用情况进行审计。审计项目涉及资金388万元，发现配套资金20万元未到位，应收未收河道维护费50万元，混淆资金性质和专项资金结余转下年10.81万元，挪用专项资金3万元、账外资金2.8万元，5.4万元水利资金拨付不规范。

同年10—11月，对1998年农口专项资金进行审计。审计专项资金13.7万元，查出违规金额6.7万元。

1999年5—8月和2000年4月，对1997—1999年农业综合开发资金进行审计。1999年5—8月，审计发现，农业综合开发专项资金7.4万元未下账、挪用72.46万元。2000年4月，审计多种经营和龙头项目计划投资5140万元、土地治理项目计划投资470万元。审计发现，未完成项目投资633.15万元、不符合规定发票752.82万元、挤占资金58.28万元、漏缴税金1.07万元、不合规票据10.74万元、挪用农业开发无偿资金5万元、挪用农业综合开发专项资金2.76万元。

2002年3月，对世界银行贷款结核病控制项目和世界银行贷款疾病预防项目进行审计。审计资金41.1万元，发现违规收费0.6万元、配套资金未到位。

同年5—6月，对2001年国有土地有偿使用开展了审计。审计土地出让合同327份，面积713亩；应征收资金715.31万元，实际征收418.57万元，应征未征296.74万元。同时还审计征收土地管理费14.81万元、土地登记费10.17万元、土地评估费28.09万元、土地测绘费0.61万元、耕地占用税50万元。

第七节　其他审计

一、授权审计

授权审计是指上级审计机关授权给下级审计机关进行的，属于上级审计机关审计管辖范围内的审计。授权审计包括河北省审计厅授权审计和衡水市审计局授权审计。1991—2002年，完成授权审计项目13项，审计单位25个，查出违纪违规资金328万元，提交审计报告13篇，提出合理化建议及意见55条。

二、委托审计

委托审计是指接受本级有关行政部门、企事业单位的委托，对其经济活动进行的审计。1991—2002年，完成委托审计项目16项，审计单位20个，审计资金1726万元，查出违纪违规资金328万元，提交审计报告16篇，提出合理化建议及意见69条。

1991—2002年安平县审计情况统计表

表13-13

项目/内容 年度	完成审计项目（项）	审计单位（个）	查出违纪资金（万元）	查出应上交财政资金（万元）	落实上交财政资金（万元）	提交审计报告及信息（篇）	提合理化建议意见（条）
1991	16	70	358	24	16	56	46
1992	22	117	1115	75	26	79	70
1993	25	125	493	119.8	50	77	54

续表13-13

内容 项目 年度	完成审计项目（项）	审计单位（个）	查出违纪资金（万元）	查出应上交财政资金（万元）	落实上交财政资金（万元）	提交审计报告及信息（篇）	提合理化建议意见（条）
1994	19	55	92	54	37	48	67
1995	17	71	600.4	55.3	48.3	76	37
1996	36	136	2387	394	394	83	42
1997	14	67	2019	379	379	152	35
1998	16	43	2983	582	582	74	38
1999	18	57	2394	605	605	37	39
2000	12	37	2003	53	50	60	36
2001	10	42	6264	336	336	39	42
2002	12	48	4022	226	165	46	56
合计	217	868	24730.4	2903.1	2688.3	827	562

第八节　审计机构

安平县审计局成立于1983年11月，是安平县人民政府管理的科局级单位，业务上受县政府和衡水市审计局双重领导。

1991年，审计局设有一个室、三个股，即办公室、财金股、商贸股、工交股，有干部职工16人；下设审计事务所，有干部职工6人。审计事务所属社会审计范畴，根据与委托方签订的业务约定书，提供有关法律规定的各项职业服务，并按国家规定的收费标准和行业惯例收取服务费用。1996年，增设行政事业股、基建外资股，有干部职工15人。1999年，取消基建外资股，增设农业股、基建股、外资股，有干部职工20人。2000年，审计事务所与审计局脱钩，改组为股份制的社会中介审计组织。2001年，组建基建审计中心（隶属于审计局，股级单位，负责全县范围的城市建设和基本建设的在建工程和竣工决算工程的审计工作），增设农商股、经济责任股，取消农业股、商贸股、基建股、外资股，有财政开支干部职工22人，自收自支人员6人。2002年，农商股改为农业外资股。到2002年年底，局内设一个室、五个股，即办公室、财金股、工交股、行政事业股、农业外资股、经济责任股；下属单位有安平县基建审计中心；全局共有财政开支干部职工18人，自收自支人员20人。社会中介审计组织有安平誉正会计师事务所。

第七章　国土资源管理

1991—2002年，安平县土地管理局按照国家土地管理法律、法规和政策，积极进行土地调查、土地登记、土地统计，编制土地利用总体规划，制订土地复垦开发和保护计划。同时，大力加强建设用地管理、执法监察，始终把工作重点放在加强耕地保护和深化土地使用制度改革上。在垄断土地一级市场的基础上，努力搞活土地二级市场，逐步实现国有土地资源的保值增值，土地开发和利用纳入法制化轨道。土地局1998年被河北省土地管理局评为1997—1998年度全省土地管理系统信息工作先进单位；1999年，被评为全省土地管理系统信访工作先进单位，被衡水市委、市政府评为城建工作先进单位；2000年，被衡水市人民政府评为先进单位；2001年，被衡水市评为土地执法先进单位和土地管理工作先进集体；2002年，被衡水市人民政府评为先进单位。

第一节　土地使用制

一、国有土地使用制

安平县国有土地无偿使用制改革是随着1988年国家及河北省法律法规的修正开始的。1988年，在全县范围内实行国有土地有偿使用，出让国有土地使用权的形式有招标、挂牌、拍卖、协议出让四种。截至2002年年底，安平县共出让国有经营性土地150余宗，约850万元　。

二、集体农用土地使用制

1990年，为落实《河北省土地承包合同管理办法（试行）》，安平县在全县完善土地承包合同，并实行有偿经营，形成土地使用权和土地所有权两权分离条件下的有偿使用制。1998年，为进一步稳定家庭联产承包责任制，在全县230个行政村完成第二轮土地延包工作，一律将承包期顺延30年；印发土地承包经营权证书，进一步完善土地承包合同，使土地使用权和土地所有权两权分离条件下的有偿使用制进一步得到巩固和完善。

三、农村宅基地使用制

1991年，安平县人民政府印发安政（1991）40号文件《安平县人民政府关于农村宅基地有偿使用暂行规定》，重申农村居民的新旧宅基地均属集体所有，居民只有使用权，不得出租、买卖和转让，并明确规定新旧宅基地的时间界限（1987年1月1日）及有偿使用费收取的标准。收费标准为：新宅基地（1987年1月1日以后的）以0.25亩为法定面积。法定面积以内按每年每平方米0.05～0.1元征收有偿使用费。超过法定面积部分按每平方米5～7元征收超面积使用费。凡1987年1月1日以后农村新发放的宅基地，一律按每亩1500元以上征收土地补偿费；旧宅基地（1987年1月1日以前的）有偿使用从1990年算起，按实际占地面积每年每平方米0.05～0.1元征收有偿使用费。农村宅基地有偿使用制度，树立土地公有制观念，有效地制止乱占滥用土地，增加宅基地透明度。为减轻农民负担，该项工作于1993年5月停止。

第二节　地籍管理

一、土地调查

1991年4月至1992年6月，开展安平县第一次土地详查。通过该次详查，确定县界和全县20个乡镇、230个行政村、2个国营农场的行政界线和权属界线，查清县、乡、村土地总面积和各种地类的占地面积，绘制县、乡两级土地利用现状图、权属图，绘制37幅1:10000土地利用现状分幅图，为以后的土地管理打下坚实基础。

该次详查结果：安平县总面积743108.1亩，其中，耕地547978.9亩，园地20938.8亩，林地6238.5亩，牧草地12亩，居民点及工矿用地96560.4亩，交通用地18595亩，水域43952.8亩，未利用土地8831.7亩。集体土地总面积699637.9亩，国有土地总面积43470.2亩。

1993年1月至1994年1月，开展安平镇地籍调查。通过调查，安平镇总面积7395.3亩，其中，商业、金融业用地599亩，工业仓储用地1172.1亩，市政用地176.5亩，公共建筑用地705.6亩，住宅用地2464.1亩，交通用地1726.9亩，特殊用地81.5亩，水域用地16.3亩，农用地361.2亩，其他用地92.1亩。

二、土地登记

1988年9月，县土地管理局根据1987年1月1日颁布实施的《中华人民共和国土地管理法》开始对全县土地使用情况进行登记造册，确认所有权。

从1991年起，对于城镇国有土地使用者，不分单位和个人均颁发国有土地使用证。在发证前，对用地者使用的土地权属、界址、面积等项内容调查清楚，进行申请登记，然后由县政府批准后予以发证。1991年，登记发证888个。1992年，在城区地籍调查过程中，对城区土地进行土地登记，并核发土地使用证。地籍调查450宗地，均按照调查资料逐个审查核实。审查核实后，对土地使用者占地面积、四邻进行张榜公布；批准登记380宗地；颁发国有土地使用证265本，集体建设用地使用证31本，更换土地使用证20本。1997年对县城区内的四关四街（北关、南关、东关、西关、政宣、孝仁、县前、兴贤）居民的宅基地开始陆续颁发国有土地使用证，要求做到“权属来源合法，四至清楚，丈量面积准确”。颁发程序：个人申请——村委会出具证明——镇政府审核——县土地局派人现场勘察——县政府批准登记发证。1999年4月至12月底，全面开展土地证书年检换证工作，年检更换土地证书4281本，其中，更换集体土地证书275本，国有土地证书4006本。到2002年底，全县城镇国有土地使用者和城区居民共登记发证7487个。

三、定级估价

2002年3月至2002年9月，完成安平县城区11.77平方公里（17719.8亩）的土地定级估价工作。本次土地定级估价的范围是北至新政村南，南至工业开发区南界，西到和平街与正饶路交叉口，东至隆治皮革厂。

第三节 土地规划

一、远期规划（1997—2010年）

农业用地 到2010年，农业用地由1996年的39533.6公顷（593004.1亩）调整到39635.2公顷（594527.2亩），净增加101.6公顷（1523.1亩）。调整后，农业用地占土地总面积的比重由1996年的79.80%上升到80.01%。

建设用地 到2010年，建设用地由1996年的9233.9公顷（138509.1亩）调整为9636.5公顷（144547.6亩），净增加402.6公顷（6038.5亩）。调整后，建设用地占土地面积的比重由1996年的8.64%上升到19.45%。

未利用土地 到2010年，全县未利用土地由1996年的775.4公顷（11630.7亩）减少到271.3公顷（4069.1亩），净减少504.1公顷（7561.6亩）。调整后，未利用土地占土地总面积的比重由1996年的1.57%减少到0.55%。

二、近期规划（1997—2000年）

农业用地 到2000年，农业用地由1996年的39533.6公顷（593004.1亩）调整到39619.8公顷（594296.7亩），增加86.2公顷（1292.6亩）。调整后，农业用地占土地总面积的比重由1996年的79.80%上升到79.97%。

建设用地 到2000年，建设用地由1996年的9233.9公顷（138509.1亩）调整为9277.6公顷（139163.4亩），净增加43.6公顷（654.3亩）。调整后，建设用地占土地总面积的比重由1996年的8.64%上升到18.73%。

未利用土地 2000年，未利用土地面积由1996年的775.4公顷（11630.7亩）减少到658.6公顷（9879.3亩），净减少116.8公顷（1751.4亩），其中，52.4公顷（786.0亩）开发为耕地。调整后，未利用土地占全县土地面积的比重由1996年的1.57%减少到1.33%。

第四节 土地征用

一、类型

国家建设用地 1991—2002年，国家建设项目在安平县共征用土地1790.5亩（其中耕地1596.4亩，非耕地194.1亩），其中，1998年5月，丝网大世界建设用地涉及西关1个村，共征用土地约410亩，其中耕地395亩，非耕地15亩；2001年11月，丝网工业园建设用地涉及西关、敬思村、政宣、大同新4个村，共征用土地1380.6亩，其中耕地1201.5亩，非耕地179.1亩。

“三资”企业占地 1992年5月，经省政府批准成立了占地1406.5亩的博陵开发区，出台《博陵开发区鼓励外商投资若干规定》《关于吸引内资投资的优惠政策》等。从此，外商及个体企业纷纷入区投资，建设项目以工业企业为主。三资企业占地均依据1990年5月19日国务院颁布的第55号令《中华人民共和国城镇国有土地使用权出让转让暂行条例》规定办理，土地出让合同最高期限为70年，最低40年。到2002年年底，全县有13家外商独资和合资企业入驻开发区，占地300余亩。

土地开发　1991—2002年，安平县国土资源局对原滹沱河旧河道和搬迁村旧址进行开发整理，共计复垦造地1900余亩，涉及长汝、西赵庄、徐张屯等村。复垦地全部通过省国土资源厅组织的验收。全县实现耕地“占补平衡”有余。

占地　《中华人民共和国土地法》(以下简称《土地管理法》)实施以前(1991—1999年)，单位和个人占地的审批程序依照1987年颁布的《土地管理法》第二十三条、第三十九条规定执行。国家建设征用土地单位必须持国务院主管部门或者县级以上地方人民政府批准的设计任务书或者其他批准文件，向县级以上地方人民政府土地管理部门提出申请，经县级以上人民政府审查批准后，由县土地管理部门划拨土地；乡(镇)村企业建设需要使用土地，必须持县级以上地方人民政府批准的设计任务书或者其他批准文件，向县级人民政府土地管理部门提出申请，按照省规定的批准权限，由县级以上地方人民政府批准。1999年1月1日，新的《土地管理法》施行后，根据新法第四十三条、第四十四条、第四十五条规定执行。非农业建设占用土地，涉及农用地转为建设用地的，应当办理农用地转用审批手续，并严格按照审批权限办理，同时发布征前公告和征后公告；任何单位和个人进行建设，需要使用土地的，必须依法申请使用国有土地，但是，兴办乡镇企业和村民建设住宅经依法批准使用本集体经济组织农民集体所有的土地的，或者乡(镇)、村公共设施和公益事业建设经依法批准使用农民集体所有土地的除外。经过审批后的国有或集体土地，必须在登记发证以后方可使用。

二、审批

权限　1999年以前，安平县的土地审批按照1987年1月1日颁布的《中华人民共和国土地管理法》实施。安平县的耕地审批权限为3亩，非耕地10亩；衡水市土地局的耕地审批权限为10亩，非耕地20亩。1999年1月1日后，审批权限按新修定的《中华人民共和国土地管理法》第四十五条规定审批，征用基本农田，基本农田以外的耕地超过35公顷的和其他土地超过70公顷的，由国务院批准，其余建设用地由河北省国土资源厅批准。

手续　1991—1999年，征用土地的一般程序：申请选址，协商征地数量与补偿、安置方案，核定用地面积，办理占地手续，占地单位填完各项表格后由主管副县长签字，报市、省土地主管部门按照权限依次批准。1999年新法实施后，占用土地由省和国务院审批，经营性商业用地以招标、拍卖为主，其他土地仍以协议出让为主。

三、征地费

1. 标准

建设项目征用土地须对被征地单位或农民进行适当的补偿和安置。只有经过有权批准建设用地的机关批准并达成补偿协议后，支付定额土地补偿费、安置补助费、地上附着物补偿费，才能实现旧的土地权利消失，新的土地权利形成。

征地补偿费　按照1987年《土地管理法》第二十七条规定，征用耕地的补偿费用包括土地补偿费、安置补助费以及地上附着物和青苗的补偿费。征用耕地的土地补偿费为该耕地征用前3年平均年产值的3倍至6倍；征用城市郊区的菜地，用地单位应当按照规定缴纳新菜田开发建设基金。1999年新《土地管理法》颁布后，按照新法第四十七条规定，征用耕地的土地补偿费为该耕地征用前三年平均年产值的6倍至10倍。

安置补助费　按照1987年《土地管理法》第二十八条规定，征用耕地的安置补助费按照需要安置的农业人口数计算。需要安置的农业人口数按照被征用的耕地数量除以征地前被征用单位平均每人占有耕地的数量计算。每一个需要安置的农业人口的安置补助费标准为该耕地被征用前3年平均年产值的2倍至3倍。每亩征用耕地的安置补助费最高不得超过被征用前3年平均年产值的10倍，如果支付的土地补偿费和安置 补助费，尚不能使需要安置人员保持原有生活水平的，经省、市人民政府批准，可以增加安置补助费。土地补偿费和安置补助费的总和不得超过土地被征用前3年平均年产值的20倍。1999年新《土地管理法》颁布后，按照新法第四十四条规定，征用耕地的安置补助费标准为该耕地被征用前3年平均年产值的4倍至6倍，但是，每公顷征用耕地的安置补助费，最高不得超过被征用前3年平均年产值的15倍。

自1991年起，安平县征收补偿费和安置补助费采取两项费用合并执行分期补偿的办法。具体执行的标准：1991—1999年新《土地管理法》实施前，每亩每年补偿1000～1500元；1999年新《土地管理法》实施后至2002年，每亩每年补偿1000～2000元。

临时占地补偿费　根据《河北省土地管理条例》第四十四条规定，临时占地补偿费按土地年产值给予补偿，影响一季补偿一季，影响一年补偿一年，占用期满，由用地单位负责恢复耕种条件，按所需工作量支付土地整治费。

地上附着物补偿费　征用土地的地上附着物补偿费标准，由用地方与被用地方协商解决。

2. 缴纳

征地费的缴纳是征地协议书的一项重要内容，由双方协商后签在协议书内。一般征地费的缴纳内容含时间、币种、数量、缴纳方式等。征地费可以一次性付清，也可以分期付款，双方均应严格履行征地协议书的约定。

第五节　土地监察

土地监察是有效惩治土地违法行为，震慑土地犯罪，保护耕地的重要手段。安平县国土资源局始终以国家土地管理法律、法规、政策为依据，对全县行政区域内的一切机关、团体、单位和个人遵守土地管理法律、法规的情况进行监督检查，对违法者实行制裁，即对一切用地单位和个人的土地使用、权属变更、土地开发利用和征用、占用土地等行为进行监督，对破坏土地行为进行查处，同时办理有关土地方面的信访案件。

安平县土地管理局为做好土地监察工作，除设立举报箱、举报电话收集情况外，还逐步建立健全了土地违法案件报表、案件上报台账和处理结果备案、巡回检查、行政执法过错责任追究、来信来访接待等一系列规章制度，重点查处非法占用土地、非法转让土地和应交而拒绝不交还土地、破坏土地、侵犯土地权属、违反《土地复垦规定》等行为。

2000年8月，马店镇王六市村党支部、村委会非法发放宅基地23亩，严重破坏土地利用总体规划，部分宅基已垫土。县土地局了解情况后，没收村委会非法所得11.5万元，恢复了地貌。

2002年7月，安平镇彭庄村村民李××在红旗街中段建房4间(6米×16米)，严重妨碍城建规划。县土地管理局联合公安局、城建局、人民法院等部门，依法让其拆除。

1991—2002年，土地管理局累计查处较大违法案件5起，土地市场逐步走向繁荣、稳定、有序。

第六节　管理机构

一、县局机关

1991年，安平县土地管理局(以下简称土地局)内设办公室、征地股、地政股、监察股、技术服务站、土地派出所和土地开发公司共七个股室，干部职工17名，办公地点设在机电胡同人行西邻。1994年10月，局址迁至为民东街路南，安平中学对过；增设地矿股，股室增至8个，人员58名。1996年2月，撤销土地派出所和土地开发公司，设立土地市场交易所；成立开发区管理委员会，并从土地局分出，分出人员28名。1997年12月，监察股分为城区监察股、乡镇监察股。2002年8月，土地局改称安平县国土资源局；9月，安平县开发区管理委员会并入国土资源局；年底，安平县国土资源局内设办公室、地政股、市场股、土地储备中心、监察股、公安局土地派出所、纪检监察办公室、政工股、地矿股、耕地保护股、技术服务站、财务股、工会办公室、土地开发办公室、丝网工业园土地管理股15个股室，干部职工109名。

二、土地管理所

1991年，20个乡镇都分别建立土地管理所，隶属于乡镇政府领导和管理。1996年1月，并乡扩镇改建为8个乡镇土地所。2000年6月，各乡镇土地所撤销，成立第一中心所（城关）、第二中心所（东黄城）、第三中心所（刘吉口）。中心所的工作受安平县国土资源局直接领导，人员由国土资源局垂直管理。2002年10月，第四中心所（西两洼）成立。2002年年底，四个中心所共有干部职工77人。

第十四编　中国共产党地方组织

- 党员
- 党员代表大会
- 县委全委会议
- 组织机构
- 发展战略
- 纪律检查工作
- 组织工作
- 宣传工作
- 统战工作
- 农村工作
- 老干部工作

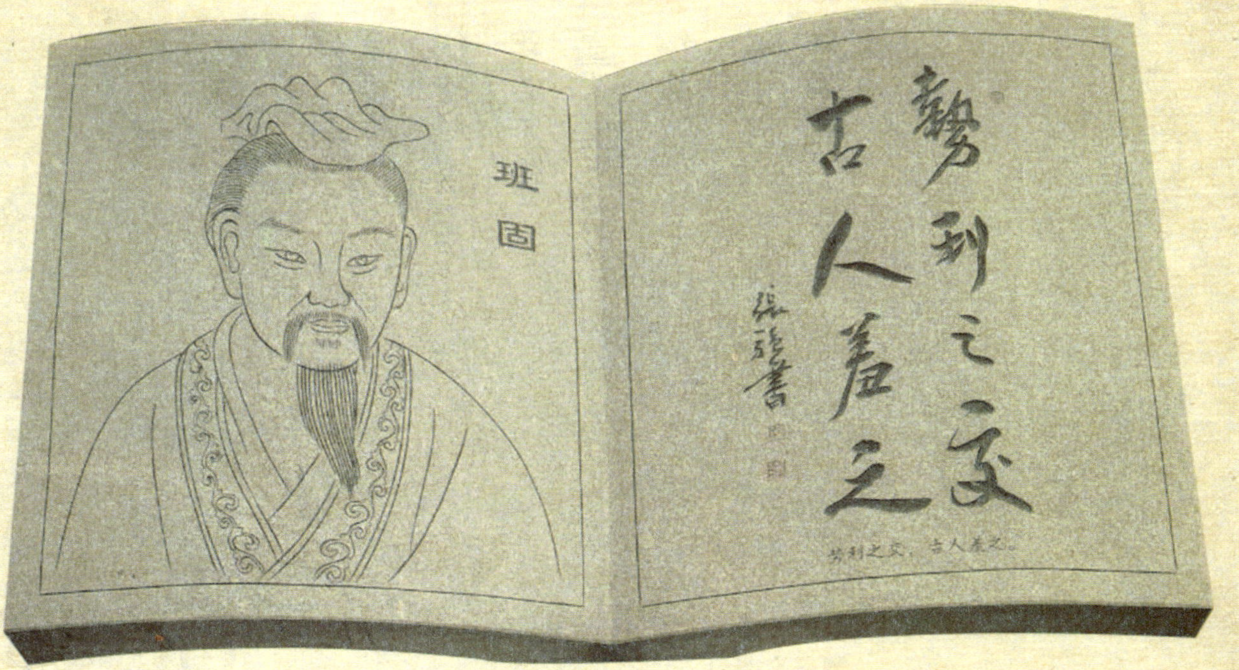

安平县汉王公园石刻

第十四编 中国共产党地方组织

1991—2002年，中国共产党安平县委员会领导和团结全县人民，以经济建设为中心，坚持四项基本原则，坚持改革开放，坚持发展不动摇，使社会主义物质文明和精神文明以及党的自身建设都取得了重大进展和成果。1994年5月，安平县因对外开放工作成绩显著被省委誉为“两平现象”之一。1996—2000年，先后被省委、省政府评为“实绩突出县”和“对外开放先进县”；丝网大世界被命名为全省“十强市场”，丝网产业成为“九五”国家星火区域性支柱产业和省级龙型经济。2000年，通过“全国科技工作先进县”的验收。1999年和2001年，先后被中国五金制品协会授予“中国丝网之乡”和“中国丝网产业基地”称号，并颁发证书和铜牌。2001年，丝网产业被科技部誉为“国家区域性支柱产业”。2002年，被省政府确定为“特色经济示范县”“全省农业产业化经营示范县”，瘦肉型猪产业被省政府确定为“省龙头经济”。

第一章 中共党员

第一节 党员构成

一、职业构成

1991年，全县共有党员17100名，其中农村12058名，占70.51%；工业系统690名，占4.04%；交通系统150名，占0.88%；财贸系统869名，占5.08%；文卫系统816名，占4.77%；机关团体2271名，占13.28%；其他方面246名，占1.44%。

2002年，全县共有党员17540名，其中农村11133名，占63.47%，所占比重比1991年减少7.04个百分点；工业系统1110名，占6.33%，比1991年增加2.29个百分点；交通系统154名，占0.88%，与1991年持平；财贸系统686名，占3.91%，比1991年减少1.17个百分点；文卫系统597名，占3.40%，比1991年减少1.37个百分点；机关团体2856名，占16.28%，比1991年增加3个百分点；其他方面1034名，占5.90%，比1991年增加4.46个百分点。

二、文化构成

1991年，全县党员中有大专以上文化程度的558名，占党员总数的3.26%；2002年，大专以上文化程度党员增加到750名，占党员总数的4.28%，比1991年增加1.02个百分点。中专、高中、初中文化程度党员1991年有7790名，占党员总数的45.56%；2002年有9084名，占党员总数的51.79%，比1991年增长6.23个百分点。小学以下文化程度党员，1991年为8752名，占党员总数的51.18%；2002年有7706名，占党员总数的43.93%，比1991年减少7.25个百分点。

三、年龄构成

全县35周岁以下党员1991年有2959名，占党员总数的17.30%；2002年有3105名，占党员总数的17.70%，比1991年增长0.4个百分点。36至55

岁党员1991年有8243名，占党员总数的48.21%；2002年有8558名，占党员总数的48.79%，比1991年增长0.58个百分点。56岁以上党员1991年5898名，占党员总数的34.49%；2002年有5877名，占党员总数的33.51%，比1991年减少0.98个百分点。

四、性别构成

1991年，全县17100名党员中，男性为14275名，占党员总数的83.48%；女性2825名，占16.52%。2002年，全县有男性党员14626名，占党员总数的83.39%；有女性党员2914名，占党员总数的16.61%。

1991—2002年安平县中共党员基本情况统计表

表14-1

年度	总数	性别		民族		年龄						文化结构						职业结构						
		男	女	汉族	少数民族	25周岁以下	26周岁至35周岁	36周岁至45周岁	46周岁至55周岁	56周岁至60周岁	61周岁以上	大专以上	中专	高中	初中	小学	文盲	工业	交通	财贸	文卫	机关团体	农村	其他
1991	17100	14275	2825	17100	—	337	2622	4677	3566	1964	3934	558	960	2274	4556	7411	1341	690	150	869	816	2271	12058	246
1992	16683	13933	2750	16683	—	330	2690	4681	3486	1965	3531	552	959	2257	4507	7299	1109	704	150	848	798	2044	11927	212
1993	16668	13997	2671	16668	—	310	2435	4509	3697	1895	3822	526	1021	2441	4438	7198	1053	825	68	400	471	2656	11289	959
1994	16671	13998	2673	16671	—	321	2395	4402	3714	1882	3957	555	1041	2458	4510	7059	1048	1118	78	439	496	2689	11126	725
1995	16676	14117	2559	16676	—	403	2302	4391	3772	1887	3921	601	1114	2478	4717	6794	872	889	79	439	503	2707	11111	948
1996	16806	14197	2609	16806	—	423	2332	4451	3792	1957	3851	611	1144	2628	4757	6894	772	1147	77	476	513	2736	11089	768
1997	17021	14297	2724	17021	—	473	2432	4516	3842	2057	3701	661	1244	2688	4862	7094	472	1030	74	596	497	2786	11063	975
1998	17121	14357	2764	17121	—	493	2452	4536	3862	2067	3711	691	1264	2708	4872	7104	482	1040	84	616	517	2796	11083	985
1999	17231	14417	2814	17231	—	513	2472	4556	3882	2087	3721	701	1284	2728	4892	7124	502	1050	94	626	537	2816	11103	1005
2000	17340	14476	2864	17340	—	533	2492	4576	3902	2107	3730	710	1304	2748	4912	7144	522	1070	114	646	557	2836	11113	1014
2001	17440	14576	1964	17440	—	553	2512	4596	3922	2117	3740	730	1324	2768	4932	7154	532	1090	134	666	577	2846	11123	1024
2002	17540	14626	2914	17540	—	573	2532	4616	3942	2127	3750	750	1344	2788	4952	7164	542	1110	154	686	597	2856	11133	1034

第二节　党员发展

中共安平县委对党员发展工作非常重视，在党员发展对象、积极分子培养、党员条件、入党手续和程序、党员的审批、预备期、党员转正等方面，均严格按党章的有关规定执行。1991年，发展新党员285名，其中男性242名，女性43名。到2002年，共发展新党员3603名，其中男性3154名，女性449名；全县党员总数达到17540名。

1991—2002年安平县发展新党员统计表

表14-2　　单位：人

年度	合计	男	女
1991	285	242	43
1992	292	271	21
1993	294	267	27
1994	294	256	38
1995	292	251	41
1996	302	264	38
1997	301	255	46
1998	302	267	35
1999	312	278	34
2000	309	262	47
2001	305	268	37
2002	315	273	42
合计	3603	3154	449

第三节　组织生活与党费

一、党员会议

小组会议　党小组会议一般每月召开1次。党小组会的主要内容是：组织党员学习党的有关方针、政策和文件，传达贯彻上级党组织的指示和决议，组织党员开展批评和自我批评，研究如何贯彻执行支部决议和各项工作任务，研究选举和发展党员工作，讨论对违纪党员的纪律处分等。

支部大会　支部大会是党支部全体党员参加的会议，在党支部中享有最高决策权、选举权和监督权。党员大会一般三个月召开1次，如有必要经支委会研究决定，也可提前或临时召开。支部党员大会一般要有半数以上的党员参加方为有效；大会决议必须经应到会正式党员半数以上通过，方能有效，支部大会主要内容是：听取支委会的工作报告，讨论、决定本支部的重大问题；讨论吸收新党员和预备党员转正问题，评选优秀党员和讨论决定对犯错误党员的纪律处分，选举增补新的支部委员或撤销不称职的支部委员，选举出席上级党代会的代表，传达贯彻上级党组织指示、决议等。

二、党费

党费缴纳　党员每月缴纳党费1次，如有特殊情况不能亲自缴纳或不能按月缴纳时，可以委托其他党员、家属代为缴纳、预缴、补缴，时间一般不超过6个月。对不按规定缴纳党费的党员，党组织对其进行批评、教育。无正当理由连续6个月不缴纳党费的，按其自行脱党处理。

党费缴纳数额，中共中央组织部规定，1993年年底以前，凡有固定工资收入的党员，工资收入每月100元及以下者，缴纳工资额的0.5%；101元至300元的缴纳工资额的1.5%；301元至500元的缴纳工资额的2%；501元至800元的缴纳工资额的3%。

从1994年起实行新的党费缴纳标准：每月工资收入在400元（含400元）以下者，缴纳工资收入的0.5%，401元至600元的缴纳1%，601元至800元的缴纳1.5%，800元以上（税后）至1500元的缴纳2%，1500元以上（税后）缴纳3%。

在乡镇机关和乡镇企业工作或外出务工的农民党员，村干部和民办教师（代课教师）中的党员，凡有固定收入的（工资或补贴）均按照每月固定收入和上述标准规定比例缴纳党费。其他农民党员每月缴纳党费2角。下岗待业党员和依靠抚恤、救济为生的党员、领取最低保障金的党员，每月缴纳党费2角。没有经济收入或缴纳党费有困难的党员，可由本人提出申请，经党支部委员会同意，可以少缴或免缴。从事个体经营的党员，每月按上季度月平均纯收入，参照规定比例缴纳党费。离退休干部、职工中的党员，按有固定收入党员规定比例缴纳党费。

党费使用　中央组织部规定，党费必须用于党的活动，主要作为党员教育经费的补充。党费的具体使用范围是：(1)培训党员；(2)订阅或购买用于开展党员教育的报刊、资料和设备；(3)表彰先进基层党组织、优秀共产党员和优秀党务工作者；(4)补助生活困难的党员。

第二章　党员代表大会

第一节　县党员代表大会

1991—2002年，安平县先后召开三次党员代表大会。

一、中共安平县第六次代表大会

1992年12月28—30日，中共安平县第六次代表大会在县政府招待所礼堂召开，出席代表151名。

大会主要议程有四项：听取和审议中共安平县第五届委员会工作报告；听取和审议中共安平县纪律检查委员会工作报告；选举中共安平县第六届委员会；选举中共安平县纪律检查委员会。

大会由县委副书记、县长尚俊廷致开幕词，县委书记李力代表中共安平县第五届委员会作题为《解放思想、大胆改革、努力开创安平各项事业的新局面》的工作报告，县纪委书记张兰新代表中共安平县纪律检查委员会作工作报告。

本次大会审议通过上述2个报告，选举产生了由25名委员和4名候补委员组成的中共安平县第六届委员会和由13名委员组成的纪律检查委员会。新当选的29名县委委员、候补委员均为汉族，其中，女3人，占10%；平均年龄45.9岁，40岁以上的7人，41至50岁的16人，51岁以上的6人，最大年龄60岁，最小年龄37岁；大专以上文化的13人，占45%；高中、中专文化的13人，占45%；初中文化的3人，占10%。

二、中共安平县第七次代表大会

1998年3月6—7日，中共安平县第七次代表大会在政府招待所礼堂召开，出席会议代表共152名。

本次大会由县委副书记、县长赵庆云致开幕词，审议通过县委书记刘苏芳代表中共安平县第六届委员会所作的题为《高举旗帜、开拓前进、把安平改革开放和现代化建设事业推向新世纪》的工作报告，审议通过县纪委书记陈儒源代表中共安平县纪律检查委员会所作的工作报告，选举产生由26名委员和4名候补委员组成的中共安平县第七届委员会，选举产生由13名委员组成的纪律检查委员会。新当选的30名县委委员、候补委员平均年龄46.3周岁，40周岁以上的5人，41至50周岁的18人，51周岁以上的7人，最大年龄55周岁，最小年龄32周岁；具有大专以上文化的18人，占60%；高中、中专文化的12人，占40%。

图14-1　中国共产党安平县第七次代表大会

三、选举衡水市党代表会议

2001年6月18日，中共安平县第七届委员会在县政府招待所召开党员代表会议，出席代表205人。会议以差额无记名投票方式，从30名候选人中选举出出席中共衡水市第一次代表大会代表25名。

第二节　乡镇党员代表大会

1989年12月至2002年，先后召开四次中共乡镇代表大会。1996年12月前，每3年一次。1996年12月以后，改为5年一次。

一、中共安平县乡镇第六次代表大会

1989年12月28—31日，全县20个乡镇先后分别召开中共第六次党员代表大会。20个乡镇共出席代表847名，共选举产生本届乡镇党委委员187名。

二、中共安平县乡镇第七次代表大会

1993年4月15—28日，全县20个乡镇先后召开第七次党员代表大会。全县共出席代表881名。各乡镇代表大会主要议程有四项：听取和审查对代表资格的审查报告；听取和审议上届党委的工作报告，确定今后的工作任务；听取和审议上届纪委的工作报告；选举产生本届委员会和纪律检查委员会。本届代表大会共选举产生乡镇党委委员170名，选举产生乡镇纪委委员71名。

三、中共安平县乡镇第八次代表大会

1996年12月15—30日，全县8个乡镇先后召开第八次党员代表大会。全县共出席党员代表448名。大会主要议程和第七次代表大会相同。本届代表大会共选举产生乡镇党委委员75名，选举产生乡镇纪委委员18名。

四、中共安平县乡镇第九次代表大会

2002年6月，全县8个乡镇先后召开第九次党员代表大会。全县共出席党员代表676名。大会主要议程和第七次代表大会相同。本届代表大会共选举产生乡镇党委委员64名，选举产生乡镇纪委委员17名。

1989—2002年，县委根据工作需要，对各届乡镇党委、纪委组成人员均有调整任免。

第三章　县委全委会议

1991—2002年，安平县先后召开县委全委会（或扩大）会议共16次，其中全委（扩大）会议12次。

第一节　中共安平县第五届委员会

中共安平县第五届委员会　1989年12月23日由中共安平县第五次代表大会选举产生，由25名委员和4名候补委员组成。本届委员会共召开四次全委（或扩大）会议。

五届一次全委会议　1989年12月23日召开。会议选举产生常务委员9名，其中书记1名，副书记3名。

五届二次全委（扩大）会议　1991年3月19日在县委三楼会议室召开，18名委员、4名候补委员出席会议，列席人员79名。会议讨论并通过安平县国民经济和社会发展“八五”计划及十年规划纲要的报告、县委关于认真学习中央十三届七中全会文件的决议及中共安平县委1991年工作要点。

五届三次全委（扩大）会议　1992年2月25日召开。会议总结1991年经济工作，部署1992年经济工作的主要任务，讨论通过1992年工作要点。

五届四次全委会议　1992年12月15日召开，县委委员和候补委员参加会议。会议研究并确定中共安平县第六次党代会召开的时间，通过第六次党代会的主要议程、党代会代表名额和比例、选举办法、大会组织机构及分工，通过第六届县委、县纪委组成名额，讨论县委工作报告。

第二节　中共安平县第六届委员会

中共安平县第六届委员会　1992年12月30日由中共安平县第六次代表大会选举产生，由25名委员、4名候补委员组成。本届委员会共召开六次全委（或扩大）会议。

六届一次全委会议　1992年12月30日召开。会议选举产生常务委员10名，其中书记1名，副书记3名。

六届二次全委（扩大）会议　1994年3月1日召开。会上，县委副书记、县长尚俊廷作题为《加大改革力度，扩大开放跨度，为早日建成经济强县而努力奋斗》的工作报告，县委书记李力讲话。本次会议的主要任务：回顾总结1993年的工作，确定1994年的发展目标和工作重点，动员全县党员、干部、群众为全面完成1994年的改革和建设的各项任务努力奋斗。

六届三次全委（扩大）会议　1994年8月30日召开。会上，县委书记李力作《学朝阳、抓机遇；加速发展，为实现富民建市奔小康的战略目标而努力奋斗》的报告，县长尚俊廷作题为《树雄心，立壮志，开拓进取，努力实现富民建市奔小康战略目标》的报告。中心议题：回顾总结上半年工作情况，安排部署下半年的工作任务，动员全县党员干部奋战五个月，为实现富民建市奔小康战略目标奋斗。

六届四次全委（扩大）会议　1995年2月24日召开。会上，县委副书记、代县长石小豩代表县委作题为《同心同德创新业，奋力拼搏抓落实，为全面完成1995年各项工作任务而奋斗》的报告，讨论通过《中共安平县委关于进一步实施开放兴县战略的决定》，县委书记刘苏芳作题为《突出重点，强化措施，全面完成1995年各项工作任务》的报告。

六届五次全委（扩大）会议　1995年12月20日召开。会上，县委副书记、县长石小豩作《齐心协力抓经济，开拓进取创辉煌，为实现1996年全县经济腾飞而努力奋斗》的报告，县委副书记赵庆云宣读《中共安平县委1996年工作重点》，县委副书记赵忠顺宣读《中共安平县委关于实施特色兴县战略的决定》，下发《中共安平县委九五经济和社会发展规划》讨论稿，县委书记刘苏芳作《团结拼搏，为推进富民强县的伟大事业而努力奋斗》的报告。

六届六次全委（扩大）会议　1997年1月9日召开。会议讨论通过《县委工作报告》《县委、县政府1997年工作重点》《关于加强企业家队伍建设的意见》《“九五”产业化规划》。

第三节　中共安平县第七届委员会

中共安平县第七届委员会　1998年3月6日，由中共安平县第七次代表大会选举产生，由26名委员、4名候补委员组成。本届委员会共召开七次全委会（或扩大）会议。

七届一次全委会议　1998年3月6日召开。会议选举产生常务委员11名，其中书记1名，副书记3名。

七届二次全委会议　本次全委会情况无档案可查。

七届三次全委（扩大）会议　1999年1月25日召开。会上，县委书记刘苏芳作题为《认真落实三讲要求、加强思想作风建设、以崭新的精神风貌开创各项工作的新局面》的工作报告，县长赵庆云作题为《坚定信心、锐意进取、再接再厉、以更优异成绩迎接新世纪到来》的报告。会议的中心议题：紧紧围绕抓住机遇加快发展这个主题，加强干部队伍思想作风建设，动员和引导广大干部进一步统一思想，振奋精神，同心同德，扎实工作，努力开创各项工作的新局面。

七届四次全委（扩大）会议　1999年12月23日召开。会上，县委书记刘苏芳作题为《确定新目标、开创新形势、为建设更加富裕、文明的新安平而奋斗》的报告，县长赵庆云作题为《抓住机遇、开拓进取、创新务实、努力开创全县经济和各项社会事业新局面》的报告。本次会议的主要任务：动员全县广大干部群众进一步解放思想，振奋精神，抢抓机遇，开拓创新，同心同德，真抓实干，推动全县经济和社会各项事业持续、快速、健康发展。

七届五次全委（扩大）会议　2000年8月13日召开。会上，县委书记赵庆云代表县委作题为

《深入实践“三个代表”的重要思想、扩大“三讲”教育成果、开创各项工作新局面》的报告；县委副书记、县长李洪林作题为《振奋精神、强化措施、狠抓落实、确保全年各项任务目标的圆满完成》的报告。

七届六次全委(扩大)会议　2001年2月9日召开。会上，县委书记赵庆云作题为《把握时代主题、切实加快发展、为建设更加富裕、美好的新安平而奋斗》的报告，县委副书记、县长李洪林作题为《开拓创新、真抓实干、努力开拓新世纪全县工作新局面》的报告。

七届七次全委(扩大)会议　2002年1月11日召开。会上，县委书记赵庆云作题为《锻炼优良作风、树立崭新形象、努力把我们的干部队伍建设得更加坚强有力》的报告，县委副书记、县长李洪林作题为《抢抓机遇、开拓进取、确保全县经济和社会各项事业再上新台阶》的报告。

第四章　组织机构

第一节　县委

一、委员会

1991—2002年，中共安平县委员会先后经历了五、六、七三届委员会。

中共安平县第五届委员会　1989年12月由中共安平县第五次代表大会选举产生，到1992年12月届满时，共有县委委员25名，候补委员4名。

中共安平县第六届委员会　由中共安平县第六次代表大会于1992年12月30日选举产生，有委员25名，候补委员4名。委员平均年龄45.9周岁，40周岁以下的7名，41周岁至50周岁的16名，51周岁以上的6名，最大年龄60周岁，最小37周岁；具有大专以上文化的13人，占45%；高中、中专文化的13人，占45%；初中文化的3人，占10%。

中共安平县第七届委员会　由中共安平县第七次代表大会于1998年3月6日选举产生，有委员26名，候补委员4名。在新当选的30名县委委员、候补委员中，平均年龄46.3周岁，40周岁以下的5人，41周岁至50周岁的18人，51周岁以上的7人，最大年龄55周岁，最小年龄32周岁；具有大专以上文化的18人，占60%；高中、中专文化的12人，占40%。

二、常委会

1989年12月23日，中共安平县委第五届委员会举行第一次全体会议，选举产生常务委员会委员9名，其中书记1名，副书记3名。选举产生的9名常委平均年龄43.8周岁，大专以上文化的6人，中专文化的2人，初中文化的1人，有专业技术职称的3人，妇女1人。此后，调整书记1名，副书记2名，常委6名。

1992年12月30日，中共安平县委第六届一次全委会选举产生常务委员会委员10名，其中书记1名，副书记3名。选举产生的10名常委平均年龄42.3周岁，比上届下降1.5周岁；具有大专以上文化程度的5人，占50%；高中、中专文化5人。1995年1月，调整县委书记1名，调整副书记3名；9月，调整副书记2名。1996年3月，增补副书记1名。1998年1月，增补副书记1名。

1998年3月6日，中共安平县委第七届一次全委会选举产生常务委员会委员11名，其中书记1名，副书记3名。选举产生的11名常委平均年龄42周岁，比上届下降0.3周岁，最大年龄50周岁，最小37周岁；具有大专以上文化程度的11名，占100%，比上届增加50%。2000年2月，调整县委书记1名，增补副书记1名。

1991—2002年安平县历届县委领导成员一览表

表14-3

届期	职务		姓名	任职时间	籍贯
五届(1989年12月至1992年12月)	县委常委	书记	王建章	1989.12—1992.08	北京市顺义区
			李　力	1992.11—1992.12	武邑县
		副书记	尚俊廷	1989.12—1992.12	阜城县
			李建民	1989.12—1992.07	前刘营
			刘占省	1989.12—1992.12	深州市
			马俊杰	1992.07—1992.12	杨马庄
			王宝军	1992.11—1992.12	故城县
		常委	祝宝生	1989.12—1992.08	天津市南开区
			马俊杰	1989.12—1990.11	杨马庄
			杜兰芬(女)	1989.12—1992.11	深州市北榆村
			翟小球	1989.12—1992.11	前大寨
			王晓勋	1989.12—1992.12	南王庄
			费爱民	1990.10—1992.12	景县
			王宝军	1990.11—1992.12	故城县
			张兰新(女)	1992.11—1992.12	枣强县肖张村
			纪跃树	1992.11—1992.12	崔岭
六届(1992年12月至1998年3月)	县委常委	书记	李　力	1992.12—1995.01	武邑县
			刘苏芳	1995.01—1998.03	桃城区
		副书记	尚俊廷	1992.12—1995.01	阜城县
			马俊杰	1992.12—1998.01	杨马庄
			王宝军	1992.12—1995.09	故城县
			石小琢	1995.01—1997.11	东石庄
			赵庆云	1995.01—1998.03	冀州市
			赵忠顺	1995.09—1998.01	深州市
			纪跃树	1996.03—1998.03	崔岭
			李洪林	1998.01—1998.03	枣强县
		常委	张兰新(女)	1992.12—1996.11	枣强县肖张村
			费爱民	1992.12—1995.01	景县
			石小琢	1992.12—1997.11	东石庄

续表14-3

届期	职务		姓名	任职时间	籍贯
六届(1992年12月至1998年3月)	县委常委	常委	王晓勋	1992.12—1998.03	南王庄
			何树明	1992.12—1996.03	阜城县
			纪跃树	1992.12—1998.03	崔岭
			庞金荣	1996.03—1996.12	故城县
			李洪林	1996.03—1998.03	枣强县
			王晓河	1996.03—1998.01	北牛具
			陈儒源	1996.11—1998.03	景县王保庄
			张占领	1996.12—1998.01	深州市
			刘怀亮	1998.01—1998.03	武强县
			乔文彦	1998.01—1998.03	孝仁村
			郝彦彬	1998.01—1998.03	武强县
			李根起	1998.01—1998.03	武邑县
七届(1998年3月起)	县委常委	书记	刘苏芳	1998.03—2000.02	桃城区
			赵庆云	2000.02—2002.12	冀州市
		副书记	赵庆云	1998.03—2000.02	
			纪跃树	1998.03—2002.12	崔岭
			李洪林	1998.03—2002.12	枣强县
			郝彦彬	2000.03—2002.12	武强县
			张文荣(女)	2002.02—2002.12	景县付庄
		常委	王晓勋	1998.03—1999.06	南王庄
			乔文彦	1998.03—1999.06	孝仁村
			刘怀亮	1998.03—2001.01	武强县
			李根起	1998.03—2002.12	武邑县
			张彦宗	1998.03—2002.12	堤涡村
			陈儒源	1998.03—2000.03	景县王保庄
			郝彦彬	1998.03—2002.12	武强县
			曹长根	1998.06—2002.12	曹遥城
			陈加树	1999.06—2002.12	湖北省随州市
			杨丽菊(女)	1996.06—2001.06	秦皇岛市抚宁
			张跃民	2000.03—2002.12	院西村

续表14-3

届期	职务		姓名	任职时间	籍贯
七届（1998年3月起）	县委常委	常委	石跃辉	2000.03—2001.10	东石庄
			卢援助	2001.01—2002.12	深州市
			张文荣（女）	2001.06—2002.12	景县付庄
			姚世周	2001.10—2002.12	武邑县
		顾问	韩宏昌	1998.03—2002.12	天津市

说明：1.凡安平籍的籍贯栏均直写村名称，非河北省籍贯者加书省、市名称。

2.以上所列不包括2003年增补的七届常委

第二节　纪律检查委员会

一、县纪委

中共安平县纪律检查委员会（以下简称纪委）是党的纪律检查机关，在中共安平县委和中共衡水市纪律检查委员会双重领导下进行工作。1991年，县纪委设办公室、控告申诉室、案件审理室、纪律检查室。同年3月，增设教育研究室。1991年年底，内设5室，有工作人员22名，其中纪委常委7名（包括书记1名，副书记2名）。

1991年，县委设立党风廉政建设办公室（以下简称廉政办）。廉政办挂靠县纪委，为常设机构，编制5人。

1993年3月，县纪委与县监察局合署办公。合署后，实行一个机构，两个机关名称，行使纪检、监察两项职能；内设机构统一划分，设有7个室：办公室、第一纪检监察室、第二纪检监察室、案件审理室、信访室、教育研究室、党风廉政建设办公室；设书记1名，副书记3名，其中1名副书记兼任监察局局长，另设副局长1名。有工作人员37人（其中，监察局编制15人）。

1998年3月，教育研究室改称宣教室。

2000年8月，增设干部管理室和执法监察室。

2000年12月，经县政府研究，安平县人民政府纠正行业不正之风领导小组办公室及其组成人员进行了调整。纠风领导小组下设办公室，办公地点设在县纪委监察局廉政办公室。2002年年底，县纪委共有9个室：办公室、第一纪检监察室、第二纪检监察室、案件审理室、信访室、宣教室、党风廉政建设室（纠风办）、干部管理室、执法监察室；编制32人，实有工作人员31名，其中纪委常委7名（包括书记1名，副书记2名，其中1名副书记兼任监察局局长，另设副局长1名。监察局编制仍为15人），正科级检查员2名，副科级检查员4名。

1991—2002年，县纪委经历第五、六、七届委员会。

县纪委第五届委员会（1989.12—1992.12）

第五届纪律检查委员会于1989年12月由中共安平县第五次代表大会选举产生，共有委员14名。12月23日县纪委五届一次全委会议选举产生常务委员8名，其中书记1名，副书记2名。常委平均年龄41.2周岁，大专以上文化3人，高中、中专文化2人，初中文化3人。1991年，有常委7名，其中书记1名（县委常委）、副书记2名。1992年11月任、免书记各1名。

县纪委第六届委员会（1992.12—1998.3）

第六届纪律检查委员会于1992年12月29日由中共安平县第六次代表大会选举产生，共有委员12名。12月30日县纪委六届一次全委会议选举产生常委7名，其中书记1名，副书记3名。常委平均年龄44岁，大专文化2人，中专及高中文化3人，初中文化2人；60年代入党的5人，70年代入党的1人，80年代入党的1人；妇女常委1人。在第六届县纪委工作期间，先后任命书记1名，副书记2名，常委7名；免去书记1名，副书记3名，常委8名。1998年3月有常委7名，其中书记1名（县委常委），副书记3名。

县纪委第七届委员会（1998.3—2002.12）

第七届纪律检查委员会于1998年3月由中共安平县第七次代表大会选举产生，共有委员15名。3月7日，县纪委七届一次全委会议选举产生常委7名，其中书记1名，副书记2名。常委平均年龄42岁，大专以上文化2人，初中文化1人，中专文化4人。在第七届县纪委工作期间，先后任命书记2名，副书记3名，常委6名；免去书记2名，副书记2名，常委6名。2002年年底，有常委7名，其中书记1名（2002年2月以前为县委常委，2002年2月以后，为县委副书记），副书记3名。

1991—2002年安平县纪委书记一览表

表14-4

届次	姓名	职务	任职时间	籍贯
五	杜兰芬	书记	1989.12—1992.11	深县北榆村
	张兰新	书记	1992.11—1992.12	枣强肖张
六	张兰新	书记	1992.12—1996.11	枣强肖张
	陈儒源	书记	1996.11—1998.3	景县王保庄
七	陈儒源	书记	1998.3—2000.3	景县王保庄
	杨丽菊	书记	2000.3—2001.6	抚宁
	张文荣	书记	2001.6—2002.12	景县付庄

二、乡镇纪委

1991年，全县设有安平镇纪委、河漕村乡纪委、东黄城乡纪委、台城乡纪委、后张庄乡纪委、东里屯乡纪委、西两洼乡纪委、王胡林乡纪委、袁营乡纪委、张寨乡纪委、南苏村乡纪委、程油子乡纪委、刘吉口乡纪委、马店乡纪委、大何庄乡纪委、察罗乡纪委、大子文乡纪委、石干乡纪委、南王庄乡纪委、南王宋乡纪委等20个乡镇纪委；共有乡镇纪委委员71名，其中纪委书记20名，副书记2名。

1996年1月，并乡扩镇后，原20个乡镇纪委合并成8个乡镇纪委（安平镇纪委、马店乡纪委、南王庄乡纪委、大何庄乡纪委、程油子乡纪委、东黄城乡纪委、大子文乡纪委、西两洼乡纪委）；设13名乡镇纪委委员，其中纪委书记8名，副书记2名。

1998年3月，马店乡纪委改为马店镇纪委、南王庄乡纪委改为南王庄镇纪委。

2002年年底，全县有3个镇纪委和5个乡纪委，共8个乡镇纪委，17名纪委委员，其中纪委书记8名，副书记2名。

三、县直单位纪检组织

县直单位纪检组 1986年7月，根据上级文件精神，县委决定在县直部分科局设立纪律检查组（简称纪检组）。

1991年，县纪委在农业局、物资局、民政局、文教委、粮食局、卫生局、外贸局、税务局、公安局、电力局、水利局、商业局、农业银行、农机局、畜牧局、交通局等16个单位派驻纪检组，共有纪检组长14名。

1992年12月，撤销公安局纪检组。1993年，增设工商局、检察院、土地局、计生委4个纪检组。1994年8月，撤销税务局纪检组，增设国税局、地税局纪检组。1995年10月，增设丝网工业（集团）总公司纪检组和技术监督局纪检组。1996年2月，增设乡镇企业管理局纪检组；11月，撤销文教委纪检组，增设教育局纪检组；计生委纪检组改为计生局纪检组；商业局纪检组改为内贸局纪检组；12月，增设劳动人事局纪检组。1997年3

月，增设人民法院纪检组。1998年，增设司法局、人行、建设局3个纪检组，撤销农行、丝网工业（集团）总公司2个纪检组；11月，内贸局纪检组改为贸易局纪检组。1999年9月，增设房管局纪检组。2000年5月，水利局纪检组改为水务局纪检组。2002年4月，劳人局纪检组改为人事劳动和社会保障局纪检组。5月，土地局纪检组改为国土资源局纪检组。

2002年12月，有农业局、物资局、民政局、粮食局、卫生局、外贸局、电力局、水务局、贸易局、农机局、畜牧局、交通局、工商局、检察院、国土资源局、计生局、国税局、地税局、质量技术监督局、乡镇企业局、教育局、人事劳动和社会保障局、法院、司法局、人行、建设局、房管局等27个纪检组，共设纪检组长20名。

县直单位纪委

1986年7月，根据上级文件精神，县委决定在县直部分科局设立纪律检查委员会（简称纪委）。

1991年，有县直单位纪委1个：安平县经济委员会纪委，由4名委员组成，其中书记1名，副书记1名。

1992年12月，建立公安局纪委。1993年4月，撤销经济委员会纪委，建立工业集团纪委。1998年3月，建立安平县丝网工业集团总公司纪委和县直机关工委纪委，11月建立农行纪委。2002年2月，丝网工业集团总公司纪委改称飞鹤丝网集团有限公司纪委。

2002年12月，有工业集团、公安局、县直工委、农行、飞鹤丝网集团有限公司共5个县直单位纪委，设纪委书记3名。

第三节　县委所属机构

一、办公室

县委办公室是县委承上启下，联系左右的综合办事机构。1991年，办公室设秘书科、行政科，编制28人，其中主任1名，副主任3名。机要室、研究室归办公室管理。1992年5月，机要室更名为机要局；12月恢复成立保密局（保密局和机要局一个机构、两块牌子），挂靠办公室。1993年4月，增设县委督查室，主任为副局级。1996年7月，增设综合科、信息科；同年11月，县委党史研究室并入县委办公室。2002年年底，县委办公室设秘书科、行政科、督查室、综合科、信息科。党史研究室、机要局、保密局、研究室等由县委办公室管理；行政编制35人，其中主任一名，副主任7名。

二、组织部

1991年，组织部设办公室、组织科、干部科和县委组织员办公室（编制6人），工作人员28名，其中部长1名（县委常委），副部长2名。1995年8月，县委设立安平县干部考核委员会办公室（简称考核办），挂靠组织部。1997年3月，撤销干部科，增设干部一科、干部二科和研究室。1998年10月，增设电教科。2001年8月，增设非公有制企业党建科。2002年8月，撤销考核办，并入组织部，同时增设考核科；12月，增设干部三科。2002年年底，组织部设办公室、组织科、干部一科、干部二科、干部三科、非公有制企业党建科、电教科、研究室、组织员办公室、考核科共10个科室；工作人员28名，其中部长1名（县委常委），副部长4名。

1991—2002年组织部部长一览表

表14-5

姓名	职务	政治面目	任职时间	籍贯
王宝军	部长	中共党员	1990.11—1992.11	故城
何树明	部长	中共党员	1992.12—1996.3	阜城

续表14-5

姓　名	职务	政治面目	任职时间	籍贯
李洪林	部长	中共党员	1996.3—1998.1	枣强
刘怀亮	部长	中共党员	1998.1—2000.3	武强
李根起	部长	中共党员	2000.3—2002.12	武邑

三、宣传部

1991年至2000年12月，设办公室、宣传科、党员教育理论科和通讯报道科，编制13人，其中部长1名（县委常委）、副部长3名。安平县精神文明建设委员会办公室（简称文明办）挂靠在宣传部，由宣传部代管，办公室主任由宣传部1名副部长兼任。

1995年10月，县委成立对外宣传局（简称外宣局）由宣传部代管，设副局长1名。1998年3月，成立安平县国防教育委员会办公室，设副主任1名，占宣传部编制，办公地点在武装部。2002年8月，宣传部增设常务副部长1名。

2002年年底，宣传部内设办公室、宣传科、党员教育理论科、通讯报道科和国防教育委员会办公室，共有干部9名，其中部长1名（县委常委），常务副部长1名，副部长3名。县文明办、县委外宣局仍由宣传部代管。文明办设主任、副主任各1名。外宣局设副局长2名。

1991—2002年宣传部部长一览表

表14-6

姓　名	职　务	政治面目	任职时间	籍　贯
翟小球	部长	中共党员	1989.11—1992.11	前大寨
纪跃树	部长	中共党员	1992.11—1996.3	崔岭
王晓河	部长	中共党员	1996.3—1998.1	北牛具
乔文艳	部长	中共党员	1998.1—1999.6	孝仁
曹长根	部长	中共党员	1999.6—2002.12	曹遥城

四、统战部

安平县委统一战线工作部（简称统战部）是县委主管统一战线工作的部门。1991年，共有工作人员7名，其中设部长、副部长各1名。从1992年12月起，由县政协副主席兼任统战部部长，并设1名常务副部长，1名副部长。2001年10月，改由县委常委任统战部长，同时设常务副部长、副部长各1名。2002年年底共有工作人员6名，其中部长（县委常委）1名，常务副部长1名。

1992—2002年统战部部长一览表

表14-7

姓名	职务	政治面目	任职时间	籍贯
阮增辉	部长	中共党员	1992.12—2001.10	敬思村
姚世周	部长	中共党员	2001.10—2001.12	武邑县

五、农工委

农工委是县委、县政府领导农业和农村工作的综合职能部门和参谋机构。1991年，称中共安平县委农村工作部（简称农工部），设副部长2名（部长空缺），副主任科员1名，共有工作人员6名。1993年，农工部共有工作人员5名，其中部长1名，副部长1名。1998年1月，有工作人员14名，其中部长1名（县委常委），副部长1名，副主任科员2名。1999年3月，中共安平县委农村工作部更名为中共安平县委农村工作委员会（简称农工委），设书记1名（县委常委），主任1名（正局级），副主任科员2名，全体工作人员共14名。2000年3月，农工委机关设办公室、小康办、农村经济科、农村基层民主政治建设科等4个职能科室。2001年至2002年年底，农工委设书记1名（县委常委），副书记1名，副主任科员2名，工作人员12名。

农工委2001年、2002年分别被省评为“十佳农工部”“优秀农工委”。

1998—2002年农工部部长、农工委书记一览表

表14-8

姓名	职务	政治面目	任职时间	籍贯
李根起	部长	中共党员	1998.1—1999.3	武邑县
李根起	书记	中共党员	1999.3—2000.3	武邑县
张跃民	书记	中共党员	2000.3—2002.12	院西

六、政法委

中共安平县委政法委员会（以下简称政法委）是县委主管政法工作的综合职能部门。1991年，设书记1名（县委副书记兼任），副书记4名（其中兼职3名）；下设政法委办公室有工作人员8名，其中主任1名（政法委副书记兼任），副主任1名。1998年，设副县级专职副书记1名。至2002年年底，政法委设书记1名（县委副书记兼任），副书记3名，其中副县级专职副书记1名；下设办公室，办公室设副主任1名，共有工作人员10名。

1991—2002年安平县委政法委书记、专职副书记（县级）一览表

表14-9

姓名	职务	政治面目	任职时间	籍　贯
李建民	书记	党员	1990.6—1992.7	前刘营
马俊杰	书记	党员	1992.7—1998.2	杨马庄
纪跃树	书记	党员	1998.2—2002.12	崔岭村
苏长山	专职副书记	党员	1998.3—2002.12	刘门口

综治委办公室

安平县社会治安综合治理委员会（以下简称综治委）是协助县委、县政府领导全县社会治安综合治理工作的机构，由县委政法委书记任主任，县政府主管政法的副县长、县人民法院院长、县人民检察院检察长、政法委常务副书记任副主任，县人大、县政协、县纪检、县委办、组织部、宣传部、县团委、总工会、妇联、政府办、信访、司法、经贸、劳动人事、教育、文化、广电、财政、工商、民政、环保、城建、交通、卫生、林业、电信、邮政、国税、地税、计生、人行等有关部门的负责人为成员。综治委下设办公室，与政法委机关合署办公，办公室设主任1名。1998年3月前，办公室主任为正科级。1998年3月至2002年年底，办公室主任由政法委专职副书记（副县级）兼任。

维护稳定办公室

安平县维护稳定办公室从1998年3月成立至2002年年底与政法委机关合署办公。办公室设主任1名，由政法委专职副书记（副县级）兼任。

七、老干局

1991年，老干局内设办公室、安置科、服务科和老干部服务管理所，有工作人员19人，其中局长1人，副局长1人。1996年，有编制19人，实有工作人员18人，其中局长1人，副局长2人。2002年，共有干部职工16人，其中局长1名，书记、副局长各1名。

八、党校

1991年，党校设办公室、教研室和总务处，有工作人员24名，其中第一副校长1名，副校长2名。校长由1名县委副书记兼任。

1998年4月，总务处改称财务室，同时增设图书室和档案室。1998年3月，第一副校长改称常务副校长。1998年8月，增设函授管理站。2001年3月，增设副书记1名。

2002年年底，党校设办公室、教研室、财务室、图书室、档案室和函授管理站，共有工作人员12名，其中常务副校长1名，副书记1名。校长仍由县委副书记兼任。

第四节　其他党组织

一、机关企事业单位党组织

1991年，县直机关企事业单位共有党委5个，党委委员31名，其中书记5名，副书记4名；党组24个，党组成员107名，其中党组书记24名，副书记14名；党总支部2个，党支部261个。到2002年，机关企事业单位党委增至9个，党委委员49名，其中书记8名，副书记7名；党组增至42个，党组成员190名，其中党组书记38名，副书记29名；基层党支部276个。

1. 党委

县直属机关工委　1991年，中共安平县直属机关委员会（简称县直党委）编制5人，其中书记、副书记各1名；下辖党总支部2个（县委机关总支部、县政府机关总支部），党支部124个，共有党员2678名。1992年12月设书记1人，副书记2人；下辖党总支部2个，党支部111个，共有党员2185名。1996年，根据市委、市政府衡字〔1996〕11号通知精神，改称中共安平县直属机关工作委员会（简称县直工委）；县直工委为县委派出机构，内设办公室、组织科、纪检科、武装部，编制9人，其中书记1人，副书记2人。1997年3月至1999年9月，书记缺职。1998年3月，增设县直工委纪律检查委员会，设纪委书记1名。1999年9月，设书记1名，副书记3名。2002年年底，内设办公室、团委、武装部和县直工委纪委；工作人员9名，其中党委成员5名，包括书记1名，副书记1名，纪委书记1名，武装部部长1名；下辖基层党支部127个，共有党员2560名。

县直其他机关企事业单位党委　1991年1月，机关企事业单位设党委3个，有县武装部党委、经济委员会党委和丝网工业集团党委；11月，增建供销合作社党委；至年底，共有党委4个，党委委员26名，其中书记4名，副书记3名。1993年4月，撤销经济委员会党委，改建为工业集团党委；成立化工集团党委。1996年5月，增建公安局党委。2001年7月建立非公有制企业党委。2002年7月，丝网工业集团党委改为飞鹤丝网集团有限公司党委。2002年年底，共有机关企事业单位党委7个；党委委员39名，其中书记6名，副书记6名。

中省直机关单位党委　1998年11月，中国农业银行安平县支行党组改建为党委。2002年年底，共有党委委员4名，其中书记1名，委员3名。

2. 党组

1991年，政权政协机关共有党组5个，党组成员30名，其中书记5名，副书记6名。2002年年底，党组仍为5个，党组成员增至40名，其中书记5名，副书记9名。

中共安平县人大常委会党组　1991年，中共安平县人大常委会党组成员7名，其中书记1名，副书记2名。2002年年底，党组成员7人，其中书记1名，副书记1名。

中共安平县人民政府党组　1991年，中共安平县人民政府党组成员11名，其中书记1名，副书记2名。2002年年底，党组成员14名，其中书记1名，副书记2名。

中共安平县政协党组　1991年，中共安平县政协党组成员5名，其中书记、副书记各1名。2002年底，党组成员3名，其中书记、副书记各1名。

中共安平县人民法院党组　1991年，中共安平县人民法院党组成员4名，其中书记、副书记各1名。2002年年底，党组成员7名，其中书记1名，副书记2名。

中共安平县人民检察院党组　1991年，中共安平县人民检察院党组成员3名，其中书记1名。2002年年底，党组成员9名，其中书记1名，副书记3名。

其他机关党组　1991年1月，机关党组有：公安局、民政局、文教委、卫生局、商业局、供销合作社、粮食局、农业局、水利局、工商局、乡镇企业局、物资局、税务局、电力局、交通局、人行、工商行、农行、建行、保险公司，共20个；11月，撤销供销合作社党组；至年底，共有党组19个；党组成员77名，其中书记19名，副书记8名。

1992年，设立畜牧局党组、技术监督局党组、烟草局党组。1993年4月，设立劳动人事局党组，7月增建计划经济委员会党组。1994年8月，撤销税务局党组，10月，设立国税局党组、地税局党组。1995年7月，设立土地管理局党组；12月，成立计生委党组。1996年2月，设立农业开发办公室党组、建设委员会党组、房地产管理局党组、开发区管理委员会党组；3月，成立科技局党组；5月，撤销公安局党组；6月，增设中行党组；11月，文化教育委员会党组改为教育局党组，计划经济委员会党组改为计划局党组，建设委员会党组改为建设局党组，计划生育委员会党组改为计生局党组；商业局党组改为内贸局党组。1998年，增建司法局、财政局、物价局、安隆集团4个党组，11月，撤销农行党组；是年，撤销内贸局党组，成立贸易局党组。2000年5月，水利局党组改为水务局党组；8月，成立审计局党组。2002年4月，劳人局党组改为人事劳动和社会保障局党组，成立工商联党组；7月，撤销开发区管理委员会党组；8月，成立广播局党组。

2002年年底，机关党组有：技术监督局、民政局、乡镇企业局、计划局、农业局、建设局、交通局、水务局、卫生局、教育局、人事劳动和社会保障局、计生局、司法局、国土资源局、财政局、科技局、物价局、审计局、广播局、畜牧局、农开办、贸易局、粮食局、物资局、房管局、安隆集团、工商局、烟草局、建行、人行、国税局、地税局、电力局、中行、保险公司、工商行、工商联等共37个，有党组成员155名，其中党组书记34名，副书记21名。

3. 党总支、党支部

党总支　1991—2002年，机关企事业单位共有基层党总支2个，（县委机关党总支、县政府机关党总支）。各总支一般设书记、副书记和委员，由3至5人组成。

党支部　1991年，机关企事业单位共有基层党支部261个，分布在工业系统36个，交通系统8个，财贸系统68个，文卫系统50个，党政系统90个，其他9个。

2002年，全县机关企事业单位共有基层党支部276个，分布在工业系统85个，交通系统3个，财贸系统47个，文卫系统40个，党政系统89个，其他12个。

各基层党支部根据党员的多少，设书记、副书记和委员，由3人至5人组成，经支部大会选举产生。

二、非公有制企业党组织

改革开放后，非公有制企业在全县迅速崛起。这些企业如何开展党员活动进行党的建设，成为新时期党建工作遇到的新问题。县委为加强对非公有制企业党建工作的领导，于2001年7月2日成立中共安平县非公有制企业党委，同年10月22—24日与《探索与求是》杂志社联合举办了非公有制企业党建研讨会。中央组织部、衡水市委组织部、《人民日报》《探索与求是》《河北日报》

等单位的记者和理论家共50多人参加了会议。衡水市委常委、组织部部长范宝柱在会上作了讲话。会后,《河北日报》《衡水日报》以《安平县加强非公有制企业党建成效显著》为题,对会议进行了报道;河北电视台、衡水电视台对安平县委抓非公有制企业党建工作的做法做了追踪调查报道。

中共安平县非公有制企业党委设委员8名,其中书记、副书记、纪检书记、武装部部长各一名。办公地点设在安平县乡镇企业局。非公有制企业党组织建设主要采取五种模式:

单独组建:企业有3名以上正式党员且生产经营比较固定的单独组建党总支部或党支部;联合组建:企业正式党员不足3名的按地域相邻或行业相近原则,建立联合党支部;村厂联建:在非公有制经济比较集中的村,根据党员人数建立党总支部或党支部;挂靠组建:在商品市场建立流动党员党组织,把暂时没有建立党组织的非公有制经济组织内的党员关系挂靠在这里;未建委派:向没有党员和党组织的非公有制经济组织选派政治素质高、工作能力强的党员担任党建指导员。

在选配党支部书记时,本着"双向选择、双方满意、党建和企业都有利"的原则;在发展党员上,按照"坚持标准、保证质量、改善结构、慎重发展"的方针,严格把好"五关":政审关、评议关、培养关、审核关、质量关,确保新党员质量。在开展工作中找准结合点,即目标结合点、利益结合点、资源结合点、人才结合点和管理结合点,突出党的作用;坚持业余、小型、多样、务实的原则,注重活动的实际作用,使党的活动为党员所欢迎,为非公有制经济组织所需要、认同和理解。从2001年7月非公有制企业党委成立到2002年年底,在非公有制经济组织中共建立党总支2个(安平县丝网大世界党总支、电镀中心党总支),党支部76个,党员共280名,发展新党员56名,培养积极分子70名。

三、乡镇村党组织

乡镇党委　1991年,全县1镇19乡均建有党委。1996年1月,并乡扩镇后,改设为1个镇、7个乡党委。1998年3月,撤销马店乡、南王庄乡党委,设马店镇、南王庄镇党委。2002年,全县有3镇5乡,共8个乡镇党委。

乡镇党委由书记、副书记、组织委员、宣传委员、纪检委员(书记)、武装部部长等组成。2002年,乡镇党委委员无论是选举产生还是任命,年龄结构趋势呈年轻化,文化结构趋势呈知识化;乡镇党委委员平均年龄36.2岁,文化程度在大专以上者占63.6%。

农村党支部　1991年,全县农村共有党支部242个。1993年,调整为每个行政村1个党支部,全县共230个。1998年,增加2个农村党支部。2002年年底,全县共有农村党支部232个。农村党支部一般设书记、副书记和委员,由3至7人组成,由党员大会选举产生。

1991—2002年安平县基层党组织情况统计表

表14-10　　　　单位:个

年度／系统	1991				1992				1993				1994			
	支部	总支	党委	党组	支部	总支	党委	党组	支部	总支	党委	党组	支部	总支	党委	党组
合计	503	2	25	24	503	2	25	27	497	2	26	29	495	2	26	30
工业	36	—	2	2	37	—	2	2	76	—	3	2	78	—	3	2
交通	8	—	—	1	8	—	—	1	3	—	—	1	3	—	—	1
农业	242	—	—	2	242	—	—	3	230	—	—	3	230	—	—	3

续表14-10

年度/系统	1991				1992				1993				1994			
	支部	总支	党委	党组	支部	总支	党委	党组	支部	总支	党委	党组	支部	总支	党委	党组
财贸	68	—	1	9	68	—	1	10	48	—	1	10	47	—	1	11
文卫	50	—	—	2	50	—	—	2	31	—	—	2	32	—	—	2
党政	90	2	21	6	90	2	21	7	83	2	21	9	86	2	21	9
其他	9	—	1	2	8	—	1	2	26	—	1	2	19	—	1	2

续表14-10

年度/系统	1995				1996				1997				1998			
	支部	总支	党委	党组	支部	总支	党委	党组	支部	总支	党委	党组	支部	总支	党委	党组
合计	495	2	27	32	496	2	15	37	499	2	15	37	503	2	16	40
工业	79	—	3	2	79	—	3	2	81	—	3	2	8	—	3	3
交通	3	—	—	1	3	—	—	1	3	—	—	1	3	—	—	1
农业	230	—	—	3	230	—	—	4	230	—	—	4	232	—	—	4
财贸	45	—	1	11	46	—	1	12	47	—	1	12	47	—	2	12
文卫	34	—	—	2	36	—	—	2	37	—	—	2	39	—	—	2
党政	86	2	21	11	87	2	10	14	89	2	10	14	89	2	10	16
其他	48	—	1	2	15	—	1	2	12	—	1	2	12	—	1	2

续表14-10

年度/系统	1999				2000				2001				2002			
	支部	总支	党委	党组	支部	总支	党委	党组	支部	总支	党委	党组	支部	总支	党委	党组
合计	505	2	16	40	505	2	16	41	506	2	17	41	508	2	17	42
工业	82	—	3	3	82	—	3	3	83	—	4	3	85	—	4	3
交通	3	—	—	1	3	—	—	1	3	—	—	1	3	—	—	1
农业	232	—	—	4	232	—	—	4	232	—	—	4	232	—	—	4
财贸	47	—	2	12	47	—	2	12	47	—	2	12	47	—	2	12
文卫	40	—	—	2	40	—	—	2	40	—	—	2	40	—	—	3
党政	89	2	10	16	89	2	10	17	89	2	10	17	89	2	10	16
其他	12	—	1	2	12	—	1	2	12	—	1	2	12	—	1	3

第五章　发展战略

1991—2002年，中共安平县委全面贯彻执行党的路线方针政策，按照省委、市委的总体部署，结合本县实际，审时度势，科学决策，先后确定并实施开放兴县、特色兴县、科教兴县三大发展战略，团结带领广大干部群众，开拓进取，奋力拼搏，开创了全县经济、社会迅速发展的新局面。

第一节　“开放兴县”战略

20世纪90年代，特别是邓小平视察南方重要谈话后，县委制定了“外向带动、开放兴县”的战略，形成了企业、部门、乡村齐招商，行行业业搞开放的热潮。1992年12月，县委书记李力在中共安平县第六次代表大会上，作题为《解放思想　大胆改革　努力开创安平各项事业的新局面》的工作报告，提出“必须抓住被国务院列为对外开放县的有利时机，实施大开放战略，形成多层次、多渠道、全方位、大跨度开放的格局”。

为进一步加大整体开放力度，塑造安平开放的新形象，将安平县建成内陆开放大县、经济强县，1995年2月，中共安平县委六届四次全委会议做出实施“开放兴县”的战略决策，确定“优势突破，整体推进，拓展延伸，全面开放”的思路，提出“一个战略（外向带动战略）、两个结合（国内国外两个市场、两种资源的结合）、三外一齐上（外资、外经、外贸一齐上）、四个并重（规模、效益、速度、质量并重）”的发展方针。1995年8月，县委出台《关于鼓励引荐境外资金、项目、技术、人才的奖励政策》。

1998年3月，县委书记刘苏芳在中共安平县第七次代表大会上，作题为《高举旗帜　开拓前进　把安平改革开放和现代化建设事业推向新世纪》的工作报告，提出“按照内外结合、引输并重、三产齐上、三级联动的方针，深入实施开放兴县战略，推动开放工作向更高层次、更宽领域、更高水平发展”。

“开放兴县”发展战略实施后，安平县开放型经济发展迅猛，项目规模质量不断提高，开放主体由县办企业向乡镇企业和民营企业扩展，开放领域由工业向农业、第三产业延伸，成为全省内陆小县对外开放的先进典型，连续被省市评为“对外开放工作先进县”，被省委、省政府誉为“两平现象”之一。

第二节　“特色兴县”战略

中共安平县委在1995年12月召开的中共安平县委六届五次全会上，做出实施“特色兴县”的战略决策，出台《关于实施特色兴县战略的决定》（以下简称《决定》）。《决定》提出坚持以提高经济效益为中心，以加速实现丝网产业化为重点，遵循“五个方针”（规模推动、开放带动、科技驱动、管理促动、市场牵动），多轨运行，优化结构，扩大优势，加速发展，努力把安平建成全世界规模最大的丝网基地和经济强县。

1998年3月，中共安平县第七次代表大会提出“把结构调整作为经济工作的主线，着眼于可持续发展，着眼于增强安平经济的未来竞争力，努力构筑独具优势的特色经济格局”。

为深入实施“特色兴县”战略，县委相继制定出台了《关于进一步加快县办工业发展的若干规定》《关于进一步加快民营经济发展的若干规定》《关于鼓励乡镇企业发展的奖惩办法》《关于鼓励发展个体私营经济的实施意见》等一系列文件。为做大做强特色产业，县委在充分研究讨论的基础上，先后提出了建设丝网大世界、举办丝网博览会、建设丝网工业园区等载体平台，打造丝网产业发展增长极。

为加快生猪特色产业的发展，提高生猪生产产业化水平，增加农民收入，中共安平县第七次代表大会提出“立足现有基础，紧紧抓住瘦肉型猪等优势产品，牢牢抓住培育主导产业、建设生产基地、培植龙头企业、疏通销售渠道、搞好社会化服务五大中心环节，推进传统农业向区域化布局、专业化生产、一体化经营、社会化服务的新格局发展，扭住关键，健全功能，完善与农户利益联结机制，提高产业化组织水平，努力使生猪产业发展成为产业关联度高、效益突出、优势明显的主导产业”。为此，县委相继制定出台《关于加快生猪产业化进程的实施意见》等一系列政策性文件，推动了全县生猪产业化的发展，生猪产业整体水平得到明显提高，形成“一龙、十强、百村、万户”的产业化龙型发展格局。

“特色兴县”战略实施后，丝网和生猪两大特色产业迅速发展壮大。丝网产业成为“九五”国家星火区域性支柱产业和省级龙型经济，被国家列为特色产业集群。安平县先后被国家命名为“中国丝网之乡”“中国丝网产业基地”和“国家生猪活体储备基地”。特色产业的长足发展，为安平县闯出了一条县域经济发展之路，加快了安平富民强县进程。

第三节　“科教兴县”战略

1998年3月，中共安平县第七次代表大会，做出实施“科教兴县”的战略决策，提出“加快实施科教兴县战略，大力发展科技教育事业，把提高劳动者素质、加快科技进步作为根本大计，全力做好科技教育同经济紧密结合的大文章”。

县委相继制定出台《关于大力提高教育教学质量的意见》《关于用高新技术武装和发展安平特色经济的意见》等一系列政策性文件。“科教兴县”战略的实施，提高科技教育的工作力度，科教工作取得丰硕成果，通过国家科技工作先进县验收；教育教学质量明显提高，中考、高考成绩屡创佳绩，跨入全市教育先进县行列。

第六章　纪律检查工作

第一节　专项治理

1991—2002年，县纪委对全县存在的各种不正之风进行专项治理。

对重点亏损企业进行专项清理　1992年，按照地区的统一部署，对全县112家企业的亏损情况进行了审查，对其中30个资不抵亏企业进行重点清理，清出明亏总额1074.77万元，潜亏总额1827.39万元，企业自有资产1074.04万元，资不抵亏1828.12万元。

1993年，清理出30家重点亏损企业，亏损总额2820.45万元。

清理和纠正建筑行业不正之风　清理和纠正建筑行业不正之风是根据地区（市）统一部署进行。

1993年，对全县1991年9月至1993年施工的造价10万元以上或建筑面积1000平方米以上的68项建筑工程进行检查，共清理出计划外工程31项，自行招标工程35项，未招标工程33项，擅自改变工程计划的12项，追加资金206.73万元；已竣工的工程中，清理出不合格的5项，造成经济损失14万元，拖欠固定资产投资方向调节税224.95万元。为解决建筑市场管理混乱的问题，推行了边清边纠的原则，建议县政府调整了招标机构。

1994年，清理出改变工程计划追加资金206.13万元，漏交投资方向调节税224.96万元；对建筑质量不合格的罚款5万元；纠正挪用专项资金30万元；责令有关企业补交投资方向调节税96.1万元。

1995年，清理出未招标工程7项，罚款6.45万元；追加预算工程2项，责令补交固定资产投资方向调节税11.8万元。

1996年，对1995—1996年造价50万元以上的重点工程进行了检查，清理出不公开招标工程4项、转包工程2项、无报建手续的4项、不办质检手续的4项、批少建多1项、计划外工程2项、拖欠固定资产投资方向调节税6项，全部进行处理。

1997年，对1996年下半年至1997年的建筑工程进行了抽查，对查出的问题进行处理，责令有关企业补交税款15万元。

清理中小学乱收费　清理纠正中小学乱收费是纠风工作的一项重要任务。1995～2002年共查出违规收费245万元，全部进行清退。

1995年，全县共清理出乱收费项目28个，涉及金额9万元，全部进行处理和纠正。

1996年，配合文教委抓了清理中小学乱收费工作，清退乱收费资金41.5万元。

1997年，对南王庄一中和安平镇中两所学校的乱收费行为进行查处，将20.1万元乱收费资金全部退还学生。

1998年，清退资金4万元。

1999年，会同审计、物价等部门在学校开学时，对中小学收费情况进行检查，对职中收学费采取一次收到位问题给予经济处罚。

2001年5—6月，县纪委、预算外资金管理局、审计局组成2个联合检查组，对全县8个乡镇教委、15所中学、16所小学2000—2001年的收费情况进行了检查，对个别单位无证收费、未使用统一票据收费、违反收支两条线(财务收入和支出分开管理)、坐收坐支等问题进行了处理。

2002年，县纪委同县教育局一起下发了《治理中小学乱收费有关问题的通知》；对新生入学和中考阶段进行了检查，发现超标及超范围收费5起，向学生退款170万元，清理小金库近2万元。

纠正医药购销中的不正之风　1999年7月，县纪委会同财政、物价、审计、卫生、工商等部门，对全县所有医药市场进行了整顿，共取缔非法药品经营户8家，无证药店12个，一证多址3家。查获假冒伪劣药品13批次，价值2万元；过期药品25种，价值3万元。查处医疗单位收受折扣34.2万元，开单提成金额13.05万元，虚高定价品种49种，数量68盒，金额5万元；降低药品价格54种，数量534盒，金额10120元。对查出的问题，按有关规定全部进行处理。

2000年，县纪委会同工商、卫生、财政、审计等部门对全县医药市场进行了清理整顿，共检查整顿经营企业10家，医药办事机构2家，零售药店6家，个体门诊52家；查获伪劣医疗器械1批，违规广告15起，违反证照规定生产经营药品4起。在县级医院全部实行招投标。

2001年，狠抓了制度建设，完善招投标管理，2个县级医院和19个乡镇卫生院进行了3次医药招投标，涉及480多个医药品种162.80万元，降低医药成本15%；进行2次联查和多次专项清理，取缔违法违规医药办事机构12个，无证行医或证照不全的医药经营单位36家；查处制假窝点2个；销毁伪劣器械、过期假劣药品206件，价值1.6万元。

2002年，为确保用药安全，减轻群众用药负担，县纪委制定《安平县医疗单位实行药品集中招标采购工作实施方案》和《安平县药品集中招标章程》。依据方案和章程，县城51个医疗单位和20个乡镇卫生院对480余个医药品种进行了招标采购，县医院还实行了电子商务网上招标，共涉及金额175.40万元，让利患者26.30万元。对无证行医、个体药贩、制假售假行为进行了清理和惩治，共取缔无证或证照不全的个体医药户36家，取缔违法违规医药办事机构12个，取缔制假窝点2个，销毁伪劣器械，过期、假劣药品216件，价值3.85万元。

政务公开　1992年上半年，按照衡水地区廉政建设指导小组的安排和海兴等地的先进经验，在全县直接与群众打交道的行业部门和各乡镇及广大农村，推行了政务公开制度。群众最为关注的问题和最容易出现腐败现象的环节为公开的重要内容。

1996年，全县230个行政村全部建立起公开栏，落实公开制度，公开率100%，公开内容符合上级要求。在全衡水市政务公开工作中，安平县位于先进行列。

1997年，政务公开工作延伸到派出所、民政所、工商所、司法所、土地所、国税分局、地税分局、农行分所、法庭、乡镇教委、电管站、畜检站、邮政支局、卫生院、信用社、计生委、工办室等单位，收到良好效果。

减轻农民负担　1991年，对农村电价进行整顿，每度电基本控制在3角以内，一年即可减轻农民负担65万元。

1996年，县纪委下发《安平县1996年开展减轻农民负担执法监察的实施方案》，向农民发放监督卡，挑选3个乡，每个乡3个村，每村10户建立起减轻农民负担定期联系点制度，并协同农业局对全县农民负担情况多次进行检查。

减轻企业负担　减轻企业负担，优化经济发展环境，是纪委的重点工作之一。自1991—2002年，共清理乱收费资金3194.35万元，乱罚款资金240.24万元，乱摊派1176.38万元，乱拉赞助10多万元。

1991年，治理乱收费项目451个，清理不合理收费3039万元，取消不合理文件规定13项，收费项目4个，收费标准7项；清理集资摊派项目9个，各种基金6项，资金929.97万元，乱罚款金额237.4万元，上缴国库181.4万元。

1993年，对1989年后制订的有关收费、罚款、摊派项目的文件进行清理，废止文件11个，保留9个，公布取消项目36个，停止执行项目17个；全县共清查出乱收费、乱罚款、乱摊派项目63个，资金总额294.85万元，其中，乱收费47.87万元（收缴入库31.07万元、退还本人15.75万元），乱罚款5700元（全部收缴财政），乱摊派246.41万元。

1994年，查处乱收费资金107.48万元，其中，收缴18.78万元，退还本人66.14万元，作其他处理22.56万元；清理乱罚款5700元，全部收缴入库。

1997年，成立减轻企业负担领导小组和办公室，建立了收费许可证制度，规范了收费行为，设立了企业“五乱”（乱收费、乱罚款、乱摊派、乱集资、乱拉赞助）举报箱，公开举报电话；组织经贸局等有关部门，对企业“五乱”行为进行了监督检查，取缔了23项非法收费项目，禁止五个方面的乱收费行为；共清查出乱罚款1.7万元，乱拉赞助10多万元，全部进行了处理。

1998年，逐项检查1997年批准取消项目的落实情况，对企业不合理收费及强制企业参加培训、评比和订购报刊等问题进行了清纠，对2个效益好的企业进行了挂牌保护。

2000年，对重点企业继续实行挂牌保护。规定无论哪个部门到重点企业检查，事前必须征得主管县长和监察局同意后方可进行。

清理乱着装　1992年，根据省廉政工作指导小组下发的《关于清理整顿擅自着装问题的通知》，对行业、部门擅自着装问题进行了清理。全县共清出未经国务院批准擅自着装行业、部门12个，涉及种类16个，涉及217人，追补着装费26705元，收缴着装标志205套。

清理拖欠公款公物　1993年，为贯彻落实衡水地委〔1993〕24号通知精神，对全县党政机关、企事业单位（包括村办集体）、个人拖欠公款公物问题进行了清理。全县共清理出个人拖欠公款263万元，归还141.7万元，移交司法机关处理的90.8万元；私人拖欠公物折款5万元，全部归还。

清理党政机关办企业　1993年，县纪委根据省纪委下发的《关于认真贯彻执行中办发〔1992〕5号文件（《关于对党政机关兴办经济实体和党政机关干部从事经营活动问题的通知》）的通知，对全县党政机关办企业和党政机关干部兼职问题进行了清理。全县有26个党政机关办企业，存在的问题主要是个体挂靠和干部兼职。通过清理，脱钩的12个，停业的7个，干部兼职的辞去一头职务。

治理公路“三乱”　根据省、地治理公路“三乱”（乱设卡、乱收费、乱罚款）工作的统一部署，结合安平实际，从1995年4月开始，县纪委会同有关部门对安平县境内公路“三乱”问题集中进行治理整顿。到2002年年底，公路“三乱”问题得到有效治理。

1995年，组织明察暗访9次，取消站卡3个，整顿规范站卡1个，对查出的3起公路“三乱”进行通报批评和行政处罚。

1996年，实行分包路段责任制，逐级签订治理公路“三乱”责任状，并会同公安、武警、交通部门突击检查15次，在检查中发现的问题及时进行处理。

1997年，制止了南王庄、大子文、马店村道路设卡，对当事人进行处理。

1998年，对马店、石干乡级公路乱收费问题进行处理。

1999年5月，对农机局违反规定上路查车，给予当事人严厉处分。

2002年，纠风办在县城的主要路口挂起了进入安平县无“三乱”及举报电话的牌子，接受群众监督。

私设小金库和预算外资金清理　1997年，查出私设小金库的单位13个，涉及金额33万元，全部按规定进行了收缴。

1998年，集中清理了预算外资金和小金库，对全县有行政收费的单位全部进行了检查，收取罚没资金108万元，全部上缴财政。

救灾款物的执法监察　为保证救灾物资合理发放和专款专用，有效制止截留、挪用、贪污及私分挥霍救灾款物，1996年，县纪委与检察院联合下发了《关于加强救灾物资管理，严肃财经纪律的通知》，并配合县救灾领导小组对救灾款物的落实情况定期检查，严肃处理了马店乡北满正村违反规定私分救灾物资的3名基层干部。

落实收支两条线　1999年，规定全县36个执收执罚部门全部实行收支两条线。按照市统一部署，对全县36个执收执罚部门进行了检查，共查出擅自设立收费项目的6个，非法收取金额9.56万元；虽已明令取消，但仍继续收费的项目3个，非法收取金额58.69万元；未使用规定票据执收执罚金额25.00万元；应缴未缴金额70.13万元，其中坐支或挪用金额5.50万元。对违规行为都作相应处罚。

2000年，行政性收费及罚没收入全面落实了收支两条线和票款分离制度（即部门开票、银行收款、财政统管的资金收缴和票据开具相分离的办法）。确定24个单位的76个收费项目和23个单位的23个罚没项目首批实行票款分离，16个银行或储蓄所作为收费、罚没收入代收网点。对实行收支两条线及票款分离情况进行了抽查，在检查的41个执收执罚单位中，违纪单位15个，违纪资金29万元（其中擅自设立收费罚没项目的单位2个，资金2万元；违规使用票据执收执罚金额10万元；私设小金库1个，涉及金额0.3万元；公款私存户1个，金额1万元）；实行票款分离部门24个，项目76个；撤销银行账户40个。

2001年10月，由县纪委、财政局、审计局等部门人员组成检查小组，开展全县财税大检查，调账60个单位，查出违纪单位55个，定案、结案30个单位，收缴罚款入库78万元，催交入库40万元。

2002年，对13个部门进行了重点检查，清理擅自设立银行账户9个，查出违纪资金154.13万元；小金库5个，涉及金额8.88万元，处罚资金6.6万元。对查出的问题全部进行了处理和纠正。

第二节　案件查处

县纪委始终把查处党员干部违法违纪案件作为反腐败斗争的中心任务，不断加大查处力度。

1991—2002年受理群众来信来访共1540人次，立案647件，给予444人党纪处分，其中开除党籍96人，留党察看194人。给予156人政纪处分，其中开除公职1人，开除公职留用察看61人。

1994年，县纪委在计划生育案件处理过程中，各科室分片包案，仅用50天时间处理超生人员178人。

1991—2002年安平县纪委信访和案件查处情况统计表

表14-11　　　　单位：人次、件、人

年度	群众来信来访	立案	党纪处分						政纪处分							
			合计	开除党籍	留党察看	撤销党内职务	党内严重警告	党内警告	合计	开除公职	开除留用	撤职	降级	行政警告	记大过	记过
1991	581	27	19	2	9	0	2	6	35	0	17	0	2	1	12	3
1992	69	15	8	1	2	1	2	2	8	0	0	2	3	0	3	0
1993	129	58	15	4	0	2	2	7	15	2	1	0	3	2	5	2
1994	153	209	169	26	141	0	1	1	33	1	26	0	1	0	5	0
1995	77	55	41	30	8	0	3	0	15	3	11	0	0	0	0	1
1996	88	31	18	4	4	1	9	0	11	1	2	1	0	0	5	2
1997	59	31	16	2	4	2	4	4	11	3	3	1	1	1	1	1
1998	84	32	20	8	5	2	4	1	13	1	0	1	3	4	1	3
1999	49	44	34	6	5	3	15	5	2	0	0	0	0	0	0	2
2000	43	42	20	2	0	0	6	12	2	0	1	0	1	0	0	0
2001	54	46	41	7	9	2	14	9	5	0	0	0	2	1	2	0
2002	54	57	43	4	7	1	15	16	6	0	0	0	0	4	0	2
合计	1540	647	444	96	194	14	77	63	156	11	61	5	16	16	21	26

第三节　行风建设

县纪委在行风建设工作中，一直坚持纠建并举的方针，切实加强了全县各部门和各行业的行风建设。

1998年，发动群众对公安、法院、国税、地税、交通、教委、医院等10个部门进行了公开评议。

2001年，纠风办出台《关于2001年在全县开展民主评议行风活动的实施意见》。民主评议主要评议参评单位行风建设的组织领导情况，改进工作作风情况，为基层、为群众办实事、办好事情况，依法执行国家的法律、法规和党的方针政策情况及开展纠风专项治理情况。公安局、交通局、卫生局、教育局、建设局、工商局、国税局、地税局、质量技术监督局、环保局等单位作为参评单位。2001年10月，通报了评议结果，交通局、教育局、工商局、国税局、地税局评为满意单位，环保局、建设局、质量技术监督局、卫生局、公安局评为基本满意单位。

2002年，成立由县委副书记、纪委书记任组长的安平县行风评议领导小组。小组下设办公室。办公室主任由县监察局局长担任。为了方便群众评议与监督，组织全县52个参评部门在县城为民街建立了行风建设公开栏，公开本单位的行为规范、收费标准、服务承诺、举报监督电话等；成立了行风建设举报中心，及时受理群众对行风问题的举报和投诉26起；从人大代表、政协委员、离退休老干部、个体工商户、私营企业主和农民中聘任30名特邀行风监督员，让其行使监督职权；在电视台开辟了电视纠风专栏，公布参评单位的服务承诺，报道行风建设先进典型，对不良现象进行公开曝光。

第四节　廉政建设

一、领导班子廉洁自律

1991年，对县直15个部门的2477名干部职工进行了第二轮脱岗整风学习。这些部门率先实行了“三定点”(定点招待、定点修车、定点印刷)，部分单位实行了政务公开。

1992年，对全县20个乡镇和18个重点行业部门的2746名党员干部分三期进行了第三轮脱岗学习整顿。通过学习整顿，共揭摆出带有行业特点的各种问题504件次，涉及497人，款1342472元；退赔488人，退款329027元。

1994年，县纪委协助县委、县政府制订《关于1994年党政机关领导干部廉洁自律工作的实施方案》。根据方案，全县县、乡两级领导干部撰写了自查自纠材料，召开了民主生活会，共检查出公款吃喝、超标准招待、陪餐不交费、接受礼品、违反规定购买小汽车、下属单位向上级赠送土特产品六个方面的问题；29名县级干部补交陪餐费307.5元，上交礼品作价款1090元；447名乡局级干部补交陪餐费688元，上交礼品作价款908元。

1995年，按照上级要求，全县县、乡两级领导班子都召开了民主生活会，班子成员都认真进行了自查自纠，共检查出十六个方面的问题；对超标准乘坐的小汽车进行了清理更换，撤换了非法使用的公安、武警牌照，对因工作调动带走的5辆公家摩托车与117辆公私合购摩托车分别进行了清退，其他问题也都进行纠正。

1996年，重点对公款吃喝玩乐、超标准招待、超标准乘车，超标准住房、建房，接受礼品等方面进行检查，共清出超标车2辆，全部按上级规定作处理；处理有问题住房53套，收缴罚款40多万元；落实定点招待制度，加强乡镇机关食堂建设。

1998年，对80名县、科级干部建立了廉洁自律档案。

2000年，县级五套班子公务接待实行先写申请，然后由县委办公室定期与招待所结算的办法，基本解决以往超标接待和变相大吃大喝的问题。

二、专项清理

违规住房清理　1992年，根据衡水地区廉政建设指导小组下发的《关于贯彻落实冀廉(1992)1号文件对干部职工继续在城镇违法违纪建私房问题进行认真检查的通知》，进行了清房工作，共清退出多占住房138间，超面积建私房149户，超占地面积6399.50平方米，14个单位建房未经县廉政办审批。这些问题全部按有关政策进行了处理。

1997年，建立和完善科局级以上领导干部住房卡，建立健全了县级领导干部住房资料档案。

2000年，县纪委与计划局、房管局、建设局多次共同谋划、清理和控制违纪建房问题，联合拟发了《关于严禁违反规定建房住房的通知》，对建造住房的，县监察局把第一道关，严格审批手续；对以前未批已建的或虽报批，但严重超面积的全部进行清理，共清理有超标问题的单位12个，涉及480户，全部按规定进行处罚。

清理违规购乘小汽车　1994年，对全县党政机关、事业单位的90部车进行了清理，对超标准乘坐小汽车和借用企业款项购买小汽车问题，按照上级有关规定进行纠正和处理。

1996年，对全县党政机关事业单位的127辆小汽车进行清理，全部建立档案。

1997年，对5个亏损企业领导干部违反规定购买乘坐小汽车问题进行严肃处理。

1999年，共清出14个单位购买车辆未经县廉政办审批，共罚款18420元；9个单位车辆补办了控办手续。

2001年，县廉政办、财政局控办室对1999年后行政事业单位超编、超标购买小汽车和公车私照问题进行了重点检查，共查处违纪违控车辆6部，全部按规定进行了处理。

2002年，纠正违规车18部，其中调换车1部，借用车退回3部，补办控办及过户手续6部，办理过户及报废车8部；县直纠正7部，其中公安牌照车1部，外地牌照车2部，公车私照4部。

公费电话、手机清理　1991年，清理干部职工公费安装电话24部，经批准保留2部，其余22部全部进行清纠。

1997年，县纪委、监察局对全县党政机关、企事业单位领导干部的住宅电话和移动电话情况进行了全面调查核实，经清理保留专用机11部，转为共有机43部，特殊岗位用机8部，撤销1部，拍卖1部，退还原单位4部。

1998年，严格落实话费限额和超额自负的规定，全县党政机关及其工作人员共申报手机364部，其中公费179部，自费185部；公费手机保留149部（含特岗23部，企业13部），处理30部（其中退还企业2部，封存5部，折价拍卖23部）；保留的手机全部办理控办手续，下发持机证；对38部公费电话进行清理，保留37部，公费转自费1部。

1999年，以文件形式明确了公费电话的保留范围和审批手续，规定县级领导每人每年限报住宅电话500元，手机3000元；部门领导每人每年限报住宅电话400元，手机2000元。对机关长途电话的使用范围作明确规定。

2000年，县级五套班子领导干部的办公电话实行限额包干，其中移动电话每月250元，住宅电话每月50元，由财政局统一到电信局结算，超额自付。

清理“红包”　2001年，县纪委、监察局组织召开由各乡镇、县直各单位主要领导参加的全县三项清理工作动员大会；转发市纪委、监察局下发的文件《关于清理各级领导干部接受馈赠现金、有价证券和支付凭证的意见》和《关于设立“581”廉政账户的通知》；在为民街农村信用社设立“581”廉政账户，并规定：凡接受有关单位和个人赠送的现金、有价证券和支付凭证未能拒收或不便退回的，在收到后5日内上交“581”账户，可视为拒礼行为。至2001年年底，“581”廉政账户共收到资金4.7万元。

三、乡村基层党风廉政建设

解决乡镇干部“走读”问题　2002年，县纪委制定《关于解决乡镇干部“走读”问题的意见》，召开全县整顿机关作风动员会，严肃乡镇机关工作纪律，完善工作制度，加强乡镇干部在岗情况检查，狠抓乡镇机关“五小”（小食堂、小活动室、小浴室、小图书阅览室、小菜园）建设，大力改善乡镇机关的食宿条件。

规范乡村财务管理　2000年，农村招待费实行“零数管理”，即在农村财务管理中，不再列招待费项目，废除村级公务招待费报账制。各乡与村签订零数管理监督卡。乡镇实行了“零户管理”，即在财务自主权、资金使用权不变的前提下，取消乡镇基层单位在金融单位开设的账户，把分散在各基层单位的资金集中到乡镇财政，乡镇财政设立专户，实行统管。县纪委、财政、审计部门抽调人员对乡镇基层所站的财务进行了封存，对账户、现金进行冻结，并办理移交手续。

2002年，县纪委下发《在全县农村取消村组行政招待费的通知》后，全县取消农村村组招待费，积极执行干部下乡吃派饭，使用就餐卡制度。

国有企业党风廉政建设　2000年，根据县纪委研究制订的《安平县2000年国有企业党风廉政建设工作实施意见》，围绕中央提出的“五不准”（即：1. 不准违反规定收受现金、有价证券和支付凭证；2. 不准跑官要官；3. 不准放任纵容配偶、子女和身边工作人员利用领导干部的职权和职务影响经商办企业，或从事中介活动谋取非法利益；4. 不准参与赌博；5. 不准乘婚丧嫁娶之机收钱敛财）进行了一次集中整顿。6—7月，对全县国有企业党风廉政建设工作进行了一次集中督查，同时建立实行了工作报告制度，要求各部门每季报告所属企业党风廉政建设工作情况。

四、党风廉政建设责任制

1999年，根据中共中央、国务院发布的《关于实行党风廉政建设责任制的规定》，成立了落实党风廉政建设责任制领导小组；研究制定了《安平县落实党风廉政建设责任制规定的实施细则》、《安平县乡局级党政一把手落实党风廉政建设考核表》等一批行之有效的监督考核和责任追究制度；县委书记、县长与全体县级干部签订《党风廉政建设和社会稳定责任书》，党风廉政建设领导小组与全县乡局级一把手分别签订《安平县乡局级一把手落实党风廉政建设责任制规定责任书》，各单位一把手与分管副职也分别签订了党风廉政建设责任书。

2000年，对在1999年行风评议中群众评议较差的三个单位的“一把手”进行诫免谈话，责令限期改正；对在组织平坟工作中失职失察、工作不彻底的18个包村部门在电视上公开通报批评，3名干部被停职检查，2名干部被免职处理，6名干部被警告处分。

2001年，建立了严密的责任目标体系，按照一级抓一级的原则，实行分级负责制。将全县党风廉政建设责任内容细化成23项具体工作，把具体任务、标准和目标分解到各乡镇和县直各部门，按照谁主管谁负责的原则，实行分项负责制；把全年党风廉政建设和反腐败斗争等各项工作，按行业特点分解到纪检、监察、财政、审计、工商、卫生、物价、文教、经贸委、农工部等15个具体部门，并明确了要求与责任；狠抓了责任追究，对违反责任制要求的单位、个人和主要负责人，一律按衡水市《责任追究暂行办法》严格实施责任追究，共查办6起责任追究案件，给予5名责任人党政纪处分，给予1个局级领导班子通报批评。

2002年，为有效地推动党风廉政建设责任制的落实，县纪委会同组织部、人事局等单位对各部门党风廉政建设责任制情况进行了两次大规模检查，查出受责任追究的副科级以上人员3人，一般干部5人。

第七章　组织工作

第一节　管理范围

县委组织部是县委管理干部的职能机构，负责县直单位和乡、镇党政领导干部的培养、选拔及后备干部队伍建设，按照干部管理权限选拔、任用领导干部，负责中层领导干部的教育、培训、审查以及干部政策的落实；负责领导班子建设和干部队伍建设；和全县的知识分子工作，负责县直单位的局级干部、乡镇及党群系统和人大、政协、法院、检察院的干部职工的任免和管理。1991年，由县委组织部管理的干部共817人。其中，县直单位387人，乡镇151人，党群系统156人，其他123人。到2002年，管理的干部共1146人。其中，县直单位495人，乡镇251人，党群系统239人，其他161人。

1991—2002年安平县委组织部管理的干部情况统计表

表14-12　　单位：人

年度	干部总数	干部分布				年度	干部总数	干部分布			
		县直单位科级干部	乡镇	党群系统	其他			县直单位科级干部	乡镇	党群系统	其他
1991	817	387	151	156	123	1997	998	442	208	206	142
1992	830	389	156	159	126	1998	1018	451	210	215	142
1993	866	394	178	163	131	1999	1046	462	213	223	148
1994	902	406	182	178	136	2000	1080	476	221	230	153
1995	933	417	194	185	137	2001	1122	486	242	236	158
1996	957	426	199	192	140	2002	1146	495	251	239	161

第二节　干部考核

干部考核由县委组织部负责。从1991—2002年，每年年底组成若干个考核组，对全县各乡镇、县直单位的领导班子和局级领导干部进行本年度工作的考核。

对领导班子进行考核的主要内容：(1)思想政治建设，包括理论学习、政治表现、贯彻执行党的路线方针政策、全心全意为人民服务、执行民主集中制、维护中央权威、团结协作、选人用人、廉政建设等情况。(2)领导现代化建设的能力包括总揽全局、科学决策、求实创新、开拓进取和处理复杂问题等能力。(3)工作实绩包括在经济建设、社会发展和精神文明建设、党的建设等方面取得的成绩和效果，在推进改革、维护稳定方面取得的成绩和效果。

对领导干部进行考核的主要内容是“德、能、勤、绩、廉”。“德”主要是干部政治思想和道德品质；“能”主要是干部业务技术水平、管理能力的运用、发挥及知识更新等；“勤”即干部的工作态度、勤奋敬业精神等；“绩”即干部在完成任期目标和履行岗位职责过程中所提出的工作思路、采取的措施、发挥的具体作用以及所取得的绩效；“廉”即遵守中央关于领导干部廉洁自律的有关规定，执行党风廉政建设责任制情况。

在干部考核工作中，始终坚持党管干部原则、客观公正原则、注重实绩原则、群众公认原则。干部考核的程序是：考核准备、召开述职测评会、个别谈话、调查核实、评定考核等。最后由考核组根据考核情况写出考核报告，并将考核情况向县委主要领导汇报。

第三节　干部教育培养

县委组织部按照干部管理权限，负责所管理干部的教育培养。培养重点是各乡镇、县直单位领导干部和后备干部。培养方法是选派学员参加市委组织部举办的培训班和县委党校轮训班，对年轻干部进行政治理论、业务知识培训；对后备干部采取下基层或下乡镇培养锻炼。从1991—2002年，共举办培训班15期，培训865人次，干部队伍的素质普遍提高。

第四节　干部选拔任用

干部的任免按照干部管理权限进行。县委组织部对拟任免的科级干部提出任免意见，报县委常委会讨论，决定后进行任前公示，下任免通知，进行谈话并督促其按时到岗。干部调动由组织部提出调动意见，办理报批手续后办理调动手续。在干部选拔任用工作中努力加大干部人事制度改革，探索选拔任用干部的新途径，推行公开竞选的用人制度。1999年，公开竞争选拔了5名优秀妇女干部到乡镇任职。2001年，进行了乡镇长助理的公开竞争选拔。通过公开竞选，为优秀人才的脱颖而出创造了条件。

第八章　宣传工作

第一节　学习教育

一、理论学习

县、乡镇、县直机关党校和职工夜校分别举办党员、干部、职工培训班。

1991年，县委制订《关于学习宣传党的十三届七中全会文件安排意见》，编写印发了《党的十三届七中全会精神的宣传提纲》；举办培训班94期，培训党员、干部8000人次。

1992年，共举办培训班60期，以学习邓小平视察南方重要谈话及党史党建理论为主要内容，共印发学习资料1500多份，受训干部达2000余人次。

图14-2 邢郭庄村农民理论家授课

1994—1995年，共举办培训班68期，以学习《中国共产党章程》《邓小平文选》《中共中央关于建立社会主义市场经济体制若干问题的决定》为主要内容；培训3000余人次，其中业余理论工作者140人。

1997年，邀请省、市委党校教授到安平授课5次，观看理论讲座录像90余次，全县各级领导干部发表理论文章80余篇。

1998年，县委制订《关于进一步兴起学习邓小平理论新高潮的意见》，着重抓了县委中心组和乡局级干部学习十五大精神的考试，举办了两期乡局级领导干部培训班，培训干部86人次。

1999年，围绕十五大的主题，学习邓小平理论和中共十五大精神，深入开展了以"三讲"为主要内容的党性党风教育。

2000年，县委制订《关于进一步建立健全干部理论学习激励约束机制的安排意见》，加大考核力度，实行半年检查、年终考评。5月和8月，分别组织召开了两次理论学习研讨会和学习体会交流会。6月14—20日，对县级干部进行为期7天的封闭学习，在9月市委组织的领导干部讲课活动中，安平获组织奖。

2001年，组织全县县、科级干部听取了省级领导关于学习江泽民总书记"七一"讲话的集中辅导。

2002年3月，对全县正科级以上领导干部进行了以"解放思想，加快发展"为主要内容的政治理论教育。

二、党员教育

1991年，县委制订《关于在全县普遍开展社会主义思想教育的意见》。该农村社会主义思想教育用三年时间完成，每年重点抓好1/3，全县20个乡镇分三批进行，村一般用4个月的时间开展教育活动，安排在春冬和农闲季节进行。

图14-3 党日活动

下乡办和社教办合并纳入社教系列。1991年，下乡扶贫的干部和70人的社教服务工作队，加上乡镇抽调的干部共300人。全部纳入"社教"工作队。

1992年春，县委组织广大党员、干部认真学习讨论邓小平关于深化改革、扩大开放的重要论述，学习《人民日报》发表的《紧紧把握经济建设这个中心》《改革的胆子再大一点》等社论。通过深入学习，深刻反思，认识到安平县农业结构调整发展缓慢，高效农业上不去，"三资"（中外合资经营企业、中外合作经营企业、外国独资企业）企业起步艰难，国有企业和乡镇集体企业发展不快，国营商业包袱沉重，欠亏严重，第三产业长期发展不起来，其根本原因是思想的封闭，观念的陈旧。为改变现状，进行了"五破、五立"教育：一是破除姓"社"姓"资"的思想禁锢，树立"三个有利于"（有利于发展社会生产力、有利于增强综合国力、有利于提高人民的物质生活水平）的思想观念；二是破除小进即满、小富既安的思想，树立超常规、大跨度、跳跃式发展的新观念；三是破除求稳怕乱、怕冒风险的思想，树立敢闯敢干的意识；四是破除封闭、半封闭的思想，树立加强内引外联发展外向型经济的开放意识；

五是破除忽视第三产业观念，树立合理安排产业结构，重视发展第三产业的观念。

通过社会主义理论和党的基本路线教育，提高了广大党员、干部的思想认识，为发展县域经济奠定了思想基础。

三、社会主义教育

“三讲”教育　从2000年6月9日开始，安平县县级四大班子及六部门（法院、检察院、公安局、组织部、宣传部、纪委）领导干部集中时间，开展了以“讲学习、讲政治、讲正气”（简称“三讲”）为主要内容的党性党风教育。在“三讲”教育过程中，严格按照思想发动、学习提高，自我剖析、听取意见，交流思想、开展批评，认真整改、巩固成果4个阶段，突出“讲政治”这个核心，坚持把落实“三个代表”重要思想的要求贯穿始终，把学习提高贯穿始终，把充分发动群众、开门搞“三讲”贯穿始终，把边整边改贯穿始终。

在第一阶段，围绕“三个代表”重要思想、讲学习、讲政治、讲正气、对邪教问题的认识5个专题，采取自学与集中学习相结合、系统学习与专题学习相结合、理论学习与联系实际查找问题相结合的方法，组织县级领导干部深入进行理论学习。在第二阶段，紧密联系个人的思想实际，围绕自我剖析和民主评议两个环节，重温党的三代领导集体关于思想政治建设的论述，深刻领会“三个代表”重要思想，从世界观、人生观、价值观的高度解剖自我，边学边改边解决问题。在第三阶段，联系查摆出来的问题，学习中共三代领导核心关于开展批评和自我批评的重要论述，敞开思想、坦诚交流、相互帮助。在第四阶段，统一思想，制定措施，明确今后努力方向，保证整改工作扎扎实实、切实有效地进行。

“三个代表”重要思想学习教育　2001年2月至2002年5月，在全县开展了以“三个代表”重要思想为主要内容的学习教育活动。

这次教育活动分两个层次进行。第一层次于2001年2—11月，在乡镇、县直部门和乡镇站所进行学习教育活动。第二层次于2001年10月至2002年5月，在全县村级进行。在活动中，坚持把学习教育活动作为统揽农业农村工作全局的大事、要事；转变干部工作作风，提高干部整体素质，加强基层党组织建设，夯实党在农村的工作基础；解决制约农村经济发展和社会稳定的突出问题；深化农村改革，拓宽农民增收渠道，加快农民增收步伐。在工作部署上，制订实施方案，细化、量化工作目标。在运行机制上，明确县级领导、乡镇党委、县直各科局、乡镇督导组、驻村督导组、下基层工作队抓学习教育的工作职责，形成五位一体，齐抓共管的工作格局。在工作氛围上，广泛进行舆论宣传，使学习教育活动家喻户晓，在全县形成浓厚的氛围。

“三个代表”重要思想的学习教育取得了明显成效：一是广大干部受到了深刻的教育，认识到肩负的责任，找到自身存在的差距，增强了实践“三个代表”的自觉性和紧迫性；二是进一步加深干部与群众的感情，密切干群关系，各级干部从群众的切身利益出发，紧紧抓住群众的所思所想、所盼所求，从群众不满意的事情改起，从群众反映的热点难点问题抓起，帮助群众调整结构，明确发展思路，为群众打井办电、修路解难，赢得群众的信任；三是进一步促进各项工作的开展，农业结构调整成效明显，县乡工业保持良好的发展势头。

第二节　宣传报道

1991年，配合农村社教宣传、企业宣传、改革开放宣传，县乡广播站、电视转播台分别开辟了《改革开放之声》《改革开放之窗》专题节目。

1994年，认真实施“换脑工程”，深入开展了富民强县大讨论，改善部分人自卑、畏难心态。

1995年，围绕“富民强县”战略的实施进行典型宣传。

1996年，配合“冬季严打”组织6辆宣传车，在全县进行巡回宣传；组织编排法制文艺节目，深入乡村、集市演出10场次。

1999年，坚持“三下乡”常下乡，以科技下乡为重点，组织集中活动12次；参加全市“新中国成立50周年成就展”，获组委会好评。

2001—2002年，在中央、省、市各大媒体上，对中国（安平）国际丝网博览会进行了会前、会中、会后宣传报道。这次宣传报道进一步扩大安平对外开放，加强与国内外企业的广泛交流和合作，进一步提高安平丝网知名度。

第三节　精神文明建设

1991—2002年，县委、县政府坚持“两手抓、两手都要硬”的战略方针，积极动员和组织全县人民广泛参与社会主义精神文明建设；群众性精神文明创建活动不断深入。

一、四有新人教育

为培养有理想、有道德、有文化、有纪律的一代新人，县委宣传部开展了各种教育活动。1991年3月，邀请抗日革命战士及其家属，在县影院举行了理想教育报告会，党员干部和青少年学生2000余人听取了报告。

同年，宣传部、组织部、农工部联合编写《农村社教专题问答》，印发全县各乡镇村，供有关社教人员及干部、村民学习。

1994年，县委以培养“四有”新人为目标，以弘扬新时期创业精神为重点，有的放矢地抓“热爱安平、建设家乡”的教育，抓了文明村、“双文明户”及两史一情（中国近代史、中共党史、中国国情）教育和法制教育。举办两史一情教育报告会40场，在全县机关、中小学及工厂、农村播放录像片1000余场，受教育面达7万人次；做法制宣传教育报告26场，播放法制教育片40场，制作法制教育知识展牌32块。

1995年，以抗日战争胜利50周年为契机，组织离退休老干部报告团在全县16所中小学做革命传统、爱国主义教育巡回报告，受教育面达8万人次。此外还通过开展文艺演出、联欢晚会、书画作品展览、学生文艺会演、“彩色周末”文化活动、小康文艺宣传和农村新片展映等，促使“四有”新人茁壮成长。

1991—1996年，深入进行爱国主义、集体主义、社会主义和坚持四项基本原则、反对资产阶级自由化教育。在广大青少年学生中开展学雷锋活动，先后在县城主要路段和显要位置设置精神文明建设牌和标语牌100多块。

2001年，宣传部起草制定出《安平县文明公民守则》，并运用广播、电视连续宣传，发放改陋习树新风手册4万余册。开展“三德”“三做”（社会公德、职业道德、家庭美德，在社会做个好公民、在单位做个好职工、在家做个好成员）教育活动，使之家喻户晓、人人皆知，有效地强化了广大群众的公民意识。2002年，宣传部组织力量继续广泛深入宣传守则，使全县人民文明意识不断增强。

二、职业道德教育

1993年，县委在全县行政执法、商业服务、卫生医疗等十大系统，开展“四职一纠”（职业理想、职业道德、职业纪律、职业技能，纠正不正之风）竞赛活动，推动十大系统所属各单位，勤政为民、廉洁自律，强化服务意识，改善服务态度，提高了服务质量。全年，各单位为群众办好事、实事800余件，征求广大群众意见和建议2000多条，有效地改善社会风气和服务质量。

1995年，在工商、公安、税务、法院等行政司法部门开展“职业道德标兵”评选活动，评选出18名忠于职守、业务精湛、文明执法、文明服务的标兵。

1996年，继续开展“四职一纠”活动，使过去一些部门“门难进，脸难看，话难听，事难办”的状况得到改善。许多单位开展向社会承诺制度，实行站立服务、微笑服务、限时服务等，提高了服务质量。

1997—2002年，每年都在全县各行业中开展“三杯竞赛”活动，即在执法执纪行业，开展“文明执法杯”竞赛，以促进反腐倡廉，文明执法；在社会服务行业，开展“优质服务杯”竞赛，以促进文明守信；在垄断行业开展“便民利民杯”竞赛，以促进公开、快捷、优质服务。同时，开展以诚信政府建设为重点的诚信厂矿企业、诚信服务行业、诚信市场、诚信文明卫生单位等系列活动。

三、创建文明单位、村、户活动

文明单位、文明村的标准主要是：领导班子团结，认真执行党和国家的各项方针、政策，坚持政治、业务“两手抓”，发挥各组织作用，树立良好的行业风气，重视单位环境容貌建设等。

1994年年初，在工商企业开展了以“学技术、增人才、比贡献”为主要内容的技术比赛活动；邮电、石油、工商、金融等服务单位开展“文明优质服务”活动。1996年，全县涌现出县级文明单位102个，衡水市级精神文明单位22个，省级文明单位8个。1997—2001年，先后印发了《文明单位考核奖励办法》《文明单位管理办法》，对文明单位实行动态管理。2002年创建省级文明单位6个，衡水市级文明单位19个。

1997年，全县村村都建立了红白理事会和道德评议会。各村因地制宜制定本村红白理事管理办法，严格控制婚丧事操办规模，反对婚丧事大操大办和赌博、封建迷信活动。同年，县成立了“星级”文明家庭创建活动协调领导小组，加强了“星级”文明家庭创建活动的组织领导。2001年，实现创建活动入村率100%，入户率100%。到2002年，全县涌现出22个文明村和一大批“五星”“十星”级文明家庭。星级文明家庭创建活动集中体现中华民族传统的家庭美德，展示现代家庭民主、平等、文明、向上的崭新风貌。

第九章　统战工作

第一节　组织各界人士参政议政

县委统战部会同组织部，在人民代表大会和政协委员会每次换届和补选、补聘之时，都组织人员考察并向县人大常委会、政协委员会推荐民主党派人士、个体私营工商业者、非党知识分子、少数民族、宗教界、归侨侨眷和其他代表性人物参选、候聘。为便于各界人士发挥参政议政的作用，使人民代表大会代表具有广泛的代表性，使人民政协更好地发挥统一战线的职能，1991—2002年，历届县人民代表大会代表中非党人士所占比例均在30%以上；历届县人民政协委员中非中共人士均在60%以上。

第二节　推荐优秀党外人士担任领导职务

统战部会同组织部，共同完成对党外人士的培养和推荐工作。对全县自由择业人员和股级以上的党外干部，以及具有中、高级职称的党外人士进行摸底，详细掌握他们的思想和工作情况，把那些年富力强，实绩突出，有培养前途的党外人士登名建档，列为被培养推荐的领导职务人选。

1991—1996年，全县安排党外干部担任副局级以上职务14名，其中人大常委会副主任1名，政协副主席5名，审计局、计生局副局长各1名，副乡、镇长6名。

到2002年年底，全县共安排党外干部担任副局级以上职务23名，其中人大常委会副主任2名，政协副主席5名，有关局副局长16名。这些党外人士在不同的岗位为安平的经济和社会发展做出了积极的贡献。

第三节　对台工作

2002年，在台湾安平籍人员共76名，其中上层人士3名，中层人士8名，一般台胞65名。

接待　自1987年11月台湾当局放宽民众回大陆探亲政策以后，回安平探亲、旅游、洽谈贸易的台胞日益增多，1991—2002年共287人次。为增进两岸人民的联系，广交朋友，增进共识，统战部提供了优质的服务，选定了台胞参观点，引领台胞多走多看，使其对安平有一个全面系统的了解；利用多种形式帮助台胞解决实际问题，使台胞高兴而来，满意而归。1997年4月，在台湾的赵本立中将回原籍西两洼乡韩村铺为其父母迁坟立碑，县、乡、村积极帮助赵本立，按时把事办妥。赵本立非常满意，感到大陆浓浓的人情味，体验到家乡人民的温暖。

对在政治上有影响，经济上有实力，学术上有造诣的人士重点接待。如韩村铺的赵本立中将、西关村的弓秉乾、侯町村的翟振纲博士等到安平后，统战部主动邀请到部做客，并带领其参观重点企业。在座谈接待中，以“我”为主，主动宣传党的“和平统一、一国两制”政策，介绍改革开放后家乡的巨大变化，经济建设形势，投资环境和优惠政策等，鼓励其回乡投资置业，为安平的经济和社会发展做贡献。

联谊 1993年，统战性质的群众团体“安平县海外联谊会”成立，挂靠在统战部。其宗旨是广交朋友，联络感情，沟通信息，增进安平县各界人士同台湾同胞，港澳同胞，海外侨胞和外籍华人之间的相互了解和友谊，为发展外向型经济，振兴安平服务。海外联谊会成立后，每乡都召开台胞台属中秋节茶话会，县委主管副书记到会鼓励台属与台胞取得联系，宣传安平的大好形势，鼓励他们回乡投资办厂。海外联谊会自成立至2002年底，共与11个国家或地区的127名“三胞”建立和保持了联系，每到中秋节、春节都向其寄去慰问信或贺年卡进行慰问。

第十章　农村工作

第一节　政策宣传

一、社教工作

1991年9月29日，按照上级的部署，县委决定在全县农村开展社会主义思想教育活动（以下简称社教），成立了社教工作领导小组，县委书记任组长，县委1名副书记、纪检书记、武装部部长、宣传部部长、组织部部长、人大常委会1名副主任、政府1名副县长、政协1名副主席任副组长。社教工作领导小组下设办公室（简称社教办）。社教办设在农工部。1991年10月8—11日，县委社教办对302名干部进行了培训。10月24日，省直干部19人，地直干部32人和安平县参加培训的302名干部共353人，分别进驻到南王庄、东黄城、石干、刘吉口、西两洼、安平镇6个乡镇所属的73个村开展社教工作。12月，农工部起草的《社教中进一步落实党的农村经济政策安排意见》作为社教工作经验在全省推广。同年，为了配合社教工作的开展，农工部编写《农村基本政策宣传提纲》下发各乡村，并采取多种方式在农村进行广泛政策宣传。1992年3月10日，在安平镇召开落实农村政策现场会。1992年5月第一期社教活动结束。

第二期社教工作队共399名干部，1992年9月1日入驻南王宋、察罗、大何庄、河漕村、王胡林、后张庄、张寨、袁营8个乡的92个村。在社教村中，有79个村调整了承包地，14个村解决了果园承包纠纷。同年，在全县农业社会化服务实体中开展“农业兴旺我兴旺，我与农业共兴衰”“我为农业送温暖，我为农业做贡献”的大讨论。第二期社教于1993年1月10日结束。

第三期社教工作从1993年2月10日开始，全县有150名干部参加，分赴台城、大子文、程油子、南苏村、马店、东里屯6个乡镇的66个村，同年5月结束。

二、“调、促”工作

2001年年底，县委、县政府在冬春农闲季节在全县农村开展“调结构，促增收”学习培训。到2002年，全县共举办调结构，促增收培训班80多期，参训人员2万多人，印发有关农村政策法律法规教材4000多份；全县运行比较规范的农民专业合作经济组织发展到53个，活跃在农村的各类经纪人发展到 2万余人。

三、其他工作

1993年，农工部广泛深入地宣传了国务院颁发的《农民承担费用及劳务管理条例》和《河北省农民承担费用和劳务管理规定》。条例和规定受到农民群众热烈欢迎。1996年，安平县农村小康建设领导小组办公室在全县农村开展了“一户献一计，争创小康户，建设小康村”活动，使全县上下形成了千军万马奔小康的氛围；以“知安平、爱安平、兴安平、创业在安平”为主题，在全县乡村广泛开展“文明创建”知识竞赛和文化下乡进村群众性活动，大力宣传了中共农业农村政策。1998年5月15日，安平县农村基层民主政治建设领导小组办公室开始出版专刊《农村民主政治建设》。同年6月，农工部编辑《农村干部工作手册》，印发3000余册，成为指导广大农村干部开展农村工作的好帮手。1999年11月8日，为开阔农民眼界，调整农业结构，学习先进的种、养技术，成立了安平县农民观摩培训领导小组。是年，全县共组织2万名农民参加了观摩培训；县委对全县乡村干部进行了农村政策法规集中培训；农工委制订《关于对乡村干部就农村政策法规集中培训的实施方案》，并牵头组成宣讲团(组织部、宣传部、农工委、纪检会、财政局、民政局各一名副职组成)，于11月8—20日，对各乡镇全体干部和村“两委”成员进行巡回授课，讲授《农村基层组织工作条例》《村民委员会组织法》等一系列农村政策法规。2000年，农工委认真宣传贯彻《中共中央农业和农村工作若干重大问题的决定》，全年共举办农村基层党员干部培训班7期，培训党员干部500多人。

第二节　小康建设

一、组织机构

1994年3月10日，县委、县政府成立了安平县农村小康建设领导小组。1998年3月25日，县委、县政府研究决定，在原安平县农村小康建设领导小组基础上，调整充实成立安平县农村小康建设指挥部，指挥长由县委书记担任，第一副指挥长由县长担任，副指挥长由一名县委副书记和常务副县长、宣传部部长、农工部部长担任，县直23个有关部门负责人为成员。指挥部下设办公室。办公室设在农工部，主任由农工部部长兼任。

二、小康标准

1. 小康县(市)标准

(1)人均国民生产总值2000元(1990年不变价，下同)。

(2)城镇居民人均纯收入2200元，农民人均纯收入1200元，食物支出占消费总支出的比重在50%以下。

(3)普及九年制义务教育，高中阶段学龄人口入学率达到50%左右。

(4)城镇居民人均住房使用面积8平方米以上，农民人均住房使用面积18平方米左右，住房质量、结构和设施有较大改善。

(5)县有文化馆、图书馆、体育场(馆)、影剧院、医院，居民家庭电视机、收音机基本普及。

(6)第三产业产值占国民生产总值的比重在25%以上。

(7)城乡居民平均预期寿命70岁。

(8)社会秩序良好，重大刑事案件发案数控制在万人5件(三年平均)左右。

(9)环境优美，达到甲级绿化县标准(条件特殊的除外)。

(10)80%以上的乡实现小康。

2. 小康乡(镇)标准

(1)农民人均纯收入1200(1990年不变价)元。

(2)普及九年制义务教育，乡有农技站、乡办中学、文化站、图书室，居民家庭电视机、收音机基本普及。

(3)人均住房使用面积18平方米左右，住房质量、结构和设施有较大改善。

(4)行政村通电、通公路、通电话、道路硬化，环境整洁、绿化达标。

（5）乡有卫生院、敬老院，“五保户”供养率达到100%。

（6）社会秩序良好，重大刑事案件发案数控制在万人5件（三年平均）左右。

（7）80%以上的村实现小康。

3. 小康村标准

（1）农民人均纯收入1200元（1990年不变价），80%以上的户人均纯收入在1200元以上。

（2）集体经济实力增强，村有达到办学必备条件的小学，有广播站，综合文体活动场所，居民家庭电视机、收音机基本普及。

（3）人均住房使用面积18平方米左右，住房质量、结构和设施有较大改善。

（4）居民用电、用水方便，饮用水质达到国家标准，道路硬化，环境整洁，绿化达标。

（5）村有卫生所（室），“五保户”供养率达到100%。

（6）居民法律意识显著增强，自觉遵守乡规民约，社会风气良好。

县、乡、村要把计划生育作为小康建设的重要内容，达到规定要求。

三、建设规划

1994年，县委制定全县农村小康建设规划。全县20个乡镇分三批实现小康，第一批5个乡镇1996年实现小康，第二批9个乡1997年实现小康，第三批6个乡1998年实现小康。全县230个村分五批实现小康，第一批1994年实现小康村7个，第二批1995年实现小康村13个，第三批1996年实现小康村74个，第四批1997年实现小康村91个，第五批1998年实现小康村45个。

1995年，县委对农村小康建设规划进行了调整，制订《关于加快小康建设的意见》，根据不同类型的乡村情况提出了小康建设实施意见。

2000年1月，对经验收未达到小康标准的1乡29村调整了小康建设规划，2000年实现小康村3个：西遥城、孙遥城、刘店；2001年实现小康村8个：孝仁、建王庄、西里村、东河桥、王油子、东石庄、崔各庄、寺店；2002年实现小康村14个：邢庄、程油子、钦什、杨油子、张店、彭疃、曹遥城、北会涡、香管、任庄、东羽林、耿官屯、向官屯、武营；2003年实现小康村4个：李庄、北郝村、南里村、张营；油子乡2002年实现小康。

四、考核验收

自1995年至1999年4月，县委每年都组织验收组对上年度达到小康标准的村进行验收。到1998年年底，除程油子乡外全县7个乡镇实现了小康，占乡镇总数的87.5%；201个村达到小康标准，占全县总村数的87.4%。1999年5月，安平县顺利通过了省市小康县验收。

安平县小康乡镇达标情况一览表

表14-13

达标时间	市认定命名时间	个数	乡镇名称
1996年	1998.3.9	2	南王庄镇、东黄城乡
1997年	1999.2.3	3	安平镇、马店镇、大子文乡
1998年	2000.2.17	2	大何庄乡、西两洼乡
2002年	—	1	程油子乡

安平县小康村达标情况一览表

表14-14

达标时间	县验收时间	个数	村名
1994年	1995.3	7	安平镇：北关、西关；东黄城乡：唐贝、北黄城；马店镇：北白沙庄；南王庄镇：南王庄、李大转
1995年	1996.5	13	安平镇：新政村、政宣、严疃；东黄城乡：徐张屯；马店镇：柏林、马庄、秦王庄、院西、许家庄、东长提、南白沙庄；南王庄镇：伍新村、中角
1996年	1997.4	74	安平镇：西大良、河漕村、王各庄、王胡林、可胡林、兴贤、彭庄、东关、前刘营、南张涡；西两洼乡：东寨子；程油子乡：中佐、南两合程；大何庄乡：马家庄、察罗、郎仁屯、西满正、马营、西何庄、武崔庄、北满子；东黄城乡：徐疃、大同新、敬思村、南庙头、后大寨、东黄城、东南黄城、西南黄城、东北黄城、前大寨、路庄、新民村、建张庄、南侯疃、台城、西侯疃、郭西、堤涡；马店镇：什伍村、马店、周村、北郭村、傅各庄、赵院、刘口屯、朱家庄、徘徊、南牛具；南王庄镇：前辛庄、谷家左、前赵疃、后赵疃、南王宋、张刘乡、王刘乡、野营、闫大转、东大转、西大转、杏贡、角南、谢疃、宅后寺、角北、后辛庄；大子文乡：马江、张敖、崔安村、石干、义里、大子文 、林庄、邢郭庄
1997年	1998.4	91	安平镇：北张庄、杨马庄、逯庄、贾屯、西王庄、东会涡 、杨屯、郭屯、南大良、南胡林、后刘营、北大良、东满正、前程干、后程干 、薛各庄、李疃、刘疃、北张涡、南关、前张庄、后张庄、县前、梅佐；西两洼乡：西毛庄、西寨子、东程干、东里屯、东毛庄、小辛庄、东两洼、后铺、郑家庄；程油子乡：前刘兴、后刘兴、北油子、刘门口、大豆口、东里村、段家佐、义门、北杨庄、南寨、高家佐、中营、袁营、北牛具、张庄、信口、苏各庄、周刘庄；大何庄乡：南满子、中满子、里河、刘家庄、西羽林、彪冢、郎仁、崔岭、大何庄、彭营、报子营、西里庄；东黄城乡：建赵庄、北侯疃，马店镇：北苏村、孝林、王六市、南苏村、辛店、邓庄、西长堤、刘吉口、北辛营、北满正、曹家庄；南王庄镇：东河疃、庄窠头、周大转；大子文乡：北王宋、南石庄、张舍、东白驼罗、西白驼罗、店子头、前子文、南郝村、郭马庄、崔安铺、王营、西赵庄
1998年	1999.4	16	安平镇：宗庄、西会涡、中大良、孟营、李各庄、南辛营；西两洼乡：东庙头、南两洼、史官屯、西两洼、西里屯、前铺；程油子乡：北里村、张寨；大何庄乡：长汝、杨各庄
合计		201	

第三节　基层民主政治建设

1998年4月20日，成立安平县农村基层民主政治建设领导小组，县委1名副书记任组长，纪检书记、常务副县长、农工部部长、人大常委会1名副主任、政协1名副主席任副组长，组织部、纪检会、农工部、宣传部、政法委、司法局、农业局负责人为成员。领导小组下设办公室。办公室设在农工部，由农工部常务副部长兼任办公室主任。1998年，县委制定了《关于安平县1998—2000年农村基层民主政治建设规划》，以安发〔1998〕6号文件下发；5月15日，农村基层民主政治建设领导小组办公室开始出版专刊《农村民主政治建设》。此专刊是全县农村基层民主政治建设的阵地、窗口和教材，发送至领导小组全体成员、成员单位及各乡镇，到2002年年底共印发56期、1600余份。1999年7月2日，县委对原安平县农村基层民主政治建设领导小组进行调整，农工委书记兼任领导小组办公室主任。

一、村务公开

村务公开以村级财务公开为重点，涉及农业税收缴及减免、宅基地发放、各业承包、救灾救济款物的发放、公益事业、公益事业建设承包、婚姻登记、批准生育情况、享受补贴的干部及标准、干部目标责任、群众关心的其他事项等。安平县的村务公开工作从1996年起在全县230个行政村开展。2000年，县委认真贯彻落实《中华人民共和国村民委员会组织法》《河北省村级民主管理条例》《河北省村务公开条例》，扎实抓了乡村两级村务公开的巩固、规范和提高，制订《关于进一步做好乡村两级公开工作的实施意见》。7月15—18日，农工委为促进全县村务公开工作进一步规范和提高，组织力量对全县230个村的村务公开进行了一次拉网式大检查。2001年9月17日，农村基层民主政治建设领导小组办公室以县委文件的形式制定下发《关于对全县第三季度村务公开进行检查的实施方案》，并决定从第三季度开始，在全县建立村务公开问题整改建议书和警示制度。2002年，以村务公开“五规范，一满意”（“五规范”即时间、内容、阵地、管理、程序规范，“一满意”即群众满意）为重点，强化村务公开阵地建设，全县村务公开的质量和水平有了明显提高。

二、民主议政日

“民主议政日”制度，是《河北省村级民主管理条例》确定的一项重要制度，也是唯一一项全市统一时间的重要活动。开展“民主议政日”活动，是保障村民的民主权利的一种具体有效形式，是增强村民民主意识、参政议政意识、维护村民合法权益的重要途径，是解决群众关心的热点、难点问题的重要方法。

图14-4　北郭村民主议政日活动大会

1999年1月20日，全县统一开展了第一个“民主议政日”活动，7月20日，全县统一开展了第二个“民主议政日”活动。为使民主议政活动规范化、制度化，县委决定今后每年的1月20日和7月20日为全县统一开展“民主议政日”的时间。具体工作形式是：

县准备工作　由县农工委负责统一印发“民主议政日”活动情况各项表格样表，拟定县五套班子领导成员参加活动的名单及地点，并通知到本人按时参加。广播局做好跟踪宣传报道，积极动员群众参加议政。各部门下乡工作队员要于1月20日和7月20日全部深入所包村参加民主议政活动。

乡镇准备工作　(1)由乡镇党政联席会和村财乡管领导小组分别审议各村上半年或下半年责任

目标完成情况和村财务收支情况的报表。(2)负责复制民主议政日活动统计表并发到各村。(3)督促指导各村按标准及时公开第二或第四季度村务公开内容。(4)组织安排包村领导和其他干部提前进村介入，督促各村做好准备工作。(5)利用多种形式搞好宣传发动。

村准备工作　(1)村党支部、村委会要于1月18日和7月18日前发布公告，公布“民主议政日”活动的时间、地点、参加人员、主要议题等。(2)汇总上半年或下半年财务收支账目及其他数字。(3)起草准备好《半年村务工作报告》、《半年村财务收支情况报告》。(4)准备会场，各村尽可能悬挂会标，统称为“某某村民主议政日活动大会”。

1999—2002年，全县共开展民主议政日活动8次。通过开展民主议政活动，密切党群、干群关系，促进农村干部队伍的思想、作风和廉政建设，确保农村社会稳定，促进农村经济的发展。

第四节　减轻农民负担

1993年，为贯彻落实国务院《农民承担费用及劳务管理条例》和《河北省农民承担费用和劳务管理规定》，农工部利用一周时间进行了广泛深入宣传。2月12日，安平县成立减轻农民负担监督管理领导小组。经过清理整顿，1993年，全县农民负担的项目由1992年的22项减少到8项；人均负担(不含农业税和农林特产税)由1992年的36.9元减少到25.4元，减少31.2%。1997年4月，安平县被衡水市委定为税费制改革试点县。同年，在全县顺利推行公粮制试点工作，农业税征收实行夏季一季结清的办法。2001年，农工委制订《安平县关于农民负担专项检查的实施方案》，并组织力量对全县8个乡镇的农民负担进行了检查。2002年，全县农村推行税费改革。税费改革后，安平县的农民人均负担80元(含农业正税和农业税附加)，比未实行税费改革前的2001年下降了31%，农民负担水平在全市最低。

第十一章　老干部工作

第一节　老干部管理

一、管理范围

安平县老干部管理工作主要由安平县老干部局负责。其管理范围是：本县的离退休干部和驻安平县的中央和省直单位的离休干部以及接收的部分异地离休干部(不包括军队离退休干部)。

1991年，老干部局管理离退休干部874名，其中离休571名，退休303名，享受地厅级待遇的4名，县处级待遇的382名，科局级和一般干部488名。

2002年年底，老干部局管理的离退休干部1678名，其中离休334名，退休1344名；享受地厅级待遇的2名，县处级待遇的229名，科局级和一般干部1447名。

二、管理内容

1.政治待遇

组织生活　为了让离退休干部中的共产党员能够过好组织生活，县委根据离退休党员干部居住地人数的多少，专门建立老干部党支部。2002年底，全县共有老干部党支部21个。老干部党支部每月集中过一次组织生活，除个别党员因健康原因缺席外，多年平均出席率达96%以上。为提高离退休老干部党员组织生活质量，老干部局从1991年起，每年都聘请党校干部对老干部党员集中进行理论培训。至2002年，共集中培训老干部党员12次，3000人次；先后有6个老干部党支部被评为县级先进党支部。

文件传阅　离退休老干部享受县团级以上待遇者，文件传阅由老干部局负责。局级以下干部传阅文件，由离退休前所在单位负责。

报刊订阅　离休干部不分级别，每人给订阅《老人世界》一份，地级的加订《人民日报》《河北日报》《衡水日报》各一份，县级的加订《河北日报》《衡水日报》各一份，其他离休干部加订《河北日报》一份。

退休干部，每人一份《老人世界》，地级的加订《人民日报》一份，县级的加订《河北日报》一份，其他退休干部加订《衡水日报》一份。

2. 生活待遇

工资补贴　根据中央有关指示精神离休干部除享受一般政策性各类补贴、福利待遇外，1937年7月6日以前参加革命工作的，每年增发两个月的标准工资；1937年7月7日至1942年12月31日参加革命工作的，每年增发一个半月标准工资；1943年1月至1945年9月2日参加革命工作的，每年增发1个月标准工资作为补贴。

交通费　1991年，离休干部地专级、县级和其他干部每人每月分别补发35元、20元、13元。1996—2002年，离休干部地专级，县级和一般干部分别补发40元、30元、20元，退休干部地专级、县级、一般干部分别补发30元、20元、15元。

住房安排　1991年，住房制度改革，离休干部购买住房除享受一般优惠政策外，根据参加革命工作时间长短，再给予一定的优惠。其中，县城安置的住公产房，回村安置的，解放战争时期参加工作的每人补助1500元，抗日战争时期参加工作的每人补助3000元。

3. 疾病治疗

老干门诊　1993年，县委、县政府投资建立老干门诊，配备3名医务人员负责老干部疾病的医疗诊治　。

县乡两级医疗网　自1985年建立县乡两级医疗网以来，切实解决老干部就近治病问题。每年春季，县医院都为离休老干部体检1次，12年共体检4000多人次。

离休干部医药费　县财政将药费拨入老干诊所，由老干诊所统一掌握使用，实报实销。2002年，共报销药费66万元，人均药费数2300元，重大病号采取分期报销办法。

4. 文体活动

为方便老干部活动，使离退休老干部活动有场所，锻炼有去处及老有所乐，老干局在院内建立了面积为400平方米的门球场一个；每年春秋两季都举办老干部运动会，举行门球、钓鱼比赛等活动。同时还积极参加衡水地区、市举办的各种老干部运动会，不定期举办书法、象棋等竞赛活动。至2002年，共举办老干部运动会12次，书画展览等5 次，参加比赛和展览的达250多人次。

图14-5　老干部在打门球

5. 节日慰问

老干局协同县委、县政府每年在“九九”重阳节和春节两大节日，对老干部进行慰问，发放慰问品。

三、管理形式

老干部离退休后，人事关系仍留在原单位的由原单位管理，居住在农村的由所在乡镇老干部联络员管理。

第二节　关心下一代工作委员会

安平县关心下一代协会成立于1991年8月22日，组成人员30名，设主任1名，名誉主任1名，专职工作人员1名。1999年4月8日，更名为安平县关心下一代工作委员会（简称安平县关工委）。2002

年，县关工委由县委一名副书记任主任，副主任34名，秘书长1名，下设县关工委办公室。办公室设在老干局，设主任1名，专职工作人员2名。

1991年，县直单位有安平中学、职业中学、第一实验小学、第二实验小学共4个单位建立关心下一代协会，全县20个乡镇普遍成立关心下一代协会。同时，230个行政村全部建立关心下一代工作小组，会员1905人。1996年并乡扩镇后，全县8个乡镇建立关心下一代协会。1999年，县直4个、乡镇8个共12个关心下一代协会更名为关工委。同年，安平第二中学、第三中学、育才中学、光明中学、向阳小学、启蒙小学共6所学校成立关工委。2002年，共有10个县直单位关工委，8个乡镇关工委，230个村关心下一代工作小组，形成县乡村三级工作网络。

关工委是由部分离退休干部及有关部门、群众团体负责人组成的群众性工作组织，以关心教育下一代为目的。关工委经常组织老干部、特别是退居二线的老干部对广大青少年进行爱国主义、集体主义、社会主义教育，进行革命传统和法制教育；保护未成年人的合法权益，教育挽救后进失足青少年；协助有关部门为青少年的健康成长办好事，办实事。

1991—2002年，县关工委每年都与县委宣传部、县司法局、县教育局等部门联合组织离退休老干部深入到全县中小学校开展理想与信念教育、革命传统教育，及法律、法规的宣传教育。12年共巡回报告115场次，受教育者达10万余人次。

在关心下一代工作中，涌现出一批积极分子和先进集体。从1993年起，先后有3人被评为河北省关心下一代工作先进个人。1991—2002年，先后有16人次被评为衡水地区和衡水市关心下一代工作先进个人；从1996年起，先后有县关心下一代协会，大何庄乡、西两洼乡关心下一代协会，安平县第二实验小学、西两洼乡、程油子乡关工委被评为衡水市关心下一代工作先进集体。

第十五编　地方人民代表大会

- 人民代表大会代表
- 人民代表大会会议
- 人大常委会

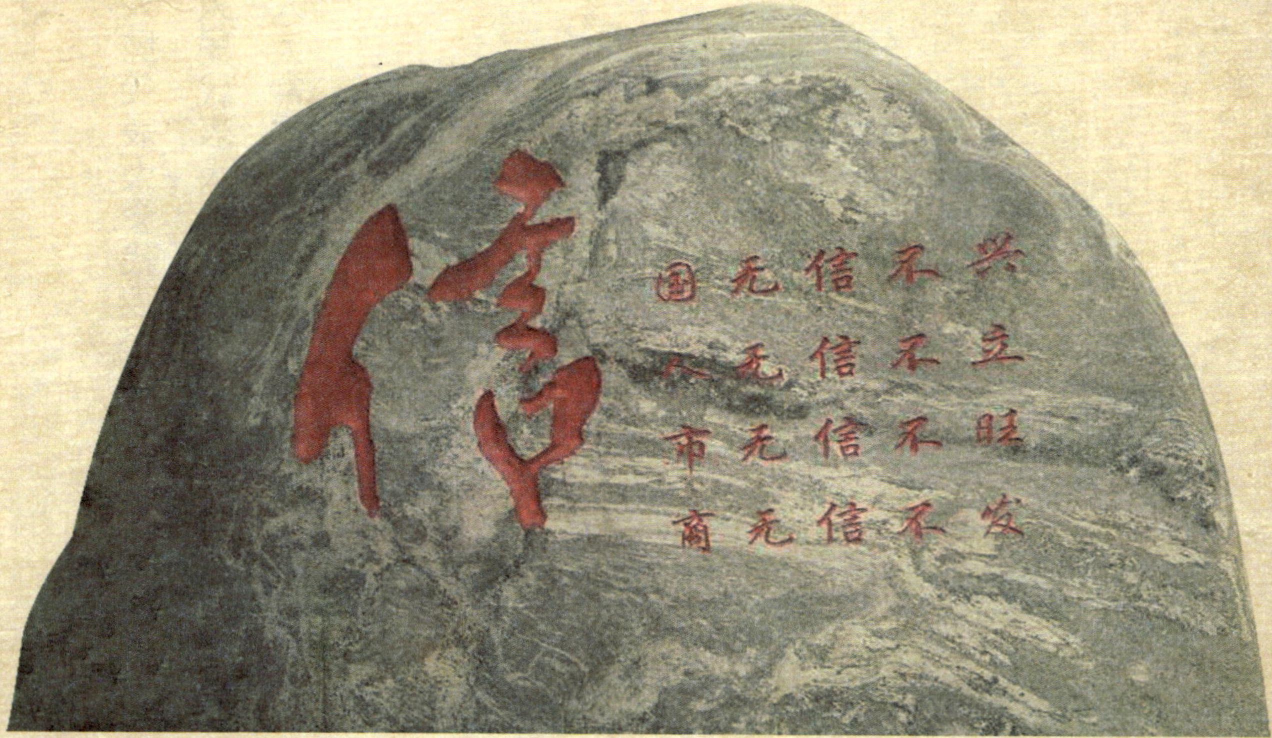

安平县汉王公园石刻

第十五编　地方人民代表大会

安平县人民代表大会是地方国家权力机关。1991年3月和1992年3月，召开了县十届人民代表大会第二次会议、第三次会议。1993年2月至1998年2月为县十一届人民代表大会任期，其间，召开了六次人民代表大会。1998年3月至2002年12月为县十二届人民代表大会任期，其间，召开了五次人民代表大会。

第一章　人民代表大会代表

第一节　代表选举

一、县级人民代表大会代表选举

选举法规定：县、不设区的市、市辖区、乡、民族乡、镇的人民代表大会代表由选民直接选举。安平县1990—2002年共经历了三次县级人大换届选举。第十届人民代表大会代表选举于1989年11月1日开始，选举日为1990年1月16日，选举产生代表190名。第十一届人民代表大会代表选举于1992年10月5日开始，选举日为1993年1月10日，选举产生代表197名。第十二届人民代表大会代表选举于1997年11月1日开始，选举日为1998年1月10日，选举产生代表176名。

1. 选举机构

县级人民代表大会代表选举由县选举委员会主持。县选举委员会由主任、副主任和委员组成，其成员由有关组织及各社会团体推荐，县人大常委会任命。1990年换届选举时，选举委员会有主任、副主任和委员35人；1993年换届选举时，选举委员会有主任、副主任和委员36人；1998年换届选举时，选举委员会有主任、副主任和委员47人。选举委员会下设办公室。办公室负责换届选举的各项具体事宜。

2. 选区划分

根据选举法规定直接选举的地方（即不设区的市、市辖区、县、自治县、乡、民族乡、镇），人民代表大会的代表名额分配到选区，按选区进行选举。选区可以按居住状况划分，也可以按生产单位、事业单位、工作单位划分。在划分选区过程中，必须遵循从具体情况出发，便于选民行使权利，便于代表联系选民和接受选民监督的原则。按照选举法每一选区选一名至三名代表的规定，第十届人大代表选举全县划分选区147个，第十一届全县划分选区146个，第十二届全县划分选区80个。

3. 选民登记

选民登记是对选民资格的法律认可，是关系到公民是否有选举权和被选举权以及是否能行使选举权的重大问题。根据《中华人民共和国选举法》的规定，凡年满18周岁，没有被剥夺政治权利的中国公民都应列入选民名单；选民登记按选区进行，经登记确认的选民资格长期有效。每次选举前对上次选民登记以后新满18周岁的、被剥夺政治权利期满后恢复政治权利的选民予以登记。对选民经登记后迁出原选区的列入新迁入选区的选民名单；对死亡和依照法律被剥夺政治权利的人从选民名单上除名；精神病患者不能行使选举权利的，经选举委员会确认，不列入选民名单。选民名单应在选举日的20日以前公布。对公布的选民名单有不同意见的，可以向选举委员会提出申诉。选举委员会对申诉意见，应在3日内作出处理决定。申诉人如果对处理决定不服，可以在选举日的5日以前向人民法院起诉，人民法院应在选举日以前作出判决。人民法院的判决为最后决定。

安平县第十届人大代表的选举，全县登记选民208115人，经选举委员会确认精神病患者不能行使选举权利不列入选民名单的789人，依照法律被剥夺政治权利的8人。第十一届人大代表选举，全县登记选民183951人，经选举委员会确认精神病患者不能行使选举权利不列入选民名单的407人，依照法律被剥夺政治权利的3人。第十二届人大代表选举，全县登记选民206516人，经选举委员会确认精神病患者不能行使选举权利不列入选民名单的305人，依照法律被剥夺政治权利的23人。

4. 名额分配

在1995年以前，地方各级人大代表名额，是按照便于召开会议、讨论问题和决定问题，并且使各民族、各地区、各方面都能有适当数量的代表的原则由各省、自治区、直辖市的人大常委会来确定。经河北省人大常委会确定安平县第十届人大代表名额为194名；第十一届人大代表名额为199名。1995年修改的选举法，将地方人大代表名额按“基数加人口数”的原则来确定，即县、自治县、不设区的市、市辖区的代表名额基数为120名，每5000人可以增加1名代表；人口超过165万的，代表总名额不得超过450名；人口不足5万人的，代表总名额可以少于120名。聚居的少数民族多或人口居住分散的县、自治县，经河北省人大常委会决定，代表名额可以另加5%。经河北省人大常委会确定安平县第十二届人大代表名额为184名。

县级人大代表总名额确定后，按照“农村每一代表所代表的人口数4倍于城镇每一代表所代表的人口数的原则分配代表名额”的规定，经县选举委员会确定：第十届人大代表名额中县直10名，各乡镇180名，缺4名；第十一届人大代表名额中县直11名，各乡镇186名，缺2名；第十二届人大代表名额中县直13名，各乡镇163名，缺8名。

5. 候选人确定

根据选举法的规定，县级人民代表大会代表的候选人按选区提名产生。各政党、各人民团体，可以联合或者单独推荐代表候选人。选民10人以上联名，也可以提名推荐。推荐者需向选举委员会介绍候选人的情况。各选区在名单公布后的5日之内（1995年前为选民名单公布后的10日之内），将依法提名推荐的初步候选人名单上报选举委员会。选举委员会汇总后，在选举日的15日以前（1995年前为选举日的20日前）公布。并由各选区的选民小组反复酝酿、讨论、协商，根据多数选民的意见，确定正式代表候选人名单，并在选举日的五日以前公布。安平县第十届人大代表选举时提出代表候选人563名，经过充分酝酿，民主协商，确定正式候选人342名。第十一届提出431名，经过酝酿、协商，确定332名。第十二届提出398名，经过酝酿、协商，确定256名。

6. 投票选举

投票选举是选举的重要环节，组织好投票选举是一项严肃细致的工作。安平县在历次选举中严格按要求进行。

投票站或选举大会必须由选举委员会、选举

领导小组的人员主持；如使用流动票箱，须指定2人以上的专人负责；分送选票时，一定要核验选民证，凭选民证或身份证领取选票，并在选民证上加盖“参选”戳记。

坚持无记名投票和差额选举，任何领导或任何人都不能对选民自主填写选票作任何干预或暗示；当出席大会或到投票站的选民超过半数时，才可以宣布正式开会。

依法投票和计票。由监票员当众检验票箱，加封或上锁；投票结束后，在监票员监督下，由计票员当众开箱，对箱内选票清点核实，如箱内选票和所发选票相等或少于所发选票时，投票有效，便可以开始计票，并填写计票结果报告单，经监票员签字后，交大会或投票站执行主席。如清点收回选票多于发出选票时，则应宣布这次投票无效，需组织重新投票选举。

7. 代表资格审查

代表产生后，各选区填写选举结果报告单，由县选举委员会对代表资格进行审查。审查重点是选举中各个环节包括候选人提名，正式候选人确定、差额比例、当选人涉票等是否符合《中华人民共和国选举法》的规定。对符合法律规定的确认代表当选资格有效，发给当选证书，以公告形式按选区张榜公布。

二、市级人民代表大会代表选举

1996年9月9—10日，安平县第十一届人民代表大会第五次会议选举产生衡水市第一届人民代表大会代表31名。1998年2月13—16日，安平县第十二届人民代表大会第一次会议选举产生衡水市第二届人民代表大会代表33名。

三、代表任期

根据选举法的规定，代表(包括补选的人大代表)的任期从当选之日起，至本届人民代表大会届满止。1995年修改选举法前，县级人大代表任期为三年，之后为五年。任期间，代表因故出缺(包括：地方各级人大代表迁出或调离本行政区域的、辞职被接受的、未经批准两次不出席本级人民代表大会会议的、被罢免的、丧失中国国籍的、依法被剥夺政治权利的、死亡的)，其代表职务终止；因刑事案件被羁押正在受侦查、起诉、审判的和被依法判处管制、拘役或者有期徒刑而没有附加剥夺政治权利，正在服刑的暂时停止执行代表职务。上述所列情形在代表任期内消失后，恢复其执行代表职务，但代表资格终止者除外。

第二节　代表构成

1990年3月，选举出安平县第十届人民代表大会代表190名，其中男性代表150名，占78.95%；女性代表40名，占21.05%。中共党员128名，占67.37%；群众62名，占32.63。大专以上学历18名，占9.48%；中学和中专学历127名，占66.84%；小学学历45名，占23.68%。工人4名，占2.11%；农民109名，占57.37%；干部72名，占7.89%；解放军3名，占1.58%；其他2名，占1.05%。

1993年2月，选举出安平县第十一届人民代表大会代表197名。其中男性代表158名，占80.20%；女性代表39名，占19.80%。中共党员134名，占68.02%；群众63名，占31.98%。大专以上学历24名，占12.18%；中学和中专学历52名，占26.40%；小学学历121名，占61.42%。工人4名，占2.03%；农民116名，占58.88%；干部77名，占39.09%。

1998年2月，选举出安平县第十二届人民代表大会代表176名。其中男性代表137名，占77.8%；女性代表39名，占22.2%。中共党员116名，占65.9%；群众60名，占34.1%。大专以上学历31名，占17.6%；中学和中专学历63名，占35.8%；小学学历82名，占46.6%。工人8名，占4.5%；农民101名，占57.4%；干部61名，占34.7%；其他6名，占3.4%。

安平县第十届人大代表构成统计表

表15-1　　　　单位：人

单位乡镇＼类别	总数	性别		年龄			政治面目			民族		文化程度			组成情况					
		男	女	35岁以下	36—55岁	56岁以上	中共党员	民主党派	群众	汉	少数民族	大专以上	中学中专	小学以下	工人	农民	干部	解放军	武警	其他
台城乡	8	6	2	1	5	2	5	0	3	8	0	0	5	3	0	4	3	1	0	0
程油子乡	8	6	2	0	7	1	6	0	2	8	0	2	6	0	0	5	3	0	0	0
马店镇	11	9	2	1	8	2	5	0	6	11	0	0	9	2	1	7	3	0	0	0
袁营乡	7	6	1	0	5	2	5	0	2	7	0	2	2	3	0	4	3	0	0	0
张寨乡	7	6	1	1	3	3	5	0	2	7	0	1	3	3	0	4	3	0	0	0
南苏村乡	11	9	2	1	9	1	7	0	4	11	0	1	9	1	0	7	4	0	0	0
察罗乡	11	9	2	2	9	0	7	0	4	11	0	0	11	0	0	7	4	0	0	0
刘吉口乡	11	9	2	1	9	1	7	0	4	11	0	2	5	4	0	7	4	0	0	0
南王庄镇	14	11	3	1	12	1	10	0	4	14	0	1	12	1	0	9	5	0	0	0
石干乡	9	7	2	2	6	1	6	0	3	9	0	1	4	4	0	6	3	0	0	0
南王宋乡	8	6	2	1	6	1	5	0	3	8	0	0	4	4	0	5	3	0	0	0
大子文乡	11	9	2	0	9	2	9	0	2	11	0	1	8	2	0	6	4	1	0	0
安平镇	6	5	1	1	3	2	5	0	1	6	0	1	4	1	0	2	4	0	0	0
河漕村乡	9	7	2	1	8	0	6	0	3	9	0	0	6	3	0	6	3	0	0	0
东黄城乡	10	7	3	0	8	2	7	0	3	10	0	0	8	2	0	6	4	0	0	0
王胡林乡	7	6	1	1	6	0	6	0	1	7	0	0	6	1	0	4	3	0	0	0
东里屯乡	5	4	1	0	5	0	4	0	1	5	0	0	3	2	0	3	2	0	0	0
西两洼乡	7	6	1	2	5	0	5	0	2	7	0	0	6	1	0	4	3	0	0	0
后张庄乡	9	7	2	0	9	0	6	0	3	9	0	3	3	3	0	6	3	0	0	0
大何庄乡	11	9	2	1	8	2	6	0	5	11	0	0	6	5	0	7	4	0	0	0
县直	10	6	4	2	5	3	6		4	10		3	5	2	3		4	1		2
合计	190	150	40	19	145	26	128	0	62	190	0	18	127	45	4	109	72	3	0	2
比例(%)	—	78.95	21.05	10.00	76.32	13.68	67.37	0	32.63	100	0	9.48	66.84	23.68	2.11	57.37	37.89	1.58	0	1.05

说明：表中所列为1990年3月十届一次会议人大代表情况

安平县第十一届人大代表构成统计表

表15-2

单位：人

类别 单位乡镇	总数	性别		年龄			政治面目			民族		文化程度			组成情况					
		男	女	35岁以下	36—55岁	56岁以上	中共党员	民主党派	群众	汉	少数民族	大专以上	中学中专	小学以下	工人	农民	干部	解放军	武警	其他
台城乡	8	6	2	0	6	2	5	0	3	8	0	1	4	3	0	5	3	0	0	0
程油子乡	7	5	2	0	6	1	5	0	2	7	0	2	1	4	0	4	3	0	0	0
马店镇	12	10	2	0	11	1	7	0	5	12	0	0	4	8	0	7	5	0	0	0
袁营乡	7	6	1	0	5	2	5	0	2	7	0	1	0	6	0	4	3	0	0	0
张寨乡	8	7	1	1	7	0	5	0	3	8	0	2	5	1	0	5	3	0	0	0
南苏村乡	12	9	3	0	11	1	8	0	4	12	0	1	3	8	0	8	4	0	0	0
察罗乡	12	10	2	0	11	1	8	0	4	12	0	0	1	11	0	8	4	0	0	0
刘吉口乡	11	9	2	1	9	1	7	0	4	11	0	0	2	9	0	7	4	0	0	0
南王庄镇	15	12	3	1	13	1	10	0	5	15	0	4	3	8	0	10	5	0	0	0
石干乡	9	7	2	2	5	2	6	0	3	9	0	1	3	5	0	6	3	0	0	0
南王宋乡	8	6	2	0	8	0	5	0	3	8	0	1	3	4	0	5	3	0	0	0
大子文乡	12	10	2	0	10	2	8	0	4	12	0	1	3	8	0	8	4	0	0	0
安平镇	7	5	2	1	5	1	6	0	1	7	0	0	3	4	0	3	4	0	0	0
河漕村乡	9	7	2	0	9	0	6	0	3	9	0	0	3	6	0	6	3	0	0	0
东黄城乡	10	8	2	0	9	1	7	0	3	10	0	1	3	6	0	6	4	0	0	0
王胡林乡	7	6	1	0	6	1	5	0	2	7	0	0	2	5	0	4	3	0	0	0
东里屯乡	5	4	1	0	4	1	4	0	1	5	0	1	1	3	0	3	2	0	0	0
西两洼乡	7	6	1	0	7	0	5	0	2	7	0	1	1	5	0	4	3	0	0	0
后张庄乡	9	7	2	1	8	0	6	0	3	9	0	2	2	5	0	6	3	0	0	0
大何庄乡	11	9	2	1	9	1	7	0	4	11	0	1	1	9	0	7	4	0	0	0
县直	11	9	2	3	8	0	9	0	2	11	0	4	4	3	4	0	7	0	0	0
合计	197	158	39	11	167	19	134	0	63	197	0	24	52	121	4	116	77	0	0	0
比例(%)	—	80.20	19.80	5.58	84.77	9.65	68.02	0	31.98	100	0	12.18	26.40	61.42	2.03	58.88	39.09	0	0	0

说明：表中所列为1993年2月十一届一次会议人大代表情况

安平县第十二届人大代表构成统计表

表15-3　　　　单位：人

类别 单位	应选代表	实选代表	性别		年龄			政治面目		民族		文化程度			组成情况			
			男	女	35岁以下	36—55岁	56岁以上	中共党员	群众	汉	少数民族	大专以上	中学中专	小学以下	工人	农民	干部	其他
安平镇	30	30	24	6	1	29	0	21	9	30	0	5	7	18	0	23	7	0
大何庄乡	19	19	15	4	1	18	0	13	6	19	0	2	9	8	0	12	7	0
马店镇	28	28	21	7	4	21	3	17	11	28	0	2	9	17	0	21	7	0
程油子乡	20	20	17	3	4	16	0	13	7	20	0	3	14	3	0	10	7	3
大子文乡	18	18	14	4	0	18	0	12	6	18	0	2	7	9	0	11	7	0
南王庄镇	20	20	14	6	3	16	1	13	7	20	0	3	4	13	3	10	7	0
西两洼乡	12	12	10	2	3	9	0	8	4	12	0	6	1	5	0	5	7	0
东黄城乡	16	16	12	4	2	13	1	11	5	16	0	1	7	8	0	9	7	0
县直一	3	3	3	0	2	1	0	2	1	3	0	3	0	0	0	0	3	0
县直二	3	3	3	0	1	2	0	2	1	3	0	2	1	0	0	0	2	1
县直三	2	2	2	0	0	2	0	2	0	2	0	0	2	0	2	0	0	0
县直四	2	2	0	2	0	2	0	1	1	2	0	2	0	0	0	0	0	2
县直五	3	3	2	1	1	2	0	1	2	3	0	0	2	1	3	0	0	0
合计	176	176	137	39	22	149	5	116	60	176	0	31	63	82	8	101	61	6
比例	—	—	77.8	22.2	12.5	84.7	2.8	65.9	34.1	100	0	17.6	35.8	46.6	4.5	57.4	34.7	3.4

说明：表中所列为1993年2月十一届一次会议人大代表情况

1998年出席省、市、县人大代表构成统计表

表15-4　　单位：人、%

项目	代表级别	省人大代表		市人大代表		县人大代表	
		人数	比例(%)	人数	比例(%)	人数	比例(%)
应选代表数		2	—	32	179	—	—
实选代表数		2	—	32	179	—	—
性别	男	2	100	25	78.13	140	78.21
	女	—	—	7	21.87	39	21.79
年龄	35岁以下	—	—	5	15.63	22	12.29
	36岁至40岁	—	—	2	6.23	24	13.41
	41岁至45岁	—	—	7	21.88	47	26.25
	46岁至50岁	—	—	9	28.13	48	26.82
	51岁至55岁	—	—	6	18.75	30	16.76
	56岁至60岁	—	—	3	9.38	8	4.47
	61岁以上	—	—	0	0	0	0
政治面貌	中共党员	—	—	—	—	119	66.48
	民主党派	—	—	—	—	0	0
	无党派人士	—	—	—	—	0	0
	群众	—	—	—	—	60	33.52
民族	汉族	—	—	—	—	179	100
	少数民族	—	—	—	—	0	0
学历	大学本科以上	—	—	—	—	8	4.47
	大专	—	—	—	—	25	13.96
	中专及高中	—	—	—	—	63	35.20
	初中	—	—	—	—	83	46.37
	小学以下	—	—	—	—	0	0
代表构成	工人	—	—	—	—	8	4.47
	农民	—	—	—	—	101	56.43
	干部	—	—	—	—	64	35.75
	知识分子	—	—	—	—	0	—
	归侨	—	—	—	—	0	—
	军人	—	—	—	—	0	—
	其他	—	—	—	—	6	3.35

第十至十二届各次会议人大代表及职务执行情况表

表15-5　　　　单位：人

届别	会　议	终止代表职务	暂停代表职务	补选代表	实有代表
第十届	第一次会议	—	—	—	190
	第二次会议	1	0	1	190
	第三次会议	0	0	0	190
第十一届	第一次会议	—	—	—	197
	第二次会议	0	0	0	197
	第三次会议	3	0	3	197
	第四次会议	2	0	6	201
	第五次会议	2	0	2	201
	第六次会议	0	1	2	202
第十二届	第一次会议	—	—	—	179
	第二次会议	2	0	2	179
	第三次会议	3	0	8	184
	第四次会议	1	0	6	189
	第五次会议	0	0	7	196

第二章　人民代表大会会议

根据《中华人民共和国地方组织法》关于“地方各级人民代表大会会议每年至少举行一次”的规定，自1990年3月至2002年12月，安平县人民代表大会经历了三届，共召开十四次人民代表大会。

第一节　安平县第十届人民代表大会

第一次会议　1990年3月4—7日在安平县招待所礼堂召开。出席代表190名，列席人员92名。（详见1996年版《安平县志》）

第二次会议　1991年3月21—23日在县政府招待所礼堂召开。出席代表190名，列席人员105名。会议听取和审议了政府工作报告、关于“七五”国民经济与社会发展情况及“八五”计划十年规划纲要的报告、财政预决算报告，人大常委会和法院、检察院工作报告，并通过了相应的决议和《经济建设大合唱》的决议。

第三次会议　1992年3月20—22日在县政府招待所礼堂召开。出席代表190名，列席人员106名。会议听取和审议了政府工作报告、国民经济和社会发展计划报告、财政预决算报告、人大常委会和法院、检察院工作报告（以下简称“六个报告”），并通过了相应的决议。

第二节　安平县第十一届人民代表大会

第一次会议　1993年2月24—27日在县政府招待所礼堂召开。该届人大代表共197名，出席代表

192名，列席人员101名。会议听取和审议了政府工作报告、财政预决算报告、人大常委会和法院、检察院工作报告，并通过了相应的决议。会议选举产生了县十一届人民代表大会常务委员会主任1名、副主任6名、委员11名，安平县人民政府县长1名、副县长7名，县人民法院院长和县人民检察院检察长各1名，出席河北省第八届人民代表大会代表5名。

第二次会议　1994年3月23—25日在县政府招待所礼堂召开。出席代表197名，列席人员117名。会议听取和审议了“六个报告”，并通过了相应的决议。

第三次会议　1995年3月7—10日在县政府招待所礼堂召开。出席代表197名，列席人员123名。会议听取和审议了“六个报告”，并通过了相应的决议。会议补选石小琢为安平县人民政府县长。

第四次会议　1996年3月12—15日在县政府招待所礼堂召开。出席代表201名，列席人员118名。会议听取和审议了“六个报告”，并通过了相应的决议。会议决定接受张万丰辞去安平县人大常委会主任职务，张郁波辞去安平县人大常委会副主任职务。会议补选张志奇为安平县人大常委会主任，王新海、武赞卿、边金栋为安平县人大常委会副主任。

第五次会议　1996年9月9—10日在县政府招待所礼堂召开。出席代表201名。会议依法选出衡水市第一届人民代表大会代表26名。会议补选刘春阳为安平县人民法院院长。

第六次会议　1997年3月3—5日在县政府招待所礼堂召开。出席代表202名，列席人员133名。会议听取和审议了“六个报告”，并通过了相应的决议。会议补选王五臣为安平县人大常委会副主任，补选李再兴为安平县人民检察院检察长。

第三节　安平县第十二届人民代表大会

第一次会议　1998年2月13—16日在县政府招待所礼堂召开。该届人大代表共179名，出席代表175名，列席人员108名。会议听取和审议了“六个报告”，并通过了相应的决议。

会议选举产生了县十二届人民代表大会常务委员会主任1名、副主任5名、委员13名，县人民政府县长1名、副县长8名，县人民法院院长和县人民检察院检察长各1名，省人大代表2名（赵庆云、王小星），衡水市第二届人民代表大会代表32名。

图15-1　安平县第十二届人民代表大会第一次会议

第二次会议　1999年3月3—5日在县政府招待所礼堂召开。会议出席代表179名，列席人员117名。会议听取和审议了“六个报告”，并通过了相应的决议和《安平县人民代表大会议事规则》。

第三次会议　2000年3月8—11日在县政府招待所礼堂召开。出席代表184名，列席人员116名。会议听取和审议了“六个报告”，并通过了相应的决议。会议补选李洪林为安平县人民政府县长，补选安平县第十二届人大常委会委员4名。

第四次会议　2001年2月12—14日在县政府招待所礼堂召开。出席代表189名，列席人员107名，会议听取和审议了“六个报告”，并通过了相应的决议。会议补选安平县人大常委会委员2名，补选卢援助为安平县人民政府副县长，补选耿兴行为安平县人民检察院检察长。

第五次会议　2002年2月27—3月1日在县政府招待所礼堂召开。出席代表196名，列席人员108名。会议听取和审议了“六个报告”，并通过了相应的决议。

第三章　人大常委会

安平县人大常委会是县人民代表大会的常设机关；1991—2002年，人大常委会认真履行宪法和法律赋予的各项职权，做了大量的工作。

第一节　人大常委会组成及机构设置

一、常委会组成

安平县第十届人大常委产生于1990年3月，设主任1名，副主任6名，委员10名。

安平县第十一届人大常委会产生于1993年2月，设主任1名，副主任6名，委员11名。期间，接受1名主任、1名副主任和4名委员辞呈，补选主任1名，副主任3名。至该届任期届满，设主任1名，副主任9名，委员7名。

安平县第十二届人大常委会产生于1998年2月，设主任1名，副主任5名，委员17名。至2002年期间，接受2名委员辞呈，补选6名委员。至2002年年底，设主任1名，副主任5名，委员17名。

第十至十二届安平县人大常委会人员构成统计表

表15-6　　单位：人

届次	组成人员	职数	政治面目		专职	兼职	文化结构		年龄
			中共党员	群众			大专及以上	中专及以下	35岁以下
十	主　任	1	1	—	1	—	—	1	—
	副主任	6	6	—	4	2	3	3	—
	委　员	10	9	1	—	10	3	7	—
十一	主　任	1	1	—	1	—	—	1	—
	副主任	6	6	—	4	2	4	2	—
	委　员	11	11	—		11	4	7	—
十二	主　任	1	1	—	1	—	1	—	—
	副主任	5	4	1	3	2	1	4	—
	委　员	13	13	—		13	5	8	1

说明：所列职数均为各届第一次会议选举人数，届内补选变更未记入。

第十至十二届安平县人大常委会主任、副主任一览表

表15-7

届　期	职　务	姓　名	任职时间	籍　贯	是否驻会
第十届（1990年3月至1993年2月）	主　任	张万丰	1990.3—1993.2	安平镇北张庄	驻　会
	副主任	张郁波	1990.3—1993.2	大何庄乡马营	驻　会

续表15-7

届　期	职　务	姓　名	任职时间	籍　贯	是否驻会
第十届（1990年3月至1993年2月）	副主任	张兴来	1990.3—1993.2	大何庄乡西满正	驻　会
		刘毅兴	1990.3—1993.2	南王庄镇谷家左	驻　会
		张淑聪（女）	1990.3—1993.2	保定市涞水县	驻　会
		苑书田	1990.3—1993.2	马店镇北郭村	不驻会
		李绍轩	1990.3—1993.2	安徽省临泉县	不驻会
第十一届（1993年2月至1998年2月）	主　任	张万丰	1993.2—1996.3	安平镇北张庄	驻　会
		张志奇	1996.3—1998.2	安平镇北张庄	驻　会
	副主任	刘占省	1993.2—1998.2	深州市刘屯	驻　会
		张郁波	1993.2—1996.3	大何庄乡马营	驻　会
		刘毅兴	1993.2—1998.2	南王庄镇谷家左	驻　会
		王广文	1993.2—1998.2	肃宁县	驻　会
		苑书田	1993.2—1998.2	马店镇北郭村	不驻会
		李绍轩	1993.2—1998.2	安徽省临泉县	不驻会
		王新海	1996.3—1998.2	南王庄镇南王庄	驻　会
		武赞卿	1996.3—1998.2	程油子乡武营	驻　会
		边金栋	1996.3—1998.2	马店镇曹家庄	驻　会
		王五臣	1997.3—1998.2	安平镇逯庄	不驻会
第十二届（1998年2月起）	主　任	马俊杰	1998.2—2002.12	安平镇杨马庄	驻　会
	副主任	王新海	1998.2—2002.12	南王庄镇南王庄	驻　会
		段占表	1998.2—2002.12	西两洼乡南两洼	驻　会
		王五臣	1998.2—2002.12	安平镇逯庄	驻　会
		赵跃军	1998.2—2002.12	大子文乡店子头	驻　会
		王保恩	1998.2—2002.12	大子文乡崔安铺	不驻会

二、常委会机构设置

1991年，县人大常委会设办公室、财经科、政法科、科教文卫科、人事科。1999年4月，增设研究室。县人大常委会机关设在县城新盈东街19号。

第二节　常委会会议

一、第十届人大常委会会议

该届常委会共召开22次会议。会议听取审议了县“一府两院”关于农业、公安、计划生育、教育、卫生等31项内容的工作报告，共任免干部79人次。1990年3月28日，十届一次人大常委会议讨论通过了《安平县人大常委会议事规则》《安平县人民代表大会代表工作办法》《安平县人大常委会联系人大代表的暂行办法》《安平县人大常委会关于办理代表建议、批评意见暂行办法》《安平县人大常委会关于接待处理来信来访的暂行规定》《关于建立县人民代表小组开展活动的意见》。1990年6月1日，二次人大常委会议讨论通过了《安平县人大常委会人事任免办法》《安平县第十届人大常委会关于县人大代表持证视察办法》。1990年7月27日，三次人大常委会议讨论通过了《关于对司法机关实施监督的办法》。

二、第十一届人大常委会会议

该届常委会共召开常委会议43次。会议听取和审议了县"一府两院"关于农业生产、工业企业改革、科技进步、开放兴县、医疗卫生、治安管理等27项内容的工作报告，提出建议意见129条。本届共依法任免地方国家机关工作人员234人次。

三、第十二届人大常委会会议

该届常委会到2002年年底共召开常委会议27次。会议听取审议了县"一府两院"关于农业产业化、环保、普法、企业改制、社会治安等20多项工作报告，提出建议意见180余条。本届共任免县"一府两院"和县人大常委会工作人员227人次。2000年6月，第十六次常委会议讨论通过了《关于切实减轻企业负担、强化服务、优化企业发展环境的决定》。

第三节　人大常委会主要工作

县人民代表大会及其常务委员会根据《地方各级人民代表大会和地方各级人民政府组织法》，依法行使权力。主要工作是决定重大事项，任免国家工作人员，对"一府两院"工作进行监督，进行执法检查，指导基层人大工作，督办代表议案，接待群众信访。在创新监督形式的同时，支持和推动"一府两院"工作。

一、决定重大事项

1991—2002年，县人民代表大会及其常委会依法作出重大决议、决定7项。

安平县第十至十二届人大常委会重大决定、决议一览表

表15-8

届次	内容	年度
第十届	关于实行部门执法责任制的决议	1991
第十一届	关于认真实施《安平县军人抚恤优待办法》的决定	1993
	关于实现"富民建市奔小康"战略目标的决议	1994
第十二届	关于《依法治县的决议》、关于《防治大气污染、治理烟囱冒黑烟的决议》	1998
	关于落实《中华人民共和国土地管理法》和《殡葬改革条例》深化殡葬改革的决议，关于切实减轻企业负担、强化服务、优化企业发展环境的决议	2000

二、依法行使对"一府两院"的监督权

加强对县人民政府、法院、检察院（简称"一府两院"）的法律监督和工作监督，是宪法赋予县人大及其常委会的一项重要职权。1991—2002年，县人大及其常委会围绕中国共产党的中心工作和主要任务，开展监督工作。监督县人民政府的规章、决定、命令是否与宪法、法律、行政法规和地方性法规以及上级和本级人民代表大会及其常委会决议、决定相抵触；监督国民经济计划、财政预算和决算情况及本级重大事项的执行情况；监督县人民法院、人民检察院的审判、检察工作情况及违法行为，人大代表提出的议案、建议、批评和意见的办理情况；监督人大代表及其常委会选举和任命的国家机关工作人员。

实施监督的主要形式是听取和审议县人民政府、人民法院、人民检察院的专题工作报告，定

期、不定期地开展执法检查和组织代表视察，组织人大代表对“两院”工作进行评议，对重大疑难案件采取质询、特定问题调查、启动个案监督程序等手段进行监督。人大常委会任命的人员向人大常委会述职并由常委会组成人员或组织人大代表对述职人员进行民主测评。

三、人事任免

依照法律规定的权限和1990年6月1日 十届人大第二次常委会议讨论通过的《安平县人大常委会人事任免办法》，人大常委会于2002年年底前共任免国家机关工作人员540人次。

附录：安平县人大常委会任命干部要过“三关”

安平县人大常委会在干部任免中不断探索人事任免工作新思路，制定并严格实行了不过“三关”不予任命的任免制度，使人事任免工作纳入了规范化、法制化和民主化的轨道，强化了人事监督力度，进一步提高了所任干部的政治素质和业务素质。

法律考试关 随着社会主义法制的逐步健全，干部的法律素质越来越显得重要，不懂法律的人担任国家机关领导职务已不适应改革开放和对干部四化的要求，因此规定，人大常委会在任命前，必须对被任命干部进行法律知识考试，考试合格的提交常委会表决，不合格的不予任命。考试内容是宪法、法律、法规，党在现阶段的方针政策及被拟任人员所在单位的业务法律知识和对人大性质、地位和作用的认识等。考试方法一律闭卷，口试和笔试相结合。通过考试了解被拟任人员对法律知识的掌握情况，对人大法律地位和作用的认识情况，增强其法制观念。

民意调查关 接到县委组织部推荐的干部名单后，由人大常委会党组成员或副主任带队，吸收部分常委会组成人员和有关科室人员组成调查组，深入到被拟任人员所在单位，对被拟任人员的勤政廉政情况及执行法律、法规方面的情况。同时召开各种类型的代表座谈会，听取人大代表对拟任人员的意见，然后，按照“满意、基本满意、不满意”三个档次，填写民意测评票，对于满意率低的人员不予提交常委会表决。

供职报告关 人大常委会在审议人事任免提请报告时，不仅要对被拟任人员的简历、现实表现进行认真审议，而且要求被拟任人员在常委会上作供职报告，报告自己过去的政绩情况和任期内工作打算并递交目标责任书。供职报告要提前一周送到人大常委会组成人员手中，使他们有足够的时间对报告进行评审。评审不合格者不予提交常委会表决任命。

四、组织指导换届选举

1990年3月，安平县第十届人大常委会选举产生后，依法组织本级人大按时换届选举工作。各届人大代表均依法由选民采用无记名投票方式直接选举产生。第十届县人大代表任期为三年，第十一届、十二届县人民代表大会代表任期为五年。

1990年3月，在各乡镇人大换届选举中，20个乡镇均设立人大主席团。1996年1月，并乡扩镇后，合并为8个乡镇人大主席团。

1993年2月，1996年11月、1999年1月、2002年6月，安平县人大常委会指导各乡镇选举产生乡镇人大代表，并指导各乡镇分别召开第七届、八届、九届、十届人大一次大会，选举产生各乡镇乡镇长、副乡镇长，人大主席团常务主席、副主席。

五、代表联系

代表小组划分 1990年3月至2002年12月，代表以乡镇和县直为单位划分小组。第十届、第十一届人大代表划分为11个代表小组，第十二届划分9个代表小组。代表小组在乡镇人大主席和小组长组织下开展活动。

组织代表活动的形式及内容 人大常委会组织人大代表开展活动的形式及内容主要有：召开代表座谈会、培训会、经验交流会，开展代表视察、检查、调查、评议活动，征求代表建议、批评和意见；组织代表学习法律法规和人大业务知识，提高代表素质和履职水平。

联系代表方法 人大常委会与代表的联系方法主要有：(1)人大常委会设代表科，以联系代表和收集、办理代表议案、建议及批评意见。(2)建立主任接待日和定员联系代表制度，规定每周五为主任接待代表和群众来访日；每个主任、委员和机关干部都固定联系1至4名代表，以点带面，推动代表工作开展。(3)走访代表。由县人大常委会领导成员和工作人员有组织地深入代表所在单位或家庭，座谈和征求意见，每年至少走访一次。(4)严格执行通报制度。县人大常委会重要会议、重要活动都印发相关文件发至乡镇人大和代表组，为代表及时掌握情况，更好地参政议政提供依据。(5)坚持代表列席会议制度。县人大常委会及其重要会议都邀请部分代表参加，积极为代表履职创造条件。

六、议案、建议和批评意见的处理

代表的议案、建议和批评意见分人代会提出和闭会期间提出两种。从县十届人民代表大会第一次会议到县十二届人民代表大会第五次会议，连同闭会期间，共收到代表提出的建议、批评和意见1243件，均及时转交县政府及有关部门办理。为加大承办力度，每年第三季度，县人大常委会议都要听取县政府关于代表建议承办情况的汇报，提出整改意见，力求代表满意。代表建议、意见答复率100%。通过代表建议、批评、意见的处理，确实解决了一些群众关心的实际问题和一些司法个案。事关环保、城建、交通、卫生、教育等多方面的大量好的建议、意见，对安平经济社会发展起到了有效地推动作用。

七、调查视察

县人大每次召开代表大会，都要组织代表进行视察活动。为人大代表更有针对性地提出建议、意见，闭会期间，县人大常委会抓住社会关注的热点难点问题组织开展代表视察检查活动。1991年至2002年12月，共围绕城建、卫生、环保、治安、企业改制、农业产业化等方面开展代表视察200多次，并将视察意见整理成书面材料，转交政府及有关部门办理，使公路建设、环境污染、销售假冒伪劣产品等问题得到较好解决。

附录：关于搞好农业社会化服务体系加快农村经济发展的调查报告

根据县人大常委会1992年工作安排，财经科于4月份先后深入到县直有关单位和部分乡(镇)、村，对农村社会化服务和农村经济发展的情况进行了调查。现将调查情况报告如下：

一、县政府及有关部门为发展农业做了大量工作，取得了显著成绩

为了发展农业生产，县政府紧紧围绕经济建设这个中心，积极稳定农村政策，大力抓好农业社会化服务体系，增强了农业发展后劲，并收到了明显的效果。

1.三级一户技术推广体系已初具规模

要发展农业生产，一靠政策、二靠科技、三靠投入。县农业局根据这一指导思想，在全县建立了三级一户农业技术推广体系，原有的技术站、植保站、土肥站、种子站扩大了规模，增加了服务项目，提高了服务质量，充实完善了县农业技术服务中心，狠抓了乡级农业服务组织建设。1991年地区验收时，全县20个乡级服务站达到五有标准(即有组织人员、有经营服务项目、有推广设施、有培训场所、有试验示范基地)的一级站8个(其中刘吉口、安平镇、西两洼三个乡级站被评为全区先进单位)，达到四有标准的二级站7个，三有标准的5个；全县230个村级站，达到一级标准的66个，二级的78个，三级的78个。三级一户农业技术推广体系的建立，极大地推动了农业技术的推广工作，仅去年一年全县就举办不同内容的技术培训班175期，培训22000人次，同时，印发技术资料(科技明白纸)85000份，培养科技示范户2625户。累计科学种植、防虫灭病面积51万亩，覆盖面达75%。

2.农田水利基本建设趋于规范化

水利是农业的命脉。县政府多方采取措施，确保了全县农田水利设施正常运转。1991年，全县拥有能用井5806眼，其中深水井1149眼，铁管井35眼；农用机井5398眼，其中深水井1149眼，铁管井35眼；防渗管道115200米。为维护好农田水利设施，全县实行了机井维护、保养责任制，签订承包合同5444份，占能用井总数的94%。南王庄村建立机井浇地专业公司，既保证了农田适时浇水，又节油、节电、省资金，避免了水利设施遭破坏，受到村民的称赞。

3.农业机械化程度大幅提高，农机管理服务体系初步形成

农业的根本出路在于机械化。目前全县已有拖拉机13786台，其中大型拖拉机100台、机耕犁7598台、播种机955台、收割机641台（其中大型联合收割机20台，柴油机9015台）。机耕面积达45万亩，机播面积25万亩。全县建立乡级农机服务站13个，石油供应站4个，耕播收打一条龙服务队146个。农机管理服务体系已在全县初步形成。

4.以民为主，多方集资，增加农业投入

农业政策的稳定使农民对生产的投入不断加大，同时县政府采取农民集一点，上边要一点，银行贷一点的措施，扩大了对农业的投放。1991年，农田水利建设投资7万元，其中用于打井2万元，防渗1.5万元，配套3.5万元。银行贷款1439万元，支持农民购买良种9吨、化肥774吨、农药78吨、机柴油82吨、农机2568台件，打新井105眼，同时也用于棉油、肉蛋菜生产和乡镇企业生产。去年农行支持程油子乡水利贷款10万元，打新井10眼，使程油子乡消灭了无井区。

5.林牧副渔的振兴，促进了种植业的发展

猪多肥多粮食多，粮多猪多肉食多的良性循环已在全县基本形成。1991年，全县生猪存栏94414头，比1990年增长8%，出栏83000头，出栏率为88%；羊存栏22931只；鸡83万只；产肉6665吨。农民收入增加，购买力提高，农业投入有了资金保证。袁营乡党委、政府带领全乡人民走种养致富路取得了好成绩。全乡2214户，10300人，13067亩地，养猪4800头，户均2.17头，出栏7500头，户均3.39头；养鸡6.5万只，户均18只。近两年恢复田间路30多万米，植树20多万株，乡建苗圃场70亩，村户种苗圃450亩。林牧业的振兴给粮棉生产保了驾。去年该乡两次遭受雹灾，仍获粮棉丰收。

二、存在问题

1.农业科技服务体系、技术宣传、良种培育和科技投入有待进一步加强。有些乡村农业技术服务体系还不健全，推广力量薄弱，人员素质差。一些村干部和群众反映，希望县电视台对农业的技术推广宣传重视起来，在什么季节种什么，怎样合理种植，怎样防治病虫害等知识要及时宣传。目前，全县良种培育能力低，品种少，大部分靠外地引进，质量难以保证，不能满足农业发展的需要；科技投入少，高级畜牧师张双印研制发明的"子猪白痢丹"，1991年12月24日，经省级鉴定，为国内领先水平，可由于资金短缺，始终没有建厂生产。

2.支农服务体系还不能完全适应农业发展的要求。当前农民迫切要求提供信息、供销、加工、储运、技术等产前、产中、产后的各种服务，而全县的支农服务体系一是不太健全，二是服务项目少，不能满足农民之需，还存在着"家庭自治""小而全"的局面。全县拥有拖拉机13786台（平均五户就有一台），柴油机9015台，电动机5454台，而农用机井才5398眼。一井多机，重复购置现象严重，造成了资金和劳动力的浪费。

3.制约农村经济发展的一些老问题依然存在。（1）近几年来，由于农民种棉投资大，用工多，收效低，农民种棉积极性不高。（2）农田水利设施年久失修，机井老化。目前，全县有1970年以前的井329眼，1980年以前的井2183眼，大部分机井"超期服役"。（3）农用生产资料价格暴涨和柴油、电力供应不足等问题相当突出。

三、几点建议

要克服当前经济运行中的暂时困难，促进全县经济的协调、稳定快速发展，在农业生产方面建议抓好以下工作：

1.树立大农业观点，以粮为主，多种经营，更新观念，提高农民的商品意识

要振兴农村经济，必须农、林、牧、副、渔多种经营，全面发展，在保证粮棉种植面积的前提下，调整种植结构，发展瓜菜等经济作物。畜牧业要抓好品种改良、疫病防治、饲料生产；在全县推广建立畜禽养殖专业村、专业户。在扶持发展乡村集体企业，壮大集体经济上，制订优惠政策，鼓励、扶持集体企业落后的乡村。

2.在科技兴农，教育兴农上下功夫

为振兴农村经济，推广农业科学技术，把农业发展的轨道转移到依靠科技进步和提高劳动者素质上来，首先应制定农业科技普及规划，抓好常规技术的再培训，使村村有技术通，家家有明白人；其次是抓好高效田的种植试验，加强科技示范乡、示范村、示范户的建设，让群众学有榜样，赶有目标；第三是抓好对农民的文化技术教育，提高农民的文化科技素质。(1)聘请大专院校的专家传授技术；(2)本县技术人员实行分片包村，按季节、定时、定点进行有偿技术服务；(3)利用广播、电视进行科技讲座；(4)建立县良种繁育基地、生产实验基地，充分利用好县国营农场和良种示范场，发挥其应有的作用。

3.建立健全农业社会化服务体系

发展农业社会化服务体系是农村深化改革的一个重要任务，是调动社会各方面力量，促进农业生产发展的一项战略措施。建议政府及有关部门认真推广南王庄村建立机井浇地专业公司和袁营乡统一购置电动喷雾器，统一叫号，统一喷药的成功经验，同时抓好服务质量的提高，使农业社会化服务纳入规范化，制度化的轨道。

安平县人大常委会财经科

1992年5月

第四节　乡镇人大

一、代表选举

乡镇人民代表大会代表换届选举每3年一届。1990—2002年共进行了5次乡镇人大代表换届选举。选举分为准备、宣传、选民登记、推荐代表候选人、选举代表和召开代表大会6个阶段进行。1990年1月16日，进行第六届乡镇人大代表选举。全县共划分选区512个，登记选民183951人，被剥夺和停止选举权的3人，不能行使选举权的呆傻和精神病患者407人。参加选举的167294人，参选率90.94%。选出代表1017名，其中党员676名，占代表总数的66.47%；妇女205名，占代表总数的20.16%。1993年1月10日，进行第七届乡镇人大代表选举。登记选民208115人，被剥夺和停止选举权的8人，不能行使选举权的呆傻和精神病患者798人。参加选举的188384人，参选率90.52%。选出代表1025名。1996年10月30日，进行第八届乡镇人大代表选举。全县共划分选区250个，登记选民184955人，被剥夺和停止选举权的27人，不能行使选举权的呆傻和精神病患者452人。参加选举的168360人，参选率91.02%。选出代表483名。1999年1月15日，进行第九届乡镇人大代表选举。全县共划分选区246个，登记选民207410人，被剥夺和停止选举权的23人，不能行使选举权的呆傻和精神病患者305人。参加选举的190522人，参选率91.86%。选出代表476名。2002年6月，进行第十届乡镇人大代表换届选举。全县共划分选区259个，登记选民192411人，被剥夺和停止选举权的18人，不能行使选举权的呆傻和精神病患者242人。参加选举的191973人，参选率99.77%。选出代表486名，其中党员345名，占代表总数的70.99%；妇女99名，占代表总数的20.37%。

安平县第六至十届乡镇人大代表构成统计表

表15-9　　单位：人、%

届次	代表总数	性别				政治面目				界别构成			
		男	占(%)	女	占(%)	党员	占(%)	群众	占(%)	工人	农民	干部	知识分子
六	1017	812	79.84	205	20.16	676	66.47	341	33.53	1	770	245	1
七	1025	817	79.71	208	20.29	703	68.59	322	31.41	2	742	281	0

续表15-9

届次	代表总数	性别				政治面目				界别构成			
		男	占(%)	女	占(%)	党员	占(%)	群众	占(%)	工人	农民	干部	知识分子
八	483	385	79.71	98	20.29	317	65.63	166	34.37	1	427	55	0
九	476	377	79.20	99	20.80	308	64.71	168	35.29	2	428	46	0
十	486	387	79.63	99	20.37	345	70.99	141	29.01	2	426	48	10

二、代表会议

第六届代表会议　该届乡镇人民代表大会第一次会议于1990年3月12日至31日分乡镇陆续召开。出席会议代表共924人，其中女代表185人，非党代表238人。会议均分别听取、审议并通过乡镇《政府工作报告》《人大代表联组工作报告》和《财政预决算报告》。大会选举产生新一届人大主席团主席20名；等额选举产生乡镇人民政府乡镇长20名，差额选举产生副乡镇长59名。第二次会议于1991年3月至4月分乡镇陆续召开，出席代表864人，有3个乡进行了补选，共补选乡长2名，副乡长1名。安平镇、河漕村、王胡林3个乡镇的第三次会议于1991年8至12月分别陆续召开。本次会议有2个乡镇各补选乡镇长1名。东黄城、台城、后张庄、东里屯、西两洼、袁营、张寨、程油子、南苏村、刘吉口、马店、大何庄、察罗、大子文、石干、南王庄、南王宋17个乡的第三次会议和安平镇、河漕村、王胡林3个乡镇的第四次会议于1992年1至5月分别陆续召开，出席代表共872人。该次会议有6个乡进行补选，共补选乡长4名、副乡长3名。

第七届代表会议　该届乡镇人民代表大会第一次会议于1993年2月分乡镇陆续召开。会议均听取、审议并通过了本乡镇《政府工作报告》《人民代表大会主席团工作报告》《财政预决算报告》（以下简称三个报告）。此次会议选举产生乡镇人大主席团主席20名，等额选举产生乡镇长19名（南王庄暂缺），差额选举产生副乡镇长46名。第二次会议于1994年4月陆续召开，有18个乡镇进行了补选，共补选乡长9名、副乡镇长31名。第三次会议于1995年5月至7月分乡镇陆续召开，11个乡进行了补选，共补选乡长11名、副乡长1名。

第八届人民代表大会　该届乡镇人民代表大会第一次会议于1996年11月分乡镇陆续召开。该次会议均听取、审议并通过“三个报告”。会议以无记名投票的方式，选举产生了并乡扩镇后全县8个乡镇的新一届人大主席团主席8名，新一届人民政府乡镇长8名、副乡镇长38名。第二次会议于1998年2月分乡镇陆续召开。该次会议有7个乡进行补选，共补选乡长7名、副乡长9名。

第九届人民代表大会　该届乡镇人民代表大会第一次会议于1999年1月分乡镇陆续召开。出席代表共452人，其中女代表91人。本次会议听取、审议并通过“三个报告”。会议以无记名投票的方式选出第九届乡镇人大主席团主席8名，副主席5名；等额选举产生乡镇长8名；差额选举产生副乡镇长40名。

第十届人民代表大会　该届乡镇人民代表大会第一次会议于2002年6月分乡镇陆续召开。出席代表共432人，其中女代表84人。该次会议听取、审议并通过“三个报告”。会议以无记名投票的方式选出第十届乡镇人大主席团主席8名，副主席5名；等额选举产生乡镇长8名；差额选举产生副乡镇长23名。

三、人大主席团

1990年3月以前，乡镇人民代表大会不设日常办事机构，各乡镇均设人大代表联组组长1名，负责各乡镇代表工作。1990年3月，第六届乡镇人代会开始改为乡镇人大主席团。乡、镇人大会主席团一般由7至11人组成，设常务主席1人，全县20个乡镇共设人大主席团常务主席20名。1993年4月，台城乡人大主席团常务主席暂缺。1995年7月，东里屯、大子文、东黄城、马店4个乡人大主席团常务主席调离或缺任。1996年1月并乡扩镇前，20个乡镇人大主席团共有常务主席15名。1996年1月并乡扩镇后，20个乡镇人大主席团并为8个（安平镇、大何庄乡、马店乡、程油子乡、大子文乡、西两洼乡、东黄城乡、南王庄乡）乡镇人大主席团，除马店乡人大主席团常务主席暂缺外，其他7个乡镇人大主席团均设1名常务主席。1996年10月，马店乡人大主席团增设1名常务主席；安平镇、程油子乡、大子文乡、西两洼乡等4个乡镇增设常务副主席共5名。1998年3月，南王庄乡、马店乡改为南王庄镇、马店镇，至此，全县共有3个镇（安平、南王庄、马店）人大主席团，5个乡（大何庄、程油子、西两洼、大子文、东黄城）人大主席团，共8个乡镇人大主席团。2002年6月，第十届人民代表大会第一次会议选举产生人大主席团常务主席8名，常务副主席5名（安平镇、马店镇、南王庄镇、程油子乡、西两洼乡各1名）。至2002年年底未变。

第十六编　地方人民政府

- 政府机构
- 施政方法
- 施政辑要
- 承办人大代表建议和政协委员提案

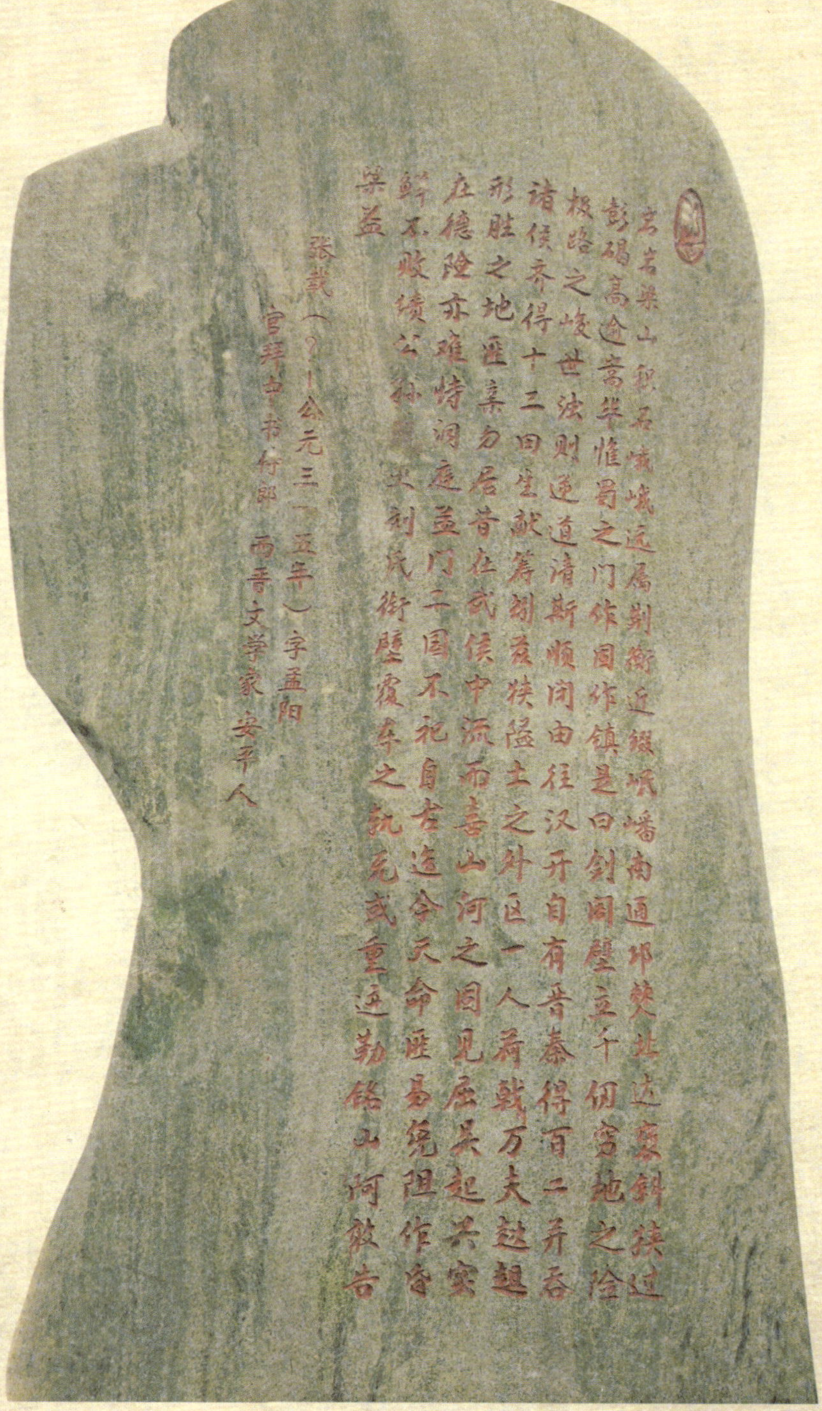
岩岩梁山积石峨峨远属荆衡近缀岷嶓南通邛僰北达褒斜狭过
彭碣高逾嵩华惟蜀之门作固作镇是曰剑阁壁立千仞穷地之险
极路之峻世浊则逆道清斯顺闭由往汉开自有晋秦得百二并吞
诸侯齐得十二田生献筹矧兹狭隘土之外区一人荷戟万夫趑趄
形胜之地匪亲勿居昔在武侯中流而喜山河之固见屈吴起兴实
在德险亦难恃洞庭孟门二国不祀自古迄今天命匪易凭阻作昏
鲜不败绩公孙既灭刘氏衔璧覆车之轨无或重迹勒铭山阿敢告
梁益
张载（？—公元三〇五年）字孟阳
官拜中书侍郎 西晋文学家 安平人

安平县汉王公园石刻

第十六编　地方人民政府

1991—2002年，安平县人民政府自觉接受县委的正确领导和人大常委会的监督，切实转变工作作风和职能，认真贯彻党的路线、方针和政策，始终坚持以经济建设为中心，以加快发展为根本，以提高经济效益为着眼点，妥善处理改革开放与发展稳定的关系，推进全县经济建设和社会各项事业的协调发展。通过实施县委确定的“开放兴县、特色兴县、科教兴县”三大战略，大力发展丝网、生猪两大特色主导产业，实现了县域经济社会全面、协调、可持续发展。到2002年，全县国内生产总值达28.7亿元，人均国内生产总值9332.2元，财政收入达到1.48亿元，城镇居民人均可支配收入5258元，农村人均纯收入2871元。安平县先后被命名为“中国丝网之乡”“中国丝网产业基地”“中国丝网产销基地”“国家生猪活体储备基地”“全国粮食生产基地县”，连续几年被省市评为“对外开放工作先进县”和“实绩突出县”，成为全省25个县域经济示范县之一。

第一章　政府机构

第一节　县政府领导组成

县人民政府设县长、副县长。县长、副县长由县人民代表大会选举产生，每届任期5年，1993年2月前每届任期3年。1991年1月至2002年12月，安平县人民政府换届两次，经历了三届（十、十一、十二）县人民政府。第十届县人民政府于1990年3月，由安平县第十届人民代表大会第一次会议选举产生县长1名、副县长5名。县长、副县长平均年龄42.3岁，大专以上学历5名，初中学历1名，中共党员6名。届内调整5次。到1993年2月，县长1名，副县长8名。1992年12月至1993年2月设顾问一名。

第十一届县人民政府于1993年2月由安平县第十一届人民代表大会第一次会议选举产生县长1名，副县长7名。县长、副县长平均年龄43.5岁，大专以上学历6名，中专以下学历2名，民主副县长1名，党政交叉任职2名。届内调整8次。到1998年2月有县长1名，副县长8名。1993年2月至1995年2月设顾问1名。1995年10月至1998年2月设县长助理1名。

第十二届县人民政府于1998年2月由安平县第十二届人民代表大会第一次会议选举产生县长1名，副县长8名。县长、副县长平均年龄42.9岁，全部大专以上学历。本届到2002年12月期间，县长调整一次，副县长调整6次。2002年12月有县长1名，副县长9名。1998年2月至2002年12月和2000年9月至2001年10月设县长助理2名，其他时间1名。1998年2月至2001年2月设顾问1名，2001年2月至2002年12月设顾问2名。

1991—2002年安平县人民政府领导成员一览表

表16-1

届期	职务	姓名	籍贯	任职起止年月	备注
第十届县人民政府（1990年3月至1993年2月）	县　长	尚俊廷	阜城县	1990.3—1993.2	
	副县长	张志奇	北张庄	1990.3—1993.2	
		祝宝生	天津市南开区	1990.3—1990.8	
		阮增辉	敬思村	1990.3—1993.2	
		鲍灵军	定州市	1990.3—1992.8	
		朱凤超	冀州市	1990.3—1992.12	挂　职
		费爱民	景　县	1990.10—1993.2	
		石小琢	东石庄	1991.2—1992.12	科技副县长
				1992.12—1993.2	调整为副县长
		王大为	迁安县	1992.9—1993.2	挂　职
		庞金荣	故城县	1992.9—1993.2	
		王占民	东黄城	1992.12—1993.2	
		段占表	南两洼	1992.12—1993.2	民主副县长
	顾　问	李墨显	东程干	1992.12—1993.2	正县级
第十一届县人民政府（1993年2月至1998年2月）	县　长	尚俊廷	阜城县	1993.2—1995.1	
		石小琢	东石庄	1995.1—1995.3	代理县长
				1995.3—1997.11	县　长
		赵庆云	冀州市	1997.11—1998.2	代理县长
	副县长	费爱民	景　县	1993.2—1995.1	
		张志奇	北张庄	1993.2—1996.3	
		庞金荣	故城县	1993.2—1996.12	
		王占民	东黄城	1993.2—1998.1	
		石小琢	东石庄	1993.2—1995.3	
		段占表	南两洼	1993.2—1996.3	民主副县长
		王大为	迁安县	1993.2—1994.10	挂　职
		赵庆云	冀州市	1995.1—1998.2	
		李洪林	枣强县	1995.1—1996.3	
		孙福忠	深州市	1996.12—1998.2	兼公安局长
		王长起	桃城区	1993.6—1996.3	科技副县长
				1996.3—1998.2	调整为副县长
		袁凌俊	袁　营	1996.3—1998.2	
		梁盼合	孝　林	1996.3—1998.1	
		吕书文	赞皇县	1996.5—1998.2	挂　职
		张占领	深州市	1996.12—1998.1	
		李光汝	饶阳县	1997.5—1998.1	女民主副县长

续表16-1

届期	职务	姓名	籍贯	任职起止年月	备注
第十一届县人民政府（1993年2月至1998年2月）	副县长	王晓河	北牛具	1998.1—1998.2	
		郝彦彬	武强县	1998.1—1998.2	
		闫占位	新政村	1998.1—1998.2	
		崔跃东	兴　贤	1998.1—1998.2	民主副县长
	县长助理	翟小球	前大寨	1995.10—1998.2	副县级
	县政府顾问	王新正	杨　屯	1993.2—1995.2	正县级
第十二届县人民政府（1998年2月起）	县　长	赵庆云	冀州市	1998.2—2000.2	
		李洪林	枣强县	2000.2—2000.3	代理县长
				2000.3—2002.12	县　长
	副县长	郝彦彬	武强县	1998.2—2000.3	
		孙福忠	深州市	1998.2—1999.7	兼公安局长
		王晓河	北牛具	1998.2—2002.12	
		梁盼合	孝　林	1998.2—2002.12	
		袁凌俊	袁　营	1998.2—2002.12	
		崔跃东	兴　贤	1998.2—2000.11	民主副县长
				2000.11—2002.12	
		闫占位	新政村	1998.2—2002.12	
		吕书文	赞皇县	1998.2—1998.6	挂　职
		乔文彦	孝　仁	1999.6—2002.12	
		刘怀亮	武强县	2000.3—2001.1	
		卢援助	深州市	2001.1—2002.12	
		石跃辉	东石庄	2001.10—2002.12	
		宋少辉	博野县程委	2002.10—2002.12	挂　职
	县长助理	翟小球	前大寨	1998.2—2002.12	副县级
		姚世周	武邑县	2000.9—2001.10	副县级
			试用期正科级，一年以后副处级		
	顾　问	张志奇	北张庄	1998.2—2003.12	正县级
	经济顾问	李彦科	南胡林	2001.2—2002.12	副县级

说明：1.挂职—上级政府机关的在职干部下基层任职锻炼，不占基层单位领导指数，行政关系及工资关系在原单位，这种任职称挂职

2.科技副县长、科技副乡镇长—专抓科学技术工作的副县长，副乡镇长，本职务不占县政府和乡镇政府领导指数

3.县长助理—县长的助手，有副县级助理和正科级助理两种

4.县政府顾问—为工作经验丰富或在某方面有一定专长的干部安排的职务，有正县级顾问和副县级顾问

第二节　县政府机构设置

一、常设工作机构

1991年1月，县政府常设工作机构26个：政府办公室、民政局、统计局、财政局、劳动人事局、计划委员会、科学技术委员会、体育运动委员会、计划生育委员会、经济委员会、审计局、物价局、商业局、乡镇企业管理局、土地局、农业局、林业局、水利局、工商行政管理局、税务局、交通局、文化教育委员会、卫生局、公安局、司法局、监察局，编制336人。1992年12月，增设经济技术协作办公室。1993年4月，撤销计划委员会和经济委员会，成立计划经济委员会，增设对外开放办公室。1996年2月，撤销计划经济委员会，成立计划委员会和经济贸易委员会。1996年11月，进行机构改革后，县政府工作部门共25个：政府办公室、计划局、统计局、经济贸易局、农业局、水利局、教育局、文化体育局、科学技术局、公安局、民政局、劳动人事局、财政局、卫生局、计划生育局、审计局、工商行政管理局、交通局、建设局、土地管理局、乡镇企业局、监察局、司法局、技术监督局、物价局。1999年，工商行政管理局实行省以下垂直管理。2000年5月，水利局改称水务局。2001年6月，质量技术监督局，实行省以下垂直管理。2002年4月，劳动人事局改建为人事劳动和社会保障局。于2002年7月进行机构改革，8月土地局改称国土资源局。至2002年年底，县政府工作部门共21个：办公室、计划局、经济发展局、教育局、科学技术局、公安局、监察局、民政局、司法局、财政局、人事劳动和社会保障局、卫生局、计划生育局、交通局、建设局、国土资源局、农业局、水务局、审计局、环境保护局、统计局。

兹将县政府办公室的机构设置、沿革和办公室下属各科室及经济技术协作办公室的主要职责记述如下（其他常设机构情况见相应的有关章节）。

1. 县政府办公室

县政府办公室是综合掌握县政府工作情况，为县政府领导当参谋和助手的部门。

1991年1月，县政府办公室设7个科室：秘书科、行政科、综合科、信息调研科、外事办、地方志办公室、法制科，编制42人。于1992年5月增设机要科。1993年4月增设督查室。1997年增设研究室、农业产业化办公室。2001年增设政工财务科、人民防空办公室。2002年，政府办共有13个科室，编制38人，实有干部职工60人。1996年11月经济体制改革办公室和经济技术协作办公室改由政府办公室管理。

县政府办公室1991年1月至2002年12月设主任1名；副主任1991年1月至1993年4月4名，1993年4月至1996年2月6名，1996年3月至1997年3月5名，1997年3月至2000年12月7名，2001年1月至2002年12月8名。

2. 县政府办公室下属各科室

秘书科 （1991.1—2002.12）负责县长重要批件的催查、催办、政务接待、上通下达、县政府大型会议的会务、文字材料的汇总、修改、把关和公文打印。

行政科 （1991.1—2002.12）负责政府机关的环境卫生、安全保卫、后勤供应，政府机关人员的财务、伙食、工资、福利，离退休人员的管理和服务，政府机关办公用房、宿舍调配使用和修缮，机关基建和车辆管理使用及县政府大型会议的后勤工作。

综合科 （1991.1—2002.12）负责掌握县政府全面工作情况，起草县政府和政府办公室文件、常务副县长讲话、综合材料等并把关；审修呈报县政府各部门综合性报告、请示等材料；负责县长办公会议的记录、纪要整理及议定事项的催办落实；管理打字室，制定落实办公室岗位责任制等。

信息调研科 （1991.1—2002.12）进行调查研究，总结经验教训，为县政府决策提供信息、依据和可供选择的方案；负责信息反馈，当政府的智囊和参谋。

地方志办公室 （1991.1—2002.12）负责县志的编纂续修，年鉴的编写及对以前县志的注释等。

外事办（对外称旅游侨务办公室）(1991.1—2002.12)贯彻执行上级有关外事工作的方针、政策，完成上级交办的外事接待任务，办理本县人员出国审批手续，组团外出考察，为本县对外交流、扩大对外开放、发展经济服务。

法制科（1991.1—2002.12)负责政府的法制工作，对规范性文件审查、备案，进行法治宣传、培训，监督检查全县执法情况，推进依法行政和法制建设。

机要科（1992.5—2002.12)、负责保密工作和各种文件的收发、批办、传阅、归档。

督查室（1993.4—2002.12)负责转办、催办县政府及办公室领导批示事项，并审查报告办理结果；检查报告县政府重要会议和重要工作部署的贯彻落实情况；办理上级机关、交办的事项；登记、办理、反馈人民群众来信和新闻媒体的批评、建议；编印《政务督查》；组织办理人大代表建议和政协委员提案；会同信息科做好《安平信息快报》的编发宣传。

研究室（1997.3—2002.12)围绕县委县政府的中心工作开展调查研究，为领导科学决策提供依据；总结推广基层工作的经验；对新情况、新问题进行专项调查；负责《领导内参》的审核、编发；会同综合科负责综合性文稿的起草；会同信息科做好《安平信息快报》的编发。

农业产业化办公室（1997—2002.12)负责组织协调农业产业化和农业结构调整工作，制定农业和农村经济发展战略、年度计划及中长期发展规划，管理、协调、指导农业各部门工作和农业产业化工作，研究农业产业化有关政策，谋划农业产业化项目和外向型 农业项目的实施，会同信息科做好《安平信息快报》的编发。

人民防空办公室（2001.12—2002.12)负责人民防空工作，制定人防建设规划、防空袭预案及各项保障方案；组织实施人防工程的建设、维护及开发利用；组织人防宣传与学习；开展平战结合，战时发放空袭警报，组织指挥人民防空疏散和隐蔽；承办县国防动员委员会交办的事项；会同信息科做好《安平信息快报》的编发。

县政府招待所（1991.1—2002.12)负责为各种会议提供会场和与会人员的食宿；接待上级领导和外地来宾；对社会开放，接收旅客，向市场提供快餐。

3.经济技术协作办公室

经济技术协作办公室是县政府职能部门。1991年至2002年7月，由县政府办公室管理。2002年7月机构改革时，改为政府系统事业单位，主管全县横向经济技术协作，贯彻落实上级横向经济技术协作方面的方针政策，执行县政府及上级主管部门对横向经济技术协作工作的指示。1991年，有工作人员5名，其中主任、副主任各1名。2002年，有工作人员4名，其中主任1名。

二、派出机构

1996年，县政府有派出机构2个，即开发区管委会和丝网大世界招商筹建处。1998年5月，丝网大世界招商筹建处更名为安平县丝网大世界管委会。2002年7月机构改革时，撤销开发区管委会，安平县丝网大世界管委会改为政府系统事业单位。

开发区管理委员会

开发区管理委员会(简称开发区管委会)前身为安平县土地局管理的一个下属单位——土地开发公司，其职能是开发、建设、管理开发区。

1996年2月，土地开发公司从土地管理局析出，成立安平县开发区管委会。开发区管委会由县政府主管，主任由一名主管副县长兼任。管委会内设办公室、用地股、建设股、公安派出所、实业公司5个股室；有干部职工28人，其中常务副主任、副主任各1人。1998年，内设机构改为办公室、征地股、建设股、监察股、实业公司。1999年12月，主任不再由副县长兼任，设主任1人(正科级)，副主任2人。2002年7月，开发区管委会撤销，并入国土资源局。

丝网大世界管委会

机构设置情况见第八编第六章第五节

三、议事协调机构的办事机构

2002年，安平县有机构编制委员会办公室、经济体制改革办公室、人民防空办公室等3个单位。机构编制委员会办公室成立于1985年9月，是编委会的办事机构，挂靠劳动人事局；经济体制改革办公室成立于1987年11月，负责经济体制改革的综合、协调、指导和服务；人民防空办公室成立于2001年12月，负责全县的人民防空工作。3个办公室均于2002年7月党政机构改革时，定为议事协调机构的办事机构。

四、直属事业单位

1991年1月，县政府直属事业单位6个：林业局、档案局、广播电视局、畜牧局、农业开发办公室、粮食局。1995年7月，增加环境保护局。1996年11月机构改革时，畜牧局改为政府系统事业单位。2000年7月建立城市管理办公室。2002年7月机构改革时，环境保护局改为政府工作部门，城管办改为政府系统事业单位，开放办公室、物价局、乡镇企业局改为政府直属事业单位。至2002年底，县政府直属事业单位共8个，有林业局、档案局、农业开发办公室、广播电视局、粮食局、物价局、开放办公室、乡镇企业局。（直属事业单位基本情况见其他有关章节）

五、政府系统事业单位

政府系统事业单位1991年有农业机械管理局。1996年2月，增加房地产管理局；11月，增加新成立的文化体育管理局，畜牧局由直属事业单位改为政府系统事业单位。2002年7月，残疾人联合会由民政局代管的副科级事业单位，升格为政府系统正科级事业单位；丝网大世界管委会由政府派出机构，改为政府系统事业单位；经济技术协作办公室由政府办公室管理，改为政府系统事业单位；城市管理办公室由政府直属事业单位，改为政府系统事业单位。到2002年年底，政府系统事业单位有：农业机械管理局、房地产管理局、文化体育局、畜牧局、残疾人联合会、丝网大世界管委会、经济技术协作办公室、城市管理办公室等8个单位。

六、企业管理部门

1991年1月，县政府企业管理部门7个：内贸局、物资局、工业集团、供销合作社、对外贸易局、丝网工业集团总公司、鬃尾集团总公司。1993年4月，成立化工集团总公司。1995年2月，成立安隆集团。1998年12月组建河北衡水安基五金网业集团（简称安基集团）。2002年2月，企业改制，丝网工业集团总公司更名为“安平县飞鹤丝网集团有限公司”。至2002年年底，县政府企业管理部门共10个，有内贸局、对外贸易局、物资局、供销合作社、工业集团、飞鹤丝网集团有限公司、安基集团、安隆集团、鬃尾集团、化工集团。（企业管理部门的基本情况见其他有关章节）

七、双重领导部门

以上级业务部门领导为主，以县政府领导为辅的双重领导单位1991年1月有9个：邮电局、中国人民银行安平县支行、中国工商银行安平县支行、中国农业银行安平县支行、中国建设银行县安平支行、中国人民保险公司安平县支公司、石油公司、气象局、税务局。1991年8月，安平县烟草局划归衡水地区烟草专卖局领导。1993年9月，中国银行安平县支行建立。1994年5月，安平县电力局由衡水电业局实行行业代管。1994年8月，撤销税务局，分设安平县国家税务局和安平县地方税务局两个垂直管理单位。1996年10月，安平县农村信用合作社联合社从中国农业银行安平县支行析出，成为科局级垂直单位。1996年11月，中国农业发展银行安平县支行从中国农业银行安平县支行析出，成为科局级垂直单位。1998年8月，撤销邮电局，设立邮政局和电信局。工商行政管理局和质量技术监督局分别于1999年和2001年6月实行垂直管理。2002年9月，电信局改称河北省通信公司安平分公司。2002年12月，县政府双重领导部门共18个，即：人行安平县支行、工行安平县支行、农行安平县支行、建行安平县支行、中行安平县支行、农发行安平县支行、人保公司、石油公司、烟草局、气象局、国税局、地税局、邮政局、通信公司、信用合作社联合社、电力局、工商行政管理局、质量技术监督局。（双重领导部门基本情况见其他有关章节）

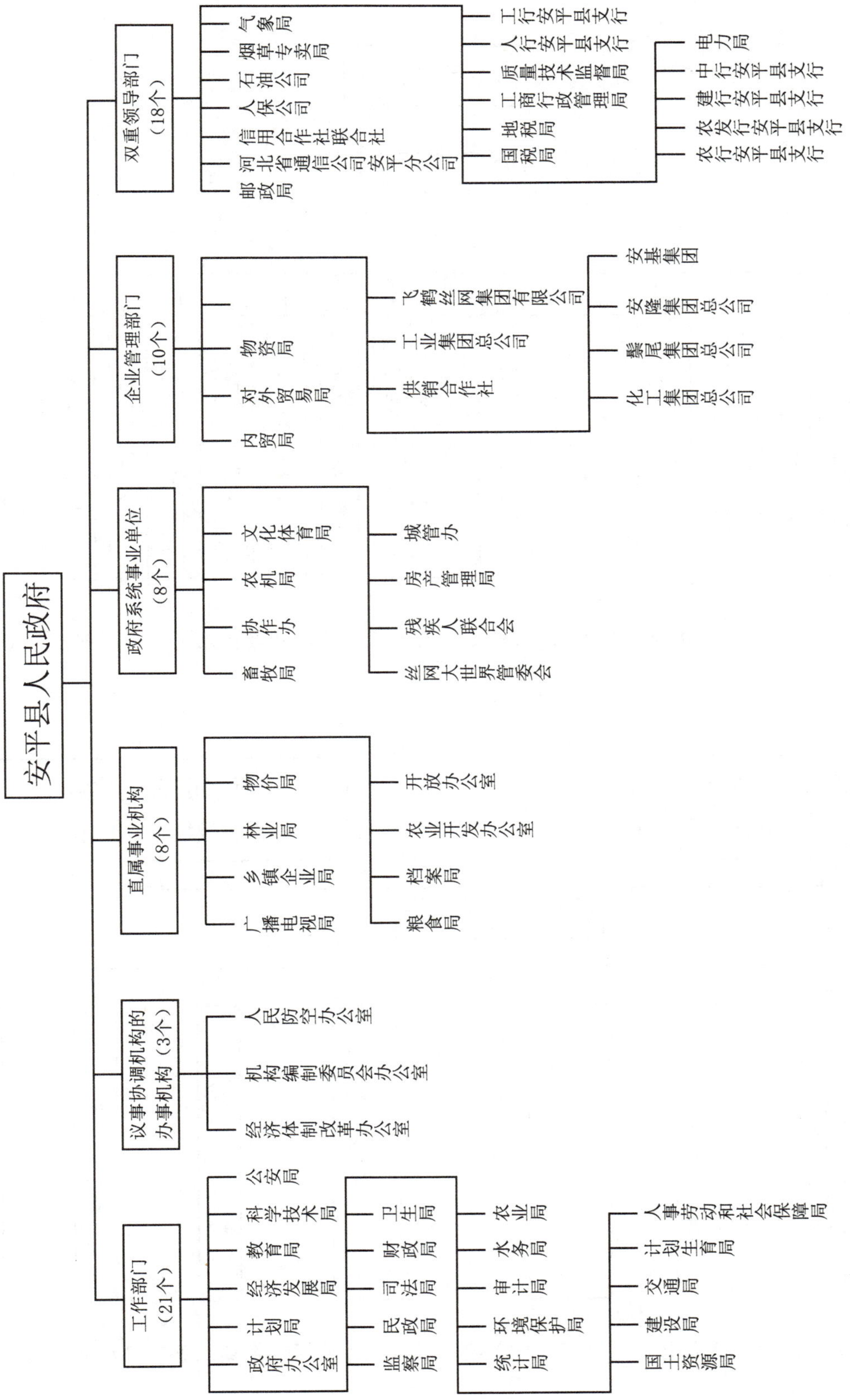

图16-1　2002年12月安平县人民政府机构设置示意图

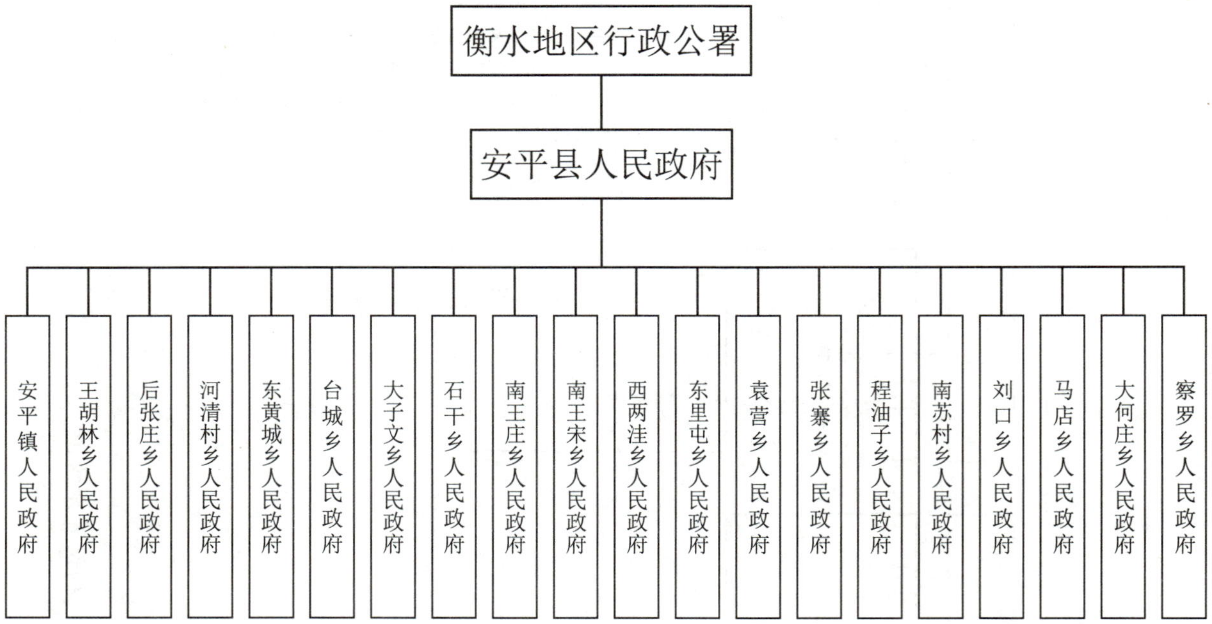

图16-2　1991年1月—1996年1月并乡扩镇前安平县人民政府所属乡镇人民政府序列示意图

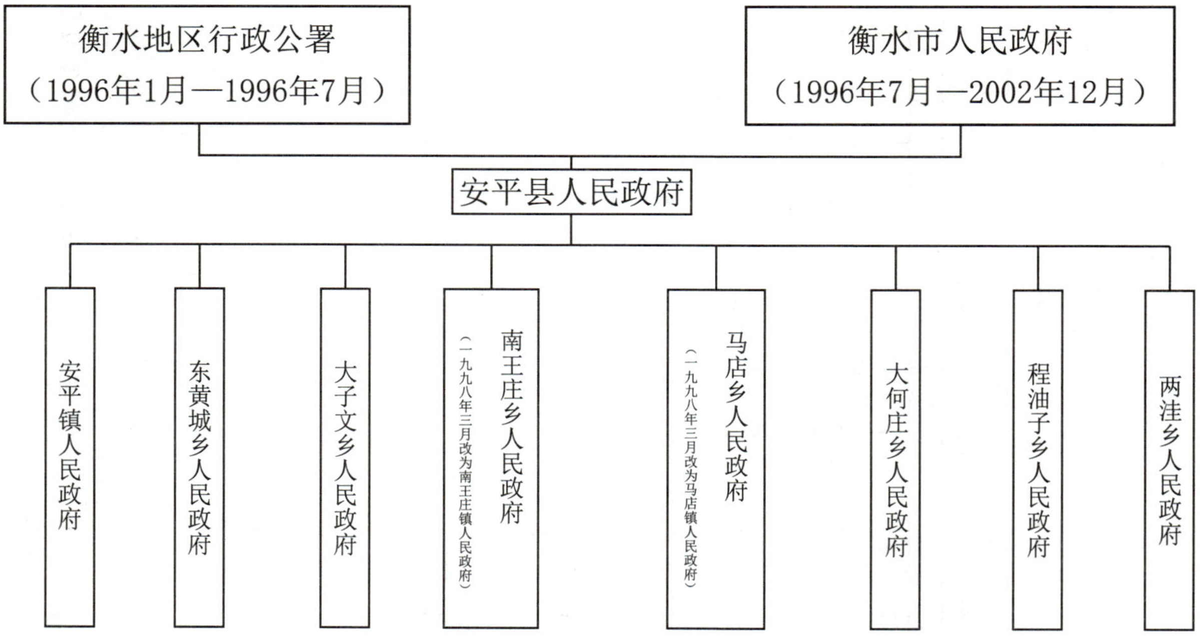

图16-3　1996年1月并乡扩镇后—2002年12月安平县人民政府所属乡镇人民政府序列示意图

第三节　乡镇人民政府

1991年1月，全县辖1个镇人民政府19个乡人民政府。1996年1月并乡扩镇后，全县辖1个镇人民政府7个乡人民政府。1998年3月，南王庄乡、马店乡改建为镇，全县辖3个镇人民政府5个乡人民政府。

一、领导组成

1991—1995年，各乡镇人民政府设乡镇长1名，副乡镇长2至4名。1996年1月并乡扩镇后，设乡镇长1名，副乡镇长3至7名。正副乡镇长由乡镇人民代表大会选举产生。乡镇人民政府实行乡镇长负责制，乡镇长主持乡镇人民政府工作。乡镇人民政府每届任期3年，从1991年1月至1996年1月并乡扩镇前，经历了第六、七两届人民政府。各乡镇第六、七届人民政府正、副乡镇长于1990年3月和1993年2月，分别由各乡镇第六、七届人民代表大会第一次会议选举产生。并乡扩镇后至2002年12月，乡镇人民政府经历了第七、八、九三届乡镇人民政府。第八九届乡镇人民政府正副乡镇长于1996年11月和2002年6月，分别由各乡镇第八、九届人民代表大会第一次会议选举产生。

部分年份乡镇人民政府领导组成情况统计表

表16-2　　　　单位：人

乡（镇）	并乡扩镇前						并乡扩镇后							
	1991年		1993年2月		1996年1月		1996年1月		1996年11月				2002年6月	
									换届前		换届后			
	乡镇长	副乡镇长	乡镇长	副乡镇长	乡镇长	副乡镇长	乡镇长	副乡镇长	乡镇长	副乡镇长	乡镇长	副乡镇长	乡镇长	副乡镇长
安平镇	1	4	1	3	1	3	1	10	1	9	1	7	1	4
后张庄乡	1	3	1	3	1	2	—	—	—	—	—	—	—	—
王胡林乡	1	2	1	2	1	3	—	—	—	—	—	—	—	—
河漕村乡	1	3	1	2	1	2	—	—	—	—	—	—	—	—
马店乡(镇)	1	3	1	3	1	4	1	7	1	6	1	7	1	3
刘吉口乡	1	3	1	3	1	2	—	—	—	—	—	—	—	—
南苏村乡	1	3	1	3	1	2	—	—	—	—	—	—	—	—
程油子乡	1	3	1	2	1	2	1	7	1	11	1	5	1	3
袁营乡	1	3	1	2	1	2	—	—	—	—	—	—	—	—
张寨乡	1	3	1	3	1	2	—	—	—	—	—	—	—	—
东黄城乡	1	2	1	2	1	2	1	7	1	4	1	4	1	3
台城乡	1	2	1	2	1	3	—	—	—	—	—	—	—	—

续表16-2

乡（镇）	并乡扩镇前						并乡扩镇后							
	1991年		1993年2月		1996年1月		1996年1月		1996年11月				2002年6月	
									换届前		换届后			
	乡镇长	副乡镇长	乡镇长	副乡镇长	乡镇长	副乡镇长	乡镇长	副乡镇长	乡镇长	副乡镇长	乡镇长	副乡镇长	乡镇长	副乡镇长
大子文乡	1	2	1	1	1	2	1	4	1	4	1	4	1	2
石干乡	1	2	1	2	1	1	—	—	—	—	—	—	—	—
南王庄乡(镇)	1	4	1	2	1	2	1	6	1	3	1	3	1	3
南王宋乡	1	3	1	3	1	3	—	—	—	—	—	—	—	—
大何庄乡	1	2	1	1	1	2	1	6	1	3	1	3	1	3
察罗乡	1	3	1	2	1	2	—	—	—	—	—	—	—	—
西两洼乡	1	4	1	2	1	2	1	7	1	3	1	3	1	3
东里屯乡	1	3	1	3	1	2	—	—	—	—	—	—	—	—
合计	20	57	20	46	20	45	8	54	8	43	8	36	8	24

二、工作机构

1991年，20个乡镇人民政府均设有办公室、工商经济联合社（简称乡镇联社，由一名副乡镇长兼任社长，主抓乡镇企业）、计划生育委员会（简称计生委）。

1996年1月至2002年年底，全县设8个乡镇人民政府。各乡镇人民政府内设机构有：党政办公室、农业办公室、财经办公室、社会事务办公室、组织建设办公室、计生委。另外，安平镇增设城市建设办公室。

第二章 施政方法

第一节 分工负责

县人民政府在县委和上级政府的领导下，在县人大常委会的监督下开展工作，实行县长负责制和分工负责制相结合的领导体制，县长兼任县委副书记，主持县政府的全面工作。常务副县长兼任县委常委，协助县长抓全面工作，并分管几方面的工作。其他副县长各分管几方面的工作。政府各职能部门需要请示的问题或事项，一般报请主管副县长决定，遇有重大问题，职能部门写出议案，提请县政府办公会议讨论决定。

第二节 召开会议

召开会议是县政府开展工作的一项重要手段，会议形式多种多样，归纳起来主要有以下几种：

县长办公会 由县长、副县长根据工作需要不定期召开，主要研究处理县人民政府日常工作中的重要问题，出席会议人员由主持会议的县长或副县长决定。

政府常务会 县长、副县长参加，由县长或县长委托常务副县长召集、主持会议，出席会议人员必须超过正副县长总数的半数，会议召开时必须邀请县人大常委会副主任、县政协副主席各一名列席会议，其他列席人员根据会议内容确定。常务会主要研究决定县政府工作中的重大问题，讨论并决定拟提请县人民代表大会及其常务委员会审定的工作报告和重要议案，讨论通过拟由县政府发布的规范性文件和重大决定、决策、命令，讨论决定县政府各职能部门和各乡镇请示县政府的重要事项，讨论决定有关任免、奖惩、表彰、通报等。常务会议一般每月召开一次。

政府全体会议 县政府全体领导和各职能部门负责人参加。会议的召开由县长提出经常务会议讨论确定，由县长或县长委托常务副县长召集，邀请县委副书记、县人大常委会主任、县政协主席列席会议，其他列席人员根据会议内容临时确定。会议主要传达贯彻上级党委、政府的重大决策、决定或布置政府的重要工作，讨论通过需由政府全体会议决定的事项，通报重要情况。全体会议一般每半年召开一次。

现场办公会 现场办公会议是为解决多部门之间职能交叉问题，及时有效地为单位清除解决问题的障碍而临时组织的专题办公会议，由县长或副县长根据企事业单位急需解决的实际问题，召集相关的部门负责人，一起对问题联合会诊，按职责分工当场解决。

第三节 公文制发

县政府制发的公文主要有命令、议案、决定、批示、公告及通告、通知、通报、报告、请示、批复、函、会议纪要等，另外还有简报、快讯等。

县政府拟发公文由办公室主任或副主任指定专人草拟。以县政府名义发出的文件一般由办公室主任审核后送县长或副县长签发。以政府办公室名义所发文件由主管副县长或办公室主任签发。政府会议议定的事项和需批转的文件及简报、快讯、快报等一般以政府办公室名义发文，由办公室主任或主管副主任签发。

第四节 调查研究

调查研究是县政府一项经常性工作，也是县政府进行科学决策的重要手段。县政府调研的方式主要有以下几种：一是成立专门调查研究机构，在政府办公室设信息调研科，以收集汇报、电话询问、深入基层调查等手段收集各种情况；二是领导干部深入农村、工厂、学校等基层单位进行调查研究，了解掌握第一手资料；三是选派干部深入基层进行有目的专项调查研究；四是到外地考察，加强与周边市县的联系。

第五节 政务公开

为倾听人民群众的呼声，广纳人民群众的意见和建议，接受县人大代表、县政协委员以及广大人民群众的监督，县政府推行了政务公开制度，每年都在全县人民代表大会和县政协委员会上，向代表和委员们全面报告上一年度政府各项工作的运行情况和本年度的工作思路、计划、目标和方略，请委员们讨论，请代表们审议；县政府各职能部门都设政务公开专栏，将政务公布于众；全县遇有重大事宜、重点工作都及时召开不同形式、不同规模的会议或通过电视台传播给全县人民群众，使政府的施政始终在人民群众的监督下进行。

第三章　施政辑要

县政府坚持以经济建设为中心，坚持改革开放和可持续发展战略。全县经济建设和社会各项事业协调发展，特别是通过实施县委确定的开放兴县、特色兴县、科教兴县三大战略，县域经济和社会各项事业进入跨越式发展的新时期。1995年，国民生产总值达到9.5亿元，财政收入达到4103万元，分别是1990年的4.55倍和3.34倍。到2002年，全县国内生产总值达28.7亿元，人均国内生产总值9330元，财政收入达到1.48亿元。曾连续几年被省评为实绩突出和比较突出县，成为全省25个县域经济示范县之一。

第一节　实施开放兴县战略

通过大力实施“开放兴县”战略，提高了双向开放水平，开放工作不断向全方位、宽领域、高层次发展。1991年，建成全市第一家合资企业——安菲丝网有限公司，开创了全市涉外先河。1993年，安平县被国务院列为对外开放县。1995年与邯郸市的广平县一起被省委、省政府誉为“大力开放的两平现象”。连续5年被省市评为对外开放工作先进县。

一、推进企业改革

从企业重组和现代企业制度改革入手，坚持“扶强活小”为主线，因企制宜，一厂一策，多种形式推进改革步伐。1996年抓了以产权制度为重点的改革，完成股份制改制4家，兼并代管12家，推行现代企业制度试点2家。1998年，完成股份制改制3家，股份合作制改制49家，企业兼并代管8家，切块分离16家，承包租赁40家。1999年，造纸网厂、电工合金厂初步建立现代企业制度。2000年，城乡社会保障体系初步建立，企业职工养老保险综合覆盖率达到95%。2002年，造纸网厂注册成立了河北鹤煌网业股份有限公司，纤维板厂、安顺公司等企业也正在建立和完善现代企业管理制度，企业活力进一步增强。

二、实施“请进来”战略

县政府通过思想教育、重奖鼓励、排忧解难等措施，鼓励广大干部群众大胆试、大胆闯，充分发挥自身的行业优势、特色优势、人缘优势，千方百计吸引外商投资，使外商在安平落户。1995年，签约外商投资项目31家，总投资4.8亿元；合同利用外资3922.9万美元，新建三资企业9家，实际利用外资705.6万美元；投产的安基、安菲、安隆等19家三资企业创产值1.28亿元，利税1026亿元。1998年，在东南亚发生金融危机市场低迷的情况下，仍签约三资项目7个，实际利用外资752.66万美元；全县三资企业达到38家。

三、推进对内开放

县政府积极引导县域企业加强横向联合，引进资金、技术、人才，大力发展同京、津、石等大中城市的联合协作，建成了京安集团与北京肉联厂的瘦肉型猪养殖项目、县消声器厂与长春一汽集团联营生产汽车消声器等一批项目。与清华大学、北京师范大学等名牌院校和科研单位加强产学研联合，建成了安顺化工有限公司的甘氨酸技改项目，电工合金厂的等离子注入技术生产电触头项目等一批高科技、高技术含量项目。1995年引进人才120名，签订内联项目36个，合同协议引资1.2亿元。1996年，引进省外到位内资1.31亿元。1998年，引进到位内资1.8亿元。1999年，引进省外到位内资1.67亿元，引进技术项目42个，人才370名。

四、发展外经外贸

县政府充分发挥县域内自营出口企业和三资企业多的优势，巩固和扩大传统优势产品的出口。1996年，完成外贸收购总值4.2亿元，实现自营出口911万美元。1998年，全县完成外贸收购总值6亿元，占国民生产总值的28.6%，自营出口创汇达到1156万美元。2002年，全县出口创汇2380万美元，位居全市前列。

五、实施“走出去”战略

县政府积极引导企业走出去参会参展、设立办事处或营销网点，对接国内、国际市场，为参与世界经济竞争创造条件。1995年，开始在越南、缅甸等国家开设门店。1999年，参加石家庄、厦门等招商活动。2000—2002年先后组织企业参加了德国科隆、美国芝加哥两大世界五金展和日本京都世界五金年会，签订了一批贸易合同，达成合作意向，在德国波恩设立了首家政府驻欧洲办事处。2002年，全县在国外开设的丝网门店和办事机构达到了13家。

第二节　实施特色兴县战略

一、壮大丝网产业

县政府经过反复科学论证，规划、设计，于1996—1997年投资2亿元，占地600亩，建设了列入国家计划的专业丝网批发市场——中国安平丝网大世界。大世界正式投入运营后，交易额逐年大幅攀升。1998年交易额16亿元，2002年增长到34亿元，成为全省十强市场之一及世界最大的丝网产品集散地。

在建丝网大世界的同时，完成了丝网会展中心和网都大厦建设，为博览会的召开创造条件。2001年和2002年，连续举办两届中国（安平）国际丝网博览会，到会外商454人，涉及33个国家和地区，签约项目35个，签订购销合同价值34.1亿元，极大地提高了安平的知名度，形成并巩固了安平丝网的世界霸主地位，有效地拉动了丝网及其相关产业的发展。

2002年，谋划建设了计划投资10亿元，占地5000亩的丝网工业园区，一期工程被列入省级重点项目，部分基础工程完工。

县政府通过专业市场拉动、项目驱动、园区带动、会展促动等措施，推动了全县丝网特色产业迅猛发展。丝网产值：1990年1.2亿元，1995年增长到10.4亿元，2002年增长到60亿元。1995年，安平丝网业被列入国家级丝网星火区域性支柱产业。1996年，丝网行业成为省重点扶持的100个“三化一增”（科技化、规模化、名优化、增效益）项目之一。1999年、2001年，安平县先后被中国五金制品协会授予“中国丝网之乡”和“中国丝网产业基地”称号。

二、发展生猪产业

县政府通过加强引导，培育龙头，政策扶持，以生猪为主导的农业产业化跨上新台阶。

1994年，县政府抓住北京生猪基地外移的机遇，与北京市二商局共同投资建立了年出栏5万头商品猪的大型股份制养猪场——京安规模猪场。后又进行了二期扩建工程，使商品猪年出栏增加到10万头。京安规模猪场有效地带动了全县养猪业的发展，全县迅速涌现出一批万头、千头、百头规模猪场。

1997年，以京安规模猪场为核心，吸收6个万头猪场、15个千头猪场，100多个百头猪场组建了京安畜产集团。1998年，京安集团与比利时斯格遗传技术公司组建了河北斯格种猪有限公司，建成了世界第七、亚洲唯一的斯格核心群种猪场，并发展成为全国品种最全、质量最优的瘦肉型猪良种繁育中心。1999年年底，京安集团与衡水老白干集团、河北农大高新技术开发总公司等单位共同组建了“河北裕丰实业股份有限公司”，并于2002年10月29日在上海证券交易所正式挂牌交易。公司的成功上市，填补了衡水市空白，这对全县瘦肉型猪龙型经济的发展起到了很大的推动作用。

京安集团由一个自繁自养的规模养猪场发展成为集种猪繁育、商品猪生产、高科技开发于一体的现代化瘦肉型猪产销集团，相继被省政府命名为“优秀龙型企业”，被北京市列入“菜篮子”工程，被内贸部确定为“生猪活体储备基地”，被八部委联合评选为“农业产业化国家重点龙头企业百强”。

继京安集团之后，与京津等地协作，先后建

成了京武、京隆、养殖开发中心等万头以上规模养猪场，形成了县有大龙头、乡有小龙头的发展格局，有效地带动了全县养猪业的发展。到2002年，全县已建成年出栏生猪10万头猪场1个，万头以上猪场10个，养猪专业村80多个，专业户6000多个，“一龙、十强、百村、万户”的生猪龙型经济格局初步形成。全县生猪产业被列入全省十五条和全市八条重点发展的龙型经济序列。安平县被省确定为“全省农业产业化经营示范县”。全县仅生猪一项就为农民提供人均纯收入400多元。

第三节　实施科教兴县战略

一、发展科技事业

1995年争取科技贷款680万元，创建高新技术企业3个，完成国家级星火项目2个、省级6个。同时积极组织科技人员深入工农业生产一线，广泛开展科技承包、科技推广和科技开发，推广农业新技术12项，新品种示范6项，开发高新技术产品11项，创建科技型企业14个，工农业生产的科技含量明显提高。广泛开展了科技攻关、技术引进推广等活动，共研制开发新产品48项，推广新技术成果62项，科技对经济的贡献率达到46.8%，顺利通过了国家科技工作先进县验收。1996年，推广省级以上科技成果10项，开发省级以上新产品7项，推广先进农业实用技术30多项，开发、引进新技术、新产品23项。

二、发展教育事业

1995年，紧紧围绕“普九”（普及九年义务教育），大力改善办学条件。新建教学楼3座，高标准校舍390间，修缮校舍3500平方米，后张庄中学完成搬迁。1996年，新扩建校舍5.6万平方米，修缮校舍1.8万平方米，初中轨制设置由74轨增加到136轨，教学班由224个增加到408个，实现基本办学条件一步到位，顺利通过市、省、国家三级“双基”验收。1998—2002年，投资8826万元修建校舍20.6万平方米，办学条件发生了翻天覆地的变化，顺利通过了国家“普九”达标及其复检验收。教学条件的改善，使教学质量明显提高，高考成绩屡创佳绩，一跃跨入全市教育先进县行列。

三、发展卫生事业

通过不断增加投入，全县医疗设备、医疗水平有了很大改善和提高。1996年洪水过后，灾区防疫灭病工作及时有力，实现了大灾之后无大疫。1993—1997年，完成县医院的搬迁；农村合作医疗不断发展，传染病控制、预防保健以及卫生监督工作不断加强；县乡村医疗体系进一步完善和加强。

第四节　完善基础设施

县政府以优化经济发展环境、改善城乡居住条件为目标，不断完善城市服务功能，加快基础设施建设。城乡面貌焕然一新，城区面积不断扩大。

一、加快城镇建设

1995年实施了南环街、南大门路段、网都街西段开通硬化及西马路翻建、为民街东段加宽、自来水厂建设、红旗街开通硬化等工程，动土8.2万立方，硬化路面7万平方米，架桥2座，铺设供排水主管道1万米，安装路灯213盏。1996年完成西环路拓宽、育才路南北两段硬化配套、东西两大门包装、红旗街拓宽贯通、西马路拓宽延伸、南环街翻修等工程，硬化路面7.14万平方米、硬化便道1.2万平方米，铺设供排水主管道9500米。1998—2002年，投资1.75亿元相继完成市政工程40多项，对中心路、为民街、西环路、网都街等主干道进行了综合整治；建设了建材、粮油、农机等六大市场；成立“安平县城市管理办公室”，加大了环境卫生执法检查力度；县城容貌有较大改观，在省市组织的县城城市容貌“燕赵杯”检查评比中，连续几年名列榜首。同时，南王庄、城关、马店等小城镇建设初见成效。

二、发展交通事业

1995年，完成5.7公里的正绕路改线和21.8公里的正绕路拓宽改建工程，仅用40天就完成征地、除障、搬迁和27.3万方的土方工程，创造了全省交通系统公路建设的奇迹。1996年，完成正绕路西段省二级路、东段省三级路建设任务。1993—1997年，全县总投资6195万元建设道路230公里，实现乡乡通公路和70%的村通公路。1998年，完成保衡线15公里中修封面和北大堤西段4.2公里修建工程，新修乡村道路24公里。1999年，完成保衡路城南段4.7公里拓宽改建及北段10公里中修封面工程，新改建乡村公路11公里。2002年实现村村通公路。

三、加强农业基础设施建设

1996年，新打机井848眼，铺设防渗管道12万米，改造中低产田5.6万亩。1998年，新打机井562眼，铺设防渗管道2.15万米，改善浇地面积1.07万亩。1999年，新打机井432眼，铺设防渗管道8万米；完成南堤宽帮高接、油子干砌石护堤等13项防洪工程。2001年，投资2800多万元完成滹沱河南堤复堤工程、潴龙河千里堤赵院险工加固等5项防洪工程，防洪抗灾能力进一步增强。

四、发展电力、通信事业

1997年新建大子文、东黄城35千伏变电站两座；完成南王庄、城西、城东、程油子、大何庄五座变电站扩容增容，增加变电容量32600千伏安；完成低压改造线路620公里，新增变压器1259台，满足了工农业用电需求。1996、1997两年用电量增幅全市第一。2001年7月，安北11万伏变电站投入运营。1998—2002年，连续5年趸售电量和增幅均位居全市第一，被列为全省售电量增长十强县之一；投资3624万元完成了农网改造一期工程，供电质量明显提高，为工农业生产提供了保障。1991年到2002年，电话交换机容量逐年增加，电话普及率超过10部/百人。

第四章　承办人大代表建议和政协委员提案

按照县长工作分工，常务副县长负责联系人大、政协方面的工作，负责人大代表建议和政协委员提案办理。建议、提案的登记、交办、催办、报批、答复、督促、检查、审核、协调等工作由政府办公室统筹协调，督察室设专人负责。1991—2002年，共办理人大代表建议399件，办理政协委员提案515件；人大代表、政协委员所提建议和提案全部在限定时间内给予答复，按时办结率100%，答复函规范率100%。在办理工作中，各承办单位以提高办理质量为重点，注重实效，认真负责，积极采纳人大代表、政协委员的建议和意见，解决了一大批群众关注的重点、难点问题，有力推动了政府工作的开展。

第一节　办理制度

为使代表建议和委员提案的办理工作规范化、制度化，县政府出台了《安平县承办人大代表建议和政协委员提案工作规定》，明确了承办工作制度。每年“两会”结束后，县政府办公室接到县人大常委会人事科和县政协提案委员会转来的归县政府办理的代表建议和委员提案后，7个工作日内（最迟不超过10个工作日）召开政府系统人大代表建议和政协委员提案交办会，根据职责，将建议和提案交有关部门和单位办理，要求从“两会”闭会起5个月内办结并答复人大代表或政协委员，因情况复杂5个月内办结有困难的，在规定期限内向人大代表或政协委员作出阶段性答复。承办结果及时反馈人大、政协及代表和委员。具体时限为县政府召开交办会之日起3个月内办结、答复并在6个月内将最终办理结果答复人大代表、政协委员。

第二节　案件办理

办案过程实现“开门办理”和“阳光操作”。县政府大力推行“现场办案”“联合办案”，结合工作实际，认真筛选一些人大代表、政协委员普遍关注的建议、提案，邀请县人大代表、县政协委员参加听证会、座谈会等，与办案单位共同协商解决问题。这一方法的实行，增强了承办工作的透明度，畅通了人大代表、政协委员实施监督和参政议政的渠道，扩大了办理工作的知情权和参与度，增强了办理实效。县政府每年都向人大常委会和政协常委会分别书面报告代表建议和委员提案办理情况，承办单位也积极主动地走访人大代表、政协委员，对于重点或难点的建议和提案，县政府办公室还抽调专人与承办单位一起向人大代表、政协委员当面汇报办理情况，解释有关政策，使其了解案件的办理进度，实现承办工作的新突破。

1991—2002年，县政府承办人大代表建议399件，其中十届政府（1991—1992年）承办115件，十一届政府（1993—1997年）承办113件，十二届政府（1998—2002年）承办171件；承办政协委员提案515件，其中十届政府承办72件，十一届政府承办227件，十二届政府承办216件。

通过办理落实人大代表建议和政协委员提案，促进了全县工作的开展。如1995年，李绍轩等10名代表提出的“鼓励支持社会力量办学”的建议，县政府非常重视，根据有关政策及时批准建立了“育才中学”“光明中学”“启蒙小学”，解决了上学难的问题，受到人民群众的称赞。同年，政协委员刘玉峰根据丝网生产在全县分布广，群体大，规模小，信息闭塞，盲目性较大，难以形成行业优势，阻碍着安平丝网进一步发展的现实，提交了《兴建安平丝网城》的提案，在提案中建议建设全国丝网专业市场。县委、县政府对提案非常重视，及时研究决定兴建丝网产品专业批发市场——中国安平丝网大世界，并于1996年开始兴建，于1997年底建成投入使用。大世界的建成，使安平丝网业迅猛发展，使安平成为世界丝网集散地。

第十七编　政协地方组织

- 政协委员
- 政协委员会
- 政协常委会
- 政协工作

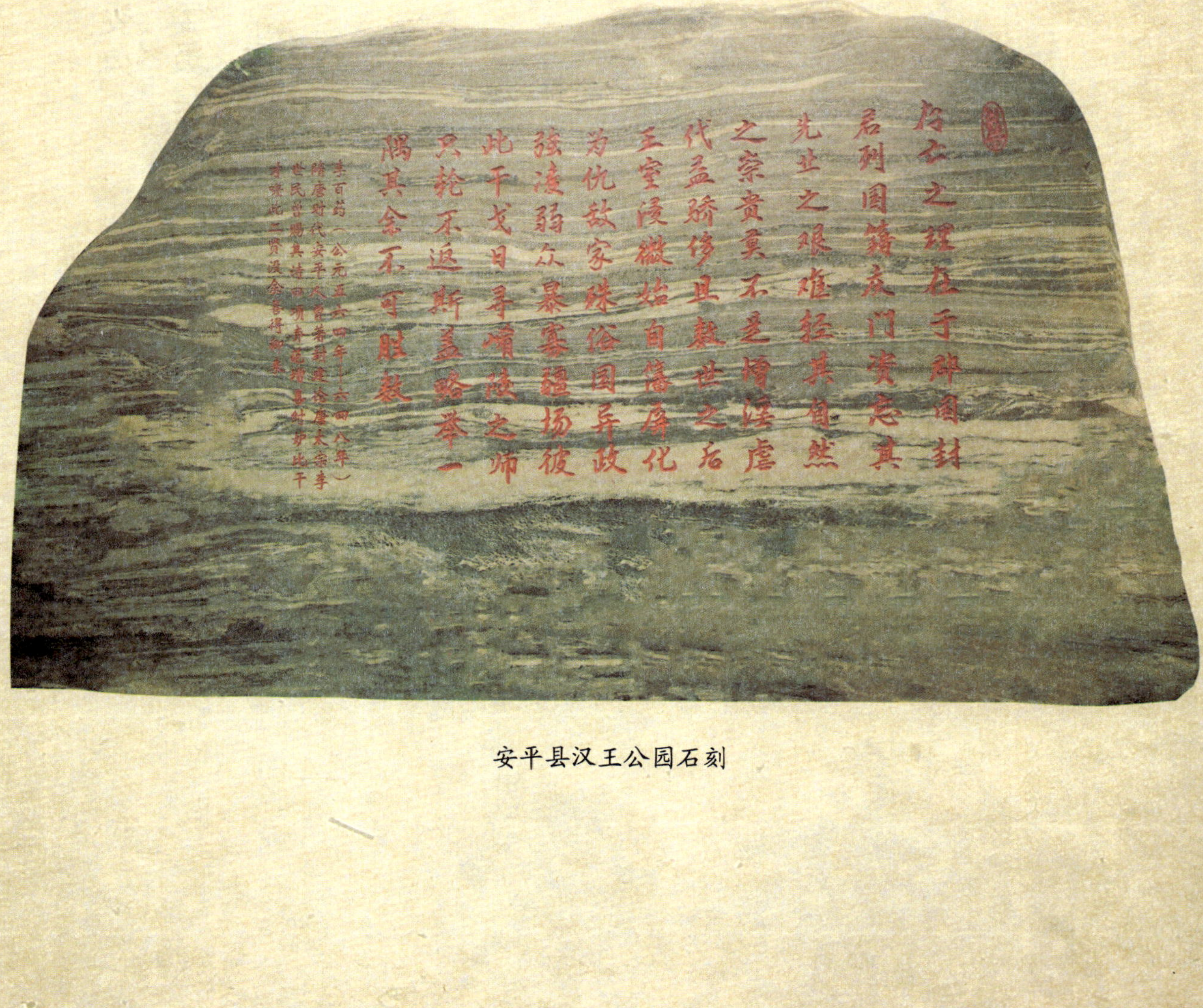
治乱之理在于郡国封
君列国籍众门资忘其
先业之艰难轻其自然
之宗贵莫不是增淫虐
代益骄侈且数世之后
王室浸微始自藩屏化
为仇敌家殊俗国异政
强凌弱众暴寡疆场彼
此干戈日寻嗜陵之师
只轮不返斯盖略举一
隅其余不可胜数
李百药（公元五六四年—六四八年）
隋唐时代安平人曾著封建论唐太宗李

安平县汉王公园石刻

第十七编　政府地方组织

中国人民政治协商会议是中国人民爱国统一战线组织，是国内政治生活中发扬社会主义民主的一种重要形式。根据中国共产党同各民主党派和无党派人士“长期共存、互相监督、肝胆相照、荣辱与共”的方针，对国家的大政方针和群众生活的重要问题进行政治协商，并通过建议和批评发挥民主监督作用。政协安平县委员会是中国人民政治协商会议的地方组织，行使下列职权：选举县政协委员会主席、副主席、秘书长和常务委员；听取和审议常务委员会的工作报告；讨论并通过有关决议；参与对国家和地方事务的重要问题的讨论，提出建议和批评。自1991—2002年，政协安平县委员会历经三届、四届、五届委员会。

第一章　政协委员

第一节　政协委员的产生

政协委员的产生要经过制订方案、推荐协商、审核确定、邀请委员等程序。每次政协换届，安平县政协都要在中共安平县委领导下，根据政协章程、上级政协文件、省委组织部有关规定，结合本县实际情况制订换届方案。方案根据邀请委员的总数，并按党派以及各界别等因素制订，委员人选由中共安平县委委托组织部、统战部提名推荐，经征求和听取各方面意见后，报县委审核同意，尔后提请上届政协常委会协商决定正式被邀请委员名单。正式名单确定后，由县政协对被邀请的新一届委员发出邀请函，对方接受邀请，即成为新一届政协委员。增补委员也经过上述程序。

第二节　政协委员构成

政协委员由中国共产党、民主党派、人民团体、无党派人士、“三胞”（台湾同胞、港澳同胞、归国侨胞）或三胞眷属、民族宗教、经济、科技、教育、医药卫生等各界代表以及特邀人士组成。

安平县第三届政协首聘委员119名，届内增补委员4名，共123名。第四届政协首聘委员123名，届内增补委员17名，共140名。第五届政协首聘委员120名，届内增补委员28名，共148名。

政协安平县委员会三至五届委员会委员构成统计表

表17-1　　单位：人

届别	首聘委员	党派构成		界别构成															妇女委员	50岁以下委员	大中专以上文化	届内增减	合计
		中共党员	无党派	党政机关	青年团	妇联	工会	经济	工商联	科学技术	侨联与三胞眷属	文化艺术与新闻	教育	医药卫生	社会法制	农业农村	民族宗教	特邀					
三	119	47	72	12	2	2	2	25	11	9	6	8	6	6	2	25	3		11	84	61	+4	123
四	123	50	73	15	2	3	2	28	7	9	3	7	5	5	3	29	2	3	13	92	32	+17	140
五	120	48	72	18	3	4	3	29	5	5	5	7	6	4	4	17	4	6	22	92	41	+28	148

说明：“大中专以上文化”一栏、第四、五届为大专以上文化的人数

第二章　政协委员会

政协安平县委员会从1991年到2002年历经三届、四届、五届委员会，共召开14次全体会议。

第一节　第三届委员会

第三届委员会由119名委员组成(后增至123名)，其中，中共党员47名，占委员总数的39.5%；无党派人士72名，占委员总数的60.5%；妇女委员11名，占委员总数的9.2%；具有大、中专文化水平的61名，占委员总数的51.3%；年龄在50岁以下的84名，占委员总数的70.6%。本届委员会议任期三年(1990年2月至1993年2月)，共召开4次全体委员会议。

第一次全体会议　1990年2月22—24日在县税务局四楼会议室举行。会议听取审议了《政协安平县第二届常务委员会工作报告》和关于提案工作情况的报告；听取了县委副书记李建民的讲话；讨论协商了县政府提请安平县第十届人民代表大会第一次会议审议的《政府工作报告(讨论稿)》；通过了《政协安平县第三届委员会第一次会议政治决议》和政协安平县第三届委员会第一次会议提案审查委员会《关于提案的审查报告》；选举产生了政协安平县第三届委员会常务委员会，常务委员18人，其中主席1名，副主席5名。

第二次全体会议　1991年3月13-15日在县委三楼会议室召开。出席会议委员118名。会议听取了县委书记王建章的讲话，听取并审议了《政协安平县第三届委员会常务委员会工作报告》和《政协安平县第三届委员会提案委员会关于三届一次会议以来提案工作情况的报告》(简称两个报告)，通过了本次会议《关于常委会工作报告的决议》《政治决议》和《提案审查情况的报告》，讨论协商了《县政府工作报告(讨论稿)》《1990年财政执行情况和1991年财政预算草案的报告》《安平县国民经济发展十年规划和“八五”计划草案的报告》。

第三次全体会议　1991年4月11日在县委会议室召开，出席会议委员123人。会议学习贯彻了全国政协七届四次会议精神，增选王广文、段占表为政协副主席。

第四次全体会议 1992年3月9-11日在县委三楼会议室召开，出席会议委员119人。县委书记王建章到会作了讲话。会议听取并审议了“两个报告”，协商讨论了《县政府工作报告(讨论稿)》《1991年财政执行情况和1992年财政预算草案的报告》《1992年国民经济计划和社会发展计划的报告》讨论通过了本次会议《政治决议》《常委会工作报告的决议》和《关于提案审查情况的报告》。

第二节 第四届委员会

第四届委员会由123名委员构成(后增至140名)，其中中共党员50名，占委员总数的40.7%;无党派人士73名，占委员总数的59.3%;妇女委员13名，占委员总数的10.6%;具有大专文化水平的32名，占委员总数的26%;年龄在50岁以下的92名，占委员总数的74.8%。本届委员会议任期5年(1993年2月至1998年2月)，共召开5次全体委员会议。

第一次全体会议 1993年2月18—20日在县政府三楼会议室召开，出席会议的委员123人。会议听取并审议了政协安平县第三届委员会《常务委员会工作报告》和《关于提案工作情况的报告》;协商讨论了《安平县人民政府工作报告》和《财政预决算报告》;讨论通过了本次会议《政治决议》和《提案审查报告》;听取了县委副书记马俊杰的讲话;选举产生了政协安平县第四届委员会常务委员会，常务委员22人，其中主席1名，副主席5名。

第二次全体会议 1994年3月17—18日在县政府会议室召开。会议听取并审议了政协安平县第四届委员会《常委会工作报告》和《提案审查情况的工作报告》，通过了《政治决议》和《提案工作报告》，讨论协商了《县政府工作报告》《财政预决算报告》和《1994年国民经济和社会发展计划草案的报告》(以下简称“三个报告”)，听取了县委副书记马俊杰的讲话。

第三次全体会议 1995年2月27—28日在县政府三楼会议室召开。会议听取并审议了《县政协常委会工作报告》《提案委员会关于提案工作情况的报告》(以下简称“两个报告”)，协商讨论了“三个报告”，审议通过了《政治决议》和《提案审查情况工作报告》。

第四次全体会议 1996年3月11—12日在县政府会议室召开。会议听取并审议了“两个报告”，协商讨论了“三个报告”。会议改选韩宏昌为政协第四届委员会主席，增选段占表、纪志荣、崔跃东为副主席，增选常委6名。会议审议通过了本次会议《政治决议》和《提案审查情况的报告》。县委书记刘苏芳、副书记马俊杰在会上讲了话。

第五次全体会议 1997年3月2—4日在县政府会议室召开。会议听取并审议了“两个报告”，协商讨论了“三个报告”，通过了《提案审查情况的报告》和《政治决议》，增选李彦科为政协副主席。县委副书记赵忠顺在会上讲了话。

第三节 第五届委员会

第五届委员会由120名委员构成(后增至148名)，其中中共党员48名，占委员总数的40%;无党派人士72名，占委员总数的60%;妇女委员22名，占委员总数的18.3%;大专以上学历41名，占委员总数的34.2%;50岁以下的92名，占委员总数的76.7%。本届委员会任期5年(1998年2月至2003年3月)，共召开6次全体委员会议。

第一次全体会议 1998年2月12—14日在县政府会议室召开，出席会议委员120人。会议听取并审议了政协安平县第四届委员会《常务委员会工作报告》《提案委员会关于提案工作情况的报告》(简称“两个报告”)，协商讨论了《县政府工作报告》《1997年经济和社会发展计划执行情况与1998年经济和发展计划草案报告》《1997年财政决算情况和1998年财政预算草案的报告》(简称“三个报告”)。会议选举产生了政协安平县第五届委员会常务委员会，常务委员18名，其中主席1名，副主席5名；审议通过了《提案委员会提案审查情况的报告》和本次会议《政治决议》。县委副书记李洪林在会上讲了话。

第二次全体会议　1999年3月3—5日在政府三楼会议室召开。会议听取并审议了“两个报告”，协商讨论了“三个报告”；审议通过了《提案审查情况的报告》和本次会议《政治决议》。县委副书记李洪林在会上讲了话。

第三次全体会议　2000年3月8—10日在县政府三楼会议室召开。会议内容同上。

第四次全体会议　2000年4月21日在县政府三楼会议室召开。会议有两项议程，一是学习九届全国政协主席李瑞环在全国政协九届三次会议上的讲话，二是增选副主席1名，常委3名。

第五次全体会议　2001年2月12—14日在县政府三楼会议室召开。会议听取并审议了两个报告；听取了《关于安平县国民经济和社会发展第十个五年计划纲要的报告》《财政预决算报告》《国民经济计划报告》；补选李光辉、李振军为政协副主席，增选政协常委1名；审议通过了本次会议《提案审查情况的报告》和《政治决议》。县委书记赵庆云、副书记郝彦彬分别在会上讲了话。

第六次全体会议　2002年2月27—3月1日在县政府三楼会议室召开。会议听取并审议了“两个报告”；表彰了10名优秀提案者；协商讨论了“三个报告”；通过了本次会议《政治决议》和《提案审查情况的报告》；举行了政协委员书画联谊活动，爱好书画的政协委员现场书写、绘画，交流书画技艺。县委书记赵庆云、副书记郝彦彬在会上讲话。

第三章　政协常委会

第一节　人员构成

政协安平县委员会设常务委员会。常务委员会由主席、副主席、秘书长和常务委员组成，其候选人由参加政协安平县委员会的各党派团体、各民族和各界人士协商提名，经全体委员选举产生。常务委员会主持政协委员会会务。

从1991—2002年，政协安平县常务委员会经历了第三、四、五届常务委员会。

第三届常务委员会　1990年2月24日召开政协安平县委员会三届一次会议，选举产生常务委员18名，其中主席1名，副主席5名；中共党员6名，占33.3%；非中共人士12名，占66.7%；妇女1名，占5.6%；大专以上文化10名，占55.6%；50岁以下10名，占55.6%。1991年4月，三届三次会议增选副主席2名。

第四届常务委员会　1993年2月，召开政协安平县委员会四届一次会议，选举产生常务委员22名，其中主席1名，副主席5名，秘书长1名；中共党员8名，占36.4%；非中共人士14名，占63.6%；妇女1名；占4.5%；大专以上文化14名，占63.6%。50岁以下9名，占40.9%。1996年3月，四届四次会议补选主席1名；增选副主席3名，常务委员6名。四届五次会议增选副主席1名。

第五届常务委员会　1998年2月召开政协安平县委员会五届一次会议，选举产生常务委员18名，其中主席1名，副主席5名；中共党员9名，占50%；非中共人士9名，占50%；妇女1名，占5.6%；大专以上文化6名，占33.3%。50岁以下11名，占61.1%。2000年4月，五届四次会议增选副主席1名，常务委员3名。2001年2月，五届五次会议增选副主席2名，常务委员1名。2002年12月，五届常务委员会常务委员22名，其中主席1名，副主席5名；中共党员12名，占54.5%；非中共人士10名，占45.5%；妇女1名，占4.5%；大专以上文化8名，占36.4%；50岁以下9名，占40.9%。

政协安平县委员会三至五届常务委员会人员构成统计表

表17-2　　单位：人

届别会议	常务委员人数	职务结构				党派结构		文化结构			年龄结构		
		主席	副主席	秘书长	常务委员	中共党员	非中共人士	大专以上	中专高中	初中	31至40岁	41至50岁	51至60岁
三届一次会议	18	1	5	—	12	6	12	10	5	3	2	8	8
四届一次会议	22	1	5	1	15	8	14	14	1	7	2	7	13
五届一次会议	18	1	5	—	12	9	9	6	7	5	4	7	7

第二节　会议

一、常务委员会会议

政协常务委员会一般每季度召开一次会议。1991—2002年，三至五届政协常务委员会共举行会议48次，其中12次是总结安排政协工作，5次进行人事任免，21次是听取县委、县政府及其部门通报全县政治经济工作或部门工作。4次组织委员视察，6次组织常委学习。政协常务委员会会议主要行使下列职权：召集并主持县政协全体会议；审议提交县政协委员会会议文件；组织实施委员会议决议及上级政协下达的任务；协商决定县政协委员名额，委员增补、辞职等事项；县政协全体会议闭会期间，审议提交县委、县政府的重大建议案；决定县政协工作机构的设置和人员变动；听取县委、县政府及其他部门有关政治经济形势及重大决策的制定和实施情况的通报。

二、主席会议

主席会议由政协委员会主席、副主席、秘书长组成，负责处理常务委员会主要日常工作，一般每月举行一次。主席会议主要行使下列职权：协商讨论安平县重大方针、政策及经济、政治、文化和社会生活中的重大问题，提出意见和建议；议定以县政协或常委会、主席会议名义向县委、县政府提出的重要建议案和需常委会议决定的人事任免事项；决定召开常委会议的日期，提出会议议程，审议提交常委会议的文件；讨论决定委员视察、参观和调研等重要活动；讨论决定机关各科室的工作安排；处理常务委员会其他重要日常工作。

1991—2002年安平县政协历届主席、副主席一览表

表17-3

届　期	职　务	姓　名	工作单位	任职时间	籍　贯
第三届（1990年2月至1993年2月）	主　席	王新正	驻会	1990年2月至1993年2月	杨屯
	副主席	韩宏昌	驻会	1990年2月至1993年2月	天津市
		马朝阳	驻会	1990年2月至1993年2月	南侯疃
		石小琢	丝网集团	1990年2月至1993年2月	东石庄
		王义卷	经委	1990年2月至1993年2月	王油子
		翟瑞宗	务农	1990年2月至1993年2月	西侯疃
		王广文	驻会	1991年4月至1993年2月	肃宁县
		段占表	食用菌厂	1991年4月至1993年2月	西两洼

续表17-3

届　期	职　务	姓　名	工作单位	任职时间	籍　贯
第四届（1993年2月至1998年2月）	主　席	边庭林	驻会	1993年2月至1996年3月	曹家庄
		韩宏昌	驻会	1996年3月至1998年2月	天津市
	副主席	韩宏昌	驻会	1993年2月至1996年3月	天津市
		阮增辉	驻会	1993年2月至1998年2月	敬思村
		马朝阳	驻会	1993年2月至1998年2月	南侯疃
		王义卷	经委	1993年2月至1998年2月	王油子
		翟瑞宗	务农	1993年2月至1998年2月	西侯疃
		段占表	驻会	1996年3月至1998年2月	西两洼
		纪志荣	财政局	1996年3月至1998年2月	向官屯
		崔跃东	安隆集团	1996年3月至1998年2月	兴贤
		李彦科	国税局	1997年3月至1998年2月	南胡林
第五届（1998年2月起）	主　席	王占民	驻会	1998年2月至2002年12月	东黄城
	副主席	阮增辉	驻会	1998年2月至2001年2月	敬思村
		马朝阳	驻会	1998年2月至2002年12月	南侯疃
		纪志荣	驻会	1998年2月至2002年12月	向官屯
		李彦科	国税局	1998年2月至2001年2月	南胡林
		张跃民	建设局	1998年2月至2000年3月	院西
		张继辉	烟草局	2000年4月至2002年12月	角南
		李光辉	财政局	2001年2月至2002年12月	马江
		李振军	电力局	2001年2月至2002年12月	堤涡

第三节　工作机构

1991—2002年，县政协设四委一室：提案委员会、文史资料委员会、祖国统一联谊委员会、经济工作委员会和办公室，有机关干部和职工16人。

第四章　政协工作

第一节　政治协商与民主监督

政治协商与民主监督是县政协的一项重要任务。为搞好政治协商和民主监督，充分发挥政协的作用，按照协商于决策之前，监督于执行之中的原则，县政协不定期地协同有关部门召开研究会、座谈会、意见听取会，广泛征求委员及各界人士对党政工作和各项事业的意见或就人民群众关心的问题提出建议。历届政协委员都列席应届人大会议，听取政府工作报告；政协主席列席县委常委会议，副主席列席县政府常务会议。政协召开常委会、全委会或专题会议时，县党政领导也到会征求意见，汇报沟通情况。县委、县人大、县政府在作出某项重大决议时往往预先与政协沟通情况，征求意见。

第二节　调查研究

为给县委、县政府的科学决策提供可靠的参考依据，县政协自1991年到2002年年底组织机关或委员调研26次，写出调查报告26份。一些调查报告发挥了重要作用。

1993年，就农民负担情况进行的调研，提出了四条贯彻落实中共中央、国务院两办关于《切实减轻农民负担的紧急通知》的建议，促进了减轻农民负担工作的开展，得到了省农业厅的好评。

1995年，对安平县南王庄镇、大子文乡、东里屯乡、安平镇等乡镇的乡镇企业发展情况进行了专题调查。调查报告受到县委、县政府的重视，县委书记刘苏芳作了批示，并以县委文件转发全县。

1998年6月，进行全县生猪养殖调查，提出了促进安平县生猪产业化进程的8条建议。县委书记刘苏芳在调查报告中作了多处批示，要求有关部门认真组织落实。“加速京安猪场三、四期工程建设，尽快投入生产、向社会提供种猪”和“建饲料加工厂、搞深加工”的建议已经落实。

2000年，对涉及深泽、晋州、无极等县市的滹沱河安平段污染问题进行了调研，并将调查报告报送省市政协，为省市解决滹沱河污染问题提供了重要依据。

2001年，围绕第一届国际丝网博览会的召开进行了4次调查，在调查报告中提出抓宣传、抓硬件建设、抓服务、抓环境治理、抓项目筛选，合理确定博览会召开时间等建议。部分建议在县政府制定《博览会实施方案》时被采纳。《关于我县丝网产业发展的调查报告》县委书记赵庆云作重要批示。县长李洪林就《调查报告》中涉及的问题召开了专门会议，要求有关部门结合政协建议，抓好今后工作。

附录：

关于安平县丝网产业发展的调查报告

按照县委、县政府主要领导的提议，县政协于2001年11月25日到12月3日，就首届丝网博览会的影响、如何办好下届丝网博览会和兴建丝网工业园区问题，分别召开了丝网行业政协委员座谈会和安平县各界人士座谈会，并由主席带队分三路深入到全县八个乡镇、20个丝网专业村，进行走访调查。现将主要情况报告如下：

一、关于首届中国(安平)国际丝网博览会的影响、作用和办好下届博览会的建议

从调查情况看，人们对于首届国际丝网博览会普遍评价很高，认为这是安平丝网发展史上规模空前的盛会，既轰轰烈烈，又扎扎实实，充分展示了安平的形象、产业特色和相当的经济实力，可以说十分圆满成功。参加座谈的政协委员和各界人士一致认为：博览会是县委、县政府，在新世纪初带领全县人民，共同努力办的一件大好事，是安平经济发展史上的新篇章。博览会使安平人民在物质和精神两个方面取得了双丰收。说明安平有办好这种国际性会议的物质条件和经济基础，说明县委、县政府有办好国际性会议的组织领导能力。参展的企业和门店人员说，通过参展，巩固了老关系，结识了新客户，营销理念有了很大观，消除了与外国人做买卖的神秘感，重新审视了自己，找准了发展坐标，进一步坚定了招商引资和对外开放的信心及决心。许多丝网界人士表示，博览会的召开使他们对整个丝网业的发展情况有了更深入的了解，既找出了优势，又发现了差距，精神受到鼓舞和震动，思想得到进一步的解放，增加了危机感、紧迫感，增强了大发展和干大事业的意识和勇气。县政协机关干部认为，此次博览会召开的成功之处不仅在于签约的多少，更重要的是在组织实施过程中，全县一盘棋，各部门通力合作，不畏困难、敢于争先、敢于创新，形成了“顾全大局，团结协作，拼搏进取、争创一流的博览会精神”。这是我们取得的重大成果，是其他一切都无可比拟的。有了这种精神，我们的各项事业必将在新世纪里实现跨越式的发展。

今后博览会如何召开，人们提出了如下建议：

1. 博览会应一年一次，仍要加强宣传，大造声势，提高档次。召开博览会的时间可安排在广交会的五金交易会后1-2天召开，由首届3天延长到5天。这样可避免与广交会相冲突，利于企业间的商贸洽谈。

2. 为减轻政府的压力，博览会的召开要逐渐由政府行为过渡到商业化行为，充分发挥丝网商会、丝网集团的作用，淡化政府行为，减少行政干预，让企业在博览会中起主要作用。一般大型博览会，为调动企业参展的积极性，都对模范参展摊位进行表彰，中国（安平）国际丝网博览会也应如此。

3. 进一步加大城市建设和管理力度，健全城市功能。我县宾馆的接待能力还有待增强，应采取多种渠道筹资，多建几所高规格宾馆，以提高服务档次，扩大接待能力。公厕是城市建设中的重要组成部分，应在主要街道的适宜地点修建公厕，完善城市功能。

4. 以博览会召开为契机，继续深入宣传城市文明，加强公民道德建设，广泛宣传博览会成就，促进我县各项事业快速发展。

二、关于丝网工业园区的建设

随着我县丝网产业的不断发展壮大，企业“小规模、作坊式”的生产方式已不再适应市场的需求，建设大规模、高科技、聚集型的丝网工业园区势在必行。这是继丝网大世界之后的又一重要战略性举措，体现了县委、县政府的大魄力、大决心。在所调查的8个乡镇20个村中，人们赞同和拥护县委、县政府的这一决定。丝网界人士认为，兴建丝网工业园区，可以为丝网产业的发展提供更加广阔的空间，有利于调整丝网产业的布局结构和丝网产业的升级；有利于促进信息交流和技术合作，增强抵御市场风险的能力；有利于改善企业发展环境，转变企业增长方式；有利于发挥聚集效应，提高经济效益，增强区域经济的竞争力。各界政协委员指出，兴建丝网工业园区，对于吸引农民进城，加快农村经济结构调整、促进城镇建设更具重要意义。经过讨论，大家一致认为，兴建丝网工业园区是全县人民为之注目的重大工程，从某种意义上讲，园区建设的成效如何，事关全县经济建设的大局。其工程涉及部门多，具体运作复杂，需要政府各部门团结协作，运用多种手段调动全社会共同参与。县委、县政府为此专门成立丝网工业园区建设指挥部，是十分及时和必要的，只有在县委、县政府的领导下，发扬“博览会精神”，工业园区才能搞出特色、搞出规模、搞出成效。

政协安平县委员会

2001.12.18

第三节　提案工作

征集办理　为履行政治协商民主监督职能，搞好参政议政，县政协把征集办理好委员提案作为一项重要工作来抓，大力促进提案办理的规范化、制度化、程序化。1992年5月12日，印发了安协〔1992〕2号文件——《政协安平县委员会提案工作条例》，对提案的立案、审查、交办、督办归档等办理环节进行了严格的规定。2001年五届五次会议上，对10名优秀提案工作者进行了奖励。1991—2002年，县政协共收到委员提案536件，立案515件，占提案总数的96.1%；解决或基本解决497件，占提案总数的92.7%；未解决做出解释的39件，占提案总数的7.3%。

优秀提案　1992年夏收前，不少农民在除治麦田虫害时，使用了1605、3911、呋喃丹等剧毒农药。政协委员戎玉坤提出，《食用新麦会对人身造成危害》的提案，建议县政府采取措施进行解决。县政府接到提案后马上下发了安政〔1992〕16号文件《关于禁用新麦磨面食用的紧急通知》，要求对新麦一律单收单存，面粉厂在一定时期内不得接收新麦进行加工。

1993年，靳白委员提出《抓紧除治小麦吸浆虫》的提案。县委、县政府非常重视，及时加强了对小麦吸浆虫的除治工作，使全县小麦基本未造成危害。

1995年，政协委员刘玉峰通过实地考察发现安平县的丝网生产在全县分布广，群体大、规模小，信息闭塞，盲目性较大，难以形成行业优势和市场优势，他在征询多家企业经营者的意见和要求的基础上，提交了《兴建安平丝网城》的提案，建议建设全国丝网专业市场。县委、县政府对提案很重视，及时研究决定兴建丝网产品专业批发市场——中国安平丝网大世界，并于1996年开始动工兴建。

1996年，鲍敬华委员提出《关于进一步整顿城乡医药市场，加强医药市场管理》的提案。根据提案建议，县政府组织卫生局、公安局、工商局、医药局联合清理整顿了170个村的医药诊室，取缔了18家无证无照或证照不全的医疗诊所，销毁伪劣药品价值56000元，处罚金1万多元，有力地净化了医药市场。

1999年，郭占岭委员提出《关于促进我县养殖业发展的建议》一案，建议：一是县政府出台优惠政策解决养殖业占地问题；二是龙头企业与养殖户签订购销合同，实行保护价收购，以减少养殖户由于市场价格不稳所造成的损失，从而增强农户发展养殖业的积极性；三是建立技术咨询指导站，为养殖专业户解决技术难题。县委书记对该提案作重要批示。县政府及有关部门在《全县农业产业化工作的总体安排和重点工作布置》中采纳了此建议。

2000年，王建杰委员提出《关于发展养殖业的建议》提案，建议加快优良种猪的引进繁育和推广、实施龙头带动战略、积极开拓销售市场。县委、县政府吸纳提案的建议，于当年发出安发〔2000〕23号文件——《关于加快生猪产业化进程的实施意见》。

2001年，赵树臣、阎振威、张学征、翟瑞宗、商海等8名委员提出《解决高中瓶颈问题》的建议案。县委领导非常重视，在2001年招生时，充分挖掘了安中的招生潜力，同时在光明中学、育才中学、职中先后开设了高中班，共扩招12个高中班600名学生，缓解了高中瓶颈的压力。

1991—2002年安平县政协委员提案办理情况统计表

表17-4　　　　单位：件

年度	会议	委员提案件数	提案分布：工业城建交通	农村林业水利	科技文教卫生	财贸	党政群团统战	精神文明	计划生育	廉政法制	经济建设	其他	解决或基本解决：件数	占总件数的百分比%	未解决做出解释：件数	占总件数的百分比%
1991	三届二次	37	3	6	6	—	—	4	2	4	—	12	37	100		—
1991	三届三次	—	—	—	—	—	—	—	—	—	—	—	—	—		—
1992	三届四次	39	13	6	10	—	—	—	—	2	—	8	39	100		—
1993	四届一次	41	13	—	7	—	—	—	—	5	12	4	41	100		—
1994	四届二次	59	16	—	12	—	—	—	—	5	19	7	59	100		—
1995	四届三次	49	14	—	14	—	3	—	—	3	12	3	49	100		—
1996	四届四次	43	14	8	7	7	7	—	—		—	—	37	86	6	14
1997	四届五次	44	15	7	9	5	8	—	—		—	—	44	100		—
1998	五届一次	39	12	7	5	—	—	—	—	2	—	13	39	100		—
1999	五届二次	46	8	15	12	7	—	—	—	4	—	—	28	60	18	39
2000	五届三次	50	13	5	12	7	—	—	—	3	—	10	40	80	10	20
2000	五届四次	—	—	—	—	—	—	—	—		—	—		—		—
2001	五届五次	42	14	7	9	3	—	—	—	4	4	1	37	88	5	12
2002	五届六次	47	—	—	13	—	—	—	—	7	27	—	47	100		—
合计	—	536	135	61	116	29	18	4	2	39	74	58	497	92.7	39	7.3

第四节　委员视察考察

为提高参政议政的针对性，切实履行民主监督职能，县政协从1991年到2002年年底，组织政协委员开展视察或考察活动24次，平均每年组织委员视察两次，内容涉及农业农村、城建交通、行政执法、文教卫生、工商业和服务业等诸多方面。其中6次视察丝网产业，5次视察城建交通，3次视察农村工作，3次视察生猪养殖业，3次视察教育工作，2次视察餐饮服务业，2次组织有关委员旁听县法院的开庭审理。另外，按照市政协的安排，于2001年组织驻安平的市政协委员到阜城就农业结构调整进行考察。

第五节　联谊交往

县政协开展祖国统一联谊工作的重点是同“三胞”眷属联系、交往和宣传对台方针政策。县政协每年对全县80多名“三胞”眷属保持联系交往外，还坚持普遍走访。对来安平探亲的“三胞”热情接待，曾多次接待了台湾国民党中将赵本立。1997年，根据党中央和衡水市政协的统一安排，组织了香港回归祖国的庆祝活动，向全县“三胞”眷属发出了“庆‘七一’迎回归”倡议书；与县文体局共同组织了安平县庆香港回归书画展；召开了“三胞”眷属庆香港回归祖国座谈会；参与了市政协组织的庆香港回归演讲比赛和书画展，并荣获组织奖。1999年，召开了由“三胞”眷属、部分政协委员参加的庆祝澳门回归祖国座谈会。

县政协每年不定期与兄弟县市政协来往、互相交流工作经验，从1991年至2002年，先后与深县、饶阳、武强、任丘、霸县、冀州、深泽、景县、雄县、蠡县、安国、博野、石家庄市郊区等多个县市政协来往、交流工作经验。同时接待了省市政协和辽宁省东陵区、山东莒县、山西忻州市等地政协来安平的考察活动。

第六节　文史编写

文史资料的征集编写工作，是政协工作的重要组成部分。从1991年到2002年，县政协在广泛征集文史资料的基础上，组织编写了32万余字的文史资料。1992年，编写出版了6.2万字的《安平县农民保家独立团》，收文39篇。主要内容是反映1947年安平人民为赢得解放战争的胜利积极参军支前的事迹。1996年6月，编写出版7.3万字的《安平县文史资料》第二辑，共收文38篇，其中人物传记17篇，地名介绍14篇，综合资料7篇。1997年，编写了安平县烈士陵园纪念碑碑文《安平县人民革命斗争简史》。1998年，为市政协出版《委员风采》《衡水历史名人》提供稿件11篇。1999年，为市政协出版《春华秋实》《名门望族》提供稿件8篇。2001年，收集整理纪念冀中“五一”反扫荡胜利60周年文史资料11篇，其中《英雄夫妻被捕后》《铁骨铮铮杨国源》《智取桥头堡》收入省政协编写的《血色冀中——“五一”反“扫荡”六十年祭》一书。此外，编写《安平县文史资料选编》8期。在工作中，为充分发挥文史资料的存史、教化功能，促进全县的社会主义精神文明建设，积极配合了全县的革命传统教育，为机关、工厂、学校提供文史资料六千多份，并积极开展了省市书刊的发行征订工作。2001年，获全市政协文史工作一等奖。

第十八编　人民团体

- 工会
- 共青团
- 妇联
- 残疾人联合会
- 科技协会
- 工商业联合会

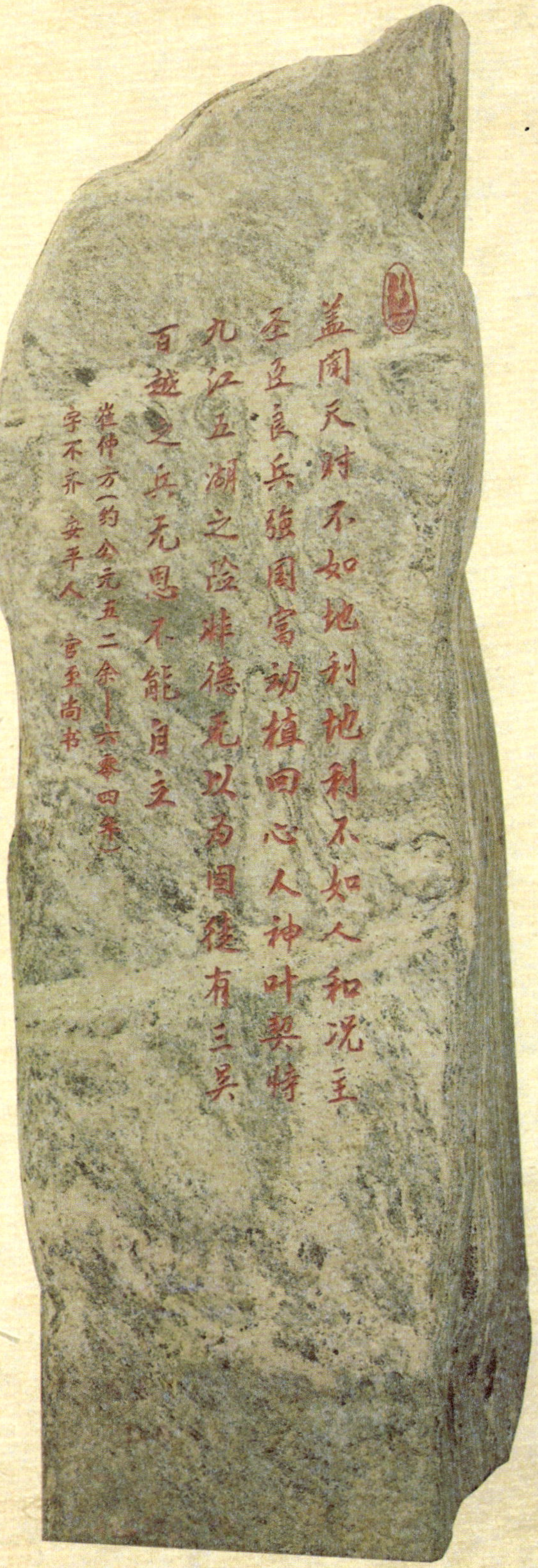

盖闻天时不如地利地利不如人和况王
圣臣良兵强国富动植回心人神叶契特
九江五湖之险非德无以为国徒有三吴
百越之兵无恩不能自立
崔仲方（约公元五二余—六零四年）
字不齐 安平人 官至尚书

安平县汉王公园石刻

第十八编　人民团体

1991—2002年，安平县各人民团体在安平县委领导下，坚持以经济建设为中心，围绕中国共产党的中心工作和自身职能开展工作。切实维护职工利益，组织职工参与改革和技术创新，加强青少年教育，引导青年在社会主义建设中发挥突击队作用；代表和维护妇女儿童合法权益，巩固发展妇女活动阵地；组织科技队伍开展科普宣传与培训，丰富广大群众的科技知识；动员社会力量，多形式、多渠道开展帮残助残活动，推动残疾人事业健康发展。各人民团体成为中国共产党和政府联系群众的桥梁和纽带，在促进安平县经济发展和社会稳定，推进社会事业进步中发挥重要作用。

第一章　工会

第一节　组织机构与会员代表大会

一、组织机构

1. 县总工会

1991年，县总工会有专职干部职工11名，其中主席1名，副主席2名，机关内设3个部1个室，即办公室、组宣部、生产生活部、财务部。1992年3月，根据衡水地委组织部组通字〔1990〕8号和衡水地区工会衡工〔1990〕9号文件精神，为加强女职工工作，维护女职工的权益，工会设立女工委员会，设主任、副主任各1名，委员5名。2001年4月10日，县总工会主席由正科级升格为副县级；7月，撤销生产生活部，设立经济保障部。2002年年底，总工会设女工委员会。机关设3个部1个室，即办公室、组宣部、经济保障部、财务部；共有干部职工13名，其中主席1名（副县级），副主席2名。

2. 基层工会

1991年，县总工会在全县工业、商业、文教、卫生、金融、粮食、县社、物资、交通、乡镇共10个系统建立工会，并设专职工会主席10人，专职工会干部34人。全县共有基层工会115个，工会小组328个；工会有职工8536人，其中女职工3994人，工会会员7695人，（占职工总数的90.15%）。设专职工会主席43人。

1996年，基层工会增加到120个，工会小组241个。工会会员增加到8339人，占职工总数的90%。系统工会有专职工会干部56人，兼职工会干部64人。此后，随着社会主义市场经济体制的逐步建立，企业优胜劣汰，基层工会组织随企业变化而增减。2001年7月，增建非公有制企业系统工会。至2002年年底，有系统工会11个，系统专职副科级工会主席11名。基层工会增加到344个。工会小组调整发展到187个，全县有职工23390人，其中女职工8567人，工会会员增加到21994人，占职工总数的94%；基层工会共有专兼职干部344人，其中，专职工会干部42人，兼职302人。

1991—2002年安平县工会组织及会员分布情况统计表

表18-1　　　　　　　　　　　　　　　　　　单位：个、人

项目 年度	基层工会组织	工会会员	工会会员分布											
			工业	商业	文教	卫生	金融	粮食	县社	物资	交通	机关	乡镇	非公企业
1991	115	7695	1320	1219	1531	214	210	745	840	328	216	963	109	—
1992	115	7760	1340	1219	1448	225	232	755	850	331	226	1025	109	—
1993	115	7810	1347	1220	1454	235	232	755	850	340	235	1027	115	—
1994	115	7810	1347	1220	1454	235	232	755	850	340	235	1027	115	—
1995	115	7834	1350	1240	1465	237	220	752	846	342	237	1027	118	—
1996	120	8339	1470	1276	1678	267	264	752	846	348	252	1058	128	—
1997	120	8562	1482	1288	1686	294	286	750	850	348	260	1190	128	—
1998	120	8746	1495	1305	1804	302	290	750	850	350	278	1192	130	—
1999	120	9181	1502	1368	2120	314	298	750	850	350	294	1197	138	—
2000	188	14527	1686	1520	2460	342	304	750	850	350	323	1206	148	4588
2001	294	15203	1868	1660	3130	471	348	750	850	350	386	1210	275	3905
2002	344	21994	2815	2305	3859	665	388	750	850	350	585	2226	482	6719

二、会员代表大会

1991年1月至1999年4月期间，安平县总工会仍为1986年10月选举的第八届工会委员会，常务委员5名。1999年4月27日，安平县总工会第九次会员代表大会在安平县政府三楼会议室召开，出席代表119名。大会选举产生安平县总工会第九届工会委员会委员29名。在九届一次全委会上，选出常务委员9名，其中，主席1名，副主席2名。

第二节　主要活动

一、参与企业民主管理

召开职工代表大会　1991—2002年，总工会积极指导企业基层工会学习《中华人民共和国工会法》，全县多数企业 工会每年都能按时召开职工代表大会或职工大会，商议重大事项，民主评议领导干部，提合理化建议等。从1996年开始，总工会每年都开展“企业职代会达标”活动，举办民主管理培训班，进一步健全和完善职工代表大会制度。到2002年年底，已有230家非公有制企业建立职代会制度，346家非公有制企业落实厂务公开制度，240家非公企业实行其他民主管理形式；3家国有控股企业建立了董事会制度，106家企业开展民主评议企业领导人工作。广大职工积极投身改革，参加企事业的民主管理和民主监督，较好地发挥工会和职代会在民主管理方面的作用。

提合理化建议　1991年开始，各级工会在企业有困难的情况下开展“企业有困难我们怎么办？”的大讨论，激发广大职工的主人翁精神。同时，在全县范围内开展“百、千、万”（每人每年增产节约一百元，班组一千元，车间一万元）生产竞赛，表彰创千元、创万元班组；开展以提合理化建议为主要内容的“双增双节”活动和各种技术（业务）练兵赛。职工素质明显增强，据统计，1991—2002年，全县工会会员共为企业提合理化建议84280条，年均7023条，其中被采纳的共有62380

条，累计产生经济效益约5800万元；开展技术攻关活动215项，创经济效益1千多万元。

技术革新，技术比赛　为提高职工的业务素质，总工会组织各系统工会、基层工会每年都举办新技术、新技能培训班。1991—2002年，累计办培训班1840期，培训职工5.2万人次，其中，许多人成为能工巧匠和技术骨干。12年间，共发明创造技术革新401项，累计产生经济效益约3850万元。

1991—2002年，基层工会共组织各类技术比赛820场，参赛职工达7.4万人次，还有1.8万人次参加县级以上技术比赛，共涌现出各级技术比赛“状元”380名。

二、职工生活福利

建设职工之家　1991年开始，县总工会在全县工会系统开展建设“职工之家”活动。1991年，河北省总工会推广安平县总工会的“建家”经验。1992年后，通过总结“建家”经验，多次进行“整顿建家”，使“职工之家”不断完善。到2002年年底，有98个“职工之家”达标，建成省、市、县三级模范“职工之家”共24个(其中省级3个，市级8个）。职工之家增强基层工会的活力，丰富职工的学习和文化生活，职工当家做主人的积极性得到充分发挥。1991—1998年，县总工会连续8年被衡水市总工会评为先进单位，并涌现出全国劳动模范1名，省级劳动模范8名，市级劳动模范18名。

保障职工福利　总工会一直重视维护职工的合法权益，关爱生活困难的职工。总工会以“困难职工帮扶中心”“送温暖工程”“三个一工程”（生产自救基地、职业介绍所、再就业培训中心）为载体，努力促进下岗失业职工再就业，建立“送温暖工程基金会”，筹集资金25万元；救助特困职工450户次；为2485名下岗职工再就业介绍了职业，上岗培训1890人，安置1040人。同时，积极参与职工工资、奖金分配、社会保险、安全生产、劳动仲裁、劳动保护、劳动保险等方面问题的处理，有效地维护职工的合法权益，保护女职工特殊权益。随着《劳动法》的贯彻实施，工会系统通过协调劳动关系，建立劳动关系三方(企业、职工、工会)协商会议制度。1996年至2002年年底，平等协商签定集体合同的企业268家，其中非公有制企业240家，20家企业签订工资集体协商合同，210家企业建立劳动争议调解委员会。

第二章　共青团

第一节　共青团组织机构

一、团县委

中国共产主义青年团安平县委员会(以下简称团县委)于1991年设2个部1个室，即办公室、组织部、宣传部，共有干部6人，其中书记1人，副书记1人。

1992年6月26—27日，团县委在县委会议室召开第十一次中国共产主义青年团安平县第十一届代表大会，出席会议代表123名，特约代表10名。大会选举产生共青团第十一届委员会，选出委员29名，候补委员4名。6月27日，共青团安平县第十一届委员会第一次会议选举产生常务委员8名，其中书记1名，副书记1名。

1996年，撤销组织部、宣传部，行政编制减为4人。2002年内设办公室，干部4人，其中书记1人。

二、基层团委

1991年，基层团委25个，其中乡镇团委20个，县直基层团委5个(县直机关团委、安平中学团委、丝网集团团委、职业中学团委、经委团委）。1992年4月，增建鬃尾集团团委。1993年4月，撤销经委团委，组建工业集团团委。1996年1月并乡扩镇后，乡镇团委由原来的20个改建为8个。1997年10月，增建安平县第二中学、光明中学、育才中学、公安局、化工集团5个团委。2002年，共有团委19个，其中乡镇团委8个，县直基层团委11个；共有团委委员25名，其中书记19名，副书记6名。

三、团总支、团支部

农村、机关、企事业、中学，凡有共青团员3人以上的单位，均建立基层团总支或团支部。

1991年，全县有团总支、支部共363个（团总支5个，团支部358个），其中农村246个，学校47个（其中，团总支5个），企业39个，机关31个。2002年，全县团总支、支部共347个，其中农村233个，学校94个，企业20个。

1991—2002年安平县团组织数量及分布情况统计表

表18-2　　单位：人

年度	团委					团总支					团支部				
	合计	农村	学校	企业	机关	合计	农村	学校	企业	机关	合计	农村	学校	企业	机关
1991	25	20	2	2	1	5	—	5	—	—	358	246	42	39	31
1992	26	20	2	3	1	5	—	5	—	—	333	245	42	24	22
1993	26	20	2	3	1	5	—	5	—	—	360	251	47	38	24
1994	26	20	2	3	1	5	—	5	—	—	369	251	56	38	24
1995	26	20	2	3	1	5	—	5	—	—	417	238	94	54	31
1996	14	8	2	3	1	5	—	5	—	—	417	238	94	54	31
1997	19	8	5	4	2	5	—	5	—	—	417	238	94	54	31
1998	19	8	5	4	2	5	—	5	—	—	417	238	94	54	31
1999	19	8	5	4	2	5	—	5	—	—	341	233	89	19	—
2000	19	8	5	4	2	5	—	5	—	—	342	233	89	20	—
2001	19	8	5	4	2	5	—	5	—	—	342	233	89	20	—
2002	19	8	5	4	2	5	—	5	—	—	342	233	89	20	—

第二节　共青团员

一、团员发展

共青团是共产党领导下的先进青年群众组织，在各项工作中发挥模范带头作用。1991—2002年，团县委在发展团员中，注重对青年积极分子的培养与考察，坚持成熟一个发展一个。1991—2002年，共发展团员35838名，其中1997年发展达8381名。

二、团员分布

1991年，全县团员有10020人，其中农村5242人，学校4242人，企业365人，机关121人，卫生福利单位50人。

2002年，全县有团员19464人。其中农村8212人，学校9997人，企业832人，机关348人，卫生福利单位75人。

三、超龄团员退团

凡年满28周岁的共青团员，向支部委员会递交退团书面报告，由支部大会决定除名，并报上级委员会备案。1991—2002年，超龄退团累计9339人。

1991—2002年安平县团员数量及分布情况统计表

表18-3 单位：人

年度	团员总数	农村	学校			企业	机关	卫生福利	超龄离团	接收新团员
			合计	中专	初、高中					
1991	10020	5242	4242	—	4242	365	121	50	508	1060
1992	9778	5253	4258	—	4258	153	114	—	940	1080
1993	9806	5474	4077	—	4077	152	103	—	691	685
1994	10614	5596	4699	—	4699	153	159	7	476	1288
1995	10871	5632	4850	—	4850	230	159	—	750	1500
1996	12905	5596	6699	738	5961	382	159	69	476	1000
1997	20144	7994	10999	2728	8271	901	250	—	1080	8381
1998	22949	8114	13559	3228	10331	884	330	62	962	4648
1999	22977	8171	13527	364	13163	850	340	73	987	4715
2000	24324	8212	14814	369	14445	875	348	75	996	4769
2001	22779	8212	13259	—	—	885	348	75	480	2010
2002	19464	8212	9997	—	9997	832	348	75	993	4746

第三节 共青团主要活动

1991年3月5日，团县委组织县直和安平中学的团员青年开展“学雷锋、送温暖、讲奉献”活动，到县医院、汽车站、火车站、敬老院、光荣院、烈士陵园等单位参加义务劳动，为病人和孤寡老人洗衣、理发、整理内务、清理卫生等，受到广大群众的赞扬。

1992年3月，团县委组织县直等4个团委、50多个支部、200多名青年组成159个学雷锋小组，利用安平大集，在县城开展“义务服务一条街”活动，宣传计划生育、水政水法，进行新能源技术咨询，免费修理电器、钟表，义务理发、义诊等，接待群众1000多人次，发放各种材料2000多份，为群众诊病300多人次，提供肥料200多公斤，收到良好的社会效益。

同年5月20日，团县委向全县基层组织发出“为贫困孩子献一点爱心”的倡议，鼓励青少年捐出一点零花钱，资助贫困地区的失学儿童。月底，共收到捐款650元。有20名贫困青少年得到救助。

1994年3月5日，团县委组织县直单位青年及安平中学、育才中学的青年学生共200余人到县光荣院开展志愿者活动，为老人们整理被褥、清理卫生，打扫院落，并表演文艺节目。安平县二粮站的团员、青年还义务为老人们送去油和面粉等。

从1994年开始，每年清明节团县委都号召并组织全县的广大团员、青年和少先队员到烈士陵园或烈士墓碑前进行祭扫活动，以此缅怀革命先烈，进行爱国主义教育。

同年9月9日，团县委向全县基层团组织发出《关于实施富民建市奔小康青年工程》的通知，要求全县各级团组织带领团员、青年积极投身“富民建市奔小康”的主战场，以加快安平县富民建市奔小康的战略步伐。

1996年3月至2002年年底，团县委组织全县团员、青年开展了志愿者活动，成立一帮一扶贫济困服务队、果树修剪服务队、巡回义诊服务队、安装服务队等四支青年志愿者服务队。全县广大青年志愿者义务植树6万多棵，修剪果树5000多亩；巡回义诊80多个村庄，接受义诊者3000余人次；硬化城镇街道30000平方米。安平县二粮站1996年荣获“河北省青年志愿者先进集体”荣誉称号。

1996年5月，团县委在金融系统开展创建“青年文明号”活动，对银行系统8个窗口、科室及储蓄所进行挂牌命名。中国建设银行安平县支行等8个金融单位被评为“安平县金融系统青年文明号”先进单位，孙小兰等11人被评为“安平县青年岗位能手”，县粮库、中国农业银行安平县支行营业部、安平县河漕村农村信用社被团省委评为省级“青年文明号”先进单位。

1998年，团县委在全县青年职工中开展三项技术比赛，参加人员达1000多人次，评出岗位能手105人。

1999年，安平县委组织部、团县委联合下发了安组字〔1999〕6号文件《关于加强农村基层团组织建设的意见》，要求各级党组织要以党建带团建，把团的基层组织建设工作列入基层党的组织建设日程，实施“五带一优化”（带团的思想建设、组织建设、班子建设、队伍建设、工作发展，优化工作条件），切实提高基层团组织的建设水平；按照“三位一体”（团支部书记、青年星火带头人、村委会科技副主任三个职位由一人担任）的配名原则，选好配强团支部书记。至2000年上半年，农村团组织“三位一体”配置率已超过60%；领办科技推广项目8项，有10个村已成为项目专业村；全县建起青年之家7个，青年协会组织6个。

2000年4月28日，团县委开展评选“安平县十大杰出青年”活动，表彰杰出青年和优秀青年各10名，同时表彰2000年度先进集体10个、先进个人79名。

同年5月，团县委在全县开展“保护母亲河”行动，发动3000多名团员、青年植树6000多棵；组织1000多名青年志愿者组成“绿色行动营”，植树种草，清扫卫生；组织全县青少年开展“捐一日零花钱，捡回一片绿色”活动，号召大家捐款造林。2000年，共收到捐款4300元，全部用于“保护母亲河”行动。

7月，团县委组织安平县职教中心有专业特长的教师和学生开展“科技下乡”社会实践活动。该项活动使农民受益，师生也在实践中增长了才干。

2002年8月，团县委联合安平县电力局和国土资源局举办了“电力杯”乒乓球比赛和“国土杯”台球比赛。

第四节　少年先锋队

一、组织

少先队发展对象为7周岁至14周岁少年儿童，每年“六一”儿童节都要发展一批新队员，由所在学校举行入队仪式。1991年，全县共有少先队大队259个，中队980个，小队4300个，少先队员29000人，占全县少儿总数的98.5%。2002年，由于乡村小学的合并，是年全县共有少先队大队168个，中队960个，小队4500个，少先队员31018人，占全县少儿总数的94.5%。

二、辅导员

少先队辅导员分校内辅导员和校外辅导员。校内辅导员大都由有一定工作经验和责任心的教师担任，校外辅导员聘请部分离退休老干部和农村老党员、老干部或老复员军人担任。2002年，全县有校内辅导员230人，校外辅导员77人。

三、主要活动

1991年5月15日到“六一”儿童节前夕，团县委组织全县少先队员开展大规模的“红领巾”传递活动，全县共有2320名少先队员参加，范围涉及全县所有乡村小学。该项活动的开展，增进各学校之间的了解和友谊，广大少先队员受到一次爱国主义和革命传统教育。

1992年，团县委在少先队员中开展“学赖宁”和“红领巾太行活动”，利用周会、历史课、主题队会、红领巾图书角等形式对少年儿童进行革命传统教育。通过该项活动，学生开阔了眼界，学到了知识。“六一”儿童节期间，在河北省第二届少代会上，安平县有4名少先队员受到团省委的表彰。

1994年5—6月，团县委在全县少年儿童中开展“庆祝六一儿童节有奖征文”活动，共收到作品1300余件，从中评选出一等奖1名，二等奖3名，三等奖5名。

1996年3月，团县委组织广大少年儿童开展“学雷锋、送温暖”活动。全县共有3000余名少年儿童为烈军属、孤寡老人、老教师打扫卫生，表演节目，送去自己的一份爱心。

1997年5月，团县委组织开展青少年书法绘画比赛，共收到作品1000余件，极大地鼓舞青少年对书法绘画的爱好。6月1日，团县委组织全县少年儿童在电影院举办庆祝“六一”儿童节大会，少年儿童载歌载舞庆祝自己的节日。

1999年4月清明节前夕，团县委组织1000余名少先队员到烈士陵园扫墓，缅怀革命先烈，接受革命传统教育。

2000年，在衡水市团市委开展的全市青少年小制作、小发明创作活动中，共青团安平县委被评为“衡水市少先队小制作、小发明，小革新、小论文创作活动先进集体”。

2000—2002年，团县委组织全县少先队员开展“雏鹰行动”和“雏鹰争章”活动，培养少年儿童自学、自强、自理、自护、自律精神和能力。该项活动成为少先队组织配合基础教育，实现应试教育向素质教育转变的途径。在该项活动中，安平县第二实验小学被衡水团市委评为衡水市“雏鹰大队”，安平县第二实验小学、第一实验小学、二中附小的三个小队被评为“衡水市雏鹰假日小队”，另有10名先进个人受到团市委表彰。

第三章　妇联

第一节　组织机构

一、县妇联

妇女联合会是党领导下的群众性妇女组织，是中国共产党和政府联系妇女群众的桥梁和纽带。其基本职能：代表和维护妇女利益，促进男女平等。1991年6月，安平县妇女联合会（以下简称县妇联）下设办公室、权益部、儿童部、城乡部4个科室，有干部6名，其中主任1名，副主任2名。1993年9月根据中国妇女第七次全国代表大会通过的章程规定，县妇联正、副主任改称正、副主席，设主席1人。2002年，有干部6名，其中主席1名。

二、乡、镇妇联

1991年，全县20个乡镇均建有妇联会，各配专职妇联主任1名。1993年9月，妇联主任改称妇联主席，均为股级干部。1996年扩乡并镇后，全县8个乡镇均设妇联会，各配专职妇联主席1名。2001年4月，由县妇联推荐，组织部任命，每乡镇妇联会配备妇联主席1名，副主席1名。2002年年底，8个乡镇妇联会共配备妇联主席8名，副主席8名。

三、村妇代会

1991年，全县建立健全村妇女代表会（以下简称妇代会）的有86个村，有妇代会主任86人。经过几年村级妇代会达标创优工作的开展，到2002年年底，全县建立健全妇代会的村165个，占全县村庄总数的72%；有妇代会主任165个，其中中共党员58人，群众107人；高中文化39人，初中文化93人，小学文化33人；30周岁以下的7人，31周岁至40周岁的38人，41周岁至50周岁89人，51岁以上31人。

四、行政事业单位妇委会

1988年9月6日，中国妇女第六次全国代表大会通过的章程规定，在党政机关、教科文卫系统建立妇女委员会（以下简称妇委会）。1991年，烟草局、二粮站、工商银行、人行4个单位建立妇委会，配备股级妇委会主任4人。1997年3月，房管局建立妇委会。1998年，粮库、安中、国税、地税4个单位增设妇委会。2000年，二中、二小、邮政局、农业局、工商局、交通局6个单位增设妇委会。2002

年3月，粮库、工商银行2个单位因人员变动，妇女人数减少，撤销妇委会。2002年年底，全县党政机关和事业单位共有妇委会13个，配备股级妇委会主任13人，均为兼职。

第二节　主要活动

一、“双学双比”活动

1989年，全国妇联与国家有关部委等14个单位共同发起了在农村妇女中开展“双学双比”（学文化、学技术、比成绩、比贡献）竞赛活动。1991年，县妇联主动协调11个有关单位成立以主管农业的副县长为组长，以各协调单位领导为成员的“双学双比”协调领导小组。小组下设办公室。办公室设在县妇联，负责竞赛活动的日常工作。竞赛活动以搞好经济建设为目标，围绕安平县两大特色产业——丝网产业、生猪产业，努力践行安平县委、县政府“生猪富民、丝网兴县”的发展战略。1991—2002年，县妇联以丝网大世界为依托、以京安养猪场为纽带，在全县范围内组织开展“生猪生产赛”5次，“丝网加工赛”6次，“丝网营销赛”3次，“龙头项目赛”4次，参赛妇女达万余人。同时，举办各种类型的培训班27期，妇女参加培训达3000人次。竞赛活动和技能培训的开展，激发广大妇女的学习热情，提高妇女的科技水平，有效地挖掘全县妇女的潜在能力，充分发挥妇女的聪明才智。2002年，从事两大优势产业的妇女达5万余人。

大何庄乡崔岭村何素者，创建拥有资产500万元、职工百余人，累计纳税500万元的耀华拔丝织网厂。马店镇马店村翟会存建成鑫泰养猪场，年存栏2000头，出栏2000头，年利润50万元。2002年3月，何素者、翟会存二人均被市委、市政府授予“农民女状元”荣誉称号。2002年，全县共有省级“双学双比”女能手3人，市级“双学双比”女能手31人。安平县妇联会2001年被省“双学双比”协调领导小组评为省级“双学双比”先进协调单位；2002年，被河北省人事厅、省妇联授予“河北省妇联系统先进集体”荣誉称号。

二、“巾帼建功”活动

1991年，按照全国妇联的统一部署，县妇联在城镇妇女中开展做“四有”（有理想、有道德、有文化、有纪律）女性、“四自”（自尊、自信、自立、自强）女性和“八五”计划建功（以下简称“巾帼建功”）竞赛。为开展好竞赛活动，成立由主管群团的县委副书记任组长、16个有关单位负责人为成员的“巾帼建功”协调领导小组。县妇联对城镇妇女发出“巾帼创业”“岗位建功”号召，鼓励大家面向全国大市场，树立争先创优的竞争意识，破除自卑自弱旧观念，树立参政议政新观念。“巾帼建功”竞赛活动的开展吸引全县近80%的城镇妇女参与，提高职业女性适应市场经济的能力。1996年6月，在商业、供销、粮食、金融、邮电等行业中开展“十行、百岗、千颗星”示范岗活动，并将活动范围逐步由机关事业单位拓展到社区、市场个体。至2002年，全县按县妇联制定的“巾帼建功”示范岗、“巾帼明星”标准，评选出市级“巾帼文明”示范岗11个，“巾帼明星”50人，“三八红旗手”13人；省级“巾帼明星”5人，“三八红旗手”4人。安平县二粮站主任李兰珍带领13名干部职工艰苦创业，将一个固定资产5万元、400平方米的粮油小门店发展成为一个固定资产1000多万元，干部职工24人的综合性粮油市场，并筹建占地2万平方米的国家标仓、省级粮食储备库。1998年，被中华全国总工会授予全国“五一劳动奖章”；2000年，被国务院授予“全国劳动模范”荣誉称号，受到江泽民等中央领导同志的亲切接见；2001年，全国妇联授予全国“巾帼建功标兵”“全国先进女职工”荣誉称号。安平县邮政局邮政营业厅因业务精湛、成绩突出，于2001年3月被国家邮政局命名为“全国邮政系统女职工先进集体”；2002年3月，被省“巾帼建功”协调领导小组授予“巾帼文明示范岗”荣誉称号。“巾帼文明示范岗”“巾帼明星”“三八红旗手”在全县两个文明建设中发挥示范带动作用。

三、维护妇女儿童合法权益

1991—2002年，结合全民普法计划，县妇联切实贯彻落实了“二五”“三五”“四五”普法规划，重点抓了《中华人民共和国宪法》《中华人民共和国婚姻法》《中华人民共和国继承法》《中华人民共和国未成年人保护法》《中华人民共和国妇女权益保障法》等法律法规的宣传教育。利用广播、板报、展牌、挂图及咨询、法律知识竞赛等新颖活泼的形式，集宣传、调解于一身，容道德、法律、政策教育为一体，使学法和用法有机结合。县妇联努力做好来信来访的接待工作，本着“关心妇女群众的疾苦，全心全意为她们排忧解难”的工作原则，深入细致的调查核实、寻求妥善的解决方法。1991—2002年，县妇联共接待来信来访156起，协调解决问题101起，提供法律帮助55次，帮助受害妇女用法律武器维护了自己的合法权益。

四、儿童工作

县妇联的儿童工作以为儿童创造良好的生存、发展环境为主。每年“六一”举办大型文艺演出，宣传保护未成年人的法律法规；举办贫困儿童救助活动，以募捐、集资等形式整合社会力量帮助贫困儿童完成学业。该举得到县委、县政府领导的重视、关心和支持，社会各界积极参与。到2002年，县妇联共筹集资金8.9万元，救助贫困儿童180名。从2001年起，开展“亲子示范园”活动，提倡亲子互动，宣传新的育儿理念，每年举办一届“亲子游戏大赛”，为培养新时代的接班人做宣传引导工作。

第四章　残疾人联合会

第一节　组织机构与代表大会

一、组织机构

残疾人联合会是有“代表、服务、管理”三种职能的残疾人事业团体。

安平县残疾人联合会（以下简称县残联）于1989年12月成立，为副科级事业单位，由民政局代管。2000年5月，与民政局分开单列，升格为正科级事业单位，直属县政府领导；下设办公室和残疾人劳动就业服务所；干部职工共6人，其中正科级理事长1人，股级理事长1人；办公地址在县城东马南路86号。2002年，县残联下设办公室和残疾人劳动就业服务等机构未变；人员仍为6人，其中正科级理事长1人，副科级理事长1人。同年6月，根据县委组织部安组（2002）4号文件精神，全县8个乡镇都建立残疾人工作协调委员会及乡镇残疾人联合会，配备股级专职理事长共8名。

二、代表大会

1989年12月至2002年，县残联代表大会应开3届，实际召开2届。

安平县残联第一届代表大会　1989年12月26日在县委三楼会议室召开，参会代表71人。大会选举县政府副县长朱凤超为主席团主席，聘请县委副书记刘占省为主席团名誉主席，推举 执行理事会理事长、副理事长各1名。

县残联第二届代表大会　未召开。

安平县残联第三届代表大会　1999年1月12日在县政府三楼会议室召开，参会代表83人。大会选举县政府副县长梁盼合为主席团主席，聘请县委副书记纪跃树、人大常委会副主任段占表为主席团名誉主席。选举政府办公室1名副主任、民政局局长、残联理事长3人为主席团副主席，推举执行理事会理事长、副理事长各1名。

第二节　主要活动

2002年年底，安平县共有残疾人8760名，占总人口的2.65%，其中男4797名，女3963名；有视力残疾人1051名，听力语言残疾人3504名，智力残疾人964名，肢体残疾人1576名，综合残疾人1665名。在残疾人中，已婚3641人，其中男1725人，女1916人；未婚5119人，其中男3072人，女2047人。

一、残疾人就业工作

县残联本着按比例就业与个体从业、集中与分散相结合的原则，根据省政府[1997]188号令及国务院办公厅转发劳动保障等部门《关于进一步做好残疾人劳动就业工作若干意见的通知》和2001年第36次县长办公会会议纪要精神，县残联从2001年开始向公职人员收取每人每年20元的残疾人就业保障金。同时对 未按1.5%比例安置残疾人就业的单位，依法收缴残疾人就业保障金，从而使残疾人就业工作得以全面开展。截至2002年，共安置残疾人就业123人，收取残疾人就业保障金19万元，培训残疾人246人，培训盲人中级按摩师2人，建立盲人按摩诊所2个，鼓励和支持12名成年残疾人从事个体修理、服务等行业。通过该类措施，残疾人大都能自食其力，摆脱贫困。

二、康复工作

1991—2002年，县残联为使广大残疾人改善和补偿自身的功能，增强参与社会生活的能力，与卫生部门合作，为白内障患者做手术365例，儿麻矫治手术38例，聋儿语训17人，智残儿童训练21人，肢体残疾康复训练26人。

三、残疾人教育

贯彻《残疾人教育条例》，残疾儿童教育纳入了全县“普九”规划。协调教育部门为112名在校残疾儿童减免学杂费。适龄残疾儿童入学率达到70%。

四、维护残疾人合法权益

每年以助残日为契机，通过电视、专题、残疾人义诊、义务维修、红领巾助残、志愿者助残等多种形式，广泛开展《中华人民共和国残疾人保障法》的宣传活动，营造全社会关心、理解、帮助残疾人的良好氛围。1991—2001年，共开展各种形式的助残及宣传活动8次。2001年2月，安平县残联被河北省人民政府残疾人工作协调委员会命名为“贯彻《中华人民共和国残疾人保障法》先进单位”。

2001年，县残联依托县网都律师事务所建立安平县残疾人法律援助中心，对接受法律援助的对象、法律援助的标准、法律工作者的职责给予明文规定。截至2002年，共为残疾人提供法律咨询90人次，提供法律援助8人次，减免费用1560元。

第五章　科技协会

第一节　组织机构

一、县科学技术协会

安平县科学技术协会（以下简称科协）是中共安平县委和县政府领导的科技界群众团体，是县委、县政府联系科学技术工作者的桥梁和纽带，是发展科学技术事业的助手，业务上受上级科协领导，是中国科协的地方组织。

安平县科学技术协会第一届委员会选举产生于1982年5月，有委员15人，设主任（1996年，主任改称主席）1名，副主任2名，内设办公室，行政编制人员4名。1996年12月至1998年12月、1999年9月至2002年12月，设主席1名，其他时间缺职，由副主任或副主席主持工作。1991年3月至1996年2月、1998年12月至1999年3月，设副主任或副主席1名；1999年4月至2002年12月，设副主席2名。1996年至2002年12月，科协有行政编制人员5名。

二、乡镇科普协会

1991年，乡镇科普协会共20个，会员159人；1996年1月并乡扩镇后，改建为8个，专兼职干部16名，会员48名。各乡镇科普协会设主任、副主任、秘书各1人。

第二节　主要活动

一、科技宣传

1991—2002年，县科协联合其他相关部门和单位，利用从上到下的科普组织网络，年年开展科普宣传，组织科技工作者深入各乡镇、农村、工厂散发科技资料；利用科普车搞科技挂图展览。县科协、县直各学会、协会在安平集日经常联合开展大型科普宣传，散发科技资料，开展科技咨询，解答群众提出的技术难题。1995—2002年，每年5月开展知识分子科技服务月活动，为民大街形成科技服务一条街。1999年7月，取缔邪教“法轮功”后，在揭批邪教“法轮功”的斗争中，开展弘扬科学，反对迷信，破除伪科学的宣传，共举办揭批邪教“法轮功”大型画展4期，展出挂图500余张，参观者达3万余人；举办转化邪教“法轮功”人员学习班12期，使9名邪教“法轮功”痴迷者脱离邪教。至2002年，科技人员下乡250人次，涉及全县8个乡镇，160个行政村；印发《安平科技》和种植、养殖、丝网加工、揭批邪教法轮功等方面的科技宣传材料10万余份；解答群众提出的技术难题2600个；举办各种类型的画展14期，展出挂图1500余张。

二、科技推广

为使广大农民真正掌握实用科学技术，县科协年年组织广大科技工作者，按农时和农民的需要，下乡入户，甚至到田间地头向农民传授实用科学技术；多次举办实用技术培训班，聘请国家科技部专家和河北农大教授及本县农艺师、工程师讲课；协同有关部门狠抓科技项目示范，重点抓造纸网厂、机械厂、京安养猪场、伍新村养鸡场和南辛营、西遥城、县前优种花生，庄窠头大棚菜，马江、刘吉口大棚桃，西大良花鸟养殖等示范点。1991—2002年，推广实用科学技术35项。举办各种类型的培训班95期，培训2999人次，其中举办林果班27期，培训847人次；养殖班36期，培训1126人次；丝网班32期，培训986人次。

三、沟通科技信息

县科协运用信息网络为企业牵线搭桥，引进人才，提供科技、经济信息；以召开座谈会、走访会员、发函等形式与科协会员沟通情况，听取他们对全县科技事业和其他各项建设事业的意见和建议。1991—2002年，共为企业引进26名人才，提供有价值的信息130余条，召开科技工作者座谈会15次，走访工业、农业、科技、卫生等行业科协会员和科技工作者350多人次，发送征求意见函400余封，“科技活动月”“科技活动一条街”等5条合理化建议被县委、县政府采纳。

第六章　工商业联合会

第一节　组织机构与会员大会

一、组织机构

1. 县工商业联合会

安平县工商业联合会（以下简称工商联）成立于1953年，历时三届，“文化大革命”期间停止了活动。1995年12月24日安平县工商联重新恢复建立。领导班子由13人组成，县长任名誉会长，政协副主席兼任会长，副会长11人，其中专职副会长1名兼任秘书长。专职工作人员1名，会员304人。1997年2月进行中期调整，新的领导班子仍由13人组成，设会长1名（由政协副主席兼任），副会长12名，其中专职副会长1名兼任秘书长。同年，增加1名专职副秘书长。根据上级指示精神，安平县工商联于2002年4月18日成立工商联党组，设书记1人，副书记1人，成员3名。到2002年年底，安平县工商联设会长1名，副会长14名，会员768名，有专职工作人员2名，其中专职副会长1名，专职副秘书长1名。

2. 乡镇工商联分会

1997年5月，县工商联在全县8个乡镇均建立分会，设分会主任1名，由各乡镇主管工业的副职兼任主任。至2002年年底，乡镇分会机构未变，共有分会主任8名。

二、会员大会

工商联重建后，通过开展一系列活动，到2002年年底，会员由原来的304人增加到768人，其中个人会员575人，团体会员4个，企业会员189家。1995—2002年，共召开第四届、第五两届会员代表大会。

安平县工商联第四届会员代表大会于1995年12月24日在县政府招待所召开，参会代表146人。会议选举产生第四届领导班子，由13人组成。其中名誉会长1人、会长1人、副会长11人（驻会1人），秘书长1人（兼）。

安平县工商联第五届会员代表大会2001年11月14日在县政府招待所召开，参会代表246人，会议选举产生了第五届领导班子，由14人组成，其中会长1人，副会长13人，秘书长1人（兼）。

第二节　主要活动

一、学习宣传

为了让社会各界进一步认识和了解工商联的性质、地位、职能和任务，自1995年以来，工商联先后为会员征订《中国工商》《工商之友》《工商时报》等杂志2000余份，印刷各种宣传材料1万余份。县工商联在县电视台进行宣传讲座，使人们对工商联有了充分认识，积极主动参加到组织中来；利用会议、走访、参观、培训等多种形式宣传党的新时期各项方针政策，宣传工商联，并组织会员到韩国进行商务考查，先后6次组织非公有制企业的老板（共7人）到清华、北大参加商务培训活动；贯彻执行“团结、帮助、引导、教育”的方针，使会员自觉做到“爱国、敬业、守法”，形成一种勤劳致富，文明经商，守法经营的好风气。

二、光彩事业

光彩事业是一项全国性的、长期的先富帮后富，使更多的人走上致富路的富民政策。几年来，工商联热心响应，积极推广，经常教育会员要致富思源，富而思进，要把爱心回报社会。京安集团在县委、县政府的领导下，始终坚持中国共产党的富民政策，发展扶贫网点40余个，就业人员多达6000余人，只在安平就增加社会效益1亿多元。在公司内勤的500余名职工中，有300余人是再就业的下岗职工。此外，还先后在山东德州、河南开封、内蒙赤峰、北京房山和顺义等地开展扶贫项目开发，帮部分群众走上了致富路。在2002年衡水市委统战部组织的“爱心工程”活动中，安平县私企老板共捐款3万余元，使部分失学儿童、下岗职工、孤寡老人享受到社会大家庭的温暖。

三、参政议政

工商联恢复后，县政协及时聘任有关会员为政协常委、委员。作为工商联代表身份的政协委员在每次政协会上都积极提出提案。

第十九编　综合政务

民政
劳动
人事
信访
对外开放

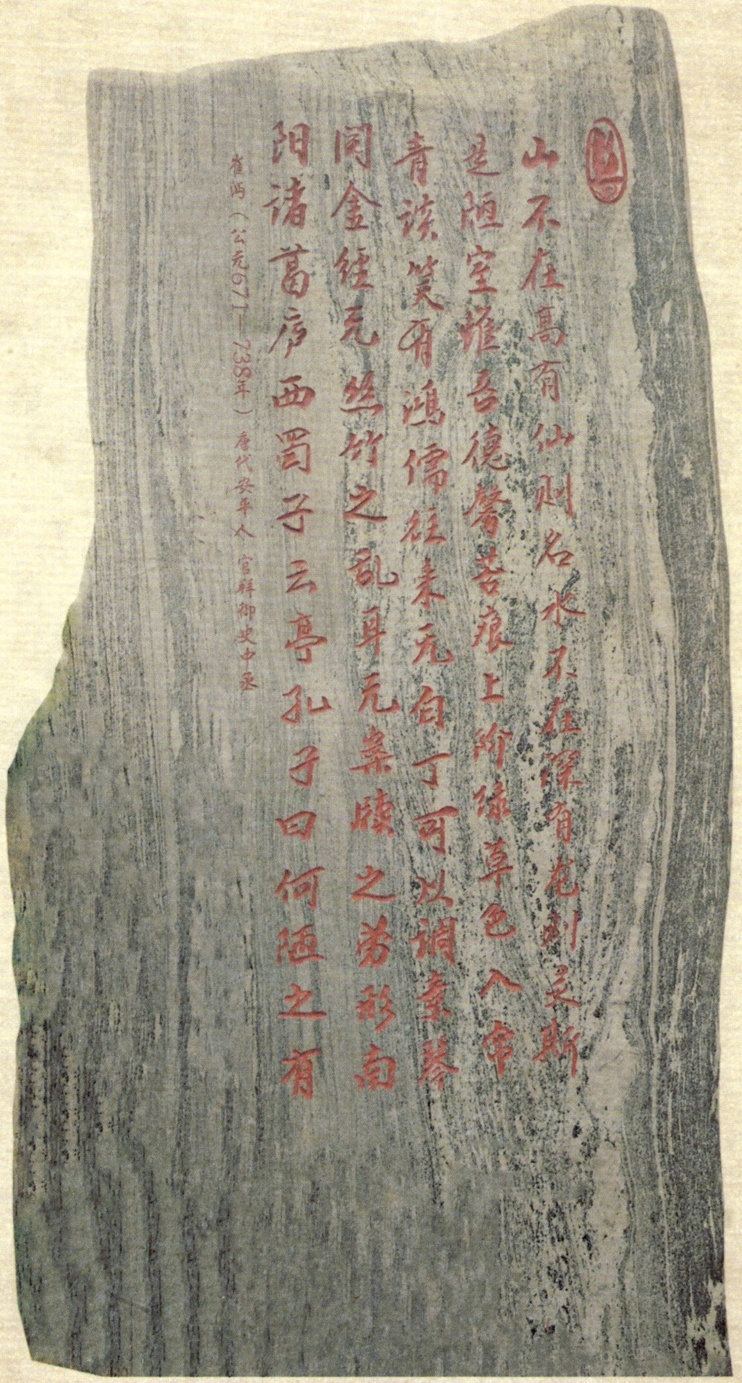
山不在高有仙则名水不在深有龙则灵斯
是陋室惟吾德馨苔痕上阶绿草色入帘
青谈笑有鸿儒往来无白丁可以调素琴
阅金经无丝竹之乱耳无案牍之劳形南
阳诸葛庐西蜀子云亭孔子曰何陋之有
崔沔（公元671—738年） 唐代安平人 官拜御史中丞

安平县汉王公园石刻

第十九编　综合政务

1991—2002年，安平县民政、人事劳动和社会保障、信访、对外开放等部门紧紧围绕县委、县政府中心工作，结合自身工作特点，充分发挥各自职能作用，积极为县域经济建设和社会发展服务。安平县连续多次被命名为“河北省拥军优属模范县”、省市“对外开放工作先进县”和“衡水市信访工作先进县”。

第一章　民政

1991—2002年，安平县在继续做好救灾救济、优抚安置、婚姻管理、基层政权建设等基础工作的同时，不断加大改革力度，积极推进社会保障制度，“五保”敬老、扶贫济困、城乡特困群体的生活保障均有突破性进展。1994年3月、1998年4月、2001年10月连续3次被省委、省政府、省军区命名为“河北省拥军优属模范县”。

第一节　优抚

一、优抚对象

主要包括：革命伤残军人、在乡复员、退伍军人、革命烈士家属、病故军人家属、因公牺牲军人家属、革命军人家属。按国家有关政策，对以上人员发放抚恤金、定期定量补助、优待金和临时补助，确保其生活水平相当或略高于当地人民群众平均生活水平。

据2002年年底统计，全县有革命烈士2790名，烈属545人；因公牺牲军人家属5户8人，病故军人家属50户77人；义务兵家属1203户；革命伤残人员468人，其中在乡伤残军人348人，在职伤残人员120人；在乡复员军人1148人，带病回乡退伍军人32人。

二、革命军人优待

由农村参军入伍的义务兵，其家属列入优待花名册，年度优待标准不低于上年度当地人均纯收入水平。资金来源由所在乡镇人民政府统筹，各乡镇标准不一。1991—1995年户均200-600元不等。1996年，上级要求实行全县统筹，由县民政局统一发放，由于种种原因，没有落实，但是，优待标准均有大幅度提高。1996—2002年，户均400～1000元不等。

为了提高优抚对象的政治待遇和物质待遇，从1993年开始，对享受抚恤、定补的优抚对象，实行了补差优待。优待金年户均100～200元不等，优待金由所在乡镇统筹解决。

1991—2002年全县义务兵优待金统计表

表19-1

类别 年度	人数	优待金（元）	人均（元）
1991	641	113457	177
1992	732	149328	204

续表19-1

年度＼类别	人数	优待金(元)	人均(元)
1993	854	209230	245
1994	940	286700	305
1995	963	337050	350
1996	996	376488	378
1997	791	322728	408
1998	631	263758	418
1999	546	245700	450
2000	529	238050	450
2001	375	176250	470
2002	299	173420	580

三、牺牲、病故抚恤

1991—2002年，因公牺牲1人，烈士1人，军人病故3人。政府发给其家属的一次性抚恤金标准为：烈士40个月的工资；因公牺牲20个月的工资；病故10个月的工资。

四、伤残抚恤及烈属抚恤

1991—2002年，伤残抚恤标准调整2次，1991年人均发放496元，到2002年增加到1940元。烈属抚恤标准调整了9次，1991年人均发放359元，到2002年增加到1800元。

1991—2002年安平县革命伤残军人年抚恤标准调整情况表

表19-2　　　　单位：元/年

伤残等级			特等		一等			二等甲			二等乙			三等甲		三等乙	
伤残原因			因战	因公	因战	因公	因病	因战	因公	因病	因战	因公	因病	因战	因公	因战	因公
抚恤标准	1991年1月至1995年12月	在乡	2240	2100	1860	1740	1620	1250	1150	1070	856	780	740	536	516	442	442
		在职	—	—	382	342	320	288	278	268	231	214	204	174	160	132	122
	1996年1月至2000年12月	在乡	3240	3080	2460	2330	2200	1430	1320	1230	960	880	840	628	608	526	526
		在职	—	—	412	372	350	308	298	286	251	234	224	192	178	150	140
	2001年1月至2002年12月	在乡	7000	6840	5400	5270	5140	2900	2790	2700	1940	1860	1820	1180	1160	1050	1050
		在职	1500	1470	1200	1160	1150	600	580	560	500	480	470	380	360	320	310

1991—2002年安平县革命伤残军人类型及抚恤发放情况统计表

表19-3　　　　单位：人、万元

年度	抚恤发放总金额(万元)	伤残军人类型												
		总人数	在职	在乡	一等		二等甲		二等乙		三等甲		三等乙	
					在职	在乡	在职	在乡	在职	在乡	在职	在乡	在职	在乡
1991	25.8	540	128	412	1	16	7	81	16	77	43	160	61	78
1992	26.9	530	128	402	1	16	7	79	16	75	43	156	61	76
1993	25.1	527	125	402	1	16	5	79	15	75	43	156	61	76
1994	31.5	524	125	399	1	16	5	76	15	75	43	156	61	76
1995	35.1	515	125	390	1	16	5	74	15	75	43	151	61	74

续表19-3

年度	抚恤发放总金额(万元)	伤残军人类型												
		总人数	在职	在乡	一等		二等甲		二等乙		三等甲		三等乙	
					在职	在乡	在职	在乡	在职	在乡	在职	在乡	在职	在乡
1996	36.5	512	125	387	1	16	5	73	15	75	43	149	61	74
1997	38.42	511	124	387	1	16	5	73	15	75	42	149	61	74
1998	44.1	510	124	386	1	16	5	72	15	75	42	149	61	74
1999	55.3	501	122	379	1	16	5	70	15	75	40	147	61	71
2000	68.9	472	120	352	1	16	5	70	15	75	40	122	59	69
2001	89.8	470	120	350	1	16	5	70	15	75	40	122	59	67
2002	90.8	468	120	348	1	16	5	70	15	75	40	120	59	67

1991—2002年安平县烈属月抚恤标准调整及发放情况表

表19-4　　　　单位：万元、元/月

年度	1991	1992	1993	1994	1995	1996	1997	1998	1999	2000	2001	2002
人数	631	601	591	590	582	579	570	564	563	552	549	545
抚恤金额（万元）	21.69	21.6	30.9	35.05	36.2	35.9	37.6	50.7	64.1	76.1	88.9	98.1
标准调整元/月	45		55		65	70	75	88	115	135	155	180

五、定期定量补助

1991—2002年，在乡复员军人和退伍军人的定期定量补助阶段性调整4次。1991年复员军人人均发放230元，到2002年增加到1440元；1991年退伍军人人均发放96元，到2002年增加到720元。

1991—2002年安平县享受定补情况表

表19-5

年份	在乡老复员军人			带病回乡退伍军人		
	人数	总金额（万元）	人均（元）	人数	总金额（万元）	人均（元）
1991	1272	29.2	230	28	0.2688	96
1992	1268	30.3	238.9	28	0.2688	
1993	1262	30.9	244.8	28	0.2688	
1994	1262	28.6	226	32	0.384	120
1995	1252	29.4	234.8	32	0.384	
1996	1248	59.9	480	32	0.384	

续表19-5

年份	在乡老复员军人			带病回乡退伍军人		
	人数	总金额(万元)	人均(元)	人数	总金额(万元)	人均(元)
1997	1242	119.2	960	32	0.384	120
1998	1238	118.8	960	36	1.728	480
1999	1219	147.4	1210	36	1.728	
2000	1194	144.4	1210	32	2.3	720
2001	1168	141.3	1210	32	2.3	
2002	1148	165.3	1440	32	2.3	

六、临时补助

优抚对象因特殊情况造成家庭困难，可临时申请补助。1991年补助65人，补助款共计1700元。到2002年共补助优抚对象中的困难者991人次，补助款共计126777元。

1991—2002年安平县临时补助款发放情况统计表

表19-6　　单位：元

补助对象	年份	人数	总金额	人均
优抚对象中的困难者	1991	65	1700	262
	1992	126	1500	119
	1993	104	1500	144
	1994	67	17000	254
	1995	72	9000	125
	1996	83	18000	217
	1997	82	9000	110
	1998	42	15000	357
	1999	90	14630	163
	2000	67	9217	138
	2001	97	10710	110
	2002	96	19520	203
	合计	991	126777	128

七、拥军优属

县委、县人大、县政府历来十分重视拥军优属工作。1993年，县政府出台了《安平县军人抚恤优待实施办法》，县人大常委会作出《认真实施〈安平县军人抚恤优待实施办法〉的决定》。县委、县政府1995年出台了《全县义务兵家属优待金由乡统筹改为县统筹》文件，1998年制定了《安平县拥军优属工作若干规定》。解决老兵“三难”（住房难、生活难、治病难）工作成为全省典型，1994年，全省在安平县召开了“解三难”经验现场会。1995年，安平县光荣院被河北省民政厅命名为“省甲级光荣院”。1994年、1998年、2001年连续三次被河北省委、省政府、省军区命名为“省级拥军优属模范县”。2002年9月，安平县民政局被中共衡水市委、市政府和军分区命名为“拥军优属先进集体”。

安平县粮食局第二粮站积极拥军优属，多年坚持为烈军属、孤寡老人、伤残军人、光荣院、敬老院、军队干休所人员义务送粮、油，捐款捐物，每年“八一”建军节和春节都给光荣院伤残军人和干休所的老同志送粮油、赠送纪念品，到县武警中队和人武部慰问。二粮站的拥军优属工作受到全社会一致好评和上级的肯定，于1999年被北京军区联勤部、省粮食厅授予“军粮供应先进单位”。二粮站主任李兰珍先后被省政府、省军区授予“拥军优属先进个人”称号。

八、烈士褒扬

每逢“八一”、春节等重大节日，各部门、各乡镇都组织召开烈属、军属座谈会，忆光荣、讲传统，增强烈军属的荣誉感和自豪感。县民政局在抓好社会拥军优属工作的同时，重点抓了烈士陵园的窗口建设。1991—2002年，先后投资50万元，新建东、西两个标准大门，维修了展览大厅等。1996年8月，县委、县人大、县政府、县政协更换了烈士陵园东烈士亭所立烈士碑，新碑碑文为《安平县人民革命斗争简史1923—1949年》(碑文详见第二十四编，第一章，第四节)，原碑文为《安平县坚持八年敌后抗战简史》。1996年，安平县烈士陵园先后被市委、市政府评为爱国主义教育基地，被省民政厅命名为烈士纪念建筑物管理先进单位。

第二节　退役安置

一、机构

1991—2002年，安平县人民政府为做好退役安置工作，设有退伍军人安置领导小组和军队离退休干部安置领导小组，正、副组长分别由县长、主管副县长担任，县有关部门的正职为成员。小组下设退伍军人安置办公室和军队离退休干部休养所。办公室、休养所隶属民政局，股级单位，负责全县退伍军人和军队离退休干部安置的日常工作。

二、安置

退伍军人安置　按照国家、省有关退伍军人接收安置文件规定，1991—2002年，仍采取哪来哪去的安置原则，累计接收2801人，其中安置回农村18833人，城镇非农户口退伍军人和志愿兵918人。城镇退伍军人多安置在工业、商业、物资、基层乡镇，少数安置在银行、电力、邮电、烟草等企事业单位。1996年机构改革后，各单位裁员消肿，接收安置矛盾越来越突出，但通过行政干预、鼓励自谋职业等措施，基本上完成了退伍安置任务。

1991—2002年安平县退伍军人安置情况统计表

表19-7　　单位：人

年度	退伍军人总数	政治面目			安置情况			
		党员	团员	群众	回农村	安排工作		
						合计	城镇退役军人	志愿兵
1991	241	109	128	4	151	90	49	41
1992	291	161	124	6	210	81	63	18
1993	322	118	200	4	220	102	81	21
1994	328	202	126	—	226	102	81	21
1995	303	204	98	1	177	126	94	32
1996	265	133	132	—	156	109	84	25
1997	223	76	137	10	130	93	78	15
1998	143	72	71	—	105	38	22	16
1999	180	66	91	23	127	53	30	23
2000	206	91	115	—	158	48	32	16
2001	169	51	118	—	128	41	29	12
2002	130	60	65	5	95	35	15	20
合计	2801	1343	1405	53	18833	918	658	260

军队离退休干部安置　军队离退休干部安置工作由干休所负责。干休所设所长1人，工作人员2名，和退伍军人安置办公室合署办公。1986—1991年，接收安置军队离退休干部27人。1991—2002年，接收安置军队离退休干部4人，军队离退休干部病故10人。2002年12月，有军队离退休干部21人。

三、两用人才开发使用

为适应改革开放，发展社会经济，安平县积极开发使用军地两用人才。1991—2002年，各部门、各乡镇和各村级组织共接收军地两用人才1600名，开发使用率达80%以上。

第三节　救灾救济

一、救灾

1991—2002年间，每年都有局部自然灾害，尤其是1996年，安平县遭受50年一遇的特大洪水（滹沱河），造成直接经济损失12430万元。灾情发生后，上级高度重视，全国各地热情援助；会总收到国家发放救灾款和社会捐助款1290万元，衣物3万件。1991—2002年共接收救灾款1709万元，发放1687.8万元　。

二、困难救济

个别生活困难者，由本村村委会照顾解决。本村解决不了的，再由个人申请，村委会、乡镇民政所核实，民政局审批酌情照顾，照顾金额一般50元至200元不等。1991—2002年间共救济困难户6314户，19328人，发放救济款435936元。

1991—2002年安平县救灾救济情况统计表

表19-8

年度	救灾款		困难救济		
	接收救灾款（万元）	发放救灾款（万元）	户数	人数	救济款（元）
1991	25	21	1272	3806	40000
1992	28	25	976	2928	33000
1993	30	28.1	1011	3011	33000
1994	30	27.3	924	2817	33000
1995	35	34.1	909	2615	33000
1996	1290	1290	234	821	35200
1997	36	35	249	871	37366
1998	40	38.5	212	742	38600
1999	45	43.2	191	578	38200
2000	63	61	134	469	47300
2001	49	48.5	106	382	41450
2002	38	36.1	96	288	25820
合计	1709	1687.8	6314	19328	435936

第四节　城乡居民最低生活保障

一、保障对象

城镇：凡在本县城镇居住，并有常住户口的非农业户口居民，人均实际收入低于当年政府规定的最低生活保障标准的均属保障对象。

农村：凡有本县常住农业户口的农村居民，人均实际收入低于县政府规定的农村最低生活保障标准的村民，均属保障对象。

二、保障标准

1998年，全县启动最低生活保障制度。1998—2000年城镇最低生活保障标准为110元/人•月，自2001年起提高到130元/人•月；农村最低生活保障标准一直为500元/人•年。

三、审批程序

城镇：凡人均实际收入低于最低生活保障标准的城镇居民家庭，由户主申请，所在单位签署意见，主管部门审查后，报县民政局审批。批准者由民政局发放领取证，每月在县民政局领取保障金。

农村：凡低于县政府规定的农村最低生活保障标准的村民，向村委会提出申请，经乡镇审查后，报县民政局审批，而后凭证到所在乡镇民政办公室领取保障金。

四、保金发放

为维护社会安定，做到“应保尽保”“全面覆盖”，认真开展了城乡低保工作。截止到2002年，全县城镇有低保对象548户、1096人，共发放保障金122.4195万元；农村低保对象840户、1692人，共发放保障金29310元。

1998—2002年安平县城乡居民最低生活保障金发放情况表

表19-9　　单位：万元

年度	城镇低保			农村低保		
	户数	人数	保障金	户数	人数	保障金
1998	2	7	0.1305	230	410	0.205
1999	22	78	0.589	510	980	0.49
2000	92	296	10.7	600	1200	0.6
2001	162	486	32	800	1580	0.79
2002	548	1096	79	840	1692	0.846

第五节　婚姻登记

1991—2002年，安平县婚姻登记依据的法律法规是：1980年9月国家颁布的《中华人民共和国婚姻法》、1985年12月经国务院批准、民政部颁布的《婚姻登记办法》、1994年2月经国务院批准、民政部颁布的《婚姻登记管理条例》、1996年9月省政府发布的《河北省婚姻登记管理实施办法》。

一、结婚登记

男女结婚法定登记程序：年满婚姻登记年龄（男22周岁，女20周岁）的男女双方当事人须亲自到一方户口所在地婚姻登记管理部门申请，申请时须持户口证明、身份证件和所在单位出具的婚姻状况证明和合影照片；离婚者再婚还应持有离婚证件或法院判决书，丧偶者再婚应提供丧偶证明。从1996年12月24日开始，当事人双方还须持婚检证明，填写结婚登记申请书，经审查符合《婚姻法》规定的条件，即可领取结婚证书成为合法夫妻。1991—2002年，全县共登记结婚23768对，年均1896对。从1997年1月至2002年，6年间进行婚检的共11494对，婚检率为93.5%。

二、离婚登记

夫妻双方同意离婚的，当事人双方须亲自到一方户口所在地婚姻登记管理部门申请离婚登记。申请时须持户口证件、身份证、所在单位出具的婚姻介绍信，离婚协议书，结婚证和照片，填写离婚登记申请书。婚姻登记管理部门，自受理申请之日起1个月内对符合离婚条件者给予办理离婚证和注销结婚证书。夫妻一方要求离婚，另一方不同意离婚，或者夫妻双方同意离婚，但在财产分割或子女抚养等方面有争议的，婚姻登记管理部门不予受理，由当事人诉讼法律机关办理。从1991—2002年，全县共有287对574人在婚姻登记机关办理离婚。

三、复婚登记

夫妻离婚后双方自愿恢复婚姻的，除按结婚登记程序重新办理外，婚姻登记管理部门同时收回离婚证书，并在结婚登记申请书、结婚证书上注明恢复字样。

第六节　村民委员会

村民委员会是村民自我管理　、自我教育、自我服务的基层群众性自治组织；在村党支部的领导下，在乡镇人民政府的指导、支持、帮助下开展工作。安平县各村村民委员会是在1983年年底撤社建乡时由生产大队改建而成。1991—2002年年底，全县有230个村民委员会。各村村民委员会由村民大会选举产生，委员3至7人，其中主任1人，副主任1至2人。村委会成员享受工资补贴，其数额各村根据本村的经济状况，参与村内工作的多少（出工记工法）而定。从2001年开始，各村村委会主任连同村党支部书记工资补贴全县统一由各乡镇政府发放，数额为每人每月150元。补贴资金来源于村提留、乡镇统筹和村办企业收入。

村民委员会下设村民小组。村民小组多以原生产小队为基础。

推进农村基层民主，实行村委会直接选举是依法治国在农村的具体体现。为了切实保障村民能够依法行使参政议政、民主选举、民主决策、民主管理、民主监督的权力，县政府不断完善有关法规制度，主要法律依据是1987年11月24日第六届全国人大常委会第23次会议通过的《中华人民共和国村民委员会组织法（试行）》、1998年11月4日第九届人大常委会第五次会议通过的《村委会选举法》以及《河北省村民委员会选举办法》《河北省村级民主管理条例》。截止到2002年，全县农村按照省委、省政府的安排部署共进行了6次村委会换届选举工作，总体上是健康有序的，选举制度日益完善，选举活动不断规范，村民的民主法制意识显著提高。但是，也有个别乡镇、村在村委会换届选举中，发扬民主不够，引发了上访或越级上访事件，影响了农村社会稳定。

第七节　殡葬管理

一、殡葬改革

1991—1998年，全县均实行土葬。从1998年11月份开始，安平县依据国务院《殡葬管理条例》和《河北省殡葬管理办法》，大力推行火化，实行了火化一刀切，并不断强化查处力度，仅1998年11月、12月就强行起尸火化34具。1998年到2002年，为了杜绝二次装棺、丧事大操大办，制止二次装棺120起，取缔地下棺材铺20个，平坟80万个。至2002年年底，全县共火化尸体9222具；除程油子、马店、南王庄几个周边乡镇的一些村仍有少数偷行土葬外，其余乡村全部实行尸体火化；全县火化率达到95%。

二、殡葬服务

1998—2002年，安平县为改善火化条件，提高服务水平，先后投资67余万元，新购火化炉一台，运尸车4辆，新建二层办公楼1栋，建480平方米骨灰堂一座。

1998—2002年安平县火化情况统计表

表19-10

年度	火化（具）	火化率%
1998	312	80（11—12月）
1999	2010	85

续表19-10

年度	火化（具）	火化率%
2000	2200	90
2001	2300	95
2002	2400	95
合计	9222	89

第八节　社团管理

民政部门是社团管理的主管部门。1991—1998年，由民政局办公室负责管理，1999—2002年由社会事务股负责管理。

社会团体登记必须填写《社会团体登记申请书》和《社会团体法人登记申请书》以及社团主要成员简历表，经核对无误，按审批程序和登记管理规定，由主管部门报送社团登记管理机关。凡具备法人资格的，经审批后发给社会团体法人登记证，由登记管理机关在报刊上予以公告。社团登记的内容有社团的名称、宗旨、业务范围、活动地方、办公地点、业务主管部门、签发人、登记注册时间和登记注册号。至2002年，全县先后共注册社会团体7家，其中有消费者协会、计划生育协会、金融学会、维修行业协会、诗文书画社、收藏家协会、绿色种植协会。

安平县消费者协会　成立于1991年7月，主管单位安平县工商局，设会长1名，副会长2名，秘书长1名。1997年6月，召开第二届消费者协会会员大会，修改并通过了《安平县消费者协会章程》，选举产生了新一届消协理事会理事、常务理事、副会长、会长，并决定了秘书长和副秘书长人选。换届后，消协设名誉会长1名，会长、副会长、秘书长、副秘书长各1名，理事18名。

安平县维修行业协会　为维护消费者合法权益，规范维修行业经营行为，安平县工商局于1997年成立了维修行业管理协会。1991—2002年，维修行业协会设会长1名，副会长6名，秘书长1名，副秘书长1名。

计划生育协会　成立于1991年7月。1991年年底，全县共有计划生育协会210个，其中县计划生育协会1个，乡镇计划生育协会20个，村计划生育协会189个。县计划生育协会有会长1名(由主管计划生育的县委副书记担任)、常务副会长1名(由县计生委一名副主任担任)、常务理事8人，理事30人，专职秘书长1人；乡镇、村计划生育协会设会长、常务副会长各1人，理事5—7人。会长分别由乡镇党委书记、村党支部书记担任，常务副会长分别由乡镇计生专职党委副书记、村专干担任。

1992年，230个行政村均建立了计划生育协会；全县共有计划生育协会251个，会员27950人。1996年1月并乡扩镇后，20个乡镇计划生育协会合并为8个，全县共有计划生育协会239个。乡镇、村计划生育协会组成人员在原来的基础上分别各增设1名专职秘书长。到2002年年底，全县共有计划生育协会239个，理事1614人，会员增加到33100人。县计划生育协会设会长(主管计生的县委副书记担任)、常务副会长(县计生局主管副局长担任)、专职秘书长各1人，常务理事10人，理事50人；乡镇、村计划生育协会组成人员未变。

安平县金融学会　成立于1994年10月，主管单位为中国人民银行安平县支行。金融学会设会长1名，副会长6名，秘书长1名，副秘书长4名，共有团体会员6个，个人会员127人。

安平县绿色种养协会　成立于2001年11月，主管单位是安平县农业局。绿色种养学会设名誉会长1名，会长1名，副会长2名，秘书长1名，理事5名，常务理事1名，共有个人会员40人。

安平县诗文书画社　成立于2002年9月，主管单位是安平县计划局。诗文书画社设社长1名，副社长6名，秘书长1名，理事11人，常务理事5人，共有会员40人。

安平县收藏家协会　成立于2002年10月，主管单位安平县邮政局。收藏家协会设主席1名，副主席2名，副秘书长2名，理事5人，常务理事1人，共有会员50人。

第九节　五保供养

农村村民无劳动能力、无生活来源、无法定扶养义务人或者虽有法定扶养义务人，但是扶养义务人是无扶养能力的老年人、残疾人和未成年人，均属于“五保”对象。

“五保”供养是农村的集体福利事业，由所在乡（镇）人民政府负责组织“五保”供养工作的实施，主要指在吃、穿、住、医、葬方面给予生活照顾和物质帮助。

1991—2002年，社会上的“五保”对象在本人自愿的基础上实行集中供养或分散供养。集中供养即入住乡镇敬老院，其资金来源以乡镇统筹为主、国家适当补助。分散供养者一部分由其所在村民委员会选择服务人员给予生活料理，集体适当补助粮款。此外尚有部分孤老为亲供亲养或自保。1991年，全县共有“五保户”410户、496人；有南王庄乡敬老院、大子文乡敬老院、马店乡敬老院和县敬老院4个敬老院，共有院民75人。1992年，增建王胡林、河漕村、后张庄、东黄城、台城、石干、南王宋、大何庄、察罗、刘吉口、南苏村等12个乡敬老院，全县共有院民270人。1996年并乡扩镇后，15个乡镇敬老院合并为安平镇、东黄城乡、大子文乡、南王庄镇、大何庄乡、马店镇6个乡镇敬老院，共有院民180人。是年，马店镇敬老院和大子文乡敬老院被评为省甲级敬老院。2002年年底，全县共有“五保户”350户、380人，其中入敬老院集中供养的120人，其余为分散供养。

2002年各乡镇敬老院情况一览表

表19-11

乡镇	院址	服务人员	入院老人	月生活费（元）
南王庄镇	南王宋村	2	23	80
大子文乡	大子文村	2	19	80
东黄城乡	东黄城村	2	17	80
安平镇	后张庄村	2	32	120
大何庄乡	大何庄村	2	11	120
马店镇	马店村	2	18	120
西两洼乡	—	—	—	—
程油子乡	—	—	—	—

部分年度安平县“五保”情况统计表

表19-12

项目＼年度	五保对象		集中供养（人）	分散供养							
				村供村养		村供亲养		亲供亲养		自保	
	户	人		户	人	户	人	户	人	户	人
1991	410	496	75	80	96	60	120	120	130	75	75
1996	390	425	180	50	60	70	90	40	45	50	50
2002	350	380	120	50	56	65	74	60	70	55	60

第十节　民族宗教

一、民族

安平县为汉族聚集地区，少数民族人数很少。1990年第四次普查人口时，少数民族有328人，占总人口的0.11%。其中蒙古族29人、苗族12人、壮族55人、布依族11人、满族46人、白族37人、土家族69人、傈族31人、拉祜族5人、回族3人、藏族1人、彝族9人、瑶族5人、傣族1人、黎族2人、土家族2人、俄罗斯族1人、其他民族9人。

1992年，少数民族有323人。其中，回族3人、满族45人、壮族55人、蒙古族29人、土家族68人、苗族12人、傣族1人、布依族11人、藏族1人、其他民族98人。

2000年，第五次人口普查时，少数民族有428人，占总人口的0.13%。其中：回族18人、壮族24人、满族66人、蒙古族42人、布依族17人、藏族10人、维吾尔族13人、苗族6人、彝族7人、朝鲜族8人、侗族1人、白族37人、土家族128人、傣族5人、黎族5人、僳族18人、纳西族1人、土族15人、达尔族2人、羌族1人、撒拉族2人、仡佬族1人、塔吉克族1人。

2002年，少数民族有358人。其中，土家族125人、蒙古族33人、满族46人、白族37人、布依族18人、土族16人、壮族23人、藏族10人、其他民族50人。

二、宗教

安平县宗教主要有天主教、基督教和佛教。

天主教 1991年，安平县共有天主教徒859人，有神职人员5人，其中神甫1人、修士2人、修女2人；有北满子、宅后寺、大同新、五新村4个活动场所。到2002年年底，安平县共有天主教徒1823人，主要分布在安平镇严疃村，南王庄镇宅后寺、五新村，大何庄乡北满子村，东黄城乡大同新、唐贝村，大子文乡义里村等七个村；信教者以年长者居多，年轻人少；主要活动场所4个，教堂4座，有神职人员3名，其中神甫1人、修女2人。

基督教 1996年，基督教开始传入安平县。到2002年年底，全县基督教徒共有50多人，没有固定的宗教活动场所，无神职人员，教徒在安息日（星期六）家庭聚会敬拜上帝，共同学习研续《圣经》、祈祷默想。

佛教 1989年后，佛教活动逐步恢复，无固定活动场所，主要是家庭聚会。1996年，安平县申请建固定活动场所念佛堂一座。到2002年，有皈依佛门弟子2000余人，经常在念佛堂活动的有200多人，其余自行在家中供奉“如来”“观世音菩萨”等石膏或瓷塑像。

第十一节 其他民政事务

一、地名管理

命名更名 1996年1月，并乡扩镇，原有的20个乡镇合并为1镇7乡，南王宋乡与南王庄乡合并为南王庄乡，石干乡与大子文乡合并为大子文乡，台城乡与东黄城乡合并为东黄城乡，安平镇、后张庄乡、王胡林乡、河漕村乡合并为安平镇，东里屯乡与西两洼乡合并为西两洼乡，刘吉口乡、南苏村乡、马店乡合并为马店乡，大何庄乡与察罗乡合并为大何庄乡，程油子乡、袁营乡、张寨乡合并为程油子乡。1998年3月，经河北省民政厅批准马店乡更名为马店镇，南王庄乡更名为南王庄镇。

地名标志设置 1994年，根据河北省地名委员会要求，将所有建置镇、乡和距省道500米内的村，统一设置了54处瓷砖墙壁式地名标志。所用瓷砖是将标准化地名及读音直接烧制在瓷砖上，白底红字。

二、收养登记

收养登记工作的执法依据是1999年4月1日施行的《中华人民共和国收养法》和2002年施行的《河北省收养登记办法》。收养不准违背社会公德和违背计划生育相关法律、法规。1991—2002年，共办理收养登记6个，被收养人均是查找不到生父母的弃婴。

三、收容遣送

收容遣送主要指对社会上盲流人员的收容遣返。县民政局设立了收容遣送站，与县敬老院合署办公，一个机构、两个牌子。1995年县敬老院撤销后，收容遣送工作仍由收容遣送站负责。1991—2002年，共收容遣送36人，其中包括收养弃婴15名。

四、福利彩票

从1991年起，安平县民政局销售的中国社会福利彩票是即开型有奖彩票，无其他类别。每年一般在庙会期间举办。至2002年，共举办了8次大型销售活动；销售彩券90万张，每张面值2元，共180万元；提供社会福利基金54万元。

第十二节　管理机构

1991年，县民政局内设办公室、优抚股、社救股、安置办、残联办（副局级单位，由民政局代管）、扶贫办、计财股；下属单位有烈士陵园、光荣院、敬老院、殡葬管理所、干休所；局机关行政编制11人，事业编制8人，实有工作人员25人；下属单位均为事业编制，实有干部职工34人；20个乡镇均建立了民政所，各民政所配备1-2名民政员。1995年，县敬老院撤销，增设农村社会养老保险事业处（股级）。1996年1月并乡扩镇后，20个乡镇民政所合并为安平镇，马店镇、南王庄镇、大何庄乡、程油子乡、西两洼乡、大子文乡、东黄城乡等8个乡镇民政所。1997年撤销扶贫办。1998年增设社会事务股和婚管股；撤销农村社会养老保险事业管理处，业务划归县劳动人事局管理。2000年5月，残联由民政局析出单列。2002年10月，宗教工作划归县委统战部管理。至2002年年底，局机关内设办公室、计财股、优抚股、社救股、社会事务股、婚管股、安置办等7个股室；下属单位有烈士陵园、光荣院、干休所、殡葬管理所；局机关共有干部职工37人，下属单位32人；8个乡镇民政所共有民政员20人。

图19-1　安平县民政局

第二章　劳动

改革开放后，国家经济体制逐步由计划经济向市场经济转轨，劳动管理工作亦由计划管理型转变为服务型，基本方针是放开搞活，重点是用工制度和工资制度的改革。用工制度：国家对企业不再下达计划，企业可根据需要自行增减人员，拥有用工自主权，劳动部门只履行必要的手续。用工形式由固定工改为劳动合同制，合同期限为三至五年。工资制度：国家实行宏观控制，微观搞活。宏观控制是企业的工资总数与经济效益挂钩。劳动部门每年根据企业效益核定企业年度工资总额，企业不得突破核定额度，保证国家得大头；微观搞活是企业的内部分配要搞活，充分体现按劳分配的原则。企业在劳动部门核定的工资额度内对职工的报酬进行分配，国家虽有统一的工资标准，但只是作为参考标准，可以打破档案工资。此两项制度的改革，给企业注入了活力，调动了职工的积极性，发展了生产力。

第一节　用工

一、用工形式

1991年，企业用工实行计划管理，用工形式以固定工和合同工为主，临时工为辅。

自1992年开始，打破劳动用工管理的计划体制，由企业自主确定用工人数、招工时间、招工条件和招工方式，面向社会，公开招收，全面考核，择优录取，实行全员劳动合同制。政府劳动就业机构把劳动就业工作的立足点由过去被动接受人口压力、单纯安置就业，转变到充分开发利用和合理配置劳动力资源上来，推行全员劳动合同制，进行鉴证、续订、变更、就业前登记、培训，为企业用人和个人择业创造条件，逐步形成国家宏观调控、城乡协调发展、企业自主用人、个人自主择业、市场调节供求、社会提供服务的招工就业新格局。

1995年到1996年，随着现代企业制度的逐步建立和企业经营机制的转换，年轻的劳动力不断增加，农村剩余劳动力大量涌入城镇，劳动力供大于求的矛盾日益突出。承担安置就业任务的国有企业也人满为患，不堪重负，吸纳劳动者就业的能力大大减弱，部分企业出现了富余职工，下岗失业职工。为了促进下岗失业职工的再就业，推动转换企业经营机制，保持就业平衡和社会稳定，根据省政府和上级劳动部门的部署，从1995年起实施再就业工程。

1997年到2002年，继续实行全员劳动合同制。

1991—2002年全县职工情况统计表

表19-13　　单位：人

项目 年度	国有企业职工机关事业工人				集体单位职工	合计
	小计	固定工	合同制工	临时工		
1991	9624	1582	7519	523	1735	11359
1992	9905	1571	7793	541	1723	11628
1993	10126	1556	7943	627	1778	11904
1994	10718	1537	8670	511	1517	12235
1995	10967	1522	9089	356	1507	12474
1996	11532	1510	9673	349	1251	12783
1997	11781	1496	9973	312	1116	12897
1998	11989	1490	10192	307	1209	13198
1999	12109	1477	10337	295	1217	13326
2000	12321	1461	10579	281	1290	13611
2001	12539	1420	10856	263	1277	13816
2002	12844	1393	11198	253	1393	14237

二、用工管理

计划调配　1991—1992年，国家对企业放开搞活，企业用工可根据自身生产需要自行安排用工量以及采用不同的用工方式，职工也可根据自己的特长和需要选择企业。劳动部门在劳动管理上为企业和职工提供全方位服务，只要企业需要、职工愿意，可随时办理调动手续。1993年后完全由企业做主。

1991—2002年全县工人调动情况统计表

表19-14　　单位：人

项目 年度	调动总数	调出本县	调入本县 合计	调入本县 机关事业	调入本县 企业	县内调动	项目 年度	调动总数	调出本县	调入本县 合计	调入本县 机关事业	调入本县 企业	县内调动
1991	131	7	11	1	10	113	1997	236	18	23	17	6	195
1992	161	21	25	5	20	115	1998	77	10	16	6	10	51
1993	231	15	16	1	15	200	1999	121	15	17	7	10	89
1994	151	7	13	1	12	131	2000	22	5	6	3	3	11
1995	183	17	26	4	22	140	2001	37	6	3	1	2	28
1996	266	21	33	15	18	212	2002	32	5	7	1	6	20

合同化管理　1995年，根据1994年7月5日颁布实施的《中华人民共和国劳动法》，安平县开始推行全员劳动合同制，即企业的职工不再区分为固定工人、劳动合同制工人、临时工等多种类型，而是全部与企业签订劳动合同，同工同酬，不再因身份的差异产生待遇差异。到1998年年底，全县所有企事业单位全部实行了全员劳动合同制。2002年年底，全县有劳动合同制工人3458人。

劳动争议　1991—2002年，安平县劳动争议仲裁委员会和下设的仲裁股负责处理安平县发生的劳动争议。各企业劳动调解委员会负责本企业劳动争议的调解。

劳动争议处理的受理范围包括各类企业职工因开除、除名、辞退、辞职等原因发生的劳动争议，也包括国家机关、事业单位、社会团体与本单位工人之间以及个体工商户与帮工、学徒工之间发生的劳动争议。

劳动争议发生后，双方当事人应当协商解决，不愿协商或者协商不成的，可以向本企业劳动争议调解委员会申请调解；调解不成的，可以向劳动争议仲裁委员会申请仲裁。当事人也可以直接向劳动争议仲裁委员会申请仲裁。对仲裁裁决不服的，可以向人民法院起诉。

1991—2002年，县仲裁机构共调解劳动争议案件53件，仲裁56件。各企业劳动调解委员会及时准确地调解、处理劳动争议案件，保护用人单位与劳动者双方的合法权益，为促进劳动力市场的完善和劳动关系的和谐及社会稳定发挥了重要作用。

1991—2002年安平县劳动争议处理情况统计表

表19-15

项目 数字 年度	仲裁员（人）	案件处理（件） 调解	案件处理（件） 仲裁	案件处理（件） 小计	劳动合同鉴证（份） 鉴证劳动合同	劳动合同鉴证（份） 纠正违法无效合同	劳动合同鉴证（份） 督促补签合同	企业劳动调解委员会 设立数（个）	企业劳动调解委员会 工作人员（人）
1991	2	6	5	11	520	15	230	23	23

续表19-15

项目/数字/年度	仲裁员（人）	案件处理（件）			劳动合同鉴证（份）			企业劳动调解委员会	
		调解	仲裁	小计	鉴证劳动合同	纠正违法无效合同	督促补签合同	设立数（个）	工作人员（人）
1992	2	5	3	8	562	20	350	23	23
1993	2	7	4	11	720	30	250	23	23
1994	2	5	2	7	670	10	170	23	23
1995	2	2	5	7	770	20	262	27	27
1996	2	3	6	9	230	—	100	27	27
1997	2	4	8	12	630	—	300	30	30
1998	2	3	7	10	1100	10	370	30	30
1999	3	2	5	7	1500	20	270	30	30
2000	3	7	3	10	1100	—	380	33	33
2001	3	4	6	10	1300	—	510	33	33
2002	3	5	2	7	1228	32	320	37	37
合计	—	53	56	109	10330	157	3512	—	—

第二节　劳动工资

一、工资制度

1991—2002年，国营企业根据省文件通知精神实行工资总额同经济效益挂钩的浮动办法。工资总额的确定，原则上以上年工资总额为基础，减去不合理增资因素，加上当年合理增资部分进行核定。实行工资总额同实际工作量挂钩的企业工资总额最多不超过上年5个半月的标准工资，其他企业工资总额最高不超过上年4个月的标准工资。

企业实行工资总额同经济效益挂钩的形式有7种：(1)工资总额同上缴税利挂钩；(2)工资总额同实现税利挂钩；(3)工资总额同销售实物量挂钩；(4)工资总额同实际工作量挂钩；(5)工资总额同产值指标挂钩；(6)工资总额同创汇额和上缴税利双挂钩；(7)工资总额同销售额和上缴税利双挂钩。

1991—2002年全县实行工资总额同经济效益挂钩企业统计表

表19-16

项目/数字/年度	挂钩企业总数	国有企业		集体企业	
		个数	%	个数	%
1991	79	51	65	28	35
1992	82	51	62	31	38
1993	87	54	62	33	38
1994	92	59	64	33	36

续表19-16

年度＼数字＼项目	挂钩企业总数	国有企业		集体企业	
		个数	%	个数	%
1995	95	62	65	33	35
1996	96	62	65	34	35
1997	97	62	64	35	36
1998	97	62	64	35	36
1999	89	43	48	46	52
2000	72	31	43	41	57
2001	66	27	41	39	59
2002	62	25	40	37	60

企业实行工资总额同经济效益挂钩后，企业工资总额按预先核定的浮动比例（或工资含量），随企业经济效益的高低浮动，除新安排的复员军人、大中专毕业生、技校毕业生所需增加工资外，原则上增人不增工资的总额，新增人员的工资依靠企业经济和工资基金支付能力的提高来解决，工资额由企业内部自主调配。效益好的企业，可给职工多增资，效益差的企业只能少增资或不增资；对于新建、扩建项目必须增人增加工资的，在调整工资基数的同时，要按照项目规定的经济效益指标或人均实际完成量，合理调整经济效益指标基数。职工个人劳动成果同工资挂钩（如包工计件），充分发挥了工资分配的经济杠杆作用，增强了企业的活力 ，促进了生产力的发展。

1991—1992年，集体企业实行等级工资制。

1993—2002年实行总挂总提，即从实现利税中提取新增效益工资，工资总额同上缴税金挂钩。

1991—1993年，国有企业实行等级工资制。1994—2002年，实行工资总额同实现税利总挂总提办法。

二、工资调整与正常升级

1992年元月起，升级面25%至45%。1991到2002年，全县每年都搞正常升级，正常升级指企业职工档案工资的升级由企业主管部门根据所属企业经济效益情况确定，升级指标每年不超过已定级人数的50%，也可以合并指标两年进行一次。企业效益当年与上年持平或下降，职工均不能升级。

三、调整工资标准

1991—2002年共5次调整工资标准。1991年5月将6元粮油价补贴纳入企业职工的工资标准。1993年1月，月人均增资15元，同时标准工资向上延伸；干部最高工资标准延伸3个整级到特三正；岗位技能工资标准也相应进行调整，增资幅度与等级相同。1994年元月，月人均增资35元，岗位技能工资标准亦相应进行调整，增资幅度与等级相同。1996年，为了从整体上提高企业职工工资水平，对企业职工工资标准进行了适当上调。1999年，调整企业职工工资，人均增资额不超过120元。

第三节　劳动保险

一、职工养老保险

统筹办法及数额　1991—2002年，职工基本养老保险制度为：各类劳动者统一标准、统一管理、统一调剂使用养老基金，参加退休职工养老保险基金统筹的单位每月按标准向保险所缴纳离退休职工的养老金，凡属安平县辖区内的国有企业（经国务院批准实行系统统筹的单位除外）、集体企业和外商投资企业的中方职工（包括固定职工、合同制职工及按规定应享受退休养老待遇的临时工）必须参加社会保险，各单位应缴纳的社会保障基金任何单位和个人不得以任何借口拖欠、拒缴。

1991—2002年缴纳基金标准：企业，按本单位在职职工实发工资总额与本单位实发离退休费用之和的18％缴纳；个人，1991年至1995年3月按本人实领工资总额的2％缴纳，1995年4月至2002年按实领工资总额的3％缴纳。由于生产经营困难，企业没有能力兑现职工工资时，由企业提出申请，经社会保险所核实并批准后可挂账缓交保险费，缓交期限最长不超过3个月，超过3个月仍无力缴纳，社会保险机构按照在职职工生活费水平，支付该企业离退休人员生活费。企业何时补发在职职工工资，应何时足额补交保险费。濒临破产或已宣布破产的企业．经与社会保险机构协商，实行实物折款，补交保险费。欠缴职工社会保险费的企业宣布破产时，必须先以资产偿还保险费，尔后才能归还银行贷款。对有能力缴纳保险费，而借口故意拖欠或拒缴的企业，除限期补齐本金保险费外，另外按日加收5‰滞纳金。对弄虚作假问题特别严重的，社会保险机构可依法向人民法院起诉．追究有关人员责任。为杜绝企业弄虚作假，社会保险机构定期稽核企业有关账目、报表。

福利待遇　参加统筹单位中的个人，凡按规定办理了退休手续的，每月到社会保险事业管理所按标准领取退休养老金。

企业职工退休、退职后，各项福利待遇主要包括基本退休费、退职生活费、困难补贴、生活补贴及其他各项政策性补贴；按一定比例计发基本退休费、退职费；按绝对额计发困难补贴、生活补贴和其他各项政策性补贴；困难补贴与退休、退职费合计不得超过本人原标准工资。

退休费：中华人民共和国成立后参加革命工作，连续工龄满20年的，按本人标准工资的75％发给；连续工龄满15年不满20年的，按本人标准工资的70％发给；连续工龄满10年不满15年的按本人标准工资的60％发给。因公致残完全丧失劳动能力的职工退休时，饮食起居需要人扶助的，按本人标准工资的90％发给并可根据护理依赖程度按月发给护理费（护理费标准为108元、82元、61元）；饮食起居不需要人扶助的，按本人标准工资的80％发给。国家根据工资、物价调整和经济建设发展情况等因素，适时给退休、退职人员增加退休、退职费。

退职生活费：因病完全丧失劳动能力又不符合退休条件的职工，应该退职，退职生活费为标准工资的40％。

退休职工困难补贴：1949年1月1日至9月30日参加革命工作享受薪粮制待遇的职工退休时，基本退休费加困难补贴可按本人退休前标准工资的100％发给；新中国成立后参加工作的退休职工可在基本退休费的基础上，根据其连续工龄的长短增发退休困难补贴。男职工：连续工龄或工作年限满35年的每人每月补贴本人退休前原标准工资的20％；满30年不满35年的每人每月补贴15％；不满30年的，每人每月补贴10％。女职工：连续工龄或工作年限满30年的，每人每月补贴退休前原标准工资的20％；满25年不满30年的，每人每月补贴15％；不满25年的，每人每月补贴10％。困难补助与退休、退职费合计不得超过本人原工资标准。根据国家和河北省的现行政策规定，退休、退职人员可享受按一定比例计发的生活补贴和各项政策性补贴，此外，还可与原单位在职职工一样享受房租补贴。至于其他非生产性福利待遇，则由各单位根据实际情况自行确定。新中国成立前参加工作的退休职工、省级劳模执行特殊贡献待遇。

二、职工医药费管理

企业退休职工医疗费用统筹管理工作始自1990年。是年，成立了社会保险所门诊部，有医生3名，司药人员1名。医疗费统筹范围为全县所有国有、集体企业退休人员；医疗费统筹标准为每人每月缴纳40元；报销医疗费标准为每人每月10元以内实报，10元以上报销比例为70％。在职职工医疗费企业自行管理。

三、丧葬抚恤、遗属补助

职工死亡后，按照国家有关规定给予丧葬费、抚恤金及遗属生活困难补贴费。

1991—2002年，机关事业单位职工死亡后丧葬费标准为400元。抚恤金：革命烈士为死者生前40个月的工资；因公死亡为死者生前20个月的工资；因病死亡为死者生前10个月的工资（工资标准：机关干部为级别工资、职务工资、基础工资、工龄工资4项之和；机关事业单位的工人为职务、技术等级工资与按国家规定比例计算的津贴两项之和）。遗属（死者的直系亲属）生活困难补助：1991—1994年居住县城的非农业户口的每人每月41—43元，居住乡镇的非农业户口的每人每月38—40元，农业户口的每人每月31—35元；1995—1999年居住县城内的非农业户口的每人每月75元，居住乡镇的非农业户口的每人每月60元，农业户口的每人每月50元。2000—2002年，机关事业单位工作人员死亡后，遗属生活困难补助标准为每人每月160元。

企业单位职工死亡后丧葬费标准：1991—2000年为400元，因工死亡的1994年调整为600元。从2000年3月1日至2002年，企业职工死亡丧葬费标准调整为：企业职工因病或非因工死亡的丧葬补助费按本企业的平均工资两个月的标准计发；企业职工因工死亡的丧葬补助费按河北省上年度职工平均工资六个月的标准发给。抚恤金标准：1991—1993年，直系亲属1人的，每月发给死者本人生前月工资的25%；直系亲属2人的，每月发给死者生前月工资的40%；直系亲属3人以上的，每月发给死者生前月工资的50%；此外，如遗属仍有困难的，企业可酌情按以下标准发放遗属困难补助：非农业户口的每人每月24—29元，孤身（非农业）1人者每月29—34元，农业户口的分别适当降低3—5元。因工死亡的1991年5月调整为：非农业户口的每人每月50元，农业户口的每人每月40—45元；1992年4月调整为：非农业户口的每人每月56元，农业户口的每人每月46—51元。1994—2002年因工死亡的遗属生活救济费标准：非农业户口的每人每月75元，农业户口的每人每月55—60元，并一次性发给抚恤救济费为死者本人生前20个月的年月平均工资。因病和非因工死亡者遗属生活困难救济费标准为：非农业户口的每人每月45—50元，农业户口的每人每月30—40元，并一次性发给抚恤救济费为死者本人生前10个月的年月平均工资。

四、管理机构

安平县社会保险事业管理所是安平县的劳动保险管理机构，隶属人力资源和社会保障局，系股级事业单位。其主要职能是依据国家有关政策法规，征缴管理全县职工的养老保险基金、工伤保险基金、生育保险基金和大病医疗统筹基金。

第四节　培训就业

一、培训

技术等级考核、评定　培训按照国家统一部署，全县从1995年开始进行技术工人的技术等级培训、考核和评定。机关事业单位和企业单位分开进行。1995—2002年年底，机关事业单位培训考核的工种主要有司机、农艺工、打字员、养路工、微机操作工、护理工等，进行技术培训考核评定等级的有1396人，其中技师46人、高级工171人、中级工527人、初级工652人；县属国有集体企业培训的主要是机修工、车工、钳工、铸工、电工、电焊工、汽车驾驶、维修和营业员等，共培训考核570人，其中高级工61人、中级工355人、初级工154人。

凡参加评定等级的工人，由省统一发放学习资料，劳动部门分工种组织集体培训，一般中级工以上由衡水劳动部门组织培训，初级工由县组织培训。培训结束后，统一组织考试并评定相应等级，发放等级证书。

岗前培训　岗前培训指为待业青年进行的就业培训。1991年，岗前培训以劳动部门组织培训为主，后发展到各企业和主管部门组织培训。培训的主要内容有服装加工、电气焊、瓦木工、汽车和摩托车修理等。1991—2002年，全县共组织岗前培训班20余期，培训3900人次，培训合格就业者2710人（含自谋职业）。从1995年开始，全县组织再就业培训，培训对象为下岗职工、农村外来剩余劳动力。到2002年年底，共举办再就业培训班33期，培训5760人次，其中下岗职工1658

人，再就业培训合格发证2500套。

二、就业

劳动就业服务机构主要负责城镇待业青年(非农业)和进城务工的农村劳动力及企业下岗职工的安置工作。

1991年，全县有待业青年834人，经劳动部门介绍安置在国营、集体企业的有63人，占待业人数的7%；自由组合、兴办私人企业就业的有134人，占待业人数的16%；自谋职业的有241人，占待业人数的28%。2002年，全县有待业青年347人，经劳动部门介绍安置在国营、集体单位的共21人，占待业人数的6%，比1991年下降了1%：自由组合兴办企业或到私人企业就业的有194人，占待业人数的55%，比1991年上升了39%；自谋职业的130人，占待业人数的37%，比1991年上升了9%。待业青年就业靠劳动部门安置的逐渐减少，而自谋职业或自愿到私营企业谋职者逐渐增多。

1991—2002年，全县共有待业青年5614人。就业4623人．就业率为82%．其中经劳动部门介绍安置在国营、集体单位者469人，占待业青年总数的8%；自由组合兴办企业或到私营企业谋职者2526人。占待业青年总数的45%；自谋职业者1628人，占待业青年总数的29%。

1991—2002年安平县城镇待业青年安置情况统计表

表19-17

项目 内容 年度	待业青年人数	安置情况								未安置人数	
		合计		国营集体企业		自办企业或到私企工作		自谋职业			
		人数	%	人数	%	人数	%	人数	%	人数	%
1991	834	438	53	63	7	134	16	241	29	396	47
1992	706	590	84	49	7	306	43	235	33	116	16
1993	526	352	67	31	6	170	32	151	28	174	33
1994	474	443	93	48	10	282	59	113	24	31	7
1995	414	387	94	32	8	235	57	120	29	27	6
1996	417	411	98	47	11	235	56	129	31	6	2
1997	438	418	95	53	12	237	54	128	29	20	5
1998	374	369	98	34	9	240	64	95	25	5	1
1999	392	370	94	23	6	247	63	100	25	22	6
2000	341	252	74	23	7	140	41	89	26	89	26
2001	351	248	71	45	13	106	30	97	27	103	29
2002	347	345	99	21	6	194	56	130	37	2	1
合计	5614	4623	82	469	8	2526	45	1628	29	991	18

职工下岗再就业 1991—2002年，企业改革不断深入，集体资产重组步伐加快，富余人员下岗分流量逐渐增多。1991年，全县有下岗职工346人（占职工总数的8%），其中，国有企业下岗职工214人，下岗率为5%；集体企业下岗职工132人，下岗率为3%。2002年下岗职工117人（占职工总数的2%），其中，国有企业下岗职工40人，下岗率为1%；集体企业下岗职工77人，下岗率为1%。1991—2002年，全县累计共有下岗职工3014人，其中，国有企业下岗职工1197人，占下岗职工总人数的39.7%；集体企业下岗职工1817人，占下岗职工总人数的60.3%。

为使下岗职工再就业，县政府1995年7月成立了由常务副县长为组长的困难企业职工生活保障和再就业领导小组。根据上级有关文件精神和要求，本着"谁的孩子谁抱、谁的包袱谁背"的原则，建立了层层负责制，实行主要领导亲自抓，各部门齐抓共管。国有、集体、私营、个体企业四轮驱动，为下岗失业职工开辟了更多的就业渠道。1991—2002年年底，全县共安置下岗职工再就业2441人，再就业率为81%，其中，国有企业下岗职工再就业994人，再就业率为83%；另有部分下岗职工破除了靠国家安排就业，端铁饭碗的观念，走上了自主择业、自强创业、依靠市场找职业的道路。

1991—2002年全县职工下岗再就业情况统计表

表19-18

项目 内容 年度	下岗						再就业					
	人数	%	国有企业		集体企业		人数	%	国有企业		集体企业	
			人数	%	人数	%			人数	%	人数	%
1991	346	8	214	5	132	3	304	88	194	90	110	83
1992	463	11	98	2	365	9	347	75	78	79	269	74
1993	269	6	86	2	183	4	209	78	30	35	179	98
1994	167	3	49	1	118	2	146	87	32	65	114	97
1995	143	2	66	1	77	1	115	80	42	64	73	95
1996	97	3	10	1	87	2	83	86	10	100	73	84
1997	391	9	211	5	180	4	340	88	191	90	149	83
1998	122	3	41	1	81	2	102	83	40	97	62	77
1999	239	6	215	5	24	1	210	88	194	90	16	67
2000	492	11	147	3	345	8	413	84	140	95	273	79
2001	168	4	20	1	148	3	97	58	15	75	82	55
2002	117	2	40	1	77	1	75	64	28	70	47	61
合计	3014	—	1197	—	1817	—	2441	81	994	83	1447	80

三、管理机构

安平县劳动就业服务机构为劳动服务公司。劳动服务公司是劳动人事局所属的既有行政职能又有事业性质的股级单位，2002年有工作人员23人。

第三章　人事

第一节　机构编制

一、县直机关机构编制

1991年，县党政群机关机构设置共54个，编制812名。

党委系统工作机构12个，编制152人。其中，县委常设机构9个，编制118人；县委直属事业机构2个，编制29人；县委直属机关委员会1个，编制5人。

独立与依法设立机构6个，编制197人。

群团系统机构4个，编制27人。

政府系统工作机构32个，编制436人。其中县政府常设工作机构26个，编制336人；政府直属事业机构6个，编制100人；另有双重领导机构11个。

1996年，县级党政机构调整为31个（不含挂靠机构和部门管理机构），比1991年减少4个；编制450人，比1991年减少4人。其中，县委工作机构6个，编制94人，另有派出机构1个，挂靠机构1个，部门管理机构 1个，直属事业机构3个；政府工作机构25个，编制356人，另有不占党政机构编制的挂靠机构2个，直属事业机构6个。

独立与依法设立机构6个，编制221人。其中人大36人，政协16人，纪检会16人，法院89人，检察院45人，武装部19人。

2002年，县党政机构调整为29个，比1996年减少2个；编制351人，比1996年减少99人。其中，县委常设工作机构8个，编制118人；直属事业机构2个，编制37人。县政府工作机构21个，编制233人；直属事业机构8个，派出机构1个，挂靠机构3个。独立与依法设立机构与1996年相同。群团系统机构从1991年到2002年一直未变。

二、乡镇机构编制

1991年，全县有20个乡镇，编制510人。1996年1月，全县由20个乡镇合并为8个乡镇，编制388人，其中，安平镇63人，马店镇64人，南王庄镇46人，程油子乡50人，大子文乡44人，西两洼乡35人，东黄城乡40人，大何庄乡46人。各乡镇设党政办公室（党政合署）、农业办公室、财经办公室、社会事务办公室、组织建设办公室、计生委，安平镇增设城市建设办公室。2002年，全县仍设8个乡镇，编制293人，比1996年减少95人，其中，安平镇42人，马店镇42人，南王庄镇34人，程油子乡40人，大何庄乡34人，东黄城乡34人，大子文乡34人，西两洼乡33人。各乡镇下设机构与1996年相同。

三、领导职数

2002年领导配备职数：县委设书记1名，副书记2名；县政府设县长1名，副县长2—4名；纪检会设书记1名，副书记2名；县人大常委会正副主任不超过5人；县政协正副主席按3—4名配备；县人民法院设院长1名，副院长2名；县人民检察院设检察长1名，副检察长2名；乡镇党委设正副书记各1名，政府设乡镇长1名，副乡镇长2名；县直党政各工作机构领导职数一般为2—3名，领导职数总数控制在144人以内。

四、管理机构

安平县编制管理委员会在县委、县政府领导下统一管理全县党政群机关和事业单位的机构编制。委员会成立于1985年9月，由县长、常务副县长、分管组织工作的县委副书记和组织部部长、人事局局长及其他有关人员组成，下设编制委员会办公室，简称“编制办”。编制办挂靠劳动人事局，具体办理日常机构的编制事宜。

第二节　干部人事

一、干部来源

1991—2002年，社会事务分工逐渐细化，行政、事业等机构相应增加，干部队伍不断扩大，12年干部增加11%，不包括有行政性收费单位安排的自收自支人员。干部来源主要是招收考核录用军队转业干部和大中专毕业生。机关事业单位拥有部分非干部身份的固定工、合同工、临时工，开支有财政开支、事业费开支、自收自支。

招收录用　为拓宽干部来源，改善干部结构，把社会上的精英人才吸纳到干部队伍中来以满足社会、行政和经济建设的需要，县委、县政府不断招收考核录用干部。1991年3月，成立了考核录用干部领导小组，明确了录用的主要对象和基本条件：具有大中专及以上学历，长期在机关事业单位和企业干部岗位工作，工作能力强，做出突出贡献的人员可以吸收录用为干部。录用办法是由单位申报，主管部门初审，县劳动人事局审核，市劳动人事局审批。

1991—2002年，安平县共招收录用干部239人，其中五大毕业生148人，在经济建设中做出突出贡献的（绝大部分为企业家）91人。平均每年招录19.9人，招录最少的是2001年9人，招录最多的是1998年36人。

军队转业　1991—2002年，依据、省、市有关军队转业安置工作条例，县委、县政府建立了军队转业干部安置工作领导小组。根据中央关于调整干部队伍结构的方针，军转干部分配去向主要充实政法、工商、税务、银行等经济监督、调节部门及新建扩建单位、重点建设项目单位和其他行业。1991—2002年共接收军转干部54人，安置在中省直单位24人，县直和基层单位30人。

大中专毕业生分配　1991—2002年，累计分配大中专毕业生2143人，其中，1991—1996年分配515人，平均每年85.8人；1997—2002年分配1628人，平均每年271.3人。1991年后，大中专毕业生分配逐渐出现难度并不断加大，分配原则不断调整。1991年，为专业对口，控制行政、事业。1992年为专业对口，不进行政，限额事业，面向经济，面向生产第一线。1993年为不进机关，控制事业，保证企业，倾斜乡镇。1994年为统筹兼顾，合理使用，加强重点，面向基层和充实生产、科研、教学第一线。1995年为面向基层生产、科研、教学第一线。1996年为面向基层，充实生产、科研、教学第一线和学以致用，人尽其才，“优生优配”，重点保证农业、大中型企业、科技教育和乡镇企业。1996年以后不再统筹分配，大中专毕业生纳入人才市场管理，实行双向选择、市场就业的原则。大中专毕业生无论分配到机关团体还是企事业单位，其身份均为干部不变。

1991—2002年全县干部安置情况统计表

表19-19　　　　单位：人、个

项目 内容 年度	全年安置干部总数	招录干部	大中专毕业生分配	军转干部							
				人数	团	营	连	排	技	安置单位	
										县属单位	中省直单位
1991	53	10	41	2	—	1	—	—	1	1	1
1992	70	16	49	5	—	2	3	—		1	4
1993	73	14	54	5	—	4	—	—	1	1	4
1994	108	34	72	2	1	—	1	—		2	
1995	119	26	88	5	—	3	1	—	1	1	4
1996	236	21	211	4	—	1	1	—	2	2	2
1997	126	31	87	8	—	4	2	—	2	4	4

续表19-19

项目 内容 年度	全年安置干部总数	招录干部	大中专毕业生分配	军转干部							
				人数	团	营	连	排	技	安置单位	
										县属单位	中省直单位
1998	342	36	302	4	—	1	3	—	—	1	3
1999	152	17	122	13	—	2	10	—	1	12	1
2000	761	14	742	5	—	1	3	—	1	4	1
2001	265	9	255	1	—	—	1	—	—	1	—
2002	131	11	120	0	—	—	—	—	—	—	—
合计	2436	239	2143	54	1	19	25	—	9	30	24

二、干部结构

性别结构 政府系统(不包括党群、各银行、保险公司、石油、邮电、气象)1991年，共有干部4116人，其中男性2675人，占65%；女性1441人，占35%。到2002年年底，干部增至4569人，其中男性3061人，占67%；女性1508人，占33%。

文化结构 文化程度呈逐年增高趋势，大专以上学历1991年979人，于2002年增至3192人，占干部总数的比例由23.8%上升到69.9%；中专学历1991年1721人，2002年634人，占干部总数比例由41.8%降至13.9%。初、高中文化程度的呈下降趋势，高中文化的1991年981人，到2002年降至624人，占干部总数比例由23.8%下降到13.6%；初中文化的1991年435人，到2002年降至119人，占干部总数比例由10.6 %下降到2.6%。

年龄结构 1991年，25岁以下干部416人，到2002年增至1370人，占干部总数比例由10.1%上升到29.9%；1991年26至35岁干部979人，到2002年增至1256人，占干部总数比例由23.8%上升到27.5%；1991年36至45岁干部1033人，到2002年降至930人，占干部总数比例由25.1%降至20.4%；1991年46至55岁干部989人，2002年降至511人，占干部总数比例由24%降至11.2%；1991年56至60周岁干部699人，到2002年下降至502人，占干部总数比例由17.9%下降到10.9%。

政治结构 1991年，中共党员干部1687人，到2002年增至1924人，占干部总数的比例由40.9%上升为42.1%；1991年共青团员干部329人，2002年增到410人，占干部总数的比例由7.9%上升到8.9%；1991年群众干部为2100人，2002年为2235人，占干部总数的比例由51.2%下降到48.9%。

民族结构 1991年后，少数民族干部略有增加，但变化不大。1991年为17人，2002年增至26人。

1991—2002年安平县人民政府系统干部结构情况统计表

表19-20　　单位：人

项目	年度	1991	1992	1993	1994	1995	1996	1997	1998	1999	2000	2001	2002
合计	总人数	4116	4148	4225	4236	4283	4360	4399	4452	4478	4496	4510	4569
	男性	2675	2703	2752	2760	2820	2876	2910	2961	2985	2997	3005	3061
	女性	1441	1445	1473	1476	1463	1484	1489	1491	1493	1499	1505	1508

续表19-20

项目		年度	1991	1992	1993	1994	1995	1996	1997	1998	1999	2000	2001	2002
文化程度	本科大专	人数	979	1134	1559	1784	2021	2220	2479	2654	2791	2934	3058	3192
		%	23.8	27.3	37	42	47	51	56.4	59.6	62.4	65.3	67.8	69.9
	中专	人数	1721	1713	1421	1352	1214	1102	997	913	833	735	687	634
		%	41.8	41.3	33.6	32	28.3	25.3	22.7	20.5	18.6	16.3	15.2	13.9
	高中	人数	981	962	903	864	842	810	763	721	702	681	640	624
		%	23.8	23.3	21.5	20.4	19.6	18.6	17.3	16.2	15.7	15.1	14.2	13.6
	初中	人数	435	339	322	236	220	228	160	164	152	146	125	119
		%	10.6	8.1	7.6	5.6	5.1	5.2	3.7	3.7	3.4	3.3	2.8	2.6
政治面目	中共党员	人数	1687	1697	1728	1761	1792	1820	1840	1872	1886	1894	1906	1924
		%	40.9	40.9	41.0	41.6	41.7	41.7	41.8	42.0	42.1	42.1	42.2	42.1
	共青团员	人数	329	332	346	360	371	384	389	391	395	397	393	410
		%	7.9	8.0	8.2	8.5	8.7	8.8	8.8	8.8	8.8	8.8	8.7	8.9
	群众	人数	2100	2121	2131	2115	2134	2165	2170	2189	2197	2205	2211	2235
		%	51.2	51.1	50.4	49.9	49.8	49.6	49.4	49.2	49.1	49.1	49.0	48.9
年龄结构	25岁以下	人数	416	492	561	634	702	788	892	1020	1102	1203	1302	1370
		%	10.1	11.9	13.3	15	16.4	18.1	20.3	22.9	24.6	26.8	28.9	30
	26至35	人数	979	982	998	1020	1069	1096	1120	1171	1186	1203	1230	1256
		%	23.8	23.7	23.6	24.1	24.9	25.5	25.5	26.3	26.5	26.8	27.3	27.5
	36至45	人数	1033	1026	1011	997	986	976	970	961	950	949	938	930
		%	25.1	24.7	24	23.5	23	22.2	22.1	21.6	21.2	21.1	20.8	20.4
	46至55	人数	989	903	876	802	778	709	694	612	579	552	536	511
		%	24	21.8	20.7	18.9	18.2	16.1	15.8	13.7	12.9	12.3	11.9	11.2
	56至60	人数	699	745	753	783	762	791	763	688	661	589	504	502
		%	17	17.9	18	18.5	17.8	1811	17.2	15.5	14.8	13	11.1	10.9

说明：表内数字不包括银行、保险、石油、邮电、气象、税务、烟草、人大、政协、党群部门及中、省直单位

三、干部管理

1. 任免

据1979年修订，1995年再次修订的《中华人民共和国各级人民代表大会和地方各级人民委员会组织法》之规定，县长、副县长，乡镇长、副乡镇长由人民代表大会选举产生；县人民政府个别副职和其他政府组成人员由县人大常委会任免。县人民政府所属工作部门副职由政府任免。行政股级干部由劳动人事局任免。企事业单位股级干部由主管局任免。按照党管干部的原则，各级领导干部任免均需经组织部门考核，党委审查，坚持"德才兼备"的方针。

2. 交流引进

1991年前后，全县百业俱兴，人才供求两旺。各行各业寻求人才、开发人才、重用人才，尤其高科技、高水平的专业技术人才和管理人才更为宝贵。为引进各行业急需的科技人才，促进人才和劳动力的合理流动，于1994年3月12日成立了安平县人才交流服务中心，1995年6月14日制定出台了人才流动暂行办法。根据人才流动暂行办法，积极由外地引进当地急需的高水平的科技人才，使人才管理逐步走向社会化。1991—2002年，安平县共引进各类人才402人，其中高级职称67人，占16.7%；中级职称194人，占48.3%；初级职称141人，占35%。县内人才对口交流共367人。

3. 奖惩

奖励 1991—1994年，国家机关事业单位工作人员实施行政记功、记大功、模范工作者、升级、升职、通令嘉奖等6种奖励。1995年后，按照人事部《关于印发国家公务员奖励暂行规定的通知》，实施了国家公务员新的奖励制度，建立了以公务员考核为主要环节的勤政激励机制，即在考核的基础上进行评奖。奖励种类有5种，即嘉奖、三等功、二等功、一等功和授予荣誉称号。1991—1994年，按年度参评人数的5%评奖，评选由个人总结，群众推荐评议，领导审定的办法进行。批准权限按干部管理范围，分别由县委组织部、劳动人事局报县委、县政府审批，其中升级以上奖励经县委、县政府同意后呈报衡水市政府审批。1995年后，奖励的比例控制在年度考核参评人数的15%以内，其中嘉奖不低于受奖人数的80%，记三等功不超过受奖人数的15%，记二等功、一等功、授予荣誉称号者总计不超过受奖人员的5%。审批权限按干部管理范围，由组织部、人事局分别报县委、县政府审批；二等功以上奖励者，由组织部、劳动人事局审核后呈报衡水市政府审批。

1991—2002年安平县机关事业单位工作人员受奖励情况统计表

表19-21 单位：名

种类 \ 人数 \ 年度	1991	1992	1993	1994	1995	1996	1997	1998	1999	2000	2001	2002	合计
通令嘉奖	—	—	—	—	—	—	—	—	—	—	—	—	—
升职	—	—	—	—	—	—	—	—	—	—	—	—	—
升级	—	—	—	—	—	—	—	—	—	—	—	—	—
模范工作者	2	2	2	1	2	7	1	2	—	—	—	1	20
记大功	—	—	—	—	—	—	—	—	—	—	—	—	—
记功	—	—	—	—	—	—	—	—	—	—	—	—	—
授予荣誉称号	—	—	—	—	—	—	—	—	—	—	—	—	—
一等功	—	—	—	—	—	—	—	—	—	—	—	—	—

续表19-21

种类＼人数＼年度	1991	1992	1993	1994	1995	1996	1997	1998	1999	2000	2001	2002	合计
二等功	—	—	—	—	—	2	—	2	—	2	—	—	6
三等功	15	22	15	35	27	34	46	40	52	41	50	33	410
嘉　奖	177	168	171	162	496	576	584	600	599	505	578	614	5230
合　计	194	192	188	198	525	619	631	644	651	548	628	648	5666

惩罚　依据国务院《关于国家行政机关工作人员奖惩暂行规定》，对国家行政机关工作人员有违纪违法失职行为(未构成犯罪)的，给予纪律处分。1991—1993年年底，行政处分类型分8种，即警告、记过、记大过、降级、降职、撤职、开除公职留用察看、开除公职。从1993年10月1日起实行《国家公务员暂行条例》，行政处分类型改为6种，取消了降职、开除公职留用察看。

处理国家机关工作人员，必须依照规定程序，在规定的时限内做出处理决定。给予国家公务员行政处分，分别由人事机关或者行政监察机关决定；县级以下国家行政机关开除国家公务员，必须报县级人民政府批准。1991—2002年，受各类行政处分的国家机关工作人员共有35人，其中2001年8人；2002年27人。

4. 推行公务员制

1996年12月，安平县根据1993年8月14日国务院颁布的《国家公务员暂行条例》和1994年6月颁布的《国家公务员录用暂行规定》，开始推行国家公务员制。县政府各职能部门、各乡镇人民政府及有行政职能的部分县直单位对具备正式国家干部身份的工作人员，按照国家公务员任职条件，进行过渡考核，在单位编制数额内，对考核合格人员择优过渡为国家公务员。

党群系统、人大、政协及部分社会团体参照试行国家公务员制度。对具备正式国家干部身份的工作人员，经按公务员条件考核合格的，参照国家公务员制度进行管理。1996年12月，全县推行国家公务员制度的单位有28个，其中，县政府职能部门20个，各乡镇人民政府8个；公务员总数571人，其中，县政府职能部门428人，各乡镇人民政府143人；处级干部7人，科级干部207人，科员357人。2002年，全县推行国家公务员制度的单位依然是28个(县政府职能部门20个，各乡镇人民政府8个)；公务员总数598人，其中处级干部7人，科级干部195人，科员396人。1996—2002年，参照实行公务员制度的党群、人大、政协及部分社会团体，参照实行人员38人，其中科级干部23人，科员15人。

第三节　工资福利

一、工资

1991年至1993年9月机关事业单位实行以职务(岗位)工资为主要内容的结构工资制。工资由基础工资、职务(岗位)工资、工龄津贴和奖励工资四部分组成。基础工资以大体维持工作人员的基本生活费计算，不分职务，均是40元。职务(岗位)工资是结构工资的主体，是体现按劳分配的主要部分。工资额是根据工作人员的职务高低、责任大小、工作繁简和业务技术水平来确定，即按工作人员所担任的实际职务确定相应的职务工资，并随职务变动而变动。每一个行政和专业技术职务设几个等级的工资标准，上下职务之间工资标准适当交叉。工龄津贴按工作人员的工作年限确定，每工作一年，月工龄津贴1元，上不封顶，直到本人离退休时止。奖励工资(奖金)用于奖励工作中取得显著成绩的工作人员，非平均发放。

机关工作人员从1993年10月至2002年年底实

行职级工资制。职级工资由职务工资、级别工资、基础工资和工龄工资四部分组成，其中职务工资和级别工资是工资构成的主体。设置级别工资，可以使工作人员不提职也能增加工资，还可以体现同一职务中工作年限资历和能力上的差别，更好地贯彻按劳分配原则。

1993年10月至2002年年底，机关工人分为技术工人和普通工人两大类。技术工人执行岗位技术等级（职务）工资制，工资由岗位工资、技术等级（职务）工资和奖金三部分组成。技术岗位工资是根据工作难易程度和工作质量确定，按初级工、中级工、高级工、技师、高级技师分别设置。技术等级（职务）工资根据技术工人的技术水平高低确定，共分五级，每级设一个工资标准。普通工人执行岗位工资制，工资由岗位工资和奖金两部分组成。机关技术工人和普通工人的奖金根据工人的劳动态度、服务质量确定。奖金占工人基本工资的30%。

1993年10月至2002年年底，建立事业单位不同类型的工资制度。事业单位管理人员实行职务工资制，专业技术人员按事业单位的不同类型实行不同的工资制度。工资由职务工资和津贴两部分组成，职务工资是固定部分，津贴是活动部分。职务工资和津贴的比例：全额拨款为7:3，差额补贴为6:4，自收自支5.5:4.5。

事业单位工人分为技术工人和普通工人两大类。

1991—2002年年底，技术工人实行技术等级工资制，工资构成由技术等级工资和岗位津贴两部分构成。技术等级工资是工资构成中的固定部分，主要体现技术工人的技术水平高低和工作能力的大小。技术等级工资标准按高级工、中级工、初级工三个技术等级和高级技师、技师两个技术职务分别设立。岗位津贴主要体现技术工人实际工作量的大小和岗位的差别，是工资构成中的活动部分。

普通工人实行等级工资制，工资由等级工资和津贴两部分构成。等级工资是工资构成中的固定部分。津贴是工资构成中的活动部分，主要体现普通工人实际工作量的大小和工作表现的差异。

机关事业单位自1995年10月至2002年底，按照国家和河北省统一部署，安平县机关事业单位共进行了10次工资调整。

1995年10月至2002年安平县机关事业单位调资情况一览表

表19-22

项目／内容／执行时间	调整对象	调整人数	人均增资额（元）	调资依据
1995年10月	机关人员	260	20	国发〔1995〕32号离退休人员增加离退休费，正常晋升一档职务工资
	事业单位人员	4300	20	
	离退休人员	1950	20	
1997年7月	机关人员	290	15	冀人发〔1997〕352号机关事业单位工作人员调整工资标准
	事业单位人员	4580	15	
	离退休人员	0	0	

续表19-22

内容 项目 / 执行时间	调整对象	调整人数	人均增资额（元）	调资依据
1997年10月	机关人员	290	20	冀人发〔1997〕352号机关事业单位工作人员晋升工资档次，冀人发〔1997〕371号离退休人员增加离退休费
	事业单位人员	4580	20	
	离退休人员	2100	20	
1999年7月	机关人员	330	120	冀政办〔1999〕13号调整机关事业单位工作人员工资标准
	事业单位人员	4650	130	
	离退休人员	0	0	
1999年10月	机关人员	330	25	衡人发〔2000〕13号机关事业单位工作人员正常晋升职务（等级）工资档次，离退休人员增加离退休费
	事业单位人员	4650	25	
	离退休人员	2100	20	
2000年1月	机关人员	150	30	冀人发〔1998〕323号部分机关工作人员五年滚动升级
	事业单位人员	0	0	
	离退休人员	0	0	
2001年1月	机关人员	90	45	衡人发〔2001〕30号和冀政办〔2001〕10号调整机关事业单位工作人员工资标准和增加离退休费
	事业单位人员	95	45	
	离退休人员	100	45	
2001年10月	机关人员	90	25	衡人发〔2001〕18号正常晋升档次
	事业单位人员	95	25	
	离退休人员	100	20	
2001年10月	机关人员	380	65	冀政办〔2001〕20号和衡人发〔2001〕44号调整机关事业单位工作人员工资标准，增加离退休人员离退休费
	事业单位人员	4800	70	
	离退休人员	2200	75	
2002年1月	机关人员 事业单位人员	380	45	衡人发〔2001〕43号调整机关事业单位工作人员职务津贴标准

二、福利

福利费、补贴补助 1991年至1993年9月30日，安平县党政机关、事业单位工作人员每月享受的各种津贴、补贴合计为男117.7元，女工人123.7元，女干部125.7元。1993年10月工资改革时，各种津补、福利费合计纳入新工资64元后剩余部分保留，直至2002年，安平县机关事业单位工作人员每月享受的剩余补贴为男53.7元，女工人59.7元，女干部61.7元。自1997年元月起，每人每月增误餐补助费100元。

岗位责任制奖金 按照国家及河北省规定，自1984年开始，机关事业单位实行岗位责任制奖金制度，1991—1993年每人每月5元，1994年元月至2002年每人每月20元。奖金的使用，1994年以前各单位按个人完成岗位责任制情况，评为一、二、三等奖，报劳动人事局批准后执行，每半年上报、兑现一次。1995年，取消分档次的办法，改为人均20元随月工资发放。

第四节　离休 退休 退职 退养管理

离退休条件一直执行国发〔1978〕104号文件规定。正常的离退休年龄：干部，男年满60周岁，女年满55周岁；工人，男年满60周岁，女年满50周岁。1949年9月30日前参加革命工作的办理离休，1949年9月30日以后参加革命工作的办理退休。

一、离休

离休人员工资待遇按国发〔1978〕104号文件规定发放，多年未变。1949年9月30日前参加革命工作的离休干部，100%发放本人基本工资，工资调整时按上班人员对待。其中，1937年7月6日前参加革命工作的，每年增发2个月的标准工资；1937年7月7日至1942年底参加革命工作的，每年增发一个半月的标准工资；1943年1月1日至1945年9月2日前参加革命工作的，每年增发1个月的标准工资。凡符合离休条件的干部，需由本人提出申请，报所在单位及主管部门，按干部管理权限由组织部或劳动人事局审批后方可享受离休待遇。1991—2002年，安平县由劳动人事局办理的离休干部共29人，其中1991年办理15人，1992年办理10人，1994年2人，1995年和1996年各1人。

二、退休

1949年1月至1949年9月，享受薪粮制待遇的退休干部及新中国成立前参加革命工作的退休工人，发本人工资的100%；退休人员工龄，男年满35周年，女年满30周年以上的，发本人标准工资的95%；男年满30周年不满35周年，女年满25周年不满30周年的，发本人标准工资的90%；男年满20周年不满30周年，女年满20周年不满25周年的，发本人标准工资的85%；工龄满15周年不满20周年，不分男女发本人标准工资的80%；工龄满10周年不满15周年，不分男女发本人标准工资的70%；凡符合退休条件的干部和工人，由本人提出申请报所在单位及主管部门，按管理权限报经组织部或劳动人事局审批后方可享受退休待遇。1991—2002年，由县劳动人事局审批办理的退休干部442人，退休工人1114人，共计办理退休1556人。

1991—2002年安平县劳动人事局办理退休干部、工人情况统计表

表19-23

年度	1991	1992	1993	1994	1995	1996	1997	1998	1999	2000	2001	2002	合计
干部人数	29	46	14	16	36	28	46	44	32	50	35	66	442
工人人数	55	58	61	69	73	76	81	89	98	106	139	209	1114
合计	84	104	75	85	109	104	127	133	130	156	174	275	1556

三、退职

工龄不满10年，因病完全丧失劳动能力或年龄男不足50周岁，女不足45周岁，不符合退休条件的可以退职。工资发本人标准工资的40%，根据国发〔1989〕83号文件规定，每月不足40元的补足到40元。办理退职手续由本人提出申请，按干部、工人管理权限报经组织、劳动人事部门审批后方可享受退职待遇。1991—2002年共有4名职工退职，干部没有退职人员。

四、退养

实行退休费社会统筹前，全民或集体所有制单位按照国家有关规定或本部门规定，对一些年老或丧失劳动能力，但又不符合退休、退职条件的人员（不包括征地养老人员），实行企业内退养。退养职工与企业协商一致后，在退养期间发给一定数量的生活费。

第五节　管理机构

一、县人事劳动和社会保障局

1991年，劳动人事局设局长1名，副局长3名；局机关设办公室、干部股、工资福利股、劳动股、仲裁股、安全股，干部职工27人；下属股级事业单位有劳动就业服务处、社会保险管理所。1994年4月，科委职称科干股移交劳动人事局管理。1998年，民政局农村社会养老保险事业管理处归劳动人事局管理。2002年4月，劳动人事局改为人事劳动和社会保障局。到2002年年底，该局设有局长1名，副局长3名，纪检组长1名，行政编制20人；局机关内设办公室、人事股、职称股、工资福利股、劳动股、仲裁股、人才交流中心；下属股级事业单位有劳动就业服务局、社会保险管理所。

二、县直部门人事股（室）

1991年后，县直各部门仍设人事股（部分单位未设，由办公室承担其工作职责），对口劳动人事局。

第四章　信访

1991年后，随着改革开放不断深入，信访内容发生了明显变化，要求平反冤假错案和解决历史遗留问题者逐年减少，而反映现实问题，尤其反映与经济建设有关的问题逐渐增多。信访管理部门在新的形势和任务面前以党的基本路线为指针，以为人民服务，为领导决策服务，为经济建设服务，为社会稳定服务为宗旨，以有效化解社会矛盾，减少越级访、集体访、重访为目的，以党的经济建设为中心，从健全基层信访调解站组织入手，努力协调部门之间办案，下大力控制集体访的发生，卓有成效地做好了信访工作。1999年，安平县被衡水市委、市政府评为信访工作先进县。

第一节　信访接待

一、信访数量

1991—2002年，共受理群众来信来访1411件，其中来信643件次，来访768件次。来访包括越级集体访20批次（到市8批次，赴省9批次，进京3批次），到县集体访152批次、2380人次，个体访616户次、1760人次。

来信来访最多年份为2000年，计153批次；最少年份为1999年，计98批次。集体访最多年份为2001年，计37批次、418人次。

1991—2002年群众来信来访情况统计表

表19-24

单位：件次

年度	信访总量	来信	来访	年度	信访总量	来信	来访
1991	131	85	46	1997	91	55	36
1992	93	66	27	1998	141	45	96
1993	135	81	54	1999	98	31	67
1994	100	67	33	2000	153	35	118
1995	129	72	57	2001	134	35	99
1996	84	30	54	2002	122	41	81
—	—	—	—	合计	1411	643	768

二、信访分类

信访的分类是按信访问题的性质、时期进行。1991—1993年，信访问题没有进行具体分类。1994—1996年按信访问题的性质分为历史遗留问题、检举揭发申诉、经济纠纷、批评与建议、工资劳保、就业安置及其他问题。1997—1998年分为农民负担、社会治安、优抚救济、民事纠纷、经济纠纷、土地管理、环境开发、城建污染、劳人问题、检举揭发、申诉、计划生育、历史遗留、建议、询问政策及其他问题共16类。1999—2002年分为揭发检举(县以下)、劳动工资保险、优抚救济、土地、环境污染、城建开发、经济纠纷、企业改制、金融管理、申诉、社会治安、组织人事、计划生育、历史遗留、询问政策，建议及其他问题共17类。

三、领导接待

1994年前，县五套班子副职以上领导均定期和随机接待群众来访。1994年以后，县委、县政府对信访工作实行了目标责任考核制度。1999年，县委、县政府依据中共衡水市委、市政府颁布的《关于进一步加强和改进信访工作》的精神，制定了五项信访制度：定期研究信访工作制度、信访苗头排查制度、坚持党政领导接待制度、信访工作例会制度、干部下访制度。对领导接待做出了具体规定，要求县、乡两级党政领导至少每周安排一次群众来访接待日，接待时间为每周星期一，地点在县信访局接待室。

2002年1月，根据省委办公厅、省政府办公厅关于做好党政领导接待群众来信来访工作的意见，安平县制订了《关于进一步规范党政领导接待群众来访制度的意见》，内容包括：1.县级领导接待日，实行"两定两开"，即固定时间、固定地点，公开接待、敞开接待，来多少，接待多少，同时，明确接待群众来访的领导；2.县级党政领导接待时间设在每周星期三，地点在信访局办公室，并向社会出示公示牌；3.实行"接待来访一解决问题"一条龙工作模式；4.做好领导接待的记录、资料存档等工作；5.加强督促检查，建立定期通报制度，严格责任目标考核；6.切实发挥信访部门的职能作用，为落实领导接待制度搞好服务。

12年间，共安排县级领导接待日919次，接待群众来信来访919件、3100人次。在接待上访的案件中，当场拍板解决的案件占全部接待案件的24%，76%转有关部门办理。

四、信息反馈

信访信息具有广泛的社会性、快速反应的敏感性、较强的时效性和重要的反馈性，是党和国家各级领导机关了解民意，体察民情，制定政策，修正失误不可缺少的一个方面。

1991—2002年，共向中央、省、市及县委、县政府提供有价值的信息290件，其中动态性信息202 件，预测性信息58件，批评建议性信息30件，被各级采用54件。

信息反馈形式：

单件反映。从某一来信来访中捕捉信息，视其重要性，及时快速地进行单件反馈。

专题反映。针对某一时期群众来信来访反映比较集中和突出的问题向县领导进行反映。

综合反映。信访部门对某段时间内群众来信来访内容，及时加以汇总，向县领导反映。1998年，要求公粮户交户结等信访案件居高不下，为此及时整理了《当前群众信访的热点、原因及对策》。这则信息被县委、县政府采用，对处理群众反映强烈的公粮户交户结问题，起到了较好的启示作用。

第二节　信访办理

一、立案办理

1991—2002年，来信来访立案1190件，立案率为84%。按照"分级负责，归口办理"及县级信访部门"多办少转"的原则，信访办(局)自身办理1270件次，占90%，其中中办、国办信访办(局)转来15件，省信访局转来115件，市信访局转来26件，共转来156件；几个部门联合办案 186件；呈送县级领导阅批的980件；领导包重大疑难案件214件。2002年前，对所有来访立案案件均在查结后进行回访。2002年7月1日以后，县信访局在办理信访案件中，坚决按照省信访局关于开展信访工作的实施方案认真办理，真正做到信信有回音，对群众的第一次来信，有理或部分有理的都立案办理，给群众一个合理的答复，无道理的也都复信，说明不能办理的原因；对信访部门无权干预的来信，转有关部门办理，并说明转办情况；对群众信访反映的问题一次调查到位，处理到位、落实到位、做到一次办清。这为提高信访工作效率，确保信访渠道畅通，起到了良好作用。

1991—2002年群众来信来访分类和处理情况统计表

表19-25

信访总量	越级信访案件（件）				集体上访案件		领导阅批（件）	案件办理情况					信息反馈		
	小计	其中			批次	人数		立案件数	自办件数	转办件数	联合办案件数	复信回访件数	要情摘报	提供信息	采用件数
		中央	省	市											
1411	156	15	115	26	152	2380	980	1190	1270	1076	186	1595	202	290	54

二、复杂信访案件办理

重信重访　重信重访是指信访人为同一问题再次写信或上访。重信重访原因一是问题未得到及时解决；二是对处理结果不满意。据统计，1991—2002年，重信重访年均在6%左右。重信重访若得不到有效处理，不仅干扰正常的信访工作秩序，而且也极易造成越级上访。安平县在信访工作中，努力加大初信初访的解决力度，提高一次清指数；认真坚持复信回访制度，力争及时迅速解决问题；对暂时不能解决办理的进行思想疏导，使信访者放弃过高或无理的要求息诉罢访。

信访老户问题的办理　信访老户具有老问题、老不服、老信访、周旋时间长、涉及面广的特点，有的信访老户沿街乞讨、拦截小汽车或到领导者家中纠缠，危害社会秩序。1991—2002年，全县一直把信访老户作为信访工作的重点，在做好思想工作的前提下，努力解决他们的实际问题，积极做好扶贫帮教工作，并多次开展专项治理。

越级或进京上访的办理　安平县地近省会石家庄及首都北京，一般群众越级上访并不经衡水市，而是直接赴省会、进京。因此，越级上访历来是全县信访工作的重中之重，县委、县政府对此高度重视。为提高办案质量，加快办案进度，减少越级重访的发生，信访局每遇越级上访，均及时将书面材料报送县委、县政府主要领导，然后按领导批示意见转有关部门办理；对重大疑难案件，则采取由县派工作组和县级领导包案的办法办理。

第三节　管理机构

一、县信访局

1991年，中共安平县委办公室、安平县人民政府办公室信访科改称中共安平县委、安平县人民政府信访办公室（简称信访办），升格为（科）局级单位，设主任1人，副主任1人。1996年11月27日，县信访办改为中共安平县委、安平县人民政府信访局，设局长1名，副局长1名。2002年，信访局仍属党政双重领导，隶属于中共安平县委办公室、安平县人民政府办公室，实行一套人马，两个牌子，以县委办公室管理为主；人员编制7人，有局长1名，副局长1名；下设办公室。

二、基层机构

1991年，安平县20个乡镇都分别建立了信访民调工作站，各乡镇信访工作站均设兼职民调员。1996年1月，并乡扩镇后改建为8个乡镇民调工作站。1998年，全县8个乡、镇在原信访民调工作站的基础上分别建立信访办公室。1998—2002年，各乡镇信访办公室配备兼职信访员1人；各村实行“十户调解员”制度，全县共有调解员2300人。

第五章　对外对港澳台开放

第一节　发展状况

安平县对外开放始于1991年，首家合资企业是衡水安菲丝网有限公司。1992年又先后同美国、日本等国家和中国香港、台湾等地区签订11个合资项目，项目总投资11329.4万元，吸引外资594.5万美元，同年注册三资企业7家。

1993年，全县坚持“开放兴县”战略，抢抓机遇，有计划、有组织地开展了一系列招商活动，在对外开放特别是三资企业建设上实现了历史性的突破，合作领域进一步拓宽，形式趋向多样化，合资合作范围已由中国香港、台湾发展到日本、新加坡、澳大利亚、泰国、挪威、瑞典等十几个国家；合作领域已由传统的丝网、鬃尾、机械配件行业扩展到皮革、铸造、服装、化工等行业；合资对象由县办发展到乡村办、联户办和个体企业；合作形式包括现汇引进、间接利用外资、嫁接改造、合作、独资、三来一补（来料加工、来样加工、来件装配、补偿贸易）、设备引进等各种形式。通过组织部分企业厂长、经理到浙江杭民村、江西华西村等地参观学习，召开不同形式的动员会议，制定“引进项目、资金、技术、人才的奖励政策”以及积极组织参加“河北省93经贸洽谈会”等大型招商活动，进一步开阔了视野，解放了思想，激发了全县人民的开放热情，形成了“群体搞外向，合力抓开放”的新局面。当年建成三资企业13家，全县三资企业达到21家，项目总投资1.9亿元，合同利用外资1269万美元。

1994年，全县继续实行“外向带动，开放兴县”战略，在吸引外资上，把主要力量放在引进独资企业上，外商投资比例、产品外销数量和技术水平方面都有了新的提高。全年共签订利用外资合同11项，合同利用外资2301.2万美元，其中外商独资项目2项，新注册三资企业4家，总投资562.2万美元，利用外资408.2万美元。1994年，安平县被誉为“两平现象”（安平县、广平县）之一，成为全省对外开放先进典型县。

1995年2月24日，中共安平县委六届四次全委会通过了“关于进一步实施‘开放兴县’战略的决定”。是年，全县各级各部门进一步加大整体开放力度，全力招商引资，形成了全方位开放态势。1995年，先后参加了环渤海五省二市经济技术洽谈会、河北省“5•18”经贸洽谈会、韩国招商会、厦门招商会、吴桥国际文化艺术节、广交会，自办了“95安平（天津）对外经济技术洽谈会”等。通过积极参与国际大循环、大市场、大竞争，全县的对外开放工作提高到一个新的层次。于1995年签订利用外资项目合同31项，总投资4.8亿元，合同利用外资3922.9万美元；注册三资企业7家，合同利用外资245.2万美元；合作对象涉及美国、加拿大、德国、英国、澳大利亚等20多个国家和地区；被评为1995年度衡水地区对外开放先进县。

1996年，全县共签约外资项目27个，合同利用外资3434.6万美元；建成投产三资企业5家，实际利用外资706.38万美元，全县投产三资企业达到27家。农业利用外资有所突破，建成投资500万元的中日合资项目——海泰食品有限公司。4月，组织有关企业赴招商。

1997年3月，先后组织赴新加坡、中国香港地区的考察，组织参加了“河北省5•18经贸洽谈会”和9月8日“中国投资贸易洽谈会”等大型招商活动。是年，共签订外资项目合同16个，合同利用外资1921.3万美元，新注册三资企业6家，实际利用外资745万美元。全县三资企业达到37家。

1998年，全县签订利用外资项目15个，项目总投资2834.5万美元，合同利用外资1604.9万美元；新注册三资企业6家，实际到位外资752.9万美元。全县注册三资企业达到43家。

1999年，签约外资项目9个，总投资627.03万美元，合同利用外资385.43万美元；新注册三资企业3家，实际到位外资754.6万美元。全县注册三资企业达到46家。

2000年，研究修改了“安平县鼓励外商投资的优惠办法及实施细则”。全县共签订利用外资项目合同8项，合同利用外资928万美元，新注册三资企业4家，实际到位外资765万美元。全县注册三资企业达到50家。

2001年，制订了“安平县关于进一步优化投资环境，鼓励外商投资的若干规定”。除组织参加各级传统大型招商活动外，2001年10月22—24日，组织召开了首届中国(安平)国际丝网博览会。全县共签订利用外资合同12项，合同利用外资2369.6万美元；新注册三资企业4家，实际到位外资450万美元。全县注册三资企业达到54家。

2002年，10月22—24日成功举办第二届中国(安平)国际丝网博览会。会议期间签订外资项目6个，合同利用外资2620.3万美元。全年共签订外资项目合同15个，合同利用外资2993万美元；新注册三资企业1家，实际到位外资451万美元。全县注册三资企业达到55家。

第二节　管理机构

安平县对外开放办公室成立于1993年4月，行政编制5人，内设办公室1个，领导指数1名。为进一步加强对外开放工作，便于对境外客商联络、邀请、洽谈，于1995年6月成立“安平县招商局”。招商局与对外开放办公室合署办公，行使对内对外两个职能，对内用开放办名义综合协调、组织调度全县对外开放工作，对外用招商局名义开拓、联络和邀请境外客户，并组织洽谈。对外开放办公室主任、副主任，兼任招商局局长、副局长。1995—1998年，招商局设局长、副局长各1人；1998—2002年10月，设局长1人；2002年10月起，设局长、副局长各1人。

第二十编　政法

公安

检察

法院

司法行政

安平县汉王公园石刻

第二十编 政法

1991—2002年，安平县公安局深入开展“整顿治安秩序、净化社会环境”整体战役和“打黑除恶”“打团伙、追逃犯、破大案”“严打整治”等专项斗争，积极防范和打击各种刑事犯罪和经济犯罪活动，努力搞好社会治安综合治理，做好户籍、消防、交通管理等工作。12年共侦破刑事案件2551件，全县社会治安秩序明显好转。

安平县人民检察院认真履行检察监督职能，与公安、法院、司法部门紧密配合，严厉惩治刑事犯罪，大力查办贪污贿赂、渎职侵权等职务犯罪案件，不断推进反腐败斗争深入发展。12年共出庭支持公诉524件805人，查办各类经济案件93件116人，为国家和集体挽回经济损失653万余元，曾17次被衡水市人民检察院评为检察系统先进单位。

安平县人民法院紧紧围绕经济建设中心，认真做好刑事审判、民事审判、审判监督和执行工作。12年来，共受理各类案件18295件，审结18295件，审结率100%，有效地维护了社会稳定。曾多次被省高院、市中院评为“先进集体”和“先进单位”。

安平县司法系统为进一步提高全县干部群众的法律素质和守法意识，把矛盾纠纷化解在基层，消除在萌芽状态，深入开展了“二五”“三五”“四五”普及法律常识的宣传教育和法制培训活动，努力做好矛盾纠纷排查和调解工作。12年来，共排查出各类纠纷10062起，调解成功9528起，调解成功率95%；办理各类公证事项4009件，代理各类案件1336件，代写法律文书1678件，解答法律咨询13000余人次，受到群众广泛好评。

第一章 公安

第一节 机构设置

一、公安局机关

1991年，安平县公安局设办公室、政办室、政保股、预审股、治安股、法制股、户政股、内保股、看守所、消防科、刑侦队、公安交通警察大队、纪检组 共13个股室队；局机关有工作人员101名，其中正式民警77名，工勤人员24名；设局长1名，政委1名，副局长3名。1995年9月，局长由科局级升为副县级。1996年9月，组建城内交通警察中队和公安消防大队；11月，纪检组改为纪检会。1997年9月，撤销预审股，并入刑侦队；10月，增设110指挥中心；撤销公安消防大队，其工

图20-1 安平县公安局办公楼

作并入110指挥中心。是年，公安交通警察大队更名为交通警察大队。1999年，刑侦大队改为刑警大队，同时成立刑警一中队、刑警二中队、刑警三中队、刑警技术中队、经济侦察中队。2000年4月，组建流动人口管理办公室、警务督察队，纪检会改为纪检监察室。2002年9月，成立巡防大队，撤销城内交警中队。至2002年年底，安平县公安局设有办公室、政办室、政保股、内保股、治安股、法制股、户政股、看守所、消防科、刑警大队、刑警一中队、刑警二中队、刑警三中队、刑警技术中队、经济侦察中队、110指挥中心、纪检监察室、流动人口管理办公室、警务督察队、交通警察大队、巡防大队共21个股室所队。局机关有工作人员68人，其中正式民警53名，工勤人员15名；设副县级局长1名，科局级政委1名，副局长4名。

二、公安派出所

1991年，全县有城关、刘吉口、南王庄、西两洼、程油子、大何庄、东黄城、台城、南苏村、河漕村、后张庄、南王宋、张寨、马店、石干、袁营、大子文、察罗、王胡林、东里屯等20个乡镇派出所和一个城镇集贸市场派出所，正式民警67名。1992年8月，增设土地派出所。1993年6月，组建税务派出所。1994年，城镇集贸市场派出所更名为工商派出所。1996年1月，并乡扩镇后，20个乡镇派出所合并为8个派出所；5月，增设交通派出所；9月，国税、地税分开，税务派出所相应调整为国税派出所、地税派出所。1997年9月，国税派出所撤销。2000年，增设电力派出所和城管派出所。2002年年底有城关、东黄城、大子文、程油子、南王庄、大何庄、马店、西两洼8个乡镇派出所和交通、电力、城管、地税、工商、土地6个县直派出所，共有民警56名。

1995—2002年安平县副县级公安局长一览表

表20-1

姓名	职务	政治面貌	任职时间	籍贯
孙福忠	局长（副县长）	中共党员	1995.9—1999.6	深州市
王印庭	局长	中共党员	2000.2—2002.12	饶阳县留楚乡

第二节　惩治刑事犯罪

一、惩治重点

自1991年后，刑事犯罪活动又有所抬头，主要表现为团伙、流窜、暴力犯罪和侵犯公私财产案，因此，打击重点一直是杀人、强奸、盗窃、抢劫等刑事犯罪。

二、惩治手段

常年性打击　公安局在依靠基层和群众加强治安防范的同时，坚持常年性打击各种刑事犯罪，坚决做到有案必查，犯罪必纠。1991—2002年，破案率平均为64.9%。

阶段性专项惩治　1991—2002年，安平县公安局对暴力犯罪、盗抢机动车、破坏水电油设施、车匪路霸等犯罪活动进行了多次专项打击。1995年3月至12月31日，开展了“打团伙、追逃犯、破大案”专项行动，共抓获犯罪嫌疑人145人，破案214起，其中重大案件21起，破获团伙10个。2001年6月至10月，集中警力开展了整治追逃专项斗争，共破刑事案件258起，其中杀人、抢劫等重大犯罪案件28起，破获犯罪团伙10个，抓获各类犯罪分子126名。2002年4月1日至6月3日，开展了以破大要案为重点，严厉破获团伙犯罪为重点的第六战役，重点对象是带有黑社会性质的犯罪团伙。口号是：有黑除黑，无黑除恶、无恶除霸、无霸除痞，共抓获各类犯罪嫌疑人122人，破获各类刑事案件197起，其中重大刑事案件17起，破获犯罪团伙10个。1991—2002年，全县共进行26次阶段性专项惩治，破刑事案件1982起，抓获犯罪嫌疑人721人。

统一突击　按照上级部署，在特定时间内，全国、全省、全市及全县统一集中联动，突击侦破各种犯罪活动，对负案在逃犯全面大清查、大搜捕，净化社会环境。1999年1月25日15时至26日24时，在全县范围内开展了一次清查流窜犯、抓捕在逃犯的集中统一行动。清查重点部位178处，其中旅店22处，车站1处，娱乐场所32处，洗浴场所24处，出租房屋65处，其他复杂场所2处，检查过往车辆1000余辆。此次行动破案5起，其中大案4起；查获违法犯罪人员3人，其中盗窃犯罪嫌疑人2人，流窜犯1人。同年6月2—3日，在全县范围内开展了打击各类违法犯罪活动的统一行动，出动警力185人，警车40辆，共清查场所200余处，清查流动人口315人，破获案件2起，抓获在逃犯1人，收缴赃物折款3000元。2000年3月6—7日，县公安局出动50名民警，开展了搜捕清查统一行动，清查复杂场所和流窜犯与在逃犯易于藏身的部位100余处；盘查出可疑人员57名，卖淫嫖娼人员10名，抓捕在逃犯1人。9月13日零时至15日24时，公安局开展了以严打现行犯罪、抓捕流窜犯罪和在逃犯、打击卖淫嫖娼、清理流动人口为主要内容的集中严打统一行动，清查车辆1200余辆，查获三无人员12名，参与赌博人员10人，抓获犯罪嫌疑人3名，查封非法生产烟花爆竹黑窝点3家。

自1991—2002年，安平县公安局协助友邻县市及外省侦破刑事案件752起，抓获各类逃犯274名。

严打斗争　自1991—2002年，安平县公安局共开展各项严打斗争16次，利用各种方法手段抓获各类犯罪嫌疑人978名。其中在2001年下半年严打整治追逃专项斗争中，抓获各类犯罪分子126名，招降、劝降各类逃犯92名。

1991—2002年安平县刑事案件发案、破案情况统计表

表20-2　　　　单位：件、人

年度	案件总计			其中																		抓获犯罪嫌疑人数
				杀人		抢劫		盗窃		放火		强奸		诈骗		伤害		爆炸		其他		
	发案	破案	破案率%	发案	破案	发案	破案	发案	破案	发案	破案	发案	破案	发案	破案	发案	破案	发案	破案	发案	破案	
1991	237	110	46.4	5	5	2	1	57	53	—	—	12	11	13	11	8	7	—	—	140	22	52
1992	147	73	49.7	3	3	8	4	93	42	—	—	6	4	13	3	12	11	—	—	12	6	45
1993	156	71	45.5	2	2	9	4	98	41	—	—	7	5	3	3	—	—	—	—	37	16	55
1994	189	131	69.3	2	2	22	14	121	78	1	1	21	21	—	—	6	4	—	—	15	10	68
1995	228	159	69.7	3	3	29	27	153	88	—	—	7	7	13	13	7	7	—	—	7	7	151
1996	406	388	95.6	7	7	19	19	205	205	8	8	15	15	3	3	5	5	1	—	125	125	217
1997	191	179	93.7	3	3	4	3	94	83	—	—	5	5	14	14	3	3	—	—	9	9	152
1998	405	118	29.1	2	2	11	5	46	82	—	—	—	—	32	12	6	4	—	—	17	17	89
1999	177	89	50.3	7	7	15	10	94	50	—	—	—	—	13	2	8	8	—	—	43	43	95
2000	632	317	50.2	4	4	45	45	471	219	6	4	4	4	5	3	7	7	—	—	77	34	138
2001	651	317	48.7	5	5	45	11	464	119	6	—	4	—	3	4	7	4	—	—	104	183	141
2002	460	599	130.2	9	9	29	27	358	386	1	—	1	2	5	8	11	14	—	—	44	140	291
合计	3879	2551	64.9	52	52	238	170	2254	1446	22	13	82	74	117	76	80	74	1	—	630	612	1494

安平县部分年度刑事案件犯罪人员情况统计表

表20-3　　　　单位：件、人

年度	立案	破案	犯罪人数	犯罪人员														
				性别		文化程度			年龄			本人身份					职业	
				男	女	小学	初中	高中	17岁以下	18—28岁	29岁以上	工人	农民	干部	学生	其他	有固定职业	无固定职业
1991	237	110	52	52	—	21	29	2	2	24	26	4	25	—	—	23	8	44
1994	189	131	68	67	1	18	39	12	7	35	26	9	39	—	—	20	15	53
1998	405	118	89	87	2	18	57	14	10	40	39	15	39	—	—	35	36	53
2002	460	599	291	289	2	89	176	26	12	121	158	24	98	2	—	167	48	243

第三节　惩治经济犯罪

从1999年起，安平县公安局设经济侦察中队。其主要任务是依照法律对破坏市场经济秩序、严重损害国家利益、违反国家经济管理的犯罪活动进行惩治。3年多共破获各类经济犯罪案件19起，抓获犯罪嫌疑人30名。

案例：2002年3月27日，安平县联社油子信用社职工邢XX收各村信贷站现金后，携款失踪。接报后，经侦中队立即立案 ，并成立专案组开展侦破。经侦中队民警先后远赴吉林省辽源市、山西省阳泉市调查取证，经过大量艰苦细致的工作，于5月4日上午在辽源市将犯罪嫌疑人邢XX抓获。

第四节　治安管理

一、治安组织

治保会　治安保卫委员会（简称治保会）是基层群众性自治组织。2002年，安平县已村村建立治保会，村治保会总数已达232个。治保会主任由村公安员担任。城内居民区治保会25个。基层治保会协助公安机关破获刑事案件367起，处理治安案件789起，调解民事纠纷0.9万起，为维护社会治安发挥了重要作用。

保安公司　该公司始建于1989年4月。其主要职责是为机关企事业单位及要害部门提供合格的保安人员。1991年保安公司设经理1名，队长1名，保安员60名，其工资来源为自收自支，隶属于安平县公安局治安股管理。公司地址在安平县和平西街59号。2002年年底，在岗保安人员共有60人，正式民警2名。1998—2002年，保安公司为县委、县政府、丝网大世界会展中心、惠祥超市等20多个单位多次提供保安服务。

治安巡逻队　治安巡逻队是临时性和季节性的治安防范组织，个别复杂区域如城乡接合部等建有常年的治安巡逻队。队员可多可少，由正式民警带队，以治安联防队员为主。2002年年底，全县共有治安巡逻队235个，队员1180名。治安巡逻队在维护社会治安、稳定社会秩序方面起到了积极作用。仅2001年，安平县城内的治安巡逻队就抓获犯罪分子19名，提供案件线索45条。

二、治安案件处理

发案种类　治安案件发案的种类有扰乱公共秩序、妨害公共安全、侵犯他人人身权利、侵犯公私财物、妨害社会管理秩序、违反交通管理、违反户口或居民身份证管理的行为。1991—2002年，共裁决治安案件3030起，其中，扰乱公共秩序案件423起，妨害公共安全案件162起，侵犯他人人身权利案件635起，侵犯公私财物案件524起，其他案件1286起。

裁决处罚　治安管理处罚的种类有警告、罚款、拘留3种。1991—2002年，一般程序处罚共

3990人，其中警告297人，罚款1942人，拘留1423人，其他处理328人。

三、综合治理

治安综合治理以深化严打整治、狠抓治安防范、服务改革发展、创建和谐安平为工作思路，以侦破重大刑事案件为龙头，以惩治多发性侵财案件为重点，以整治治安乱点为基础，按照“严打、严防、主动出击”的工作原则，充分发挥公安机关的主力军作用，切实维护了全县的治安秩序。与此同时，搞好舆论宣传，定期上街搞法律宣传和法律咨询活动；广泛开展警民共建精神文明活动，到学校、企事业单位上法制课，宣传法律知识，进行遵纪守法教育；定期发布治安预警信息，不定期发布重大交通事故情况；重点治理复杂村庄及区域，刹歪风、扬正气。通过这些活动充分调动了社会力量，发挥了基层组织作用，形成了人人关心社会治安、人人参与治安防范的群防群治网络。

四、危险物品管理

公安局依法对民用爆炸物品、易燃化学物品、非军用枪支弹药、剧毒物品、放射性物品等实施治安管理。

烟花爆竹管理　安平是生产烟花爆竹的传统县，大型生产厂就有2家，传统生产村中更有多户小型私人生产厂家，爆炸伤人或火灾事故时有发生。安平县公安局不断加强对烟花爆竹的生产、运输、销售、储存等环节的管理，对非法生产户坚决取缔。1991—2002年共取缔非法生产户119家。

安平礼花总厂位于安平县李大转村东北，主要生产黑火药（二味粉），在安平县城为民西街五金公司西50米路北设有销售门市部，门市部主要存放烟花样品，没有库存。安平县礼花三厂位于安平县义门村南，主要生产小型组合烟花，在安平县城为民西街邮政局对过设有销售门市部，门市部主要存放烟花样品，没有库存。

安平县供销社有固定烟花爆竹销售点6个，均经过衡水市公安局审批和安平县公安局发证。6个销售点固定销售，一点一证；主要销售的烟花是市、县社下拨的品种及礼花三厂生产的烟花；门市部没有大量的烟花，主要存放烟花样品。

公安局经常定期或不定期地对2个烟花厂进行安全大检查，实行法定代表人安全管理责任制，督促健全各项安全管理制度和责任制，检查烟花爆竹储存库房四邻的安全距离及库房的设施、守卫力量、看护保管、技术防范、犬防等制度或措施的落实情况；检查使用环节的领用、清退、登记情况，并层层签订责任状；不定期检查县城内烟花销售点的进货、运输、销售等情况。

非军用枪支弹药管理　经公安部门批准允许保留的非军用枪支必须办理持枪证。除此之外，民间一律不准购买、运输、储存、持有、使用枪支弹药。公民个人非法持有、收藏的各类枪支逐一动员限期交出，拒不交出的依法强制收缴。

1996年，按照上级部署，公安局进行了一次大规模的收缴民间散存枪支弹药的行动，收缴各种枪支共249支，基本清除了枪弹隐患。2001年6月21日，县公安局在全县开展了“治爆缉枪”专项活动，收缴各类危爆物品488件，民用枪支8支，子弹185发，雷管281枚；治安处罚5人，行政拘留3人。

第五节　户政管理

户政管理的主要内容有常住、暂住、出生、死亡、迁出、迁入、变更户口登记及居民身份证的发放等。户政工作由户政股管理。各乡镇公安派出所负责辖区内的户政管理。1991年，户政股设立了人口计算机管理系统。2000年，户籍管理全部实现微机联网。

一、常住户口管理

驻地派出所对常住公民逐户逐人逐项核实，填写户口登记表，农村以村为单位，县城内以区为单位，建立户籍档案，并同时以户为单位发给“户口簿”。凡出生、死亡、迁出、迁入、变更、更正户口，各派出所都随时进行登记建档。居住在安平县境内16周岁以上拥有常住户口的公民应当申请办理居民身份证。在申请办理身份证时，根据本人意愿，也可办理居民身份证加快证。身份证丢失的，可持所需手续补办身份证或申领临时身份证。1991—2002年，全县共有182970人申请办理并领取了居民身份证。

公安基层派出所对辖区内各村的农业户口进行管理。各村村委会对本村户口进行管理，集中造册登记，负责出生登记、死亡注销、入伍注销、落户等日常工作。从1994年开始，推行农村户口初步城市化管理。1997年，由各派出所组织，村委会协助，对各村进行户口、身份证核实纠错工作，并以户为单位，全部换发新户口簿。1998年，派出所协同其他部门对全县村庄绘制方位图，为各村农户编制门牌号码。2000年，基层派出所实现自动化办公，全县户口微机联网，农村户口全部微机化管理。

二、暂住户口管理

1991年后，改革开放逐步深入，安平县暂住人口逐年增多。为加强管理，公安局于1992年在城关派出所首先实行暂住人口管理。随后，各派出所均设立了暂住人口管理机构。2000年10月，公安局成立了流动人口管理办公室，专门负责全县的流动人口管理。1991—2002年，办理暂住证人员平均每年3000余人。

三、户口迁移管理

对申请办理户口迁移的居民，如符合办理户口迁移条件，且手续齐全的，经公安机关审核批准后，给予办理户口迁移手续。

四、农转非管理

按国家政策和户口管理规定，每年都由省、市公安机关批准一定数量的农转非指标，用于解决民办教师和科技干部、现任或离退休干部的家属及落实政策的干部、录用干部等人员的农转非。

1992年6月和1994年8月，安平县两次经省政府批准，办理自愿捐资农转非户口，经公安局户政股办理手续后，由城关派出所按非农业人口重新登记入户。第一次每人5000元，共办理4489个；第二次纯农村每人1500元，义务兵3500元，合同工、临时工每人3000元，共办理1679个。1992—1996年，全县共办理农转非户口8869人。

第六节　交通监理

一、组织机构

1991年，安平县公安交通警察大队设有政办室、事故股、车辆管理股，共有民警7名，设大队长1名；隶属衡水市交警支队；办公地点设在和平西路南侧中心路加油站西邻。1993年3月20日，升为副科级单位。1996年2月，大队长同时任县公安局副局长。1997年，更名为交通警察大队，增设宣教股、违法处理办公室。2000年，办公地点搬迁至安平县新盈大街东头路北，增设秩序中队。2002年年底，设政办室、宣教股、车辆管理股、违法处理办公室、事故股和秩序中队共6个股室队，有工作人员26人，其中正式民警11人，协勤15人；设公安局副局长兼大队长1名。

二、装备设施

1991年，配备手持对讲机2部。1992年，增配汽车1辆。1995年，手持对讲机增至11部，建覆盖全县无线电通信塔1座、有汽车3辆；同年5月，购置微机4台，机动车和驾驶员档案实现微机化管理。2002年年底，有手持对讲机13部，车载对讲机4部，照相机2架，汽车5辆。

三、路面管理

交通警察大队重点管理的公路有2条（保衡路安平段、正饶路安平段），同时负责安平县城内的道路交通安全。交通警察大队的秩序中队定期、不定期对保衡路、正饶路及城内公路进行巡查，纠正各类违反交通法规的行为，对违规驾驶员进行处罚。

四、驾驶员管理

安平交警大队负责辖区内18－60周岁及外地在本辖区居住一年以上的18－60周岁的公民提出的申请机动车驾驶证办理业务。申请驾驶证范围：二轮摩托车、轻便摩托车、大型拖拉机、小型拖拉机、手扶拖拉机。

安平交警大队每年组织驾驶员进行年审，持A、B证驾驶员每年审验一次，其他驾驶员每二年审验一次。年审、换证期间对驾驶员进行交通法规的学习和安全教育，提高驾驶员遵纪守法意识、职业道德水平以及业务素质。

五、车辆管理

安平交警大队负责对辖区内摩托车、农用车和轻便摩托车的挂牌、年审、转籍、变更等业务。

挂牌审核以下资料：⑴单位介绍信；⑵购车发票及“车辆整车出厂合格证”；⑶车辆购置附加费凭证；⑷有效的个人身份证；⑸“中华人民共和国机动车登记表”。

六、事故处理

交通警察大队事故股负责处理本县境内的交通事故。发生交通事故后，由事故勘查人员进行现场勘查，制作现场图、现场拍照和必要的现场录像后解除现场。根据责任轻重，对肇事各方进行调解，达成协议后，形成《交通事故调解书》，肇事各方签字盖章，按调解书履行各自的责任和义务。调解达不成协议的，下《交通事故终结书》，当事人凭《交通事故终结书》向当地法院提起诉讼。

1991—2002年安平县交通事故情况表

表20-4　　单位：起、人、元

年度	交通事故（起）	死亡人数	伤残人数	直接经济损失（元）
1991	28	12	16	60050
1992	30	13	18	61500
1993	31	13	19	63500
1994	29	15	21	64200
1995	33	16	23	65200
1996	35	15	22	65000
1997	30	16	16	68200
1998	37	18	20	70150
1999	40	20	22	71200
2000	43	23	25	75200
2001	45	25	26	78250
2002	47	28	29	82650

附记：重大交通事故案例

1.1999年6月7日下午2时许，在安平县正饶路段87公里600米处，武邑县赵桥乡良家务村李××驾驶冀T18385号东风大货车从东向西行驶，因车速过快，与前方因故障顺行停放的无极县王宋庄苗××驾驶的冀AR1004号解放货车发生追尾，造成李××及同车乘车人王××、吴××当场死亡，东风货车严重损坏的特大交通事故。

2.2002年4月10日，在安平县北大堤付各庄段，藁城县九支运乡东支村鲁××、王××（夫妇）正停在路边修车，被一辆红色213吉普车撞倒，造成王××6根肋骨骨折，肇事车掉头逃逸。根据当事人提供肇事车车号为冀T053032的线索，安平县交警大队经过5天的摸排调查，最后将该肇事车司机门××抓捕归案，并将肇事车查封。

第七节　特种行业管理

依据公安部〔1985〕21号文件，安平县公安局于1991年将印刷、刻字、旅店、收购纳入特种行业，实施治安管理。1995年，依据冀公港治〔1995〕273号文件，将典当业归入特种行业管理。1996年，依据冀政办〔1996〕1号文件，将机动车修理、废旧汽车拆卸、出租车、歌舞厅、电子游戏厅、录像厅、桑拿浴、射击场纳入特种行业，实施治安管理。1997年，依据冀经贸资〔1997〕31号文件，将废旧金属回收业纳入特种行业管理。1999年，依据公安部〔1999〕38号文件，将报废机动车回收业纳入特种行业管理。2002年，纳入特种行业管理的有印刷、刻字、旅店、收购、典当、机动车修理、废旧汽车拆解、出租车、歌舞厅、电子游戏厅、录像厅、桑拿浴、射击场、废旧金属回收业及报废机动车回收业。

特种行业必须守法依法经营，经批准的特种行业开业前，公安局会同经营者建立健全各项规章制度，明确业主、管理员和工人的职责纪律，另外，公安局建有特种行业档案，对特种行业实行规范化管理。为防止特种行业非法经营，辖区派出所不定期进行检查，公安局治安股每月进行月检查，对检查出有不符合条件的坚决予以取缔。

1991—2002年，安平县特种行业从3家发展到45家，特种行业管理逐渐规范化，治安形势大为改观。2002年，特种行业中仅发生治安案件2起。

第八节　出入境管理

出入境管理由公安局政保股负责。安平县公民因私出境，需向公安局提出申请，事由正当，符合条件的由政保股受理，衡水市公安局审批，省公安厅签发出境证件；因公务出境，由派遣部门向中华人民共和国外交部授权的安平县外事部门—“安平县政府外事办”申请，并由衡水市外事机构审批。

定居国外或港澳台的安平籍公民要求回安平定居的，需持中国驻外国的外交代表机关、领事机关、外交部授权的其他驻外机关或河北省公安厅办理的手续到公安机关登记入户。

1991—2002年，全县经批准出境人数共239名，入境人数为691名。

1991—2002年安平县出入境情况统计表

表20-5　　单位：人

年度	出境	入境
1991	5	15
1992	13	26
1993	15	32
1994	3	25
1995	7	32
1996	4	30
1997	13	39
1998	23	62
1999	27	83
2000	44	90
2001	26	125
2002	59	132
合计	239	691

第九节　消防

一、消防队伍

机关　安平消防管理由公安局消防科具体负责。消防科隶属于衡水市消防支队，受其委托由县公安局代管。1983年，消防科负责人由公安民警转成现役警官。1991年，设科长1名，副科长1名。2002年年底，消防科共有现役警官3人，其中科长、副科长各1名。

专业队伍　1996年，建立专职消防队，消防队员11名，由协勤人员担任。2000年3月，消防队并入110指挥中心。

二、装备设施

消防车　1996年前安平县火灾出警向其他县借调消防车及消防队员。1996年，安平配消防车1部。2002年，县政府投资20万元增置1辆消防车，年底，共有消防车2部。

灭火器具 1991—2002年，消防队装备水枪10支，水龙袋20盘，灭火器15具，避火服两套，空气呼吸器工具、战斗服10套以及破拆工具等。

三、消防宣传

消防工作重点在防。为了减少火灾，保护人民的生命财产安全，提高全民的防火意识，安平县消防队每年都进行广泛深入的消防宣传，不断提高消防宣传力度，扩大消防宣传面，具体措施是与相关部门共同印发消防宣传品，在县电视台每日播放消防知识、消防措施及隐患排查的跟踪报道，消防重要新闻也及时在县电视台播放，利用宣传车进村、进小区宣传等。1991—2002年，平均每年发放消防宣传资料10000余份，张贴宣传标语6000多条(次)，出动宣传车100多辆(次）。

四、防火灭火

防火 1991—2002年共发现并整改火灾隐患298处，其中较大的火灾隐患23处。安平县纤维板厂料厂和液化石油气公司有火灾隐患，对城市公共设施构成重大威胁，先后进行了搬迁。

2002年年底，全县共有消防重点单位56家；各大商场、事业单位、易燃易爆单位、厂矿企业等按消防防火规定设有灭火栓、水龙带、灭火器等消防设施；消防科依据公安部〔2001〕第61号令对消防单位进行管理、检查。

灭火 1991—2002年共扑救火灾192起，直接经济损失4.62万元，抢救财产价值658万元，保护财产价值1289万元。

1991—2002年全县火灾情况统计表

表20-6 单位：起、元

年度	火灾起数	灭火起数	直接经济损失(元)
1991	7	7	1500
1992	5	5	1850
1993	9	9	2500
1994	10	10	2850
1995	15	15	3500
1996	18	18	3400
1997	15	15	3120
1998	19	19	4300
1999	21	21	4650
2000	25	25	5200
2001	26	26	6500
2002	22	22	6800
合计	192	192	46170

第十节 监所管理

1945年，安平县公安局在县城内组建看守所，地址在安平县政府对面路南。1996年，在安平县城陵园街最东头裕华路东建立看守所新址，占地面积13340平方米，建筑面积1741平方米。1997年，新建看守所正式投入使用，具备完善的安全防范措施。2002年年底，看守所设所长1名，指导员1名，副所长2名，正式民警10名。

对不同种类的在押人员有不同的看押方法。治安拘留和一般刑事犯罪嫌疑人采取集中看押，对犯罪团伙成员隔离看押，对死刑犯、重特大刑事犯罪嫌疑人戴械具单室看押。

看守所在值班、提审押解、家属探望、生活管理和医疗保健方面均有严格的管理制度，保证了在押人员既能依法接受监督改造，生活上又不受虐待。看守所在警戒、看押、提审等方面有严格的管理制度：⑴外围警戒由武警担任，所内看守人员实行24小时值班。⑵收押人犯凭逮捕证、拘留证；提审人犯，需持有提审证。⑶决定投入劳改、转送外地和释放的犯人，需办理出所登记手续。释放后发给“释放证明”。⑷经常了解人犯的思想表现，并建立人犯档案。⑸对一般违反监规的人犯及时给予批评教育，屡次违反者，严加训诫，责令反省；对阴谋行凶、逃跑、暴动和严重影响看守所安全的则使用戒具。⑹关押的未决犯，一般不许对外通信、会客。⑺对病情严重有死亡危险的人犯，实行保外就医。对有严重疾病的人犯，一般采取取保候审和监视居住的办法，对重大案犯不适用此办法。

看守所对人犯实施“教育、感化、挽救”的教育改造方针，对在押犯深入进行思想教育，政策、法律和前途教育，有计划地在在押犯中开展坦白检举活动，促使在押犯认罪服法，交代罪行，揭发同伙，挤清余罪。

第二章　检察

1991—2002年，安平县刑事和经济犯罪案件呈上升趋势。县人民检察院在严厉惩治刑事犯罪的同时，及时查处各类经济犯罪，为维护社会稳定，推进社会主义物质文明和精神文明建设做出了贡献，曾17次被衡水（地）市人民检察院评为系统先进集体。

第一节　检察机构

一、检察委员会

安平县检察委员会由检察长、副检察长和检察员组成。1991—2001年7人，2002年底调整为12人。

二、县检察院

安平县人民检察院1991年设办公室、刑事检察科、法纪检察科、经济检察科、控告申诉科、监所检察科、驻县税务局检察室共7个科室；行政编制42人，其中检察长、副检察长各1名。

1992年4月，增设民事行政检察科，重点对人民法院已经发生法律的民事（经济）行政判决、裁定等确有错误的案件进行审查，依法提请上级检察院抗诉。1993年4月，设立纪检组。1996年5月，增设法警队。1997年3月，撤销经济检察科，成立反贪污贿赂局，同时增设渎职侵权检察科和政治处；9月，撤销驻县税务局检察室。1998年，将刑事检察科分设为起诉科和批捕科。

2002年年底，安平县人民检察院内设办公室、起诉科、批捕科、法纪检察科、民事行政检察科、控告申诉科、监所检察科、反贪污贿赂局、渎职侵权检察科、政治处、纪检组、法警队等12个科室局队，工作人员45名，其中检察长1名，副检察长3名。

三、反贪污贿赂局

1997年3月，安平县人民检察院成立反贪污贿赂局（简称反贪局）。反贪局下设反贪综合指挥处、反贪一科和反贪二科；设局长1名，副局长2名。

图20-2　安平县人民检察院办公楼

1991—2002年安平县人民检察院检察长一览表

表20-7

姓名	职务	任职时间	籍贯
张玉民	检察长	1991.1—1997.3	大子文乡马江村
李再兴	检察长	1997.3—2001.2	枣强县王均乡大师友村
耿兴行	检察长	2001.2—2002.12	冀州市码头李

第二节　刑事检察

刑事检察亦称刑事监督，系人民检察院对公安和国家安全机关进行的侦察活动以及人民法院进行的审判活动是否合法实行的监督，也是检察机关的一项主要工作。刑事监督包括审查批捕、立案监督、侦察监督、提起公诉、出庭支持公诉和审判监督等项内容。

一、审查批捕

审查批捕即“审查批准逮捕人犯”。1991—2002年，安平县人民检察院为更好地履行审查逮捕的职责，始终坚持提前介入原则，对重大特案件提前介入率100%，一般案件30%左右。如2002年4月，在安平县菜市场经营丝网生意的张某与王某二人，因丝网外卖价格问题发生争执，张某将王某刺成重伤。安平县人民检察院派人参与现场勘察，旁听预审，及时迅速的掌握了案情，在公安机关提请批准逮捕的当天就对已被抓获的犯罪嫌疑人张某作出批准逮捕的决定。

二、立案监督

刑事立案监督是人民检察院对公安机关等侦查机关的刑事立案活动是否合法所进行的法律监督。安平县人民检察院通过审查批准抓捕、审查起诉及公民和组织的报案、举报或是被害人反映等途径，发现公安机关应当立案侦查而不立案侦查的案件，及时通知公安机关立案侦查。1991—2002年，办理刑事立案监督121件。

三、侦查监督

侦查监督是人民检察院对公安等侦查机关的侦查活动是否合法所实行的法律监督。安平县人民检察院积极行使侦查监督职能，依法认真审查各种案件，认真调查取证，严把事实和证据关，使有罪之人难逃法网。1991—2002年，作出与报请机关意见不一致的决定有：追捕57人，追诉61人，不捕27人，不诉13人，挖余罪87条。如1996年，在审查宋某、陈某等人涉嫌抢劫案件中，抓住疑点，深入调查，补充新的证据，挖出单独余罪5条和3名漏犯。

四、公诉

公诉是指特定的国家机关代表国家向法院提起诉讼，要求追究被告人刑事责任的专门活动，与“自诉”相对应。安平县人民检察院为切实保证起诉活动中的检察监督工作质量，积极探索，逐步形成一套行之有效的办案机制：一是制定了《起诉工作细则》，明确和规范了工作程序及质量标准；二是实行办案责任制，明确办案人的责任；三是严格实行错案和执法过错追究制度；四是坚持逐级把关，承办人审查案件提出自己的意见后交科里集体讨论，拿出意见后由主管副检察长审查决定，重大或疑难案件提交检察委员会决定；五是严格执行公诉引导侦查制度。严格的办案机制加速了办案，同时有效地提高了办案质量，保证了诉讼活动的有效运行。1991年，提起公诉50件60人，出庭支持公诉40件61人。1995年，提起公诉52件62人，出庭支持公诉41件66人。2002年，提起公诉64件88人，出庭支持公诉66件98人。

五、审判监督

审判监督即对法庭审判活动实施监督，对违反法定程序的做法当庭提出纠正或建议休庭进行纠正或闭庭后提出纠正意见。2001年，东黄城变电站崔××等二人共同贪污39000余元，个人贪污28000余元，检察机关以贪污罪提起公诉，经法院审理后，判处其有期徒刑3年。同年7月25日，检察机关以适用法律不当，量刑畸轻为由提起抗诉，经法院重新审理后，于7月27日改判为有期徒刑5年。

1991—2002年安平县人民检察院提起公诉情况统计表

表20-8

项目/内容/年度	受理		起诉		移送市院起诉（移送分院）		免诉		追诉		退查	
	案件	人数	案件	人数	案件	人数	案件	人数	案件	人数	案件	人数
1991	40	65	37	53	—	—	4	6	1	1	—	—
1992	32	49	25	36	2	5	3	5	—	—	—	—
1993	39	58	30	45	7	13	1	6	—	—	—	—
1994	49	90	32	55	2	2	7	21	—	—	—	—
1995	—	54	—	30	—	13	—	—	—	—	—	—
1996	64	115	43	71	5	18	12	21	—	—	4	5
1997	64	115	43	71	5	18	—	—	—	—	—	—
1998	—	—	—	—	—	—	—	—	—	—	—	—
1999	41	65	32	54	4	5	1	1	—	—	4	5
2000	49	73	38	56	6	8	—	—	—	—	—	—
2001	55	92	34	59	7	16	1	1	—	—	13	16
2002	47	71	34	56	5	11	—	—	—	—	—	—
合计	—	847	—	586	43	109	29	55	1	1	21	21

1991—2002年安平县人民检察院出庭支持公诉情况表

表20-9

年度	出庭支持公诉		年度	出庭支持公诉		年度	出庭支持公诉	
	件	人		件	人		件	人
1991	40	61	1995	41	66	1999	45	68
1992	42	68	1996	46	70	2000	40	65
1993	35	55	1997	44	62	2001	44	66
1994	41	60	1998	40	66	2002	66	98

1991—2002年安平县人民检察院出庭支持公诉情况表

表20-10

年度	受理		起诉		不起诉		年度	受理		起诉		不起诉	
	件	人	件	人	件	人		件	人	件	人	件	人
1991	45	61	43	58	2	3	1997	52	79	52	79	—	—
1992	47	68	46	47	1	1	1998	45	68	43	65	2	3
1993	51	78	49	73	2	5	1999	50	82	49	80	1	2
1994	46	65	46	65	—	—	2000	56	92	53	89	3	3
1995	43	66	42	63	1	3	2001	49	75	48	74	1	1
1996	48	93	48	93	—	—	2002	79	135	76	130	3	5

第三节　经济检察

经济检察，指对国家机关工作人员在经济领域的犯罪活动的检察监督，是检察机关行使法律监督权的重要组成部分，在惩治经济犯罪、维护经济秩序和反腐败方面发挥着重要作用。县检察机关受理的经济案件有：贪污、贿赂、挪用公款、偷税抗税、诈骗等。1991—2002年共受理各类经济案件105件，立案侦办93件，为国家、集体和企业挽回经济损失653万元。

一、贪污贿赂案件的侦查

贪污贿赂犯罪是严重破坏经济秩序、腐蚀国家机关工作人员的行为。随着经济的飞速发展，此类犯罪呈现如下特点：第一，逐年上升，比例增大。1995年立经济案8件，其中贪污贿赂案件1件，占12.5%；2000年立经济案12件，其中贪污贿赂案件5件，占41.6%；2002年立经济案15件，其中贪污贿赂11件，占73.3%。第二，案情复杂，串案、窝案增多。第三，犯罪嫌疑人从一般干部到领导干部，其职务级别不断升高。第四，犯罪数额越来越大。针对以上特点，检察院精心部署，采取多种方法，加大打击力度，强化侦查，发动群众举报，深入细致调查，对案件一查到底。

二、其他经济案件的侦查

1991—2002年，安平县人民检察院共立案侦查挪用公款案45件，假冒商标案3件，非法出具出售资信文案2件，侵占资金案2件。

三、综合治理，预防犯罪

安平县人民检察院在严厉惩治经济犯罪的同时，坚持治理与预防并举的方针，积极采取各种措施，努力预防经济犯罪。采取的主要措施有：全面进行普法宣传，提高法人守法意识；帮助30多家发案单位建立了规范的财务管理制度；与26个重点单位建立了综合治理联系，签订共同预防经济犯罪的责任状。

1991—2002年安平县人民检察院查处经济案件统计表

表20-11

年度	受理		立案		贪污		贿赂		挪用公款		侵占		诈骗		假冒商标		其他		挽回损失（万元）
	人	件	人	件	人	件	人	件	人	件	人	件	人	件	人	件	人	件	
1991	7	7	4	4	—	—	—	—	2	2	2	2	—	—	—	—	—	—	15.40
1992	11	10	8	7	—	—	—	—	6	5	—	—	—	—	1	1	1	1	27.93

续表20-11

年度	受理		立案		贪污		贿赂		挪用公款		侵占		诈骗		假冒商标		其他		挽回损失（万元）
	人	件	人	件	人	件	人	件	人	件	人	件	人	件	人	件	人	件	
1993	7	5	5	3	1	1	—	—	2	1	2	1	—	—	—	—	—	—	19.85
1994	11	11	9	7	2	1	—	—	6	5	—	—	—	—	1	1	—	—	30.70
1995	8	8	8	8	1	1	—	—	5	5	—	—	—	—	2	2	—	—	25.68
1996	12	12	12	12	—	—	—	—	9	9	—	—	—	—	1	1	2	2	43.42
1997	16	12	16	12	4	3	—	—	6	5	1	1	2	1	—	—	3	2	80.27
1998	8	6	8	6	3	2	—	—	4	3	—	—	1	1	—	—	—	—	26.505
1999	4	4	4	4	2	2	2	2	—	—	—	—	—	—	—	—	—	—	28.319
2000	12	10	12	10	5	4	1	1	6	5	—	—	—	—	—	—	—	—	167.87
2001	15	10	15	10	11	7	—	—	4	3	—	—	—	—	—	—	—	—	80.40
2002	15	10	15	10	9	5	2	2	4	3	—	—	—	—	—	—	—	—	106.77
合计	126	105	116	93	38	26	5	5	54	46	5	4	3	2	5	5	6	5	653.114

第四节　监所检察

监所检察是国家法律赋予检察机关的一项重要的法律监督职能，是刑事诉讼监督的一个重要组成部分，是检察机关最基本的业务之一。

监所检察主要是对监所内的监督和监外执行监督。所内监督是对在押犯罪嫌疑人的各种法律手续是否合法进行监督，包括拘留、逮捕、起诉、判决、释放五个环节进行监督；监外执行监督是对执行机关监外罪犯刑罚的活动是否合法进行监督，监外罪犯包括管制、缓刑、剥夺政治权利、假释、暂预监外执行（保外就医）五种人实行检察监督。

在监所检察中，监所科每逢星期五均到看守所进行安全检察，发现问题，提出口头建议、书面建议或纠正违法通知书；执法执纪监督员在每月10日到监管场所检察指导工作；看守所每月15日、30日召开看守所全体民警和监所科、武警中队人员参加的联席会，互相通报情况，共同研究和解决存在的问题。

通过以上方法和措施，达到了相互监督，相互促进，消除事故隐患，确保了监管场所的稳定与安全。看守所在1991—2002年，没有出现任何事故，保障了在押人员的合法权益和诉讼活动顺利进行。

第五节　渎职侵权检察

1997年新刑法实施后，渎职侵权检察科（简称渎检科）主办滥用职权，玩忽职守，徇私枉法，民事、行政枉法裁判，失职致使在押人员逃脱，徇私舞弊减刑、假释、暂予监外执行，徇私舞弊不移交刑事案件，徇私舞弊不征、少征税款，违法提供出口退税凭证，违法发放林木采伐许可证，环境监管失职罪，非法批准征用、占用土地，放纵走私，商检失职，不解救被拐卖绑架的妇女、儿童，阻碍解救被拐卖绑架的妇女、儿童，帮助犯罪分子逃避处罚，非法拘禁，刑讯逼供，暴力取证，破坏选举等案件。1991—2002年，共受理渎职侵权检察案件74件，立案52件63人，起诉31件33人，免诉7件7人，移交其他机关14件23人。

第六节　控告申诉检察

一、控告申诉(简称控申)受理

主要受理公民来信来访，久拖不决的老案，刑满释放和判处管制、缓刑、监外执行人员的申诉案件。1991—2002年，接待来信来访3044件次，直接答复909件次，查办264件次，转办738件次，下乡接待1019人次，法律咨询1035人次。

二、控申案件的办理

控申案件由检察院的控申科办理。检察院对控申案件，坚持以事实为根据，以法律为准绳，严格按照法律和工作程序办理。2001年7月，群众举报某局支局长XX有挪用公款的行为。控申科经过初查，认为事实清楚，XX涉嫌挪用公款罪，遂将此案转予反贪部门立案侦查。经查XX涉嫌挪用公款10万余元。检察院对其提起公诉，经法院审理，XX被判处有期徒刑三年，缓期四年执行。

第七节　技术检察

技术检察包括两项内容，一是现场勘查，参与现场勘查的案件包括检察院直接受理的案件、公安机关勘查的重大案件及要求公安机关复查和复验的案件；二是技术鉴定，包括对检察机关自侦案件中与犯罪有关的物品、文件、痕迹、人身、尸体进行鉴定、复验，审核或复验刑事检察、监所检察、控告申诉检察部门提交的案件中的尸体、人身、物证鉴定。

2000年，安平县人民检察院成立技术检察科，派3名工作人员进行专业技术培训，其中2人获得司法会计资格，1人学习并掌握了比较全面的视听资料制作技术；逐渐开展了现场勘查和对检察机关自侦案件中与犯罪有关的文件进行司法鉴定的业务。2000—2002年，技术检察科共录制视听资料49份，出具司法鉴定42份。

第八节　民事行政检察

民事行政检察是对人民法院的民事审判和行政诉讼活动进行法律监督。检察机关有权对人民法院民事审判活动、行政诉讼实行法律监督，对人民法院已经发生法律效力，确有错误的民事、行政判决和裁定，按审判监督程序提请上一级人民检察院抗诉或向同级人民法院提出再审检察建议；有权依法查办审判人员在审理民事行政案件中贪污受贿、徇私舞弊或者枉法裁判等犯罪案件；有权对民事行政案件执行进行监督。

1991—2002年，共受理民事行政申诉案件238件，提请抗诉34件。同时，为了化解矛盾纷争，减少当事人讼累，节约司法资源，积极做好民事行政申诉案件的“和解”息诉工作，收到了良好的社会效果和法律效果。

第三章　法院

1991年以来，安平县人民法院进一步加强审判队伍建设，严格按照国家法律和审判制度开展工作，有效地维护了社会稳定，为促进改革开放和经济建设做出了积极贡献。1991年和1992年，连续被省高院授予“先进集体”，被市中院评为“先进法院”。1993年被市中院评为“先进集体”。2000年，被省高院评为“执行工作先进集体”。2002年，受到市中院“集体嘉奖”；在年度“民主评议行风”工作中，被县委、县政府和市中院评为“先进单位”。

第一节　机构

一、县人民法院

1991年，县人民法院设有办公室、政工科、刑庭、民庭、经济庭、行政庭、告申庭、执行庭、

图20-3　安平县人民法院办公楼

法医门诊。全院干警77人（包括基层法庭）。1992年2月，增设经济纠纷调解中心；12月，撤销经济纠纷调解中心。1994年，增设经济审判二庭，原经济审判庭改为经济审判一庭。1995年5月，增设法警队。1998年8月，法警队改为司法警察大队。2000年4月，增设立案庭。2002年9月，民事审判庭改为民事审判一庭，经济审判一庭改为民事审判二庭，经济审判二庭改为民事审判三庭，告诉申诉庭改为审判监督庭，政工科改为政治处。至2002年年底，内设机构有：刑事审判庭、行政审判庭、民事审判第一庭、民事审判第二庭、民事审判第三庭、审判监督庭、立案庭、执行庭、协调处、办公室、研究室、法警大队和政治处。全院干警共92人（包括基层人民法庭）。

二、基层法庭

1991年，全县设有城关、西两洼、程油子、大何庄、南王庄、马店、大子文、张寨8个基层法庭，干警21人。1992年12月，撤销张寨法庭。2002年7月，经县机构编制委员会审核，县委批准，县人民法院设安平镇、南王庄、大子文、大何庄、马店、程油子等6个基层人民法庭。干警共有24人。

三、队伍建设

1991—2002年，安平县人民法院不断加强干警队伍建设，努力提高干警的文化和业务水平。12年投入5万余元支持和鼓励干警参加在岗进修学习，先后有53人完成了大专和大学本科的学习。干警达到本科的由2人增加到6人，大专文化的由4人增加到47人。有24人次被市政法系统表彰，26人次被衡水市中级人民法院记个人三等功，2人次被省高院表彰。有8个庭室被市政法系统表彰，12个庭室荣立“集体三等功”。2001年，执行庭被省高院荣记“集体二等功”。

1991—2002年安平县人民法院院长一览表

表20-12

姓名	职务	政治面貌	任职时间	籍贯
张玉轩	院长	中共党员	1990.3—1996.5	安平
刘春阳	院长	中共党员	1996.5—2002.4	饶阳
夏国征	院长	中共党员	2002.4—2002.12	阜城

第二节　审判制度

一、审级制度

人民法院的设置和审级是：基层人民法院、中级人民法院、高级人民法院和最高人民法院。从地方到中央设四级法院，实行四级两审终审制。根据这一原则，安平县人民法院审理案件所做出的判决和裁定，如当事人不服，可在法定期限内向衡水市中级人民法院上诉。经二审做出的裁决为终审。当事人对终审不服，可向终审法院和省高院申诉。1991—2002年，安平县人民法院一审共审结各类案件18295件，其中各类刑事案件460件，民事案件12890件，经济案件3373件，行政案件276件，其他案件1296件。当事人向衡水市中级人民法院上诉389件，其中，二审驳回150件，维持原判198件，改判41件。

二、公开审判制度

安平县人民法院坚持公开审判制度，除涉及国家机密、商业秘密和个人隐私、未成年人犯罪、离婚当事人申请不公开的案件外，一律公开进行；不公开审理的案件，宣判公开。同时，选择典型案件，就地公开审理或召开不同规模的宣判大会公开宣判，扩大法制宣传教育的效果。12年间，召开宣判大会29场次，旁听群众7万多人次。

三、合议制度

合议制度是指由三人以上的审判人员组成的审判庭对民事案件进行审理和裁判的制度。以合议制的形式审理案件主要有以下功能：第一，可以发挥合议庭成员的集体智慧；第二，防止法官个人擅断；第三，防止法官的个人价值观不当而影响案件的审理。除法律规定的简易案件以独立的形式审判外，普通的民商案件皆应以合议庭的形式进行审理。

1991—2002年，安平县人民法院合议庭审结的各类案件占总数的46%，从而提高了结案质量。

四、审判委员会制度

审判委员会的委员由人民法院的同级人民代表大会常务委员会任命。合议庭的某些重大、疑难案件，可由院长提交审判委员会讨论决定；已发生法律效力的判决、裁定或调解协议，需发回再审的，由院长提交审判委员会讨论决定。

12年间，安平县人民法院审判委员会对453起重大、疑难案件进行了集体讨论，并作出相应的决定。

五、回避制度

回避制度是指审判人员以及其他有关人员如果与案件存在一定利害关系，即应退出案件审理的制度。

12年间，安平县人民法院严格执行回避制度，对当事人申请回避的，认真审查其申请理由和法律根据，做出正确的认定。

六、辩护制度

为有效地保护被告人的合法权益，安平县人民法院在贯彻执行辩护制度中坚持做到：审判人员在办案过程中主动告知被告人享有辩护权，除自己进行辩护外，还有权委托辩护人为自己进行辩护；对于公诉人出庭支持公诉的案件，被告没有委托辩护人的，可以为其指定辩护人；被告人是聋哑人或未成年人的，为其指定辩护；对律师参加诉讼活动（查阅案卷等）尽可能提供方便条件；对辩护意见（包括被告人或委托人提出的），耐心听取，全面分析、研究，实事求是地予以认定；不以任何借口非法限制或者剥夺被告人的辩护权。1991—2002年，被告人自己委托辩护人为其进行辩护的有4757件，占26%，由法院为其指定辩护人的有13538件，占74%。

七、调解制度

按照自愿和合法原则，安平县法院把加强调解作为化解矛盾的重要手段，不断提高调解艺术，加大调解力度。1991—2002年，所结案件调解结案率达到42%，促进了社会主义政治文明、物质文明和精神文明建设的顺利进行。

八、审判监督制度

为纠正人民法院已发生法律效力的错误裁判，安平县人民法院坚持实事求是，有错必纠的原则，认真、慎重地审理每件再审案件，有效地保证了案件质量，保证了当事人的合法权益。12年间，由人民法院适用审判监督程序审理案件114件。

九、错案追究制度

12年间，安平县人民法院严格执行河北省高级人民法院制定的《错案和执法过错责任追究暂行规定》，有效地约束了干警。至2002年年底，一审案件审限内结案达到98%，执行率达到90%以上，干警无一违法乱纪。

十、指定管辖制度

指定管辖，是指上级人民法院在一定情形下指定由某一级人民法院管辖。以下3种形式可适用于指定管辖：1. 受移送的法院认为移送的案件依照法律不属于本院管辖的，依法报请上级人民法院指定管辖；2. 有管辖权的人民法院由于特殊原因不能行使管辖权的，由上级人民法院指定管辖;3.由于法院之间就管辖权发生争议的。

12年间,衡水市中级人民法院指定安平县人民法院管辖案件2件,都及时、公正地进行了裁判。

第三节　刑事审判

安平县法院始终把维护社会稳定作为首要任务,坚决贯彻依法从重从快严打方针,严厉惩治各种刑事犯罪活动。1991—2002年,安平县人民法院共判处发生法律效力的人犯926人,其中判处5年以上有期徒刑的占35%,判处5年以下有期徒刑、拘役和管制的占60.5%,免于刑事处分和宣告无罪的占4.5%。

12年来,刑事案件之中盗窃案件居于首位,共审结220件,判处徒刑的盗窃分子530人;其次是杀人、放火、故意伤害、贪污挪用公款、抢劫、强奸等重大恶性事件,计240件。工作中,刑事法官表现了高度的政治责任感和强烈的敬业奉献精神。法官集中力量、打破常规、以超常的毅力、干劲、决心,连续作战,快审快结,做到了惩治有力,声势浩大,形成了对刑事犯罪的高压态势;先后成功审理了聚众扰乱社会秩序案、贪污贿赂案、持枪伤害案等一批社会广泛关注的大案要案,引起了强烈的社会反响,收到了良好的社会效果。1991—2002年,先后共组织召开公开审判会19场,有力地震慑了犯罪,鼓舞和教育了群众。

在刑事附带民事审判工作中,对民事赔偿部分进行调解,连续4年调解结案率达到了100%,深受中院领导好评。1999年、2000年、2001年连续荣立集体三等功。

第四节　民事审判

1991—2002年年间,安平县人民法院共受理民事案件12890件,结案100%,其中撤诉1101件,调解4966件,判决6823件,分别占结案总数的8.54%、38.53%和52.93%。民事案件中,离婚案最多,呈逐年上升趋势,以轻率结婚、喜新厌旧、第三者插足而导致离婚者居多,12年间累计3404件,占审结案件总数的26.4%;债务纠纷案件居于第2位,以生产经营、交易而发生的拖欠款为多,12年间累计2664件,占结案总数的20.7%;赔偿案件明显增加,大多因私利纷争而引起冲突,亦包括侵害他人姓名权、肖像权、名誉权等,12年间累计478件,占结案总数的3.7%。1992年开始,安平县人民法院探索实施"一步到庭、理清焦点、证人出庭、举证、质证、认证在庭上"的审理模式,并取得较好效果,先后受到衡水市中级法院、河北省高级人民法院的肯定。在探索"一步到庭"审判方式的同时,还实行了"巡回办案,现场开庭"的办案方式,并对老弱病残等行动不便的当事人上门开庭,送法上门,方便群众诉讼。在现场开庭中,审判人员现场讲法解答旁听群众的问题,起到普及法律知识,倡导公平正义的目的。2001年,全县民商案件当庭审判率达到70%,在全市名列第二。

第五节　经济审判

12年间,县人民法院受理经济案件3373件,其中,购销纠纷案件956件,借款案件813件,承包纠纷案124件,联营纠纷案61件,建筑工程纠纷案58件,其他1361件。审结案件3373件,结案率100%。诉讼标的额总计1.9亿元。

随着计划经济向市场经济的过渡,经济案件大幅度上升,破产纠纷、抵押权纠纷、劳动纠纷案件明显增加,且诉讼标的额越来越大。2002年,经济诉讼标的总额达4514.41万元,相当于1991年的57.9倍,1996年的17.2倍。

在此项工作中,法院采取"打破庭室分工,自由结组"的办法,充分发挥干警审理经济纠纷案件的积极性,有力地促进了工作的开展。

第六节　行政审判

1991—2002年,共受理各类行政案件276件,审结276件(判决198件,裁定78件),其中,受理公安8件、土地190件、环保50件、其他28件。审结后上诉11件，二审维持原判5件，改判1件。法院组织干警利用演讲、广播、审判等多种形式广泛宣传行政诉讼法，打破了几千年民不敢告官、不愿告官、不会告官的传统观念和习惯。此后在行政审判中，排除干扰，依法办案，对行政机关的行政裁决，该撤销或变更的坚决予以依法撤销或变更，该维持的亦依法维持。

1991—2002年安平县人民法院案件审理情况统计表

表20-13

年度	合计		刑事案件		民事案件		经济案件		行政案件		其他案件	
	受理	审结	受理	审结	受理	审结	受理	审结	受理	审结	受理	审结
1991	1189	1189	26	26	901	901	205	205	4	4	53	53
1992	1274	1274	28	28	962	962	213	213	7	7	64	64
1993	1403	1403	31	31	1057	1057	234	234	8	8	73	73
1994	1454	1454	33	33	1079	1079	251	251	9	9	82	82
1995	1488	1488	36	36	1086	1086	263	263	12	12	91	91
1996	1526	1526	37	37	1093	1093	274	274	17	17	105	105
1997	1557	1557	38	38	1099	1099	292	292	15	15	113	113
1998	1599	1599	40	40	1103	1103	307	307	23	23	126	126
1999	1642	1642	43	43	1118	1118	319	319	27	27	135	135
2000	1673	1673	46	46	1123	1123	324	324	37	37	143	143
2001	1719	1719	50	50	1125	1125	339	339	55	55	150	150
2002	1771	1771	52	52	1144	1144	352	352	62	62	161	161
合计	18295	18295	460	460	12890	12890	3373	3373	276	276	1296	1296

第七节 审判监督

一、监督机制

1991—2002年，安平县人民法院，建立实施了“四化”“三主动”“一请一评”的审判监督机制。

“四化”：一是坚持发送文件经常化。定期将法院《工作简报》《法院信息》《案例研究》等内刊和上级法院有关文件，送县委、县政府、人大、政协等领导及有关科室，同时寄发给执法监督员，使其对法院工作和上级精神有比较全面的了解，以便于有针对性地监督。二是坚持实施监督具体化。法院开展重大活动，都主动邀请人大有关领导和人大代表实施具体监督。三是坚持接受监督制度化。制定《关于接受人大监督的六项规定》，明确了法院接受人大监督的法定义务及拒绝接受监督应承担的责任；规定了承办人大交办的事项、接受人大代表批评建议的制度；规定了大案要案通报制度和日常与人大代表沟通联系的方法，并对接受人大代表、政协委员质询亦作出详细规定。四是坚持办理人大议案程序化。对人大交办事项及代表批评意见和建议的落实等重大事项均由院长亲自请示汇报或部署承办。明确规定：凡涉及警风和廉政问题由纪检组负责承办或反馈，一般事项由办公室负责，一般案件方面的问题由主管院长和审判监督庭负责督办和反馈。

“三主动”：一是主动汇报。除人民代表大会例行审议的工作报告外，凡是涉及面广、社会影响大的案件，尤其是较难执行的案件，都主动向人大常委会作出全面汇报。二是主动沟通。凡法院出台大的改革措施或举行大的活动，均事前向人大主管领导报告。三是主动征求意见和建议。

“一请一评”：“一请”是从人大代表和政协委员中聘请执法监督员225名，请监督员直接监督法院的审判活动。“一评”就是通过请示协调，向各级人大代表发出征求批评意见和建议的公开信，由人大常委会定期组织召开人大代表司法评议会，评议法院工作。

二、来信来访办理

坚持全年接待制 安平县人民法院设有接待室，全年凡工作日每周均由一名副院长和立案庭、审判监督庭设专职干警接待办理群众来信来访。对群众来信，认真审阅，逐一登记，及时予以回复；对群众来访，热情接待，对反映的问题给予明确答复，并及时向领导反馈信息。12年间累计接待来访152件，来信124件，均予以妥善处理。

院长接待制 安平县人民法院专设了院长接待室，正副院长轮流接待。12年间先后共办理来信来访100件，对群众反映的急需解决的问题均及时予以妥善解决。

院长“督办令”制 对审理期限长、久拖不决、长期得不到执行的案件，从2002年起实行院长签发督办令，限定审执人员定期结案，促进了办案效率的提高。

1991—2002年安平县人民法院来信来访案件情况统计表

表20-14　　单位：件

年度	信访总量	来信	来访	其中院长办理
1991	15	11	4	3
1992	17	12	5	5
1993	22	12	10	7
1994	21	10	11	7
1995	20	8	12	10
1996	18	9	9	7
1997	22	9	13	8
1998	25	10	15	10
1999	30	18	12	9
2000	28	10	18	11
2001	27	8	19	10
2002	31	7	24	13
合计	276	124	152	100

第八节 执行

自1997年，安平县人民法院开始加强执行力量，注重改变久执不结的局面，挑选10名精炼干警充实执行庭，购买警车一辆，配置录音机、收录机、照相机各一台，手机三部；针对执行难的成因，采取了多项措施。一是公开曝光制。对有一定执行能力，赖账不还的被执行人，采取张贴公告，电视曝光的形式，让那些不讲信誉的人臭名远扬，督促其限期履行义务；二是执行线人制。针对被执行人难寻，执行财产难找的难题，经申请执行人申请，由法院或申请执行人在被执行人经常活动场所和知情人发展线人，对举报属实，执行取得转机的，根据申请执行人的承诺，视情况给予奖励；三是易人执行制。为改进执行作风，确保廉洁高效，对执行人员久拖不执或限期不能执结的；办案人员在执行过程中，贻误执行时机或其他的原因，当事人对办案人产生成见的；执行案件受社会干扰较重影响案件执行的等情形，对案件实行易人、易庭执行；四是跟踪执行制。选择热点、难点等典型案件，与电视台、报刊等新闻媒体联系，对执行过程进行跟踪报道，让被执行人现身说法，营造依法执行，严肃执行的氛围，促使被执行人履行义务、维护法制尊严；五是信访接待制。完善对执行工作的信访接待制度，设专人接访。妥善处理信访执行案件所反映的问题，积极主动做好各类督办案件的执行；六是执行现任制。对每一起执行案件都逐一分析原因，确定责任人，由主管院长与部门负责人，部门负责人与办案人层层签订责任状，限期办结。通过这些举措，加大了执行力度，增强了执行效果，最大限度地实现了债权人的合法权益。

自2000年以来，全体执行干警紧紧围绕“公正与效率”工作主题，更新观念，改进机制，开创了执行工作新局面。

2002年7月，县人民法院执行工作实现了执行实施权与裁决权的分立；法警大队分为两个中队协助执行，使执行人员增加到16人，达到一线干警总数的26%；为提高执行效率，达到人员最佳组合，庭下设执行组，每组配一名执行人员，一名法警，一名书记员。

县法院在执行中还注重做好司法为民工作。2002年10月，在执行闫ＸＸ与闫ＸＸ迁出房屋纠纷一案中，双方系父子关系，被执行人以家庭财产未分割，自己以前的房屋无法居住为由拒不迁出。执行人员考虑到被执行人的实际情况，经多方面联系，垫资对被执行人的房屋进行了修缮，之后再经耐心做工作，促使其自动迁出了所建房屋。该案顺利执结。县人民法院“司法为民”的做法，中央电视台七套《法制编辑部》栏目的记者专程进行了采访，并在《警法前沿》板块上予以报道。

2000年，县人民法院被省高院授予执行工作“先进单位”。2001年3月，执行庭被省高院荣记集体二等功。2002年，案件执结率达到了90%以上。

第四章　司法行政

1991年后，安平县司法行政系统在全县大力开展普法宣传、法律服务、法律援助、民事调解、公证等工作，维护了人民群众的合法权益，提高了全县人民的法律意识，为全县社会稳定经济发展创造了良好的法制环境。

第一节　机构设置

1991年，安平县司法局下设办公室、宣教股、基层股、律师事务所、公证处，有工作人员24名。全县20个乡（镇）都分别建立了司法所，各设司法助理员一名。1996年并乡扩镇后，合并为8个乡（镇）司法所。1998年，司法局增设政工股。2002年，司法局共设6个股室，有工作人员29人（不含司法助理员）。

第二节　法制宣传

1991—2002年，安平县司法局认真开展法制宣传、法制教育及法制培训等工作。

图20-4　安平县司法局利用集市进行普法宣传

1991年，开始组织实施第二个“五年普法规划”。重点加强各专业法律法规的宣传教育和各行各业的依法治理工作。同时，积极配合“严打”斗争和社会治安综合治理，大力宣传有关法律法规。到1995年年底，共印发宣传材料7万余份，绘制展牌182块，出动宣传车416辆次，举办各类法制培训班29期，培训骨干4000多人，县局干部、司法助理员深入机关、厂企、学校上法制课69次，收到了良好的宣传效果。

1996年，组织实施第三个“五年普法规划”。重点抓了县乡两级领导干部的学法用法和青少年的法制教育活动。同时，结合“三五”普法，同步开展“严打”法律宣传和“文化十下乡、十进村”活动，使法制宣传教育活动更为广泛、深入。“三五”普法期间，共印发宣传材料9万余份，绘制展牌216块，出动宣传车413辆次，有效提高了全县干部群众的法律素质。

2001年，第四个“五年普法规划”全面启动。1982年12月4日是我国宪法颁布实施日，为提高全民宪法意识，“四五”普法规划把每年的12月4日定为法制宣传日。2001年12月4日，协调组织各有关部门开展了第一次法制宣传日的大规模法制宣传活动，受到了社会各界的好评。

第三节　民事调解

1991年，全县20个乡镇都分别建立了法律服务所。230个行政村、19个较大的企业均已全部建立了调解委员会。1996年并乡扩镇后，合并为8个乡镇法律服务所。2002年，全县共有232个村级调解委员会，调解员1758人，形成了县、乡(镇)、村三级调解网络，构建了村级调解委员会、村民调解小组、十户调解员、矛盾纠纷信息员“四级排调”网络。按工作效能考核，全县有一类调解委员会199个，二类调解委员会28个，三类调解委员会5个。

民事调解能够防止各类矛盾激化，有效地避免恶性事件的发生。县司法局紧紧围绕依法治国的基本方略，大力强化调解网络建设，在县领导的支持下，实行了部门和领导包案责任制，搞了四级承包，即县领导分包在全县影响较大的疑难纠纷，乡镇领导分包在本乡镇影响较大的疑难纠纷，村干部分包在本村影响较大的疑难纠纷，十户调解员分包所辖的重点户疑难纠纷。同时，积极把调解组织延伸到集贸市场、厂矿企业、流动人口聚集区，力求形成高层次、宽领域、系统化的大调解格局，建立并完善民间纠纷早发现、早预防、早调处的运行机制，力争把各类矛盾纠纷化解在基层，消除在萌芽状态。自1991—2002年，全县共排查出各类纠纷10062起，调解成功9528起，其中婚姻纠纷2202起、家庭纠纷2297起、邻里纠纷950起、宅基纠纷1684起、债务纠纷1050起、其他纠纷1345起，调解成功率达95%以上，防止矛盾激化37起，避免非正常伤害151人次。

第四节　公证事务

安平县公证处1991年有公证员4人(三级公证员)；1998年，有公证员5人，其中三级公证员3人，四级公证员1人；2002年，有公证员2人，其中，三、四级公证员各1人。

1991—2002年，安平县公证处廉洁自律，积极开展便民、为民服务，收费严格执行国家规定的统一标准，为当事人的经济往来和民事行为提供了优质、高效的公证服务。为保证公证质量，公证处，建立了首问负责制和办证个人负责制，将办证质量与评先评优相结合。严格执行了监督检查制度，每年都在公证员中进行互检、抽检，对错证、假证进行责任追究。规范了办证程序，对接待、受理、审查、出证、归档等工作都有具体的要求和规定。办理公证事项严把法律依据关和出证标准关，并高标准做好每项公证工作。遇有重大疑难公证事项集体讨论研究，及时向领导汇报请示，由主任审核把关。为避免出现错证、假证，经常对案件当事人进行回访。

1991年后，公证处逐渐形成了完整的公证质量监督监控机制，办证程序日趋规范，公证质量大幅提高，为维护全县社会稳定，促进经济发展创造了良好的法制环境。1991年，安平县公证处办理各类公证事项137件，公证业务主要有落户、周转金、借款、协议、声明等公证。2002年，办理各类公证事项269件，公证业务增加了抵押借款、典当、招标、房地产转让等公证。1991—2002年共办理各类公证事项2545件，其中经济类公证1814件，民事类公证731件。

1991—2002年安平县经济、民事合同公证业务统计表

表20-15　　单位：件

类别/内容/年度	民事类公证							经济类公证							总计
	落户	协议书	声明书	继承权、赠予、遗嘱	委托书	其他	合计	协议书	合同书	借款	房地产转让	承包	其他	合计	
1991	25	5	4	3	2	7	46	13	10	23	2	3	40	91	137
1992	10	4	1	1	1	14	31	12	8	19	2	6	12	59	90
1993	9	5	2	7	1	16	40	13	11	22	1	6	62	115	155
1994	23	6	2	6	1	31	69	12	9	36	1	5	40	103	172
1995	11	5	1	7	1	6	31	38	34	91	8	3	59	233	264
1996	11	8	1	2	1	14	37	21	7	90	4	16	30	168	205
1997	20	22	2	5	1	13	63	6	7	79	8	6	2	108	171
1998	19	12	5	3	3	17	59	3	10	171	14	7	7	212	271
1999	41	25	9	8	1	28	112	10	3	119	82	6	1	221	333
2000	38	7	13	6	2	7	73	8	12	80	37	10	8	155	228
2001	39	13	9	9	3	8	81	42	33	62	25	2	5	169	250
2002	21	20	15	12	7	14	89	19	36	49	64	7	5	180	269
合计	267	132	64	69	24	175	731	197	180	841	248	77	271	1814	2545

第五节 律师事务

1991年，安平县律师事务所有律师5名。1995年5月，安平县律师事务所更名为网都律师事务所，仍为国办律师事务所，行政关系隶属司法局，有律师8人。到2002年年底，律师减至4人。

1991—2002年，网都律师事务所开展的主要业务有：为刑事人辩护、代理民事和经济案件诉讼、提供法律咨询、代写各类法律文书，担任政府及企事业单位的常年法律顾问等。1999年，网都律师事务所开通了“148”法律服务专线，以方便、快捷的方式为广大人民群众提供法律服务，有效缓解了全县法律服务人员不能满足形势需要的矛盾。网都律师事务所把注重社会效益放在首位，通过为社会各界提供优质、高效的法律服务，维护了当事人的合法权益和法律的正确实施。1991—2002年，网都律师事务所共代理各类案件1336件，代写法律文书1678件，解答法律咨询13000余人次。

1991—2002年安平县律师业务情况统计表

表20-16　　　　单位：件、人次

年度	代理案件			代写法律文书（件）	法律咨询（人次）
	民事经济案件	刑事案件	行政案件		
1991	86	49	1	98	722
1992	60	44	1	185	808
1993	60	26	2	70	850
1994	70	35	1	74	911
1995	121	13	3	120	915
1996	171	25	6	335	930
1997	62	9	4	125	1056
1998	110	29	6	120	1132
1999	110	29	6	108	1358
2000	44	6	2	90	1503
2001	61	12	4	153	1563
2002	50	15	3	200	1848
总计	1005	292	39	1678	13596

第六节　法律服务

1988年，安平县河北网都律师事务所成立。该所是安平县司法局的下属单位。律师业务包括：法律咨询、诉讼代理、法律顾问。2001年1月，成立安平县法律援助中心，同时开通了“12348”法律热线电话。法律援助中心主要为老弱病残群体免费提供法律帮助。

1991—2002年，人民的法律意识逐年增强，律师业务逐年增加。1991年，律师事务所进行法律咨询2400余人次，1995年为5000多人次，2002年上升至14000多人次。1991—2002年平均每年增加967人次，其中1991—1995年平均每年增加520人次，1995—2002年平均每年增加1286人次。诉讼代理业务也是逐年增加。1991年诉讼代理106件，1995年上升至200件，2002年达到310件。1991—2002年平均每年增加17件。安平县律师担任法律顾问从1993年开始。是年为2家企业担任法律顾问。其后逐年增加。到2002年，为8家企、事业单位担任法律顾问。安平县的法律援助业务从2001年1月法律援助中心成立后开始，当年办理法律援助案件20件，电话咨询3300多次，接待来访800多人次。2002年办理法律援助案30件，电话咨询3800多次，接待来访850多人次。案件主要涉及未成年人犯罪、老年人权益保障、贫困妇女离婚等。

1991年以来，县政府及一些乡镇政府聘请律师为政府常年法律顾问。法律顾问主要职能：无偿为县、乡政府所属部门依法决策，提供法律咨询，参与规范性文件起草和审议，为涉及政府和社会公众重大利益的事项，提供专项法律服务，代理政府及其部门参与诉讼、仲裁活动。至2002年，律师共为11家政府、企事业单位担任法律顾问，代理诉讼案件150件，为企业挽回经济损失3000多万元。

第二十一编　军事

- 兵役制度
- 征兵
- 人民武装
- 民兵
- 国防教育和人民防空

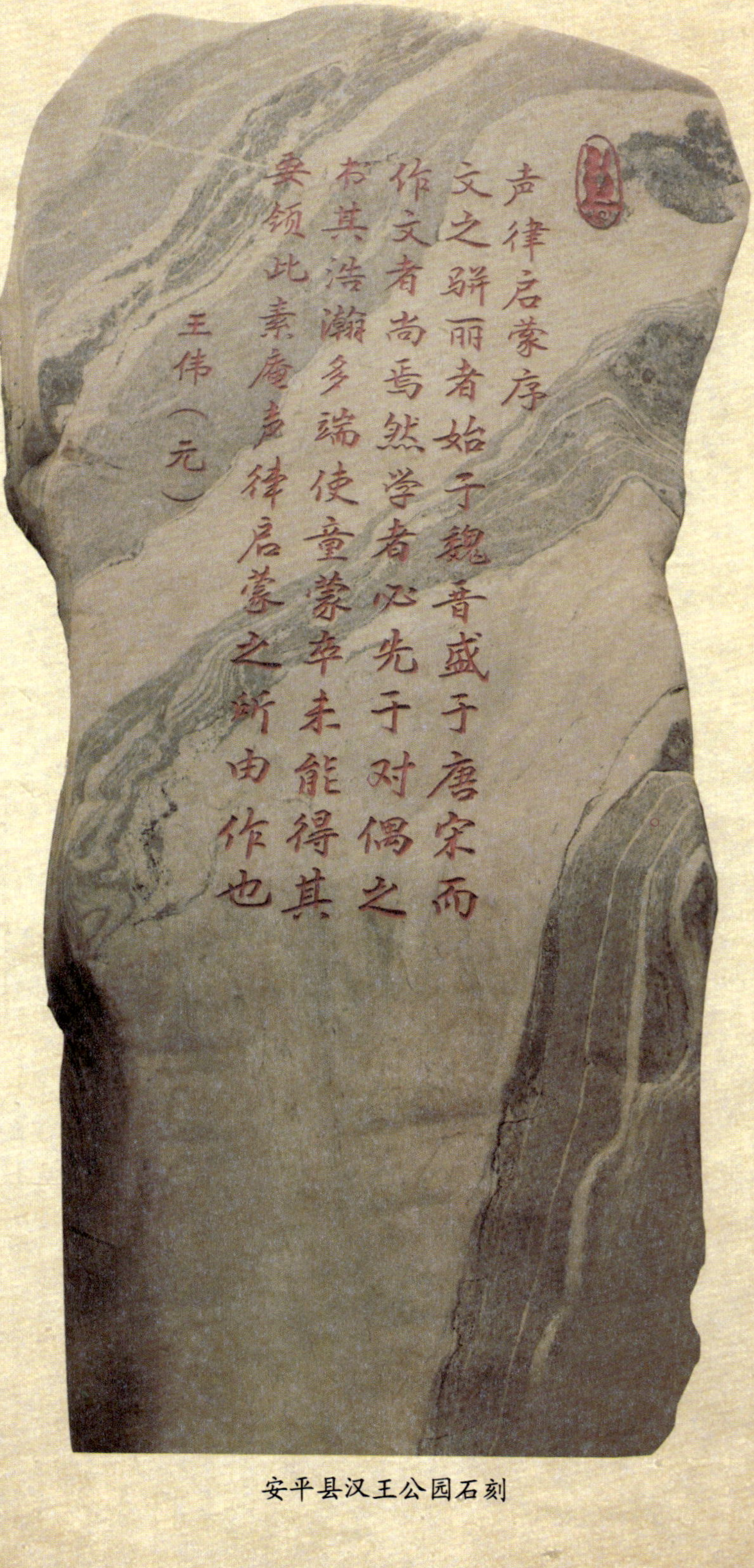
声律启蒙序
文之骈丽者始于魏晋盛于唐宋而
作文者尚焉然学者必先于对偶之
书其浩瀚多端使童蒙卒未能得其
要领此素庵声律启蒙之所由作也
王伟（元）

安平县汉王公园石刻

第二十一编　军事

第一章　兵役制度

兵役是指公民依照国家兵役制度履行的军事义务。兵役分为现役和预备役。在中国人民解放军、中国人民武装警察部队服现役的称现役军人；编入民兵组织或者经过登记服预备役的称预备役人员。兵役制度则是国家关于公民参加武装组织，或在武装组织之外承担军事任务、参加军事训练的制度。中国现行的是义务兵与志愿兵相结合、民兵与预备役相结合的兵役制度。

第一节　义务兵与志愿兵相结合兵役制

1991年1月至1998年12月，根据1984年10月1日起实施的第二部《中华人民共和国兵役法》，实行义务兵役制为主体的义务兵与志愿兵相结合的兵役制度。每年12月31日以前征集年满18岁的男性公民服现役。士兵服现役期限：陆军、武警3年，空军、海军4年。服役满6年以上的技术骨干和各种专业兵，根据本人志愿和部队需要，经团以上机关批准，可由义务兵转为志愿兵。

1991—1998年，义务兵服役期限为3年。1999—2002年，根据1998年12月29日第九届全国人民代表大会常务委员会第六次会议修改的《兵役法》，义务兵服役的期限改为2年，志愿兵役制士兵实行分期服现役制度；根据国务院、中央军事委员会1999年6月30日第二次修订发布的《中国人民解放军现役士兵服役条例》，现役士兵按兵役性质分为义务兵役制士兵和志愿兵役制士兵。义务兵役制士兵称义务兵，志愿兵役制士兵称士官。义务兵服现役期满，根据军队需要和本人自愿，经团级以上单位批准，可以改为士官。士官实行分期服现役制度，从改为士官之日起，至少服役三年，一般不超过三十年，第一期、第二期各三年，第三期、第四期各四年，第五期五年，第六期九年以上。根据军队需要，志愿兵可以直接从非军事部门具有专业技能的公民中招收。

第二节　民兵与预备役相结合兵役制

民兵分基干民兵和普通民兵。凡18岁到35岁符合服兵役条件的男性公民，除应征服现役外，均编入民兵组织服预备役。退出现役符合继续服预备役条件的人员，也编入民兵组织服预备役。预备役人员按其所担任的职务可分为预备役军官和预备役士兵。预备役军官是被确定为人民解放军预备役排以上职务等级或者初级以上专业技术职务等级，被授予相应预备役军官军衔，并经兵役机关登记的预备役人员。预备役军官按职务性质分为军事军官、政治军官、后勤军官和专业技术军官；按平时管理和战时动员的需要分为两类，在预备役部队任职和预编到现役部队的预备役军官为第一类军官预备役，其他预备役军官为第二类军官预备役。预备役士兵指依法被确定服士兵预备役人员。士兵预备役按军事素质和年龄划分为第一类士兵预备役和第二类士兵预备役。第一类士兵预备役人员包括：经过预备役登记服士兵预备役的35岁以下的退出现役的士兵、地方与军事专业对口的技术人员和其他编入到预备役部队和预编到现役部队的28岁以下的预备役人员。第二类士兵预备役人员包括：1.除服第一类士兵预备役的人员外，编入民兵组织的人员；2.其他经过登记服士兵预备役的35岁以下的男性公民；3.第一类士兵预备役第三项所列人员，29岁转入第二类士兵预备役。预备役士兵年满35岁退出预备役。到2002年，全县共有预备役人员29798名，其中一类预备役人员1759名（退伍军人1149名），二类预备役人员28039名（退伍军人2540名）。

第二章　征兵

征兵工作是政府行为，按上级征兵命令进行，由县武装部具体组织实施，每年在11月至12月底进行，时间大致50天左右。每年征兵首先成立县征兵领导小组和下设的征兵办公室，制定征兵方案和政策措施，集训征兵工作人员，然后分配征兵任务指标，组织征兵宣传动员，开展兵役登记，确定预征对象。之后进行体检、政审、确定新名单，送新兵入伍。最后进行家访、总结征兵工作。为保证新兵质量，每年征兵都要进行严格的体检和政审。1991—2002年，全县完成征兵任务。

第一节　对象和条件

一、年龄

征兵年龄执行依《中华人民共和国兵役法》规定，1991—1999年，征集12月底前年满18周岁至20周岁的男青年，具有高中以上文化程度的青年和企事业单位职工可放宽到21周岁；应届高中毕业生年满17周岁，本人自愿也可征集。2000—2002年，根据本人自愿，大专以上文化程度的放宽到22周岁。

二、文化

1991—1999年，征集农业户口的青年，需具备初中毕业以上文化程度，具有高中毕业文化程度的青年优先；征集非农业户口的青年，应具备高中（含高中、中专、技校）以上文化程度。2000—2002年规定：企业单位具有高中毕业以上文化程度的优秀青年职工（含工人、管理人员和技术人员）、事业单位的工人需具有高中毕业以上文化程度。非学历教育民办大学的在校生、高等院校招收的无学籍学生及在各类高考实习班学习的青年也在征集之列；女青年的征集，只限当年的应届高中毕业生。

三、政治

应征参军青年必备的条件是：政治历史清楚，拥护中国共产党，热爱社会主义，热爱劳动，遵纪守法，道德品质好，决心为保卫祖国英勇奋斗。

对担负首脑机关、重要目标警卫任务的部队及其他执行特殊任务的部队征集新兵的政治条件，按总部规定的专门条件和特殊要求办理。

四、身体

凡体健貌端，视、听、嗅觉良好，内无疾病，外无残疾，无传染病史者，即符合身体条件。视兵种不同，身体条件又有差异（空军、海军比陆军要严）。具体条件按国防部1991年9月29日颁发的《应征公民体格检查标准》和其他有关规定执行。

第二节 报名和审批

一、报名

报名参军坚持自愿的原则。农村适龄青年向户口所在地的村民兵连申请报名，城镇、县直各单位、工商企业非农业户口适龄青年向所在乡（镇）、县直武装部提出申请报名。

二、检审

体检 乡镇、县直人民武装部对报名青年目测，合格者集中上站进行体检。体检由征兵办公室统一组织，卫生部门负责实施，体检审定的依据是国防部1991年9月颁发的《应征公民体格检查标准》和《应征公民体格检查办法》。

1991—2002年，体检站均设在县武装部。主要检查项目有身高、体重、五官科、内科（包括胸部X光透视、传染病史询问）、外科的物理检查。

政审 政审的主要依据是公安部和解放军总参谋部、总政治部1990年10月颁发的《关于征集公民服现役政治条件的规定》和1991年11月颁发的《征兵政治审查工作规定》。

政审的实施由村、乡镇、公安部门、县征兵办公室逐级进行，分初审、复审和终审。初审由村及有征兵任务的企事业单位的主要领导负责，组织人员对应征公民的年龄、户别、职业、现实表现、文化程度、宗教信仰、家庭主要成员和主要社会关系的政治状况等情况进行审查；复审由乡镇确定领导负责，组织专人对经过初审的应征公民的政治情况进行复审，对有疑点的进行重点调查取证；终审由县人民政府征兵办公室政审组会同司法、教育、工商、税务、社会治安综合治理等部门，对基层单位推荐的政治审查合格的应征公民进行政治终审，并为通过经审的应征公民签署政治审查结论意见。

三、批准

经体检和政审合格后，本着“四优先”（党团员优先，身体素质好的优先，文化程度高的优先，家庭劳力充裕的优先）、“五不批”（要求不强烈的不批、外籍户口的不批、不符合条件的关系兵不批、本人和家长未达到双通的不批、群众反映不好的不批）、“四满意”（达到领导满意、群众满意、新兵和家长满意、接兵部队满意）的原则，由县政府征兵工作领导小组和接兵部队共同议定，经县征兵办公室批准入伍。新兵入伍时间一律从本年度12月1日算起。

第三节 新兵接送

1991—2002年，均为冬季征兵，由部队派人到地方接兵。

新兵入伍之前，村、乡（镇）、县三级分别召开欢送大会。新兵人人披红戴花，各级领导、新兵及新兵家长代表讲话，中、小学生敲锣打鼓夹道欢送，然后由接兵部队负责组织编队接运。

第四节 征兵机构

征兵领导小组 每年征兵工作开始，县乡村各级均建立征兵领导小组。县政府征兵领导小组组长由县长担任，副组长由常务副县长、县武装部部长、县武装部政委担任，成员由宣传部、公安局、监察局、卫生局、教育局等有关部门负责人组成。同时各乡镇村也成立相应的征兵领导小组。

征兵办公室 征兵期间，县政府征兵领导小组下设征兵办公室。办公室设在武装部军事科。

征兵办公室设主任和副主任，主任由县武装部副部长担任，副主任由县政府办公室主任和县武装部军事科长担任。征兵办公室分三个组：以武装部军事科为主，吸收宣传、运输、民政部门的同志组成秘书组；以公安部门为主，吸收武装部政工科的同志组成政审组；以县卫生部门为主，组成体检组。

1991—2002年，县、乡（镇）、村各级征兵机构严格依照《中华人民共和国兵役法》的有关规定，认真做好征兵各个环节的工作，确保了兵员的数量和质量，圆满完成了各年度的征兵任务。

第三章 人民武装

安平县人民武装有安平县人民武装部和武警县中队。安平县人民武装部1991年至1996年4月归地方建制，全称是河北省安平县人民武装部。1996年4月后属军队序列，隶属于衡水军分区，全称是中国人民解放军河北省安平县人民武装部。乡镇武装部1991年20个，1996年1月合并为8个。中国人民武装警察部队安平县中队（简称武警县中队），隶属于武警衡水支队和安平县公安局领导。安平县人民武装部和武警中队大力弘扬中国人民解放军拥政爱民的优良传统，积极开展社会化服务，参与地方社会主义物质文明和精神文明建设。安平县人武部1996年经北京军区批准，荣立集体一等功一次，被省委、省政府、省军区授予“抗洪抢险先进集体”荣誉称号；2002年9月，被中共衡水市委、市政府、市军分区评为“拥政爱民先进集体”。

第一节 人民武装部

一、县人民武装部

安平县人民武装部1991—1996年归地方建制，全称是河北省安平县人民武装部，既是县委的军事部门，又是县政府的兵役工作机构，受县委、县政府和衡水军分区双重领导；武装部下设办公室、军事科、政工科和民兵训练基地；机关驻地设在安平镇，定编19人；辖20个乡（镇）人民武装部和4个县直武装部。1996年4月后，属军队序列，隶属于衡水军分区，全称是中国人民解放军河北省安平县人民武装部；下设军事、政工和后勤3个科，定编9人，其中设部长、政委、副部长、军事科长、政工科长和后勤科长各1名；辖8个乡镇武装部和6个县直武装部。

二、乡镇、县直武装部

1991年，全县有安平镇、河漕村乡、东黄城乡、台城乡、后张庄乡、东里屯乡、西两洼乡、王胡林乡、南王庄乡、程油子乡、袁营乡、张寨乡、南苏村乡、大何庄乡、刘吉口乡、马店乡、察罗乡、大子文乡、石干乡、南王宋乡20个乡（镇）武装部和县直机关、经委、丝网集团、县社4个县直单位武装部。1993年4月，建立化工集团武装部。1996年1月并乡扩镇后，全县由20个乡镇人民武装部合并成8个乡镇人民武装部。1997年，经委武装部改为工业集团武装部。2001年7月，成立非公有制企业党委武装部。2002年，全县共有安平镇、马店镇、南王庄镇、程油子乡、西两洼乡、大子文乡、大何庄乡、东黄城乡8个乡（镇）武装部和县直机关、工业集团、化工集团、丝网集团、县社和非公有制企业党委6个县直武装部。乡镇武装部设部长和干事各1名的有5个乡镇（安平镇、程油子乡、西两洼乡、大子文乡、东黄城乡），设部长、副部长和干事各1名的有3个乡镇（马店镇、南王庄镇、大何庄乡）；县直武装部除非公有制企业党委武装部设部长、干事各1名外，其他县直武装部均设部长1名。

1991—2002年安平县人民武装部领导成员一览表

表21-1

职务	姓名	任职时间	籍贯
部长	王晓勋	1991.1—1999.4	南王庄
	陈志强	1999.5—2002.12	定州市
政委	曹长根	1991.1—1998.10	曹遥城
	陈加树	1998.10—2002.12	湖北省随州市
副部长	李清潮	1996.4—2000.12	饶阳县
	李江勇	2001.3—2002.12	崔各庄
党委第一书记	王建章(兼)	1991.1—1992.8	北京顺义
	李力(兼)	1992.11—1995.1	武邑县
	刘苏芳(兼)	1995.1—2000.2	桃城区
	赵庆云(兼)	2000.2—2002.12	冀州市
党委书记	王晓勋	1991.1—1996.4	南王庄
	曹长根	1996.4—1998.10	曹遥城
	陈加树	1998.10—2002.12	湖北省随州市
党委副书记	曹长根	1991.1—1996.4	曹遥城
	王晓勋	1996.4—1999.5	南王庄
	陈志强	1999.5—2002.12	定州市

第二节　武警县中队

中国人民武装警察部队安平县中队（简称武警县中队），隶属武警衡水支队和安平县公安局领导。其主要任务是：负责对县看守所实施外围武装警戒，通常包括监区看守，武装拘捕，武装押解和武装追捕。

第三节　拥政爱民

1991—2002年，安平县人武部和武警中队大力弘扬中国人民解放军拥政爱民的优良传统，积极发动民兵开展社会化服务，参与地方社会主义物质文明和精神文明建设。

建立工作机构　为使拥政爱民工作顺利进行，

1991年，县武装部成立了拥政爱民工作领导小组。组长由武装部政委担任，副组长由武装部副部长担任，武装部军事、政工、后勤三科科长为成员。小组成立后，制定了适用于驻县解放军和武警部队的《安平县拥政爱民若干规定》。

探索工作新方法　为探索新形势下开展拥政爱民工作的新方法、新路子，每年帮建1—2个扶贫点，实行人武部领导包村，干部包组，民兵包户的活动。每年资助失学儿童，为贫困群众捐物捐钱，帮助10个村、100户农民实现了脱贫致富。为增进军政军民感情，与第二粮站、安平中学、安平二中、寨子职中、安平县保安公司、安平县国营第三大药房等结成了军民共建单位，每年都进行几次互访，开展军民联欢，对学生进行军训。

参加地方义务活动　每年都积极组织官兵参加义务植树、县城卫生清整、义务献血等活动，现役军人及民兵还深入城乡，对群众和军属宣传国防知识及政策法律法规。1991—2002年，同宣传、文化、科技、卫生等部门一起，积极开展社会化服务活动，为群众发放有关“明白纸”5万多张，提供科技咨询1万多人次；协同县有关部门捐书35600多册，帮助40多个村建起了图书室，受到农民朋友的欢迎，得到上级的肯定。1994年和1995年，在正饶路拓宽、保衡路改建和滹沱河南北大堤“绿色框架”的建设中，组织80多个民兵连队、3500多名民兵，动用机械车辆410多辆，动土500万方，拓宽道路13000多米，植树10多万棵，出色地完成了任务。人武部协调成立了“组织发动民兵为小康社会做贡献工作领导小组”，下发了《关于组织发动民兵为全面建设小康社会做贡献的意见》；围绕县委实施的“丝网兴县”“生猪富民”战略，充分发挥民兵的突击队、战斗队作用，大力促进特色经济的发展。

兴办爱民医院　1997年，安平县人武部和解放军51036部队共同创办了综合性医院“安平县爱民医院”。1998年，该医院根据军队不准参与经商的规定，改制转由转业干部个人承包。爱民医院对到医院就医的人武部官兵、县中队武警官兵及家属，实行住院优先、收费优惠，治疗费、检查费和住院费全免；对烈军属、荣复转退军人治病不但优先而且优惠；对离退休军人定期给予体检，免收一切费用，有病上门就诊。至2002年12月，爱民医院为安平县武警中队全免诊治627人次，为敬老院孤寡老人免费体检3次，为人武部干部职工免费体检4次，为特困户全免费手术3人次，为军人及直系亲属优惠服务1270人次，下乡义务宣传诊疗26次，共少收医疗费达6万余元；收到军地治愈患者赠送的锦旗130多面。

2002年9月，安平县人民武装部被中共衡水市委、衡水市人民政府、衡水市军分区评为“拥政爱民先进集体”。

第四章　民兵

民兵分基干民兵和普通民兵。基干民兵的年龄是18至28周岁，普通民兵的年龄是18至35周岁。

安平县的民兵组织建制是行政村、企事业单位建立民兵连或排，各乡镇、县直建立民兵营，全县成立一个民兵团。2002年，全县民兵训练在安平县民兵训练基地进行，采取统一食宿，集中训练教育的方法。1991—2002年，共集训17期，参训人员3458人次，训练时间在每年的四五月，训练内容主要是进行军事知识教育和作战技能训练。民兵训练基地1991年位于县城东北角，于2002年迁于县城正东8公里正饶路南侧。新训练基地设教学办公区、生活区、军事训练区和种植示范区，总占地面积105亩，建筑面积1682平方米。

安平县的民兵在社会主义建设中发挥了主力军突击队的作用。1996年8月，安平县遭遇多年不遇的特大洪水时，全县25000多名民兵迅速奔赴抗洪抢险第一线，经过10昼夜的艰苦奋战，战胜了肆虐的洪水，疏散群众9800人，解救被水围困群众6000余人；涌现出一大批先进民兵单位和先进民兵个人。

第一节 民兵种类

民兵分为基干民兵和普通民兵。基干民兵即第一类士兵预备役，必须是年满18岁至28岁的退出现役的士兵和经过军事训练的人员，以及选定参加军事训练的人员。基干民兵分为步兵分队、应急分队、专业技术分队和对口专业技术分队四大类。 普通民兵即第二类士兵预备役，为年满18岁至35岁，符合服兵役条件，未编入基干民兵的其他男性公民和由基干民兵转为普通民兵的人员。

第二节 民兵组织

民兵组织建设主要包括民兵的编组、民兵干部的配备与管理、民兵组织整顿等。安平县的民兵组织建设是按照行政村、企事业单位建立民兵连或排[领导本行政村(单位)的基干民兵和普通民兵]，各乡镇、县直建立民兵营，全县成立1个民兵团。1991年，全县共243个民兵连，编有高射机枪、82无后座力炮、82迫击炮、步兵四种专业分队和由200人组成的两个民兵应急分队；全县民兵总数为32179名，占全县总人口的10.8%；其中基干民兵5000名，占全县总人口的1.68%；女基干民兵410名，占基干民兵的8.2%。

2002年，根据《安平县人民政府、安平县人民武装部关于印发〈2002年民兵整组工作实施方案〉的通知》精神，进行了城市民兵改革，推行了“四个转移”(民兵向重要目标附近转移、向城区转移、向重点乡镇转移、向交通干线转移)；将人防、交通战备分队纳入民兵组织编制，人防专业、交通专业保障队伍与民兵在同一单位组建的，编入所在单位民兵组织，由县武装部统筹规划，统一指挥，分类建设。2002年，全县基干民兵分为步兵分队、应急分队、专业技术分队、对口专业分队。专业技术分队分82迫击炮连、82无后坐力炮连、侦察连、通信连和机械修理连。对口专业分队分信息、保障分队、医疗救护分队、运输保障分队和车辆维修分队。

第三节 军事训练

安平民兵军事训练主要是对民兵进行军事知识教育和作战技能训练，包括军事技术、战术、共同科目等训练。

民兵军事训练在民兵训练基地进行，采取统一食宿，集中训练和教育的方法。1991—2002年，共集训17期，参训人员3458人次，训练时间在每年的4、5月进行。根据衡水市人民政府、衡水军分区军事训练指示。1991—1995年，民兵军事训练任务每年均为355人，分两期进行。第一期完成民兵连、排长71人和专业技术兵135人的训练任务；第二期完成民兵、步兵149人的训练任务。1996—2000年，民兵军事训练任务每年均为215人，其中民兵连、排长71人，专业技术分队64人，应急分队80人。2001年和2002年，全县完成两期民兵军事训练任务，共训练304人。第一期完成民兵连(排)长71人，八二无后坐力炮分队53人；第二期完成民兵应急分队180人。训练取得了明显效果，参训民兵及格率达100%，良好率达85%以上。

第四节 抢险救灾

1996年8月，安平县遭遇多年未遇的特大洪水。8月4日19时30分，安平县武装部接到县防汛指挥部抗洪抢险的命令后，迅速组织全体人武干部和26000名民兵，奔赴抗洪抢险第一线。各乡（镇）成建制地使用民兵，共成立民兵抢险队215个（有60个民兵连队打出旗帜）。民兵动用车辆2000余台，捐献物品13万件。武装部和民兵共转移疏散群众9800人，解救6000余人，其中武装部本身转移群众320人，解救被水围困的群众1226人，直接从水中救出4人。经过10个昼夜的艰苦奋斗，战胜了多年未遇的特大洪水。滹沱河北大堤、潴泷河千里堤安全度汛，保证了京、津等城市以及华北油田的安全。南大堤在部分堤段洪水漫溢的情况下没出现决口，保住了堤南的7个乡镇132个村庄、安平县城及20余万亩良田；保证了周围市县的安全，取得了抗洪抢险的决定性胜利。在这次抗洪抢险中，涌现出一大批先进单位和个人，其中安平县人武部经北京军区批准，荣立集体一等功一次，被省委、省政府、省军区授予"抗洪抢险先进集体"荣誉称号；县武装部部长王晓勋经北京军区批准，荣立二等功一次，被省委、省政府、省军区授予"抗洪抢险先进个人"；经省委、省政府、省军区批准，授予唐贝村民兵连长靳小乐"民兵抗洪抢险先锋"荣誉称号，给后刘兴庄民兵连记集体一等功一次，给安平镇武装部部长崔永良记一等功一次。经衡水市委、市政府、军分区批准，给东黄城乡武装部长、程油子乡崔各庄村民兵连长各记二等功一次，给马店镇武装部长记三等功一次，南王庄镇人武部、丝网集团人武部、北郭村民兵连、东呈干民兵连被授予衡水市抗洪抢险"先进单位"荣誉称号；3名县人武部干部经衡水军分区批准，各荣立三等功一次。

图21-1　1996年抗洪抢险现场

第五节　民兵训练基地

1991年，安平县民兵训练基地位于县城东北角，占地84亩，设有弹药库，射击、队列、战术训练场，宿舍、食堂及各种办公室等配套设施，承担着全县民兵的军事训练任务。从1991年开始，在基地创办以劳养武企业工贸公司、石油化工厂、人防建筑公司、华兴丝网厂，丝网门市部等，既解决了训练经费不足的问题又为县经济建设做出了贡献。1991年，共缴税金312万多元，成为纳税大户。1992年，被省委、省政府、省军区评为“以劳养武先进单位”。1995年，因县城扩建基地开始逐渐丧失军事训练功能。2000—2002年，县委、县政府投资300余万元，在县城正东8公里正饶路南侧占地105亩，盖三层综合训练楼一栋（建筑面积1557.48平方米，大小46个房间），平房6124.28平方米，完成基地迁址新建主体工程。

新基地分设教学办公区、生活区、训练区和种植示范区。训练区占地45亩，有操场、战术场、障碍场、军体场、投弹场、爆破场、射击靶场和专业训练室。教学办公区占地15亩，有各类办公室、值班室、大教室、电教室、战术技术模拟室、科技资料室、微机室、图书室和教研室等。生活区占地15亩，有仓库、水塔、宿舍、游艺室和一次容纳200人就餐的食堂等。种植示范区30亩。1991年至1996年3月，民兵训练基地设副主任2名。1996年4月至1998年3月设主任、副主任各1名。1998年4月至2002年年底设主任1名。

第五章　国防教育和人民防空

第一节　国防教育

一、组织机构

1991年3月，县委建立安平县国防教育领导小组，由县委主管副书记任组长，县政府主管副县长、县委宣传部部长、县人武部政委任副组长，教委、民政、司法、工会、共青团、妇联等部门领导人为成员。领导小组下设国防教育办公室。办公室设在县人民武装部，设主任1人。1991年至1997年9月，办公室主任由县人武部政工科长兼任。1998年3月至2002年年底，设专职主任1人。

二、活动

在国防教育工作中，县国防教育领导小组研究确定了全县国防教育的指导思想和规划，建立健全了各项工作制度，同时，明确了宣传、武装、文教、卫生、民政、公安、司法、广播电视、工会、共青团、妇联等职能部门的职责。按照《河北省国防教育暂行条例》的要求，各有关部门主动协调，密切配合积极开展工作，形成齐抓共管的局面；民兵训练基地和各“青年民兵之家”办成了国防教育阵地，通过以会代训、培训骨干、举办专题报告等形式，使国防教育在全县城乡普遍展开，逐步纳入普法教育、学校工作和优抚安置工作，形成了多层次、多渠道、多形式的教育格局。每年县五套班子领导成员过“军事日”。每年征兵期间为“国防教育宣传月”。基干民兵每年上4次国防教育课，普通民兵上两次国防教育课，主要是在征兵期间、“八一”“十一”、元旦和春节进行。教材使用总政治部群工部编印的《国防知识教材》《解放军报》《中国民兵》和《华北民兵》等刊登的有关内容。对工人、农民，主要是在拥军优属、征兵、文艺演出时宣传。1999年9月，安中高三级的程钢同学参加全国“迎国庆万校国防教育系列活动”——国防征文比赛，荣获纪念奖，（由河北省国防教育领导小组颁发证书）。2000年，县武装部和县文化馆选排的国防教育文艺节目《挑女婿》和《兵妈妈》分别荣获河北省国防教育演出优秀奖、组织奖。中小学生结合历史、地理课教学和法制宣传讲解国防知识。全县建成一小、二小、寨子职中、安中、二中5所高标准少年军校。在全县8个乡镇和部分村设有活动站和活动室。全县共设有国防教育中心21个，国防教育基地5个：安平县烈士陵园(1995年，先后被省、市命名为县级烈士纪念物管理先进单位和爱国主义教育基地)、马店镇什伍村人民英雄纪念碑、大何庄乡马营村革命烈士纪念碑、大子文乡大子文村的王东仓烈士墓、南王庄镇南王庄村的南王庄展览馆。每年清明节，组织学校及各单位人员到烈士陵园扫墓和瞻仰悼念先烈。1991—2002年，县人武部与武警部队官兵和部分退伍军人共出动120人，对30000多名初、高中学生进行了军事训练。通过军训，学生们进一步增强了组织纪律性和国防观念。

第二节　人民防空

人民防空是国防建设的重要组成部分。2002年之前，安平县陆续在城区安装防空警报器2台，用于县城内的突发事件及战时城市防空警报之用，并于每年的7月7日拉响警报，以警醒人民勿忘国耻，警钟长鸣。

安平县人民防空办公室(简称人防办)成立于2001年12月，设主任、副主任各1名，工作人员共3—4人。人防办成立后，完善了《安平县防空袭方案》和《安平县突发公共事件总体应急预案人防保障案》，完成了全县重要经济目标防护案的调研工作。2002年，结合民兵整组，人防专业队伍纳入民兵组织，按照平战结合、条块结合、单独编组、分别使用的原则，组建了抢险抢修，医院救护、通信、运输、治安、消防、防化7个人防专业队和一个防空分队。是年春季，县人防办组织举办了全县民兵防空应急培训班和防空知识讲座，进行了防空应急演练。通过这些措施，宣传了《中华人民共和国人民防空法》；广大民兵提高了防空应急专业知识水平，掌握了防空应急处理程序，增强了防空应急能力；为更好地应对突发事件、消除或降低突发事件的危害奠定了基础。

第二十二编　教育

- 学前教育
- 小学教育
- 普通中学教育
- 专业教育与其他教育
- 教师队伍
- 教学
- 考试
- 普九
- 教育经费
- 社会办学
- 管理机构

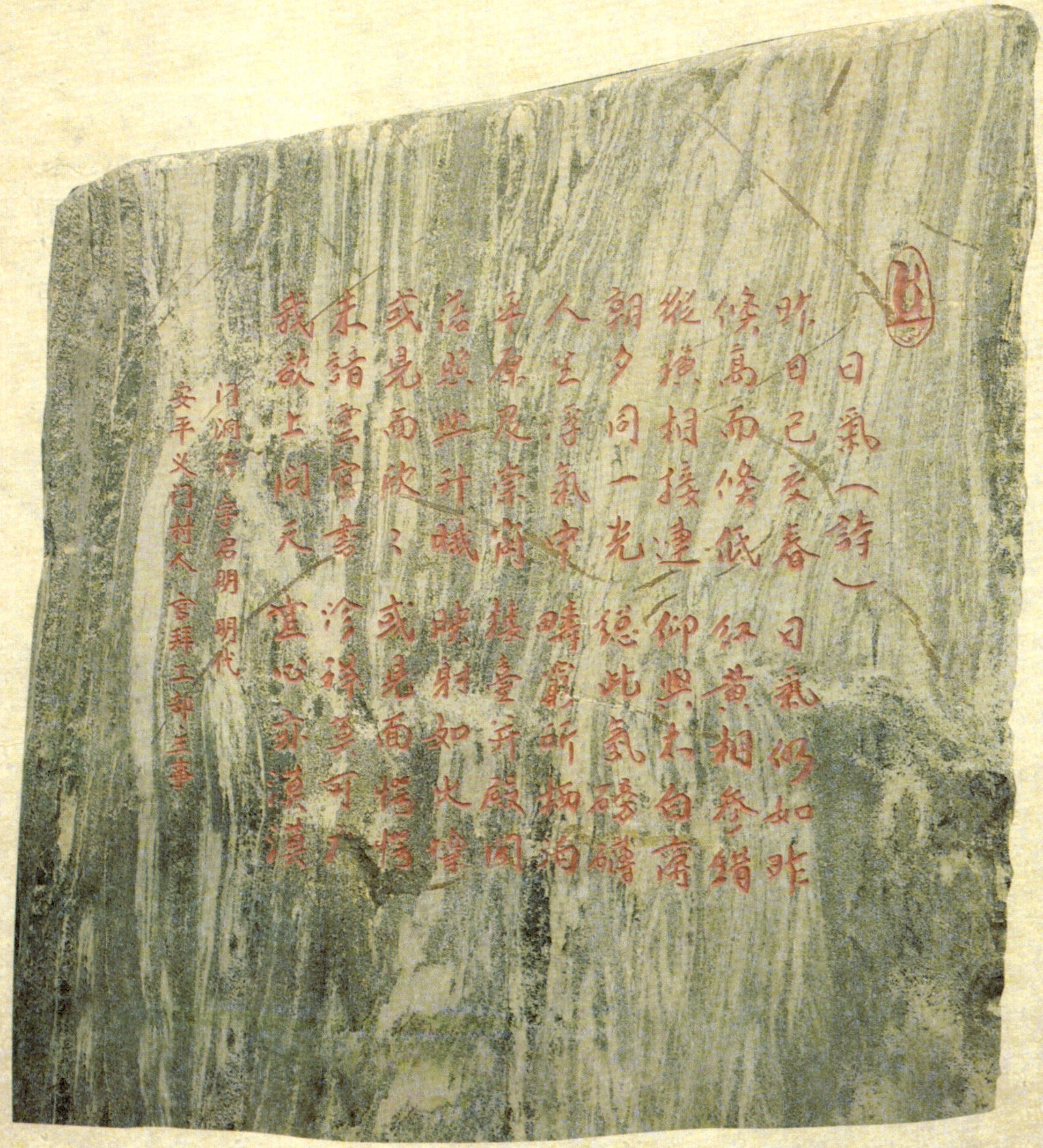

安平县汉王公园石刻

第二十二编　教育

1991—2002年，安平县委、县政府认真贯彻执行党的教育方针、政策，深化教育改革、坚持“科教兴县”战略，全面推进素质教育，大力推进教育体制改革和结构调整，不断增强基础设施建设投入，改善办学条件，大力普及九年义务教育，极大地促进了安平县教育事业的大发展。2002年，全县各级各类全日制学校共计181所，教职工3987名，教学班1288个，在校学生47556人，全县适龄儿童入学率达100%。1996年顺利通过国家“普九”验收，并被国家授予“普九”工作先进单位。1999年，通过省“两基”复检；2000年，通过“两基”国检；2002年，再次通过省政府“普九”复检，并被评为省“普九”工作先进单位。

1991—2002年，安平县教师队伍结构发生根本变化，凡符合条件的民办教师全部转为国办教师，全县民办教师为零；全县教师学历达标率为96.05%，其中小学教师学历达标率为100%，中学教师学历达标率为92.1%；教师业务素质均达到省颁标准。教师队伍中的先进典型层出不穷，先后涌现出一大批全国、省、市优秀教师、劳动模范和先进工作者，为国家培养出了一批又一批有用之才。

第一章　学前教育

第一节　学前教育概况

1991年，安平县228所小学都附设学前班；县城设幼儿园一所(国办)，分大、中、小3个班，入园儿童70名，园址在育才路路东。全县学前班儿童共6500名，幼儿教师218名。1998年4月，国办幼儿园迁建改制，由国办改为民办，更名为启蒙幼儿园，园址在为民东街与汉王路交叉口西北角。同年8月，增建民办童星幼儿园，园址在育才北路东侧。两所幼儿园均为两餐两点(点心)全日制民办幼儿园；总占地面积6000平方米，建筑面积9200平方米。到1998年年底共有教学班11个，入园幼儿380人，教职工41名。2000年以后，随着人口出生率不断下降和全县学校合校并点、交叉办学，很多学前班停办，有的学前儿童随一年级就读。2002年6月，新建童星幼儿园分园(西园)1所，占地面积2600平方米，建筑面积2100平方米。到2002年末，全县有民办幼儿园3所，占地面积8600平方米，建筑面积11300平方米，共有30个教学班，入园幼儿1025人，教职工88名；全县有学前班151个，学前班儿童4088名，幼儿教师198名。

为扭转幼儿教育小学化、成人化倾向，教育局按大、中、小班不同层次的教学要求，统一使用幼儿教材，统一组织教育和教学。启蒙幼儿园和童星幼儿园都购买了幼儿接送车，添置了大型室外玩具、室内空调，增加了录音、录像、VCD、电视机、电话等设备，开设了电子琴兴趣班、英语课、美工课等。

1991—2002年全县幼儿教育基本情况表

表22-1　　单位：个、人

年度	班数	在校幼儿人数	幼儿教师人数
1991	229	6500	218
1992	218	6233	221
1993	211	6044	229
1994	206	5878	238
1995	206	5447	209
1996	198	5548	199
1997	182	5162	194
1998	178	4510	191
1999	167	4492	184
2000	167	4492	184
2001	167	4492	184
2002	153	4088	196

第二节　幼儿园选介

安平县启蒙幼儿园

1998年4月，安平县第十一次县长办公会议决定由启蒙学校承办“安平县县直幼儿园”，实行民办公助体制，名称为“安平县幼儿园”，又名“启蒙幼儿园”。园址在为民东街与汉王路交叉口西北角，占地面积2000平方米，建筑面积3000平方米。招生范围由单纯招收县直干部子女扩大为面向全县招生，并实行全日制，幼儿可在园午休和“两餐两点”。幼儿园从5月20日试运行，于5月29日正式开园。开园时共招收幼儿280名，设学前班1个，幼儿大班2个，中班2个，小班1个，教职工26人。

1999年，幼儿园进行了“幼儿快速阅读”实验。经过一个学期的实验，幼儿识字量达1500个，能阅读简单的儿童读物，深受广大幼儿和家长的欢迎。幼儿园的规模快速扩大，到1999年年底，发展至9个教学班，大、中、小班各3个，在园幼儿达380名。是年，《幼儿园教育指导纲要（试行）》（以下简称《纲要》）颁布后，该园努力贯彻《纲要》精神，用先进的理念指导日常的教育教学活动。截止到2002年，幼儿教学班达到了11个，其中大班4个，中班4个，小班3个，在园幼儿545人，教职工42人。

童星幼儿园

始建于1998年8月，是全日制民办幼儿园，园址在育才北路东侧55号（此园以下简称东园）。东园占地面积4000平方米，建筑面积6200平方米；1998年，招收幼儿100名，分设5个幼儿班，其中大班1个，中班2个，小班2个，教职工15人。2002年6月在安平二中北门对面路北建立了童星幼儿园分园（简称西园）。西园占地面积2600平方米，建筑面积2100平方米。幼儿园发展迅速，到2002年年末，东园有幼儿班10个，幼儿300名，设大班3个，中班4个，小班3个，教职工23人；西园有幼儿班7个，幼儿180名，设大班2个，中班3个，小班2个，教职工23名。东西两园共有教学班17个，在校幼儿480余人，教职工46名（其中中专或高中学历

图22-1　启蒙幼儿园在上音乐课（教育局提供）

图22-2童星幼儿园师生互动（教育局提供）

者25名，大专学历者12名，初中学历者9名，分别占幼儿教职工总数的54.3%、26.1%和19.6%）。

该幼儿园于1999年被评为“好宝宝亲子苑”；2000年，被评为“衡水市优秀家长学校”；2001年，获得衡水市“巾帼文明示范岗”荣誉称号；2002年，被评为“河北省小公民道德建设先进集体”。

第二章　小学教育

第一节　小学教育概况

1991年，全县共有小学228所，其中农村小学226所，县直2所，共有教学班1166个，在校学生29422人，学龄儿童入学率为99.9%；共有教职工1520人，其中国办教师1210人，民办教师310人。1991—2002年，安平县小学教育大致经历了三个阶段：第一阶段：1991—1994年，其间主要是加强学校硬件建设。经过建设，全县226所农村小学、2所县直实验小学共拥有教学楼27座，高标准校舍93处，一般标准校舍105处，（生均建筑面积2.93平方米），“三室”（科技活动室、图书阅览室、仪器实验室）1024平方米；教学仪器达二类标准的学校22所，三类标准的202所；文体、美术器材、生均图书、课桌凳等均已具备了小学义务教育必备的办学条件。1994年底，全县通过了衡水地区行署初等义务教育整体达标的评估验收。第二阶段为1995—1997年，其间重点抓了两个方面的工作：一是合理调整农村小学布局。1997年4月，对全县120所小学进行了合并，新建中心小学完小点44个。二是大力改善办学条件。由于入学高峰的到来和进城经商、务工人员子女的涌入，城镇小学入学压力增大。1997年，县委、县政府投资300余万元迁建了县第二实验小学，投资100万元扩建了县二中附小，由社会力量办起向阳、启蒙小学，县城小学容量由2000人增加到3500人，基本满足了县城儿童的入学需要。1997年10月，省教委“普九”复查，对安平县的工作给予了高度评价。第三阶段是1998—2002年，在此阶段主要抓了两方面的工作：一是积极推行学区一体化管理模式，下大力抓薄弱学校建设。到2002年年底，全县小学由1997年的227所撤并为163所，进一步优化了教育资源的合理配置，提高了办学效益。二是加强了现代信息技术装备。到2002年，全县小学共有微机室19处，微机344台，语音室67座，耳机6000余副，小发射机24台，城镇小学、乡镇中心小学全部装备了语音室，建成了现代化远程教育网络终端。1999年，通过省“两基”复检，2000年通过“两基”（基本普及九年义务教育、基本扫除青壮年文盲）国检，全县小学教育进入快速、健康发展阶段。截止到2002年年底，全县共有小学163所，其中农村小学158所，县直5所（民办2所），教学班967个，在校学生27839人，学龄儿童入学率为100%，教职工2792人，其中国办1951人，地方国办706人，民办学校聘任135人。

1991—2002年安平县小学教育情况表

表22-2　　　　单位：所、个、人

年份	学校数	班数	毕业生数	招生数	在校学生数	入学率%
1991	228	1166	5646	5991	29422	99.9
1992	228	1222	4095	8858	34185	99.5
1993	230	1263	4105	7413	36548	99.53

续表22-2

年份	学校数	班数	毕业生数	招生数	在校学生数	入学率%
1994	229	1294	5482	6741	37451	99.9
1995	229	—	6051	8294	40125	99.94
1996	227	1198	6063	7704	41088	100
1997	227	1187	7393	4048	40867	100
1998	223	1166	8334	5716	38249	100
1999	216	—	6061	4122	36310	100
2000	215	1210	5955	4573	34928	100
2001	177	1196	5944	3892	32876	100
2002	163	967	7828	2791	27839	100

第二节　重点小学简介

河北安平中学附属小学

河北安平中学附属小学前身为城镇小学。始建于1978年，校址在圣姑北路路西原电信局北邻，1981年，迁至为民东街与育才路交叉口东北角。1986年，学校更名为安平县第一试验小学。1991年，学校为双轨制，学制5年，1—5年级共10个教学班，在校学生600余人，教职工15人。1994年，校址迁至新盈街与育才路交叉口以东路南（安平中学西邻），占地面积3660平方米，建筑面积3360平方米。1998年，学校更名为河北安平中学附属小学。2001年9月，新招收的一年级学制改为六年。2002年年末，学校有教学班15个，在校生896人，教职工62人，教师学历全部达标。

图22-3　第一实验小学教学楼　（教育局提供）

该校于1998年被衡水市教委授予“德育示范校”称号。1999年，被衡水市共青团、市少工委授予“雏鹰大队”称号。2001年，被省少工委授予“红旗大队”称号，被衡水市爱委会授予“卫生先进学校”称号。2002年，荣获河北省第二届“星星火炬”奖章，被衡水市巾帼建功竞赛活动协调领导小组授予“巾帼文明示范岗”称号。

安平县第二实验小学

该校始建于1986年，校址在西马路机电胡同南侧，占地面积20亩，建筑面积372平方米。1991年，学校有10个教学班，学制五年，在校学生450人，教职工29人。1997年，校址迁至东关村村东，占地面积14007平方米，建筑面积3400平方米，操场5200平方米。1999年6月，建成地面卫星接收站。2001年9月，新招生的一年级学制改为六年。

图22-4　安平县第二实验小学　（教育局提供）

到2002年年末有16个教学班，在校学生830人，教职工58人。学校建有微机室、语音室、仪器室、实验室、美术室、音乐室、图书室、阅览室、体育器材室、少先队科技活动室等。教学仪器均达到省定一类标准。

该校1992年12月在“河北省红领巾太行行动”活动中荣获最佳活动奖。1993年12月，被衡水市团委授予“少先队红旗大队”称号。1998年3月，被市教委批准为“衡水市艺术教育示范校”。2000年3月，被市巾帼建功协调领导小组评为“巾帼文明示范岗”；6月，获“衡水市雏鹰大队”称号；9月，被市政府评为“衡水市关心下一代工作先进集体”。2001年2月，被市教委命名为“衡水市教育科研先导型实验学校”；5月，在实施衡水市《家庭教育“九五”计划》工作中，成绩显著，被市教委、市妇联评为先进集体；同月，被市教委命名为“衡水市小学自主学习教育教学改革实验学校”；7月，荣获省教育厅颁发的“全省首届艺术节活动优秀组织奖”；12月，被市教委评为“衡水市中小学示范学校”。

安平二中附小

安平县第二中学附属小学前身是西关村办小学，校址在西关村西街路南，西邻铁路，生源主要是西关村的学生。1990年，村酬资30多万元在铁路西旧城街路北建教学楼一栋、教师宿舍5套。学校于1991年9月迁入新校舍，时有5个教学班，学制5年，为单轨制，在校生123人，教职工8人。1997年6月更名为“安平二中附小”，成为一所县办小学。同年暑假拆掉教师宿舍，建教学楼一栋，由一轨制改为二轨制，生源除西关村籍的学生和二中教师子女外，还招收新盈街以南保衡路以西的学生。1997—2002年，学校又先后投资45万元，建成了微机室、语音室、多媒体室、电子备课室。2001年9月，新招生的一年级学制改为6年。到2002年年末，学校占地面积为7316平方米，总建筑面积1780平方米，共有教学班12个，为双轨制，在校生569人，教职工36人。

该校1996年被衡水市教委命名为市级“示范性学校”“初级规范化管理学校”；2000年，学校参赛的文艺节目《开门红》《欢天喜地》荣获市级“村田杯”少儿文艺节目一等奖；2002年，被衡水市教育局评为市级“德育工作先进学校”和“衡水市绿色学校”。

第三章 普通中学教育

第一节 普通中学教育概况

1991年春，全县共有普通中学27所，其中完全中学2所（安平中学、后张庄中学），初中25所。5月30日，经县委、县政府研究决定，安平中学取消初中，后张庄中学取消高中（初中实行四规制，面向全县招生），城关中学由县教委直接管理 ，县镇联办，取消片中。是年，安平中学建成教学楼，全县改建、扩建初中13所，迁建7所。1991年年末，全县共有普通中学22所，其中高中1所，初中21所，学校占地面积由原来的763亩增加到1419亩，建筑面积由原来的41297平方米增加到85907平方米；共有教职工883人，其中国办856人，民办27人；175个教学班 ，在校生8410人。1993年、1994年，先后成立育才、光明两所民办中学。1995年，安平中学新建教学楼一座，男女生宿舍楼各一座，同时还建有标准游泳馆、按国家标准全封闭的田径场，配备了合乎国家一类标准的微机室、语音室、电教室、图书馆、音体美器材及设备。1996年，并乡扩镇后，全县共有普通中学19所。是年，全县共投资7000多万元用于改善初中办学条件。2000年8月，成立安平县第三中学。同年，教育局下发了《关于积极推进素质教育的实施意见》。2001年，取消乡中1所。是年，全县初中生均占地面积、生均建筑面积分别为58.3平方米和7.7平方米，生均图书34.6册。2002年，暑假取消乡中3所。到2002年年末，全县共有中学16所，其中民办2所，教学班276个，在校生16970人，教职工1330人。

从1999年到2002年全县投资扩建、新建、改建中学校舍59448平方米，新建教学楼23203平方米，改造危房10775平方米。建微机室17处，购置微机821台，建成语音室17个，装备语音机888座，新增锁定频道耳机3000副，安装发射机40台，大发射机10台。在此期间，全县仅用于校园环境建设的投资就达63.1万元。

1991—2002年，全县共有12个教研课题在市有关部门立项，4所学校被确定为省级课题试验学校，其中县三中、育才中学、安平中学承担了心理健康试验研究。1991—1996年，中考成绩、高考成绩、升学率一直居下游水平；1997—2001年，中考成绩居全市前列，高考升学率1997、1998两年名次略有上升；1999年，高考升学率上升到全市第三名；2001年，居全市第一名。

1991—2002年安平县普通中学教育发展情况统计表

表22-3　　单位：所、个、人

年度	学校数	其中民办	班数	在校学生数	招生人数	毕业生人数		
						合计	高中	初中
1991	22	—	175	8410	3102	2774	345	2429
1992	22	—	244	10514	4375	3785	321	3464
1993	23	1	189	9993	3577	3541	560	2981
1994	24	2	211	10921	5032	2942	350	2592
1995	23	2		13843	5916	2312	354	1958
1996	19	2	295	17005	6063	3467	471	2996
1997	19	2	292	20151	6937	5139	650	4489
1998	19	2	283	23901	9111	5361	526	4835
1999	19	2	289	24097	6701	6505	876	5629
2000	20	2	241	22923	5636	8285	892	7393
2001	19	2	238	16163	4826	8051	1060	6991
2002	16	2	276	16970	6518	6681	980	5701

1991—2002年全县初中毕业升学情况表

表22-4　　单位：人

年度	毕业生		升学情况				
	毕业人数	报考人数	升入普高人数	升入中专人数	升入职高人数	升学总人数	升学率%
1991	1483	1246	300	246	200	746	60
1992	1890	1540	300	328	200	828	54
1993	2570	2360	400	498	200	1098	47
1994	2830	2635	400	520	200	1120	43

续表22-4

年度	毕业生		升学情况				
	毕业人数	报考人数	升入普高人数	升入中专人数	升入职高人数	升学总人数	升学率%
1995	3070	1926	500	560	210	1270	66
1996	3770	3267	600	530	240	1370	42
1997	4366	3948	600	596	240	1436	36
1998	5502	4710	800	627	274	1701	36
1999	5260	4318	800	703	271	1774	41
2000	6748	6239	1000	630	380	2010	32
2001	6032	5317	1000	670	400	2070	39
2002	5436	4826	1500	580	430	2510	52

第二节　普通中学选介

安平中学

始建于1947年，是河北省示范性普通高中、省体育传统项目学校、体育和艺术示范学校、河北省心理健康教育实验学校。校园占地面积10万平方米。

1991年，学校总建筑面积4万多平方米；有初中班9个，3轨制，高中班18个，6轨制，在校生1300余人；教职工98人，专职教师79人，其中本科学历27名，特级教师1名，高级教师26名，一级教师30名。是年，初中停止招生。1993年，取消初中，成为高中学校，在校生1000余名。1995年，招体育、文艺两个初中特长班，高中一年级增加到8个班，共20个班，在校生1200余人。1996年初中一年级重招5个班，加上体育、文艺2个班共7个初中班，同时设立初中部；高一年级增加到10个班，全校共24个班，在校生1400余人， 教职工113名。1997年，初一增加到8个班。2000年8月，初中部与安平中学分离，成立安平县第三中学。2002年，安平中学有高中教学班36个，三个年级均为12轨制，在校生1800余人，教职工186名，专职教师120名，其中研究生1名，本科学历110名，高级教师36名，一级教师68名；学校绿化面积1万多平方米，总建筑面积达88148平方米，其中实验室15个，图书馆322平方米，有教学楼、科技楼、学生宿舍楼、微机室、程控电话、语音室、电教室、多媒体教室和全封闭田径场、游泳馆等。

图22-5　河北安平中学（教育局提供）

学校自1996年起，每年高考升学率均上新台阶。2000年、2001年、2002年高考均居全市上游，教学成绩居全市先进行列。1991—2002年间，为全国各类高等院校输送合格新生5302名，其中清华大学6名。1997—2002年，先后获全国、省、市“先进卫生学校”“示范文明学校”“文明单位”“园林式学校”“普通高中教育工作先进单位”“规范管理先进学校”等荣誉称号158个，参加全国、省、市、县各类比赛获一、二、三等奖175项。

安平县第二中学

安平县第二中学原名为后张庄中学，始建于1951年10月，校址在后张庄村北。1991年前后，张庄中学为片中，初中仅招收本片后张庄、东里屯、西两洼和台城四个乡的学生；高中为县办二类高中，面向全县招生。同年，按照县政府的决定，取消高中，原有高中班并入安平中学，初中变为四轨制，面向全县招生。1991年年末，学校占地面积76亩，校舍建筑面积达7779平方米；初中有12个教学班，在校学生840人，教职工85名。1995年8月，后张庄中学更名为安平县第二中学，并开始向安平镇西关村村西搬迁，翌年搬迁完毕。学校占地96亩，校舍建筑面积7200平方米。1996年9月，学校新增招高中2个班，学生100人。1996年年底，学校共有25个教学班，学生1690人，其中初中班23个，学生1590人，高中班2个，学生100人。

图22-6　安平县第二中学教学楼（教育局提供）

1997年9月，又增招高中班4个，学生200人，教职工120人。1998年9月，学校取消高中，原有的6个高中班，300名学生并入安平中学。同年建成3000平方米的学生宿舍楼1座。1999年，2000平方米的体育场看台建成，新建的1000平方米办公楼投入使用。2001年，1000平方米的学生餐厅建成。2002年，新建洗浴楼1座600平方米、教学楼1座1500平方米。到2002年，校舍总建筑面积达16300平方米，初中教学班34个，在校生3060人，教职工182人。自1991—2002年，学校共毕业初中生6200人，其中考入中专的有2000人，考入高中的有3240人（其中公助生1240人）。

安平县第三中学

安平县第三中学前身为安平中学初中部，2000年8月经县政府批准，与安平中学分离，成立安平县第三中学。校址在县城新盈东街中段路南（安中北院）。负责承担县直一小、二小毕业生的初中阶段教学任务。学校占地6000平方米，校舍建筑面积700平方米。2000年8月学校有教学班12个，在校生700余名，教职工38人，其中本科22人，专科16人。2002年年末，学校有教学班11个，在校生660余人，教师42人，其中本科23人，专科19人。该校于2000年被安平县教育局授予"教学成绩优秀学校"称号；2002年被河北省教育厅授予"心理健康教育实验学校"称号。

第四章　专业教育及其他教育

第一节　职业中学

一、职业中学概况

1991年，全县有职业中学2所（北郭村农业中学、安平职教中心），21个教学班，在校学生790人，教职工115人。北郭村农中（初中）学制为"三加一"，二轨制；职教中心学制为三年制。从1993年开始，职教中心先后开办了幼师班、汽修班、食品加工班、经法班、财会班和综合高中、综合高小、综合初中班，除幼师、综合高小和招高中毕业生的食品加工班学制为2年外，其余学制均为3年。1996年，北郭村农中改"三加一"为三年制初中，四轨制；2002年，为六轨制。到2002年年末，北郭村农业中学、安平县职教中心共有教学班45个，在校学生2747人，教职工215人。

1991—2002年安平县职业中学发展情况表

表22-5　　　　单位：人

年度	学校（所）	班数（个）	毕业人数	招生人数	在校学生人数	教职工数
1991	2	21	63	350	790	115
1992	2	19	263	332	866	110
1993	2	27	456	500	1308	121
1994	2	29	393	704	1578	133
1995	2	31	371	830	1727	133
1996	2	35	419	850	2131	153
1997	2	34	721	790	2060	167
1998	2	38	680	870	2250	195
1999	2	37	730	668	2188	201
2000	2	34	650	493	2031	208
2001	2	42	870	1303	2464	196
2002	2	45	360	1310	2747	215

二、职业中学简介

北郭村农业中学　该校创建于1964年12月，位于安平县城西北15公里的马店镇北郭村西南角。1991年学校为二轨制，共有8个教学班，在校学生278名，42名教职工，学制为“三加一”。学校占地面积102亩，建筑面积4920平方米，其中1180平方米综合楼一座。1995年8月至2001年7月，学校按四轨设置，每年16个教学班，在校学生年平均保持在2000人左右，教职工62人，其中大专以上学历60人，学历达标率为96.8%。2001年9月，学校改为六轨制，学制由“三加一”改为三年制，教学班增至18个。到2002年年末，学校共有18个教学班，在校学生1311人，教职工75人，其中专职教师70人（高职3人），学历达标率为93%。

从1992年起，学校先后新建教室26间、650平方米，教职工宿舍20间，400平方米，学生宿舍26间，650平方米，办公室13间，280平方米，高标准物理实验室和化学实验室各一个共200平方米。到2002年年底，学校校舍总建筑面积7100平方米，微机室、语音室、卫星地面接收室、多媒体室、图书室、美术室、音乐室、体育器材室、党团员活动室等13室及内部配套设施全部达标。

图22-7　北郭村农业中学微机室　（北郭农中提供）

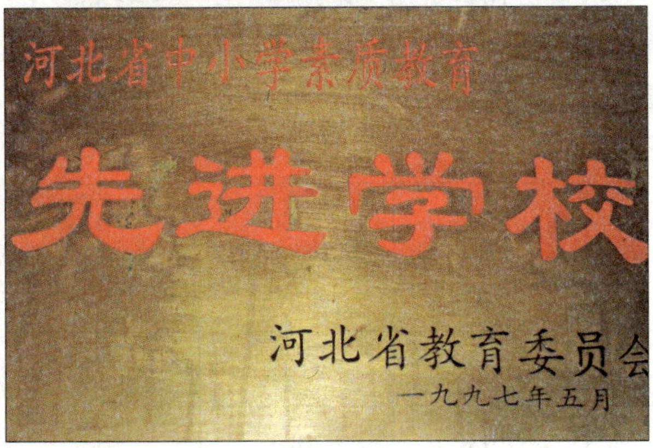

图22-8 北郭村农业中学所获奖牌（北郭农中提供）

该校1991年被国家教委授予“科教兴农先进学校”称号。1995年5月1日，被省教委授予“河北省中小学素质教育先进学校”。1995年，经国务院批准校长苑书田享受国务院颁发的政府特殊津贴。1997年，该校被省教委授予“河北省示范性职业技术学校”称号；同年10月，被省政府授予“农村教育综合改革先进单位”称号。2000年12月，被省教育厅确立为首批“自主学习，自主发展”实验性学校。自1991年到2002年，北郭农中共为上级学校输送3000余名合格学生。并连续12年被河北省委、省政府命名为“文明学校”。

安平县职教中心

始建于1983年3月，原名安平县农业中学，校址在原安平县农业技术学校院内。1984年，校址迁至西两洼乡宅子村南，占地418亩，校名称安平县第一职业中学。1991年，该校改为安平县职教中心，成为河北省第一批建设的县级职教中心。职教中心有职业高中班12个，学生512人，学制3年，教职工72人。1991—1998年，职业高中班4轨制，每年保持12个班，从1999年开始停招，到2001年取消职业高中班。2002年年末，该校共有35个教学班，学生1843人。其中财会班3个，学生141人；综合高中班12个，学生510人；综合初中班12个，学生785人；综合小学班8个，学生407人。共有教职工140人。学校总建筑面积2.02万平方米，其中教学实验楼2座，学生宿舍楼3栋，1200平方米餐厅1座，各种实验室6个，并配备了微机、语音设备、卫星地面接收等现代化教学设施。

第二节 师范教育

一、师范教育概况

安平县师范教育主要由教师进修学校承担。1991—1992年，安平县教师进修学校举办了中师函授班、教师教材教法合格考试和卫星电视中师班。为进一步加大对全县中小学教师学历教育的培训力度，进修学校与安平县电大工作站联合办学，于1992—1995年和1998—2002年举办了小学教师大专班，共招收学员760名；1996年和2000年、2001年举办了中学教师“专升本”班，共招收学员676名，占应参训教师的91%。

1996—1998年连续三年对小学教师开展了教学基本功训练。1998年到2002年对786名新分大中专毕业生进行了岗前培训；对全县210名中小学骨干教师进行了现代教育和现代信息技术培训；组织100名中小学教师参加了英特尔未来教育培训；举办了多期中小学教师计算机培训班，共培训教师720名；举办15期普通话培训班，使1241名教师取得了普通话合格证书；举办了小学英语教师培训班，培训骨干教师200名。

1997年，为提高小学校长的政治、业务素质和理论水平，实现小学校长队伍管理的规范化、制度化，完成全县小学校长1998年持证上岗的任务，安平县教育局转发了县教师进修学校《关于小学校长岗位培训工作的安排意见》，从1997年2月开始到1998年6月，采用自学与面授辅导相结合、理论学习与实践相结合、平时分散与集中相结合的教学形式对全县212名小学校长和66名后备干部进行了以小学教育管理为主要内容的培训。通过培训，小学校长的教育管理水平有了很大提高，校长持证上岗率达到了100%。

二、安平县教师进修学校简介

教师进修学校的前身为原安平县师范学校，始建于1954年；1957年，改为教师进修学校；1984年，定为中师性质的进修学校。校址位于国营汽车站南，1997年，迁至县城中心路南段西侧（城关中学旧址），占地面积26亩。1998年，学校投资10万元，购置27台微机建成微机室。1999年，该校临中心路建起综合楼一座，建筑面积2700平方米。2000年，建起图书室、音乐室、美术室、电教室；安装了IP接收系统，开通了互联网；学校内设办公室、教导处、政教处、继续教育处、学历教育处、电教处、总务处等7个处室。2002年，学校建起了北教学楼，建筑面积1500平方米。至2002年年底，学校共有教职工31名，其中专任教师25名，占教职工总数的80.6%，本科学历教师19名，占专任教师总数的76%。

该校在1991—2002年开设了全日制中师班、小学教师大专班、计算机专业大专班、初中教师"三沟通"（电大、自学考试、函授）专科班、地方国办教师中专班、教师管理专业大专班等，共招收毕业学员2184人。举办了新教师入职培训、中小学校长上岗培训、骨干教师英特尔未来教育培训、教师普通话培训、现代信息技术培训等。

该校于2000年11月被河北省教育厅评为"办学条件达标教师进修学校"；2001年12月，被河北广播电视大学评为"先进办学单位"，2002年，被河北省教育厅评为2001—2002年度英特尔未来教育项目优秀培训点。

第三节　业余教育

1990年，全国第四次人口普查结果表明，安平县农村青壮年文盲达3727人，这些人大多集中在农村。针对这种状况，安平县建立了230个村扫盲夜校，从1991—1994年，全县共扫除文盲1345人。1995年，为了摸清文盲学习效果和全县文盲的文化状况，对全县所有未脱盲人员进行了统一考试，1167人被确认脱盲，除去丧失劳动能力的350人外，全县实有青壮年文盲875人。1996年，为迎接国家对"两基"（基本普及九年义务教育，基本扫除青壮年文盲）的检查验收，全县实行了"双线"责任制，县政府和乡政府、村委会，县教育局和乡镇教委、各村小学分别签订责任状，明确了扫盲职责和目标，并且在加强扫盲师资队伍建设的同时，进一步加大了投资力度，从而使县、乡、村三级成人学校得到了全面发展。仅1996年一年就投入扫盲经费44.81万元。全县始终坚持"一堵、二扫、三提高"（"一堵"即大力普及初等义务教育，堵住新文盲产生。"二扫"即大力扫除青壮年文盲。"三提高"即做好脱盲后的巩固、提高工作）的原则，强化措施，狠抓落实，确保了扫盲工作不反弹，杜绝了新的文盲产生，到2000年，全县基本达到了扫除青壮年文盲的目标，并适时把工作重心转移到农业产业化培训和职业培训上来。截止到2002年年底，全县脱盲后职业技术培训2856人次，农业产业化培训23.8万人次，涌现出了许多致富能手和科技带头人，有力地推动了全县经济的发展。

第五章　教师队伍

第一节　人事管理

1991年，全县中小学教师共计2403名，其中国办2066名，民办337名。小学教师1520名，其中国办1210名，民办310名；中学教师883名，其中国办856名，民办27名。1995年，根据本县实际情况，招录小学地方国办教师500名。1996年又招录小学地方国办教师206名，全县地方国办教师总计达706名。从1991年开始，按照国家和省、市关于民办教师转为国办教师的有关政策和规定，凡符合条件的民办教师分期分批转为国办教师。1999年，全县民办教师只剩46名。到2000年，全部转为国办教师，民办教师为零。到2002年年底，全县国办中小学教师共计3987名，其中国办教师3281名，地方国办教师706名；小学教师2657名，其中国办教师1951名，地方国办教师706名；中学教师1330名，全部为国办教师；全县民办学校教师458名(详情见第十章第二节）。

全县教师队伍的人事管理由教育局和乡镇教委负责，基本按照以下原则管理：1. 本乡镇学校之间教师流动，由本乡镇教委负责；2. 乡镇教委间教师流动，审批权归教育局；3. 民办学校教师资格由教育局统一认定，校方决定任免。

第二节 教师素质

1991年，全县共有小学高级教师2名，一级教师 42名，二级教师400名；中专或高中及以上学历者1014名(其中专科学历者51名)，高中以下学历者506名，合格率为66. 7%；中学教师共有高级教师4名，一级教师1名，二级教师48名，三级教师32名；大专以上学历者327名(其中大专271名，本科56名)，中专或高中学历者527名，高中以下学历者29名，合格率为37%。

为提高教师的整体素质，从1991年开始，加强了对教师的培训工作：1. 教师全员参加学习接受教育，定期考核，并将结果存入个人档案。2. 实施“学历培训，先行一步”战略，即小学教师参加小教大专班、电大自学考试提高学历标准；中学教师通过自考、三沟通、电大等形式达到专升本，部分高中教师具备研究生水平。3. 举办新教师培训班，培训合格者方能上岗任教。4. 其他类型的岗位培训，如电脑微机教师培训、试验员、图书管理员、新课程培训等。通过各种途径的进修、深造和培训，教师的整体素质有了很大提高。到2002年年底，全县小学教师共有特级教师1名，高级教师345名，一级教师548名，二级教师610名；大专以上学历者1116名(其中本科学历者5名)，占小学教师总数的42%，中专或高中学历者1541名，学历合格率达到100%。中学教师共有高级教师59名，一级教师313名，二级教师571名；大专以上学历者1203名(其中本科学历者353名，研究生1名，占中学教师总数的26. 6%)，中专或高中学历者127名，学历合格率为92. 1%，其中初中教师学历合格率为99. 2%，高中教师学历合格率为85%。

第三节 教师待遇

1991年，全县教师月人均工资为198元。其中小学教师月人均工资186元，最高的221元，最低的132元；中学教师月人均工资210元，最高的259元，最低的132元。1991—2002年，河北省根据国家调资的有关规定，对教师工资进行了多次调整。2002年年底，安平县教师月人均工资达619元，比1990年增加了485. 5元。其中小学教师月人均工资597元，最高的1374元，最低的361元；中学教师月人均工资746元，最高的1391元，最低的 361元。

1991—1997年，乡镇学校教师工资由各乡镇财政所负责发放。由于县政府不断加大对教师待遇的督查力度，教职工基本上能按标准按时领取工资，单位工作人员死亡后的各种补贴均能足额发放，离退休人员老有所养，各项待遇都能得到落实，节假日、婚丧假等各种福利都能按国家标准执行，但个别乡镇教师工资有时也出现拖欠现象。从1998年1月开始，乡镇中小学教师工资全部上划县级财政统筹统管，统一发放，从此杜绝了拖欠教师工资的现象，确保了教师工资按时足额发放。

1991—2002年安平县公办学校师资队伍状况统计表

表22-6　　单位：人

年度	教师总数				小学教师								中学教师							
	合计	其中			合计	其中			文化程度				合计	其中		文化程度				
		国办	民办	地方国办		国办	民办	地方国办	本科	专科	中专或高中	高中以下		国办	民办	研究生	本科	专科	中专或高中	高中以下
1991	2403	2066	337	—	1520	1210	310	—	—	51	963	506	883	856	27	—	56	271	527	29
1992	2244	1929	315	—	1336	1041	295	—	—	9	907	420	908	888	20	—	64	296	520	28
1993	2197	1895	302	—	1355	1065	290	—	—	34	898	423	842	830	12	—	72	276	468	26
1994	2203	1920	283	—	1313	1037	276	—	1	20	907	385	890	883	7	—	68	324	422	76
1995	2891	2139	252	500	1849	1102	247	500	1	20	1572	256	1042	1037	5	—	68	626	272	76
1996	3007	2075	226	706	1976	1048	222	706	10	84	1627	255	1031	1027	4	—	222	649	128	32
1997	3066	2185	175	706	2000	1121	173	706	20	284	1523	173	1066	1064	2	—	238	670	143	15
1998	3677	2873	98	706	2545	1741	98	706	20	284	2143	98	1132	1132	—	—	269	697	165	1
1999	3471	2719	46	706	2333	1581	46	706	20	284	1983	46	1138	1138	—	—	256	703	179	—
2000	3512	2806	—	706	2358	1652	—	706	21	1028	1309	—	1154	1154	—	—	258	714	182	—
2001	3832	3126	—	706	2546	1840	—	706	6	1001	1539	—	1286	1286	—	1	338	819	128	—
2002	3987	3281	—	706	2657	1951	—	706	5	1111	1541	—	1330	1330	—	1	353	849	127	—

第六章　教学

第一节　教学研究

一、教研机构

县级教研机构设县教育局教研室。教研室分小教组、中教文科组、理科组，教研室与仪器站合署办公，教研人员共20名。基层教研机构：1991年，农村小学的教研工作由各乡镇的校长具体负责组织。1996年1月并乡扩镇后，全县成立了8个乡镇教育委员会（简称乡镇教委），乡镇教委下设的乡镇中心教研组负责辖区内各村小学的教学研究；各中学和城镇小学都设教导处、学科或年级教研组（室），负责本校内的教学研究。各基层教研组（室）在业务上受县教研室的领导。

二、教研活动

根据县教研室安排，各级各类学校每周六上午为学校教研活动时间。教研室组织的教研活动包括：组织全县论文评选、优质课推广、课题研究、教学评估、制定教学计划和教学进度、举办中高考教学研讨会、开展教师岗位练兵活动、组织观摩课和示范课、开展创新教育、自主学习等教研活动。

1996年，安平县乡镇教委中心教研组成立。1997年，全县中小学开展了“三笔一画”（钢笔字、毛笔字、粉笔字，简笔画）教师基本功演练，活动持久、深入，取得了良好的效果。

1998—2002年，教研活动进一步深入，全县公开发表的国家级论文37篇，省级论文75篇，市县级479篇，在教师作课或论文评比中，有50多位教师受到市级以上奖励。《安平教研》自2000年复刊以来，刊登了300多篇优秀论文。全县省级试验学校2个，承担市级科研课题11个，县级科研课题35个。

第二节　教学活动

各级各类学校认真贯彻教育方针，在教学工作中坚持向课堂要效益，完善备、讲、查、批、导各个教学环节，推行“双自主教学”“目标教学法”等先进的教学方法。同时，加强对学生的德育教育、素质教育，促进了学生的全面发展。

从1991年3月开始，在部分中学中进行“目标教学法”（布鲁姆教学法）的试验研究。在整个课堂教学过程中依据教学目标组织、安排教学程序和教学活动，客观地把握学生层次，灵活地选择教学方法，使学生既享受到“学会”的喜悦，又增长了学会的能力。为了全面推广“目标教学法”，教研室经常组织多学科、多层次的教学研究和观摩活动。到2002年，“目标教学法”在全县普通中学中得以全面推广。

同年9月，县第一实验小学一年级开始试行小学语文“注音识字，提前读写”教学改革实验，同时启用了实验教材。其他小学在使用统编教材的基础上也采用“注音识字，提前读写”理念进行教学。识字教学以发展语言，寓识字于读写之中为原则，学生利用汉语拼音独立识字占突出地位。这种教学方法有利于小学语文教学和普通话的推广，为提高小学生语文阅读能力开辟了一条新的途径。但由于这种方法过分偏重注音识字，学生掌握汉字能力出现偏差，因此，1993年9月试验终止。

2002年3月，县第二中学、北郭农中等一批中学在多学科课堂教学中开始尝试“双自主”教学即自主学习，自主发展。改革试验。第二实验小学也开始进行“自主学习”市级课题立项研究。

通过“双自主教学”试验，教师的教育思想和教育观念发生根本转变，过去以教师和教科书为中心转变为以学生发展为中心，由注重教师的“教”转变为注重学生的“学”，由注重教师的知识传授转变为注重学生的学习和发展，使学生真正成为学习和发展的主人，教学效果明显提高。

在“双自主教学”试验过程中，全县有20余篇有关“双自主教学”的教学论文获省市教育科研奖。

第七章　考试

第一节　小学考试

小学阶段的考试主要有期中考试、期末考试和毕业生的升学、毕业考试。

一、期中、期末考试

1991—1999年，小学期中、期末考试由学区或各学校命题，学区或各校组织考试、阅卷。从2000年开始，期中、期末考试由县教研室统一命题，全县统一考试时间，由学区或乡镇教委组织考试和阅卷。考试为闭卷，评分为百分制。各学科成绩及试卷分析由各学区或乡镇教委统一上报县教研室备案。

二、升学（毕业）考试

1991—1995年，小学五年级（或六年级）有升学考试。从1996年开始，取消升学考试，改为毕业考试。考试科目为语文、数学、思想品德、自然、历史，由县统一命题，统一组织考试、阅卷，统一招生录取。考试成绩报县招生办后，按照考生的志愿和成绩，先由县国办重点中学和民办中学按县分配数额择优录取，其余全部升入所在乡镇中学。

第二节　初中考试

初中阶段的考试主要有期中考试、期末考试和初中三年级升学考试（即中考）。

一、期中、期末考试

1991—1999年，初中期中、期末考试由各学校命题，各校自行组织考试和阅卷。从2000年开始，由县教研室统一命题，全县统一时间，各校组织考试和阅卷。考试成绩及试卷分析报县教研室备案。

二、中考（升学考试）

中考科目有：语文、数学、外语、文科综合和理科综合。每年的六月份由省统一命题，全省统一时间，县招生办组织考试、阅卷和登统，市招生办派巡视员对考试、阅卷和登统进行全程监督。初中毕业考试与中考合并在一起，各学校不再另行组织毕业考试。中专招生，由省、市招生办逐级把招生计划分配到县，根据考生志愿，由省、市招生办统一组织，择优录取。高中招生由县招生办根据考生志愿进行录取。

第三节　高中考试

一、会考

根据国家教委指示，自1991年9月起，对已升入高中的学生实行会考制度。会考的科目有：语文、数学、外语、物理、化学、生物、历史、地理、政治共9科。会考每年进行2次，每年的5月份和12月份各1次。会考由省考试院统一命题，全省统一时间，由县招生办组织考试，省统一阅卷，会考分数由省、市、县、校逐级公布到考生本人。会考不及格者可继续报名进行考试。会考合格者均可报名参加高考。学校不再进行毕业考试。会考后由省考试院签发考生分数条，市教育局颁发毕业证书。会考不及格者不予颁发高中毕业证。

二、高考

高考科目：文科有语文、数学、外语、政治、历史5科；理科有语文、数学、外语、物理、化学5科。高考由各省负责命题，由国家统一组织考试，每年的7月7—9日进行。

每年高考前由县招生办负责组织考生报名。高考由县招生办负责组织考试，省、市派巡视员到县监督考试。试卷密封后上报省统一阅卷。

1991—1998年，在高考分数公布之前，由考生本人根据自己考试的情况估分填报志愿。1999

年开始改为高考分数公布之后，考生再根据情况填报志愿。考生填报志愿由学校组织，县招生办汇总后上报市招办和省考试院。省考试院根据考生志愿和各批次的投档分数线分别投档，由国家各类院校统一录取。

1991—2002年，安平县考入大专院校的学生共3051名，其中考上大学本科者2007名，占65.8%；考上大学专科者1044名，占34.2%。2000年起至2002年，安平县高考升学率连续三年超过94%。其中：2000年参考学生497名，考入大专院校的495名（本科306名，专科189名），升学率为99.6%；2001年参考学生654名，考入大专院校的652名（本科415名，专科237名），升学率为99.7%；2002年参考学生859名，考入大专院校的809名（本科577名，专科232名），升学率为94.2%。

1991—2002年安平县历届高考升学人数统计表

表22-7　　单位：人

年度	报考人数	录取			升学率%
		本科	专科	合计	
1991	306	33	28	61	19.9
1992	360	34	34	68	18.9
1993	468	50	47	97	20.7
1994	413	54	39	93	22.5
1995	443	50	36	86	19.4
1996	450	90	57	147	32.7
1997	463	97	57	154	33.3
1998	477	122	43	165	34.6
1999	476	179	45	224	47.1
2000	497	306	189	495	99.6
2001	654	415	237	652	99.7
2002	859	577	232	809	94.2
合计	5866	2007	1044	3051	52

第八章　普九

1985年11月，河北省人民政府制订了《河北省普及九年制义务教育实施方案》，确定安平县1996年接受"普及九年义务教育达标县"国家验收。为保证验收成功，1993年以后，县委、县政府下大力抓了小学办学条件的改善，经过"一无两有"（"一无"即校校无危房；"两有"即班班有教室、学生人人有课桌凳)、“八配套”、“建设花园式学校”等几个阶段的努力，于1994年实现了初等义务教育整体达标。1995—1996年，全县掀起了校园建设热潮，累计投资4500万元，扩建改建学校13所、搬迁新建学校7所；初中由原来的24所减少到19所，占地面积由原来的763亩增加到1419亩，建筑面积由原来的41297平方米增加到85297平方米；其他各项指标均有大幅度提高，顺利通过了国家“普九”验收，并被国家授予“普九”工作先进单位称号。从1997年始，全县继续加大教育投入，千方百计改善办学条件，按照“有利于改善办学条件，有利于调动乡镇办学积极性，有利于提高教育质量，有利于促进当地经济建设发展”的指导思想，大力实施“普九”巩固提高工程。到1999年累计投入“普九”巩固提高工作建设资金3828.31万元，相继实现了校园环境建设、控辍保学、实验室建设、现代信息技术教育装备建设、扫除青壮年文盲等几个战役的胜利，促进了教育事业的发展。并于1997年通过省普九工作“回头看”，被省政府评为“普九先进单位”。1999年，全县小学适龄儿童少年入学率、巩固率均达100%；初级中学适龄少年入学率98.5%，巩固率98.5%；15周岁人口初等教育完成率达98.3%；17周岁人口初级中等教育完成率95.5%；残疾儿童入学率93.3%。小学教师学历合格率98.4%，中学教师学历合格率91.4%，中小学校长岗位培训合格率100%。中小学无危房，班班有教室、校校有必备配套用房；物理、化学、生物仪器和音体美劳卫器材配备基本达到省定标准，演示实验开出率达100%，分组实验开出率达97%；小学生人均占地面积、建筑面积分别达30.83平方米和4.97平方米；初中生人均占地面积、建筑面积分别达51.73平方米和5.18平方米。小学、初中学生毕业率分别为100%和98.3%，体育毕业合格率分别为97%和93.5%，视力合格率分别为98.5%和88.2%。通过省“两基”复查，被省政府评为“‘普九’巩固提高工作先进单位”“实验教学普及县”。1999—2002年，县政府提出了“普九达标不停步，再增措施上台阶”的工作思路，进一步改善了办学条件，各项工作指标全面提高，再次顺利通过省政府“普九”复检，并被评为“普九”工作先进单位。

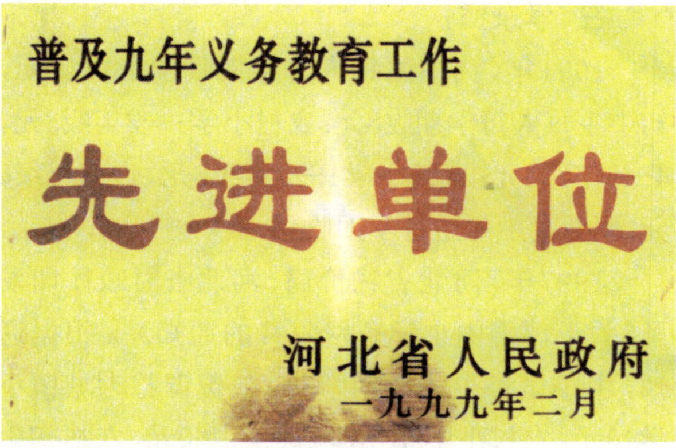

图22-9　安平县普及九年义务教育所获奖牌

（教育局提供）

第九章　教育经费

第一节　经费来源

一、县财政拨款

从1991年开始，全县财政教育拨款逐年增加。1991—1995年，5年共拨款4604.2万元，1996—2000年，5年共拨款10901.9万元，2001—2002年，2年拨款即达7751万元。

二、地方自筹

1991年，安平县根据国务院关于征收教育费附加的有关规定，在税收中，从实际缴纳的增值税、营业税、消费税等税中附加2%作为教育费。2002年，教育费附加率为3.5%，与增值税、营业税、消费税等同时缴纳。另外在农村向承包责任田的农民按人数征收教育附加：1991年，按每人每年17元征收；1994年，增加到每人22元，1998—2002年又减少到每人14元。此款由各乡镇在每年的夏粮征购时征收，而后划归县财政统管。

三、学杂费

1991年，高中生每人每学期收学杂费12元，初中生每人每学期收8元；农村小学1—3年级3元，4—5年级4元；城镇小学1—3年级5元，4—5年级6元；职业高中每生每学期收10元。

1997年，河北省物价局、河北省财政厅印发了《关于调整中小学杂费收费的通知》。根据通知，中小学每生每学期学费、杂费调整为城镇小学40元，农村小学25元，城镇初中60元，农村初中40元，重点高中每生每学期200元，一般高中180元，职业高中工科、特殊专业200元，文科180元，热门专业600—800元。

1991—2002年全县教育经费来源情况统计表

表22-8　　单位：万元

年度	合计	国拨经费	教育费（附加）	借读学杂费	勤工俭学收入
1991	531.7	531.7	—	—	—
1992	708.6	708.6	—	—	—
1993	1359.2	819	278.9	95.7	165.6
1994	1770.6	1240	361	169.6	—
1995	1895.9	1304.9	591	—	—
1996	2594.5	1732.9	700	161.6	—
1997	2674.6	1813	700	161.6	—
1998	2574	2112	33	429	—
1999	3007	2517	26	464	—
2000	3211	2727	34	450	—
2001	5242	3968	664	610	—
2002	4648	3783	—	865	—

第二节　经费使用

教育经费主要用于个人部分和公用部分两大类。个人部分包括教职工工资及各种补贴、医疗费等。公用部分包括业务费、公务费、建设费和设备购置费等。

安平县教育经费逐年增加，用于教职工个人的经费占公用经费比例增长幅度较大，从而有力地促进了教育事业的发展。

1991—2002年全县国拨教育经费支出情况统计表

表22-9　　单位：万元

年度	个人经费	公用经费	合计
1991	520.7	11	531.7
1992	667.4	41.2	708.6
1993	780.8	38.2	819
1994	1222.2	17.8	1240
1995	—	—	1304.9
1996	1630.2	102.7	1732.9
1997	1662.8	150.2	1813
1998	1946	166	2112
1999	2454	63	2517
2000	2725	2	2727
2001	3858	110	3968
2002	3783	—	3783

第十章　社会办学

随着经济的快速发展，政府单一办学已不能满足人民群众日益增长的教育需求，基于此，县委、县政府做出了“教育大家办，公办、民办两个轮子一起转”的决策，鼓励社会力量兴教办学。1994年6月，县政府为贯彻宪法第十九条关于鼓励社会力量举办教育事业的规定，颁布了《关于民办学校管理的试行办法》。1995年8月，安平县文教委制定了《安平县文教委关于加强民办学校管理的意见》。试行办法和管理意见调动了各种社会力量办学的积极性，到2002年年底，全县已有民办学校6所，其中民办中学2所（育才中学、光明中学），小学2所（启蒙学校、向阳学校），幼儿园2所（童星幼儿园、启蒙幼儿园），共拥有固定资产4000多万元，占地面积近300亩，建筑面积50000多平米，教职工达400名，在校生5000多人。

第一节　民办学校

一、小学教育

1998年5月和6月，开始创办启蒙小学和向阳小学，2所小学均为六年制寄宿式全日制民办学校。学校总占地面积25170平方米，建筑面积15220平方米，总投资1216万元。1998年，共有5个教学班，在校学生186人。到2002年年末，发展到35个教学班，在校学生1490人。

二、中学教育

1993年9月，安平县办起第一所民办中学（育才中学），有初中班4个，在校学生200人。1994年9月，增加民办中学1所（光明中学）。2所学校均为寄宿式全日制完全中学。学校总占地面积 13700平方米，建筑面积24300平方米。两所中学先后于1999年和2000年暑假后开始设高中部，招高中班。到2002年末，学校总建筑面积已达60800平方米；教学班发展到67个，在校学生4111人，其中，初中31个班，学生1720人；高中36个班，学生2391人。

三、幼儿教育（见本编第一章第一节学前教育概况）

第二节　教师队伍

民办学校建校初期，县委、县政府、县教育局给予了大力支持，先后为育才中学、光明中学配备国办中青年骨干教师70余名，以后又有少量进入，缓解了民办学校师资力量不足问题。1995年后，民办学校采取聘任离退休国办教师、自主聘任有教师资格人员的方法解决教师不足问题。同时签订用人合同，工资待遇、政治待遇、保险等方面与国办教师相同。到2002年年底，4所民办学校共有教职工458名，专任教师280名。其中，2所民办小学共有教职工135名，专任教师77名；本科学历者3名，专科学历者56名，中专或高中学历者18名，学历合格率100%；2所民办中学共有教职工323名，其中，专任教师203名。专任教师中，初中部专任教师83名，本科学历者16名，专科学历者67名，中教高级教师25名，中教一级7名，中教二级3名；高中部专任教师120名，本科学历者96名，专科学历者24名，中教高级教师7名，中教一级24名，中教二级33名。

第三节　教学管理

1994年6月28日，安平县人民政府转发了安平县文教委拟定的《关于民办学校管理的试行办法》。试行办法明确指出：“民办学校是社会教育事业的补充部分，应采取积极鼓励，多方支持，正确引导，加强管理的方针，维护学校的正当权益，保护办学积极性。”

民办学校受县教育局统一管理，在教材、教学进度等方面按教育局要求统一安排。学校设教务处，负责学校教育教学工作。各民办学校均设有教研组，在完成县教研室统一规定的教研项目外，结合各自实际做好教育科研工作。

学生来源：经县教育行政部门批准，民办学校面向全县招生。每年，县教育行政部门对民办学校的规模、师资力量、承受能力等方面进行全面评估，根据评估结果下达招生任务，由民办学校自主招生。

收费标准：民办学校建立后，根据本县实际，经上级有关部门研究，报物价部门批准，幼儿园1998年，学杂费为每生每月40元。2000年，提高到每生每月60元；小学每生每年800元；初中1997年前每生每年为1500元。1997年，提高到每生每年1560元；高中每生每年为2000元。

第四节　民办学校简介

启蒙小学

始建于1998年5月，是一所寄宿式全日制民办学校，学制6年。校址在新盈街与汉王路交叉口东边路北（县医院西邻）。学校占地面积12570平方米，总建筑面积8600平方米，总投资700多万元；建有高标准教学楼、学生公寓、科技楼；配有微机室、语音室、多媒体教室、少先队活动室、音乐室、美术室、图书阅览室、体育器材室；学校有2

图22-10　启蒙小学教学楼

个教学班，在校生96人，教职工18人（其中专任教师6人，专科学历者2人，中专或高中学历者4人），生活教师2人。2002年12月，学校与北大附小远程教育学校合作办学，成为北大附小远程教育示范学校。

到2002年年底，学校发展到21个教学班，在校学生910人，教职工82人，其中专任教师41人（本科学历者3人，专科学历者30人，中专或高中学历者8人，学历合格率为100%），小教一级教师2人，小教二级教师6人，生活教师21人。

该校于2001年3月被衡水市教育委员会命名为“社会力量办学先进学校”；2002年5月，被衡水市教育局命名为“义务教育阶段素质教育先进学校”。

向阳小学

始建于1998年6月，是一所六年制寄宿式全日制民办小学。校址在裕华北路与红旗街交叉口东南角（裕华北路19号）。学校占地面积12600平方米，建筑面积6620平方米，总投资516万元。学校有教学楼、学生宿舍楼、学生餐厅、仪器室、图书室、实验室、微机室、语音室、多媒体室、美术室、音乐室、健美室，图书室藏书1.7万余册。1998年，学校有3个教学班，在校学生90人，教职工19人，专任教师10人，其中大专学历者7人，中专或高中学历者3人。到2002年，学校共有教学班14个，在校学生达580人，教职工53人，专任教师36人，其中大专学历者26人，中专或高中学历者10人，合格率为100%。

育才中学

育才中学是经省教委批准于1993年9月成立的衡水市第一所民办中学。成立之初租用民兵训练基地的房屋，教学设施十分简陋，招收初中班4个，学生200名，教职工22名，其中专任教师14名。1994年暑假迁至东马北路与长安街交叉口西北角（长安街18号），占地6.5万平方米，建筑面积3500平方米。1999年9月，增设高中部，招收4个高中班，学生200名。是年，学校共有26个教学班，学生1500人，教职工增至81名，其中专任教师58名。到2002年，建筑面积已达4万平方米，建有高标准的教学楼、学生宿舍楼、理化生实验室、图书室、语音室、微机室、多媒体室、3500兆的校园网，另有伙房　、饮水房、洗衣房、洗浴室等生活辅助设施；学校共有教学班31个，在校学生1800名（初中13个班，学生800名，高中18个班，学生1000名）；教职工130名，其中初中专任教师36名（本科学历者15名，大专学历者21名，合格率为100%；中教一级教师2名，二级教师3名，三级教师3名），高中专任教师65名（本科60名，大专5名，合格率为100%；中教高级教师2名，中教一级教师8名，二级教师12名，三级教师9名）。

该校于2001年3月被省教育厅评为"河北省社会力量办学管理示范学校"；2002年9月，被中央教育科学研究所德育研究中心评为"全国传统美德教育先进学校"；是年，学校通过了ISO9000国际质量管理体系认证，成为衡水市首家认证学校。

光明中学

光明中学原名"安平县第二中学"，是经河北省教委批准于1994年9月成立的民办全日制寄宿式完全中学。校园占地112亩，位于汉王南路与陵园街交叉口东南侧。学校刚成立时只设初中，18名教职工，6个教学班，300多名学生。1995年3月，更名为"河北省安平县光明中学"。2000年9月，增设高中部，招收高中班4个，学生265人。是年，学校共有31个教学班，学生1750人，教职工增至162名。

从2000年开始，学校不断加强基础设施建设，改善师生生活条件、办公条件，装备了理化生实验室、微机室、多媒体教室、语音室等；改建了学生宿舍楼，建起了办公楼和两座综合楼，进一步绿化美化校园，学校面貌焕然一新。到2002年年底，学校固定资产2210万元，总建筑面积已达20800平方米；共有36个教学班，在校学生2311人，教职工192人；初、高中均为六轨制，初中18个班，学生920人，专任教师47人，其中，本科学历者1人，专科学历者46人，中教高级教师25人，中教一级5人；高中18个班，学生1391人，专任教师55人，其中本科学历者36人，专科学历者19人，中教高级教师5人，中教一级16人，中教二级21人。教师学历合格率为100%。

学校设校委会，实行董事会领导下的校长负责制。校委会下设办公室、教导处、政教处、总务处，年级组、教研组及医务室。

该校于1997年、1999年两次被评为"河北省社会力量办学示范管理学校"。

第十一章　管理机构

第一节　县教育局

1991年，安平县文化教育委员会（简称文教委）设办公室、普教股、成人教育办公室、计财股、政工股、文化股、勤工俭学股、教研室、职教股、督导室、招生办公室等11个股室，干部职工60人。县文教委设主任1人（由主管副县长兼任），第一副主任1人，副主任5人。下属单位有书店、影院、礼堂、文化馆、教师进修学校、职教中心。1995年10月，增设普九办公室。1996年，1月增设教师继续教育股（简称师教股）；11月，机构改革，撤销文教委，成立安平县教育局。教育局内设办公室、普教股、成人教育办公室、计财股、政工股、勤工俭学办公室、职教股、师教股、督导室、教研室、普九办、招生办公室等12个股室；干部职工49人，其中设局长1人，副局长6人；下属单位有教师进修学校和职教中心。1997年3月，增设职称改革办公室和社会力量办学办公室。

到2002年年底，安平县教育局内设办公室、政工股、计财股、招生办、普教股、督导室、勤工俭学办公室、普九办、成人教育股、职教股、教研室、社会力量办学管理办公室、师教股共13个股室；干部职工共70人，其中设局长1人，副局长6人；下属单位有：教师进修学校、职教中心、北郭农中、安平中学、安平二中、安平三中、安中附小、第二实验小学、二中附小。

第二节　乡镇教育机构

1991年，全县20个乡镇都分别设乡镇校长1人，另设成人教育校长1人，分别主管该乡镇的学校教育和成人教育工作。

1996年1月，并乡扩镇后，全县8个乡镇都建立了乡镇教育委员会（简称乡镇教委），设乡镇教委主任1人，另设副主任2—3人，分别主管本乡镇中小学教育教学工作。

第二十三编　科技卫生

科技
气象
卫生

君子禍大而愈惧爵隆而
益恭远察近览俯仰有则
矜矜业业无怠无荒如此
则万福悬寿庆流无穷矣
崔骃（？—公元九二年）字亭伯
安平人东汉文学家官至县令
松阳

安平县汉王公园石刻

第二十三编　科技卫生

第一章　科技

1991—2002年，安平县在“科学技术是第一生产力”理论指导下，坚持实施科教兴县战略；坚持科学技术为振兴经济、建设小康社会服务；大力加强科技工作领导力量，先后配备了县、乡（镇）、村三级科技副职；不断改革科技管理体制，建立健全科技服务体系，发展壮大科技工作队伍，提高科技人员的业务素质。全县科技工作蒸蒸日上，不断推出新成果，引进推广新项目、新技术，提高了工作效率和经济效益，促进了全县工农业生产和国民经济的快速发展。1999年3月，安平县通过“全国科技工作先进县”考核验收，跨入“全国科技工作先进县”的行列。

第一节　科技组织

一、科研组织

1991年，全县科研组织有新技术研究所、农业技术推广站、林业技术推广站、畜牧技术推广站和32个企业科研小组。1995年，新技术研究所撤销。1998年3月，组建丝网研究所。2002年，企业科研小组增加到56个。

新技术研究所　隶属于县经济委员会，有科技干部3人，主要任务是推广节柴灶、节煤炉。1993年5月，安平县被国家计委、农业部授予节煤先进县。1995年，新技术研究所撤销。

丝网研究所　隶属于县科技局，工作人员6名，主要任务是针对障碍安平丝网发展的关键技术进行攻关研究，开发新技术、新设备、新产品。1998—2002年的科研成果主要有两项，一是中重型丝网编织机；二是PLC可控拔丝织网机。所内设备有50型车床、刨床、台钻等20台套。

企业科研小组　由各工厂和其他企业单位的科技人员、厂长、经理组成，实行厂长经理领导下的总工程师负责制，一般4—6人，主要任务是消化吸收先进技术和自主研发新技术、新产品。1991—2002年间，企业科研小组研制开发的科技成果占全县科技成果的80%以上。

农业技术推广站　隶属农业局，负责全县农业新技术的示范、推广，农业技术的培训、研究，制定各种农作物技术研究方案。

林业技术推广站　隶属于林业局，负责全县林业技术的培训、推广、引进、研究和林业病虫害的防治。

畜牧技术推广站　隶属县畜牧局，负责全县的畜牧统计、技术推广、研究和畜牧、家禽病害的防治。

二、科技协会

1991—2002年，安平县设科学技术协会（简称科协）。全县在并乡扩镇前有20个乡镇科普协会，并乡扩镇后有8个乡镇科普协会。县直各专业都设有学会、协会。1991年，全县有农学会、林果协会、医学会、农机学会、青少年科技辅导员协会、广播学会、邮电学会、粮食学会、电力学会、水利学会、气象学会、畜牧学会、工业学会、会计学会等14个学会、协会。1997年，组建丝网协会，同年10月组建维修行业协会。到2002年共有学会、协会16个。

第二节　科技队伍

1991年，全县有专业技术职称人员共计4196人。县委、县政府在“科技兴县”战略的指引下，狠抓科技工作，重视科技人才，为科技人才的成长创造了优越的条件，科技队伍迅速扩大，到2002年年底，全县科技人员发展到9306人，比1991年增加5110人。

一、科技人员结构

职称结构　1991年，全县高级职称科技人员56人，中级职称705人，初级职称3435人，分别占全县科技人员总数的1.3%、16.8%、81.9%。2002年，全县高级职称科技人员162人，中级职称1702人，初级职称7442人，分别占全县科技人员总数的1.7%、18.3%、80%。

体制结构　1991年，全县国家公职科技人员3843人，集体职工科技人员353人，分别占全县科技人员总数的91.6%、8.4%。2002年，国家公职科技人员8924人，集体职工科技人员382人，分别占全县科技人员总数的95.9%、4.1%。

学历结构　1991年，全县大专以上学历的科技人员1414人，中专学历的1612人，高中学历的1170人，分别占全县科技人员总数的33.7%、38.4%、27.9%。2002年，全县大专以上学历的科技人员5342人，中专学历的3908人，高中学历的56人，分别占全县科技人员总数的57.4%、42.0%、0.6%。

年龄结构　1991年，全县科技人员年龄在29岁以下者1062人，30至39岁者1452人，40至49岁者1267人，50至59岁者415人，分别占全县科技人员总数的25.3%、34.6%、30.2%、9.9%。2002年，全县科技人员年龄在29岁以下者465人，30至39岁者5286人，40至49岁者3360人，50至59岁者195人，分别占全县科技人员总数的5.0%、56.8%、36.1%、2.1%。

二、科技人员分布

行业分布　1991年，全县有科技人员4196人，其中，农业系统171人，占4.1%；工业系统105人，占2.5%；建筑业126人，占3.0%；商业服务业739人，占17.6%；文化体育系统27人，占0.6%；教育系统2435人，占58.0%；卫生系统 510人，占12.2%；其他83人，占2.0%。2002年，全县有科技人员9306人，其中农业系统315人，占3.4%；工业系统167人，占1.8%；建筑业302人，占3.3%；商业服务业826人，占8.9%；文化体育系统52人，占0.6%；教育系统6681人，占71.8%；卫生系统877人，占9.4%；其他86人，占0.9%。

1991—2002年全县科技人员行业分布情况统计表

表23-1　　单位：人

年度＼项目	全县科技人员				农业系统				工业系统			
	合计	高级	中级	初级	小计	高级	中级	初级	小计	高级	中级	初级
1991	4196	56	705	3435	171	4	34	133	105	1	31	73
1992	4321	56	771	3494	196	4	47	145	125	1	37	87
1993	5066	82	1056	3928	211	5	56	150	151	1	51	99
1994	5155	85	1059	4011	220	5	56	159	151	1	51	99
1995	5489	85	1195	4209	251	5	72	174	151	1	51	99

续表23-1

项目 年度	全县科技人员				农业系统				工业系统			
	合计	高级	中级	初级	小计	高级	中级	初级	小计	高级	中级	初级
1996	5799	97	1263	4439	259	8	77	174	154	2	51	101
1997	6140	116	1351	4673	288	8	80	200	154	2	51	101
1998	7047	128	1394	5525	289	8	81	200	156	4	51	101
1999	7464	131	1423	5910	299	8	81	210	156	4	51	101
2000	7839	142	1493	6204	308	8	83	217	156	4	51	101
2001	8729	154	1534	7041	315	9	83	223	161	4	51	106
2002	9306	162	1702	7442	315	9	83	223	167	4	55	108

续表23-1

项目 年度	建筑业				商业服务业				文化体育			
	小计	高级	中级	初级	小计	高级	中级	初级	小计	高级	中级	初级
1991	126	2	51	73	739	1	54	684	27	—	10	17
1992	146	2	56	88	799	1	96	702	27	—	10	17
1993	183	7	67	109	825	1	108	716	47	—	13	34
1994	190	7	69	114	826	1	109	716	47	—	13	34
1995	198	7	73	118	826	1	109	716	50	—	14	36
1996	216	8	73	135	826	1	109	716	50	—	14	36
1997	230	10	77	143	826	1	109	716	50	—	14	36
1998	267	10	80	177	826	1	109	716	50	—	14	36
1999	268	10	81	177	826	1	109	716	51	—	15	36
2000	281	10	84	187	826	1	109	716	52	—	16	36
2001	291	10	84	197	826	1	109	716	52	—	16	36
2002	302	10	84	208	826	1	109	716	52	—	16	36

续表23-1

项目 年度	教育系统				卫生系统				其他			
	小计	高级	中级	初级	小计	高级	中级	初级	小计	高级	中级	初级
1991	2435	33	426	1976	510	14	71	425	83	1	28	54
1992	2435	33	426	1976	510	14	71	425	83	1	28	54
1993	2975	50	622	2303	589	17	111	461	85	1	28	56
1994	3041	50	622	2369	595	20	111	464	85	1	28	56

续表23-1

项目 年度	教育系统				卫生系统				其他			
	小计	高级	中级	初级	小计	高级	中级	初级	小计	高级	中级	初级
1995	3310	50	730	2530	618	20	118	480	85	1	28	56
1996	3549	56	789	2704	660	21	122	517	85	1	28	56
1997	3812	68	864	2880	695	26	128	541	85	1	28	56
1998	4653	77	893	3683	720	27	137	556	86	1	29	56
1999	5026	80	914	4032	752	27	143	582	86	1	29	56
2000	5324	91	961	4272	806	27	160	619	86	1	29	56
2001	6125	102	972	5051	873	27	190	656	86	1	29	56
2002	6681	110	1133	5438	877	27	193	657	86	1	29	56

产业分布 全县科技人员1991年共4196人，其中第一产业171人，第二产业231人，第三产业3794人，分别占全县科技人员总数的4.1%、5.5%、90.4%。2002年，全县科技人员共9306人，其中第一产业315人，第二产业469人，第三产业8522人，分别占全县科技人员总数的3.4%、5.0%、91.6%。

1991—2002年全县科技人员产业分布情况统计表

表23-2

项目 年度	第一产业				第二产业				第三产业				合计
	小计	高级	中级	初级	小计	高级	中级	初级	小计	高级	中级	初级	
1991	171	4	34	133	231	3	82	146	3794	49	589	3156	4196
1992	196	4	47	145	271	3	93	175	3854	49	631	3174	4321
1993	211	5	56	150	334	8	118	208	4521	69	882	3570	5066
1994	220	5	56	159	341	8	120	213	4594	72	883	3639	5155
1995	251	5	72	174	349	8	124	217	4889	72	999	3818	5489
1996	259	8	77	174	370	10	124	236	5170	79	1062	4029	5799
1997	288	8	80	200	384	12	128	244	5468	96	1143	4229	6140
1998	289	8	81	200	423	14	131	278	6335	106	1182	5047	7047
1999	299	8	81	210	424	14	132	278	6741	109	1210	5422	7464
2000	308	8	83	217	437	14	135	288	7094	120	1275	5699	7839
2001	315	9	83	223	452	14	135	303	7962	131	1316	6515	8729
2002	315	9	83	223	469	14	139	316	8522	139	1480	6903	9306

第三节 职称评聘

一、评聘管理

安平县专业技术职称评聘工作始于1985年。1991至1992年12月，专业技术人员任职资格的评聘工作是阶段性进行，实行“评聘合一”的管理模式，即在获得任职资格的同时被聘任，工资按所评聘的技术等级发放。1993年，专业技术任职资格的评聘工作由阶段性进行转入经常化，即一年评审一次，并实行评聘分离，上岗聘任由单位自主择优聘任；企业单位可实行低职高聘或高职低聘，其聘任专业技术职务只限本单位内有效，离开单位要重新聘任；事业单位受岗位职数限制，仍实行结构比例和聘任数额“双控制”的办法。1999年9月后，事业单位的聘任上岗逐步放开，实行择优上岗的办法，德、能、勤、绩上佳的专业技术人员优先上岗。2001年9月，事业单位专业技术人员的职称评聘全面放开，不再受职数、结构比例限制，上级不再下达评审指标。技术职称评聘工作1991年至1994年9月由县科委管理，1994年10月改由县劳动人事局职称科管理。

二、评聘范围

技术职称的评聘范围：1991至1992年12月，全县企事业单位从事专业技术工作的人员都可报名参加评审。1993—2002年，根据国家和省发布的一系列规定，评聘范围扩大，在文化教育、医疗卫生、经济管理、乡镇企业、行政事业及农民中都可进行技术职称的评定。

三、评审程序

初级技术职称由个人申请，单位同意后，由县职称管理机构组织专家进行评审；中级技术职称在个人申请，单位同意后，由县、市职称管理机构审核、报省，由省职称管理机构组织专家评审；高级技术职称在个人申请，单位同意后，由县、市审核报省人事厅，由省人事厅组织专家进行评审。

四、聘任

1991年，全县聘任科技人员共计4196人，其中新聘人员190人；新聘人员中高级职称13人，中级职称54人，初级职称123人，分别占新聘科技人员的6.8%、28.4%、64.7%。2002年，全县聘任科技人员共计9306人，其中新聘人员484人；新聘人员中高级职称8人，中级职称75人，初级职称401人，分别占新聘科技人员的1.7%、15.5%、82.8%。1991—2002年，聘任的科技人员5300人，占1985—2002年全县新聘科技人员总数的57.0%，其中，高级职称119人，占新聘科技人员的2.2%；中级职称1051人，占19.8%；初级职称4130人，占77.9%。

1991—2002年全县科技人员聘任情况统计表

表23-3

年度	新聘							聘任总人数
	人数	高级职称		中级职称		初级职称		
		人数	%	人数	%	人数	%	
1991	190	13	6.8	54	28.4	123	64.7	4196
1992	125	—	0	66	52.8	59	47.2	4321
1993	745	26	3.5	285	38.2	434	58.3	5066
1994	89	3	3.4	3	3.4	83	93.2	5155
1995	334	—	0	136	40.7	198	59.3	5489
1996	310	12	3.9	68	21.9	230	74.2	5799
1997	341	19	5.6	88	25.8	234	68.6	6140

续表23-3

年度	新聘							聘任总人数
	人数	高级职称		中级职称		初级职称		
		人数	%	人数	%	人数	%	
1998	907	12	1.3	43	4.7	852	93.9	7047
1999	417	3	0.7	29	7.0	385	92.3	7464
2000	375	11	2.9	70	18.7	294	78.4	7839
2001	983	12	1.3	134	13.6	837	85.1	8822
2002	484	8	1.7	75	15.5	401	82.8	9306
合计	5300	119	2.2	1051	19.8	4130	77.9	—

第四节 科技普及

一、科普宣传

健全科技组织 1991年以后，为加强科普宣传，投资385万元建立了县农业技术服务中心、土壤诊所、植物医院、粮棉种子公司，同时建起20个乡镇农业技术推广站，全县形成了上下贯通的农业技术推广网络，为大力宣传推广先进技术，普及推广常规技术创造了条件。

印发订阅科技资料 县科技局和县科协先后编印不定期的《科技信息》《科技情报》《技术与信息》等科技刊物及许多关于粮、棉、蔬菜、林果、农副产品加工、养殖等方面的小册子，在科技大集和科技下乡活动中送到农民手中。此外，还广泛发动群众订阅《农业技术报》《河北科技报》等科技刊物。到2002年，共印发科技小册子25种、26000册，《科技信息》850期，《科技情报》《技术与信息》各306期，总份数达25.6万份。

开办电视科技节目 经常在县电视台播放《电视讲座》，放映《科技知识竞赛》和与工农业生产相关的科教片。1991年至1999年2月，不定期地举办了300多期《科技兴农》节目。1999年2月至2002年，县电视台开办了两个固定科技专栏《金钥匙》和《丝网纵横》，每周播2次，到2002年共播出200期。为强化宣传效果，每期都利用晚上天气预报后的黄金时段播出。

举办科技展览 全县科普组织在集日和庙会期间，以举办科技图片展览、实物展览和散发科技资料、开展技术咨询等形式，广泛地进行科技宣传。1991—2002年，在集日庙会宣传共计2200多次。

二、科技服务

扩大信息服务 全县各级服务组织与外地380多所院校、科研单位建立了互联网，通过互联网进行科技信息交流，为农民和企业提供科技信息2000多条。

组织科技下乡 结合农时和企业生产的需要组织科技人员下乡、下厂，宣传推广良种和农作物、瓜果、树木栽培新技术；推广畜牧养殖、水果贮藏技术及工业、能源等方面的新技术、新产品。

开展技术培训 县科技部门利用农闲时节组织农、林、水、牧等方面的技术人员去河南、山东等地参观学习或送大专院校进修；组织讲师团多次在全县巡回开展各类技术培训或聘请专家教授进行技术培训。2000年5月，曾聘河北农大教授李同洲来安平举办养猪技术培训班，只此一次就培训400多人。2002年8月9—11日，组织农业科技人员参加全国养猪企业家高级论坛—安平峰会。聆听了来自全国各地的知名养猪专家、教授及企业家围绕入世后中国养猪生产安全系统进行的学术交流和研究。各乡镇在1991—2002年间也先后聘请专家、教授、农艺师开办了农机、农村会计、沼气、林果栽培、小麦防冻、地膜覆盖、蛋鸡饲养和孵化、养猪等21种专业技术培训班。1991—2002年，全县共举办农业方面的专业技术培训班95期，培训2990余次；每年选送30名左右高层次工业技术专业人才到大专院校和科研单位进修。

三、科技引进

1991—2002年，全县开展了良种引进、人才引进和技术引进。

良种引进 引进棉花新品种中棉12和抗虫棉。中棉12播种面积适中；抗虫棉面积较大，成为当家品种。引进的小麦新品种有北京837、农大146。这两个品种品质、丰产性能好，成为当家品种。1993年引进山东莱州953。1993年后，引进京411和京化3号，这些小麦品种只有小面积播种。1994年从浙江引进大如乒乓球的葡萄新品种——金华藤稔，从山东引进小尾寒羊。1998年引进世界最优种猪——斯格核心群种猪404头。1991—2002年，除引进上述品种外还引进了速生杨、水晶梨和豆类、蔬菜新品种，共引进农作物新品种100个，树木良种40多个，畜牧业良种60多个。2002年，全县种养业中的优良品种占有率达到95%以上。

人才引进 1991—2002年，县委县政府把培养引进科技人才列入重要议事日程，先后聘请专家、教授、工程师等技术人员536人，传授各种先进技术 900余项。通过人才引进，研制开发出高新技术产品115项，推广新技术成果149项；县造纸网厂研制开发了抗污染成型网项目和聚酯四层成形网，电工合金厂开发了纳米银氧化锡材项目，东方龙机电科技有限公司开发了智能化无障碍自动平衡遥控电动轮椅项目，国有线材厂开发出“不锈钢超细丝”，冀安节能设备厂开发出高效节能新型磁化茶炉。

技术引进 全县先后引进国内外先进技术和设备28项，直接用于引进高新技术和设备的资金达2.2亿元。丝网企业引进的高新技术设备有日本箭杆织机NAC1300、瑞典TM—100A、TM200、TM230聚酯网生产设备和技术，瑞士印花织机以及生产线，创建了5家省级高新技术企业和30家科技型企业。织网最高密度由200目发展到2600多目。其他行业引进的高新技术有莱州953小麦引繁配套技术、药材切花栽培技术、全光照自动喷雾快速插育苗新技术 、白鲳鱼引种及人工孵化技术、萝卜杂交制种技术、斯格猪选育及生产繁育体系配套技术等。

四、科技示范

1991—2002年，科技示范工作由乡、村、户和科技型企业担任。1991年，全县有科技型企业5个，科技示范乡6个，科技示范村40个，科技示范户500户，示范项目83个。1996年，全县科技型企业18个(其中省级高新技术企业3家)，科技示范乡2个(全县8个乡镇)，科技示范村19个，科技示范户260个，试验、示范项目75个。2002年，全县科技型企业发展到30个(其中省级高新技术企业5家)，科技示范乡8个，科技示范村60个，科技示范户800户，示范项目103个。通过健全完善科技推广体系，成功地推广示范了吨粮田技术、百公斤皮棉高产技术 、玉米高产技术、小麦玉米一体化、棉麦一体化、塑料大棚、地膜覆盖、棉花病虫草系统化综合防治、小麦病虫草系统化综合防治、化学除草、稀土农田、秸秆还田、化肥机械化深施、农田铺埋硬塑防渗管道、喷灌、玉米化控高产栽培、玉米精量播种、抗虫棉、中棉12、优化配方施肥、生物钾肥施用、富士苹果幼树早果早丰栽培、ABT生根粉、药材切花栽培、小尾寒羊、商品瘦肉猪、中药防治兔球虫病等28项农业新技术。2001年，为完成农业部发展棉花生产专项资金项目即(优质、专用特用棉花品种开发项目)，投资103.5万元，建成SGK321、冀审杂66、国审668原种繁种田750亩；安排落实棉花品种比较试验田15亩；建优质抗虫棉高产示范田2800亩，其中千亩大方两个。

第五节 科技成果

一、成果统计

进入20世纪90年代后，县委、县政府鼓励科技人员以各种方式为企业和农村提供科技服务，允许在职科技人员在不影响工作和不侵犯本单位权益的前提下提供兼职服务；对在科技工作中做出贡献的人员视情况给以奖励。1996年3月，给予县农业局农业技术员尹抗农业技术承包特等奖，奖金3万元；给予其他7名技术人员农业技术承包服务荣誉奖。1998年，授予西两洼乡“科技服务先进乡镇”称号。2001，年授予京安集团吕志强“农技推广十佳个人”称号。在县委、县政府的鼓励下，全县广大科技工作者在科技兴县战略思想的指导下，坚持在生产实践中认真开展科技研究，积极承担科技攻关项目。1991—2002年，开发研究出科技新成果110项，其中通过地市级以上鉴定的成果68项，获省市科技进步奖励的42项，获国家及国际组织奖励的9项。

1991—2002年安平县通过地市级以上鉴定的科技项目一览表

表23-4

项目名称	承担单位	鉴定级别	鉴定时间
防治仔猪白痢病专用中成药	畜牧局	省级	1991
电磁流量计	五金厂	省级	1991
汉沙黄	化工二厂	省级	1991
水煮马尾新工艺	八一鬃尾厂	市级	1991
菱形网	钢板网厂	省级	1991
菱形网产品及深加工	钢板网厂	市级	1992
刨花板输送网带	金属网带厂	市级	1992
电工用双金属复合新材料	电工合金厂	市级	1992
鸡颗粒饲料加工及饲养技术研究	东里屯乡	市级	1992
滤清器专用扳手	滤清器厂	省级	1992
粮、棉、油一体化配套技术研究	农业局	市级	1992
真空开关无氧铜	电工合金厂	省级	1992
莱州953引繁配套技术研究	农业技术站	市级	1993
永固红F2R	化工二厂	市级	1993
硝酸银结晶体	电工合金厂	市级	1993
中药防治兔球虫病	畜牧局	市级	1993
造纸毛毯用新型底网	造纸网厂	省级	1993
药材切花栽培技术	药材公司	省级	1994
圆孔网穿孔管消声器	消声器厂	省级	1994
不锈钢金属烧结网	安隆丝网公司	省级	1994
银氧化锡、氧化钼触头	电工合金厂	省级	1994
不锈钢铸造	安新公司	省级	1994
自动售电器	电力局	省级	1994

续表23-4

项目名称	承担单位	鉴定级别	鉴定时间
混凝土测定仪	光华机械厂	省级	1994
小尾寒羊	畜牧局	市级	1994
聚酯双层网	造纸网厂	省级	1993
银氧化锡、铟电触头	电工合金厂	国家	1995
永固红	第二化工厂	省级	1995
联苯胺磺	顺达化工公司	省级	1995
高压线路故障遥测仪	电力局	省级	1995
密封圈	橡胶厂	省级	1995
铜铬电触头	电工合金厂	省级	1995
全自动反冲洗滤片	配件厂	省级	1995
超微型不锈钢拔丝延伸及热处理	烧结网厂	省级	1995
超细丝项目	东旺金属丝制品有限公司	市级	1995
轴承密封圈	橡胶厂	市级	1995
微型合金钢珠	津联微型钢珠厂	市级	1995
全光照自动喷雾快速插育苗新技术	南王庄林果苗木繁育场	市级	1995
科技示范村	东里屯乡	市级	1995
富康轿车系列灯具	灯具厂	省级 市级	1996
磷硝基对甲苯胺	恒安公司	省级 市级	1996
电泳漆	津华油漆厂	省级	1996
聚酯四层成型网	造纸网厂	省级	1996
太阳能热水器	冀安节能设备厂	省级	1996
炉具净燃网	新开滤网厂	省级	1996
区域性支柱产业发展	县科委	省级	1996
电热合金拉拔工艺	合金材料厂	省级	1996
马尾衬布整理技术	北方马尾衬布厂	省级	1996
铝合金网后处理	县科委	市级	1996
白鲳鱼引种及人工孵化技术研究	安平镇	市级	1996
“94-111”萝卜制种技术	种子站	市级	1996
关于高效农业现状及发展途径研究	人大	市级	1996
高密度溶体过滤器	联发过滤器材有限公司	省级	1997

续表23-4

项目名称	承担单位	鉴定级别	鉴定时间
聚酯双层网	造纸网厂	国家	1997
耐晒艳黄SGXC(颜料黄)	恒安化工有限公司	省级	1997
换向器用银铜带	电工合金厂	省级	1998
不锈钢超细丝	国有线材厂	省级	1998
商品瘦肉猪	京安养猪场	省级	1998
聚酯印花网	造纸网厂	省级	1998
高效节能茶炉	冀安节能设备总厂	省级	1998
加长溶体过滤器	联发过滤器材有限公司	省级	1998
聚酯四层网	造纸网厂	省级	1999
NOB-1500中重型金属丝网编织机	丝网研究所	省级	2000
聚酯两层半成型网603516	造纸网厂	省级	2000
梯形丝干网（扁丝干网）	造纸网厂	省级	2001
粉末浸塑护栏网	东兴丝网有限公司	省级	2002
电子铜带	电工合金厂	省级	2002
斯格猪选育及生产 繁育体系配套技术	河北斯格种猪有限公司 河北农业大学	省级	2002

1991—2002年安平县获省市级科技进步奖励的科技成果一览表

表23-5

获奖时间（年）	项目名称	授奖单位	奖励等级	发明研究单位、个人
1991	不锈钢旋式机油滤清器	省科委	三等	河北滤清器厂
1991	电磁流量计	省科委	三等	五金厂
1991	新闻灯	省科委	三等	灯具厂
1991	汉沙黄	省科委	二等	化工二厂
1992	舞台灯	省科委	三等	灯具厂
1992	电工用双金属复合新材料	市科委	二等	电工合金厂
1992	菱形网产品及深加工	市科委	三等	钢板网厂
1992	银铜合金系列产品	省科委	二等	电工合金厂
1992	真空开关无氧铜	省科委	二等	电工合金厂
1993	不锈钢密纹网	轻工部	三等	国营织网厂
1993	永固红F2R	市科委	三等	化工二厂

续表23-5

获奖时间（年）	项目名称	授奖单位	奖励等级	发明研究单位、个人
1993	换向器	省科委	三等	马店程杰换向机制造有限公司
1993	造纸毛毯用新型底网	省科委	二等	造纸网厂
1994	药材切花栽培技术	市科委	三等	药材公司
1994	圆孔网穿孔管消声器	省科委	二等	消声器厂
1994	超宽聚酯网	省科委	四等	造纸网厂
1994	不锈钢铸造	省科委	二等	安新公司
1994	自动售电器	省科委	三等	电力局
1994	初级中学语文补充教材第一册教学参考书	省教委 省教育学会	三等	安平县教研室赵明凯（教育科研优秀成果三等奖）
1995	双层网	省科委	二等	造纸网厂
1995	密封圈	省科委	三等	橡胶厂
1995	铜铬电触头	省科委	二等	电工合金厂
1995	超细丝	市科委	三等	东旺金属丝制品公司
1996	富康轿车系列灯具	省科技厅	二等	灯具厂
1996	太阳能热水器	省科技厅	三等	安平冀安节能设备厂
1996	富康车系列灯具	市科技厅	二等	灯具厂
1997	聚酯双层网	省科技厅	二等	造纸网厂
1997	颜料黄74	省科技厅	二等	恒安化工厂
1998	AYCU28	省科技厅	三等	电工合金厂
1999	换向器用银铜带	省科技厅	二等	电工合金厂
1999	商品瘦肉猪规模化养殖高产技术研究开发	省科技厅	二等	京安集团
1999	聚酯四层成型网603564	省科技厅	二等	造纸网厂
1999	聚酯印花网	省科技厅	二等	造纸网厂
1999	ABC系列烟气净化除尘器	市科技局	二等	环保设备厂
2000	NOB-1500中重型金属丝网编织机	省科技厅	二等	丝网研究所
2000	聚酯两层半成型网	市科技局	一等	造纸网厂
2000	本草醇醪	市科技局	一等	神雨保健有限公司
2001	良种猪及配套技术推广	省科技厅	二等	畜牧局
2001	金属离子注入技术生产触头材料	省科技厅	二等	电工合金厂
2001	梯形丝干网	省科技厅	三等	造纸网厂

续表23-5

获奖时间（年）	项目名称	授奖单位	奖励等级	发明研究单位、个人
2002	粉末浸塑安全防护网	省科技厅	三等	东兴金属丝网公司
2002	电子铜带	省科技厅	二等	电工合金厂
2002	斯格猪选育及生产繁育体系配套技术	省科技厅	一等	河北斯格猪有限公司 河北农大

1991—2002年安平县获国家及国际组织奖励的科技成果项目一览表

表23-6

项目名称	研制生产单位、个人	所获奖励	获奖时间（年、月）
聚酯螺旋网	造纸网厂	“七五”全国星火 计划成果博览会金奖	1991
高密度不锈钢密纹网	县国营织网厂	“七五”全国星火计划成果博览会 金奖、轻工部科技进步三等奖	1991
博陵牌金属丝网	博陵织网厂	北京国际博览会金奖	1993
机油滤清器系列产品	马店汽拖配件厂	全国星火计划成果博览会银质奖	1993
肌醇	伍新化工厂	第六届国家技术交易会金奖、首届 中国金榜技术与产品博览会金奖	1994.10
后整理衬布和马尾纱	张寨华龙马尾衬布有限公司	第五届亚太国际贸易博览会金奖	1994.10
系列窗纱	张寨光华工业公司	第五届亚太国际贸易博览会金奖	1994.10
高压线路故障遥测仪	县电力局电子设备厂	中国第二届科技 名优产品展销会金奖	1995.8
骨异平丸	苏滨江	香港国际专利博览会金奖 伦敦伯尔尼国际博览会金奖 中国精英文化发展一等奖	2002

二、成果选介

NOB-1500中重型金属丝网编织机　安平县丝网研究所科研成果，于2000年12月通过河北省科学技术厅技术鉴定。本机采用卷取定网孔尺寸，靠自动补偿达到恒张力积极送经丝，纬丝是无扭曲直线送纬，经纬断自动停车机构灵敏可靠，不烧金属丝，解决了重型编织机停车难的问题。本机采用电动，生产效率高，劳动强度低。该机的卡纬力为4.5吨，径张力为16吨，属国内金属丝编织机中力量最大，自动化程度最高的编织机。该项目填补了国内空白，居国际先进水平；用于重型平纹网、斜纹网的编织；生产产品网面平整、质量达到CB5330—85标准；2001年列入国家级星火计划重点项目。

梯形丝干网（扁丝干网） 安平县造纸网厂科研成果，于2001年12月通过河北省科学技术厅技术鉴定，获省科技进步三等奖。该产品经河北省产品质量监督检验院检测和用户试用证明，产品质量稳定可靠，可明显提高纸机生产效率及纸品质量；使用性能达到了国际同类产品水平，其各项技术指标和结构要求均达到了特级产品标准。该产品是利用具有当代国际先进水平的TM—200A型织机、热定型机与厂科研人员精心改造制作的整径机、绕环机组成生产流水线，以聚酯梯形扁丝做经线，用扁丝分层平直整径技术和扁丝螺旋环销接口技术进行生产；成网抄纸面平滑，与纸接触面大，网痕很轻。该产品底纬线径大，贴缸好，传动性能好，横向挺度大，适用于车速800转/分钟以上的生产大型调整宽幅纸和各种高档纸品的机械。该产品经河北省科技情报研究所查新，属国内首创，填补了国内空白。

电子铜带 安平县电工合金厂科研成果，于2002年12月通过河北省科学技术厅技术鉴定。

电子铜带含锡量8%，延伸性、耐蚀性、抗磁性和易钎焊性等达到国际标准，填补了国内空白；主要用于汽车换向器和各种电机。含稀土材料的锡磷电子铜带经国家有色金属质量监督检验中心检测和用户使用，具有良好的强度和韧性，钎焊性优于日本同类产品，各项技术指标达到了国外同类产品水平。

斯格猪选育及生产繁育体系配套技术 河北斯格种猪有限公司（京安集团）和河北农业大学的科研成果，于2002年通过河北省科学技术厅鉴定。

该项目成功引进了比利时斯格配套系核心群种猪324头，斯格祖代猪80头。通过精心培育，使引进的种猪适应了中国的环境和饲养方式。经系统选育的斯格种猪及其杂优猪，保持了良好遗传基因，不含应激敏感基因，具有生长快、耗料少、背膘薄、瘦肉率高、肉质好的特性，肥育期日增重867克，每千克增重耗料2.46千克，100千克体膘9-14毫米，瘦肉率67%以上，肌肉脂肪3%以上，既高产瘦肉又肉质优良；系统测定掌握了比利时斯格配套核心群5个纯系种猪及其杂优猪的主要生产性能指标，为国内种猪配系选育提供了重要参数。该研究成果总体达到了国际同类研究的先进水平。

水煮马鬃工艺 安平县八一鬃尾厂研究发明的科技成果，于1991年通过市级鉴定，获国家专利。该项专利成果，填补了国内空白。用这种工艺生产的马鬃尾，具有含水量低、挺直度高，光泽度好等特点。

超宽聚酯网 安平县造纸网厂开发生产，1994年获省科技进步四等奖。该产品网面平整，网孔误差小，抗拉强度高，耐腐蚀，耐磨损，适应性强，机械性能好，是国内外最先进的造纸脱水器材。

第六节　科技应用

在“科技兴县”战略思想的指导下，全县广大科技工作者坚持科技与经济紧密结合，着力推进科技成果向现实生产力转化。1991—2002年间，推广应用科技成果162项，传统产业技术不断更新换代，创建出5家省级高新技术企业和30家科技型企业。2002年，全县农业先进技术覆盖率达90%以上，科技进步对经济增长的贡献率达到46.8%。

一、农业新技术应用

大力发展新型专业生产基地。1996年前，先后建起安平镇、南王庄乡、袁营乡大棚菜生产基地，台城乡、石干乡果品生产基地，察罗乡食用菌生产基地，马店乡、察罗乡药材生产基地。围绕“两高一优”（高产、高效、优质）农业，大力推广先进适用的农业技术，实施了种子工程、吨粮田建设和农田基本建设。1993—1998年的5年间，全县新打机井503眼，铺设防渗管道10万米，大力推广了“深井浇地管道化、浅井浇地白龙化”高效节水技术，建起一个节水示范乡和10个节水示范村；

投资757万元，集中对滹沱河沿岸的中低产田进行了改造，把7.6万亩缺水、沙化的拉腿田改造为水浇丰产良田。1998年，安平县京安集团引进世界最优品种斯格配套系核心群种猪，同时还引进了台系杜洛克、新英系大白、比利时长白、挪威长白、无应激皮特兰等优良种猪，并分别建立了系统选育体系。斯格种猪生长快，省饲料、瘦肉多、肉质好，生产性能和产品质量世界一流，国内领先。种猪的引进和品种的系统选育，使京安集团建起世界第七、亚洲第一的斯格配套核心群种猪场，成为中国北方品种最全、规模最大的良种猪繁育推广基地和河北省农业产业化龙头企业。

京安猪场研究开发的商品瘦肉猪规模化养殖高产技术，在全县进行了推广，使全县生猪瘦肉率和瘦肉品质跨上了国际先进水平。

二、工业科技应用

为促进丝网行业向高水平深层次发展，1993年前引进了日本NAC1300型箭杆织网机，即无梭织网机，并与石家庄3302工厂合作进行吸收仿制，很快装备了60台具有20世纪90年代初国际先进水平的高密度织网机。同时引进了瑞典的全部采用计算机控制管理、达到国际先进水平的聚酯网生产设备和技术，创建了丝网龙头企业安平县造纸网厂。该厂是全国八大造纸网生产厂之一，生产能力居全国脱水器材行业第二位。通过引进技术，引进设备，创建先进的大型织网企业，织网最高密度由200多目发展到2600多目；产品由过去的普通民用、工业用，发展到轿车制造、航空航天等高科技领域，并销往日本、美国、德国、俄罗斯等30多个国家和地区。

三、微机应用

1. 单位微机的应用

全县最早使用微机的单位是统计局。统计局1990年购进微机1台，用于统计业务。1991年，工商行有微机1台，农行有2台。1993年，金融系统各单位（农发行除外）都配备2—4台微机办理金融业务。1995年，财政局、地税局、国税局、公安局、烟草局、电力局、交通局购进微机，用于办公和业务管理。1998年，全县党政机关、企事业单位大都配备了微机。2002年，全县共有60个局级单位拥有微机，微机总数达到1532台。

从1991—2002年间，随着微机数量的增加，微机的应用范围迅速扩大。1993年，微机开始用于银行业务。1994年11月30日零时，微机用于程控机房，7000门程控电话一次割接开通，安平县邮电通讯实现了交换程控化、传输数字化、农话自动化。1998年，党政机关、企事业单位大多数都购置微机，用于文印、存档、制图、建筑设计、企业管理、市场营销；文教系统配备141台微机，用于中小学教学。2000年10月，安平丝网大世界管理委员会与美国合资建起“丝网世界网站”，并以此为平台加快信息化技术与丝网产业的融合，推进信息技术在企业管理、新产品开发、市场营销等方面的应用，启动了丝网企业的电子商务工程。造纸网厂、捷通公司、英凯模公司等丝网龙头企业在2002年实现营销网络化。2002年4月，全县28.5万农业人口的农业税征收台账的编制实现了微机管理；8月，县有线电视台在有线电视网络里使用《电脑可寻址加解扰电视信号系统》（解扰器），收费系统全面实现了微机管理；10月，中国银行安平县支行开始利用微机为全县24个行政事业单位代发工资。

1991—2002年全县（单位）微机应用情况一览表

表23-7

年度	微机台数（台套）	联网台数	用途
1990	1	0	统计
1991	4	0	统计、办公、金融业务

续表23-7

年度	微机台数（台套）	联网台数	用途
1992	9	0	同上
1993	19	2	同上
1994	32	5	同上
1995	46	8	统计、办公、金融、结算
1996	83	19	审计、统计、办公、金融、结算
1997	123	35	联系业务、审计、统计、办公 、金融、结算
1998	313	150	联系业务、办公、金融、业务管理、教 学
1999	488	185	联系业务、办公、金融业务、教学、业务管理
2000	770	201	同上
2001	1152	210	办公、教学、金融、各项业务、联系业务
2002	1532	230	同上

2. 居民个人微机的应用

2002年，农村居民没有微机；城镇大约有2%左右的居民户拥有微机，主要用于学习、娱乐和商务活动。用于商务活动的起始时间是1993年，主要商务活动是为顾客打字、复印和牌匾制作等。

四、新能源开发应用

1. 沼气开发应用

安平县修建的沼气池是水压式农村家用沼气池，由发酵间、贮气间、水压间、进料口、出料口和导气管组成。沼气池的主体结构1981年前是由三合土构成，1981年后，开始出现混凝土浇灌的沼气池；1991年后，完全改建为混凝土浇灌的沼气池。1991年，全县共有沼气池2000多个，主要分布于马店、王胡林、南王庄、安平镇、大子文、大何庄、程油子、东黄城等乡镇。到2002年，全县有4360多个沼气池，遍布于全县各乡镇，马店、可胡林、台城、中角、大子文等村建沼气池的农户更多些。

沼气主要用于农户的照明、煮饭。生产沼气需把大量的农作物秸秆和畜禽粪便加入沼气池密闭发酵，所以在生产沼气的同时，还能沤制出优质的有机肥料，因此全县建沼气池的农户都解决了点灯、煮饭的燃料问题；改善了卫生状况及居住环境；扩大了肥料来源，促进了农业生产发展，提高了经济收入和生活质量。

2. 太阳能开发应用

太阳能热水器 1991年，新能源技术推广站共推广太阳能热水器660个，其中高档热水器仅10个，大多数是红泥塑料袋式热水器。该产品以洗浴方便、价格低廉，为广大群众所欢迎。1994年，红泥塑料袋热水器增至12000个，城镇居民户普及率达80%。1995年，后逐步减少，替代产品是玻璃箱式太阳能热水器。1998年后，玻璃真空管系列太阳能热水器逐渐替代了玻璃箱式太阳能热水器。到2002年城镇居民使用率达95%以上；农村居民多用塑料袋式热水器，极少使用玻璃真空管式太阳能热水器。

塑料大棚、地膜覆盖、日光温室种植 20世纪90年代初期，太阳能在农作物种植方面的应用成为农民致富的重要手段。1991年，全县有塑料大棚180个，80亩；地膜覆盖2300亩；日光温室150个，45亩。2002年，全县有塑料大棚280个，252亩；地膜覆盖2900亩；日光温室75个，84亩。塑料大棚的结构有钢架和竹木架两种，90%为竹木架结构；棚型有单栋和连栋两种。塑料大棚有春提早、秋延后的保温作用，主要用于蔬菜、花卉、瓜果栽培。日光温室一般不加温即可进行越冬栽培。20世纪90年代初，日光温室是单栋土墙竹木结构，面积每个大约0.3亩，用于蔬菜种植，以后面积逐渐变大。2002年，出现砖墙钢架结构的连栋型日光温室，每个面积约1.2亩，用途发展到瓜果、花卉种植。地膜覆盖是用厚度为0.01—0.02毫米的聚乙烯或聚氯乙烯薄膜盖于地表面或近地面表层的一种栽培方式。主要用于棉花生产，蔬菜、瓜果生产也有少量应用。

第七节　科技管理

一、规划管理

1991年后，在"经济建设必须依靠科学技术，科学技术工作必须面向经济建设"的方针指导下，县委、县政府坚持以科学技术促进经济和社会发展，先后制定了"八五"(1991—1995年)科技兴县计划和"九五"(1996—2000年)科技兴县发展规划。

"八五"科技兴县的指导思想是：坚持以经济建设为中心，以高新技术为先导，以提高全民科技素质为重点，紧紧围绕全县国民经济和社会发展及"八五"计划和十年规划制订的任务，走研究开发、推广应用、引进消化相结合的道路，调整产品结构、加速成果转化，提高全县技术水平和管理水平，推动全县科技进步。工业上突出抓好丝网、机械配件、电子、化工、轻纺、鬃尾六大行业，以丝网为重点，适度倾斜、重点开发，促进整个工业的整体素质显著提高；农业上以提高综合效益为目的，在抓好常规农业的同时，狠抓开发性农业，积极发展农副产品加工业，形成贸工农一条龙、产供销一体化的新格局。

"八五"期间，全县开发工农业高新技术产品、项目10个；农业整体效益的增长来自技术进步的比重：1991年30%，1995年达到36%；县乡工业总产值的增长来自技术进步的比重：1991年30%，1995年达到40%。

"九五"期间(1996—2000年)，全县着力推进科技成果向现实生产力的转化，研制开发新产品48项，推广新技术成果62项，科技对经济增长的贡献率达46.8%，对经济发展的支撑作用明显增强。1999年，安平县通过了国家科技工作先进县的考核验收，跨入了"全国科技工作先进县"的行列。到2002年，农业整体效益的增长来自技术进步的比重达到45%；县乡工业总产值的增长来自技术进步的比重达到53%。

二、经费管理

1991年后，财政对科技管理部门事业费的投入逐年增加。1991年财政拨款3.79万元，1995年12.6万元，1991—1995年逐年递增30%。"九五"期间，财政对科技投入共76.53万元，是"八五"期间的2.28倍。2002年，县财政对科技拨款23.1万元，是1991年的6.1倍，是1995年的1.8倍。通过对科技的投入，全县新增通过省级及以上鉴定的成果48项，其中获省级以上科技进步奖的34项。

1991—2002年县拨科研经费情况表

表23-8　　　　单位：万元

年度	事业费	年度	事业费
1991	3.79	1997	13.19
1992	4.7	1998	15.09
1993	5.19	1999	16.4
1994	7.3	2000	17.8
1995	12.6	2001	20.4
1996	41.05	2002	23.1

三、管理机构

县科技局　1991年，全县科技工作管理机构是安平县科学技术委员会(简称县科委)。县科委下设办公室、科干股、业务股，下属单位有新能源办公室，工作人员13名，其中主任、副主任各1名。1994年4月，科干股撤销，业务移交劳人局管理，增设工业股、农业股。1996年11月，机构改革时，科委更名为科学技术局(简称科技局)，内设办公室、工业股、农业股，下属单位有新能源办公室，工作人员18人，其中设局长1名，副局长3名。至2002年内设机构未变。

县人事劳动和社会保障局（详见第十九编第三章第五节）

乡镇、村、厂科技组织　1991年，全县20个乡镇均设科委，各乡镇配备1名科技副乡镇长；230个村委会均设科技村委副主任。1996年1月，并乡扩镇后至2002年，全县8个乡镇都建有乡镇科委，各乡镇均配1名科技副乡镇长；各村仍设1名科技村委副主任。1991—2002年，县直、乡直各厂都配备了科技副厂长。

第二章　气象

1991—2002年，安平县气象局在气象观测工作中，认真观测气温、气压、地温、空气湿度、降水、风向、风速等项目，并准时向全县人民进行天气预报，及时开展人工影响天气，增雨、防雹、减灾，积极服务于全县经济建设。

第一节　气象观测

气象观测的项目有：气温、气压、地温、空气湿度、降水、风向、风速等，每天观测3次，在8时、14时、20时观测，观测后将观测的数据编成电码（每天3次）通过专线及时发送到省、市气象台。1999年7月以前，观测数据是手工进行编码；1999年7月，开始利用微机进行编码。另外，每月的1号、11号、21号的8—9点编发旬报，每月的1号编发月报。旬报、月报均报省、市气象台。同时并将观测簿存入档案，进行保存。

图23-1　安平县气象观测站

第二节　天气预报

天气预报分短期、中期和长期天气预报。三天以内的为短期预报，旬报为中期预报，月、季、年预报为长期预报。1991—1999年，县气象台利用无线对讲机接收市气象台发送的本县未来三天的天气预报，然后编写成文，用电话报送给县电视台，由县电视台的播音员进行播送。1999年7月，安平县气象局安装了气象卫星接收站及灾情快速传送系统。自1999年7月开始，市气象台将各县未来三天的天气预报作出后，利用卫星传到各县气象局，各县气象局再从单收站上接收。接收后，县气象局将安平县的天气预报利用微机录成录相带送到县电视台进行播出。同时，市台还负责各县的长期和中期预报，即年、季、月、旬预报。

第三节　气象服务

气象工作主要服务于本县的经济建设。安平县气象局为便于县领导和有关部门随时掌握天气情况，及时安排调整本县的工作部署，有力地指导经济和生产建设，除按规定进行天气预报服务外，还于每月的1日向县委、县政府的各位领导，县人大、县政协的主要领导和县委办、政府办、县防汛指挥部等有关部门以文字形式报送当月的长期预报，内容包括：上月的天气回顾，本月的天气预报和主要天气过程及服务建议等。每年的棉花播种期和麦收季节，都通过县电视台发布棉花播种期间5厘米地温和麦收期间的天气情况，以指导农民及时播种和收割。1996年，开通电话“121”

图23-2　人工增雨

气象咨询服务。2002年1月，“121”信息服务又进行了升级改造，增添线路30条，服务内容增至10个，极大地方便了群众。1998年前，县气象局原有三七高炮2门，1999年换成WR—98车载火箭炮一门，利用这些炮随时根据衡水市人影办的指挥调度进行人工影响天气，增雨防雹。仅2000年一年就进行人工防雹增雨16次。2002年9月，根据河北省实施《中华人民共和国气象法》办法，成立了安平县防雷中心，开始对本县境内的一、二、三类建筑物，石油、化工等易燃易爆物品生产和贮存场所，大型娱乐场所，电力生产设施和输入配电系统，通信设施和广播电视系统，计算机信息系统等必须安装防雷装置的场所和设施，进行防雷避雷检测服务。

第四节　管理机构

安平县气象局是县政府主管气象工作的部门，隶属于衡水市气象局。1991—2002年，局内部设观测股和预报股，定编7人，其中包括局长1名。

第三章　卫生

1991—2002年，安平县卫生事业长足发展，医疗环境大为改观。投资612万元兴建了县医院门诊楼、病房楼、医技楼，建筑总面积10000平方米；投资78万元兴建县中医院门诊楼，建筑面积7290平方米。全县医疗病床由256张增加到760张。医疗设备功能更全更先进，10万元以上医疗设备增加到14(套)件，万元以上医疗设备由3台(件)增加到51台(件)，5000元以上设备由22台(件)增加到203台(件)。医疗技术队伍相应扩大，大专以上学历人员增加了48%，中级以上技术职称人员增加了42%，其中主任医师4人，副主任医师28人。医疗技术水平明显提高，开颅、开胸等高难度手术能独立开展，过去的一些不治之症得到有效根治。药品市场日臻完善，批发零售经营有序，医药监督执法有力，为全县人民的医疗卫生保健提供了可靠保障。

第一节　医疗机构

一、县级医疗机构

安平县人民医院　1991年，安平县人民医院坐落在新盈街路南，中心路东侧。1997年9月，因城市规划和医院发展需要，县医院搬迁到新盈大街东段路北；医院占地30000平方米，建筑面积10000平方米，有门诊楼、病房楼、医技楼各一栋；设有内、外、妇、儿、急诊、五官、中医、理疗、按摩、口腔、特检、检验、放射、手术等20个科室，病床135张；配备有经颅脑多普勒仪、遥控胃肠X光机、脑电地形图、心电工作站、全自动血液分析仪、电解质分析仪、裂隙灯等设备；有医技人员和干部职工191名，其中副高级职称人员7名；年门诊量近100000人次，住院病人3500人次。1998年

图23-3　安平县人民医院

引进日本产东芝CT扫描机一台，填补了安平县医疗服务市场的空白。2000年添置了彩色B超机一台、高压氧舱一部、手术显微镜一台、血流变一台，硬件设施得到很大改善。

该院1992年被省卫生厅命名为“医德医风建设先进集体”；1993年，被省总工会授予“模范职工之家”称号；1996年，通过医院等级评审，被评为二级丙等医院；1998年，通过省级“爱婴医院”验收，被衡水市精神文明建设委员会评为“二星级文明服务单位”；2000年，被衡水市确立为非营利性医院。

安平县中医院　位于旧城街西段路南（二中对过），1991年，占地面积10000平方米，建筑面积5000平方米。1991—2002年，医院规模迅速扩展，医疗水平不断提升，职工队伍逐渐壮大，人员结构发生了根本变化。1998年自筹70多万元，建成1400多平方米的门诊楼，更新了医疗设备。2002年，该院业务使用面积2288平方米，床位60张，医疗设备20台（件）；干部职工62人，其中院级管理干部4人，中级职称人员12人；设有急诊科、内科、外科、妇产科、儿科、创伤科、眼科、正骨、针灸、按摩10个临床科室和B超、多普勒、心电图、放射、常规化验、生化检查6个医技科室；固定资产达130多万元；中医中药治疗冠心病和小夹板固定治疗骨折两个特色科目在全市居领先水平；外科由原来的门诊小外科发展到胃大部切除、肾摘除、巨大肿瘤切除、甲状腺切除、骨折内固定等难度较高的手术。

图23-4　安平县中医院

1991—2002年共发表学术论文20余篇，完成市级科研成果一项。2001年，通过河北省卫生厅验收，晋升为二级甲等中医院。

安平县卫生防疫站　位于育才街南段路西。1991年占地面积4000平方米，有400余平方米办公楼一座；站内设办公室、食品卫生科、劳动卫生科、公共卫生科、宣传科、防疫科、检验室、防痨科8个科室，工作人员17人。2002年，增设食品卫生科3个，儿童接种门诊2个（县直和城关）；劳动卫生科改为职业病防治科，防疫科划分为计免科和流病科，宣传科由办公室兼；单位职工64人；建筑面积增至680平方米，设备增加了监督防疫车2辆，X光机、显微镜等大型仪器设备5台，冰箱、冰柜等冷冻设备14台。

安平县妇幼保健院　1991年，安平县妇幼保健院位于西关村，占地1500平方米，设门诊、药房、会计室、办公室，职工17人。1996年，该院从西关村搬迁到新盈街和育才路交叉路口西北侧，增设X光室、B超、心电图、乳腺透照室。1997年增设婚检室、宣教室。2002年，安平县妇幼保健院设办公室、保健科、门诊、药房、会计室、化验室，工作人员30人。

安平县卫校　位于红旗街中段路北县光荣院西邻，始建于1978年，占地3亩，教学用房24间。

1991—1996年，教职员工6人，举办为期3个月或6个月医训班8期，（其中包括衡水市卫生局委托举办的3期中医中药培训班），共培养出200余名医务人员。1996年，教职工增至12人；自筹资金组建起门诊部，并与安平县职教中心合作举办了中西结合的医务中专班，该班学制3年，国家承认学历。1991年到2002年，卫校为全县培养出300余名中西结合的全科医生，从而改变了安平县中医后继无人的状况，突出了中西医结合的优势，提高了全县乡村医生的医疗水平。

二、乡镇卫生院

1991年，乡镇卫生院共有20个，医护人员139人。2002年，乡镇卫生院减至18个，医务人员增至213人。

2002年全县乡镇卫生院基本情况一览表

表23-9　　单位：间、人

名称	所在地	房屋间数	医护人员	主要科室名称	备注
王胡林卫生院	王胡林	13	8	内科、妇科、儿科、中医科	—
南王庄卫生院	南王庄	28	17	内科、妇科、儿科、外科	2000年前，就诊患者较多，但由于地理位置等原因，2000年后，就诊患者人数逐渐减少，2002年停止营业
东里屯卫生院	东里屯	50	8	内科、妇科、外科、儿科	—
后张庄卫生院	后张庄	16	10	内科、儿科	—
河漕村卫生院	河漕村	26	9	内科、妇科、儿科	—
程油子卫生院	程油子	26	19	内科、妇科、儿科、中医科	—
袁营卫生院	袁营	9	6	内科、妇科、儿科	—
张寨卫生院	张寨	25	9	内科、妇科、儿科	—
察罗卫生院	察罗	25	7	内科、妇科、儿科、中医科	—
台城卫生院	台城	22	7	内科、妇科、儿科	—
东黄城卫生院	东黄城	36	14	内科、妇科、外科、儿科、功能科	—
大子文卫生院	大子文	18	9	内科、妇科、儿科、外科	2000年前，就诊患者较多，但由于地理位置等原因，2000年后，就诊患者人数逐渐减少，2002年停止营业
石干卫生院	石干	58	16	内科、妇科、儿科、外科	—
南苏村卫生院	南苏村	18	10	内科、妇科、儿科	—
大何庄卫生院	大何庄	49	14	内科、妇科、儿科、中医科	—
马店卫生院	马店	9	15	内科、妇科、儿科	—
西两洼卫生院	西两洼	23	10	内科、妇科、儿科、中医科	—
南王宋卫生院	南王宋	21	8	内科、妇科、儿科	—
刘吉口卫生院	刘吉口	32	9	内科、妇科、儿科	—
安平镇卫生院	兴贤村		8	妇科	—

三、村级卫生室

1991年，全县230个行政村均有村卫生室；卫生室实行医生保本经营，农民看病自付药费的办法。1991年后，出现租用原村卫生室房子或在自己家中行医的状况，名义上仍为村卫生室。1996年后，一些村由一村一室发展为一村2个村卫生室。2002年，全县共有村级卫生室380个；医务人员418人，其中，中医88人，西医330人，有技术职称的303人。

四、私立医院及诊所

河北医科大学第二医院安平分院 位于县城西环路55号，与丝网大世界相毗邻；于1999年11月11日正式开业，总投资约3000万元，占地15亩，是一所集医疗、教学、科研、预防、保健为一体的二级甲等现代化的综合医院。

图23-5 河北医科大学第二医院安平分院

该院设内科、外科、妇科、儿科、检验科、功能科、放射科、口腔科、耳鼻喉科、皮肤科、中医内外科、神经内外科、骨科等科室；干部职工165人，其中高级职称人员13人，中级职称人员15人，各类专业人员100多名；有核磁共振、CT机、经颅多普勒、遥控胃肠机、血管造影机、彩超、大型X光机、心电工作站、酒精含量测定仪、自动生化分析仪、自动血球计数仪、多参数监护仪等大型的或先进的检查、检验设备；设有细菌室、重症监护病房等。医院床位占用率88%，年门诊量6万人次，康复出院4000余人，手术2000余例。

1999—2002年，医院先后被衡水市评为“园林式”单位、“文明单位”、“双信企业”。

博爱医院 成立于1998年9月，坐落于安平县新盈东大街3号，建筑面积3200平方米；床位102张，设有心脑血管科、内科、中医科、外科、骨科、妇产科、不孕不育科、眼科、牙科、检验科、功能科、放射科、CT室等科室；在岗职工82人，其中主任医师4人，副主任医师5人。

1998—2002年，博爱医院先后投资385万元购置先进医疗设备。2002年，该院拥有西德产全身CT、美国产ATC-HAI全数字化彩超、以色列产彩色经颅多普勒、全自动血流变仪、日本产F-820血液分析仪、日本产奥林巴斯胃镜、SD9600-C型体外冲击波碎石机、尿液自动分析仪、血凝仪、彩色精液分析仪、输卵管通液仪、酶标分析仪、半自动生化分析仪、大型遥控X光机、心电工作站等先进医疗设备，可对各种疾病进行检查、预防和治疗。

爱民医院 建于1997年；位于为民东街30号（政府对面）；设内科、外科、妇科、中医科、口腔科、眼科、手术室、B超室、心电图室、化验室、X光室，病床20张；医务人员28人。

1998—2002年，开展的前列腺“电切汽化治疗”、扁桃腺“电刀挤切术”，技术成熟，独具医疗特色。

私人诊所 1991年，全县有私人诊所32个，医务人员48人；私人诊所全部设在县城。到2002年，私人诊所发展到41个，医务人员77人。其中，农村私人诊所2个，医务人员2人；县城私人诊所39个，医务人员75人。

第二节 医疗队伍

一、人员分布

1991年，全县共有医务人员791名，其中县城个体门诊84名，乡村医生421名，属于县卫生局在编在职人员286名。

2002年，全县共有医务人员1412名，其中私立医院163名，县城个体门诊118名，乡村医生559名，属于县卫生局在编在职人员572名。

二、在编医务人员

结构 1991年，全县286名在编在职医务人员中，管理人员13名，工勤人员81名，医疗技术人员192名（其中，中医43名，西医98名，其他医务人员51名）；大学本科学历的13名，专科学历的58名，中专、高中学历的127名，初中学历的88名。

2002年，全县572名在编医务人员中，管理人员13名，工勤人员96名，医疗技术人员463名（其中，中医59名，西医130名，其他医技人员274名）；大学本科学历的24名，专科学历的74名，中专、高中学历的383名，初中学历91名。

部分年份全县医疗队伍在编人员构成情况统计表

表23-10　　　　单位：人

年度	合计		副主任医师	西医主治医师	中医主治医师	主管护师	其他中级技师	西医师	中医师	护师	西药师	中药师	检验师	其他技师	西医士	中医士	护士	西药士	中药士	检验士	其他技士	其他技术人员	管理人员	工勤人员
1991	合计	286	4	21	2	0	1	48	0	23	2	1	3	3	10	3	7	5	17	2	1	39	13	81
	男	151	4	15	2	0	1	23	0	3	2	1	3	2	9	3	0	4	9	1	1	19	10	39
	女	135	0	6	0	0	0	25	0	20	0	0	0	1	1	0	7	1	8	1	0	20	3	42
1996	合计	456	9	39	17	2	1	59	9	49	17	1	12	4	22	8	10	6	18	3	1	69	13	87
	男	219	8	25	12	1	1	29	8	5	7	1	6	3	12	3	0	4	9	1	1	30	10	43
	女	237	1	14	5	1	0	30	1	44	10	0	6	1	10	5	10	2	9	2	0	39	3	44
2002	合计	572	15	47	19	5	3	68	12	52	17	1	12	4	30	8	31	6	19	4	1	109	13	96
	男	265	12	25	14	1	2	33	9	5	7	1	6	3	15	3	1	4	9	2	1	53	10	49
	女	307	3	22	5	4	1	35	3	47	10	0	6	1	15	5	30	2	10	2	0	56	3	47

分布　1991年，全县286名在编医务人员中，县医院87名，乡镇卫生院139名，卫生防疫站17名，妇幼保健院17名，卫校6名，中医院20名。

2002年，全县572名医务人员中，县医院191名，乡镇卫生院213名，卫生防疫站64名，妇幼保健院30名，卫生学校12名，中医院62名。

第三节　医疗设备与技术

一、医疗设备

县医院　1991年增设细菌室。1997年，以合资形式购置价值328万元的东芝CT机一台，引资50多万元购置了高压氧舱及配套设施，集资10万元

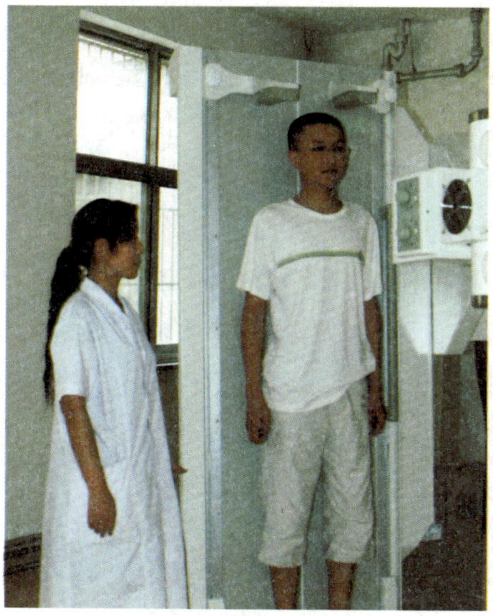

图23-6　县医院遥控数字胃肠造影

购置了血液七项分析仪。1999年，投资105万元购置法国产彩色B超机1台。2000年，投资40多万元更新胃肠遥控机1台。

中医院 1999年，购置了血流变分析仪、呼吸机、麻醉机各1台，投资1.3万元购置了骨科器械。

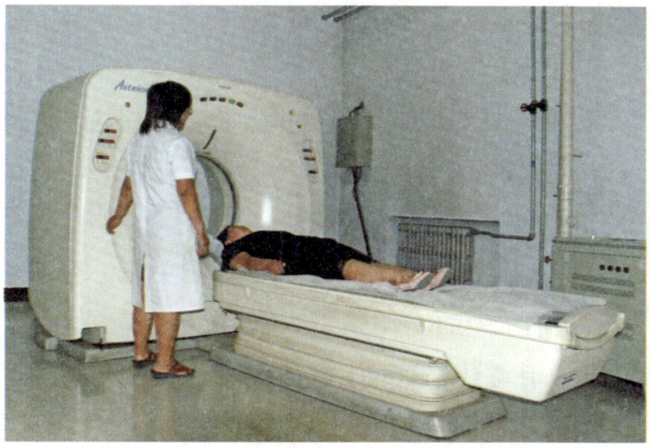

图23-7　中医院CT室

河北医科大学附属第二医院安平分院 1999年，投资3000万元，引进了核磁共振仪、CT机、经颅多普勒、遥控胃肠机、血管造影机、彩超机、大型X 光机、心电工作站、酒精含量测定仪、自动生化分析仪、自动血球计数仪、多参数监护仪器等。

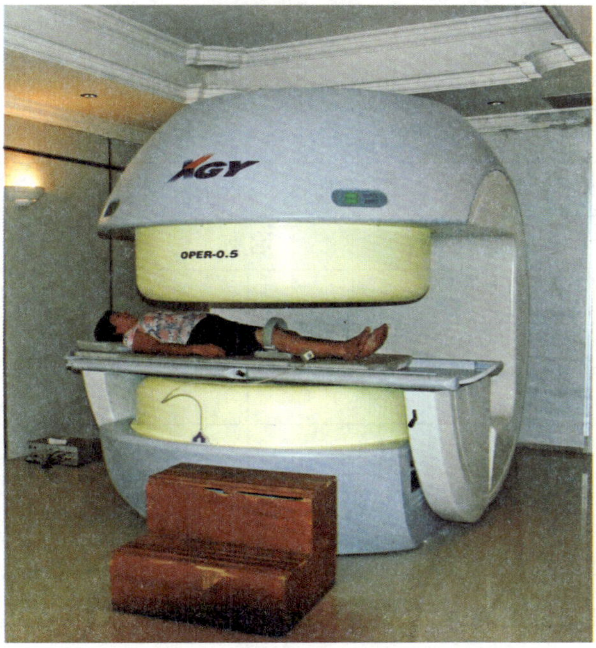

图23-8　省二院安平分院核磁共振

博爱医院 1998年9月成立至2002年，陆续购进了德国产全身CT机、美国产ATC—HAI全数字化彩超机、以色列产彩色经颅多普勒、全自动血流变仪、日本产F—820血液分析仪、血凝仪、彩色精液分析仪、输卵管通液仪、酶标分析仪、半自动生化分析仪、大型遥控X光机、心电工作站等先进医疗设备。

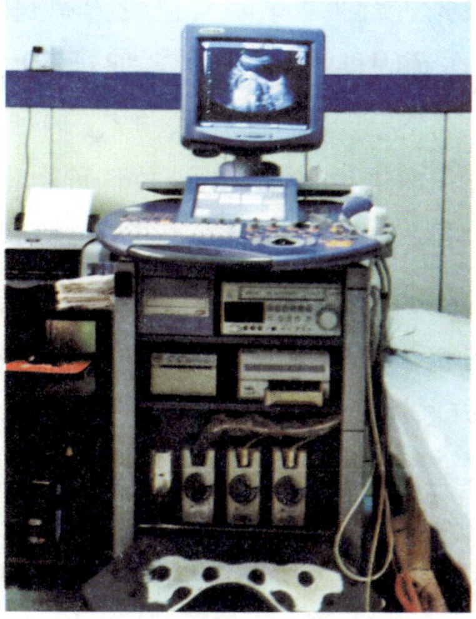

图23-9　博爱医院全数字化彩超机

乡镇卫生院 1991年到2002年，全县20个乡镇卫生院先后购置B超机15台，心电图机4台，X光机2台，显微镜5台。

二、医疗技术

1991—2002年，县医院在高、精、尖、特上有所突破。内科在冠心病、高血压性心脏病、特发性心肌病、心力衰竭，各种心律失常和脑梗死、脑出血、脑血栓等疾病的诊断上日臻完善。从1993年开始，能成功开展急性心肌梗死的溶栓治疗；外科能成功开展肝脏部分切除术、食道癌手术、开放性颅脑损伤手术、人工股骨头置换术、椎间盘脱出手术、肾及膀胱切除、输尿管与尿道吻合术；妇科在生理性产科、病理性产科及妇产科手术治疗等方面有着丰富的临床经验，能成功开展卵巢囊肿剥离术、输卵管再通手术；儿科对小儿重症脑炎合并呼吸衰竭、心衰、小儿心肌炎、肾炎等疾病能够准确诊断及时抢救治疗；五官科于1995年与北京同仁医院合作，开展了人工晶体超声乳化手术，使100多名白内障患者重见光明。

中医院从1994年开展的中医中药治疗冠心病和小夹板固定治疗骨折两个特色科目在全市居领先水平。1995年，外科由原来的门诊小外科发展到能作胃大部切除、肾摘除、巨大肿瘤切除、甲状腺切除、骨折内固定等难度较高的手术。

河北医科大学第二医院安平分院依托河北医科大学第二医院的强大技术优势，医疗技术水平处于市级先进行列。该院心血管内科是衡水市重点学科，在顽固性心衰、急性心肌梗死、急性左心衰、心源性休克诊治方面技术领先。内科拥有多功能呼吸机和血液灌技术，在抢救各种中毒、重症肺炎、重症哮喘、呼吸衰竭等病症上成功率在95%以上。儿科建有高标准的新生儿重症监护室，在新生儿疾病的救治方面具有较高的水平。外科系统开展的断肢（指）再植，关节置换，脑室-腹腔引流治疗脑积水，乳腺癌、胃癌、胰腺癌、结肠癌的根治手术，肝硬化脾切除手术，前列腺肥大电切术，气管、食管异物取出术，颌面部肿瘤手术以及腹腔镜微创胆囊、子宫肌瘤切除术均处于全市领先水平。

第四节　卫生防疫

一、传染病防治

1991—2002年，安平县防疫站重点防治麻疹、脊髓灰质炎、肺结核、流脑、乙脑、病毒性肝炎、流行性出血热等七种传染病。

1993年，世行贷款的中国肺结核病控制项目在安平立项，实行肺结核病免费检查、治疗。县防疫站按项目要求，专门设立了肺结核病防治科，配备了专业人员，分设了诊室、药房、检验室，规范了项目操作程序。

1993—2002年共利用世行贷款16.8万元（药品），县政府配套经费7.2万元（检查、资料费），531名肺结核患者全部治愈。

1996年洪水过后，为防止食物中毒，控制传染病流行，先后出动消毒人员1238人次，发放漂白粉等消毒药品16吨，敌敌畏、奋斗钠等杀虫药剂3吨；及时治愈痢疾、肠炎、上感等肠道传染病和呼吸道传染病182例，实现了“大灾之后无大疫”的防疫目标。

1998年冬至1999年春，华北地区发生流感，安平县报告病例2157例，报告发病率679.6/10万人。

随着改革开放的不断深入，人们的交往和流动频率增加，肺结核、性病、艾滋病、乙型肝炎等传染病发病率有所上升。

1993—2002年全县接诊管理肺结核病人情况表

表23-11

内容 项目 年度	接诊肺结核患者（人）	涂阳病人		
		管理人数	治愈	
			人数	%
1993	98	70	70	100
1994	—	—	—	—
1995	353	106	106	100
1996	270	83	83	100
1997	389	103	103	100
1998	85	15	15	100
1999	—	—	—	—
2000	134	24	24	100
2001	289	89	89	100
2002	247	41	41	100

1991—2002年全县传染病发病率情况表

表23-12

年度	传染病发病率	年度	传染病发病率
1991	104.562/10万	1997	75.019/10万
1992	107.326/10万	1998	81.113/10万
1993	116.410/10万	1999	110.065/10万
1994	91.496/10万	2000	91.540/10万
1995	106.634/10万	2001	128.868/10万
1996	60.073/10万	2002	135.557/10万

二、职业病防治

为有效控制劳动者职业病的发生，县卫生防疫站做了大量工作。

定期检测 从1991年开始，对镀锌、家具制造、浴盆生产、化工等有毒有害行业单位进行定期监测。至2002年，共监测尘点4541次，毒物监测522次，噪音测定351次，二氧化硫分析13408人次。

建立健康档案 对有毒、有害企业的全部接毒、接害工人进行岗前、岗中和离岗体检，并及时建立完整的企业和职工健康档案。1991年，全县有毒有害单位37个，从业人员195名，监督率和建档率为百分之百，体检率为60%。根据2002年5月1日颁布实施的《中华人民共和国职业病防治法》和国家、省、市职业病防治实施步骤，重新对原有和新建有毒有害企业、经销市场、门店等120多家进行了普查、摸底、登记和建档。2002年，全县有毒有害单位61个，从业人员462名，监督率和建档率为百分之百，体检率为69%。

1991—2002年安平县职业病防治情况表

表23-13 单位：个、人

年度	有毒有害单位数	从业人员	监督率(%)	体检率(%)	建档率(%)
1991	37	195	100	60	100
1992	39	209	100	67	100
1993	43	238	100	63	100
1994	43	238	100	62	100
1995	45	254	100	68	100
1996	48	286	100	60	100
1997	51	305	100	65	100
1998	51	309	100	65	100
1999	54	341	100	61	100
2000	56	403	100	63	100
2001	57	407	100	67	100
2002	61	462	100	69	100

三、地方病防治

1991—2002年，通过大力推广食用碘盐，有效改造含氟水井和县防疫站防疫人员的有效防治，全县地方病逐年下降。氟斑牙、地方性甲状腺患者20世纪80年代后期81人，1996年下降到23人，患者通过药物和手术治疗基本痊愈。1999—2002年未发现新病例。

四、计划免疫

1991年，安平县实现了儿童计划免疫接种率85%的目标，代表河北省接受了世界卫生组织、卫生部的审查。1995年，代表衡水市接受并通过了国家卫生部、省卫生厅的审查。2002年，通过全国小儿麻痹症零病例的最后评审达标。

儿童计划免疫接种率逐年上升，新生儿乙肝接种率：1991年6%，2002年上升至98.3%，其他“四苗”（麻疹、百白破、卡介苗、小儿麻痹糖丸）接种率：1991年91%，2002年上升至98.3%。

1991—2002年全县五种疫苗接种情况表

表23-14

年度	麻疹疫苗		脊灰疫苗		百白破疫苗		卡介苗疫苗		乙肝疫苗		接种率%
	应种	实种	应种	实种	应种	实种	应种	实种	应种	实种	
1991	4570	3819	10924	10518	11880	11215	3343	2400	—	—	91.0
1992	3208	2713	11727	11498	10968	10217	3919	2816	—	—	91.4
1993	4474	3918	11615	11213	11887	11254	4360	3623	—	—	92.8
1994	3534	3182	9145	8917	9718	9219	3100	2322	—	—	92.7
1995	2554	2344	7298	6989	7367	6928	2596	2187	—	—	93.1
1996	2000	1827	4322	4178	5050	4854	1544	1230	—	—	93.6
1997	1969	1752	5035	4913	5096	4817	1796	1552	—	—	93.8
1998	2149	1937	5454	5358	5164	4899	1651	1431	—	—	94.5
1999	1681	1567	5205	5107	4953	4850	1501	1322	—	—	96.3
2000	2128	2081	7369	7312	6299	6898	2379	2037	—	—	97.5
2001	2318	2239	7357	7327	7397	7349	2523	2315	2523	2468	98.1
2002	2498	2405	7638	7562	7458	7378	3063	2972	2972	2567	96.8

第五节　妇幼保健

一、妇女保健

1991年年初，妇幼保健院与县工会、妇联会联合发出通知，将3月份定为妇女病普查月，要求5月底以前做好统计和普查的扫尾工作。按市卫生局要求每三年普查一遍。县级保健人员在普查中走村串户搞试点，开展以“两病”（子宫脱垂、尿瘘）为重点的妇女病普查普治和孕产妇系统管理。产前检查不少于5次，产后访问不少于3次，做到有病早发现、早治疗，确保母婴健康。孕产妇死亡率2002年比1991年下降50%。

1991—2002年全县妇女病普查情况表

表23-15

年度	应查（人）	实查（人）	患病	
			人数	占实查人数的%
1991	55378	14067	1139	8.1
1992	50630	11968	1580	13.2
1993	50827	11635	1547	13.3
1994	30925	8756	1039	11.9
1995	21025	7563	1199	15.9
1996	19136	8174	1118	13.7

续表23-15

年度	应查（人）	实查（人）	患病	
			人数	占实查人数的%
1997	17168	5494	846	15.4
1998	17118	6126	1235	20.0
1999	20506	7872	1436	18.2
2000	32478	11785	4924	41.8
2001	32652	21786	9150	42.0
2002	17080	7230	2530	35.0

1991—2002年全县孕产妇系统管理情况表

表23-16

年度	产妇（人）	系统管理		住院分娩	
		人数	占产妇的%	人数	占产妇的%
1991	1322	629	47.6	457	34.6
1992	1774	825	46.5	891	50.2
1993	1951	1650	84.6	1124	57.6
1994	1225	1159	94.9	734	59.9
1995	1007	928	92.2	898	89.2
1996	1140	798	70.0	693	60.8
1997	1143	896	78.4	927	81.1
1998	1260	978	77.6	1105	87.7
1999	1876	1643	87.6	1819	97.0
2000	2254	1955	86.7	2243	97.0
2001	1815	1468	80.9	1806	99.5
2002	1845	1587	86.0	1646	89.2

二、婴幼儿保健

为确保儿童健康成长，每年的“六一”儿童节前后，妇幼保健院组织各级保健人员对0—7岁儿童进行以防治小儿四病（婴幼儿佝偻病、小儿营养性缺铁性贫血、小儿肺炎、婴幼儿腹泻）为重点的健康体检，发现病例，及时矫治。每年都对县直幼儿园的老师、炊事人员、入园儿童进行健康体检，发现疾病及时治疗。从历年体检情况看，婴幼儿患病率呈上升趋势。1991—1996年，发病率最低是0.70%，最高是1.45%；1997—2002年，发病率最低是0.83%，比1991—1996年的最低值高出0.13个百分点；发病率最高是4.21%，比1991—1996年的最高值高出2.76个百分点。五岁以下婴幼儿死亡率和严重或中度营养不良患病率2002年比1991年下降1/3。

1991—2002年全县儿童体检情况表

表23-17

年度	0-7岁（人）	系统管理		查出疾病患者	
		人数	占0-7岁人数的%	人数	占系统管理人数的%
1991	26057	18784	72.1	274	1.46
1992	26865	18621	69.3	127	0.68
1993	26454	17518	66.2	146	0.83
1994	24939	19951	80.0	279	1.40
1995	25792	19637	76.1	161	0.82
1996	23464	19644	83.7	167	0.85
1997	23704	16856	71.1	139	0.82
1998	21268	15532	73.0	134	0.86
1999	18702	15149	81.0	176	1.16
2000	17804	14306	80.4	181	1.27
2001	16526	11690	70.7	492	4.21
2002	18590	15895	85.5	279	1.76

三、婚前医学检查

根据国务院1995年6月1日颁布的《母婴保健法》，安平县妇幼保健院于1996年12月24日开始正式开展婚前医学检查。为搞好婚前检查，保健院购置了相关器械，增设了宣教室，充实了化验室；负责婚检的医务人员参加了省级培训，取得了合格证书。婚检中查出的各种异常或疾病，凡不宜结婚的、需暂缓结婚的，都及时给予指导和治疗。

1996—2002年婚前医学检查情况统计表

表23-18

年度	参检人数	检出患病人数						
		合计	传染病	遗传病	生殖疾病	内科病	其他疾病	占参检人数的%
1996	14	0	0	0	0	0	0	0
1997	1523	305	29	15	48	5	208	20.03
1998	1907	387	35	6	87	7	252	20.29
1999	1940	443	21	6	105	3	308	22.84
2000	2228	464	50	12	121	9	272	20.83
2001	1791	414	41	12	112	9	240	23.12
2002	2105	457	44	2	147	10	254	21.71

第六节 爱国卫生运动

一、饮水卫生

据1991年12月份统计，全县自来水入户72310户，占全县总户数的98%，受益人口27万，占全县人口的90.82%；饮用深井水的户数为71540户，占总户数的97%；饮用压水机井水的户数为770户，占总户数的1.04%。是年，安平县被河北省爱卫会评为改水先进县。

1993年，全县实现自来水入户，受益人口30.2万，占总人口的100%。

1997年，国务院《生活饮用水卫生监督管理办法》颁布后，爱国卫生运动办公室联合县防疫站，对城区供水和部分集中供水企业单位的水质实行定期检查监测，要求从业人员持健康证上岗，供水场地要达到卫生标准并办理卫生许可证方可供水。

二、灭鼠杀虫

灭鼠 安平县鼠类以大褐家鼠、小褐家鼠、田间黄鼠为主。这些鼠分布广、繁殖快、适应性强，传播多种疾病，毁坏粮食和物品。多年来群众坚持经常灭鼠。县爱卫办每年春秋两季组织协调人民群众，集中开展全县范围的灭鼠活动。为避免重复使用一种鼠药而产生抗药性，采取了轮番使用不同鼠药的办法。

1991—1994年，使用“杀鼠迷”；1995—1999年，使用“溴敌隆”；2000—2002年，使用“杀鼠灵”。1991—2002年，累计投放杀鼠药134吨。

灭蚊蝇 1991—2002年，县爱卫办每年春季组织城区各单位开展以消除蚊蝇滋生地、卫生死角为主的群众性爱国卫生运动，并提供高效、低毒灭蝇药物。蚊蝇密度控制在了最低水平，有效地减少了蝇蚊传播的各种疾病。

三、爱国卫生月

1991—2002年，把每年的四月定为爱国卫生活动月。县爱卫办在爱国卫生月活动中，充分利用广播、电视、黑板报、各种科普宣传材料在全县广泛开展卫生知识、自我保健意识、良好文明的卫生习惯等健康教育活动。同时开展了创建卫生乡、镇、村、屯活动，推广了农村卫生厕所。2002年，卫生乡、镇、村、屯达到50%以上，农村卫生厕所普及率由1991年的50%增至100%。

第七节 红十字会

1991—1998年，安平县红十字会的工作任务由县卫生局医政科兼任。1999—2002年，设专职红十字会秘书长一人，负责日常工作。

第八节 卫生管理

一、医政管理

医院管理 1991年，县直各医疗卫生单位实行院长承包责任制。按照社会效益第一的原则，各医院由院长承包，实行工作任务、医疗质量、技术建设、医德医风、经济收支、事业发展等全方位责任目标制。1994年，实行医疗服务质量否决权，制定出严格的监督制度和考核办法，以此克服以包代管的倾向，纠正急功近利的短期行为。

1996年，建立了医院评价指标体系和评价方法，普遍实行医德评估制度和经营审计制度。为充分发挥群众的监督作用，广泛征求了社会意见和建议。1996年之后，各乡镇卫生院也逐步实行院长承包责任制。

医疗质量管理 卫生局将医疗质量管理始终放在首位，不断进行医疗质量教育。1991—2002年，实行医疗质量与医护人员的责、权、利挂钩。1994年，建立以基础理论、基本知识、基本技能为主要内容的“三基”考评制度，每月进行一次“三基”检查考核，以促进提高卫技人员的自身素质。

1996年，为保证手术室、供应室、产房等特殊区域保洁措施的落实，制订了防止院内感染的管理办法，要求各医疗单位严格执行各种保洁措施，切断传播途径，减少传染源，降低内感染率。

个体医生管理 个体医生申请行医，需经卫生行政部门对其进行考核、考试，合格后发给医疗机构执业许可证才准其行医。在县城行医者由县卫生局管理，在农村行医者由当地卫生院管理。

农村医生管理　农村医生申请行医，应经卫生行政部门对其进行考核、考试，合格后发给医疗机构执业许可证，接受当地卫生院管理。

打击非法行医　为维护医疗市场秩序的稳定与发展，确保人民身体健康，1994—2002年对现有医疗机构从业人员的执业资格进行了审核，未经卫生行政部门许可、未取得执业资格的一律不得从事执业活动。对非法行医者进行了严厉打击。

1994年，根据全国《医疗机构管理条例》，县卫生局依法聘任了医政执法监督员，并在全县定期和不定期开展医政监督执法工作，严格医疗机构准入，惩治无证非法行医，净化全县医疗服务市场。1998年后，根据《中华人民共和国执业医师法》，医政执法人员加强了医疗机构卫生技术人员的资格准入及注册上岗制度的监管，严厉惩治了非技术人员上岗行医。2002年，县卫生局制订完善了《安平县卫生局行政执法责任制方案》，规范和明确了执法主体的岗位责任、执法程序、法律责任及保障措施。

1994—2002年对违反《医疗机构管理条例》的违法行为共立案22起，全部结案。

人员培训　为进一步提高乡村医生的医疗水平，县卫生局举办了乡村医生培训班，培训内容主要是医疗基础知识。从1991—1992年，每年举办三期，每期三个月，共培训乡村医生155名。同时还举办了中医、防疫、妇幼、心电图、传染病、病历和医疗文件书写等短训班。培训对象主要是农村卫生室的中西医和部分全民医疗单位人员。1995年后，培训对象与内容逐步拓宽，培训时间长短不一，长的1至2年，短则1至2周不等。培训内容由中西医初训，扩展到防疫、妇幼、护理、心电图等单科内容。1996—1997年，分两次培训护理人员41人。2000—2002年，为实现人人达到有初级卫生保健目标，由卫校举办了乡村医生中专培训班，对全县乡村医生进行了为期二年的培训，共培训420人。通过考试，学员全部获得中专学历资格证书。

二、药政管理

药品经营管理　1991年药品监管由县卫生局的医药公司负责。根据《中华人民共和国药品管理法》，允许集体和个体经营一般常用药品，但须办理以下手续：1. 经县卫生局和医药公司考核合格，报市卫生局、医药管理局，批准后发给合格证书；2. 经工商行政管理部门核准发给营业执照。

2002年按照新修订的《中华人民共和国药品管理法》，县政府建立安平县药品监督管理局，药品监管从县卫生局工作职责中剥离，交由县药品监督局管理。

药品质量管理　1991—2002年，各医院均建立和坚持了药品入库、在库保养、出库、效期药品建卡等制度。

为保证药品的质量，从1997年8月开始，县卫生局以整治农村药品进药渠道为重点，在全县实行了乡村一体化管理，统一了进药渠道。在各个乡、镇驻地卫生院设立了中心药库。由中心药库为乡镇所辖卫生院、村卫生所和个体医疗摊点代购、分发药品。

2000年3月，根据省、市《关于在县级以上医院实行药品集中招标采购的通知》精神，县卫生局利用县医院药库优势，进行了第一次药品集中采购。通过发标、邀标等形式，市医药公司、县医药药材公司等10家药品批发企业参加了竞标。县医院、中医院、妇幼保健院3个单位参加了药品集中采购。在这次集中招标采购中，共有6家企业竞标成功，购买药品总价值17.6万元。

三、公共卫生与食品管理

公共卫生管理　1991—2002年，县防疫站依照《公共场所卫生管理条例》有关规定，加强了对商场、超市、旅馆、理发美容、浴池、电影院、汽车站等公共场所的监督力度，所有公共场所单位和从业人员的监督覆盖率、体检办证率、监测合格率均为百分之百。

1991—2002年安平县公共卫生监督管理情况表

表23-19

内容 项目 年度	公共场所单位（个）	从业人员（人）	监督覆盖率（%）	体检办证率（%）	监测合格率（%）
1991	67	702	100	100	100
1992	73	811	100	100	100
1993	76	824	100	100	100
1994	81	904	100	100	100
1995	81	904	100	100	100
1996	87	943	100	100	100
1997	90	955	100	100	100
1998	98	1009	100	100	100
1999	109	1061	100	100	100
2000	107	1044	100	100	100
2001	110	1086	100	100	100
2002	112	1134	100	100	100

食品卫生管理　根据《中华人民共和国食品卫生法》《食品卫生许可证发放管理办法》等法律、法规，县防疫站于1991—2002年，对食品生产加工企业、冷饮销售、副食品销售、食用油、面粉加工、白酒生产、调味品、生活饮用水等每年都进行卫生监督和监测；开展食品专项整治和突击检查，严厉打击非法制售食品和副食品的黑窝点；对不合格食品、副食品一经发现及时销毁；对从业人员进行培训，推行“行业达标”，举办现场会；为食品行业人员体检，办理卫生许可证。对肝炎、痢疾、流脑、出血热、肺结核等传染病患者不予办证。12年间，查抄制售食品黑窝点156个，销毁不合格食品38060公斤，监督覆盖率、体检办证率均为百分之百，餐具抽样合格率呈逐年上升趋势。

通过治理、整顿，提高了食品卫生总体质量，遏制了不法商贩的违法、违规行为，最大限度减少了食物中毒事故和食源性疾患的发生，保障了人民群众的身体健康。1991—2002年，各类食品合格率从61%提高到85%以上，食品中毒发生率年平均下降10%。

1991—2002年全县食品卫生监督管理情况表

表23-20

内容 项目 年度	食品单位摊点（个）	从业人员数（人）	监督覆盖率%	体检办证率%	食品抽样合格率%	餐具抽样合格率%	销毁不合格食品（公斤）
1991	417	1430	100	100	89	61	1400
1992	423	1472	100	100	90	65	1700

续表23-20

内容 项目 年度	食品单位摊点(个)	从业人员数（人）	监督覆盖率%	体检办证率%	食品抽样合格率%	餐具抽样合格率%	销毁不合格食品（公斤）
1993	447	1521	100	100	91	70	1300
1994	421	1460	100	100	95	75	2100
1995	460	1650	100	100	94	80	1900
1996	491	1700	100	100	96	82	2300
1997	518	1769	100	100	90	85	2460
1998	563	1857	100	100	89	81	3400
1999	547	1856	100	100	98	87	4000
2000	571	1845	100	100	97	83	4500
2001	560	1874	100	100	100	80	5000
2002	563	1913	100	100	100	85	8000

四、管理机构

1991年，安平县卫生局内设办公室、政工股、医政股、财务股，爱国卫生运动委员会办公室挂靠卫生局。卫生局机关编制10人，其中局长、副局长各1人。下属单位有县医院、中医院、防疫站、妇幼保健院、县卫校、4个分院(南王庄、东里屯、程油子、大何庄)和16个乡镇卫生院，共有干部、职工和医护人员286人。1998年3月，增设防保股。1999年，增设红十字会。2002年，南王庄分院和大子文乡卫生院停止营业。到2002年年底，卫生局内设办公室、政工股、药政股、财务股、医政股、防保股、爱卫会、红十字会；机关有工作人员22人，其中局长1人，副局长6人。下属单位有县医院、中医院、防疫站、妇幼保健院、县卫校、3个分院(大何庄、程油子、东里屯)和17个乡镇卫生院；共有干部、职工和医护人员572人。

第二十四编　文化 体育

- 文化
- 广播电视
- 档案
- 史志编修
- 体育

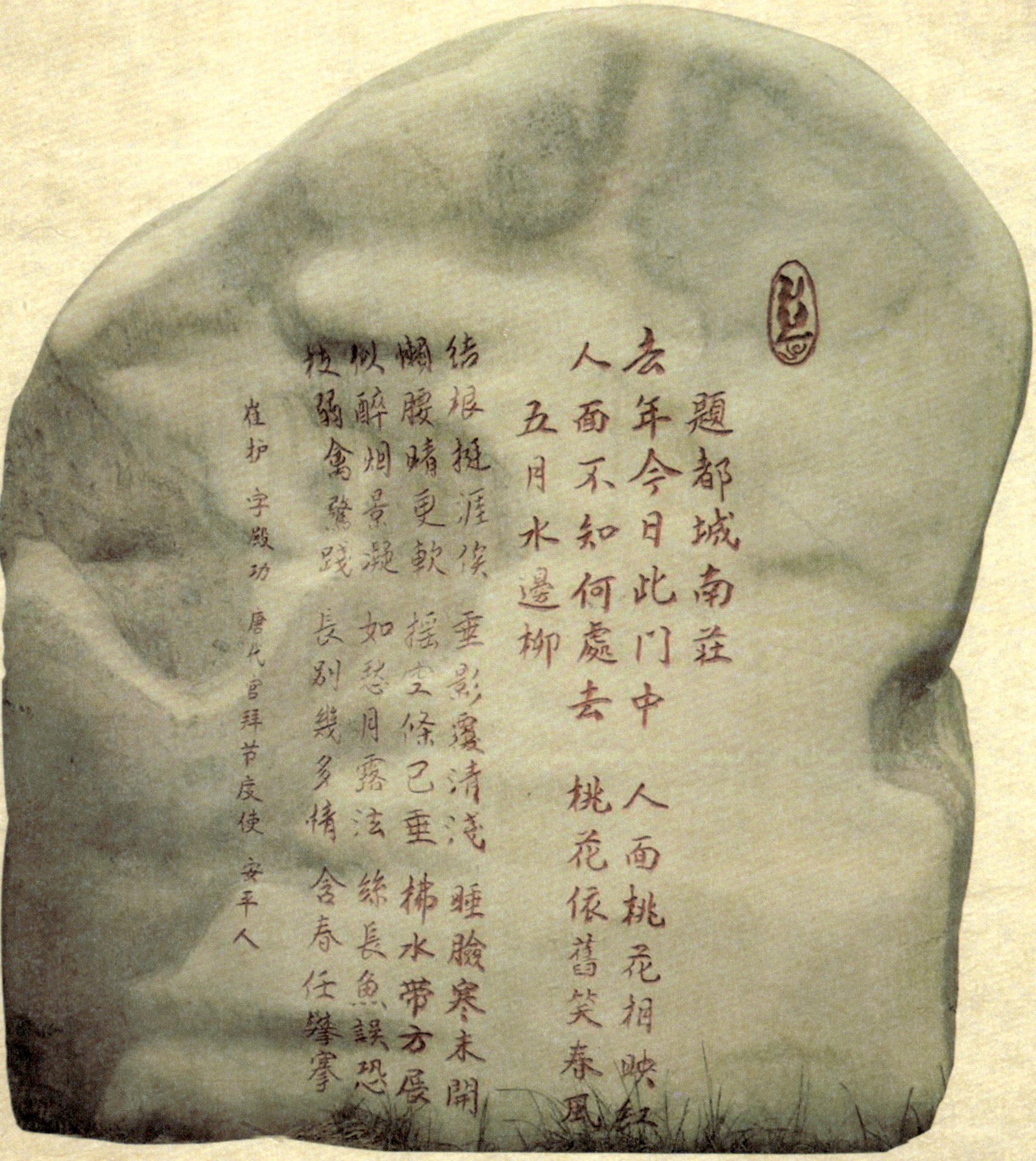
題都城南莊
去年今日此门中 人面桃花相映紅
人面不知何處去 桃花依舊笑春風
五月水邊柳
结根挺涯俟 垂影覆清淺 睡臉寒未開
懶腰晴更軟 摇空條已垂 拂水带方展
似醉烟景凝 如愁月露泫 絲長魚誤恐
枝弱禽驚踐 長別幾多情 含春任攀搴
崔护 字殷功 唐代官拜节度使 安平人

安平县汉王公园石刻

第二十四编 文化 体育

1991—2002年，安平县委、县政府把发展文化体育事业当作促进全县经济发展和社会进步的重要举措，对文化体育事业不断加大投入，加强管理。全县文化体育活动非常活跃，文艺创作硕果累累，出现许多小品、书法、美术、摄影等优秀作品。广播电视、地方史志及档案等文化事业也蓬勃发展。

第一章 文化

安平县是现代文学大师孙犁的故乡，文化底蕴深厚。1991—2002年年间，群众性文化活动异常活跃，尤其文艺创作更是硕果累累，在全市乃至全省居于先进行列。

第一节 文化单位

一、文化馆

县文化馆系股级单位，1996年11月前，隶属于县文教委；1996年11月，文体局成立后，隶属于文体局。2002年年底有干部职工9名，均具有专业技术职称。职能是负责舞蹈、书法、绘画、小品等文艺创作，组织重大文艺演出等。

二、图书馆(室)

县图书馆 1991年，位于为民街与圣姑路交叉口以西路北，电影院西邻，有平房八间，其中藏书库3间，阅览室5间。1995年7月，平房改建为文体局办公楼，藏书库、阅览室迁至办公楼三楼图书馆大厅(150平方米）。县图书馆由于街头书摊兴起，资金短缺，购置新书少，图书更新换代慢，原有图书纸张老化，有些图书是“文化大革命”时期带有强烈政治色彩的书籍，已跟不上时代步伐，所以不能正常开馆，处于半闭馆状态。2002年，图书馆仅有图书3000余册。

学校图书室 1996年，在普九工作中，各学校都按要求建立了图书室并备图书供学生借阅。全县中小学共有图书室212间，图书681634册，专职图书管理人员24名。1999年图书增至813697册，专职人员32名。2000年共有图书1078356册。2002年，随着学生数量减少，图书数量也有所降低，共有1049657册，图书室212间，专职人员32名。

三、人民礼堂

人民礼堂位于旧城西街与圣姑路交叉口以西北侧，建筑面积1200平方米。1991、1992年，除庙会、春节期间偶有歌舞、戏剧表演外，其余时间处于闲置状态。从1993年起列入危房，停止使用。

四、新华书店

新华书店位于为民西街与西马路交叉口以东路南，占地面积2000平方米。1991年，书店有临街二层楼一座(上层为办公室，下层为门市部)，另有库房、宿舍14间；有干部职工26人。2001年5月初至7月底，新华书店聘请河南孟州市城建局移楼公司，将书店营业楼整体上移1.2米，南移10米。至2002年年底，新华书店共有干部职工30人。

五、电影院

电影院位于为民西街与圣姑路交叉口以西路北，占地面积7740平方米，建筑面积2099平方米，设排椅1200座，配有国产5505型放映座机和冷风设备。1991—2002年，随着音像制品的兴起和电视的普及，电影院人迹寥寥，除丝网博览会和庙会期间有戏曲、歌舞演出外，其余时间基本闲置。

第二节　文艺创作

1991—2002年，安平文艺出现了繁荣局面。

一、小品

1991—2002年，文体局干部王敬学、乔文斗等创作的小品多次在省市参加汇演并获得多项大奖。1997年12月，王敬学编剧，乔文斗导演，苑敬者、马小者、杨文娜表演的小品《大虎》获全国“群星奖”优秀奖；王敬学编剧，乔文斗导演，杨文娜、葛荣荣表演的小品《怪大爷巧遇郝医生》，1999年5月，获全国“曹禺杯”文学奖三等奖；2001年12月，获全国十一届群星奖银奖。王敬学、魏天宏、任亚杰编剧，乔文斗、杨文娜导演，苑敬者、魏天宏、任亚杰表演的小品《挑女婿》于2001年12月在全国十一届群星奖中获金奖。

二、书法

安平书法爱好者遍布城乡，其大部分只是把书法当作一种业余爱好，平时在废报纸上练习，春节之际，有人还会自己写副对联。原县文化馆馆长李九如的书法作品多次到省、地展出，并于1993年获海峡两岸书展优秀奖；2001年，获国务院发展研究中心文化艺术博览会国粹奖、入选奖。

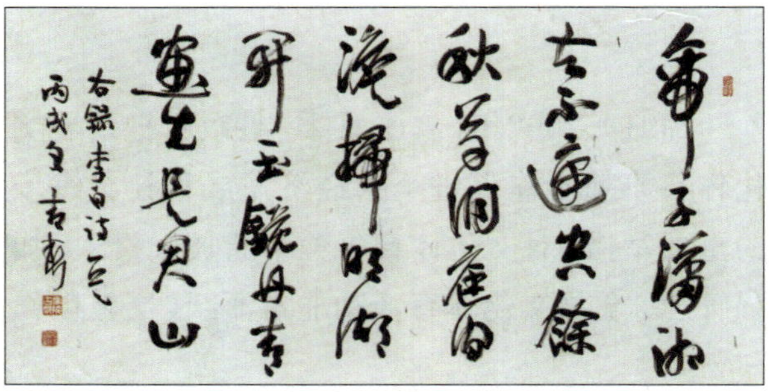

中国书法家协会会员冯青春作品：李白·君山奇遇

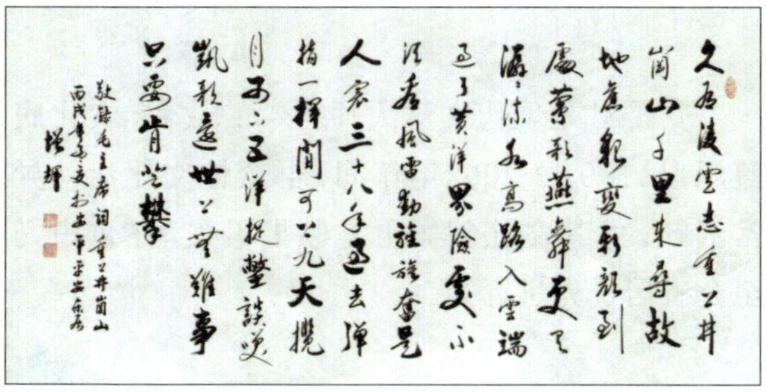

中国书画家联谊会雄风书画
艺术研究发展中心艺术顾问阮增辉作品

小品《请你别打岔》（安平县文广新局提供）

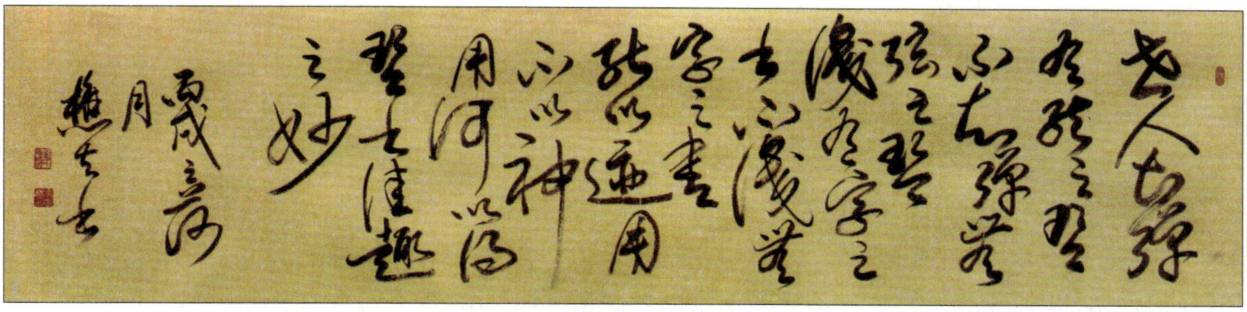

北京书法家协会会员乔秀清作品：无题诗

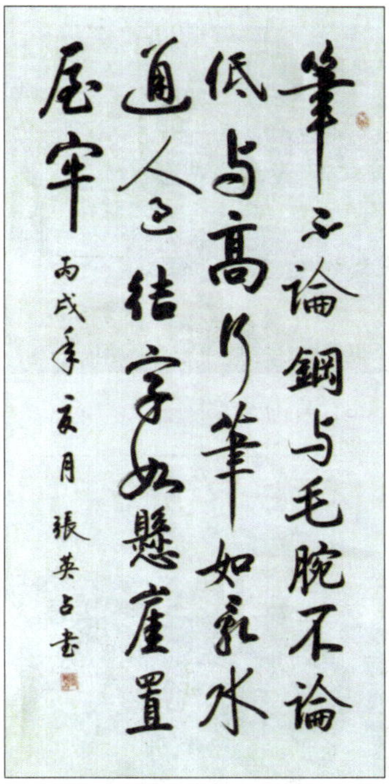

河北省老年书画研究会会员张英占作品：论书法用笔

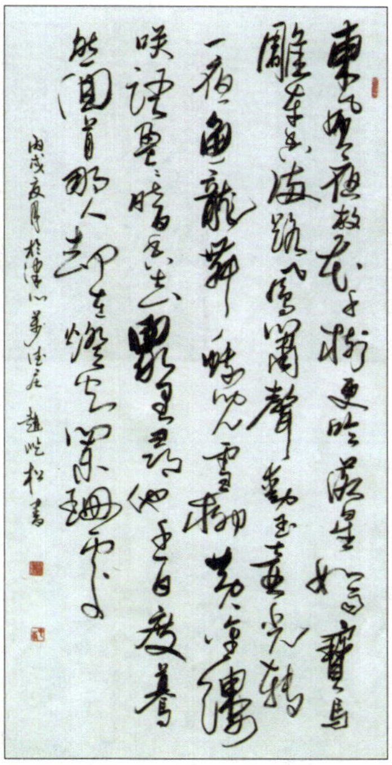

中国老年书画艺术委员会委员 天津市书法协会会员赵屹松作品

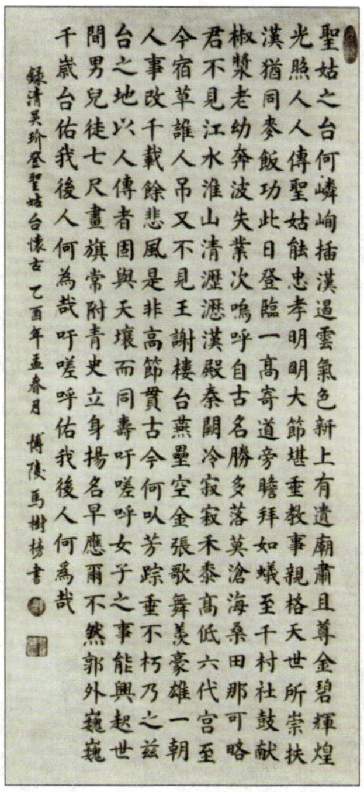

马树榜作品

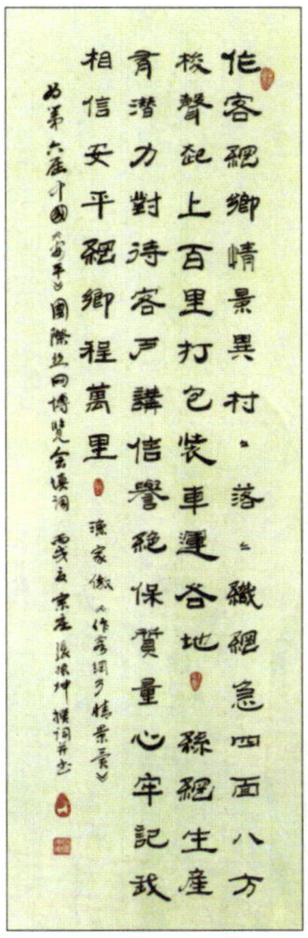

河北省老年书画研究会会员 张振坤作品：渔家傲·做客网乡

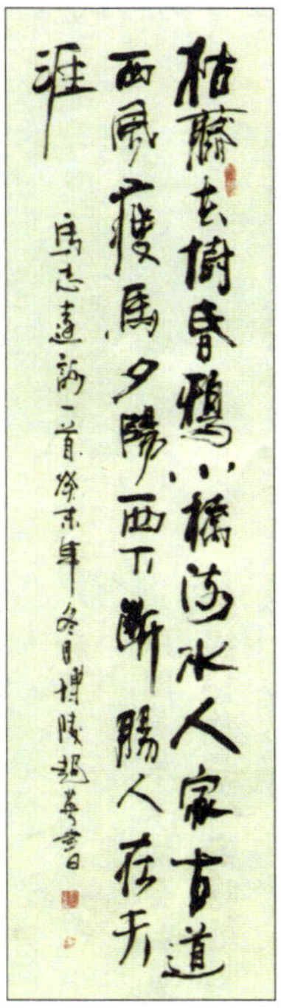

河北省书法家协会会员曹超英作品：马志远·天净沙

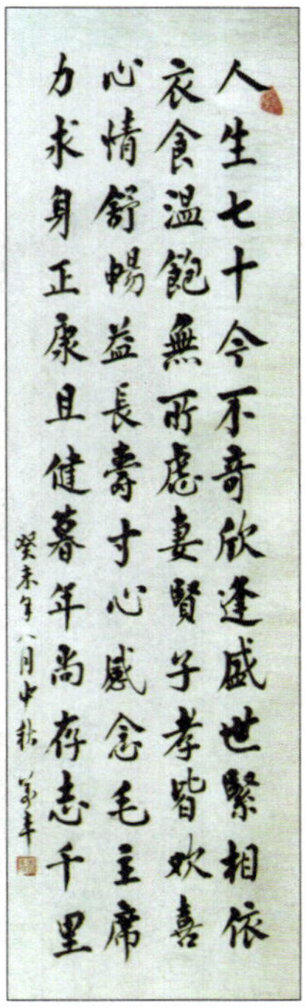

张万丰作品

三、美术

绘画方面呈现出百家争鸣景象。农民画家袁中权的作品《万山红遍，层林尽染》于1993年12月入选毛主席100周年诞辰书画大展，被毛主席纪念堂收藏并收入大型书画集《东方红》；巨幅国画《山河颂》于1996年3月被钓鱼台国宾馆收藏；《峡江松云》在2001年香港海内外书画名家精品展中获老年组金奖，并编入《海内外书画名家精品集》。张骞的书画作品《草书扇面》于2002年11月，入选《西泠印社第三届国际书法篆刻大展作品集》。剪纸深受人们喜爱，心灵手巧的人们剪出各种自己喜爱的图案贴在门上、窗户上、镜子上，增添节日气氛。1996年后，有人把剪纸作为一项创收工作，雇佣人们剪纸，把剪成的作品置于街头地摊出售，有的甚至销往国外。

袁中权作品：峡江帆影

袁广宗作品：溪山垂钓

河北科技报社记者、主任编辑武峰作品：云海松涛

中国美术家协会会员张榲韬作品：高瞻远瞩

李九如作品：貂蝉拜月

中国华侨艺术家协会会员、中国美术家协会理事会李占西作品：风雨同舟

袁印玺作品

冯俊哲作品：红梅报春

常志坤作品：富贵长春

翟瑞宗作品：江山如此多娇

翟振纲作品

四、摄影

20世纪90年代后，私人照相馆逐渐增多。1991年5家，2002年发展到25家，分布于县城及各乡镇。照相馆主要从事婚纱摄影、艺术摄影、儿童摄影及各种证件摄影等。照相机、DV已进入千家万户，主要用于家庭旅游，节日、纪念日留影等。1992年，原文化馆馆长李九如的摄影作品《晚霞争俏》入选第六届国际影展；《老来又发少时狂》入选比利时展。

李九如摄影作品《晚霞争俏》

1991—2002年安平县获省级以上（含省级）奖项的作品及文艺节目一览表

表24-1

时间	作品或文艺节目名称	获得奖项	作者	导演	演唱、表演者
1993年	书法	海峡两岸书展优秀奖	李九如	—	—
1997年	小品《该生不该生》	河北省小康建设文艺会演三等奖	—	—	任亚杰
	歌曲《好年头，好兆头》	河北省小康建设文艺会演优秀奖			
	歌曲《桃乡是我可爱的家》	河北省电力职工歌手大赛民族唱法二等奖			
	小品《大虎》	河北省会演一等奖 全国“群星奖”优秀奖	王敬学	乔文斗	苑敬者、马小者、杨文娜
	小品《鸡飞蛋打》	河北省会演二等奖	—	—	杨文娜、张占魁
	小品《第一任老师》	河北省会演三等奖	—	—	葛荣荣、张烈
1998年	书法	全国书展一等奖	李九如	—	—
	歌曲	第五届全国推新人系列大赛河北赛区优秀奖	—	—	任亚杰
	歌曲	第五届全国推新人系列大赛河北赛区优秀奖	—	—	魏天宏
	歌曲《为人民服务》	河北省“燕赵晚报杯”业余歌手大赛三等奖			
1999年	小品《怪大爷巧遇郝医生》	全国“曹禺杯”文学奖三等奖	王敬学	乔文斗	杨文娜、葛荣荣
	绘画《春意》	“99妈祖金像奖”二等奖	袁中权	—	—
2000年	书法	全省老年书展一等奖	李九如	—	—

续表24-1

<table>
<tr><th>时间</th><th>作品或文艺节目名称</th><th>获得奖项</th><th>作者</th><th>导演</th><th>演唱、表演者</th></tr>
<tr><td rowspan="8">2001年</td><td>小品《怪大爷巧遇郝医生》</td><td>全国十一届群星奖银奖</td><td rowspan="2">王敬学</td><td>乔文斗</td><td>杨文娜、葛荣荣、苑敬者</td></tr>
<tr><td>小品《挑女婿》</td><td>全国十一届群星奖金奖</td><td>乔文斗
杨文娜</td><td>苑敬者、魏天宏、任亚杰</td></tr>
<tr><td>绘画《秋情》</td><td>亚亨杯全国书画精品大赛一等奖</td><td>袁中权</td><td>—</td><td>—</td></tr>
<tr><td>书法</td><td>首届中国老年书画展铜奖</td><td rowspan="5">李九如</td><td rowspan="5">—</td><td rowspan="5">—</td></tr>
<tr><td>书法</td><td>国务院发展研究中心文化艺术博览会国粹奖、入选奖</td></tr>
<tr><td>书法</td><td>河北省建党80周年《老人世界》杯一等奖</td></tr>
<tr><td>书法</td><td>河北省艺术联展二等奖</td></tr>
<tr><td>书法</td><td>河北省建党80周年二等奖</td></tr>
</table>

1991—2002年安平县摄影、绘画优秀展藏作品一览表

表24-2

时间	作品	展藏情况	作者
1992年	摄影《晚霞争俏》	入选第六届国际影展	李九如
1993年	绘画《万山红遍，层林尽染》	入选毛主席100周年诞辰书画大展 被毛主席纪念堂收藏	袁中权
1996年	国画《山河颂》	被钓鱼台国宾馆收藏	袁中权
2001年	绘画《峡江松云》	香港海内外书画名家精品展	袁中权
2002年	书画《草书扇面》	入选 《西泠印社第三届国际书法篆刻大展作品集》	张骞

第三节　文物古迹

圣姑庙遗址、东汉壁画墓、西寨子古墓（九女墓）、崔寔墓、张益与张凤墓、大观圣作之碑、燕南侠义碑、东寨子烈士塔（一区）、北牛具烈士塔（二区）、四区烈士塔、王东沧烈士墓、安平县烈士陵园等12处文物为安平县重点文物保护单位，其中圣姑庙遗址、安平县烈士陵园、西寨子古墓（九女墓）、崔寔墓为河北省重点文物保护单位，东汉壁画墓为全国重点文物保护单位。

一、圣姑庙

《魏书地形志》载：“安平有楼，女贵人神。”《太平环宇记》载：“安平城北有台，俗谓之神女楼。”皆指圣姑庙而言。圣姑庙的砖台和工字形大殿是元成宗大德十年（1306年）南平州帅赵澄在旧庙东侧建造。其后经元至顺、明弘治、嘉靖、隆

庆、万历及清康熙、乾隆、光绪年间数度增修，始有1945年被焚之前的规模。

庙在大道北，前建牌楼3间，为四柱三楼牌楼，上有“敕封”金字竖匾和“孝感圣姑庙”横行金字。牌楼北有硬山过厅3间，厅北有硬墙，中有门口，南面敞，有二柱，厅内东头有碑五通，西头有碑6通。过厅后是甬道，约3丈长，然后上二十八级台阶，到达庙门。庙门上挂有“圣姑庙”匾额。庙门外有两个门神庙，卷棚式顶，内塑有岑朋，马武像。进庙门两侧有钟鼓楼，中为一小院，东西各有一硬山式配殿，内塑山神与土地像。院正中偏北有一影壁墙，墙南为一旗杆，墙北为一香火池，正对着大殿的大门。大殿共3进，第一进为前殿，东西宽12米，进深9.4米，单檐歇山式琉璃瓦，殿内东西两侧，各有5位武士塑像，据说是刘秀二十八宿中的十将。第二进为中殿，东西宽9.5米，进深7米，屋脊为南北向，殿内东西两侧各有7尊仙女塑像。第三进为后殿，东西宽12米，进深9.4米，单檐歇山式瓦顶。殿内有3个神龛，龛内各塑圣姑像。龛外有11塑像。前殿、中殿、后殿的屋脊成“工”字，所以总称为工字形大殿。

圣姑庙的全部建筑焚于民国34年(1945年5月)抗日战火中，仅存圣姑庙台。庙台台顶东西宽19米，南北长64米，台底东西宽24米，南北长69米，台高6.5米。

1991年10月，县筹资3万元对圣姑庙遗址——圣姑台进行了整修。在圣姑台南侧(临为民街一侧)开一宽3.5米，南北进深(距圣姑台南上沿)8.1米，共有38级水泥台阶的人行道，台阶两边设铁扶手，人可拾级而上。沿庙台上沿垒高1.14米、宽24厘米、上沿宽58厘米的十字花形驴脊瓦顶式围墙一周。台上南北设两个直径为9.7米的圆形花坛，两花坛中间有宽5米的长方形花带相连。30株龙柏植于北侧花坛四周，南侧花坛和花带主要以月季、黄杨为主。南侧花坛的东北、西北、西南、东南四个方向分别等距离摆放石桌、石礅一套。花坛四周和花带两侧及石桌、石礅之间都有甬路相通。圣姑台北上沿垒一东西总长为17.1米、高3.6米的影壁，影壁底座高65厘米、厚64厘米，中间画壁东西长16.7米，高2.45米，厚47厘米，上沿高35厘米。画壁两边书写“古台换新颜，安平添异彩”对联一副，中间为东西长15.13米、高2.45米的大型圣姑庙原景图，图左上角书写“圣姑庙简介”。圣姑台南侧台根处立一“安平县重点文物保护单位”水泥标志碑。

2001年2月7日，河北省人民政府公布圣姑庙遗址为河北省文物保护单位。同时在庙台南侧上台台阶西边台根处立一“河北省文物保护单位”汉白玉标志碑。

二、古墓

东汉壁画墓　位于安平县城东南，逯庄村西南150米处。其墓丘直径40余米，高3米。1971年春季逯庄农民取土时发现。同年10月至12月，河北省文化局组织人员对此墓进行了清理，因墓中没有记述墓主身份的文字和器物，只有墙壁上的精美绘画尚较清晰，后墓室壁上有“惟熹平五年”(东汉纪年)白粉书写隶体字，所以定名为东汉壁画墓。

图24-1　东汉壁画墓（县地方志办公室摄）

河北省文物研究所根据墓的形制、墓内文字及壁画分析，该墓主人属二千石的高级官吏，在地方应为傅、相或太守，很可能是赵忠家族的重要成员(赵忠，宦官，汉灵帝时迁中常侍，封列侯，很得灵帝宠爱，其父兄子弟倚仗其权势多在州郡为官)。

墓室上面的封土为黄沙土掺杂褐色黏土夯筑

而成。墓门向东，墓室东西通长22.58米，最宽处为11.63米，由东至西分为墓门、甬道、前室及北侧室和南侧室、中室及北侧室和南侧室、后中室及北侧室、后室及西壁龛、北后室及西壁龛等，共十室二龛。其中前南侧室、中南侧室和后中室有门道相通。墓室两侧虽然不对称，但是墓门和前室、中室、后中室门均在一条东西线上。

修墓用砖是澄清细泥烧成，火候纯正，质地坚实，呈青灰色，按形状可分长方、大扇面、小扇面、薄长方等四种。砌砖是用磨砖对缝的方法。各门和室顶均为半圆券。室壁直立，用长方砖一横一竖方法砌成。底部用长方砖平铺地面。

安平县东汉壁画墓墓室及室内情况一览表

表24-3

墓室部分	东西（米）	南北（米）	券高（米）	室内情况
墓门及甬道	3.7	1.1	2	—
前室	3.3	2.73	4.2	室内通刷白灰浆，于四壁涂朱红彩饰一周，宽14厘米
前南侧室	1.92	2.37	3.19	通刷白灰浆，四壁及券门两侧绘有彩色壁画，顶部券砖上有粉书文字
前北侧室	1.88	2.35	2.78	四壁涂白粉浆，顶券上有粉书文字
中室	3.35	2.76	3.86	室内通刷白粉浆，四壁于高1.4米处有红彩饰一道，宽1.1厘米至1.3厘米，其上50厘米，绘有彩色壁画
中南侧室	2.61	1.96	3.326	通刷白粉浆，绘有彩色壁画
中北侧室	1.94	2.34	2.84	顶部有白色文字
后中室	2.88	8.4	4.4	北半部的墙壁有白粉饰，顶部书有白色文字，该室早期曾被破坏，南北壁上部均凿有大洞，上层铺地砖已被揭去
后中北侧室	1.9	2.35	2.78	四壁涂白粉饰，顶部书写白色文字，北壁有由内向外凿成的洞，东西壁和底部也有刨凿的疤痕
后室	4	2.15	3.28	顶券有粉书白色文字，地表铺白沙
西壁龛	0.75	0.72	1.14	券边有粉书文字，棺木无存，有少量人骨
北后室	3.9	2.14	3.38	券顶有粉书文字，地表铺白沙一层
西壁龛	0.8	0.72	1.14	棺木被掀到北侧，人骨似被截肢，仅存胸骨和肋骨

墓室内文字是用毛笔蘸白粉浆写成，大都是作为砌券时排砖的字号而写在券顶砖上，基本上由左向右横书，有的室顶文字粉刷时被覆盖在里面未得显露。文字内容多是《论语》《孝经》《急就篇》中句子。后室内文字除《孝经》章句外，有“惟熹平五年”和“主人”字，说明该室墓主人葬身之处和埋葬时间。前室东墙上部一块大扇面砖的平面乱写有“人”字，一侧有大小不等的“赵”字。墓中文字是东汉晚期隶书，点画波尾明显，有的刚健工整，有的活泼流畅，同一字还有不同写法。

墓室内壁画集中于中室、前南侧室和中南侧室，反映了墓主人生前仕途和生活的主要情景。画面虽无标题和文字说明，但对照有关史料可以看出主要人物身份和情节。中室壁画于四壁用黄色格线由上至下分为四层，表现墓主人四次出行，象征墓主人四次升迁或值得纪念的事情。第一层和第二层基本相同，均有持木戟伍伯10人，持弩伍伯6人，辟车4人，持矛走卒4人，骑吏16骑，斧车1辆，白盖轺车18辆，皂缯（zèng）盖饰璎络朱幡轺（yáo）车1辆。第三层比前二层步行者多2人，白盖轺车多1辆，其他相同。第四层与前变化较大，共有步行者22人，骑吏46骑，备鞍骏马2匹，车21辆。前南侧室壁画主要表现下属官吏治事和伍伯侍卫的情景。中南侧室内壁画描写墓主人坐于帐内，后有侍女，右有男侍和伎乐，左有属吏谒见的情况。北壁画有一幅建筑图，建筑图是按照墓主人生前所占有的居室情况画的一幅规模宏大、庭院重叠错落的鸟瞰图。它的构成为一大四合院里套着许多小四合院，大门和中门之内是一个“日”字形的两进四合院，以该院为中心，绕其左右和后部均有许多庭院。后排中间一个大院内，设有一座五层方柱形瞭望楼。楼顶为庑（wǔ）殿式，顶层周围有栏杆。右侧后部有一测风旗，杆顶有一向风鸟；前部置一扁圆形报警用鼓，楼的中间三层均有方形射孔。

图24-2　东汉壁画墓墓内壁画

随葬物所剩无几，且残破不全。其中，货币有五铢钱11枚；陶器有狗、灶、罐、碗、盘、耳杯、勺、方案、方扁壶等，均已破碎；瓷器1件，为青釉双耳瓶，高19厘米，径20厘米，小口鼓腹；铜器有熏炉盖一件；铁器有扁圆纽圆镜一件、方棱形长条、钉等。

1982年7月23日，东汉壁画墓被列为“河北省重点文物保护单位”，安平县人民政府在古墓南东侧立汉白玉标志碑一块。碑高75厘米，宽114厘米，厚18厘米。

1986年壁画墓又重被打开，发现前耳室券门塌落，室内壁画均已褪色，脱落严重。此墓现存封土高2.5米，南北长35米，东西宽30米，占地面积约1000平方米。

2001年7月17日，东汉壁画墓被国务院列为第五批“全国重点文物保护单位。”

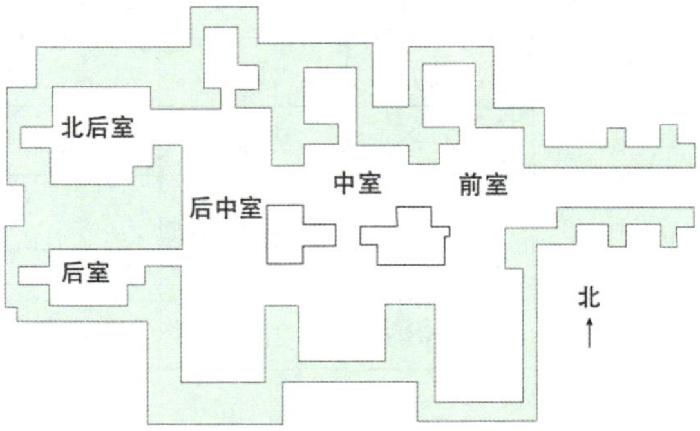

图24-3　安平县逯庄东汉壁画墓平面示意图

西寨子古墓（九女墓） 位于安平县城东3公里，正港路南150米处。“其丘有九，环而视之，唯见其八，而数之则九。”该墓为东汉墓，原有土丘九个，墓主不详。今存有四，封土高分别为3米、2米、2米、1米，面积为430平方米、500平方米、430平方米、115平方米，墓地总面积约为1万平方米。该墓群墓室均为砖构大型多室墓。墓砖饰有棱形花纹。

图24-4　西寨子古墓（县地方志办公室摄）

该墓群最北端的1号墓曾被人挖开过，封土已塌陷，破坏严重。1993年11月1日，发现3号墓为8室墓，砖砌，墓坐北朝南。

1991年8月15日，安平县人民政府将该墓定为"安平县重点文物保护单位"。1993年7月15日，被列为"河北省重点文物保护单位"，河北省文物局立汉白玉标志碑一块，碑高50厘米，宽74厘米，厚10厘米。

崔寔墓 崔寔（？—170年）东汉政论家，安平人，汉桓帝时召拜尚书。

图24-5 崔寔墓（县地方志办公室摄）

崔寔墓位于县城西东南黄城村东南500米处，"凡四冢，纵横绕视唯见其三"，世人俗称"三窑四圪垯"。该墓原有四座土丘，现仅存一座，封土高2米，面积约400平方米。该墓为砖砌多室墓，墓室平面呈十字形，叠涩顶。

1991年8月15日，安平县人民政府将该墓评为"安平县重点文物保护单位。"2001年2月7日，河北省人民政府公布崔寔墓为"河北省文物保护单位。"

明朝张益、张凤墓 张益（公元1369—1410年），安平县李各庄村人。明成祖永乐初年授刑科给事中，后转礼科右给事中。

张凤（公元1396—1461年），张益之子，明朝代宗景泰二年（1451年）为户部尚书，景泰四年（1453年）改任兵部尚书，后又任户部尚书。明英宗天顺五年（1461年）二月死于任上。

明张氏茔地位于李各庄村南800米处，南北长180米，东西宽60米。

茔地中间距南界60米处有石阙一座，民国初年拆毁，仅存顶部横额，中间刻"奉敕修建 "四字。往北是张氏墓神道，宽8.5米，两旁为石华表一对。石阙北7米处有石虎一对，只露头。石虎北5米有石猴一对。石猴北原有石羊（1990年前即已无存）。再往北16米处有石马一对，（石马长2.3米，高1.4米，宽0.66米，底座长1.67米，宽0.62米，高0.2米）。石马以北7米和12米处各有石翁仲一对，第一对文职，高1.86米，腰宽0.62米，底座长0.7米，宽0.37米，厚0.23米；第二对左文右武，文官执笏，武官披甲。

东石翁仲北5米处有石碑一通，额身分为两处，碑首雕蟠龙，高1.05米，宽1.14米，厚0.22米，碑身宽0.98米，厚0.22米。下部埋于土中，高2.8米，下有龟座。此碑为张凤墓碑。神道两侧原有一碑与此碑相对，两碑原有高大碑楼（1990年前已无存）。

碑楼北是院落，四周有围墙，大门向南，正对神道。大门北10米为享堂，原有三楹筒硬山顶建筑，东西长12米，南北宽6米，享堂供祭祀用，内立碑4通，壁嵌刻石一块，逢年过节把张益（凤父）丝质遗像六帧，御赐龙牌一道，圣旨12道等纪念物陈列于此，供后人拜祭。享堂前有西厢房供守墓人居住。享堂于1966年拆毁。

享堂院落以北有一横向土岗，为张益诸子孙墓丘。往北4米有两个墓丘，为张凤弟兄之墓，东侧为张凤墓。张凤墓北4米靠中间为张益墓（此墓为衣冠葬），张益墓北10米为茔地北界。茔地西旧有大道，立有"文官下轿，武官下马"标示牌。

1991年8月15日，安平县人民政府将该墓评为"安平县重点文物保护单位"。

1998年5月29日晚，古墓内石马一对被盗。2002年，张氏茔地已成为李各庄村公墓，古墓之上有新坟头；古墓被严重破坏，古墓之上亦有新的坟头。茔地内除仅存无头残身石人一对外，其他全已无存。

三、古碑

北宋大观圣作之碑 碑高1.9米，宽1.25米，厚0.31米，青石质。碑阳所刻“孝悌睦姻仁恤忠和”等内容，瘦金体字，为宋徽宗赵佶御笔书于大观元年（公元1107年）。碑额“大观圣作之碑”六字为蔡京篆书。当时曾诏旨天下郡邑摹刻于石，立于学宫。安平此碑为李时雍奉敕摹写。碑阴篆刻“杏坛”二字。碑首弃碑前，赑屃趾趺埋于地下。

1991年8月15日，安平县人民政府将该碑评为“安平县重点文物保护单位”。于2001年8月前立于兴贤村原文庙大成殿前西侧。2001年8月13日，此碑被运至衡水市文物管理处保存。

燕南侠义碑　位于县城西偏南11公里，大子文乡大子文村西400米，四区烈士塔东南15米处。此碑立于民国7年（1918年）。碑高2.17米，宽0.8米，厚0.22米，青石质。碑额篆刻“燕南侠义”，碑阳刻有碑文，记述了燕南侠义田老献反清抗洋捐的事迹。撰文保卫社李树荣，书丹贡生李树暄。

图24-6　燕南侠义碑（县地方志办公室摄）

1991年8月15日，安平县人民政府将该碑评为“安平县重点文物保护单位”。

四、千年古槐

千年古槐位于县城东南7.5公里（西两洼乡耿官屯村村中央）。

古槐树高12米，主干中空，胸围4.2米，冠幅18米。靠南面有一较大缺口，一树枝像巨龙一样蜿蜒伸向西南方向。伸向南、北的两个大枝被锯掉（具体时间不详）。古槐枝繁叶茂，鲜活依然。经林业专家鉴定，这棵古槐至少有1900年的历史。

图24-7　千年古槐（县地方志办公室摄）

五、革命文物

安平县烈士陵园　始建于民国34年（1945年），原位于旧城西街路北，人民礼堂北面。主要建筑为烈士塔、烈士亭、烈士碑和烈士墓。因1966年地震损坏严重，于1974年迁至陵园街路北，县人民政府南500米处。

新陵园南北256米，东西378米，占地面积约10万平方米。陵园迎门（南门）为烈士碑一座，方柱形，上窄下宽，高13米，为红色大理石砌成。碑的南面和北面各镌刻一行镏金大字。南面是毛主席书体“为国牺牲永垂不朽”题词，北面是“安平县革命烈士纪念碑”。碑坐落在15米×15米的大平台上，台高1.26米，烈士碑的东北、西北70米处，各建有模式相同的烈士亭一座，高20米，六角攒尖顶，分上下两层，雕梁画栋，其建筑面积为130平方米。东亭内石碑一通，正面刻有“英风永续　安平县党政军民1946年立”，背面刻有“安平县坚持八年敌后抗战简史”全文。西亭内石碑一通，正面刻有“浩气长存　中共安平县委员会安平县革命委员会1980年5月敬立”。北面刻有“人民英雄永垂不朽”碑文。烈士碑正北150米处，建有烈士纪念室一座，歇山式平瓦顶，室高15米，东西长60米，面积为612平方米，室前三面砖栏围绕，台阶12级。室内迎门有烈士纪念碑六通（1946年党政工团敬立）。室东西两侧15米处，各有烈士碑楼一座。东楼内有烈士碑12通，刻有抗日战争时期牺牲的革命烈士英名1942个。西楼内也有烈

图24-8　安平县革命烈士纪念碑

士碑12通，刻有解放战争、抗美援朝、社会主义建设时期牺牲的革命烈士英名691个，革命战争时期牺牲的干部、民工、民兵英名205个，革命战争时期病故军人173个，抗日战争时期被敌人杀害的干部群众名字223个。碑楼东西两侧20米处，各有烈士墓一座。东墓为“安平县烈士墓”，西墓为“抗日战争时期为革命牺牲的革命干部、革命群众公墓”。两墓四周砖栏围绕、翠柏环抱。

1984年，安平县委召开党史座谈会。会上部分老干部对陵园东亭内石碑上所刻“安平县坚持八年敌后抗战简史”内容提出了很多意见，并要求拆除原碑，另立新碑。根据老干部所提意见，1996年将原碑拆除，另立新碑一通。碑首正面刻有“青史流芳”，背面刻有“英风永续”。碑身正面和背面刻有“安平县革命斗争简史(一九二三—一九四九)”全文，并在背面刻有“中共安平县委员会、安平县人大常务委员会、安平县人民政府、政协安平县委员会敬立，一九九六年八月”。

1997年中心路开通后，于2001年临中心路修建陵园西大门一座，代替原来的南门。高高的楹梁上镌刻着吕正操将军于1986年10月题写的“安平县烈士陵园”七个金色大字。

由于开通中心路等原因，至2002年年底，陵园面积约为5万平方米。

1991年8月15日，安平县人民政府将烈士陵园评为“安平县重点文物保护单位”。1995年，该陵园被河北省政府列为“河北省重点文物保护单位”。

东寨子烈士塔　位于安平县人民政府驻地正东5公里，东寨子村中心街路北，为原安平县第一区烈士塔。

抗日战争胜利后，一区党政军民为了纪念抗日战争中牺牲的150名革命烈士，于民国35年(1946年)3月修建。

烈士塔呈六面形，共三层，高12.5米。塔身全部用青砖砌成，下面两层有青砖瓦砌成的花檐。塔尖是用红松木做顶架，青瓦盖顶，另有一个白铁塔尖。每层的滴水瓦和瓦当有各式各样图案。塔顶和下面两层的檐上有各式各样飞禽走兽浮

图24-9　东寨子烈士塔（县地方志办公室摄）

雕。塔顶六个角下面有六个风铃，微风吹动铃声飞扬。整个建筑具有浓厚的古代建筑特色。

塔上层每面刻有一字，组成“英名永垂千古”。中间层的六面分别是“为国捐躯”“永垂不朽”“与世长存”“坚贞不屈”“抗战史光”“可歌可泣”浮雕。底层前面石碑上是“英风永续”四个苍劲大字，后面石碑上是第一区党政军民敬献的碑文，其他四面石碑上刻着第一区革命先烈的名字。

烈士塔四周围墙高1.5米，门朝南，门前东西两侧各有一石碑。东侧石碑上镌刻着“殉国烈士豪气永垂”，西侧石碑碑首上刻有“血荐轩辕”，正面碑身上右边刻有“烈士塔重修纪念”，中间刻有“功垂青史”，左边刻有“西两洼公社一九七二年八月”。门两侧竖书对联一副：“发扬革命传统，争取更大光荣”。对联两侧横书“头颅换得金星舞，先烈牺牲志无偿”。四周围墙上横书：“躯体纵填沟壑去，精神犹在海天涨，挥泪继承先烈志，饮水思甜不能忘，誓将遗志化宏图”。

1972年，西两洼公社、北京钢铁学院、冶金学院、“五七”干校等单位对烈士塔进行了重修，在塔周围筑起了围墙，栽植了许多松柏树，使塔显得更加雄伟壮观。

1991年8月15日，安平县人民政府将该纪念塔评为“安平县重点文物保护单位”，并立水泥标志碑一块。

北牛具烈士塔　位于安平县人民政府驻地东北偏北9.2公里，程油子乡北牛具村东北角。为原安平县第二区烈士塔。

图24-10　北牛具烈士塔（县地方志办公室摄）

抗日战争胜利后，二区党政军民为纪念抗日战争中牺牲的革命烈士，于民国35年（1946年）3月修建。

烈士塔呈八角形，共三层，塔身全部用青砖垒成。烈士塔坐落在一南北长13.5米，东西宽9米，高2米的砖台上。砖台南面有石台阶11级，两个石狮相对而立。塔北面平台上是烈士墓。塔底层南、北、东、西四面各有塔碑一通。南面塔碑上竖刻着三行字，右边是“远看像古景近看抱悲情”，左边是“志在人不在英名万古传”，中间是“豪气永垂”。西面塔碑上同样镌刻着三行字，右边是“为祖国为民族致力革命业”，左边是“身虽死血虽流千古英名留”，中间是“光荣殉国”。正北面塔碑上刻有对联一副：“一往无前热血满腔为了革命得解放，万难不屈虽死犹生献出赤心为人民”。东西塔碑两边刻有“革命战士捐躯祖国精神常在，悼念先烈为国牺牲美名永存”，上刻“浩气长存”，中间刻有碑文：“民族先烈：你们生也为了革命，死也为了革命。如今独立、自由、民主、幸福的新中国，就是你们鲜血的创造，就是你们奋斗的结晶。我们要继承你们的遗志，更要用尽全力，不屈不挠的完成人类历史给予我们的使命。安平县第二区党政军民，中华民国三十五年三月立。”

1991年8月15日，安平县人民政府将该烈士塔评为“安平县重点文物保护单位”。

四区烈士塔　位于县城西偏南11公里，大子文乡大子文村西400米处。原安平县第四区党政军民为纪念在抗日战争中牺牲的革命先烈，于民国34年（1945年）秋修建。

烈士塔坐落在1.26米高的六边形塔基上。塔基上围墙高64厘米，厚37厘米，周长25米。塔基南、北两面各有供人上下的水泥台阶8级，南面台阶两侧各有石狮一个。

烈士塔呈六面棱锥体，共二层，高9米，底层周长13米，塔体为青砖水泥结构。塔底层每面各有石碑一通，碑额上都镌刻着四个字，分别是“民族英雄”“光荣牺牲”“为国殉节”“彤史争荣”“千古之英”“以身许国”。下面刻有王东沧等四区烈士的英名、职务和籍贯。

1991年8月15日，安平县人民政府将该烈士塔评为“安平县重点文物保护单位”，并立水泥标志碑一块。

图24-11 四区烈士塔（县地方志办公室摄）

王东沧烈士墓 王东沧，（1911.7—1944.2），前子文村人，安平县游击大队大队长。1944年2月23日，在安平县小张庄村遭500余敌人包围，在杀伤敌人80多名后，带领部队夜间突围时，不幸中弹牺牲。

图24-12 王东沧烈士墓（县地方志办公室摄）

王东沧烈士墓位于县城西偏南11公里，四区烈士塔东侧50米处。烈士墓坐落在边长为6.5米，高64厘米的正方形墓基上，墓基上围墙高56厘米。墓上有一方形石碑，高4米，碑南面竖刻着“王东沧烈士之墓”。墓基南面有一供人上下的5级水泥台阶。台阶前东西两侧各立一碑楼。东侧碑楼石碑阳面竖刻着三行字：右边一行是“王东沧同志千古”，中间一行是“英风永续”，左边一行是“安平县支队政委兼县议会议长张根生立”；阴面刻有当时的县委书记张根生于民国35年（1946年）3月18日亲自撰写的碑文。西侧碑楼石碑的阳面也竖刻着三行字：右边一行是“王东沧同志千古”，中间一行是“豪气常存”，左边一行是“安平县第四区各机关团体各村群众敬立”；阴面刻有参与立碑的四区各机关团体及各村群众名单。

1991年8月15日，安平县人民政府将该烈士墓评为“安平县重点文物保护单位”，并在碑楼前东边立水泥标志碑一块。

六、馆藏文物

1996年版《安平县志》第六编第五十五章第八节收录馆藏文物铁佛、刁斗、铜熨斗、鎏金铜佛、铜镜、执壶、白釉碗、双耳罐、瓷枕、影青酒杯、影青碗、陶楼、陶罐、加沙红陶盘、加沙红陶罐等共24件，本志不再复记，只记县志遗漏和1991年后新出土的馆藏文物。（以下馆藏文物照片均由县文广新局提供）

酱釉双系罐 唐代，瓷质，酱色，水器。1992年安平县公安局收缴，后拨交县文保所收藏。罐高8.7厘米，口径5.1厘米，底径5.2厘米。平沿直口，对称双系，溜肩鼓腹，饼形底，半截釉，口残粘一处。

图24-13 酱釉双系罐

黄釉深腹碗 隋唐，瓷质，青黄无光泽，食器。1992年10月，北牛具村民挖窑坑时发现。碗高8.3厘米，口径14.7厘米，底径6.4厘米。直口，斜腹壁，饼形足，微内凹，内壁饰青釉，内底有三个支钉痕，外壁半截釉，碗壁较厚，制作较粗糙。碗口及外腹壁釉面局部剥落。

图24-14　黄釉深腹碗

花口白釉小碗 晚唐，瓷质，白色泛青，食器。1992年，于安平火车站西大坑出土。碗高3.3厘米，口径11.9厘米，底径5.1厘米。花口，斜壁，浅腹，半截白釉，窄圈足。

图24-15　花口白釉小碗

青釉双系罐 唐代，于1992年10月北牛具村民挖窑坑时被发现。罐高17.6厘米，口径7.8厘米，底径7.8厘米。唇口短颈，双泥条式，对称双系，圆肩鼓腹，饼形足，半截釉。口沿、双系及腹部略有脱釉。

图24-16青釉双系罐

影青印花高足杯 元代，瓷质，酒器。1982年文物普查时在段家佐村被发现。杯高7.9厘米。口径8.9厘米，底径3.1厘米。侈口，腹部宽深丰圆，下呈喇叭形高圈足，内底压印花朵，釉面润泽光亮。

图24-17　影青印花高足杯

"正其衣冠"镜 明代，铜质，锈蚀，完整。1992年，于安平县土产公司出土。直径8.4厘米，缘高0.5厘米。元宝钮，镜面铸有铭文"正其衣冠"等四行十六字，隶书体，素缘。

图24-18　正其衣冠镜

鸟兽葡萄镜 唐代，铜质。1992年10月，北牛具村民挖窑坑时被发现。直径10.5厘米，缘高1.3

图24-19　鸟兽葡萄镜

厘米。蟾形钮，钮上铸一“利”字。主纹为高浮雕四只神兽，其外为一周三角形凸棱，再外为鸟葡萄相间的浮雕图案，边纹为一周如意云纹，厚缘。部分锈蚀，缘少残。

石佛首　唐代，汉白玉石质。1992年12月30日，在县砖厂大坑出土。高12.1厘米。高发髻，卷发，垂耳，面相丰腴(yú)，长眉凤眼，高鼻闭口，五官端正。鼻稍残。

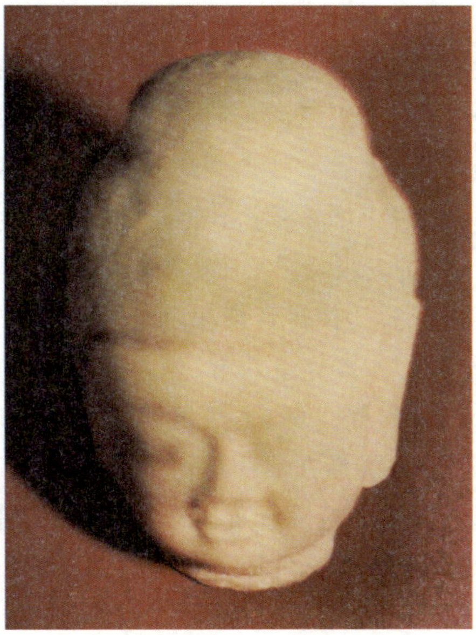

图24-20　石佛首

双观音像　北齐，石质，立形。1990年，在县城西北盐坑出土。残高32.3厘米，底座19.3厘米×9.4厘米×7.8厘米。头戴宝冠，面相丰腴，身着褒衣博带式袈裟，手托无畏与愿印，跣(xiǎn)足立于覆莲座上，底座长方形，正面浮雕两跪姿供养人，后面与左面刻铭文“天统三年七月十五日比丘愍称比丘僧可沙弥愍(mǐn)端师徒敬造供养”共8行27字。背光，像身部分残缺。

图24-21　双观音像

第四节　碑文选

一、现代碑文

1. 安平县人民革命斗争简史

一九二三 — 一九四九年

安平县是革命老区，一九二三年建立中国共产党支部，一九二四年建立河北省第一个中共县委，最早的党员李锡九、弓仲韬由李大钊介绍入党。

县委建立后，积极发展党组织，宣传和组织民众进行反帝反封建的革命斗争。农民互助会、抗债团、姐妹团、妇联会、教联会、读书会、齐心会等党的外围组织相继成立。短工的罢市斗争，长工、小学教师的增资斗争，女师学生的就业斗争，贫苦农民的麦收、秋收斗争，盐民反禁烧、禁运小盐的斗争及“九一八”后的抗日救亡运动，在全县此伏彼起，冲击和震慑了反动封建势力与国民党当局，锻炼壮大了年轻的党组织。到一九三三年底，全县发展到四十多个党团支部，二百多名党团员。

正当革命形势蓬勃发展之时，中共保属特委一巡视员叛变，党组织于一九三四年遭到严重破坏，一些党员被捕或被迫外出，县委暂时停止活动，但绝大多数党员仍不屈不挠地坚持斗争，组织起革命武装进行反抓捕，或打入国民党政府机关和自卫团内部，与国民党顽固派进行各种形式的斗争。

一九三七年抗日战争爆发后，国民党县长仓皇南逃，全县盗贼蜂起，土匪、民团、游杂部队横行乡里。在民族危亡、民不聊生的紧急关头，广大共产党员坚决响应中共中央的伟大号召，高举抗日救亡旗帜，积极宣传、动员、组织全县人民进行抗战，迅速成立抗日救国会，恢复中共县委，建立抗日政权和人民武装；配合吕正操领导的人民自卫军和孟庆山领导的河北游击军平戡乱匪，收编地主武装，稳定了安平县的抗日形势。一九三八年春，冀中区第一次党代会在安平县城召开；冀中区党委、行署、军区（兼八路军第三纵队）和冀中区各群众团体在安平成立，领导冀中的抗日斗争。这时，安平成为冀中抗日根据地的发祥地和政治、军事、民运中心，全县相继成立了农会、工会、妇救会、青救会、文建会、自卫队、武委会、儿童团、游击小组、青抗先等抗日群众团体和武装；大部分村庄建立了中共党组织，共产党员发展到一千九百七十余人；实行了减租减息、合理负担；掀起了声势浩大的拆城墙、挖道沟，改造地形运动，为开展持久的抗日游击战争做了重要准备。

日寇于一九三九年二月九日侵占安平县城后，疯狂地到各村烧杀抢掠，制造骇人听闻的血腥惨案。全县党政军民 在冀中区党委领导下，同仇敌忾，奋起抗击，配合八路军一二〇师和第三纵队等广泛开展游击战，并坚壁清野，开展打狗、砸河冰运动，摧毁敌建满正桥，围城挖沟封锁城内之敌，使敌一度龟缩城内不敢轻举妄动。在抗日斗争中，党领导开展宪政运动，选举建立三三制抗日民主政权，实行统一累进税，发展生产，改善人民生活，巩固扩大了抗日民族统一战线，激发了各阶层人民的抗日热情。广大农村歌声嘹亮，群情振奋，抗日文化和民族气节教育十分活跃；拥军优属、拥政爱民活动热火朝天；大批青年踊跃参军；广大妇女积极做军衣、军鞋支援前线；县区游击队和各抗日群众团体、武装都积极站岗放哨，锄奸防特，自制武器，以地雷战、麻雀战、袭击战、伏击战、村落战等游击战术，神出鬼没地打击消灭敌人，保护人民，出现了“铁打的河漕村”、“焦土抗战的南胡林”等英勇抗日堡垒村。

一九四二年，日寇对冀中抗日根据地进行了空前残酷的“五一”大扫荡，在安平县建岗楼、据点二十八处，修公路，挖封锁沟二百多公里，强迫各村建伪政权，推行保甲制，疯狂地剔抉清剿，全县一片血腥恐怖。一小撮民族败类投敌叛变。无数抗日干部、战士和村民惨遭杀害。在极端困难的情况下，全县党政军民同生死，共患难，英勇顽强地同敌人进行殊死搏斗，利用青纱帐、地道和村庄有利地形坚持武装斗争，镇压死心塌地的汉奸特务，争取瓦解敌伪军，改造伪政权为革命的两面政权，进行非法与合法相结合的斗争；同时发展经济，开办工厂，反封锁、掠夺，胜利渡过了最困难时期，而且愈战愈强。在三十六地区队的支持下，经过火烧辛营桥，奇袭安平城，攻据点，拿岗楼，保护麦收及秦王庄、南里村、邢庄、毛庄、侯疃、大子文、王岗等百余次浴血奋战，毙伤俘日伪汉奸近千人，攻克王六市、傅各庄等六个岗楼，逼二十一个岗楼、据点之敌退回县城，崔安铺岗楼伪军反正。最后在冀中七军分区的指挥下，向盘踞安平六年多的日寇发起总攻，在韩村铺给敌以致命打击后，于一九四五年五月二十四日将日寇驱出安平县境，赢得全县解放。

在极端艰苦的抗日斗争中，广大共产党员和优秀干部不惜牺牲一切，始终站在斗争的最前列。李洪振、安贵普、赵斗生、王冠枫、段占鳌、穆占歧、张正民、商慧敏、李志芳、刘大庆、王济亭、张位荣 、王振芳、王浚潭、王信、阎俊卿、王根深、岳文杰、赵锡珍、徐学言、辛志斌、崔玉斌、王雷、韩树春等一批领导干部先后以身殉国、其英勇悲壮感天动地。县大队长王东沧英勇善战、威震敌胆，在小张庄指挥部队，冒着毒气与十二倍于己之敌鏖战终日，击退敌人五次冲锋，毙伤敌七八十人，突围时壮烈牺牲。县民教科长何荣耀、二区区委书记刘英、青救会主任张建华在南苏村被敌包围。刘英、张建华突围时牺牲。何荣耀只身坚持战斗到弹尽，纵身火海为国捐躯。五区区长王仁庆在敌人的刑场上，面对屠刀浩气凛然，高呼着“打倒日本帝国主义”倒在血泊中。受尽酷刑折磨的刘庄青救会主任刘志清，在敌人提出“从则生，不从则死”时高呼：“你刘爷爷纵死也不屈服！”。广大群众用鲜血和生命掩护抗日干部和战士，出现了大批可亲可敬的堡垒户和拥军模范。冀中子弟兵的母亲李杏阁在家中挖地洞，办起地下医院，精心护理伤员七十三名，使重伤员起死回生，轻伤员痊愈归队。南郝村邢小梅为掩护抗日干部，任凭敌人严刑拷打，烈火烧身，至死不屈。杨各庄李国英教育弟弟做内应，配合县大队攻克角邱日军岗楼，被敌逮捕，受尽酷刑，惨遭杀害。在八年艰苦卓绝的抗日斗争中，全县有八千六百八十九人参加八路军或成长为地方抗日干部；二千二百六十九人光荣牺牲，其中共产党员四百七十人。

抗战胜利后，安平人民全力投入伟大的解放战争。全县深入进行了土地改革。广大贫苦农民斗恶霸地主，分田地，废除了封建土地制度，实现了耕者有其田。数以千计的支前民工随军转战南北，在枪林弹雨中抬担架，救伤员，押送俘虏，运送粮草，立下赫赫功绩。在广大党员、干部的带动下，三千八百余青年参加解放军，全县参军高潮迭起。县长刘庆祥送十四岁的独生子入伍；南牛具一家六兄弟先后上前线；七十多名教师集体加入炮兵部队　；一千四百一十四名农民组成“安平县农民保家独立团”集体参军，场面热烈壮观，其照片成为中国人民革命军事博物馆的珍贵展品。七百七十八名党员、干部为开辟新区北上南下。程煜、张青柳、刘玉楷等壮烈牺牲，其中王奔、阎群昌等烈士的英名被当地人民定为区、村名称。安平人民为推翻国民党反动政府，建立新中国做出了重大贡献。

从建党到新中国诞生，全县有二千七百八十三名优秀儿女，在可歌可泣的革命斗争中壮烈牺牲。烈士用鲜血染红了祖国山河，用生命谱写了光辉史册。愿全县人民铭记革命烈士的光辉业绩，弘扬烈士的革命精神，继承烈士遗愿，为建设一个富强、民主、文明的社会主义强国而努力奋斗！

革命先烈永垂不朽！

中共安平县委员会
安平县人大常务委员会
安平县人民政府
政协安平县委员会
敬立

一九九六年八月

注：该文为安平县烈士陵园东亭碑文

2. 张振山功德碑记

张振山，河北安平许家庄人。一九一五年生于贫农之家。少随父做雇工，性刚毅。一九三八年加入中国共产党。后任村支部书记达五十年。战争时期带领群众挖地道、修沟壕、抬担架、打炮楼，与日寇汉奸英勇斗争。中华人民共和国成立后，热情投入社会主义建设。一九五二年，他率先响应毛主席组织起来的号召，组织三十三户贫农成立了农业合作社，被誉为全县八面红旗之一。此后，他带领全村群众战天斗地，不断壮大集体经济，终于将贫瘠落后的许家庄建设成为五业兴旺、林茂粮丰、共同富裕的社会主义新农村。张振山连续多年被评为省、地、县劳动模范，多次被选为县委委员和人大代表。他一生热爱人民，群众的疾苦时刻挂在心头。某次大水横灌村庄，振山不顾家中安危，挨家串户将烈军属、五保户背出水中。他见一个穷光棍过年时还穿着破鞋，便立刻将自己的鞋脱给他。他为政清廉，真正做到了两袖清风，一尘不染。数十年来，他没喝过公家一盅酒，没用过集体一根柴，没花过公家一文钱。振山长期带病工作，终于本年一月二十八日逝世。临终时犹叮嘱全村干部团结，集体经济不能垮，许庄要走社会主义道路。他真不愧是人民的好儿子，共产党的优秀党员，村支部书记的楷模。特立此功德碑永垂后世。

中共许家庄党支部
许家庄村人民委员会
立

一九九一年五月　魏巍撰并书

注：张振山功德碑立于许家庄村。

二、古碑文

1. 孝感圣姑庙碑铭

祁州知州聊城张获撰文

河东海西宣慰副使蠡吾陈珪篆额

奎章阁司□师一书丹

提举是庙王道同，敬持教谕李许所述圣姑庙事状来请文勒诸石。按汉光武赐以孝感圣姑之号，扁其额所以彰其孝而昭其报也。迨(dài)今燕赵齐鲁之民、蚕妇耕夫，每及清明节，虽千百里之远，致香火者如织。盖有所祷(dǎo)如影响然也。迄我皇元岁丙午，南平州帅赵澄，惜其祠之隘 (aì)陋，乃于东偏筑层台，可数十尺，构今庙焉。为前后殿者二，廊穿于中，袤(mào)八丈有奇，广及丈者四。凡榱(cuī)、题、梁、栋，丹碧黝垩(è)，炫曜人目，实全赵一伟观也。至元初，制命天下诸司，皆令长春宫总之。以故真人法旨：遣道士王道同领其庙事。创建神门三间，爇(ruò)楮(chǔ)币之炉者一，栖云台三间，缭以崇垣，植以松柏，蔬园花圃，绣错蓊(wěng)蔚。当阳和溽(rù)暑之际，宜乎邑人游憩以乐而忘返也。岁戊寅，燕南宪使汲郡秋涧王公巡历至县，少暇，谒于祠下，谂(shěn)于左右曰："是邑有遗迹如此，胡可不刻之金石，白于悠久耶？"但题乐府诗，颂咏其美而去。后之人揭于庙楹，庸侈夫名士大夫之辞也，嗟乎！寥寥五十年余，何无一人能继此公之志者？！盖事之完也良有时耳。至至顺二年，岁辛未，夏，恒阳邸士毅承事君，来尹其邑。甫视篆，以重修为己任，首捐俸金，豪右从之者众，遂具贞珉，亦好善之一端也。仍遇道同，不苟岁月，不惮于勤，而成其事，抑可谓塞其责矣。予不敏，姑摭(zhí)其说而陈于前，且系之以铭辞曰：

谓其仙之恍惚耶，享千百载之灵祠。

谓其仙之度世耶，路渺茫兮何之。

倚欤(yú)，姑之卓行：

念父母之无儿，废天伦而寡居，

奉甘旨于庭闱。

父疡(yáng)疾而增剧，获嘉应于祷祈。

迄二亲之告终，尽其道而无违。

搏彩凤于丹霄，凛松雪之清规。

柔桑绿兮被阴功，咏乎秋涧之清词。

致四远之香火，每滃(wěng)然于岁时。

惜人境之俱胜，宜植列乎丰碑。

今适遇其时也，赖风化之主司。

摅(shū)管见而谨注，识者或取于斯。

（元）至顺三年立(公元1332年)

（原载清康熙二十六年《安平县志》卷之八116页）

2. 燕南侠义碑

前清钦加军功六品衔大百宰田公献瑞行述序并颂

粤若稽古高谊曰：大丈夫曰，奇男子必有过人之举，人情所不能为者，夫卜式急，公愿输家财之半，孟尝好义只焚薜(bì)券之全，求得罄全家之产，济万众之急，即致困苦颠连，没齿自甘者卒鲜，兹有感于田公焉。公讳发祥，字献瑞，世居安平县子文镇。累叶阴隲(zhì)，素厚盖藏，自幼施药，医疾不辞鞅掌。前清同治七年，捻匪寇直安境，大震，出资筑砦，邀集邻村入砦(zhài)避乱。身亲督率，日夜防守，时有宵小，阴谋不轨，以万性身家所关甚钜，秉大义以歼之，砦乃得鸠众亦有豸(zhì)。事后，党羽捏词成控，恐株累他人，挺然自任，复仗义以陈诉宪台，深为谅原，不加责谴，而奖励后效，遂捐六品衔而倡团练焉。光绪二十六年，拳民攻击教堂，以致六国联军，政府慎固邦交，讲和赔偿，各处派捐。只因是年七月始雨，八月即霜，饥馑荐臻，难为输将，官府以事关教款，倘延迟触怒，恐起国际交涉，特调兵镇催，以期速弭外患。而不知斯民之室如悬磬野，无青草鹿，铤走险急，何能择斯时也。公上体国难，下怜民隐，独力斡施，北得挽回，补救于万一，幸而有成，地方福也。不幸无效，亦尽分子之义务，无如一木难支未成。向戌之弭兵，几效邹人之与哄，烽烟四起，玉石俱焚。公亦焦头烂额，出万死一生之中，而救民之心一息尚存，不稍弛懈。乃罄金产之值，计得万全之谱，代民捐以舒民难，慨然孤注之一掷，顾未有室家无以生活而求，糊其口于他方，众见田园属鸟有荡析焉。若犹太之流民屋宇，归子虚离居焉。似埃人之亡国，于是众议齐资，以供颐养，公止而日，但得一方安。自甘耐饥寒，尝以曾文公之联自遣，云：养活一团春意思，撑起两根穷骨头。风格自赏，想见仲子当年。幸有子三人皆孝，鹤声尚幼，鹤宾、鹤年稍长，竭力奉养，听视形声之外，故饔(yōng)飧(sūn)葛裘，亦若而人洎(jì)乎晚节，渐庆丰裕而光复旧业，此固由家风勤俭而来。而亦为善必倡修德，获报之效果也，寿享七十四岁而仙升。佥(qiān)曰，昊天不吊不憖(jiù)，遗一老茕茕(qíong)在疚，何以酬报。且物换星移，口碑流传转生，讹谬是非，不可混淆春秋。所以严加笔削冠履，岂容倒置纲目，因之重为纂修，虽稗(bài)官之月，旦难凭而家乘之，日书足据，况叔子无碑，后人之泪从何坠，古人作颂刊铭良有以也。余与公系世谊晋，接最久见闻，最真管窥，蠡测虽无当于高深，而夏五郭公足昭一斑之实，录用是不揣瞢(méng)昧，爰为之颂曰。

仁者之道，以财发身，至圣之量，中古一人，济急救难，文昌帝西敻(xìong)哉。田公豪侠有真，炼丹施药，济世回春。出资筑砦，召集邻村。匪徒煽乱大义，克伸党羽，构讼据实诉陈，高悬明镜，洞照赤心，宥(yòu)过无大，策励后勋，捐升六品练勇。成军拳教牴(dǐ)牾(wǔ)，警震京津，议和偿款，派捐于民，星火催迫，爱心如熏，斡旋无效，遂遭兵氛，烽烟突走，与鬼为邻，山川跋涉，西向欲秦，总甚矣惫，举目无亲，荡家全产，约计万金，代民请命，不留分文，釜赠自爨(cuàn)，无鱼生尘，群既谢绝，了若券焚，赖有孝子，朝饔夕飧，丰享渐庆，福寿并臻，为善获报，有果有因，口碑讹谬，笔纂条分，勒诸贞珉，与古维新。

保卫社正社长候选文官李树荣再拜撰

前清贡生李树暄拜书丹

注：此碑立于大子文乡大子文村西400米处。

注：以下6通古碑现均立于圣姑庙西侧碑廊，碑文如下：

3. 重修圣姑庙碑记

承德郎户部四川清吏司主事邑人　崔良贵撰

庚午乡进士　　　　　　　　　邑人　王三槐篆

赐进士出身　知兴化县事　邑人　王三馀书

圣姑郝姓，相传周末时人。父义，母张氏，世居邑会涡村，四十无子，常祷于神，逾年生姑。姑少淳朴，性至孝，力饲蚕馌(yè)农以养。及笄(jī)，父母欲嫁之。姑泣对曰：“父母生无男，又嫁女，谁復养者？”誓不出。父母不能强。父尝生痈，弗可医，姑吁天吮痈，痈竟愈。事父母皆寿终，力为营葬。葬已，时伏墓哭卒，哭而后已。邑人哀而敬之。后与邻女樵于滱水上，邻女还，言：“见车马自水中出，迎姑，姑忽不见”。邑人谓姑仙去，立祠祀之。后汉更始之乱，光武皇帝为萧王，北巡定、冀、赵、中山地，王为王朗所追，走会涡村，人马疲渴。有女行道上，肩水二器，众争饮之。女弃器负杖走。时从百余骑饮水，水自器旋盈。饮，人马足，不竭，视女，不知所在，众皆为神，已而出祠下，见姑像与女肖，前杖在焉。王大惊。后即位，封孝感圣姑。姑灵异自是显矣。历唐、宋、元屡有异感。岁清明邻近，香火云集。至正间，南平州帅赵澄始扩庙址。

国朝弘治间，邑侯张公再一新之。今上御极，二三年间邑两罹大水，城郭得无坏，民咸谓神力祐，奠报祀弥切。先是嘉靖辛酉岁，耆民刘演、可以观、惠果等，奉邑侯都公孙令，鸠材聚工增饰，庙貌伟甚；后邑侯郭公又令耆民可以观、廉千、惠果、安重，民张大宋、赵诰创为台垣二翼，钟鼓二楼，仪门一重，爇(ruò) 炉一具，傍门三，后门一，路门一，表木一。议已定，群匠趋之，庙主羽士刘守已从而效劳之。迄岁馀未就。暨今春，邑侯陈公初下车视事，政令甫新，而工告成，盖若有待云。于是邑庠(xiáng)舍亲王嘉臣，请予为文以记。予闻人可以范俗贞轨者则祀神；可以御灾捍患者则可祀。今圣姑终身不嫁以事亲，则孝纯；负汲拯渴以急主，则忠大；显灵辟水以全城，则仁昭。夫孝以表俗，忠以捍患，仁以御灾。若是则姑盖行出烈士，功在国家，其光于乡，惠于众，非浅鲜矣。庙享岂不永永哉！

峕明万历六年岁在戊寅夏六月之吉（公元1578年）

4. 重修圣姑庙碑记

奉直大夫陕西西安府耀州知州深州杜诰撰文

潮城县主簿邑人张攀篆额

儒学廪膳生员邑人李心虚书丹

且天下纲常莫大于君亲，夫人禔（tí）躬莫急于忠孝。即圣姑之所以为圣者，亦不外是。尝闻其因父无子，矢心不□□□□□凛凛也，吮痈疗亲，其孝行何彰彰也。挑水济汉，其忠荩（jìn）何耿耿也。此之懿行，方躅（zhú）真足炳耀今古，而仙升享祀永永也。如溯（sù）其世系，考姓氏核其根踪，历汉、元、明而建，凌霄之台阁，被先达士已恢张其事，藻绘其辞，勒之于石，以扬盛□□□林，余曷（hé）用復赘为第念。明历已亥岁，异雨连绵，庙基倾颓者。士十有七八且因之以饥馑，重之以灾疫。即春修建□□□□□睨（ní）点额付之长大息耳矣。幸逄（páng）邑侯徐翁，乃辽左人也。赞政蔡翁，乃洪都人也。当公馀登眺睹（tiǎodǔ）圣姑庙圮（pǐ）坏，喟然□□□□锁钥一方雄镇也，可今若此。遂鸠工集材，不逾月，而金碧灿烂，一奇观矣。此邑侯之治，独此最为有得，亦孰非圣姑之特操高风，感通而孚格之，若是哉。及告成之日，寿官张效彦与余有瓜葛，暨耆士可以观、赵尧臣、赵师古、张沛、郭从古、王应聘，善人张绍业、刘好学、马明士、玉嘉德、吕来气、靳汝第、张继勋、靳喜、李思开，住持道士刘守已徵余言，余庐去安平才五十里，颇之圣姑行，实略序颠末，以垂不朽云。李继武。

峕明万历贰拾捌年岁次庚子季秋吉旦（公元1600年）

5. 安平县庙学记

承事郎国子监丞赵居仁撰文

将仕佐郎翰林国史院编修狄思圣书丹

荣禄大夫平章政事议枢密院提调史弼撰额

大德八年，达鲁花赤铁木苔儿县尹马惟良，主簿孙祖敬重修大成殿讲堂。建乡贤堂及东西斋廊六间。公馀亲视，取后学通经者优其家。于是，乡贡进士前真定府学禄李宏敬，集众儒生而告之曰：自石抹公建学以来，诸君相继，力善之勤，不鋻石纪绩，则于卓越有为者恐有负焉。遂遣吾友嘉君伯禄之子淳属予记之，愚为天下之治，路府州县四者而已亲民之职，州县尤切，得其人则教化，行而习俗，美其功，立见非其人则不能然也。牧民之道曰：庶富教三事而已。安集不扰则庶矣，劝率农桑则富矣，馑庠序之教申之，以孝悌之义古之圣贤，诸方册见诸行事无所不备，但人知而莫之举行也。为守令者何以尽承流宣化之责哉。安平庙学金源氏亡，扫地无馀，是县乃古之博陵国也。宪宗用武西南钓鱼山时，主簿程亨招延中牟王君玉先生教授此土，余簦（dēng）笈而受业焉。见其人物，井市比旁邑先富庶，故有小燕京之号。士子不下数十辈，视他邑文风独盛，而其文庙则蔑如也。每春秋丁朔望吾夫子行祀于诸儒之家，以为故事。世祖建元以来，祖述三代讫今四十六年，德音时降文治日新。至元庚午，赵州同知石抹公住来尹，是邑教谕李曜首倡立庙学事词，诸邑宰石抹公翕（xī）然而从之，遂建大成殿三间。县人李琇、李格与有力焉。至元壬午，教谕李曜（yào）甓（pì）　其正殿阶庭绘塑文宣王颜孟十哲之像。至元丁亥，主簿中山李思义建明善堂三间。至元戊子，达鲁花赤四十九经营大成门，买置材木四千余条，未几，本官病卒。至元辛卯，达鲁花赤刺速鲁欲终前事，率乡之士夫鸠赀（zī）五百五十贯，值改迁不果。至元壬辰，燕南河北道肃政廉访副使东平吕遂按治至县，见东城雍熙门坏，以木梁柱尽付学俾备修造。至元癸巳，达鲁花赤帖木乃克终其事，为门三间及贤廊十间。大德改元，县尹高阳史玉绘七十二贤、二十四大儒及乡贤李爕（xiè）、李覃、李几、李敬族、李德林、李百药、李安期、李瀚、李文博、崔驷、崔瑗、崔寔、崔州平、崔洪、崔鉴、崔元^、崔孝芬、崔棁（zhuō），计四十四軸门，以棂星缭以周垣。大德六季，达鲁花赤教化县尹南乐蒋举仁置礼器二百二十，庖厨三间，标置学田二百九十五亩，所得租粟春秋奉祀，余廪师生今芘(pí)前后诸贤如出一律者，秉彝(yí)好德，同然固有之心也，尝欲挟修策曳(yè)长裾(jū)，追迹旧遊，往观盛事，然去吾家百里，俗累多萦(yíng)不能决意而往，乃幸得挂名庙庭丰石之侧，以为素怀，是以喜而书之不辞噫，有学以成之而无以为荐，荐之而无以为用，用之不能尽其材，使皓首穷经终身白面仆吏之下，所谓豪杰。犹兴之士。固无所议，若失凡民之初学信道为笃者，恐或外慕，鲜有不弃其学而趋他涂者，此亦非州县之所及也。已任是责之时，贤当何如哉？虽然为士子者，当以诸公之心为心，勉勉自力期于必成。无以富贵利达为事，则其所至，岂可量也哉。铁木答儿扎剌儿台人氏。前河津县达鲁花赤县尹马惟良，字温甫，保定人也。前吏部提控令史主簿孙祖敬，字直中，大都人也。前胶西县主簿教谕李曜，字仲明，本郡人也，今谥为贞孝先生。大德乙巳孟春日谨记。

(元)大德十一年岁次丁未二月(公元1307年)

注：原载清康熙二十六年《安平县志》八卷63-65页，民国11年《安平县志》二卷77-78页。此碑现为断残碑，碑体下部已无。

6. 重修河漕三官庙碑记

直隶真定府晋州安平县掌儒学教事辽阳西岗詹凤撰

林下逸居休士贵菴高爵篆额

邑庠生员丰亭张天眷书丹

安平治之北八里许，有村曰河漕。地势视他乡独稍下，一值水涝，遂为鱼鳖之区，乡人患之。耆老孙恭乾、任权、高自安、王志、王美等，因咸相议曰："福善祸淫神司其柄，吾辈既于此世，其乡而不立神以作民主，将何所依倚哉？莫若建三官神庙以镇重之。"于是相厥地形，聚材鸠工，乃于嘉靖甲申诹(zōu)日，建立三楹。厥位向阳，厥材孔良，以为神栖。故上元赐福之天官，中元赦罪之地官，下元解厄之水官，各有其位。凡其捧印执盒侍卫于两傍者，莫不垂绅正笏，擐(huàn)铠仗剑之将相焉。庙貌森严，神威凛烈，瞻拜者肃恭，而遥望者起敬，盖巍然一方之巨镇也。庙既成，民有饮食之新嘉者，辄先祭焉。水旱疠疫，凡有求必祷焉。神亦为民御灾捍患，阴锡之厘而各得其所。虽间或有河伯为患，亦自顺其故道，而弗为厉。信乎！神为民之保障，不为淫祠，而民亦非幸福于回者矣。阅时既久，摧折于淫风，而淋历于酷雨。龙蟠凤翥(zhù)之盛不存，鸟革翚(huī)飞之规以戾，祠宇倾圮(pǐ)，不堪神栖，而水旱疠疫时仍有之。兹固气数之适然。乡人咸以为慢纵不谨之所致，恐恐然不自宁。迨岁之戊申，复有善士孙世豪、高良朋拾伍人，顾神祠之久洇(yìn)，念前修之当续，爰纠合众力，乐捐已赀若干，补葺(qì)整饰，期底功成。未旬月间，瘵(fèi)者、光坠者，应举敝者，维新丹漆黝垩(yīn)恍观瞻之，特异刻玉镂金，惊魂玮(wěi)之，非常骏奔走者匪懈，而祀事告虔(qián)者争先。斯盖神得所依归，而民幸有所覆庇。□事既竣，诸从事者以为事之颠末，人情之崇奉，神功之显祐，不可泯焉。旡(jì)传丐余言勒石以昭不朽，余惟神之在天，下犹水之在地，中故有其诚，则神应之如响。苟微其诚，神且吐之，况可望其福利哉。是庙也，创建于嘉靖甲申，而作述于孙高数子。神之当敬，与夫人之不可忽且亵(xiè)焉，胥可知也。若夫肆为幻妄之说，而囿民于谄渎之归，则余岂敢凡同事者，俱镌列于碑阴？

皇明嘉靖肆拾贰年岁在癸亥仲夏

吉旦　　(公元1563年)

7. 重修敕建真武庙记

赐进士第户部四川清吏司主事邑人靳绍谦撰

赐进士第中宪大夫太常寺少卿前吏礼二科都给事中侍经筵邑人王三馀　　书丹

乡进士山东东昌府通判邑人王三槐篆额

盖闻真武之神，造化之正神也。其宿虚危，其托鬼蛇，其帝玄帝考之曲礼，玄武与朱雀、青龙、白虎并列，而玄武神灵烜(xuàn)赫，光景震耀，传于世代，接与耳目者尤奕奕相属也。我成祖文皇帝特建庙于燕京，又饬宫观于武当山绝顶，敬共明祀，福应如响，天下郡邑仰体。上命建庙宇崇祀事，以祈景福者在在而是。吾邑北门外有真武庙，是方之人依而敬之久矣。顾历年既远，兼以地旱水浸，庙貌几乎倾颓，人情弗安，皆曰：“非所以妥神灵也。”万历九年，指挥乔清，乡耆可以观、安重，乡民张大观、惠福保、张绕、任载、逯崇先、张效彦、王衣，道士刘守已，偕志重修。得请于邑侯山东马口，于是更新庙宇，上覆之以琉璃，下砌之以重阶，肖像悉为金彩，桶楹咸用藻绘，神路肃清，门墙整严，矩度工致，有矢棘翚(huī)飞之势；默垩丹漆，有金碧辉煌之美。贯固多仍其旧，而宏深轩丽，视昔大有加焉。巍巍乎，浩浩乎，望之者莫不钦为神灵之所宅矣。始于九年三月，逾四年乃落成。工力既烦而费，亦颇不赀。佥(qiān)谓不可以无记，请之于予将勒石以传，切惟神不远于人心，而庙者人心向慕之所在也。况真武灵奠神轴，上通玄穷之尊。自往代以迄圣朝世有明禋(yīn)之典，拟之新建，不由于古迹及私创妄诞不经者，迥然悬绝且其橐(tuó)龠(yuè)玄机鼓荡。元精御灾捍患，保卫邦家，护佑生民历历卓有验应。故今每岁之春，远近众庶，焚香输财，肩摩踵接。智者竭其诚，愚者鼓其敬，忠者坚其志，奸者消其谋。英风飒飒，吾邑隐然，赖之锁钥北门，保佑四方，吁(xū)休矣哉，神之惠乎！则今日之修焉，可已哉焉，可已哉。乃忘其不？文纪其岁月如左，因以告后之同志者，是为记。

旹龙飞万历十九年岁次辛卯季春之吉

（公元1591年）

8. 安平县新建魁星阁记

深州所属有三邑：曰武强，曰饶阳，曰安平。今春余奉学使檄决童子试，安平应试独多于二邑。及询诸，是邑科名则近科来阒(qù)无闻焉。安平学博马君蓉斋，余宰宁城时同学士也。蓉斋才名坛基上，文章经术皆足为多士师。庚寅冬司铎斯土，悯邑中之科名绝少，士无奋发之志，欲鼓舞而振兴之，因考嘉庆六年口，郡县奉命建文昌祠。春秋致祭，上及先代焉。安平则文昌祠在学宫之左，未设先代位，而于祠之东偏列魁星坐像，与体制皆未协。乃偕司训刘君南江，进邑中能事诸生议，所以改建之。各捐俸为倡乐输者，得一千四百余缗(mín)，缘相度形势，择学宫之巽(xùn)方，鸠工庀(pǐ)材，创建魁星阁三层。阁高三丈余，其上层塑魁星像，像向西北而立，与辰次斗魁之光遥相映。而学宫居其间，精于形家言者已知。是邑之科名由此而盛矣。復以魁星旧祠，改为文昌先代祠，而聿新之于体制，亦皆协焉。迨秋闱，榜登张生书绅，得预鹿鸣，而玉生琢復膺。房荐挑取修书馆謄録邑之人，咸谓神之昭鉴，若捷于影响者。蓉斋请于余叙其颠末而记之，余按史记天官书魁枕参首，索隐注曰：魁北斗第一星也，又按北斗七星一至四为魁。是魁兼枢璇玑权，四星而名之，非一星也。史又载：斗魁戴筐六星，为文昌宫其第四星。曰：司命子说者，谓文昌司文人之命。尝观星象，文昌宫在北斗魁上，是魁洵为文明之象，而斯阁之不可不特建也。有以夫虽然自蓉斋与南江司铎斯土曰：与士子勤讲贯劝功课，亦阅年所矣。邑中好学士，皆有奋发之机，復又建斯阁以合天人相应之理，而士气以振，而文风以兴，而科名亦于是乎。应即归功于斯阁之建也。可，余以是知蓉斋与南江之用心，可谓不负司铎之职矣。嗟嗟，文教之兴，兴于学校。使天下司铎者，尽如两君，以副国家设学右文之意，岂不休哉！斯阁之工竣也，邑中能事诸生，始终其事者，为文生逯廷弼、陈琮锦、崔和光，武生马长青，童生崔锦光，而国学生赵允弼，则经理咸宜，其力尤多也，皆不可以不记之。戊午科举人前知深州直隶州事浙西张庆成谨撰。

县学廪膳生员刘凤祥谨书

大清道光拾叁年岁次癸巳季春谷旦立

（公元1833年）

第五节　谚语

《安平县志》(1996年版)465—468页已载安平民间谚语194条，本志再载新搜集的谚语181条。

一、事理类(67条)

破罐子熬过柏木梢。

说话容易，做事难。

兔子急了也咬人。

百闻不如一见，百见不如一干。

不做小事，大事做不来。
不怕慢，就怕站。
远道没轻载。
秤砣虽小压千斤。
阎王好见，小鬼难搪。
单丝不成线，独木不成林。
当局者迷，旁观者清。
好汉不吃眼前亏。
道是人走出来的。
灯不拨不亮，理不辩不明。
人急造反，狗急跳墙。
一块臭肉满锅腥。
响鼓不用重锤。
家贫出孝子，国乱出忠臣。
好记性不如烂笔头。
好事不出门，坏事传千里。
虎瘦雄心在，人穷志不短。
解铃还需系铃人。
磨刀不误砍柴功。
内行看门道，外行看热闹。
山外有山，天外有天。
强中更有强中手，能人背后有能人。
拳脚勤踢打，算盘勤拨拉。
人不可貌相，海水不可斗量。
人活七十古来稀，新社会八十不算奇。
人无远虑，必有近忧。
射人先射马，擒贼先擒王。
前人栽树，后人乘凉。
种瓜得瓜，种豆得豆。
事大事小，到时就了。
熟能生巧。
久练久熟。
水涨船高，树大招风。
水清不养鱼。
顺藤摸瓜。
眼见为实，耳听为虚。
一寸光阴一寸金、寸金难买寸光阴。
一年之计在于春，一日之计在于晨。
艺高人胆大。
有志不在年高，无志空活百岁。
有志者立长志，无志者常立志。
捉奸捉双，捉贼捉脏。
嘴上无毛，办事不牢。
吃馋了，待懒了。
进一步刀光剑影，退一步海阔天空。
忍得一时气，免得百日忧。
牛不喝水强按头。
做到老，学到老，活到八十不算巧。
读书不想，隔靴搔痒。
多读书知礼明义，少饮酒有是无非。
天才出于勤奋。
火大无湿柴。
懒驴上磨屎尿多。
老实人常在。
三百六十行，行行出状元。
贪小便宜吃大亏。
远水不解近渴，远亲不如近邻。
强扭的瓜不甜。
不吃鱼口不腥，不做贼心不惊。
金奖银奖不如老百姓夸奖。
钱能送人上天堂，也能送人下地狱。
患多生于欲，祸多生于贪。
不看贼吃饭，只看贼挨打。

二、社交类(19条)

众人之言是圣言。
伸手不打笑脸人。
不看他对我，要看他对人。
麻雀不能跟着蝙蝠飞。
滴水之恩，当涌泉相报。
美不美家乡水，亲不亲故乡人。
话是开山斧，礼是圣人貌。
在家靠父母，出门靠朋友。
好汉护三村，好狗护三邻。
礼多人不怪。
好话一句三冬暖，恶语一句六月寒。
明人不做暗事，真人不说假话。

朋友千个少，冤家一个多。
酒肉朋友，无钱分手。
学而不厌，诲人不倦。
勤借勤还，再借不难。
遇到误解休怨恨，得意之时莫轻狂。
病从口入，祸从口出。
兄弟不和邻里欺。

三、生活类(37条)

三翻六坐八爬爬，十个月上学喳喳。
饭后百步走，活到九十九。
节食祛病，寡欲延年。
腰带长，寿命短。
饱备干粮，晴备伞，丰年也要防欠年。
夫妻一条心，黄土变成金。
人老先老腿，树老先老根。
有根的多栽，张嘴物少揽。
儿行千里母担忧。
马无夜草不肥。
树老焦梢叶子稀，人老猫腰把头低。
不听老人言，吃亏在眼前。
打疲了，骂憨了。
长兄如父，老嫂如母。
吃不言，睡不语。
喜不大笑，怒不暴跳，哀不痛哭，乐不轻佻。
吃饭先喝汤，老了不受伤。
疮怕有名，病怕没名。
大蒜是个宝，常吃身体好。
家有千口，主事一人。
家中有老，犹如一宝。
低头不见抬头见，百年不散的老乡亲。
君子动口，不动手。
靠山吃山，靠水吃水。
男大当婚，女大当嫁。
一日夫妻百日恩，百日夫妻似海深。
男怕入错行，女怕嫁错郎。
男要俏，一身皂；女要俏，三分孝。
勤是摇钱树，俭是聚宝盆。
积攒好比针挑土，败家犹如浪推沙。
人要脸，树要皮。
人生一世，草木一秋。
人是铁，饭是钢，一顿不吃饿得慌。
人争一口气，佛受一炷香。
若要好，大让小。
听人劝，吃饱饭。
夏吃大蒜冬吃姜，不用医生开药方。

四、自然类(34条)

刮了坟头土，一刮四十五。(清明节)
立了夏把扇架。
夏至三庚数头伏。
小暑大暑，上蒸下煮。
头伏无雨二伏休，三伏无雨干到秋。
立秋不立秋，六月二十头(阴历)。
立了秋把扇丢。
桃花开，杏花谢，桃花向着杏花叫姐姐。
(大雁)傍晚叫白天晴，半夜里叫唤(雨)等不到明。
蛤蟆打哇哇，四十晌吃白疙瘩。
一场秋雨一场寒，十场秋雨穿上棉。
立了冬，水见冰。
小雪封地，大雪叉河。
小雪不封地，大雪不叉河。
吃了冬至饭，一天长一线。
大寒不冷，立春不暖。
大寒寒不来，立春立不住。
立秋十八晌，寸草皆秀。
涨水的蛤蟆，抽水的鱼。
东虹云彩，西虹雨。
云搅云淋死人。
先下牛毛不下雨，后下牛毛不晴天。
早晨下雨一日晴。
早晨起风，刮到熄灯。
早雾晴，晚雾阴。
天上星星跳，风雨就来到。
天上钩钩云，地下雨淋淋。
鱼鳞天，不过三。
人黄有病，天黄有雨。
一九二九不出手，三九四九冰上走，五九六九沿河看柳，七九河开，八九雁来，九九加一九，耕牛遍地走。七九河开河不开，八九雁来雁准来。
开水不响，响水不开。
夏走十里不黑，冬走十里不明。
槐树不开花，晚田不归家。
暑去寒来。

五、生产类（11条）

寒露不打烟，霜了别怨天。
深栽茄子吊栽烟，想吃山药地皮沾。
草饱水上膘。（马、牛、羊）
夏至不起蒜，畦里分了瓣。
冷收麦，热收秋。
头伏萝卜，二伏菜，三伏种荞麦。
三伏有雨多种麦。
春分大麦，惊蛰蒜。
豌豆开花，最怕风刮。
有钱买种，没钱买苗。
庄稼一枝花，全靠肥当家。

六、生意类（13条）

货比三家。
走一走，望一望，先看后买不上当。
不怕不识货，就怕货比货。
有多大本钱，做多大生意。
有同行，没同利。
卖瓜的不说瓜苦。
王婆卖瓜，自卖自夸。
物美价廉态度好，顾客跑不了。
顾客是上帝。
买卖不欺小，多销利不少。
童叟无欺。
一分钱一分货，十分钱买不错。
不求利润多高，但愿顾客盈门。

第六节　歇后语

本志共载歇后语192条。
关公面前耍大刀——忘了师傅
老鼠爬进书箱里——咬文嚼字
老鼠爬进风箱里——两头受气
囫囵吞枣——不知味（没滋味）
望乡台上打能能——不知死的鬼
芝麻开花——节节高
张飞吃豆芽——小菜一碟
王八吃称砣——铁了心咧
头顶上长疮，脚底下化脓——坏透了
夜猫子进宅——无事不来
黄鼠狼给鸡拜年——没安好心
猪八戒照镜子——里外不是人
秃子打伞——无法（发）无天
秃子当和尚——凑合子事
和尚打伞——无法（发）无天
老头子搓泥钱——撂下的活了
曹操的兵马——漫散了
泥菩萨过河——自身难保
攥着拳头拉屎——暗里使劲
柳条穿鲇鱼——一类子货
下雨不打伞——轮（淋）着咧
骑着毛驴看唱本——走着瞧
此地无银三百两——不打自招
秃子头上的虱子——明摆着
老太太过年——一年不如一年
罐里养王八——越养越抽抽
黄鼠狼生耗子——一代不如一代
温度计掉进冰箱里——直线下降
鞋底上抹油——溜了
外甥打灯笼——照旧（舅）
泄了气的皮球——蹦不起来
茅坑里的石头——又臭又硬
秋后的蚂蚱——蹦不了几天
螃蟹过街——横行霸道
老鼠拉木锨——大头在后头
天上掉馅饼——没人信
剃头挑子——一头热
麻杆打狼——两头害怕
一根绳子拴两只蚂蚱——跑不了你，蹦不了我
光着膀子打仗——赤膊上阵

针尖对麦芒——尖对尖
胡同里遇仇人——狭路相逢
铁匠铺的徒弟——只会打
狗咬吕洞宾——不识好赖人
小卒子过了河——有进无退
脱了旧鞋换新鞋——改邪归正
脚踏楼梯——步步高
唐三藏念紧箍咒——猴受罪
耗子给猫当伴娘——找死
袖筒里吞棒鎚——直进直出
砂锅里捣蒜——一锤子买卖
粘饼子裹白糖——一年(粘)一个甜
耗子钻牛角——没有出路
做梦娶媳妇——想得美
大姑娘坐轿——头一回
抱着元宝跳井——舍命不舍财
用绸子擦屁股——不惜代价
脱了裤子放屁——找着的费事
十五只吊桶打水——七上八下
电线杆上绑鸡毛——好大的胆(掸)子
瞎子点灯——白费蜡
对牛弹琴——白费劲
隔靴搔痒——白抓
飞蛾扑火——自取灭亡
木匠戴枷——自作自受
蝎子拉屎——独(毒)一份(粪)
罗锅子上山——钱(前)紧
瞎子磨刀——快了
被窝里放屁——独吞
搬起石头砸自己的脚——自作自受
小葱拌豆腐——一清(青)二白
水晶棺材——透明
秃子头上的虱子——明摆着
独眼龙看老婆——一目了然
布袋里买猫——瞎抓
痴人说梦——胡言乱语
老鸹落在猪身上——一般黑
丈二的和尚——摸不着头脑
哑巴吃黄连——有苦难言
公婆吵架——都有理
围棋盘上下象棋——路数不对
冲着和尚喊姐夫——乱认亲人
见了婶子叫大娘——没话答话
哑巴吃饺子——心中有数
茶壶里煮饺子——肚里有倒不出来
螳螂挡车——自不量力
吸烟烧了枕头——怨不得人(怨自己)
阎王老子谈家常——讲鬼话
兔子的尾巴——长不了
膝盖上钉掌——离题(蹄)太远
梁山泊的军师——无(吴)用
张飞绣花——粗中有细
脱毛刷子——有板有眼
绣花枕头——草包
孙悟空的金箍棒——能大能小
擀面杖吹火——一窍不通
蛤蟆跳井——不懂(扑嗵)
猪往前拱,鸡往后刨——各有各的招
井里的蛤蟆——没见过多大天
门缝里瞧人——把人都看扁了
和尚拜堂——外行
老虎嘴上拔胡子——好大的胆子
老九的弟弟——老实(十)人
要饭的拨算盘——穷打算
瘸子走道——地不平
小和尚念经——有口无心
玩具店里的娃娃——有口无心
一块钱的小葱——拿一把
铁公鸡——一毛不拔
马尾穿豆腐——提不起来
肉包子打狗——一去不回头
墙头上跑马——一去不回头
叫化子打狗——自卫
鸡蛋里面挑骨头——找岔子
屎壳郎搬家——滚蛋球
屎壳郎开会——臭味相投

夜猫子进宅——无事不来
白糖嘴，刀子心——口蜜腹剑
做梦吞大象——野心不小
大蛇过道——蟒行
丈母娘疼女婿——真心实意
千里送鹅毛——礼轻情意重
刘备对孔明——言听计从
看三国掉眼泪——替古人担忧
黄鼠狼给鸡拜年——没安好心
钥匙挂在胸口上——开心
钥匙挂在鼻梁下——开口
钥匙挂在眉毛上——开眼
夜猫子落房檐——挨骂的鸟
大水冲了龙王庙——一家人不认一家人
上鞋不用锥子——真(针)好
狗撵鸭子——呱呱叫
张飞穿针——大眼瞪小眼
癞蛤蟆跳到脚背上——吓人一跳
吊死鬼搽粉——死要面子
范进中举——喜疯了
老虎拉车——没人敢(赶)
老和尚的木鱼——挨打的货
黄连加苦胆——苦上加苦
武大郎卖盆——一套一套的
狗拿耗子——多管闲事
铁路巡警——各管一段
笼子里抓小鸡——手到擒来
水缸里抓鱼——跑不了
水缸里抓王八——手到擒来
石头上长草——根底硬
关上门打狗——跑不了
老太太上鸡窝——笨(奔)蛋
泥菩萨过河——自身难保
瞎子睡觉——不分昼夜
瞎子背瞎子——忙(盲)上加忙(盲)
程咬金的斧头——就这两下子
甘露寺招亲——弄假成真
刘备招亲——弄假成真
老虎戴佛珠——假慈悲
猫哭耗子——假慈悲
土地爷打呵气——神气
竹筒里倒豆子——一干二净
天津大麻花——干脆
周瑜穿破鞋——穷嘟嘟(都督)
美术展览馆——话(画)多
进棺材搽粉——死要面子
狗长犄角——洋(羊)式样的
聋子的耳朵——摆设
鸡蛋掉进油篓里——滑蛋
狗咬刺猬——没处下嘴
牛犊子赶小兔——有劲使不上
猪八戒背铁耙——凭(平)什么
天上的星星——数不清
深山找石头——有的是
银样蜡枪头——中看不中用
为虱子烧皮袄——值不得
对着窗户吹喇叭——名(鸣)声在外
瞎子害眼——没治了
正月十五贴门神——晚了半月
狗咬尿脬——空欢喜
姜太公在此——诸神退位
无米之炊——难做
武大郎攀杆子——上下够不着
赶鸭子上架——太难了
给石头狮子灌米汤——滴水不进
眉毛胡子一把抓——不分主次
雪花落进水里——不声不响(无影无踪)
钝镰割草——拉倒
屎壳郎白脖——个自样
咸菜缸里淹称砣——一言(盐)难尽(进)
大海里一泡尿——有你不多，没你不少
铁匠打铁——趁热来
苍蝇落进饭碗里——恶心人
半天云里挂口袋——装疯(风)
鼻子眼里插大葱——装象
姜太公钓鱼——愿者上钩

第七节　文化管理

一、文化市场管理

审批登记 安平县对于经营文化类制品的企业、摊点实行文体局、公安局、工商行政管理局3家监管审批登记。文体局根据国务院《音像制品管理条例》《互联网经营场所管理条例》和《印刷管理条例》，对全县音像制品经营单位、互联网上网服务营业场所、网吧、歌舞娱乐场所及印刷制品经营单位实行经营许可证制度。各经营户在具备相应设备和条件下提出申请，经县文体局稽查股组织考察，合格者发给“文化经营许可证”；公安局凭证审查后发给“特行证”；工商行政管理局审验两证后，登记核发“营业执照”。“两证一照”齐全方准营业。到2002年年底，全县共有音像店18家，网吧14家，歌舞厅7家，印刷企业8家。

清理整顿 1991—2002年，县文体局在县委、县政府的领导下，多次采取部门联动，集中整顿与经常性检查相结合，综合治理与专项检查相结合，日常管理与突击检查相结合，依法严格清理整顿文化市场。至2002年，集中行动270多次，出动车辆480余辆次，出动人员3000多人次；共收缴盗版光盘3800多盘、电子游戏线路板21块，电子游戏机132台；取缔无证单位零售摊点12家、非法印刷厂2个（中营和油子村）；扣压电脑30余台；查封非法电子游戏经营点10个；处罚不按规定经营的歌舞娱乐场所3家；没收非法出版物20余种300多册，非法学生用书3000余册，盗版书刊5300余册。通过不断清理整顿，净化了文化市场，从而使全县的文化市场保持了健康有序的发展势头。

二、管理机构

1991年至1996年11月，文化工作由文化教育委员会（简称文教委）文化股负责；体育工作由体育运动委员会（简称体委）负责。1996年11月，机构改革，撤销文教委和体委，成立文化体育局（简称文体局），负责全县的文化体育工作。文体局内设文化股、体育股。下属单位有：新华书店、电影公司、文化馆、文物保护管理所、礼堂；共有干部职工77人，其中局机关13人，设局长1人，副局长2人。1999年，成立安平县新闻出版局，与文体局为一个机构，两块牌子。2001年，增设办公室和文化市场稽查队。至2002年年底共有干部职工64人，其中局机关8人，设局长1人，副局长2人。

文体局办公楼位于为民街电影院西侧，占地面积450多平方米，建筑面积1700多平方米。

第二章　广播电视

广播电视直观、立体、快捷在媒体中占有重要地位，是党和政府的喉舌，是广大人民群众政治、文化生活的重要组成部分。安平县广播电视是从广播站、电视差转台、电视台发展起来的，舆论导向一直坚持唱响主旋律，服务全县经济大局，为建设社会主义精神文明，为经济和社会发展做出了优异成绩。

图24-22　安平县广播电视台

第一节 有线电视

一、设施

1993年10月，县广播电视局始建有线电视一期工程，前端设备采用武汉天线研究所生产的中频处理前端，传输主干线全部为－12铜轴电缆，支线及入户线为－9、－7、－5铜轴电缆，传输带宽为300兆。1998年底投资100多万元，建立四套卫星地面接收设施，发展传输主干线10公里，支线20公里，入户线80公里。1999年年底，开始二期工程，引进数字卫星接收设备，实施模拟和数字并列传输，主要设备为同州数字卫星接收机cdvb2000g。2002年，主干线发展到20多公里，支线40公里，入户线路160多公里，模拟传输和数字传输各占1/2，卫星接收天线直径分别为6.5米、6米、3.5米、1.8米共4套。

二、转播

有线电视节目全天24小时连续播放。1993年初建时，播放节目有安平台、CCTV-1、CCTV-2、CCTV-3、CCTV-4、CCTV教育-1、山东卫视、浙江卫视、云南卫视、贵州卫视、四川卫视等12套节目，2002年增加至25套，其中包括：CCTV-1、CCTV-2、CCTV-3、CCTV-4、CCTV-5、CCTV-6、CCTV-8、CCTV-11、CCTV-12、CCTV教育-1、河北卫视-1、山东卫视、浙江卫视、云南卫视、贵州卫视、新疆卫视、四川卫视、福建卫视、安徽卫视、广东卫视、河南卫视及安平台自办节目等。

三、群众点播

2001年8月，安平广播电视局与电信局开办了有线电视互动点歌频道，观众可通过固定电话点播自己喜欢的歌曲、戏曲及小品，收费3元/次（电信局收1元，广电局收2元）。自2001年8月至2002年年底，共接受群众点播1440人次。

四、收费

1994年，有线电视初建时，根据物价部门的规定，电视初装费为324元/户（含1年收视维护费），收视维护费为6元/月。1995年5月，有线电视初装费上调至330元，收视维护费为9元/月。2002年以前，收费方式为入户收缴。2002年下半年，建立有线用户收费管理系统，收费方式改为电脑收费。

1994—2002年全县有线用户发展情况表

表24-4

年度	1994年	1995年	1996年	1997年	1998年	1999年	2000年	2001年	2002年
户数	1209	1941	2732	3145	3489	4176	5315	6415	7915

第二节 无线电视

一、设施

1990年，安平电视差转台改为安平电视台时，有300瓦分米波电视发射机1台，建起高92米自立塔。1990年1月22日，24频道试播，节目覆盖半径达25公里；节目采编播设备有735摄像机1台、680背包机1台、m7摄像机1台、m8000摄像机1台、L15录像机2台、J27录像机2台、监视器5台。1992年购6401字幕机1套。1994年，采编播进一步充实，购进松下5700编辑机1套，JVC368 机1套，M9000摄像机1台。1996年购进松下AG455 1台、J27改装编辑机1套、DP-800摄像机1台、JVC-X3摄像机1台。1998年上非线性编辑系统1套、D215数字摄像机1台、DV-10000编辑机1套、掌中宝AE-21摄像机1台。2000年，加大发射功率，发射机改为1000瓦固态发射机；上75千伏安发电机组1套、DVC-15摄像机1台、MD9000摄像机3台、非线性编辑系统1套。2002年添置MD-9000摄像机2台，采编播设备基本达到了现代化水准。

1999年，实施了接楼工程，编辑室、制作室、播音室、播出机房及发射机房全部进行了改造装修，扩建168平方米演播大厅和56平方米无线播出机房，采编制播实现了专室专用。2002年，广播电视局在县城新盈街东头占地16650平方米另辟新址，于2003年4月竣工并投入使用。

二、自办节目

节目内容 安平电视台除每晚按时转播中央、河北、衡水《新闻联播》外，其余节目均为自办节目，包括《安平新闻》《安平博采》《丝网纵横》《科技兴农》《金钥匙》《午间时光》《金色时分》《天气预报》及广告节目。1991—1996年，《安平新闻》每周二、周五播出。为加大信息量，并让全县人民及时了解本县情况，1996年后，《安平新闻》改为天天播出；播放时间定为每晚中央电视台、河北电视台、衡水电视台新闻联播之后，并在当晚10点（22点）重播，播放时间长短不等，主要根据新闻内容多少而定。《安平新闻》，自1991—2002年，共播出12086条，累计播出时间为793小时。《天气预报》于1999年7月开播，由县气象局制好播出带后在《安平新闻》之后播放，每晚一次。《安平博采》开办于1996年1月，其内容主要反映县委、县政府重要活动，党的各项方针政策在本县贯彻落实情况，工农业及各条战线上的大好形势，精神文明、物质文明建设成就以及英模人物等等，每周一期，周二播放，周五重播，播放时间为《天气预报》之后。该节目内容丰富，翔实具体，浓墨重彩，为电视台之精品，到2002年年底共播出360期。《丝网纵横》于1997年开办，主要以安平丝网生产营销为内容，反映丝网生产的发展变化，展示安平丝网生产的实力、规模、产品等，到1998年年底共播出80余期。《科技兴农》于1995年开办，1998年改版为《金钥匙》 。该栏目紧紧围绕农村、农业、农民致富增收问题，采制、录制、播放一些科学种植、科学养殖、农产品深加工等方面的内容，旨在引导广大农民运用科学技术这把“金钥匙”，打开致富之门。到2002年年底该栏目共播出210多期。广告、通知通告、领导电视讲话节目从自办节目开始即开始播放。广告形式分字幕广告、图象广告两种，与其它节目科学穿插播放。专题节目，电视台根据时代需要和县委县政府及单位要求，不定期的制播一些类别不同，分量较重、对社会及某个方面影响较大、有一定指导意义的专题节目，自1991年到2002年，电视台共制播各类专题节目片60多期。其他节目，为活跃全县人民的文化生活，电视台在每年的元旦、春节分别举办文艺晚会，并多次举办电视歌曲大奖赛，电视戏剧大奖赛，各类内容的电视知识竞赛、知识讲座等。到2002年共举办元旦、春节晚会26期，电视歌曲大赛22期，电视戏剧大赛14期，电视知识竞赛22期。同时，还开办了《午间时光》《金色时分》《群众点播》等栏目。这些栏目主要播放歌曲、戏曲、小品等，最大限度地满足不同观众的文化生活。

1991—2002年安平新闻播出情况表

表24-5

年度	播放条数	年度	播放条数
1991	166	1997	1279
1992	243	1998	1120
1993	487	1999	1512
1994	542	2000	1578
1995	725	2001	1717
1996	954	2002	1763

节目采、编、制、播 是自办节目从采集、编写、制作到播出的整个过程。新闻采集基本分三种情况：一是会议新闻；二是县领导工作活动新闻；三是社会新闻。会议新闻及领导工作活动新闻一般由单位通知后，电视台派记者或摄像师到场，根据会议内容或领导活动情况现场进行概略采写，并摄下所需图像，把整个新闻资料收录下来。社会新闻（自采新闻）：一是靠记者政治敏感性寻找有社会价值的新闻；二是靠广大人民群众提供新闻线索，而后由记者、摄像人员走向社会进行自采自写。社会新闻是新闻节目的重头戏，群众喜闻乐见，也容易被上级台采用。专题，一般先由记者对所要宣传报道的专题内容进行深入细致地调查了解，再确定角度，写出脚本，然后根据专题内容摄取画面。大型文化活动，大都采取多台摄像机同时摄像，为使画面生动形象，具有连续性，现场感，一般设主机和游动机，进行多方

位、多角度的拍摄，为下一步制作打下基础。1991年，新闻采写大都是2人完成，即一人撰稿另一人摄像，但由于2人看问题的角度不同，往往形成新闻文字内容与画面配制不统一、不协调的两张皮问题。为解决这一问题，1993年后，新闻报道实行一人负责制，即谁撰稿谁摄像，较好地解决了文字内容与画面两张皮问题。

节目编制，即节目的深加工。编制负责人将记者撰写的新闻、专题稿件或脚本，审阅批准后，通过播音将声音录制在录像带上，此后，制作人员根据播音内容，将采集的镜头精心挑选一一配制画面。为节省时间，使内容与画面配制的更加合理，新闻制作一般有记者或摄像人员跟制。1998年，购进非线性编辑机后，节目制作改为将节目资料全部输入电脑，制作人员运用电脑进行裁剪连接，节目制完后详细记下每条节目的时间、内容、何时播出、是否重播等一并填入节目播出单，待领导审阅签字后送交播出机房。

播出为节目最后工序，分首播、重播、插播等。值机人员严格按照播放内容、播出时间、播放顺序进行播放，不得误播、漏播，更不可擅自改动，随意播放。节目播放后填好播出单，并入档保存。

安平电视节目的采编制播是随着安平广播电视事业的不断发展壮大而发展变化的。1991年，电视台初办节目时，只有两台非专业性摄像机，两台录像机，两台放像机。为解决小马拉大车问题，记者及摄像人员采取“歇人不歇马”办法轮翻进行采摄；在没有专业制作设备的情况下，运用两台录像机对接手工操作进行节目制作；为做字幕广告，在没有字幕机的情况下，制作人员先用毛笔将广告内容写在大纸上，再摄下来进行配音制作。1992年，购字幕机后，节目用字及字幕广告用字幕机制作。1998年后，采用非线性编辑设备制作节目，既减少了制作程序，节省了制作时间，又解决了信号衰减问题。

获奖节目　安平电视台根据时代要求、当地特色及观众口味，紧跟形势定栏目，围绕改革选题目，谋求精品作节目。采编人员以独特视角挖掘新闻题材，以崭新思路升华专题内容，大手笔创作，细品质加工。自1991—2002年，共有13个节目在省电视台节目评比中获奖（其中二等奖2个，三等奖11个），27个节目在市电视台节目评比中获奖（其中一等奖12个，二等奖15个）。

1991—2002年安平电视台自办节目获奖情况一览表

表24-6

年度	获奖节目（栏目）	市台奖项等级	省台奖项等级
1992年	《以核心聚民心》	—	社教类三等奖
	《希望之路》	—	优秀节目三等奖
1994年	新闻播音	播音一等奖	—
	《法网恢恢疏而不漏》	好新闻二等奖	—
1995年	《安平——中国丝网之都》	播音评选一等奖	—
	《安平博彩》	二等奖	—
	《新的跨越》	好新闻二等奖	—
	《专题播音》	播音二等奖	—
	《我县第一个农业喷灌工程投入使用》	好新闻二等奖	—
	《安平县因地制宜发展养殖业》	好新闻一等奖	电视新闻二等奖

续表24-6

年度	获奖节目（栏目）	市台奖项等级	省台奖项等级
1995年	《安平新闻》播音	播音评选一等奖	播音评选三等奖
1996年	《苏南纪行》	好新闻二等奖	
	《安平县下大力修复水毁耕地》	好新闻一等奖	好新闻三等奖
	《安平县下大力实施复耕还田》	好新闻二等奖	
	小鲁争复学、辍学、升学记	好新闻一等奖	新闻社教三等奖
	《安平新闻》播音	播音评选一等奖	播音评选三等奖
1997年	《农村电价混乱 群众对此不满》	好新闻二等奖	—
	《抗洪抢险纪实》	好新闻二等奖	—
	《五新集团因企制宜推行股份制》	好新闻二等奖	—
	《安平县下大力治理电镀污染》	好新闻二等奖	—
1998年	《我县农村出现种草热》	好新闻二等奖	—
	《安平新闻》播音	播音评选一等奖	播音评选三等奖
1999年	《安平县集中治污促进丝网持续发展》	好新闻二等奖	—
	《公安干警显神威》	好新闻二等奖	—
	《安平新闻》播音	播音评选一等奖	播音评选三等奖
2000年	《凌晨的战斗》	好新闻二等奖	—
	《安平新闻》播音	播音评选一等奖	播音评选三等奖
2001年	《金钥匙》	—	对农节目二等奖
	《安平新闻》播音	播音评选一等奖	播音评选三等奖
2002年	《文学与漫谈人生》播音	播音评选一等奖	播音评选三等奖

第三节　电视管理

一、安全播出管理

安全播出是指电视节目正常播放，不出现停机、误播、错播、漏播等政治、责任事故。为防止事故发生，让广大观众看好电视节目，建台初期（1990年），局内便制定《值机员岗位责任制》，严格规定当班人员按时上岗，不得离岗，不得将与播出内容无关的带子带入机房，不准无关人员进入机房观看电视节目等；对所有播出内容进行审查，值机员对当班播放及设备运转情况进行登记。1994年4月，对安全播出管理进一步加强，增加了值机人员，出台《值机人员双岗制》，即每晚两人上岗，一人为正班，一人为副班，轮流执行；完善修改《机房管理规定》，建立播出内容“层层负责，项项把关”制度，即播音出问题由播音员负责，节目内容及文字出问题由记者编辑负责，节目制作出现问题由制作人员负责，电视剧出现问题由审片人员负责，发射机运转不正常由技术人员负责和主管领导负总责的层层负责把关制度。这些制度有效地保证电视节目的安全正常播出。

二、广告管理

1991年，电视广告由主管副局长管理。1993年广告科成立后，由广告科负责。主要负责对电视广告文字及内容的审查，图像画面的审查，确定广告时间、时段、播放次数、天数、划价等，特殊广告由局领导审批。管理内容主要包括：是否使用绝对化语言，是否含有虚假内容欺骗、误导消费者，是否以广告贬低他人或同类产品，是否有淫秽迷信、荒诞的文字、画面等。对所有广告要按照真实、合法，有利于社会主义精神文明建设的要求进行管理。1993年前，电视广告主要遵循1987年10月国务院发布的《广告管理条例》进行管理。1993年后，国家工商行政管理局、卫生部、医药管理局先后出台了《化妆品广告管理办法》《医疗器械广告审查办法》《食品广告暂行办法》《房地产广告发布暂行规定》《烟草广告管理暂行办法》《酒类广告管理办法》及《中华人民共和国广告法》等。广告科严格按照这些法律法规进行管理，既促进了安平的经济发展，又保护了消费者的利益。

三、音像管理

音像管理内容：一是对社会音像市场进行管理；二是对电视片进行审查。社会音像市场的管理包括对放像厅、音像店、音像出租的单位和个人核发经营许可证，严格控制淫秽、黄色、迷信、非法盗版、翻版音像制品混充于市，打击非法经营行为。20世纪90年代初，音像管理工作由广播电视局办公室负责，采取日常管理和与公安、工商、文化部门集中治理相结合的办法。1991—1998年，共办理经营许可证24个，放像厅办证15家，收缴盗版、翻版音像带3665盘，光盘1486盘，烧毁淫秽黄色带、盘568个。1998年，音像市场管理工作移交县文体局。

四、卫星地面接收设施管理

县广播电视局是境内卫星地面接受设施的管理部门，负责报批卫星地面接受设施的设置安装。1991年，境内只有县电力局、农行、县社北华织网厂三家装有卫星地面接受设施。1993年，县广播电视局有线电视建立后，与三个单位协商，先后并入广播电视局有线电视网络。1997年，县进修学校为丰富教学内容，改善办学条件，申请安装了卫星地面接收设施。2002年年初，为开展远程教育，安平县一中、二中、三中、职教中心、北郭村农中、县二中附小、县第一实验小学、第二实验小学，南王庄镇一中、二中，安平镇一中、二中，程油子乡一中、二中，马店镇一中、二中，大何庄乡一中、二中，西两洼乡中学，东黄城乡一中、二中，大子文乡一中、二中等，全县共有23个单位安装了卫星地面接收设施。

五、有线电视设施维护、管理

有线电视为公益事业，其设施管理除发动群众进行共同保护外，主要由县广播电视局负责维护管理。主要管理内容有：各种故障的排除与修理、打击破坏有线电视设施的行为、制止私自开口拉接有线信号、控制一户多头现象等。对破坏有线电视行为者采取曝光、罚款、停机等办法，情节严重者交司法部门处理。1993年，有线电视开播后，维修、管理主要由安装人员负责。1997年，投资5万多元对城区2000米主干线路进行改造；维护管理实行了分片包干划区制，开通了有线电视故障电话和举报电话，配置了有线工程车，确保“小修不过夜，大修不过48小时”；成立了稽查队，专门负责有线电视设施的保护工作。至2002年年底，共查处破坏及偷接信号事件300多起，处理各种大小故障5400多起。

六、管理机构

安平县广播电视局为局台合一单位。1991年，局内设办公室、财务室、广播电视维修服务部，电视台下设编播室、技术科，局台共有干部职工19名。1992年10月，增设记者科，编播室更名为编辑室，共有干部职工25人。1993年4月，增设广告科；10月，建有线电视台，设有线技术部、有线值机室、有线安装维修队，全局共有干部职工38人。1996年，增设音像管理科、审片室，共有干部职工42人。1998年，撤销音像科，音像管理由县文体局负责。1999年，增设《午间时光》栏目组。2000年增设专题部。2002年，广播电视局设办公室、财务室、广播电视维修服务部，广告科、审片室。有线台设技术部、值机室、安装维修队。无线台设技术部、专题部、新闻部、制作室、播出室、《午间时光》制作室，局台共有干部职工58人。

第三章　档案

1991年后，安平县档案局(馆)依据《河北省档案工作条例》制定全县档案事业发展规划，实施档案管理。在进行监督检查、业务指导的同时，接收、征集、管理全县各单位档案及其他资料，并努力维护档案资料的安全，积极向社会提供服务。2002年，全县馆藏档案230757卷，其中县档案馆49515卷，县直单位114500卷，企业46377卷，乡镇13650卷，村6715卷。

第一节　档案收藏

一、接收

1995年11月15日颁布的《河北省档案工作条例》规定："文书档案自形成之日起满5年，永久、长期档案要由档案室移交给市(县)档案馆保存"。据此规定，安平县档案局随即作出了具体安排，规定县直各部门、各乡镇村档案室1991年以前的档案全部接收入馆；1996年后，每年4—6月，为移交接收档案时间，凡满5年的永久、长期档案，由各档案室移交给县档案馆保存，其余档案仍由各部门、各乡镇村档案室保管。为实施上述制度和规定，制定了具体措施和办法，同时对入馆档案提出了整理的质量要求。

1996年接收原20个乡镇1996年以前的永久档案3217卷，长期档案2470卷；接收县直各部门的永久档案2815卷，长期档案1360卷。

2002年接收各部门、各乡镇村(部分村档案)的永久档案7316卷，长期档案4811卷。

至2002年年底，全县共进馆档案21989卷，其中永久档案13348卷，长期档案8641卷。

二、鉴定

鉴定工作分初步鉴定和期满鉴定。非馆藏档案，在立卷归档和档案保管期满时，由各单位在档案馆业务人员指导下自行完成鉴定。馆藏档案，1991年以前的档案在接收前完成鉴定。1991—2002年，档案鉴定与年度接收同步进行，在立卷指导过程中完成鉴定。

三、立卷归档

立卷归档是档案工作的重要环节。档案部门每年对年度立卷工作都进行业务指导。档案整理以全宗为单位进行。全宗是一个立档单位在社会活动中形成的全部档案。每个全宗采用"年度—组织机构"或"年度—问题"与其他特征相结合的方法进行分类、整理、编排、登记并编制案宗目录。1991—2002年年底，全县累计接续档案28950卷，其中，永久11576卷，长期13742卷，短期3632卷。

四、档案类别

1990年年末，县档案馆藏74个全宗，27526卷。其中，按时期分，革命历史档案79卷，新中国成立后档案27447卷；按内容分，文书档案22115卷，专门档案5411卷；按保管期限分，永久档案20105卷，长期档案6848卷，短期档案573卷。革命历史档案，起自1940年，止于1949年11月4日，其内容有县委机关报——《支部小报》、党员干部登记表、土地改革、减租减息、减免税收、优抚代耕、大生产运动、锄奸反特、财政金融、工业、文化、教育等方面的资料。建国后档案，主要包括党政机关、人民团体、企事业单位形成的档案，中共和国家及省、地领导人来安平县视察工作的纪实材料、照片，上级党政机关及业务部门给本县党政机关及各业务部门的公文、电传文件等。

1991—2002年，随着全县各项事业的迅猛发展，各机关、团体、企事业单位的档案数量剧增，类别也有增加。抗日战争、解放战争时期的史料，以及建国后的内容更加丰富，增加了经济体制改革、丝网生猪两大产业的发展、网络化、信息化、城乡一体化、实施惠农政策、建设社会主义新农村、全面建设小康社会以及廉政勤政等方面的内容。

2002年年底，全县档案达230757卷。其中县档案馆藏84个全宗，49515卷，县直单位114500卷，企业46377卷，乡镇13650卷，村6715卷。其类别，按时期分，革命历史档案1720卷，新中国成立后档案229037卷；按内容分，文书档案145519卷，司法档案6537卷，科技档案38366卷，会计档案38572卷，声像档案1763卷；按保存期限分，永久档案117730卷，长期档案84670卷，短期档案28357卷。

2002年年底安平县馆（室）藏档案分类统计表

表24-7

项目 数量 单位	馆（室）藏档案合计	按保存期限分			按历史时期分		按档案内容分				
		永久	长期	短期	革命历史档案	新中国成立后档案	文书档案	科教档案	司法档案	会计档案	声像档案
县档案馆	49515	25097	20875	3543	1720	47795	43815	4650	—	875	175
县直部门	114500	53970	42910	17620	—	114500	78082	29910	2250	2670	1588
乡镇	13650	6850	5130	1670	—	13650	7309	2556	2895	890	—
村	6715	3855	2860	—	—	6715	1516	1250	1392	2557	—
企业	46377	27958	12895	5524	—	46377	14797	—	—	31580	—
合计	230757	117730	84670	28357	1720	229037	145519	38366	6537	38572	1763

五、书刊收藏

县档案馆采取接收、征集、购买和编写等形式，不断丰富馆藏书刊资料。1991年年初，收藏各种书刊等共25个类别，1139种，4620册。到2002年年底，县档案馆现存各种图书、报刊、表册、文件汇编、文史资料、党史、地方志、工具书等增至28个类别，1157种，8210册。其中，有中国共产党建党以来的文件汇编、二十四史、《安平县地方资料汇编》《安平地图》《安平县志》《深州风土记》《滹沱河风云》《中共安平县党史大事记》《安平县大事记》《安平县组织史资料》，中央省市三级党报，南王庄情况介绍、中共安平县党史上“七个第一”资料、圣姑庙及逯庄汉墓壁画图片、安平丝网与生猪情况介绍等资料。

第二节　档案利用

一、检索

档案馆备有常用的卷宗目录、文号索引、满30年档案的开放目录等检索工具，还有馆藏全宗介绍、档案馆指南等。1991年，编制全宗75个，近13万字，著录文件级卡片2.8万张；各档案室（主要是升级单位）编制《全宗介绍》54份、3.2万字，著录文件卡片1.6万张；档案馆年满30年的开放档案达3755卷。到2002年年底，县档案馆编制《全宗介绍》达84个、16万字，著录文件卡片5万张，满30年的开放档案达4835卷。累计编制开放档案、案卷和文件级目录共117本，合计136280页；各档案室编制《全宗介绍》共97个、21万字。

二、编研

建馆以来，县档案馆利用馆、室档案参与或整理编修了《中共安平县党史大事记（1923—1945）》《安平县大事记（1949—1983）》《河北省安平县组织史资料》《安平县丝网发展史》《安平县历届党代会简介》《安平县历届人代会简介》等系统资料。同时，为编写《安平县抗日游击队大事记》《安平县人民革命斗争简史》《安平县志》《中共安平县党史》《安平县城镇乡村考》《安平县文史资料》《安平县地名资料汇编》《安平县军事志》等提供了不少服务。

三、查阅利用

提供查阅利用是档案工作的最终目的。档案馆、室通过接待查阅、提供档案证明、电话答询等多种形式为查用者服务。档案利用在机关工作、落实政策、工农业生产、企业发展、科学文化、经济建设、体制改革、城乡一体化、网络信息建设、编史修志等项工作中发挥了独特作用，解决了不少实际问题。1991年后，馆藏档案为制定实施安平城建规划、拓宽安平丝网生猪市场、扩建丝网生猪生产基地、发展民营企业、新农村建设及信息化建设诸方面发挥了突出的作用。同时，为干部职工多年来生活待遇遗留问题也提供了不少参考依据，如工业改制中，为20世纪70年代、80年代一些职工工资问题，提供了不少历史资料和档案证明，使工作得以顺利开展。

2002年年底统计，县档案馆年接待查阅档案者838人次，查阅186卷次，资料252 册。

第三节　档案管理

一、设备

1991—2002年间，全县档案设备不断增加和改善，为防止档案损失，做好档案保管打下了良好基础。

县档案馆　县档案馆位于县委院内，为2层档案小楼。总建筑面积480平方米，其中库房120平方米。1991年，有档案柜36个，档案箱5套。至2002年年底，档案柜增至55个，档案箱11套，配套复印机1台，卡片柜3套，照像机1部，提卷车1台。

县直单位档案室　1991年年初，县直单位档案室117个，总建筑面积4145平方米，有档案柜785套（个），其中铁柜140套（个）。至2002年年底，档案室增至133个，总面积为53730平方米，共有档案柜1269套（个），其中铁柜231套。

乡镇档案室　1991年，全县有20个乡镇档案室，总面积300平方米，共有档案柜169套。2002年，全县有8个乡镇档案室，总面积为350平方米，有档案柜220套。

村档案室　1991年，全县有159个村档案室，共有档案柜378套。至2002年年底，全县230个村，村村都有了档案室，共有档案柜672套。

全县档案设备的不断增加和改善，为做好档案保管工作打下了良好基础。

二、保管

为搞好档案的保管，县档案馆不断加强档案贮存设施的建设，在档案的保管上始终坚持“以防为主，防治结合”的方针。自建馆至2002年，注重做好“十防”工作，即：防光、防潮、防霉、防虫、防鼠、防火、防尘、防盗、防有害气体，防机械磨损等；制定《档案库房管理办法》《档案资料查阅规定》《档案统计制度》《保密守则》《档案借阅、利用、复制制度》等一系列规章制度；对破损档案及时进行了修复、裱糊和复制，最大限度地延长了档案寿命。馆藏档案未出现过破损丢失现象，确保了档案的完整与安全。各部门、各乡镇村及各企业档案室在县档案馆的指导帮助下，也逐步完善了档案的借阅、查阅、复制、利用、统计、保密等各项制度和防管保护措施。1991—2002年，全县未发现档案损坏丢失等问题。

三、档案升级

为推动档案规范化、标准化管理，从1989年3月起，县档案局在机关、团体、企事业单位开展了档案管理上等升级工作。

机关、团体、事业单位档案上等升级　档案馆、室等级分为省三级、省二级和省一级。省一级为最高级，代表国家档案管理水平。1991年，全县有省三级档案室17个，省二级档案室2个，省一级档案室1个。至2002年年底，共有52个机关、团体、事业单位档案达标升级（不包括复升级），其中省一级14个，省二级4个、省三级34个。16个单位实现了微机检索。

企业档案上等升级　企业档案考评为三个等级，即省级、国家二级、国家一级。县内国营、集体、个体企业，在档案馆专业人员指导下，各企业档案室逐步建立健全了各项制度，实现了文书、科技、会计、人事档案的集中统一管理。1991年年初，全县各企业共形成各类档案22860卷，资料5310册。到1991年年末，全县共有6家企业档案管理达标升级。其中，国家2级1个，省级5个。1992年后，企业档案上等升级按有关部门指示停止。

四、管理机构

县档案局（馆）　1991年，安平县档案局下设办公室和档案馆。编制16人，其中局长、副局长各1人。1996年11月，机构改革，档案局和档案馆合并，实行局馆合一，挂“安平县档案局”“安平县档案馆”两块牌子，为县委、县政府工作机构，由县政府管理；内设办公室、业务法规股、保管征集编研股，编制15人。2002年7月，县档案局（馆）改为政府直属事业单位。至2002年年底，局内所设股、室未变；共有干部职工12名（其中高级职称者1名，中级职称者2名，初级职称者3名），其中局长、副局长各1名，局长、副局长同时分别任档案馆馆长、副馆长。

基层档案室　1991年，全县20个乡镇共有档案室20个，专兼职管理人员27名，其中专职18名，兼职9名；县直部门共有档案室117个，专兼职管理人员131名。1996年1月，并乡扩镇后，乡镇档案室随之合并为8个。至2002年年底，全县乡镇档案室8个，专兼职管理人员10名；县直部门档案室增至133个，专兼职管理人员146名（专职98名，兼职48名），其中具有中级职称的2名，初级职称的31名。

第四章　史志编修

1991—2002年，安平县史志编修工作主要有三项：编修组织史，由中共安平县委组织部编撰；搜集整理文史资料，由政协安平县委员会文史资料委员会搜集整理；编修《安平县志》及专业志，由地方志编辑室编撰《安平县志》，由县直各有关单位编撰“专业志”。地方志编辑室每年都为《衡水年鉴》提供安平年鉴内容。到2002年，全县编撰组织史资料2卷77万字，文史资料3册16.5万字，安平县志一部105万字，专业志4部74.5万字。

第一节　组织史编修

《中国共产党河北省安平县组织史资料第二卷》　中共安平县委组织部编撰，成书出版于1993年7月。该卷为《中国共产党河北省安平县组织史资料》《河北省安平县政权系统组织史资料》《河北省安平县地方军事系统组织史资料》《河北省安平县统一战线组织史资料》《河北省安平县群众团体系统组织史资料》《河北省安平县部分工厂学校组织史资料》《河北省安平县组织史文献资料》等七种资料汇编合订本。编撰时限为1987年11月至1992年12月28日。该书为16开本，全卷共37.6万字。

《中国共产党河北省安平县组织史资料第三卷》　中共安平县委组织部编撰，成书出版于2000年11月。该卷为《中国共产党河北省安平县组织史资料》《河北省安平县政权系统组织史资料》《河北省安平县地方军事系统组织史资料》《河北省安平县统一战线组织史资料》《河北省安平县群众团体系统组织史资料》《河北省安平县部分企事业单位组织史资料》等6种资料汇编合订本。撰编时限为1992年12月28日至1998年3月。该书为16开本，全卷共40万字。

第二节　文史资料

《安平县农民保家独立团》 于1992年12月由百花文艺出版社出版，32开本，全书62000字。全书收录安平县农民保家独立团人物事迹文章38篇，附有53张珍贵历史图片，著名作家孙犁题写书名，杨成武、张根生等为本书题词，由朱树长主编。

图24-23　安平县农民保家独立团

该书重点介绍了1946年12月至1947年1月安平县农民保家独立团的成立及以后的战斗历程，同时，还介绍了1947年安平县小学教师集体参加晋察冀边区炮兵旅和1948年安平县远征担架团随军转战察南、冀东的事迹，集中反映了翻身农民踊跃参军参战的动人情景。

《安平县文史资料第二辑》 于1996年由县政协编辑出版，32开本，全书10万字。本书收录革命先烈事迹、革命纪念地资料、安平古迹介绍等文章38篇，附图10张。

《安平县人民革命斗争简史》 于1997年2月由政协安平县文史资料委员会编印，32开本，2800多字。该简史系安平县烈士陵园东亭碑文，主要记述了1923—1949年安平县人民革命斗争的简要历程。

第三节　县志及专业志

《安平县志》(1996年版) 1985年10月，安平县成立地方志编纂委员会及地方志编纂办公室开始修编《安平县志》。

该志为16开本，1995年12月定稿，于1996年10月由中国社会出版社出版发行。全志设政区建置、自然环境、经济、政治、军事、文化、民俗民情、人物等8编65章249节，共计105万字，其中经济编占22章40万字。

记述上限追溯到事物之本源，下限截至1990年，个别止于搁笔时。内容贯通古今，祥今略古，重点记述了新民主主义革命，社会主义革命与社会主义建设时期，特别是中共十一届三中全会以后的各项事业。

《安平县水利志》 安平县水利志编纂委员会编纂，于1994年成册。

该志追溯水利事业的起源和发展，上限不定，下限断于1985年。全志共13章53节21万字。各章节内容横排纵写。卷首为前言、凡例、概述和大事记，卷末附录水利法规文件4篇。新中国成立前和成立后的资料各占30%和70%.

《安平县土地志》 安平县土地管理局编纂委员会编撰，于1995年8月开始编修，1996年12月成册。

该志共14章39节22万字，综合记载了安平县土地资源、土地制度、土地经济、土地开发利用和保护、土地监察管理等多方面的历史沿革情况。上限追溯至事物之起源，下限断于1994年年底，个别内容延至1995年。

《安平县邮电志》(1995年版) 该志为安平县第一部邮电通信专业志书，16开本，设8章38节，约18.5万字；由《安平县邮电志》编纂委员会编撰，始编于1989年，1995年11月出版；上限追溯至事物之始，下限止于1994年，个别章节延至搁笔时。

该志全面记述了安平县古代邮驿、大清邮政、中华邮政、中国共产党领导下的交通邮政和人民邮电等几个时期邮电事业发展的历史进程，重点反映了中华人民共和国成立后，特别是中国共产党十一届三中全会后安平县邮电事业的变革。

《安平县邮电志》(2000年版) 该志为1995年版《安平县邮电志》之续志，由《安平县邮电志》编纂委员会编撰，于2000年3月14日出版，上限始于1995年，下限止于1998年邮电分营前；全书共8章45节，约13万字。

第五章　体育

1991—2002年，安平县委、县政府认真贯彻“发展体育运动，增强人民体质”的方针，在城镇农村和学校积极开展体育运动。在中小学校，认真推行《国民体育锻炼标准》，设有体育课，配有专职体育教师，建有体育运动场，配置体育设施和健身器械等。通过开展体育锻炼活动，提高竞赛技能，增强体质，使中小学生在德育、智育、体育几个方面都得到发展。

图24-24　青少年活动中心

第一节　体育设施

一、体育场

安平中学、安平县第二中学，都配备标准体育运动场，运动场跑道周长为400米。全县非标准体育场地218个。

二、基层体育设施

1991—2002年安平县基层体育设施一览表

表24-8

设施	数量	地址或单位
棋牌室	30个	县直单位及乡镇
老干部活动中心	2处	县老干局、县休干所
泳池	2个	安中、金水湾
乒乓球场	2个	文体局、京润超市
篮球场	20个	粮库、19所学校
田径场	10个	学校
武术馆	1个	安平县保安公司
室外轮滑场	1个	安平县陵园
门球场	1个	老干局
台球场	2个	影院
非标准体育场地	218个	学校
健身房	1个	拔丝厂楼上

第二节　群众体育

一、城镇居民体育

中心路广场自2002年树起霓虹灯后，便成为县城居民体育活动的场所，县内舞蹈爱好者自费买来音响、光盘、磁带，自发组织群众跳舞。由于交谊舞、广场舞直观健康，人人都能参与，因此队伍迅速扩大，群众激情高涨。此外，街头空地、陵园也不乏运动健身的群众。

图24-25　晨练功夫扇

二、职工体育

1991—2002年，各机关团体、企事业单位，凡有条件的均因地制宜开展各种各样的体育健身活动。篮球、跳舞、中国象棋、乒乓球、台球等项目开展比较广泛。县委办、政府办、县人行、电力局、财政局、税务局、国家粮食储备库等单位的体育活动，对全县职工体育活动的开展起到了积极的带动作用。

图24-26　职工乒乓球比赛

三、农民体育

进入20世纪90年代后，农民生活水平日益提高，全县农民体育活动也蓬勃发展起来。农民体育活动主要项目有高跷、大秧歌、锣鼓、乒乓球、台球等。北郭村、许庄、南大良、南苏村、赵院、台城、西关、政宣、后张庄、北满正都成立了锣鼓队。有的村成立武术队，配制专用服装；有的村还配备了武术器械及大鼓、锣、镲。村民平时在各村演练，逢年过节或是有重大活动便集中到县城擂鼓助兴。这些活动丰富了农村生活，增强了人民体质。

图24-27　后张庄农村锣鼓队

四、老年体育

进入20世纪90年代后，老年人体育活动发展迅速，活动项目也逐渐增多，主要有象棋、太极拳、太极剑、锣鼓、秧歌、乒乓球等。老干部局设有老年活动游艺室，为老年人提供了很好的健身场所。

图24-28　老年太极拳

图24-29　老年扇子舞

五、学校体育

1991—2002年，安平县中小学校按《学校体育工作条例》及教学大纲的要求，每个班级每周设2个课时体育课和2个课时体育活动，并每天都要做1—2次课间操，住宿的学校都安排集体早操，每个学生每天不低于1小时体育锻炼。凡有条件的中学，开学第一学期第一周都进行军训，安中、二中、三中等中学还聘请县武警中队、县人武部的官兵担任教官。军训的开展对提高学生体质、培养有道德、守纪律的良好作风产生了很好的作用。

1991—2002年安平县
学生体质健康情况统计表

表24-9

年度	检测人数	达标人数	达标率%
1991	15496	14473	93.4
1992	15500	14694	94.8
1993	15480	14721	95.1
1994	15390	14666	95.3
1995	15679	14926	95.2
1996	15790	15063	95.4
1997	15745	15052	95.6
1998	15879	15212	95.8
1999	15786	15091	95.6
2000	15380	14780	96.1
2001	15460	14872	96.2
2002	15780	15275	96.8
合计	187365	178825	95.4

第三节　竞技体育

一、学生田径运动会

1991—2002年，安平县每年举办一次中小学生田径运动会，运动会包括长跑、短跑、投掷、跳高、跳远等，历届成绩不断提高。2002年，安平中学承办了全市中小学生田径运动会并获得了圆满成功。

图24-30 安平中学运动会

二、市武术比赛

2002年5月和10月，衡水市举办两次武术比赛。安平县在上述两次比赛中均获男子团体第一名。

第二十五编 婚姻 家庭 习俗

家庭

婚姻

人民生活

习俗

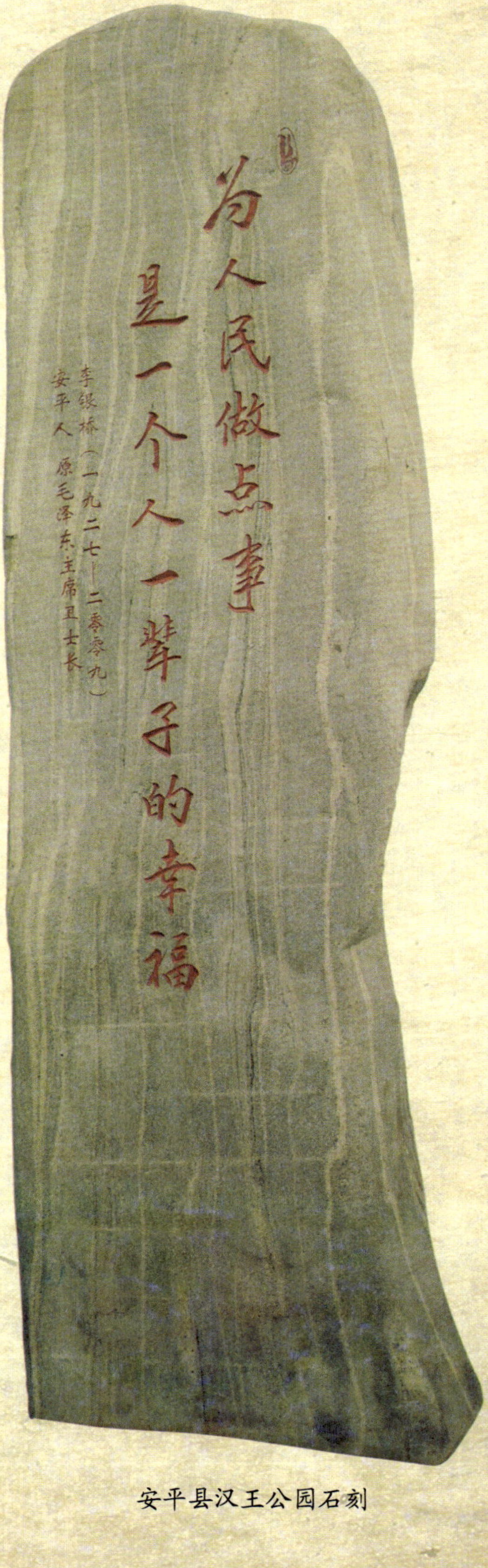

安平县汉王公园石刻

第二十五编 婚姻 家庭 习俗

第一章 家庭

1990年第四次全国人口普查时，全县家庭户平均人口3.92人。1991—2002年，随着计划生育的加强，“一孩化”的倡行，人口增速减缓，家庭规模变小，一代户特别是二代户大量增加，三代户尤其是四代户迅速减少。2000年第五次全国人口普查时，全县总户数86272户，总人口322650人，其中家庭户85139户、314954人，集体户1133户、7696人。家庭户人口占总人口的97.61%，平均每个家庭户3.70人，比1990年减少0.22人（城镇家庭户平均人口3.33人，农村家庭户平均人口3.75人）。全县85139户家庭户中：一代户16389户，占总户数的19.25%；二代户49424户，占58.05%；三代户18290户，占21.48%；四代及四代以上户1036户，占1.22%。至2002年年底，户均人口为3.39人，比1990年减少0.53人。

1990—2002年全县家庭规模情况表

表25-1　　　　单位：户、人

年度	总户数	户均人口	年度	总户数	户均人口
1990	73561	3.92(四普)	1997	84613	3.73
1991	—	—	1998	84497	3.76
1992	—	—	1999	84035	3.81
1993	78934	3.82	2000	85139	3.70(五普)
1994	81040	3.86	2001	90125	3.41
1995	81826	3.80	2002	90833	3.39
1996	84697	3.73	—	—	—

2000年人口普查全县家庭户规模统计表

表25-2　　　　单位：户、人

总户数	总人口	户均人口	城镇			农村		
			户数	人口数	户均人口	户数	人口数	户均人口
85139	314954	3.70	9980	33233	3.33	75159	281721	3.75

2000年人口普查全县家庭户类别统计表

表25-3 单位：户、%

总户数	一代户		二代户		三代户		四代户		五代及五代以上户	
	户数	百分比	户数	百分比	户数	百分比	户数	百分比	户数	百分比
85139	16389	19.25	49424	58.05	18290	21.48	1033	1.21	3	0.004

2000年人口普查安平县城镇家庭户规模统计表

表25-4 单位：户

规模	户数	百分比	规模	户数	百分比	规模	户数	百分比
一人户	598	5.99	五人户	970	9.72	九人户	22	0.22
二人户	1945	19.49	六人户	404	4.05	十人及十人以上	20	0.20
三人户	3596	36.03	七人户	118	1.18	合　计	9980	100
四人户	2257	22.62	八人户	50	0.50	—	—	—

2000年人口普查安平县城镇家庭户类别统计表

表25-5 单位：户

总户数	一代户		二代户		三代户		四代户		五代及五代以上户	
	户数	百分比	户数	百分比	户数	百分比	户数	百分比	户数	百分比
9980	2382	23.87	6089	61.01	1444	14.47	64	0.64	1	0.01

2000年第五次人口普查安平县农村家庭户规模、类别统计表

表25-6 单位：户

家庭户规模	合计		一代户		二代户		三代户		四代户		五代户及五代以上户	
	户数	百分比	户数	百分比	户数	百分比	户数	百分比	户数	百分比	户数	百分比
合计	75159	100	14007	18.64	43335	57.66	16846	22.41	969	1.29	2	0.002
一人户	4879	6.49	4879	—	—	—	—	—	—	—	—	—
二人户	10997	14.063	8860	—	2137	—	—	—	—	—	—	—
三人户	13746	18.29	190	—	13182	—	374	—	—	—	—	—
四人户	25174	33.49	39	—	22515	—	2610	—	10	—	—	—
五人户	12555	16.70	25	—	4736	—	7663	—	131	—	—	—
六人户	5643	7.51	3	—	605	—	4691	—	344	—	—	—
七人户	1523	2.03	2	—	103	—	1097	—	321	—	—	—
八人户	414	0.55	2	—	34	—	265	—	112	—	1	—
九人户	124	0.16	2	—	10	—	81	—	30	—	1	—
十人及十人以上户	104	0.14	5	—	13	—	65	—	21	—	—	—

第二章　婚姻

1991—2002年，随着生活水平和文化水平的提高，安平县婚姻状况、婚姻理念发生了巨大变化。初婚年龄逐年提高，早婚现象得到控制。自由恋爱婚姻越来越多，离婚者逐年增加。离婚再嫁不再受歧视，大都能得到亲属的理解和支持。老人再婚也逐步得到子女的理解和社会的支持。新观念和新风尚已被越来越多的人所接受。

第一节　择偶

一、择偶条件

20世纪90年代初、中期，青年人择偶主要以对方的年龄、才貌、家庭状况为基本条件，以对方户口的性质、学历、有无正式工作、一技之长等为重要条件。非农业户口、有学历、有正式工作者易择佳偶。20世纪90年代后期21世纪初，许多青年人特别是女青年择偶不再强调是否非农业户口，是否机关事业单位正式人员等。条件较好的男青年择偶条件较高。兄弟较多的男青年择偶较易。大龄女青年佳偶难寻。

二、择偶方式

20世纪90年代初期，男女双方择偶大都要经人牵线介绍，自由恋爱者较少。随着社会的进步，人们婚姻观念的转变，思想越来越开放，自由恋爱者逐渐增多，婚事多由儿女自己作主，父母不再包办。但多数自由恋爱者还要有个介绍人去和双方父母沟通定亲事宜。

三、择偶范围

20世纪90年代初期，城乡男女青年择偶一般选择本地人。农村青年择偶多在本村和邻村。县城青年择偶范围略大，一般在安平县范围，选择与外县通婚的较少。随着交通和市场经济的发展，人们的活动范围扩大，流动人口大量增加，跨县婚姻逐渐增多，跨地区、跨省婚姻也不罕见。

第二节　结婚与离婚

一、结婚年龄

根据1980年9月颁布的《中华人民共和国婚姻法》，安平县结婚法定年龄男22周岁，女20周岁，鼓励晚婚晚育，对早婚早育者进行教育和处罚。到2002年，全县结婚最早年龄18岁，结婚双方有一方18—19岁的夫妇共61对，早婚现象基本得到控制。

二、登记结婚

1991—2002年，全县登记结婚23768对（包括初婚与再婚），平均每年结婚1981对。1991年，登记结婚最少1600对；2000年，登记结婚最多2321对。据2000年第五次人口普查，全县再婚有配偶者占全县15岁及15岁以上人口的1.5%。为了优生优育，保证夫妻健康，从1996年12月24日开始，男女双方登记结婚需进行婚前检查，经过婚检男女双方均无不适合结婚病症者才可登记结婚。1996年，婚检14对；1997年，婚检1523对，婚检率85%；1999—2002年共计婚检11508对，平均婚检率93.5%。

三、离婚

1991—2002年，全县共有287对574人在婚姻登记机关办理离婚。离婚占结婚的比率呈逐年上升趋势。1991年，离婚率为0.3%，到2002年上升为2.4%，提高2.1个百分点。

1991—2002年安平县婚姻登记情况统计表

表25-7

项目 内容 年度	结婚			离婚	
	对数	婚检		对数	占结婚%
		对数	占结婚%		
合计	23768	11508	93.5	287	1.3
1991	1600	—	—	5	03
1992	1800	—	—	7	0.4
1993	2000	—	—	10	0.5
1994	2100	—	—	10	0.5
1995	2100	—	—	16	0.8
1996	1900	14	—	19	1.0
1997	1800	1523	85	21	1.2
1998	2028	1907	94	30	1.5
1999	2042	1940	95	30	1.9
2000	2321	2228	96	41	2.3
2001	1885	1791	95	48	2.4
2002	2192	2105	96	50	2.4

第三节 婚姻状况

本节所记是全县15岁及15岁以上人口婚姻状况。男女婚姻状况是第四、五次人口普查情况。

据第四次人口普查显示，1990年，安平县15岁及15岁以上人口208067人，其中男性104286人，女性103781人，男女各占50.1%和49.9%。未婚者33916人，有配偶者158823人，丧偶者139937人，离婚后未再婚者1390人，分别占15岁及15岁以上人口的16.3%、76.3%、6.7%、0.7%。未婚者男女各占60.2%和39.8%，有配偶者男女各占49.4%和50.6%，丧偶者男女各占30.9%和69.1%，离婚后未再婚者男女各占79.5%和20.5%。

2000年第五次人口普查(抽样调查)，15岁及15岁以上人口25266人(占全县15岁及15岁以上人口的10%左右)，其中男性12641人，女性12625人，男女各占50%。未婚者5550人，有配偶者18049人，丧偶者1450人，离婚后未再婚者21人，再婚有配偶者50人，分别占抽样调查人口的22%、71.4%、5.7%、0.9%、1.5%。未婚者男女各占56%和44%，有配偶者男女各占49.4%和50.6%，丧偶者男女各占32.6%和67.4%，离婚后未再婚者男女各占66.8%和33.2%，再婚有配偶者男女各占41.3%和58.7%。

15岁及15岁以上人口，2000年比1990年：未婚人口提高5.7个百分点，有配偶人口降低4.9百分点，丧偶人口降低1个百分点，离婚后未再婚人口提高 0.2个百分点。

安平县15岁及15岁以上人口男女婚姻状况统计表

表25-8

届别年度	人口数%	15岁及15岁以上人口			未婚			有配偶		
		合计	男	女	小计	男	女	小计	男	女
1990年第四次人口普查	人口数	208067	104286	103781	33916	20402	13514	159823	78474	80349
	%	100	50.1	49.9	100	60.2	39.8	100	49.4	50.6
2000年第五次人口普查（抽查）	人口数	252266	12641	12625	5550	3107	2443	18049	8916	9133
	%	100	50	50	100	56	44	100	49.4	50.6

续表25-8

届别年度	人口数%	丧偶			离婚后未再婚			再婚有配偶		
		小计	男	女	小计	男	女	小计	男	女
1990年第四次人口普查	人口数	13938	4304	9634	1390	1105	285	—	—	—
	%	100	30.9	69.1	100	79.5	20.5	—	—	—
2000年第五次人口普查（抽查）	人口数	1450	473	977	217	145	72	385	159	226
	%	100	32.6	67.4	100	66.8	33.2	100	41.3	58.7

说明：抽查指抽样调查，抽样人数占10%左右

第三章　人民生活

1991—2002年，安平县委、县政府紧紧围绕经济建设这个中心，大力实施“开放兴县、特色兴县、科教兴县”三大战略，全县经济快速发展，城乡居民收入大幅增长，人民生活从温饱型向小康型、富裕型迈进。2002年，农民人均纯收入2871元，比1991年的674元增长3.26倍，年均递增14.1%；城镇居民人均实际收入5301.5元，比1995年的3326.4元增长0.59倍，年均递增6.9%。随着收入的不断提高，城乡居民开始吃讲营养，穿讲时尚，住讲宽敞，用讲方便等生活方式，消费观念由温饱型向享受型转变。

第一节　农村居民生活

一、收入

全县农民的收入来源以家庭经营收入为主。

家庭生产经营收入　包括从事农、林、牧、渔、工业、建筑、交通运输、商饮服务业等获取的各

项收入。据统计局百户调查显示：1991年人均总收入1063元，其中家庭生产经营收入1006元，占总收入的94.6%。2002年人均总收入4353元，其中家庭生产经营收入3475元，占人均总收入的79.8%，比1991年增加2469元，增长2.45倍。

劳动者报酬收入　由于乡镇企业、个体私营企业蓬勃发展，再加上农业机械化程度提高，大批农村剩余劳动力向第二、三产业转移，农民的劳动报酬收入大幅增加。到2002年，农民得到的劳动报酬收入人均805元，比1991年的27元增加778元，增长28.8倍。

转移性、财产性收入　农民收入来源不仅限于家庭生产经营及劳动所得，还出现了生产要素中的资本收益，民间借贷、个人储蓄及购买债券、出租房屋以及个体企业主雇用劳动力从生产经营中取得的税后利润等转移性、财产性两项收入。2002年，农民转移性、财产性收入人均73元，比1991年的30元增加43元，增长1.4倍。

1991—2002年安平县农民人均收入情况统计表（百户调查数）

表25-9

项目 年份	人均纯收入	全年人均总收入	家庭经营收入									劳动者报酬	转移性收入	财产性收入
			合计	农业	林业	牧业	手工业	工业建筑业	运输业	商业饮食服务业	其它			
1991	674	1063.3	1006.4	614.1	7.3	142.6	15.3	81.2	26.4	47.1	72.4	26.8	30.1	—
1992	604	925.3	857.3	571.4	1.1	142.1	21.5	32.1	—	26.6	62.5	14.6	53.4	
1993	702	1151.4	966.1	707.4	—	124.5	36.3	59.2	0.7	29.8	8.2	164.2	16.0	5.1
1994	985	1543.1	1394.6	1008.9	0.3	133.7	43.8	151.0	—	39.4	17.5	130.9	10.7	6.9
1995	1511	2630.3	2207.0	1330.3	1.2	145.4	78.2	365.7	30.6	233.0	22.6	329.0	57.7	36.6
1996	2910	3364.2	2804.6	1428.7	—	238.9	41.9	910.7	65.4	117.5	1.5	446.8	75.1	37.7
1997	2266	3445.6	2586.3	1372.7	1.9	219.1	73.3	688.6	52.0	172.9	5.9	693.4	55.4	110.5
1998	2465	3297.7	2234.1	1174.0	1.3	211.6	69.6	393.1	43.8	320.0	20.7	698.5	128.6	236.2
1999	2560	3137.0	1963.9	1166.4	2.7	108.4	55.1	323.2	43.8	257.7	6.6	898.4	77.3	197.4
2000	2641	3848.6	2699.1	1404.1	0.2	309.9	—	631.5	61.2	288.6	3.6	861.3	33.8	254.4
2001	2747	4161.7	3323.0	1758.1	—	349.7	—	714.6	24.9	474.2	1.5	808.3	4.7	25.7
2002	2871	4353.4	3474.6	1790.6	5.2	466.1	—	662.9	49.9	499.2	0.7	805.4	33.6	39.8

说明：此表依据统计局1991—2002年国民经济统计资料中有关数据汇总

二、支出

随着收入的不断增加，农民生产生活支出也逐步增加。1991年人均总支出1006元。2002年，人均总支出达3266元，比1991年增长2.24倍，年平均递增12.5%。

家庭经营支出 1991年，人均家庭经营支出319元。2002年，人均家庭经营支出1235元，比1991年增长2.87倍，年均增长14.5%。

购置生产性固定资产支出 2002年，人均购置固定资产支出为402元，比1991年人均购置固定资产支出63元增长5.38倍。

消费支出 2002年，农民人均生活消费支出为1506元，与1991年相比增加937元，增长1.6倍，年均增长10.2%。随着农民生活水平的提高，食品、衣着、居住消费逐年提高，其中：食品支出1991年262元，2002年增至450元，增长0.7倍；衣着支出1991年47元，2002年增至108元，增长1.29倍；居住支出1991年150元，2002年增至286元，增长0.9倍。

1991—2002年安平县农民人均支出情况统计表（百户调查数）

表25-10

项目 年份	年人均总支出	家庭经营支出	购置生产性固定资产支出	税费支出	生活消费品支出			其它支出
					小计	其中食品支出	恩格尔系数%	
1991	1006	319	63	38	569	262	46.83	17
1992	870	241	30	38	548	241	43.95	13
1993	1066	347	55	56	594	341	57.40	14
1994	904	325	33	53	451	192	43.93	42
1995	2118	883	64	142	1019	578	56.76	10
1996	2364	1260	13	89	999	647	64.72	3
1997	2133	962	7	100	1056	644	61.00	8
1998	2387	674	85	61	1531	584	38.15	35
1999	1715	452	31	32	1187	546	46.0	13
2000	2738	973	109	59	1499	467	31.13	98
2001	2861	1168	114	108	1406	467	33.22	65
2002	3266	1235	402	65	1506	450	29.85	58

说明：此表依据统计局1991年至2002年国民经济统计资料中有关数据汇总

1991—2002年安平县农村百户拥有耐用消费品情况表（百户调查数）

表25-11

项目 年份	自行车（辆）	缝纫机（台）	钟（只）	手表（只）	大型家具（件）	洗衣机（台）	电风扇（台）	电视机		电冰箱（台）	收录机（台）	收音机（台）	影碟机（台）	组合音响（台）	摩托车（辆）	电话机（部）	空调机（台）
								黑白（台）	彩色（台）								
1991	104	62	55	88	189	23	40	47	2	—	11	—	—	—	—	—	—
1992	108	61	46	82	189	26	46	48	3	—	10	—	—	—	—	—	—

续表25-11

项目/年份	自行车(辆)	缝纫机(台)	钟(只)	手表(只)	大型家具(件)	洗衣机(台)	电风扇(台)	电视机		电冰箱(台)	收录机(台)	收音机(台)	影碟机(台)	组合音响(台)	摩托车(辆)	电话机(部)	空调机(台)
								黑白(台)	彩色(台)								
1993	112	53	50	87	215	24	52	49	5	—	12	46	—	—	—	—	—
1994	119	61	43	80	355	30	64	51	5	—	12	48	—	—	—	—	—
1995	—	—	—	—	—	—	—	—	—	—	—	—	—	—	—	—	—
1996	250	92	86	145	376	60	160	79	25	7	32	52	—	—	17	—	—
1997	248	92	86	141	426	54	158	77	26	9	20	53	—	—	14	3	—
1998	219	87	95	124	473	60	206	77	36	5	24	40	—	—	26	—	—
1999	260	86	89	130	506	62	218	70	44	10	28	40	—	—	34	—	—
2000	205	—	—	—	349	68	230	45	52	25	—	—	15	7	49	40	—
2001	218	—	—	—	365	73	253	45	59	29	—	—	17	8	66	65	—
2002	218	—	—	—	354	81	251	—	—	32	—	—	—	—	66	58	4

说明：此表依据统计局1991年至2002年国民经济统计资料中有关数据汇总

三、农村居民住房

1991—2002年，农村居民生活水平不断提高，居住条件不断改善。据调查，农村居民住房1991年人均23平方米，价值3750元；2002年人均32.5平方米，价值6500元，比1991年分别增长41.3%和73.3%。

20世纪90年代初期，新建房屋正房（北房）跨度一般为5.5米至7.5米，多为砖木结构，木制玻璃门窗，墙多用红砖或青砖及土泥垒成，檩、椽主要有松木、榆木、杨木和柳木。前山墙上边用水泥板出50至70厘米宽的挑檐或出1.2米至1.5米宽的厦架，厦架多用砖砌柱子支撑。前山外墙和厦架柱子多用水刷石或贴马赛克进行装饰。内墙抹沙子白灰，白灰膏照面。屋内地面多用水泥抹地。房顶上土轧实，多用煤灰渣掺白灰捶顶或用原油掺黑土抹顶，以防漏雨。配房跨度一般为3.5米至4米，多为砖木结构。砖砌围墙。房屋大门及围墙用水泥勾缝。

20世纪90年代中期，新建住房正房多采用红砖和沙子白灰砌墙，墙体有上、下两道钢筋水泥圈樑或上为水泥砖带下为圈樑，水泥预制板顶，前山墙上边出钢筋水泥挑樑厦架，前山外墙贴瓷砖和瓷砖壁画，房顶用煤灰渣掺白灰捶顶或水泥石子浇铸。屋内用地板砖铺地者日渐增多。

20世纪90年代后期，新建正房多为四间，长16米左右，跨度一般为9至11.5米，明四暗七，沙子白灰砌墙，钢筋水泥上、下圈樑，水泥预制板顶，地板砖铺地。中间两间打过樑无隔山，前边两间相通为客厅，后边用砖墙隔开两小间，一间为厨房或安装土暖气，一间为储藏室或小卧室，中间两间的外边出挑樑厦架，宽度与两边屋的前墙相齐，前山外墙贴瓷砖，其他三面外墙抹水泥，厦架一般用铝合金封闭，内墙抹沙子白灰掺少量水泥，墙面刮白瓷膏。边上两间分别用墙隔成前后两间。

2000年后，部分富裕户将平房翻盖为楼房或在乡（镇）、村规划区和新开发区建楼房（一般2至3层）。还有不少农户在县城购买平房、门店、单元楼房或买地、租地自建房屋、厂房或在高级住宅区购买别墅，用以居住、经商、办厂。

到2002年，农村居民住房宽敞、美观、舒适，配套设施齐全，卫生条件良好，全部用上了自来水；一些户有太阳能热水器，洗漱间；农户大多安装了土暖气；炊用燃料能源由秸秆、煤炭、改变为以电、煤、液化气为主。

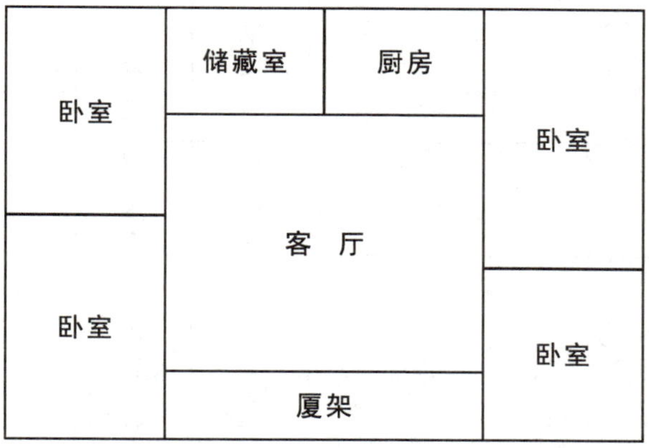

图25-1　20世纪90年代后期农村建房平面图

第二节　城镇居民生活

1991—2002年，安平县根据国家政策曾10次调整增加机关事业单位人员工资，6次增加离退休人员工资，5次提高工人工资标准。城镇居民收入进入快速增长时期。

一、收入

工资奖金收入　全县职工年工资平均收入1991年1593元、1993年2772元、1996年4118元、1999年5563元、2000年6231元、2001年6473元、2002年8061元。据全县50户城镇居民抽样调查显示：2002年城镇居民人均实际收入5301元，比1996年的3692元增加1609元，增长43.6%，其中工资奖金收入3467元，占总收入的65.4%。从不同家庭收入水平看，收入差距逐年拉大，行业差别特别明显，其差距可达几倍、几十倍。收入较高的家庭大多有人从业于邮电、供电、金融、保险及税务等高收入行业，另外则为兼职、离退休再就业人员和个体工商户等。低收入家庭一般是人口较多，从业人员就职于经济效益较差的企业单位。

其他收入　随着改革开放的深入，受市场经济的影响，人们的思想观念和择业习俗产生新变化。离退休、下岗与在职部分干部、职工纷纷从事兼职兼业，无固定工作的家庭从事二、三产业，能人承包或自办企业，房产多的出租房屋等，居民额外收入逐年增加。

二、支出

据城镇居民住户抽样调查显示：2002年，城镇居民家庭人均消费支出4170元，比1995年的2304元增加1866元，增长0.8倍。

食品支出　1995年，人均用于食品支出1028元，占生活消费支出的44.6%。2002年，人均用于食品支出1369元，占生活消费支出(恩格尔系数)的33.0%，下降11.6个百分点。城镇居民的消费结构已由生存型为主体向享受型为主体转变。

衣着支出　城镇居民穿着时尚，衣着消费逐年提升。据抽样调查显示，2002年人均购买衣着支出627.7元，比1995年的342.2元增加285.5元，增长0.8倍。

家庭设备支出　2002年，人均用于家庭设备用品及服务支出324元，比1995年的197元增加127元，增长0.6倍。据2002年城镇住户调查，城镇居民家庭百户中拥有彩电133台，影碟机48台，电冰箱81台，洗衣机107台，冰柜17台，空调65台，微波炉14台，淋浴热水器83台。

医疗保健支出　据抽样调查显示，城镇居民用于医疗保健方面的支出，1995年人均为112元，2002年增至316元，增加204元，增长1.8倍。

交通、通讯支出　1995年，城镇居民用于交通通讯消费支出全年人均为83元，而2002年达到558元，比1995年增加475元，增长5.7倍。每百户拥有摩托车69辆、自行车296辆、固定电话98部、移动电话56部、家庭电脑7台、汽车16部。

娱乐、教育、文化服务支出　据抽样调查统计，1995年，城镇居民用于娱乐、教育、文化服务费用支出人均165元，2002年达到524元，增加359元，增长2.2倍。

1995—2002年安平县城镇居民生活收支情况统计表（百户调查数）

表25-12

项目＼年度	年人均收入			年人均支出										
	人均可支配收入	实际收入		合计	其中:消费支出									
		合计	其中生活费收入		小计	食品	恩格尔系数%	衣着	家庭用品及服务	医疗保健	交通通讯	娱乐、教育文化服务	居住	杂项商品和服务
1995	—	3326.41	2938.92	3956.54	2303.77	1027.69	44.6	342.20	197.41	112.23	82.87	164.84	340.03	36.50
1996	—	3692.10	3208.52	3644.22	2729.73	1189.08	43.6	399.36	332.15	172.25	227.63	199.33	135.52	71.41
1997	—	4442.48	4062.80	5451.91	2939.73	1320.39	44.9	423.43	249.41	91.62	256.47	356.41	186.47	55.53
1998	4610.08	4631.36	4321.41	3940.97	3238.76	1361.46	42	588.96	191.14	187.43	253.92	287.23	249.13	119.49
1999	4748.81	4756.22	4426.84	4436.78	3745.50	1412.95	37.7	608.70	333.96	240.49	366.59	360.52	265.38	156.91
2000	4777.03	4819.89	4416.57	4131.92	3720.50	1331.97	35.8	534.50	300.87	226.71	559.59	282.50	375.63	108.73
2001	5034.89	5053.06	4606.98	4502.24	4034.68	1219.28	30.2	627.13	276.99	241.17	657.70	517.64	336.56	158.21
2002	5258.04	5301.48	3467.40	4146.00	4170.00	1369.08	32.8	627.72	324.24	316.32	558.72	524.28	313.92	135.72

说明：此表依据统计局1995～2002年国民经济统计资料汇总

三、城镇居民住房

1991年后，随着住房制度的改革和住房商品化的发展，居民自建、购买新房者较为普遍，且建筑质量不断提高，建筑面积和使用面积不断扩大。

20世纪90年代初期，城镇居民建房一般为2至3间，多者4间。房屋多为尖顶瓦房，砖木结构，跨度一般8至9米，局部厦架，前山外墙贴瓷砖，内墙抹沙子白灰，刮白瓷膏，水泥地板或地板砖铺地，结构为明2暗3或明3暗5。

20世纪90年代中、后期至2002年，随着居民收入的增加，由单位牵头，个人集资建住宅楼或独门独户的二层小楼，或购买开发商新建单元楼者越来越多。部分富裕户自建或购买高级别墅，并根据各自的条件进行不同档次的内部装修。大批居民搬进了水、电、暖等设施配套、宽敞明亮的楼房，居住条件大大改善。城镇居民一户多宅者增加，多余的房或出租、或备用、或寻机变卖。到2002年，城镇居民平均住房32.9平米，是1991年的1.4倍。

第四章　习俗

1991—2002年，改革开放深入发展，社会经济制度不断变革，利益关系不断调整，人们的思想观念和风俗习惯也随之有了很大的变化。

第一节　生活习俗

一、饮食

1. 日常饮食

主食　进入20世纪90年代后，随着人们收入的不断增加，生活水平也得到很大提高，面粉、大米已成为各个家庭的主食。馒头、烙饼、面条、包子、饺子已成为家常便饭，大米蒸饭、大米稀粥也是人们常用饭食。玉米面、红薯、杂粮则成为人们“改善生活”、换换口味的辅助食品。

人们的生活习惯不断改变，购买熟食的越来越多。部分城镇居民养成了在外吃早餐或买回家吃的习惯。早餐品种有油条、烧饼、馄饨、豆腐脑、豆浆、粥类等。晚餐，特别是夏天的晚餐，部分居民举家上街在小摊上吃风味小吃，喝点扎啤，边吃边喝边聊天，别有一番情趣。部分农村居民的午餐，多是用粮食换或现金购买馒头、油条等熟食，回家后，再自做一些稀的或菜肴，不再为午餐制作耗费更多时间和精力。

副食　随着人们生活水平的不断提高，人们对副食的需求量也越来越大，且质量要求也越来越高。20世纪90年代初期，夏、秋季节蔬菜品种以芹菜、黄瓜、西红柿、葱头、蒜苔、西葫芦、土豆、茄子、豆角、青椒、茴香、韭菜、萝卜等为主。冬季多数家庭储备大白菜做为过冬主蔬菜。20世纪90年代中、后期，蔬菜种植面积扩大，日光温室、大棚菜快速发展，蔬菜品种增加，一年四季都有新鲜蔬菜。此时人们开始注重购买无公害的绿色新鲜蔬菜，且随吃随买。夏、秋季节，部分农民家庭还是多以自产蔬菜为主。近年来，城镇居民喜欢食青嫩野生菜（如野米谷、马勺菜、老鸹筋、野扫帚苗、曲曲菜等）者渐多。蔬菜的食用方法主要有熬、炒、蒸、凉拌、做馅等。

肉、蛋和水产品已成为人们生活必需品。猪肉多以瘦肉和精肉为主。高蛋白、低脂肪的鲜牛、驴、羊肉和鸡、鸭、鱼、虾等消费量大增。食用方法：炖、炒、炸、氽、涮、蒸、红烧等。

2. 节日饮食

20世纪90年代初期，由于人们收入较低，日常饮食较为简单，但逢年过节对饮食则比较注重。20世纪90年代中、后期，人们收入提高，逢年过节，尤其是春节前都要准备十分丰富的蔬菜和充足的猪牛羊肉、白条鸡、薰鸡、水产品和各种干鲜果品、糖酒，在春节期间尽情享用。进入21世纪后，人们的健康营养和延年益寿意识增强，对饮食质量要求越来越高，也越来越讲究，大鱼大肉，狂饮滥喝现象逐渐减少。

3. 待客饮食

安平人自古热情好客，无论是节日或平时，家中来客，都要做丰盛的饭菜款待。待客膳食讲究冷热、荤素搭配，鸡、鱼、肉、炒菜为一般待客所常见。饭菜的质量和数量由客人多少及待客人的家庭条件而定。每年春节过后，凡在农历正月里亲朋好友来，主家在一天内一般连续招待两顿，上午11点左右，先是水饺，吃完后，稍作休息，接着摆上酒、菜，大家围坐在一起共同吃喝、说笑、聊天。妇女及儿童大都饮用各种饮料。最后为馒头、稀饭或汤，或是馒头和干粉肉菜。通过吃喝交谈，融洽关系，增进友谊。

4. 筵席饮食

家庭凡遇儿女订亲、婚嫁喜事、新生婴儿满月、老人寿诞等，都要大摆筵席招待亲朋贵宾。筵席的规格一般有八碟八碗、十二碟八碗、十二碟十二碗、十六碟十二碗等。筵席的碟碗数量讲究双数和吉利数，忌讳单数。

碟盛凉菜和炒菜。八碟一般为四冷四热，十二碟即六冷六热。近年来，冷菜的数量逐渐减少，热菜的数量逐渐增多。凉菜多为猪肝、猪肚、猪耳、猪心、猪口条、酱肉、香肠、鸡、花生米、炸货、海味品等。热菜即炒菜，一般多为猪肉、鸡肉、腰果、虾仁、海参、鱿鱼等，炒时配一定数量的蔬菜。碗菜俗称“定碗”“大菜”，主要是鸡、鱼、肘子、方肉、条肉、丸子、米饭、豆腐等。

筵席上菜的程序，先是凉菜，再上热菜，先鸡后鱼，餐者先饮酒吃菜，再上碗菜吃饭，最后上干粉肉菜或汤。一般婚宴在上凉菜之前，先上糖果碟，一般六个或八个。糖果碟多为香蕉、苹果、桔子等新鲜水果和块糖、瓜子、花生等。然后再上菜、饮酒。在此期间，女家送亲之人要用酒、烟或“红包”浇厨（表示向厨师致谢）。在上碗菜之前，新郎的父母和新郎、新娘要分别向宾客敬酒。20世纪90年代后期，多数有喜事的城镇居民为了省事又体面，则在饭店包桌设筵。

家庭凡遇丧事时，农村由红白理事会，城镇居民由丧主委托关系密切、德高望重又懂得丧葬礼仪的几个人主持一切事宜及丧事期间人们的饮食。有的村规定在丧事期间饮食一律不准动酒、肉，有的村以吃面条为主，还有的村和城镇居民多是用干粉、肉熬大锅菜，吃馒头。丧事结束后，丧主要设酒席款待管事之人，以表示谢意。

二、服饰

服装 1991年后，城乡人民已不再满足于多年一贯的单调服装，那些款式新颖、花色艳丽、品牌名优、舒适大方的服装备受青睐，成为穿着主流。

服装面料有化纤、棉麻、毛呢、纯棉、涤棉、丝绸等。颜色以艳丽明快色彩为主流。

内衣有腈纶、涤棉混纺、纯棉料的秋衣、秋裤、绒衣、绒裤，腈纶、腈毛混纺、纯毛材质的毛衣、毛裤、羊毛衫、羊绒衫 以及各种面料的纹胸、连体纹胸、裤头等。20世纪90年代初期，腈纶内衣和绒衣逐渐减少。20世纪90年代中、后期，纯棉内衣、毛衣、毛裤、羊毛衫、羊绒衫较为普遍。进入21世纪后，保暖内衣和三重保暖内衣明显增多。

外衣：春秋季节男女多穿西服、茄克衫、制服、便服、牛仔装、休闲装、运动装、毛衣、风衣等。20世纪90年代中、后期，青年女子多穿紧身衣裤、各种长裙等。中、老年妇女钟情于颜色新鲜或绣花、印花服装。夏季，男子多穿衬衣、短袖衬衣、背心、长裤、短裤、T恤衫等（T恤衫的面料主要有棉线、纯棉、棉涤、棉丝、棉麻、冰丝、冰麻、丝光棉等，质量高低悬殊，价格不一）；女子多穿衬衣、短袖上衣、短上衣、短袖背心、无袖背心、吊带背心、长裤、短裤、七分裤以及各式连衣裙、短裙、超短裙、西服裙、套裙、旗袍等，部分青年女子追求时尚，喜欢穿样式新颖、色彩艳丽、短、露、透的服装。冬季，20世纪90年代初、中期，男女外套多为棉大衣、呢子大衣、半大衣、皮茄克及各种皮衣、裘皮大衣等，外套内穿棉衣、棉裤、毛衣、毛裤、绒衣、绒裤或毛呢、涤棉混纺等面料的衣裤。20世纪90年代后期至2000年，冬季穿棉衣裤、绒衣裤者已为数很少，穿各种面料的衣裤加毛衣、毛裤及保暖内衣者已经普遍；外套穿棉大衣、呢子大衣、半大衣和各种皮衣者明显减少，既轻便舒适、又保暖易洗的各种式样的羽绒服已成为主流。

鞋帽 20世纪90年代初、中期，春秋季穿鞋以布鞋、胶鞋、旅游鞋、运动鞋、皮鞋为主；夏季以穿布鞋、塑料凉鞋、人造革凉鞋、皮凉鞋、拖鞋、雨鞋为主；冬季穿布棉鞋、雪地鞋、大头鞋、人造革棉鞋、皮棉鞋，个别青年女子穿高筒皮靴。其中，布鞋、布棉鞋、雪地鞋多为平底。单鞋有园口、方口、松紧口、系带、老头鞋等。棉鞋有系带、松紧口、拉锁鞋等；皮鞋有平底、坡跟、半高跟 、高跟等。布鞋多为黑色，皮鞋多为黑色、棕色，雪地鞋多为黑色、兰色、紫色、红色、烟色等。城镇中、青年女子多穿半高跟和高跟鞋。农民为适合田间劳动，多数人穿布鞋、胶鞋、塑料凉鞋、布棉鞋、雪地鞋和大头鞋。

20世纪90年代后期，鞋的品种、式样繁多，颜色一改单一色调为五颜六色。人们在注重鞋的质量的同时，更加注重穿着舒适、轻便，样式新颖，美观大方。样式变化最大的是皮鞋、凉鞋和运动鞋。五颜六色、样式新颖的皮鞋、皮棉鞋在城乡居民中已经普及。2002年，鞋头又尖又长的梭形女皮鞋、皮凉鞋开始流行。由家庭妇女手工纳鞋底、鞋帮为一家老小做鞋的传统习惯已经成为历史。

帽子的样式和品质随着时代潮流而变化。部分男子春秋季节戴礼帽、鸭舌帽、呢子帽、旅行帽；冬季戴呢子帽， 戴皮帽、棉帽者甚少，多数人习惯不戴帽子戴护耳，在农村还有极个别的老人箍毛巾；夏季戴草帽、凉帽和太阳帽。女子春秋季节戴帽子者较少，为防风沙尘土，戴各种头巾和纱巾者较多；冬季戴各种手工编织的毛线帽、时装帽等，在农村仍有部分中、老年妇女戴各种头巾；夏季戴尼龙编织帽、凉帽、太阳帽、防紫外线帽等。儿童冬季多戴样式新颖的棉帽、人造革帽和皮帽等；夏季戴各种凉帽和防晒帽等。

铺盖 冬季以盖棉被、铺棉褥和褥单为主，部分老人和体弱多病的中年人铺皮褥。此外，除集中供暖的楼房居民户外，在棉褥和褥单中间加铺电热毯者居多，富裕者购置羽绒被；春秋季多铺棉褥和褥单，盖薄棉被，盖纯毛毛毯、混纺毛毯、腈纶毛毯者也较为普遍；夏季多铺褥单及各种样式的凉席，盖被单、毛巾被等，条件好者购置空调被。床上铺纯棉、涤棉混纺、的确良床单或棉布、绸缎等面料的提花、印花、绣花的床罩。

发型 男子多留平头、分头、学生头、青年头、背头、光头等。

女性非常注重头发的护理及梳妆，在发型上以追求自然清纯风格为主，多留长发及各种短发。长发者垂肩披散，或扎马尾辫、盘发等。中老年妇女梳短发者较为普遍，青年女子留长发者居多，农村个别年迈老人仍梳传统的纂头。

20世纪90年代中期，人们多在专业理发店理发、剪发、干洗、吹风、染发和焗油。婴幼儿和部分儿童及少数中老年人仍在自己家里自理自剪或请人互理互剪和染发。有些追求时髦或有一定个性的青年男子喜欢留披肩长发，或留小黑胡，或留长胡须。

20世纪90年代后期，新婚女子流行由专门理发师设计、梳盘新娘头饰，且都用多彩发胶定型，式样繁多，色彩斑斓，非常美丽；个别男女青年追求时尚，将头发染成金色、红色、黄色、葡萄紫等。

美容 1991—2002年，随着护肤美容品广告宣传的不断深入，使爱美的人对面容的保养有了新认识。护肤美容业迅速兴起，专业门店遍布县城乡镇。化妆品充斥市场，品种繁多，琳琅满目。以去皱、增白、营养、去斑为主的美容、养颜、护肤等化妆品被多数青年女性所追求，纹眉、纹眼线、纹唇线、割双眼皮、隆胸丰乳、拉皮者日渐增多，描眉、抹口红、抹眼影、抹胭脂已属平常，其中以职业女性为最。

饰物 饰物主要有戒指、耳钉、耳环、耳坠、项链、手链、手镯等。品质有黄金、白金、铂金、银、玉、珍珠、玛瑙、翡翠、水晶、玻璃、宝石、钻石等。男子主要戴戒指；女子主要戴戒指、耳钉、耳环、耳坠、项链、手链、手镯。男子佩戴戒指的以厂长、经理、老板、经商做买卖者以及家资丰厚者居多。女子购置、佩带金饰物，20世纪90年代初期以部分生活条件比较富裕者居多，20世纪90年代中期较为普遍，20世纪90年代后期已属平常。

三、住房

农村大都为一家一宅。儿子长大成家后，一般与父母分家各过，独居一宅。儿子多者更是如此。老人住养老宅，或与其中一子同住，或在几个儿子家轮流居住。

住宅一般北面为正房，东西为厢房(配房)，大门口位置根据地理位置确定。大门在西面或西南面，西厢房要高于东厢房，厕所在院子东南角；如果大门在东面、东南面，东厢房要比西厢房高，厕所在院子西南角。厢房要低于正房。

四、出行

20世纪90年代初期，人们出行普遍以自行车代步，部分人以摩托车代步。人们外出远行时则多乘汽车或火车。

20世纪90年代中、后期，自行车的拥有量急剧增加，一户多车者居多；摩托车已进入普通城乡居民家庭，且有不少一户多辆者。农村各类农用机动车发展迅猛，少数富裕户购买了汽车。这些都成为人们外出、购物的交通工具。

进入21世纪后，各种类型、不同档次的汽车进入部分百姓家庭，私人拥有汽车者日益增多。个人拥有汽车者出门时多以此代步。轻巧灵便，经济环保的电动自行车备受城镇青年男女青睐。随着私人长途客车、农村通县城的小客车及县城内的小公交车、出租车的增加，人们出门坐车或打的已成为习惯。

五、器具

家具　20世纪90年代初期，在城乡居民家庭中，使用旧式组合柜、组合沙发、普通沙发、床头柜、沙发床、组合板床、铁床、写字台、折叠椅、木凳、方桌、折叠桌、茶几、电视柜、碗橱、书橱的比较普遍。

20世纪90年代中、后期，城镇居民家庭中，多流行新式组合家具，新式音响、电视组合柜、写字台、电视桌、春秋椅、布艺沙发、人造革或真皮沙发、包箱床、席梦思床、中高档餐桌、餐椅、靠背椅、小园凳、人造革或真皮坐墩等。少数家资丰厚者置用高档硬木、红木或仿古家具。农村新婚家庭中购置新式家具者日益增多；部分富有者已更用现代家具，与城镇一些居民无差别。

家用电器　20世纪90年代初期，电视机、收音机、收录机、洗衣机、电风扇等在城乡居民家庭中已基本普及。部分家庭拥有录放像机和冰箱、冰柜。城镇居民家庭中多为21寸、25寸平面直角彩电。农村居民家庭多为黑白电视机、拥有彩电者较少。

20世纪90年代中、后期，城镇居民多数家庭已把21寸、25寸平面直角彩电更新为29寸、34寸的超平或纯平彩电，黑白电视机基本淘汰；拥有全自动洗衣机和家庭影院的城镇居民日渐增多，少数富裕户安装了空调。农村居民家庭购买彩电者迅速增加，并以21寸、25寸为首选，新婚家庭购买25寸、29寸彩电者居多，黑白电视机逐步减少。各种冰箱、冰柜、影碟机、组合音响、电子琴等逐步走进城乡普通居民家庭，原有的录放像机已基本被淘汰。

进入21世纪后，空调器迅速进入城镇普通居民家庭和部分富裕农民家庭，且一户多台者增加。城镇居民家庭拥有电脑者日渐增多，少数家资丰厚者购置了大屏幕背投彩电和摄像机。

电暖瓶、电热杯、热得快、电饭煲、电炉、电吹风、电动剃须刀、电热毯、电熨斗、灭蚊灯、电暖气、换气扇等小家电生活用具在城乡居民家庭中已基本普及，且一户同时拥有多种者居多。饮水机、抽油烟机、微波炉、微波光波炉、电火锅、豆浆机、消毒柜等家电已逐步走进城镇普通居民家庭。

室内饰品　1991—2002年间，人们的生活水平不断提高，物质和文化条件随之改善，人们对室内饰品有了新追求，风格迅速向个性化、附雅化发展。普通家庭一般摆设盆鲜花、盆塑料花、丝绢花、盆景、鱼缸、钟表、玻璃壁画等。部分富裕家庭及收藏爱好者摆放各种古玩、玉器、珐琅及各种艺术品等。一些书法爱好者、文人雅士或附庸风雅者挂名人字画、地图或收集各种纪念品装扮居室。农村居民家庭饰品较少。

卫生洁具 1991—2002年，随着人们住房条件的改善和城镇基础设施建设的加快，多数居民家庭拥有卫生间。卫生洁具多为水冲蹲便型和坐便型等。

洗浴：夏季，城镇多数居民使用太阳能沐浴器，多数农村居民和部分城镇居民使用太阳能热水袋洗浴。冬季，集体供暖的城镇居民一般都配有热水交换器，部分居民家庭配有热水锅炉或电热水器和浴霸；洗浴设备大多为淋浴或盆浴，个别户使用健身磁疗冲浪型浴盆；农村居民家庭很少有冬季洗浴设施。

厨具 普通居民家庭厨房一般所必备的厨具有：高压锅、电饭煲、蒸锅、汤锅、煎锅、炒锅、菜刀、蔬菜刨（擦床）、各种盆、瓢、勺、铲子、案板、擀面杖、饼铛、炊帚、燃气灶或蜂窝煤炉等。部分家庭置有轧面机、搅馅机、火锅、奶锅等。农村居民家庭多用蜂窝煤炉，少数农户夏天烧柴凉灶，部分农户和多数城镇居民户用燃气灶。2000年前后，厨房革命悄然进行，厨具新品种不断增加，抽油烟机、洗碗机、消毒柜、微波炉、微波光波炉、烤箱、电磁炉、电饼铛、电火锅、豆浆机、套刀等家电在城镇居民家庭中日渐增多；少数城镇居民家庭安装了整体厨房。

第二节　礼仪习俗

一、日常礼仪

1. 询问

向陌生人问路或问事，视其年龄、身份，尊称对方为“大爷”“大叔”“大妈”“大婶”“大哥”“大姐”“先生”“师傅”“同志”“小兄弟”“小朋友”等。先说“劳驾”或“请问”，然后问话。待答复后以“谢谢”“麻烦你了”等为结束语。

2. 看望

家中有人患病、致伤或住院，亲朋好友看望慰问时，一般要携带礼品。近年来，礼品的品种、数量不断增加，并注重成箱成袋包装。礼品主要有：各种营养滋补品、奶粉、鲜牛奶、饮料、糕点、水果及各类肉禽蛋品等。探望时要问候病人：“好点了吗？”，并说些“慢慢调养”“不要着急，安心养病”“祝您早日康复！”等安慰关心的话语。客人告辞时，病人及其家属要说些感谢的话语，并起身送客人出门。探望危重病人，一般利用上午时间探望，并尽量避开初五、十四、廿三忌日。

3. 常用敬词和客气语

常用敬词 有求于对方说“请”，请求对方解答问题说“请问”，请人给予指教说“请赐教”，称对方的看法、见解为“高见（高论）”；询问对方姓名说“贵姓（尊姓大名）”，询问对方年龄说“贵庚”，问青年妇女年龄说“芳龄”，问老年人年龄说“高寿（高龄）”；称对方住处为“尊府”“府上”“尊寓”“华居”；称别人的神态、相貌为“风采”，称别人的身体为“贵体”“玉体”，称别人的亲属去世为“作故人、谢宾客、仙游”；探望别人称“拜望”，访问称“拜访”，托人办事说“拜托”，和人告别称“拜辞”；恭敬地请求称“敬请”，恭敬地等候称“恭候”，客人到来为“光临”，商店欢迎顾客前来称“光顾（惠顾）”，晚上和人道别说“晚安”；自己的举动涉及对方的用“奉”字，如陪伴别人说“奉陪”，把东西赠送给他人为“奉送”，把东西归还别人说“奉还”，告诉别人说“奉告”，劝告他人说“奉劝”，侍奉和赡养（尊亲）称“奉养”；祝贺对方已经取得成功说“恭喜”；把自己的诗文、书画、作品 赠人时用“雅正”，表示请对方指教。请人对自己的诗文、书画、作品加以修改、指教用“斧正”或“指正”等。

常用客气语 请求别人谅解、用“恕”；拜托或答谢对方帮助做事用“有劳”；感谢对方帮助用“难为”或“给您添麻烦了”；敬仰思慕已久用“久仰”；很久未见用“久违”；请对方做某事用“劳驾”；耗费精神用“劳神”；请人给予方便用“借光”；请人宽容或原谅用“包涵”；敬请指导和教诲用“指教”；很感谢用“多谢”；责备自己礼貌不周用“失敬”；自己感到礼貌不周用“失礼”；表示因故而不能陪伴别人用“失陪”;请等一等或不必再送行用“留步”;对方问贵姓？回答“免贵姓×”;称自己的年龄用“虚度××岁”,称自己的住处用“寒舍”或“舍下”、“敝寓蜗”,称自己的家乡用“敝县”、“敝乡”、“敝处”等。

4. 称谓

近亲称谓　对祖父称爷爷、对祖母称奶奶;对父母农村多称爹娘,城镇称爸爸、妈妈;对爷爷的兄弟按排行称呼大爷、二爷,对爷爷的姐妹称老姑,老姑的丈夫称老姑父或姑爷;对父亲的兄弟称大伯(或大爹)、叔叔,对其配偶称大娘(或大嬷)、婶子;父亲的姐妹称姑姑,对姑的丈夫称姑父;对母亲的父母称姥爷、姥姥;母亲的兄弟称舅,舅的妻子称妗子;母亲的姐妹称姨,姨的丈夫称姨父。

传统称谓　中国古代很多文明称呼至今仍被运用。如:称呼别人的父母为令尊、令堂;称别人的兄妹为令兄、令妹;称别人的儿女为令郎、令爱(令媛);称对方的女婿为令婿,称对方的儿媳为令媳,称对方的妻子为令阃、令正或尊夫人,称对方的侄儿、姪女为令侄儿、令姪女;称别人的学生为高足　;称自己的父母亲为家父(家严、家君)、家母(家慈)或高堂、椿萱、双亲;称自己的兄、姐、弟、妹为家兄、家姐、舍弟、舍妹;自己的妻子俗称老婆、媳妇,雅称内人或内子、内助、拙荆;自己的丈夫俗称老头、老公、女婿,雅称外子、夫君;妻父母俗称丈人、丈母,雅称为岳父(泰山)、岳母;称自己的侄儿、姪女为舍侄、舍侄女;称自己的儿女为犬子(豚子、犬儿、小子)、小女(闺女);称自己的朋友为敝友,自己的学生为贤契;称别人的庭院为府上、尊府,自己的庭院称为寒舍、舍下、草堂;兄弟为昆仲、堂棣、手足;夫妻为伉俪、配偶、伴侣;妇女为巾帼,男子为须眉;老师为先生、夫子、恩师,学生为门生、受业;学堂为寒窗,同学为同窗等。

父母死后称呼上加“先”字,父死后称先父、先严、先考,母死后称先母、先慈、先妣;同辈人死后加“亡”字,如亡妻、亡兄、亡妹;夫妻一方亡故为丧偶,夫死后称妻为寡、孀,妻死后称夫为鳏。

年龄称谓　一般称呼有“岁”“年”“龄”“寿”等。比如“25岁”、“年方十八”“年高八十”“九龄童”“九十高龄”“高寿几何”“寿九十五”。“寿”多用于较大年龄。

特定年龄称谓:

弱冠——指20岁。

壮——30岁,三十曰壮。

艾——指50岁,五十曰艾。

耆——指60岁,六十曰耆。

“耆宿”指社会上有名望的老年人。

老——指70岁,七十曰老。

耋——指七、八十岁的年纪。

耄——指八、九十岁的年纪。

耄耋之年泛指老年。

期——指百岁,百年曰期、颐。常称“期颐”。

而立——指30岁,子曰:“三十而立”。

不惑——指40岁,子曰:“四十而不惑”。

知天命——指50岁,又称五十而知天命。

花甲——指60岁,又称“花甲子”。

古稀——指70岁,也作“古希”。

交友称谓　自古以来,对交什么性质的朋友,都有明确的称谓。

忘年交:打破年龄、辈份的差异而结为好朋友。

忘形交:不拘形迹的缺欠和丑陋,结成不分你我的朋友。

君子交:指道义之交,即在道义上相互支持的朋友。

莫逆交:指彼此心意相通,无所违逆。

刎颈交:指友谊深挚,可以同生死,共患难。

贫贱交:穷困潦倒时结交的朋友。

布衣交:彼此没有做官而结交。

患难之交:同经磨炼而成为朋友。

至交:友谊最深的朋友。

世交:称世谊、世好,泛指两家世代交情。

故交:故旧、旧交、故人,泛指有往日的交情。

一面之交:仅仅相识,但不甚了解。

市道交:以酒肉或利益结交的朋友,因其重利忘义,被称之为小人之交。

其他日常礼仪，如问候、见面礼节、走亲、待客等，与1996年版《安平县志》记载基本相同，故不再复记。

二、婚嫁

提亲　青年男女结为夫妻，大都要经人介绍。介绍人先分别到男女家中介绍情况，如双方有意，介绍人便安排双方见面谈话。如双方无异意，由介绍人分别陪同男、女及各自的父母或亲属到对方家相看。男女双方再经过一段时间的互相交往、了解，认为条件合适，且情投意合，再由介绍人联络双方择日“定亲”。改革开放以后，随着人们婚姻观念的改变，自由恋爱者逐渐增多，但多数也要有个介绍人去和双方父母沟通。

定亲　定亲当日，男方要在部分亲属和介绍人陪同下携带定亲礼品（礼金和物品）前往女家。待将定亲礼品交于女方后，女方将准备交换的定亲礼品带好，由部分亲属陪同，与男方来人共同前往男家。到男家后，女方将定亲礼品交于男方。尔后女方认亲，要向男方家长以及近亲长辈改口叫“爸、妈”或“爹、娘”或应叫之称谓，男方家长或近亲长辈要给女方“开口钱”。男方备丰盛筵席款待女方来客，并邀请部分亲朋好友参加。20世纪90年代初、中期一般在男方家中设宴，参加定亲宴的范围较小，人员也较少。20世纪90年代末21世纪初，城镇居民多在饭店举行定亲宴；农民仍在家中举行，但参加宴会的范围较大，人员也较多。男方给女方的定亲礼金：20世纪90年代初期一般为1500元左右，20世纪90年代中期为3000元左右，20世纪90年代后期到21世纪初增至6600元或8800元不等，富裕者加送三金，即金耳环、金项链、金戒指或金手链。20世纪90年代后期，三金多为黄金，进入21世纪后，部分户已改为白金。定亲宴结束后，男方要在部分亲朋陪同下送女方回家。到女家后，女方要同样设酒席款待男方来客。双方再经过一段来往，如无其他情况，则择日到民政部门办理登记手续，领取结婚证书。在未正式举行结婚仪式以前，逢年过节，男方都要携带礼品到女方家看望，同时邀请女方到男家做客。女方应邀携带礼品到男家看望准公婆，男方家长要给女方回礼（礼金的多少视男方家庭状况而定）。

结婚　结婚日期一般先由男方请老先生或算命先生根据男、女当事人的生辰八字和属相查出几个良辰吉日和其他一些应该注意事项，再由双方商定。然后于婚期前一个月，由准新郎本人或由其家长陪同将婚帖送抵女家，同时给女家什罗礼500元—1000元。婚帖送达后，双方开始加紧结婚前的一切准备工作。婚期定后一般不得更改。

结婚之前，男女双方要拍婚纱照，制相册，并分别找好男、女娶客和送客。1990年代初期，一般为单娶单送。20世纪90年代中、后期开始时兴双娶双送，即娶客、送客分别为2男、2女。进入21世纪后，不少户开始时兴4男4女，甚至有部分户娶客为6男6女。娶客、送客，农村一般请村干部和能说会道且又懂礼仪的人或当事人的长辈和兄嫂担当；有职业的城镇家庭，一般请单位的领导和关系不错的人担当。另外，女方部分亲属也陪同送亲，同时另选1名—2名男童（有的也有女童）押车前往。男、女双方参加娶亲和送亲人数不论多少，包括新郎和新娘在内总数必须得是双数，所用车辆亦为双数，以图吉利。

婚前，姑娘置办的大件嫁妆，一般直接送到男方家中，很少再另行择日集中运送。

婚前4天—7天，男、女各方向同乡、同学、同事、朋友发出请柬邀请届时参加婚礼、婚宴。20世纪90年代初期，发请柬范围较小，中、后期特别是进入21世纪后，发请柬范围逐渐扩大。婚前2天—3天，男、女各方的同乡、同事、朋友携礼金到男、女家祝贺，礼金一般20元—500元不等，多者上千元。男、女各方分别设筵宴请亲朋好友。

姑娘出嫁前一、两天，所有亲戚都来“周礼”，来者一般多为女眷和孩子，并为出嫁女“添箱”。旧时“添箱”以衣物及用品为主，现在演变成以现金为主，金额一般为50元—500元不等，个别的上千元，还有的另外加送一些衣物或用品。姑娘家要对来客进行款待。出嫁前的傍晚，出嫁女要到专业理发店或出嫁当日的凌晨请理发师来家梳盘新娘头饰。晚上，亲属要为出嫁女“包包袱”。20世纪90年代初期多用红布当包袱，20世纪90年代中期开始改用皮箱代替。

娶亲前一天下午，准新郎要在夹毡人（男方主娶人）和放炮人陪同下，沿着第二天娶亲时所要走的道路试走一趟，谓之“看道”，来回不能走重道。到女家后，夹毡人代表男方和女方家长互通情况，并再次重复商定第二天结婚时的一些具体事谊。走时将姑娘的小件陪嫁物品带走。傍晚前，男方要到专业门店将彩车装好备用。

娶亲所用车辆，20世纪90年代初、中期，以面包和吉普车居多，农村也有用拖拉机或三马车者；20世纪90年代后期，则以轿车为多，且车辆的档次越来越高，数量越来越多。到女家后，新郎在夹毡人陪同下先行礼。女方要用茶、果招待娶亲人员，并给来人每人一个红包，内装喜钱2元或6元。新娘在男方娶客多次催促下，才在女送客的搀扶下头顶红盖头出门上车，意为“磨婆婆性”。在此之前，夹毡人要将女家的“福碗”偷走，意为“偷富”。

娶亲车到新郎家门口，新郎先下车，然后放炮人绕车燃放鞭炮。新娘由女送客搀扶下车踩“富”（麸子）进屋。进屋门时，由新郎用“双钩称”将盖头挑去，放在进屋门的上角。进新房后，新娘梳头洗脸稍事休息。吉时，新郎、新娘先拜天地、拜高堂，接着由新娘认亲，按照从大辈到小辈、从近亲到远亲的顺序一一行鞠躬礼。受拜之人都要掏10元至几百元不等的拜钱。上拜结束后即开席吃饭。席毕，男方给所有送亲之人每人一个红包，内装喜钱5元、6元或8元。送亲之人回去时，将来时所带的连心饺子、连心面、岁岁饼（按新娘的岁数一岁一个）留在男家，男方要给女方回适量黄豆，女家用此长出豆芽，在回门时带回男家。

新婚当晚，开始闹洞房。睡前，新婚夫妻吃连心饺子、连心面，意寓“夫妻和好，心心相连”。之后，由专人为新郎新娘扫炕铺被。

结婚次日或隔一日，新婚夫妻携礼品回娘家探望，谓之“回门”。女家请专人陪客，盛情款待。新婚夫妻要在中午12点以前回到男家。

婚后第五天或第六天，新娘家的亲属带礼品到男方家做客，谓之“看闺女”。男家要用丰盛的酒席招待客人，所有来访者往后即与男方家成为“亲戚”。至此，整个婚礼结束。

2000年后，有部分新婚家庭为了省事，经男、女双方协商，不再“回门”和“看闺女”。也有一部分青年人，响应“婚事新办”的倡导，实行旅游结婚，但费用与之相比并不节省。

婚嫁用品　20世纪90年代初期，男方家多准备写字台、酒柜、组合木板床或铁床等。20世纪90年代中、后期，主要准备木质包箱床或席梦思床，中、高档餐桌、餐椅等，且以质优、名牌、实用、美观为首选。进入21世纪，除床和餐桌、餐椅外，准备空调器、电脑者日渐增多。服装以西服为主，被褥以纯棉、绸缎制品居多，床上铺床单和纯棉、丝绸或各种面料的提花、印花、绣花床罩，且配置毛毯、羽绒被、丝棉被者增多；女方陪嫁品，20世纪90年代初期多为旧式组合柜、普通沙发、折叠桌、椅、自行车、电视机（城镇多为21寸、25寸彩电、农村一般为黑白电视机）、洗衣机、收录机、坐钟或挂表。20世纪90年代中、后期，多为新式组合柜、布艺沙发或人造革、真皮沙发、彩电（城镇多为29寸、34寸超平或纯平彩电，农村多为25寸、29寸平面直角或超平彩电）、洗衣机、电冰箱（城镇居多）、摩托车、音响、影碟机、新式音响、电视组合柜等。进入21世纪后，城镇居民部分富有的家庭陪送背投电视、家庭影院、空调器、电脑等，极少数家庭陪送小汽车、住房。

结婚照　20世纪90年代初、中期以合影彩色照片居多。20世纪90年代后期，拍彩色婚纱照在城镇悄然兴起，富有者不惜为此花费几百元至几千元。进入21世纪后，拍彩色婚纱照并做成影集在城乡已成为时尚。同时，结婚当日进行新婚录像，并将录像配音后制成光盘者已相当普遍。

三、丧葬

1998年10月以前，全县仍实行土葬，丧葬仪式与传统作法基本相同。1998年10月，开始推行殡葬改革，火化者逐渐增多。1999年年末至2002

年火化率达到90%以上，除极少数村外，人死后实行火化已成为丧主的自觉行动；殡葬仪式在沿用传统作法中也有所改革。

20世纪90年代初、中期，人去世后，绝大多数家庭都是用提前自制的寿衣、帽、鞋、褥。20世纪90年代后期，大多数的丧主都不再提前自制，而是即时到寿衣专营店为死者置办寿衣、寿帽、寿鞋、蒙被及寿褥等丧葬用品。一般在死后第2天或第3天的上午，由子女、亲朋以及族中人陪同到县殡仪馆进行火化，火化后立即将骨灰放入骨灰盒中。骨灰盒档次依丧主家境状况而定，价格由100多元至2000多元不等。不少家庭还同时置办小型水泥棺或小型大理石棺、或小型木棺，将骨灰盒放入小型棺木中“入殓”。一般在死后第三天下午出殡（有少部分村早晨出殡）。死者是年青人且上有老人者，多在上午12点前出殡。部分城镇居民家庭和建有骨灰堂的村将死者骨灰寄存在骨灰堂内，大多数的农村仍将骨灰埋入公墓。

主要丧葬仪式和习俗与1996年版《安平县志》记载基本相同，故不复记。

四、庆贺

十二晌　小儿降生后第12天，称十二晌。街坊邻居送鸡蛋、朋友送礼金，一般为20元—100元不等，以示祝贺。事后，主人家设酒席宴请。亲戚携鸡蛋、百岁馍（娘家100个，其他亲戚50个）、婴幼儿衣物等探亲。现在演变为给压岁钱（称挂锁），金额一般为50元—100元，多者几百元，有的还外加衣物等。娘家除给压岁钱外，还要给鸡蛋和百岁馍。中午，主家用丰盛的宴席款待来客。客人走后主家将馒头、豆包、粽子、肉菜等分别送至街坊邻居家中以共同庆贺。

满月　小儿降生后30天称“满月”。有的家庭过满月不过十二晌，过满月和过十二晌一样隆重。满月当天下午，娘家人将闺女和小孩接回娘家居住一段时日，再由婆家接回。

生日　人诞生之日称为生日，人们历来重视。过生日习俗遍于民间。近年来，由于独生子女家庭增多，长辈对婴幼儿生日较为重视。孩子过一周岁生日，主家一般都邀请亲戚、挚友参加，来客都带礼物并配锁（压岁钱）给孩子。主家设宴盛情款待。其它生日，部分家庭为孩子购买生日蛋糕，学西方人吹蜡烛、切蛋糕、唱生日快乐歌。中青年人过生日一般从简，每到生日时吃顿“长寿面”即可。但也有部分青年人和城镇中、小学的学生互过生日的风气渐盛。老人过六十六岁生日称“大寿”，女儿要送红腰带和“一刀肉”，重量不限。儿女们送生日蛋糕多为定制，用奶油制出各种祝福字语。多数儿女为老人购买衣物、食品或给老人钱以示孝心。生活富余者，70、80、90岁时办大寿。

贺新居　贺新居也叫“温锅”。当新房建成迁入新居时称为乔迁之喜。亲朋邻居到场祝贺，主家用酒菜招待，以示谢意。

庆典　商业、饮食服务业开张营业，举行开业典礼，学校开学举行开学典礼，学生毕业举行毕业典礼，重大建设工程正式动工前举行奠基仪式，工程峻工后举行落成典礼，道路修成后举行通车典礼等，届时，亲朋好友、有关部门送镜匾、花篮、条幅表示祝贺，或开大会，举行一定的仪式，领导到场讲话、剪彩，主人或主办单位燃放鞭炮或举行各种文艺演出，或敲锣打鼓以示庆贺。

五、祭祀

腊月三十（小进二十九）日下午上坟祭祖，有的村正月初一早晨。

清明节上坟添土，压挂纸钱。

农历七月十五日上坟烧纸，女儿不烧正日纸，需提前祭祀。

农历十月一日上坟烧寒衣纸，以五色纸剪成“衣、裤”烧之，为故去的亲人送寒衣。

人死埋葬后，还要到坟烧三次纸，即“一七”（7天）、“三七”（21天）和“五七”（35天）。

人死之日称祭日，每年烧祭日纸。

常期在外者，回家后上坟烧纸祭祖。

六、婚、丧、寿、庆礼仪文体

1. 婚事文体

婚事文体有请庚帖（男家请庚帖、女家回上帖）、换庚帖（男八字帖、女八字帖）、文定箸亲帖

（男家文定箸亲帖、女家文定回上帖）、婚帖即对月帖（男家婚帖、女家回上帖）。现在人们常用的只有男家婚帖（即对月帖），其它请庚帖、换庚帖、文定箸亲帖和婚帖中的女家回上帖一般不再使用。

婚帖（对月帖）　一般为竖写，并在结婚日前一个月的上午送抵女家。

> 婚　帖
> 姻眷×兄台鉴：
> 谨定于××××年农历×月×日
> 为结婚吉日，届时，将命小儿
> ×××亲抵潭府恭迎令嫒×××过门
> 举行婚礼。
> 肃此预达
> 姻眷弟×××鞠躬
> ××××年农历×月×日

婚嫁贺词　是写在贺婚礼物上的简短语句，内容主要是对新婚夫妇表示祝贺。贺词可散可对，既可自创，也可摘录前人成句，宜言简意赅。其形式可分为横排式和竖排式两种。

> ×××
> 花烛之喜
> ×××
> 天　作　之　合
> ×××敬贺
> ××××年×月×日

婚嫁贺幛　幛由匾而来，将匾上的题词改写在布或绸上即叫做幛。贺幛是用来庆贺、颂扬、褒奖喜事的，多为送礼时用，用语吉利。贺幛可横写，也可竖写，在款式上与贺婚题词相似。

> 令郎
> ×××先生　新婚之喜
> 玉宇欣看金鹤舞
> 画堂喜听彩鸾鸣
> 友×××敬贺

结婚纪念　结婚后，为不断加深夫妻感情，人们常常进行结婚周年纪念，尤其是银婚、金婚、钻石婚、福禄寿婚（结婚七十、八十周年统称福禄寿婚）纪念日，人们更为重视，一般都要设宴庆贺。同时，儿孙们也可敬献礼品。

结婚纪念名称：

结婚周年	纪念日名称
一周年	纸婚
五周年	木婚
十周年	锡婚
十五周年	水晶婚
二十周年	瓷婚
二十五周年	银婚
三十周年	珍珠婚
三十五周年	珊瑚婚
四十周年	红宝石婚
四十五周年	蓝宝石婚
五十周年	金婚
五十五周年	绿宝石婚
六十周年	钻石婚
七十周年	白金婚（亦称福禄寿婚）

2. 丧事文体

殃榜　（一般竖写）中间部分，双日故去字数要成单，单日故去字数要成双。

男性亡故

> 生于×年×月×日×时
> 中华人民共和国旹故　先考×府君　讳××享耆寿六十岁之灵位
> 卒于×年×月×日×时

女性亡故

> 生于×年×月×日×时
> 中华人民共和国旹故　显妣　×府×老太君享耋寿七十五岁之灵位
> 卒于×年×月×日×时

如死者为年青人，且上有老人在堂写法如下：

生于×年×月×日×时
长子
寒门不幸殃及×府××享年二十四岁之灵位
长媳
卒于×年×月×日　×时

大旌　晚辈女性给亡故的长辈敬送红布一块，即大旌。女儿给亡故的父母敬送大旌尊称父母为“先考”“显妣”；如果其他晚辈女性亲属敬送，“考”“妣”二字则改为对亡故者的称谓。大旌中间竖写正文，左边下款写送大旌人身份称呼、姓名（女儿不写姓）和悼词。

男性亡故

中华人民共和国呰故
先考
×府君
讳
××享年××岁之铭旌
长女××泣血敬树

女性亡故

中华人民共和国呰故
显妣
×府×老太君享年××岁之铭旌
长女××泣血敬树

挽幛　题辞一般为四个字，也有一个字的，如“奠”。挽幛多为竖写，也有横写的。书写格式：

竖写从右至左安排三部分：

第一部分，面向幛子右手边（或顶边），顶头主要写死者姓名加颂词称呼。

第二部分，正中间写祭幛语，字距要一致，如写挽联，则两边对称。

第三部分，面向幛子左手边（或底边）顶尾写送祭幛人姓名加身份称呼和悼词，如送祭幛者与死者系亲属同姓，送者可只属名不写姓。

竖写挽幛

挽老师

×××老师千古
失我良师
学生×××敬挽

挽男女前辈

大
德望×公××　大人
老
淑德×母××　孺人
千古
泰山其颓
承命下愚婿×××夫妇敬挽

横写挽幛

挽友人

××仁兄千古
痛　　失　　知　　音
友弟×××哀挽

挽男女晚辈

亡侄××
遂 成 永 诀
叔××哀挽

横写的挽幛也叫挽额。

挽幛中间部分即题辞部分，如上例中的“痛失知音”“失我良师”，也可以不要，可直接写哀挽人姓名身份。

花圈挽带

竖写，分左右两条。右边一条主要写死者姓名加颂词称呼。左边一条为下款，写送花圈人姓名（或单位）加身份称呼和悼词。如：“岳父大人×××千古 子婿×××敬挽”“沉痛悼念×××老师 学生×××敬挽”“×××同志永垂不朽 战友×××敬挽”“×××先生（同志）千古 ××县××局全体敬挽”。

墓碑文

碑文的书写从古至今不断演变和简化，现在一般分为四部分：一是死者的生殁年、月、日（有的不写生死时间而写立碑时间）。二是死者称谓。三是立碑人姓名。四是立碑日期。近年民间多采用以下几种立碑形式：

生于××××年×月×日
殁于××××年×月×日
×公 讳 ××老大人 之墓
阳孝男 ×× ×× ×× 孙 ×× ×× ×× 曾孙 ×× ×× ×× 奉祀
××××年×月×日 立

生于 ×年×月×日 ×年×月×日
殁于 ×年×月×日 ×年×月×日
慈父×××
慈母××× 老大人之墓
孝 男×× ×× 暨孙 女×× ××
××××年×月×日立

墓碑后面的碑文：

先父××于××××年×月×日生于××省××县××乡××村，××××年×月参加革命工作，××××年×月加入中国共产党，生前曾担任××职务，因病于××××年×月×日在××地方逝世，享年××岁。

孝 男××
女××
××××年×月×日立

3. 寿诞文体

请柬

请 柬

×××先生：

谨择于×月×日移居××街××小区×楼×单元×室，即日下午×时治茗，恭候光临。

×××敬邀

席设本宅 ×年×月×日

贺帖、喜幛、镜屏

×府××尊岳父大人新居之喜

日映华堂

愚婿×××敬贺

×××侄乔迁之喜

仁　宅　迎　祥

叔父××　贺

5. 开业庆典文体

奠基石　有三种方式

第一种，奠基石上半部镌刻“奠基”两个大字，下半部分列出建设单位、设计单位和施工单位名称，末行刻上日期。如：

奠　基

建设单位：×××××

设计单位：×××××

施工单位：×××××

××××年×月×日

第二种，奠基石中部镌刻“奠基”两个大字，上方或右方镌刻建设单位，下方或左方镌刻承建单位及施工日期。如：

蓝天有限公司东方大厦

奠　基

××建筑第二公司承建

××××年×月×日

第三种，奠基石正中间镌刻建筑物名称，右下方镌刻施工单位及动工年月日，这样的奠基石砌在建筑物的正面中部，以引人注目。

×××方志馆

××市建筑公司第一分公司承建

××年×月×日

开张、开业贺幛、镜屏一般有两种书写形式：

×××新店开张之喜

一店春意

满腔热情

愚友×××敬贺

××××庆贺××超市开业大吉

第三节 岁时习俗

一、传统节日

传统节日有春节、元宵节、二月二、清明节、端午节、中元节(农历七月十五日,俗称“鬼节”)、中秋节、重阳节、寒衣节。过节习俗基本与1996年版《安平县志》所记载的相同,故不复记。

二、社会节日

元旦 公历1月1日,俗称“阳历年”,亦即公历新年的开始。机关团体、学校、工厂企业大都召开各种形式的座谈会、茶话会,同时,升国旗、插彩旗、挂红灯,按国家规定放假。广大居民家家改善生活,以示庆贺。

国际妇女节 公历3月8日为国际妇女节。县委、县妇联历年在此日前后一两天内,召开纪念大会,表彰各界妇女中的先进代表人物,颁发奖状和荣誉证书。

植树节 国家于1979年确定公历3月12日为全民植树节。安平县委、县政府历年都组织全县干部、职工、农民、学生开展义务植树活动。

国际消费者权益日 公历3月15日为国际消费者权益日。每年此日县消费者协会都在县电视台发表电视讲话,到安平大集散发宣传材料,接受广大人民群众的消费咨询,同时组织专题文艺演出。

国际劳动节 公历5月1日为国际劳动节。机关、团体、工厂、学校按国家规定从2000年开始放长假7天庆祝节日。享受长假的干部、职工外出旅游、购物、结婚者逐渐增多。

中国青年节 公历5月4日为中国青年节。是日,各级共青团组织青年学生开展活动,或举行集体入团仪式,予以庆祝纪念。

国际儿童节 公历6月1日为国际儿童节。是日,团县委、教育局以及各乡镇教委组织各小学、幼儿园进行体操比赛、文艺汇演、看电影等活动进行庆祝。加入少年先锋队者也多在这天举行集体入队仪式。

中国共产党成立纪念日 公历7月1日为中国共产党成立纪念日。每年,安平县委都要召开“七一”表彰大会,对全县各条战线上的优秀党务工作者、先进基层党组织、优秀共产党员进行表彰,并颁发锦旗和荣誉证书。

建军节 公历8月1日为中国人民解放军建军节。每年安平县委、县政府主要领导都要带领武装部、民政局等有关部门负责人到人武部、县武警中队、消防队、休干所、县光荣院进行慰问,并赠送礼品。

教师节 1985年1月21日第六届全国人大常委会第九次会议决定,每年9月10日为“中国教师节”。每年教师节,县委、人大、政府、政协领导在县教育局负责人的陪同下,深入学校慰问教师。同时,各界为教师办好事、办实事,并组织各种尊师重教活动。

国庆节 公历10月1日为中华人民共和国国庆节。此节按照国务院的规定从2000年起放长假7天。各党政机关、社会团体、企事业单位、学校升国旗、插彩旗、挂红灯、张贴标语庆祝国庆。利用国庆长假进行旅游观光、休闲渡假、学习充电、结婚者日益增多。

三、舶来节日

情人节 公历2月14日是情人节。系改革开放后由国外传入。此日,年轻夫妻、恋爱者互赠礼品、贺卡等以示情思,并以约会、请吃饭等形式倾诉衷肠、联络感情。但此节在2002年前尚未被大多数群众所理解,故纪念者人数较少。

母亲节、父亲节 公历5月第二个星期日为母亲节。

公历6月第三个星期日为父亲节。

母亲节和父亲节均系改革开放后由外国传入。此日儿女为母亲和父亲购买衣物、食品或送钱、置办酒宴或改善生活等进行庆祝,以表示儿女对父母亲的尊敬热爱,但只是在少数生活富裕的家庭中举办。

圣诞节 公历12月25日为圣诞节。此节是西方国家一年中最大的节日。近年来,信奉天主教、基督教者多在家中庆祝此节,但具体行为不在社会公开。部分大商场利用圣诞节,开展促销活动,提前几天就开始布置圣诞树、装扮圣诞老人、印发促销宣传单、举办歌舞演唱会等。

第四节　生育习俗

孕妇临产一般都入医院生产。产妇产后3到5天大都回婆家“做月子”，由母亲和婆母伺候。月子中一般人禁忌进入，尤其是禁止进入产房，怕“坐奶”。特别是产后四天、六天，外人更不准进入，怕小孩得“四六风”。月子中产妇多进食小米、鸡蛋、芝麻盐、猪肘子、排骨、鱼等营养较高的食品，忌食生、冷、硬食品。产妇在产后一个月中专事静养。婴儿出生12天或满月时，亲朋好友、街坊邻居携鸡蛋、小儿衣物或礼金前来贺喜，主家设丰盛的酒菜款待客人。亲友走后，主家给街坊邻居送豆包、粽子、百岁馍和干粉肉菜等，以示共同庆贺。满月当日，产妇母子由娘家人接回娘家居住。

第五节　交往联络习俗

一、交往

亲戚　平日里隔一段时间或逢年过节，亲戚间大都带着礼品互相走访；长辈尊者诞辰和已故者祭日，至亲一般都要前往拜寿或祭拜；亲戚有婚丧大事，都要互相帮助、随礼；亲戚家有人生孩子或生病住院，一般都要给产妇送鸡蛋、送婴幼儿衣物、送礼包，给病人买补养品或鲜果前去探望。

邻里　邻里间大都和睦相处，见面说话，有事互相帮助，互通有无，新年互致问候，平时串门聊天，婚丧事帮忙料理并随礼，有人患病买食品前去探望。但也有少数结怨互不往来。

同乡　同乡在本地相处习如平常。一旦外出，在他乡相遇则倍感亲切，见面犹如知心朋友，有事互相照应，互相帮助。在县城工作且常期居住的同村老乡，不少都成立了同乡会，逢年过节共同聚会，婚丧大事帮忙料理并随礼。一旦有事大家一起帮助解决。

同学　从学校毕业后走上社会，同学之间特别是同年级、同班同学，一般仍有联系，尤其是同在县城工作、居住的更是倍感亲切，不少都成立同学会，印制通讯录，平常互相走动，有事互相帮助。

战友　从部队退伍或转业后走上社会，战友之间一般都有联系，特别是同在本县的，不少都成立了战友协会，印制了通讯录。同在县城居住的，平时走动较多，有事互相帮助。

二、联络

聚会　家人有出门在外的，一般趁清明节、中秋节、寒衣节、春节、“五一”“十一”或其它节假日全家团聚；兄弟间分家单过，逢年过节或遇重大事情，归伙聚会；同乡、同学、同事、战友相约聚会。家人或兄弟间聚会时以在家举办宴会居多，并多由长辈或兄长召集，也有兄弟间轮流操办的；同乡、同学、同事、战友聚会，以在饭店举办宴会居多，且多由职位高或收入多的出资操办，也有轮流作东的。

串门　街坊邻居、同乡、同学、同事、战友之间在闲暇之余单独或携家人互相串门聊天、下棋娱乐、互通情况、增进友谊。

打电话　20世纪90年代，安平电信事业快速发展，特别是进入21世纪后，电话、手机的拥有量剧增，2002年，全县电话普及率达15.6部/百人，家庭或个人多备有电话记录本，将亲朋或所需的电话号码记下或存入手机内备查。家人或亲朋间有事联系多使用既快捷又方便的电话或手机。春节用电话拜年者逐渐增多。

第六节　命名习俗

一、人名

根据电信局发行的电话号码薄和部分干部职工、教师、学生花名册及走访、调查和对婴幼儿起名习俗的分析，可以看出安平县人起名有如下习俗。

男孩起名习俗　男孩大都被父母寄予厚望，在起名时多被父母投入较同胞姊妹更多的感情。比如在起名用字上，女孩的名字一般出自花草闺物等较小的范围之中，而男孩的名字则大多与国家联系起来。在名字中反映光宗耀祖观念，希望孩子长得英武高大、充满阳刚之气者特别多。此外，又常用刚、正、坚、强、松、海、石、猛、伟、雄、亮、明、文、章、诗、武、山、杰、军、毅、兵、俊、峰、力、保、平、涛、辉、忠、永、昌、世、成、子、建、广、志、义、荣、兴、康、良、天、光、波、仁、宁、安、福、生、龙、健、元、全等字，分别表示对孩子的期望和要求。当然，有些人为男孩起名字，事先并没有这样和那样的考虑，只是一时兴起随手拈来。

女孩起名习俗　由于女性的生活环境和社会作用与男性有较大的不同，其名字也有许多特点。如在起名用字上，除较多地使用女性字以外，又经常使用花鸟字（花、兰、菊、莲、莺、燕、鹃、凤）、闺物字（钗、环、钏、缦、文、绣、黛）、彩艳字（彩、丹、翠、碧、艳、秀、美、丽、倩）、珍宝字（珍、珠、珮　、珊、琼、瑶、莹、琳）、阴柔字（云、虹、霞、雯、雪、春、爱）、女德字（贞、淑、端、娴、静、慧、巧）等，这些起名用字的特点，都是男性起名时所未曾有的。另外，在女性起名中，近年来特别流行的是名字重叠法，亦即把单字名所用的字重叠后变成双字名。

命名的特点　通过对具体人名的进一步分析研究和分类，大体可以分为以下32种：

以名贵花草起名。如：菊花、桂兰、梅花、瑞莲、芙蓉、杏花等，多为女性。

以树木起名。如：松林、树林、亚松、柏杨等，多为男性。

以珠宝玉器起名。如：金钟、玉玺、玉佩、宝珠、玉翠等。

以珍稀动物和传说中的神话动物起名。如：海龙、玉凤、凤霞、大鹏、玉麟、彦鹿等。

以江河山川、湖泊海洋起名。如：泉山、金川、连河、长江、东海、文潭、峻岭等。

根据属相起名。如：小龙、小牛、小虎、二丑、小未等。

根据出生时辰和属相起名。如：子戌、寅卯、寅午、未申、戊申、酉辰等。

根据出生季节起名。如：迎春、立春、立秋、秋分、立冬、冬至、头伏等。

根据出生年、月、日按天干、地支起名。如：丙寅、戊寅、庚子、丙辰、丙戌等。

根据出生季节、出生日合花草起名。如：冬梅、腊梅、春兰、秋菊、秋莲等。

根据出生时的天气状况起名。如：瑞雪、秋雨、秋风、有雷、电闪、彩虹等。

根据出生时间和自然现象起名。如：旭光、子晨、满月、月盈、地震、洪水等。

根据出生时的身体状况起名。如：小瘦、瘦巴、小胖、大胖、九斤等。

根据出生地起名。如：冀军、京生、沪生、青海等。

根据所处时代起名。如：援朝、平分、四清、文革等。

根据重要纪念日和节日起名。如：建国、国庆、新年、见年、中秋等。

合父母二姓或父、母、祖母三姓为名。如：李杨、张杨、邢陈、苏田、马彭张等。

合父母姓氏另加一字为名。如：张颜芳、佟万山等。

以姓氏谐音起名。如：袁圆、韩寒、杨扬、刘柳、陈晨、尚赏、萧筱等。

以重男轻女、有女孩盼生男孩起名。如：盼弟、招弟、领弟、梦弟、要男等。

以盼生男孩而生了男孩起名。如：盼来、会来、正想、会盼等。

同胞兄妹或本族同辈或近亲同辈取中间或末尾一字相联起名。如：淑娟、彩娟、杏娟；佳林、佳秾（女）、佳懿等。

同胞兄弟姐妹或亲堂兄妹按大小顺序排列起名。如：大来、二来、三多；冠军、亚军、季军；大有、二有、三有、全有等。

以企盼身体健康结实起名。如：铁球、铁蛋、铁头、铁锁、石头、壮山、永生等。

以企盼小孩成人起名，有的待长大后再起学名。如：狗旦、狗剩、臭宝、揪住、锁住等。

以表述爱国之心、兴国之志，成为国家栋樑

或有用之材起名。如：振国、保国、国茂、国胜、世昌、振兴、宏宇、昊宇、树勋、立功等。

以美德寄望法起名。如：广仁、明义、文礼、志贤、淑真、会忍、志和、公正等。

以附庸文雅、倩美、秀丽起名。如：亚斋、书静、文彬、惠彬、文秀、俊娟等。

以寓意才学出众、功成名就起名。如：仕杰、英杰、金榜、志远、栋臣等。

以企盼吉祥如意和荣华富贵起名。如：增福、富贵、佳祥、红旺、永顺、荣欣等。

昵称命名。如：小兰、小芳、小秀、小燕等。这些小名，有的后来被直接用为本名或学名；也有的化“小”为“晓”，成为：晓秀、晓兰、晓芳、晓燕等。

以重字为双起名。如：晶晶、芳芳、牛牛、莎莎、莉莉、珊珊、佳佳等。

二、地名

村名　据1981—1982年安平县按国务院统一部署所进行的地名普查资料和《安平县城镇乡村考》显示，安平自战国形成具有一定规模的自然聚落(村庄）。聚落地名的通名常用“村”“庄”两字，这类村庄约占全县村庄总数的50%以上。据传唐代修建寺庙成风，有庙称村，无庙称庄，渐演成习，但此说缺乏文字依据。其村名来历大体可以分为以下13种：

以姓氏得名。该类村庄有104个，约占村庄总数的45.2%，如宗庄、彭庄、马家庄、许家庄、王各庄、武崔庄等。该类村庄多以初始立庄人或名门大户、人丁兴旺者姓氏得名。

以移民立庄建村得名。明王朝建立以后，屡迁山西之民到安平县立庄建村。如大同新、辛店、西李庄、野营等。从洪武立国起，到永乐16年(公元1418年)止，49年的时间里，大规模移民就有8次，其中以永乐2年(1404年)为最多。据统计，从山西移民到安平县建村共129个，约占今自然村的50%，其中永乐2年一次就有72个，约占村庄总数的31.3%。

以刘秀走国传说得名。该类村庄共21个，约占村庄总数的9.1%。如一：南牛具、北牛具。相传，公元24年，刘秀走国时，后有追兵，遇难于此，耕者用牛拉犁翻新土将刘藏起来，刘因此脱险，公元25年此地便名为牛具，后分为南、北牛具两个村。如二：北大良、西大良、南大良、中大良。刘秀走国在此遇难，民人护之而脱险，后刘秀说，人们心地善良，此地故名大良，后分为四个村。如三：薛各庄。刘秀在此被追兵赶得失魂落魄，丢盔卸甲，狼狈不堪，故名卸甲庄，后世根据谐音，慢慢演变为薛家庄，后称薛各庄。此类村庄虽为传说，但也有一定可信度。

以重大历史事件和古人物驻地命名。此类村庄共有31个，约占村庄总数的13.5%。如一：钦什。公元1401年燕王造反时，有一钦差大臣在此地扎营，因而命名为钦命什营村，后世简称钦什。如二：前刘兴、后刘兴。因汉光武刘秀寓此，故名刘秀庄，后改为刘兴庄，分村时按方位称前刘兴、后刘兴。如三：彪冢。东汉时，杨彪尽节卫主，曾在此护驾。后杨病死在此，是夜风起，仅一宿之间，在杨彪的尸体上刮成一个大丘岭，后人便以此为杨彪坟，时常来祭祀，为纪念杨彪而得名彪冢。如四：中角。公元184年，黄巾军领袖张角病死埋葬此地，人们为纪念他，起名忠角，后为中角。如五：中满子、北满子、南满子。汉光武刘秀的家眷住此，为祝愿他的家眷子孙满堂，便命名满子。1961年分村时，按方位分成中满子、北满子、南满子。如六：杏贡。明永乐二年(1404年)计划在此建一行宫，因南面一村叫吴王，不吉利，故未建成，为纪念此事，起名行宫。后根据字的谐音，逐渐演变为杏贡。

以历史著名人物的名称命名。如一：张敖。在东汉灵帝时(公元168年)，一位钦差大臣名张敖，驻守此地，并封为王候。为纪念这位大臣，将村名命名为张敖。如二：彭疃、李疃、刘疃。村名是取舜帝妃子“重华”的名字命名的，初称重华疃。1931年分村时，以姓氏划村，分别称彭重华疃、李重华疃、刘重华疃，后简称彭疃、李疃、刘疃。

以所处方位命名。该类村共有80个，约占村庄总数的34.8%。如北黄城、东黄城、东南黄城、西南黄城，原为一个行政村，名为黄城，后因村大，于1961年按所处方位分为以上4个村；又如北侯疃、西侯疃、南侯疃，原为一个村，名为五侯疃。1937年分村时，按方位分为北侯疃、西侯疃、南侯疃三个村。

以所处地理位置命名。如一：县前。因地处旧县衙前边，故名县前。如二：店子头。明朝以后，因地处大子文村店的东头，从安平到深泽的大道经过这里，是到店的必经之路，故名店头，后世更名为店子头。

以所处的地形命名。此类村庄共有13个，约占村庄总数的6%。如一：南白沙庄、北白沙庄。两村原为一个行政村，因此处紧靠潴龙河，白沙甚多，故名白沙庄。1963年分村时，按所处方位分为南白沙庄、北白沙庄两村。如二：崔岭。因此处有一丘陵，借此冠以姓氏，遂得名崔陵，后演变为崔岭。如三：东长堤、西长堤。两村原为一个村，清朝时，因此村近靠千里堤，故名长堤。1938年，分为东、西长堤两个村。如四：西会涡、东会涡。两村原为一个村，滹沱河在此经过，因河的上游地势较高，此地低洼，到此常 汇合成旋涡，遂得名会涡。清乾隆21年（1756年）分村时，分为东、西会涡两个村。

以建筑物、文物和树木得名。此类村庄共有22个，约占村庄总数的10%。如一：寺店。唐朝在此建“慈云寺”一座，寺顶部均用琉璃瓦铺成，借此称琉璃瓦店。1949年，改为寺店。如二：前柏林。古时，此地有一片柏树林子，金朝明昌二年（1191年），此处建一柏林寺，此村在寺前，取名前柏林。如三：东白驼罗、西白驼罗。此处有一大寺，寺内有白石罗汉，借此得名白驼罗村。1961年分为东、西白驼罗两个村。如四：长汝。明朝以前，此地寺庙内挂一大钟，钟上铸有“章羽”二字，借此得名章羽村，后世根据字的谐音演变为长汝。

沿河流两旁的村庄，多以渡口、闸口命名。如：刘吉口、刘口屯、院西（原为远西口）、里河、信口（原为信家口）等。

以自然村的个数得名。如：五新村。1940年，北角、王店、刘店、郭店、何店五个自然村合并为一个行政村，得名五新村。

为纪念革命活动命名。如新政村，原名阎会涡。1938年，中共安平县地下党组织用“新政”二字为联络暗号。1945年抗战胜利后，阎会涡更名为新政村。

三国时曹操屯田之处称为屯。如：东里屯、西里屯、史官屯、耿官屯、向官屯、郭屯、杨屯、贾屯。

2. 街路

以党政机关驻地取名，寓意执政为民。如为民街。

以时代特色取名。如新盈街、红旗街。

以寓意强国富民取名。如裕华路、富民路。

以寓意和平吉祥取名。如和平街、长安街。

以特色产业取名。如网都街。

以所处方位取名。如中心路、东马路、西马路、西环路、南环街。

以所处的地理位置取名。如烈士陵园前边东西街起名陵园街，地处旧县城中心的东西街取名旧城街，紧靠教育局的南北路取名育才路。

以文物古迹取名。如圣姑路 （紧靠圣姑台）、汉王路（直通汉王墓）。

以起始至终点地名命名。如保定至衡水为保衡路；正定至饶阳为正饶路。

三、学校名

按学校类别和所在地命名。如：安平中学、南王庄镇中学、北郭村农中、北关小学、安平县教师进修学校、安平县职业中学等。

同类学校按顺序排列命名。如：安平县第二中学、安平县第三中学，安平县第一实验小学、安平县第二实验小学等。

以寓意为国家培养有用之才、国家栋梁命名。如：童星幼儿园、新童星幼儿园、博士小学、育才中学。

以寓意前途光明命名。如：向阳小学、光明中学等。

以寓意通过教育使人们摆脱愚昧命名。如：启蒙幼儿园、启蒙小学、启蒙中学等。

以寓意共同受益取名。如：同华小学。

四、商标名

以企业所在地命名。如:驻地在五新村的衡水星华化工有限公司的产品氯乙酸,商标为"五新";安平县丝网工业总公司的铜钢丝,商标为"博陵";安平县医用材料厂生产的包扎绷带,商标为"燕赵"。

以人名中的字或人名为商标名。如:虎栋滤芯厂的厂长叫虎栋,其产品商标为"虎栋";安平县河漕村镀锌厂的厂长叫刘增禄,其产品商标为"安禄牌"等。

以动物命名。如:衡水京安集团有限公司的猪肉食品,商标为"斯格犀牛";安平县鬃尾集团总公司的兽鬃毛制品,商标为"野马";弘光电焊网厂的产品,商标为"金狐";正大丝网厂的铁丝网,商标为"双鹤";汇源喷塑厂的产品,商标为"喜鹊";强盛喷塑窗纱厂的产品,商标为"青蛙"等。

以山河海洋命名。如:安平县华光食品厂的水果罐头,商标为"滹沱河牌";长城滤芯有限公司的过滤纸,其商标为"珠峰";安平县远东金属制品厂的金属网带,其商标为"远洋牌"。

以生产企业的简称为商标名。如:衡水碧叶乳品有限公司的"碧叶牌"非医用营养品;安平县鑫旺仪器机械厂的"鑫旺"烤箱;安平县恒升电动卷闸厂的"恒升"金属门装置;华夏金属网栏有限公司的产品,商标为"华西栏"。

以生产企业名称的汉语拼音或拼音缩写加汉文厂名为商标名。如:安平县安隆集团的金属丝网商标为"ANLONG安隆";安平县方正丝网厂的金属丝网商标为"FZ方正"。

以图案为商标。如:安平县金源丝网制品有限公司的金属丝商标、安平淞阳金属制品有限公司的产品商标、安平县经纬丝网厂的金属丝商标等都是以图案为商标。

以企业名称的谐音命名。如:恒信五金拉丝织网厂其产品商标为"恒鑫"等。

以吸引顾客的怪意词语命名。如:安平县神雨保健饮品有限公司的酒商标为"狂怪"。

以产品的性能作用起商标名。如:宏盛防盗美格网总厂生产的防盗网商标为"猎狗";安平县金属丝网有限公司的金属网带商标为"巨强"。

以产品的性能特征为商标名。如:华兴电焊网厂的电焊网商标为"安泰";史官屯金属网厂的窗纱商标为"阔明"。

以寓意兴旺、强盛起商标名。如:安平特开发滤网厂的金属丝网商标为"火旺";冀安节能设备厂的锅炉、茶炉商标为"安宏";安平县搪瓷浴盆厂的浴盆商标为"富安"。

以寓意财源广进、欣欣向荣起商标名。如:安平县红星酒厂的白酒商标为"广源";安平县鑫荣橡胶厂的输送传运带商标为"鑫荣"。

以寓意平安吉祥命名。如:安平县第一化工厂的氯乙酸商标为"安祥";院西拔丝织网厂的金属丝网商标为"银祥"。

以寓意前途光明命名。如:河北双安丝网有限公司的金属丝网商标为"东晓";安平职中不锈钢拔丝织网厂的产品商标为"向阳";安平县造纸网厂的造纸网和印刷网商标为"鹤煌";骄阳电器焊接设备厂的产品商标为"骄阳"。

以寓意创新、有为命名。如:安平县创新教学仪器商标为"创新";大地科技实业有限公司的产品商标为"希望"。

以表明产品质量功能俱佳命名。如:安平县矿筛厂生产的矿筛商标为"金宝";安平县津佳精细化工厂的油漆商标为"华雄"。

以当地人民敬仰的古人之名命名。如:安平县礼花厂的礼花商标为"圣姑"烟花;安平县制酒厂酿制的白酒商标 为"圣姑"酒。

五、工商企业名

以地名加生产产品或经营商品名称命名。如:安平县造纸网厂、安平县纤维板厂、安平县搪瓷浴盆厂、院西拧花网厂、孝仁钢板网厂、里村军工劳保商店。

以经营者一人姓名或夫妻两人姓名命名。如:松亚植物油加工厂、学征机电设备有限公司、雅芳书屋、珍珍服装店、安丽窗帘城、晶磊饭店等。

以地名加人名加生产产品或经营商品名称命

名。如：安平县振兴搪瓷浴盆厂、安平县虎栋滤芯厂、严疃建超拔丝厂、政宜建强五金机电等。

以经营者的姓氏或姓氏拆字法命名。如：刁家五香鸡、吴记瓜籽、杨氏橱具、十八子装饰公司、木子屋服饰等。

以参与经营的人数命名。如：三联摩托城、三凤美容店等。

以经营者的人物特征命名。如：有一机电商行经营者为年轻人留着大胡子故名"大胡子机电商行"；一饭店的老板长得憨厚肥胖故名"笨猪香炖酸菜"。

以希冀兴旺发达、吉祥如意取名。如：惠祥超市，宏达、飞达、腾达、发达家电商场，兴隆家电、宏发水暖、起福祥陶瓷洁具、好运来蛋糕面包世界、隆兴网业有限公司。

以商品特色、行业特征命名。如：光明眼镜店、佳洁干洗店、益生堂、足安堂、恒通通讯、康明大药房、永光油漆商店、光明灯具城、红光灯饰城、京味斋饺子馆。

以寓意商品性能、质量、技术、服务俱佳命名。如：裤中酷、衣佳衣、标榜专业美发、天使美艺时尚理发、佳艺磨砂玻璃总汇、标准眼镜中心、永固不锈钢门窗厂。

以寓意利润低、价格便宜取名。如：一分利钟表家电、微利小店、一元店、二元自选超市、经济小吃部。

以寓意温雅、平和取名。如：仁和烟酒副食批发、宜和副食、谦和日化行、友谊饭店、顺德商场、顺心家具城、良友加油站 。

以品牌或名牌商品商标为店名。如：新郎•希努尔西服店、国人西服专卖店、蓝猫专卖、蒙牛乳品安平总代理、三鹿乳品专卖、奔腾电脑网络科技、晨光肉食超市。

以排列顺序命名。如：医药药材公司第一、第二、第三、第四、第五、第六、第七大药房；安平县第二、第三礼花厂；安平县第二、第三、第四化工厂。

以地名或山川、海洋、江河命名。如：老北京大酒店、青松岭饭店、四川酒家；巴黎婚纱摄影、燕赵家电城，福建茶庄、苏杭布城、金勃海水产部、松花江骨头馆、潴龙万向有限公司。

以神仙佛祖居住地、名人神话命名。如：天波大酒店、桃园饺子城、神雨纯净水厂、玲珑阁美容院、艺仙阁画廊。

以日月星云命名。如：星河网吧、银河家电商场、白云家电 、鸿云数码婚纱影楼、日月星饭馆、紫云轩美食城。

以动物和传说中的神话动物命名。如：麒麟汽车装具配件中心、红蚂蚁电脑商城、天龙家具城、玉龙大酒店、横行将军香辣蟹火锅、金牛电焊网厂、金马尾毛厂。

以植物、花卉命名。如：玉竹鲜花阁、红玫瑰精品服饰、一剪梅专业美容美发、玉兰香美食城、绿蕊轩茶庄。

以所处的地理位置命名。如：地处圣姑台南边的旅馆名为"圣南旅馆"；座落在中心路旁的家具城名为"中心路家具城"；位于县城南边正饶路北三角地带的加油站名为"金三角加油站"。

以诚信取名。如：诚信家电商城、诚信汽车音响装具配件、百信裤业、佳信金属网厂、安信精密铸造有限公司。

以寓意贴近百姓、贴近生活、为民服务命名。如：老百姓大药房、益民大药房、家家乐家电商城、为民家电、咱家的菜馆、利民肉铺。

以服务对象命名。如：童星购物中心、爱婴岛、小海星玩具城、聪明贝贝童装屋、小娇子服饰、伊妹儿休闲服饰、老中青美发厅。

以附庸新潮、时髦取名。如：粉佳人婚纱影楼，诗芙蓉美容美发名店、阿帝形象设计室、阿托时尚理发、冰点发艺、靓猫美容美发、零点餐厅、红唇一族(服装店)、绿之恋花卉批发展销店、留香书屋、石头书屋、英特纳黄金珠宝商行。

以反义或吸引顾客的词语取名。如：归去来休闲屋、老糊涂楼(酒店)、非常容颜美容美体中心、胖而美(服装店)、好再来饭馆、上一当饭店等。

第七节　生产习俗

一、农业生产习俗

1991—2002年，耕地，小麦、玉米播种收割，农业运输逐步实现机械化，除草用除草剂。耕地不用牛，除草不用锄，收割不用镰，传统的农机具锄、镰、畜力车、大牲口等退出农业生产历史舞台。农村出现众多剩余劳动力。青壮年多数进城或在本村镇经商、办厂、打工，在收割、播种时回家务农，干完活再去经商、打工等。农业生产出现集约化经营。养鸡的建养鸡厂，养猪的建养猪厂，到2002年，分散、少量养殖鸡猪的很少见。搞种植的成片成方大面积种植，全县出现许多养殖专业村、种植林果大户。

二、工业生产习俗

丝网生产遍布全县。许多农民在从事农业生产的同时在家中或在本村搞丝网生产，农忙时干农活，农闲时搞丝网，农忙时间很短，大部分时间搞丝网生产。农民亦工亦农，工的色彩更浓厚。

第八节　禁忌习俗

一、婚事

婚期确定后不能更改，有“动一动，死公公、错一错，死婆婆”之说。

女子出嫁，姑不娶、姨不送。

做结婚新被、送闺女、娶媳妇忌用儿女不全的人。

二、丧事

报丧者忌中途串门。

身穿孝服不能串门。

破土、出殡孝子来去须走同一条道。

丧事期间不白用别人家的东西，用后要给钱。

父母死后一个月内不理发，第一年大年三十晚上不喝隔年酒，大年初一早晨不起五更、不开门、不拜年，正月里不串亲。

三、生育

生小孩后，月子里忌生人串门，尤其是孕妇进入，认为会沾走产妇的奶，特别是产后四、六天忌外人进入产房，怕小孩得“四六风”。

出嫁的闺女忌在娘家生孩子。

小孩的尿布忌在露天过夜，不能晒高了，有晒高了小孩胆小之说。

四、年节

大年三十忌说不吉利话。

正月初一，从五更到日出前忌动笤帚，忌动针线，忌打碎盆碗和哭泣。

正月里不理发，有“正月推头，不死大伯就死舅”之说。

五、新人

新婚夫妻正月十五要到女方娘家过，俗称“躲灯”。

新媳妇须在婆家出正，有“不出正死公公”的说法。二月二不吃婆家的菜，有“吃了婆家的菜，婆婆死得快”之说。

清明节、芒种新媳妇须在婆家过，有“不过清明死公公，不过芒种婆婆得病”的说法。

初五、十四、二十三为月忌天，月忌天忌走亲访友，尤其是刚结婚的新人，有“新人不走月忌天”之说。

六、医病

忌下午或晚上探视病人。

熬药锅只借不送，有“送病”之说，谁用谁来拿。

七、老人

老年人年龄忌讳73岁、84岁和100岁，有“七十三、八十四，阎王不请自己去”和“一百，该宰”之说，届时多说或少说一岁。

为老人祝寿送礼不要送钟，忌钟(终)之谐音。

八、饮食

吃饭时忌用筷子敲盆敲碗，认为是骂做饭的。

给别人盛饭时，忌饭勺向外倒。

待客倒茶，忌壶嘴对着客人。

待客时，酒要满，水要浅。

九、其他

写信忌用红笔，认为红笔写信是绝情、骂人的行为。

院子里的树忌刨根。

起名忌与长辈名字同音。

农历六月、腊月不搬家、不拆被褥，有六月、腊月拆被无人睡之说。

忌猫头鹰，有“夜猫子进宅，无事不来”“不怕猫头鹰叫，就怕猫头鹰笑”之说。

忌乌鸦在院内叫，“乌鸦叫，祸事到”。

第九节　迷信陋习

一、迷信

20世纪90年代，一些封建迷信活动又再度兴起。相面、算卦、看手相、测生辰八字者走乡串村，或在县城公开摆摊，以圣姑路电信局以北较多。还有的在县城临街租房，公开营业。盖房看风水，丧葬观阴宅，下葬选时辰，婚嫁、开业、搬家选吉日等甚为普遍。还有一些人要汽车牌照、电话、手机号码不惜多花几十元乃至几百元、上千元也要挑选带“6”“8”“9”的吉利号，忌4、7不吉利号码。有的饭店、商场供奉菩萨、关公和赵公元帅等神像，甚至还有部分公职人员亦在家供奉神像，烧香磕头，祈求神灵保佑全家平安、财源广进、官运亨通。

二、陋习

赌博　进入20世纪90年代后赌博风渐兴。参赌者有男女老少，有农民、干部、职工、离退休人员、工商业者以及个别党政领导干部。赌具多为麻将牌和天九牌。赌博形式多为打麻将、推牌九、打天九、顶牛，还有利用游戏机进行赌博的。赌注从开始的几角钱，发展到几元、几十元、百元，多者成千上万元。场所多在居民家中、门店门市、旅馆饭店、婚丧主家等地。

卖淫嫖娼　该丑陋现象在20世纪90年代又死灰复燃。卖淫者大都是外地人，本地人很少；嫖娼者外地人、本地人均有；卖淫嫖娼的场所以宾馆、旅店、酒店、饭店、歌厅、美容美发店居多。公安部门虽多次查禁，但仍是屡禁不止。

请客送礼　20世纪90年代请客送礼已为常事。请客送礼者依其目的向不同阶层不同人员送钱、送物、请吃请喝，涉及社会各个领域。并根据所办事情的大小和难易程度，自行掌握送礼的多少。做生意送礼，为给子女找工作送礼，为学生升学、转学送礼，为病人住院、开刀送礼等，名目繁多，举不胜举。

弄虚作假　是社会一大积弊。有的为应付检查或取得上级领导的信任和赏识，以求升迁，则不顾事实，弄虚作假，浮夸假报、夸大政绩、欺骗上级；有的为达某种目的，造假身份、假户口、假档案、假学历、假发票、假报销单，售假农药、假化肥、假种子、假医药等。

第二十六编　人物

人物传记

人物名录

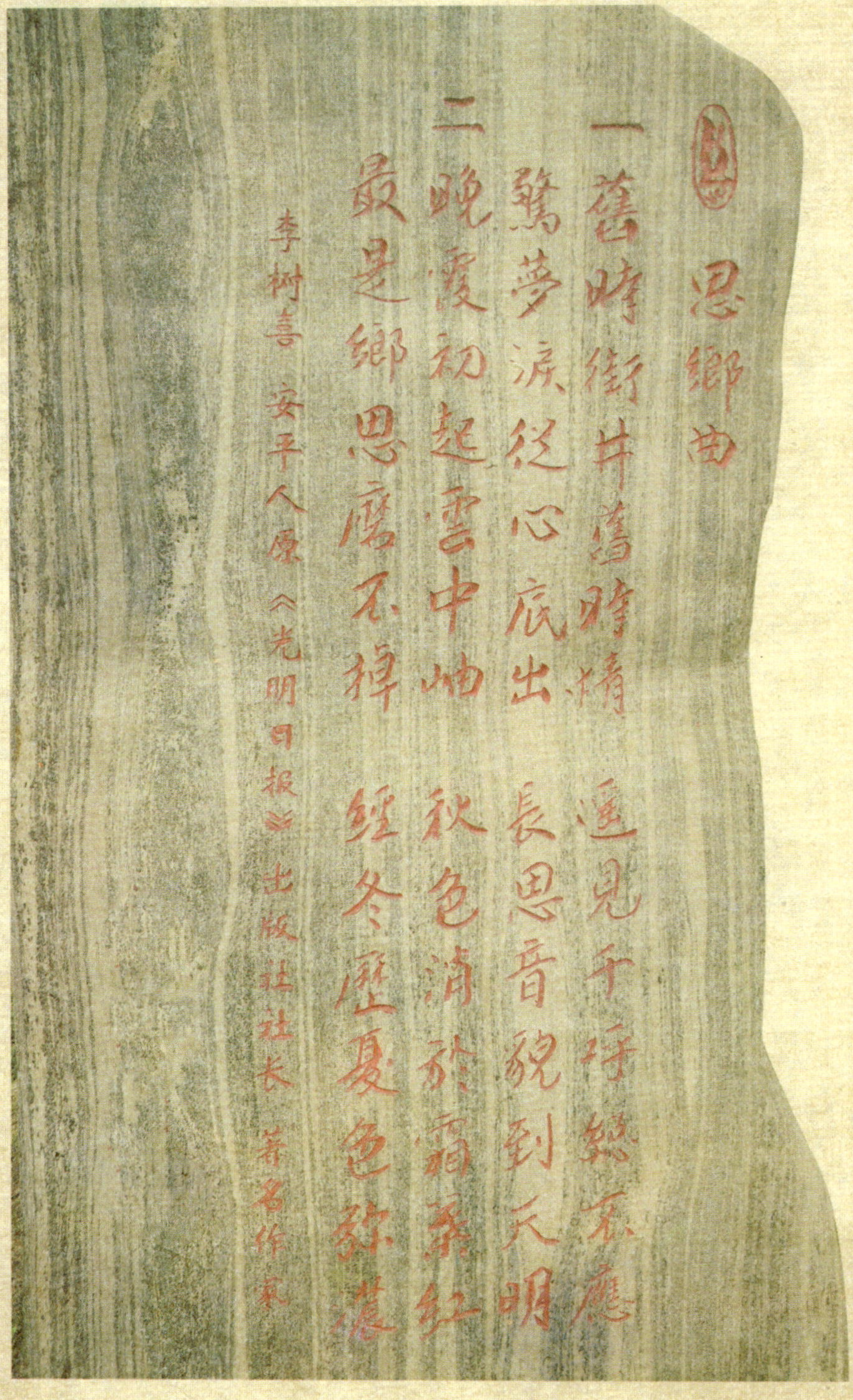
思鄉曲
一 舊時街井舊時精 遥見千呼戀不應
驚夢淚從心底出 長思音貌到天明
二 晚霞初起雲中岫 秋色消於霜葉紅
最是鄉思磨不掉 經冬歷夏色彌濃
李树喜 安平人 原《光明日报》出版社社长 著名作家

安平县汉王公园石刻

第二十六编　人物

第一章　人物传记

1996年版《安平县志》立传46人，分别是崔篆、崔骃、崔瑗、崔寔、崔烈、崔洪、张载、张协、张亢、崔挺、崔伯谦、李百药、崔玄玮、张益、张凤、门洞开、孙闻俊、陈宗石、田发祥；李洪振、刘春朋、安贵普、宋永安、李子逊、张东东、邢小梅、石砚生、王振芳、王仁庆、葛小勇、赵斗生、王东沧、何荣耀、李福来、张建华、王奔、李锡九、杨元亨、弓仲韬、李杏阁、张朔明、王席征、尹树堂、张玉麟、王玉坤、张亮。本次续志立传33人，其中前志末录古代人物20人，现代人物13人。现代人物中，1人卒于本志上限（1991年）以前，12人卒于1991—2002年时限之内。立传以卒年先后为序。

第一节　古代人物传记

圣　姑

原载康熙二十六年版《安平县志·人物志》

圣姑姓郝氏，字女君。耆宿相传，周末时，本郡节政通玄里会涡村人也。父名义，母张氏，世业农。年逾四十，无子，夫妻常祷于神。不越岁，生女君焉。既长，性贞淑。及笄，父母欲嫁之，女君曰："无昆季备养，一旦适人，反贻其忧。"坚辞不许。其父偶值疽发背，医莫能效。女君忧惶，每夕致祷于北辰之下，时复吮其秽恶。或劝之曰："若是，恐有害于汝。"女君答曰："愿父病愈，以身代之，宁是之避耶？"未几，果愈。于是乡人叹曰："非孝感神明而然乎？"厥后，父母俱以天年终，罄家资以营葬，具合葬于是村之右。庐于墓侧，寝苫枕块，卒哭而后归，时祭哀墓以至终丧，未尝少懈。众皆哀而敬之。《寰宇记》载云："一日，女君与邻女樵采滁、滱二水之间。邻女还，言：'见车马自水中出，迎姑，姑忽不见'。"人谓姑仙于水府矣，立祠祀之。后汉更始之乱，光武为萧王，北巡定、冀、赵、中山地，为王郎窘促，走经博陵，抵会涡村，人马渴甚。有女行道上，肩荷桶二，以水至前，众争饮之。女弃桶负杖走。时从百余骑饮水，水自器旋盈；饮人马足，不竭，视女，不知所在，众以为神。已而出祠下，见姑像与女肖，前杖在焉。王大惊，后即位，思曩（nǎng）日郝女君以水济人马之功，赐以"孝感圣姑"之号，故立庙于城北焉。

圣姑译文

圣姑姓郝，字女君，老人们相传是周末时安平会涡村人。父亲名义，母亲张氏，世代务农。年过四十，尚无儿女。夫妻二人常对神祷告，不过一年，就生下女君。女君长大后，品行贞洁，性格善良。到了结婚年龄，父母想让女君嫁人。女君说："我无兄弟奉养爹娘，一旦嫁了人，反会使我忧虑。”坚辞不允。女君父亲偶生背疮，医治总不见效。女君心急忧虑，每晚在北极星下祈祷，常常用口去吸吮父亲疮内的脓血。有人劝说她：“这样做怕有害你的身体”。女君回答说：“只要父亲病能好，我愿以身代之，哪还躲避这些呢？！”不久，父亲果然痊愈了。于是乡邻都感叹说：“这不是孝顺感动了神灵吗？”以后她父母都天年寿终。女君倾尽家资办理丧事，把父母合葬在村西。自己在墓侧搭起草棚，睡在草苫上，以土块为枕，哭够了才回村。按时祭祀，满三年毫不懈怠。乡亲们都表示哀悼，很尊敬女君。《太平寰宇记》记载说：一天，女君与邻女拾柴在滁水、滱水（今潴龙河）之间。邻女回来说：“看见车马从水中出来迎接姑，姑忽然不见了。”人们都说姑（女君）在水府成仙了。于是立了祠庙祭祀她。

西汉末年更始之乱时，刘秀为萧王，北巡定州、冀州、赵州、中山等地，被王郎追赶，走经安平，到会涡村，人马都渴得很厉害。这时，有个女子正在路上行走，肩挑两桶水来到军前，众人都争着饮水。那女子丢下水桶，扛上扁担就走。当时有一百多人马饮水，水在桶中很快就溢满，人马都喝足了，水也没完。再找那位女子，已不见踪影，众人都以为是神。不一会儿走到祠下，见塑像与那女子酷似，原先的扁担还在呢。刘秀大惊，以后做了皇帝，想起昔日郝女君以水救济人马之功，就赐封其“孝感圣姑”称号，在城北立了祠庙。

崔　暹（xiān）

崔暹（?—559）字季伦，博陵安平县人。父穆，州主薄。暹少时为书生，避地渤海，依高乾，以妹嫁给高乾之弟高慎。慎后临光州，启暹为长史。后高祖（高欢）任为丞相长史。后迁左丞、吏部郎，主议《麟趾格》。东魏武定初（543年）任御史中尉。所选御史皆不负众望。暹先后上表弹劾尚书令司马子如、尚书元羡、雍州刺史慕容献，又弹劾太师咸阳王元坦、并州刺史可朱浑道元罪状极笔，并免其官。高欢死后，世宗（高澄）以暹为度支尚书，兼仆射（yè）。北齐初，迁太常卿。天保七年（556年）迁侍中。天保八年（557年）进右仆射。天保十年（559年）二月病卒，帝扶灵而哭。赠开府，谥（shì）曰贞节。

崔　昂

崔昂（?—?）字怀远，博陵安平县人。祖挺，字双根，魏州刺史。父孝暐（wěi），字敬业，后魏赵郡太守。昂年七岁而孤，性端直。少好章句，颇综文词。东魏（孝静帝元善见）天平二年（535年）高澄广开幕府，引为记室参军。世宗（高澄）入辅朝政，召为开府长史。后迁尚书左丞兼度支尚书。550年北齐建立，迁散骑常侍，兼太府卿、大司农卿。北齐天保十年（559年）兼右仆射，后任正仆射。文宣帝高洋崩后，遂免昂仆射，除仪同三司。后坐事除名。卒祠部尚书。

崔季舒

崔季舒（?—572）字叔正，博陵安平县人。父瑜之，字仲琏，魏鸿胪卿。季舒少孤，性明敏，涉猎经史，长于尺牍。年十七为州主簿。东魏时，初为大将军中兵参军，后擢（zhuó）拜中书侍郎。北齐初，任尚书左仆射、仪同三司。北齐（废帝高殷）乾明初（560年）停其仆射。后又起复，除光禄勋，兼中兵尚书，出为齐州刺史。（武成帝高湛）太宁初（561年）拜度支尚书、开府仪同三司。武成崩后，除胶州刺史，迁侍中、开府，加左光禄大夫，加特进并兼修国史。武平三年（572年），因直谏后主高纬被杀，并弃尸于漳水。北周武帝宇文邕灭齐，季舒被优赠开府仪同大将军、定州刺史。

李德林

李德林（530—591）字公辅，博陵安平县人。父敬族，历太学博士、镇远将军。德林幼聪敏，年数岁，诵左思《蜀都赋》，十余日便度。年十五，诵五经及古今文集，日数千言。阴阳纬候，无不通

涉。年十六，父死，自驾灵舆，返葬故里。北齐天保八年（557年）举秀才。（废帝高殷）乾明初（560年）入议曹。（武成帝高湛）河清（562—565年）中，授员外散骑侍郎，带斋帅，仍别直机密省。天统元年（565年）授给（gěi）事中，直中书，参掌诏诰，寻迁中书舍人。武平初（570年）加通直散骑侍郎。承光元年（577年）授仪同三司。北周武帝宇文邕（yōng）577年克齐，授内史上士。宣政末（578年）授御正下大夫。大象初（579年）赐爵成安县男。隋开皇元年（581年）授内史令。开皇八年（588年）授柱国，爵郡公。后出为怀州刺史。开皇十一年（591年）病故。撰有《霸朝杂集》5卷、《李德林集》80卷，多散佚（yì）。有子李百药，唐宗正卿。

崔仁师

崔仁师（?—?）博陵安平人。唐（高祖李渊）武德元年（618年）擢制举，调管州录事参军。623年迁右武卫录事参军，参修魏、梁史。贞观元年（627年）迁殿中侍御史。当年，青州（治所在今山东益都县）发生了一起谋逆造反的案子，州县追捕余党，致使俘囚满狱。诏命崔仁师前往复审此案。仁师到后，立即命人将囚犯的枷锁去掉，还供给饮食汤沐，安定人心，并“以情讯之”。经仔细审问后，批只将为首的十几人定为死罪，其他盲从者，一律免予处罚，释放回家。仁师回朝奏报复审结果后，朝庭敕使前往青州覆讯。敕使到青州后，再次讯问囚犯，并宣读判决。诸囚纷纷叩头说：“崔公仁恕，事无枉滥，请伏罪。”没有一名死囚有异议。此事传开后，仁师“由是知名”。贞观十六年（642年）迁给事中。这时，刑部对《贼盗律》中规定的“反逆者缘坐兄弟没官”的条文产生异议，认为太轻，应该改为“从坐处死”，并将此项建议提交八座会议集体商议。讨论中意见产生分歧，最后，鉴于汉、魏、晋三朝谋反的人都要夷灭三族，“咸欲依高士廉等议”。仁师却站出来反驳。他历数自伏羲、神农以降，历代刑法轻重与治世兴衰的关系后，阐述了自己的意见：现今条文允当，即所谓“断狱数简，手足有措，刑清化治，未有不安”。而众位大臣引以为据的“暴秦酷法，为隆周中典，乖恻隐之情，反惟令之行。进退参详，未见其可。”同时立法的目的不是为了杀戮，而是为了使人产生警惕之心，减少犯罪。即使议改从重，对冥顽不化之徒仍是无济于事，“且父天属，昆季同气，诛其父子，足累其心，此而不顾，何爱兄弟？”恳请众位大臣“既欲改法，请更审量。”说得各位大臣心服口服。为此，朝庭采纳了仁师的意见，驳回了刑部之议。征辽之役，因海运失期，坐免官。后唐太宗（李世民）还至中山，起为中书舍人兼检校刑部侍郎。贞观二十二年（648年）晋为中书侍郎，参知政务（位列宰相）。中书令褚遂良忌，会有伏阁（gé）上诉者，仁师不奏，太宗大怒，流放连州（处广东岭南）。唐（高宗李治）永徽元年（650年）授简州刺史。后病卒。

崔安上

崔安上（?—656）字敦礼，唐安平县人。敦礼本名元礼，唐高祖李渊为其改名为敦礼。他广涉文史书籍，特别重视节操和礼义。唐高祖武德中，拜通事舍人。武德九年（626年）升左卫郎将。贞观元年（627年）拜中书舍人，迁兵部侍郎。因他频繁出使突厥，累转灵州都督。贞观二十年（646年）征为兵部尚书。永徽四年（653年），代高季辅为侍中，累封固安县公，仍修国史。永徽六年（655年）加光禄大夫，代柳奭（shì）为中书令，寻兼检校太子詹事。显庆元年（656年）拜太子少师，仍同中书门下三品，不久病卒。唐高宗（李治）为其在东云龙门举哀，赐东园秘器，赠开府仪同三司、并州大都督，陪葬昭陵（唐太宗李世民墓），谥曰昭。

李安期

李安期（?—?） 唐宗正卿李百药之子，安平县人。贞观元年（627年）初任符玺郎，后预修《晋书》成，除主客员外郎。永徽中迁中书舍人。后与李义府等于武德殿修书，转黄门侍郎。龙朔中（661—663年）为司列少常伯参知国事、俄检校东台侍郎、同东西台三品，出为荆州大都督府长史。咸亨（670—673年）初卒。著有《李安期集》20卷。

崔　湜

崔湜（671—713） 字澄澜，唐安平县人。祖崔仁师，父崔挹（yì）。擢进士第，累转左补阙。预修《三教珠英》，附武三思、上官婉儿，由考功员外郎累迁中书舍人，兵部侍郎。（唐中宗李显）景龙二年（708年）迁检校吏部侍郎，中书侍郎、同中书门下平章事。后因收受贿赂贬江州司马，安乐公主从中申护，改襄州刺史。韦氏临朝称制，湜复为吏部侍郎、同中书门下三品。（睿宗李旦）景云元年（710年）年初，出为华州刺史，除太子詹事。景云中（710—711年）为中书令。开元元年（713年）因参与谋逆，被贬岭南，途中被唐玄宗赐死。

崔日用

崔日用（673—722） 唐安平县人。中进士后，初为芮城尉。大足元年（701年）武则天幸长安，路次陕州。宗楚客为陕州刺史，日用负责供应圣驾停宿后所用的膳食物资。他广求珍味，称楚客之命，普遍馈赠从官。楚客知后大加赏叹，极力推荐，因此拜为新丰县尉。不久又拜监察御史。唐（中宗李显）神龙中（705—707年）迁兵部侍郎，兼修文馆学士。睿宗（李旦）景云元年（710年），因除韦后之功授银青光禄大夫、黄门侍郎，参知机务，封齐国公，食实封二百户。为相月余，与中书侍郎薛稷不协，转雍州长史，停知政事。不久出为扬州长史，历婺、汴二州刺史和兖州都督、荆州长史。玄宗（李隆基）开元元年（713年），因讨太平公主功，进吏部尚书。后寻出为常州刺史，削实封三百户，转汝州刺史。开元十年（722年）转并州大都督长史，卒。并州人怀其惠，吏民数百皆缟服送丧。赠吏部尚书，谥曰昭。再赠荆州大都督。

崔　涣

崔涣（707—769） 祖玄暐，神龙功臣，封博陵郡王。父璩（qú），文学知名，位至礼部侍郎。涣少以士行闻，博综经籍，尤善谈论，累迁尚书司门员外郎。唐（玄宗李隆基）天宝（742—756年）末，出为剑州刺史。天宝十五年（756年）七月，玄宗幸蜀，涣迎谒于路，抗词忠恳，皆究理体，玄宗嘉之，以为得涣晚。宰臣房管又荐之，即日拜黄门侍郎、同中书门下平章事。唐肃宗李亨756年灵武即位。是年八月，诏涣充江淮宣谕选补使，以收遗逸。惑于听受，为下吏所鬻（yù），滥进者非一，以不称职闻。乃罢之政事，除左散骑常侍，兼余杭太守、江东采访防御使。旋授正议大夫、太子宾客。乾元三年（760年）正月转大理卿。再迁吏部侍郎、检校工部尚书、集贤院待诏。后迁御史大夫。大历三年（768年）加税地青苗钱物使。因弄虚作假，贬道州刺史。同年十二月（769年1月），以疾终，追赠太子太傅，谥号元。

崔祐甫

崔祐甫（721—780） 字贻孙，唐安平县人。父沔（miǎn），字孝冲，中书侍郎。祐甫举进士，历寿安尉。安禄山陷洛阳，士庶奔迸（bèng），祐甫独崎危于矢石之间，潜入私庙，负木主以窜。历起居舍人、吏部司勋员外郎、累拜御史中丞、永平军行军司马，寻知本军京师留后。代宗（李豫）时，累官中书舍人。时中书侍郎阙，祐甫省事，数为宰相常衮(gǔn)所侵，祐甫不从。德宗李适时(780—805年)，常衮循旧事，贬祐甫敕出，郭子仪及朱泚(cǐ)皆表明祐甫不当贬谪，德宗大骇，是日，立贬衮为河南少尹，以祐甫为门下侍郎、同平章事，两换其职。寻转中书侍郎，修国史，仍同平章事。建中元年(780年)病故。

崔　造

崔造(737—787)　字玄宰，唐安平县人。少涉学。唐(代宗李豫)永泰(765—766年)中，浙西观察使李栖筠引为宾僚，累至左司员外郎。好友刘晏善遭杨炎、庚准诬奏伏诛，造累贬信州长史。朱泚之逆，造为建州刺史举州兵勤王，后拜吏部郎中、给事中。贞元三年(787年)，以给事中同中书门下平章事。不久，罢知政事，为太子右庶子。是年，以忧卒。

崔　损

崔损(?—803)　字至无，唐安平县人。唐(代宗李豫)大历末(779年)进士擢第，登博学宏词科，授秘书省校书郎，再授咸阳尉。后改大理评事，累迁兵部郎中。贞元十一年(795年)迁右谏议大夫。次年(796年)，以本官同中书门下平章事，知政事，并赐金紫。贞元十四年(789年)秋，转门下侍郎平章事。是年，昭陵旧宫为野火所焚，命损为八陵修奉使。贞元十九年(803年)病故，赠太子太傅，谥曰靖。

崔　植

崔植(772—829)字公修，唐安平县人。父婴甫，庐江令。植潜心经史，尤精《易象》。唐(宪宗李纯)元和中(806—820年)为给事中。寻除御史中丞，入阁弹事。唐(穆宗李恒)长庆元年(821年)拜官中书侍郎、同中书门下平章事。进爵富人侯。因失河朔三镇，罢知政事，守刑部尚书，出为华州刺史。太和三年(829年)卒于任所。

崔　珙

崔珙　(?—?)　唐安平县人。父崔颋(tǐng)，同州刺史。唐(德宗李适)贞元(785—805年)初中进士。唐(文宗李昂)太和初，累官泗州刺史，入为太府卿。太和七年(833年)，任广州刺史、岭南节度使。开成元年(836年)，加检校兵部尚书。开成二年，检校吏部尚书、右金吾大将军。是年六月，迁京兆尹。(武宗李炎)会昌(841—846年)初，寻以本官同中书门下平章事，累兼刑部尚书、门下侍郎，进阶银青光禄大夫，兼尚书左仆射。会昌中，珙素与崔铉不协，铉扯出珙领使时一日挥霍盐铁钱90万贯文　，并说珙曾保护过刘谏，因此被贬澧(lǐ)州刺史，再贬恩州司马。(宣宗李忱)大中元年(847年)，以赦召还，为太子宾客，出为凤翔节度使。大中三年(849年)，迁凤翔陇州节度观察处置使、光禄大夫，检校尚书右仆射，兼凤翔尹、御史大夫，进爵上柱国、安平郡开国公。

崔　铉

崔铉(?—868)　字台硕，唐安平县人。父元略，义成节度使。登进士第，三辟诸侯府，荆南、西蜀掌书记。唐(武宗李炎)会昌元年(841年)入为左拾遗，再迁员外郎，知制诰，累官中书舍人、学士承旨。会昌三年拜中书侍郎、同中书门下平章事。会昌五年外放为陕虢(guó)观察使、检校刑部尚书。(宣宗李忱)大中元年(847年)，迁检校兵部尚书、河中尹、博陵县开国子、食邑五百户。大中三年(849年)召拜御中大夫，寻加正议大夫、中书侍郎、同平章事。累迁金紫光禄大夫，守左仆射、门下侍郎、太清宫使、弘文馆大学士、进爵博陵县开国公，食邑至二千户。大中七年(853年)以馆中学士薛逢等撰《续会要》四十卷献上。大中九年(855年)，检校司徒、扬州大都督府长史，淮南节度使加检校司徒，进封魏国公。(懿宗李漼)咸通元年(860年)移山南东道节度使，后改荆南节度使。咸通九年(868年)卒于江陵。

崔元式

崔元式(?—?) 唐安平县人。初擢进士第，累官湖南观察使。(武宗李炎)会昌四年(844年)检校礼部尚书、太原尹、河东节度使。会昌六年(846年)任刑部尚书。宣宗(李忱)即位，元式以刑部尚书判度支。(宣宗)大中元年(847年)拜门下侍郎，同中书门下平章事。次年，以宰相兼户部尚书。是年，以疾罢为刑部尚书，不久病卒。

崔　沆

崔沆(?—880) 字内融，唐宰相崔铉之子。初举进士，授官为主罚录事。后累官至中书舍人。唐(僖宗李儇xuān)乾符元年(874年)官吏部、礼部二侍郎。乾符五年(878年)，以户部侍郎同中书门下平章事。次年，授中书郎兼工部尚书。(僖宗)广明元年(880年)被黄巢义军所杀。

崔　护

崔护 (772—846)字殷功，唐诗人，博陵安平县人。唐贞元十二年(796年)登第(进士及第)。文宗(李昂)大和三年(829年)为京兆尹、御史大夫、岭南节度使。终岭南节度使。其诗风精练婉丽，语极清新。《全唐诗》存诗六首，皆是佳作，尤以《题都城南庄》流传最广，脍炙人口，有目共赏。后人据此编成多种剧本演唱，历久不衰。《题都城南庄》：去年今日此门中，人面桃花相映红。人面不知何处去，桃花依旧笑春风。该诗以“人面桃花，物是人非”这样一个看似简单的人生经历道出了千万人都似曾有过的共同生活体验，为诗人赢得了不朽的诗名。《五月水边柳》一诗运用比喻、拟人等多种修辞手法，从各个角度描摹垂柳的万千风情，写得尽态极妍，惟妙惟肖。各诗作中的“似醉烟景凝，如愁月露泫(xuàn)。丝长鱼误恐，枝弱禽惊践”“物象纤无隐，禽情只自迷”“湖光迷翡翠，草色醉蜻蜓。鸟弄桐花日，鱼翻谷雨萍”等都是极难得的对句，充分显示了殷功炉火纯青的艺术造诣。

第二节　现代人物传记

张孟旭

张孟旭(1909.10—1985.10)又名张志良，安平县赵院村人。1925年，考入天津河北第一师范学校。1929年，在校加入共青团，同年加入中国共产党，不久担任校党支部书记。1930年6月在散发革命传单时被捕入狱。在狱中他饱受铁窗之苦，但始终坚贞不屈，积极参与领导四次绝食斗争，还系统学习了马克思列宁主义书籍。1935年国民党大赦政治犯但要求履行脱党手续，他说：“为共产主义奋斗，解放天下大众是我心甘情愿的事，叫我履行脱党反共手续，死也不干！”。

1936年1月12日，张孟旭刑满出狱。抗战爆发后在冀中开展抗日斗争，历任中共安平县委组织委员、冀中二地委巡视员、深县县长、冀中政治主任公署特派员、冀中第十专区专员、冀中行政公署民政科长等职。在艰苦卓绝的抗日斗争中，他表现出很强的组织领导能力，在深县领导开展的十项紧急动员工作，受到冀中主任公署的通令嘉奖。

1943年3月至1945年8月，任平北地分委委员、平西专员公署平北办事处主任、平北地委委员、专员公署专员等职，领导平北群众进行了反“蚕食”斗争，建立了三三制政权，发展了生产，巩固扩大了平北抗日根据地。

1945年8月23日，张家口从日本人手中解放，张孟旭任市长。面对混乱的社会秩序和百废待兴的破烂局面，张孟旭深入基层，依靠群众狠狠打击进行破坏活动的坏分子，对工人和资本家同时进行发展生产和劳资两利的政策教育，大力扶植工商业，使张家口出现了从未有过的繁荣与兴旺。

1946年6月，国民党军队向张家口大举进攻。张家口党政军于10月10日主动撤出张家口，转入冀西山区，在赤城组建了冀热察行政公署。张孟旭先后任行署副主任、主任等职。冀热察人民生活极端艰苦，他领导行署机关人员开展生产自救，带头节衣缩食，并领导广大群众进行土地改革，发展工农业生产，巩固和扩大了冀热察解放区。

1948年12月24日，张家口再次解放，张孟旭仍为市长。他莅职后，马上召开政府工作会议，提出当前全市人民的基本任务，号召全市人民为建设新张家口而奋斗。全市社会秩序很快趋于稳定，生产得到恢复和发展，并掀起大规模劳军运动。各界人民纷纷捐款捐物支援前线，并组成慰问团，携带大批物资到平津前线慰问解放军。

1949年3月，张孟旭奉调南下湖南，任省政府秘书长和军事管制委员会秘书长。在接管湖南的工作中，他积极与爱国人士合作共事，顺利完成了筹粮支前、生产救灾、整编起义部队、收编游杂武装等工作。

1953—1964年，张孟旭历任湖南省副省长、省委常委副省长、省委书记处书记等职。期间，他经常深入基层搞调查研究，足迹遍及全省各县，解决了许多棘手的难题。他提议成立省航运厅，尽快疏通省内4条河流主航道，使湖南省的航运事业得到较快发展。在湘西筹建了湘西土家族自治州。1960年，采取措施稳定了血吸虫病防治队伍，使湖南省的血防工作一直处于领先地位。主管科教工作时，他在专家学者中广交朋友，积极帮助知识分子排忧解难，知识分子把他看成良师益友。

1964年10月，调任国务院文教办公室副主任，协助国务院副总理兼国务院文教办公室主任张际春为发展全国的文化教育、体育、卫生等事业做了大量工作。文革中到宁夏“五七”干校劳动。1979年，任国家教育部顾问。此时，他已步入古稀之年，但仍呕心沥血努力工作，坚持深入城乡第一线调研，为教育工作献计献策。1983年病重期间还曾就改进党风、整顿党纪，加强干部马列主义理论和科学技术知识的学习问题，向党中央提出书面建议。

1985年10月1日，张孟旭病逝于北京，享年76岁。

李练达

李练达（1912—1991）安平县任庄村人。1927年加入中国共产党。小学毕业后，白天给地主扛活，夜里上农民夜校，贴标语，宣传革命道理，参与了本村长短工的增资斗争。1933年，中共保属特委巡视员范克明叛变，带领敌人到处抓捕共产党员，全县一片白色恐怖。但他不顾个人安危，始终在村里坚持党的工作，并先后担任了本村党支部宣传委员、组织委员。1937年，抗日战争爆发后，任本村党支部书记。1938年，调三区先后任交通员、区委宣传委员、组织委员等职。抗日战争胜利后，先后任安平县公安局治安股副股长、县委组织部保卫干事、三区区委副书记、县抗联主任兼农会主任等职务。在对敌斗争中，他多次冒着生命危险，出色地完成任务。1946年，他奉县委指示，带领500多民兵昼夜兼程到保定南破袭铁路，有效地阻止了国民党的进攻，受到军分区和安平县委的奖励。新中国成立后，历任安平县供销社主任、县长、县委副书记、生产指挥部副主任，县人大主任等职。离休后享受副地级待遇。他任县社主任时，艰苦奋斗，处处精打细算，从不挥霍浪费，不乱花一分钱，不占公家半点便宜，平时用个信封、信纸、笔记本都是掏自己腰包去买，下基层供销社了解情况，都是步行，自带干粮，有时一天步行走上百里。1952年在“三反”“五反”运动中，他因廉洁奉公、两袖清风和出色的工作能力得到党和人民的信任，被提升为县长。1963年，安平县发生历史上罕见的特大洪水，年过半百，身患糖尿病的他拖着虚弱的身体，废寝忘食地在20多公里的滹沱河大堤上巡视、指挥、抢险，不知走了多少个来回。他处处严格要求自己，从未利用手中的权力为子女或亲友谋求私利。他生活俭朴，两间破旧低矮的公产房，一住就是几十年，直到临终。

张振山

张振山（1915—1991.1）安平县许家庄村人。于1938年加入中国共产党。从1942年开始，任村党支部书记达五十年。1956年和1977年，两次被省政府授予河北省劳动模范称号，并多次受到地、县表彰。1981年12月至1984年12月，当选为县七届人大代表，七届人大常委会委员。1982年2月至1986年1月，当选为中共安平县第三届委员会候补委员。

抗日战争时期，他带领群众挖地道，修沟壕，抬担架，打炮楼，与日寇汉奸英勇斗争。1952年，他积极响应毛主席的号召，组织33户贫农成立了农业合作社，并带领全村群众战天斗地，将贫瘠落后的许家庄建设成为五业兴旺、林茂粮丰、共同富裕的社会主义新农村。1954年，该村被县委、县政府誉为全县八面红旗之一。1956年，洪水横灌许家庄村，他不顾自家安危，首先把全村烈军属、五保户从水中背出。1963年下大雨，一连七天七夜，他家的三间房子漏得无法居住，厨房也被雨水冲塌，锅碗瓢勺砸了个净光，他顾不上管，仍带领村干部在集体库房和群众家里挨门挨户地查看，组织青年抢险救灾。他性情刚毅，为人正直，为政清廉，数十年没喝过公家一盅酒，没用过公家一根柴，没花过公家一分钱，深受群众好评。

1991年1月28日，张振山因病逝世，终年76岁。临终前，他对看望他的村干部们说：“我死后，干部们要团结，要永远记住一条，许庄要走社会主义道路”。病逝后，著名作家魏巍为他写了碑文《张振山功德碑记》，《光明日报》对他的事迹进行了报道，中央人民广播电台在对《农村广播》栏目中对他的事迹多次进行播报。

陆志国

陆志国（1910.8—1993.3）安平县南两合程村人。1925年12月，在博野同仁中学加入中国共产党，是中共七大、十二大、十三大、十四大代表。

土地革命战争时期，他历任共青团保定市委委员、保属特委书记、直中特委书记、石家庄特委书记，中共保属特委委员、保西特委书记，先后组织领导了正定七中和八师的学潮、灵寿暴动以及赞皇反盐店斗争。

抗日战争时期，任晋察冀三分区十大队二营政委、教导员，在滹沱河沿岸率部同日寇进行了顽强斗争。1938年12月，到延安保卫部接受除奸训练。1939年4月，任晋察冀军区除奸部侦察队长、特派员、保卫科副科长。1941年，到抗大二分校学习。1943年，到延安党校学习，任十支部书记、校部秘书处秘书。1944年，在中央城工部做交通工作。1945年，作为“七大”代表参加了中国共产党第七次全国代表大会。

解放战争时期，任冀中行政公署公安局副局长、局长，冀中区党委常委、社会部副部长、部长，领导了冀中区的治安保卫工作。

建国后，历任河北省公安厅副厅长、厅长兼省公安总队政委，河北省人民检察院检察长，中共河北省委委员，省委监察委员会委员、常委，省委政法委员会副主任，为河北省公安、检察队伍建设呕心沥血，勤奋工作。“文化大革命”中，他深受迫害，在逆境中，始终对党忠贞不渝，坚持真理，千方百计地保护了一批老同志。1972年，秋他恢复工作后，任省革委保卫部副主任、党组副书记，省高级法院院长、党组书记，省政法领导小组副组长。他坚持原则，坚决抵制林彪、“四人帮”的极“左”路线；努力消除派性，增强团结，恢复政法战线工作和政法队伍建设。十一届三中全会以后，他任中共河北省委常委，省纪律检查委员会第二书记，分管落实政策工作。1977年11月，省政协恢复工作后，担任政协河北省第四、五届委员会副主席。他衷心拥护党的十一届三中全会以来的路线、方针、政策，坚持四项基本原则 ，认真贯彻党的“长期共存、互相监督、肝胆相照、荣辱与共”的方针，为巩固和扩大爱国统一战线，开创河北省人民政协工作新局面，推进改革开放和两个文明建设做出了重要贡献。

1993年3月13日，陆志国在石家庄病逝，终年83岁。

王湘浩

王湘浩（1915—1993.5）安平县大同新村人，数学家，数学教育家。1954年，加入中国民主同盟，历任吉林省民盟副主任委员、民盟中央委员、长春市政协副主席，全国人大第三、五、六、七、八届代表。在科技界曾任中国数学学会理事，长春市数学学会理事长，吉林省科协副主席，吉林大学计算机科学系主任，吉林大学教授、博士生导师，中国计算机学会、中国人工智能学会副理事长，中国计算机学会人工智能专业委员会主任，全国高校人工智能专业委员会主任、研究会会长，国务院学位委员会计算机学科评议组组长。

1937年，王湘浩北大数学系毕业后，任西南联合大学数学系助教。1939年，读研究生，专攻拓扑学。1941年，研究生毕业后，先后任西南联合大学和北京大学讲师。1946年，由北京大学选送到美国普林斯顿大学攻读博士学位，在研究近世代数中的迪克森猜想时，发现格伦瓦尔德定理及其证明都有错误，并举出反例，找到这个定理的正确叙述和证明。1949年，获博士学位。1949年6月，为报效国家毅然回国，在北京大学先后任副教授、教授，还在清华、北师大和辅仁大学兼课，并主持讨论班。

1952年，他响应国务院全国高校院系调整的号召，到长春人民大学（1958年改名为吉林大学）组建数学系，并任主任。经过两年艰苦奋斗，精心培养了一批优秀学生留校任教，解决了数学师资缺少问题，使该校成为全国唯独坚持4年制而不是3年制的学校。他聘请国内外数学专家，在原有学科基础上，建立了微分方程、拓扑学、计算方法、计算数学专业等新学科。他还主讲高等代数、几何基础、域论、近世代数、赋值论，研究环论和赋值论，发表数学论文20多篇。1955年，被选为中科院数理学部委员，吉林大学数学系也成为在国内外有一定影响的多学科理论和应用并重的系。

1958年，他开始电子计算机的研制，并在吉林大学开设计算机原理课，开办控制论讨论班，建立控制论专门化，很快便进入了计算机科学前沿，成为中国第一批计算机学科博士导师。1971年，在他的参与下，研制出吉林省第一个台式电子计算机，并投入生产。此后，他的研究转向计算机软件和计算机应用，在国内最早 建起了计算机科学系。他与人合编的《离散数学》被评为国家优秀教材，计算机软件被确定为国家重点学科。1977年，他在全国最早提出人工智能研究。1980年，受教育部委托，举办全国人工智能讨论班，为国家培养了许多人工智能教学和科研骨干，在定理机器证明、计算机代数等方面取得了新成果。

20世纪80年代，王湘浩身患肺癌仍坚持指导博士研究生，并为全国师范和中学主编了《近世代数》，为中学教师编撰了初等数学辅导文章多篇。1988年，发表了关于因子分解的论文。

1993年5月4日，王湘浩因病逝世，终年78岁。

田　真

田真（1925—1997.1）原名马双兴，安平县马营村人。1938年，加入中国共产党，历任彭营中心村区委小区秘密情报员、执委，三区公安员、区委常委，安平县公安局特务队员兼安平县四区治安员，角邱派出所所长兼治安员，六区区委副书记兼治安员，安平县公安局情报股长，安国县公安局副局长，冀中公安局保卫科副科长，河北省政法学校秘书，省委审干办调研处处长，安平县委常委兼粮食局局长，深县县委常委、公安局长兼教导员，安平县委书记处书记，安平县县长、代理县委第一书记兼县长，省第二监狱党委副书记、书记、狱长，省司法巡视员。

抗日战争中，他积极抗战，与日寇、汉奸、特务展开殊死斗争。在解放战争时期，他积极做好公安工作，为保卫土地改革，保护群众的积极性，打击敌特分子的破坏活动，巩固人民民主专政做出了一定的贡献。在社会主义革命和建设时期，他总是以人民利益为最高原则，努力为人民办好事办实事。1963年，安平县遭受历史上罕见的特大洪水。他昼夜指挥抗洪斗争，巡视检查堤防。洪水回落后，带领有关部门人员，肩扛自行车涉水深入重灾村了解灾情，慰问灾民，指导生产自救。1965年，为抗旱夺丰收，深入农村担水浇地，下井掏泥，拉耧播种，被群众传为佳话。《河北日报》《人民日报》先后刊登了他的模范事迹。1970年，由于在农业工作中成绩突出，参加了中央召开的北方农业工作会议，特邀在天安门观礼台观礼，受到毛主席亲切接见。1984年，在全省司法系统表彰大会上，荣立三等功并晋级。1993年，荣获中华人民共和国司法部金质奖章。

1997年1月2日因病逝世，终年72岁。

高增全

高增全（1923.2—1997.9）安平县河漕村人。1939年2月入伍，同年5月加入中国共产党。

抗日战争时期，历任清苑县游击队战士、一分队指导员，120师教导营学员，清苑县一中队教导员，抗大三团政治队学员，第22团三连指导员等职。参加了冀中反扫荡战斗、张家堡破袭战和太行山、潘龙、林南战斗及绥远的凉城、双古城等战斗、战役。

解放战争时期，历任保一旅三团二营教导员、44军130师392团政治处主任等职，先后参加了四平、开鲁、卧虎屯、毛城子、大黑林子、大孤家子、沈北、彰武、阜新、王道屯、西海口、锦州、辽西、天津、衡宝、海山岛、伶仃岛及广东剿匪等战役战斗。在王道屯战斗中身负重伤。在东北战场荣立大功两次。

全国解放后，历任44军130师390团副政委、政委，广东省海丰县委书记，中山县委第一书记，石岐市委书记、公安29团政委，第四坦克学校政治部主任，大同装甲学院大专班学员，第四坦克学校副政委，装甲兵学院政治部主任，坦克12师政委，兰州军区军政干部学院政治部主任、副政委，西安陆军学院政委（正军职）。

高增全在历次战役战斗中英勇顽强，不怕牺牲。在和平年代他处处以身作则，模范带头，谦虚谨慎，好学上进，经常深入基层调查研究，做好干部战士的思想工作；执行任务，总是身先士卒，把困难留给自己，把方便让给别人，深受干部战士的尊敬和爱戴。他为新中国的成立和社会主义建设以及军队现代化建设作出了一定的贡献，曾荣获三级独立自由勋章、三级解放勋章和独立功勋章。

1997年9月8日，高增全在西安病逝，享年75岁。

赵占奎

赵占奎（1920—1997）安平县刘口屯村人。1937年，参加革命工作；1938年，加入中国共产党，1939年，参加八路军。历任指导员、教导员、大队长、政治处主任、区队长、团长、师副参谋

长、副师长，沈阳军区装甲兵副参谋长、副司令员（正军职）。于1983年离休。参加了冀中"五一反扫荡"、大清河北、石家庄、平津等战役战斗，曾获二级独立自由勋章、三级解放勋章。1997年因病逝世，终年77岁。

黄　桦

黄桦（1912.10—1998.4）安平县张舍村人。1939年1月加入中国共产党。

1937年7月，抗日战争爆发后，在家乡以义务教员的身份秘密组织农会。1938—1945年，先后任安平县文化教育界抗战建国会宣传部长，安平县抗日政府教育科督学，冀中区党委《新民主报》主编、《导报》编辑，冀中区公安局办公室副主任、晋察冀边区公安管理处秘书、科员。1945年9月至1949年9月，先后任冀中公安局副科长、办公室副主任，深县县委宣传部长，冀中区党委政策研究室副主任。建国后历任河北省委政策研究室副主任，河北省委企业管理委员会秘书长，河北省委工业部副部长，河北省委副秘书长，河北省委政策研究室主任、省委候补委员 。

1972—1979年，先后任石家庄拖拉机配件厂党委书记兼革委会主任，河北省出版局党委书记兼局长，河北省委党校党委书记兼副校长。1980年1月至1985年7月，任河北省第五届人大常委会副主任兼省委宣传部副部长、省文联党组书记。

抗日战争年代，黄桦在中国共产党的领导下，积极参加天津学生抗日救国运动，任学生会主席。"七七"事变后，回乡参加抗日工作，积极发动群众，建立抗日政权，恢复国民教育。1938年1月，创办安平县文化教育界抗战建国会，主办《灯塔报》《新民主报》。新中国成立后，在中共河北省委工业部工作期间，编著了《工矿企业计划管理》《工矿企业技术管理》等书；在任省委副秘书长兼政策研究室主任期间，认真贯彻党的正确路线，坚持实事求是，深入调查研究，主持编写了《了解情况与掌握政策》《怎样走好群众路线》等书。

黄桦在"文化大革命"中遭受迫害。1972年，重新工作后，特别是中共十一届三中全会后，他衷心拥护党的解放思想、实事求是的思想路线和各项方针、政策，加倍努力地为党工作。1985年，他主动从领导岗位上退下来后，一直关注党的事业，热心社会公益活动，始终以共产党员的标准要求自己，多次被评为河北省优秀共产党员。

1998年4月15日，因病在石家庄逝世，终年86岁。

程音章

程音章（1925.10—1999.4）原名程润章，安平县堤沃村人，小提琴家、作曲家。他13岁参加八路军，在冀中军区教育股当勤务兵。他天生喜欢唱歌，行军中，宿营时，经常亮开嗓门歌唱。他唱的歌声情并茂，让人听之动容。一次，彭真见到程音章唱歌，非常喜欢这个会唱歌的小八路，和他摔跤，开玩笑，让他给自己当了警卫员。

1942年，他调西战区文工团，成为文工团少年队队员。1944年，到延安鲁艺戏剧音乐系学习，主攻小提琴，因勤奋刻苦，中国著名大提琴家张贞黻（fú）收他为徒。1946年，调华北军区文工团（北京军区文工团前身）任小提琴首席。后因练琴和演出劳累成疾，切除了半片左肺，但仍坚持苦练，收下多名学生，出任乐队指挥。1948年，他开始编织音符，创作了《挖工事歌》《打到南京去》《大进军》等歌曲。1953年，调总政军乐团任大队长，被选派到上海音乐学院作曲系进修两年。

《运动员进行曲》是程音章创作的第一首器乐曲，也是中国第一首《运动员进行曲》。1957年前，全国各地开运动会都是用苏联的《体育进行曲》。他从上海音乐学院结业后，下决心要填补这一空白。为创作这首曲子，他多次到运动场观察体验运动员的健美、顽强和巨大精神力量。经过2个多月的苦心琢磨，终于创作出豪迈、明朗、优美、礼赞生命的《运动员进行曲》。此曲诞生后频频出现在运动场上，出现在万众欢腾的天安门广场，深受人们喜爱；1964年，获国家奖励，总谱先后两次出版。在这一时期，他还创作了《检阅进行曲》《青年战士进行曲》《胜利进行曲》《毛主席著作象太阳》《军民同唱跃进歌》等，改编了军乐合奏《英雄们战胜了大渡河》《社会主义好》双簧管独奏《梁祝》等众多的在社会上广为传唱的优秀歌曲。

“文化大革命”后，他任总政军乐团副团长，主管业务。此时创作的器乐曲《向国防现代化进军》《前进在新长征道路上》雄壮豪迈，气势磅礴，表现了人民军队一往无前的精神。《节日的欢乐》《青春的步伐》《校园进行曲》则反映了丰富多彩的生活，洋溢着青春的活力和鲜明的时代特色。

离休后，他创作更加繁忙，先后创作了《你好，中国女排》《孙中山—民主革命的先驱》《神剑颂歌》《两地梦》《菽(shū)莎莎》《走向未来》《欢欣舞曲》等器乐曲、歌曲百余首。1990年亚运会期间，与人合作创作了《金奖进行曲》和《体育进行曲》，同时还组织训练了一个90多人的号角乐团，为此，他得到亚运会和北京市“关心青少年工作委员会”的奖励。

1999年，程音章因病逝世，享年74岁。他一生勤于创作，硕果累累，共创作军乐曲、歌曲200余首，许多作品在报刊上发表，在演出中使用，并录制成唱片和盒带，仅在中央人民广播电台、中央电视台录制和经常播放的作品就有80多首，部分作品曾先后获奖。中央电视台曾举办“程音章作品专题音乐会”。中国青年出版社出版了《程音章管乐曲集》。

杜志增

杜志增(1919—2000.1) 安平县北满正村人。1939年，参加八路军，同年加入中国共产党。1940年，参加百团大战，后因病离队，任本村民兵队长。他带领全村民兵挖地道，搞侦察，与日寇及汉奸敌特进行英勇顽强的斗争，经常在滹沱河上游砍伐树木用铁丝连上放入河中，利用阻水办法破坏日军建在东满正河口的大桥。

他组织民兵办小轧花厂，解决了民兵的活动经费；组织青年、妇女、学生以秧歌、花鼓等文艺形式宣传抗战，鼓舞斗志，积极为部队输送兵员。1947年，带领全村民兵参加了解放石家庄和正定战斗，在枪林弹雨中运送弹药，救护伤员，受到上级表扬。

1949—1980年，任村党支部书记。他几十年如一日，忠于党的事业，工作勤勤恳恳，任劳任怨，从不计名利得失。入社时，他把全套的木工工具和一辆马车献给社里。深、饶、安三县合并时，他把一座房的木料献出，建了深县招待所。为解决通行难问题，他把家中准备做大门的四块红松板献出，搭起水渠木桥。三年生活困难时期，无论家里怎样困难，总是把上级发来的救济款和救济粮分给别人，自己从不伸手。有分配入学、招工指标，他总是首先考虑别人家的孩子，自己的6个孩子一个都没有安排。

杜志增任村党支部书记32年中，组织领导村民进行土地改革，成立初级社、高级社，带领全村平整土地，改良土壤，兴修水利，安装电力设施，发展农业机械化，使全村经济不断发展壮大，人们生活不断改善。1954年，北满正成为安平县八面红旗之一，1966年，成为全县第一个用上电的村，1975年，成为全县第一个户户用上自来水的村，1982年，成为全县第一个户户有电视机的村。全村32年平均年交公粮达40余万斤，始终保持全县第一。1984年，因年事已高改任副书记时，村有集体存款30多万元，林木价值400余万元，另有拔丝厂、织网厂、木货厂、油料加工厂、粉房、豆腐房、养猪场、养鸡场、良种繁育场和中药材种植场。由于工作成绩突出，于1963年被省政府授予

"河北省劳动模范"称号，参加了省劳模大会，并集体受到总理周恩来和副总理李先念的接见。

2000年1月21日，杜志增因病逝世，享年81岁。

赵兰锁

赵兰锁(1932—2001.9)安平县徐张屯村人，烈士之子，于1960年加入中国共产党。

1952年，他积极响应党的号召，带头参加农业合作社，任徐召社社长。1953—1956年，任徐张屯大队六队队长。1956—1958年，任黄城管区民兵连连长。1959—1964年，先后任村副大队长、副书记。1965—2001年，任徐张屯村党支部书记。在任党支部书记期间，他认真贯彻落实党的方针政策，带领群众战天斗地，使全村经济不断发展壮大。他为人正直，为政清廉，秉公办事，处处为村民着想，保持了一个共产党员的先进本色。1991年，他带领村民，大战一个多月，克服资金短缺等种种困难，修通了从徐张屯至县城5.5公里的水泥路，解决了村民出行难的问题，促进了本村经济的发展。1996年，一场罕见的洪水淹没了徐张屯村，在人民生命财产遭受严重威胁时，年已64岁身患心脏病的赵兰锁不顾个人生命安危带头跳入三米多深的急流中，解救被困村民，打捞被洪水冲走的财产。洪水过后，带领村民进行生产自救，筹备搬迁村庄事宜。迁村中，他千方百计帮助贫困村民，从本村砖窑提供优惠砖进行援助，还多次从自己腰包中掏出现金帮助特困群众。经过两年的艰苦奋斗，终于将村子从行洪区搬至堤外，建成了一个布局合理、整洁规范的社会主义新村。由于赵兰锁工作成绩突出，从1987年起连续24次受到省、市、县党委和政府表彰，并先后当选为中共河北省第四次和第五次代表大会代表。1999年4月，河北省人民政府授予他"河北省劳动模范"称号。

2001年9月24日，赵兰锁因病逝世，终年69岁。

孙 犁

孙犁(1913.4—2002.7) 原名孙树勋，安平县孙遥城村人。著名作家、文学家。1933年，参加工作，于1942年加入中国共产党，历任中国作家协会理事，天津作家协会副主席、主席、名誉主席等。2002年7月11日，因病逝世，终年89岁。

1924年，他在安国读高小。1927年考入保定育德中学。1932年，创作了反映穷人痛苦生活的两篇小说及一部反映爱国故事的剧本 ，作品在校刊《育德月刊》上发表。1933年，毕业后任职员。1936年，到安新县同口镇任小学教员。在任教期间，他进一步接触了革命文艺作品，结识了一批地下党员，深刻了解了白洋淀的明丽风光和风土人情以及白洋淀人民的生活与斗争。

1937年，"七七"事变后，毅然回乡参加了吕正操领导的人民自卫军。1938年，调任深州抗战学院教员，跟随贺龙领导的120师，征战于冀中平原，并先后在《红星》杂志、《冀中导报》上发表《现实主义文学论》《鲁迅论》等爱国文章。1939年，调晋察冀边区通讯社做通讯指导，负责《文艺通讯》编辑，创作出《春耕曲》《大小麦粒》《翻身十二唱》《一天的工作》《识字班》等小说和散文以及《梨花湾的故事》《白洋淀之曲》等叙事诗。

1944年，孙犁赴延安鲁迅文学院学习和工作。此间，在毛泽东《在延安文艺座谈会上的讲话》精神的影响下，于1945年先后写出《荷花淀—白洋淀纪事之一》《芦花荡—白洋淀纪事之二》，在延安《解放日报》上发表，后又被重庆《新华日报》转载，新华书店出版发行。新中国成立后，其代表作《荷花淀》被选入中学语文课本，影响了一代又一代青年学子。

抗战胜利后，孙犁回到冀中，主编《平原》杂志，并坚持文学创作。1949年1月，天津解放后，到天津日报社主编《天津日报》文艺副刊。在这块园地上，培育了大量的文学作者，并使他们走向全国文坛，创作了一大批有影响的文学作品。其文学风格优美含蓄，文字质朴鲜活、有追求个性和求实唯美的艺术特点，形成了独立的派别，被人们称谓“荷花淀派”，而孙犁则被文艺界推崇为“荷花淀派的开创者”。

在繁忙的编辑工作之余，孙犁创作了《正月》《小胜儿》《秋千》《吴召儿》《土地回忆》《村歌》《风云初纪》《铁木前传》等一批光彩夺目的短、中、长篇小说。20世纪50年代初出版的长篇小说《风云初记》是以安平抗日斗争故事为蓝本，歌颂家乡人民乃至整个中华民族的牺牲精神和革命乐观主义精神。这一力作的问世，进一步奠定了他在现代文学史上的重要地位。1959年，出版的中篇小说《铁木前传》则以少年的生活为经线，以深沉的情感为纬线，反映抗日战争至农业合作化运动的社会生活，其作品绚丽多彩，耐人寻味，受到理论界的特别瞩目，被称为“无产阶级文艺佳世之作”。年逾花甲后，他仍托着多病衰老之躯，顽强写作，创作出版了《晚华集》《秀露集》《澹定集》《尺泽集》《远道集》《陋巷集》《老荒集》《芸斋杂谈》《芸斋琐记》《芸斋断简》《耕堂杂录》《无为集》《曲终集》等多部散文、杂文集。这些作品以独特的艺术魅力载誉文苑。其中《孙犁散文选》于1989年获新时期全国优秀散文(集)荣誉奖。

孙犁为人友善、随和、谦虚，一生俭朴，布鞋、山药粥、咸菜几乎伴随一生。其文学业绩、文品风格和高尚的品质深受世人称颂。

孙犁作品集

第二章　人物名录

安平籍各界历史人物颇多，经核实资料，分7节载入人物名录。

第一节　汉至唐代安平籍宰相名录

宰相一职在历代封建王朝称谓不一，但皆位列百官之首，且有辅佐君王、总理政务之责。据《新唐书》、《深州风土记》、康熙二十六年《安平县志》、和《衡水市志》所载，从汉至唐，位居宰相职者安平籍人有23名(汉2名、三国1名、南北朝4名、唐16名)，其中崔氏族人21名，占91.3%。

汉至唐代安平籍宰相一览表

表26-1

朝代	姓名及生卒年份	事略
汉朝	崔发 (?—?)	汉涿郡安平人。出身官宦之家。新朝(9—24年)时以才能受王莽重用，封说符侯，位至大司空(位同宰相)。王莽败后归降申屠建，被杀
	崔烈 (?—192)	字威考，汉涿郡安平人。历任郡守、九卿。中平二年(185年)为司徒，位居三公(位同宰相)。四年(187年)四月任太尉。十一月罢官。汉献帝(刘协)初平元年(190年)，因其子崔钧与袁绍起兵山东，董卓将其收入狱中，董卓被杀后出狱，拜城门都尉，入长安。初平三年六月(192年)被乱兵所杀
三国	崔赞 (?—?)	魏尚书仆射

续表26-1

朝代	姓名及生卒年份	事略
南北朝	崔暹 （?—559）	字季伦，博陵安平县人。初为光州长史。东魏武定（543—550年）初任御史中尉。高欢死后为度支尚书、兼仆射（位同宰相）。北齐初迁太常卿，天保八年（557年）进右仆射。天保十年（559年）二月以病卒
	崔昂 （?—?）	字怀远，博陵安平县人。东魏初为开府长史。后迁尚书左丞兼度支尚书。北齐建立后迁散骑常侍兼太府卿、大司农卿。天保十年（559年）兼右仆射，后任正仆射（位同宰相）
	崔季舒 （?—572）	字叔正，博陵安平县人。北齐初任尚书左仆射、仪同三司（位同宰相）。武成帝（高湛）太宁初（561年）拜度支尚书、开府仪同三司。武平三年（572年）因直谏后主高纬被杀
	李德林 （530—591）	字公辅，博陵安平县人。北齐天统元年（565年）授给事中、直中书，参掌诏诰。承光元年（577年）授仪同三司（位同宰相），隋开皇元年（581年）授内史令。八年（588年）授柱国，爵郡公。开皇十一年（591年）病故
唐朝	崔仁师 （?—?）	博陵安平县人。唐武德元年（618年）擢制举。贞观二十二年（649年）晋为中书侍郎，参知政务（位同宰相）。后因诋流放连州（处广岭南）。永徽元年（650年）授简州刺史。后病卒
	崔安上 （?—656）	字敦礼，唐安平县人。贞观元年（627年）拜中书舍人，迁兵部侍郎。显庆元年（656年）拜太子少师，仍同中书门下平章事（位同宰相），不久病卒。死后，唐高宗赠开府仪同三司，并州大都督，陪葬昭陵（唐太宗李世民墓）
	李安期 （?—?）	唐宗正卿李百药之子，祖李德林，安平县人。高宗（李治）永徽中迁中书舍人。龙朔中（661—663年）为司列少常伯，参知国事（位同宰相）。咸亨（670—673年）初卒。著有《李安期集》20卷
	崔玄晖 （?—?）	唐安平县人。龙朔中（661—663年）举明经，补为库部员外郎。不久，授天官郎中，迁凤阁舍人。长安元年（701年）进天官侍郎。三年（703年）拜鸾台侍郎，同凤阁鸾台平章事，兼太子左庶子。四年（704年）迁凤阁侍郎，加银青光禄大夫，仍知政事。后晋升为中书令（位同宰相），晋爵博陵郡王，称神龙功臣，后屡次被贬，在赴任白州司马途中病卒
	崔湜 （671—713）	字澄澜，祖崔仁师，唐安平县人。中进士后，由考功员外郎迁中书舍人，兵部侍郎。景龙二年（708年）迁检校吏部侍郎，中书侍郎、同中书门下平章事（位同宰相）。后因收受贿赂被贬江州司马，改襄州刺史。先天元年（712年），因被诬陷，被贬岭南。开元元年（713年）因参与谋逆被唐玄宗赐死

续表26-1

朝代	姓名及生卒年份	事略
唐朝	崔日用 （673—722）	唐安平县人。神龙中（705—707年）迁兵部侍郎，兼修文馆学士。睿宗（李旦）景云元年（710年），因除韦后之功授银青光禄大夫，黄门侍郎，参知机务（位同宰相），封齐国公。玄宗（李隆基）开元元年（713年），因讨太平公主功，进吏部尚书，后出为常州刺史。转汝州刺史。开元十年（722年）转并州大都督长史，卒
	崔涣 （707—769）	祖崔玄時，唐安平县人。玄宗（李隆基）天宝十五年（756年）七月拜黄门侍郎，同中书门下平章事（位同宰相）。肃宗（李亨）即位后，乃罢之政事。乾元三年（760年）正月转大理卿，再迁吏部侍郎、检校工部尚书、集贤院待诏。后迁御史大夫。大历三年（768年）加税地青苗钱物使。因弄虚作假，贬道州刺史。同年十二月（769年1月）以疾终
	崔祐甫 （721—780）	字贻孙，唐安平县人。代宗（李豫）时，累官中书舍人。德宗（李适）时（780—804年）拜门下侍郎同平章事（位同宰相）。寻转中书侍郎，修国史，仍平章事。建中元年（780年）病故
	崔造 （737—787）	字玄宰，唐安平县人。代宗（李豫）永泰（765—766年）中，累至左司员外郎。后为建州刺史、吏部郎中、给事中。贞元三年（787年），以给事中同中书门下平章事（位同宰相）。不久，罢知政事，为太子右庶子。是年，以忧卒
	崔损 （?—803）	字至无，唐安平县人。初为校书郎、咸阳尉。贞元十一年（795年）迁右谏议大夫。次年（796年），以本官同中书门下平章事知政事（位同宰相）。贞元十四年（789年）秋转门下侍郎平章事。贞元十九年（803年），病故
	崔植 （772—829）	字公修。唐安平县人。唐元和（806-820年）中，为给事中。穆宗（李恒）长庆元年（821年）拜官中书侍郎同中书门下平章事（位同宰相），进爵富人侯。因失河朔三镇，罢知政事，守刑部尚书，出为华州刺史。太和三年（829年）卒于任所
	崔珙 （?—?）	唐安平县人。开成元年（836年）加检校兵部尚书，后迁京兆尹。武宗（李炎）会昌（841—846年）初，寻以本官同中书门下平章事（位同宰相），累兼刑部尚书、门下侍郎，兼尚书左仆射。会昌中，被贬至恩州司马。宣宗（李忱）大中元年（847年）任凤翔节度使。三年（849年）迁检校尚书右仆射，兼凤翔尹、御史大夫，进爵上柱国，安平郡开国公
	崔铉 （?—868）	字台硕，唐安平县人。会昌元年（841年）累官中书舍人、学士承旨。会昌三年（843年）拜中书侍郎、同中书门下平章事（位同宰相）。五年（845年）外放为陕虢（guó）观察使、检校刑部尚书。大中三年（849年）拜御中大夫，寻加正议大夫、中书侍郎同平章事。进爵博陵县开国公。咸通元年（860年）移山南东道、节度使，后改荆南节度使。咸通九年（868年）卒于江陵

续表26-1

朝代	姓名及生卒年份	事略
唐朝	崔元式 （?—?）	唐安平县人。初擢进士第，累官湖南观察使。宣宗（李忱）大中元年（847年）拜门下侍郎，同中书门下平章事（位同宰相）。次年，以门下侍郎、同中书门下平章事进兼户部尚书。是年，以疾罢为刑部尚书，寻病卒
	崔沆 （?—880）	字内融，唐宰相崔铉之子。初举进士。后累官至中书舍人。僖宗（李儇xuān）乾符五年（878年），以户部侍郎同中书门下平章事（位同宰相）。次年，授中书郎兼工部尚书。僖宗广明元年（880年）被黄巢义军所杀
	崔远 （?—905）	字昌之，唐安平县人。昭宗（李晔）乾宁三年（896年），以兵部侍郎同中书门下平章事（位同宰相）。天祐二年（905年）罢为尚书右仆射。是年，再贬为白州长史后被杀于白马驿

第二节　隋至清代安平籍进士名录

隋至清代安平籍进士共有71名，其中隋朝1名，唐朝27名，五代2名，金朝4名，元朝3名，明朝12名，清朝22名。

隋至清代安平籍进士一览表

表26-2

朝代	姓名及生卒年份	字号	籍贯	登弟时间	职历
隋	崔赜（zé） （550—618）	字祖浚	安平县	开皇初射策高第	校书郎、鹰扬长史
唐	崔碣 （?—?）	字东标	安平县	唐进士	右拾遗、邓城令、商州刺史、河南尹、右散骑常侍
	崔伦 （?—?）	字叙居	安平县	唐进士	吏部员外郎、工部尚书、尚书右丞
	崔湜 （671—713）	字澄澜	安平县	唐进士	中书舍人、兵部侍郎、中书令
	崔日用 （673—722）	—	安平县	唐进士	监察御史、兵部侍郎、黄门侍郎、太常卿
	崔祐甫 （721—780）	字贻孙	安平县	唐进士	御史中丞、行军司马、中书舍人、中书侍郎、同平章事
	崔损 （?—803）	字至无	安平县	唐大历末779年进士	校书郎、咸阳尉、大理评事、右谏议大夫、门下侍郎、平章事
	崔珙 （?—?）	—	安平县	贞元初（785年）进士	太子少师、尚书左仆射

续表26-2

朝代	姓名及生卒年份	字号	籍贯	登第时间	职历
唐	崔护 (772—846)	字殷功	博陵 (今安平县)	唐贞元十二年 (796年)进士	京兆尹、御史大夫、岭南节度使
	崔弘礼 (767—831)	字从周	安平县	唐宪宗李纯元和 (806-820年) 中进士	留守判官、刺史、刑部尚书、 检校尚书左仆射
	崔元略 (?—832)	—	博陵 (今安平县)	唐进士	殿中侍御史、御史中丞、京兆尹、 检校吏部尚书
	崔咸 (?—835)	字重易	安平县	唐宪宗元和二年 (807年)进士	陕州大都督府长史、陕虢观察使、 右散骑常侍、秘书监
	崔琯 (?—841)	字从律	安平县	贞元十八年 (802年)进士	工部侍郎、尚书右丞、检校吏部尚 书、山南西道节度使
	崔澹 (?—?)	字知止	安平县	大中十三年 (859年)进士	礼部员外郎、吏部侍郎
	崔元翰 (729—795)	名鹏 字以行	安平县	唐建中二年 (781年)进士	礼部员外郎、知制诰
	崔铉 (?—868)	字台硕	安平县	唐进士	左拾遗、中书舍人、中书侍郎、 同中书门下平章事、检校兵部尚书
	崔元式 (?—?)	—	安平县	唐进士	湖南观察使、礼部尚书、刑部尚书、 门下侍郎、同中书门下平章事兼户 部尚书
	崔沆 (?—880)	字内融	安平县	唐进士	主罚录事、中书舍人、吏部礼部二 侍郎、同中书门下平章事、工部尚书
	崔元儒 (?—?)	—	安平县	唐元和五年 (810年)进士	—
	崔玙 (?—?)	字朗士	安平县	唐长庆初进士	礼部侍郎、河中节度使
	崔球 (?—?)	字叔休	安平县	唐宝历二年 (826年)进士	尚书郎
	崔珦 (?—?)		安平县	唐进士	京兆尹
	崔涓 (?—?)	字道源	安平县	唐进士	御史大夫
	崔滔 (?—?)	字深之	安平县	唐进士	—
	崔渎 (?—?)	字遥源	安平县	唐进士	—

续表26-2

朝代	姓名及生卒年份	字号	籍贯	登弟时间	职历
唐	崔钧 (?—?)	字秉一	安平县	唐进士	—
	崔錤 (?—?)	—	安平县	唐进士	—
	崔倚 (?—?)	—	安平县	唐进士	—
五代	崔棁(zhuō) (875-943)	字子文	安平县	后梁贞明三年(917年)甲科进士	后唐为刑部郎中、尚书左丞、太常卿，翰林学士
	崔晁 (?—?)	—	安平县	后周末进士	元氏知县
金	冯次周 (?—?)	—	安平县	大定七年(1167年)丁亥科词赋三甲进士	—
	王济 (?—?)	字享甫	安平县	明昌五年(1194年)甲寅科二甲进士	—
	国沟 (?—?)	字子扬	安平县	泰和三年(1203年)癸亥科二甲进士	—
	刘汝舟 (?—?)	字庆得	安平县	兴定二年(1218年)戊寅科词赋特恩进士	—
元	王镛 (?—?)	—	安平县	元进士	太常少卿
	王钧 (?—?)	—	安平县	元进士	卫辉路汲县尹
	刘叙 (?—?)	—	安平县	元进士	—
明	张鉴 (?—?)	—	安平县	永乐四年(1406年)丙戌科进士	黄州知府
	连捷 (?—?)	—	安平县		—
	张凤 (?—?)	字子仪	李各庄	宣德二年(1427年)丁未科进士	刑部江西司主事、南京户部侍郎、南京兵部尚书
	苏洪 (?—?)	—	庙头里	宣德八年(1433年)癸丑科进士	工部主事
	张世亨 (?—?)	—	庙头里	嘉靖十一年(1532年)壬辰科进士	—

续表26-2

朝代	姓名及生卒年份	字号	籍贯	登第时间	职历
明	张舜臣 (?—?)	—	李各庄	嘉靖十一年 （1532年） 壬辰科进士	知县、山西按察司副使
	彭相 (?—?)	—	坊市里	嘉靖十四年 （1535年） 乙未科进士	—
	刘鉴 (?—?)	—	安平县	嘉靖二十年 （1541年） 辛丑科进士	户部郎中
	王如纶 (?—?)	—	唐贝里	嘉靖二十九年 （1550年） 庚戌科进士	大同府知府
	王三馀 (?—?)	—	东黄城	万历二年(1574年)甲戌科进士	兰阳县知县、兵部都给事中
	靳绍谦 (?—?)	号益吾	唐贝里	万历八年(1580年)庚辰科进士	历城知县、太仆寺按察司佥事
	门洞开 (?—?)	字启钥	义门村	万历四十四年 （1616年） 丙辰科进士	文登令、工部主事
清	郭金铉 (?—?)	字仔侯	唐贝里	顺治六年(1649年)己丑科进士	中书舍人、户部山东司主事
	吴本植 （1634—1702）	字笃生	大会沃	顺治十五年 （1658年） 戊戌科进士	翰林院检讨、侍读学士
	靳暗然 （1622—?）	—	唐　贝	顺治十五年(1658年)戊戌科进士己亥(1659年)殿试	石城知县、德州知州(未任)
	杨彩 (?—?)	—	安平县	顺治十七年(1660年)庚子科武进士	宜兴守备、广西定藩标游击

续表26-2

朝代	姓名及生卒年份	字号	籍贯	登第时间	职历
清	张倬 (?—?)	字静轩	北郝村	康熙九年(1670年)庚戌科进士	知县、按察副使兼提学道、刑部浙江司主事、吏部考功司主事、山西布政司参政、云南按察司副使兼学政
	崔甲默 (1646—1696)	字成轩	黄城里	康熙二十一年(1682年)壬戌科进士	吏部司主事、验封司员外、内阁中书
	赵颖亮 (?—?)	—	安平县	康熙二十七年(1688年)戊辰科武进士	兵部效用侯推守备
	靳檠(qíng)	—	安平县	康熙三十年(1691年)辛未科武进士	—
	王珩 (?—?)	—	安平县	乾隆四年(1739年)已未科武进士	—
	弓椿 (?—?)	字荫长	台城	乾隆十三年(1748年)戊辰科三甲进士	知县、贵阳府知府、怀庆府知府
	刘虎臣 (?—?)	—	安平县	乾隆十九年(1754年)甲戌科武进士	贵州营参将
	杜尔昌 (?—?)	—	安平县	嘉庆十三年(1808年)戊辰科进士钦赐	—
	李成虎 (?—?)	—	安平县	道光二十四年(1844年)甲辰科武进士	甘肃花马池参将
	张志云 (?—?)	—	安平县	咸丰十年(1860年)庚申科武进士	山阴路都司
	任国宾 (?—?)	—	安平县	光绪十二年(1886年)丙戌科武进士	蔚州营都司

续表26-2

朝代	姓名及生卒年份	字号	籍贯	登弟时间	职历
清	王麟彰 (?—?)	—	安平县	光绪十五年 （1889年） 已丑科武进士	顺庆府游击
	张志嘉 (?—?)	字懿卿	安平县	光绪十六年 （1890年） 庚寅科三甲进士	刑部江苏司主事
	阎志廉 (?—?)	字芷生 号鹤泉 又号泊如	闫侯疃	光绪十六年 （1890年） 庚寅科三甲进士	翰林院庶吉士、检讨
	张斌 (?—?)	—	安平县	宣统元年(1909年)已酉科进士	奉天知县
	张镇中 (?—?)	—	安平县		
	弓汝勤 (?—?)	—	安平县	宣统元年(1909年)已酉科进士	知县
	张之焕 (?—?)	—	安平县		吉林地方审判厅推事

第三节　地师级以上（含地师级，实职）革命干部名录

此次收集安平籍地师级（实职）以上（含地师级）干部资料时，对1996年版《安平县志》第595页至606页登录的351名现代地师级以上干部内容，全部进行了审核考证和修改补充。删去不符合入志条件的51名和因缺领导职务项目且又无法进一步核实的18名，本次共重载282名，新收集入志230名。本志共登录安平县籍地师级以上（含地师级、实职）革命干部512名，其中省部军级干部68名（重载的48名，新收入志的20名）。现更正重载和登录如下：

重载的地师级以上（含地师级，实职）革命干部一览表（282名）

表26-3

姓名	性别	生卒年月	籍贯	工作单位	职务	级别
吴清茂	男	1940. 7—	庄窠头	南京航空后勤部航材处	处长	副师
弓焕章	男	1920. 1—2004	庄窠头	北京市中医研究院	书记	正厅
赵立本	男	1918. 2—1994	闫大转	广东省林业厅	顾问	厅级
周同战	男	1945. 8—	西大转	黑龙江省委	副书记	副省
李俊英	女	—	李大转	北京市委统战部	副部长	副厅

续表26-3

姓名	性别	生卒年月	籍贯	工作单位	职务	级别
李隆刚	男	1918.8—2002	李大转	国防工委干部学院研究室	主任	副军
张振英	男	1923.11—1977	东大转	北京军区炮兵34师政治部	主任	副师
张耕野	男	1919.1—2001	角南	湖北省民政厅	副厅长	副厅
商润身	男	1940.10—	角北	石家庄市政协	副主席	副地
马文东	男	1919.10—	角北	云南省人大常委会	副主任	副省
岳洪池	男	1924.1—1986	角北	广州军区司令部	顾问	正军
靳茂如	男	1925.5—1998	角北	石家庄市人大常委会	主任	正地
贾然	男	1927.2—1999	宅后寺	石家庄市委	书记	正地
苏庆周	男	1923.5—1997	宅后寺	新疆军区司令部管理局	局长	正师
安桐馥（树欣）	男	1920.1—1975	宅后寺	二级部第三局	副局长	副司
安贵林	男	1920.5—1992	宅后寺	江苏省劳动厅	厅长	正厅
安贵普	男	1914.1—1940	宅后寺	冀中七军分区政治部	主任	正师
张峰	男	1915.12—1996	南王庄	甘肃省兰州市	市委副书记 政协主席	正地
王金水	男	1938.4—	南王庄	云南省昆明军分区	副司令员 纪委书记	副师
刘东起	男	1925—	伍新村	青岛警备区	司令员	正军
张丙坤	男	1924.6—	前辛庄	黑龙江省哈尔滨军分区	政委	正师
张丙均	男	1923.11—1973	前辛庄	江西省赣州地委	书记	正地
李树林	男	—	前辛庄	长春市柴油机总厂	书记	地级
李银桥	男	1927.10—2009.9	东河疃	公安部老干部局	副局长	副司
谷风鸣	男	1919.2—	东河疃	陕西省军区	政委	正军
赵路光	男	1925.1—	东河疃	石家庄军分区	副政委	副师
靳子川	男	1921.10—	东河疃	河北省张家口地委	书记	正地
李泮池	男	1922.3—	东河疃	武汉军区炮兵司令部	副参谋长 顾问	副师
李文恋	男	1925.9—	东河疃	新疆军区后勤司令部	参谋长	副师
王小行	男	—	王刘乡	辽宁省锦州市	市长	正地
张士明	男	1925.1—	王刘乡	河北省军区政治部	副主任	副师
李广才	男	1921.2—	野营村	山西省临汾军分区	政委 顾问	正师

续表26-3

姓名	性别	生卒年月	籍贯	工作单位	职务	级别
马金声	男	1911.10—1998	野营村	劳动部劳动保护研究所	所长	副司
冯志平	男	1913.1—1990	野营村	北京铁路局监察委员会	书记	正厅
孟金标	男	?—?	野营村	中央十三局	局长	正司
李树欣	男	—	谢疃	福建省轻工业厅	副厅长	副厅
李长宗	男	—	谢疃	驻四川省成都市某部	副师长	副师
靳英凯	男	1924.1—2001	谢疃	解放军54825部队	副师长	副师
张寿全	男	1913.8—1987	杏贡	内蒙古呼伦贝尔盟委	书记	正地
赵真	男	1928.11—	后赵疃	解放军政治学院政经教研室	主任	正师
赵福更	男	1923.3—	后赵疃	新疆军区保卫部	部长	正师
赵寅	男	1927.10—	后赵疃	湖北省公安厅	副厅长	副厅
韩进才（韩友恒）	男	1923.1—	北苏村	吉林省广播事业局	局长	正厅
苏志学（苏行周）	男	1925.3—	北苏村	吉林省白城地委统战部	部长	副地
陈荣光	男	1925.2—	南苏村	南京军区空军政治部	副主任	副军
苏其祥	男	1919.9—	南苏村	河北省邯郸市政府	副市长	副地
李振海	男	1927.10—	南苏村	山西大同市军分区	副政委	副师
彭俊峰	男	1923.12—	北满正	空军工程部	总军事代表	正军
许英杰	男	1921.3—	北满正	航空部二院物资部	党委书记	正司
王振平	男	1930.11—	香管	青海二炮56基地	副司令员	副军
徐继长	男	1936—2007	香管	公安部政治部	副主任	副司
刘桐树	男	1922.10—2007	香管	成都军区第十三集团军	副军长	副军
徐庆川	男	1913.1—1992	香管	商业部化工局	副局长	副司
赵一明	男	1926.10—	什伍村	云南省民航管理局	副局长	副厅
赵永田	男	1925—	什伍村	解放军总参谋部政治部、文化部	部长	正师
赵增山	男	1928.7—	什伍村	总参三部五局后勤部	部长	副师
赵国臣	男	1919.3—1999	什伍村	人民日报社发行处	处长	正司
赵占魁	男	1920.6—1992	刘口屯	沈阳军区装甲兵	副司令员	副军
赵奇	男	1921.11—	刘口屯	辽宁省政府	副省长	副省
赵士君	男	1928.5—2002	刘口屯	南京军区守备师	副师长	副师
赵兰欣	男	1922.9—	刘口屯	新疆维吾尔自治区地矿局	书记	正厅

续表26-3

姓名	性别	生卒年月	籍贯	工作单位	职务	级别
赵俊杰	男	1922.11—2000	刘口屯	河北省唐山市委	常委	副地
赵玉珂	男	1932.2—1999	刘口屯	武警总部机要处	副处长	副师
张成刚	男	1924.1—2005.6	王六市	新疆军区总医院	院长	正师
张根成	男	1927.7—	院西	中共中央台办事务办公室	副主任	副司
张西凡	男	—	傅各庄	河北省张家口军分区	司令员	正师
海义 （崔振海）	男	1923.8—2001	傅各庄	航天部外事局	局长	正司
崔振帮	男	1925.12—	傅各庄	新疆农垦科学院	副院长	副师
辛金琴	男	1929.4—1996	北白沙庄	63军政治部	主任	副军
韩锡贞	女	1930.2—	马店村	纺织工业部财务司	司长	正司
李自强	男	1907.12—2000	马店村	中共吉林省通化市纪委	书记	副厅
张孟旭	男	1909.10—1985	赵院	国家教育部	顾问	副部
吴进良	男	1925.4—	柏林	解放军第二炮兵技术装备部	处长、顾问	正师
李栋章	男	1940.4—	柏林	解放军第二炮兵后勤部	副处长	副师
边志良	男	1916—	曹庄	天津市农林局	局长	正厅
赵壁	男	1922.1—	西长堤	中国乡镇企业总公司	副董事长	副司
王立才	男	1914.6—1999	西长堤	福州铁路局	副局长	副司
王立顺	男	1919.8—1996	西长堤	空军后勤部直属供应部	部长	副军
傅运通	男	1928—1985	西长堤	总参三部三局	处长	副师
张晓增	男	1926.3—	西长堤	总后307医院	院长 党委书记	正师
张进友	男	？—？	西长堤	解放军总参三部	宣传部长	师级
张照坤	男	1924—	许家庄	河北省第一监狱	监狱长	正厅
田世杰	男	1930.2—2005	马庄	北京空军后勤部航材处	处长	正师
武进府	男	1927.3—	武崔庄	石家庄市警备区	副政委	副师
张永华 （张铁锁）	男	1920.11—	西满正	广州军区联勤部直供部	副部长	副师
高耀宗 （庆余）	男	1920.2—？	西满正	炮兵68师	参谋长	副师
张静恒 （张铁平）	男	1922.1—	西满正	北京军区石家庄军医学校	政委	正师
李光启	男	1923—	任庄	新疆21基地国防科委	司令员	正军
李力兢	男	1928.10—	任庄	解放军第二炮兵导弹基地	政委	正军

续表26-3

姓名	性别	生卒年月	籍贯	工作单位	职务	级别
任允忠	男	1917.3—	任庄	国防大学政治部	副主任	副军
李锋	女	1923.1—	任庄	中国人民建设银行纪检组	组长	正司
李云芳	女	？—2005	任庄	广西壮族自治区纺织厅	党组书记	正厅
李子寿	男	1910.2—1995	任庄	河北省政协	秘书长	正厅
李子和	男	1918.7—	任庄	中国医学科学院	副院长	副司
李株	男	1924.4—	任庄	人民邮电出版社	副社长	副司
李晓泉	男	1920.10—	任庄	国防科工委政治部	副主任	副军
李小朵	男	—	任庄	华北汽车贸易中心	党组书记	正厅
李万幸（李志）	男	—	任庄	装甲兵技术学院	副政委	副师
李开印	男	1930—2003	任庄	驻天津市某独立师	政委	正师
李国兴	男	—	任庄	黑龙江省松花江地区	专员	正地
李琦	男	1918.1—2001	任庄	中央文献研究室	主任	正部
李顺堂	男	？—？	任庄	北京军区工程材料部	部长	正师
李根基	男	—	任庄	中国科学院原子能研究所	所长	正司
李子泽（国璐）	男	1909.9—1984.9	任庄	北京市政府参事室	参事	厅级
李建民	男	—	任庄	工程兵后勤部	部长	副军
李默籼	男	—	任庄	江西省交通厅	厅长	正厅
李郡南	男	—	任庄	北京市农管局	副局长	副厅
李春英	女	—	任庄	江西省财政厅	副厅长	副厅
李品一	女	—	任庄	长春戏曲学院	副院长	副厅
李建堂	男	—	任庄	北京军区某部	副师长	副师
李光	女	—	任庄	黑龙江省妇联	副主席	副厅
李民清	男	1943.12—	杨各庄	总参办公厅	研究员	正师
韩耀勤	男	1927.2—	崔岭	北京军区纪律检查委员会办公室	主任	正师
李健波（李运来）	男	1921.1—	崔岭	济南军区26军	副军长	副军
张士永	男	1946.3—	崔岭	兰州军区后勤部第26分部	政委	正师
李敬三	男	1924.7—2000	崔岭	衡水军分区	副司令员	副师
李金榜	男	1923.7—1986	崔岭	湖北省政府	副秘书长兼办公厅主任	正厅

续表26-3

姓名	性别	生卒年月	籍贯	工作单位	职务	级别
李志卿	男	1937.12—	西李庄	天津市教育局	副局长	副厅
李永周	男	—	西李庄	铁道部人事司	司长	正司
佟志广	男	1933.1—	东羽林	中国进出口银行	董事长 党委书记	正部
佟文海	男	1923.11—	东羽林	武警黄金第二总队	副政委	副师
靳立刚	男	—	西羽林	驻上海某部	师政委	正师
王立英	男	—	北满子	内蒙古自治区农牧厅	副厅长	副厅
袁景辉	男	—	南满子	驻浙江省源州某部	师政委	正师
袁瑞伦	男	—	南满子	四机部电子管理局	局长	正司
梁琮	男	1917.9—2000	中满子	民政部农村救济司	司长	正司
张景华	男	1915.3—1984	马营	国防科技大学计算机系	政委	副军
田真	男	1925—1997	马营	河北省第二监狱	党委副书记 监狱长	副厅
张志普	男	1925.1—	马营	湖北省化学工业厅	厅长	正厅
张英奇	男	1901—1930	马营	中共河北省委宣传部	副部长	正厅
马兰森 （马兰中）	女	1923.12—	马营	外交部驻英使馆	一秘	正司
马壮	男	1918.12—1990	马营	河北省政府建筑工程局	副局长	副厅
肖光 （张景桐）	男	1921.10—	马营	河北省政府办公厅	顾问	正厅
张静波	男	1921.6—	马营	军事科学院战争理论研究部	部长	正军
马驰	男	1919.3—	马营	北京邮电大学政治部	主任	正司
张进普	男	—	马营	河南省工业局	副局长	副厅
刘乾	男	1919.8—	彪冢	山西省交通厅	副厅长	副厅
韩杰	男	1919.7—2000	彪冢	公安部劳改干部学校	校长	正司
张强	男	1914—	彪冢	内蒙古自治区盐务局	党委书记	正厅
张运通	男	—	彪冢	安徽省财政厅	厅长	正厅
韩振凯	男	1915—1991	彪冢	河北省政府	顾问	正厅
韩振东	男	1929.11—	彪冢	广州军区司令部	副师长	副师
刘兴怀	男	1922.8—	察罗	四川省地震局	局长	正厅
刘常永	男	1927.3-2008.2	察罗	甘肃省军区	参谋长	副军
刘振坤	男	—	察罗	驻内蒙古自治区某部	副师长	副师

续表26-3

姓名	性别	生卒年月	籍贯	工作单位	职务	级别
王义刚	男	1924.11—	报子营	河南省驻洛阳设计院	院长、书记	正厅
刘骥	男	1921.1—1988	报子营	河北省民政厅	副厅长	副厅
佟英	男	1924.8—	郎仁屯	湖南省政协	副主席	副省
杨洪刚	男	1925.1—	郎仁屯	河北省师范大学	副校长	副厅
董永福（董大波）	男	1926—	郎仁屯	煤炭部	司长	正司
李志辉	男	—	郎仁屯	河北省物资局	局长	正厅
田振轮	男	—	郎仁屯	上海市闸北区	区委书记	正地
刘玉珂	男	1923.1—1991	郎仁屯	天津警备区后勤部	部长	正师
刘通启	男	1924.12—	长汝	北京军区炮兵司令部	副参谋长	正师
李运堂	男	1923.12—	长汝	济南军区后勤部军械部	部长	正师
刘文治	男	—	长汝	驻大连市某部队	副师长	副师
彭庆彬	男	1927.6—	彭营	河北省廊坊市委	副书记	副地
彭志琛	男	1917.1—1965	彭营	武汉医学院	副书记	副厅
张孟伸	男	1923.5—	彭营	湖北省荆州地委	副书记	副地
朱志宏	男	1929.7—1994	刘庄	总参三部八局	政委	正师
刘瑞峰	男	1935.11—2003	刘庄	四川宜宾军分区	政委	正师
赵志和	男	1922.12—	里河	北京军区后勤部营房部	副部长	副师
赵志平	男	1925.1—2000	里河	济南空军航空修理厂	厂长	副师
李克	男	1923.11—1993	梅左	中华全国总工会农林工会	副主席	副司
侯文国	男	1928.3—	西大良	对外经济贸易部机关党委	副书记	副司
杨双增	男	1941.9—	后程干	航天科工集团二院二部	党委书记	正司
荀瑞昌	男	1929—	南辛营	中科院生物物理研究所纪检会	书记	副司
张宗鲁	男	1924.1—2001.2	李各庄	驻河南省郑州市空军第三师	政委	正师
贾万春	男	1928.1—1993	贾屯	沈阳军区二七七部队	政委	正师
张建皓	男	1925.11—1993	贾屯	财政部老干局	局长	正司
马国昌	男	1924—	政宜	驻上海空军第四军政治部	副主任	正师
杨建民	男	—	政宜	江苏省扬州市某学院	院长	厅级
王志贤	男	1924.4—	西会沃	解放军基建工程兵煤炭指挥部	副政委	副军
吴健忠	男	1912—1990.1	西会沃	商业部人事司	司长	正司
张根生	男	1923—2008.1	北张庄	全国人大财经委员会	副主任	正部

续表26-3

姓名	性别	生卒年月	籍贯	工作单位	职务	级别
张旭光	男	1912—1998	北张庄	内蒙古自治区地质局	局长	正厅
张光斗	男	1921.12—	北张庄	吉林省政治干部学院	顾问、书记	正厅
张玉荣	男	1924.1—	北张庄	广东省供销社	主任	正厅
马文考	男	1925.5—	杨屯	南京军区陆军学校	副校长	副军
李振纲	男	1920.7—	杨屯	中国电子工业进出口公司	总经理	正厅
李长明	男	—	前刘营	中国地质工程公司	经理	地级
闫希文	男	1925.11—	杨马庄	中央档案馆	副馆长	副司
马志国	男	—	杨马庄	河北峰峰矿区	书记	正厅
崔少卿	男	—	河漕村	北京市环卫局	书记	正厅
高增全	男	1923.2—1997	河漕村	西安军事学院	政委	正军
高金榜	男	1921—1992	河漕村	广东省第一商业局	局长	正厅
赵永田	男	—	河漕村	总政治部文化部	部长	副军
可慎兴	男	—	可胡林	辽宁省商业厅	厅长	正厅
张业平	男	1931.8—	王胡林	天津市委组织部	常务副部长	正厅
李锡恩	男	1925—	北关	河北省军区	副司令员	副军
张新纯	男	1941.1—	后张庄	天津体育学院	副书记	副厅
李瑛	男	1920.3—	后张庄	北京市崇文区党委	书记	正地
高军（杨丙元）	男	1925.7—	杨油子	水电部电力调试通讯局	副局长	副司
王至诚（王长旭）	男	1916.5—	王油子	浙江省台州军分区	司令员	正师
王书庄（王志军）	男	—	王油子	湖北省武汉市干休所	政委	正师
王根法（王继刚）	男	1908—1959	王油子	北京通州市	副市长	副地
闫可昌	男	1924.7—2008	南寨村	兰州军区司令部	副部长	正军
周踊耀（周文民）	男	1929.11—	北牛具	河北省军区后勤部	政委	正师
刘其恒	男	1914.11—	钦什	国家统计局	顾问	正司
肖书业	男	1927.1—	中佐	广东省某军分区	副司令员	副师
张森林	男	—	中佐	天津美学院	书记	正厅
陆治国	男	1910.8—1993	南两合程	河北省政协	副主席	副省
李秀菊	女	1928—	张寨	北京市畜牧局	副局长	副厅

续表26-3

姓名	性别	生卒年月	籍贯	工作单位	职务	级别
刘振刚	男	1920.12—2005	刘门口	河北省保定第一监狱	监狱长	副厅
王文	男	？—2004	东里村	云南省物资局	局长	正厅
李省三	男	—	东里村	山西省轻工业局	局长	正厅
李志强	男	—	东里村	北京市外贸局	局长	正厅
邢振河	男	—	邢庄	山东省某军分区	副司令员	副师
李芸华	男	—	段家佐	江苏省苏州市委	副书记	副地
李志平	男	1922—2008	段家佐	成都军区昆明第三通讯兵分部	副政委	副师
齐希才	男	1947.11—	东寨子	北京卫戍区	副司令员	副军
张芳	男	—	东里屯	安徽省农业厅	副厅长	副厅
宋英奇	男	1925.8—	耿官屯	总政群工部	部长	正军
陈玉琳	男	1926.—	向官屯	宣化炮兵指挥学院	副院长	副军
李明田	男	1920.2-1994	东呈干	68军283部队	副政委	副师
赵斌杰	男	1922.12-2008	东毛庄	沈阳军区政治部	顾问	正军
毛来顺	男	1922—	东毛庄	新疆建设兵团	副政委	副军
李培英	男	1909.10—1997	东两洼	广东省民政厅	副厅长	副厅
李路	男	1924.7—1995	东两洼	煤炭部外事局	局长	正司
孙焰（孙增瑞）	男	1920.5—	大子文	湖北省军区	顾问	副军
郭子波	男	1915—2006	大子文	教育部普教司	党委书记	正司
耿东青	男	1920—2004	大子文	东海舰队（宁波干休所）	副司令员	副师
马振怀	男	1922.9—1993	大子文	68军守备二师	参谋长	副师
马治安	男	1935.4—2007	前子文	北京军区后勤部第六分部	副部长	副师
黄桦（乔国安）	男.	1913—1998	张舍村	河北省人大常委会	副主任	副省
乔树旺	男	1924.6—	张舍村	北京军区后勤部军事交通部	部长	正师
李青申	男	1926.1—	东白驼罗	上海市公安局高等专科学校	党委副书记	副厅
张孟军	男	1924.5—	义里村	北京军区工程兵某部	副主任	副军
刘瑞言（李真南）	女	1921—	义里村	地质矿产部监察委员会	副书记	副司
李东升	男	1924.9—	张敖	中国地质科学院	院长 党委书记	部级
王树桐	男	1923.1—	张敖	南京农大	校长	正厅

续表26-3

姓名	性别	生卒年月	籍贯	工作单位	职务	级别
王东海	男	1919.10—1999	张敖	北京军区陆军总医院	副院长	副师
王玉珣	男	1926.6—2006	张敖	北京市塑料公司	书记	正厅
王罗英	女	1926.9—	张敖	文化部少儿司	司长	正司
张重远	男	1926.12—	北王宋	装甲兵指挥学院	院长	正军
张炬	男	1925.5—	北王宋	国防大学研究系	主任	正军
王江涛	男	1921.1—	北王宋	河北省国防科学技术办公室	主任	正厅
张星耀	男	1920.1—2003	北王宋	铁通兵学院	副政委	副师
张更申	男	1922—?	北王宋	中国人民银行云南省分行	行长	正厅
张光	男	1926—	北王宋	河北省商检局	副局长	副厅
孙金章（孙立芝）	男	—	孙遥城	北京军区空军某部	师政委	正师
崔立国（崔建勋）	男	1924.10—2007	孙遥城	河南省周口军分区	政委	正师
孙福起	男	1927.3—	孙遥城	河北省沧州军分区	副司令员	副师
穆根来	男	—	马江	驻扎伊尔大使馆	教育参赞	司级
王建亭	男	1923.6—	石干村	沈阳军区炮兵三十三师	副政委	副师
吕五福	男	1929.11—	石干村	国防大学战役战术教研室	副主任	副军
李班军	男	1923.6—2001	石干村	工程兵政治文化部	部长	正师
李起军	男	1926.6—2004	石干村	河南省郑州休干所	所长	副师
林彤	男	1907.10—1996	林庄	北京市政协	副主席	副省
赵星（周进科）	男	1925—2007	北郝村	河北省武警总队	副总队长	副师
张正希	男	1923.9—	北郝村	总参军训部	研究员	正师
张树克	男	1925.10—	北郝村	成都空军疗养院	政委	正师
葛兆麟	男	1914—	南郝村	济南军区十分部	部长	正师
邢中和	男	1921—	邢郭庄	甘肃省天水市军分区	政委	正师
邢庚年	男	—	邢郭庄	驻成都某部	政委	正师
王永章	男	1934.12—	王营	总参三部七局	副师长	副师
王常在	男	1928.4—2003.5	邢郭庄	北京市工商局	副局长	副厅
张志远	男	1916.1—2009	西遥城	陕西省计划委员会	主任	正厅
李志明	男	1921.1—	北黄城	安徽省科协	副主席	副厅
刘贺	男	1920.3—	西南黄城	云南省昭通军分区	政委	正师

续表26-3

姓名	性别	生卒年月	籍贯	工作单位	职务	级别
张子辉	男	1930.1—	东黄城	63军党委纪委	专职委员	副师
崔沛泽	男	1921.5—	东黄城	天津市建筑工程局	局长	正厅
崔森林	男	1923.11—2003	东黄城	驻海南岛舰队	副参谋长	正师
王永秋（王志良）	男	1921.6—	东黄城	乌鲁木齐市委	书记	正地
齐亚南	男	1907.9—1995	北侯疃	石家庄市政府	参事	副地
闫恒立	男	—	南侯疃	驻俄罗斯大使馆	教育参赞	司级
崔树青	男	1929.3—	西侯疃	总参三部六局三处	处长	副师
崔兴国	男	1918—1999	西侯疃	国家物资总局	副局长	副司
李兴国	男	—	堤涡	武汉军区某师	政委	正师
赵政刚	男	1917.7—	堤涡	广西壮族自治区柳州军分区	副政委	副师
赵焕章	男	1924.6—	堤涡	总后后勤学院教研室	主任	正师
赵广增	男	1923.2—2007.5	堤涡	湖南省湘潭军分区	司令员	正师
赵孟起	男	1950.1—	堤涡	石家庄机械化步兵学院办公室	主任	正师
赵仲生	男	1922.12—	堤涡	山东省泰安市军分区	副政委	副师
安淑静	女	1927.11—	西里村	国土资源部党组纪检组办公室	主任	正司
李少元	男	—	建张庄	驻辽东某师	政委	正师
弓子章	男	1939.10—	台城	总参通讯部军队代表局	政委	正师
弓濯之	男	—	台城	北京市文体管理局	局长	正厅
常西章	男	1919—?	后大寨	甘肃省商业厅	厅长	正厅
张温昭	男	1925.9—1982	敬思村	23军69师	副政委	副师
李俊杰	男	1920.9—1998	南庙头	广东省佛山军分区	副司令员	副师
靳玉德	男	1932.1—	唐贝	国内贸易部	纪检组长	副部

新收集入志的地师级以上（含地师级、实职）革命干部一览表（230名）

表26-4

姓名	性别	生卒年月	籍贯	工作单位	职务	级别
张殿法	男	1930.1—	东大转	国家经贸部下属公司	党委书记	副司
周藏库	男	1955.2—	周大转	省政协社会和法制委员会	副主任	副厅
周立军	男	1954.3—	周大转	河北省统计局	副局长	副厅

续表26-4

姓名	性别	生卒年月	籍贯	工作单位	职务	级别
张铁头	男	1951.9—	东大转	民航华北管理局	党委副书记	副厅
赵会领	男	1960.5—	角南	中国维和民事警察培训中心防爆研究室	主任	副师
安炳奇	男	1935.3—	宅后寺	河北省科技厅	厅长	正厅
安国政	男	1934.1—	宅后寺	驻摩洛哥大使馆	大使	正司
苏同启	男	1937—	宅后寺	河北省司法厅	副厅长	副厅
苏同兴	男	1940—	宅后寺	河北省公安厅	副厅长	副厅
孙光伟	男	1955.6—	南王宋	石家庄警备区第十二干休所	副所长、政委	副师
张金书	男	1952.—	南王宋	邢台军分区	政委	正师
张建辉	男	1948.1—	南王宋	解放军信息工程学院	副院长	正师
李焕藏	男	1946.2—	李庄	河北省环保局	纪检组长	副厅
冯青春	男	1946.8—	后辛庄	沧州军分区	司令员	正师
李成军	男	1951.7—	东河疃	河北省海关缉私局	政委	副厅
赵中生	男	1929—?	东河疃	福建省军区	司令员	正军
王增钵	男	1950—	野营村	西藏军区	政委	正军
张钢	男	1954.2—	杏贡	内蒙古呼和浩特北方联合电力有限公司	副经理	副地
张建民	男	1926.7—	前赵疃	北京市安全局	副局长	副厅
苏耀增	男	1928.4—	北苏村	北京军区政治部群工部	副部长	副师
苏勤学	男	1915.9—1991.4	北苏村	北京市医药管理局	局长	副厅
苏介人	男	1926.10—	北苏村	石家庄高级陆军学校哲学教研室	主任	正师
苏耀章	男	1925.4—	北苏村	新疆巴音郭楞蒙古族自治州人大常委会	副主任	副地
杨子久	男	1921—	北满正	中国人寿保险集团公司	监事会监事监察室主任	正司
刘义民（刘成群）	男	1912.1—2006	香管	江西省农业厅	厅长	正厅
田烽	男	1928.4—	香管	解放军后勤学院后勤教研室	教员	正师
田景荣	男	1924.11—	香管	总参军训部政治处	主任	正师
赵勇	男	1917.7—	什伍村	中国电子科技集团公司第十五研究所	党委书记	正厅
刘冠轻	男	? —?	刘吉口	江西省政府办公厅	副主任	副厅
程彦须	男	1962.8—	刘口屯	空军第四飞行学院	参谋长	副师

续表26-4

姓名	性别	生卒年月	籍贯	工作单位	职务	级别
张建学	男	1955.8—	王六市	云南省工商行政管理局	纪检局长 督察专员	副厅
张佐民	男	1927.10—	院西	宣化炮兵学校研究室	副主任	副师
张树欣	男	1923.6—	院西	北京市公安局	副局长	副厅
张彦欣	男	1959.9—	院西	河北省工商银行	副行长	副厅
张建方	男	1925.12—	北白沙庄	北京军事医学科学院院部	副部长	副师
张国祥	男	1925.4—	北白沙庄	总参气象局	研究员	正师
王润江	男	1925.5—	北白沙庄	河北省高级人民法院	副院长	副厅
靳建彬	男	1954.3—	马店村	内蒙古军区教导队作训处	处长	副师
张文杰	男	1931.1—	马店村	北京军区联勤部通州干休所	副政委	副师
赵京战	男	1947.10—	赵院	空军9595部队	副参谋长	副师
刘根茂	男	1926.8—	赵院	沈阳总装备部办事处	副政委	副师
刘艳深	男	1927.9—	赵院	38军坦克部队某师	副政委	副师
王冠英	男	1946—	赵院	中国历史博物馆研究院学术研究室	主任	副司
张建民	男	1949.12—	赵院	北京市总工会	常务副主席 党组书记	正厅
张建军	男	1953—	赵院	最高人民法院国家法官学院	党组书记 教务长	副司
李鑫	男	1920—	南牛具	天津市电子仪表局	副局长	副厅
李志国	男	1950.11—	南牛具	天津市海关稽查局	局长	副厅
邱自恒	男	1928.6—2006	辛店	空军工程部外场部	副部长	副师
张保恒	男	1935.10—	北辛营	河北省民政厅	厅长	正厅
靳天	男	1914.1—	徘徊	天津市一商局	经理	副厅
靳辉	男	1916.—	徘徊	铁道部老干局	书记	正司
崔晓辉	男	1964—	徘徊	河北省政协	副秘书长	副厅
魏志勋	男	1948.9—	柏林	石家庄260医院检验科	主任	正师
王戊寅	男	1938.4—	秦王庄	天津市民政局	副局长	副厅
秦保顺	男	1928.12—2010	秦王庄	解放军信息技术学院	主任	正师
秦保来	男	1932—2005	秦王庄	出版总署新华书店总店	副总经理	副司
李文芳	男	1929.10—2004	西长堤	晋东南军分区后勤部	政委	副师
王贵臣	男	1950—	西长堤	北京军区政治部第四干休所门诊部	主任	副师

续表26-4

姓名	性别	生卒年月	籍贯	工作单位	职务	级别
李树圈	男	1930.10—	东长堤	北海舰队31支队	队长	副师
张春林	男	1918.10—	许家庄	成都军区第998仓库	主任	副师
武进生	男	1926.11-2001	武崔庄	成都军区司令部特种兵部	部长	正师
武树泉	男	1946.10—	武崔庄	河北省检察院	副检察长	副厅
高瑞增	男	1922.6—	西满正	江西省科学院	院长	正厅
任远	女	1920.9—	任庄	辽宁省人民医院	副院长	副厅
王津平	女	1951.6—	任庄	北京武警总队医院妇产科	主任	正师
李之路	男	1921.10—	任庄	河北省卫生厅	副厅长	副厅
李树鸾	男	1942.4—	杨各庄	空军驻上海军部代表局	政委	正师
吕子轩	男	1923.8-2004	崔岭	军委工程兵后勤部	副部长	副军
纪良刚	男	1961.2—	崔岭	河北经贸大学	书记、校长	正厅
李建设	男	1954.12—	崔岭	北京卫戍区	副司令员	副军
姚树坤	男	1957.10—	西羽林	卫生部中日友好医院	副院长	副司
佟印	男	1944.6—	东羽林	总参第55研究所	政委	正师
佟铁顺	男	1953—	东羽林	内蒙古自治区农村信用社	理事长 党委书记	正厅
袁彦明	男	1960—	中满子	武警特警学院	政委	副军
范振宪	男	1941.10—	满子	天津市公安局刑事侦查局	政委	副师
马一良	男	1928.7—	马营	北京宣武区政协	副主席	副地
马恒辉	男	1960.1—	彪家	北京军区训练基地	副司令员	副师
王彦军	男	1951.12—	察罗	总参通讯部通支办	主任	正师
崔志	男	1923.11—	报子营	石家庄市委政法委	顾问	副地
王振凯	男	1924.12—	报子营	第12航空学校	副政委	副师
刘兆辉	男	1925.12—2006	长汝	中科院昆明动物研究所	党委书记	正厅
苏歌	男	1949.3—	长汝	国务院发展研究中心机要局	局长	正司
刘丙臣	男	1924.8—	长汝	昆明军区三局	副政委	副师
刘志满	男	1948.10—	长汝	石家庄陆军学院教研室	主任	副师
李增	男	1928.3—	长汝	总参三部	研究员	正师
刘庆申	男	1929.7—	长汝	总参三部运输处	副处长	副师

续表26-4

姓名	性别	生卒年月	籍贯	工作单位	职务	级别
张孟钦	男	1935.—	彭营	国防科技信息中心	研究员	正师
张文斌（张小年）	男	1924.1—	彭营	内蒙古自治区海拉尔军分区	副司令员	副师
彭礼民	男	1928.5—	彭营	中华工程集团公司	副总经理	副司
刘致中	男	1921.8—2002	西王庄	新疆军区	副司令员	副军
孙泽浦	男	1924.9—2007	西王庄	河北省检察院	副检察长	副厅
刘建朝	男	1956.12—	西王庄	北京海淀区武装部	副政委	副师
陈贵恒	男	1922.11—	梅左	中国电影艺术研究中心	主任	正司
刘际庭	男	1913.3—1996	南大良	云南昭通军分区	副政委	副师
冯志良	男	1920.1—	政宣	吉林省白城军分区	副政委	副师
辛振华	男	1928.10—2002	西会涡	河北省广播电视局	副局长	副厅
张静衡	男	1922.11—	西会涡	北京军区军医学院	政委	正师
赵秀峰（赵玉周）	男	1923.1—	西会涡	空军司令部气象局	副局长	副师
张玉文	男	1937.9—	北张庄	天津市委商务工作委员会	副书记	正厅
张凯	男	1921-1995	北张庄	沈阳市人大常委会	副主任	副地
张中树	男	1913-1993	北张庄	辽宁省纪委	专职委员	副厅
刘玉坤	男	1927.3—	杨屯	北京军区炮兵第六师	副政委	副师
刘占同	男	1948.3—	杨屯	甘肃省地勘局	副书记	正厅
马魁西	男	1939.5—	杨马庄	石家庄市人大常委会	副主任	副地
马顺启	男	1931.1—2000	杨马庄	中国航天物资局华北供应站	主任	副司
张占弄	男	1946.11—	河漕村	国务院参事院	副主任	副厅
李树喜	男	1945.10—	王胡林	光明日报出版社	社长兼总编	正厅
可士珍	男	1922.6—1992.6	可胡林	天津市和平区政协	副主席	副地
可顺义	男	1920.1—?	可胡林	辽宁省商业厅	厅长	正厅
陈树托	男	1950—	王各庄	国际航空公司西南分公司	书记	正厅
王治国	男	1921.8—1998.8	王各庄	陕西十一航校	副政委	副师
赵忠国	男	1925.8—1981.1	南张涡	新疆吐鲁番地委	副书记	副地
戚连生	男	1951.1—	南张涡	国际航空公司培训部	总经理	正司
李树杭	男	1940.3—	西关	河北省科技大学	校长、书记	正厅
白冰	男	1918.3—1998	西关	地质矿产部组织部	部长	正司

续表26-4

姓名	性别	生卒年月	籍贯	工作单位	职务	级别
刘红欣	男	1926.3—	西关	解放军基建工程兵指挥部科干司	参谋长	副师
李伟	男	1957.3—	北关	石家庄市警备区	参谋长	副师
谢军	男	1952—	县前	人力资源和社会保障部科干司	副司长	副司
李锡友	男	1925.2—	县前	山东省昌潍军分区	顾问	正师
张一民	男	1916.3—	后张庄	军事科学院战史部	部长	正军
张暄	男	1918.7—	后张庄	北京化工大学	副书记	副厅
张毅力	男	1949.1—	后张庄	司法部人事司	司长	正司
张炳新（张志栋）	男	1929.11—	后张庄	解放军报社	记者	副师
李树铮	男	1922.2—	薛各庄	湖南省棉麻总公司	副总经理	副厅
崔根乱	男	1945.1—	东满正	衡水市政协	副主席	副地
赵津天	男	1916.7—1990	东刘店	河北经贸大学	副校长	副厅
赵万征	男	1956—	东刘店	云南省地矿局	副局长 纪检组长	副厅
刘振普	男	1930—	东刘店	军委装甲兵作战处	副处长	副师
张杰	男	1921.1—2000	北牛具	石家庄市政协	副主席	副地
张洪如	男	1928.2—	北牛具	昆明军区三局	副局长	副师
袁有波	男	1949.3—	袁营	中国民航河北省空中管理站	党委书记	正司
袁书秒	男	1930.9—	袁营	解放军装甲兵后勤部装备处	副处长	副师
刘海南	男	1950—	钦什	北京航空学院	院长	正师
刘永真（刘毅）	男	1921.4—2006	钦什	北京航空后勤部	研究员	师级
刘清波	男	1919.1—	钦什	国家统计局	副局长	正司
李江海	男	1948.10—	崔各庄	邯郸军分区	政委	正师
张章	男	1941.12—	中佐	河北省纪委	监察员	副厅
张根生	男	1926—1990	中佐	长沙国防科技大学政治部	主任	正师
李坤刚	男	1963.8—	中佐	水利部国家防汛抗旱总指挥部	副主任	副司
张占雄	男	1948.2—	中佐	天津市建设科学研究院	书记	正厅
陆军恒	男	1956.11—	南两合程	河北师大	副校长	副厅
陆正已	男	1939.1—	南两合程	总参谋部政治部	部长	正师
李立秋	男	1948.8—	张寨	全国农技推广中心	副主任	副司
李士杰	男	1959.8—	张寨	廊坊师范学院	副院长	副厅

续表26-4

姓名	性别	生卒年月	籍贯	工作单位	职务	级别
李金榜	男	1917.8—1988	刘门口	河北省总工会	副主席	副厅
李兰欣	男	1931—	东里村	国家商业集团	总经理	正司
赵三刚	男	1925—	东里村	广东省某军分区	司令员	正师
李克（李同义）	男	1918.2—	后刘兴	铁岭市委财贸部	部长	副地
李锁庄	男	1961.10—	后刘兴	公安部消防总局管理处	处长	正师
李恩普	女	1954.7—	后刘兴	农业部中国质量标准与检测技术研究所	党委书记	副司
张志杰	男	1950.8—	寺店	衡水军分区	副政委	副师
石小琢	男	1954.3—	东石庄	河北省国资委	纪检书记	正厅
安增贵（安玉涛）	男	1929—	东石庄	中国专利局	副局长	副司
曹木周	男	1922—	义门	第一集团军后勤部	副部长	副师
周根道	男	1951.2—	周刘庄	北京二炮政治部	秘书长	正师
万海亭	男	1916.6—2006	史官屯	国防大学军事科学院	外军教研主任	正军
李志同	男	1942.5—	西里屯	中国人民武装警察部队森林指挥部	副政委	副军
孙万勇	男	1955.3—	西里屯	河北省政府	巡视员	正厅
孙开山	男	1924.2—2003	西里屯	石家庄市委	常委 宣传部部长	副地
张方普	男	1919.3—2004	西寨子	解放军炮兵军政干校校务部	副部长	副师
张晓恒	男	1941.10—	东寨子	河北省师范大学	副校长	副厅
齐才广	男	1918.9—2006.5	东寨子	桂林师范大学	副校长 副书记	副厅
齐宗泽	男	1924—	东寨子	武汉警备区	副司令员	副军
刘永存	男	1963.5—	小辛庄	山东省公安厅纪委	书记、督察长	正师
刘江天	男	1964—	向官屯	国家经贸委黄金局	副局长	副司
马文格	男	1955.9—	东毛庄	沈阳军区司令部第二干休所	所长	正师
马长青	男	1929.9—	东毛庄	空军21场政治部	主任	正师
毛增成（苏克）	男	1920-2000	东毛庄	湖南省供销总社	主任	正厅
孟移山	男	—	西毛庄	青海省某军分区	政委	正师
李瑞旁	男	1941—	东两洼	天津市武春县1961师	副师长	副师
张中秋	男	—	郑家庄	航天部	副部长	副部

续表26-4

姓名	性别	生卒年月	籍贯	工作单位	职务	级别
耿振林	男	—	郑家庄	河南焦作市委	副书记	副地
孙涛	男	1920.5—	大子文	陕西省宝鸡兵工厂（飞机制造厂）	党委书记	正厅
田泽川	男	1933.3—	大子文	北京市燕沙集团	党委书记	正厅
田汉卿	男	1915.7—1995	大子文	北京军区后勤八分部	参谋长	副师
田晓丽	女	1958.2—	大子文	解放军总后勤部	助理员	副师
张洪涛	男	1926.12—	前子文	天津市科委	秘书长	副厅
乔万义	男	1942.9—	张舍	天津市农业局	党委书记	正厅
乔秀清	男	1946.7—	张舍	301医院政治部	副主任	副师
乔惜阴	男	1924.7—	张舍	铁道兵第十师政治部	主任	副师
李金光	男	1926.5—	东白驼罗	吉林省政府办公厅	副主任	正厅
周正新	男	1917—1997	西白驼罗	河北省人大常委会	顾问	正厅
周超	男	1967—	西白驼罗	新华社人事局	副局长	副司
张铭勤（张万增）	男	1920.7—	义里村	空军32师	师长	正师
任敬恩	男	1938.12—	义里村	文化部退休干部局	巡视员	正司
李真	男	1917—1999	义里村	北京军区工程兵	政委	正军
王文贞	女	1932.7—	张敖	总参三部六局	参谋	副师
王恒昌	男	1958.8—	张敖	北京军区联勤部第六分部	参谋长	副师
张军	男	1927.8—	北王宋	北京军区炮兵司令部科研处	处长	副师
张庆宪	男	1942.8—	北王宋	北京二炮卫生部	部长	正师
魏四海	男	1963—	崔安村	河北省委办公厅	副秘书长	副厅
魏占停	男	1962.6—	崔安村	军事医学科学院	书记	副师
李建华	男	1926.3—1990.6	石干村	北京市市政局党校	书记	副地
李光耀	男	1949.10—	马江	保定市人大常委会	主任	正地
张振怀	男	1947.12—	马江	公安部警卫局现场处	处长	正师
石建中	男	1952.10—	南石庄	总政治部某局	局长	正师
王发启	男	1921.6—	南郝村	北京市中关村医院	党委书记	正厅
郭大健	男	1954.4—	邢郭庄	河北省政协	党组成员 秘书长	正厅
郭仁学	男	1923—	邢郭庄	成都军区38分部	顾问	正师
王志勤	男	1924.2—	王营	北京京剧院	院长	副厅

续表26-4

姓名	性别	生卒年月	籍贯	工作单位	职务	级别
王增瑞	男	1914—1995	北黄城	呼和浩特市政府	常务副市长	副地
崔子英	男	1921.7—	北黄城	化工部	副部长	副部
刘振岗	男	1928.10—	西南黄城	山西省晋东南地委	秘书长	副地
刘军	男	1964.5—	西南黄城	山西省质量技术监督局	副局长	副厅
张岚平	男	1924.3—	东黄城	农业部物资局	局长	正司
崔瑛	男	1929.11—	东黄城	水利电力出版社	党委副书记	副司
崔薪传	男	1923—	东黄城	黑龙江省齐齐哈尔市政协	主席	正地
王志远	男	1925.7—	东黄城	中国医学科学院心血管病研究所	党委书记	正司
崔双甫	男	1926.3-2007	东黄城	中直工委纪委办	主任	正司
崔仿渔	男	1928.10—	东黄城	东南亚传统医学促进委员会	副主席	正师
崔珩	男	1928.9—	东黄城	北京小汤山医院	副院长	副师
崔琛	男	1923.8—	东黄城	国防科技大学	组织部长	正师
张英华	男	1924.9—	东黄城	军政大学院务部	副政委	副军
齐耀民	男	1916.10—	北侯疃	石家庄市政协	副主席	副地
闫子元	男	1909.4-1994	南侯疃	中共中央党校理论二部	副主任	副部
闫满贵	男	1931—	南侯疃	中国人民银行天津市分行	副行长	副厅
崔槛钵	男	1927.4-2005	西侯疃	广西自治区梧州市	秘书长	副地
赵贵和	男	1942.7—	堤沃	海军航空兵	副政委	副军
华兴（宋纪达）	男	1908.7-1995.7	徐疃	机械部第三设计研究院	副院长	副司
宋新普	男	1930.10—	徐疃	北京军区司令部门诊部	副主任	副师
宋玉良	男	1918.1—	徐疃	吉林省公安厅	厅长	正厅
宋力刚	男	1920.3—	徐疃	中国质量管理协会	常务副理事长	正司
安以文	男	1923.12-1997	西里村	中国人民解放军基建工程兵	兵办主任	正军
刘丙周	男	1924.8-2004	西里村	河南省委宣传部	副部长	正厅
安会友	男	1919.4—?	西里村	中国冶金部	部长	正部
张宗林	男	1930.1-2002	建张庄	济南军区后勤部	部长	正军
弓和平	男	1957.9—-	台城	中国包装公司	副总经理书记	副司
毕国银	男	1926.7-1998	台城	69军206师	副师长	副师
王青云	男	1939.2—	唐贝	全国政协人事局	副局长	副部

第四节　受省部级以上（含省部级）表彰者名录

1996年版《安平县志》第八编第65章第二节英模人物（606页）收录1990年年底以前省部级以上（含省部级）英模人物23人，经与河北省总工会1993年6月编印的《劳动模范管理手册》核对，其中部分内容有出入。本次续志对原载英模人物内容进行了更补重载，英模人物由23人增为36人；补录受省部级以上表彰者54人（不包括省部级以上英模）；载1991～2002年省部级以上英模人物11人，受省部级以上表彰者20人。现更正重载、补录和登录如下：

安平县1990年前省部级以上（含省部级）英模人物一览表

表26-5

姓名	所在单位	授予称号	批准单位	批准年月
槐延年	崔安铺	省一届农业劳动模范	省政府	1950
		省农业劳动模范	省政府	1951
王杏坦	南张沃	省一届农业劳动模范	省政府	1950
		省劳动模范	省政府	1951
范俊生	南满子村	省农业劳动模范	省政府	1951
董得荫	面粉厂	省二届工业劳动模范	省政府	1953
		省级劳模	省政府	1956
王玉坤	南王庄村	全国农业劳动模范	国务院	1957
		省劳动模范	省政府	1979
朱清泉	深县第二机械修配厂	省先进生产者（省级劳模）	省政府	1959
段杏田	深县第二机械厂	省先进生产者（省级劳模）	省政府	1959
张顺增	深县商业局	省公安系统先进工作者（省级劳模）	省政府	1959
赵绍周	安平试验中学	全国文教系统模范教师（省级劳模）	教育部	1960.6
尚士杰	安平县医院	省级劳模	省政府	1963
武赞卿	县科委	省科技工作先进个人	省政府	1978.2
王杰	经济委员会	省级劳模	省政府	1980.3
韩宏昌	电力局	省劳动模范	省政府	1982.2
刘杏慈	油子供销社	省劳动模范	省政府	1982.2
姚建奇	南王庄公社农技站	省劳动模范	省政府	1982.2
张梅朵	王刘乡小学	全国优秀班主任	国家教委	1983
马计年	农业银行	省级劳模	省政府	1984
			省政府	1986

续表26-5

姓名	所在单位	授予称号	批准单位	批准年月
王俊法	拔丝厂	省职工劳动模范	省政府	1986
苑书田	北郭村农中	省职工劳动模范	省政府	1986
		全国五一劳动奖章	全国总工会	1988
		全国先进工作者	国务院	1989
王焕起	安平中学	全国优秀教师	国家教委人事部、教工委	1989.9
范雨田	安平中学	全国优秀教师	国家教委人事部、教工委	1989.9
董跃进	兴贤小学	全国优秀教师	国家教委人事部、教工委	1989.9
石小琢	造纸网厂	省职工劳动模范	省政府	1989.11
侯老宅	前刘营村	省农业劳动模范	省政府	1950
张振山	许家庄村	省农业劳动模范	省政府	1956 1979
杜志增	北满正村	省农业劳动模范	省政府	1956
赵聚	安平面粉厂	省工业劳动模范	省政府	1955
		省先进生产者	省政府	1956
王跃坤	木建厂	省劳动模范	省政府	1958
杜会振	机械厂	省先进工作者	省政府	1959
刘运起	何庄银行所	省劳动模范	省政府	1977
李敬敏	西长堤村	省农业劳动模范	省政府	1979
白尚山	北满正村	省农业劳动模范	省政府	1979
刘建国	西王庄村	省农业劳动模范	省政府	1979
刘振华	义里村	省劳动模范	省政府	1982.2
李绍轩	安平中学	省劳动模范	省委、省政府	1982.2
刘礼振	石干乡卫生院	先进医务工作者	卫生部	1987.12
		全国卫生系统文明建设先进工作者	卫生部	1987.12
		优秀共产党员	省委	1990.6

补录1990年前安平县荣获省部级以上（含省部级）表彰者一览表

表26-6

姓名	籍贯	获奖时所在单位	授予称号	批准单位	批准时间
张梅朵	王刘乡	王刘乡小学	省优秀园丁	省政府	1985.3 1985.9
刘树芳	河漕村	谷家左小学	省优秀园丁	省政府	1985.3
张亚敏	西长堤	西长堤小学	省优秀园丁	省政府	1985.3
乔敬娟	东羽林	南满子小学	省优秀园丁	省政府	1985.3 1986.8
李如山	杨屯	后铺小学	省优秀园丁	省政府	1985.3
张庆义	东里屯	城镇小学、一小	省优秀园丁	省政府	1985.3 1987.8
董跃进	逯庄	南关小学	省优秀园丁	省政府	1985.3 1985.9 1986.8 1987.8
			全国中小学德育先进工作者	国家教委	1988
周建峰	西白驼罗	东白驼罗小学	省优秀园丁	省政府	1985.3
王全贵	王胡林	王各庄小学	省优秀园丁	省政府	1985.3
李敬云	东长堤	东长堤小学	省优秀园丁	省政府	1985.3
李文远	崔岭	何庄中学	省优秀园丁	省政府	1985.9 1986.8
李绍轩	安徽临泉县赵庄	安平中学	省优秀园丁	省政府	1985.9 1986.8
马有为	马营	何庄中学	省优秀园丁	省政府	1985.9 1987.8
王焕起	东南黄城	后张庄中学	省中学模范班主任	省政府	1982.8
			省优秀园丁	省政府	1985.9 1986.8
范雨田	广东中山县	安平中学	省优秀园丁	省政府	1985.9
曹振山	曹庄	曹庄小学	省优秀园丁	省政府	1985.9
刘根法	向屯	向屯小学	省优秀园丁	省政府	1985.9
张敬宝	院西	院西小学	省优秀园丁	省政府	1985.9
田志坤	大子文	南大良小学	省优秀园丁	省政府	1985.9
刘占恒	政宣	城镇小学	省优秀园丁	省政府	1985.9 1986.8 1987.8
李智	中角	角邱中学	省优秀园丁	省政府	1986.8

续表26-6

姓名	籍贯	获奖时所在单位	授予称号	批准单位	批准时间
郭玉臻	前子文	安平中学	省优秀园丁	省政府	1986.8
门树梓	义门	油子中学	省优秀园丁	省政府	1986.8
杨秀芬	北侯疃	台城乡中	省优秀园丁	省政府	1986.8
辛国涛	南苏村	胡林乡中	省优秀园丁	省政府	1986.8
安淑宽	什伍村	什伍村小学	省优秀园丁	省政府	1986.8
王荣艳	徘徊	徘徊小学	省优秀园丁	省政府	1986.8
王玉先	西里屯	东里屯小学	省优秀园丁	省政府	1986.8
李秀芬	北张庄	北张庄小学	省优秀园丁	省政府	1986.8
李敬灿	张寨	张寨小学	省优秀园丁	省政府	1986.8
王志敏	西遥城	西遥城小学	省优秀园丁	省政府	1986.8
李泽苗	深县南庄	张舍小学	省优秀园丁	省政府	1986.8
刘会芷	刘疃	刘疃小学	省优秀园丁	省政府	1986.8
杨志生	郎仁屯	马店乡学区	省优秀园丁	省政府	1986.8
李敬兰	马店	马店小学	省优秀园丁	省政府	1987.8
刘书典	东长堤	东长堤小学	省优秀园丁	省政府	1987.8
王彩欣	钦什	钦什小学	省优秀园丁	省政府	1987.8
王毅然	西会沃	西会沃小学	省优秀园丁	省政府	1987.8
赵藏艳	堤沃	子文小学	省优秀园丁	省政府	1987.8
王世跃	李各庄	李各庄小学	省优秀园丁	省政府	1987.8
吴爱弟	博野小西章	严疃小学	省优秀园丁	省政府	1987.8
张永占	杨各庄	安平中学	省优秀园丁	省政府	1987.8
魏居所	崔安村	安平中学	省优秀园丁	省政府	1987.8
张美然	新政村	城关中学	省优秀园丁	省政府	1987.8
石香荣	武营	油子中学	省优秀园丁	省政府	1987.8
何如山	伍新村	角邱中学	省优秀园丁	省政府	1987.8
刘欣玲	西羽林	大子文乡中	省优秀园丁	省政府	1987.8
李均芳	崔岭	北郭农中	省优秀园丁	省政府	1987.8
杨志存	郎仁屯	师范	省优秀园丁	省政府	1987.8
王树勋	崔安铺	角邱中学	省优秀园丁	省政府	1987.8
张盼者	饶阳南京堂	县幼儿园	省优秀园丁	省政府	1987.8
刘礼振	深泽县王家庄	石干乡卫生院	省科技战线树比学先进个人	省委、省政府	1987.12
张济轩	南王宋	南王宋乡	人民调解先进工作者	省政府	1988.5
王晓勋	南王庄	安平县武装部	民兵训练基地建设先进个人	省政府、省军区	1990.1

安平县1991—2002年省部级以上（含省部级）英模人物一览表

表26-7

姓名	籍贯	获奖时所在单位	授予称号	批准单位	批准时间
刘礼振	深泽县王家庄	石干乡卫生院	省劳动模范	省政府	1992.3
李兰珍	杨各庄	粮食局二粮站	全国先进女职工	全国总工会	1993.3
			全国内贸系统先进个人（省劳模）	内贸部、人事部	1994.12
			五一劳动奖章	全国总工会	1998.4
			省优秀共产党员	省委	1999.7
			全国劳动模范	国务院	2000.4
李文冒	信口	造纸网厂	省劳动模范	省政府	1995.4
李军成	李大转	李大转村	省农业劳动模范	省政府	1995.4
王小其	南王庄	南王庄村	省农业劳动模范	省政府	1995.4
			全国农业劳动模范	国务院	1995.4
刘苏芳	桃城区	安平县委	抗洪抢险先锋（省劳模）	省委、省政府	1996.8
靳小乐	唐贝	唐贝村民兵连	抗洪抢险先锋（省劳模）	省委、省政府 省军区	1996.8
李迅	城关镇	纤维板厂	省职工劳动模范	省政府	1999.4
郭占领	伍新村	伍新村	省农业劳动模范	省政府	1999.4
赵兰锁	徐张屯	徐张屯村	省农业劳动模范	省政府	1999.4
李光辉	马江	财政局	全国财政系统先进工作者（省劳模）	财政部　人事部	2002.12

1991—2002年安平县荣获省部级以上（含省部级）表彰者一览表

表26-8

姓名	籍贯	获奖时所在单位	授予称号	批准单位	批准时间
张济轩	南王宋	南王宋乡	省普法先进个人	省委、省政府	1991.4
刘礼振	深泽县王家庄	石干乡卫生院	全国乡镇卫生院优秀院长	全国优秀院长评审委员会	1991.7
			享受政府特殊津贴	国务院	1992.10
李光辉	马江	工商局	打假先进工作者	省政府	1993.2

续表26-8

姓名	籍贯	获奖时所在单位	授予称号	批准单位	批准时间
李兰珍	杨各庄	粮食局二粮站	“巾帼建功”标兵	全国城镇妇女“巾帼建功”活动领导小组	2001.3
			拥军优属先进个人	省委、省政府、省军区	1994.3
周建慈	后辛庄	安平中学	全国优秀教师	国家教委、人事部	1993.9
范雨田	广东中山县	安平中学	特级教师	省政府	1994.5
			享受政府特殊津贴	国务院	1995.3
张新起	西寨子	水利局	省抗洪救灾先进工作者	省政府	1994.10.24
苑书田	黑龙江省宁安市	北郭农中	享受政府特殊津贴	国务院	1995.3
刘占恒	县前	县一小	全国优秀教师	国家教委、人事部	1995.9
陈景林	向屯	计生委	全国计划生育科技先进工作者	国家计生委	1996.3.15
刘苏芳	桃城区	安平县委	全国农村基层组织建设工作优秀县委书记	中央组织部	1998.6
石小琢	东石庄	县政府	抗洪抢险先进个人、一等功	省委、省政府	1996.8
曲士雄	薛各庄	马店乡政府	抗洪抢险先进个人、一等功	省委、省政府	1996.8
孙福忠	深县	县公安局	抗洪抢险先进个人、一等功	省委、省政府	1996.8
苑计刚	北郭村	北郭村	抗洪抢险先进个人、一等功	省委、省政府	1996.8
王晓勋	南王庄	安平县武装部	抗洪抢险先进个人	省委、省政府省军区	1996.8
			抗洪抢险二等功	北京军区	1996.10
			优秀人民武装干部	省军区	1997.12
崔永良	台城	安平镇政府	抗洪抢险先进个人、一等功	省委、省政府省军区	1996.8
李绍轩	安徽临泉赵庄	安平中学	特级教师	省政府	1997.9
陈增奎	南苏村	安平二中	全国优秀教师	教育部	1998.9
董跃进	逯庄	兴贤小学	特级教师	省政府	1999.11

第五节　学者名人名录

本志共收录安平籍现代学者名人(不包括已故立传者)46人，其中：医学界7人，文史界2人，科技界6人，文艺界3人，文学界7人，书画界18人，其它3人。

现代安平籍学者名人一览表

表26-9

姓名	性别	出生年月	籍贯	工作单位	职务或职称	主要事迹或成就
王铭维	女	1956.4	伍新村	河北医大一院	副院长、神经内科主任、教授、博士生导师，省科技鉴定评审专家库成员	在人体神经内科疾病的诊治和研究方面做出了突出贡献；在各医学报刊、杂志发表论著100余篇，多次被评为石家庄市先进工作者、市劳动模范、优秀博导
刘坤申	男	1944.12	彪家	河北医大一院	心脏中心主任、教授、博士生导师，中华医学会河北省心血管分会主任委员	河北省心脏病学科带头人之一，所著《心力衰竭防治之路》《冠心病防治之路》由北京大学医学出版社出版。享受国务院特殊津贴
祝淑钗	女	1965.7	北黄城	河北医大四院	放疗科主任 博士生导师	擅长肿瘤放射治疗，先后发表专业论文60余篇，其中在国家级杂志上发表30余篇。2000年，被团中央授予全国十大杰出青年岗位能手称号，于2001年被评为省有突出贡献中青年专家，被教育部评为高校优秀青年教师
张立玮	女	1956.10	后张庄	河北医大四院	内镜科副主任、主任医师、教授、硕士研究生导师、省肿瘤微创专业委员会主任、省内镜质量控制管理中心主任。	擅长消化道早期癌及癌前病变的内镜诊断和治疗。率先在河北省引进胶囊内镜、超声内镜，处于省内领先地位。编写了《河北省内镜质控手册》，参加了国家“八五”“十五”攻关课题研究。发表论文40余篇，主编和参编学术专著6部，获省科技进步一等奖一项、二等奖一项、三等奖四项。被卫生部聘为全国癌症早诊早治项目食管癌专家组副组长
崔访渔 （崔大登）	男	1928.10	东黄城	解放军303医院	主任医师、东南亚传统医学促进委员会副主席	从事医学皮肤科的治疗和研究，擅长液氮冷冻治疗皮质病及医学美容，发表论文60多篇，并多次获得优秀论文奖
段志民	男	1934.11	彭营	北京潞河医院	主任医师	治疗骨伤、囊肿、异物取出有独到之处

续表26-9

姓名	性别	出生年月	籍贯	工作单位	职务或职称	主要事迹或成就
王长欣	男	1924.3	邢郭庄	解放军272医院	主任医师	打破世界禁区，成功为106例白血病人做扁桃腺手术，1978年10月在全军科技大会上获科技成果二等奖；1983年，大面积黑痣一次切除全厚皮片移植成功，获天津市政府科技成果二等奖。发表学术论文25篇，撰写《医旅春秋》一部
王冠英	男	1946.3	赵院	国家博物馆	研究员、学术研究中心主任、《中国历史文物》主编	编写出版了多部中国古代文化、文物方面的书籍，主持了《国家博物馆馆藏研究丛书》等大型科研项目书籍的编写出版，享受国务院特殊津贴
朱耀廷	男	1944.12	庄窠头	北京联合大学	教授、历史系主任	主要从事中国古代史、元史、中国文化史、北京文化史的研究与教学，编辑出版了《诸子百家论人才》《成吉思汗》《大元帝师八思巴》《中华文物古迹旅游》学术专著、教材等29部，并多次获优秀专著奖和科研奖。享受国务院颁发的政府特殊津贴
王路光	男	1954.2	伍新村	河北省环境科学研究院	院长、正高级工程师、省正高级工程技术职务评审委员会委员	先后主持30多项重大环境研究技术项目，并被国家、省批准实施；发表学术论文30多篇；2001年被评为省环保系统“十佳”学术带头人，荣获全国“五一”劳动奖章
张孟钦	男	1935.11	彭营	国防科工委情报研究所	研究员	组织、编写了中国第一部主体法检索工具书《国防科技主题词典》；参与制定了国家第一个国防科技情报“大型联机检索系统”的建设，并获国家科技进步二等奖；另获国工委和军队科技进步奖4项。被国务院授予“有突出贡献的专家”称号；享受国务院特殊津贴
彭彦彬	男	1938.2	彭营	中国科学院感光化学研究所	研究员	从事原子反应堆燃料萃取法后处理和卫星用感光胶片的研究、研制，以及航天胶片和双注法乳剂制备的研究、研制，获全国科技大会奖

续表26-9

姓名	性别	出生年月	籍贯	工作单位	职务或职称	主要事迹或成就
李煜昶	男	1939.10	中角	天津南开大学有机化学研究所	教授 研究生导师	主持并参加国家"八五"重点科技攻关项目"烯唑醇",并通过国家技术鉴定;发表研究论文32篇;出版3部专著
高军 (杨丙元)	男	1925.7	杨油子	电力部国家电力调度通信局	副局长、工程师、水电部无线电管委会副主任	参加国家科委、计委、经委组织的"国家十二个重要领域技术政策的研究",组织制定的《电力系统通信技术政策》收入国家科委1986年发布的科技白皮书(第一号);主持修订和制订《电力系统通信管理规程》《全国电力系统"七五"建设计划及后十年发展规划》《水力电力自动电话网技术原则》;组织领导审查批准建成京—津—沪等多条数字微波通信干线和若干个地面通讯卫星站,形成了全国电力系统调度通信网;先后获国家科技进步一等奖、通信技术政策重要贡献证书
张志檩	男	1945.5	后张庄	中石化股份有限公司信息系统管理部	副主任 高级工程师	一直从事仪表、自动化、计量、计算机硬件、网络、软件开发、信息安全、LIMS.系统设计、信息系统规划、研究、应用等技术和管理工作,先后取得近百项科研成果,获得20多项国家和省部级科技进步奖,发表技术论文和译文200余篇,出版《软件工程规范》《企业信息化实用指南》《石油化工信息化》《实用数据库原理与应用》《数字油田》等16部计算机专著。享受国务院特殊津贴
王敬学	男	1936	王胡林	安平县文化馆	副馆长,中国戏剧家协会会员	创编了50多部小品、故事、舞剧、评剧等剧目,部分作品在省、市级刊物上发表并多次获群星奖金、银奖和省、市奖
李国英	男	1944.7	北黄城	中国广播民族乐团	国家一级演员,河北吹歌研究社社长	其管子演奏风格与技巧独特,是管子演奏的代表人物之一;创作改编演奏的《江河水》《雁落沙滩》在国内外被誉为经典之作;先后出访日本、美国等20多个国家和地区;享受国务院特殊津贴

续表26-9

姓名	性别	出生年月	籍贯	工作单位	职务或职称	主要事迹或成就
靳灵展	女	1965	南王庄	石家庄市青年评剧团	国家一级演员，中国戏剧家协会会员	著名评剧表演艺术家赵丽蓉的弟子，演技高超，多次荣获中国评剧艺术节、第六届中国映山红戏剧节和第七届中国戏剧节优秀表演一等奖
乔秀清 笔名樵夫	男	1946	张舍	解放军总医院	政治部副主任，中国散文协会会员、散文诗协会会员	酷爱文学、坚持业余文学创作，其散文《古井》被收入全国小学五年级语文课本，诗歌《天使的微笑》获总后军事文学创作奖，歌词《杏标雨》获第九届中国人口文化奖，多篇散文被选入《中国散文精萃》
乔树宗 笔名樵歌	男	1946	张舍	陕西 澄合矿务局	党委书记，中华诗词学会会员	创作诗词千余首，其作品散见于《人民日报》《中华诗词》等30余种报刊，编入40余种诗词选本，并多次在全国诗词大赛中获奖
李树喜	男	1945.10	彭疃	光明日报 出版社	社长兼总编，高级记者	报告文学作家，人才史学学科带头人，写出中国第一部人才史学术专著《中国人才史稿》，编写出版专著、文集20种
张申	男	1946.7	大同新	陕西韩城 矿务局通信 技术中心	通信工程师，中华诗词学会会员	对诗文情有独钟，所写诗文在全国、省、市各类刊物上多次发表，参加多次大赛并获得大奖。
张治安	男	1938	彭营	安平县 进修学校	高级讲师，中华诗词学会会员、咬文嚼字俱乐部会员	写有文字、生活、教育感言、诗词、散文等稿件，在全国30多家报刊上发表100多篇，部分作品多次获奖
张孟欣	男	1946	彭营	安平县教育局	中华诗词 学会会员	创作诗、词、楹联200余首，部分作品发表在《中华诗词》《燕南诗词》《衡湖流韵》等多家诗词刊物上
赵京战 笔名苇可	男	1947.10	赵院	空军 95959部队	副参谋长，中华诗词学会副会长，《中华诗词》杂志常务副主编	主要著作有：诗集《苇可诗选》、《苇航集》，诗词工具书《诗词韵律合编》等
王真理 笔名王宣	男	1941.1	大同新	唐山市 滦南县文化馆	馆长，中日美术交流协会会员	1993年，被中国现代文化学会、国际现代书法篆刻家大辞典编委会评为“世界铜奖艺术家”称号，其作品多次参加国内国际书画大展并获奖

续表26-9

姓名	性别	出生年月	籍贯	工作单位	职务或职称	主要事迹或成就
冯青春	男	1946.8	后辛庄	沧州军分区	司令员，中国书法家协会会员、中国文化艺术发展促进会榜书艺术研究会常务副主席	其作品曾多次参加全国性书法展并获奖，部分作品被中南海收藏，出版有《冯青春书法作品集》
刘泽	男	1950	义门	北京林兴美术学院	副院长、教授，中国书法艺术家协会副主席、中国美术艺术家协会副主席	其作品和本人曾多次被中央电视台、人民日报等多家媒体宣传报道，部分精作被人民大会堂、毛主席纪念堂、中南海、钓鱼台国宾馆收藏；江泽民、李鹏、华国锋分别为其作品题词："高风亮节""富贵吉祥""恃节不折腰"
乔文斗	男	1948.3	孝仁	安平县文体局	局长，中国戏剧家协会、中国书画艺术家协会会员	创作发表小品、曲艺、歌曲等30余篇；部分作品曾在中央和省、市电视台播放，并多次获全国、省、市大奖。
乔秀滨	男	1953.7	张舍	唐山市老年大学	办公室主任，唐山市硬笔书法家协会主席、中国现代民族书画艺术家协会副主席	其作品多次参加全国书法大赛并获奖；被唐山市文联授予"书法精英"证书，被北京中国书画收藏家协会授予"中国杰出艺术家"荣誉称号
乔修业	男	1934.1	孝仁	天津南开大学	美学、美术教授，中华当代书画艺术研究会名誉主席	2000年中国百杰画家，获"中华当代艺术名人""东方之子""中国文化使者"等荣誉称号；巨幅山水画《黄山胜景图》被天安门大展厅收藏；作品入选"当代中国文化名家"专题邮票工程，印制全国公开发行邮票
李九如	男	1937	后刘兴	安平县文化馆	馆长、副研究馆员，中国摄影家协会、中国艺术摄影学会、国际中国书法家协会会员	其美术、摄影和书法作品曾在国际和国内多次参展并获奖，代表作品有：美术作品《貂婵拜月》、木版烫画《劲松》，摄影作品《晚霞争俏》《无限光明在心间》，书法作品《水，君子也》《圆史、云烟》等
李占西	男	1954.12	柏林	总政老干部服务处汽车修理所	所长，中国书法艺术家协会、中国美术艺术家协会、中国文化艺术发展促进会榜书艺术研究会理事	擅长花鸟绘画艺术，其作品受到国内外朋友的青睐，不少作品被日本、韩国及中国台湾的收藏家收藏。

续表26-9

姓名	性别	出生年月	籍贯	工作单位	职务或职称	主要事迹或成就
李纪龙	男	1967	饶阳	安平县教育局	河北省美术家协会会员、北京九州书画院美术师	其绘画艺术作品多次参加全国、省、市级书画展并获奖；作品《五德蝉》《清平乐》被国际友人和台湾学者收藏，《和平四海福》在人民大会堂展出
张辛国	男	1926.2	北王宋	河北美术出版社	总编辑、编审，中国美术家协会会员、中国连环画艺委会荣誉委员	编辑、创作出版了大量连环画、年画、中国画作品，擅长画鹿；作品多次参展并获奖，不少作品选送中国香港、日本、新加坡、泰国、加拿大、澳大利亚等地区和国家展出和收藏
张韫韬	男	1944	杏贡	桃城区文体局	党组书记，中国美术家协会会员、省美术家协会理事	作品多次参加国内外书法美术大展，年画《舞狮》、油画《林海尖兵》《根与腐朽》分别获省一、二等奖
赵屹松 笔名云峰	男	1950.2	西赵庄	天津市检察院	检察官协会秘书长、高级检察官，中国老年书画艺术委员会委员、天津书法家协会会员	其书法作品和竹刻作品多次在报刊上刊出，并在中国书法家大奖赛获一等奖，中国第二届欧阳询杯大奖赛获银奖、天津市书画展中获一等奖
赵建国 （赵宗俯）	男	1931	建赵庄	天津汉沽中学	中国老年书画研究会会员、天津市书法家协会会员	其书法艺术作品经常在报刊、大型书籍上发表，并被国家级馆、堂收藏；小楷作品功力深厚，被世人称道
袁中权	男	1940	袁营	袁营村	农民画家、河北省美术家协会会员	其书画作品多次参加国家、省、市书画展览，并多次获奖；作品《万山红遍，层林尽染》被毛主席纪念堂永久收藏，《山河颂》被钓鱼台国宾馆收藏
韩　朝 （韩立朝）	男	1970	苏村	北京林业大学园林学院	副教授、中国美术家协会会员	作品多次参加国家美展和重要学术展览并获奖，部分作品被收藏；在《美术》《水墨研究》等刊物上发表学术论文和美术评论20余万字
常志坤	男	1948	后大寨	安平县广电局	副局长、河北省美术家协会会员	所画牡丹有“常氏牡丹”之称，不少作品被国内外爱好者收藏，部分作品曾在市及河北广播电视系统获高奖，并在《衡水日报》《衡水广电报》《河北青少年书画家》《公关世界》上刊登

续表26-9

姓名	性别	出生年月	籍贯	工作单位	职务或职称	主要事迹或成就
廉宽宏 笔名老廉	男	1945.9	南胡林	沧州画院	副院长、国家一级美术师，中国美术家协会会员	多幅作品入选省部级以上展览并获奖和出版，部分作品被选送日本、美国、澳大利亚等国家展出；曾获“新世纪中国山水画200家”和“新世纪中国书画400强”称号。部分作品被天安门管委会、新四军纪念馆等多家美术馆、纪念馆收藏
张振宗	男	1930	西遥城	东北国防企业	党委委员、中国神剑文学艺术学会黑龙江分会会员	曾从事书法教学，善长行草、楷书、兼修隶篆；其作品曾参加国防系统东三省书法联展，并在《老年报》《退休生活》等刊物上多次发表作品，出版了《张振宗书法集》
朱涛	男	1976	庄窠头	解放军陆海空三军仪仗队二中队	中队长	在1997年7月1日香港回归和1999年12月20日澳门回归祖国政权交接仪式上担当国旗升旗手
邢树果	男	1946	前赵疃	安平县石油公司	职工	人称“迷语大王”，《河北日报》《燕赵都市报》《衡水日报》《文体资讯》《今晨视野》等报刊都对其进行过多次报道
李铁墩	男	1945.10	史官屯	史官屯村	农民	潜心研究20年，破解了“难人木”之谜，并于2001年11月28日制作完成了古代建筑绝技“难人木”结构的“万啃塔”。“难人木万啃塔”高1.08米，重8.5公斤，塔身分5层，每层都有八仙、花鸟等彩绘图案。该塔共用2000多根水曲柳木条，共凿啃1万多个。其事迹已载入《中国建筑艺术》《中国古典玩具》《魔术师》等刊物

第六节　高级专业技术职称人员名录

1996年版《安平县志》第510页—511页收录1990年前高级专业技术职称人员42名，漏登1名。1991—2002年新增112名，其中：中学高级教师82名，副主任医师10名，高级工程师12名，高级农艺师4名，高级讲师、副研究员、副主任技师、高级兽医师各1名。现将漏登和新增的高级专业技术职称人员补录和登录如下：

一、补录：

王贵民，男，1941年5月出生，大何庄乡长汝村人，大专学历，县医院眼科专业副主任医师，1990年12月审批。

二、高级专业技术职称人员名录。

1991—2002年安平县高级专业技术职称人员一览表

表26-10

姓名	性别	出生年月	学历	工作单位	专业名称	技术职称	审批时间	籍贯
王建华	男	1941.7	本科	安平中学	语文	中学高级教师	1991	枣强李武庄
高金俊	男	1940.2	大专	油子中学	政治	中学高级教师	1991	玉田东关后村
魏良文	男	1933.8	本科	马店中学	体育	中学高级教师	1991	柏　林
吕万春	男	1936.6	大专	教研室	物理	中学高级教师	1991	东里屯
赵青云	男	1937	大专	安平中学	物理	中学高级教师	1993.12	堤　涡
高明晓	男	1941	大专	安平中学	数学	中学高级教师	1993.12	故城县郑口
李金榜	男	1947	大专	职中	数学	中学高级教师	1993.12	南两合程
李增记	男	1940.2	本科	职中	化学	中学高级教师	1993.12	东里屯
李均芳	女	1948	大专	北郭农中	数学	中学高级教师	1993.12	崔　岭
马秀娟	女	1938	本科	安平中学	机电	中学高级教师	1993.12	杨马庄
武志刚	男	1942.9	本科	教研室	数学	中学高级教师	1993.12	武崔庄
姚志刚	男	1945	本科	安平中学	数学	中学高级教师	1993.12	郎仁屯
刘浩杰	男	1951	本科	安平中学	中文	中学高级教师	1993.12	东刘店
李庶民	男	1940	本科	安平中学	物理	中学高级教师	1993.12	南满子
边道京	男	1947	大专	安平中学	化学	中学高级教师	1993.12	曹家庄
杜　捷	男	1936	大专	安平中学	物理	中学高级教师	1993.12	西满正
张桂欣	男	1937	大专	安平中学	数学	中学高级教师	1993.12	义　里
梁火灶	男	1951	本科	安平中学	物理	中学高级教师	1993.12	孝　林
商永健	男	1948	本科	教研室	物理	中学高级教师	1993.12	角　北
邢秋合	男	1935	本科	进修学校	中文	中学高级教师	1993.12	西　关
陆　达	男	1929	大专	进修学校	中文	中学高级教师	1993.12	南两合程
李九如	男	1938.11	初中	文化馆	—	副研究馆员	1993.12	后刘兴
李二更	男	1950	本科	安平中学	历史	中学高级教师	1995	东长堤
乔宽令	男	1944.11	本科	石干中学	中文	中学高级教师	1995	张　舍
李秀平	女	1948.12	本科	安平中学	数学	中学高级教师	1996.8	张　寨
王景跃	男	1951.11	本科	安平中学	地理	中学高级教师	1996.8	崔　岭

续表26-10

姓名	性别	出生年月	学历	工作单位	专业名称	技术职称	审批时间	籍贯
王树勋	男	1947.2	大专	安平中学	物理	中学高级教师	1996.8	崔安铺
崔彦欣	男	1950.11	本科	安平中学	体育	中学高级教师	1996.8	大子文
张永占	男	1949.1	大专	安平中学	化学	中学高级教师	1996.8	杨各庄
张志安	男	1938.7	大专	进修学校	语文	高级讲师	1996.8	彭　营
刘志广	男	1951.8	本科	教研室	历史	中学高级教师	1997.12	朱家庄
连增贵	男	1946.4	大专	安平中学	英语	中学高级教师	1997.12	深州白家村
孙保均	男	1946.6	大专	安平中学	物理	中学高级教师	1997.12	孙遥城
庞三壮	男	1957.8	大专	安平中学	数学	中学高级教师	1997.12	赵　院
孙进庄	男	1949.7	大专	安平中学	数学	中学高级教师	1997.12	郑家庄
崔爱敏	女	1957.9	大专	安平中学	数学	中学高级教师	1997.12	傅各庄
高月珍	女	1947.7	大专	安平中学	数学	中学高级教师	1997.12	南胡林
王俊色	女	1945.10	大专	安平中学	化学	中学高级教师	1997.12	香　官
佟铁振	男	1949.7	本科	教研室	体育	中学高级教师	1997.12	东羽林
刘志怀	男	1954.10	本科	职中	农学	中学高级教师	1997.12	里　河
田世昌	男	1945.6	本科	教研室	数学	中学高级教师	1997.12	前张庄
葛云志	男	1952.11	本科	子文二中	数学	中学高级教师	1997.12	南郝村
赵盼随	女	1965.6	本科	安平二中	语文	中学高级教师	1998.12	后　铺
赵登晨	男	1949.12	大专	安平中学	数学	中学高级教师	1998.12	崔　岭
周建慈	男	1962.4	本科	安平中学	数学	中学高级教师	1998.12	后辛庄
车树群	男	1951.8	本科	安平中学	语文	中学高级教师	1998.12	白驼罗
李　健	男	1965.2	本科	安平中学	物理	中学高级教师	1998.12	北王宋
张庆匾	男	1947.12	大专	安平中学	数学	中学高级教师	1998.12	徐张屯
孟英杰	男	1955.3	本科	教研室	语文	中学高级教师	1998.12	野　营
刘英奇	男	1950.11	本科	职中	语文	中学高级教师	1998.12	王各庄
苏纪柱	男	1947.4	大专	教研室	语文	中学高级教师	1998.12	东长堤
李　敏	女	1965.2	本科	安平中学	物理	中学高级教师	1999.10	李大转
刘树欣	男	1963.5	大专	北郭农中	生物	中学高级教师	1999.10	朱家庄

续表26-10

姓名	性别	出生年月	学历	工作单位	专业名称	技术职称	审批时间	籍贯
杨秋战	男	1945.7	大专	安平中学	政治	中学高级教师	1999	郎仁屯
张振显	男	1961.12	本科	安平中学	体育	中学高级教师	2000	中　佐
陈从者	女	1966.4	本科	安平中学	英语	中学高级教师	2000	梅　左
程冠英	男	1964.6	本科	安平中学	数学	中学高级教师	2000	耿官屯
马淑娟	女	1964.7	本科	安平中学	生物	中学高级教师	2000	杨马庄
王贺学	男	1961.3	本科	安平中学	物理	中学高级教师	2000	南王庄
李岳峰	男	1956.8	本科	安平中学	英语	中学高级教师	2000	张　寨
张继周	男	1966.3	本科	安平中学	数学	中学高级教师	2000	彪　冢
孙占礼	男	1964.1	本科	职　中	语文	中学高级教师	2000	孙遥城
董毅之	女	1966.8	大专	安平镇一中	英语	中学高级教师	2000	东会涡
武素娥	女	1963.9	本科	职　中	化学	中学高级教师	2000	武　营
赵同猛	男	1964.10	本科	职　中	植物	中学高级教师	2001.	河漕村
王书香	男	1965.5	本科	安平中学	物理	中学高级教师	2001	景县王同
杨树勋	男	1956	本科	安平中学	地理	中学高级教师	2001	郑家庄
陆　彦	女	1960	本科	安平中学	英语	中学高级教师	2001	南两合程
马锁成	男	1966	本科	安平中学	政治	中学高级教师	2001	两　洼
王志学	男	1965	本科	安平中学	化学	中学高级教师	2001	前辛庄
靳雅超	女	1963	本科	安平中学	化学	中学高级教师	2001	东河疃
王杏格	女	1966	本科	安平中学	化学	中学高级教师	2001	新民村
刘云捧	女	1967	本科	安平中学	化学	中学高级教师	2001	河漕村
武伟朝	男	1965	本科	教研室	政治	中学高级教师	2001	郭马庄
王占京	男	1963.4	本科	职　中	生物	中学高级教师	2001	南王庄
张树涛	男	1964.10	本科	黄城中学	语文	中学高级教师	2001	东大转
赵建朋	男	1965.10	本科	安平中学	数学	中学高级教师	2002.10	后赵疃
赵秀芳	女	1967.3	本科	安平中学	数学	中学高级教师	2002.10	堤　涡
刘同选	男	1965.8	本科	安平中学	语文	中学高级教师	2002.10	兴　贤
赵存友	男	1965.4	本科	安平中学	语文	中学高级教师	2002.10	张　营

续表26-10

姓名	性别	出生年月	学历	工作单位	专业名称	技术职称	审批时间	籍贯
靳荣先	女	1966.8	本科	教研室	语文	中学高级教师	2002.10	唐 贝
李东旭	男	1967.5	本科	安平中学	历史	中学高级教师	2002.10	段家佐
刘 锋	男	1964.7	本科	安平中学	物理	中学高级教师	2002.10	杨 屯
李 毅	女	1968.2	本科	安平二中	英语	中学高级教师	2002.10	李大转
李僧斋	男	1941.6	本科	县医院	西医内科	副主任医师	1993.12	西 关
齐 特	男	1940	高中	卫校	中医	副主任医师	1993.12	东寨子
苏小乐	男	1945	初中	中医院	中医	副主任医师	1993.12	堤 涡
张 宪	男	1941.2	中专	县医院	中医	副主任医师	1995.9	彭 营
闫会参	女	1952.9	本科	中医院	中医	副主任医师	1996.8	南 寨
王树凯	男	1943.6	大专	安平卫校	中医	副主任医师	1997.12	北牛具
周小平	女	1949.4	大专	县医院	中医	副主任医师	1997.12	安国市四下
任金海	男	1962.6	本科	县医院	中医	副主任医师	1997.12	南大良
郭彦景	男	1963.3	本科	中医院	中医	副主任医师	1997.12	前刘营
毛运者	女	1948.6	大专	防疫站	检验	副主任技师	1997.12	东毛庄
李树昌	男	1963.11	大专	中医院	中医	副主任医师	1998.12	西李庄
尹 抗	男	1937.5	中专	农技站	农学	高级农艺师	1993.12	河南太康
张建亭	男	1962.10	大专	畜牧兽医站	兽医	高级兽医师	1996.8	傅各庄
姜连歧	男	1956.3	本科	农业局土肥站	农化	高级农艺师	1996.8	沧州南皮
孟国侃	男	1948.5	本科	土肥站	农学	高级农艺师	1996.8	西毛庄
程银霞	女	1944.7	本科	农机局	机械	高级工程师	1996.8	陕西临潼
刘 健	男	1942.5	本科	农机局	工程	高级工程师	1998.12	义 里
张志亭	男	1944.10	本科	农机局	机械	高级工程师	1999.10	后张庄
王彦芹	女	1965.6	本科	农技站	农业	高级农艺师	2000	新政村
韩宏昌	男	1942.9	本科	电力局	机械自动化	高级工程师	1993.12	天津静南
吴俊燕	女	1944.1	本科	电力局	机械自动化	高级工程师	1993.12	天津静南

续表26-10

姓名	性别	出生年月	学历	工作单位	专业名称	技术职称	审批时间	籍贯
边少威	男	1957.5	本科	纤维板厂	轻工	高级工程师	1993.12	曹家庄
张鹏飞	男	1931	本科	电工合金厂	电气	高级工程师	1993.12	北王宋
杜满垠	男	1942.11	本科	电工合金厂	液压传动	高级工程师	1993.12	北　关
李青敏	女	1957.9	本科	电工合金厂	液压传动	高级工程师	1998.12	东河疃
张印杰	男	1947.8	大专	恒安化工公司		高级工程师	1996.8	两　洼
李铁军	男	1961.9	本科	环保局	工程	高级工程师	1999.10	张　寨
张建良	男	1946.2	本科	广播局	工程	高级工程师	1999.10	博野北两合程

第七节　烈士英名录

1996年版《安平县志》第8编第65章第3节烈士英名录收录从抗日战争到1990年期间牺牲的革命烈士共2789名，漏登烈士1人，错登1人；1991～2002年新增烈士1人。至2002年底，全县共有革命烈士2790名，现补录和更正如下：

漏登烈士：

靳老彬，男，东黄城乡唐贝村人，在安平县牺牲，牺牲时间不详，牺牲时任唐贝村村长。

新增烈士：

周铭，男，安平县油子乡周刘庄村人，1978年12月出生，1997年12月入伍，1999年10月5日在接运国庆受阅干部途中不幸车祸身亡。牺牲时为中士，所在单位为中国人民解放军总参谋部。

更正：

据1996年版《安平县志》(第667页第17行)烈士英名录中所载："**张运锋**，男，1926年生，南王庄镇南王庄村人，1951年在朝鲜战场牺牲"。

1994年张从台湾回乡探亲，故不应为烈士。专此更正。

附　录

- 中共安平县党史上的七个第一
- 全国第一个农村党支部纪念馆
- 博陵安平崔氏

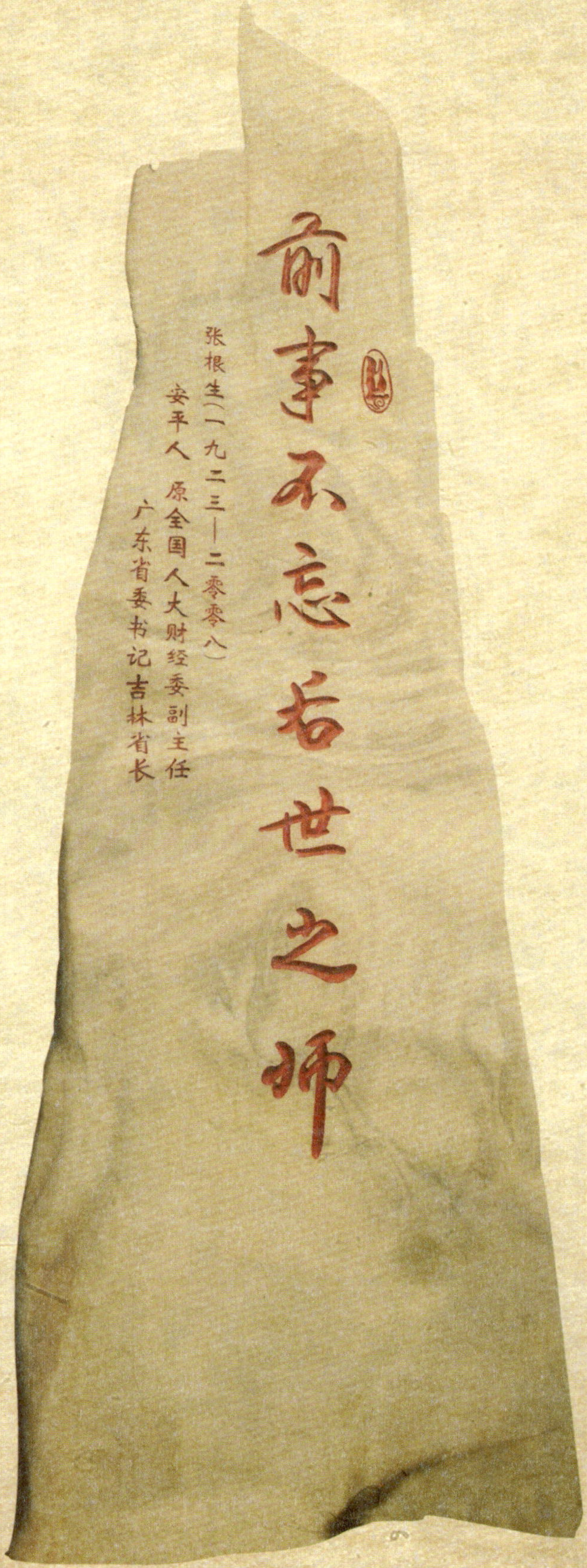

安平县汉王公园石刻

附录

一、中共安平县党史上的七个“第一”

全国第一个农村党支部——中共台城特别支部 创建于1923年8月，弓仲韬任书记，弓凤洲任组织委员，弓成山任宣传委员。党支部设在弓仲韬家，直接受中共北京区委领导。台城特支是全国第一个农村党支部，标志着安平人民反帝反封建的革命斗争进入了一个崭新阶段。

弓仲韬

河北省第一个中共县委——中共安平县委 1924年8月，安平县已有台城、北关高小、敬思村三个党支部，20名党员，占同期全国党员总数(994名)的2%。为加强对全县党组织的统一领导，进一步壮大革命力量，1924年8月15日，中共安平县第一次党员代表大会召开，弓仲韬、李少楼等9名代表参加了会议，选举产生了河北省第一个中共县委——中共安平县委员会，弓仲韬任书记，隶属于中共北京区委。

全国第一个农民共产党员——弓凤洲 1923年7月经弓仲韬介绍入党，成为全国中共第一个农民党员。1924年，台城特支改为台城支部后，弓凤洲继任支部书记。新中国成立后曾任河北省工业厅工会主席等职，1972年病故。

弓凤洲

河北省第一个农村共青团支部和团县委 1925年，中共安平县委委员李少楼在县城北关高小建立了河北省第一个农村团支部—北关高小团支部，并兼任书记。1926年夏，共青团安(平)、饶(阳)、深(泽)中心县委建立，成为河北省第一个农村共青团县委。机关驻弓仲韬家，安(平)、饶(阳)、深(泽)三县中心县委青年委员张鹤亭兼任书记。

河北省第一个农村妇女党支部——中共台城妇女党支部 台城特支建立后，先后发展弓浦、弓润、弓淑惠、弓蕊四名妇女入了党。1926年夏，建立了安平县台城妇女党支部，该支部先后隶属于安(平)、饶(阳)、深(泽)中心县委和安平县委领导。这是全省第一个按性别设置的农村基层党支部。

河北省第一个农村行业共产党支部——中共陈屯窑业党支部 1933年春，在县委书记李洪振领导下，陈屯窑上建立了窑业党支部，成为全省第一个按行业组建的农村基层党支部。陈屯村窑上成为县委和保属特委的站脚点。

二、全国第一个农村党支部纪念馆

全国第一个农村党支部纪念馆位于安平县城西南3.5公里处的台城村内，隶属于安平县委党史研究室。于2002年4月动工兴建，6月30日正式揭牌交付使用。

中共安平县委、安平县人民政府对全国第一个农村党支部纪念馆建设工作非常重视，先后投资35万元用于馆舍建设、展览制作、道路硬化等。纪念馆一期工程建筑面积180余平方米，布展图片、照片资料300余幅。

图附录-1　于2002年兴建的全国第一个农村党支部纪念馆

展览内容由三部分组成，第一部分标题是“点燃革命火种，追求翻身解放”，具体分为第一次国内革命战争时期、第二次国内革命战争时期、抗日战争时期、解放战争时期四个时段；主要反映1923年到1949年建国前台城党支部建立发展情况，体现一种前仆后继求解放的光荣革命传统。第二部分标题是“步入建设轨道、改革开放发展”，具体分为当家做主站起来、改革开放富起来、与时俱进强起来三个时段；主要反映社会主义建设时期，村党支部带领群众战天斗地搞建设，加快发展求富裕的情况，体现了他们与时俱进的优秀品质。第三部分标题是“实践‘三个代表’、建设文明新村”，主要反映全村下一步的发展规划目标。

台城党支部成立和发展的基本史实是：祖籍安平县台城村的弓仲韬，于1916年考入北京法政大学，1919年参加了 “五四”反帝爱国运动。同年，法政大学毕业后，在北京沙滩一所小学任教，因其经常到北大图书馆翻阅进步书籍而结识了中国共产主义先驱、中国共产党的主要创始人之一李大钊。李大钊十分重视在农村发展党员，壮大基层党组织的工作。1923年4月，李大钊介绍弓仲韬加入中国共产党，并派遣弓仲韬回到安平县台城村发展创建党的组织。弓仲韬回乡后，首先创建“平民夜校”，以教识字为掩护，宣传马克思列宁主义，进行反帝反封建活动。在此基础上筹建农会，培养党的积极分子，并发展村里农民弓凤洲、弓成山加入中国共产党。1923年8月，三人成立了全国第一个农村党支部——中共台城特别支部，简称“特支”，由弓仲韬任书记，直接受中共北京区委领导。1924年，在敬思村张麟阁家中召开了安平县党的代表会，建立了河北省第一个中共县委——安平县委员会，弓仲韬任书记，直属北京区委领导。

该馆于2009年进行改扩建，2010年10月，新馆建成，占地面积6160平方米，主体建筑面积890平方米，展览面积607平方米。展览图片资料600多幅，实物200多件，大量使用声、光、电、多媒体、场景复原等现代展陈手段，年接待能力10万人次，并先后多次组织和承办高级别的纪念活动。

纪念馆自成立以来，先后被命名为：河北省爱国主义教育基地、河北省国防教育基地、农村党员干部教育培训基地、河北省廉政教育示范基地等。

三、博陵安平崔氏

1. 崔氏源流

《新唐书•宰相世系表》（第2729页）载：“崔氏出自姜姓。齐丁公伋嫡子季子让国叔乙，食采于崔，遂为崔氏。济南东朝阳县西北有崔氏城是也。”姜尚（字子牙）因助周伐商有功分封于齐，为齐太公。太公生七子一女，长子丁伋，字丁春，继为齐丁公。齐丁公有个嫡子季子（名德兴），本应继承齐国君位，但其把国君的位子让给了弟弟叔乙（名德立），自己甘愿要了一个叫崔邑（今山东章丘西北的崔氏城）的地方定居并繁衍生息。季子如其父亲（丁伋）和祖父（姜尚）一样，以姜为姓，以吕为氏，称为姜季子（姜德兴）或吕季子（吕德兴）。季子的儿子穆伯为了纪念父亲让国之德，以邑为氏，改姜姓为崔姓，称崔穆伯，其子孙延之。现在崔姓后裔都尊季子为崔的得姓始祖。

季子生穆伯，穆伯生沃，沃生野。野的八世孙崔夭生杼，崔杼为齐正卿。杼生三子：子成、子疆、子明。子成、子疆被左相庆丰设计杀害，崔杼及妻棠姜被逼也先后自杀。子明幸免遇难，逃往鲁国娶妻生子良。良之十五世孙崔意如，为秦大夫，封东莱侯。崔意如有二子：长子崔业，字伯基，汉代继封东莱侯，居清河东武城（今山东武城县西），后世称为清河崔。次子仲牟居安平，后世称为博陵安平崔。由此，崔氏“清河博陵始分祖也”，分支繁衍，人丁兴旺。

崔氏家族在历史上是做出了巨大贡献的家族，历代名人辈出，史不绝书，在《新唐书·宰相世系表》中载有1134位，《廿五史人名大辞典》载有363位，《中国历代人名大辞典》载有396位。从西周至元朝崔氏共产生40余位宰相。唐朝崔氏达到鼎盛时期，仅博陵安平崔氏在唐朝为宰相者就有15人：崔仁师（相太宗）、崔湜（相中宗）、崔玄時（相武后、中宗）、崔涣（相玄宗）、崔损（相德宗）、崔元式（相宣宗）、崔铉（相武宗、宣宗）、崔沆（相僖宗）、崔造（相德宗）、崔安上（相高宗）、崔祐甫（相德宗）、崔植（相穆宗）、崔珙（相武宗）、崔远（相昭宗）、崔日用（相睿宗、玄宗）等。

2. 博陵安平崔氏世系表

根据《新唐书》第72卷《宰相世系表》和《深州风土记》第12卷《人谱》，对博陵安平崔氏（自汉至唐）世谱进行综合整理，列表如下：

图附录-2　博陵安平崔氏世系示意图

图-1

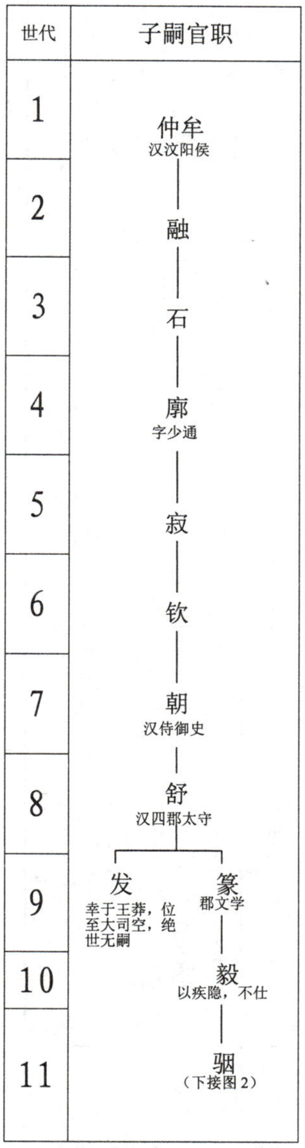

图-2（接图1）

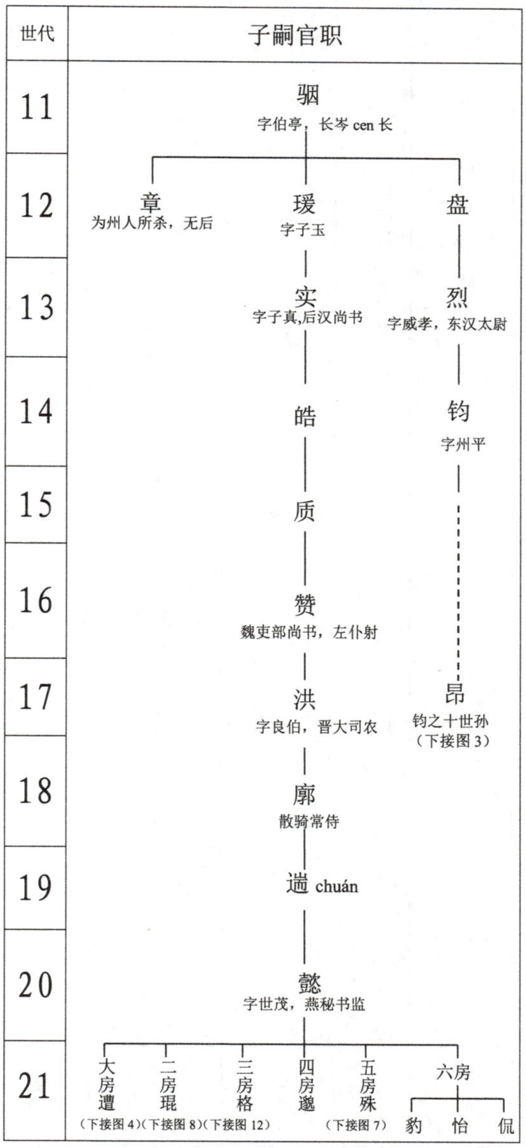

图-3(上接图2)

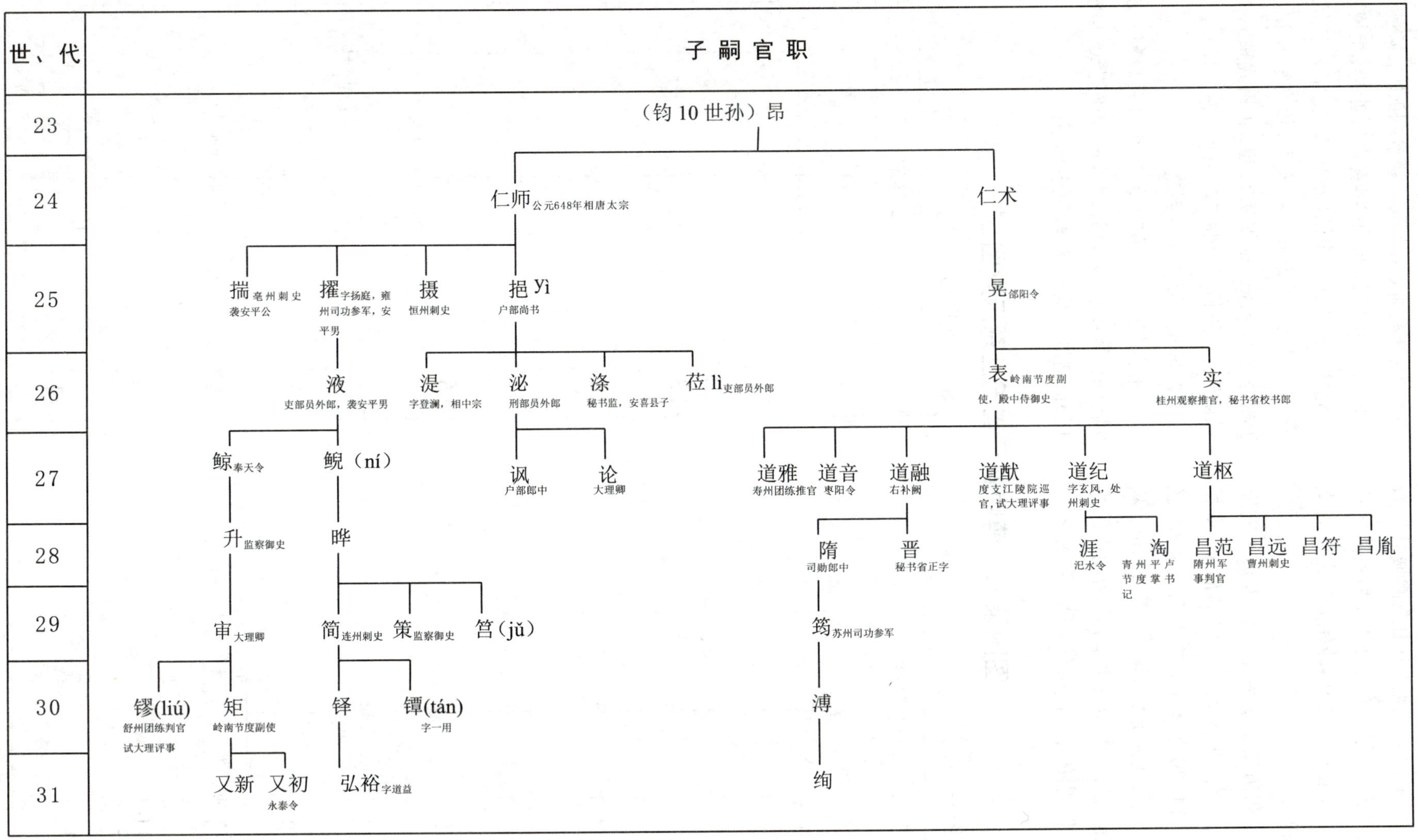

世、代
子 嗣 官 职
23
24
25
26
27
28
29
30
31
（钧 10 世孙）昂
仁师公元648年相唐太宗
仁术
揣亳州刺史 袭安平公
擢字扬庭，雍州司功参军，安平男
摄恒州刺史
挹 Yì 户部尚书
晃郃阳令
液吏部员外郎，袭安平男
湜字登澜，相中宗
泌刑部员外郎
涤秘书监，安喜县子
莅 lì吏部员外郎
表岭南节度副使，殿中侍御史
实桂州观察推官，秘书省校书郎
鲸奉天令
鲵（ní）
讽户部郎中
论大理卿
道雅寿州团练推官
道音枣阳令
道融右补阙
道猷度支江陵院巡官，试大理评事
道纪字玄风，处州刺史
道枢
升监察御史
晔
隋司勋郎中
晋秘书省正字
涯汜水令
淘青州平卢节度掌书记
昌范随州军事判官
昌远曹州刺史
昌符
昌胤
审大理卿
简连州刺史
策监察御史
筥（jǔ）
筠苏州司功参军
镠(liú)舒州团练判官试大理评事
矩岭南节度副使
铎
镡(tán)字一用
溥
又新
又初永泰令
弘裕字道益
绚

图-4(上接图2)

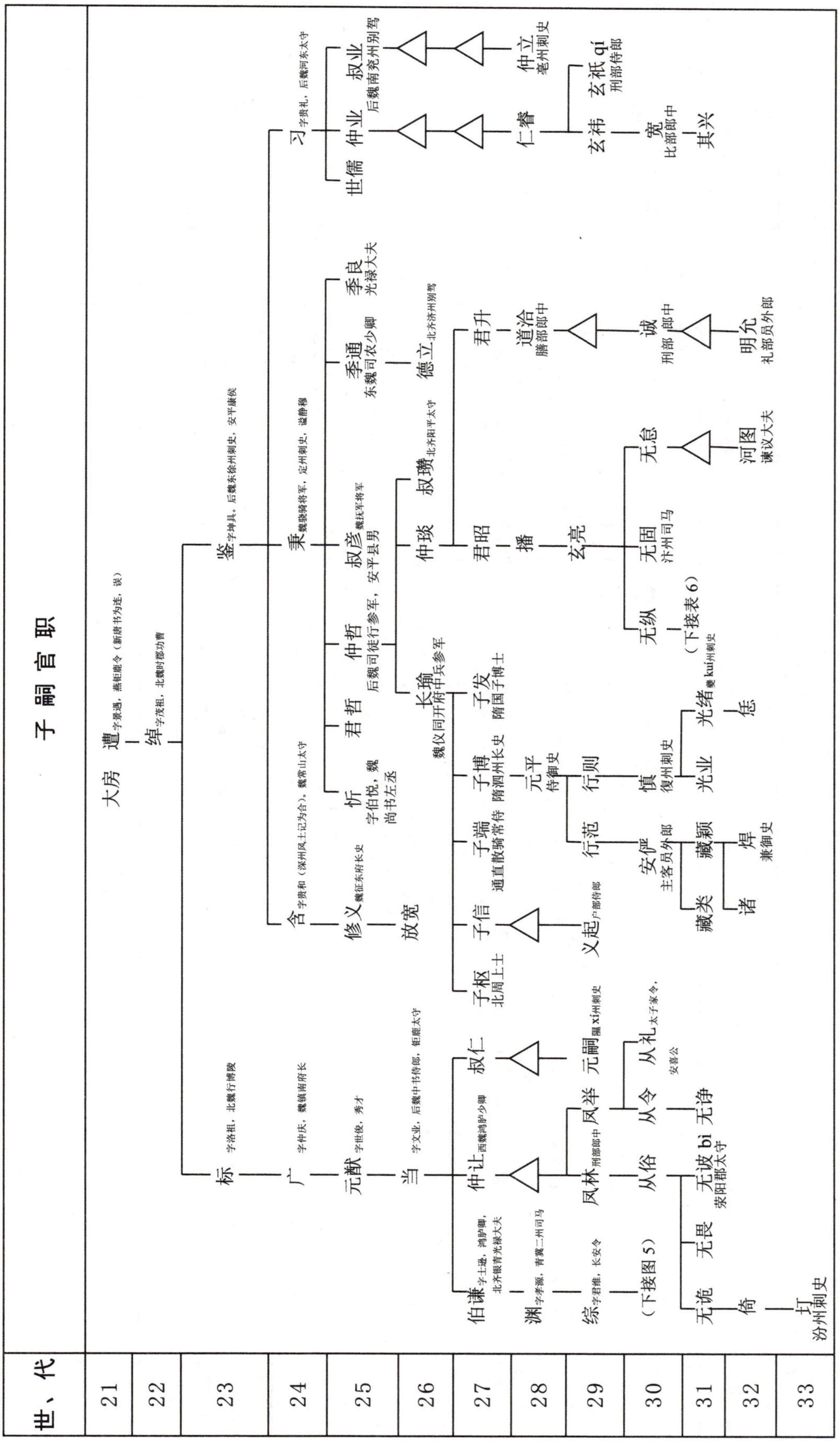
世、代
子嗣官职
21 大房 遵字景遇，燕钜鹿令（新唐书为迷，误）
22 绰字茂祖，北魏时都功曹
23 标字洛祖，北魏行博陵
鉴字坤具，后魏东徐州刺史，安平康侯
24 广字仲庆，魏镇南府长
含字贵和（深州风土记为合），魏常山太守
秉魏骠骑将军，定州刺史，谥静穆
习字贵礼，后魏河东太守
25 元猷字世俊，秀才
修义魏征东府长史
忻字伯悦，魏尚书左丞
君哲
仲哲后魏司徒行参军，
叔彦魏抚军将军安平县男
季通东魏司农少卿
季良光禄大夫
世儒
仲业
叔业后魏南兖州别驾
26 当字文业，后魏中书侍郎，钜鹿太守
放宽
长瑜魏仪同开府中兵参军
仲琰
叔璜北齐阳平太守
德立北齐济州别驾
27 伯谦字士逊，鸿胪卿，北齐银青光禄大夫
仲让西魏鸿胪少卿
叔仁
子枢北周上士
子信
子端通直散骑常侍
子博隋泗州长史
子发隋国子博士
君昭
君升
仁睿
仲立亳州刺史
28 渊字孝源，青冀二州司马
义起户部侍郎
元平侍御史
播
道治膳部郎中
29 综字君雄，长安令
凤林刑部郎中
凤举
元嗣隰xi州刺史
行范
行则
玄亮
玄祎
玄祇qí刑部侍郎
30 （下接图5）
从俗
从令
从礼太子家令，安喜公
安俨主客员外郎
慎復州刺史
无纵
无固汴州司马
无怠
诚刑部郎中
宽比部郎中
31 无诡
无畏
无诐bi荥阳郡太守
无诤
藏类
藏颖
光业
光绪夔kuí州刺史
（下接表6）
河图谏议大夫
明允礼部员外郎
其兴
32 倚
诸
焊兼御史
恁
33 玎汾州刺史

图-5(上接图4)

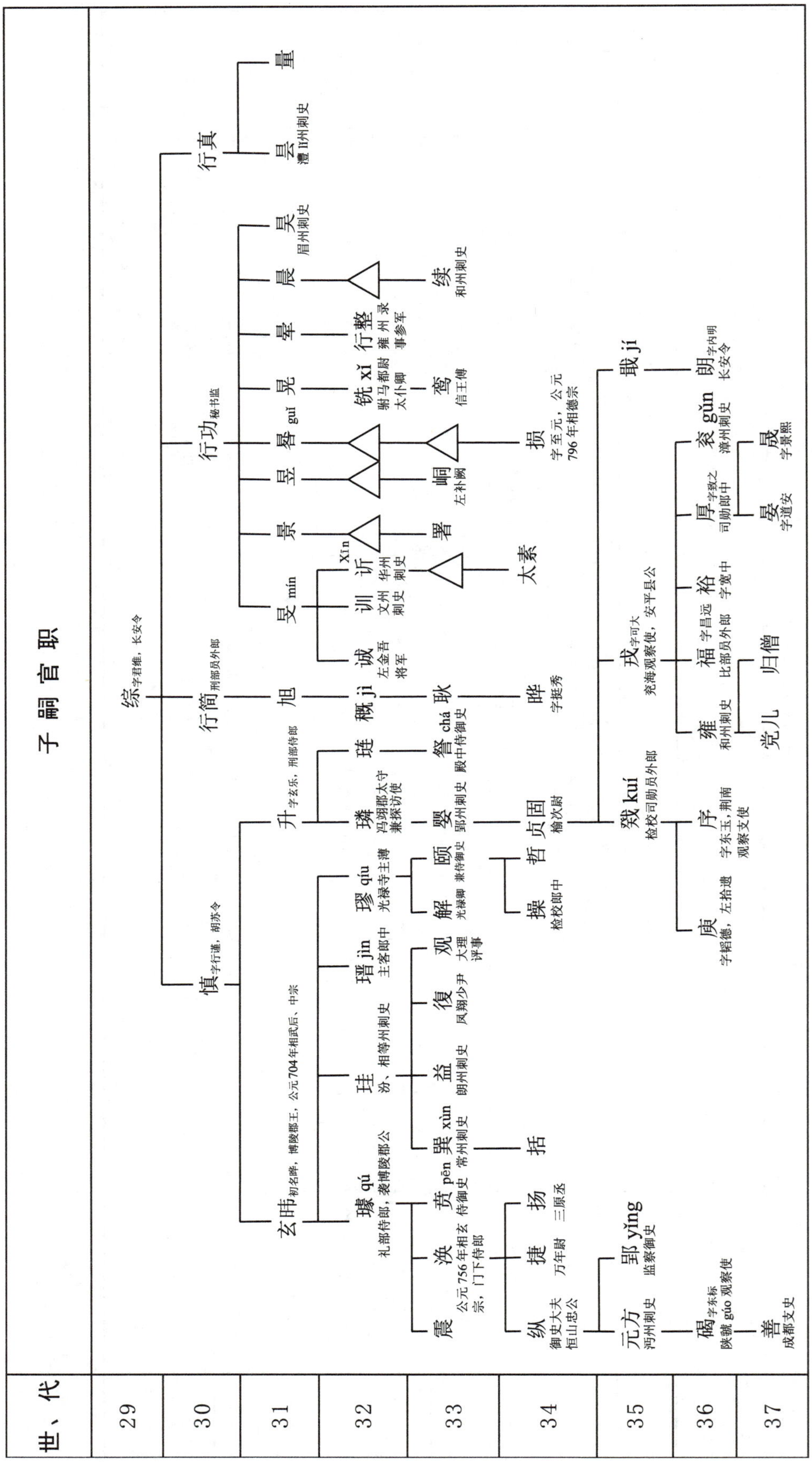
世、代
子嗣官职
29
30
31
32
33
34
35
36
37
综字君维，长安令
行真
昙 澧州刺史
量
行功秘书监
昊 眉州刺史
晨
晕
晃
晷 guǐ
昱
景
旻 mín
续 和州刺史
行整 雍州录事参军
铣 xǐ 驸马都尉太仆卿
鸾 信王傅
峒 左补阙
损 字至元，公元796年相德宗
署
Xīn 䜣 华州刺史
训 文州刺史
太素
诚 左金吾将军
行简刑部员外郎
旭
概 jì
耿
晔 字挺秀
慎字行谨，胡苏令
升字玄乐，刑部侍郎
琏
詧 chá 殿中侍御史
璘 冯翊郡太守兼探访使
婴 郢州刺史
贞固 榆次尉
戢 jí
朗字内明 长安令
戎字司大 兖海观察使，安平县公
戣 kuí 检校司勋员外郎
序 字东玉，荆南观察支使
庚 字韬德，左拾遗
衮 gǔn 漳州刺史
晟 字景熙
厚字致之 司勋郎中
旻 字道安
裕 字宽中
福 字昌远 比部员外郎
归僧
雍 和州刺史
党儿
璆 qiú 光禄寺主簿
颐 兼侍御史
解 光禄卿
哲
操 检校郎中
玄晔初名晔，博陵郡王，公元704年相武后、中宗
璩 qú 礼部侍郎，袭博陵郡公
珪 汾、相等州刺史
瑨 jìn 主客郎中
观 大理评事
復 凤翔少尹
益 朗州刺史
巽 xùn 常州刺史
括
贲 pēn 侍御史
涣 公元756年相玄宗，门下侍郎
震
扬 三原丞
捷 万年尉
纵 御史大夫 恒山忠公
郢 yǐng 监察御史
元方 沔州刺史
碣字东标 陕虢 guó 观察使
善 成都支使

图-6(上接图4)

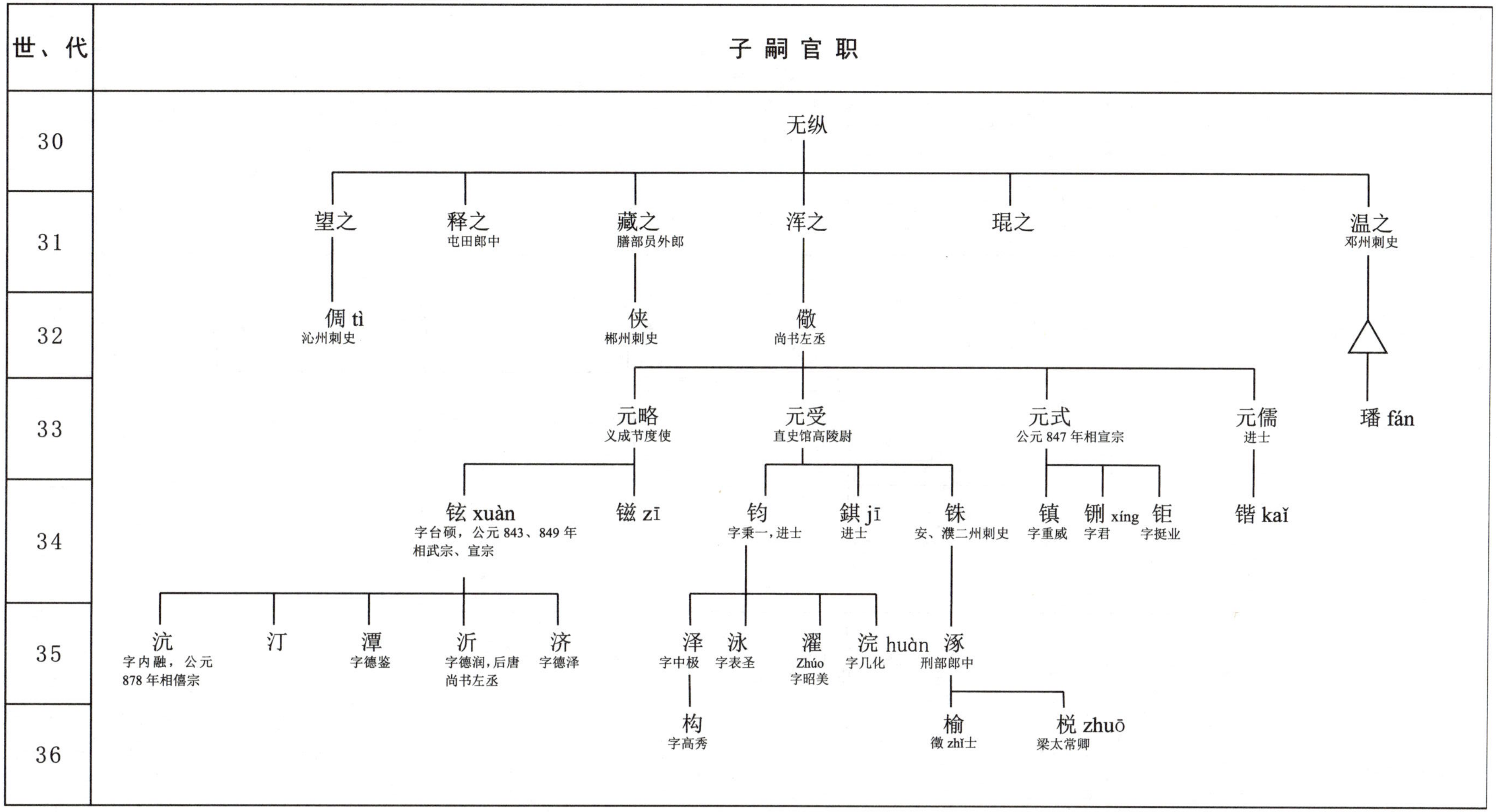
世、代
子嗣官职
30
31
32
33
34
35
36
无纵
望之
释之
屯田郎中
藏之
膳部员外郎
浑之
琨之
温之
邓州刺史
倜 tì
沁州刺史
侠
郴州刺史
儆
尚书左丞
元略
义成节度使
元受
直史馆高陵尉
元式
公元 847 年相宣宗
元儒
进士
璠 fán
铉 xuàn
字台硕，公元 843、849 年
相武宗、宣宗
镃 zī
钧
字秉一，进士
錤 jī
进士
铢
安、濮二州刺史
镇
字重威
铏 xíng
字君
钜
字挺业
锴 kaǐ
沆
字内融，公元
878 年相僖宗
汀
潭
字德鉴
沂
字德润，后唐
尚书左丞
济
字德泽
泽
字中极
泳
字表圣
濯
Zhúo
字昭美
浣 huàn
字几化
涿
刑部郎中
构
字高秀
榆
徵 zhǐ士
棁 zhuō
梁太常卿

图-7（上接图2）

世、代	子嗣官职
21	五房　殊 字敬异，秀才
22	双 豫州刺史，安平敬候
23	修和 州主薄；敬邕 魏营州刺史，临淄恭男；接 字显宾，乐陵太守
24	俭 字元恭，魏符玺郎中；绪 字仲穆，定州抚军府法曹；孝忠 魏侍御史（以上修和子）；伯茂；子盛（以上敬邕子）
25	子谦 尚书郎；子让；子廉（以上绪子）

图-8(上接图2)

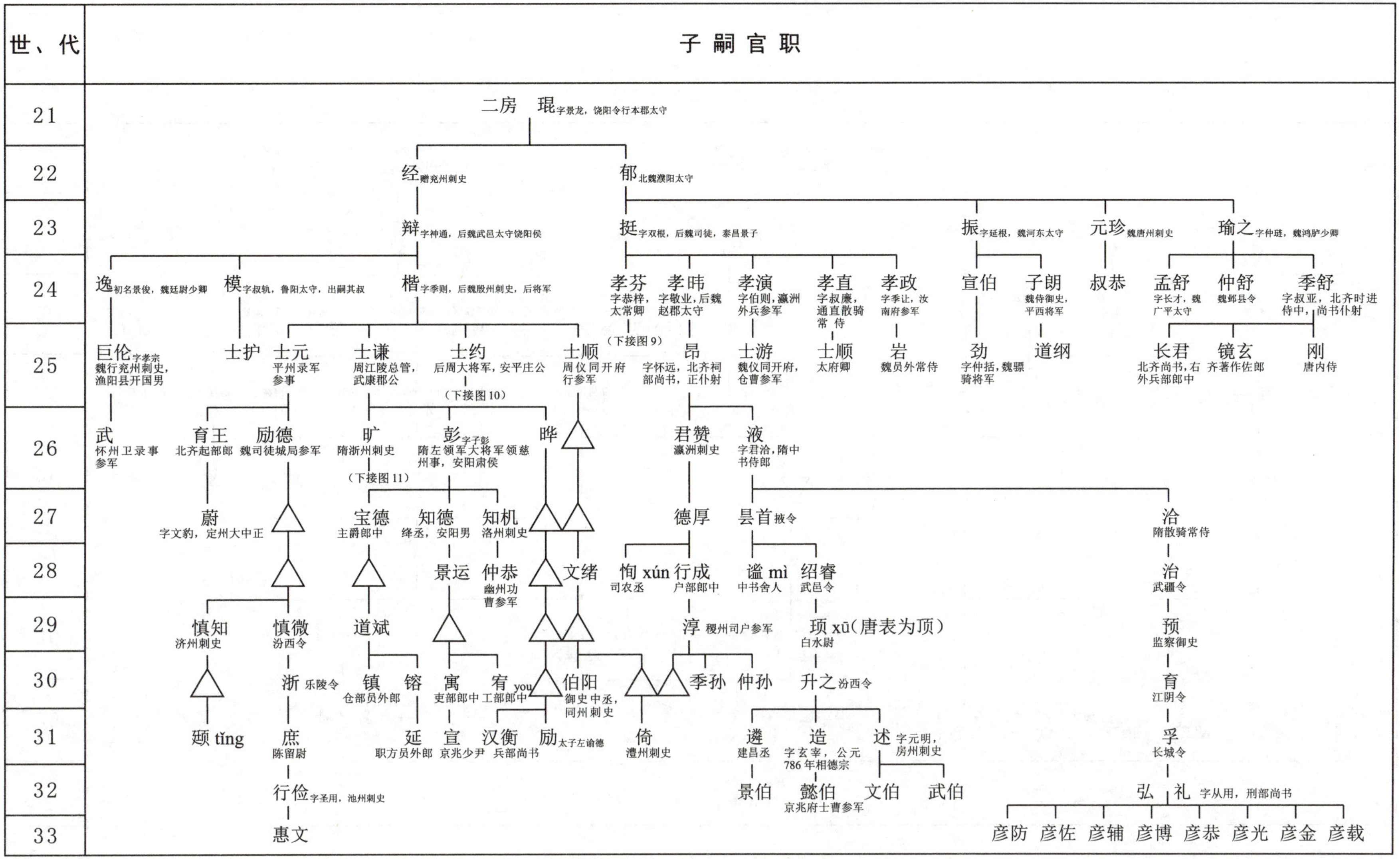
世、代
子嗣官职
21
22
23
24
25
26
27
28
29
30
31
32
33
二房 琨字景龙，饶阳令行本郡太守
经赠兖州刺史
郁北魏濮阳太守
辩字神通，后魏武邑太守饶阳侯
挺字双根，后魏司徒，泰昌景子
振字延根，魏河东太守
元珍魏唐州刺史
瑜之字仲琏，魏鸿胪少卿
逸初名景俊，魏廷尉少卿
模字叔轨，鲁阳太守，出嗣其叔
楷字季则，后魏殷州刺史，后将军
孝芬
字恭梓，太常卿
孝暐
字敬业，后魏赵郡太守
孝演
字伯则，瀛洲外兵参军
孝直
字叔廉，通直散骑常侍
孝政
字季让，汝南府参军
宣伯
子朗
魏侍御史，平西将军
叔恭
孟舒
字长才，魏广平太守
仲舒
魏鄃县令
季舒
字叔亚，北齐时进侍中，尚书仆射
巨伦字孝宗
魏行兖州刺史，渔阳县开国男
士护
士元
平州录军参事
士谦
周江陵总管，武康郡公
士约
后周大将军，安平庄公
士顺
周仪同开府行参军
(下接图9)
昂
字怀远，北齐祠部尚书，正仆射
士游
魏仪同开府，仓曹参军
士顺
太府卿
岩
魏员外常侍
劲
字仲括，魏骠骑将军
道纲
长君
北齐尚书，右外兵部郎中
镜玄
齐著作佐郎
刚
唐内侍
(下接图10)
武
怀州卫录事参军
育王
北齐起部郎
励德
魏司徒城局参军
旷
隋浙州刺史
(下接图11)
彭字子彭
隋左领军大将军领慈州事，安阳肃侯
晔
君赞
瀛洲刺史
液
字君治，隋中书侍郎
蔚
字文豹，定州大中正
宝德
主爵郎中
知德
绛丞，安阳男
知机
洛州刺史
德厚
昙首掖令
治
隋散骑常侍
景运
仲恭
幽州功曹参军
文绪
恂 xún
司农丞
行成
户部郎中
谧 mì
中书舍人
绍睿
武邑令
治
武疆令
慎知
济州刺史
慎微
汾西令
道斌
淳 稷州司户参军
顼 xū(唐表为顼)
白水尉
预
监察御史
浙 乐陵令
镇
仓部员外郎
镕
寓
吏部郎中
宥 you
工部郎中
伯阳
御史中丞，同州刺史
季孙
仲孙
升之汾西令
育
江阴令
颋 tǐng
庶
陈留尉
延
职方员外郎
宣
京兆少尹
汉衡
兵部尚书
励太子左谕德
倚
澧州刺史
遴
建昌丞
造
字玄宰，公元786年相德宗
述 字元明，房州刺史
孚
长城令
行俭字圣用，池州刺史
景伯
懿伯
京兆府士曹参军
文伯
武伯
弘
礼 字从用，刑部尚书
惠文
彦防
彦佐
彦辅
彦博
彦恭
彦光
彦金
彦载

图-9(上接图8)

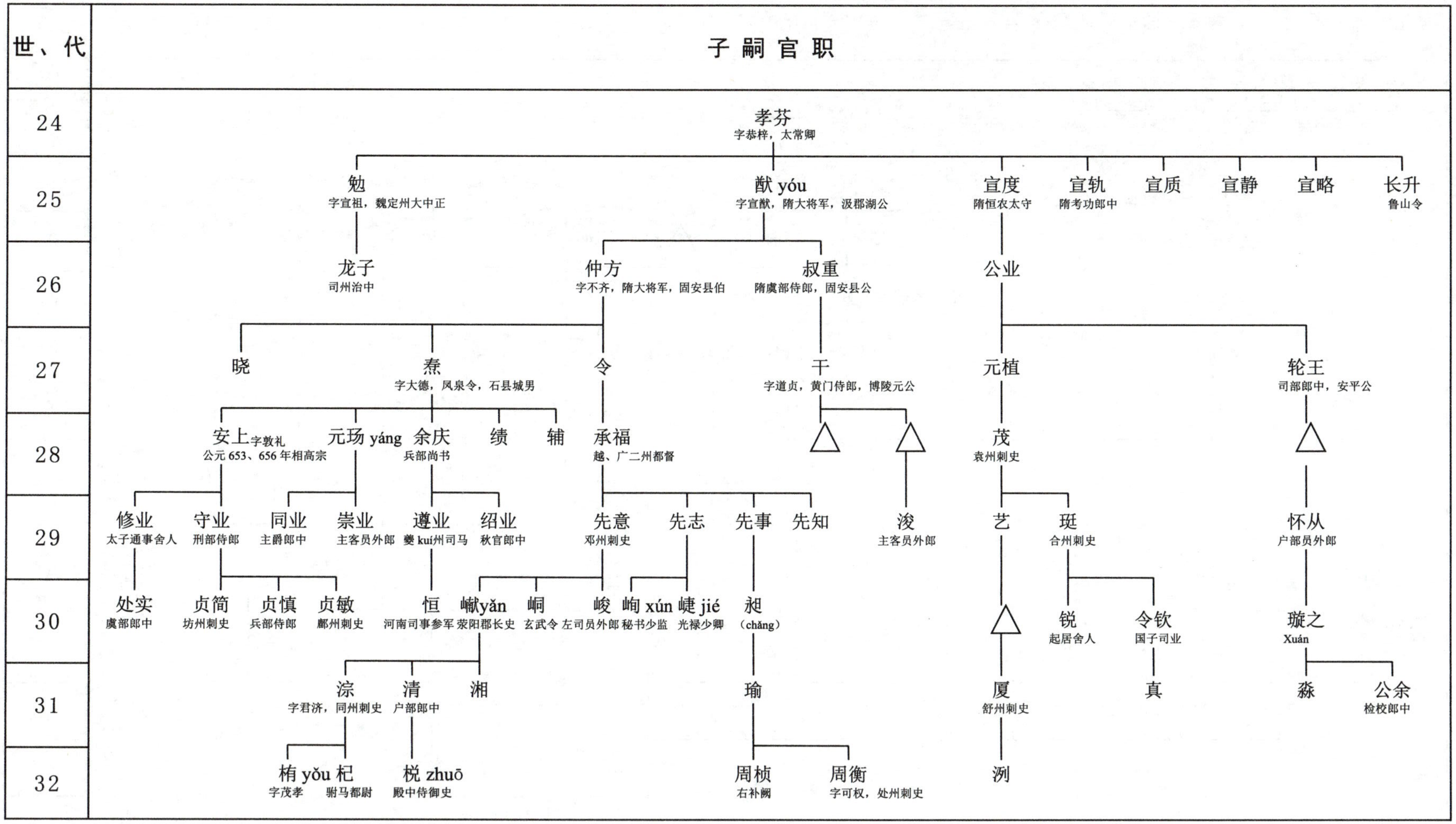
世、代
子嗣官职
24
25
26
27
28
29
30
31
32
孝芬
字恭梓，太常卿
勉
字宜祖，魏定州大中正
猷 yóu
字宜猷，隋大将军，汲郡湖公
宣度
隋恒农太守
宣轨
隋考功郎中
宣质
宣静
宣略
长升
鲁山令
龙子
司州治中
仲方
字不齐，隋大将军，固安县伯
叔重
隋虞部侍郎，固安县公
公业
晓
焘
字大德，凤泉令，石县城男
令
干
字道贞，黄门侍郎，博陵元公
元植
轮王
司部郎中，安平公
安上字敦礼
公元653、656年相高宗
元玚 yáng
余庆
兵部尚书
绩
辅
承福
越、广二州都督
茂
袁州刺史
修业
太子通事舍人
守业
刑部侍郎
同业
主爵郎中
崇业
主客员外郎
遵业
夔 kuí州司马
绍业
秋官郎中
先意
邓州刺史
先志
先事
先知
浚
主客员外郎
艺
珽
合州刺史
怀从
户部员外郎
处实
虞部郎中
贞简
坊州刺史
贞慎
兵部侍郎
贞敏
鄜州刺史
恒
河南司事参军
巘 yǎn
荥阳郡长史
峒
玄武令
峻
左司员外郎
峋 xún
秘书少监
崨 jié
光禄少卿
昶
（chǎng）
锐
起居舍人
令钦
国子司业
璇之
Xuán
淙
字君济，同州刺史
清
户部郎中
湘
瑜
夏
舒州刺史
真
淼
公余
检校郎中
梄 yǒu
字茂孝
杞
驸马都尉
棁 zhuō
殿中侍御史
周桢
右补阙
周衡
字可权，处州刺史
洌

图-10(上接图8)

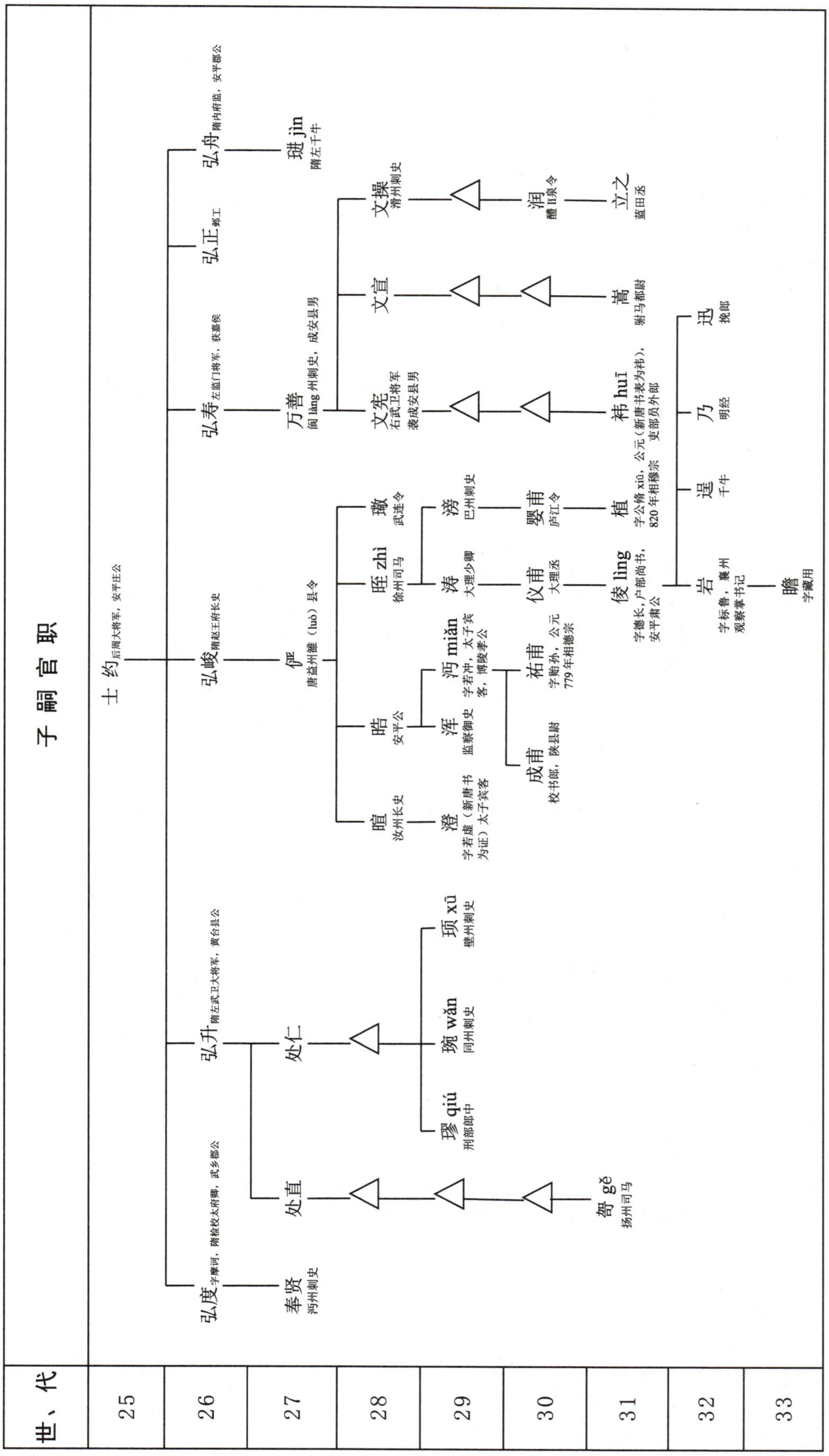
子嗣官职
世、代
25
26
27
28
29
30
31
32
33
士约 后周大将军，安平庄公
弘度 字嘛诃，隋检校太府卿，武乡郡公
弘升 隋左武卫大将军，黄台县公
弘峻 隋赵王府长史
弘寿 左监门将军，获嘉侯
弘正 郯工
弘舟 隋内府监，安平郡公
奉贤 沔州刺史
处直
处仁
伻 唐益州雒（luò）县令
万善 阆 làng 州刺史，成安县男
琎 jìn 隋左千牛
暄 汝州长史
晧 安平公
晊 zhì 徐州司马
瑊 武连令
文宪 右武卫将军 袭成安县男
文宣
文操 滑州刺史
璆 qiú 刑部郎中
琬 wǎn 同州刺史
顼 xū 壁州刺史
澄 字若虚（新唐书为证）太子宾客
浑 监察御史
沔 miǎn 字若冲，太子宾客，博陵孝公
涛 大理少卿
滂 巴州刺史
成甫 校书郎，陕县尉
祐甫 字贻孙，公元779年相德宗
仪甫 大理丞
婴甫 庐江令
润 醴泉令
哿 gě 扬州司马
倰 lìng 字德长，户部尚书，安平肃公
植 字公脩 xiū，公元820年相穆宗
祎 huī 公元（新唐书表为祎），吏部员外郎
嵩 驸马都尉
立之 蓝田丞
岩 字标鲁，襄州观察掌书记
逞 千牛
乃 明经
迅 挽郎
瞻 字藏用

图-11(上接图8)

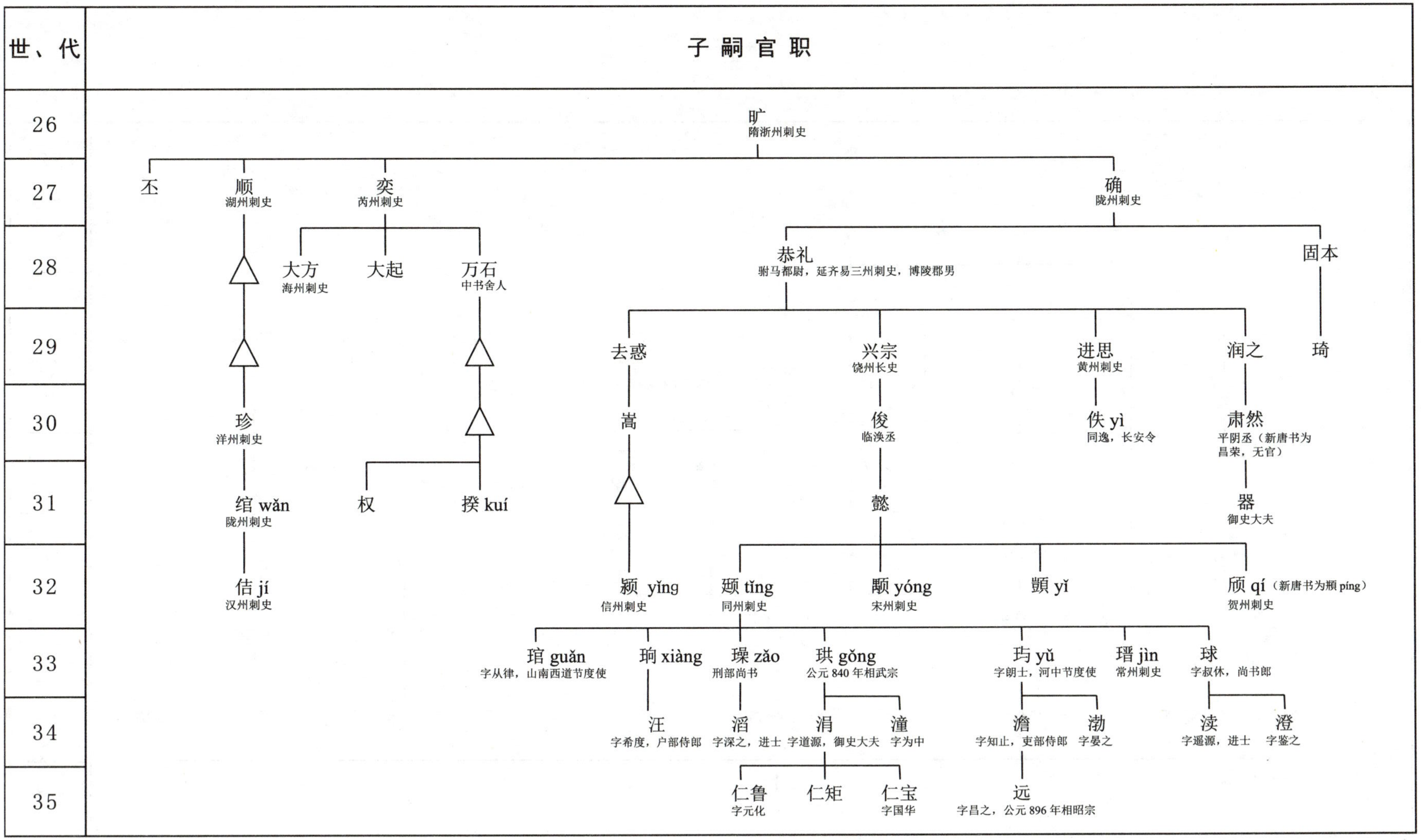
世、代
子 嗣 官 职
26
27
28
29
30
31
32
33
34
35
旷
隋浙州刺史
丕
顺
湖州刺史
奕
芮州刺史
确
陇州刺史
大方
海州刺史
大起
万石
中书舍人
恭礼
驸马都尉，延齐易三州刺史，博陵郡男
固本
去惑
兴宗
饶州长史
进思
黄州刺史
润之
琦
珍
洋州刺史
嵩
俊
临涣丞
佚 yì
同逸，长安令
肃然
平阴丞（新唐书为昌荣，无官）
绾 wǎn
陇州刺史
权
揆 kuí
懿
器
御史大夫
佶 jí
汉州刺史
颖 yǐng
信州刺史
颋 tǐng
同州刺史
颙 yóng
宋州刺史
顗 yǐ
颀 qí（新唐书为頩 píng）
贺州刺史
琯 guǎn
字从律，山南西道节度使
珦 xiàng
璪 zǎo
刑部尚书
珙 gǒng
公元840年相武宗
玙 yǔ
字朗士，河中节度使
瑨 jìn
常州刺史
球
字叔休，尚书郎
汪
字希度，户部侍郎
滔
字深之，进士
涓
字道源，御史大夫
潼
字为中
澮
字知止，吏部侍郎
渤
字晏之
渎
字遁源，进士
澄
字鉴之
仁鲁
字元化
仁矩
仁宝
字国华
远
字昌之，公元896年相昭宗

图-12(上接图2)

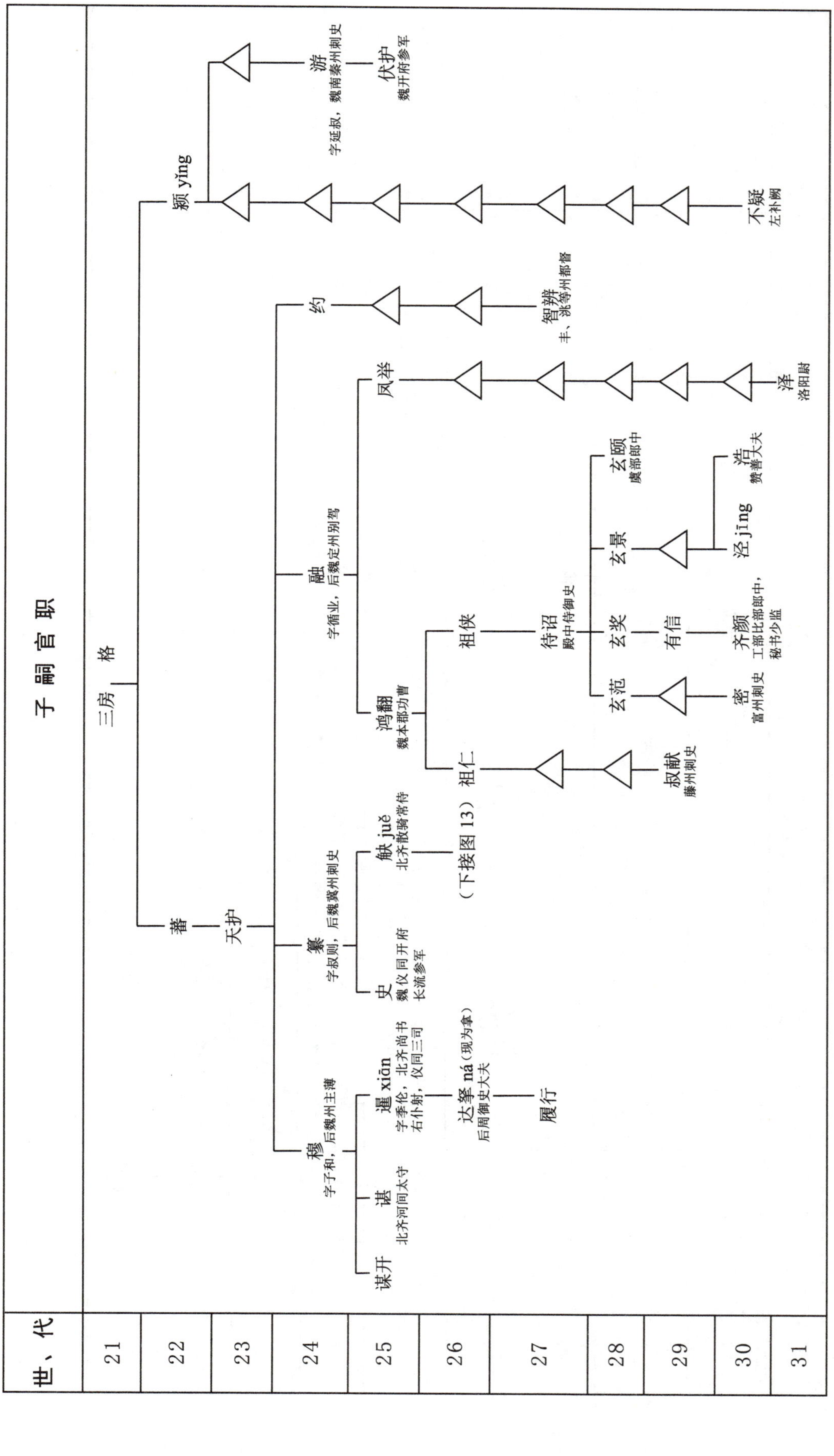
世、代
子嗣官职
21
22
23
24
25
26
27
28
29
30
31
三房
格
颍 yǐng
游
字延叔，魏南秦州刺史
伏护
魏开府参军
不疑
左补阙
约
智辩
丰、洮等州都督
风举
泽
洛阳尉
融
字循业，后魏定州别驾
鸿翻
魏本郡功曹
祖仁
叔献
滕州刺史
祖侠
待诏
殿中侍御史
玄范
密
富州刺史
玄奖
有信
齐颜
工部比部郎中，
秘书少监
玄景
泾 jīng
浩
赞善大夫
玄颐
虞部郎中
蕃
天护
纂
字叔则，后魏冀州刺史
觖 jué
北齐散骑常侍
（下接图 13）
史
魏仪同开府
长流参军
穆
字子和，后魏州主薄
谌
北齐河间太守
暹 xiān
字季伦，北齐尚书
右仆射，仪同三司
达拏 ná（现为拿）
后周御史大夫
履行
谋开

图-13(上接图11)

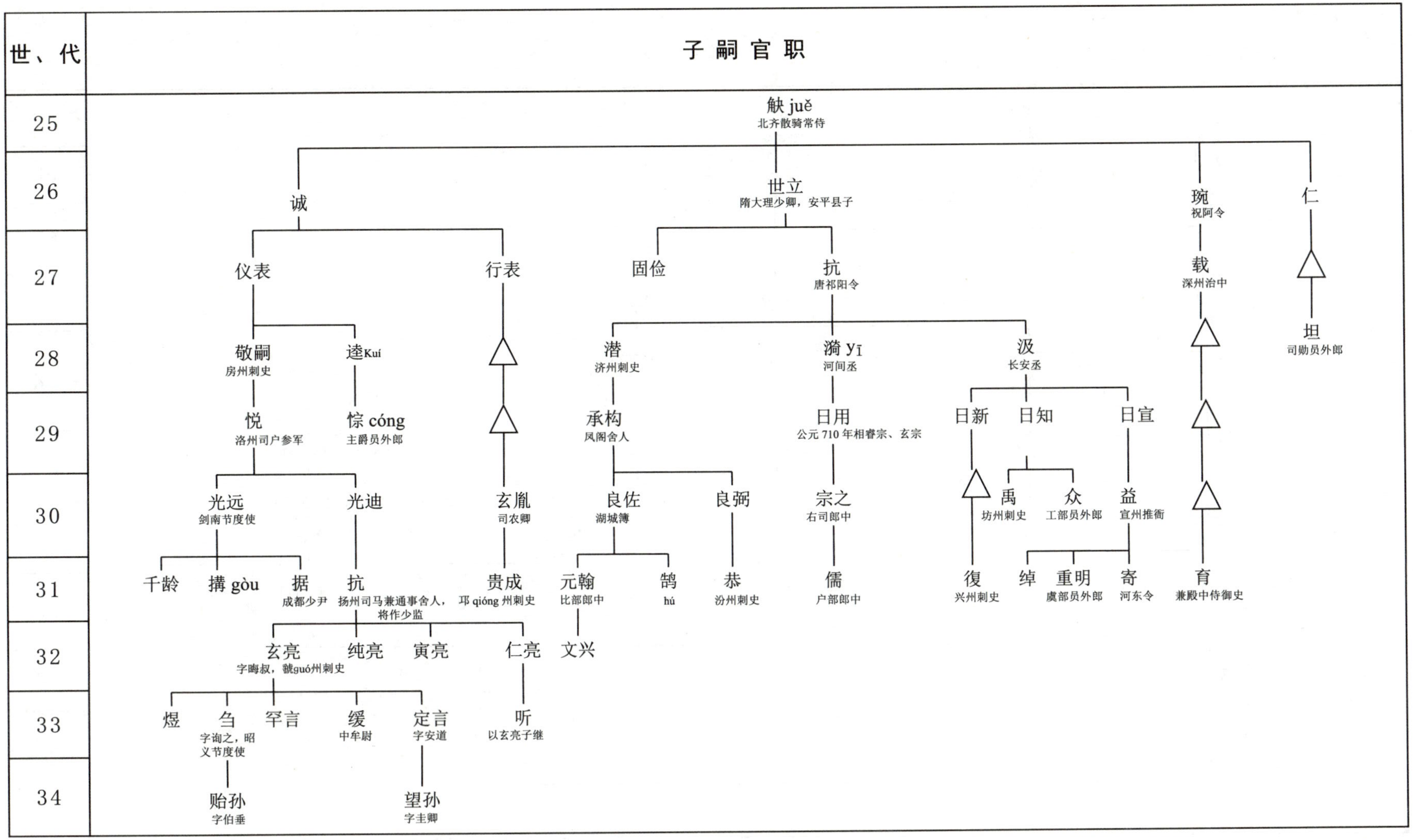
世、代
子 嗣 官 职
25
26
27
28
29
30
31
32
33
34
觖 juě
北齐散骑常侍
诚
世立
隋大理少卿，安平县子
琬
祝阿令
仁
仪表
行表
固俭
抗
唐祁阳令
载
深州治中
坦
司勋员外郎
敬嗣
房州刺史
逵Kuí
潜
济州刺史
漪 yī
河间丞
汲
长安丞
悦
洛州司户参军
悰 cóng
主爵员外郎
承构
凤阁舍人
日用
公元 710 年相睿宗、玄宗
日新
日知
日宣
光远
剑南节度使
光迪
玄胤
司农卿
良佐
湖城簿
良弼
宗之
右司郎中
禹
坊州刺史
众
工部员外郎
益
宣州推衙
千龄
搆 gòu
据
成都少尹
抗
扬州司马兼通事舍人，
将作少监
贵成
邛 qióng 州刺史
元翰
比部郎中
鹄
hú
恭
汾州刺史
儒
户部郎中
復
兴州刺史
绰
重明
虞部员外郎
寄
河东令
育
兼殿中侍御史
玄亮
字晦叔，虢guó州刺史
纯亮
寅亮
仁亮
文兴
煜
刍
字询之，昭
义节度使
罕言
缓
中牟尉
定言
字安道
听
以玄亮子继
贻孙
字伯垂
望孙
字圭卿

勘误　存疑

一、1996年版《安平县志》勘误

彩页　第一幅照片说明："一九六四年毛主席和南王庄王玉坤在人民大会堂碰杯。"应改为："一九五六年二月一日晚七点半毛主席和南王庄王玉坤在中南海怀仁堂宴会厅碰杯。"

彩页后图："康熙三十年安平县城图"应改为"安平县城图(康熙二十六年《安平县志》载)"

第1页概述左边第2行："北与保定地区安国市、博野县接壤"应改为："北与保定地区安国市、博野县、蠡县接壤"；第10行："是衡水地区建置最早的县。"应改为："是衡水地区建置最早的县之一"。右边倒数第3行："流葩嗣响，振烁千秋"应改为"流葩嗣乡，振烁千秋"。

第2页左边第1行："《政论》，另有《四民月令》"应改为："《政论》《隋书·经籍志》，另有《四民月令》"。

第19页左边第6行：1996年"1月28日，增设王胡林公社。"应改为："3月16日，地委批准成立王胡林公社。"

第27页右边第23行：1990年"2月16日至17日，全国人大代表李竺先来本县视察。"应改为："2月16日至17日，全国人大代表李壁铣到安平县视察。"

第35-41页中，各乡镇复置乡镇时间 "1984年1月"均应改为："1983年12月"。

第36页右边第21行："1956年2月23日，改建义门乡，"应改为："1956年7月，改建义门乡"。

第38页右边第11行："1953年6月始建西两洼乡，辖西两洼……"应改为："1953年6月始建西两洼乡。1956年7月辖西两洼……"；右边倒第4行："1953年6月始建东黄城乡，辖东黄城"应改为："1953年6月始建东黄城乡。1956年7月辖东黄城"。

第40页右边倒第8行："1956年2月23日撤区并乡后"应改为："1956年7月撤区并乡后"；倒第6行："东河疃"应改为"细雨村"。

第43页右边第12—14行："明永乐二年(1404年)，赵氏家族奉诏从山西省洪洞县迁居此地，为怀念立村先人，仍称史伍村。"据安国市郑各庄和什伍村赵氏家族族谱记载：什伍村赵氏先祖是明永乐年间指挥使赵进甫六世孙赵权，约正德年间从安国市郑各庄迁至什伍村，原文所载与此不附。且本段与原文无关，故应删掉。

第46页右边倒第14行："居河北省称北辛营。"应改为："居河北的称北辛营"。

第47页左边第9—12行："明永乐二年(1404年)，程、王、杨三个氏姓奉诏从山西省洪洞县迁来，分别居住在三座油房附近，程氏所居之处遂称程油子"；第16—18行："该村来历与程油子相同。明永乐二年(1404年)，王氏奉诏从山西迁至此地，以姓氏得名王油子"；第22—24行："该村来历与程油子相同。明永乐二年(1404年)，杨氏奉诏从山西迁至此处，以姓氏得名杨油子"。经查清康熙二十六年(1687年)《安平县志》和1985年版《安平县大事记》，应改为："明永乐二年(1404年)，程、王、杨三个姓氏奉诏从山西省洪洞县迁来，分别住在三座油房附近，统称油子村。1962年按姓氏所居之处，将油子村分为程油子、王油子、杨油子三个村。"

第51页右边第17行：孟营"于清顺治二年

(1645年)和辛营分村”,根据孟营村清道光三十年墓碑碑文记载,应改为:“于清道光三十年(1850年)和辛营分村”。

第57页右边倒数第3行:民国20年“(1930年)”应改为“(1931年)”。

第59页右边倒数第5行:清光绪三十三年“(1847年)”应改为“(1907年)”。

第61页左边倒第10行至倒第7行:“明永乐十年(1412年),赵氏奉诏从山西洪洞县迁至此地,更名为赵疃。后赵疃以寺院为界分村,寺院以北称北赵疃。民国20年(1931年)前,改称后赵疃。”据安国市郑各庄赵氏家族族谱和后赵疃赵氏始祖赵自齐墓碑碑文,应改为:“明永乐年间指挥使赵进甫十世孙赵自齐,约在万历年间从安国市郑各庄迁至此地,更名为赵疃。赵疃以寺院为界分村,寺院以北称北赵疃。民国20年(1931年)前改称后赵疃。”

第65页表1-4-2《安平县自然村命名特点统计》表

第1行合计:共有村数栏“216”改为“261”,营栏“18”改为“22”。

第5行察罗:营栏“0”改为“4”。

第66页左边倒第3行:清宣统二年“(1911年)”应改为“(1910年)”。

第77页右边倒数第6行:“2、中列新流”应改为“2、中更新统”。

第89页表2-11-1《清朝以前历代旱灾年》续表:左表第8格:“宋景三年(1036年)”应改为“宋景祐三年(1036年)”;右表第10格:“明喜靖三十九年(1560年)”,应改为:“明嘉靖三十九年(1560年)”。

第90页表2-11-2《清代及民国时期旱情统计》左表倒第1行:“朝乾隆十九年(1754年)”,应改为:“清乾隆十九年(1754年)”。

第92页右边第2行:“大庄至郎仁段”应改为:“大何庄至郎仁段”。

第93页表2-11-4《清代以前洪灾年统计》左表倒第2格:“南北朝仁寿三年(603年)”,应改为:“隋朝仁寿三年(603年)”;右表倒第2格:“元延熹六年(1319年)”,应改为:“元延祐六年(1319年)”。

第94页表2-11-5《清及民国时期洪灾统计》表第9格:“清雍正十三年(1733年)”,应改为:“清雍正十三年(1735年)”;第15格:“清乾隆十四年(1750年)”,应改为:“清乾隆十四年(1749年)”;第16格:“清乾隆十五年(1751年)”,应改为:“清乾隆十五年(1750年)”。

第95页表2-11-5续表:左表第5格:“清道光元年(1822年)”,应改为:“清道　光元年(1821年)”;第6格:“清道光二年(1823年)”,应改为:“清道光二年(1822年)”。

第140页左边第14行:“地下水堤深”,应改为:“地下水埋深”。

第267页右边第13行:“当年征收9942万元”,应改为:“当年征收994.2万元”。

第269页表3-29-7《1958—1990年财政收入统计》表中1978年企业收入“229”应改为:“669”。

第270页表3-29-7续表中1989年耕地占用税“42.5”应改为:“425”。

第271页表3-29-10《民国24年地方财政支出实况》表中保卫团经费预算数“8628”应改为:“8328”。

第272页表3-29-12《1953—1990年财政支出统计》表和273页续表中:

支出合计栏:

1955年“926”应改为“862”;

1971年“2783”应改为“2818”;

1977年“4224”应改为“4524”;

1983年“3227”应改为“6227”;

1988年“11531”应改为“15531”。

科技三项费栏:

1969年“8”应改为“0”;

1970年“250”应改为“0”;

1971年“30”应改为“38”。

流动资金栏:

1969年“0”应改为“80”;

1970年“0”应改为“250”;

1971年“0”应改为“30”;

1973年“0”应改为“110”。

工业交通等部门事业费栏：

1957年“3”应改为“2”。

抚恤和社会福利救济费栏：

1962年“203”应改为“223”；

1971年“400”应改为“403”。

行政管理费栏：

1962年“121”应改为“421”。

第274页表3-29-13《1953—1990年财政收支决算平衡情况统计》表和第275年续表中

本级收入栏：

1974年“3461”应改为“3416”；

上级补助收入栏：

1971年“506”应改为“546”；

其它补助收入栏：

1969年“0”应改为“95”；

收入总计栏：

1977年“8183”应改为“6183”；

体制上解支出栏：

1960年“7730”应改为“773”，

1961年“8551”应改为“855”；

其它上解支出栏：

1987年“0”应改为“77”；

支出总计栏：

1972年“3970”应改为“3972”，

1983年“7065”应改为“7056”。

第277页表3-29-14《1962—1990年财政掌管的预算外资金收支统计》表中

合计栏：

1974年“132”应改为“192”；

1988年“969”应改为“369”；

1990年“560”应改为“563”。

第279页左边第13行：“进行了一次”应改为“进行了第一次”；右边第10行：“国民县政府”应改为“民国县政府”；第15行：“特价”应改为“物价”。

第280页左边第12行：“节余留用的手管理体制”应改为“节余留用的预算管理体制”；第15行：“实行一定三不变”应改为“实行一定三年不变”。

第308页商标管理右边第11行：“共有注册商标102个。”应改为“共有注册商标103个。”

第370页表4-41-1《历代职官更迭统计》续表6到任时间栏第8格：清光绪九年五月“公元1888年”应改为“公元1883年”。

第408页左边倒第9行：“到1990年底”应改为“到1988年底”。

第421页表4-49-5表头：“部分年度受灾情况统计”应改为“部分年度受灾救济情况统计”。

第447页右边第11行“南里村伏击村”应改为“南里村伏击战”；倒第2行：民国32年“（1942年）”应改为“（1943年）”。

第477页左边倒第16行：“晚来忽听钟声度，愁见栖乌绕树鸣。”应改为：“晚来忽听钟声渡，愁见栖乌绕树鸣。”

第480页表6-55-1《安平寺观庙堂统计》右边表，始建时间栏，倒第10行：明万历二十四年“（1696年）”应改为“（1596年）”；倒第3行：明成化二十三年“（1687年）”应改为“（1487年）”。

第506页右边倒第16行：“校长刘浩杰”应改为“校长赵墨池”。

第576页右边倒第2行：门洞开（？—？）“字启明”应改为“字启钥”。

第608—678页表8-65-5《革命烈士英名录》勘误见下表。

1996年版《安平县志》烈士英名录勘误表

表勘误-1

<table>
<tr><th>页数</th><th>行</th><th>原文误载</th><th>更正</th><th>页数</th><th>行</th><th>原文误载</th><th>更正</th></tr>
<tr><td>608</td><td>2</td><td>李会增</td><td>刘会增</td><td>651</td><td>30</td><td>马固成</td><td>马周成</td></tr>
<tr><td>616</td><td>12</td><td>崔来僧</td><td>崔来生</td><td rowspan="2">654</td><td>18</td><td>张蕊 男</td><td>张蕊 女</td></tr>
<tr><td>622</td><td>25</td><td>荀保增</td><td>孟保僧</td><td>28</td><td>张大坏</td><td>张大怀</td></tr>
</table>

续表勘误-1

页数	行	原文误载	更正	页数	行	原文误载	更正
625	4	张振元	张振远	660	26	付保村	付保树
634	16	王春英	毛春英	664	24	李东波	李东坡
635	6	赵荣管	赵荣营		30	李彦延	李彦廷
638	18	杨根起	李根起	666	21	李子新	李子欣
	19	杨尚春	李尚春		35	张庆和	陈庆和
649	4	邱玉清	邱清玉	667	4	于满纯	于满吨
650	10	李祥成	李祥成	678	7	乔步生	乔步云
	18	王　云	王云勤		29	弓千年	弓干年

第689页左边第4行:“无说己之长”应改为“无说己之长”。

第707页右列第6行:“部分年度受灾情况统计”应改为“部分年度受灾救济情况统计”。

第714页左边第22行:安平县人大常委会“副主席”应改为“副主任”。

第717页第2行:“(一)中共安平县委领导成员”,应改为:“中共安平县委领导成员”。

《中共安平县委领导成员》表届次栏:“中共安平县委第五届委员会”应改为:“中共安平县第五届委员会”;“中共安平县委第六届委员会”应改为:“中共安平县第六届委员会”。

第718页倒第15行表头:“安平县政治协商会议”应改为:“政协安平县委员会”。表中届次栏:“政协第三届会议”应改为“第三届委员会”;“政协第四届会议”应改为“第四届委员会”。

二、存疑

1. 明耿熙为安平古八景之一孝林夕照所题七律诗

康熙二十六年《安平县志》卷九39页载:

孝林东去路迢遥,薄暮孤村景最饶。
斜日半轮衔树杪,残霞五色锁山腰。
云头艳艳披红锦,水面沉沉湿绛绡。
几度乘闲眺望处,只堪吟咏不堪描。

民国11年《安平县志》二.42页载:

孝林**来**去路迢遥,薄暮孤村景最饶。
斜日半轮衔树杪,残霞五色锁山腰。
云头艳艳披红锦,水面沉沉湿绛绡。
几度乘闲眺望处,只堪吟咏不堪描。

存疑:第一句孝林“东”去路迢遥还是孝林“来”去路迢遥?

2. 过博陵宿古寺　宋吴居易题诗

康熙二十六年《安平县志》卷九52页载:

过博陵宿古寺

寺在义门村　　诗勒石于壁

宋　吴居易

寒云**宿**雨柳依依,古寺萧条过客稀。
秋蕊满庭红不扫,只应天女散花归。

宋都水使者吴居易诗石(现存于县文化馆):

义门寺诗

吴安持居易题

宿云**含**雨柳依依,古寺萧条过客稀。
秋蕊满庭红不扫,只应天女散花归。

义门古寺僻介远村,元祐已巳(1809年)五月四日都水使者吴公□□□过此留诗壁间,属□□□□湮没,迺(nǎi)以其年九月九日,刊诣石庶几永其传也。

平戎李夫书

安平县尉吕清臣

安平县主簿孙延

宣德郎知安平县事兼兵马监押韩纶　立石

孙高刊字

存疑:第一句“寒”云“宿”雨柳依依还是“宿”云“含”雨柳依依?

志 补

一、2003—2015年大事记

2003年

3月24日，河北省军区司令员张连印到安平县视察民兵整组工作。

3月30日至4月1日，政协安平县第六届委员会第一次会议在政府三楼会议室召开。大会选举出政协安平县第六届委员会主席1名，副主席3名，常务委员20名。该届委员会共召开4次全体委员会议。

3月31日至4月3日，安平县第十三届人民代表大会在招待所会堂召开。出席代表169名。大会选举出第十三届人民代表大会常务委员会主任1名，副主任4名，秘书长1名，委员13名。该届人民代表大会共召开4次会议。

4月19日至6月，全县上下全力以赴抗击“非典”（非典型性肺炎）。经全县人民的共同努力“非典”得到有效控制。

6月23日，河北省水利厅厅长韩乃意到安平县视察指导防汛工作。

7月2日，河北省副省长宋恩华带领省有关部门负责人到安平县视察民营经济发展情况。

7月24日，县委、县政府在招待所会堂召开全县经济工作暨抗击“非典”斗争胜利总结表彰大会。

8月22日，河北省农电工作验收团对安平县第二期农村电网建设与改造工程进行全面验收。

9月8日，安平县110千伏变电站——赵疃变电站竣工并投入运行。

9月11日，北京军区动员部部长何洪利到安平县视察指导人民武装工作。

10月10日，河北省畜牧标准化研讨会在安平县召开。

10月11日，财政部、环境保护总局领导及省环保局负责人到安平县裕丰酒业股份有限公司京安分公司考察环保工程建设情况，并实地查看京安分公司有机肥生产厂。

10月13日，安平县戏迷杨文娜在第二届全国京剧戏迷票友电视大赛中获得银奖。

10月21—23日，第三届中国（安平）国际丝网博览会在丝网大世界举办。该届博览会共签约大项目8个，总金额13.8亿元；合同利用外资3680万美元；签订贸易合同320个，贸易金额36亿元。

11月19日，国务院发展研究中心一行3人到安平县进行农业产业化经营和小城镇建设调研。

11月10日，河北省军区后勤部部长裴树春到安平县视察指导民兵基地建设和冬季征兵工作。

12月26日，安平县政府政务服务中心建成并投入运行。

2004年

1月6—12日，安平县人大代表李洪林、李兰珍出席河北省第十届人民代表大会。

1月11日，石家庄青年评剧团一行40余人在团长刘秀荣带领下，到安平县进行文化下乡慰问演出。

3月1日，途经安平县的国家重点建设项目陕西到北京二线输气管道工程第十一标段开工建设。

3月9日，河北省教育厅厅长翟海魂到安平县北郭农中调研 。

4月1日，河北省副省长龙庄伟带领省教育厅人员到北郭农中视察指导职工教育工作。

是日，瑞典客人莉维亚•阿尔姆到安平县考察生猪产业。

4月30日，安平县政府政务服务中心运营典礼仪式隆重举行。

5月14日，全市行政审批制度改革暨政务服务中心建设工作会议在安平县召开。

6月10日，安平县水务局完成省重点工程潴龙河千里堤复堤工程。

6月18日，河北省裕丰实业股份有限公司京安分公司被中华人民共和国国家外国专家局命名为“国家引进国外智力成果示范推广斯格配套系种猪基地”。

6月22—23日，河北省人大常委郝振宇、李厚才等14人组成的环保执法检查组到安平检查环保执法情况。

7月6日，全国农业技术推广中心书记潘显政率农业部考察组到安平县考察优质小麦项目实施情况。

7月7日，《人民日报》《新华社》《经济日报》《光明日报》等报社记者及中央、省、市电视台记者一行18人到安平县进行今日大京九大型采访。

7月12日，衡水市社区建设现场会在安平县召开。

8月5日，位于台城村的“全国第一个农村党支部纪念馆”被命名为“衡水市未成年人思想道德建设教育基地”。

9月17日，河北省军区副司令员宋长森到安平县检查民兵训练基地建设情况。

9月27日，在北京2004年全国秋季五金商品博览会开幕式上，安平县被中国五金交电化工商业协会、中国电器工业协会电动工具分会、中国建筑装饰协会材料委员会联合命名为“中国丝网产业基地”称号。

10月24—26日，第四届中国安平国际丝网博览会在丝网大世界成功举办。

11月20日，河北省人大常委会副主任杨新农带领省人大代表视察团到安平县视察。

12月21日，全国人大副委员长蒋正华到安平视察丝网产业情况。

12月21日，安北110千伏变电站二期工程投入运营。

12月，安平县质量技术监督局机关正式通过ISO9000质量体系认证，成为安平县行政机关第一个通过ISO9000认证的单位。

12月，安平县农业局苏春纪获“全国农业科技推广先进个人”荣誉称号。

2005年

4月13日，韩国电力产业株式会社一行五人到安平县参观考察丝网产业。

5月20日，中央党校科研部主任张佰里等17人到安平县调研。

5月25日，安平县反邪教协会成立。

5月30日，中华黄埔协会会长、国民党陆军退役中将赵本立到安平老家探望亲友。

6月1日，河北省财政厅副厅长郭长司等领导到安平县指导工作。

6月14日，河北省政协主席赵金铎带领驻冀全国政协委员，到安平县就县域经济进行调研。

6月27日，央视1套地方部全体人员到台城村“全国第一个农村党支部纪念馆”参观学习。

7月1日，衡水市及各县市区的150名优秀农村党支部书记和300多名新党员到“全国第一个农村党支部”诞生地——安平县台城村，庆祝中国共产党建党84周年。

8月1日，河北大学把台城村确定为“河北大学大学生社会实践基地”。

8月24日，中国安平国际丝网产业基地项目恳谈会在北京人民大会堂台湾厅举办。

9月14日，副省长宋恩华带领“全省农业产业化重点项目建设观察大会”全体与会人员到安平县视察。

9月21—23日，第五届中国(安平)国际丝网博览会在丝网大世界召开。该届博览会达成销售意向2800份，价值23.8亿元;发布项目39个;合同利用外资2100万美元，引进内资2亿元。

10月，2005年中国养猪技术(安平)高层论坛会在安平县京安集团召开。

10月11日，河北省委副书记、纪委书记张毅到安平县就县域经济发展和党风廉政建设情况进行视察。

10月23日，中国社会科学院研究中心副主任刘德谦带考察组到安平县对旅游景区及旅游资源进行实地考察。

11月15—16日，河北省心连心艺术团到安平县南王庄、大子文、县光荣院演出。

12月7日，安平县创建省级环境优美城镇工作通过省验收组验收。

2006年

2月23日，美籍华人靳爱友为安平中学建图书馆捐款50万元。

2月，河北省人民政府授予安平县“2005年度‘普九’(普及九年义务教育)巩固提高工作先进县”称号。

3月8日，河北省军区政委张连仁少将到南王庄村视察指导工作，看望上校村官、南王庄党支部书记王晓勋。

3月24日，大子文乡曹遥城村民曹玲省喂养的一只九个月的母鸡产下一个重200克，最大直径为9厘米的巨型蛋(里面还有一个蛋)，超吉尼斯世界纪录52克。

4月4日，石家庄市评剧院、青年评剧院先后到安平县李大转、南王庄、刘家庄、台城等村进行以保持共产党员先进性教育为主题的慰问演出。

4月10日，国务院信息化办公室确定安平县为“国家县域经济信息化试点县”。这是全国第一个县域经济信息化试点县。

4月19日，最高人民法院司法警察警务部部长王继平到安平县法院就司法警察队伍建设情况进行视察。

5月28日，河北省信息产业厅副厅长王福强等5人到安平县就信息化推进社会主义新农村建设工作进行调研。

6月8日，省长纪允石带领省国土资源厅、发改委、财政厅、建设厅等负责人到安平县调研。

7月25日，河北省委宣传部部长何永会到安平县视察“全国第一个农村党支部纪念馆”。

9月21日，第六届中国(安平)国际丝网博览会召开。中央、省、市领导及中外来宾参观了中国安平丝网产业基地，并在网都大厦出席项目签约仪式。

9月26日，河北省测土配方施肥现场经验交流会在安平县召开。

10月13日，林秀贞先进事迹报告团到安平县做先进事迹报告。

10月24日，安平中学被中国教育学会命名为“河北省首批学科研究基地”。

11月28日，河北省见义勇为先进事迹报告会在安平县招待所会堂举行。

2007年

1月1日，从即日起，全县免征农业税。全县22.3万农民实现了零税赋。

4月1日，安平县住房公积金管理中心成立。

5月，安平县王小芬多年收养孤儿被选为“2006年感动河北十大新闻人物和道德楷模”。

5月23日，安平县南王庄村“上校村官”王晓勋在北京军区党代会上，受到胡锦涛主席的接见。

6月12—14日，安平县第十四届人民代表大会第一次会议在迎宾馆会堂召开。

7月31日，对种粮农民的补贴全县实行“一卡通”。

8月30日，全县所有财政供养人员全部实行了住房公积金制度。

9月1日，从即日起，全县义务教育阶段学费、书费全免。

9月，安平县事业单位登记管理局成立。

11月30日，全县农村小学远程教育工程通过省市验收。

是年，安平县农村公路实现村村通。

2008年

2月15日，安平县电力局被国家电网公司授予“新农村电气化建设先进单位”称号。

2月22日，安平县首届“网乡职场”人才招聘会在县城中心文化广场举办。

2月16日，世界新经济研究院副院长姜洪树到安平县就生猪产业发展进行调研。

2月20日，河北省心连心艺术团赴革命老区安平县慰问演出。

3月，安平县被河北省教育厅评为“依法治校兴校县。”

5月8—9日，安平县第十四届人民代表大会第三次会议在迎宾馆会堂召开。

5月17日，台湾中视CTV3名记者到安平丝网大世界参观采访。

5月21—22日，泰国正大集团养殖事业部副总经理李汉光到安平县考察生猪养殖和生猪屠宰工作。

6月8日，安平县粮食集团被评为河北省农业产业化重点龙头企业。

6月，河北省心连心艺术团到安平县举办“迎七一庆和谐”文艺演出。

7月23日，位于县城东的安平县第四座110千伏变电站——博陵变电站顺利投入运行。

8月5日，省农业厅厅长刘大群带领相关人员到安平县就生猪产业发展暨食品安全工作进行调研。

8月6日，工业和信息化部司长甘中达到安平县视察县域经济信息化建设工作。

8月8日，安平县财政局被省委、省政府授予“河北省文明单位”荣誉称号。

9月，安平县投资100多万元，实施了学校冬季取暖改造工程，为全县所有农村学校安装了冷暖空调。

10月，安平县委拍摄的党员电教片——《台城星火》，参加了由中组部举办的全国第十届党员教育电视片观摩评比活动，荣获特别奖。李建抓获最佳创意奖。

10月，河北省委组织部选拔的第一批大学生村官有39人分配到安平县担任村党支部书记助理或村主任助理。

11月6日，河北省高级人民法院党组书记、院长高勇等到安平县法院考察工作。

12月15日，安平县城市环境监测站建成。

2009年

年初，圣姑庙修复重建工程正式启动。

2月22日，河北省原省长胡春华到安平县政务中心视察。

2月，安平县邮政局被省劳动社会保障厅、省总工会、省企业家协会评为“2008年河北省AAA级劳动关系和谐企业”。

3月7日，安平县第十四届人民代表大会第四次会议在迎宾馆会堂召开。

4月，安平县供电有限责任公司被河北省人民政府授予“河北省先进集体”荣誉称号。

6月5日，安平县污水处理厂经河北省环境保护厅验收合格。

6月，中央电视台1套在《新闻联播》中头条播报了安平县污染补偿金惠及百姓的相关事例。

7月1日，全县城镇居民基本医疗保险试点工作开始启动。

9月9日，保衡公路滹沱河特大桥建设工程正式开工，于2010年1月竣工通车。工程总投资2.03亿元。桥全长8.44公里，主桥长2.933公里，宽12米。此桥属衡水市第一长桥，项目投资，建设里程，质量标准均创安平县路桥建设之最。

9月，全国第一个农村党支部纪念馆被省委、省政府命名为河北省第三批“爱国主义教育基地”和省级“国防教育基地”。

9月，县委、县政府出资1260万元购买了光明中学，并将光明中学改造为安平县第一实验小学。

10月13日，河北省委常委、纪委书记臧胜业就廉政教育基地建设工作到安平县视察。

11月19日，河北省工业和信息化厅厅长王昌等4人，到安平县调研丝网产业集群发展情况。

12月28日，衡水市商业银行安平支行举行开业庆典。

12月，安平县邮政局被省总工会、省委组织部、省国有资产监督管理委员会、省劳动和社会保障厅、省中小企业局、省工商业联合会评为“2009年度河北省职代会星级单位”。

2010年

1月，安平县为义务教育阶段教师落实了绩效工资并全部发放到位。

1月1日，安平县食品药品监督管理局由省垂直管理改为地方政府管理。

3月7—8日，安平县第十四届人民代表大会第五次会议在迎宾馆会堂召开。

6月，司法部授予安平镇司法所“全国模范司法所”荣誉称号；授予该所所长王万柱“全国模范调解员”称号。

6月，安平县文化馆馆长魏天宏 演出的小评剧《那片枣树林》在全国第十五届“群星奖”汇演中获金奖。

6月，河北省委、省政府授予安平县发改局“双三十节能减排先进集体”称号。

7月，安平县财政局被省委、省政府授予“河北省文明单位”荣誉称号。

7月，全县事业单位人员全部实行绩效工资。

8月6日，城东工业园区举行14家亿元企业入园奠基仪式。

8月，河北省委、省政府授予安平县电力局“2008—2009年度省级文明单位”称号。

8月，投资8000多万元的平安公园建成开园。该园位于育才路与丝网街交叉口东南侧，占地93亩，绿化面积4300平方米，水域面积5000平方米，硬化铺装面积23280平方米，设“六柱五孔十五楼”木结构牌坊、曲桥、亭阁、水幕电影、喷泉等。

11月，河北省体教结合现场会在安平县第一实验小学召开。

11月，马店镇政府网站正式投入运行。这是衡水市第一个乡镇政府网站。

11月30日，安平县县域经济信息化建设通过国家验收，成为全国第一个县域经济两化（工业化，信息化）融合示范县。

12月25日，河北省委、省政府授予安平县住建局“城镇面貌三年大变样工作先进集体”荣誉称号。

12月，安平县全面完成联村供水惠民工程，解决了15万人的饮水问题。

2011年

2月，安平县人民法院被最高人民法院授予“全国优秀法院”荣誉称号。

2月18日，安平县圣姑庙复建落成并正式开放。

3月，投资52亿元的安平县聚成物流产业园区建成。园区位于东工业园，占地2平方公里，设有综合服务区、丝网物流区、保税物流区、仓储区、钢材物流区、废钢回收加工区、冷链物流区、丝网机械物流区、有色或非有色金属物流区、司机之家10个功能区。

5月5—6日，全国产业集群两化融合经验交流会暨河北省县域特色产业信息化推进大会在安平县政府会议室召开。

6月，中共安平县委和北京三鸿门文化传播有限公司联合录制的影片《台城1923》在中央电视台第6频道播出，并在衡水市举行新闻发布会和首映式。

6月15日，央视7套《乡村大世界》栏目组与安平县共同举办《九州同庆心向党，唱支山歌给党听》晚会。

7月4日，安平县举行工业园东区21家亿元企业入园奠基仪式。

7月19日，安平县人民医院迁建工程奠基。此工程2012年1月竣工。

8月11日，德国中小企业联合会中国事务专员艾利希•阿尔布莱希特到安平县考察。

8月25日，安平县人民大会堂、会展中心建设工程开工奠基。

8月，安平县河北玛世电子商务有限责任公司(中国搜丝网www. sosw. net)被商务部确定为电子商务示范企业。

9月20日，林业部原部长江泓到安平县城东工业园区参观考察。

9月，安平县统计局荣获河北省“统计管理改革先进集体”。

9月21—23日，第十一届中国(安平)国际丝网博览会在衡水召开。展会期间达成销售意向2700余份，价值23亿元，共推介新特产品277项。

10月，安平县委宣传部和电视台同央视合作拍摄的《安平网事》纪录片，于12月27—28日在央视12套《见证》栏目中播出。

10月，马来西亚沙巴大学副校长阿来德等10人，莅临安平中学参观访问。双方签署了《河北安平中学和沙巴大学缔造友好学校合作备忘录》，并互换签字文书。

12月13日，安平镇被环保部授予“全国环境优秀乡镇”称号。

2012年

1月，安平县城东供电所被国家电网公司评为2011—2012年国家电网公司标准化示范供电所。

2月16日，安平县大子文乡马江村红十字会成立。这是安平县第一个挂牌成立的村级红十字会。

3月6日，河北省委常委、副省长聂辰席，省商务厅副厅长史玉强等领导到安平县政务中心就电子商务工作进行调研。

4月1日，安平县烈士陵园、殡仪馆搬迁至西两洼乡东毛庄村北并投入使用。

5月30日，省长张庆伟，省长助理、省政府秘书长尹亚力等领导到安平县政务中心就信息化工作进行调研。

6月16日，上海市安平企业商会成立　。上海市安平籍各界人士200多人在上海市金水湾大酒店举行第一次会员代表大会。

7月21日，安平县聚成国际物流园区举行启动仪式。

9月6日，安平县职教中心举行新校区落成典礼。

9月，县政府举办教育园区落成及安中建校65周年典礼。

10月6日，全国人大外事委员会主任，外交部原部长李肇星携夫人到安平县参观考察。

是年，安平县投资20多亿元实施了西外环、西南外环、北新大道等27条重点交通道路工程。

是年，投资2亿元的汉王公园开工建设，到2014年基本建成。该园位于县城东南部，占地536亩，其中硬化面积45亩，绿化面积300亩，景观湖180亩。园内设有180米长的音乐喷泉，七曲亭廊一个，休闲长廊7个，四角亭15个，淋水亭台8个，一万平方米的文化广场一个，白玉栏杆石桥2座，拱桥4座，汉王墓一座，环湖公路1. 74公里，刻有历代安平籍名人诗词、格言的巨石碑20条块。

2013年

1月8日，中共安平县委第十届二次全委会在县政府新三楼会议室召开。会议听取了县委工作报告，对县委干部选拔工作进行了评议。

1月16日，河北道德模范杜光华(安平县中大良村人)舍身救人先进事迹报告会在安平县人民会堂举行，省、市、县领导和学生共计2000余人到会。

3月27日，安平县负责建设的“国家丝网产品质量检验中心”顺利通过河北省质量技术监督局的认证。

4月1日，副省长杨汭就新型城镇化建设工作到安平县调研。

4月8日，安平县与河北科技大学合作建设的教学基地授牌仪式在县政府二楼县长会议室举行。

4月24日，国家经贸文化交流协会理事长张立显带领台闽经贸文化交流协会参访团到安平县参观考察。

5月4日，安平县委宣传部、教育局、文联主办的“纪念孙犁诞辰100周年中学生征文比赛”颁奖仪式在教育局四楼会议室举行。河北省作协副主席、秘书长王力平应邀参加。

5月12日，孙犁纪念馆奠基仪式和孙犁图书馆开馆仪式在安平县孙遥城村举行。

7月10日，中国公共外交协会会长、外交部原部长李肇星到安平县作《国际形势与科学发展》报告。

8月12—13日，中国编织工业联合会副会长陈树津带领专家组到安平县考察丝网织造情况。

8月31日，比利时东佛兰德省副省长格尔特·韦斯内克带领考察团到安平县考察生猪产业。

9月3日，中国贸促会信息部副部长贾槐一行到安平县考察丝网产业发展情况。

10月12日，安平县首个百亩有机小麦种植基地落户徘徊村。

10月22—24日，第十三届中国(安平)国际丝网博览会在安平县人民会堂举行。十一届全国政协副主席、中国生态文明研究与促进会会长陈宗光，第八届、第九届全国人大常委、原中国进出口银行董事长佟志广，副省长秦博勇，中国高新区协会理事长张景安，中国轻工业联合会副会长陶小平，中国纺织工业联合会副会长张莉，河北省政协副主席段惠军以及市、县领导出席开幕式。来自50多个国家和地区的600多名外商及国内客商、各界来宾等1万多人参加博览会。国家、省、市20多家新闻媒体的记者到会采访报道。本届博览会设展位230个，参展企业305家；共签约项目12个，总投资433.03亿元；合同引资39.5亿元，达成意向销售26亿元人民币。

11月7日，中国中小城市经济发展委员会和东北亚开发研究院、中国社会科学文献出版社等单位联合召开“2013年中国中小城市绿皮书发布会”。会上，安平县入选2013年度中心城市新型城镇化质量500强县市，成为衡水市唯一获此殊荣的县。

11月22日，中国民生银行发展规划经理龚志坚、民生银行石家庄分行党委书记杨德等就经济发展情况到安平县调研。

11月28日，安平县第一家私立银行——安平惠民村镇银行股份有限公司成立。

12月5日，经省卫生部门检测安平县自来水达到国家制定的生活饮用水卫生标准。

12月13日，安平县廉租房分配大会在旧招待所会堂召开，189户困难家庭喜圆住房梦。

12月17日，安平县华尔特五金丝网制品有限公司与中铁建设集团有限公司合作开发的投资116亿元的安平丝网科技示范园和友林国际城两大项目，在汉王酒店举行签约仪式。国资委中国煤炭联合会党组书记高福朝和安平县领导参加签约。

12月23日，安平县荣获河北省“经济发展先进县(市)”荣誉称号。

12月，环保局安装了运行PM2.5在线监测系统。

2014年

1月8日，中共安平县委十届四次全委扩大会议在安平县人民会堂召开。县委书记李哲民在会上作了县委工作报告。

1月14日，安平县被国家商务部确定为国家外贸和出口转型升级示范基地。

3月8日，安平县教育园区二期工程奠基开工。

5月18日，安平县在廊坊5.18经贸会上，签约项目投资17.76亿元，合同引资5.43亿元。

7月5日，安平县首个大型绿色蔬菜园---胜菲蔬菜基地正式开园。基地位于徘徊村，占地150亩，建成13个温室大棚。

7月19日，河北省委宣传部长艾文礼到安平中学考察河北省首批惠民网站开通上线工作。

9月10日，拉美南太地区21个国家工商会代表一行33人到安平县参观考察投资环境。

9月17日，安平县在北京中铁电器化局召开北京、天津产业转接洽谈会。

9月27日，河北省第十七届中学生运动会在安平中学举办。

9月28日，衡水南水北调配套工程建设调度会在安平县召开。

10月22—24日，第十四届中国(安平)国际丝网博览会在安平人民会堂召开。本届展会到会客商1.5万人，40多个国家和地区参会，展览成交额11.6亿元，推介招商50个，签约10个项目，项目总投资211.05亿元。

12月22日，安平人民医院成功为65岁心肌梗死患者进行心腹冠状动脉介入手术。这是安平县首例。

12月24日，通过省园林城专家组评审验收，安平县成为河北省园林县城。

12月26日，安平县金地格林建材科技有限公司在石家庄股份交易所挂牌上市。

12月27日，全衡水市最大商业综合体——瑞泰广场开业。广场位于为民东街与育才路交叉口东南侧，占地3万平方米。

2015年

1月7日，安平县首家医疗用品企业——安平县鑫伟医疗器械有限公司在上海股权托管交易中心挂牌上市。

2月16日，欧洲华侨联合考察团到安平县考察。

4月1日，河北省副省长杨汭就城镇化建设工作到安平县调研。

4月5日，光明日报社社长兼总编、中华诗词学会副会长李树喜回安平家乡讲学。

5月8—9日，捷克斯洛伐克驻华使馆经济参赞杜桑•马鲁原克一行到安平县参观考察。

5月14日，安平县农牧局全力实施小麦“一喷三防”补助惠农政策，向乡镇、农场，合作社免费发放杀虫剂5477箱、杀菌剂1104箱，叶面肥1007箱，覆盖面积42.1万亩。

5月26—27日，河北省政协副主席、省委宣传部长艾文礼就开展“三严三实”专题教育到安平县调研。

5月，为根除镀锌污染顽疾，县委、县政府组织开展了“利剑斩污”专项行动，对132家镀锌企业予以断水断电、拆除设备，并对71名环境违法犯罪嫌疑人进行了惩处，其中逮捕25人，拘留2人。

6月9—10日，《安平县志(1991—2002)》专家评审会在安平县汉王大酒店召开。

7月16日，中共安平县委第十届七次扩大会议在人民会堂召开。各部门共600余人列席会议。

8月24日，尼日利亚工商业联合会主席阿尤带领考察团到安平县参观考察，就丝网产品推广等问题与安平县丝网界人士进行了深入交流。

9月，为治理污染，县委、县政府关停取缔污染企业104家，责令停产整顿417家，限期治理17家。

10月22—24日，中国(安平)国际丝网博览会在安平人民会堂召开。本届博览会到会客商2.8万人;发布“四新产品25项;贸易成交额11.8亿元;签约项目5个，总投资54.3亿元;合同引资28.5亿元。

10月31日，在衡水市第三届武术运动会(少年组)上，安平县中华武馆学员获男、女团体赛第二名、第一名;4人分别获刀术、剑术、棍术、枪术第一名。

11月16日，国家体育总局原副局长崔大林到台城村为全国第一个农村党支部纪念馆捐献上百册图书。

12月13日，在河北省网信办开展的政务新媒体“十强县”创建活动中，安平县被评为“十强县”之一，成为全市唯一获此殊荣的县市。

二、2003—2017年安平县县领导成员更迭表

2003—2017年历届中共安平县委领导成员一览表

表志补-1

届期	职务		姓名	性别	籍贯	任职时间	备注
中共安平县第七届委员会（1998年3月至2003年3月）	县委常委	书记	赵庆云	男	冀州市	2003.1—2003.3	—
		副书记	纪要树	男	崔　岭	2003.1—2003.3	—
			李洪林	男	枣强县	2003.1—2003.3	—
			郝彦彬	男	武邑县	2003.1—2003.3	—
			张文荣	女	景县付庄	2003.1—2003.3	—
			刘永军	男	任丘市	2003.3—2003.3	—
		常　委	李根起	男	武邑县	2003.1—2003.3	—
			张彦宗	男	堤　涡	2003.1—2003.3	—
			曹长根	男	曹遥城	2003.1—2003.3	—
			张跃民	男	院　西	2003.1—2003.3	—
			卢援助	男	深州市	2003.1—2003.2	—
			姚世周	男	武邑县	2003.1—2003.3	—
			肖兰皋	男	武邑县	2003.1—2003.3	—
			尚燕翔	男	深州市	2003.1—2003.3	—
中共安平县第八届委员会（2003年3月至2006年7月）	县委常委	书　记	赵庆云	男	冀州市	2003.3—2006.7	—
		副书记	李洪林	男	枣强县	2003.3—2005.3	—
			纪要树	男	崔　岭	2003.3—2006.7	—
			张文荣	女	景县付庄	2003.3—2005.6	—
			刘永军	男	任丘市	2003.3—2006.7	—
			邢荣利	男	阜　城	2005.6—2006.6	挂职
			马玉来	男	深州市	2006.3—2006.7	—
			李根起	男	武邑县	2006.6—2006.7	—
		常　委	尚燕翔	男	深州市	2003.3—2004.7	—
			张彦宗	男	堤　涡	2003.3—2006.7	—

续表志补-1

届期	职务		姓名	性别	籍贯	任职时间	备注
中共安平县第八届委员会（2003年3月至2006年7月）	县委常委	常　委	张跃民	男	院　西	2003.3—2006.7	—
			曹长根	男	曹遥城	2003.3—2006.4	—
			肖兰皋	男	武邑县	2003.3—2006.7	—
			姚世周	男	武邑县	2003.3—2006.7	—
			王仕平	男	山东临沂	2004.7—2005.6	—
			李光辉	男	马　江	2005.6—2006.6	—
			崔跃东	男	兴　贤	2005.6—2006.7	—
			肖明生	男	桃城区	2005.6—2006.7	—
			李连兵	男	东白驼罗	2005.7—2006.7	—
			石跃辉	男	东石庄	2006.7—2006.7	—
中共安平县第九届委员会（2006年7月至2011年9月）	县委常委	书　记	赵庆云	男	冀州市	2006.7—2007.4	—
			张建中	男	枣强县	2007.4—2010.4	—
			李哲民	男	深州市	2010.4—2011.9	—
		副书记	刘永军	男	任丘市	2006.7—2011.8	—
			崔建发	男	故城县	2011.8—2011.9	—
			李根起	男	武邑县	2006.7—2008.4	—
			马玉来	男	深州市	2006.7—2011.4	—
			常　岐	男	邯郸魏县	2011.8—2011.9	—
		常　委	石跃辉	男	东石庄	2006.7—2011.8	—
			常　岐	男	邯郸魏县	2007.5—2011.9	—
			崔跃东	男	兴　贤	2006.7—2011.9	—
			肖兰皋	男	武邑县	2006.7—2011.8	—
			李光辉	男	马　江	2007.5—2011.9	—
			姚世周	男	武邑县	2006.7—2011.8	—
			肖明生	男	武邑县	2006.7—2011.9	—
			李连兵	男	东白驼罗	2006.7—2011.9	—
			张彦宗	男	堤　涡	2006.7—2007.4	—

续表志补-1

届期	职务		姓名	性别	籍贯	任职时间	备注
中共安平县第九届委员会（2006年7月至2011年9月）	县委常委	常　委	张跃民	男	院　西	2006.7—2007.4	—
			郭广州	男	邢郭庄	2011.8—2011.9	—
			马玉峰	男	前刘营	2011.8—2011.9	—
			郭晓静	女	冀州市	2011.8—2011.9	—
			时永强	男	武强县	2011.8—2011.9	—
			闫　欣	男	深州市	2011.8—2011.9	—
			李敬东	男	深州市	2011.8—2011.9	—
中共安平县第十届委员会（2011年9月至2017年1月）	县委常委	书　记	李哲民	男	深州市	2011.9—2014.4	—
			姚幸福	男	唐山滦南	2014.4—2015.8	—
			贾超绪	男	故城县	2015.8—2016.12	—
			张福杰	男	冀州市	2016.12—2017.1	—
		副书记	崔建发	男	故城县	2011.9—2014.1	—
			常　歧	男	邯郸魏县	2011.9—2015.6	—
			张福杰	男	冀州市	2013.6—2016.12	—
			尤志军	男	保定怀来	2012.12—2014.4	挂职
						2014.4—2016.12	副书记
			范庆法	男	枣强县	2016.12—2017.1	—
		常　委	肖明生	男	桃城区	2011.9—2014.4	—
			李敬东	男	深州市	2011.9—2013.7	—
			时永强	男	武强县	2011.9—2017.1	—
			李连兵	男	东白驼罗	2011.9—2016.2	—
			郭广州	男	邢郭庄	2011.9—2016.12	—
			郭晓静	女	冀州市	2011.9—2017.1	—
			闫　欣	男	深州市	2011.9—2014.1	—
			马玉峰	男	前刘营	2011.9—2017.1	—
			张林岗	男	武邑县	2013.7—2017.1	—
			牛振宇	男	保定涿州	2014.4—2017.1	—

续表志补-1

届期	职务		姓名	性别	籍贯	任职时间	备注
中共安平县第十届委员会(2011年9月至2017年1月)	县委常委	常　委	刘　伟	男	报子营	2016.2—2017.1	
	县委顾问		张彦宗	男	堤　涡	2012.1—2015.12	正县级
			张跃民	男	院　西	2012.1—2015.12	正县级
中共安平县第十一届委员会(2017年1月起)	县委常委	书　记	张福杰	男	冀州市	2017.1—2017.3	—
		副书记	范庆法	男	枣强县	2017.1—2017.3	—
			左志军	男	怀　来	2017.1—2017.3	—
		常　委	牛振宇	男	保定涿州	2017.1—2017.3	—
			时永强	男	武强县	2017.1—2017.3	—
			赵书进	男	店子头	2017.1—2017.3	—
			张云龙	男	北张涡	2017.1—2017.3	—
			马玉峰	男	前刘营	2017.1—2017.3	—
			赵　飞	男	枣强县	2017.1—2017.3	—
			孙金燕	女	冀州市	2017.1—2017.3	—
			李玉红	男	冀州市	2017.1—2017.3	—

2003—2017年历届安平县人大常委会主任、副主任一览表

表志补-2

届期	职务	姓名	性别	籍贯	任职时间	备注
第十二届人大常委会(1998年2月至2003年3月)	主　任	马俊杰	男	杨马庄	2003.1—2003.3	驻　会
	副主任	王新海	男	南王庄	2003.1—2003.3	驻　会
		段占表	男	南两洼	2003.1—2003.3	驻　会
		王五臣	男	北张沃	2003.1—2003.3	驻　会
第十二届人大常委会(1998年2月至2003年3月)	副主任	赵跃军	男	店子头	2003.1—2003.3	驻　会
		王保恩	男	崔安铺	2003.1—2003.3	不驻会
第十三届人大常委会(2003年3月至2006年7月)	主　任	马俊杰	男	杨马庄	2003.3—2006.7	—
	副主任	段占表	男	南两洼	2003.3—2006.7	—

续表志补-2

届期	职务	姓名	性别	籍贯	任职时间	备注
第十三届人大常委会（2003年3月至2006年7月）	副主任	王五臣	男	逯庄村	2003.3—2006.7	—
		王保恩	男	崔安铺	2003.3—2006.7	—
		王晓河	男	北牛具	2003.3—2006.7	—
		纪要树	男	崔　岭	2006.4—2006.7	—
		袁凌俊	男	袁　营	2006.4—2006.7	—
		闫占位	男	新政村	2006.4—2006.7	—
第十四届人大常委会（2006年7月至2012年1月）	主　任	马俊杰	男	杨马庄	2006.7—2007.4	—
		张彦宗	男	堤　涡	2007.6—2012.1	—
	副主任	纪要树	男	崔　岭	2006.7—2007.6	—
		段占表	男	南两洼	2006.7—2007.6	—
		王晓河	男	北牛具	2006.7—2007.6	—
		袁凌俊	男	袁　营	2006.7—2012.1	—
		王五臣	男	逯　庄	2006.7—2007.6	—
		闫占位	男	新政村	2006.7—2012.1	—
		王保恩	男	崔安铺	2006.7—2012.1	—
		张　炜	男	故城县	2007.6—2012.1	—
第十五届人大常委会（2012年1月至2017年1月）	主任	崔跃东	男	兴　贤	2012.1—2017.1	—
	副主任	王保恩	男	崔安铺	2012.1—2017.1	—
		张　炜	男	故城县	2012.1—2015.8	—
		纪书占	男	崔　岭	2012.1—2017.1	—
		张文足	男	李各庄	2012.1—2017.1	—
第十六届人大常委会（2017年1月起）	主任	崔跃东	男	兴　贤	2017.1—2017.3	—
	副主任	纪书占	男	崔　岭	2017.1—2017.3	—
		张文足	男	李各庄	2017.1—2017.3	—
		许继为	男	唐　贝	2017.1—2017.3	—

2003—2017年历届安平县人民政府领导成员一览表

表志补-3

届期	职务	姓名	性别	籍贯	任职时间	备注
第十二届县人民政府（1998年2月至2003年3月）	县长	李洪林	男	枣强县	2003.1—2003.3	—
	副县长	张彦宗	男	堤　涡	2003.3—2003.3	—
		王晓河	男	北牛具	2003.1—2003.3	—
		梁盼合	男	孝　林	2003.1—2003.3	—
		袁凌俊	男	袁　营	2003.1—2003.3	—
		崔跃东	男	兴　贤	2003.1—2003.3	—
		闫占位	男	新政村	2003.1—2003.3	—
		乔文彦	男	孝　仁	2003.1—2003.3	—
		卢援助	男	深州市	2003.1—2003.2	—
		石跃辉	男	东石庄	2003.1—2003.3	—
		宋少辉	男	博野县程委	2003.1—2003.3	挂　职
	县长助理	翟小球	男	前大寨	2003.1—2003.3	副县级
		姚世周	男	武邑县	2003.1—2003.3	副县级
	顾　问	张志奇	男	北张庄	2003.1—2003.3	正县级
	经济顾问	李彦科	男	南胡林	2003.1—2003.3	副县级
第十三届县人民政府（2003年3月至2006年7月）	县长	李洪林	男	枣强县	2003.3—2005.3	—
		刘永军	男	任丘市	2005.3—2006.7	—
	副县长	张彦宗	男	堤　涡	2003.3—2006.7	—
		梁盼合	男	孝　林	2003.3—2006.4	—
		袁凌俊	男	袁　营	2003.3—2006.4	—
		崔跃东	男	兴　贤	2003.3—2005.3	—
		乔文彦	男	孝　仁	2003.3—2006.7	—
		闫占位	男	新政村	2003.3—2006.4	—
		石跃辉	男	东石庄	2003.3—2006.7	—
		宋少辉	男	博野县程委	2003.3—2005.3	挂职

续表志补-3

届期	职务	姓名	性别	籍贯	任职时间	备注
第十三届县人民政府（2003年3月至2006年7月）	副县长	李光辉	男	马　江	2006.3—2006.7	—
		郭广州	男	邢郭庄	2006.6—2006.7	—
		崔海霞	女	后张庄	2006.6—2006.7	—
第十四届县人民政府（2006年7月至2012年1月）	县　长	刘永军	男	任丘市	2006.7-2011.8	—
		崔建发	男	故城县	2011.8—2012.1	代县长
	副县长	崔建发	男	故城县	2011.8—2012.1	—
		张彦宗	男	堤　涡	2006.7—2007.4	—
		石跃辉	男	东石庄	2006.7—2011.8	—
		乔文彦	男	孝　仁	2006.7—2007.5	—
		李光辉	男	马　江	2006.7—2011.9	—
		郭广州	男	邢郭庄	2006.7—2012.1	—
		崔海霞	女	后张庄	2006.7—2012.1	—
		刘　伟	男	报子营	2007.6—2012.1	—
		何凤林	男	阜城县	2007.6—2011.4	—
		关军峰	男		2008.9—2009.2	挂职
		赵　飞	男	枣强县	2011.9—2012.1	—
		张云龙	男	北张涡	2011.9—2012.1	—
		陈学杰	男	深州市	2011.4—2012.1	—
		葛瑞江	男	藁城市	2011.3--2012.1	挂职
	县长助理	李民生	男	前刘营	2011.8—2011.9	副县级
第十五届县人民政府（2012年1月至2017年1月）	县　长	崔建发	男	故城县	2012.1--2014.1	—
		张福杰	男	冀州市	2014.1—2014.2	副县长 代县长
					2014.2—2016.12	县　长
		范庆法	男	枣强县	2016.12—2017.1	副县长 代县长
	副县长	郭广州	男	邢郭庄	2012.1—2016.12	—
		陈学杰	男	深州市	2012.1—2017.1	—
		崔海霞	女	后张庄	2012.1—2013.12	—

续表志补-3

届期	职务	姓名	性别	籍贯	任职时间	备注
第十五届县人民政府 (2012年1月至2017年1月)	副县长	刘　伟	男	报子营	2012.1—2016.2	—
		张云龙	男	北张涡	2012.1—2017.1	—
		赵　飞	男	枣强县	2012.1—2017.1	—
		葛瑞江	男	藁城市	2012.1—2012.3	挂职
		赵书进	男	店子头	2014.1—2017.1	—
		何红卫	女	阜　城	2013.12—2017.1	—
		姚　艳	女	湖　南	2012.9—2013.9	挂职
		王　波	男	河南林州	2015.4—2016.4	挂职
		梅立颖	男	保定市	2015.6—2017.1	挂职
		杨立山	男	枣强县	2015.2—2017.1	挂职
		张　勋	男	北张庄	2016.2—2017.1	—
	党组成员	崔长友	男	代各庄	2016.2—2017.1	—
第十六届县人民政府 (2017年1月起)	县　长	范庆法	男	枣强县	2017.1—2017.3	—
	副县长	张云龙	男	北张涡	2017.1—2017.3	—
		董华清	男	景　县	2017.1—2017.3	—
		张　勋	男	北张庄	2017.1—2017.3	—
		苏　贺	男	宅后寺	2017.1—2017.3	—
		崔长友	男	付各庄	2017.1—2017.3	—
		张　娜	女	冀　州	2017.1—2017.3	—
		杨立山	男	枣强县	2017.1—2017.3	—
		梅立颖	男	保定市	2017.1—2017.3	—
		魏玉平	男	甘肃泰安	2017.1—2017.3	—
	党组成员	王保思	男	崔安铺	2017.1—2017.3	—
		郑跃伦	男	郑　庄	2017.1—2017.3	开发区工委副书记常务副主任
		王焕普	男	东皇城	2017.1—2017.3	—

2003—2017年历届安平县政协主席、副主席一览表

表志补-4

届期	职务	姓名	性别	籍贯	任职时间	备注
县政协第五届委员会（1998年2月至2003年3月）	主席	王占民	男	东黄城	2003.1—2003.3	驻会
	副主席	马朝阳	男	南侯疃	2003.1—2003.3	驻会
		纪志荣	男	向官屯	2003.1—2003.3	驻会
		张继辉	男	角　南	2003.1—2003.3	烟草局
		李光辉	男	马　江	2003.1—2003.3	财政局
		李振军	男	堤　涡	2003.1—2003.3	电力局
县政协第六届委员会（2003年3月至2006年7月）	主席	王占民	男	东黄城	2003.3—2006.7	驻会
	副主席	李光辉	男	马　江	2003.3—2006.7	—
		边耀钦	男	曹家庄	2003.3—2006.7	—
		刘荣敏	女	报子营	2003.3—2006.7	—
		梁盼合	男	孝　林	2003.3—2006.7	—
		曹长根	男	曹遥城	2003.3—2006.7	—
		张继辉	男	角　南	2003.3—2006.7	—
县政协第七届委员会（2006年7月至2012年1月）	主席	王占民	男	东黄城	2006.7—2007.4	—
		张跃民	男	院　西	2007.4—2012.1	—
	副主席	梁盼合	男	孝　林	2006.7—2007.4	—
		曹长根	男	曹遥城	2006.7—2007.4	—
		张继辉	男	角　南	2006.7—2007.6	—
		边耀钦	男	曹家庄	2006.7—2009.3	—
		张云龙	男	北张涡	2007.6—2011.9	—
		刘荣敏	女	报子营	2006.7—2012.1	—
县政协第八届委员会（2012年1月至2017年1月）	主席	李光辉	男	马　江	2012.1—2017.1	—
	副主席	刘荣敏	女	报子营	2012.1—2017.1	—
		王海涛	男	南满子	2012.1—2017.1	—
		魏占中	男	崔安村	2012.1—2017.1	—

续表志补-4

<table>
<tr><th>届期</th><th>职务</th><th>姓名</th><th>性别</th><th>籍贯</th><th>任职时间</th><th>备注</th></tr>
<tr><td rowspan="4">县政协第九届委员会
(2017年1月起)</td><td>主席</td><td>刘伟</td><td>男</td><td>报子营</td><td>2017.1—2017.3</td><td>—</td></tr>
<tr><td rowspan="3">副主席</td><td>王海涛</td><td>男</td><td>南满子</td><td>2017.1—2017.3</td><td>—</td></tr>
<tr><td>魏占中</td><td>男</td><td>崔安村</td><td>2017.1—2017.3</td><td>—</td></tr>
<tr><td>崔莲</td><td>女</td><td>兴　贤</td><td>2017.1—2017.3</td><td>—</td></tr>
</table>

索　引

本志索引分为“目索引”“图索引”“表索引”三部分。

一、目索引

按编序排列，收录范围为目，标注“×—×”，前一数字为章序号，后一数字为节序号。

第一编　政区建置

第二编　自然环境

第三编 人口与计划生育

第四编 改革

第五编　交通 电力 水利 邮电

第六编　城乡建设

第七编　农业

第八编　丝网

第九编　工业 乡镇企业

第十编 商贸服务业

第十一编 财政税务

第十二编　金融 保险

第十三编　经济综合管理

第十四编　中国共产党地方组织

第十五编　地方人民代表大会

第十六编　地方人民政府

第十七编　政协地方组织

第十八编　人民团体

第十九编　综合政务

第二十编　政法

第二十一编　军事

第二十二编　教育

第二十三编　科技卫生

第二十四编　文化 体育

第二十五编　婚姻 家庭 习俗

二、图索引

按编序排列，标注“图×—×”，前一数字为编序号，后一数字为编内图的序号。

第一编　政区建置

第二编　自然环境

第三编　人口与计划生育

第五编　交通 电力 水利 邮电

第六编　城乡建设

第七编　农业

第八编　丝网

第九编 工业 乡镇企业

第十编 商贸服务业

第十一编 财政税务

第十二编 金融 保险

第十三编 经济综合管理

第十四编 中国共产党地方组织

第十五编 地方人民代表大会

第十六编 地方人民政府

第十九编 综合政务

第二十编　政法

第二十一编　军事

第二十二编　教育

第二十三编　科技卫生

第二十四编　文化 体育

第二十五编　婚姻 家庭 习俗

附　录

三、表索引

按编序排列，标注"×—×"，前一数字为编序号，后一数字为编内表的序号。

第一编　政区建置

第二编　自然环境

第三编　人口与计划生育

第四编　改革

第五编　交通 电力 水利 邮电

第六编　城乡建设

第七编　农业

第八编　丝网

第九编　工业 乡镇企业

第十编　商贸服务业

第十一编 财政税务

第十二编 金融 保险

第十三编　经济综合管理

第十四编　中国共产党地方组织

第十五编　地方人民代表大会

第十六编 地方人民政府

第十七编 政府地方组织

第十八编 人民团体

第十九编 综合政务

第二十编　政法

第二十一编　军事

第二十二编　教育

第二十三编 科技卫生

第二十四编 文化 体育

第二十五编　婚姻 家庭 习俗

第二十六编　人物

勘误 存疑

志补

编后记

《安平县志（1991—2002）》（以下简称《续志》）编修，历经几经寒暑，数易其稿，于2017年得以完成而告捷，并印刷出版发行。

追溯历史，安平修志年代久远，从明嘉靖二十九年（公元1550年）草创第一部《安平县志》至民国11年（公元1922年），前后五修《安平县志》。此后，《安平县志》有七十余年断修。20世纪80年代，中共中央、国务院发出“盛世修志”的动员令，安平县于1985年10月成立地方志编纂委员会，并设立地方志编纂办公室，从而开始了新中国成立之后的第一轮修志。1996年，新中国成立后的第一部《安平县志》作为通志出版发行。2004年，经县政府研究，第二轮续修《安平县志》工作开始全面启动，编修工作大体经历了动员发动、精心准备、收集资料、编写分志、总纂全志、省市审稿、印刷出版七个阶段。

《续志》上限起于1991年，下限断至2002年，共26编134章146.2万字。全面记述了安平县政区建置、自然环境、人口与计划生育、基础设施、农业、商业贸易、财政金融、经济、政治、军事、文化教育、科技卫生、民俗民情、人物等历史和现状。该志书观点明确、资料充实、语言流畅，基本做到了思想性、科学性和资料性的统一。

盛世修志，是历史赋予我们的一项承前启后，继往开来的重任。1991—2002年，正值我国改革开放和现代化建设的重要时期，也是安平县经济建设和社会各项事业大发展的重要时期，编写内容极为丰富。为此，我们编修人员自始至终站在历史和政治的高度，用发展的战略眼光去编纂志书，牢记政治使命，树立精品意识，确保志稿质量。

《续志》是集体智慧，忘我工作的结晶。县委、县政府给予了很大的支持，各乡镇、县直各部门给予了积极的配合，编写人员付出了极大的努力，省市方志专家给予了具体指导。为此，谨向所有支持、配合、指导过我们工作的各级领导、专家、学者、各乡镇、县直各部门及各位同仁致以衷心的感谢。

我们在编写过程中，由于受到自身能力和水平的限制，难免有一些疏漏和不足，恳请广大读者给予批评指正，以便以后再续修时予以修正、补遗。

崔立学

2017年5月